요한계시록

요한계시록

편역자 | 이광우
펴낸이 | 원성삼
펴낸곳 | 예영커뮤니케이션
초판 1쇄 발행 | 2021년 9월 11일
초판 2쇄 발행 | 2021년 10월 12일
등록일 | 1992년 3월 1일 제2-1349호
주소 | 03128 서울시 종로구 대학로3길 29, 313호 (연지동, 한국교회100주년기념관)
전화 | (02) 766-8931
팩스 | (02) 766-8934
이메일 | jeyoung@chol.com
ISBN 979-11-89887-43-8 (03230)

값 55,000원

모든 인간은 하나님의 형상을 닮은 존귀한 존재입니다. 사람은 인종, 민족, 피
부색, 문화, 언어에 관계없이 모두 다 존귀합니다. 예영커뮤니케이션은 이러한
정신에 근거해 모든 인간이 존귀한 삶을 사는 데 필요한 지식과 문화를 예수 그리스도의
사랑으로 보급함으로써 우리가 속한 사회에 기여하고자 합니다.

죽고 싶을 만큼
삶이 버거운 당신에게
하늘에서 날아든
사랑과 소망의 편지

요한계시록

이리로 올라오라(계 4:1, 11:12)

이광우 편역

목회 30년을 꽉 채우신 전주열린문교회 이광우 목사님께서 요한계시록 강해서를 출간하셨다. 먼저 진심으로 축하하는 마음을 전하고 싶다. '목회 30년'의 긴 시간과 '요한계시록' 강해서의 조합이 매우 흥미로워 보인다. 편역 형식을 빌려 건전한 해석자의 해석을 기반으로, 본인의 목회 경험과 고난의 삶을 통해 얻은 깊은 통찰이 오롯이 묻어나는 요한계시록 본문에 대한 자신만의 신선하고 깊이 있는 해석을 시도하였기 때문이다. 목회자가 30년 동안 한 곳에서 목회했다면, 그 세월 속에 필설(筆舌)로 다 표현할 수 없는 수많은 사건과 사연들이 있었을 것이다. 그러한 가운데 "요한계시록은 이렇듯 죽어 가던 저를 다시 구원해 준 책이고, 지금도 저를 붙들고 있는 아주 든든한 '생명줄'입니다"라는 고백처럼, 이광우 목사님은 그러한 순간들을 요한계시록 말씀을 자신의 삶과 사역에서 오롯이 녹여 내신 것이다. 그러므로 이 책을 읽는 독자들은, 단순히 지식 전달이 아닌 이광우 목사님의 삶과 목회

현장에서 체험된 치열함이 어우러진 요한계시록 말씀을 새로운 목소리로 생생하게 다시 들을 수 있을 것이다. 이처럼 피와 땀으로 저술된 이 책을, 외로이 목회 현장을 걸어가는 목회자들과 정글 같은 삶의 한가운데 서 있는 성도 (聖徒)들이 꼭 한 번 읽어 보실 것을 권한다.

_이필찬 교수(이필찬요한계시록연구소 소장)

감사합니다

이제도 계시고, 전에도 계셨고, 속히 오실 이,
유다 지파의 사자, 어린 양 예수 그리스도를 찬양합니다.

신학의 너른 바다에서 방향을 잃지 않도록 잘 이끌어 주신
김세윤 교수님,
전주열린문교회 교우들과 사랑하는 우리 가족에게
이 책을 올려 드립니다.

아울러 지난 30년 사역하는 동안 따뜻한 동행이 되어 주신 전주열린문교회 방극남 장로님 내외분, 이택남 목사님 내외분, 최관호 선교사님 내외분, 이연주 전도사님을 비롯한 교우 여러분,

기꺼이 귀한 추천사를 써 주신,
우리 조국이 낳은 세계적인 석학 이필찬 교수님
예영커뮤니케이션의 고(故) 김승태 장로님과
원성삼 대표님, 그리고 직원들

40년 지기 참 좋은 아내 정영선 성도와 사랑하는 가족들(이경원 룬이·경석, 아람, 지원, 강민, 민준, 정민)에게 깊은 사랑과 고마움을 고백합니다.

그리고 이 책을 준비하는 동안 마음 놓고 '어깨 위에 선 신학'을 할 수 있도록 내내 든든한 어깨를 내어 준 전 세계의 귀한 신학자들께 깊은 존경과 사랑을 표합니다. 특히 개혁주의 신학적 바탕에서 요한계시록 해석의 기본 틀과 흐름을 잘 잡아준 이필찬 교수, 리차드 필립스를 비롯해서, 그랜트 오즈번, 그레고리 비일, 데이빗 오우니, 레온 모리스, 로버트 마운스, 리차드 보쿰, 매튜 헨리, 스테픈 스몰리, 시몬 키스테메이커, 윌리암 바클레이, 윌리암 핸드릭슨, 제임스 보이스, 존 스토트, 찰스 탈버트, 크레이그 키너, 헨리 바클레이 스웨트(이하 참고문헌 참조) 등 역사상 요한계시록과 종말론 분야 세계 최고의 신실한 학자 여러분 정말 고맙습니다. 하나님께서 이 석학들에게 하늘의 복 한없이 부어주셔서 종말의 하나님 나라 확장에 이분들을 더 귀하고 멋지게 써 주시기를 바라며 기도합니다.

끝으로 성구색인 작업을 도와 준 이택남 목사님, 본문 교정으로 수고한 이경원, 이룬이, 이아람, 이지원 성도에게 고마운 마음을 전합니다.

목차

일러두기

단락별 성경 본문은, 이필찬 교수의 개인 번역(1~13장)과 개역개정판(14~22장)을 사용하였습니다.

비전, 이미지, 패턴, 콜라주, 뉴스, 시리즈, 스타일, 사이클, 테러, 아이돌, 시나리오, 플롯, 포르노 등 우리 사회에서 이미 외래어로 굳게 자리 잡은 것들은, 굳이 우리말로 바꾸면 오히려 어색한 느낌이 있어서 아쉽지만 그대로 썼습니다.

본문 속 외국어 인명, 지명, 도서명 등은 원문을 괄호 속에 따로 밝히지 않고 그냥 우리말로 음역(音譯)하여 표기했습니다. 자세한 것은 뒤쪽의 참고문헌을 참고하시기 바랍니다.

현장감을 살리기 위해 본문 속 일부 사투리는 그대로 두었습니다.

지면 사정으로 어쩔 수 없이 책 본문은 '경어체'를 쓰지 못하고 '평어체'를 썼습니다. 이해 바랍니다.

저자 전자우편: danbyo@hanmail.net

재갈 물린 21세기 인류

2019년 겨울 중국에서 시작된 '코로나19'라는 "눈에 보이지 않지만 분명
하게 존재하는"(김성호, 288) 바이러스 하나로 지구촌 최악의 포식자인 오만하
고 교만한 인류에게 하나님께서 하얀 재갈(입마개)을 하나씩 제대로 물려놓았
습니다. 여러 백신이 계속 개발되고 있으나 각종 '변이'로 재주부리는 바이러
스를 따라잡지 못하고 있고, 백신 접종 후 '돌파 감염'도 많아 이 답답한 재갈
이 쉽게 풀리지는 않을 듯합니다. 이 재갈로 인류의 모든 척도(尺度) 특히 "행
복의 척도가 바뀔 것"으로 예측하는 학자가 많습니다.(김경일, 10) 역사의 주인
은 피조물인 인간이 아니고 우주의 주권자이신 하나님이시기 때문에 인류가
어떻게든 살아남으려면 아주 심각한 기후 위기에 대응하기 위해서라도 환경
을 보존하는 문제부터 정말 많이 바꾸어야 하고, 또 어쩔 수 없이 바뀌게 될

것입니다.(로완 윌리엄스, 11-14) 아무튼 "정답은 우리에게 있지 않으므로"(한희철, 189) 하나님의 형상인 피조물로서 삶의 틀이 어떻게 어떤 방향으로 바뀌어야 할까를 요한계시록을 중심으로 함께 고민하는 이 책은 하나님 앞에서 재갈 물려 숨 막히고 답답한 세월 속에서 목회 30년을 되돌아보며 퍼 올린 저 나름의 아주 깊은 고민과 솔직한 사색의 흔적입니다.

뜻대로 안 되는 인생

45년쯤 전, 20대 초반의 젊은이가 하나 있었습니다. 전라도 토박이, 한없이 착해서 법이 없어도 살 사람이 아니라 오히려 법이 꼭 있어서 지켜줘야만 할 것 같은 순둥이 청년. 그런데도… 딱히 무슨 이유가 없는데도 '예수꾼'(요즘 말로 하면 '개독')이 마냥 싫고 미웠습니다.(김영봉, 9-15; 박영돈, 26) 머리가 나쁘지는 않은 편이어서 회심 전의 사도 바울처럼 전도하러 찾아오는 예수꾼들을 거의 다 사정없이 이겨 먹었습니다. 예수쟁이들이, 전라도 말로 '맥없이 그냥' 싫었습니다. 그런데… '예수를 믿으면 내 손에 장을 지진다' 하던 청년이 어느 날 교회당에 출입하기 시작했습니다. 교회당에 출입하는 세월이 처음부터 즐거웠던 것은 아니고 몇 년 동안은 정말 따분하고 재미도 없었으나 그저 부모님께 효도하는 마음으로 때가 되면 '몸둥이'만 교회당에 왔다 갔다 했습니다. 그 잘난 머리로 예배시간에는 주로 마음속에 빨간 색연필을 들고 앉아 목사님의 설교에 점수나 매기며 지냈습니다. 그것마저도 심심할 때면 함께 교회당에 앉아 있는 이들의 표정이나 슬금슬금 살피는 재미 하나로 얼치기 교인 행세를 했습니다. 성경은 아예 읽지도 않고 성경에 대해 하나도 모르면서 그리고 죽어도 기도하지 않으면서도 한동안 뻔뻔하게 교회학교 교사도 해 먹는 심장에 털 난 철면피이기도 했습니다. 8년 가까이 그렇게 억지 춘향이 짓을 하다가 그도 저도 다 싫고 마지막 남은 잘난(?) 양심이 '너진짜 그렇게 계속 철판 깔고 살면' 안 된다고 쪼아대서, '이제 효도 그만하고 내 갈 길 가야겠다' 생각하고 교회를 떠나버리려고 하던 그 순간 도무지 말로 설명할 수 없는 무슨 이유로, 찾아오신 예수님을 느닷없이 만났고 그렇게 진짜 신앙인의 길을 비로소 걷기 시작했습니다. 폴 투르니에가 말했듯이 '인생의 사계절'에서 청소년기를 홀랑 다 까먹어버린 뒤에야 "심리적 탯줄을 끊는 과감한 결단"(이승장, 2013:30-33)을 극히 '수동적으로' 간신히 내리게 된 것입니다.

이후 고등학교와 대학교에서의 선생 노릇에 그럭저럭 만족하며 매일 전주-정읍 간 백여 리 길을 6년 넘게 직행버스로 왕복 출퇴근하는 피곤한 생활에도 무슨 이유에서인지 하루도 안 빼먹고 새벽기도회를 꼬박꼬박 나가고, 틈만 나면 신학 서적을 사다 줄기차게 읽는 '이광우 서리 집사'를 볼 때마다 교회 목사님들은 "이 집사님, 그러다가 암만해도 신학교 가시겠어요"라며 번번이 아주 방정맞은(?) 소리를 하셨습니다. "아유, 무슨 그리 해괴망측한 말씀을 다 하십니까? 제가 신학교 가는 일은 절대로 없을 텡게로 그런 영양가 없는 말씀일랑 아예 허덜덜덜덜 마셔요…."

그 무렵이었을 것입니다. 어느 날인가, 그냥 심심해서 잘 알지도 못하는 요한계시록을 건성으로 읽다가 계시록 3장 8절과 4장 1절에서 '열린 문'이라는 낱말을 보면서 참 뜬금없이 '절대 그럴 리는 없지만 만약에 내가 목사가 된다면… 교회 이름을 〈열린문교회〉라고 하면 참 좋겠다'는 아주 방정맞고 불길한(?) 생각을 했습니다. 그러다가 혼자 화들짝 놀라서 '아니, 절대 그럴 일은 없지' 하고 도망치듯 후다닥 성경을 덮고 일어선 적이 있었습니다. '말이 씨 된다'던가, 당시 처자식이 셋이나 딸렸던 그 이 집사가 결국은 어느 날 대학교 선생 노릇도 팽개치고 신학대학원에 들어가 늦깎이 전도사가 되었습니다. 신학대학원 M. Div. 과정을 마치고 강도사를 거쳐 '꼭 목사가 되어야 하나?' 한동안 많은 고민과 기도 끝에 어찌어찌 목사고시를 치르고 불혹

(不惑)에 목사 안수를 받았습니다. 강도사 시절부터 의료선교단체인 한국누가회(CMF)에서 의대생들에게 성경을 강의하기 시작(25년간 사역 후 몇 해 전 누가회 규정에 따라 정년퇴직)한 것과 거의 동시에 교회를 개척했습니다. 집사 시절에 계시록을 읽다가 나도 몰래 찜해 두었던 '열린문교회'를 교회 이름으로 하되 전주에 있으니까 맨 앞에 '전주'를 붙여 '전주열린문교회'라 하였습니다. 그렇게 전주열린문교회를 개척한 지 오늘까지 어언 30년 세월이 흘렀습니다. '죽어도 예수는 안 믿겠다' 하던 고집 센 청년이 슬그머니 예수를 믿게 되더니, 역시 '죽어도 목사는 안 한다' 하던 사람이 어느 날 목사가 되었고 전주열린문교회를 개척하여 오직 앞만 보고 교우들과 함께 전력 질주한 세월 30년이 강물처럼 흐른 것입니다. 나중에야 알게 된 것이지만 저도 모르게 제 인생의 열쇠를 쥐고 물 샐 틈 없이 이끄셨던 분이 엉뚱하게 따로 계셨던 것입니다.

우리 가족을 포함해서 처음 8명으로 출발한 전주열린문교회…, 하나님께서 적당한 속도로 좋은 동역자들을 만나게 하셨고 한때는 온 나라가 떠들썩할 정도로 참 아름답고 좋은 소문도 많이 나게 해 주셨습니다. 주보를 직접 편집하여 출력하는 일부터 그야말로 1인 7역을 하며 새벽기도회 때도 꼬박꼬박 주일예배 때처럼 설교하면서 한국누가회 의대생 양육과 직장 신우회 사역까지 일주일에 설교만 무려 14회씩 감당하는 (지금 돌이켜 보면) 그야말로 초인적인(?) 사역을 하나님의 은혜로 그래도 즐겁게 해 왔습니다. 마침내 상가를 임대하여 쓰던 예배당이 차고 넘치게 되어 기도하면서 전주 시내 기독교 학교로 예배처소를 옮기려고 계속 알아보았으나 이런저런 이유로 선뜻 성사되지 못할 무렵 다른 지(支) 교회를 섬기시는 권사님 한 분이 저의 만류를 기어이 뿌리치고 혼자 3억 4천만 원 정도의 헌금을 하시면서 현재의 예배당 터를 준비해 주셨습니다. 교회당 건축은 애당초 꿈도 꾸지 않았으나 이 일을 하나님의 이끄심으로 알고 느닷없이 뜻밖의 교회당 건축도 하게 되었습니다. 이후 건축 과정도 참으로 순조로웠고 특이하게 교회당을 건축하는 동안에도 새로운 동역자들을 계속 만나는 복을 하나님께서 넉넉히 더해 주셨습니다.

목양 30년: 사망의 음침한 골짜기를 지나며

그렇게 오늘까지 한 교회에서의 30년…, 각기 성향이 다른 분들과 한 교회에서 30년 가까운 세월을 지내는 동안 어려움이 하나도 없었다고 하면 거짓말일 것입니다만 크고 작은 어려움을 겪는 중에도 하나님의 은혜는 늘 그 어려움보다 조금씩 더 커서 오직 은혜로 잘 견뎌냈습니다. 그러다가… 새로운 교회당도 건축하여 입당하고 그야말로 교회 사역에 한참 탄력과 가속도가 아주 빠르게 붙어가던 때, 호사다마(好事多魔)라고 뜻밖에 제힘으로는 도무지 감당할 수 없는 큰 아픔을 겪게 되었습니다. 십여 년이 지난 지금도 저의 부덕(不德) 외에 그 원인을 도무지 알 수 없는 큰 아픔으로 한순간에 느닷없는 '지옥 생활'이 시작된 것입니다. 오랜 세월 함께 뒹굴면서 온 힘을 다 기울여 제자훈련을 마치고 감격과 기쁨과 큰 기대 속에 동역자로 세웠던, 정말 아끼고 사랑했던 중직자들이 임직하자마자 무리 지어 주님의 몸인 교회를 떠나버리는 일이 생겼고… 한참 열심히 달리던 저는, 한순간에 천국에서 지옥으로 처참하게 굴러떨어져 버렸습니다. 이후 하루에도 수십 수백 번씩 가슴속에 용암처럼 불타오르는, "사탄의 화로"인(신원하, 2012:85) '분노'와 '배신감' 때문에 6개월 넘게 잠을 한숨도 못 자는 극단적인 불면증에 시달리면서 순식간에 몸무게가 15kg 이상 빠져버렸습니다. 그런 속사정과 상관없이 매번 꾸역꾸역 돌아오는 설교시간…, 한 교회에서 친하게 지내던 친구들이 떠나간 큰 아쉬움을 원망의 눈초리로 바꾸어 앞에 선 목사에게 싸늘하게 쏘아보내는 교우들 앞에 서서, '영어' '수학'도 아닌 '하나님의 진리'를 선포하는 일은… 제정신 지닌 사람의 탈을 쓰고는 차마 할 수 없는 고역이고 괴로움이었습니다. 설교하러 강단으로 올라가는 네댓 개의 계단이 저에게는 늘 지옥행 사다리 같았습니다. 최근에 펴낸 책에서 누군가가 "가족의 피에 펜을 찍어" 글을 쓴다(조 국, 5-7) 했는데 저는 그 속마음을 얼추 알 것 같습니다. 아무튼 제가 하나님을 믿고 있는 것은 확실했지만 그 지옥의 고통을 훌훌 털고 이겨 내기에는 아직 턱없이 미숙한 믿음임을 그때 알았습니다. 한동안 '사역'이 문 제가 아니라 그냥 '삶의 줄' 자체를 아예 놓아버리고 싶은 무서운 지옥의 고 통 속에서 그 극단적으로 무서운 충동과 치열하게 싸우기 시작했습니다.

제 마음이 그렇게 엉망진창으로 쑥대밭이 되면서 덩달아 몸이 무서운 속도로 망가지기 시작했습니다. 그 무서운 배신과 분노의 후유증으로 몇 년 에 걸친 심한 배앓이 끝에 마침내 후진국 병이라는 '장(腸) 결핵'이 3년 만에 확진되었습니다. 그러나 "폐결핵이 아니어서 주변에 감염 위험은 없다" 하 는 의사 선생님의 말씀을 믿고 교우들 몰래 9개월간 매일 아침 빈속에 그 독 한 결핵약을 한 줌씩 털어 넣고 화장실에 가서도 온종일 진한 망고주스 같 은 끈끈한 소변을 숨어서 쏟아내며 꾸역꾸역 사역을 계속했습니다. 그러던 어느 날 느닷없이 안면 마비가 와서 입이 틀어지고 눈이 감기지 않아 한동안 고통스럽게 치료해야 했습니다. 하나님의 은혜로 얼마 후 얼굴은 본래 모습 을 되찾게 되었습니다. 얼마 전에는 어깨가 너무 아파 찾아간 정형외과에서 느닷없이 '골종양' 진단을 받고 부랴부랴 입원하여 종양 제거 수술을 받기도 했습니다. 조직검사 결과 다행히 악성이 아니어서 항암치료는 겨우 피했습 니다. 골종양 제거 수술 후 채 한 달도 지나지 않아 돌발성 난청(귀 중풍)으로 다시 입원하여 날마다 고막에 구멍을 뚫고 놓는 주사를 하루에 두 번씩 맞는 무시무시한 고문(?)을 한동안 당했습니다. 지금도… 뇌 속에 시한폭탄이나 다름없는 뇌동맥류(뇌동맥 혈관 꽈리)가 두 개나 있어서 정기적으로 MRI·MRA 촬영을 하며 계속 추적 관찰하고 있습니다. 안타깝고 부끄럽게도 저의 마음 과 몸이 한순간에 이렇듯 그만 흉한 걸레쪽이 되고 말았습니다.

그런데 말입니다…. 지혜 있는 분들은 자꾸만 "상처 있는 것이 상처 없는 것보다 오히려 더" 아름답다고 합니다.(이산하, 14) "혹독한 광야를 거치며 여물어진 영혼은 모든 사람을 수용할 힘을" 가진다고도 합니다.(이규현, 2021:ii) 참혹한 몸과 마음을 이끌고 위아래 잇몸이 다 무너져 버릴 정도로 이를 악물고 말로 도무지 표현할 수 없는 지옥의 광야, 고통의 늪을 외로이 눈물로 무릎 꿇고 통과하면서, 저 자신을, 세상을, 이웃을, 너무너무 지저분한 인간의 본성을 바닥부터 다시 살피며 목양 사역의 영점(零點)을 새로 잡기 시작했습니다. 그 과정에서 주님을 '따르는 자'로서의 확고한 자세가 '이끄는 자'의 가장 중요한 기본임을(유진 피터슨, 25) 재확인하게 되었고 슐라이어마허가 말한 '절대 의존의 감정'에 기반한 저의 '믿음'을(마이클 부쉬, 195) 다시 새롭게 다지기도 했습니다. 어느 시인(詩人)이, "시인이란… 모름지기 견디는 사람… 비도 견디고, 사랑도 견디고, 이별도 견디고, 슬픔도 견디고, 쓸쓸함도 견디고, 죽음도 견디고… 견디고 견디어서 마침내 '별자리'를 남기는 사람… 시한테 가서 일러바치는 사람"이라 했는데,(류근·진혜원, 57) 그런 점에서 하나님의 명(命)을 받들어 맡겨 주신 양 무리 곁에서 눈물 젖은 30년을 악착같이 견뎌 온 저는 '시인'입니다. 그리고… 그 '시'는, 제가 꿀떡같이 믿는 '하나님'입니다. 여태껏 그랬듯이 지금도 그냥… 시(詩)를 믿고 시를 노래하며 서 있습니다.

어떻게 견뎌왔는지, 어떻게 오늘까지 흘러 왔는지, 생각할수록 스스로 신기하고 대견할 정도로 그 참혹했던 시절, 밤마다 애타는 마음으로 곁에서 위태위태한 저를 지키면서 저의 생명줄을 끝까지 붙들어 준 사랑하는 가족, 신실한 교우들, 친구 목사와 제자들, 낡은 카메라(사진)와 세 권의 성경이 있었습니다. '전도서'를 통해 세상의 본질을, '욥기'를 통해 하나님의 연민을 배웠다면, 개가 제 상처를 핥듯 그냥 죽고 싶은 마음을 조용히 다독이며 교회 이름을 따온 '요한계시록'을 꾸준히 읽고 묵상하는 동안 그 말씀 속에서 지옥을 탈출할 든든한 소망의 줄을 마침내 발견했습니다. "분열의 통일,"(기타모리

가조, 13-16) 다시 말해서 "진노의 대상을 사랑하는 사랑이 곧 '하나님의 아픔'이며 이 아픔 안에서 하나님의 진노와 사랑이 하나가 된다"는 것을 새삼 확인시켜 준 요한계시록은, 이렇듯 죽어가던 저를 다시 구원해 준 책이고 지금도 저를 붙들고 있는 아주 든든한 '생명줄'입니다.

어쩌면 지금 저만큼이나 아니, 저보다 더 혹독한 세상살이의 지옥을 경험하고 있을지 모르는 분들에게 그 생명줄을 전해 드리기 위해 서둘러 이 책을 준비했습니다. 코로나로 숨이 턱턱 막히는 시절에 때마침 다사다난했던 전주열린문교회 사역 30년이 꽉 차게 되었습니다. 교회 이름을 계시록에서 따왔고, 그런 이름의 교회 사역 중에 한동안 사망의 음침한 골짜기를 지나며 생지옥을 경험했고 그 지옥의 긴 터널을 계시록 말씀을 통한 하나님의 은혜로 힘겹게 빠져나오는 사이 무심한 세월이 바람처럼 흘러 어언 30주년이 된 것입니다. 그래서 어쩌면 이 책을 준비하고 만드는 과정에서 저의 지나온 30년 사역, 목사 이전에 한 사람의 신앙인으로서 저의 신앙고백을 정직하게 가늠하는 뜻도 이 책에 담겨 있습니다. 누군가는 그럽니다: "당신 한 사람이 하나님께는 가장 귀합니다. 그러니 당신 한 사람이 탈진되지 않고 영적으로 충만해지는 것이 먼저입니다."(박준형, 44) 맞는 말입니다. 영적으로 하나님의 말씀은 씨앗입니다.(오대원, 100-115) 이것도 당연히 맞는 말입니다.

모쪼록 이 책을 통해 독자 여러분의 마음 밭에 요한계시록에 담긴 생명과 구원의 말씀, 그 씨앗이 잘 뿌려져 풍성히 열매 맺기를 바랍니다. 성령 하나님의 도움과 인도로 이 책이 그동안 지옥의 고통 중에도 제가 누렸던, 돌아보니 그 고통보다 언제나 훨씬 더 컸던 '하나님의 은혜'를 독자들께 정말 선명하게 잘 전달할 수 있기를 바랍니다. 사랑하는 하나님, 가족과 동역자 여러분…, 정말 고맙습니다.

꽃이

피는 건 힘들어도

지는 건 잠깐이더군

…

꽃이

지는 건 쉬워도

잊는 건 한참이더군

영영 한참이더군

(최영미 시, '선운사에서'의 한 대목)

바람이 제 살을 찢어 소리를 만들 듯

그리운 건 다 상처에서 왔다

(김주대 시, '출처' 전문)

…

누가 알랴 사람마다

누구도 닿지 않는 고독이 있는 것을

돌아 앉은 산들은 외롭고

마주 보는 산은 흰 이마가 서럽다

아픈 데서 피지 않은 꽃이 어디 있으랴

슬픔은 손끝에 닿지만

고통은 천천히 꽃처럼 피어난다

…

(김용택 시, '사람들은 왜 모를까'의 한 대목)

꽃이 대충 피더냐.

이 세상에 대충 피는 꽃은 하나도 없다.

꽃이 소리 내며 피더냐.

이 세상에 시끄러운 꽃은 하나도 없다.

꽃이 어떻게 생겼더냐.

이 세상에 똑같은 꽃은 하나도 없다.

꽃이 다 아름답더냐.

이 세상에 아프지 않은 꽃은 하나도 없다.

꽃이 언제 피고 지더냐.

이 세상의 모든 꽃은 언제나 최초로 피고 최후로 진다.

(이산하, 7)

2021. 여름
완산칠봉 산자락 단비 서재에서

이 명우

개막 전 안내

계시록 앞에만 서면…

> 그대 가슴에 얼굴을 묻고 오늘은 울고 싶어라.
> 세월의 강 넘어 우리 사랑은 눈물 속에 흔들리는데
> 얼만큼 나 더 살아야 그대를 잊을 수 있나.
> 한마디 말이 모자라서 다가설 수 없는 사람아.
>
> 그대 앞에만 서~면 나는 왜 작아지는가.
> 그대 등 뒤에 서면 내 눈은 젖어 드는데…
> 그리고 추억이 있는 한 당~신은 나의 ○○요…

가수 김수희 씨의 대표곡 "애모"의 노랫말이다. 노래 속 '그대'가 누구이건 듣는 이들은 듣는 이들대로 각기 자기만의 아련한 '그대'를 생각하며 이 노래를 들을 것이다. 흐느끼듯 애잔한 이 노래를 들으면서 누구는 가슴을 칠 수도 있겠고, 또 누구는 자기도 모르게 눈물이 핑 돌아 남몰래 눈물을 훔칠지도 모른다. 어느 날 라디오에서 흐르는 이 노래를 등 뒤로 흘려듣다가 뜬금없이 '오늘 기독교인들에게 그대는 누구일까' 하는 생각을 하게 되었다. 그냥 하는 이야기지만 그게 혹시 '요한계시록'은 아닐까.

> "계시록 앞에만 서~면, 나는 왜 작아지는가.
> 계시록 책장만 열~면, 내 눈은 감겨 오는데…"

이렇게 예전의 나처럼 계시록 앞에서 한없이 작아져 몸 둘 바 모르는 분들, 지금 정말 죽고 싶을 정도로 힘든 삶의 언덕을 숨 가쁘게 기어오르는 분들을 조금이라도 돕기 위해 사랑하는 마음으로 이 책을 만든다. 독자들이 이 책을 다 읽고 난 뒤에,

> "계~시록에 눈길을 주고, 오늘은 웃고 싶어라…"
> "그리고 이 책을 읽어 보니, 계시록 멋진 책이오."
> "그리고 믿음이 있~는 한, 승리는 나의 것이오."
> "참 좋은 길잡이 있으니, 계시록 쉬운 책이오."

이렇게 콧노래를 부를 수 있다면 그리고 이 책 때문에 나중에 우리 주님으로부터 내가 "착하고 충성된 종"이라는 칭찬 한마디를 들을 수 있다면 얼마나 좋을까. 이 책을 내놓는 단 한 가지 소망은 오직 그것뿐이다.

사진, 활동사진 그리고 글

"예수님의 공동체는 다름 아닌 예수님을 '기억'하고 '기록'하는 공동체다. 그것이 '예수님을 살아내는' 방법이자 핵심이다. 세워지기 전부터 하나님이 그 창조계획을 먼저 만드셨던,(윤종하, 9) 신랑 예수님의 자랑스런 신부인 교회는 '예수님을' '살고' '전할' 뿐만 아니라 날마다 때마다 '예수님을' '기록'한다."(김기현, 12) 누가 뭐래도 "인간의 존재와 의식은 '언어성'과 뗄 수 없이 습합(褶合)되어" 있고(김영민, 9) "정신없이 돌아가는 삶 속에서 기를 쓰고 올바른 길을 찾아가는 것이 신앙인데 때로는 문학(예술)이 이것을 힘껏 돕는다. 하나님은 '성경'과 '일상'이라는 두 개의 텍스트를 우리에게 주셨다."(이정일, 17) 이렇듯 하나님은 이미 오래전에 '문학' 형식으로 귀한 성경을 주셨다. 성경인

이상 사도 요한의 '글'을 통해 전해 주신 요한계시록 또한 예외는 아닌데 내 생각에 성경 66권 가운데 성경을 읽을 때 특히 '성경'과 '일상'(복음과 상황)을 정말 조화롭게 하면서 읽어야만 하는 책, 요한의 서신서(요한1·2·3서)처럼 "진리, 의로움, 사랑"을 다루는 눈부신 생명의 책이 바로 요한계시록이다.(제임스 보이스, 1991:12)

요한계시록은 얼핏 보기에 "성경에서 가장 이상한 책"이다.(J. 스캇 듀발, 17) 그런 이유로 "완전히 잘못 해석하거나, 통째로 무시"하거나,(마이클 고먼, 21) 본문을 제멋대로 비트는 이들이 너무 많다. 그렇지만 '요한계시록은 어떤 책인가'라는 이 골치 아픈 질문에 대한 진지한 답이 뜻밖에 이 책의 해석 방향을 결정할 수도 있을 것이다.(김경식, 11, 스티븐 위트머, 7) 우선 요한계시록은 '글로 전달하는 이미지와 상징의 책'이기 때문에 리차드 필립스는 계시록이 '연극 대본'이나 '뮤지컬 대본' 쪽에 훨씬 가깝다고 보고 있는데,(R. D. Phillips, 266) 나도 같은 생각이다. 아무튼 "이미지는 언어보다 힘센 뿌리를 가지는 법"이고,(류 근·진혜원, 14) "말보다 훨씬 더 많은 말을 하게 되며 '상징'도 말에 물질성의 옷을 입혀 그 말의 정신성을 한껏 부풀려"(차정식, 327) 주기 때문에 부질없는 거부감이나 두려움만 제거한다면 아울러 성령의 도움에 기반한 독자의 상상력이 어느 정도 뒷받침되기만 한다면 뜻밖에도 요한계시록이 정말 쉽게 그리고 친근하게 다가올 수도 있다. 하나님의 은혜로 어쩌다 좋은 길잡이(책)를 만나면 더더욱 그럴 것이다.

예를 들어서 교회학교 여름 수련회에서 학생들이 신나게 물놀이 하는 장면이 담긴 사진 한 장(이미지)이 책상에 놓여 있다 하자. 그냥 사진으로 전달하면 좋겠지만 그럴 형편이 되지 않아서 사진의 내용을 글로 전달하려 한다면 정말 고민이 많이 될 것이다. 시험 삼아 똑같은 사진을 나눠 주고 사람들에게 그 내용을 잘 전달할 수 있도록 글을 써 보라 하면 백이면 백, 각기 다른 글이 나올 것이다. 글의 내용도, 분량도, 활용하는 비유나 상징도 서로

다를 것이다. 그 가운데 어쩌다 사진 내용을 아주 잘 정리해 놓은 글이 있다 해도 그 글을 읽는 이가 사진 속 영상을 머릿속에서 그대로 재현해 내는 일은 아마 거의 불가능할 것이다. 단 한 장면을 담은 정지화면이 그렇다면 가령, 김연아 선수의 피겨 스케이팅, 이상화 선수의 스피드 스케이팅 경기 실황, 영국 프로축구 무대(EPL)에서 뛰는 손흥민 선수의 질풍 같은 75m 단독돌파 득점 장면, 방탄소년단(BTS)의 공연 실황, 두 시간짜리 영화 "기생충"(봉준호 감독, 송강호, 이선균, 조여정, 박소담, 최우식 주연, 2019)이나 "미나리"(리 아이작 정 감독, 윤여정, 스티븐 연, 한예리 주연, 2021)를 보고 그 내용을 전부 글로 써서 누군가에게 보내야 한다면 그 일은 또 얼마나 어렵고 고단한 작업이 되겠는가. 앞서 말했듯이 그 동영상의 첫 장면부터 마지막 장면까지 아무리 치밀하게 글로 정리해서 보낸다 한들, 글쓴이가 보았던 그 생생한 장면들을 독자가 마음속에서 재구성하여 실감 나게 이해하기는 정말 어려울 것이다. 어려운 것이 아니라 아예 불가능할지도 모른다. 요한이 보았던 다양한 비전(정지화면이 아닌 동영상)을 담은 계시록을 기록하는 과정이 성령의 도우심으로 오류가 없었으리라는 것을 인정하더라도 요한계시록의 어려움은 바로 이 지점, '동영상을 글로 옮겨 놓은' 이 계시록을 전달받는 이들의 한없이 '메말라버린 상상력'에서부터 어김없이 시작된다. 계시록 해석의 열쇠가 되는 구약의 상징체계를 차근차근 이해하는 것은 그다음 문제다.

밧모 섬에 갇혀 있던 노년(老年)의 요한은 어느 주일에 성령님의 도움으로 하늘에 '열린 문'을 통해 하나님의 보좌 앞으로 올려져서, '종말', '교회', '박해', '인내', '어린 양의 재림', '구원'과 '심판', '교회의 승리', '새 하늘 새 땅'에 관한 생생한 동영상을 보았고 그것을 글로 써서 교회 시대 이 땅에서 믿음 때문에 고난받는 성도들과 교회에 전달하고 있다. 사진 한 장의 내용을 글로 써서 전달하는 일이 그토록 어려운데 상당한 분량의 활동사진을 보고 그것을 글로 정리하여 전달하는 일은 정말 어려운 일이고 이미 말했듯이 그것을 받아 저자의 의도에 맞게 제대로 상상하며 그 메시지를 이해하는 일은 더더욱 어려운 일이다.

그래서 그럴까, 그동안 수많은 이단이 가장 아끼고 사랑하는(?) 책이 뜻밖에도 요한계시록이 되어 버렸다. 영원한 생명(영생)을 든든히 보장하는 이 귀하고 보배로운 계시록으로 이단들이 걸핏하면 "허무 개그"를 하거나 "소설"을 쓰고,(서철원: 오명현, 5, 11) 계시록을 떡 주무르듯 하고 그 과정에서 아주 순진하거나 영적인 탐욕의 노예가 된 사람들이 미친 춤을 추는 뱀처럼 요사(妖邪)한 혓바닥에 속아 패가망신하고 소중한 가정이 무참히 망가져 버리는 일이 오늘도 교회 안팎에서 끊임없이 일어나고 있다. 이단은 그렇다 치고 심지어 기독교 역사상 비교적 건강하다는 교회, 어린 양의 신부인 교회 안에서조차 무수히 등장한 중구난방(衆口難防)의 요한계시록 해석사(解釋史)가 바로 그 증거다(요한계시록의 정경 확정 과정에 대한 대략적인 정보는 C. H. Talbert, 1-2 참조). 성령 하나님의 도움과 인도가 없다면 요한계시록 같은 글을 쓰는 일도 그 글을 읽는 독자들이 그 내용을 명확하게 이해하는 것도 아예 불가능한 일이 될 것이다. 간단히 말해서 요한이 계시록을 쓰는 과정을 치밀하게 지도하셨던 성령님의 조명이 없으면 단 한 줄도 제대로 읽을 수 없는 책이 요한계시록이라는 얘기다. "다양하고 다채로운 성경 해석이 존재"(김영웅, 173)하겠지만, 계시록에 관한 한 다른 무엇보다도 '성령-절대의존'의 독법(讀法)이 꼭 필요한 이유다. 한가지 다행인 것은 하나님께서 계시록의 상징을 해석할 소중한 열쇠를 구약성경 곳곳에 많이 놓아두셨다는 것이다.(폴 스티븐스, 8)

> 하늘로 들어가는 길을 몰라
> 새는 언제나 나뭇가지에 내려와 앉는다
> (김종해의 시, '텃새'의 첫 들머리)

우선 이 책이 '하늘길'을 찾는 '새'가 발을 디디고 설 작은 '나뭇가지' 같은 역할이라도 할 수 있기를 바란다. 예전 초신자(初信者) 시절에 계시록 관련 책을 읽다가 골치 아픈 신학 논쟁 때문에 읽다 말고 책을 덮어버렸던 속상한 기억이 많아서 이 책에서는 너무 복잡한 신학 논쟁은 가능한 한 하지 않을 생각이다. 다만 이 책을 꾸준히 따라가며 계시록을 읽다 보면 나도 모르게 요한계시록을 충분히 이해할 수 있도록, 아울러 아직 신앙생활을 하지 않고 있어서 성경을 잘 모르는 분들까지도 큰 부담 없이 이해할 수 있을 정도로 최대한 쉽게 계시록 본문 7막(22장) 전체를 차근차근 살펴 나가려 한다. 이해를 돕고 흐름을 파악하기 쉽게 중간중간 계시록의 해당 장, 절과 소제목을 나란히 표시해 두었다. 좀 더 깊은 공부를 하고 싶은 분들을 위해 본문 옆에 내주(內註)를 꼼꼼히 붙여 두었으니 필요할 때마다 참고문헌 목록과 함께 살피면 계시록과 종말론에 관한 신학적인 깊이는 유지하실 수 있을 것이다.

이 책을 처음부터 끝까지 다 읽으면 좋겠지만 전체 분량이 만만치 않으므로 이 책을 가까이 두고 계시록의 어려운 본문을 만날 때마다 이 책에서 해당 부분을 찾아 읽고 그때그때 참고하셔도 좋을 것이다. (웃자고 하는 말이지만, 도톰한 이 책을 운동 삼아 들고 다니다가 목침 대신 책을 베고 낮잠 한숨 주무셔도 괜찮고, 팔근육 운동할 때 아령 대신 겸사겸사 활용하셔도 나쁘지 않을 것이다.) 2천 년 전 밧모 섬에서 요한을 이끄셨던 우리 주 예수 그리스도의 거룩한 영(聖靈)께서 길잡이 하는 나를 마찬가지로 이끌어 주시기를 바라고, 이 책을 읽는 독자들이 이 책을 한쪽씩 읽을 때마다 한결같은 은혜로 덮어 영광스러운 하늘의 지혜로 함께 하시면서 시원한 생명 샘물 넉넉히 부어 주시기를 간곡히 기도하며 대하드라마 요한계시록의 1막을 연다.

1막

예수 그리스도와
일곱 촛대

Ἀποκάλυψις Ἰησοῦ Χριστοῦ ἣν ἔδωκεν αὐτῷ ὁ θεὸς δεῖξαι
τοῖς δούλοις αὐτοῦ ἃ δεῖ γενέσθαι ἐν τάχει καὶ ἐσήμανεν
ἀποστείλας διὰ τοῦ ἀγγέλου αὐτοῦ τῷ δούλῳ αὐτοῦ Ἰωάννῃ

예수 그리스도의 계시라
(요한계시록 1:1~3)

[1]예수 그리스도의 계시라. 하나님이 (이 계시를) 반드시 신속하게 되어져야만 하는 것들을 그의 종들에게 보이시기 위하여 그에게 주셨다. 그리고 하나님이 (이 계시를) 그의 천사를 통하여 보내심으로 그의 종 요한에게 알게 하셨다. [2]그는 하나님의 말씀과 예수 그리스도의 증거 곧 그가 본 모든 것을 증거했던 자다. [3]그 예언의 말씀들을 읽는 자와 듣고 그 안에 기록된 것들을 기키는 자들은 복 있다. 왜냐하면 때가 가깝기 때문이다. (이필찬 개인 번역, 2021:32, 50)

참 행복한 결말: 요한계시록 이야기

2020년 성탄절에 나를 낳고 길러 주신 아버지께서 대상포진 후유증으로 몇 년에 걸친 고통스런 투병 끝에 하늘로 돌아가셨다. 아버지보다 한 해 일찍 떠나가신 어머니까지 불과 한두 해 사이에 나는 마침내 늙은 고아가 되었다. 지금 국립 대전현충원에 함께 누워 계신 부모님을 이제는 오직 아련한 기억과 부활 소망으로만 만나게 되었다. 한국전쟁 직후 온 백성이 너무너무 춥고 배고파 지지리도 궁상을 떨던, 이제는 아득하기만 한 꿈같은 어린 시절

밤에 잠자리에 누워 잠을 청할 때 팔베개로 나를 안고 누우신 아버지의 구수한 입은 어린 나에게 늘 라디오였고 영원한 명작 동화책, 재미있는 만화책이었다. 귀를 쫑긋 세우고 그 라디오에서 나오는 재미있는 이야기를 듣다가 혹 잠이 일찍 들 것 같은 날은 늘 아버지께 그 이야기의 결말을 서둘러 물었다.

"아빠, 그래서 그 사람들은 나중에 어떻게 되나요?"
"어, 아~주 잘 먹고 행복하게 잘 산단다."
"치~~~ 맨~날 잘 먹고 잘 산대. 에이, 싱거워. 잘래요. 아빠도 잘 주무세요."
"그래 잘 자라. 아들…"

어린 것이 나이에 어울리지 않게 무슨 '두고두고 가슴 저리는 짠한 여운'이 남는 이야기를 은근히 기대했는지는 모른다. 하지만 솔직히 누군가에게 가슴 짠한 여운을 남겨 주기 위해 자신의 삶이 어떻게든 비참하고 불행하게 끝나기를 바라는 이는 이 세상에 단 한 사람도 없을 것이라 확신한다. 그렇다. 누구나 행복한 결말 그것도 '아주 아주 아주' 영원히 행복한 결말을 원한다. 이제 나뿐만 아니라 하나님을 경외하고 사랑하는 이들 모두가 다 함께 정말로 영원히 행복하게 끝나는 이야기, 다시는 눈물도, 사망도, 슬픔도, 울음도, 질병의 고통도 없이(계 22:4) "모든 성도가 다 함께 행복하게 영원토록 잘 먹고 잘사는 이야기", 정말 "좋아 죽겠는"(성현식, 23) 그 신나고 재미있는 총 7막짜리 요한계시록 연극을 차근차근 함께 관람하려 한다.

기독교 역사상 종교개혁가 마틴 루터, 칼빈을 비롯한 세계적인 신학자 중에도 계시록을 몹시 부담스러워한 이들이 많았다.(R. D. Phillips, 6) 그러나 그동안 우리나라의 이필찬을 포함해서 전 세계적으로 걸출한 종말론 학자들의 등장으로 상황은 전보다 훨씬 좋아졌다.(John R. W. Stott, 10) 아무튼 오늘 우리 현실의 몹시 칙칙한 어두움에도 불구하고 요한계시록의 핵심 교리는 '행복한 결말' 곧 '승리 신학'이다. 계시록은 "미래를 예측하지 못하는 우리, 어떻게 될지 아무도 모르는 우리"(제럴드 싯처, 21-24)가 꼭 들어야 할 마침내 "어린 양 예수 그리스도가 이기신다!"는 가슴 벅차고 행복한 이야기인 것이다.(R. Bewes, 9; V. S. Poythress, 14)

"예수 그리스도의 계시"(참고로 '환상'과 '계시'의 개념 차이에 대해서는, 이광우, 1993:41, 주 105 참조)라는 말씀으로 시작되는 이 첫머리(1:1~3)에는 요한계시록의 중요한 '문헌 정보'가 담겨 있다.(R. D. Phillips, 6) 여기에 이 책의 장르, 책의 내용, 저자, 저술 목적 등이 아주 간결하게 정리되어 있다. 독자들이 서점에 가서 책을 살 때 반드시 이 문헌 정보(이승현, 930 참조)를 먼저 살펴보며 구매 여부를 결정하게 되고 책을 읽는 과정에서도 때로 이 정보가 아주 중요한 해석의 열쇠가 될 때가 많다. 책의 방향을 제시한다는 점에서 이 정보는 서론 역할도 하고 책의 방향과 내용을 압축하고 있다는 점에서는 책의 결론적인 요약이기도 하다. 이 책을 읽음으로써 어떤 유익을 얻을 수 있는가를 요한이 진지하게 설명하는 이 대목은 현대적인 기준에 비추어 보아도 아주 빼어난 홍보 문구다. 이 문헌 정보의 핵심 내용을 요약하면 다음과 같다: 묵시적인 예언, 역사적인 편지, 복음의 증거, 복 받는 수단. 그러므로 이 책을 통해 인류 역사의 미래(마지막), 예수 믿는 사람들의 행복한 결말을 환하게 내다볼 수 있다. "복음을 전하는 말 한마디 한마디마다 강력한 내용이 담겨야만" 한다는(프란시스 쉐퍼, 107) 점에서 이 책을 통해 신부인 교회를 지극히 사랑하시는 신랑-주님의 마음을 읽을 수 있다. 이 책을 통해 예수님과 그분의 복음을 더 깊이 알 수 있다. 인류 역사의 흐름을 꿰뚫어 볼 수 있다. 이 책은 신자들뿐만 아니라 지구촌 모든 이에게 영원히 '복된 길'을 제시해 준다. 특히 예전의 나처럼 죽고 싶을 정도로 삶이 버겁고 고단하게 느껴지는 이들에게는 더더욱 그럴 것이다.

1:1 _계시록: 묵시적인 예언

'묵시적인 예언'이라는 말은 이 책이 '계시'와 '예언'의 성격을 동시에 지닌 아주 '독특한 책'이라는 뜻이다.(송태근, 2015-1:15) '묵시'라는 장르는 이야기(내러티브) 구조를 가진 계시문학이다.(하워드 마샬, 506) 1절의 '계시'로 번역된 헬라어는 '아포칼립시스'다. '묵시'라는 뜻의 영어 '아포칼립스(apocalypse)'는 헬라어가 그대로 영어로 넘어간 것이다. 이 말 때문에 우리는 이 책을 '요한(의)계시(묵시)록'이라 부른다. '아포칼립시스'는 '감추어져 있는 비밀스럽고 접근할 수 없는 어떤 것을 드러내 준다'는 뜻을 담고 있다.(이병학, 74) 극장에서 연극이 시작될 때 막이 열리는 과정이 일종의 아포칼립시스다. 조각품이나 건축물을 덮고 있던 천이나 막 혹은 건축 과정에서 임시로 사용했던 비계를 다 제거하여 작품이나 건축물의 실체를 제대로 보여 주는 과정도 아포칼립시스다. 사도 바울은 데살로니가후서 1:7에서 그리스도의 재림을 묘사할 때 이 낱말을 썼다.

주 예수께서 자기의 능력의 천사들과 함께 하늘로부터 불꽃 가운데에 '나타나실'(아포칼립시스) 때에

요한계시록도 역사의 종말에 웅장한 파노라마로 펼쳐질 그리스도의 재림(다시 오심)에 대해 자세히 이야기할 것이다. 하지만 데살로니가서보다는 계시록이 좀 더 정교하게 "세상의 역사 특히 교회의 역사에 대한 하나님의 계획을 드러내고" 있다.(W. Hendriksen, 51) 성경에 등장하는 "다양한 인물의 파노라마"(김지찬, 상-6)를 최종적으로 아우르는 "요한계시록에서 역사는 하나뿐이다. 세월이 아무리 흘러도 우리가 사는 역사, 곧 '배교-심판-구원-재타락'이라는 사사 시대의 틀(박유미, 20)과 별로 달라진 것이 없는 이 세상 역사에는

늘 '하늘'과 '땅'이라는 양면"이 있다.(이병학, 74) 콜린스는 묵시 문헌이 "시공간의 초월적 실재를 드러내는 이야기 틀"을 갖고 있다고 했다. 이필찬은 이 말을, "지금 이곳에서 공간적 초월로서의 하늘과 시간적 초월로서의 종말을 경험하도록 유도하는 것이 묵시 문헌의 역할"(이필찬, 2021:33)이라고 해석한다. 요약하면 묵시는 오늘과 내일, 땅과 하늘을 '묶어내는' 초월적 양식'이다. 계시록을 읽는 사람들의 '시야가 넓어질 수밖에 없는 이유가 바로 여기에 있다. 삶에 고난의 쓰나미가 휘몰아칠 때 묵시문학은 활짝 꽃을 피운다. 이것이 이스라엘의 바벨론 포로기, 신구약 중간기에 묵시문학이 특히 더 활발했던 이유다. 그런 이유로 특히 삶이 몹시 고단한 이들에게 무한한 용기를 주는 것이 바로 이 묵시문학이다.(이광우, 1993: 7, 주2 참조)

묵시문학에는 이야기 전달자로서 '천사'가 자주 등장한다. 생생한 상징, 상징적인 숫자, 역사의 이면에서 펼쳐지는 영적인 실재에 대한 묘사 등이 묵시문학의 중요한 수법이다. 특히 상징에는 인간의 언어로 표현하기 어려운 내용이나 인간의 지성으로 해석하기 어려운 요소들이 내재되어(이승현, 958) 있다. 대체로 상징을 동원한 묵시문학은 하나님께서 마무리하실 종말에 관한 이야기, 하나님의 백성들이 겪는 숱한 역경과 환난에도 불구하고 전혀 예상치 않은 때에 전혀 예상치 못한 극적(劇的)인 방법으로 하나님께서 승리하실 것, 곧 '행복한 결말'을 말하는 내용이 주류를 이룬다.(S. Wilmshurst, 12)

묵시문학은 특성상 상징체계가 주로 도입되기 때문에 본문을 문자적으로 해석하는 것은 자칫 심각한 혼란을 불러올 수 있어서 대단히 위험하다.(계시록을 대하는 네 가지 견해[역사주의적·과거주의적·미래주의적·이상주의적-연극적·상징적 접근]에 따른 본문해석 차이를 자세히 알고 싶으면 네 견해의 해석을 병행 배치해 놓은 스티브 그렉의 책을 참고하면 된다.) (S. Gregg, 13ff.) 상징은 상징적으로 해석하는 것이 원칙이다. 요한계시록에 등장하는 용, 용의 졸개인 짐승들, 7, 1,000, 666같은 숫자들을 문자 그대로 읽어버리면 요한계시록의 중요한 메시지를 놓치거나 심각하게 오해할 수밖에 없다. 시편은 시적(詩的)인 기법을 따라 해석해야 하고, 역사서는 문자적인 기록을 정직하게 들여다봐야 한다. 같은 이유로 계시록은 '문자적으로 읽어야만 할 특별한 이유가 없는 한 상징적으로 해석'하는 것이 가장 중요한 원칙이다. 요한이 보여 주는 비전은 기록 영화(다큐멘터리)가 아니기 때문이다.

앞서 말했듯이 요한의 묵시는 묵시이면서 예언이기도 하다. 1:3에서 요한은 이 책이 예언임을 누누이 강조하고 있다. 우리는 흔히 예언을 '앞날(미래)에 대한 예견' 정도로 생각하지만 구약성경 속 예언자들의 책무는 하나님의 말씀을 전달하여 그 백성들이 순종하는 삶을 살도록 도전(자극)하는 데 있었다. 예언은 "곧 일어날 일에 비추어 현재를 이야기하면서 회개와 믿음으로 삶의 자세를 바꾸도록 도전하는 것"이다(J. M. Boice: R. D. Phillips, 8). 그런 점에서 요한계시록은 "당장 회개하고 예수 믿어 구원(영원한 생명: 영생) 받으라"고 아주 강력하게 권하는 책이다. 이 점에서 가까운 미래뿐만 아니라("때가 가까우니라", 1:1, 3) 먼 미래를 이야기하기 때문에 요한계시록은 다른 묵시문학과는 차원이 다르다. 하나님의 예언이기 때문에 요한계시록은 요한 당시 독자들뿐만 아니라 모든 시대에 걸쳐 기독교인들에게 극히 현실적인 연관성(타당성)이 있다. 다시 말해서 계시록은 하나님께서 '오늘' '나에게' '직접' 주시는 정말 '복된 말씀'인 것이다.

'예언의 말씀'이라는 점에서 요한계시록은 다니엘서 2장을 기본 배경으로 한다. 다니엘서 2장은 인류 역사에 차례로 등장할 제국들(바벨론, 메대-파사, 그리스, 로마)을 내다보고 있기 때문이다.

이 여러 왕들의 시대에 하늘의 하나님이 한 나라를 세우실 것이다(단 2:44)

후일에 될 일(단 2:28)

이 다니엘서 말씀의 70인 역에 '아포칼륍시스'라는 낱말이 쓰였다. 요한은 이 말씀을 인용하면서 '후일(마지막 날들)'을 1:1에서 '반드시 속히 될 일'로 고쳐 썼다. 요한 당시에 그리스도의 왕국이 완성된다고 말하기보다는 이 나라가 이제 막 시작되었음을 강조하려 한 것이다. 요한계시록은 예수님이 재림하시기 전 인류 역사 최후의 몇 년에만 초점을 맞춘 것이 아니라 교회 시대 전체(다니엘이 보았던 네 번째 제국이 세워진 시기에 그분의 부활과 승천으로 시작된 그리스도의 통치)를 아우르고 있기 때문이다.(부활: 제러드 크리스핀, 134-49 참조)

다니엘이 보았던, "그리스도의 왕국이 이 세상의 왕국을 정복한다"는 비전이 전개되고 확장되면서 요한계시록은 그리스의 연극처럼 일곱 개의 병행 단락으로 구성되는데 7은 완전, 완성을 상징하는 숫자다. 각 단락(막)은 계시록 이야기의 각 부분을 환하게 비추면서 연극(R. D. Phillips, 266)을 마지막 '절정' 과 '대단원' 국면으로 이끌어 간다. 이 연극에는 요한의 시대에 일어나게 될 한 장면이 포함되어 있는데 그것은 교회 시대를 통틀어 되풀이되고 마침내는 그리스도의 재림 전 마지막 몇 날에 집중되는 형식이 될 것이다.

요한은 우리가 사는 세상의 참 이야기에 관한 '예언'을 비전으로 보여 주면서 "예수 그리스도의 계시"(1:1)라는 말로 편지를 시작한다. 헬라어 구문을 어떻게 이해하느냐에 따라서 이 말은 '예수 그리스도를 계시하다'로 볼 수도 있고, '예수 그리스도께서 계시하시다'로 볼 수도 있다.(이필찬, 2021:33-4) 문학적인 모호성(ambiguity) 기법, 곧 제한 없는 '무조건적 소유격'(Wallace: 김상훈, 159)으로 이 두 가지를 다 의도했을 가능성도 있다. 그렇다면 이 책을 '인자'(김세윤: 이광우, 1993: 7, 주1)이신 "예수님이 (요한의 손을 빌려) 자신을 계시하신 책"으로 볼 수 있을 것이다. 요한이 전하는 비전 형식의 이 예언은 우리가 사는 세상에 대해 가장 중요한 몇 가지 진실을 말해 준다. 첫째, 하늘에서 다스리시는 예수 그리스도는 이 지상에 몸 된 교회를 두고 있다.

몸을 돌이켜 나에게 말한 음성을 알아보려고 돌이킬 때에 일곱 금 촛대를 보았는데 촛대 사이에 인자(人子) 같은 이가 발에 끌리는 옷을 입고 가슴에 금띠를 띠고(계 1:12~13)

예수님은 이렇듯 금 촛대로 상징되는 교회 안에 함께 계신다. 둘째, 그리스도와 그분의 사랑을 받는 성도들을 거스르는 대적으로 가득 찬 이 세상은 매우 위험한 곳이라는 사실이다. 그리스도의 신부인 교회는 사탄을 상징하는 용, 그 용을 지원하는 무시무시하고 게걸스러운 짐승들, 음녀 바벨론, 짐승의 표를 받고 사탄을 따르는 자들에게 포위되어 있다(계 12~13장). 셋째, 교회를 해치려는 치명적인 원수들 앞에서 그리스도의 신부인 교회는 어떻게 될까? 계시록의 대답은 하나님이 그 백성을 지키실 것이며 그 원수들을 심판하시고 양날 검을 가진 예수님을 보내서 그의 신부를 박해한 자들을 죽인다는 것이다. 이어서 그리스도가 그 짐승을 시작으로 그다음 음녀 바벨론 그리고 마지막으로는 사탄과 그 추종자들을 차근차근 물리쳐 그들을 불 못에 던져 넣어 버리실 것이라고 한다(계 18~20장). 넷째, 그리스도께서 그 신부를 구하려고 오신 후에 이 세상에 관한 계시록의 참된 이야기는 행복한 결말로 마무리된다. 신부(新婦)인 교회는 하늘의 거룩한 성 예루살렘에서 찬란한 영광 중에 영원토록 아름답고 사랑스러우며 정복자이신 신랑의 품에 안겨 영원토록 새 생명의 삶을 누릴 것이다(계 21~22장). 어린 양의 신부가 마침내 이긴다는 '행복한 이야기'로 이 계시록이 끝나게 된다.

"그래서 어떻게 됐어요?"
"잘 먹고 잘 살았대."
"에이, 싱거워, 재미없어."

앞에서 말했듯이, 콧날 찡하고 가슴 짠한 여운이 없어서 좀 밋밋할지라도 솔직히 모든 사람이 한결같이 원하는 것이 바로 이렇게 행복한 결말 아니던가?

"하나님이 피조물에게 주시는 사랑은 지상에서 남녀가 나누는 가장 황홀한 사랑조차 물 탄 우유처럼 싱겁게 만들 정도"이다.(C. S. 루이스: 김유복, 68) 이런 사랑의 역사에 대한 예언적인 계시가 바로 요한계시록이다. 그래서 알고 보면 참 재미있는 책이다. 계시록은 재림의 신비로운 단서나 제공하는 자판기(점술 도구)가 아니다. 그렇다고 계시록이 예수님의 재림과 최후 승리를 다루지 않는다는 것이 아니다. 계시록 이야기가 차츰 전개되면서 그 초점을 좁혀 최후의 승리를 가져오는 그리스도의 재림에 맞춰 가는 것은 분명한 사실이다. 계시록은 '하나님의 아들 그리스도의 승리로 박해받으면서 정화된 그 백성을 대속(代贖)하시는 역사 속 하나님의 도덕적인 통치에 관한 메시지'이다. 그러기에 계시록은 모든 세대 그리스도인들의 삶에 도덕적이고 현실적인 관련성을 지닌다.(W. Hendriksen, 42-43) 이것이, 3절에서 요한이 "복이 있을 것", 혹은 "복이 있을지도 모르는 것"이라고 말하지 않고 "복이 있다"고 잘라 말하는 이유다. 어느 시대, 어느 나라에서 살든지 우리는 '하나님의 손안에 있는 역사' 속에 머물고 있으며, 그분의 능(能)하신 손이 늘 우리를 감싸 보호하고 계시며, 우리 주 예수 그리스도 안에서 승리를 주시는 것을 믿어야 한다. 예수 그리스도를 믿는 것이 '지금' 그리고 '영원히' 우리의 (유일한) 힘이다.

1:2 _계시록: 역사적인 편지

요한은 아시아에 있는 일곱 교회에 편지하노니 이제도 계시고 전에도 계셨고 장차 오실 이와 그의 보좌 앞에 있는 일곱 영과 또 충성된 증인으로 죽은 자들 가운데에서 먼저 나시고 땅의 임금들의 머리가 되신 예수 그리스도로 말미암아… 나 요한은 너희 형제요 예수의 환난과 나라와 참음에 동참하는 자라. 하나님의 말씀과 예수를 증언하였음으로 말미암아 밧모라 하는 섬에 있었더니 주의 날에 내가 성령에 감동되어 내 뒤에서 나는 나팔소리 같은 큰 음성을 들으니(계 1:4~5, 9~10)

계시록을 기록한 이의 이름, 수신자 등을 정확히 밝히고 있다. 이것은 계시록 해석에 큰 도움을 주는 "의사소통의 언어·문화적 메카니즘(장치)"이다.(이필찬, 2021:65) 이렇게 '편지'로 시작한 요한계시록은 마지막 '편지'(22:8~21)로 끝맺는다. 이것이 신약성경의 맨 마지막 서신에 요한계시록이 들어간 이유다. "계시록은 가장 장엄한 마지막 편지다. 로마서가 종합적이라면 에베소서는 고상하고 야고보서 혹은 빌레몬서는 실제적이다. 이 '아시아 교회들 앞으로 보내는 편지'는 그중에 어느 한 가지는 근·현대 세계와 직접 관련이 있다."(M. Wilcock, 28)

계시록은 전통적으로, 주님이 사랑하셨던 제자 사도 요한이 밧모 섬에 추방당해 있을 때 쓴 책으로 알려져 있다(이 책은 이런 관점을 따른다). 사도 요한이 아닌 또 다른 요한이 저자일 것으로 추측하는 견해(C. H. Talbert, 2~3)도 있으나, 2세기의 저스틴 마터(100~165), 사르디스의 멜리토, 이레니우스 등 초기 교부들은 계시록을 '사도 요한'의 저작으로 인정했다. 특히 사데 출신 이레니우스는 사도 요한의 개인적인 제자였던 폴리캅을 알고 있었다. "저작권에 관한 한 신약에서 요한계시록만큼 강력하고 이른 시기에 나온 전승의 지지를 받는 책은 없다."(D. A. Carson, 468-73) 어떻게 보든 계시록의 내용을 이해하는 데 큰 차이는 없겠지만 사도 요한이 저자가 아니라고 악착같이 주장해야 할 뚜렷한 이유도 사실 없어 보인다.

한 가지 중요한 것은 계시록의 저작 시기다. 복음주의 신학자들은 요한이 계시록을 도미티안 황제 통치 기간인 주후 95년경에 썼다고 강력하게 주장한다. 이 연대는 이레니우스를 통해 알려진 초기교회 전통과도 일치한다. 이레니우스는 "도미티아누스의 통치가 끝나갈 무렵, 우리가 사는 이즈음, 그리 멀지 않은 시기에" 계시록이 기록되었다는 말을 했다(A. Roberts & J. Donaldson, 1:416).

계시록이 좀 더 일찍, 주후 70년의 예루살렘 함락으로 예루살렘 성전이 무너지기 전에 쓰였다고 보는 시각도 있다. 계시록이 그리스도의 재림을 내다보지 않고 오직 예루살렘의 파멸만을 예언하고 있기 때문이라는 것이다. 이런 논점에서 중요한 것은 상징적인 숫자 666이 로마에서 그리스도인들을 박해하기 시작했던 미친 네로 황제를 의미한다는 것이다.

이레니우스의 증언과 더불어 계시록의 저작 시기를 주후 95년 이후로 보는 몇 가지 중요한 이유가 있다. 첫째, 계시록에 기록된 박해에 경배를 요구하는 짐승이 포함되어 있는데 그것이 네로 통치 기간보다는 도미티안 황제 통치 기간과 잘 어울린다는 점. 둘째, 도미티안 시대에는 로마제국 전체에 걸친 박해가 없었다는 것. 계시록에 등장하는 교회들이 있는 아시아 지역에서 극심한 박해의 증거가 있고 반면 네로가 통치하던 시절에는 그 지역에서 박해가 없었다는 점. 마지막으로 계시록 2장과 3장에서의 교회 묘사는 좀 늦은 시기의 상황(환경)과 어울린다는 점. 다시 말해서 최소한 한 개의 교회(서머나교회)는 초기 네로의 박해 기간에는 아직 세워지지도 않았다는 점 등이다.(G. K. Beale, 1999:4-27)

계시록 편지의 이런 역사성을 감안할 때 계시록이 아직 일어나지 않은 사건만을 말하고 있다고 보는 소위 미래학파의 해석이 오류투성이라는 것을 알 수 있다. 계시록이 고대의 실제 사람들에게 보낸 현실적인 편지이기 때문에 계시록의 의미는 요한 당시의 청중들에게 적합할 뿐만 아니라 그들이 충분히 이해할 수 있는 내용이었다. "이 묵시는 주후 1세기, 박해받는 신자들의 흔들리는 마음을 강건하게 하려는 긴급한 목적이 있었다… 이 책이 현대를 위한 메시지를 담고 있는 것 또한 사실이다. 그러나 1세기에 아시아에 세워졌던 일곱 교회의 특수한 처지와 필요를 먼저 모두 다 연구하지 않는 한 '성령이 교회들에게 하시는 말씀'을 제대로 이해하기는 극히 어려울 것이다."(W. Hendriksen, 44)

1:1~2 _계시록: 복음의 증거

"예수 그리스도의 계시라. 이는 하나님이 그에게 주사 반드시 속히 일어날 일들을 그 종들에게 보이시려고 그의 천사를 그 종 요한에게 보내어 알게 하신 것이라. 요한은 하나님의 말씀과 예수 그리스도의 증거 곧 자기가 본 것을 다 증언하였느니라"(계 1:1~2).

"복음"은 '좋은 소식'임과 동시에 "모두에게 '선한 소식'"이다.(이진오, 13) 이 책은 그리스도에 대한 복음적인 증거를 담고 있는 하나님의 말씀이다. 요한이 기록하기는 했으나 이 책의 메시지는 요한의 창작이 아니라 예수 그리스도를 통해 하나님한테서 온 것이다. 1장 1~2절에 인간 기록자에게 하나님의 메시지가 주어지는 '영감'의 과정이 잘 드러나 있다.

성부 〉 성자 〉 천사 〉 하나님의 종 요한 〉 그리스도의 종들

그러므로 계시록의 말씀은 인간 요한의 경험이나 상상력의 결과물이 아니고 하나님의 계시이다. 그 과정에서 예수님은 하나님의 은혜를 중재하신다.

계시록의 신적인 기원이 담고 있는 의미는 매우 중요하다. 첫째, 하나님은 모든 면에서 완전하시기에 그분이 계시하신 말씀은 오류가 없고 그분이

가르치시는 모든 것은 참되다. 계시록의 말씀을 그런 하나님의 말씀으로 경건하게 믿어야 하며 기꺼이 신뢰하여야 하고 거기 담긴 모든 명령에 즉각 복종해야만 한다. 뿐만 아니라 하나님은 계시록뿐만 아니라 모든 성경의 궁극적인 저자이시므로 계시록은 나머지 다른 성경들의 통일성과 조화된다. 이것은 계시록에서 난해한 본문을 다른 성경에 명확히 드러난 본문과 비교함으로써 그 의미를 추적할 수 있다는 뜻이다. 아울러 계시록의 이미지들이 그보다 앞선 예언적 저작들을 배경으로 하기에, '성경은 성경으로 해석한다'는 원리는 계시록 해석에 있어서 특히 더 중요하다.

계시록은 하나님의 말씀일 뿐만 아니라 "예수 그리스도의 증거"(계 1:2)임을 밝히고 있다. 학자들은 대부분 이 부분을 예수님의 교회를 향한 그분의 증거를 뜻한다(계 19:10 참조)는 것으로 그 의미를 한정했다. 그러나 계시록이 그 백성의 필요를 충분히 채워 주는 구세주요 주님으로서 예수님에 '대한' 증언이라는 것도 또한 사실이다. 종교개혁가(권현익, 5-9 참조) 마틴 루터는 계시록을 "그리스도와 상관없는 책"(M. Luther, 399)이라 하여 계시록을 가볍게 여겼지만 그것은 완전히 잘못 생각한 것이다. 계시록에서 말하는 그리스도는,

> 신부인 교회에게 구애(求愛)하는 하늘의 신랑(계 1:9~3:22)
> 신실한 증인으로 환난에도 하나님 아버지께 끝까지 충성했던 분(1:5)
> 지금도 계신 분으로서 자신을 따르는 이들로 이루어진 교회 가운데 행하시며 성령을 통해 위로와 도전의 말씀을 주시는 분(2~3장)
> 역사의 주인으로 하나님의 두루마리에 찍힌 인(印)을 떼실 수 있는 유일한 분(5:5)
> 하늘의 예배를 받으시는 분(4:1~5:14)
> 어린 양으로 죽었으나 이제는 창조주 하나님과 함께 다스리시면서 오직

하나님만 받으셔야 할 섬김과 예배를 함께 받으시는 분(15:3~4)

말씀의 검(劍)으로 원수들을 무찌르시는 분(19:11~21)

마지막 날에 하나님의 보좌에 앉아 심판하시는 분(20:11~15)

지상에서 고난받는 신부인 빛나는 교회를 구원하여 하나님 앞에서 영원히 살게 하시는 분(21:1~22:21)

장차 오실 분으로서 하나님의 목적을 모두 이루시고 새 하늘과 새 땅에서 하나님과 함께 하나님의 백성을 다스리실 분(22:16~19)

이시다. 이것이 계시록에서 천사들과 예배자들이 예수님께 거듭거듭 찬양을 올리는 이유다. 우리도 마찬가지로 크로스비처럼 계시록에 이렇게 찬양하며 응답해야 한다(찬송가 31장 1절).

찬양하라 복되신 구세주 예수 백성들아 사랑을 전하세

경배하라 하늘의 천군과 천사 주님 앞에 영광을 돌리세

목자같이 우리를 지키시고 종일 품에 늘 안아 주시니

찬양하라 높으신 권세를 찬양 찬양 찬양 영원히 드리세.

(F. J. Crosby, 1869)

계시록에 드러난 이 역사는 '복음' 외의 그 무엇도 아니다. 그리스도가 몸 된 교회를 구원하려고 역사를 다스리신다는 말씀은 무엇보다 '기쁜 소식'이고 '선한 소식'이다. (이진오, 13) 그래서, 계시록이 아직 구원받지 못한 사람들만을 위한 복음이라는 생각은 그야말로 엉터리다. 계시록의 가장 중요한 목적이 복음은 아니라 해도 그 독자는 하나님의 심판에 직면한 믿지 않는 세상뿐만 아니라 포위 공격당하면서 그리스도의 위로를 바라는 교회이기도 하다. 확실히 계시록은 '복음적'이다. 이 책은 '구원이라는 공짜 선물'을 받으라고 초청하는 메시지로 끝맺기 때문이다(계 22:17). 그러나 그 복음적인 메시지는 주로 그분의 복음이 세상을 다스리기 때문에 용감하게 충성하라는 뜻에서 그리스도가 부르신, 고난받는 궁핍한 신자들에게 주어진 것이다.

> 성령과 신부가 말씀하시기를 오라 하시는도다. 듣는 자도 오라 할 것이요 목마른 자도 올 것이요 또 원하는 자는 값없이 생명수를 받으라 하시더라(계 22:17).

1:3 _계시록: 복의 통로

마지막으로, 다른 성경들과 마찬가지로 계시록 또한 그 말씀을 읽고, 듣고, 그 말씀에 순종하는 이들이 하나님의 복을 받는 수단이 된다. 요한은 이 첫 단락을 이런 초대의 말씀으로 끝맺는다.

> "이 예언의 말씀을 읽는 자와 듣는 자와 그 가운데에 기록한 것을 지키는 자는 복이 있나니 때가 가까움이라"(계 1:3).

이 책의 원저자이신 하나님이 지금도 지혜와 권능으로 온 세상을 다스리시기 때문에 계시록 말씀을 읽고 믿는 이들은 바로 오늘 이 자리에서도 초자연적으로 복을 받을 것이다. 계시록에서 약속하는 일곱 가지 복이 있다: 1:3; 14:13; 16:15; 19:9; 20:6; 22:7; 22:14.(존 F. 왈부드, 17)

요한은 복의 내용을 밝히고 있는데, 첫째, "이 예언의 말씀을 (큰 소리로) 읽는 자가 복이 있다"(계 1:3)고 한다. 2~3장의 교회 목록은 소식을 전하러 가는 자의 여행경로를 따르고 있는데 각 지역의 회당에서 이 말씀을 큰 소리로 읽어야 한다는 뜻이 내포되어 있다. 박해가 심한 시절일수록 이런 행위는 큰 용기와 예수님을 향한 강한 헌신이 꼭 필요했는데, 그러기에 그것을 읽는 이는 하나님이 틀림없이 복을 주신다는 것이다. 뿐만 아니라 계시록의 많은 비전이 주로 하늘의 예배 중에 일어나는 것처럼, 그 말씀을 읽는 일도 지상에서의 예배행위이기 때문이다. "하나님의 뜻이 하늘의 예배에서 어떻게 이루어지는지 보여줌으로써, 요한은 교회가 지상에서 어떻게 그분의 뜻을 수행해야 하는지를 계시하고 있다."(D. Chilton, 54)

더 나아가서 계시록 말씀을 "듣는 자"와 "그 가운데에 기록한 것을 지키는 자들"도 하나님의 복을 받는다. 계시록에 "그리스도에 대한 가르침으로서의 '교리'와 그리스도의 길로서의 '윤리' 이 두 가지가 다 담겨 있기" 때문이다.(우병훈, 13) 계시록을 지킨다는 것은 거기 담긴 메시지를 보배로 여기고 주어진 그리스도의 모든 명령에 복종한다는 것이다. 요한이 독자들을 하나님의 "종"(1:1)으로 묘사한 이유가 거기에 있다. 참 신자들은 하나님의 모든 계명에 복종하는 의무를 받아들이며 또한 성경에 외적으로 동의할 뿐만 아니라 그 말씀을 자기 삶의 신실함으로 확증한다. 이런 종들 아니 오직 이런 이들만이 하나님의 말씀을 통해 오는 은혜로 하나님이 주시는 복을 받는다.

첫 단락의 마지막 말씀에 계시록을 받아들이는 일이 긴급하다는 것이 드러나 있다. "때가 가까움이라"(계 1:3). 계시록을 대하는 서글픈 경향 가운데 하나는 계시록이 오직 역사를 끝내기 위해 오시는 그리스도의 '재림에만' 주로 초점을 맞추고 있다고 믿는 것이다. 이런 논리에서, 상당히 많은 계시록 설교가 "예수님의 재림을 맞을 준비가 되셨습니까?"라는 질문으로 끝난다. 계시록이 그리스도인들이 직면해야만 하는 큰 사건을 예언하고 있는 것은 분명하다. 그러나 그 큰 사건은 재림이 아니다. 최소한 재림이 첫째가는 주제는 아니다. 오히려, 계시록의 관점에서 곧 닥칠 사건은 피에 굶주린 세상에 의해 그리스도의 교회가 당하는 처절한 박해이다. 우리 개인이 세상을 떠나든, 아니면 그리스도의 공식적인 오심이든, 그리스도의 재림이 다가오고 있는 것은 틀림없다. 그러나 요한이 긴급하게 여겨 호소하는 것은 주님의 교회가 세상의 잔혹한 박해에 직면해서도 그리스도의 약속과 명령에 목숨 걸고 복종해야 한다는 것이다.

요한이 약속하듯이 모든 그리스도인은 비록 박해를 받고 있고 연약함과 죄에 시달릴지라도 성경의 구원하는 증거를 듣고 지킴으로 '지금' 복을 받을 수 있다. 하나님의 말씀으로 인한 온갖 시련 속에서도 우리는 복을 받았다. 동화 신데렐라 같은 이야기의 행복한 결말처럼 하나님은 아시아의 여러 교회를 위해 그 종 요한에게 예수 그리스도의 계시를 주셨다. 이런 점에서 계시록은 로마서 8장의 마지막에서 바울이 전해 준 것과 똑같은 메시지를 전하고 있는 것이다.

> 기록된 바 '우리가 종일 주를 위하여 죽임을 당하게 되며 도살당할 양 같이 여김을 받았나이다' 함과 같으니라. 그러나 이 모든 일에 우리를 사랑하시는 이로 말미암아 우리가 넉넉히 이기느니라. 내가 확신하노니, 사망이나, 생명이나, 천사들이나, 권세자들이나, 현재 일이나, 장래 일이나, 능력이나, 높음이나, 깊음이나, 다른 어떤 피조물이라도 우리를 우리 주 그리스도 예수 안에 있는 하나님의 사랑에서 끊을 수 없으리라(롬 8:36 ~39).

은혜와 평안이 여러분들에게
(요한계시록 1:4~5)

> ⁴요한은 아시아에 있는 일곱 교회들에게 (편지한다) 지금 계시고 전에도 계셨고 장차 오실 이로부터 그의 보좌 앞에 있는 일곱 영으로부터 ⁵그리고 신실한 증인이시요 죽은 자들의 처음 나신 이시요 땅의 왕들이 통치자이신 예수 그리스도로부터 ^{4b}은혜와 평안이 여러분들에게 있기를. (이필찬, 2021:64)

신문 기사를 작성하는 여섯 가지 원칙(5W1H)이 있다. 역사 서술에도 마찬가지로 이 원칙이 적용되는데 그중에 '누구(Who)' 곧 이야기에 등장하는 주인공을 먼저 살펴보는 것이 이야기의 핵심을 파악하는 데 의외로 간단하고 효과적일 수 있다. 이 주인공들이 결국은 이야기의 흐름을 주도해 나가기 때문이다. 예언적 묵시인 계시록은 한 편으로는 역사서의 성격도 띠고 있기 때문에 먼저 등장하는 인물에 주목하며 이야기를 읽을 필요가 있다. 계시록 1:4~6은 일종의 축복이자 송영인데 이 본문 안에서 계시록의 중요한 인물들을 추적할 수 있다. 본문에는 사도 요한, 아시아의 일곱 교회, 하나님, 예수 그리스도가 등장하고 아울러 하나님께서 그리스도 안에서 부어 주시는 복의 내용이 잘 압축되어 있다. 물론 그 배경에는 계시록이 기록되던 시기의 역사적 배경이 되는 악마 같은 로마 황제 도미티안의 박해가 몹시 어두운 그림자를 드리우고 있다.

1:4 _사도 요한

앞 단락(계 1:1~3)에서 계시록을 기록한 요한이 '사도 요한'임을 밝혔다. 사도 요한은 요한복음과 요한1·2·3서의 저자로도 알려져 있고, 예수님의 최측근 제자 3인 가운데 한 사람이자 예수님이 "사랑하시는 제자"(요 19:26)로서 신약성경에서 대단히 중요한 인물이다. 계시록 1:1에서는 요한을 예수 그리스도의 "종"이라 했다. 요한은 "1세기 말 교회의 장로이자 지도자였다… 전 세계의 성도들을 지극히 사랑한 점에서 그리고 그리스도를 향한 뜨거운 헌신으로 널리 사랑과 존경을 받고 있었다."(J. MacArthur, 97)

인류의 역사는 "'하나님께 속한 백성의 불(不)신실성'과 '하나님의 신실하심'"이(김지찬, 하-269-71) 날줄과 씨줄로 얽혀 있다. 그런 세상에서 말년의 요한은 예수님의 '신실한' 종으로 드러나고 있다. 계시록이 주후 95년 무렵에 기록되었다고 한다면 당시 요한은 아마 80살이 넘은 노인이었을 것이다. 12 제자 가운데서는 십대 청소년으로서 최연소자였고 예수님이 십자가에서 숨지는 것을 지켜보았으며 예수님의 부활 후 빈 무덤을 확인하기 위해 베드로와 함께 무덤으로 열심히 달려갔던 사람이다. 오늘날 소년 시절부터 노년까지 한평생을 오롯하게 소명을 감당하는 이는 그리 많지 않다. 요한과 그의 형제 야고보에게 주님이 오셔서 그들을 "사람 낚는 어부"(막 1:17~20)가 되게 하겠다고 약속하신 때부터 말년에 이를 때까지 무려 60년 이상을 그는 교회의 목자로, 예수님의 사도로, 복음의 증인으로 주님을 섬겼다. 요한의 신실한 섬김은 1세기 교회 역사에서 각별히 가치 있는 것이었다. 마찬가지로 주님의 부르심에 일평생 순종했던 그의 올곧은 신앙과 삶은 교회사의 값진 유산이며 주님께는 영광이 되고 주님의 교회에게는 정말 복된 일이었다.

초대교회 전승에서는 말년의 요한 사도가 전략적 요충지인 에베소에서 교회를 이끌고 있었다 한다. 이 점은 에베소가 주도적인 도시로 자리 잡고 있던 지역에 있는 교회들에게 이 편지를 썼기 때문에 요한계시록의 내용과도 부합된다. 이것은 또한 요한이 그리스도의 '겸손한' 종이었음을 가리킨다. 에베소교회는 사도 바울이 개척했다(행 19장). 그 교회의 장로들은 사도 바울이 양육한 사람들로서 열정적인 사도에게 깊은 존경심을 갖고 있었다(행 20:37~38). 바울은 그의 제자이자 영적인 아들 디모데 목사를 에베소교회의 담임으로 세웠다(딤전 1:3). 따라서 요한은 누군가의 사역을 완결짓기 위해 전임자보다 무게감이 많이 떨어지는 후임 목사를 이렇게 위임하는 일을 수용해야 했을 것이다. 오늘날 많은 강력한 지도자들이 자기가 바라는 (후임 목회자) 경력의 목표치를 중시하여 이런 식의 부르심을 거부하곤 하지만, 요한은 바울의 제자인 디모데 목사를 기꺼이 받아들임으로써 이렇듯 자신을 가장 필요로 하는 곳에서 섬기며 겸손하게 자신을 드렸다. 어쩌면 그는 예수님이 올리신 대제사장의 기도를 기억하고 있었을 것인데, 그 기도에는 주님께서 아버지께 "나를 사랑하신 사랑이 그들 안에 있게"(요 17:26) 해 달라는 간구가 들어 있었기 때문이다. 요한은 에베소교회의 소중한 성도들에게 좋은 목자를 불러 세워 주는 일을 겸손하게 수용함으로써 그리스도께서 갖고 계신 사랑의 정신, 그 본보기가 되었다.

계시록에서 요한이 했던 사역의 세 번째 특징은 그가 여전히 그리스도의 종으로 '계속 성장'하고 있었다는 점일 것이다. 흔히 우리는 요한 같은 위대한 지도자들은 말년쯤에는 그의 삶이 완벽하고 빈틈없었을 것으로 생각하기 쉽다. 그러나 계시록에서는 질문을 계속하면서 때로는 주님과 깊은 친교를 위해 위쪽으로 올라오라는 부름을 받드는 과정에서 자주 실수하는 '인간 요한'의 모습을 솔직하게 보여 줄 것이다. 이토록 위대하고 노련한 사도 요한이 이 책에 실린 비전을 보며 깜짝깜짝 놀라고 또한 그리스도의 승리에 그 토록 전심으로 영광을 돌릴 수 있었을진대 하물며 훨씬 더 비천한 종들인 우리는 참으로 별로 할 수 있는 것이 없으니 예수 그리스도를 믿음과 그 지식에서 좀 더 열심히 성장하고자 하는 마음을 더더욱 가져야만 하지 않겠는가.

1:4 _아시아의 일곱 교회

요한계시록의 수신자는 "아시아에 있는 일곱 교회"(1:4)이다.(이필찬, 2006:49 도표 참조) 누가의 기록에 의하면 로마지역의 아시아는 사도행전 16:6에 맨 처음 등장한다. 바울은 이 지역에 말씀을 전하고 싶었으나 "성령이 아시아에서 말씀을 전하지 못하게" 하였다. 그 대신 바울은 마케도니아로 여행하면서 그리스 지역의 몇몇 큰 도시에 복음을 전했다. 주후 53년 무렵, 그의 3차 선교 여행 때에서야 바울은 아시아의 수도 에베소에 갈 수 있었다. 바울은 거기에 약 3년간 머물렀고 매우 중요한 에베소교회를 세웠는데 이 교회를 통해 그 지역의 다른 도시에 복음이 전파될 수 있었다. 바울서신 중에 두 개, 곧 골로새서와 빌레몬서는 아시아 지역 에베소 바깥에 사는 신자들에게 주는 메시지였다.

요한의 편지는 맨 먼저 에베소에 보내졌고 이어서 그 지역의 북쪽에서 동쪽 방향으로 반원을 그리면서 전해졌다. 에베소 다음으로, 서머나, 버가모, 두아디라, 사데, 빌라델비아, 라오디게아가 있었다. 요한이 왜 이 지역 교회에 편지를 썼느냐는 질문이 나올 수 있다. 골로새와 히에라폴리스에도 교회가 있었기 때문에 아시아의 이 지역에 오직 이 교회들밖에 없었다는 대답은 하기 어렵다. 약 20년 후, 요한의 제자 안디옥의 이그나티우스도 탈레스와 마그네시아에 있는 교회에 편지를 썼다. 뿐만 아니라 흔히 하는 말처럼 이 일곱 교회들이 교회사의 연속적인 시대를 나타낸다는 주장은 전혀 근거

가 없다.(Scofield Reference Bible, 1909: 계시록 1:20에 대한 주석)

가장 좋은 대답은 창조의 한 주간인 7일 동안에 창조가 완성되었기 때문에 성경에 나오는 숫자 '7'이 '완성'을 나타낸다는 것이다. 구약성경에서는 제사장이 거룩한 옷을 7일간 입고(출 29:30, 35) 성전 건축도 7년간 진행되었고 (왕상 6:38) 성막 봉사와 낙성식도 7일간(왕상 8:65; 대하 7:8~9) 진행되었다.(이광우, 1993:32, 주 75) 그래서 요한이 이 일곱 교회에 실제적인 편지를 썼다 해도 그 숫자 7은 교회 시대 지상 교회 전체 모든 시대를 통틀어서 그리스도인들을 괴롭히는 모든 종류의 도전을 나타내기 위해 선택된 것이다. 어쩌면 이것이 바울이 개개의 편지를 "귀 있는 자는 성령이 교회들에게 하시는 말씀을 들을 지어다"(계 2:7, 11, 17 등)라는 똑같은 말로 끝맺는 이유일지도 모른다. "'아시아의 일곱 교회에 요한이'라는 말은 '모든 시대 모든 백성의 교회에 예수 그리스도가'라는 말과 똑같으며, 따라서 오늘의 우리에게도 또한 그러하다."(J. B. Ramsey, 42)

교회와 신자를 향한 핍박이 아주 극심하지는 않았지만, 요한이, 곧 아주 포악한 박해에 직면하게 될 그리스도인들에게 계시록을 쓰고 있다는 점은 명확하다. 세속 역사에서는, 도미티안 황제가 박해로 몰고 가는 황제 숭배를 요구했다손 치더라도 도미티안 치하에서 기독교인들을 심하게 박해했다는 기록은 별로 없다. 요한이 버가모교회의 순교자 안디바 한 사람의 이름만을 기록하고 있다는 사실(계 2:13)은 이런 사건이 아직은 일상적이지 않았다는 것을 암시한다. 그러나 심각한 박해의 조짐은 차츰 가까이 다가오고 있었다. 113년 소아시아의 로마 총독 플리니는 트라얀 황제에게 자신의 통치를 받는 그리스도인들에 관한 통치 지침을 요청하는 편지를 썼다. 플리니는 기독교의 복음전파를 한참 떠오르는 심각한 문제로 보았다: "남녀를 막론하고, 모든 시대 모든 사회 계층의 아주 많은 사람이 재판을 받게 되었으며, 아울러 이런 흐름이 계속될 것처럼 보였습니다. 도시뿐만 아니라 큰 고을 심지어 시골구석까지 이 신흥종교의 감염이 진행되고 있었습니다." 도미티안의 대를 이은 황제 트라얀은 "유죄판결 받은 그리스도인은 사형시키라"고 답변했다. 기독교를 부인한다는 사람들은 황제의 형상을 경배함과 동시에 그리스도의 이름을 저주함으로써 그 진정성을 증명해야만 했다. 이것은 요한의 편지가 일곱 교회에 전달된 때와 플리니의 편지가 황제 트라얀에게 전달된 시기 사이의 짧은 몇 년 사이에 잔혹한 박해가 사실상 소아시아의 그리스도인들에게 가(加)해졌음을 알려 준다.(G. K. Beale, 1999:5-16)

　이 편지들은 분명히 박해가 가까이 다가오고 있음을 드러내고 있었으므로 이 교회들이 당면한 주요 문제는 '부질없는 영적인 만족감'이었다. '도덕'과 '교리적 충성도'에서 그들은 대체로 긴장이 풀려 '방종한 상태'였고, 어떤 경우에는 '복음 사역의 열정이 사라져' 버리기도 했다. 예수님은 계시록 2:20에서 "행음"과 "우상의 제물을 먹는 것"을, 2:14~15에서는 "발람의 교훈을 지키는 것"과 "니골라 당의 교훈을 지키는 자들"을, 3:16에서는 "미지근하여 뜨겁지도 아니하고 차지도 아니한" 자들을 꾸짖었다. 사실 이 문제들은 요한 당시 소아시아 일곱 교회에만 있는 문제가 아니라 역사 속 모든 성도에게도 해당하는 것이다. 그러므로 계시록은 가까이 다가오고 있으면서 그들의 믿음을 겨냥한 시련을 깨닫지 못하고 부질없는 만족감에 빠진 자들을 향해 말하는 것이다. "상당한 범위에서 그것은 어느 특정 위험에 빠진 것을 감지하지 못하는 그리스도인들을 깨우는 자명종, 요한 당시뿐만 아니라 오늘 우리에게도 딱 어울리는 '시국 소책자'이다."(J. R. Michaels, 20)

1:5 _은혜와 평강의 하나님

　계시록은 요한이 소아시아 일곱 교회에 써 보낸 편지이지만 이 책의 주인공은 요한이 받아 전달하는 메시지의 주인이신 하나님이다. 이 메시지는 누구라도 받을 수 있는 가장 소망스런 소식이다.

"은혜와 평강이 너희에게"(계 1:5)

이 두 낱말은 그리스도께서 파송한 사도들의 표준 인사말 형식이 되었는데 이 낱말들의 몇몇 조합이 신약성경에 수록된 거의 모든 서신의 시작과 끝에 나타나고 있다.

'평강'은 하나님이 베푸시는 호의(好意)를 받아들이는 이들에게 하나님이 주시는 복을 나타내는 포괄적인 용어다. '은혜'는 하나님이 이 평강을 죄인들에게 허락하시는 방식, 곧 예수 그리스도를 통해 아무 공로 없이 '거저 주시는 호의'를 나타낸다. 계시록의 수신자들에게, 포악한 증오와 치명적인 유혹이 널린 세상에서 하나님의 평화를 누리는 것보다 더 필요한 것이 무엇이 있었겠는가? "분명히, 세상이 원하는 한 가지는 하늘에 정말로 하나님이 계시는지, 그분이 나와 관련된 무슨 일이든 돌보시는지, 내가 전적으로 나를 맡기고 신뢰할 수 있는 분인가 하는 질문에 답이 주어지는 것이다."(A. Maclaren, 59) 이 평화를 오직 하나님의 은혜를 통해서만 제공하심으로 성경은 우리의 상태에 관한 진짜 문제를 드러낸다. 곧 죄인으로서 우리는 하나님 앞에 죄책이 있고 죄 때문에 내적으로 부패했다는 것이다. 그럴 만한 가치도 없는 약한 자들에게 손을 내미시는 하나님의 주도권에 의해서만 우리가 구원받을 수 있다. 아시아의 일곱 교회 혹은 오늘날 역경에 처한 사람들의 필요를 진정으로 채워 줄 수 있는 하나님만이 거저 주시는 은혜로 우리에게 참 평화를 주실 수 있다.

은혜와 평강을 주시는 하나님을 정의하면서 요한은 조심스럽게 삼위일체 형식을 선택했는데 이 형식으로 삼위 하나님의 각 위격(位格)에서 평강과 은혜가 어떻게 흘러나오는지를 잘 표현하고 있다. 첫째, 요한이 말하기를 은혜와 평강은 "이제도 계시고, 전에도 계셨고, 장차 오실 이"(계 1:4)로부터 나온다고 한다. 요한은, 불타는 떨기나무로부터 모세에게 말씀하셨을 때의 그 말씀을 인용하면서 '성부 하나님'을 언급하고 있다. 모세가 하나님의 이름을 묻자, "나는 스스로 있는 자니라"라고 하시고 이에 덧붙여서 "스스로 있는 자가 나를 너희에게 보내셨다 하라"(출 3:14)고 하셨다. 이와 비슷하게 요한은 하나님이 "누구신지"를 표현한다. 하나님은 그 존재를 다른 어느 근원에 의존하지 않고 자신의 능력으로 존재하신다. 영원토록 "존재하시는" 하나님은 현재뿐만 아니라 과거와 미래에도 만물을 주권적으로 다스리시고 다스리실 것이다. 그분은 "이제도 계시고, 전에도 계셨고, 장차 오실 분"(계 1:4)이시다. "초기 그리스도인들이 그들에게 불확실한 미래가 닥치는 듯할 때 그들은 하나님의 영원한 통치에 대한 절대적인 확신이 있어야만 했다… 권력을 가진 자들에게 위협받고, 배척당하고, 박해받을 때 그럼에도 그들은 자기들의 영원한 하나님, 그리고 역사를 끊임없이 다스리시는 하나님에 대한 지식 안에서 즐거워했다."(D. Chilton, 59) 미래에 대한 하나님의 주권은 계시록의 메시지에 필수적인데 계시록은 교회의 역사를 예언함과 동시에 "하나님의 영원한 존재 덕분에" 그분이 "역사의 과정을 다스리는 주권을 행사"하신다는 것을 선포하고 있다.(R. Mounce, 68)

은혜와 평강은 아버지한테서만이 아니라 "그분의 보좌 앞 일곱 영"(1:4)으로부터도 나온다. 일부 학자는, 요한이 나중에 "일곱 교회의 일곱 천사"(1:20)(D. E. Aune, 34)를 언급하는 내용을 근거로 "일곱 영"이 하나님의 뜻을 시행하는 천사들("영적 존재들은 영이다", 마이클 하이저, 57)이라고 한다. 그러나 여기의 "일곱 영"이라는 표현이, 아버지와 아들과 함께 등장하기 때문에 '일곱 영'은 틀림없이 성령을 가리키고 있다. 뿐만 아니라 '은혜와 평강'이 하나님 외의 누군가로부터 기원할 수 있다는 것은 상상할 수도 없다.(D. Chilton, 60) 요한은 "그 활동과 권능이 충만한 하나님의 영"을 표현하려고 "일곱 영"이라는 말을 쓰고 있다.(G. B. Caird, 15) 요한은 또한 이사야 11:2에서 말하는 장차 메시아에게 임할 영의 일곱 가지 측면을 마음에 두고 있었는지도 모른다. 이것은 메시아가 성령의 권능을 덧입어 사역을 성공적으로 감당한다는 말씀이다.(최윤갑, 119-24)

> 그의 위에 ①여호와의 영 곧 ②지혜와 ③총명의 영이요 ④모략과 ⑤재능의 영이요 ⑥지식과 ⑦여호와를 경외하는 영이 강림하시리니(사 11:2)

마지막으로 요한은 이 이미지를 스가랴 4:2~6에서 끌어온 것 같은데 거기서는 성령의 사역이 일곱 순금 등잔이 달린 촛대에서 빛이 나와 어둠 속에 빛을 비추는 것으로 그려지고 있다. 앞서 지적한 바와 같이 이미지는 말보다 더 많은 말을 한다. 상징도 그렇다.(차정식, 327) 성경은, 신자들에게 은혜와 평강을 적용하는 사역과 함께 하나님의 보좌에서 나오는 성령에 대해 가르치고 있다. 성령은 그리스도를 믿음으로 하나님의 백성들이 세상을 정복할 수 있도록 완전하고 충분한 능력이 되신다. 일곱 겹의 성령은 촛대가 불신앙의 어둠에 복음의 빛을 비추는 것처럼 그것으로 그리스도의 모든 교회를 섬기는 능력을 공급한다.

1:4~5 _그리스도의 삼중직

아버지와 성령으로부터 흘러나오는 은혜와 평강을 말하면서 요한은 아들 하나님을 최고로 강조한다: "또 충성된 증인으로 죽은 자들 가운데에서 먼저 나시고 땅의 임금들의 머리가 되신 예수 그리스도로 말미암아"(계 1:5). 여기서 예수님이 돋보이도록 하는 흐름은 계시록 전체에 걸쳐 꾸준히 이어질 것이다. 성경을 통해서 삼위 하나님의 활동은 하나라는 것을 이미 잘 알고 있다. 한 위격(位格)께서 무엇을 하시든 그것은 삼위가 함께 하시는 것으로 간주 된다. 하지만 성부와 성령이 상대적으로 계시록의 배경에 숨겨진 것처럼 보일 수도 있는데 계시록 전체에 역사의 주인, 그리고 몸 된 교회의 구세주이신 예수님, 그분의 영광스러운 승리의 통치가 강렬하게 무르녹아 있기 때문이다.

예수 그리스도께서 어떤 공로나 덕목이 아닌 오직 은혜만으로, 단지 복음을 받아들이는 믿음만으로 구원을 베푸신다는 것이 계시록의 결론이다: "듣는 자도 오라 할 것이요, 목마른 자도 올 것이요, 또 원하는 자는 값없이 생명수를 받으라"(계 22:17). 계시록이 시작되는 본문에서 요한은 선지자, 제사장, 왕이라는 예수님의 직분에 상응하는 세 가지 핵심 묘사로 바로 그 구세주를 소개하고 있다.

우선 예수님은 "충성된 증인"이시다(계 1:5). 이것은 예수님께서 어두워진 세상에 하나님과 그분의 구원을 완벽하게 계시하셨다는 뜻이다. 아버지와 밀접한 교제를 누리던 하늘에서 오셨기에, 예수님은 세상에 아버지를 알릴 수 있었다. 예수님은 이렇게 말씀하셨다: "진실로 진실로 네게 이르노니 우리는 아는 것을 말하고 본 것을 증언하노라"(요 3:11). 히브리서 1:1~2에서는 "옛적에 선지자들을 통하여 말씀하신 하나님이 이 모든 날 마지막에는 '아들을 통하여' 우리에게 말씀하신다"는 것을 강조하고 있다.

공생애 기간의 도덕적 완벽함, 비유를 통한 가르침에 드러나는 하나님의 지혜, 폭풍을 잠잠하게 하고, 병자를 고치고, 귀신을 쫓아내는 이적으로 예수님은 하나님의 '거룩'을 계시하셨다. 그러나 죄인들이 필요로 하는 하나님이 은혜와 평강에 대해 예수님이 보여 주셨던 신실한 증거는 바로 십자가에서의 죽음이었다. 대속(代贖)하시는 그리스도의 죽음은, 우리가 하늘을 거스른 죄가 얼마나 무시무시한 것인지…, 따라서 오직 하나님의 완벽한 아들, 그분의 죽음만이 우리를 용서하실 수 있다는 것을 계시하였다. 동시에 신자들이 모든 죄에서 자유를 얻게 하려고 아버지와 아들이 이런 희생을 기획하실 수 있었던 놀라운 하나님의 은혜를 보여 주었다. 요한이 선포한 은혜는 예수님이 선포하신 복음을 믿음으로만 받게 되는데 그 믿음으로 하나님과 화평을 얻고 우리 영혼에 하나님이 주시는 평강의 복을 받게 된다.

아울러 그리스도를 증언하기 때문에 박해를 경험할 위기에 처한 그 백성을 격려하기 위해 예수님은 충성된 증인으로 묘사된다. 세상의 통치자들 앞에서 죄인 대신 죽은 예수님은 충성된 증인이시다. 그러나 예수님은 무덤에서 부활하실 것도 예언하셨다. 그분의 말씀을 믿음으로 그리스도인들은 박해가 "우리를 우리 주 그리스도 예수 안에 있는 하나님의 사랑에서 끊을 수 없다"(롬 8:39)는 것을 알 수 있다. 만일 예수님이 "충성된 증인"이라면 우리 역시 죄로 죽어가는 세상에 하나님의 은혜와 평강을 선언하면서 그 어떤 대가를 치르더라도 그분의 이름으로 우리의 증거를 간직하여 세상에 그것을 드러내는 데 실패하면 안 된다.

둘째, 예수님은 "죽은 자들 가운데에서 먼저 나신 분"(계 1:5)이시다. 이것은 예수님이 자신의 부활로 죽음을 정복하시고 이제는 생명과 구원을 다스리시는 주님, 곧 "만물의 주권자"(이필찬, 2021:74-6)라고 말하는 것이다. 아울러 부활의 첫 열매로서 예수님은 제2, 제3, 제n 번째의 부활이 있을 것을 보장한다: 구원 얻는 믿음으로 예수님과 연합된(브라이언 채플, 34-7) 모든 이는 그분과 함께 부활하여 영광에 들어갈 것이다. 더욱이 그분의 부활로 예수님은 오늘 그 백성들에게 은혜와 평강을 전달하신다. 예수님은 아버지의 보좌 우편에 앉으셔서 자신의 영원한 대제사장직을 통한 중보 사역으로 그분을 믿는 죄인들에게 항상 은혜 베푸실 것을 보증하신다.

영원히 사시는 그리스도를 우리가 섬긴다는 것을 기억하면서 그리스도인들은 아시아의 교회들처럼 복음을 위해 기꺼이 고난을 겪어야만 한다. 어느 신학자는 이렇게 말했다. "오늘날 서구 사회에서 그리스도를 증언하는 일에 직접적인 생명의 위협은 그다지 많지 않아도 기독교인들은 아주 간접적인 방식으로 세상과 타협하게 만드는 지속적인 압박을 받고 있다. 오늘날 죄는 아주 가볍게 여겨진다… 예수 믿는 것이 그럭저럭 허용될 수도 있다… 만일 우리가 예수를… 우리 시대에 진실되고 적합한 인물로 선포한다면 이내 우리에게 무지막지한 저주가 쏟아질 것이다."(R. D. Phillips, 24) 이런 식의 반대에 직면했을 때 그리스도인들은 오직 예수님만 가져오실 수 있는 은혜와 평강을 줄기차게 선포하고 있어야 한다. 바울은 로마서 8:34에서 이렇게 논증했다: "누가 정죄하리요? 죽으실 뿐 아니라 다시 살아나신 이는 그리스도 예수시니 그는 하나님 우편에 계신 자요 우리를 위하여 간구하시는 자시니라."

세 번째로, 요한은 그리스도를 묘사하면서 '왕'이신 그분의 권위를 찬양하고 있다: "땅의 임금들의 머리가 된 분"(계 1:5). 이것은 시편 89:27과 맥을 같이한다. "내가 또 그를 장자로 삼고 세상 왕들에게 지존자가 되게 하며." 역사를 다스리는 참 주권자가 은혜와 평강의 주님이신 예수님이라는 것을 아는 것은 얼마나 복된 일인가! "그분의 지배는 사랑과 희생에 기반한다. 따라서 그분의 왕국은 복과 관대함의 나라다; 그리고 그분은, 먼저 가시관을 쓰셨기 때문에 나중에 우주의 왕관을 쓰셨다. 그분의 첫 제왕(帝王)의 지위는 그분의 십자가 위에 기록되었고, 따라서 그 십자가로부터 그분의 왕권이 영원토록 흘러 나온다"(빌 2:5~11).(A. Maclaren, 17:124)

예수님은 영원토록 다스리신다. 그리하여 주님은 그분의 이름을 부르는 이들에게 은혜와 평강을 보내 주실 것이다. 그분은 하나님의 은혜와 평강의 참 증거를 지니신 위대한 '선지자'이시다. 그분은 자기의 이름으로 기도하는 이들에게 은혜와 평강을 보장해 주면서 하늘의 하나님 존전에서 중보(중재)하시기 위해 다스리시는 위대한 '제사장'이시다. 그리고 예수님은 그분의 옥새로 영생을 보증하면서 하나님의 은혜와 평강을 공급하시는 위대한 '왕'이시다.

1:4~5 _보좌에 앉아 계시는 분께

그리스도를 소개하는 일을 마무리하면서 요한이 그분을 "땅의 임금들의 통치자(머리)"(계1:5)로 기록한 것은 의심의 여지가 없는데 요한의 속내는 이와 똑같은 도미티안 황제의 호칭을 은근히 풍자하려는 것이었다. 비록 그리스도께서 하늘의 보좌에 앉아 계셔도 인간에게 가장 사악하고 위험한 통치자가 로마의 보좌에 앉아 있었기 때문이다. 로마 황제 도미티안은 아주 방탕한 생활을 했고 자신의 최측근들을 파멸시키면서 제국을 순전히 폭력으로 다스리고 있었다. "자기 형제를 죽도록 방치하고, 자기 조카딸을 유혹하고, 자기에게 농담 한마디 건넸다고 사람들을 죽이고, 자기를 '주님이자 하나님'으로 부르라고 하는 어떤 사람이 다스리는 세상에 살고 있다고 한번 상상해 보라."(J. M. Hamilton, 30) 요한이 기록한 계시록의 수신자인 그리스도인들은 도미티안과 그 뒤를 잇는 악한 황제들이 자기들을 겨냥하고 있는 바로 그런 세상에서 살았다.

계시록은, 공포에 떠는 신자들에게 예수님이 다스리시는 '보좌의 관점에서 보는 세상'의 진리를 알려 주기 위해 기록되었다. 아버지로부터, 성령으로부터, 아들 그리스도로부터 나오는 은혜와 평강이 있다. 하나님의 말씀은 진리이며, 그분은 죽음을 정복했고, 또한 그분은 자기의 이름을 신실하게 증거한 백성들을 구원하기 위해 다스리신다. 도미티안은 지상의 권세라는 보좌에서 다스렸지만 하늘과 땅의 주권자로 보좌에 앉으시고 모든 역사의 주인이신 예수님은 그분을 신뢰하는 이들에게 이렇게 선포하실 수 있었다: "내가 그들에게 영생을 주노니, 영원히 멸망하지 아니할 것이요, 또 그들을 내 손에서 빼앗을 자가 없느니라"(요 10:28).

모든 면에서 참 주권자이신 예수 그리스도와 도미티안은 얼마나 다른 가. 고대 역사가인 수에토니우스는 도미티안을 이렇게 평가했다: "모든 사람의 미움을 받았고, 테러의 표적이 되었고, 마지막에는 그의 친구들과 자신이 총애하던 '해방 노예'들의 계략으로 거꾸러졌는데, 그의 아내는 그 '해방 노예'들과 내통하고 있었다."(Suetonius, 8.14: 349) 도미티안은 땅의 모든 것을 갖고 있었으면서도 스스로 하나님의 자리를 넘보았다. 결과적으로 그는 모든 이로부터 경멸당했으며, 자신의 아내와 친구로부터 배신당하고 죽은 뒤에는 참되시고 분노에 찬 주권자로부터 영원한 심판을 당하게 되었다. 반면 예수님은, 비록 자신이 영원한 하나님이심에도 자신을 믿음으로 받아들이는 죄인들에게 은혜와 평강을 주시려고 그의 목숨을 스스로 내려놓으셨다. 그분은 사랑의 통치로 왕권과 그 백성의 찬양을 영원히 얻으셨고 "충성된 증인으로 죽은 자들 가운데에서 먼저 나시고 땅의 임금들의 머리가 되셨으며"(계 1:5) 그의 아버지로부터 모든 이름 위에 뛰어난 이름(빌 2:9)을 받으셨다. 이런 이유로 모든 하늘이 선언한다: "보좌에 앉으신 이와 어린 양에게 찬송과 존귀와 영광과 권능을 세세토록 돌릴지어다"(계 5:13).

우리를 사랑하시는 분에게
(요한계시록 1:5~6)

⁵그리고 신실한 증인이시요 죽은 자들의 처음 나신 이시요 땅의 왕들의 통치자이신 예수 그리스도로부터 우리를 사랑하시고 그의 피로 우리들의 죄들로부터 우리를 해방시키신 분에게 ⁶그리고 우리를 나라와, 하나님 곧 그의 아버지께 제사장으로 삼으신 분에게 바로 그에게 영광과 능력이 영원하기를. 아멘. (이필찬, 2021:64, 79)

계시록에 실린 몇몇 위대한 찬양은 자주 천상(天上)의 예배를 그리고 있는데 놀랍게도 그 초점을 예수 그리스도께 맞추고 있다. 한 가지 중요한 점은, 그리스도 안에서 하나님이 무엇을 하셨는지를 알게 되면 필연적으로 예배하는 길로 이끌려 간다는 것이다. 뿐만 아니라 참 예배는 예수님이 누구신지 그리고 그분이 무엇을 하셨는지에 초점을 맞춘다.

계시록의 찬양 노래들은 계시록이 진행되어감에 따라 점차 증가하는데 이것은 마치 어떤 사람이 선물 꾸러미를 받아들고 "오, 정말 고마워요"라고 말하더니, 지갑을 열어 고액권 화폐를 꺼내면서 "오, 고마워요. 정말 말할 수 없이 고마워요"라고 말하고는, 다시 바지 옆 호주머니를 뒤져 더 큰 돈뭉치를 꺼내면서 "고마워요. 정말로 뭐라 말할 수 없이 진짜로 참말로 아주 아주 많이 고마워요"라고 감격스럽게 말하는 것과 같다(D. G. Barnhouse, 24~25).
마찬가지로 그리스도께 찬양을 올리면서 계시록 1:6에서 이렇게 찬양한다:
"그에게 영광과 능력이 세세토록 있기를 원하노라." 그 찬양은 4:11에서 더
확장된다: "우리 주 하나님이여 영광과 존귀와 권능을 받으시는 것이 합당
하오니" 7:13에서는 충만한 일곱 겹의 찬양이 나온다: "찬송과 영광과 지혜
와 감사(김도인·이재영, 201-251)와 존귀와 권능과 힘이 우리 하나님께 세세토록
있을지어다. 아멘."

　　계시록 1:6의 송영이 단지 시작일 뿐이지만 그럼에도 이 송영은 예수님
께 올리는 위대한 찬양의 표현이다. 신학자들이 그리스도를 생각할 때는 대
체로 그분의 위격(位格)과 사역을 통해서만 이야기한다. 요한의 송영은 그리
스도께서 지니신 위격의 "영광"을 건드리지만 그분이 이루신 구원 사역의
경이로움에 특별한 관심을 보인다. 그리스도의 사역을 찬양하면서 요한은 4
절에서 아버지를 "이제도 계시고, 전에도 계셨고, 장차 오실 이"로 묘사했던
것과 똑같은 진행을 따르고 있다. 이와 비슷하게 그리스도는 그분이 '현재'
베푸시는 사랑, '과거'의 구원 사역, 그리고 마지막으로는 '미래'에 영광의 구
름과 함께 재림하실 것 때문에 영광을 받으신다. 1장에서 그 가운데 앞에 있
는 두 가지를 살필 것이다: 그리스도의 현재와 과거의 구원사역, 그리고 그
분의 이름으로 성도들이 얻는 영광: "우리를 사랑하사 그의 피로 우리 죄에
서 우리를 풀어 주시고 우리를 나라와 제사장으로 삼으신 그에게 영광과 능
력이 세세토록 있기를 원하노라 아멘"(계 1:5~6).

1:5 _우리를 사랑하시는 분

　　요한이 그리스도의 현재 사역 때문에 그분을 찬양할 때 전체 내용을, 그
백성을 향한 그리스도의 사랑으로 요약하고 있음을 알 수 있다: "우리를 사

랑하시는… 분께"(계 1:5~6). 어느 신학자는 이렇게 말했다. 그리스도의 사랑은 "그토록 위대하고 그토록 헌신적이고 그토록 매력 있고 그토록 당당하고 그토록 무한한 것이어서 우리는 오직 그것에 경탄할 수밖에 없는 것, 죄에서 우리를 건지고 지켜내기 위해 하늘처럼 높으신 하나님이 거룩을 떠나 타락한(메리 에반스, 29) 인간의 지옥으로 오셔서 손을 내밀어 주신 것이다."(R. D. Phillips, 28) "예수 사랑하심을 성경에서 배웠네."(찬송가 563장 1절, A. B. Warner, 1860) 그래서 이런 유(類)의 찬양이 그토록 많은 것 아니겠는가.

그리스도의 사랑은 세상을 향한 하나님의 사랑과 하나다. "하나님이 세상을 이처럼 사랑하사 독생자를 주셨으니 이는 그를 믿는 자마다 멸망하지 않고 영생을 얻게 하려 하심이라"(요 3:16). 그러나 하나님의 사랑은, 특히 사랑의 하나님이 우리 죄를 향해 진노를 보일 수 있다는 사실을 부인하는 어떤 사람들 때문에 어쩌면 성경의 모든 진리 가운데서 가장 오용(誤用)된 것일 수도 있다.(R. D. Phillips, 29) "하나님은 사랑"(요일 4:8)이라는 말씀이 성경의 위대한 진리 가운데 하나이기는 하지만, "성경의 가르침에 관한 한 그것은 하나님에 관한 완벽한 진리는 아니다."(J. I. Packer, 108) 하나님은 사랑이기에 그분은 도덕적으로 무심한 분이 아니실 뿐만 아니라 거룩하고 정의로우신 분이시다. 사랑의 하나님이시기에 불순종하는 자들을 세밀하게 처벌하시고 정죄하시는 분이시다: 진리, 공의, 거룩을 사랑하시는 하나님.

언젠가 자기 아내와 가족을 버리려고 하는 어떤 남자를 만났던 적이 있다. 무엇보다도 그의 행동이 하나님을 얼마나 화나게 하는 일인지 생각해 보라고 그에게 간곡히 이야기했다. 그랬더니 진보적인 자기 담임목사를 만나본 뒤 자기는 '사랑의 하나님' 외에 '화내는 하나님'은 믿지 않노라 하며 나에게 대답했다. 나는 '하나님의 사랑에 대한 오해'가 정확하게 그의 문제라고 대답했다. 하나님은 그의 아내를 사랑하신다. 하나님은 하나님 자신의 고유한 법을 사랑하신다. 하나님은 결혼의 신성함을 사랑하신다. 믿음 없고, 악하며 사랑 없는 모든 이를 하나님이 정당하게 정죄하시는 것, 그것이 바로 하나님의 사랑이시다!

동시에 '하나님의 사랑'만이 성경에서 가르치는 유일한 진리는 아니다. 물론 "그리스도인에 관한 한, 하나님이 사랑이시라는 말은 하나님에 관한 완벽한 진리다."(J. I. Packer, 108) 하나님은 그 백성을 용서하시기 위해 죄인 대신 죽으라고 아들을 보내셨으므로 신자들에게 하나님의 사랑, 그 완전한 표현을 가로막는 것은 아무것도 없다. 사실상 하나님이 그리스도 안에서 그리스도를 통해서 하시는 모든 것은 하나님의 택하신 백성을 위한 사랑의 '극단적인' 표현이다.

> 이것이 그에게 개인적으로 그렇다는 것을 아는 것은 그리스도인들에게 최고의 위로가 된다… 이것을 알기에, 하나님이 뜻대로 부르심을 입은 자들에게는 모든 것이 합력하여 선을 이룬다는 확신을 갖게 된다(롬 8:28). 부분적인 '어떤 것'이 아니라 '모든 것'이 그렇다는 것이다! 신자에게 일어나는 일 하나하나가 '모두다' 그를 향한 하나님의 사랑을 표현하는 것이다.(J. I. Packer, 111)

1:5 _우리 죄에서 풀어 주신 분

그의 모든 저작에서 사도 요한은, 모든 죄를 위해 예수님이 죽었다는 것을 분명하게 표현하지 않고서는 하나님의 사랑을 언급하지 않았다. 그러므로 요한이 지적하고 있는 것은 그리스도가 그의 백성들을 '현재' 사랑하신다는 것이다. 요한은 과거에 일어났던 그의 사랑에 대한 최고의 표현을 찬양한다: "우리를 사랑하사 그의 피로 우리 죄에서 우리를 풀어 주시고"(계 1:5). 이것이 그리스도께서 과거에 완성하신 것을 요한이 즐거워하는 두 가지 큰 구원 사역 가운데 첫 번째 것이다. 예수님은 "사람이 친구를 위하여 자기 목숨을 버리면 이보다 더 큰 사랑이 없다"(요 15:13)고 하셨다. 우리 조국의 '본회퍼' 전태일 선생님은 이 말씀을 "너는 나의 나"라고 아주 기가 막히게 잘 표현하였다. 그리고 그 고백대로 평화시장의 '어린', '여성', '노동자'들을 위해 기꺼이 몸을 바쳤다(송필경, 13-4, 102) 전태일 선생님께서 한결같이 믿고 따르던 우리 예수님은, 그 백성의 모든 죄에 대한 정당한 정죄에서 그의 백성을 구하시기 위해 목숨 걸고 이 큰 사랑을 행하셨다.

예수께서 우리를 죄에서 "풀어 주셨다"는 것을 말하려고 요한은 헬라어 동사 '뤼오'를 쓰고 있는데, 이 낱말은 정상적으로는 "풀어 주다" 혹은 "끌러 주다"라는 뜻이다. 이 낱말은 옷을 벗겨 주거나 갑옷의 죔쇠를 벗겨 주는 데 쓰였다. 사람에게 적용될 때 '뤼오'는 죄수를 석방시키는 것을 뜻한다. 이런 이유로 이 동사의 명사 형태인 '뤼트론'은 "지불된 속전(贖錢)"을 뜻하게 되었다. 여기에서 주요 낱말들 가운데 하나인 '대속(代贖, 아폴뤼트로시스)'이라는 말이 나오게 되었는데 이것은 속전을 대신 지불하고 노예를 풀어 주는 것을 가리킨다.

예수님이 "우리 죄에서"(계 1:5) 우리를 풀어 주셨다는 요한의 진술은 예수님이 십자가 위에서 속죄하는 죽음을 겪으신 일의 핵심 의미를 뚜렷하게 밝혀 준다. 예수님은 죽어 마땅한 우리 대신 우리의 모든 죄에 대한 벌을 당신이 대신 지시고 우리를 풀어 주셨다. 이것이 "그의 피로"라는 말의 의미인데 이것은 "그의 희생적인 죽음으로"라는 뜻이다. 이런 개념들을 한데 묶으면 '대신 속죄 형벌' 교리가 나오는 것이다. 예수님은 그분 자신의 피로 우리 대신 희생제물이 되셔서(대속 제물) 우리 죄의 형벌에 대한 값을 지불하심으로써 우리의 모든 죄를 속(贖)하셨다. "모든 죄는 우리의 것이었다; 그 피는 그분의 것이었다. 구원의 조건이 충족된 이상 이후로는 그 누구도 의심하지 않도록 하라."(D. G. Barnhouse, 1971:24)

모든 죄에서 우리를 풀어 준 그리스도를 찬양하면서 요한은 예수 믿고 모든 죄를 완전히 용서받는 순간을 노래하는 그리스도인들의 경험을 잘 포착하고 있다. 찰스 웨슬리는 그의 유명한 찬송에서 이런 경험을 이렇게 감격스럽게 노래했다:

> 나의 영이 오랫동안 포로로 잡혀 있었네.
> 죄에 신속하게 묶이니 이내 조물주의 밤;
> 당신의 눈이 되살리는 빛을 발산했네;
> 나는 깨어났네. 지하 감옥이 빛으로 불타오르네.
> 나의 사슬이 떨어져 나가고, 내 마음은 해방되었네;
> 나는 일어서서, 걸어도 보고, 마침내 당신을 따랐네.

이 시는 자신의 모든 죄가 용서되었을 때 신자가 느끼는 기분을 표현하고 있으며 죄로부터 자유하게 되는 일을 성취하기 위해 제공되었던 '보석금'을 확인하는 다음과 같은 구절로 끝맺고 있다:

> 놀라운 사랑! 어찌 그럴 수 있는가
> 곧 나의 하나님 당신께서 내 대신 죽으셔야만 했나요?
> (C. Wesley, 1738: R. D. Phillips, 30)

그리스도의 피로 "해방되었다"고 요한이 말할 때 그는 주로 용서받지 않은 죄인들에 대한 하나님의 진노로부터 해방되었다는 말을 하고 있다. 우리는 이처럼 지옥의 두려움, 죄 짐, 우리 영혼의 수치로부터 해방되었다. 예수님은 "그러므로 아들이 너희를 자유롭게 하면 너희가 참으로 자유로우리라"(요 8:36)고 말씀하셨다. 그리스도 안에서 하나님의 사랑을 받는 자녀가 되었고 영광 중에 영원히 살게 되었다는 것을 알기 때문에 우리는 두려움, 죄의 권세의 구속력에서 해방되었다. 비록 우리가 시련으로부터 자유롭지는 않아도, 우리의 즐거움을 훔쳐 갈 시련의 권능으로부터는 이미 해방되었다. 모든 죄인이 예수님을 믿는 길로 돌아서도록 요한이 제공하는 이 복음은 얼마나 신나는 것인가. 하나님이 그의 아들을 선물로 주심으로 불쌍한 포로들이 해방되었다! 죄의 권세로 눈이 먼 사람들, 불(不)신앙으로 마음이 완악해진 사람들, 어둠의 속박에 기만당한 사람들만이 예수님을 향해 그들의 마음을 열지 않으려 할 것이다. 존 뉴톤의 시(R. D. Phillips, 31):

> 우리가 원수 되었을 때 불쌍히 여기사 우리를 이끄신 주님을 사랑하세.
> 그의 은혜로 우리를 부르셨고, 우리를 가르치셨고,
> 우리에게 귀와 눈을 주셨네.
> 그분의 피로 우리를 씻으셨고, 우리의 영혼을 하나님께 드리셨네.

1:6 _우리를 나라(왕국)로 삼으신 분

예수님이 이루신 구원 사역의 과거를 요한이 살필 때 그는 죄가 제거된 것에 대해서 뿐만 아니라 구원의 적극적인 결과 때문에 경탄한다. 예수님의 피로 해방되었기에 예수님은 "그의 아버지 하나님을 위하여 우리를 나라와 제사장으로 삼으셨다"(계 1:6).

그리스도의 피를 이야기할 때 요한은 이스라엘 나라가 애굽(손원호, 12-74)을 탈출하여 죽음에서 구원받아 해방되었던 유월절 이미지를 일깨웠다. 하나님이 보내신 죽음의 사자가 애굽을 덮쳐 희생양의 피를 뿌려 표를 해 놓은 이스라엘 백성의 집을 제외한 모든 집을 찾아갔다. 이런 식으로 하나님은 죄책을 정말로 제거하는 그리스도의 죽음을 예표하고 있었다. 요한은 이제 신자들을 왕국의 제사장으로 이야기할 때 출애굽을 되돌아보는 몇 가지 언어를 덧붙인다. 하나님은 이스라엘에게 말씀하셨다: "세계가 다 내게 속하였나니, 너희가 내 말을 잘 듣고 내 언약을 지키면, 너희는 모든 민족 중에서 내 소유가 되겠고, 너희가 내게 대하여 제사장 나라가 되며, 거룩한 백성이 되리라"(출 19:5~6). 그리스도께서 신자들을 위해 하신 일을 말하려고 이 말씀을 끌어오면서 요한은 신약교회가 구약 이스라엘의 정체성을 간직하고 있다는 것을 분명히 한다. 뿐만 아니라, 이 말은 그리스도인들이 단지 하나님과 개인적인 관계를 맺게 된 것뿐만 아니라 교회 안에 있는 동료 신자들과 함께 왕국 백성의 책임도 지게 되었음을 알려 준다.

첫째, 요한은 예수님이 "우리를 그의 나라(왕국)로 만드신 것"(계 1:5)을 즐거워한다. 예수님은 왕중 왕(1:5)이시며 또한 그리스도인들은 예수님이 다스리시는 왕국이다. 우리는 보통 왕국을 다스리는 '지역'으로만 정의하지만 예수님의 왕국은 그분의 말씀에 대한 순종적인 믿음으로 정의된다. 예수님은 빌라도에게 이렇게 말씀하셨다. "네 말과 같이 내가 왕이니라. 내가 이를 위하여 태어났으며, 이를 위하여 세상에 왔나니, 곧 진리에 대하여 증언하려 함이로라"(요 18:37). 예수 믿는다는 것은 그의 왕국에서 시민권을 얻는다는 것인데 세상에게 바치던 우리의 충성을 그분께로 옮기는 것이다.(김세윤, 2013:84, "주권의 전이" 참조) 우리가 이 세상에 사는 동안 우리는 장차 올 시대에 소망을 두는 이 땅의 순례자가 된다. "그러나 우리의 시민권은 하늘에 있는지라. 거기로부터 구원하는 자 곧 주 예수 그리스도를 기다리노니 그는 만물을 자기에게 복종하게 하실 수 있는 자의 역사로 우리의 낮은 몸을 자기 영광의 몸의 형체와 같이 변하게"(빌 3:20~21) 하실 것이다.

그리스도인들은 그리스도의 나라일 뿐만 아니라, 계시록에서 예수님이 선포하시는 바와 같이 신자들은 그분의 왕권 안으로 들어간다. 예수님은 믿음으로 인내하는 그리스도인들이 "만국을 다스리는 권세를"(계 2:26) 받고, 주님의 "보좌에 함께 앉게 하여 줄 것"(계 3:21)이라고 말씀하신다. 계시록 5:10에서 하늘의 예배자들은 그 백성을 "하나님 앞에서 나라와 제사장들로 삼으신" 예수님을 찬양하는데, 요한은 여기에 "그들이 땅에서 왕 노릇 하리로다"라는 말을 덧붙인다. 세상의 왕들은 정복 전쟁으로 다스리지만 신자들은 '복음을 통해' 그리스도의 이름으로 세상을 정복한다. 세상의 왕들은 자기들의 강력한 법령(法令)을 수립하지만 그리스도인들은 성경의 모든 명령에 복종하면서 그것을 가르침으로써 예수님의 다스림 안으로 들어간다. 그리스도가 세우신 왕국의 모든 지상적인 핵심 제도는 '교회'와 '그리스도인의 가정'이다. 이런 영역에서 그리스도의 이름이 경배받게 되며 그분의 말씀이 선포되고 그 말씀에 복종하게 되며 그리하여 그분의 복음이 전진하게 된다. 예수님께서 가르쳐 주신 대로 우리는 이렇게 기도한다. "(당신의) 나라가 임하시오며 뜻이 하늘에서 이루어진 것 같이 땅(교회와 성도의 가정)에서도 이루어지이다"(마 6:10).

그의 백성을 나라로 삼으신 일에 덧붙여서 그리스도는 "그의 아버지 하나님을 위하여 제사장으로 삼으신"(계 1:6) 일로 찬양받으신다. 이것은 다시 출애굽기에서 하나님이 이스라엘에 대하여 사용하셨던 언어를 채택한다: 이스라엘은 땅에서 제사장 역할을 할 나라였다. 반면에 이방 백성들은 "약속의 언약들에 대하여는 외인(外人)이요 세상에서 소망이 없고 하나님도 없는 자들"(엡 2:12)이었지만 이 거룩한 나라는 하나님의 임재의 빛 안에서 살아가야만 했다. 구약시대의 제사장들은 하나님을 섬기면서 하나님과 교제하기 위하여 성막(성전) 안에 들어갈 수 있도록 허락받았다. 마찬가지로 그리스도의 제사장 직임이 모든 죄에서 우리를 풀어 주셨기에 그리스도인들은 하나님과 아무런 막힘이나 장벽이 없이 하나님 가까이 다가갈 자유를 얻었다.

요한은 "그의 아버지 하나님을 위하여"(계 1:6) 우리가 제사장이 되었다고 말하는데, 이는 우리가 그리스도의 이름으로 하나님을 섬긴다는 것을 가리킨다. 신약에서는 그리스도인의 제사장다운 섬김을 세 가지로 이야기한다. 우선 왕국의 제사장들로서, 하나님의 말씀에 발맞추어 하나님께 참된 예배를 하게 된다. 히브리서 13:15에서 이렇게 권면한다: "그러므로 우리는 예수로 말미암아 항상 찬송의 제사를 하나님께 드리자. 이는 그 이름을 증언하는 입술의 열매니라." 이것은 우리가 매 주일 꾸준히 교회당에 나가는 주된 이유이다. 오늘날 많은 복음주의자들은 그리스도인들의 영적인 필요를 채우거나 세상에 다가가기 위해 예배가 존재한다고 믿고 있다. 하지만 이 두 가지는 참된 예배의 부산물에 지나지 않는다: 성경의 예배는 신자들에게 복을 주고 잃어버린 자들을 복음화한다. 그러나 교회당에 나가는 진짜 중요한 이유는 모든 찬양을 받기에 합당하신, 참되고 살아 계시는 하나님께 예배를 올려 드리는 '우리의 제사장적인 역할'을 완수하기 위함이다.

둘째, 제사장들은 하나님의 영광과 세상을 향한 은혜의 증거를 지니고 있다. 이것이 바로 그리스도인들을 묘사하면서 베드로가 이 송영에서 요한이 쓴 것과 똑같은 언어를 동원했던 이유이다: "그러나 너희는 택하신 족속이요 왕같은 제사장들이요 거룩한 나라요 그의 소유가 된 백성이니 이는 너희를 어두운 데서 불러내어 그의 기이한 빛에 들어가게 하신 이의 아름다운 덕을 선포하게 하려 하심이라"(벧전 2:9). 제사장들은 그리스도를 통해 하나님을 아는 특권을 지닌 이들이다: 그렇다면 우리는 하나님을 대표하면서 하나님의 복음으로 세상(이웃)을 불러내며 그럼으로써 죄인들이 하나님과 화해하여 하나님을 예배하는 무리에 합류하도록 해야 한다.

신자들에게 제사장직의 언어를 적용하는 세 번째 사례는 로마서 12:1이다: "그러므로 형제들아 내가 하나님의 모든 자비하심으로 너희를 권하노니 너희 몸을 하나님이 기뻐하시는 거룩한 산 제물로 드리라. 이는 너희가 드릴 영적 예배니라." 그리스도인들은 그리스도께서 그의 피로 모든 죄를 영원히 단번에 해방했기 때문에 더는 속죄의 희생제물을 드리지 않는다. 대신 우리의 생애 전부로 하나님께 "감사를 표하면서" 제사장으로서 감사의 예물을 올려 드린다.

그리스도께서 제사장들의 나라를 세우셨기 때문에 그리스도를 찬양하면서 요한이 교회 안의 특별히 선정된 몇몇 소수만을 언급하는 것이 아니라는 것을 분명히 강조하는 것이 매우 중요하다. 그리스도 안에서 '모든 신자'가 하나님의 제사장이다; 제사장이 되지 못하는 이가 그리스도인일 수는 없다. 종교개혁의 이 가르침을 '만인제사장설'이라 한다. 이 교리는 제사장직을 하나님 앞에 있는 사람들 위에서 특권적인 지위를 차지하고 있으면서 하나님의 성례전적인 은혜의 중재자로 보는 천주교의 교리와 뚜렷하게 대조된다. 그러나 성경에 의하면 그리스도의 나라에는 오직 두 종류의 제사장밖에 없다: ①대제사장이신 그리스도와 ②그분의 이름으로 왕국의 제사장이 된 그분의 백성들. 분명히 신자 중에 서로 다른 점은 있다. 그리스도의 교회 안에 다양한 은사와 여러 가지 소명이 있다. 교회를 지도하고 섬기는 목사, 교사, 권사, 집사와 장로 등의 교회 직원이 있다. 그러나 예배, 전도, 거룩한 성례전, 거룩한 봉사 사역으로 모두 다 부름 받은 '신자 전체'라는 모임 외에 다른 제사장은 없다. 예배, 증인, 거룩한 삶을 올려드리도록 부름 받은 소수의 사람만 있는 것이 아니다: 모든 신자의 왕직과 제사장직은 교회의 삶과 사역에 필수적이다. "하나님은 우리를 사랑하시고 내 죄 대신 죽으시도록 예수 그리스도를 보내 주시고 우리에게 영생을 주셨다."(올림픽에서 3개의 금메달을 딴 수영선수 조쉬 데이비스의 간증. R. D. Phillips, 34) 죄인들을 구원하기 위해 언제 어디서나 담대하게 이런 고백을 하는 것이 바로 제사장의 삶을 사는 것이다. 이 세상에서 우리의 소명이 무엇이든 간에 모든 그리스도인은 이와 같이 예수님을 대신하여 제사장 같은 섬김의 길로 부름받은 것이다. 바울은 모든 신자를 위해 이렇게 말했다: "그러므로 우리가 그리스도를 대신하여 사신(대사)이 되어 하나님이 우리를 통하여 너희를 권면하시는 것같이 그리스도를 대신하여 간청하노니 너희는 하나님과 화목하라"(고후 5:20).

1:6 _그분께 영광 있으라!

계시록 1:5~6이 계시록 안에서 그리스도의 영광에 대한 많은 찬송 가운데 첫 번째 것이기 때문에 요한이 부른 찬양의 첫 번째 송영으로 이 단락을 끝맺는 것은 매우 적절하다: "그에게 영광과 능력이 세세토록 있기를 원하노라. 아멘."

이후의 송영에는 그리스도의 이름에 "감사"(계 4:9), "존귀"(4:11), "능력", "부(富)", "지혜", "힘", "존귀"(5:12) 등등의 복된 내용이 추가될 것이다. 이 첫 번째 송영은 그리스도의 영광과 통치(지배)를 영원히 드러내고 있다. "영광"(헬, 독사)은 승귀(乘貴) 되신 그리스도의 찬란한 영광과 덕망을 나타낸다.(이광우, 1993:8, 주3) "능력"(헬, 크라토스)은 주권자이신 그분의 다스리실 자격을 가리킨다. 우리는 그 영예가 아버지의 직위와 자격에 의해 그분의 것이 되기 때문에 이런 영예를 예수님께 드리지는 않는다. 대신 우리는 그분의 영광과 능력을 인식하고 그 영광과 능력을 그분이 받을 만하기에 예수님께 찬양을 올린다. "예수님의 영광과 능력을 통해 그리스도를 찬양하는 것은, (로마 황제 혹은 다른 지상의 권세자가 아닌) 오직 그분만이 예배받을 만하다는 것을 독자들에게 일깨운다. 오직 그분만이 죄를 대속하실 수 있기 때문이다."(G. R. Osborne, 67)

계시록 1:4~5에서 요한은 삼위 하나님(아버지, 아들과 성령)으로부터 오는 은혜와 평강을 독자들에게 전했다. 5~6절에서 복수형이자 공유형 "우리의", "우리를"이란 표현은 "그에게 영광과 능력이 세세토록 있기를 원하노라. 아멘"으로 끝맺는 즐거운 송영으로 응답하는 회중을 상상하게 만든다.

"은혜와 평강이 교회에 주어졌다. 그 대답으로 그분을 향한 복종을 보여 준다. 비록 우리가 죄의 사슬에 포로로 잡혀 있었다 할지라도 우리는 그분의 영원한 사랑의 매력에 의해 이겼다. 죄와 사슬은 그분의 피로 함께 해체되었다. 우리는 해방되었다… 교회가 이 위대한 찬양의 노래를 부르는 것이 뭐가 그리 놀랄 만한 일인가? 그분이 우리를 대속(代贖)했다. 그분은 우리를 나라로 삼으셨다. 우리는 하나님과 그분의 아버지 앞에 제사장이 되었다. 대속 받은 교회는 스스로 자랑하는 것이 아니라 단지 '그에게 영광과 능력이 세세토록 있기를 원하노라 아멘' 이렇게 노래할 뿐이다."(D. G. Barnhouse, 1971:37)

계시록 1:5~6의 송영이 4~5절에 선포된 은혜와 평강에 대한 반응임을 인식할 때 모든 참 예배는 '하나님 자신을 계시하시는 것에 반응하는 것' 임을 깨닫게 된다. "여기에서 모든 예배의 패턴을 보게 된다: 하나님이 자신을 계시하시고 그의 백성은 그분께 합당한 찬양으로 응답한다. 영광과 능력이 예수님께 속한 이유: ①그분이 '우리를 사랑하시고', ②'그분의 피로 우리의 모든 죄에서 해방'하셨고, ③'우리를 나라와 제사장으로' 삼으셨기 때문이다."(J. M. Hamilton, 37) 이것은 하나님의 말씀을 읽지도 않고 가르치지도 않는 '구도자 예배'라는 관념이 왜 그토록 성경적 이상에 까마득히 미치지 못하는지 그 이유를 알려 준다. 계시록을 통틀어서 가장 수준 높은 예배를 보게 될 것인데 그 예배들은 한결같이 예수 그리스도를 통하여 그리스도 안에서 하나님의 영광, 능력, 은혜의 계시에 대한 반응으로 나타난다. 요한복음 8:31~32에서 예수님은 이렇게 가르치셨다: "너희가 내 말에 거하면 참으로 내 제자가 되고 진리를 알지니 진리가 너희를 자유롭게 하리라." 그리스도의 피로 산 우리의 가장 큰 자유는 하나님의 말씀이 계시한 그 지침대로 하나님을 경배하는 것이다.

물론 그리스도의 영광과 능력을 찬양하는 참된 길은 단지 우리의 입술로만이 아니라 우리의 삶으로 하는 것이다. 당신은 하늘나라의 시민으로 살아가고 있는가 아니면 이 세상의 쾌락과 시시껄렁한 안전을 위해 아직도 여전히 이 세상의 권력에게 당신의 충성을 팔아먹고 있는가? 시간, 재능, 보화를 사용하는 데 있어서 예수님이 주인이셔야 할 생활 양식이 어떠한지 잘 알고 있는가? 당신은 존귀하신 하나님 앞에 자주 들어가서, 다른 이들이 하나님과 그분의 구원하시는 복음을 알도록 도우면서 당신이 부름 받은 대로 제사장처럼 그분의 영광에 찬양의 희생 제사를 올리고 있는가? 만일 그리스도의 말씀을 믿음으로써 예수 그리스도 안에 있는 하나님의 진리를 안다면 반드시 "그의 아버지와 하나님께 나라와 제사장"(계 1:6)으로 살아가야만 한다.

마지막으로 하나님과 그의 아들 예수를 찬양하는 삶을 살려면 계시록에서 요한이 시작했던 지점에서 시작해야만 한다. 요한은 삼위 하나님으로부터 "은혜와 평강"을 드러냈다. 우리 또한 하나님과의 화평이라는 '공짜'(거저 주시는) 은혜로 출발해야만 한다. 우리가 어떻게 이 구원하는 은사를 얻을 수 있는가? 요한의 대답은, "그에게 영광과 능력이 세세토록 있기를 원하노라 아멘"(1:6)이다.

당신의 모든 죄가 그리스도의 피로 정결케 되었는가? 그렇지 못하다면 당신은 이 은혜의 왕국에는 이방인이며 하나님과 반목(反目)하게 되며 그분의 정의로운 진노의 대상이다. "자기 두루마기를 빠는 자들은 복이 있으니 이는 그들이 생명나무에 나아가며 문들을 통하여 성에 들어갈 권세를 받으려 함이로다"(계 22:14). 하지만 오늘도 참되고 위대한 대제사장이신 그리스도는 그분의 십자가를 믿음으로 죄에서 당신을 풀어 주려 하시는데 그럼으로써 당신은 주님의 아버지 하나님과 틀림없이 화목(和睦)하게 되어 그 사랑의 왕국으로 들어가게 된다.

요한은 교회와 함께 "아멘"을 말하면서 그의 송영을 끝낸다. 그 말의 뜻은 "맞습니다. 그렇게 되게 해 주십시오"이다. 죄를 위해 피를 쏟으신 그리스도에 관한 좋은 소식에 당신이 '아멘'을 덧붙인다면 당신은 속박, 죄, 정죄에서 해방될 것이다: 그 비밀을 거저 알게 되고 예수 그리스도를 통해 하나님을 경배하게 된다. 예수님을 믿는 당신의 고백인 '아멘'과 함께 당신은 그의 왕국에 들어가서 그분이 지니신 영광의 빛에 경탄할 것이며 그분의 능력(통치)으로 영원히 복을 받게 될 것이다.

구름과 함께 오신다
(요한계시록 1:7)

[7]보라 그가 구름과 함께 오신다. 그리고 모든 눈 곧 그를 찌른 모든 자들이 그를 볼 것이다. 그리고 땅의 모든 나라들이 그를 인하여 애통할 것이다. 그러하다, 아멘. (이필찬, 2021:87)

주전 553년 선지자 다니엘은 꿈에 천사의 방문을 받았다. 그는 그때까지 인생의 대부분을 포로로 잡혀 와 어쩔 수 없이 바벨론 왕들의 종으로 살고 있었다. 그럼에도 "주권자 하나님의 자신을 향한 인생 설계"(이승장, 2004:19)를 믿고 그곳에서의 삶을 올곧게 살아내고 있었다. 그러나 젊은 왕 벨사살이 곧 메대-파사 대군에 의해 쫓겨나게 되었기 때문에 변화가 오고 있었다. 다니엘이 본 비전은 때마침 "하늘의 네 바람이 큰 바다로 몰려 부는 것"(단 7:2)으로 시작되었다. 바벨론 제국의 권세가 도무지 끝나지 않을 것처럼 보이던 때였기에, 하나님은 역사의 물줄기를 이렇게 휘젓고 계셨던 것이다.

종종 그렇듯이, 하나님의 개입은 처음에는 소란한 뉴스로 시작되었다. 다니엘은 무시무시한 네 짐승이 연달아 물에서 나오는 것을 보았는데, 각 짐승은 지상에서 통치하게 될 제국(김승환, 13)을 나타내는 것이었다: 날개 달린 사자는 바벨론; 게걸스러운 곰은 메대-파사; 날개 달린 표범은 마케도니아;

그리고 마지막으로 쇠 이빨을 지닌 공포의 짐승은 로마(단 7:3~8). 그다음으로 다니엘은 "옛적부터" 보좌에 항상 앉아 계신 이의 앞에서 불길이 강처럼 흐르는 것을 보았다. 그 장면은 지상의 강력한 나라들에 대한 하나님의 주권과 악에 대한 하나님의 심판을 강조하는 것이었다. 다니엘은 네 번째 곧 가장 큰 짐승이 "죽임을 당하고 그의 시체가 상한 바 되어 타오르는 불에 던져지는 것"(단 7:11)을 보았다. 그 비전으로 땅을 지배하는 여러 악한 왕국에 대한 하늘의 승리를 보여 주었다.

그러나 다니엘이 본 비전은 사악한 만국(萬國)에 대한 하나님의 심판으로 끝나지 않았다. 그는 또 다른 인물을 더 보게 되었다. 다니엘은 "인자(김세윤: 이광우, 1993:7, 주1) 같은 이가 하늘 구름을 타고 와서 옛적부터 항상 계신 이에게 나아가 그 앞으로 인도"(단 7:13)되는 것을 보았고 "그에게 권세와 영광과 나라를 주고 모든 백성과 나라들과 다른 언어를 말하는 모든 자가 그를 섬기게 하였으니 그의 권세는 소멸되지 아니하는 영원한 권세요 그의 나라는 멸망하지 아니할 것"(단 7:14)임을 알게 되었다.

계시록 1:1을 살피면서 요한이 하나님과 그분의 왕국에 의해 뒤엎어지는 지상의 여러 왕국을 나타내는 다니엘 7장과 비슷한 다니엘 2장의 비전에서 가져온 언어를 어떻게 쓰는지를 알았다. 계시록 1:7에서 요한은 "볼지어다 구름을 타고 오시리라"라는 예수님의 말씀을 전하면서 다니엘의 또 다른 예언을 명백히 참조하고 있다. 우선 여기 7절에 3인칭으로 표현된 '주어'는 5~6절과 똑같이 '예수님'이다.(이필찬, 2021:87)

계시록을 시작하는 단락에서 요한이 다니엘서에 반복적으로 호소하고 있다는 점에서 두 가지 중요한 사실을 알 수 있다. 첫째, 사도 요한은 1세기 후반 소아시아에 살고 있던 당시 독자들의 상황을 바벨론 포로 생활을 했던 다니엘 시대와 연관시키고 있다. 다니엘과 그의 친구들이 하나님의 도성(예루살렘)을 떠나 포로로 잡혀가서 경건하지 못하고 독재적인 왕들의 통치를 받으며 살았던 것처럼 요한 당시의 독자들도 육체적으로 그리스도와 분리되어 사악한 박해를 받고 있었다. 이것은 베드로가 이 세상에서 "거류민과 나그네"(벧전 2:11)로 묘사한 바와 같이 당시 그리스도인들의 일상적인 경험이었다. 우리는 이 세상을 잠시 여행하면서 장차 올 세상을 향해 순례하는 백성으로서 "땅에서는 외국인과 나그네"(히 11:13)로 살아간다.

둘째, 장차 오실 그리스도에 관한 다니엘의 비전에 호소하면서 요한은 그리스도인들 또한 이와 똑같은 구원의 소망을 안고 산다는 것을 알려 주고 있다. 우리는 지금 다니엘과 요한처럼, 난폭한 압제자들, 악으로 유혹하는 자들, 하나님의 진리에 불경건하게 반대하는 자들이 가득한 짐승 같은 세상에서 살아간다. 그러나 이런 악이 세상을 영원히 휩쓸지는 못할 것이다. "이 세상에서 하늘 보좌가 있는 그 방에 시선을 고정하고 살아가야 한다. 그 짐승들을 두려워하며 떨기보다 최후의 결정적인 심판을 가져오실 분을 날마다 기억하며 살아야 한다."(I. M. Duguid, 2008:119)

1:7 _영광 중에 오실 그리스도

계시록을 시작하면서 요한은 모든 시선을 예수 그리스도의 성품과 사역에 집중하도록 이끌어 간다. 1:5~6의 송영에서 요한은 구원의 필수조건인 그리스도의 현재와 과거의 사역에 영광을 돌렸다: "우리를 사랑하사 그의 피로 우리 죄에서 우리를 풀어 주신 이에게"(계 1:5). 이제 요한은 그리스도의 재림이라는 미래의 사역을 가리키면서 그리스도에게 집중조명하는 작업을 마무리하고 있다: "볼지어다. 그가 구름을 타고 오시리라"(1:7). "주님의 초림 다음에 이루어질 재림보다 더 자주 선포되어야만 할 진리는 없다."(C. H. Spurgeon, 1943:서문) 성경에서 예수님의 재림은 초림만큼 중요하다. 히브리서 9:28, "이와 같이 그리스도도 많은 사람의 죄를 담당하시려고 단번에 드리신 바 되셨고 구원에 이르도록 죄와 상관없이 자기를 바라는 자들에게 두 번째 나타나시리라.”

“구름과 함께 (예수님이) 오시리라”고 말하는 대목에서 요한은 그리스도인들에게 다니엘 7:13의 용어로 말하고 있다. 모든 사악한 왕국을 심판하는 것을 본 뒤에 다니엘은 “인자 같은 이가 하늘 구름을 타고 오는 것”을 보았다. 다니엘처럼 요한도 사악한 지상 통치자들의 짐승 같은 반대에 직면했다. 그 지상 통치자들에 맞서서 그리스도는 아주 영광스러운 오심으로 마침내 주권적인 정복자로 드러날 것이다. 시편 2:1에서 다음과 같은 질문을 함으로써 이와 똑같은 주제를 다루고 있다. “어찌하여 이방 나라들이 분노하며 민족들이 헛된 일을 꾸미는가?” 이것은 다윗 시대, 다니엘 시대, 요한 시대뿐만 아니라 우리들의 시대에도 지상에서 한결같이 일어나는 일이다: “세상의 군왕들이 나서며 관원들이 서로 꾀하여 여호와와 그의 기름 부음 받은 자를 대적하며”(시 2:2). 그러나 무시무시한 지상의 우상들은 여전히 우리 앞에 있다. 하지만 그것은 모두 다 하나님 앞에 가소로운 것들이다: “하늘에 계신 이가 웃으심이여 주께서 그들을 비웃으시리로다”(시 2:4). 하나님은 자신이 늘 작정하셨던 것을 행하심으로써 난폭한 지상의 참람한 반역에 응답하신다: “내가 나의 왕을 내 거룩한 산 시온에 세웠다”(시 2:6). 시편 2편에서 지상에 있는 모든 왕의 음모에 대한 응답으로 하나님의 아들이 대관식을 행하는 것을 본 것처럼 다니엘은 역사상 경건하지 못한 권력자들에 대한 응답으로 그리스도가 영광 받으시는 모습을 보았다. 요한은 그리스도인들에게 역사의 마지막에 그리스도가 주권적으로 통치하시는 것이 마찬가지로 우리의 소망임을 선언하고 있다.

다니엘, 그다음으로 요한이 그리스도가 “구름과 함께” 다시 오시는 것을 말할 때 이 이미지는 그분의 신적인 영광과 권위를 강조한다. 하나님은 “구름으로 자기 수레를 삼으시고 바람 날개로 다니신다”(시 104:3). 이것은 하나님께서 율법을 내려 주시려고 시내산에 오셨을 때 산에 드리웠던 구름(출 19:16~19), 그 후로 솔로몬 성전을 영광으로 가득 채웠던 것(왕상 8:10~11)과 똑같다. 예수님이 "구름과 함께" 오시는 것은 이 땅에 심판을 가져오시는 그분의 능력과 신(神)적인 영광으로 땅에 다시 오시는 것을 의미하기 때문이다.

성경은 십자가에서 죽으시고, 무덤에서 일어나시고, 승천하신 예수 그리스도가 어느 날 신적인 영광과 능력으로 다시 오실 것을 선포하는 일을 모호하게 말하지 않는다. 바울은 이 사건을 "복스러운 소망과 우리의 크신 하나님 구주 예수 그리스도의 영광이 나타나심"(딛 2:13)으로 말하고 있다. "그리스도인들은 예수님이 십자가에서 죽은 사실을 신뢰하면서 구원받은 과거를 보는 것과 마찬가지로, 오늘 현재의 영적 돌봄을 위해 하늘을 쳐다보고 또한 그리스도 안에 있는 모든 소망의 최종적인 성취를 보기 위해 미래의 지평선을 묵묵히 응시한다. 우리는 과거 예수님의 십자가 사역 위에 서 있으며 또한 하늘에서 지금 그분의 사랑에 기반한 중보가 우리를 지탱하고 있고 아울러 영광 중에 우리의 유산이 나타날 영광스러운 재림을 내다본다."(R. D. Phillips, 40)

그리스도의 재림을 기대한다는 것은 신자들이 자신의 삶을 어떻게 생각하는가와 참으로 밀접한 관계가 있다. 예를 들어서 '그리스도의 오심'이라는 비전은 지상의 모든 보좌에 대한 우리의 관점을 형성하게 될 것이다. 예수님은 이렇게 권면하셨다: "너희를 위하여 보물을 땅에 쌓아 두지 말라. 거기는 좀과 동록이 해(害)하며(녹슬며) 도둑이 구멍을 뚫고 도둑질하느니라. 오직 너희를 위하여 보물을 하늘에 쌓아 두라. 거기는 좀이나 동록이 해하지 못하며 도둑이 구멍을 뚫지도 못하고 도둑질도 못하느니라"(마 6:19~20). 그리스도의 왕국을 섬기는 일로 지금 보물을 하늘에 쌓을 수 있다: 다른 이들을 섬기는 사역에 투자하거나 그리스도의 교회를 열심히 세우는 일.

그리스도의 오심에 대한 미래적인 초점은, 땅에 있는 것들에 초점 맞추어진 삶의 양식과는 다른 삶의 자세를 낳을 것이다. 바울은 영적인 성장을 통해서 자기 삶의 목적을 확인했다: "오직 한 일 즉 뒤에 있는 것은 잊어버리고 앞에 있는 것을 잡으려고, 푯대를 향하여 그리스도 예수 안에서 하나님이 위에서 부르신 부름의 상을 위하여 달려가노라"(빌 3:13~14). "땅의 일(만)을 생각하는"(빌 3:19) 안 믿는 자들은 세속적인 쾌락을 영광스러워한다. "그러나 우리의 시민권은 하늘에 있는지라, 거기로부터 구원하는 자 곧 주 예수 그리스도를 기다리노니 그는 만물을 자기에게 복종하게 하실 수 있는 자의 역사로 우리의 낮은 몸을 자기 영광의 몸의 형체와 같이 변하게 하실"(빌 3:20~21) 것이다. 그리스도인들이 하늘에서 오는 "구세주를 기다린다"고 말하면서 바울은 신자들이 모두 다, 세상 것에 더는 마음을 두지 않고 경건한 섬김, 기도, 복음 증거, 그리스도의 오심만을 소망하며 전진해야 한다는 것을 말하고 있다. 우리의 삶도 이렇다고 말할 수 있을까? 우리 삶의 방식은 하늘로부터 오는 구세주를 기다리는 것이라고 할 수 있을까? 그렇지 않고 우리의 삶이 혹시 땅의 것들에만 고정되어 있지 않은가?

1:7 _모든 눈이 그를 볼 것이다

그리스도의 오심을 말하면서 요한은, 그분의 재림을 모든 이가 다 볼 수 있으리라고 분명하게 말한다: "각 사람의 눈이 그를 보겠고"(1:7). 이것은 예수님이 단지 영적으로만 오신다는 잘못된 관념을 단번에 제거해 버린다. 요한은 "모든 마음이 그를 '인지'할 것"이라고 말하지 않고 "모든 눈이 그를 '볼' 것"이라고 했다. "주 예수 그리스도는, 그분이 항시 여기에 계신다는 의미에서 영적으로 오시는 것이 아니라 모든 눈이 그를 볼 것이기에 현실적으로 '실제적으로' 오실 것이다. 심지어 증오로 그분을 노려보던 영적이지 않은 눈조차도 그분을 똑똑히 볼 것이다."(C. H. Spurgeon, 1969~1980:33:596)

요한은 그리스도의 재림이 지상의 모든 사람이 볼 수 있게 이루어질 것이라고 주장한다. 이 주장은 오늘날 많은 그리스도인이 믿고 있는 이 세상에서 신자들의 휴거가 이루어짐과 함께 그리스도의 가시적인 재림이 두 번째로 이루어진다는 '그리스도의 비밀(은밀) 강림' 교리와 대립된다. 요한이 한 번은 비밀리에, 또 한 번은 가시적으로 두 번에 걸쳐 그리스도의 재림이 이루어진다는 말을 하지 않는다는 점에 주목하라. 사실 성경은 그 백성을 구원하고 그 원수들을 심판하기 위해 그리스도가 '단번에' 오신다는 것을 일관되게 말하고 있다. 바울은 그리스도가 "주 예수께서 자기의 능력의 천사들과 함께 하늘로부터 불꽃 가운데에 나타나실 때에… 너희로 환난을 받게 하는 자들에게는 환난으로 갚으시고 환난을 받는 너희에게는 안식으로 갚으시는"(살후 1:6~8) 두 가지 일을 하러 오신다고 말하고 있다. 데살로니가전서 4:16~17, 휴거를 가르치거나 혹은 신자들을 땅에서 들어 올리는 것으로 알려진 이 핵심 본문은 그리스도의 재림이 비밀스런 사건이 결코 아니라는 것을 밝히고 있다. 예수님은 "호령과 천사장의 소리와 하나님의 나팔소리로 친히 하늘로부터 강림하실 것이다." 그 백성을 위해 오실 때 그리스도는 모든 사람의 눈에 보이는 것뿐만 아니라 모든 사람의 귀에도 그 소리가 들리게 오실 것이다.

　요한은 그리스도께서 "구름과 함께 오실 것이며 각 사람의 눈이 그를 볼 것"(계 1:7)이라고 말하고 있는데, 이것은, 성경 전체에 그려지고 있는 우리가 알고 있었던 대로 인류 역사를 결정적으로 끝내버리는 영광의 사건과 일치한다. 예수님은 "그들이 인자가 구름을 타고 능력과 큰 영광으로 오는 것을"(마 24:30) 보리라고 말씀하셨다. "번개가 동편에서 나서 서편까지 번쩍임 같이 인자의 임함도 그러하리라"(마 24:27)라는 말씀도 덧붙이셨다. 이런 이야기들은 예수님이 지상의 모든 사람이 볼 수 있게 오실 것으로되, 전자 기술 혹은 레이저 쇼를 통해서가 아니라 하나님의 영광으로 하늘이 결정적으로 갈라지는 방식으로 직접 오신다는 것을 명확히 드러낸다.

이 가르침의 중요한 의미는 그분의 오심이 즉각적인 부활과 모든 사람의 최후 심판을 포함하기 때문에, 그리스도께서 재림하실 때에는 더는 구원받을 기회가 없다는 것(마 25:31~32; 살전 4:16)을 말하는 데 있다. 이승에서 그리스도를 거절했던 이들은 모든 사람에게 그분의 주권적인 영광이 뚜렷이 나타날 때 자기들이 얼마나 잘못했는지를 뒤늦게 어쩔 수 없이 알게 될 것이다. 그날에는 "찬란한 장엄함으로 그분이 오시는 일을 피해 숨거나 도망칠 수 있는 이가 하나도 없을 것이다; 그분께 복종하여 모든 무릎이 꿇려질 것이며 모든 혀가 그분의 주권을 인정할 것이다(빌 2:20 이하; 롬 14:11; 사 45:23)."(P. E. Hughes, 21)

1:7 _그들이 찌른 자

지상의 모든 사람에게 그리스도가 보이게 될 것이라는 사실에 덧붙여서 요한은 재림의 두 가지 다른 특질을 강조한다. 그리스도의 재림은 십자가에 못 박히고 배척당했던 분이었음을 강조하며 나타날 것이다: "(심지어) 그를 찌른 자들도." 덧붙여서, 큰 슬픔이 있을 것이다: "땅에 있는 모든 족속이 그로 말미암아 애곡하리니 그러하리라 아멘"(계 1:7). 이렇게 말하면서 요한은 스가랴 12:10의 예언을 되풀이하고 있다: "내가 다윗의 집과 예루살렘 주민에게 은총과 간구하는 심령을 부어 주리니 그들이 그 찌른 바 그를 바라보고 그를 위하여 애통하기를, 독자를 위하여 애통하듯 하며, 그를 위하여 통곡하기를, 장자를 위하여 통곡하듯 하리로다."

이 예언의 성취를 이해하는 데 세 가지 선택지가 있다. 한 가지 접근법은 과거주의 관점(preterism: 요한계시록의 예언이 로마제국 시대에 이미 성취되었다고 믿는 입장) (토마스 넬슨, 507)인데 요한계시록이 주후 70년 예루살렘 함락 전에 기록되었다고 보고 그래서 계시록에 기록된 대부분의 예언을 오직 예루살렘 함락과 관련된 것으로만 생각한다. 그 접근법을 유지하면서 과거주의자들은 계시록 1:7을 그리스도의 재림을 언급하는 것으로 보지 않고 예루살렘과 성전의 파괴라는 하나님의 심판을 상징적으로 언급한다고 본다. 칠턴은 그리스도가 "구름을 타고 오시리라"라는 말은 단지 "교회를 새 왕국(나라)으로 세우기 위해 이스라엘을 심판하려고 그리스도가 오시는 것"이라고 강력히 주장한다.(D. Chilton, 64) 마찬가지로, "그를 찌른 자들"을 로마군이 예루살렘 성을 공격할 때 당하는 극심한 고통 탓에 "그분 때문에 울부짖는" 유대 나라로 엄격하게 제한한다.

계시록 1:7을 과거주의 관점에서 보는 것을 거부하는 몇 가지 이유가 있다. 예루살렘이 함락당한 주후 70년 이전에 계시록이 기록되었을 것으로 보이지는 않는다는 점은 이미 말한 바 있다. 계시록에 서술된 박해의 양상이 그보다 늦은 시기에 더 잘 들어맞으며, 그리고 초대교회가 계시록의 저작 시기를 그보다 나중으로 보는 증거들이 많이 있기 때문이다. 또한, 과거주의자들이 구름 타고 오시는 그리스도를 지역적 심판과 관계되는 것으로 보지만 다니엘과 스가랴는 '온 세상'을 심판하기 위해 그리스도가 오신다고 보고 있다는 것을 알아야만 한다. 요한이 "모든 눈"이 그리스도를 보게 될 것이고 그리고 "땅에 있는 모든 족속이 그로 말미암아 애곡할 것"이라고 말하고 있기 때문에 계시록 1:7의 서술을 과거주의 관점으로 받아들이기는 정말 어렵다.

이 구절에 대한 두 번째 접근법은 그리스도의 재림을 가볍게 여기지는 않지만 거기에 그리스도의 '복음을 선포하는 것'으로 그리스도의 '현재 오심'이라는 뜻을 덧붙인다. 복음을 듣고, 자기들의 죄를 위해 그리스도가 죽었음을 깨닫고 회개와 믿음으로 구원받은 이들이 자기들 대신 찔리신 그리스도에 대한 슬픔을 이렇게 나타낸다는 것이다. 이 견해는 그리스도를 믿음으로 받는 구원을 명백하게 기대하고 있는 스가랴 12:10의 원래 메시지와도 잘 들어맞는다. 스가랴는 하나님이 "은총과 간구하는 심령을 부어 주리니 그들이 그 찌른 바 그를 바라보고 그를 위하여 애통하기를 독자를 위하여 애통하듯 하며 그를 위하여 통곡하기를 장자를 위하여 통곡하듯 할 것"이라고 말했다. 스가랴는, 찔리신 그리스도를 보고, 자신이 용서받기 위해 그분을 믿는 이들에게 자비와 은혜의 하나님이 구원을 가져오시는 것을 예견하고 있었다. 이 견해는 이어지는 말씀을 보면 훨씬 더 분명해진다: "그날에 죄와 더러움을 씻는 샘이 다윗의 족속과 예루살렘 주민을 위하여 열리리니"(슥 13:1).

스가랴의 메시지는, 예수님이 모든 백성의 죄를 위해 죽으셨기 때문에, "그를 찌른 자들"이 불의하게 그분을 처형한 현장에 물리적으로 있었던 자들보다 훨씬 더 많은 사람을 포함한다는 것을 일깨워 준다. 마찬가지로 "땅에 있는 모든 족속"은 자기들의 죄가 그리스도께 했던 것에 대해 슬퍼하는 '온 세상의 모든 신자'를 가리킨다. 복음서에서 요한은 예수를 찔렀지만 그다음 회개하고 그분을 믿었던 로마 군병에 의해 스가랴의 예언이 성취된 것으로 보았다. 그리스도의 찔리심을 직접 목격했던 젊은 시절의 요한은 이렇게 기록했다: "이 일이 일어난 것은 '그 뼈가 하나도 꺾이지 아니하리라' 한 성경을 응하게 하려 함이라. 또 다른 성경에 '그들이 그 찌른 자를 보리라' 하였느니라"(요 19:36~37).

이런 인용에서 요한이, 죄인들이 자기들을 위해 찔리신 그리스도를 보고 그분의 복음을 믿어 구원받았을 때 스가랴의 예언이 성취된 것으로 보았음을 알 수 있다. 이것은 죄를 대속하는 그리스도의 수난에 관한 성경의 가르침에 올바르게 응답하는 방법은 하나님의 아들에게 그와 같은 고난을 초래한 '죄를 슬퍼하는 것'임을 알려 준다. 죄에 대한 이런 슬픔은 예수님을 통해 하나님의 자비를 부르게 하는 원인이 되어야만 하고 그럼으로써 우리가 용서받을 것이고 또한 스가랴가 이어서 말하는 바와 같이 "죄와 더러움을 씻는 샘이… 열리게 된다"(슥 13:1). 만일 죄를 용서받기 위해 당신이 아직 예수님께 나오지 않았다면 이제 하나님의 말씀을 통해 그분을 보고, 모든 죄를 슬퍼하며, 우리를 구원하기 위해 창에 찔리시며 흘리셨던 그분의 피를 기억하며 그분 앞에 나가야만 한다.

그러나 계시록 1:7에서 요한이 그리스도의 재림을, 믿지 않은 탓에 죄를 용서받지 못하고 준비되지 못한 사람들을 사로잡는 어떤 사건으로 기록하고 있다고 보는 것이 가장 그럴듯해 보인다. 모든 눈이 그분의 재림을 보게 될 것이고, 조롱하고 거부하며 자기들이 찔렀던 분을 보게 될 것이고 "모든 족속이 그로 말미암아 애곡할 것이다." 이 장면은, 믿지 않는 인간, 회개하지 않고 마침내 슬픔을 경험하며 믿고 구원받을 기회가 더는 없음을 깨닫고 슬퍼하는 사람들에 대한 그리스도의 심판을 그린 것이다. 이렇게 슬퍼하는 자들은 분명히 그동안 살아왔던 삶을 슬퍼하고 그리고 신자들을 위하시는 그리스도의 은혜를 가까이서 보는 것이 자기들이 당하는 심판의 고뇌를 훨씬 더 통렬하게 만들게 될 것이다. "그리스도를 거절하고 제공된 구원을 하찮게 여기고 은혜의 날을 놓쳐 버려 생명을 잃어버린 죄인이 느낄 수 있는 가장 통렬한 고통 그리고 마귀가 여지껏 들려주었던 말보다 훨씬 더 쓰라린 울부짖음 등 이런 것이 그 죄인들에게 주어질 것이라니…".(J. B. Ramsey, 56)

요한은 계시록 1:7을 짧지만 명확한 반응으로 마무리하고 있다: "(더욱) 그러하리라 아멘." 이 말은 "예, 그리되기를 바랍니다"라는 뜻이다. 요한은 그리스도를 미워하고 복음을 거절하며, 하나님의 백성을 압제하고, 마침내 불신앙으로 그분을 십자가에 못 박아 버린 자들을 심판하러 그리스도께서 오셔야만 한다는 것이 얼마나 적절한 일인지를 말하고 있다. 그러나 요한이 그다음으로 강조하는 것은 지금도 여전히 그분이 아직 오시지 않았다는 것이다. 확실히 이런 깨달음은 우리 모두에게 모든 죄를 고백하고 예수님 앞에 나와 확실하게 구원받을 것을 강력히 권하고 있다. "예수님은 초림 때 '죄'를 다루셨다; 재림 때는 '죄인들'을 다룰 것이다. 우리는, 1장 5~6절 말씀처럼 그분의 피로 해방되어 살거나, 아니면 7절 말씀처럼 그분의 재림으로 이루어지는 무서운 심판 아래 살아야만 한다… 만일 그분께서 당신을 '사랑'으로 다루지 못하게 한다면 그분은 어쩔 수 없이 당신에게 '심판자'로 오셔야만 한다."(D. G. Barnhouse, 1971:24~25).

1:7 _볼지어다. 그가 오리시라!

계시록 1:7~8절은 하나님을 명확하게 소개한다는 점에서 계시록의 중요한 주제를 선포하고 있다.(반 하르팅스벨트, 26-28) 그리스도인들에게 요한의 선언은, 지금까지 우리가 들을 수 있었던 그 어떤 뉴스보다도 흥분되는 것이다. 요한은 "보라!"(계 1:7)라는 말로 시작하면서 흥분을 자극한다. "모든 눈이 그를 볼 것"이므로 보라, 우리 한 사람 한 사람이 영광 중에 다시 오시는 그리스도를 반드시 보게 될 것이다. 이것이 우리의 삶에 흥분을 주지 않는가? 이것이, 우리가 개인적으로 성경의 웅장한 이야기에 포함되었다는 것을 입증하지 않는가? 이사야 선지자는 그리스도의 탄생을 이렇게 예언했다: "보라! 처녀가 잉태하여 아들을 낳을 것이요 그의 이름을 임마누엘이라 하리라"(사 7:14). 그러나 우리 중에 그 누구도 예수님의 탄생을 목격하는 특권을 누리지 못했다. 나중에 천사들이 와서 예수님의 부활에 대해 말했다: "와서 그가 누우셨던 것을 보라… 너희보다 먼저 갈릴리로 가시나니 거기서 너희가 뵈오리라"(마 28:6~7). 이것들은 우리가 직접 목격하지는 못했지만 성경을 읽어서 알게 된 위대한 사건들이다. 하지만 요한이 "볼지어다. 그가 구름을 타고 오시리라"고 말하는 것은 이 미래 사건의 목격자들이 될 우리에게 말하는 것이다. 영광 중에 그리스도께서 다시 오시는 것은 구속 역사에서 위대한 사건의 하나일 뿐만 아니라 우리 주 예수님의 궁극적이고 완전한 구원행위이기도 하기에 아무튼 (당신과 나를 포함한) 모든 사람이 그것을 보게 될 것이다. 그분의 다시 오심은 죄와 불신 세상의 종말임과 동시에 하나님의 사랑의 빛 안에 있는 영원한 영광, 새 시대의 시작이다. 분명히 우리 모두 목격하게 될 이 사건은 아주 흥미로운 어떤 것이다!

그리스도의 오심에 우리가 흥분할 뿐만 아니라 오시는 그분을 위해 우리 자신을 준비시켜야 한다. 시즌 개막일이 다가오면 스포츠 팬들은 흥분되어 자기가 응원하는 팀에 대한 각종 정보를 수집한다. 만약 그리스도의 오심에 대해 흥미를 느꼈다면 그분을 더 잘 알기 위해 날마다 열정을 보일 것이다. 무엇보다도 기도하면서 하나님의 말씀을 연구함으로 그렇게 할 것이다. 신부는 오래 기다렸던 결혼식 날을 위해 최대한 아름답게 몸을 가꾼다. 우리도 그리스도의 속히 오심을 예상하면서 죄를 제거하기 위해 항상 애쓰고 믿음, 소망, 사랑(고전 13:13), 의, 평강, 희락(롬 14:17) 등의 영적인 은혜를 기도 중에 찾으면서 날마다 자신을 좀더 영적으로 아름답게 가꾸어야 한다. 그것이 주님 앞에서 우리 마음을 사랑스럽게 만든다. 마지막으로 중요한 정치적 선거가 가까워지는 것을 아는 이들은 우리 시대의 중요한 논점들에 대해 다른 이들을 설득할 길을 찾을 것이다. 그리스도가 그 백성을 구원하고 그리고 불신앙을 고집하는 자들을 심판하러 곧 오신다는 것을 깨닫고 있는 그리스도인은 말씀을 듣고 믿는 모든 이에게 복음(참고로, 혹시 인도의 기독교 사상에 관심이 있는 분들은 '박띠' 사상과 기독교 복음의 연관성을 추적하는 로빈 보이드, 195-250; 이광수, 126-251쪽을 참조할 것)을 제공하는 예수 그리스도 안에 있는 하나님의 은혜를 증언하기 위해 몹시 바쁘게 지낼 것이다.

"볼지어다. 그가 구름을 타고 오시리라"! 그분, 모든 역사를 다스리는 주권자이자 주인이시며 하나님의 아들인 그분을 만날 준비가 되셨는가? 그분이 십자가에서 흘린 피로 당신의 모든 죄가 씻어졌는가? 그분의 복음을 믿음으로 의롭다 하심을 받았는가? 언젠가 사도 바울은 자신의 상황이 아주 긴박하다는 것을 잘 이해했던 어떤 사람(간수) 얘기를 한 적 있다. 그 사람이 바울에게 물었다. "내가 어떻게 하여야 구원을 받으리이까?" 바울이 대답했다: "주 예수를 믿으라. 그리하면 너와 네 집이 구원을 받으리라"(행 16:30~31). 믿는 사람들을 모으기 위해, 죄에 빠진 세상을 심판하기 위해 그분은 속히 다시 오실 것이다. 누구에게나, 예수 그리스도를 믿고 그분을 구세주로 신뢰하면서 주님이신 그분께 항복하는 것보다 더 긴급한 일은 없다. 그런 다음에야 그분이 다시 오실 때 당신의 모든 죄 때문에 십자가에서 대신 찔렸던 그분을 두려움 없이 한없이 기쁘게 볼 수 있게 되고 당신은 마침내 감격스런 구원의 완성을 보게 될 것이다.

전능자가 말씀하신다
(요한계시록 1:8)

⁸"나는 알파와 오메가이다." 지금 계시고 전에도 계셨고 장차 오실 주 하나님 곧 전능자가 말씀하신다. (이필찬, 2021:115)

계시록 1:8은 요한이 기록한 이 주목할 만한 책 서문의 마지막 구절이다. 이 서문에 계시록에 대한 유용한 정보가 담겨 있는데 가장 중요한 부분은 요한이 기록하고 있는 책의 저술 목적이다. 계시록에는 미래에 대한 정보 제공, 책의 수신자인 여러 교회를 향한 권면 등 여러 부차적인 목적이 있다. 그러나 계시록의 가장 큰 목적은 '하늘에 계신 하나님의 시각'에 기반하여 '역사를 보는 관점'을 그리스도인들에게 제공하는 것이다. "계시록의 주된 목적은 모든 시대의 그리스도인들에게, 가능한 모든 환경 속에서 인간의 시각에서가 아니라 하나님의 시각으로 역사 속에 무엇이 일어나고 있는지를 알 수 있게 하고 또한 순간순간마다 그리스도와 그분의 영광을 위해 살면서 계시록의 말씀으로 '위로받고 새 힘을 얻도록' 하는 것이다."(J. M. Boice: R. D. Phillips, 47)

계시록의 이 웅장한 목표를 항시 마음에 두면서 요한의 서문을 마무리하고 있는 1장 8절의 역할을 이해할 수 있다. 좀 이상하게 보일지도 모르지만 결국 사도가 제시하는 서문 맨 끝에서 하나님 아버지께서 직접 나서서 독자들에게 말씀하신다. 더 놀라운 것은 이 긴 책의 거의 끝부분(계 21:5~8)에 다다를 때까지는 삼위 하나님의 제1위이신 하나님 아버지께서 직접 말씀하시는 곳이 더는 없다는 것을 알게 될 때이다. 그렇다면 요한의 서문이 왜 "나는 알파와 오메가라. 이제도 있고, 전에도 있었고, 장차 올 자요, 전능한 자라"(1:8)라는 말로 끝나는 것인가? 그 답은 계시록이 하나님의 시각에서 본 역사를 보여 주고 있기에 그리스도 안에서 하나님의 백성을 구원하시려는 하나님의 모든 목적을 성취하고 모든 것을 한 데 묶을 수 있는 주권자로 하나님 자신을 나타내고 있기 때문이라는 점에 있다.

1:8 _하나님의 주권

모든 그리스도인에게 '하나님의 주권'이라는 문제는 가장 중요하고 필수적이지만 특히 힘든 시기를 보내고 있는 이들에게는 더더욱 그렇다. "하나님은 주권자이신가? 지구촌의 오늘과 모든 순간에 그분은 모든 일을 통제하고 계시는가? 혹시 사건들이 다소간 그분의 통제를 벗어난 것은 아닌가? 혹시 사람의 손에 달린 것은 아닌가? 혹시 심지어 마귀에게 통제당하고 있는 것은 아닌가?"(J. M. Boice: R. D. Phillips, 48) 많은 이들에게 제시되는 그릇된 증거는 '하나님이 통제하지 않는다'는 것이다. 따라서 어쩌면 아무도 통제하지 못하리라고 생각한다. 역사, 수많은 주장은 궤도를 벗어난 롤러코스터 같은 것, 흔들리면서 우연히 앞으로 질주하면서 관성에 따라 위험하게 달려나가고, 불안정하고 그럼에도 때로 자극적이고 흥분되는 미래… 결국 역사의 수많은 전쟁, 전쟁의 소문들, 기근, 지진, 박해 등등이 수반될 것이라고 말했던 분은 바로 예수님 아니던가?(마 24:5~12) 누군가가 역사에 대한 아주 비관적인 견해를 담은 이런 파국에 답하는 리머릭(limerick; 아일랜드에서 유행했던 5행 유

희시)을 썼다:

> 하나님의 계획은 소망 어린 시작이었지,
>
> 그러나 인간이 죄짓는 일로 그 기회를 망쳤다.
>
> 하나님의 영광으로 끝날 거라는
>
> 그 이야기를 믿지.
>
> 그러나 지금 당장은 반대쪽이 이기고 있다.

이 시는 좀 익살스럽지만 여기 담긴 '신학'은 무시무시하게 두려운 것이다. "만일 '반대쪽'이 이기고 있다면 우리는 모두 다 깊은 재난에 빠진 것이다. 그러나 또 다른 쪽은 그렇지 않다. 계시록이 가르치는 것은 인류 역사의 모든 부침(浮沈)을 포함해서 하나님이 우주 만물의 주권자(스캇 듀발, 49)라는 것이다. 아울러 그분이 참으로, 헤아릴 수 없지만 완벽한 하나님만의 의지에 따라 만물을 조율하며 다스리고 계신다는 것이다."(J. M. Boice: R. D. Phillips, 48)

이 세상에서 오늘 우리는 종종 의로운 웃시야 왕이 죽었을 때의 선지자 이사야 같은 심정이 되곤 한다. 이사야는 다음에 무슨 일이 일어날지 모르는 불확실성 때문에 이스라엘의 손실에 대한 아픔을 거침없이 토해냈다. 그러나 그는 하나님의 성전에 들어가는, 하나님께로 향하는 바른 자세를 갖췄다. 거기서 하나님은 선지자에게 그의 믿음이 필요로 했던 비전을 주셨다: "웃시야 왕이 죽던 해에 내가 본즉 주께서 높이 들린 보좌에 앉으셨는데 그의 옷자락은 성전에 가득하였고"(사 6:1). 하나님은 그 백성을 다스리시는 참 주권자이시며, 그러기에 설령 웃시야가 그의 보좌에서 떠났다 해도 하나님께서 그분의 보좌를 떠난 것은 결코 아니라는 것을 이사야에게 일깨우셨다. 주님은 지상의 잡다한 일들 위에 "높이 들린" 보좌에 앉아 계신다. 따라서 다른 어떤 주권자가 들어설 여지가 없다. 역사를 통틀어서 오직 한 분의 주님과 왕이 있을 뿐이고 그러므로 그 주권자는 하나님 자신이시다. 역사의 주인은 하나님이시다.

1:8 _하나님의 영원성

계시록 1:8은 세 가지 진술로 하나님의 주권을 확인하는데, 그 첫째는 하나님의 영원성을 표현하는 것이다: "나는 알파와 오메가"라는 말은 주 하나님"을 가리킨다. 중요한 것은 만물이 존재하기 전에도 그 후에도 하나님이 존재하시기 때문에 그분께서 만물을 다스리신다는 것이다.

"알파와 오메가"라는 표현은 대조제유법이다. "대조제유법은 양극의 대립 항을 써서 그 양극 사이에 있는 모든 것을 강조하는 비유법이다."(G. K. Beale, 1999:199) 알파와 오메가로서 하나님은 그 사이에 있는 모든 것을 통제하신다. "이 문구는 하나님의 유일성을 강조하면서 '창조'와 '완성'이라는 주제를 드러낸다."(이필찬, 2021:117) 아울러 이 말은 이사야 41:4을 되풀이한 것이다: "이 일을 누가 행하였느냐? 누가 이루었느냐? 누가 처음부터 만대를 불러내었느냐? 나 여호와라. 처음에도 나요 나중 있을 자에게도 내가 곧 그니라."

하나님의 존재, 그 영원성이란, 그분의 존재가 하나님이 창조하신 역사(시간)의 바깥 시간에서 존재한다는 뜻이다. "하나님이 영원한 현재에 사시기 때문에 그분께는 과거도 없고 미래도 없다. 성경에 시간 관련 낱말이 등장할 때 그것은 어디까지나 인간의 입장에서의 시간이지 하나님의 것은 아니다… 하나님은 피조물이 아니기에 그분 스스로 우리가 시간이라고 부르는 연속적인 모든 변화의 흐름에 전혀 영향받지 않으신다. 하나님은 영원 속에 사시지만 그러나 시간은 영원하신 하나님 안에 거한다."(A. W. Tozer, 61~62) 그러므로 베드로는 "주께는 하루가 천년 같고 천년이 하루 같다"(벧후 3:8)고 말한다. 영원한 분이시므로 하나님은 "이제도 있고, 전에도 있었고, 장차 올 자"(계 1:8)이시다. "하나님은 그분을 믿는 모든 이의 하나님이시다; 그분은 하나님이시므로 '바로 지금 이 자리에서' 우리의 신뢰를 그분께 드릴 수 있다; 그래서 미래에는, 우리를 하나님으로부터 분리시킬 수 있는 아무런 사건도 아무런 시간도 없다."(W. Barclay, 1:44)

하나님을 영원하신 분으로 이해하는 데 강(江) 비유가 도움이 될 듯하다. 우리는 강물의 흐름을 타고 배가 하류로 흘러내려 가는 식으로 시간을 경험한다; 강 위에 있어서, 어느 한순간에는 강의 단 한 곳에만 머물 수밖에 없으므로 배 바로 앞과 바로 뒤의 짧은 거리 풍경밖에 보지 못한다. 그러나 하나님은 하늘 높은 곳에서 보시기에 강 전체를 동시에 한눈에 보실 수 있다. 그분은 강의 모든 굽이, 모든 여울을 아시기에 모든 어려움과 위험을 미리 보신다. 강 줄기를 시작하신 알파로서 하나님은 강이 시작되는 곳과 강의 모든 굽이를 아시고 오메가로서 강물의 목적지를 정하셨다. 마찬가지로 과거에 있었고, 지금 있고, 미래에 있을 모든 것은 하나님께는 '동시에 현재'이므로 모든 것이 다 그분의 다스림에 종속된다. 이것이 우리 개인의 삶의 진리이며 하나님이 처음부터 끝까지 단번에 보시는 전체이다. 이것은 모든 역사에도 똑같이 진리이다. "시간을 초월하시는 하나님은, 역사의 시작과 끝을 주권자로서 다스리시기 때문에 역사의 전체 항로를 안내하신다."(G. K. Beale, 1999:199) 고난받는 그리스도인들에게 하나님이 "알파요 오메가"라는 것보다 더 좋은 소식이 무엇이 있겠는가?

1:8 _하나님의 자존성(自存性)

하나님의 속성을 연구할 때 그 속성들이 모두 상호연관되어 있음을 알게 된다. 그러므로 하나님의 영원성과 관련된 것이 계시록 1:8에 강조된 하나님의 또 다른 속성이다. 4절의 한 구절을 반복하면서 하나님은 자신을 "이제도 있고, 전에도 있었고, 장차 올 자" 곧 '알파와 오메가'로 서술하신다. 이 낱말들은 하나님의 영원성을 반영하지만 특히 그 가운데 첫 번째 구절은 하나님의 '자존성'을 선언한다. 그분은 "이제도 있는" 하나님이다. 영원하신 하나님은 시작이 없을 뿐만 아니라, 자존(自存)하는 하나님은 자신 외에 다른 생명의 근원이 없으신 분이다.

하나님의 자존성은 계시록 1장 8절을 '에고 에이미', "나다"라는 말로 시작하는 헬라어 원문에 강조되어 있다. 이 말은 하나님이 불타는 가시 떨기나무에서 모세에게 말씀하시던 장면을 생각나게 한다. 모세가 그분의 이름을 묻자 하나님이 대답하셨다: "나는 스스로 있는 자이니라"(출 3:14). 이 말은 "나는 나다"라는 뜻이다. 히브리어에서 이 말은 4자음 신성문자(YHWH)로 요약되는데 이 히브리 글자 넷에서, 동사 '이다(to be)'에 기반하여 야웨(Yahwah)라는 이름이 만들어진다. 하나님이 모세에게 말씀하셨다: "이스라엘 자손에게 이같이 이르기를 '스스로 있는 자(I am: "나다")가 나를 너희에게 보내셨다' 하라"(출 3:14).

하나님의 자존성은 하나님의 존재를 증명하려 하지 않고 그분이 하신 일을 단번에 선포해 버리는 성경 맨 첫 구절에서 선언되었다: "태초에 하나님이 천지를 창조하시니라"(창 1:1). 하나님의 존재는 "떨기나무에 불이 붙었으나 그 떨기나무가 사라지지 않는"(출 3:2) 그 산에서 모세가 보았던 불타는 떨기나무의 불같은 것이다. 불이 떨기나무에 의존하지 않았지만 그 고유의 '완전-자족한' 생명에 의해 불타고 있었다. 불처럼 하나님은 그분의 생명을 다른 근원으로부터 끌어내지 않으신다; 불이 떨기나무 안에서 타지만 떨기나무가 불의 근원은 아니었다. 하나님의 독자성에 해당하는 신학 용어는 '자존성(aseity)'이다. 이 영어 낱말 'aseity'는 'from'을 뜻하는 라틴어 'a'와 'himself'를 뜻하는 라틴어 'se'가 결합 된 것이다. 말하자면 하나님은 "그 자신으로부터" 오신 분이다. "세상에서 가장 위대하고 가장 좋은 사람조차도 오직 (하나님의 은혜로만) '나는 나다'라고 말해야만 한다; 그러나 하나님은, 사람이든 천사든 다른 어떤 피조물이 말하는 것을 훨씬 초월하여 곧 절대적으로 '나는 나다'라고 말씀하신다."(M. Henry, 1:284)

하나님의 자족성을 비롯하여 그분의 자존성으로부터 꽤 많은 함축의미를 뽑아낼 수 있다. "그분은 채워지지 못한 필요나 만족하지 못한 욕구가 없으시다. 그분은 어떤 도움도 필요 없으신 분이다. 그분은 종속관계에 있는 분이 아니다. 그분은 빌어 온 시간으로 살지 않으신다. 그분은 자기 자신 외에 다른 누구 안에서 자기 존재를 갖지 않고, 살지도, 움직이지도 않으신다."(P. G. Ryken, 1999:94)

하나님이 지니신 자존성의 두 번째 함축의미는 하나님의 또 다른 속성을 포함하고 있다: 그분의 불변성. 이것은 하나님이 변하시지도 변하실 수도 없다는 뜻이다. 하나님이 영원하시기에 그분의 존재는 어떤 사건의 사슬에 종속되지 않는다. 그분이 자족하시는 분이기 때문에 하나님 밖의 그 어떤 것도 그분이 변하는 원인이 될 수 없다. 바울은 말했다: "만물이 주에게서 (from) 나오고, 주로 말미암고(through), 주에게로(to) 돌아감이라"(롬 11:36). 그러므로 그분의 생명을 전적으로 자신한테서 취하기 때문에 하나님은 "이제도 있고, 전에도 있었고, 장차 올 자" 곧 항시 계셨고, 항시 계시고, 항시 계실 분, 다시 말해서 '스스로 있는 분'이다.

하나님의 불변성은 요한이 계시록을 써 보내야 했던 당시의 신자들처럼 고난받는 그리스도인들에게 더 '좋은 소식'을 제공한다. 첫째로, '하나님의 성품이 변하지 않는다'는 것이다. 하나님은 지금도 늘 그러셨던 것과 정확히 똑같으시며 아울러 영원히 그러하실 것이다. 웨스트민스터 소요리문답 4항에서 이렇게 가르치고 있다: "하나님은 영이신데 그의 존재하심과 지혜와 권능과 거룩하심과 공의와 인자하심과 진실하심이 무한하시며 무궁하시며 '불변'(글쓴이 강조)하시다." 이것은 성경에서 그분이 계시하신 것과 항시 똑같은 분으로 우리가 하나님을 헤아릴 수 있다는 뜻이다. 사람들은 자주 변하고 스스로 낙심한다. 우리를 대하는 그들의 태도는 선한 이유도 없이 자주 변한다. 그러나 하나님은 항시 그 존재, 태도, 목적이 똑같으시다. 어떤 사람들은 인간을 향한 하나님의 태도가 변하는 모습이 성경에 드러난다고 강력하게 주장하면서 깐깐하게 따진다. 그 대답은 하나님이 죄, 믿음, 그리고 복종에 응답하실 때 그분은 항시 이것들에 대해 똑같은 방식으로 응답하신다는 것이다. "하늘에 계신 우리 아버지는 그 자신으로부터 결코 안 달라진다는 것을 깨달으면 그것이 그리스도인의 마음에 무슨 평화를 가져오는가? 아무 때나 그분께 가면서 우리가 그분께 받아들여지는 기분일지 아닐지 염려할 필요가 없다는 것이다. 그분은 늘 고통과 필요를 사랑과 믿음처럼 수용하신다… 오늘 이 순간 하나님은 모든 피조물에게, 어린아이들에게, 병든 자에게, 타락한 자, 죄지은 자에게, 인류를 위해 대신 죽도록 그분의 독생자를 세상에 보내셨을 때와 똑같이 (따스한) 매력을 느끼신다."(A. W. Tozer, 82) 하나님의 성품에 따라 '하나님의 진리는 변하지 않는다.'

> 사람들은 때때로 단지 자기 자신의 마음을 알지 못하기 때문에, 무슨 말인지도 모르는 것들을 말할 때가 있다; 또한 자기 견해가 변하기 때문에 과거에 자기가 했던 말을 오랫동안 지키지 못하는 것을 자주 발견한다… 사람들의 말은 불안정하다. 그러나 하나님의 말씀은 그렇지 않다. 하나님의 말씀은 하나님의 마음과 생각의 영원하고 타당한 표현으로서 영원히 서 있다. 그 말씀을 회상하도록 하나님을 자극하는 환경은 없다; 하나님 스스로의 생각이 그 생각을 수정하도록 요구하는 어떤 변화도 없다. 이사야는 말한다: "모든 육체는 풀이요… 풀은 마르고… 그러나 하나님의 말씀은 영원히 서리라"(사 40:6~8).(J. I. Packer, 1973:70)

뿐만 아니라, '하나님의 목적은 변하지 않는다.' 단지 미래가 올 때까지는 우리가 그것을 다 모르고 그리고 종종 우리가 의도한 것을 수행할 능력이 부족해서 우리의 계획이 변할 뿐이다. 그러나 하나님은 그렇지 않다! 이사야 46:9~10, "나는 하나님이라. 나 같은 이가 없느니라. 내가 시초부터 종말을 알리며 아직 이루지 아니한 일을 옛적부터 보이고 이르기를 '나의 뜻(목적)이 설 것이니 내가 나의 모든 기뻐하는 뜻(목적)을 이루리라.'"

하나님의 목적이 변하지 않기에 예수 그리스도를 향한 그분의 뜻도 변하지 않는다. 성경은 하나님의 목적은 그분의 아들을 보좌에 앉히고 그를 영원히 영화롭게 하는 것임을 강력히 주장한다(시 2:6~7; 빌 2:9~11). 하나님은 그 아들을 유일한 구세주로 정하셨고, 그렇기에 사도 베드로의 말은 영원히 진리일 것이다: "다른 이로써는 구원을 받을 수 없나니 천하 사람 중에 구원을 받을 만한 다른 이름을 우리에게 주신 일이 없음이라"(행 4:12). 그렇다면 하나님이 "만물을 그의 발아래에 복종하게 하시고 그를 만물 위에 교회의 머리로 삼으셨기"(엡 1:22) 때문에 예수 그리스도를 거부하고 우리의 믿음을 그분으로부터 함부로 거둬들이는 일은 그 얼마나 어리석은 짓인가.

그리스도를 위한 하나님의 계획이 변하지 않을 뿐만 아니라 대속(代贖) 받은 백성을 향한 그분의 계획도 변하지 않는다. 바울은 이렇게 말했다: "하나님이 미리 아신 자들을 또한 그 아들의 형상을 본받게 하기 위하여 미리 정하셨으니 이는 그로 많은 형제 중에서 맏아들이 되게 하려 하심이니라"(롬 8:29). 그리스도인들은 하나님에 의해 그리스도의 거룩에 참여하도록 정해졌으므로 신자들이 마치 아직도 세상에 속해 있는 것처럼 사는 것은 별 의미가 없다. 바울은 하나님의 자녀들 곧 신자들은 "하나님의 상속자요 그리스도와 함께한 상속자"(롬 8:17)라고 했다. 하나님은 주권자이시고 영원하시고 변하지 않으시기에 그분의 구원도 또한 주권적이고 영원하고 안전하다. 예수님은 "내가 그들에게 영생을 주노니… 또 그들을 내 손에서 빼앗을 자가 없다"(요 10:28~29)고 하셨다. 그리스도를 믿는 이를 하나님이 용서하실 때 그분은 "그들의 죄를 다시 기억하지 아니하리라"(히 8:12)고 약속하시면서 영원하게 그리고 변함없이 용서하신다.

마지막으로 하나님의 계획은 변하지 않기 때문에 사악한 자들에 대한 하나님의 계획도 변하지 않을 것이다. 계시록은, 용서받지 못한 죄인들을 하나님이 심판하실 것을 알려 준다. 출애굽기 34:7에서, 하나님은 "벌을 면제하지 않는다"는 것을 가르치는데 계시록에 드러난 많은 심판은 그 강력한 주장에 더 강력한 색상을 덧입히고 있다. 죄와 싸우는 하나님의 확고한 진노는 예수님을 주와 구주로 받아들이기를 거부하는 모든 사람에게 경고하고 있다. "그분을 무시하는 사람, 그분의 법을 어기는 사람은 그분의 영광에 아무 관심이 없어서, 마치 그분이 존재하지 않는 것처럼 제멋대로 자기의 삶을 산다. 그런 자는 마지막에 그분께 자비를 애걸하게 될 것을 생각해 보지 않으면 안 된다. (예수님을 거절하고 있었기에), 그는 그분의 뜻을 변경하고, 그분의 말씀을 무시하고, 그분의 무시무시한 경고를 무효로 만들고 싶어 한다… 하나님은 죄를 싫어하시되 영원히 그것을 싫어하신다. 이로써 자기들의 죄로 죽은 자들에 대한 처벌은 영원성을 띤다."(A. W. Pink, 40)

1:8 _하나님의 전능성

하나님의 속성에 의해 하나님의 주권을 증명하면서 하나님의 자존성, 자족성, 그리고 불변성과 함께 하나님의 영원성을 살펴보았다: "'나는 알파와 오메가'라고, '이제도 있고, 전에도 있었고, 장차 올 자'"(계 1:8)이신 주 하나님이 말씀하신다. 그 문제에 대해서는 더는 할 말이 없다고 생각할 수도 있지만 그러나 하나님은 만물을 다스리는 주권자이심을 드러내는 필수적인 속성 한 가지를 더 지적하신다. 8절은 "전능자"로 끝맺으면서 하나님의 전능성을 주장하는 말을 덧붙이고 있다.

"전능자"로 번역된 헬라어는 '판토크라토르'이다. 이 낱말은 "모든 것"을 뜻하는 '판토스'와 "힘"과 "지배권" 두 가지 뜻을 다 담고 있는 '크라토스'가 연결된 것이다. 누가복음 1:51에서는 하나님이 "그의 팔로 힘(크라토스)을 보이셨다"는 것을 말하면서 '크라토스'를 썼고, 디모데전서 6:16에서는, 하나님의 "영원한 권능(크라토스)"을 뽐내려고 그 낱말을 썼다. 하나님이 전능자(판토크라토르)가 되시기에 모든 곳에서 모든 시간에 만물을 다스리기 위해 주권적인 능력과 권위를 행사하신다.

> 하나님은 주님이시므로 그분은 무엇이든 행할 권리를 갖고 계신다; 전능자이시므로 무엇이든 실행하실 능력을 갖고 계신다… 그분의 주권과 관련해서 모든 피조물에게 명령할 권리를 갖고 계신다; 그분의 전능성에 관련해서는 그의 명령에 복종하도록 하거나, 혹은 그 명령을 위반한 데 대해 인간을 처벌할 권능을 갖고 계신다… 이 지배권은 그분의 모든 피조물을 처분하기로 결단하시는 방식을 실행하기 위해… 그분이 기뻐하시는 것을 만드실 권리, 그분이 만드신 것을 소유할 권리, 그분이 소유하신 것을 처분할 권리이다.(S. Charnock, 2:364)

족장 야곱이 사랑한 아들 요셉의 이야기에서 하나님을 '전능자'로 묘사하고 있다. 요셉 이야기는 이 세상의 불의하고 불안정한 모든 것을 드러내는 것처럼 보인다. 그의 형제들은 그를 싫어했고 그래서 어린 요셉을 배신했다. 요셉은 어린 나이에 애굽에 노예로 팔려갔고 거기서 신실하게 종살이했지만 억울하게 감옥에 갇혀 소중한 젊음을 어두운 감옥에서 날려버렸다. 그러나 하나님은 이 모든 환경에서 '전능자'로 나타나셨다. 감방 동기 바로의 잔을 맡은 자는 옥에서 석방되었고 요셉을 통치자의 자리로 추천하였다.

하나님께서 요셉이 바로의 꿈을 해석할 수 있게 하시면서 야곱의 아들을 지상 최대의 제국을 다스리는 통치자로 임명하셨다. 이 전능한 방법으로 하나님은 요셉을 하나님의 계획을 실행할 역할에 적임자로 준비되게 하실 뿐만 아니라, 기근을 피해 그 백성을 애굽으로 데려가 그들을 구원하도록 요셉을 사용하시기도 하셨다. 요셉 자신도 회개하는 형제들에게 하나님의 다스리시는 주권을 이렇게 설명했다: "당신들은 나를 해하려 하였으나 '하나님은' 그것을 선으로 바꾸사 오늘과 같이 많은 백성의 생명을 구원하게 하셨습니다"(창 50:20).

만물을 다스리는 주권과 하나님의 전능이라는 진리를 알려 줌으로써 요한 당시 계시록의 독자들처럼 고난받는 그리스도인들에게 큰 위로를 준다. 이제 우리 차례이므로 이 세상의 죄와 슬픔, 불공정, 불확실성에 대처하기 위해 우리는 어떻게 해야 하는가? 요한 당시 에피큐로스 철학 학파는 쾌락에서 위안을 찾기 위해 오늘날 현대인들에게 말하는 것과 똑같은 종류의 실존주의로 사회 구성원 대부분의 마음을 사로잡고 있었다. 이런 견해로 보면 인생은 의미 없는 비극이다. 그러나 하나님을 주권적인 전능자(판토크라토르)로 아는 신자들에게는 인생에는 '시련을 넘어서는 위대한 목적'이 있기에, 영원하고, 변하지 않으며, 전능하신 사랑에 대한 우리의 지식이 늘 위로와 기쁨을 채워 준다. 우리는 하나님을 찬양하는 말씀으로부터 하늘의 허다한 무리와 함께 외친다: "감사하옵나니, 옛적에도 계셨고, 지금도 계신 주 하나님 곧 전능하신 이여, 친히 큰 권능을 잡으시고 왕 노릇하시도다"(계 11:17).

1:8 _말씀하시는 하나님

계시록은 그리스도인들에게 큰 위로를 주는 메시지 곧 만물을 다스리는 하나님의 주권에 중심을 둔 좋은 소식을 담고 있다. 바로 그 진리는 하나님이 믿음으로 그분께 속한 이들에게 기쁜 소식을 주시는 분이라는 것이다.

그러나 하나님께서 먼저 우리에게 말씀하시지 않는 한 그 좋은 소식을 결코 알 수 없을 것이다. 이것이 또한 계시록 1:8에서 그의 빈곤한 백성에게 하나님이 직접 말씀하시기 때문에 계시록 1:8이 이러한 좋은 소식을 담고 있는 이유이다: "주 하나님이 이르시되 '나는 알파와 오메가라' '이제도 있고, 전에도 있었고, 장차 올 자요, 전능한 자라' 하시더라." 하나님이 이 구절에서 이렇게 말씀하시는 이유는 요한이 이 묵시적인 편지에서 모든 교회에 발표할 모든 것을 확증하고 확인하기 위함이다. 오직 계시록의 끝에 가서야 그분의 주권적인 목적을 선언하기 위해 그리고 이 책의 메시지를 확인하기 위해 하나님이 다시 말씀하신다: "보좌에 앉으신 이가 이르시되 '보라 내가 만물을 새롭게 하노라' 하시고 또 이르시되 '이 말은 신실하고 참되니 기록하라'"(계 21:5).

하나님의 말씀을 생각할 때 그리스도인들은 특히 하나님의 아들 그리스도를 통한 하나님의 계시를 생각해야만 한다. 히브리서 1:1~2에서는, 하나님이 옛적에 선지자들을 통해 말씀하셨던 반면 "이 모든 날 마지막에는 '아들을 통하여' 우리에게 말씀하셨다"(히 1:1~2)고 말한다. 하나님이 계시록 1:8에서 "나는… 이다"라고 말씀하시는 것은 이런 이유 때문인데 그리스도인들은 여기서 예수님의 목소리를 듣는다. 하나님은, 예수님이 1장 안에서 자신에게 적용시킬 표현인 "나는 알파요 오메가"라는 말씀을 하신다: "나는 처음이요 마지막이니 곧 살아 있는 자라"(계 1:17~18). 우리는 또한 사도 요한의 복음서에서 예수님의 "나는… 이다"라는 위대한 음성을 자주 듣는다:

예수께서 이르시되 '나는 생명의 떡이니' 내게 오는 자는 결코 주리지 아니할 터이요 나를 믿는 자는 영원히 목마르지 아니하리라(요 6:35).

예수께서 또 말씀하여 이르시되 '나는 세상의 빛이니' 나를 따르는 자는 어둠에 다니지 아니하고 생명의 빛을 얻으리라(요 8:12).

'내가 문이니' 누구든지 나로 말미암아 들어가면 구원을 받고 또는 들어가며 나오며 꼴을 얻으리라(요 10:9).

'나는 선한 목자라' 선한 목자는 양들을 위하여 목숨을 버리거니와(요 10:11)

예수께서 이르시되 '나는 부활이요 생명이니' 나를 믿는 자는 죽어도 살겠고(요 11:25)

'나는 포도나무요' 너희는 가지라. 그가 내 안에, 내가 그 안에 거하면 사람이 열매를 많이 맺나니 나를 떠나서는 너희가 아무것도 할 수 없음이라(요 15:5).

이 모든 "나는… 이다" 진술은 계시록 1:8에서 "나는 알파와 오메가라 이제도 있고 전에도 있었고 장차 올 자요 전능한 자"라고 말씀하시는 하나님과 예수님이 '하나'임을 알려 준다. 이것은 하나님이 "나는 스스로 있는 자"라는 이름을 주시면서 떨기나무에서 말씀하시는 것을 모세가 들었을 때 예수님이 바로 거기 모세 앞에 계셨음을 뜻한다. 출애굽기 3:2 말씀은 "여호와의 사자가 떨기나무 가운데로부터 나오는 불꽃 안에서 그에게 나타나셨음"을 선언한다. 가장 그럴듯한 설명은 성육신하기 전 하나님의 음성으로 말씀하시면서 나타난 영원한 하나님의 아들을 모세가 '먼저' 보았다는 것이다. 마찬가지로 하나님은 하나님의 아들 예수를 통해 좋은 소식이신 자신을 우리에게 계시하시면서 말씀하신다.

사실 당신이 위대한 '나는… 이다'이신, 주권자, 영원하신, 변하지 않으시는, 전능하신 하나님을 알게 되는 유일한 길은 예수 그리스도를 믿는 것이다. 예수님은 크게 외치셨다: "내가 곧 (유일한) 길이요, (유일한) 진리요, (유일한) 생명이니 나로 말미암지 않고는 아버지께로 올 자가 없느니라"(요 14:6). 당신은 모세가 불타는 떨기나무에서 그리스도를 만난 것 같은 방법으로 그분을 만났는가? 하나님은 모세를 부르셨고, 그리고 그가 하나님께 나왔고, 믿었고, 그리고 하나님과의 구원하는 관계 속으로 들어갔다. 하나님은 지금 그분의 말씀을 통해 당신을 부르신다. 그분은 당신에게 "나는 알파요 오메가"라고 말씀하시며, 당신의 운명을 통제하는 전능하신 주권자로서 그의 아들을 믿음으로 당신에게 영원한 생명을 주신다. 예수, 영원하신 분, 자존하시는 분, 그리고 전능하신 하나님이 당신에게 말씀하신다: "내가 진실로 진실로 너희에게 이르노니, 내 말을 듣고, 또 나 보내신 이를 '믿는 자'는, 영생을 얻었고, 심판에 이르지 아니하나니, 사망에서 생명으로 '옮겼느니라'"(요 5:24).

밧모라 불리는 섬에 있었더니
(요한계시록 1:9~16)

[9]너희들의 형제요 예수 안에 있는 환난과 나라와 인내에 동참한 자인 나 요한은 하나님의 말씀과 예수의 증거를 위하여 밧모라 불리는 섬에 있었다. [10]나는 주께 속한 날에 성령 안에 있었다. 그리고 나는 내 뒤에서 [11]"네가 보는 것을 책 속으로 쓰라. 그리고 일곱 교회에게 곧 에베소와 서머나와 버가모와 두아디라와 사데와 빌라델비아와 라오디게아로 보내라"고 말하는 [10b]나팔 같은 것의 큰 음성을 들었다. [12]그리고 나는 나와 더불어 말하는 음성을 보기 위해 돌이켰다. 그리고 내가 돌이켰을 때 나는 일곱 금 촛대와 [13]그 촛대들 가운데 인자 같은 이가 발에 닿는 옷을 입고 가슴에 금띠를 두르고 있는 것을 [12b]보았다. [14]그의 머리와 머리카락은 눈처럼 흰 양털같이 희며 그의 눈은 불의 화염 같고 [15]그의 발은 풀무에서 제련된 것처럼 빛나는 청동 같고 그의 음성은 많은 물들의 소리 같았다. [16]그리고 그의 오른손에 일곱 별들을 가지고 있고 그의 입으로부터 양쪽이 날카로운 칼이 나오고 그의 얼굴은 해가 그것의 능력으로 비치는 것 같았다. (이필찬, 2021:130, 140, 154)

소아시아에서 56km 떨어진 곳에 길이 16km, 너비 8km, 밧모라는 이름의 작은 바위섬이 있다. 초승달 같은 섬의 모양 덕분에 이 섬에는 작은 자연 항구가 있었고 섬에서 생산되는 광석은 로마제국의 산업에 많은 보탬이 되었다. 도미티안 황제(A. D. 81~96) 통치 기간에, 밧모섬은 정치범들의 유형지로도 또한 유명했다.

A.D. 95년 밧모 섬에 가장 중요한 죄수, 예수 그리스도의 사도, 이제 많이 늙어버린 요한이 수용되었다. 요한이 투옥된 원인에 대해서는 각기 다른 의견들이 있다. 좀 쉽게 보면 추방된 죄수들은, 비록 그들의 재산과 시민권은 박탈당했을망정 다소 부드럽게 취급되고 섬 안에서 자유가 그럭저럭 허용되었다. 좀 더 부정적인 각도에서 황량한 그림을 그려 보면, 요한의 추방은 "채찍형에 앞선 단계로, 종신 족쇄를 차고, 구멍이 숭숭 난 옷을 걸치고, 충분치 못한 식사와 맨땅바닥에서의 잠, 어두운 감방, 군인 감시자들의 채찍질을 수시로 당하는 형벌이었다."(W. Barclay, 1:48) 그의 실제 처지가 어떠했든 간에 목자 요한에게 가장 고통스러웠던 것은 그가 사랑하는 교회, 바다 건너편 에베소교회 공동체와의 단절, 그리고 구주 예수님의 복음을 마음껏 선포하지 못하는 인간적인 무력감이었을 것은 의심의 여지가 없다.

계시록 1:1~8의 서문 이후, 9절에 소개된 비전으로 계시록의 본문이 시작된다. 막을 여는 이 비전은 계시록 전체에 담긴 하나님의 의도를 나타낸다. 요한은 예수 믿는다는 이유로 고난과 압제를 당하고 있었다. 이 첫 비전은 요한 앞에 그리스도의 주권적인 영광을 배치하고 그리스도의 승리에 찬 구원 사역의 표상으로 마무리되는데 그럼으로써 요한은 더 인내하며 주님을 경배하고 섬기는 일을 감당할 수 있는 용기를 얻었을 것이다.

1:9 _요한, 인내하는 그리스도인

요한이 그리스도인의 대표로 섬기고 있다는 생각은 이 구절의 시작 부

분에서 확인된다: "나 요한은 너희 형제요… 동참하는 자라"(계 1:9). 요한은 자신을 '사도'로 따로 구별하지 않고 오히려 독자들과의 결속을 선포하고 있다. 그가 밧모 섬에서 경험하고 있는 것은 다른 모든 신자가 겪게 될 고난의 상징이었다. 요한은 이 경험을 세 개의 용어로 요약한다: "예수의 '환난'과 '나라'와 '참음'"(계 1:9).

요한은 그의 경험에서 그리스도의 "나라(왕국)"를 '환난'과 '참음'의 중심에 둔다. 이것은 신자들을 "그의 아버지 하나님을 위하여 나라와 제사장 삼으신" 예수님을 "땅의 임금들의 머리"로 강조하면서 앞에서 그가 강조했던 내용(계 1:5~6)과 일치한다. 그리스도는 말씀을 믿고 복종하는 곳이라면 그 어디에서나 다스리신다. "우리의 의지가 하나님의 권위에 즐겁게 그리고 사랑스럽게 복종하는 한 우리는 그분의 나라(왕국)이다."(A. Maclaren, 17:153)

신자들이 다스리는 가장 중요한 방식 가운데 하나는 하나님의 말씀에 따라 자신을 다스리는 것이다. 그리스도의 다스림 아래 우리 또한 세상의 여러 요구로부터 당당한 자유를 얻는다. 베드로와 요한은 유대교 지도자들이 그리스도를 증언하지 말라는 명령을 내리자 초대교회가 누리는 '진리 안에 있는 이 자유'를 보여 주었다. 베드로는 사람보다는 하나님께 복종해야만 한다고 대답했으며(행 4:19~20; 5:29), 심지어 부당하게 매를 맞을 때도 사도들은 "그 이름을 위하여 능욕 받는 일에 합당하게 여기심을 기뻐하면서"(행 5:41) 그리스도한테서 능력을 얻었다.

본문에서 그리스도의 왕국을 경험하는 것에 대해 세 가지 기록을 제시한다. 첫째, 환경은 이 왕국을 방해하지 못한다. 요한은 밧모 섬에 유배된 죄수여서 세상이 보기에는 완전히 무능했고 그를 체포한 자들에 의해 확실하게 통제당하고 있었다. 그러나 사실상 그는 죄와 불신앙을 이기면서 다스리는 그리스도의 능력을 지니고 있었다. 아무리 세속적인 환경이 불리하더라도 우리 또한 그리스도의 나라의 영적인 복, 곧 바울이 말한 "성령 안에 있는 의와 평강과 희락"(롬 14:17)을 항시 즐길 수 있다.

둘째, 우리가 그리스도의 왕국을 완전히 경험하는 일은 아직 이루어지지 않았으며 그것은 예수님이 하늘로부터 재림하실 때에만 주어지는 것이다. 비록 신자들이 지금 믿음으로 "땅에서 다스린다"(계 5:10) 해도 "그날에… 주님께서 우리에게 씌워 주실"(딤후 4:8) "의의 왕관"은 여전히 남아 있다. 오직 그리스도의 왕국을 온전히 완성하기 위해 그리스도께서 재림하실 때만 능력, 복, 요한이 말하는 "왕국에… 동참하는"(계 1:9) 이들에게 어울리는 온전한 영광을 충만히 경험하게 될 것이다.

셋째, 가장 중요한 것은 그 왕국을 오직 "예수님 안에서"(계 1:9)만 받는다는 것이다. "통제권을 그분의 손에 둘 때, 양심을 그분의 관리에 맡길 때 그분의 부드럽고도 주권적인 입술이 주시는 말씀을 우리의 법으로 삼을 때 그분이 우리 생각을 인도하기를 바랄 때 그분의 말씀이 모든 논쟁을 종식 시키는 절대적인 진리가 될 때" 그런 후에야 우리는 예수님을 믿음으로 그 왕국에 들어가는 경험을 하게 된다.(A. Maclaren, 17:153)

그러나 요한은, 왕국에 참여하기 전 먼저 "시련에"(계 1:9) 동참하여야 한다고 말한다. 요한이 신자의 고난을 먼저 말하는 것은 예수님의 십자가가 왕관보다 먼저였던 것과 똑같이 '환난'이 우리를 그 왕국으로 이끄는 '안전한 통로'를 표시하기 때문이다. 이것을 마음에 두면서 많은 그리스도인이 계시록을 교회는 세상의 큰 환난과는 상관없을 것이라는 가르침으로 읽는 것을 볼 때 정말 놀라 자빠지지 않을 수 없다. 신약성경 전체에 속한 이 책의 강조점을 이런 식으로 거꾸로 읽는 일은 절대 있어서는 안 된다. 마지막 시대의 큰 환난은 언제나 그리스도인의 몫인 환난을 단지 강화한 것일 뿐이다. 바울은 "우리가 하나님의 나라에 들어가려면 많은 환난을 겪어야 할 것"(행 14:22)이라고 가르쳤다. 요한 칼빈은 이렇게 말했다: "그리스도의 교회는 처음부터 매우 신성하게 구성되었기 때문에 십자가는 승리의 길이 되었고 죽음은 생명의 길이 되었다."(D. Thomas, 9) 그러기에 (신자의) 죽음은 형벌이 아니라 구원이다.(지성호, 47) 예수님 스스로도 이렇게 예언하셨다: "세상에서는 너희가 환난을 겪는다"(요 16:33). 만약 그리스도인들이 모두 다 똑같은 곳에서 나와서 똑같은 목적지를 향하게 된다면 모두 똑같은 길을 택해야만 하는 것은 당연한 결과다. 예수님은 그것을 이렇게 정의하셨다: "아무든지 나를 따라오려거든 자기를 부인하고 '날마다' 제 십자가를 지고 (좁은 길로) 나를 따를 것이니라"(눅 9:23). "예수 안에" 왕국이 있는 것과 마찬가지로 그 나라의 복과 영광도 예수님과 함께 따라가며 또한 "예수 안에… 환난"(계 1:9)도 더불어 있을 것이다.

그리스도인들은 "연단하려고 오는 불 시험"(벧전 4:12)에 절대 놀라면 안 된다. "일부 현대 '번영'신학의 가르침과는 반대로 그리스도의 나라(왕국)의 시민권은 신자들을 고난으로부터 보호해 주지 않고 오히려 요한과 당시 독자들에게는 (그 시민권이) 고난의 원인이 되었다."(P. Beasley-Murray, 195) 이것은 누구보다도 지금 밧모 섬에 갇혀 있는 요한 자신의 생생한 증언이다. 그는 "하나님의 말씀과 예수를 증언하였음으로 말미암아 밧모라 하는 섬에"(계 1:9) 갇혀 있었다. 요한은 신실한 그리스도인들은 움츠러들지 않고 예수의 복음 메시지와 하나님의 말씀의 진리를 선포하는 일을 계속할 것이지만 그러나 그 때문에 박해를 받게 될 것을 증언하고 있다. 요한은 자기의 삶이나 증언이 시대에 뒤처지지 않게 융통성이 있음을 확인해 주지 않고 오히려 바로 이 신실한 행동 때문에 "환난에" 동참하는 자가 되었음을 당당히 밝히고 있다.

요한이 우리의 "형제이자… 동참하는 자"가 된 마지막 항목은 "참음(끈기 있는 견딤)"(계 1:9)이다. 만일 환난이 우리의 길이고 왕국(나라)이 우리 목적지라면 끈기 있게 견디는 것은 우리의 여행 방식, 곧 우리의 생활 습관이다. 헬라어 '휘포모네'는 '끈기'의 수동적 형식과 '인내'의 능동적 활력을 모두 다 시사한다. 그것은 믿음의 지속적인 인내와 어떤 어려움이나 대가를 지불하는 것에 상관없이 예수님께 바치는 충성을 포함하고 있다. 바울은 이렇게 말했다. "이제는, 그의 육체의 죽음으로 말미암아 화목하게 하사 너희를 거룩하고 흠 없고 책망할 것이 없는 자로 그 앞에 세우고자 하셨으니 만일 너희가 믿음에 거하고 터 위에 굳게 서서 너희 들은 바 복음의 소망에서 흔들리지 아니하면 그리하리라"(골 1:22~23).

헬라어 원문에서, "나라", "환난", "참음"에는 정관사가 하나밖에 없다.(이필찬, 2021:131) 이것은 이 세 가지가 하나로 묶여 있다는 뜻이어서 나머지 것을 빼버린 채 그 가운데 어느 하나만 취할 수는 없음을 뜻한다. 요한처럼, 다른 그리스도인들도 환난을 겪고 나라를 상속하며 그리고 끈기 있는 견딤으로 이 가운데 한 가지로부터 다른 것들로 나아갈 수 있다. 예수님은 "끝까지 견디는 자는 구원을 얻으리라"(마 24:13)고 약속하셨다. 바울은 "참으면 또한 함께 왕 노릇 할 것"(딤후 2:12)이라는 말을 덧붙이고 있다.

나폴레옹의 군대에서 프랑스 병사들은 배낭 안에 야전 사령관의 '사령봉'을 갖고 다녔다고 한다. 중요한 것은 그것이 어떤 병사나 맨 밑바닥 졸병에서부터 최고 지휘관의 자리까지 올라갈 수 있다는 점을 강조했다는 것이다. 그리스도인들에게도 같은 얘기를 할 수 있는데 그리스도인들은 왕관을 소유하고 있다는 것 말고도 이 세상의 환난 아래서 그들 가운데 누구라도 그 왕관을 분명히 받아 쓸 수 있을 것이기 때문이다. 밧모 섬의 요한이 우리에게 그 방법을 알려 주었다. 요한은 투옥, 궁핍, 고통과 괴로움에도 불구하고 예수님을 섬기고 그분께 계속 예배함으로써 자신의 구원에 대한 증거를 지니고 있었기 때문이다. 우리의 "형제요 예수의 환난과 나라에 동참하는 자"(계 1:9)인 요한처럼 우리에게도 그와 똑같이 할 책임이 있다.

1:10 _높아지신 하나님, 인자

계시록의 이 개막 비전을 모든 그리스도인에게 전형적인 것으로 보고 접근하는 중이다. 요한이 고백했듯이 그는 자신의 시련 속에서 그리스도인들이 공유하는 경험, 모든 그리스도인에게 필요한 사명을 확인하게 되었다. 요한은 "나팔 소리 같은 큰 음성을 들었다"고 보고하고 있으며, 또한 높여진 인자(Son of Man), 그리스도에 관한 비전을 보았다고 한다.

요한은 그 상황을 이렇게 서술한다: "주의 날에 내가 성령에 감동되어 내 뒤에서 나는 나팔 소리 같은 큰 음성을 들었다"(계 1:10). "성령에(성령 안에서)"라는 말은 그가 무아지경 같은 환상 상태에 들어갔다는 뜻이다. 모든 신자에게 공통된 영적 경험은 아니어도 그것은 하나님의 특별한 사자들에게 주어졌던 신비로운 영적 체험이다(겔 3:12 참조). 신약의 사례로는, 베드로가 "황홀한 상태"에 빠져든 것과 그가 잡아먹어야 할 책임이 있는 짐승들에 대한 비전을 보았던 장면을 들 수 있다(행 10:10~13). 요엘 2:28에 비추어 "성령 안에서"라는 말은 '계시 활동의 종말적 성취'를 뜻한다.(이필찬, 2021:143)

요한은 "주의 날"에 성령 안에서 들어 올려졌다. 이것은 그리스도인들이 예배하는 날을 가리키는 "주의 날"을 가리키는, 성경에서 단 한 번 밖에 나오지 않는 표현이다. 신약에서는 사도들이 유대인의 제7일 안식일로부터 (주간의) 첫날로 예배하는 날을 옮겼다는 것을 밝히고 있는데 아마도 그리스도의 '부활을 기념하기 위해서'였을 것이다(행 20:7; 고전 16:2). 오늘날 기독교인들에게 '주의 날'(주일)은, 편의적 자유주의(성경과 무관), 치우친 일원론(확고한 신학적 검토 없음), 치우친 이원론(성·속을 통합하는 하나님 나라 원칙과 무관), 경험적 축복주의(자기 번영을 위한 보상) 등으로 그 의미가 정말 많이 왜곡되어 성도들이 '주의 날'을 충만히 누리지 못하게 되었다.(김남준, 15-29, 179-81) 로마인들은 한 달에 하루를 정해서 가이사에게 바쳤기 때문에 그리스도인들은 오직 예수님 한 분만 주님이라는 것을 보여 주기 위해 '주일'을 확실히 정해야만 했을 것이다. 초대교회 교부 알렉산드리아의 클레멘트는 이렇게 말했다: "참 그리스도인은, 복음의 명령에 따라 모든 나쁜 생각들을 추방함으로써, 그리고 모든 선을 소중히 품으면서 주님의 부활을 찬미하면서 '주님의 날'을 준수한다."

요한이 그가 섬기던 에베소교회에서 성도들이 집회하고 있을 북쪽을 하염없이 바라보고 있었으리라 상상할 수 있다. 어쩌면 그는 그의 등 뒤에서 나는 소리를 듣고 돌아서서 성령에 이끌려 가고 있을 그때 에베소 교인들의 예배를 위해 기도하고 있었을 것이다. 여기 12절의 "음성(청각)을 보다(시각)"라는 아주 특이한 공감각적 표현은, 음성의 주인인 예수님을 나타내기 위해 '환유법'을 활용한 것으로 보인다.(이필찬, 2021:154-55) 그는 나팔소리 같은 소리가 나는 쪽을 향해 몸을 돌렸는데 그의 눈에 맨 처음 들어온 것은 "일곱 금촛대"(계 1:12)였다. 나중에 계시록 2장에서 촛대의 의미를 자세히 살피게 될 것이다. 요한의 시선은 특히 촛대 사이에 서 있는 어떤 인물에게 끌렸는데, "인자같은 이가 발에 끌리는 옷을 입고 가슴에 금띠를 띠고 있었다"(계 1:13).

어떤 학자들은 예수님을 "인자 같은" 으로 묘사한 것은 단지 그가 사람의 형상으로 나타났다는 뜻일 뿐이라고 주장한다. 그러나 요한이 다니엘의 비전에서 얼마나 열심히 자료를 끌어오고 있는지를 생각하면 여기서 훨씬 더 돋보이는 의미를 찾을 수 있다. 계시록 1:7의 "구름을 타고 오시리라"라는 본문을 연구할 때 확인한 바와 같이 요한이 다니엘 7장의 비전에서 끌어온 내용으로 예수 그리스도의 오심을 설명했다는 것을 알고 있다. 이와 똑같은 비전이 치명적인 짐승의 형상으로 나타나는 세상 제국을 묘사하는 데에도 쓰이지만 또한 그 비전은 이런 세상의 모든 능력을 전복시키는 그리스도의 나라(왕국)를 보여 주기도 했다.

다니엘 7장의 비전에서는 구름 타고 오는 "인자 같은 이"가 찾아오시는

"옛적부터 항상 계신 이"로 하나님을 묘사한다(단 7:9, 13). 그러므로 "인자"는 단지 인간 예수를 나타내는 것뿐만 아니라 오히려 사람의 형상으로 오는 이분이 진정한 하나님이라는 사실을 나타낸다.(김세윤 교수의 '인자론', 이광우, 1993: 7, 주1) 다니엘서의 내용을 생각하면, 인자 같은 이는 "권세와 영광과 나라를 주고 모든 백성과 나라들과 다른 언어를 말하는 모든 자가 그를 섬기게"(단 7:14) 되어 있는 분이시다. 인자는 "다른 모든 왕국을 쳐부수게 될, 무너질 수 없는 왕국의 주권적인 주인이시다."(D. F. Kelly, 26) 예수님의 겸손한 인성을 의미하는 것과는 별도로 예수님의 초월적인 장엄함과 주권적인 통치를 선언하면서 "인자"는 정확하게 정반대의 요점, 곧 그분의 신성(神性)을 드러낸다.(이광우, 1993: 7, 주1)

이 비전 속 몇 가지 요소들이 다니엘이 본 비전과의 연관성을 드러낼 뿐만 아니라 그분의 임재가, 투쟁하는 하나님의 백성에게 가져다주는 위로와 신성한 그리스도의 영광을 강조하기도 한다. "그의 머리와 털의 희기가 흰 양털 같고 눈 같으며 그의 눈은 불꽃 같고 그의 발은 풀무 불에 단련한 빛난 주석 같고 그의 음성은 많은 물소리 같다"(계 1:14~15). 그의 머리털이 눈처럼 희다는 말이 흥미로운데 다니엘 7:9에서 옛적부터 항상 계신 이는 "깨끗한 양털같은" 머리카락을 갖고 있었다. 그분의 보좌 앞으로 '인자 같은 이'가 나아왔다. 요한이 본 비전에서는 옛적부터 계시는 아버지의 순수한 그 외모가 그리스도에게 적용되었다. 이것은 명백히 삼위 하나님 안에서 그리스도와 아버지 사이 존재의 연합을 보여 주고자 하는 것이다. 눈이 불꽃 같고 발이 빛나는 주석 같고 목소리가 밧모 섬 바위 해안에 부딪히는 파도의 포효하는 소리 같은, 요한이 비전 속에서 보았던 그리스도는 바로 그 하나님이 틀림없었다. 여기에 오른손에 뭇 별을 붙들고 계시는 분(계 1:16), 그러므로 만물을 창조하시고 붙들고 계시는 것 못지않은 능력을 지니신 분이 서 계신다.

요한이 시련을 견디고 꾸준히 인내하면서 이 비전을 받았다는 점에서 당시 요한의 고단했던 처지를 기억하라. 황제의 칙령으로 요한은 교회와 떨어져 지내고 있었고 분명히 더는 역사에 무슨 영향력을 행사할 수 있는 위치에 서 있지 못했다. 그러나 비록 그가 밧모 섬에 갇혀 있다 해도 요한은 그리스도인이었고 그래서 성령께서 그에게 하나님의 아들, 신(神)이신 예수, 참 주권자를 보여 주셨다. 다니엘의 비전 속, 옛적부터 항상 계신 이가 열방의 심판자로 앉아 계셨던 것처럼 그리스도는 땅에서 왕들의 통치자이므로, 그분 다시 오시는 날, 만민이 그분께 모든 것을 죄다 아뢰게 될 것이다.

그러므로 요한에게 무엇보다 중요했던 것은 도미티안 황제의 뜻이 아니라 '그리스도의 뜻'이었다. 만일 예수님이 요한을 석방하시려 하신다면 베드로가 헤롯의 감옥에서 천사에 의해 가볍게 구원받았던 것(행 12:7)처럼 요한 또한 에베소로 돌아갈 수 있었을 것이다. 초대교회 역사가 요세푸스는 얼마 후 요한이 실제로 석방되었다고 말한다.(Eusebius, 83) 그러나 설령 요한이 추방상태에 계속 머물러 있었다 해도 요한을 통해 하나님의 말씀이 능력으로 전해지는 것을 막을 수는 없었을 것이다. 옥에 갇혀 있을 때 바울은 "죄인과 같이 매였다"고 말했다. 그러나 그는 "하나님의 말씀은 매이지 않았다"라는 말을 덧붙였다(딤후 2:9). 심지어 갇혀 있던 밧모 섬에서조차 요한은 성령 안에서 나중에 모든 세대 하나님의 백성들에게 신약성경을 통해 소아시아의 교회들에게 보내질 계시록을 받기 위해 하늘로 이끌려 올라가는 은혜를 입었다.

이 비전이 예수님의 말씀에 맞춰 예수님을 위해 담대하게 살아가는 것을 결코 두려워하지 않아야 한다는 것을 우리에게 증명하고 있지 않은가? 세상은 우리를 조롱하는 듯하고 요한에게 그랬듯이 심지어 우리를 박해하기도 한다. 그러나 승천하신 그리스도가 우리와 함께 계신다면 그 무엇을 두려워하겠는가? 요한처럼 우리도 어둡고 적대적인 문화 속에 하나님의 말씀을 어떻게든 선포해야 하지 않겠는가? 설령 우리가 사슬에 매인다 해도 승천하신 그리스도는 우리를 통해 그분의 말씀을 세상에 내보내실 수 있다. 그렇다면 성경이 증언하는 승리의 예수님과 그 능력에 우리의 시선을 고정하는 것이 얼마나 중요한 일인가. 요한이 주의 날에 그에게 전해지는 비전을 보았다는 것을 기억하면서, 예배당에 앉아 예배하는 것과 오늘 우리의 강단 설교를 통해 우리가 그려내는 그리스도라는 그림은 무엇인지 찬찬히 되짚어 봐야 하지 않겠는가? 혹시 인간의 '자유 의지'에 의지하여 구원을 성취할 예수님을 선포하고 있는 것은 아닌가? 주로 사람들을 안락하게 해 주기 위해 존재하는 예수 혹은 그들의 세상적인 변덕을 다 들어주는 '행복 도우미' 예수, '심부름센터' 예수, '비서' 예수, '행복 자판기' 예수, '보험증서' 예수를 선전하지는 않는가? 시련의 날이 올 때 우리가 끈질기게 인내하는 유일한 길은 요한처럼 열정적으로 심판하시며 구원하실 힘이 있는 분, 세상의 권력자와 그리스도인들을 똑같이 다스리시는 신성한 주님이신 하나님의 말씀으로부터 오는 그리스도의 비전을 받는 것이다.

1:13~16 _제사장, 왕, 선지자이신 구세주

요한이 본 비전에서 좀 더 세부적인 내용을 살펴볼 때 예수님께서 무엇 "같음"을 요한이 보았다는 점을 기억해야만 한다. 이 비전은 예수님이 무엇'처럼' 생겼는지를 보여 주려는 것이 아니라 오히려 예수님이 어떤 '존재'인지, 곧 그분의 '인격'과 '사역'에 관한 그림을 상징적으로 보여 주려 한 것이다. 성경 교육을 잘 받은 그리스도인들은 그리스도의 3중직 곧 선지자, 제사장, 왕으로서의 그리스도의 사역을 체계적으로 안다. 이것은 이 비전을 이해하는 데 참으로 좋은 방법이므로 그 백성의 참되고 위대한 대제사장이신 예수님에 대해 먼저 자세히 살펴보도록 한다.

요한은 예수님이 "발에 끌리는 옷을 입고 가슴에 금띠를 띠고"(계 1:13) 있는 모습을 보았는데 이것은 대제사장 아론과 그 아들이 입었던 대제사장의 옷(출 28:4; 레 16:4)을 생각나게 한다. 유대 역사가 요세푸스는 요한이 발에 끌리는 '긴 옷(헬, 포데레)'을 표현할 때 사용한 헬라어를 써서 대제사장의 옷을 설명했는데 거기에 수놓은 허리띠가 몸을 감싸고 있었다고 한다.(W. Barclay, 1:52) 뿐만 아니라, 옷을 입은 그리스도가 금 촛대 사이에 서 있는 비전은 촛불을 밝히고 성전 안에서 섬기던 제사장들을 연상시킨다. 가장 중요한 것은 제사장들은 속죄하는 희생 제사를 올려 하나님의 진노를 달랜다는 것이다. "제사장은… 자신이 하나님께 나아가는 사람이면서 그에게 오는 다른 사람들에게 길을 열어 주는 사람이다; 하늘 성소에서조차 거룩한 대제사장이신 예수님은 여전히 그분의 제사장 사역을 수행하시면서 하나님 앞에 나오는 모든 사람에게 길을 열어 주신다."(W. Barclay, 1:53) 요한이 보았던 모습과 똑같은 제사장이신 그리스도께서 오늘도 우리를 위해 사역하고 계신다: "황금 띠 바로 아래 참혹하게 두들겨 맞은 심장은 (십자가에서) 연민으로 녹아 사랑으로 넘쳐 흘렀던 것과 똑같다."(A. Maclaren, 17:147)

둘째, 그 비전은 예수님을 참되신 분 그리고 다스리는 왕으로 나타낸다. "그의 발은 풀무불에 단련한 빛난 주석 같고"(계 1:15). 이것은 능력으로 땅을 밟는 정복자의 모습이다. 그 눈은 "불꽃 같고"(계 1:14). 이것은 진리에 따라 심판하시려고 모든 마음을 꿰뚫어 보시는 분의 모습이다. 그리스도는 "좌우에 날선 검 같은" 그의 입에서 나오는 말씀으로 다스리시고 그분의 찬란한 얼굴의 영광은 "해가 힘있게 비치는 것 같다"(계 1:16). 여기에 다스리는 일에 잘 어울리고 정복할 수 있는 능력이 있고 심판하시기 위해 모든 것을 다 아시며 우리에게 예배를 요구하실 만큼 무한히 영광스러운 분이 서 계신다.

셋째, 그 비전은 예수님을 위대한 선지자, 믿는 이들은 구원하고 믿음을 거부하는 자들은 죽이는 양날의 칼 같은 말씀을 지닌 선지자로 나타낸다. 다니엘 10장에서 선지자는 이 비전에 등장한 그리스도와 비슷하게 묘사된 천사 같은 방문자를 만났다: "그때에 내가 눈을 들어 바라본즉, 한 사람이 세 마포 옷을 입었고 허리에는 우바스 순금 띠를 띠었더라. 또 그의 몸은 황옥 같고 그의 얼굴은 번갯빛 같고 그의 눈은 횃불같고 그의 팔과 발은 빛난 놋과 같고 그의 말소리는 무리의 소리와 같더라"(단 10:5~6). 그 사자는 다니엘에게 구원의 큰 소망, 좋은 소식 곧 예수 그리스도의 오심을 내다보며 메시아를 가리키는 메시지를 전해 주었다. 이제 예수님이 그 좋은 소식의 실체로 나타나셔서 요한 당시의 모든 교회에 그 메시지를 선포하는 일을 요한에게 위임하셨다.

1:13~16 _복음이신 그리스도

그리스도를 제사장, 왕, 선지자로 포착할 수 있게 하는 낱말 하나가 있다: 그 낱말은 '복음'(기쁜 소식)이다. 이것은 추방당하여 갇혀 있는 요한에게 꼭 필요한 말이었다: 그리스도는 영광스럽고 신성한 인격 안에 있고 그리스도의 좋은 소식(복음)은 구원하시는 사역 안에 있다. 그리스도는 제사장으로서 그의 피로 하나님과 죄인들을 화목케 하신다; 그리스도는 왕으로서 양날 칼 같은 말씀으로 정복하시고 심판하신다; 그리스도는 선지자로서 구원하시는 은혜의 소망스런 메시지로 나타나신다. 성경에서 그리스도의 인격과 사역에 중심을 둔 이 좋은 소식은 정확하게 오늘을 사는 모든 사람 곧 '복음을 믿는 이들'과 '믿지 않는 자들' 모두에게 꼭 필요한 것이다.

몰러는 복음이 어떻게 모든 사람에게 정말로 필요한 것인지를 알려 주었다. 그는 무신론자가 된 십대 딸에 대해 상담 칼럼니스트에게 편지를 썼던 어느 어머니를 예로 들었다. 그 어머니는, 자기 가족을 "강력한 기독교적 가치" 아래 양육했는데 자기 자녀가 신앙을 포기해버린 사실로 큰 충격을 받았다고 했다. 기대했던 대로 그 세속적인 칼럼니스트는 그 어머니에게 딸의 선택을 인정하고 딸을 이기려고 하지 말라고 충고했다. 이 답변은 그 자체로 글러 먹었지만 진짜 문제는 그 기독교인 어머니가 했던 말이었다. 그녀의 딸이 어떻게 무신론자가 될 수 있었을까? 그녀가 가르쳤다는 "기독교적 가치"가 그리스도 그분의 가르침과 전혀 달랐기 때문이다. 몰러는 이렇게 말한다: "지옥은, 기독교적인 냄새만 풍기는 여러 가치에 탐욕스럽게 헌신적인 자들(현대판 바리새인들)로 가득 찰 것이다. 그런 식의 기독교적인 가치는 그 누구도 구원할 수 없고 결코 그렇게 하지 못할 것이다… 구원은 오직 예수 그리스도의 복음에 의해서만 온다."(R. A. Mohler, 2012. 9. 11.)

기독교 행사에 열심히 참여하고 가끔씩 성경 말씀에 눈물을 글썽일 정도로 감동도 받으며, 기독교적인 용어로 대화하고 기독교인 친구가 많이 있고, 기독교 문화를 열심히 즐긴다고 해서 그 사람이 기독교인인 것은 아니다. 자동차 공장에 들어갔다 나온다고 해서 사람이 저절로 자동차가 되는 것이 아니듯이 교회당 주변을 자주 기웃거리는 것이 곧 기독교인이 되었다는 증거는 아니다. 그러므로 영광스럽고 신성한 그리스도의 인격을 열망하지 않는 한 또한 모든 것을 충족시키는 그분의 사역을 위해 정복하는 기쁨으로 심장이 뛰지 않는 한 기독교 사회 의제나 기독교적인 생활양식 정보 또는 기독교 세계관 훈련이 필요 없는 것과 마찬가지로, 밧모섬의 요한처럼 우리에게 그리스도 자신과 아무 상관없는 기독교적인 가치들은 필요하지 않다. 당신은 요한이 보았던 것처럼 예수님을 아는가? 당신의 가슴은 그리스도의 영광스러운 인격의 장엄함으로 채워져 있으며, 그래서 당신의 가장 큰 열망은 그분을 알고 그분을 섬기는 것인가? 그리스도의 자비와 은혜를 신뢰한 적이 있으며, 그래서 그분 안에서 죄를 용서받고 옛적부터 항상 계신 분(하나님 아버지)의 거룩한 얼굴 앞에 받아들여진 적이 있는가? 오직 예수님께서만 주실 수 있는 영원한 생명을 받았는가? 영광스러운 구세주 예수님은 요한 같은 그리스도인들이 시련 중에 끈질기게 인내하기 위해, 그리고 그의 나라(왕국)를 받기 위해 꼭 필요한 분이시다. 예수님 그분 자신이 세상이 더욱 필요로 하는 분이다. 그분의 영광, 그분의 임재, 그리고 그분의 좋은 소식이 우리의 예배, 우리의 증거, 우리 개인의 구원을 위한 소망에 가득하게 하라.

촛대 사이에 인자 같은 이
(요한계시록 1:10~20)

[10]나는 주께 속한 날에 성령 안에 있었다. 그리고 나는 내 뒤에서 [11]"네가 보는 것을 책 속으로 쓰라. 그리고 일곱 교회에게 곧 에베소와 서머나와 버가모와 두아디라와 사데와 빌라델비아와 라오디게아로 보내라"고 말하는 [10b]나팔 같은 것의 큰 음성을 들었다. [12]그리고 나는 나와 더불어 말하는 음성을 보기 위해 돌이켰다. 그리고 내가 돌이켰을 때 나는 일곱 금 촛대와 [13]그 촛대들 가운데 인자 같은 이가 발에 닿는 옷을 입고 가슴에 금띠를 두르고 있는 것을 [12b]보았다. [14]그의 머리와 머리카락은 눈처럼 흰 양털같이 희며 그의 눈은 불의 화염 같고 [15]그의 발은 풀무에서 제련된 것처럼 빛나는 청동 같고 그의 음성은 많은 물들의 소리 같았다. [16]그리고 그의 오른손에 일곱 별들을 가지고 있고 그의 입으로부터 양쪽이 날카로운 칼이 나오고 그의 얼굴은 해가 그것의 능력으로 비치는 것 같았다. [17]그리고 내가 그를 보았을 때 나는 그의 발 앞에 죽은 자처럼 엎드러졌다. 그가 오른손을 내게 얹고 말씀하신다. "두려워하지 말라 나는 처음이요 마지막이요 [18]그리고 살아 있는 자다. 내가 죽었었다. 그러나 보라 나는 영원히 살아 있다. 그리고 나는 사망과 음부의 열쇠를 가지고 있다. [19]그러므로 네가 본 것들과 지금 있는 것들과 이것들 후에 반드시 되어져야만 하는 것들을 쓰라.

^{20}나의 오른손에서 네가 본 일곱 별과 일곱 금 촛대의 비밀은 (이것이다): 일곱 별은 일곱 교회의 천사들이요 일곱 촛대는 일곱 교회다.” (이필찬, 2021:140, 154, 174)

누군가가 계시록의 의미를 물을 경우 질문자에게 답을 주기 위해 보여주기 가장 좋은 장면은 1장에 기록된 첫 번째 비전이다. 사도 요한은 밧모섬에 추방당하여 믿음으로 끈질기게 인내하고 있었다. 괴로움 당하는 요한에게 주님은 그에게 가장 필요한 것을 공급하셨는데 그것은 신성한 영광과 구원하시는 권능을 지니신 예수님을 보게 하는 것이었다. 강력한 음성이 말하는 것을 들으면서 요한은 고개를 돌려 신성한 인자이신 예수님을 보았다. 괴로움 당하는 요한을 강하게 하시려고 예수님이 그리스도로 나타나셨듯이 계시록에서는 그 믿음으로 끈질기게 인내하는 그리스도인들을 격려하기 위해 그리스도의 승리를 선언한다.

그리스도인의 인내를 자극함과 동시에 계시록은 그리스도와 그의 복음에 대한 증거를 강조한다. 이 메시지 또한 이 첫 비전에 나타나 있다. 요한은 "일곱 금 촛대"(계 1:12) 사이에 서 있는 예수님을 보았다. 이 비전은 그리스도와 그분의 몸 된 교회의 관계에 대해 중요한 메시지를 전달한다. 예수님이 오셔서 모든 교회에 전할 메시지를 요한에게 주셨는데 계시록은 그분의 메시지를 세상에 전하도록 오늘도 신자들을 부르신다. 그리스도는 우리 가운데서 다스리고 계시며 우리의 촛대가 꺼지지 않고 오히려 그분이 재림하실 때까지 그리스도의 빛을 발하도록 그 백성들을 향해 지금도 일하신다.

1:11~16 _일곱 촛대와 일곱 별

요한이 본 비전 속 촛대는 예수님께 속한 모든 교회를 상징한다. 계시록

1:11에 언급된 교회의 숫자가 12절에 있는 촛대 숫자와 일치하는 것을 알 수 있다: "네가 보는 것을 책에 쓰라. 그리고 일곱 교회에게 곧 에베소와 서머나와 버가모와 두아디라와 사데와 빌라델비아와 라오디게아로 보내라." 숫자 7은 또한 완성을 의미하기도 하므로 이 촛대는 요한의 목록에 들어 있는 일곱 교회뿐만 아니라 모든 시대의 교회 전체를 나타낸다.

촛대와 함께 그리스도가 나타나시는 장면은 '교회'가 "세상 역사에서 일어나도록 하나님이 허용하시는 모든 것의 중심에"(D. F. Kelly, 25) 있음을 알려주고 있다. 세상은 물질적인 영역에서 일어나는 것들이 정말 중요하다고 생각하는 반면 하나님은 '교회' 안에서, 그리고 '교회'를 통해 그리스도가 다스리는 왕국의 영적인 사역이 항상 가장 중요한 요소임을 강력하게 주장하신다. 이 원리는 1989년 동유럽에서 공산주의가 몰락하는 것으로 설명되었다. 루마니아 티미소아라에 있는 헝가리인 개혁교회의 교인들이 신실한 목자 라스즐로 토케스가 체포당하는 것을 거부하면서 저항에 불이 붙었다. 요한이 본 비전은 교회를 촛대로 나타내고 있는데 그래서 이 이미지와 똑같이 그리스도인들은 손에 촛불을 들고 자기들의 교회를 둘러쌌다. 악에 대한 저항은 도시 전체의 저항에 불을 붙였고 그렇게 뻗어 나간 저항의 불길로 마침내 주변 나라들이 차근차근 공산정권을 몰아냈다. 미국 해군 제독 M. 바인은 미군 정보 장교들과 함께 이 일련의 사건들을 놀라워했다고 말했다. "하나님과 신앙의 중요성에 관한 한 그들은 맹인(盲人)이었기 때문"(D. F. Kelly, 26)이었다. 마찬가지로 오늘날 우리나라에서 가장 중요한 제도는 정부나 뉴스를 장악한 정치 활동 집단이 아니라 '예수 그리스도의 교회'이다. 만일 '교회'가 침묵하거나 어리석게 세상에 동화되면 교회의 빛은 희미해져서 불(不)신앙이 번져나가게 된다. 그러나 만약 '교회'가 하나님의 진리를 드러내는 빛으로 용기 있게 서 있으면 심지어 박해에 직면해서도 교회의 밝은 불꽃은 쇄신을 위한 유일하고 참된 소망이 된다.

요한이 본 촛대는, 주님의 빛을 상징하기 위해 모세가 성막에 두었던 황금 촛대를 생각나게 한다. 요한이 본 비전 또한 스가랴 4장에 등장했던 황금 촛대와 밀접한 관련이 있다. 선지자는 두 감람나무 비전을 보았는데 거기에 기름이 흘러가는 일곱 관이 있고 기름 그릇이 있는 일곱 등잔이 있었다. 스가랴는 감람나무들이 왕권과 제사장직을 나타내며 둘 다 그리스도를 가리키고 있다는 말을 들었다. 두 나무에서 흘러나오는 기름은 '성령'을 상징했다. 해설하는 천사는 스가랴에게, 파괴되어 버린 성전이 성령의 능력으로 재건될 것이라고 했다(슥 4:1~14). 그리스도께서 오시기 500년 전에 스가랴가 본 비전은 이제 요한에게 주어진 비전으로 성취되고 있다. 하나님의 참된 거처는 성전 건물이 아니고 교회인 그분의 백성이다; 스가랴의 비전에서 성전 재건이 강력하게 주장되었듯이 요한이 본 촛대 가운데 서 있는 그리스도라는 비전은 "교회라는 건물 안에서 하나님이 그분의 목적을 성취할 것"(J. M. Hamilton, 46)임을 알려 준다.

요한은, 교회가 비단 일곱 촛대로 뿐만 아니라 또한 그리스도의 손에 들린 일곱 별로도 표현된 것(계 1:16)을 보았다. 20절의 설명은 이렇다: "내 오른손에서 네가 본 일곱 별의 비밀에 대해서는… 일곱 별은 일곱 교회의 천사들이다."

이 "천사들"의 정체에 대해 의미 있는 논쟁이 있었는데 가장 그럴듯해 보이는 두 가지 설이 있다. 첫째, 천사들은 일곱 교회를 이끌면서 섬기고 있는 '목사'라는 견해다. 이 견해에는 두 가지 이유가 있다. 우선, 천사를 가리키는 헬라어 '앙겔로스'가 '사자(메신저)'를 뜻하므로 요한이 "일곱 별은 일곱 교회의 사자들"이라고 말한 것은 하나님의 말씀을 전달하는 목사들(인간 사역자들을 '앙겔로스'로 표현한 곳을 보려면 마 11:10; 막 1:2를 보라)을 그렇게 부를 수 있다는 것이다. 둘째, 이 견해는 계시록 2~3장에 기록된 일곱 편지가 각 교회의 "천사들"에게 발송되었다는 것이다. 예컨대, 2:1에는 "에베소 교회의 사자에게"라는 말이 있다. 이 모든 편지에 죄에 대한 비난이 담겨 있기에 실제 천사들이 편지를 전달하는 것은 말이 안 된다는 것, 그러니 그리스도 앞에서 져야 할 의무가 있음에도 종종 기대에서 벗어나 죄를 범하는 목사들로 보는 것이 낫다는 것이다. 이 견해를 취하는 학자들은 '천사'라는 칭호가 신실한 목사들이 하나님의 종이고 사자라는 것을 고맙게도 역설적으로 일깨우는 주장을 강력하게 하는 셈이다.

그럼에도 계시록의 다른 본문에서도 '천사'라는 말은 항시 초자연적인 사자와 하늘에 있는 하나님의 종들을 묘사하고 있기에 여기서 그리스도가 인간 사자들을 가리키고 있는 것 같지는 않다. 그렇다면 어쩌면 가장 좋은 견해는 예수님이 천사 각자가 대표하는 '교회에 할당된 수호천사'를 가리키시는 것으로 보는 것이다. 이것은 요한이 거듭 언급했던 다니엘의 여러 비전에 나타난 패턴과도 잘 들어맞는다. 다니엘이 본 비전에서는 천사가 원수인 영적 권능들과 자신이 수행해야 할 전쟁을 말하면서 천사 미가엘을 "너희의 군주"(단 10:21)라고 말하고 있다. 지상에 있는 하나님께 속한 백성들의 천상적 대응체(전체적으로 마이클 하이저의 책을 꼭 읽으실 것)가 그리스도의 손에 있는 일곱 별로 반영된 것 같다. 지상의 촛대와 하늘의 별은 모두 다 각자의 빛을 발하는데 각 교회의 천사들이 자신이 맡은 교회와 아주 밀접하게 동일시되기 때문에 이 둘이 하나인 것처럼 이야기될 수 있는 것이다.

1:16~20 _촛대의 주인

천사들이 경탄할 만한 존재이지만 초점은 그들을 파송하는 하나님께 맞춰져야만 한다. 요한이 본 비전에서는 그리스도의 손에 있는 별들을 통해 예수님을 교회의 주인으로 드러냈다. '현재' 드러나는 그리스도의 주권은 그분이 육체적으로 지상에 계시지 않음에도 불구하고 그리스도인들이 파악해야 할 필수적인 요점이다. 그리스도의 재림에 대해 계시록에서 앞으로 많은 이야기를 할 것이지만 지금 시작 부분에서는 살아 계셔서 다스리시는 주님, 지금 우리와 함께 계시는 그리스도의 '임재'를 강조한다. 이 진리는 이 비전에 호명된 일곱 교회에 특히 중요하다. 이 일곱 교회는 가이사의 황제 숭배로 유명한 도시에 있었기 때문에 특별히 선택되었을 것이다; "두아디라를 제외하고는 황제에게 바친 신전들이 있었고 빌라델비아와 라오디게아를 제하고는 모든 도시에 수많은 황제의 제사장과 제단이 있었다."(G. R. Osborne, 85) 도미티안 황제는 이방지역에서 로마제국이 숭배하는 '주님'이었을 것인데 그러나 이렇게 적대적인 세상에서조차 예수 그리스도만이 홀로 교회의 주님이라는 것을 본문에서 강조하고 있다.

이 비전에서 그리스도를 주님으로 보여 주는 한편 그리스도와 교회의 관계에 대해 다섯 가지 핵심 특질을 드러내고 있다: 교회는 그리스도의 다스림을 받는다, 그리스도의 돌봄을 받는다, 그리스도의 심판 대상이다, 그리스도의 권능에 의지한다, 그리스도의 임재 안에서 연합한다.

첫째, 요한이 본 비전은 '교회에 대한 그리스도의 다스림'을 알려 준다. 교회는 어느 황제, 왕, 대통령의 권위 아래 있지 않다. 이것은, 그리스도의 교회는 그 가르침과 실천을 오직 하나님의 말씀으로부터 얻어야만 하며 그렇게 해서 그리스도가 다스리신다는 것을 뜻한다. 이것은, 복음주의 교회들이 성(性)문화, 결혼, 성별(gender), 그리고 진화 등의 논제와 관련하여 세속적인 요구를 수용하라는 압박을 계속 받는 오늘날 극히 중요한 문제다.(복음주의 교회의 사회선교 방향에 대해서는 구교형, 30-36을 참조할 것) 그러나 만일 그리스도가 주님이라면 오직 그분의 말씀이 이런 문제들은 물론 다른 문제들까지 다스려야만 한다. 초대교회 시절, 베드로와 요한은, 사도들에게 복음을 전파하는 일을 하지 말라고 요구하는 정치 지도자들에게 단호하게 불복하였다(행 4:19~20; 5:29). 그리스도의 통치는 사도들에게처럼 교회에도 대단히 중요한 문제이므로 오늘날의 그리스도인들도 하나님의 말씀을 세상과 타협하기보다는 차라리 세속적인 조롱을 기꺼이 받아야만 한다.

그리스도의 말씀으로 다스려질 필요를 이해했던 그리스도인이 한 사람 있었다. 영국의 열 살 남짓한 공주, 그녀의 이름은 레이디 제인 그레이였다. 그녀는 경건한 왕 에드워드 6세의 사촌이었는데, 그 왕이 왕위를 계승할 가능성이 있는 로마 가톨릭 수녀 메리를 남겨둔 채 죽으면서 레이디 제인은 갑자기 유명해지게 되었다. 레이디 제인은 메리에 맞설 사람으로 그녀를 아주 잠시 영국 여왕으로 만들었던 세속 군주의 인질이 되었다. 오래지 않아 왕위에 오를 수 있는 메리의 권력이 우세하게 되자, 레이디 제인은 런던 타워에 갇히는 죄수가 되었다.

메리와 제인은 사이좋게 지내지 못했는데 가장 중요한 이유는 메리가 요구했던 교황청의 우상 숭배를 제인이 받아들이지 않고 그것을 아주 사납게 거절했기 때문이었다. 이제 제인을 죄수로 만들고 메리 여왕은 자기의 고해 사제 펙케넘 추기경을 보내 죽이겠다고 위협하며 제인의 항복을 요구했다. 유명한 면담이 한 마디 한 마디 기록되었다. 펙케넘은 맨 먼저 레이디 제인에게 '오직 믿음으로만 구원 얻는다'는 것을 부인하라고 했다. 제인은 "우리는 무익한 종들이고, 오직 그리스도의 피를 믿는 믿음만이 우리를 구원한다"고 말하면서 그 요구를 거절했다. 그러자 추기경은 천주교 미사에서 그리스도의 순전한 몸과 피가 제공되는데 그것을 먹음으로 구원 얻는다는 '성체 변화 교리'를 제인이 받아들이게 하려고 잔머리를 굴렸다. 제인은 이것도 단호하게 거절했다. 교황의 권위에 항복해야만 한다고 펙케넘이 주장하자, 그녀는 대답했다: "아니오. 나는 천주교회가 아닌 하나님의 말씀 위에 내 믿음의 터를 잡았소; 만일 그 교회(천주교회)가 좋은 교회라면, '(천주)교회'가 '하나님의 말씀'을 평가하는 것이 아니라 그 교회의 믿음은 반드시 하나님의 말씀으로 평가되어야만 한다는 것을 알아야 하오… 그러므로 분명히 말하는데 천주교회는 악한 교회이며 또한 그리스도의 아내도 아니며 단지 주님의 성찬을 변조하는 마귀의 짝꿍일 뿐이오… 나더러 이런 교회를 믿으라고? 하나님이 허락하지 않는 짓이오!"

실망한 나머지 추기경은 다시는 그녀를 만나지 못할 것을 확신하고는 슬픔을 표하면서 자리를 떴다. 이 일로 그녀에게 임박한 처형의 위협이 드러났다. 열 살 남짓한 공주는 대답했다. "진실로, 하나님께서 추기경 당신의 마음을 돌려놓지 않는 한 우리가 다시 만나는 일은 없을 것이오. 당신은 악하고 불쌍한 사람이오. 그래서 나는 하나님이 자비로운 동정심으로 당신에게 성령을 보내… 당신 마음의 눈을 열어 주시기를 그분께 기도합니다."(P. F. M. Zahl, 110~113) 오래지 않아 레이디 제인 그레이는 참수(斬首)당했는데 하나님의 말씀으로 교회를 다스리는 그리스도의 주권을 위해 기꺼이 목숨을 바쳤다. 제인의 사례는 오늘의 그리스도인들에게 하나님의 말씀을 포기하도록 우리를 겁박하는 세속 권세에 결코 무릎 꿇지 말라고 도전한다.

둘째, 요한이 본 비전은 '교회를 위한 그리스도의 돌봄'을 강조한다. 교회의 별들이 안전하게 그리고 사랑스럽게 그리스도의 손안에 다시 말해서 우주를 창조했고 나중에는 그 백성을 구원하기 위해 찔리신 그 손안에 있다는 것, 이 사실은 부득이 떠나와야 했던 사랑하는 교회에 관심이 늘 있었을 요한에게 얼마나 큰 위로가 되었겠는가. 성전 안에서 봉사하는 제사장들이 양초 심지를 손질하고, 기름을 충전하고, 불이 꺼진 촛불이 혹시 있다면 다시 불을 켜는 등, 금 촛대의 빛을 돌봤던 것처럼 참 제사장이신 그리스도도 마찬가지로 어두운 세상에 빛을 간직한 자로서 섬기기에 합당하도록 교회의 건강을 안전하게 보존하기 위해 "촛대(교회)를 맡으시고, 바로잡으시고, 권면하시고, 경고하신다(2~3장)."(G. K. Beale, 1999:208~9) "요한이 글을 써 보내고 있었던 박해받는 교회들에 그 비전이 무슨 의미였겠는지 깊이 생각해 보라. 그들이 그리스도의 오른손에 붙들려 있다는 것을 아는 것이 얼마나 큰 위로가 되었겠는지 생각해 보라! 그렇다면 그것이 오늘 우리에게는 무슨 의미인지 생각해 보라… 그분은 틀림없이 우리가 상상할 수 있는 한 가장 좋고 가장 안전한 그의 오른손에 우리를 붙들고 계시는 것이다."(S. Wilmshurst, 31)

셋째, 그 비전은 '교회를 심판하시는 그리스도'를 보여 준다. 이 현실은 주님의 입에서 나오는, 따라서 구원과 심판을 모두 다 집행할 수 있게 만들어진 날카로운 양날 검으로 강조되었다. 그리스도인들이 자신의 모든 죄에 대한 정죄의 심판으로부터 해방되었음에도 그 백성의 죄를 제거하기로 하신 주권자 우리 주님의 순화(정화)시키는 심판을 받게 된다. 이 심판은 일곱 교회 앞으로 보낸 편지에 뚜렷하게 드러날 것이다. 예를 들자면, 그리스도는 사데교회에게 보낸 편지에서 교회 안에 있는 거짓 교사들에 대해 경고하셨다: "그러므로 회개하라. 그리하지 아니하면 내가 네게 속히 가서 내 입의 검으로 그들과 싸우리라"(계 2:16). 그리스도의 심판은, 예수님이 사랑과 연민의 정이 많으신 구주이심에도 불구하고, 그의 백성으로부터 신실함을 요구하시는 단호한 주님이심을 일깨운다. 세속적인 교회들이 매를 벌어서 얼마나 많은 저주를 이미 경험했으며, 오늘의 그리스도인들이 쓸데없이 그리스도의 주권적인 심판, 곧 모든 신자를 강제로 믿음의 길로 불러내 회개하고 하나님의 말씀에 복종하게 만드는 고단한 심판을 자초하고 있는가.

넷째, 요한이 본 비전과 좀 더 이른 시기에 주어졌던 스가랴 4장에 있는 비전과의 관계로 '교회에 대한 그리스도의 권능'을 지적한다. 스가랴는 그리스도의 왕직, 제사장직을 상징하는 두 감람나무를 보았는데, 촛대가 계속 켜져 있도록 나무에 연결된 관을 통해 기름이 흘러나오는 것을 보았다. 마찬가지로 그리스도의 교회는, 예수께서 보내시는 성령을 통해 힘을 공급받을 때만 세상에 강력한 증거를 내보낼 수 있다. 교회의 영적인 힘은 재정(財政)이나 역동적인 저명인사 교인이나 재미있는 예배 혹은 영리한 홍보전략에 의존하는 것이 아니라, 오히려 그리스도께서 몸 된 신실한 교회에 공급하시는 성령의 강력한 임재에 의존하는 것이다. 요한이 밧모 섬에서 괴로움을 겪고 있을 때 그가 "성령에 감동되어"(계 1:10) 하늘로 이끌렸고 또한 그렇게 해서 그리스도와 그의 복음에 대한 불멸의 증언을 전할 능력을 갖추게 되었음을 기억해야 한다.

앞서 교회를 이끄는 예수님의 통치에 영웅적인 충성을 보였던 레이디 제인 그레이 이야기를 한 바 있다. 그녀가 죽임을 당한 뒤 일어났던 여러 일에서 그리스도의 통치에 영광을 돌린 신실한 그리스도인들이 그리스도의 능력도 경험한다는 것을 확인할 수 있다. 개신교 신자였던 왕 에드워드 6세가 죽은 뒤 로마 천주교인인 메리가 왕위를 차지하자마자 영국의 모든 교회에서 교황청의 가르침을 베풀도록 강요했다. 그녀는 신실한 개신교 설교자들을 잔혹하게 박해함으로써 '피에 굶주린 메리'라는 이름을 얻게 되었다. 그러나 개신교 주교들과 목사들은 레이디 제인 그레이의 순교에 영감을 얻었고, 그들 또한, 그리스도의 진리를 위해 기꺼이 죽었다. 그리스도께 충성하는 이런 종들의 용기가 메리의 피비린내 나는 통치 기간에도 복음의 빛으로 계속 불타오르고 있었다.

유명한 예가 휴 라티머와 니콜라스 리들리의 순교다; 두 목회자는 비성경적인 교황청의 교리에 굴복하지 않는다면 화형당할 것이라는 협박을 받았던 것으로 잘 알려져 있다. 이것이 치명적인 전환점이 되었다: 안전한 강단에서 그토록 대담하게 하나님의 말씀을 설교했던 이들이 화형기둥에 묶여서도 그 일을 흔들림 없이 그대로 계속할 것인가? 늙은 라티머는 그와 리들리가 화형대에 묶인 채 불꽃이 타오르기 시작하면서, 어느 천주교 사제가 그들에게 주님을 배신할 마지막 기회를 한 번 더 주겠다고 했을 때 그에게 대답했다. 라티머는 거절하면서 그의 친구를 불렀다: "기운을 내시오! 리들리 선생. 사나이답게 삽시다. 우리는 바로 오늘 내가 굳게 믿고 있듯이 하나님의 은혜로 우리 조국 영국에 꺼지지 않을 복음의 촛불을 밝히게 될 것이오."(Sir

M. Loane, 165에서 재인용)

심지어 산 채로 몸이 불태워지는데도 기쁨의 노래를 부르며 죽어가는 그리스도인들이 그 믿음을 굳게 붙잡을 수 있었던 능력은 도대체 무엇일까? 성령의 능력에서 답을 찾을 수 있는데 그 능력은 기도에 대한 응답으로 당신이 예수님을 위해 죽을 수도 있게 해 줄 뿐만 아니라, 오늘 우리 세대가 절대적으로 필요로 하는 강렬한 증거를 세상에 내보여 줌과 동시에 그분의 이름을 위해 살게 한다는 것이다.

마지막으로 요한이 본 '주님과 그분의 촛대'라는 비전은 '그분의 교회에서 연합의 유일한 근거가 되는 그리스도의 임재'를 보여 준다. 비전 속 촛대는 모세의 성막에서 타오르던 일곱 가지가 달린 촛대를 떠올리게 한다. 그 촛대 위에 일곱 등잔이 엄청나게 아름다운 금 줄기에 연결되어 있었다. 요한의 등잔은 금 줄기로 연결된 것이 아니라 촛대 가운데 서 계신 주님에 의해 연결돼 있었다. "어쩌면 우리는 그 모습에서, 교회가 세상에 나타날 때 회중들이 여기 저기 마구 흩어져 있어서 고립되고 실제로 파괴될 수 있는 것(계 2:5)을 뜻하는 것으로 생각할 수 있다. 그러나 천상의 수준에서 볼 때 교회는 그리스도께서 중심을 잡고 계시므로 굳게 연합되어 있어서 결코 파괴될 수 없다"(엡 4:3).(M. Wilcock, 41~42) 이것은 참 교회의 연합은 어떤 제도적인 계층구조의 결과물이 아니라 그리스도께서 다스리시고 또한 기도와 그분의 말씀을 통해 임재하시기 때문에 오직 그리스도한테서 오는 결과물이라는 것을 일깨워 준다.

1:17~20 _빛과 등잔

어쩌면 가장 중요한 것, 촛대로서의 교회에 대해 주목해야 할 것은 그것이 밝히는 빛이 교회 자체로부터 나오는 것이 아니라 예수 그리스도한테서 온다는 점이다. '촛대'라는 뜻의 헬라어 '뤼크니아'는 세상을 위한 빛이 아니라 오히려 등불이 놓인 촛대로 교회를 그린다. "빛을 산출하는 것은 교회 자체가 아니다; 빛을 주시는 이는 예수 그리스도다; 따라서 교회는 그 안에서 빛이 발산되는 촛대일 뿐이다. 그리스도인들이 갖는 빛은 항시 (주님으로부터) 빌려온 빛이다."(W. Barclay, 1:62)

뿐만 아니라 교회가 촛대인 한 등불은 그리스도인 자신이므로 그 (신자) 위에서 예수의 빛이 밝게 빛나 세상을 비춘다. 이렇게 보면 교회는 오늘날 많은 교회가 그들의 프로그램, 음악 스타일, 친교형 공동체 등등의 모임을 선전하는 식으로, 그 자체의 개성 있는 빛으로 빛나도록 세워지지 않았다는 것을 알 수 있다. 오히려 교회는 그리스도의 백성들이 그분의 말씀을 통해 그리스도의 빛을 받는 곳(시 119:105)이고 그럼으로써 교회라는 촛대에서 세상을 향해 빛이 반사되는 것이다. 그래서 예수님은 "켜서 비추이는 등불"(요 5:35)이라고 세례 요한을 칭찬하셨다. 세상에 그리스도의 빛을 밝혀주기 위해 교회라는 촛대에 켜진 등불로서 온전히 연합하는(엡 4:3, 성령이 하나 되게 하신 것을 '힘써 지키는' 등불) 이것이 그리스도인들의 소명이다.

만일 우리의 빛이 우리 것이 아니라 그리스도의 것이라면 우리의 증거 역시 우리 자신이 아니라 예수님에 관한 것이어야 한다. 복음과 예수님을 권하는 삶을 꾸려 가는 것이 우리에게 중요하지만 우리의 증거가 우리가 선한 사람이라는 사실이나, 믿지 않는 사람들에게 우리가 제공하는 어떤 것들에 기반한 것이어서는 안된다. 우리는 세례 요한처럼 되어야만 한다. 그는 사람들이 자기 자신에게 주목하게 하지 않고 오직 예수님만을 가리켰다: "보라! 세상 죄를 지고 가는 하나님의 어린 양이로다"(요 1:29).

그리스도인들이 어떻게 그리스도인이 되었는지, 그리스도가 자신에게 무슨 일을 해 주셨는지를 말한다는 의미에서 "자기들의 증거를 제시하는" 것은 좋은 일일 수 있다. 그러나 다른 이들을 구원할 수 있는 유일한 증거는 그리스도의 구원 사역과 신성한 인격을 선언하는 성경적 증거다. 그러므로 우리의 증거는 경험에 중심을 두는 것이 아니라, 모든 믿는 이를 구원하기 위해 예수님이 '이미 하신 일'에 중심을 두어야 한다.

그리스도의 빛을 비춘 등불의 예는 작은 키 때문에 "리틀 빌니"라 불린 영국의 수도사다. 빌니는 마틴 루터의 책을 통해 복음을 믿게 되었는데 그래서 그는 청교도 개혁을 진전시킬 길을 열심히 찾았다. 자신이 많이 배운 것도 아니고 대단한 재능을 가진 것이 아니라는 것을 깨달았기에 그런 일을 해낼 수 있는 사람을 찾던 중 사제 휴 라티머가 많은 교육을 받고 탁월한 능력을 지닌 것을 알게 되었다. 라티머는 나중에 복음을 위해 화형 당하면서 그리스도를 위해 촛불을 밝히게 될 사람이었다.

빌니는 어떻게 하면 라티머에게 복음을 증거할 수 있을지 그 문제를 놓고 기도하기 시작했고 마침내 전략이 떠올랐다. 사제들은 죄인의 요청에 따라 죄의 고백을 들어줘야 했다. 그래서 어느 날 빌니는 라티머에게 가서 그의 옷소매를 끌어당기며 자기의 고백을 들어달라고 요청했다. 고해성사하는 방에 들어간 뒤 빌니는 자신의 '복음'을 고백했다. 그는 라티머에게 자신이 어떤 죄인인지 그리고 자신의 선행은 자신을 결코 구원할 수 없다는 것을 말했다. 그는 또한 예수님이 자기를 위해 죽었고 오직 믿음만으로 그리스도의 의(義)가 자기에게 주입되었다고 고백했다. 이 복음의 고해성사를 들으면서 놀랍게도 사제 라티머는 회심했고 마침내 그의 신실한 증거로 다른 많은 이들을 그리스도께로 이끌게 되었다.(J. M. Boice, 1997:316)

이것이 바로 오늘 우리의 세계가 필요로 하는 것, 곧 진리의 빛을 비추는 증인들 그리고 그리스도의 영광과 뭇 영혼을 위한 열정이다. 오늘날 일부 그리스도인들과 교회들의 몸짓처럼 희미한 빛과 미지근한 헌신, 그리고 복음에 깊은 관심을 보이는 이들이 거의 없는 상황이었다면 복음이 이처럼 힘차게 온 세상에 전파되지는 못했을 것이다. 누가 뭐래도 지금까지 세상의 주목을 받은 이들은 그리스도를 위해 빛을 내고 '삶을 불사른' 신자들이었다.

어둡고 죽어가는 세상에 그리스도의 빛을 반사하려고 증인으로 자신을 드렸는가? 하나님은 세례 요한을 이스라엘에 보내셨고 또한 레이디 제인 그레이와 휴 라티머를 영국에 보내셨다. 당신이 살면서 일하는 그곳에서 필요로 하는 그리스도의 등불이 되려 하는가? 복음이 세상의 유일한 구원이기 때문에 그리스도의 신실한 증인이야말로 이 세상이 가장 필요로 하는 존재다. 예수님은 선언하셨다: "내가 진실로(아멘) 진실로(아멘) 너희에게 이르노니, 내 말을 듣고 또 나 보내신 이를 믿는 자는 영생을 얻었고, 심판에 이르지 아니하나니, 사망에서 생명으로 옮겼느니라"(요 5:24).

두려워하지 말라
(요한계시록 1:17~19)

¹⁷그리고 내가 그를 보았을 때 나는 그의 발 앞에 죽은 자처럼 엎드러졌다. 그가 오른손을 내게 얹고 말씀하신다. "두려워하지 말라 나는 처음이요 마지막이요 ¹⁸그리고 살아 있는 자다. 내가 죽었었다. 그러나 보라. 나는 영원히 살아 있다. 그리고 나는 사망과 음부의 열쇠를 가지고 있다. ¹⁹그러므로 네가 본 것들과 지금 있는 것들과 이것들 후에 반드시 되어져야만 하는 것들을 쓰라." (이필찬, 2021:174)

계시록에서 가장 뜨거운 감자는 계시록이 요한 당시에 일어난 사건들을 서술하느냐 아니면 그리스도의 재림 전인 먼 미래의 사건들을 서술하느냐 하는 것이다. 계시록 1장 19절은 이런 논쟁의 열쇠가 되는 구절이다: "그러므로 네가 본 것과, 지금 있는 일과, 장차 될 일을 기록하라." 많은 20~21세기 학자들 특히 세대주의(이광우, 1993:51, 주 171 참조) 신학의 영향을 받은 이들의 마음속에 이 구절은 계시록의 3개 단락 묶음을 개괄한 것이다. 1장은 요한이 보았던 과거의 비전을 기록하고, 2~3장은 일곱 교회에 보내는 편지로 현재에 어울리고, 그리고 4장부터 시작되는 계시록은 먼 미래에 일어날 사건들을 서술한다는 것이다. 이런 접근법의 가장 큰 문제는 이 세 가지

서술 묶음이 어떻게 계시록 전체 자료와 관련되는지를 전혀 알아채지 못한다는 것이다. 계시록 전체는 현재와 아직 오지 않은 미래 양쪽에 속하는 것들 곧 요한이 보았던 여러 비전을 포함하고 있다. 계시록을 이해하는 가장 좋은 방법은 계시록에 등장하는 일련의 비전을 교회 시대 역사 전체와 관련된 것으로 그리고 그리스도의 재림에 포함된 사건들에 초점을 맞추면서 나아가고 있는 것으로 보는 것이다.(좀 더 간략하고 설득력 있는 설명은 W. Hendriksen, 1967:16~36 참조)

그동안 미래 지향을 지나치게 강조했던 탓에 그리스도인들 사이에서 계시록의 영향력이 감소된 것으로 보인다. 결국 만일 계시록이 내 생전에 일어날 것 같지 않은 여러 사건에 초점을 맞춘다면 내가 뭐하러 지금 굳이 골치 아프게 계시록의 비전에 많은 관심을 가져야 하며 그 많은 비전에 무슨 흥미를 느낄 수 있겠는가? 그러나 이 견해와 반대로 그것이 결국 신약성경에 있는 여러 책의 현재와 관련될 때는 계시록에 어떤 선행(先行) 지점이 반드시 나타나야만 한다. 1장의 첫 개막 비전에서는 비전의 현재적 초점을 강조했다. 요한이 본 비전 속 승귀(乘貴) 되신 그리스도는 교회와 역사를 현재 다스리고 계시는 주님이시다. 요한에게 선지자, 왕 특히 제사장으로 나타나시면서 그리스도는 제자들이 그분의 구원하시는 사역을 항시 알고 경험하게 하는 방식으로 나타나신다. 뿐만 아니라 촛대 사이에 서 계심으로 그리스도는 그분의 이름을 선포하는 모든 교회를 '현재' 돌보고 다스리고 계신다는 것을 강조하신다. 마지막으로 그 비전에 대한 요한의 반응, 곧 "그 발 앞에 엎드러져서 죽은 자 같이 된 것"(계 1:17)은 하나님의 거룩에 죄인들이 항시 어떻게 반응해야만 하는지를 알려 준다. "두려워하지 말라"는 예수님의 대답은 그리스도 안에 있는 하나님의 은혜로 죄인들을 새롭고도 영원한 생명으로 들어 올리는 사역에서 항시 복음이 어떻게 역사하는지를 밝혀 준다.

1:17 _죽은 자같이

계시록의 개막 비전은 역사의 주연 배우들을 생생하게 나타낸다. 첫째, 그리스도는 만물을 어엿하게 다스리시는 주권적인 인자(人子)로 나타난다. 둘째, 교회는 빛나는 황금 촛대로 그 고귀한 가치를 지닌 모습으로 그려졌다. 셋째, 요한 자신은 그리스도에 의해 구원받은 백성을 대표한다. 우리가 지금 그에게 초점을 맞추면서 그가 그리스도의 영광을 보았을 때 요한이 "그의 발 앞에 엎드려져 죽은 것 같이"(계 1:17) 되었다는 것을 확인하며 깜짝 놀라게 된다.

성경에 통달하지 못한 독자들은 사도가 예수님 앞에서 "거꾸러졌다"는 점을 이상하게 여길지도 모른다. 사실상 요한은 그분의 위격 안에서든 성경 말씀 안에서든 그리스도의 거룩이라는 참 비전 앞에서 죄인들이 항시 어떻게 반응해야 하는지를 보여 주고 있다. 계시록이 다니엘의 비전을 뒤따르고 있다는 점이 드러났기에 옛적의 선지자(다니엘)도 역시 비슷한 경험을 했다는 점을 알아야만 한다. 다니엘 10장에, 다니엘이 얼굴을 땅에 대고 깊이 잠들어버리는 장면(단 10:9)이 나오는데 이것이 계시록 1장의 비전과 거의 똑같은 내용으로 기록되어 있음을 알 수 있다.

하나님의 장엄함 앞에서 꼼짝달싹 못하는 이 경험은 선지자 이사야의 경우에서도 생생하게 드러났다. 이사야가 선지자로 임명된 그날 밤 그는 성전에 들어가서 "주께서 높이 들린 보좌에 앉으신 모습"(사 6:1)을 보았다. 경배하는 스랍천사들이 "거룩하다. 거룩하다. 거룩하다. 만군의 여호와여"(사 6:3)라고 부르는 찬송을 듣고 이사야는 이렇게 반응했다: "화로다 나여, 망하게 되었도다. 나는 입술이 부정한 사람이요 나는 입술이 부정한 백성 중에 거주하면서 만군의 여호와이신 왕을 뵈었음이로다"(사 6:5).

성경은 사람들이 하나님의 거룩한 영광 앞에서 왜 죽는지 두 가지 이유를 가리킨다. 첫째는, 하나님의 임재 앞 피조물의 경외감 때문이다. "펜으로 쓴 가장 위대한 책"(크리스토퍼 애쉬, 13)인 "욥기의 핵심은 하나님의 자기 계시다."(권지성, 10) 고난을 통과하면서 비로소 욥은 하나님을 제대로 볼 수 있게 되었다. 욥은 이렇게 부르짖었다: "내가 주께 대하여 귀로 듣기만 하였사오나 이제는 눈으로 주를 뵈옵나이다 그러므로 내가 스스로 거두어들이고 티끌과 재 가운데에서 회개하나이다"(욥 42:5~6). 욥은 이렇게 부르짖어 기도하는 중에 그동안의 생각이 바뀌었다.(송태근, 2020:233) 자기 자신에 대하여 하나님에 대하여 생각이 근본적으로 바뀐 것이다. 이것을 새롭게 '눈을 떴다'는 말로도 표현할 수 있을 것이다. 눈을 떠야만(김신일, 4-11) 신앙생활을 제대로 할 수 있다. 영광 중에 주님을 뵙는 압도적인 경험은 요한의 경우에 특히 놀랄 만한 것이었다. 그 이유는 그가 예수님께서 가장 사랑하신 제자였으며, 지금 하나님의 광채로 그에게 계시 된 주님과 가장 친밀한 우정을 나눈 제자였기 때문이다(요 13:23; 19:26, 21:7).

계시록을 기록한 요한은 아주 성숙한 제자이고 오랫동안 경건을 배운 사람이며 박해 중에도 그의 신실함으로 칭찬받을 만한 사람이다. 그런 요한이 영광으로 변하신 그리스도 앞에서 죽은 것처럼 거꾸러져야만 했다는 것으로 미루어 주님의 위엄이 중요하다는 사실이 훨씬 더 증폭된다. "가장 영적이고 최고로 성화된 마음도 하나님의 거룩과 위엄을 온전히 인지할 때에는 자신과 주님 사이의 엄청난 불균형을 매우 엄청나게 의식하게 되기 때문에, 두려움과 불안감과 함께 거룩한 경외감으로 가득 차고 겸손하게 된다."(C. H. Spurgeon, 1969-1980:18:4)

마르틴 루터의 삶 속 유명한 이야기에서 거룩에 대한 이런 공포의 예를 볼 수 있다. 수도사로 수년간 훈련을 받은 끝에 루터는 로마 가톨릭 사제로서 처음으로 미사를 집전할 수 있게 되었다. 제단 앞으로 나가 어쩌면 성찬용 빵과 포도주를 그리스도의 몸과 피로 바꿀지도 모르는 라틴어 문구를 열심히 준비했다. 그러나 그 순간 루터는 얼음처럼 굳어버려 입도 벙긋하지 못했다. 몇 년 뒤, 그는 이렇게 설명했다:

> 나는 공포에 사로잡혀 완전히 마비되어버렸다. 나는 곰곰 생각했다. "모든 사람이 심지어 지상의 통치자 앞에서도 그토록 벌벌 떠는 것을 보면서 내가 무슨 말로 하나님의 위엄을 말할 수 있을까? 내가 누구이길래 하나님의 위엄을 향해 내 손을 들고 눈을 들어야만 한다는 말인가? 천사들이 그분을 에워싸고, 그분이 고개 한 번 끄덕이면 온 땅이 벌벌 떤다. 그런데 내가 비참한 작은 난장이같은 자가, '나는 이것을 원합니다.' '내가 저것을 요구합니다'라고 말을 한단 말인가? 나는 먼지이고 재이며 죄로 가득한데 그런데도 내가 살아 계시고 영원하시며 참되신 하나님께 도대체 무슨 말을 할 수 있다는 것인가."(R. H. Bainton, 30)

이런 이야기를 들은 정신분석학자들이 루터의 정신건강에 의문을 제기했다. 그러나 그들은 창조주의 영광 앞에 선 피조물의 두려움뿐만 아니라 하나님의 순전한 거룩, 그 임재 앞에 선 죄인들의 공포조차도 아예 설명하지 못한다. 이것이 주님 앞에서 요한이 두려움으로 거꾸러진 두 번째 이유다: 완전한 하나님의 거룩 앞에 그가 죄인이었기 때문이다.

성경의 관점에서 보면 하나님의 거룩한 임재 앞에서 단 한 가지 죄만으로도 그 얼마나 슬플 것인지를 생각할 때, 루터가 하나님의 임재 앞에서 두려워 떤 것이 얼마나 적절한 행동이었는지 이해하게 된다. 이 점을 감안할 때 만일 루터가 정말로 정신이상자였다면 "우리의 기도는 그런 정신병이라는 전염병을 이 지구촌에 보내 주시라고 하나님께 조르는 꼴이 될 것이다."(R. C. Sproul, 126) 하나님 앞에서 자신의 모든 죄를 봄으로써 죽음을 경험하는 죄인들은 그리스도를 믿음으로만 용서받기에 (아주 망하기 전에) 죄로 인한 이 충격적인 공포가 우리 전체 인류에게 내리 전해질 책임이 있다면 그 얼마나 더 좋을 것인가!

신자들이 주님 앞에서 두려움으로 거꾸러지는 성경의 사례를 살펴볼 때 한 가지 공통 요소는 각 개인이 자신의 죄를 분명히 깨닫게 된다는 것이다. 이사야는 망하게 되었는데 그 이유는 "나는 입술이 부정한 사람이요 나는 입술이 부정한 백성 중에 거주"하고 있다(사 6:5)고 고백했기 때문이다.(차준희, 2020:24-37) 욥은 주님에 대한 불평을 몽땅 토해낸 뒤에 그가 하나님을 보았을 때 자신을 정죄했다. 어쩌면 가장 명백한 사례는 사도 베드로가 예수님의 신성(神性)을 처음으로 감지했을 때일 것이다. 몰려든 군중이 많아서 주님이 베드로의 배에서 설교하려고 배를 좀 빌려 줄 것을 베드로에게 요청했을 때 그는 밤샘 고기잡이에 실패하고 낙심하여 허탈한 마음으로 그물을 손질하고 있었다. 그 후 예수님이 그에게 그물 칠 곳을 알려 주시고 베드로가 그 말씀에 순종하여 뜻밖에도 그물이 찢어질 정도로 고기를 많이 잡게 되었을 때 이런 사건으로 베드로는 그리스도의 신성한 위엄을 분명하게 감지했다. 밧모섬의 요한처럼 "예수의 무릎 아래에 엎드려" "주여 나를 떠나소서. 나는 죄인이로소이다"(눅 5:7~8) 이렇게 간청하였다. 그리스도의 거룩을 감지하면서 베드로는 즉시 자기 자신의 죄를 분명하게 이해했다. "만일 우리가 그리스도 안에서 이렇게 계시 된 하나님의 순전함과 영광을 아주 슬쩍 간단하게 훑어보기만 해도 우리 또한 두려움으로 털썩 주저앉게 될 것이다. 요한처럼 바로 그 순간에 우리가 아주 깊고 두렵게 자신의 죄와 그분의 정결, 위엄, 위대함을 알게 되기 때문이다. 나는 내가 어떤 작자인지 알게 될 것이며; 나는 하나님이 또 어떤 분이신지 알게 될 것이다. 마침내 나도 요한과 똑같이 반응하게 될 것이다."(S. Wilmshurst, 30)

하나님에 대한 이런 시각은 오늘날 꽤 많은 교회에 스며든 '손쉽고 경박하고 시건방진' 태도와 얼마나 다른가. 오늘날 그리스도는 존경심으로 대우

받지 못하고 아주 무례한 친밀성을 빙자하여 가볍게 취급된다. 예수님의 구원하시는 자비 때문에 예수님이 죄인들의 친구이신 것은 사실이다. 그러나 주님이 그렇게 말씀하셨다 해서 피조물인 우리도 그렇게 함부로 말하면 안되는 것이다. 그리스도인들은 그리스도의 인격 안에서 우리가 거룩한 하나님께 나왔다는 것을 깨달아야만 한다. 그러므로 선지자 이사야와 다니엘이 보여 주었듯이 또한 사도 베드로와 요한과 더불어 참된 영성은 세속적인 열심만도 못한 명랑함과 속 편한 재미로 구성되는 것이 아니라 거룩한 하나님에 대한 경외감, 죄에 대한 혐오, 우리 구주의 자비로운 손에서 나오는 구원하는 은혜를 향한 갈망 위에 세워지는 것이다. 참 경건에서 가장 중요한 것은 우리의 죄를 정직하게 다룰 필요성과 관계가 있다(신원하, 2002:6-9 참조). 이런 식으로 요한이 죄의 자각 때문에 "죽은 자같이"(계 1:17) 거꾸러진 모습으로 요한은 "죄의 삯은 사망"(롬 6:23)임을 우리에게 명확하게 일깨운다. 죽음이 없다면 부활도 생명도 없을 것이다.(홍인규, 95-6) 그러므로 주님 앞에 선 죄인으로서 요한은 거룩에 대한 공포로 죽어버린 사람처럼 거꾸러진 것이다.

1:17~18 _두려워하지 말라!

오늘날 '교회-성장' 상담가들은 목회 사역의 성공에 걸림돌이 된다고 여겨, 이렇게 하나님의 거룩을 강조하는 것을 비판할 것이다. 베드로의 절규 "나를 떠나소서… 오 주여!"는 현대 교회 장사꾼들이 교회 방문객들한테서 듣고 싶어 하는 것과 정반대의 고백이다. 그러나 요한의 경험은 전체 성경의 증언과 일치하는데 그것은 하나님의 거룩 앞에 선 죄인의 그 두려움이 정확하게 그리스도와 죄인의 참된 구원 관계를 가꾸어가는 바탕임을 알려 주기 때문이다. 성경에 의하면, 겸손한 회개로 하나님 앞에서 무너진 영(靈)이야말로 하나님이 거하시려고 선택하는 복된 영이다. 이사야는 말했다: "지극히 존귀하며 영원히 거하시며 거룩하다 이름하는 이가 이와 같이 말씀하시되, 내가 높고 거룩한 곳에 있으며 또한 통회하고 마음이 겸손한 자와 함께 있나니 이는 겸손한 자의 영을 소생시키며 통회하는 자의 마음을 소생시키려 함이라"(사 57:15).

이것을 생각하면 어쩌면 요한에 대한 가장 중요한 진술은 그가 무엇을 했는가(엎드려 죽은 자같이 됨)가 아니라 그가 '어디에서' 그렇게 됐는가이다: "그(예수님)의 발 앞에"(계 1:17). 굴종적인 공포감으로 하나님께 등 돌리는 대신 그는 경건한 겸손으로 주님을 향해 그 앞에 엎드렸다. 주님에 대한 두려움과 예수님의 발 앞은 언제나 온 세상에서 가장 안전하고 가장 복된 곳이다.

예수님의 발 앞 하나님 앞에서 떨림을 느낄 때가 가장 안전한 이유는 사랑 많은 구세주이신 그리스도의 성품에서 발견된다. 예수님은 이것을 두 가지 행동으로 보여 주셨다. 첫째, 요한과 관련해서 "그가 오른손을"(계 1:17) 요한에게 얹으셨다는 것이다. 이것은 대단히 상징적이며 개인적인 의미가 담긴 행동이다. 복음서를 통틀어서 예수님이 죽은 자를 고치거나 일으키실 때 그분은 대개 고통받는 대상을 만져주셨다. 그가 부정한 한센병 환자이든, 죽은 아들이든, 혹은 치욕스러운 죄인이든, 예수님은 권능의 말씀을 주실 뿐만 아니라 그 거룩한 손을 도움이 필요한 사람 위에 얹으셨다. 이런 방법으로 예수님은 그분의 연민, 무엇보다도 그분의 개인적인 호의와 사랑을 보여 주셨다. 완벽하게 거룩하시기에 예수님은 자신이 부정 타지 않고도 부정한 것을 만져서 깨끗하게 하실 수 있었다. 자비가 충만하시기에 그분은 구원하는 은혜를 개인적인 방식으로 기꺼이 베풀어 주실 수 있다. 당신이 만일 죄인으로 예수님께 가서 구원받는 믿음의 선물을 받는다면 그분의 성령이 일하시는 것이 마치 그분이 오셔서 손으로 직접 만져주시는 것과 같을 것이다: 그리스도는 개인적으로 자비, 능력과 사랑으로 당신을 붙들어 당신에게 손을 얹으신다. 그것이 요한에게 의미했던 바가 무엇인지 상상해 보라. 그리스도의 거룩한 위엄이라는 비전을 보고 완벽하게 무너지고, 주님 앞에서 죽은 사람처럼 고꾸라진 사람에게 예수님이 복을 내려 주시는 강한 손을 내밀어 그를 만지시고 구원을 위해 그를 붙잡으셨다!

둘째, 요한 위에 능력과 호의(好意)의 오른손을 얹으시면서 예수님이 말씀하셨다: "두려워 하지 말라"(계 1:17). 직역하면 "두려워하는 것을 중단하라"는(이필찬, 2021:177) 말이다. 앞서 요한이 두려워하는 것이 올바른 자세라는 것이 확인되었기 때문에 이 말은 좀 이상하게 보일 수도 있다. 그러나 구원과 연결되면 죄인의 두려움과 구세주의 "두려워하지 말라"는 말은 늘 함께 간다. 두려움과 "두려워하지 말라"가 그리스도인의 경험을 어떻게 정의하는지 보자: "우리는 그분의 승귀(乘貴)된 지상권(至上權) 앞에서 거꾸러졌고 또한 두려워하지 않도록 우리를 격려하시면서 우리 어깨 위에 그분의 손을 얹으시는 분 때문에 안도감을 느낀다… 우리는 그분의 지상권에 의해 경외감을 느끼고 그분의 은혜에 의해 이끌렸다."(D. Thomas, 15) 거룩에 대한 죄인의 두려움과 구세주의 은혜로운 보장(保障)이 연합하는 것 외에 죄인을 구원하는 다른 기독교는 없다.

예수님은 계속해서 우리의 공포를 추방하기 위한 그분의 권위를 설명하셨다: "두려워하지 말라. 나는 처음이요 마지막이니 곧 살아 있는 자라"(계 1:17~18). 이 말은 앞선 8절에 나온 하나님 아버지의 말씀과 연결된다: "주 하나님이 이르시되 '나는 알파와 오메가라.' '이제도 있고, 전에도 있었고, 장차 올 자요 전능한 자라.'" 비슷한 말을 택하면서 예수님은 하나님 아버지와 그분의 신성(神性)이 하나임을 분명히 선언하신다. "처음이자 마지막"으로서 예수님은 처음과 나중 사이에 나타나는 모든 것 즉 모든 시간, 역사, 우주 만물을 주권적으로 다스리신다. "살아 계신 분"으로서 예수님은 모든 두려움을 내쫓는 데 필요한 모든 능력과 생명을 다 갖고 있다.

그러므로 죄인들은 구원을 위해 우리에게 필요한 모든 것을 예수님의

인격(과 신격)에서 찾게 될 것이다. 기독교는 예수 그리스도에 대한 모든 것이
므로 이것이 본질적인 핵심이다: 과거, 현재, 그리고 미래. 때때로 사람들은
기독교가 더는 자기들의 필요를 채우지 못한다고 주장하며 기독교에서 떠
나갈 것이다. 죄된 쾌락이나 공허한 철학에 이끌린 대학생들 가운데 그런 사
람들이 많이 있다. 자기 일에 몰두했던 꽤 많은 사람이 그럴 것이다. 어떤 경
우든 그들은 한때 그들이 알았던, 예수님의 권능, 지상권, 영광을 망각했다.
그러나 생명을 받기 위해, 다른 어떤 곳도 갈 데가 없다. 살아 계신 그리스도
없는 기독교는 아무 쓸모가 없다. 얼마나 많은 그리스도인이 예수님과 그분
의 구원하는 은혜에 대한 그들의 신앙이 끝장날 때에서야 뒤늦게 이것을 경
험하는지 모른다! 예수님은 살아 계신 주님이자 구세주이시기에 우리는 언
제나 그분 앞에서 하늘의 은총을 늘 열망하고 또한 우리에게 참으로 필요한
권능, 활력, 기쁨을 경험한다.

　예수님이 자기를 묘사하셨듯이 우리는 그분의 완전한 자족성(自足性)의
특수한 측면을 본다. 예수님이 영원한 하나님으로서, 우리를 도우시고, 모든
죄를 용서하시고, 모든 적을 물리쳐 주시지 않은 적이 한순간도 없었다. 주
권적인 구주이시므로 그분의 뜻에 반(反)하여 우리에게 닥칠 수 있는 일은 아
무것도 없다. 설령 가장 두려워하는 것들이 삶 속에 어쩔 수 없이 일어난다
해도 예수님께서 우리의 믿음을 강화하고, 우리를 죄로부터 지키고, 우리를
그분과 더 친밀하게 교제하는 길로 이끄시기 위해 그것들을 주권적인 의지
로 이끄시는 것을 알 수 있다. 뿐만 아니라 그리스도는 그분의 강한 힘으로
우리에게 유익하다고 판단하시는 시점(時點)에 우리의 모든 시련을 제거해
주실 수 있다. 이것은 로마제국의 박해에 시달리던 요한 당시에도 사실이었
다. 일곱 교회의 시련은 그리스도께서 그것들을 주권적인 의지로 이끄시는
한에서만 그리고 언제나 하나님의 목적에 도움이 되기 위해서만 일어날 수
있었다. 이것은 우리에게도 마찬가지 사실이다: "처음과 마지막"으로서, 우

리 주님은 영원한 과거에 우리를 택하셨을 뿐만 아니라 개인적으로 구원받는 믿음으로 우리를 부르시고 우리의 최종 구원을 약속하셨을 뿐만 아니라, 그분의 영원한 영광과 우리의 영원한 복지를 위해 만물을 다스린다.

특히, "살아 있는 자"로서 예수님은 요한처럼 그의 발 앞에 엎드려 죽은 자같이 되었던 이들의 두려움을 제거하실 자격이 있다. 성경은 죄인들은 "죄로… 죽었던 자"(엡 2:1)라고 가르친다: 복음을 믿거나 하나님의 말씀을 따르기가 영적으로 불가능한 자. 그러나 예수님이 부정한 것을 만져서 정복할 수 있는 정결을 지니신 것처럼 마찬가지로 예수님은 죽음의 저주를 제거하는 생명을 스스로 갖고 계신다. 이 능력이 오늘도 주님께서 생명을 구원하시는 능력으로 다가오시는 하나님의 말씀을 통해 그리스도인들에게 온다. 우리에게 필요한 생명을 받기 위해 그분께 나가야만 한다. 생명의 능력 안에 살기 위해 그분의 말씀을 지키며 살아야만 한다. 언젠가 베드로는 이렇게 외쳤다: "주여 영생의 말씀이 주께 있사오니 우리가 누구에게로 가오리이까"(요 6:68).

1:18 _두려움을 이기라

요한의 두려움을 내쫓는 예수님의 마지막 말씀은 그분의 인격뿐만 아니라 당당한 구원사역으로 우리를 이끈다: "내가 전에 죽었었노라. 볼지어다. 이제 세세토록 살아 있어 사망과 음부의 열쇠를 가졌노니"(계 1:18). 믿음으로 그리스도의 '인격'을 알게 됨으로 온갖 두려움을 추방할 능력을 지니신 분을 만나게 된다. 그런 다음 그리스도의 '사역'을 신뢰하면서 우리가 두려워하던 모든 것이 정복되었으며 그래서 우리의 구주와 주 되신 분의 거룩한 임재 안에서 마음껏 즐거워하게 된다.

첫째, 예수님은 "내가 죽었었다"고 말씀하셨는데 이런 방법으로 우리 안에 있는 정죄의 두려움을 정복하신다. 성경에 등장하는 인물들이 그리스도의 위엄 앞에서 두려움으로 거꾸러질 때 대체로 그들이 자기들의 죄를 깨닫고 그들이 당할 진노에 대한 두려움 때문에 그랬던 것을 알게 되었다. 정죄에 대한 공포 없이 죄인이 어떻게 거룩한 하나님을 대면할 수 있겠는가? 예수님은 십자가에서 그분이 당하신 속죄하는 죽음과 관련하여 대답하신다: "내가 죽었었노라."

이 세상에는 두 가지 불가사의(不可思議)한 일이 있는데 그것들이 모두 다 이 구절에서 발견된다. 천사들이 놀라움으로 아래쪽을 응시하게 만드는 첫 번째 불가사의는, 거룩한 하나님이 베푸시는 사랑의 호의(好意)로 죄인들이 하나님께 받아들여져야만 한다는 것이다. 범법자들이 의로운 심판관에 의해 받아들여진다! 어떻게 이렇게 될 수 있는가? 그 대답이 두 번째 불가사의에서 주어진다: 예수님 곧 "살아 있는 자"가 "내가 죽었었다"고 선언하시는 것이다. 예수님이 처녀의 몸에서 태어나 참 인간으로 성육신하신 것은, 만일 첫 번째 불가사의가 그래서 필요한 것이었다면 이 두 번째 불가사의를 수행할 책임이 있었기 때문이다. 영원하신 주권자, 생명으로 자존하신 '아들-하나님'이 그 백성의 모든 죄를 대신 지고 죽기 위해 사람이 되셨다. 태어날 아들에 대해 요셉에게 천사가 말했다: "아들을 낳으리니 이름을 예수라 하라. 이는 그가 자기 백성을 그들의 죄에서 구원할 자이심이라"(마 1:21). 따라서 속죄 사역을 위해 성육신(成肉身)이 성취되었다; 성탄절의 목적이 수난일(성금요일)에 성취되었다.

죄에 대한 정죄의 두려움을 내쫓기 위한 그리스도의 죽음, 그 권능, 그 예로 마르틴 루터의 삶에서 또 하나의 흥미로운 이야기를 예로 들 수 있다. 유명한 보름스 의회에서 하나님의 말씀을 증거한 뒤 루터는 생명의 위협 때문에 발트부르크 성으로 잽싸게 도망쳤다. 거기서 성경을 독일어로 번역하는 작업을 하는 동안 사탄이 나타나서 그의 모든 죄를 들춰내며 루터를 고소했다. 그의 친구 필립 멜랑히톤에게 1521년 5월 24일에 보낸 편지에서 루터는 그의 고뇌를 회상하고 있다. 사탄은 그의 모든 죄가 빼곡히 적힌 긴 두루마리를 펼쳐 보이면서 그것을 하나씩 하나씩 읽어 나갔다. 읽는 내내 사탄은 결국은 루터가 지옥에 들어가고야 말 것을 확신시키려고 하나님을 섬기려는 그의 간절한 욕구를 조롱했다. 루터는 영적인 고뇌로 몸부림치며 괴로워하다가 마침내 벌떡 일어나서 이렇게 외쳤다: "사탄아, 그것은 다 사실이며, 내가 살아오면서 범한, 오직 하나님만이 아시는 훨씬 더 많은 죄를 나는 범했다; 그러나 네가 들고 있는 그 목록의 끝에 이것을 적어 두라." 그러면서 루터는 마귀에게 요한일서 1:7의 영광스러운 말씀을 읊어 주었다. "그 아들 예수의 피가 우리를 모든 죄에서 깨끗하게 하실 것이요." 그런 다음 루터는 그의 책상에 있던 잉크병을 들어 마귀를 향해 힘껏 던졌다. 마귀는 도망쳤다. 검은 잉크 자국이 오늘도 여전히 그 벽에 남아 있는데 이것은 예수님이 그의 모든 죄를 위해 죽으셨기 때문에 정죄로부터 루터를 구원한 확실한 증거가 되었다.(D. Baron, 93~94)

예수님은 정죄의 두려움으로부터 풀어 주려고 대신 죽으셨을 뿐만 아니라 실패와 패배의 두려움을 극복하도록 하기 위해서도 죽으셨다: "내가 죽었었노라. 볼지어다. 이제 세세토록 살아 있어"(계 1:18). 그리스도인들은 모든 죄가 용서되었음을 알면서도 유혹 앞에 약하기 때문에 죄의 권세에 대한 두려움을 여전히 안고 살아간다. 그러나 죽음에서 일어나신 구세주는 똑같은 부활로 그 백성에게 주실 능력이 있다. 에베소서 1:17~20에서 바울은 편지의 수신자들이 "믿는 우리에게 베푸신 능력의 지극히 크심이 어떠한 것을" 알게 되기를 기도했다. 바울은 약하고 곤핍한 그리스도인들이 "(하나님이) 그리스도 안에서 역사하사 죽은 자들 가운데서 다시 살리신" 것과 똑같은 능력을 받는다고 했다. 예수님을 무덤에서 일으키신 그 무시무시한 능력이 지금 당신이 죄로부터 돌아서서 믿음 안에 계속 머물도록 하고, 하나님을 섬기고 경배하는 일에 당신의 삶을 드릴 수 있게 만들 수 있음을 믿는가? 그리스 도인들은 궁극적으로 실패하지 않으며 곤핍(困乏)한 때에 그분의 이름을 부르는 이들에게 주시는 생명의 권능으로 죽으셨던 그리스도가 영원히 살아 계심을 기억함으로써 패배의 두려움으로부터 구원받게 된다. 그리스도의 영광 앞에서 요한이 죽은 자처럼 거꾸러졌던 것을 생각할 때 신자들이 그분의 부활에 의존할 뿐만 아니라 우리 자신의 부활도 기대해야 하는 특별한 이유가 있다. 현재 우리의 죄된 상태로는 심지어 그리스도의 가장 탁월한 제자들조차도 거룩에 대한 공포로 파멸하지 않고서는 하나님의 참 위엄을 절대 볼수 없다. 그러나 요한일서에서 요한은 "장래에 어떻게 될지는 아직 나타나지 아니하였으나, 그가 나타나시면 우리가 그와 같을 줄을 안다"(요일 3:2)고 말했다. 우리가 부활할 때 하나님의 자녀들은 모든 죄의 흔적이 제거되어 그럼으로써 우리 또한 거룩 안에서 순전하고 빛나는, 그리스도의 영광스런 모습과 비슷하게 변모될 것이다. 장차 그리스도 안에서 우리가 부활할 것이기 때문에 "모든 기독교 신자의 기대는 하나님을 보게 되는 것(욥 19:26 이하)인데 그 몸의 영화(榮化)가 현실이 될 때 그것은 성화(聖化)의 완성이 될 것이다."(P. E. Hughes, 28) 요한은 이것을 알면 지금 여기에서 거룩이 커지고 싶은 욕구로 마음을 활기차게 만든다고 말했다: "주를 향하여 이 소망을 가진 자마다 그의 깨끗하심과 같이 자기를 깨끗하게 하느니라"(요일 3:3).

셋째, 예수님은 우리의 최후이자 가장 두려운 원수 곧 죽음의 두려움으로부터 구원하신다. 그분은 이렇게 결론 내리신다: "내가 사망과 음부의 열쇠를 가졌노니"(계 1:18). 열쇠를 갖는 것은 문을 통제하고 아울러 문으로 들고 나는 이들을 통제하는 권위를 행사하기 위함이다. 예수님은 그분의 죽음과 부활로 정복하심으로 지금 사망과 죽음을 모두 다 이기신 분으로서 그것들을 다스리신다.

그렇다면 이제 그리스도인들은 어떻게 가장 큰 두려움에서 해방될 수 있을까? 그리스도는, 자기의 죽음으로 죽음을 요구하는 법정적 저주를 제거했고 자신의 부활로 죽음의 권능조차도 마저 부숴버렸다. 그러므로 "(예수님을) 따라오라는 부름 자체를 은혜로 인식"하는(디트리히 본회퍼, 1991:34) 그리스도인들은 죽음의 위협 앞에서도 용감하게 살 수 있다. "그분은 자기를 따르는 이들을 죽음에서 생명으로 이끄실 수 있다. 순교가 예상되는 곳에서조차도(계 2:13), 죽음이 끝이 아니라는 것을 아는 것이 틀림없이 큰 위로가 되었을 것이다. 이런 이유로 어떤 위험이 있더라도 그들의 궁극적인 미래가 안전하다는 것을 알기에 그들은 주님을 섬기는 일에 헌신할 수 있었다."(P. Beasley-Murray, 199) "그리스도인은 죽는 것을 두려워할 필요가 없다. 그에게는 '두려워 말라'고 말씀하시는, 무덤과 보이지 않는 세계의 열쇠를 아울러 쥐시고 죽음을 이기신 참 좋은 친구가 있다."(A. W. Pitzer, 170)

1:17~19 _위대하신 "스스로 있는 자"

계시록 1장의 메시지를 주의 깊게 살펴보면 여러 예언이 현재 혹은 미래와 어떻게 관련되는지를 해명했다고 해서 계시록을 이해하는 열쇠가 발견된 것은 아님을 알 수 있다. 미래 역사에 대한 여러 단서를 주는 것보다 더 중요한 것은 그 백성들의 손을 들어 주시며 "두려워하지 말라"고 선언하시는 구세주 곧 촛대 사이에 영광으로 서신 주님, 역사의 주인이신 분께 주목하는 것이다.

계시록의 열쇠인 1장은, "나다"(1:17)라고 말씀하시는 영광의 예수님께 시선을 고정시킨다. 그러므로 그리스도인으로서 우리의 성공은 역사의 모든 신비를 풀어내는 데서 오는 것이 아니라, 우리를 따라다니는 모든 원수를 정복하기 위해 그분의 구원하시는 사역의 완전 충족성에 의지하면서 살아 있는 믿음으로 그분의 제자 된 삶으로 들어가면서 예수님이 누구신지를 아는 데에 달려 있다. 그분은, 자기의 피(1:5)로 모든 죄에서 우리를 해방하시고 우리를 사랑하시는 분이다. 그분은 촛대 사이에 주권적인 능력으로 서신 영광스러운 인자이시다(1:13). 구름과 함께 다시 오실 때 모든 눈이 자기들이 찔렀던 그분을 볼 것이다(1:7). 당신은 예수님을 아는가? 우리의 소명은 구원의 어느 측면에서나 그분이 실패하지 않을 것임을 알고 믿음으로 구주와 주로 그분을 받아들이는 것이며 모든 환난에도 불구하고 그분의 나라를 섬기는 것이며 모든 필요를 채우시는 그분을 신뢰하는 것이다. 그분은 "두려워하지 말라"고 격려하신다: "나는 처음이요 마지막이니 곧 살아 있는 자라. 내가 전에 죽었었노라. 볼지어다. 이제 세세토록 살아 있어 사망과 음부의 열쇠를 가졌노니"(계 1:17~18). 아멘. 주 예수여 오시옵소서.

처음 행위를 가지라
(요한계시록 2:1~7)

[1]에베소에 있는 교회의 천사에게 쓰라. 그의 오른손에 일곱 별을 붙잡고 있는 이 곧 일곱 금 촛대 가운데 다니시는 이가 이같이 말씀하신다. [2]"내가 너희 행위들 곧 너의 수고와 내, 곧 네가 악한 자들을 견딜 수 없었던 것과 자기 자신을 사도라 하는 자들을 시험하여 -그들은 (사도들이) 아니다 - 거짓되다는 것을 네가 찾아낸 것과 [3]인내를 가지고 나의 이름을 위하여 견디고 피곤해 하지 아니한 것을 [2a]아노라. [4]그러나 나는 네게 반대할 (어떤 것을) 가지고 있다. 곧 네가 처음 사랑을 버렸다는 것이다. [5]그러므로 어디로부터 떨어졌는가를 기억하라. 그리고 회개하라. 그리고 처음 행위들을 행하라. 만일 그리하지 아니하면 내가 네게 올 것이며 만일 네가 회개하지 아니하면 네 촛대를 그 자리로부터 옮길 것이다. [6]그러나 네가 나도 역시 미워하는 니골라 당의 행위들을 미워하는 것 이것을 가지고 있다. [7]귀를 가진 자로 성령이 교회들에게 말씀하시는 것을 듣게 하라. 나는 이기는 자 바로 그에게만 하나님의 낙원에 있는 생명의 나무로부터 먹도록 줄 것이다." (이필찬, 2021:215~6)

오늘날 교회 지도자들이 잠시 사역에서 물러나 각자의 사역을 평가하고 섬기는 교회공동체의 비전을 탐색하며 휴식 시간을 가질 때가 흔히 있다. 만일 주님의 여러 교회를 지배하고 있는 수많은 목양 강조사항을 어떻게 생각하시는지 확인할 수 있도록 실제로 예수님이 육체로 이런 모임에 직접 나타나신다면 꽤 재미있을 것이다. 계시록에 따르면 그리스도는 실제로 그 백성들과 함께 나타나신다. 예수님은 그분의 모든 교회 안에서 곧 진행하려는 것이 무엇인지를 아시고 그 백성들의 마음 상태를 평가하신다. 뿐만 아니라 만약 계시록이 어떤 표지라면 주님은 그분의 마음을 불쾌하게 하는 것들을 조목조목 지적하며 꾸짖기를 주저하지 않으실 것이다. 사실 계시록 2~3장에 있는 메시지에 의하면 교회들이 실패하고 심지어 사라지기까지 하는 한 가지 이유는 그리스도께서 그들에게 가셔서 그들의 촛대를 제거하시기 때문이다(계 2:5). (마이클 호튼, 273-98)

계시록에 등장하는 여러 교회에 보내는 그리스도의 메시지는 2천여 년 전에도 그것들이 똑같이 긴급했다는 점에서 오늘 우리에게도 적합하다: 그리스도의 백성들은 그분의 음성을 들을 필요가 있다. 우리가 구주이신 주님의 교정을 계속 받지 않는다면 교회에 대해 우리가 생각하는 경향이 이기적이거나 아주 세속적인 방향으로 휩쓸려 가게 된다. 그렇게 되면 계시록 2~3장의 메시지들이 오늘날의 그리스도인들 사이에서 영향력을 거의 행사하지 못하는 일이 두드러지게 될 것이다. 솔직히 계시록 2~3장을 진지하게 공부해 본 신자들이 거의 없고 이 말씀을 자기들의 사역과 삶을 위한 안내서로 강조하는 교회도 별로 없다. 그러나 이 2~3장에서 말씀하시는 그리스도는 촛대 사이에 계속 서 계시며 그 손에 교회라는 별을 계속 붙잡고 계신다. 승귀(乘貴) 되신 그리스도가 이 일곱 메시지를 통해 교회에 그분의 주도권을 선포하시기 때문에 그리스도인들은 계시록 2~3장을 특별한 관심을 갖고 공부하며 경건한 복종으로 반응해야만 한다. 너무 단순하게 도식화하는 듯한 느낌이 없지 않지만 2~3장에 나오는 일곱 교회의 특징을 알기 쉽게 간결하게 정리한 견해가 있어서 참고삼아 소개한다: 타락한 교회(에베소교회), 걱정스런 교회(서머나교회), 비틀거리는 교회(버가모교회), 가짜교회(두아디라교회), 유명무실한 교회(사데교회), 연약한 교회(빌라델비아교회), 상류사회의 부자 교회(라오디게아교회).(J. Phillips, 35-77).

2:1 _일곱 교회에 보내는 메시지

계시록의 일곱 교회에 보내는 메시지는 실제 편지가 아니다. 대신 이것들은 계시록에 없으면 안 될 한 부분을 형성하고 있다. 이를테면, 이 메시지들이 각기 나뉘어서 각 교회로 따로따로 보내지지 않고 모든 교회에서 크게 낭송하도록 통째로 보내졌다는 것을 알아야 한다. 그 편지의 형식은 구약성경에 나오는 예언적 신탁(神託)과 비슷한 형식인데 그 신탁을 통해 하나님은 그 백성에게 권위 있게 말씀하신다. 그러므로 일곱 교회에 보내는 편지는 복음시대 전체를 아우르는 모든 교회에 똑같이 주시고자 하는 메시지로 생각하는 것이 더 좋다. 이것이 계시록이 기록된 지 몇 세대가 채 지나지 않은 시점에 계시록을 주석했던 초기교회의 견해였다. 예컨대 주후 170년경 나온 무라토리안 정경은 "진실로 요한도 또한 묵시에서 비록 그가 오직 일곱 교회에만 편지를 썼지만 사실은 모든 교회에 쓴 것"이라고 말하고 있다.(A. Roberts & J. Donaldson, 5:603) 각 메시지는 "귀 있는 자는 성령이 교회들에 하시는 말씀을 들을지어다"(계 2:7 등)로 끝맺는다. 사실상 이 일곱 편지는 여러 개의 교회에 보내진 것이며 또한 여기서 확인된 모든 문제는 모든 시대 모든 교회에 공통된 것이 사실이며 그러기에 이 편지들은 그리스도의 모든 교회에 보편적으로 적용될 수 있다. "옛 속담에 '신발이 맞으면 그것을 신어라'라는 말이 있는데 그 속뜻을 여기(계시록 2~3장)보다 더 잘 드러내고 있는 곳은 어디에도 없다."(J. R. Michaels, 65) 말하자면 일곱 교회에 보낸 편지 내용 가운데 그 어떤 것이라도 섬기는 교회에 해당하는 것은 주님이 직접 주시는 명령으로 받들어 순종해야만 한다는 것이다.

일곱 메시지는 똑같은 형식을 따른다: 그리스도께서 ①교회들을 칭찬하시고 ②회개할 영역을 지적하시고 ③그 교회에 대한 그분의 심판을 경고하시고 ④그분의 이름으로 이기는 이들에게 강복(降福)을 약속한다.(C. H. Talbert, 15-25) 각각의 편지는 또한 계시록 1장의 비전에서 끌어온 그리스도에 대한 묘사로 시작된다. 이 모든 묘사가 대체로 일곱 메시지를 계시록에 연결시키는데 계시록을 통틀어 이 이미지들이 계속 사용되는 것과 마찬가지로 이 편지들은 계시록이 나타내는 전체 역사에 다 적용된다.

에베소에 있는 교회에 보내는 첫 메시지는 이렇게 시작된다: "오른손에 있는 일곱 별을 붙잡고 일곱 금 촛대 사이를 거니시는 이가 이르시되"(계 2:1). 이 메시지의 끝에는 그리스도께서 오셔서 교회의 촛대를 옮기시겠다고 강력하게 경고하시는 말씀이 있다. 따라서 그분은 에베소 교인들에게 그분의 왕국에서 그들이 차지하고 있는 자리에 대한 '주권'을 일깨우면서 편지를 시작하신다. 뿐만 아니라 예수님은 스스로 교회들 사이에 선 분으로 나타내시는데, 그 교회의 별들을 그분의 손에 붙들고 계신다. 따라서 그분이 "내가 안다"(2:2)고 말씀하실 때 비록 주님의 모습이 보이지 않아도 주님이 그 백성과 함께 계신다는 것을 알게 된다. 이런 식으로 양 무리의 목자장이신 그리스도는 수하에 있는 인간 목자들에게 좋은 모범을 보이신다. 예수님은 그분의 교회들과 함께 계시며 그들에게 관심이 있으시고 또한 그들과 관계하신다. 그리스도는 "각 사람의 필요에 따라, 격려와 함께 책망, 권면, 그리고 약속을"(V. S. Poythress, 83) 보내신다.

일곱 메시지는 그리스도에 의해 각 교회의 "사자(천사)"에게 발송되었다. 이것은 아마도 각 공동체의 사역에 할당된 수호천사 혹은 "지상의 에베소교회에 대한 천상적 대응체"(이필찬, 2021:218, 마이클 하이저, 168-69)를 가리킬 것이다. 그러나 각 메시지가 "성령이 교회들에 하시는 말씀"(계 2:7 등)을 독자들에게 들으라고 권면하시는 똑같은 말씀으로 끝나기 때문에 청중이 누구인지는 아주 분명하다. 성령의 감동으로 사도 요한은 그리스도한테서 그 백성에게 보내진 긴급한 메시지를 전달하고 있다. 여러 교회 앞으로 보내진 메시지는 각각 특유의 표지를 가지게 될 것이며 그러나 그것들은 분명한 의제(議題)를 각 교회에 전달한다. "하나님의 영광을 위해 예수님은 모든 교회가 복음에 열심을 내고, 거짓 가르침을 거부하고, 복음에 합당한 방식으로 살도록 교회의 의무를 부과하신다."(J. M. Hamilton, 53)

2:2~3 _신실성에 대한 그리스도의 칭찬

그리스도의 첫 메시지는 소아시아의 주요 도시인 에베소에 있는 교회에 보내졌다. 에베소는 오늘날 터키로 알려진 지역, 로마제국의 관문이었는데, 여러 강과 도로들이 멀리 떨어진 지역까지 에베소를 연결하고 있었다. 에베소는 큰 항구, 활발한 시장 특히 고대사회 7대 불가사의의 하나인 거대한 아데미 신전으로 유명했다. 또한 신전(神殿) 매음(賣淫)은 물론 그 유명한 신전에서 범죄자들이 자유롭게 활동하도록 했기 때문에 아주 방탕하고 비도덕적인 도시였다. 에베소에 살았던 고대 철학자 헤라클레투스는(움베르토 에코, 1: 83~88) "우는 철학자"로 알려졌는데 그 이유는 그의 설명에 의하면, "에베소의 부도덕 때문에 에베소에 살면서 눈물 없이 살 수 있는 사람은 아무도 없기 때문"(W. Barclay, 1:67)이었다. 아테네에 있는 아크로폴리스보다 4배나 큰 아데미 신전의 웅장한 풍경, 각각 30m 높이로 금박 상감을 한 120개의 대리석 기둥 등이 도시의 풍광을 지배하고 있었고, 이방 우상 숭배의 사악함이 그리스도의 백성이 사는 이 도시의 삶을 지배하고 있었다.

에베소교회는 바울이 40여 년 전에 세웠기 때문에 요한 당시에는 제2세대 성도들이 교회의 주축이었다. 나중에 바울은 제3차 선교 여행 때 에베소에 3년간 머물며 복음을 가르쳤다. 그렇다면 대략 주후 66년경에는 바울 사후 사도 요한이 올 때까지 바울의 도우미 디모데가 교회를 섬기고 있었을 것이다. 바울은 이 교회에 두 편의 목양서신 디모데전·후서와 함께 그의 가장 위대한 서신 가운데 하나인 에베소서를 써 보냈다. 에베소로부터 요한이 쓴 세 편의 편지(요한1·2·3서)에 덧붙여서 요한복음이 왔다. 따라서 사도는 이 교회에 굉장히 많은 정열을 쏟았고 그 결과 에베소교회는 그 지역의 다른 교회들에 복음이 심어지도록 복음을 아시아 전역에 확산시키는 역할을 어엿이 감당했을 것으로 짐작된다.

이런 지도력, 선교사역과 더불어 예수님이 이 교회의 신자들한테서 칭찬할 점을 많이 찾으셨다는 것은 그리 놀랄 일이 아니다. 그분이 말씀하신다. 첫째, "네 행위와 네 수고를 안다"(계 2:2). 이것은 복음을 전파하고, 사랑과 봉사의 사역을 통해 교회를 세운 에베소교회의 신실한 노력을 가리킨다. 그들은 열심히 일했고 예수님이 간파하셨듯이 배움에 만족하고 있었다. 그러나 모든 그리스도인이 다 열심히 일한 것은 아니다. 모든 신자가 그리스도에 의해 그들에게 주어진 은사를 선하게 사용하지는 않았다. '수고'라는 말은 "힘든 노력"을 뜻하는 헬라어 '코폰(< 코포스)'을 번역한 것이다. 우리 가운데 누구도 그리스도를 위해 마땅히 해야만 하는 만큼 부지런히 일하지 않았지만 그분을 위해 우리가 하는 것을 주님이 유심히 지켜보신다는 것을 알게 되면서 격려를 받게 된다. 여기서 그분이 떠나 있는 동안 그분을 위해 열심히 일한 모든 종에게 예수님이 주실 말씀을 떠올리게 된다: "잘하였도다. 착하고 충성된 종아"(마 25:21).

에베소 교인들은 그리스도의 이름으로 선을 행했을 뿐만 아니라 시련 속에서도 끈질기게 인내하였다: "내가 네 행위와 수고와 네 인내를 알고… 또 네가 참고 내 이름을 위하여 견디고 게으르지 아니한 것을 아노라"(계

2:2~3). 이 칭찬은 그들이 믿음을 계속 유지하고 있다는 뜻만이 아니라 주변 세속문화에 동화되라는 압박을 잘 견뎌냈다는 것을 가리킨다. "반대에 직면하면 이 그리스도인들은 예수 그리스도를 계속 증거했다. 주변에 동화되라는 압력에 굴복하지 않았다. 그들은 견고하게 서서 그들이 담대하게 복음을 증거한 결과로 오는 십자가를 견뎌냈다."(D. Thomas, 20) 그들은 모더니즘에 굴복하지 않고 창조, 죄, 대속, 거룩에 대한 성경의 가르침에 물타기를 거부한 20세기 초 복음주의 진영의 그리스도인들과 같다. 그들은 성경의 권위를 굳게 붙들고 예수님을 세상의 유일한 구주로 계속 설파(說破)하며 자녀들이 전통적인 성적 순결의 길, 희생적 봉사, 하나님의 말씀에 복종하는 길을 걷도록 양육하면서 상대주의적 포스트모더니즘의 요구에 굴복하지 않아야 할 오늘날의 교회와 같다.

셋째, 그리스도는 진리에 대한 그들의 각성 때문에 에베소 교인들을 칭찬하신다: "또 악한 자들을 용납하지 아니한 것과 자칭 사도라 하되 아닌 자들을 시험하여 그의 거짓된 것을 네가 드러낸 것과"(계 2:2). 한 세대 전에 바울이 에베소교회 장로들과 이별하면서 그들에게 "사나운 이리가 들어와서… 그 양 떼를 아끼지 아니하며"(행 20:29)라고 경고했던 말씀을 읽어보면 특히 더 격려를 받게 된다. 바울은 "그러므로 깨어 있으라"(행 20:31)고 강력하게 권고했는데 그 말씀을 에베소 교인들은 분명하게 마음에 새겼을 것이다. 에베소 교회에 자칭 사도라 하는 거짓 교사들이 들어와 활동하고 있었던 듯하다. 그러나 에베소 교인들은 그들을 시험해 본 뒤에 그들의 거짓을 증명하고 그들을 거부했다. 예수님은 더 많은 칭찬으로 이런 위협을 확인해 나가신다: "오직 이것이 네게 있으니 네가 니골라 당의 행위를 미워하는도다. 나도 이것을 미워하노라"(계 2:6). 다음 장(章)에서 니골라 당을 좀 더 자세히 살펴보겠지만, 우선 지금은 그들이 거짓 교리를 가르치면서 세속적인 감각주의와 타협하도록 부추기고 있었다는 것 정도만 확실히 짚고 넘어가기로 한다. "니골라 당은… 모든 이단 가운데 가장 위험한 집단이다. 만약 그들의 가르침이 성공하게 된다면 기독교가 세상을 변화시키는 것이 아니라 세상이 기독교를 변질시키게 되기 때문이다."(W. Barclay, 1:77)

오늘날 문화를 관찰해 보면 기독교에 대한 주된 공격은 기독교인의 믿음이 다른 관점을 지닌 주장들을 인정하지 않는다는 식이다. 곧 기독교는 '너무 독선적'이라는 것이다. 많은 이들이 신자들에게 배타적인 자세를 풀 것, 세속적인 관점들을 수용하고, 성별(젠더), 성욕, 성경을 능가하는 과학의 권위 등의 여러 문제에 대해 좀 더 유연한 태도를 보일 것을 강력히 요구한다. 이렇게 하면 그리스도인들이 좀 더 잘 지낼 수 있게 되고 세상 사람들로부터 적대적인 이야기를 좀 덜 듣게 된다고 한다. 그러나 이런 충고에는 두 가지 큰 잘못이 있다. 그 첫 번째 잘못은 이 불굴의 자세가 언제나 신실한 그리스도인들의 자세였다는 것을 깨닫지 못하는 것이다. 거의 100년 전 메이첸은 '기독교와 자유주의'라는 책을 썼다. 그 책에서 그는 그리스도인들에게 세속주의자의 관점을 포용하도록 요구하는 것에 반대하며 논쟁했다. 그는 배타적인 성경적 진리를 견지하는 자세는 로마제국에서 초기 그리스도인들이 어려움을 겪는 원인이 되었던 것을 지적하면서 이렇게 답변했다.

초기 기독교 선교사들은 그리스도께 절대적으로 '배타적인 헌신'을 요구했다. 이런 '배타성'은 헬레니즘 시대에 널리 퍼져 있던 '혼합주의'를 직접적으로 거스르는 것이었다… 구원은… 단지 그리스도를 통해서 받는 것이 아니고 오직(only) 그리스도를 통해서만 받는 것이다. '오직'이라는 이 작은 낱말 하나가 신자들에게 온갖 범죄(고난)의 멍에가 되었다. 그 낱말이 없으면 그 많은 박해가 하나도 없었을 것이다; 당시의 문명화된 인간은 어쩌면 예수에게 인류가 만들어 낸 수많은 구세주 가운데 기꺼이 영예로운 자리 하나쯤 내줄 수 있었을 것이다. 기독교의 '배타성'이 없었다면 그 메시지는 그 시대 사람들에게 전혀 공격적이지 않았을 것이다…
그러나 그것은 (또한) 전적으로 헛되고 무익한 것(이었을 것)이다. 십자
가라는 공격은 완전히 사라져 버리고 그 영광과 능력도 그렇게 되어 버
릴 것이다.(J. G. Machen, 123~24)

여기서 그리스도인들이 성공을 어떻게 정의하는지 그 중요성을 확인한
다. 성공을 문화적인 인증과 통계 숫자적 성장을 통해 정의하려는 자들은 초
대교회 그리스도인들의 사례 그리고 예수님께서 거짓 가르침을 허용하지 않
고 거부한 점을 칭찬했다는 사실을 생각해 봐야 한다. 진실로 예수님 자신의
삶은 거짓 가르침과 관습에 굴복하지 않는 '진리를 위한 끊임없는 항쟁'이었
다. 거짓 교사들을 시험해 보고 그들을 거부한 에베소 교인들을 향한 예수님
의 칭찬은 틀림없이 진리 문제에서 우리가 중립을 유지할 수 있다는 허튼 미
몽(迷夢)에서 깨어나게 하는 것이어야만 한다! 분명히 불필요한 논쟁과 시비
는 최대한 피해야만 한다. 그러나 진리가 헐값에 팔려나갈 때 한편에는 그리
스도를 향한 충성이 그리고 다른 한편에는 세상과의 우정이 존재하게 된다.
예수님께서 인정하셨다: "'네가' 니골라 당의 행위를 미워하는도다. '나도' 이
것을 미워하노라"(계 2:6).

2:4~5 _그리스도의 책망: 꺼져버린 사랑의 불꽃

그러나 에베소교회에는 심각한 문제가 있었기에 예수님은 주저하지 않
고 그것을 지적하신다: "그러나 너를 책망할 것이 있나니 너의 처음 사랑을
버렸느니라"(계 2:4).
이 꾸중은 두 가지 방식으로 이해된다. 많은 신학자는 예수님의 말씀을
바른 교리에 대한 열정 탓에 에베소 교인들이 사람들을 사랑하지 못하게 되

었다는 것으로 이해한다. 일찍이 그들은 주님이라 불리는 모든 것을 믿음으로 보듬었지만 그러나 열광적인 정통 신념이 그들을 아주 의심 많고 엄하게 만들었다는 것이다. 두 번째 견해는 이 꾸중을 예수님에 대한 그들의 사랑이 점차 식어가고 또한 그분과의 밀접한 관계에 대한 그들의 열정이 잦아든 것을 책망하는 것으로 보는 것이다.(장승권, 146) 한마디로 "머리로만 신앙 생활하는 교회"가 되었다는 것이다.(이규현, 2012:41) 주님의 책망에는 이것들이 다 포함된 듯한데 특히 하나님에 대한 사랑이 감소하면 동료 그리스도인들을 향한 뜨거운 애정도, 헌신의 열기도 덩달아 식는 결과를 낳을 수 있기 때문이다. 이것은 교리에 찌든 사람들에게 심각한 도전이 된다: 예수님의 책망은, 진리에 대한 열심이 항상 우리의 사랑을 식히게 된다고 말하지는 않지만 틀림없이 그렇게 될 가능성은 있다는 것을 나타내는 것이다. 이것이 바로 바울이 다음과 같이 경고했던 이유다: "내가 예언하는 능력이 있어 모든 비밀과 모든 지식을 알고, 또 산을 옮길 만한 모든 믿음이 있을지라도, 사랑이 없으면 내가 아무 것도 아니다"(고전 13:2).

첫사랑을 포기하는 이 문제를 교회들과의 관계는 물론 그리스도인 개개인과도 관련되는 문제로 생각해야만 한다. 교회 안에서 선한 사역이 활발해지고 교리가 건전한 데도 그리스도를 향한 사랑이 부족하다면 그 얼마나 치명적인 일인가! 이런 실패 탓에 겉으로 꽤 좋아 보이는 교회에서조차도 젊은 이들이 믿음에서 떠나 여기저기 방황하는 결과를 낳는다: 선한 사역과 충실한 성경적 설교가 많음에도 불구하고 영혼을 타오르게 하는 불꽃이 없고 가슴을 녹이는 은혜가 없는 것이다.

오늘날 많은 교회에서 정열적인 활동이 많음에도 불구하고 하나님에 대한 실제적인 관심은 찾아보기 힘들다. 적당한 조직, 목회 사역 기술, 음악 연주에 관심이 엄청나게 많음에도 불구하고 "오늘날 대형교회 자칭 신자들의 모임에서 하나님은 아무 무게감 없는 '허깨비'가 되어 버린다." "하나님은 너무 하찮게 된 나머지 도무지 알아볼 수도 없게 되어 우리 안에서 조용히 잠들어 계신다."(J. M. Boice: R. D. Phillips, 94) 바꾸어 말하면 자기들의 사역이라는 건물을 많이 세우고, 이방 세속주의와 문화전쟁을 수행하면서도 시선이 하나님 그분으로부터 떠나버린 그리스도인들은 하나님의 주권적인 영광을 망각할 위험에 빠져 있다. "성경적이면서 잘 숙성된 신학이 없어서 복음 전도자들은 오늘날 소비주의의 먹이로 전락하고 말았다… (그리고) 현대 복음주의는 대중적인 취향과 감상주의에 의해서만 구체적인 모양이 잡히는 하나의 '운동(유행)'이 되고 말았다."(J. M. Boice: R. D. Phillips, 94~5)

그리스도에 대한 열정을 잃어버린 다른 좋은 교회에 주는 교정방안이 그분의 꾸중에 담겨 있다. "그러므로 어디서 떨어졌는지를 생각하고 회개하여 처음 행위를 가지라"(계 2:5). 오늘날 폐허가 된 에베소교회의 터는 마치 오늘날 서양 문화 속 교회들이 경험했던 능력과 영향력의 감소를 말해 주려는 듯이 그리스도의 심각한 염려를 떠올리게 하고 있다.

똑같은 꾸중이 그리스도인 개개인에게도 주어져야만 한다: "너를 책망할 것이 있나니 너의 처음 사랑을 버렸느니라"(계 2:4). 그리스도인들은 주님을 위해 그들이 한때 가졌던 열심이 그들의 삶에서 이제는 더는 보이지 않는다는 것을 깨닫는다.(이규현, 2012:41) 예전에는, 어쩌면 처음 신앙생활을 시작했을 때는 하나님의 말씀을 진리로 알고 열정적으로 살피고 그 말씀을 삶에 열심히 적용했다. 예수님에 대해 많이 생각했고 그 마음은 "기독교의 중심"인 십자가(알리스터 맥그래스, 16-42)의 은혜에 경이로움으로 불타올랐다. 경건이 자라가기를 간절히 바랐고 하나하나의 진보가 우리의 구원을 소름 끼치게 확인하는 것이었다. 그러나 이런 것들이 이제는 케케묵은 주제들이 되었다. 어쩌면 책임 부담의 증가로 혹은 죄를 어리석게 용납한 탓으로, 혹은 세속적인 영향 때문에 초신자 시절처럼 스스로 주님께 더 가까이 다가서는 모습을 더는 찾을 수 없다. 그러나 믿음에서 함부로 돌아서면 안 된다. 우리는 여전히 그리스도인의 의무를 수행하고 있기 때문이다. 그러나 예수님의 관점에서 볼 때 그들의 세속적인 우선순위가 작은 것에서 더 많은 것으로 대체된 까닭에 처음 사랑이 차츰 희미해진 것은 어쩌면 명백한 것이었다.

만일 예수님의 꾸중이 우리 자신의 상황에도 적합하다는 것을 알게 된 다면 무엇을 해야만 하는가? 예수님은 세 가지 요점으로 답을 주신다. 첫째, 우리가 기억해야만 하는 것을 직설적으로 말씀하신다: "그러므로 어디서 떨어졌는지를 생각하라"(계 2:5). 예전에 그리스도가 우리 삶에서 더 높은 자리를 차지하고 계셨던 때를 정직하게 되짚어 보아야만 한다. 하나님이 주신 말씀의 빛이 마음속에 가득 찼을 때 받았던 복을 기억해야만 하며 또한 마음속에서 그리스도가 첫 번째 자리를 차지하고 있었던 때가 얼마나 즐거웠는지를 기억해야만 한다.

소설가 오 헨리는 예전에 했던 일을 떠올림으로써 새로운 삶을 다시 시작했던 어떤 사람을 주인공으로 단편소설을 하나 썼다. 어느 소년이 시골에서 자랐다. 그곳 학교에서 옆자리에 상냥하고 순진한 소녀가 앉아 있었는데 그 소녀는 이내 소년의 마음을 사로잡았다. 나중에 소년은 나쁜 친구들의 꼬임에 빠져 소매치기가 되었다. 어느 날 거리에서 지갑 하나를 훔쳤는데 이내 그 지갑이 예전 학창시절 자기 옆자리에 앉았던 그 소녀의 것이라는 것을 알게 되었다. 그녀를 보면서 그는 갑자기 그 시절의 자신을 깨닫고 자기가 얼마나 멀리 추락했는지를 깨닫게 되었다.(O. Henry) 비슷하게 우리는 다른 사람들의 모습에서 그리스도인인 지난날의 나를 알아챈다: 어쩌면 최근에 회심한 초신자(初信者)나 그리스도와 그분의 은혜에 대한 경이감으로 충만한 사람… 만일 그렇다면 그런 이들의 모습을 예수님이 우리에게 열정적인 첫사랑을 기억하도록 강력하게 권하고 계시는 것으로 보아야 한다.

내가 알았던 축복은 어디에? 맨 처음 내가 주님을 본 것은 언제?

예수님과 그분 말씀의 영혼을 상쾌하게 하는 비전은 그 어디에?

(W. Cowper)

그러나 기억하는 것만으로는 충분하지 않다. 예수님은 덧붙이신다: "회개하라"(계 2:5). 이것은 그리스도를 향한 우리의 열정을 잃게 하는 원인이 무엇이건 그것을 바꾸는 행동을 즉시 적극적으로 취해야만 한다는 뜻이다. 어쩌면 지금 물러나 돌아갈 필요가 있는 무언가가 내 삶 속에 나도 모르게 들어왔을지도 모른다. 몇몇 경우에는 비디오 게임, 세속적인 잡지, 내 시간을 너무 많이 잡아먹는 취미활동, 세속적인 교제 모임 같은 것들을 실제로 차단할 필요가 있을지도 모른다. 그리스도를 위해 그동안 배워왔던 열정을 거래하도록 우리의 삶 속에 들어왔거나 일어났던 것이 무엇인지 솔직하게 자문해 보아야만 한다. 그런 다음 그것을 제거하거나 그것을 적당한 자리와 적당한 우선순위에 두도록 노력해야만 한다.

마지막으로 예수님은 "처음 행위를 가지라"(계 2:5)며 격려하신다. 이것은 죄를 깨끗이 씻고 용서를 구하면서 그리스도의 십자가로 다시 돌아가야만 한다는 뜻이다. 이것은 우리가 그리스도께 돌아설 때 했었던 처음 행동이며 또한 우리의 열정이 태어나고 자라게 하던 십자가의 "너비와 길이와 높이와 깊이"(엡 3:18)에 경탄했던 바로 그것이다. 그런 다음 그분의 제자들로서 우리가 늘 해 왔던 건강한 몸짓으로 복귀해야만 한다. 교회 모임에 정기적으로 열심히 참여하는 일, 하나님의 말씀에 진지하게 헌신하는 시간, 매일 매일을 기도로 시작하고 마치는 일 등이 여기에 포함될 것이다. 그리스도의 명령은 '첫 느낌을 다시 느끼라'는 것이 아니라 '처음 했던 일을 다시 하라'는 것임을 분명히 해야 한다. 이것은 "이처럼 따뜻한 애정을 되찾는 길은, 간헐적인 감동에 의한 것도 아니고 그것에 대한 무슨 이론을 갖춰서 되는 것도 아니고, 오직 그 '의무를 감당'함으로써 가능한 것"(G. B. Wilson, 2:484)임을 강조한다.

회개하고 돌아오는 것, 이것이 빛이 희미해진 교회들과 그들의 첫사랑을 포기해버린 그리스도인들이 쇄신하기를 바라시는 그리스도의 부르심이다.

2:5~7 _이기는 이들에게 주시는 그리스도의 약속

계시록에 등장하는 일곱 교회에 보내는 메시지의 마지막 요소는 믿음으로 정복하는 이들에게 그리스도께서 내리시는 복의 약속이다: "이기는 그에게는 내가 하나님의 낙원에 있는 생명나무의 열매를 주어 먹게 하리라"(계 2:7).

그리스도와 함께 정복하는 것은 우리의 모든 어려움이 사라져 버린다거나, 신자들은 날씬하고, 아름답고, 부유하고, 유능하게 되리라고 기대하는 모든 것을 할 수 있다는 것을 뜻하지 않는다. 그리스도인들은 믿음, 경건, 진실, 열렬한 사랑으로 끝까지 인내함으로써 세상을 정복한다. 이것이 계시록 전체의 주요 메시지이므로 앞으로 이 책을 계속 살피는 과정에서 그리스도인들의 정복(승리)이 무엇인지 좀 더 깊이 알게 될 것이다. 계시록 12:11이 어쩌면 그리스도인들이 믿음으로 승리한다는 것에 관한 가장 또렷한 그림일 것이다. 12장에서는 사탄과 괴로움을 겪는 교회와의 전쟁을 그리고 있다. 요한은 "그들이 어린 양의 피와 자기들이 증언하는 말씀으로 그를 이겼다"고 말한다.

그리스도 안에서 이긴다는 것은 우리 죄를 고백하고, 우리를 용서하기 위한 그분의 죽음에서 속죄하는 권능을 얻으려 하고, 믿음의 기초로서 성경의 복음 진리를 단단히 붙잡고, 예수님을 향한 사랑으로부터 이제 그분을 위해 살고 또한 그분과 함께 죽는 것, 거기에 최후 시험의 날이 있어야만 한다는 것이다. 이 당당하고 굳건한 믿음이 얻는 승리가 무엇인지 깨닫고 있는가? "세상을 이기는 승리는 이것이니 우리의 믿음이니라"(요일 5:4).

그리스도인들은 이 세상에서 환난 중에도 이기지만 예수님이 약속하시는 복은 그분이 다시오실 때 오는 세상에서 더욱 온전히 받게 된다: "이기는 그에게는 내가 하나님의 낙원에 있는 생명나무의 열매를 주어 먹게 하리라"(계 2:7).

이 약속은 하나님의 명령을 어기고 '선악과'를 따 먹은 죄 때문에 그들이 생명나무에서 따 먹는 것이 금해졌던 아담과 이브가 잃어버렸던 복(창 3:22)을 다시 떠올리게 한다. '선악과'는 창조주와 피조물 사이의 차이를 말하고 있지만 사탄의 말은 그것을 먹으면 '하나님같이 될 수 있다' 곧 그 차이가 없어진다는 것이었다.(이재철, 84) '선악과'는 순종과 불순종 사이, 장엄한 계시(하나님의 진리)와 도덕적 상대주의(나의 진리) 사이에서의 중요한 선택을 상징한다.(행크 해네그래프, 76-7) 그날 이후 죄인들은 지상에 낙원을 세우거나 그것을 찾기 위해 필사적으로 노력하게 되었다. 혹시 그런 일을 하려고 애써 본 적이 있는가? 모든 형태의 지상 낙원은 생명을 위해 우리가 창조했던 것들을 계속 공급할 수 없기에 확실히 실패했다. 어느덧 인간은 "가장 위험한 동물, 세상에서 가장 위험하면서도 그 위험을 모르기 때문에 더욱 위험한 동물, 가장 큰 바퀴벌레"가 되어 "서로가 서로에게 너무 지쳐 버리고 말았다."(이산하, 20-21, 46) 그러나 예수님은 그분을 사랑하는 이들에게 그분과 함께 인내하면서 이 세상을 사는 동안 십자가를 지면서, 믿음을 통해 이기는 이들 앞에 "만국을 치료하기 위한"(계 22:2) 잎사귀들과 더불어 꽃피는 생명의 나무가 있는 하늘에 준비된 참 낙원을 열어 두고 계신다. 주님은 "세상에서는 너희가 환난을 당하나" 약속된 생명나무와 함께 그분을 위해 첫사랑에 다시 불을 붙이는 이들에게 스스로 함께하시겠다고 약속하신다: "담대하라. 내가 세상을 이기었노라"(요 16:33).

죽기까지 신실하라
(요한계시록 2:8~11)

[8]그리고 서머나에 있는 교회의 천사에게 쓰라. 죽었다가 살아나신 처음과 마지막이신 이가 이같이 말씀하신다. [9]내가 너의 환난과 가난을 알고 있다. 그러나 너는 부요하다. 그리고 스스로 유대인이라 말하는 자들로부터의 모독을 알고 있다. 그들은 (유대인이) 아니다. 그러나 사탄의 회당이다. [10]네가 고난받게 될 것을 전혀 두려워하지 말라. 보라 너희가 시험을 받도록 하기 위해 마귀가 장차 너희들 중에서 (어떤 자들을) 옥으로 던져 넣을 것이다. 너희가 열흘 동안 환난을 가지게 될 것이다. 너는 죽기까지 신실하라. 그러면 내가 생명의 면류관을 네게 줄 것이다. [11]귀를 가진 자로 성령이 교회들에게 말씀하시는 것을 듣게 하라. 이기는 자는 둘째 사망으로부터 결코 해롭게 되지 않을 것이다." (이필찬, 2021:246)

로마 식민지 총독이 죄수에게 강력하게 권했다: "맹세컨대 네가 그리스도를 비난하면 너에게 자유를 줄 것이다." 죄수는 소아시아 서머나의 주교로 이제는 많이 늙은 폴리캅이었다. 계시록 2:8~11에서 예수님이 서머나교회에 보낸 메시지가 요한을 통해 전달된 지 약 60년 정도가 지난 주후 154년의 일이다. 예수님은 "죽기까지 충성하라"고 강력하게 권하시면서 "내가 생명의 관을 네게 주리라"(계 2:10)고 약속하셨다. 요한의 메시지가 서머나교회에 도착했을 때 폴리캅은 27세 정도의 청년이었을 것이고 어쩌면 그는 교회에서 이 편지가 낭송될 때 교회당에 있었을 것이다. 그 교회에 이 편지가 왔을 때 폴리캅이 대표로 나서서 서신을 크게 낭송했을 수도 있다. 폴리캅이 예수님의 권면과 약속을 기억하고 있었으리라는 데에는 의심의 여지가 없다. 그러므로 그는 총독에게 기억에 남을 만한 말로 이렇게 대답했다: "86년 동안 나는 (그리스도를) 섬겼는데, 그분은 나에게 무슨 해를 입힌 적이 없다: 그러한데, 내가 어떻게 나의 왕, 내 구세주의 신성을 모독할 수 있겠는가?"(A. Roberts & J. Donaldson, 41) 신실한 신앙인의 당찬 "무모함"(강호숙, 2016:257)으로 그렇게 거절하고 폴리캅은 공개 화형을 당했다. 이렇게 그는 마지막까지 충성했으며 또한 그의 주님이 약속하신 생명의 왕관에 대한 확신이 있었다. 그가 이렇게 서머나교회에 예수님이 보낸 명령에 복종한 것은 그 편지가 오늘날 괴로움 당하는 신자들의 상황을 이야기하고 있는 것처럼 사도 시대에 역경과 시련에 직면한 그리스도인들의 실제 필요를 이야기하기 위해 계시록이 주어졌다는 사실을 일깨워 준다.

에베소가 소아시아 로마식민지에서 주요 도시였다면 서머나는 에게해 연안에 자리 잡은 빛나는 보석이었다. 당시 주민 약 20만의 서머나에는 훌륭한 항구와 "서머나의 왕관"으로 알려졌던 우아한 별장으로 둘러싸인 유명한 구릉지대가 있었다. 이 도시는 주전 1세기 무렵 헬라의 식민지로 건축되었지만 주전 600년경 리디아의 침공으로 파괴되었다. 300년 뒤 알렉산더 대왕의 계획에 따라 제우스와 키벨레 신전과 함께 장식된 웅장한 규모로 재건되었다. 주전 195년 무렵 서머나는 로마에서 부상(浮上)하고 있는 권력과 운명을 같이하여 '여신 로마'에게 또 다른 신전을 봉헌하면서 갑자기 어려움을 겪게 되었다. 그때부터 계시록이 기록될 때까지의 300년 동안 서머나는 로마의 가장 충성스런 봉신의 하나였는데 키케로(움베르토 에코, 1:278-79)는 서머나를 "우리의 가장 신실하고 가장 오래된 동맹"이라고 치켜세웠다. 동부지역에서 일어났던 한 차례의 전쟁 기간에 서머나 사람들은 어려움에 빠진 로마군대에 군수품을 제공하기 위해 자기네의 옷을 벗어야 했고 주후 26년경 황제 티베리우스에게 신전을 건축해 주는 영광을 얻기 위해 치열하게 경합한 끝에 마침내 그 영광을 거머쥐었다. 서머나가 로마에 복속된 점 그리고 황제 숭배가 행해졌다는 점으로 미루어 도미티안 황제가 자칭 신(神)인 자기에게 절하지 않으려 하는 이들에게 가하려 하는 혹독한 박해를 충분히 예상할 수 있다.

2:9~10 _박해받은 교회

서머나는 예수님의 일곱 편지 중에 가장 짧은 분량의 편지를 받았지만, 그래도 그것은 칭찬으로 가득하고 주님의 비판은 전혀 없는 편지였다. 이 교회에 보낸 예수님의 긴급한 편지는 차츰 다가오는 극심한 박해에 서머나교인들을 준비시키려는 주님의 다급한 마음이 가득 담겨 있다: "내가 네 환난과 궁핍을 알거니와 실상은 네가 부유한 자니라… 볼지어다. 마귀가 장차 너희 가운데에서 몇 사람을 옥에 던져 시험을 받게 하리니"(계 2:9~10).

첫 편지에서 예수님은 에베소 교인들에게 "내가 네 행위를 안다"(계 2:2) 하셨다. 예수님은 서머나에서 일어나는 일들도 똑같이 잘 알고 계시는데 특히 교회를 덮친 "환난"을 다 알고 계셨다. 이 낱말은 "엄청난 탄압의 압력 아래 사는 것"을 뜻한다. 맨 먼저 가이사를 주님으로 경배하려 하지 않는 이들은 아마도 사회·경제적인 삶에 성공적으로 참여하기가 불가능했기 때문에 이 "환난"과 "궁핍"을 예수님이 연관시키는 사실은 놀라운 일이 아니다. "사실상 황제 숭배는 소아시아 지역에서 도시 생활의 모든 측면, 심지어 시골살이에도 스며들어 있었다. 따라서 개개인들은 로마의 신흥종교(황제 숭배)에 어느 정도 참여함으로써만 경제적인 번영과 좀 더 나은 사회적 지위를 바랄 수 있었다."(G. K. Beale, 1999:240) 예수님께서 왜 이 교회에 호의적인 편지를 보냈는지 알 수 있다. 아주 독특한 낱말 '궁핍(헬, 프토케이아)'이, 단지 주님 앞에서 거룩한 삶을 살기로 약속한 까닭에 기본적인 필요조차 충족될 수 없는 이들의 살인적인 빈곤을 가리키고 있기 때문이다.

오늘날 자기들의 경력이나 재정적 번영보다 하나님 나라의 일을 더 앞세우는 그리스도인들이 얼마나 적은지 모른다! 그러나 서머나의 그리스도인들은 그리스도의 고난을 함께 나누는 특권이 그들의 몫임을 깨달았다. 바울은 그리스도에 대해 글을 쓰면서 '궁핍'이라는 말을 똑같이 썼다: "너희가 알거니와 부요하신 이로서 너희를 위하여 가난하게(프토큐오) 되심은 그의 가난함(프토케이아)으로 말미암아 너희를 부요하게 하려 하심이라"(고후 8:9). 이 땅에서 건강과 부(富)가 없는 신자들은 믿음이 부족하기 때문이라고 가르치는 오늘날의 이른바 '번영 복음(캘리포니아 복음)'이라는 거짓 가르침을 그리스도와 서머나 교인들이 함께 정죄하는 것이 그 얼마나 위대한 모범인가. "예수님에 대한 자기희생적인 사랑으로 궁핍하게 사는데 어느 누가 감히 (서머나 교인들의) 믿음이 부족하다고 책망할 수 있는가?"(D. F. Kelly, 42)

시련의 두 번째 형태는 그리스도인들이 참아내고 있는 "자칭 유대인이라 하나… 실상은 유대인이 아닌 자들"(계 2:9)로부터 "비방(중상모략)" 당하는 것이었다. 서머나의 또 다른 특질은 거대하고 저명한 유대인 공동체가 도시에 있다는 것이었다. 만일 이 도시에 복음이 전해졌을 때 사도 바울의 사역 방식을 따랐다면 전도자들은 맨 먼저 유대인들에게 복음을 전했을 것이고 그렇다면 최초의 신자들은 대부분이 유대인 공동체 출신이었을 것이다. 이것이 유대인 지도자들이 초대교회에 가장 단호한 압제자들 가운데 일부가 된 한 가지 이유가 될 것이다. 또 다른 이유는 로마 통치 아래서 그들이 누려오던 다양한 특권을 유지하려는 결심 때문이었다. 100여 년 전 시민전쟁 때 예루살렘이 줄리어스 케사르를 지원했기 때문에 유대인들은 황제를 숭배하지 않고 그 대신 자기들의 하나님께 기도할 수 있는 특별한 허락을 받았다. 이런 특권적인 지위를 그리스도에게 개종한 사람들과 공유하기를 유대인 그 누구도 원치 않았을 것이다. 그들은 예수가 메시아라는 그리스도인들의 주장을 신성모독적으로 부인했고 아울러 구약의 하나님을 예배하지 않는 자들이라고 그리스도인들을 당국자들에게 중상모략했다. 중상모략자 중에는 그리스도인이 제 자식들을 물에 빠뜨려 익사시켰으며 인육(人肉)을 먹었다고 하는 주장(이런 주장들은 세례와 성찬식에 대한 가짜뉴스에서 나온 것)으로 그리스도인들에게 욕설을 퍼붓는 자들도 있었던 것으로 알려졌다. 따라서 그리스도인들을 정치적으로 불충한 자들로 매도하고 또한 그리스도인들이 세상의 마지막에 화염이 있을 것이라고 예언했기 때문에 기독교인들을 싸잡아 방화범이라고 모략질했다.(W. Barclay, 1:90) 참 메시아와 그분의 백성을 살해한 유대인들은 참 유대인이 "아니"라고 예수님은 말씀하신다. 이것은 로마서 2:28~29에 기록된 바울의 가르침과 일치하는데 참 유대인은 어느 '민족'인가로 정의되는 것이 아니라 그리스도의 메시지에 대한 '믿음'으로 정의된다는 것이다. "하나님의 백성은 '족보'로 정의되는 것이 아니라 '그리스도 중심성'으로 정의된다."(D. E. Johnson, 74)

　서머나교회에서 세 번째와 네 번째 형식의 박해는 그 무렵 투옥은 단순한 감금을 위한 것이 아니라 처형을 위한 잠깐의 준비 과정이었기 때문에 두 가지가 함께 간다: "볼지어다. 마귀가 장차 너희 가운데에서 몇 사람을 옥에 던져 시험을 받게 하리니… 죽기까지 신실하라"(계 2:10). 시험은 믿음의 신실성을 검증하는 과정이다. 죽기까지 온전히 신실하셨던 예수님을 본받는 이들은 마찬가지로 죽기까지 신실하여야 한다.(이필찬, 2021:257-58)

　서머나교회가 겪었던 종류의 환난은 오늘날 전 세계의 그리스도인들이 여전히 겪고 있는 것들이다. 예를 들어서 동유럽 공산주의 체제에서 그리스도인들은 사회에서 중요한 위치와 보수가 좋은 직업에 접근할 수 있는 유일한 통로인 대학교에 들어갈 수 없다. 높은 자질이 있음에도 불구하고 신실한 신자들이 오직 저임금 직업밖에 가질 수 없으며 자주 괴롭힘을 당하고 날조된 혐의로 체포된다.(D. F. Kelly, 43) 오늘날 미국에서 그리스도인들은 동성애(최성수, 445-61)에 대한 도덕적 입장 때문에 자주 미운털이 박혀 중상모략을 당한다. 미국에서 결혼과 남녀구별에 대한 성경의 가르침을 단지 읽기만 해도 "혐오 발언"으로 유죄가 된다. 중앙나이지리아, 수단, 파키스탄 같은 곳에서, 그리스도인들은 무슬림 테러리스트들로부터 돌발 폭력을 당하거나 죽임을 당한다; 중국, 이란, 인도네시아 같은 곳에서는 단지 예수님을 전한다는 이유만으로 긴 세월 감옥살이를 한다. 서양에서 그리스도인들에 대한 관용이 무너지면서 오래지 않아 "무릇 그리스도 예수 안에서 경건하게 살고자 하는 자는 박해를 받으리라"(딤후 3:12)고 바울이 예언했던 것처럼, 신자들이 환난이라는 형식으로 믿음의 대가를 지불하지 않는 곳이 거의 없을 것이다.

서머나교회 신자들의 수난이 대체로 유대인들의 고소를 통해 오리라는 것을 지적하면서 예수님은 고소하는 자들이 "자칭 유대인이라 하나… 실상은 아닌" 자들일 뿐만 아니라 실제로 "사탄의 회당"(계 2:9)임을 선언하신다. 예수님의 공생애 사역 기간에, 자신이 메시아라는 예수님의 주장에 대한 흥미진진한 증거가 많았음에도 유대교 지도자들이 거짓으로 예수님을 고소했을 때, 예수님이 그 바리새인들을 탄핵했던 사실을 알고 있다. 예수님이 말씀하셨다: "너희는 너희 아비 마귀에게서 났으니 너희 아비의 욕심대로 너희도 행하고자 하느니라. 그는 처음부터 살인한 자요 진리가 그 속에 없으므로 진리에 서지 못하고 거짓을 말할 때마다 제 것으로 말하나니 이는 그가 거짓말쟁이요 거짓의 아비가 되었음이라"(요 8:44). 중상모략하는 유대인들이 자기들은 하나님의 회당이라고 주장하나 그들은 특히 로마 당국자들에게 그리스도인들을 탄핵하여 그리스도의 백성들이 체포당하고 처형당하게 했다는 점에서 실제로는 사탄의 목적을 섬기고 있었다. 폴리캅을 로마사람들에게 탄핵한 자는 유대인 출신 원수들이었다는 역사적 기록이 있는데 그 유대인들은 폴리캅을 화형에 처할 때 쓸 땔감을 모으기 위해 안식일 규례를 어기기까지 했다고 한다. 사탄이라는 이름이 하나님의 신실한 백성들을 거짓으로 고소한 마귀를 가리키기 때문에 예수님이 그들을 사탄의 이름과 한패로 묶는 것은 놀랄 일이 아니다.(R. H. Mounce, 118)

예수님은 "너희(서머나 교인들) 가운데 몇을 옥에 던지는 자"는 "마귀"라고 계속해서 말을 이어가시면서 신자들에게 우리가 그치지 않는 악의와 엄청난 능력을 지닌 아주 끈질긴 적과 마주하고 있음을 일깨운다. "계시록 전체에서 요한은 계속해서 사탄의 손이 이 세상의 많은 일 가운데서 어떻게 탐지되는지를 보여 주려 애쓰고 있다; 그러나 요한은 사탄의 가장 더러운 음모까지도 자신의 밝은 목적을 위해 이용하시는 하나님의 허락 없이는, 사탄이 아무것도 할 수 없다는 것도 아울러 강조한다."(G. B. Caird, 36)

2:10 _박해 당하는 이들의 하나님

예수님은, 박해받는 서머나교회에게 주실 그분 특유의 영광스러운 인격에 기반하여 격려하는 메시지를 보내신다. 그분의 명령은 "장차 받을 고난을 두려워하지 말라"(계 2:10)는 것이었다. 이 강력한 권면의 근거는 편지를 시작하는 그리스도의 말씀에서 발견된다: "서머나 교회의 사자에게 편지하라. 처음이며 마지막이요 죽었다가 살아나신 이가 이르시되"(계 2:8). 예수님은 자신을 이 세상의 환난에서 성도들이 승리하도록 소망을 주시면서 성도들을 준비시키는 박해받는 이들의 주님으로 나타내신다.

서머나교회 그리스도인들이 닥쳐오는 환난을 결코 두려워 말아야 할 첫번째 이유는 예수님께서 "처음이며 마지막"(계 2:8)이시기 때문이다. 일부 학자들은 이 말이 아시아의 첫 도시인 서머나의 명성과 대조시키려는 뜻이 있다고 넌지시 말한다. 당시 서머나에서는 남자들이나 여자들이나 첫째 자리를 차지하여 다른 어떤 사람보다도 나아지기 위해 바쁘게 애쓰는 사회적 관행이 있었다 한다. 그러나 "그리스도의 영광에 비해서 인간의 모든 칭호는 전혀 중요하지 않으며 인간의 모든 주장은 우스꽝스러운 것이다."(W. Barclay, 1:91) 계시록에 이미 나왔던 이 표현의 몇 가지 용법에서 "처음이며 마지막"이라는 말이 만물에 대한 하나님의 주권을 의미한다는 것을 사전에 알고 있었으므로 그리스도의 뜻 또한 그분의 백성이 직면한 모든 것을 다스리는 주님의 주권을 믿고 결코 두려워하지 말아야만 한다는 것이다.

신자들이 결코 두려워해서는 안 되는 두 번째 이유는 그리스도가 주님이자 죽음을 정복하는 부활 때문에 생명을 주시는 분이시기 때문이다: 예수님은 그분이 "죽었다가 살아나셨다"(계 2:8)는 것을 일깨우신다. 일찍이 파괴되었으나 마케도니아 통치자가 대단히 화려하게 도시를 재건했던 일로 서머나라는 도시 자체가 자신의 역사적 부활을 자랑했기 때문에 어쩌면 여기에 일종의 시사(時事)적인 역설이 의도되었을 것이다. 예수님은 그분의 죽음과 그 백성을 죄로부터 자유하게 하고 그들에게 영원한 생명을 주는 부활이 나란히 있다고 주장하신다. 십자가에서 죽음으로 예수님은 세상이 그 원수들에게 할 수 있는 바로 그 최악의 고난을 이미 경험하셨고 또한 예수님은 그 백성을 구원하기 위한 부활로 이기셨다. 그러므로 그리스도 안에서 죽음은 하늘에 있는 영원한 영광으로 들어가는 통로가 되었기 때문에 그리스도인들은 예수님을 위해 죽는 것을 두려워하지 말아야 한다. "나는 죽음의 영토를 이미 통과했다. 나는 신자들을 위해 모든 죽음의 공포를 제거해 버렸다. 이제 죽음의 반대편에서 너를 기다리고 있는 단 한 가지는 내 손을 잡고 부활의 즐거움이라는 새로운 아름다움 안으로 함께 걸어가는 것이다."(D. F. Kelly, 41) 바울은 자신이 당하는 모든 시련을 이런 식으로 이해했다: "우리가 잠시 받는 환난의 경(輕)한 것이 지극히 크고 영원한 영광의 중(重)한 것을 우리에게 이루게 함이다"(고후 4:17).

셋째, 예수님이 자신에 대해 말씀하신 것에 비추어 예수님은 그의 신실한 백성이 지금 당하고 있는 바로 그 시련까지도 다스리는 주님이시다. 다가오고 있는 여러 가지 시련의 기한에 대한 그분의 선언에서 이것을 확인한다: "내가… 안다. 너희가 십 일 동안 환난을 받으리라"(계 2: 9~10). "십 일"은 제한적이고 상대적으로 짧은 고난의 기간을 상징하는 숫자인 듯하다. 예수님이 미리 이 기간을 선언하실 수 있다는 사실은 그분의 주권적인 통치가 시련의 강도와 시련의 범위를 결정한다는 것을 가리킨다. "11일째에는, 모든 것이 다 끝나버리고 하나님의 선하심이 있을 것이다."(M. Wilcock, 46)

"십 일"이라는 기간은 또한 다니엘서로 돌아가 본문을 연결하려는 의도가 있는 것 같다. 거기서는 어린 신자(다니엘)와 그의 친구들이 바벨론에서 10일간 시험을 받았는데 그들은 느부갓네살 왕의 식탁에서 나온 율법이 금하는 음식을 먹음으로써 이스라엘의 법을 어기는 일을 하지 않았다. 이것이 바로 그런 경우인데 서머나 교인들은 다니엘과 그의 친구들이 시련에서 벗어나 "그들의 얼굴이 더욱 아름답고 살이 더욱 윤택하여 왕의 음식을 먹는 다른 소년들보다 더 좋아 보인"(단 1:15) 일을 일깨웠을 것이다. 똑같은 주님을 신뢰하면서 서머나의 그리스도인들은 믿음으로 강건하게 되어 환난에서 나오게 되었을 것이며 그들의 구주이자 주님이신 분의 능력을 공공연히 증거했을 것이다.

다니엘을 마음에 두면서 우리 또한 그들이 서머나의 그리스도인들처럼 왕의 황금상 앞에 절하기를 거부했을 때 사드락, 메삭, 아벳느고에게 신실하셨던 그리스도를 기억한다. 이 때문에 다니엘의 친구들은 산 채로 활활 타는 용광로 속에 던져졌다. 그러나 그들이 용광로 속으로 떠밀려 들어갔을 때 그들은 불에 타죽지 않았을 뿐만 아니라 용광로 속을 지켜보던 사람들이 보았듯이 "네 사람이 불 가운데로 다니는데 상하지도 아니하였고 그 넷째의 모양은 신들의 아들과 같았다"(단 3:25)는 사실을 알고 있다. 우리는 오직, 가이사에게 경배하기를 거부하고 그리스도께 충성한 까닭에 화염에 휩싸였던 폴리캅이 계시록의 이 메시지뿐만 아니라 화염에서 다니엘서의 영웅들을 구원하신 그리스도의 신실하심에 대해서도 틀림없이 회상해 보았을 것이라고 상상할 수 있다. 폴리캅이 육체적으로 목숨을 부지하지는 못했지만 그에게 승리를 주시기 위해 그리스도께서 화염 속에서 그와 함께 계셨다는 것을 의심할수는 없다. 이것은 환난 중에 도움을 약속하는 이사야 43:2~3의 말씀을 성취하기(데이빗 잭맨, 208-10) 위함이었다: "네가 물 가운데로 지날 때에 내가 너와 함께 할 것이라. 강을 건널 때에 물이 너를 침몰하지 못할 것이며, 네가불 가운데로 지날 때에 타지도 아니할 것이요, 불꽃이 너를 사르지도 못하리니, 대저 나는 여호와 네 하나님이요, 이스라엘의 거룩한 이요, 네 구원자임이라."

예수님이 서머나에서 곧 겪게 될 시련에 대해 그분의 주권을 선포하실 때 한정된 기간과 화염 속에서 함께하시면서 도우실 것을 약속하실 뿐만 아니라 환난 속에서 이루시려는 그분의 목적도 선언하신다. 그 시련에는 긍정적인 의미가 있다: 예수님은 그것을 허용하심으로 "시험을 받게 하신다"(계 2:10). 시련 중에 우리의 믿음이 시험받게 된다는 것을 두 가지 방법으로 생각해야만 한다. 첫째는 우리 믿음의 진정성을 증명하거나 그것을 드러내 보이는 것이다. 베드로는 시련 중에 즐거워해야만 한다고 말했는데 그 이유는 "여러 가지 시험으로 말미암아 잠깐 근심하게 되지 않을 수 없으나 오히려 크게 기뻐하는도다. 너희 믿음의 확실함은 불로 연단하여도 없어질 금보다 더 귀하여 예수 그리스도께서 나타나실 때에 칭찬과 영광과 존귀를 얻게 할 것"(벧전 1:6~7)이기 때문이다. 그리스도인들이 시련 중에 믿음을 굳게 붙들 때 믿음의 진정성과 구원의 확실성이 입증된다. 참 신자들은 예수님을 굳게 붙듦으로 환난의 시험을 통과할 것인데, 그러나 참으로 구원받은 적이 결코 없는 거짓 신자들은 시련 중에 변절자로 밝히 드러날 것이다.

이 시련에 합류하는 것이 우리의 믿음을 강화하거나 정화하는 두 번째 목적이다. 바울은 "우리가 환난 중에도 즐거워하나니 이는 환난은 인내를, 인내는 연단을, 연단은 소망을 이루는 줄 앎이로다"(롬 5:3~4)라고 말했다. 베드로가 믿음의 시련을 귀중한 금속을 정련하는 것에 비유했던 것을 알고 있다. 정련의 목적은 불순물을 제거함으로써 귀중한 금속을 뽑아내기 위함이다. 마찬가지로 그리스도는 우리의 삶에서 죄와 세속성을 몰아내고 그렇게 해서 우리의 믿음을 정화하기 위해 시련을 활용하신다. 대장장이는 광석을 아주 고온에 가열하고, 그것을 찬물에 담그고, 그런 다음 불순물을 벗겨낸다. 그는 금을 볼 수 있을 때까지 그것을 자기 얼굴에 비춰 보아가며 거기서 깨끗한 반사광을 보게 될 때까지 이 과정을 반복한다. 이렇듯 우리의 믿음을 정련하는 과정에 그리스도께서 함께하신다: 그분의 목표는 불과 물로 죄와 불(不)신앙의 불순물을 분리하고 깎아내는 것이며 그렇게 해서 우리의 빛나는 믿음을 그분이 보게 되고 그분 특유의 영광스러운 얼굴, 그 깨끗한 반영을 보시려는 것이다.

우리의 삶에서 주님의 깨끗한 반영을 보기 위해 그리스도께서 시련을 활용하실 뿐만 아니라 시련을 사용하여 우리가 그분을 좀 더 명확하게 보는 것을 배우게 하신다. "우리가 눈물로 앞을 보지 못할 때 그 얼마나 경이로운가. 그럼에도 우리는 주 하나님을 볼 수 있다. 사실상 우리의 눈물은 그것을 통해 하나님이 확대되는 수정 렌즈가 된다; 또한 고난의 한 가운데서 우리는 그분의 위대한 권능과 따스하고 포근한 사랑을 깨닫게 된다."(D. G. Barnhouse, 4:89)

2:10 _박해받지만 충성해야

예수님은 박해받는 그분의 교회에 딱 한 가지를 요구하신다: "죽기까지" "신실하라"(계 2:10). 신자들은 다가오는 고난을 보지 못하고 있었고 그래서 두려움에 떨었으나 한정된 기간의 시련이 지난 뒤 그들을 구원하고 강건하게 하시겠다고 약속하는 주권자이신 주님은 그 고통을 꿰뚫어 보고 계셨다. 이런 관점에서 충성을 유지하는 것이 그들의 단 한 가지 목표였다.

고난 중의 신실(충성)을 두 가지 방법으로 정리할 수 있다: 첫째, 괴로움을 당하는 신자들은 하나님께서 그들에게 맡기신 것을 굳게 붙들어야만 하는데 그것은 바로 그리스도를 향한 '믿음'과 '복음'이다. "그러므로 교회에 맡겨진 것은… 그리스도의 성령으로 계시 된 하나님의 진리이다."(C. Hodge, 321) 그들은 또한 예수님을 향한 충성을 유지함으로써 신실한 자세를 유지해야만 한다. 이것이 폴리캅의 헌신이었다: "그렇다면 내가 어떻게 나를 구원하신 나의 왕, 그분의 신성을 모독하겠는가?" 서머나교회 교인들은 오늘날의 그리스도인들이 우리 시대의 잡신(雜神)들에게 절하지 않고 신실함을 유지해야만 하는 것처럼 가이사를 경배하라는 사탄의 요구에 굴복하지 않아야만 했다.

이 본문에 이 충성(신실)에 대한 세 가지 보상이 기록돼 있는데 그 첫째는 심지어 시련 중에서조차 신자들의 상황에 대한 참된 평가를 다루고 있다는 점이다. 세상이 그들을 보았던 대로 그리스도인들은 완전히 궁핍해졌지만 그러나 그리스도는 그 대신에 이렇게 선언하신다: "실상은 네가 부요한 자니라"(계 2:9). 중요한 것은, 그들의 물질적 빈곤이 풍성하게 보상된 영적인 부요(富饒)를 그들이 소유했다는 점이다. 오늘날 박해받는 신자들이 사는 곳으로 여행하는 이들은 누구나 이것을 제일 먼저 보게 될 것이다. 예컨대 동아프리카 지역에서 물질적으로 가난하고 자주 압제당하는 그리스도인들과 함께 시간을 보낼 때마다 (박해 당하는) 삶의 단순성, 활기 넘치는 기쁨, 순전한 영적인 부요함에 대한 부러움을 어김없이 경험하게 된다.

그러나 서머나교회 교인들이 현재 지닌 믿음의 부요함은 그들이 겪는 환난을 통해 그들을 기다리고 있던 영광에 비교하면 매우 초라하기 그지없는 것이다: "네가 죽도록 충성하라. 그리하면 내가 생명의 관을 네게 주리라"(계 2:10). 서머나의 중심부에 우아한 별장으로 둘러싸인 유명한 구릉 지대인 "서머나의 왕관"이 있었다. 그러나 고난받는 그리스도인들은 그들의 시련이 끝난 뒤 좀 더 영광스러운 왕관 특히 예수님을 향한 믿음 때문에 죽은 이들을 기다리고 있던 하늘의 빛나는 왕관을 기대했다. 이 약속은 그리스의 올림푸스 산에서 열렸던 운동 시합과 쌍벽을 이루던 서머나에서 개최된 운동경기와 연결된다. 예수님은 이렇게 죽기까지 충성함으로써 영원한 복에 들어가게 된 승리자들에게 영광, 생명, 왕관을 얻을 능력의 훈장을 약속하신다. 아울러 로마사람들에게는 특별한 축하연에서 월계관이 씌워졌다; 이 세상의 환난을 통해 그리스도께 충성한 그리스도인들은 하늘의 영원한 축하연에서 영생의 왕관을 쓰게 될 것이다.(G. R. Osborne, 135)

예수님은, 모든 시대의 신자들이 당하는 환난 중에 충성한 이들에게 세 번째 보상을 주셨다: "귀 있는 자는 성령이 교회들에게 하시는 말씀을 들을지어다. 이기는 자는 둘째 사망의 해를 받지 아니하리라"(계 2:11). "둘째 사망"이라는 표현은 나중에 계시록 뒷부분(21:8)에도 나오는데 그것은 최후 심판 때 지옥에서 안 믿는 자들을 기다리고 있는 '영원한 정죄'로 밝혀진다. "성도들은 육체적으로는 박해자의 손에 죽겠지만 그러나 그들은 하나님과 분리되지 않는다. 반대로 안 믿는 자들은 불 못(20:14)에 던져질 것이며 영원한 죽음으로 고통당할 것이다."(S. J. Kistemaker, 125)

성경은 두 가지 죽음 곧 일시적인 죽음과 영원한 죽음을 말할 뿐만 아니라 두 가지 부활 곧 영혼의 부활과 몸의 부활을 말하고 있다. 모든 사람은 심판 전에 그리스도의 보좌 앞에 서기 위해 마지막 날에 몸으로 부활할 것이다 (마 25:31~32). 그러나 이 땅에 사는 동안 예수를 믿은 이들은, 그분의 이름 때문에 환난을 겪지만 구원하는 믿음으로 부요(富饒)하게 되어 새로운 탄생으로 영적인 부활을 받는다. 세상에서 가난으로 인해 괴로움 당했던 신자들은 하나님의 왕국 안에서 부자일 것이며 믿음으로 하나님께 산 자로 만들어지고 예수님과 함께 "사망에서 생명으로"(요 5:24) 옮겨졌기 때문에 지옥 곧 두 번째 죽음의 두려움이 없다.

자기 몸의 죽음에 직면해서도 담대한 증언을 했던 서머나의 폴리캅을 그토록 담대하게 만들었던 것은 바로 이 두 번째 죽음으로부터의 구원을 그가 알고 있었기 때문이다. 로마 황제를 경배함으로 예수님을 배신하는 행위를 폴리캅 주교가 거부했을 때 총독은 화염이라는 공포로 그를 위협했다. 폴리캅은 대답했다: "당신은 잠시 타오르다 곧 꺼져버릴 불길로 나를 위협했지만 다가오는 영원한 처벌로 심판받는 사악한 자를 기다리고 있는 그 무서운 불을 당신은 아직 모르고 있소."(W. Barclay, 1:85)

만일 당신이 로마 총독처럼 불신앙, 조롱, 나아가 심지어 그리스도의 백성들을 박해하는 일을 하고 있다면 예수님께서 당신에게 해 주실 말이 있다. 그분은 서머나에서 그분을 따르는 이들에게 이렇게 말씀하셨다: "장차 받을 고난을 두려워하지 말라"(계 2:10). 마찬가지로 예수님은 안 믿는 자들에게, 그들이 진짜로 두려워해야 하는 것은 그리스도를 믿음으로 그들이 이 세상에서 잃어버리게 되는 것들이 아니라 죽음에 이르는 우리 모두를 기다리고 있는 하나님의 심판이라는 것이다. 언젠가 예수님은 이렇게 말씀하셨다: "몸은 죽여도 영혼은 능히 죽이지 못하는 자들을 두려워하지 말고 오직 몸과 영혼을 능히 지옥에 멸하실 수 있는 이를 두려워하라"(마 10:28). 그리스도인과 안 믿는 자 모두를 향해 두려움에 대한 성경의 해독제는 영원한 생명으로의 초대와 더불어 똑같은 한 가지밖에 없다: "주 예수를 믿으라. 그리하면

너와 네 집이 구원을 받으리라"(행 16:31). 주님은 모든 믿는 이에게 약속하신
다: "네가 죽기까지 신실하라. 그리하면 내가 생명의 관을 네게 주리라… 이
기는 자는 둘째 사망의 해를 받지 아니하리라"(계 2:10~11).

사탄이 사는 곳
(요한계시록 2:12~17)

¹²버가모에 있는 교회의 천사에게 쓰라. 양쪽이 날카로운 검을 가지신 이가 이같이 말씀하신다. ¹³"네가 사는 곳을 내가 알고 있다. 그곳은 사탄의 보좌가 있는 곳이다. 그리고 네가 나의 이름을 굳게 잡고 있다. 그리고 나의 신실함을 부정하지 않았다. 그리고 그날들에 사탄이 사는 곳에서 너희 중에 죽임을 당한 안디바는 나의 신실한 나의 증인이다. ¹⁴그러나 나는 네게 반대할 몇 가지를 가지고 있다. 곧 네가 거기에 발람의 교훈을 지키는 자들을 가지고 있다는 것이다. 그는 이스라엘의 아들들 앞에 우상의 제물을 먹도록 그리고 행음하도록 올무를 놓는 것을 발락에게 가르쳤다. ¹⁵이와 같이 너도 역시 니골라 당의 교훈을 지키는 자들을 마찬가지로 가지고 있도다. ¹⁶그러므로 회개하라 그리하지 아니하면 내가 네게 신속하게 올 것이다. 그리고 내 입의 검으로 그들과 싸울 것이다. ¹⁷귀를 가진 자로 성령이 교회들에게 말씀하시는 것을 듣게 하라. 나는 이기는 자 바로 그에게 감추어 있던 만나를 줄 것이다. 그리고 나는 그에게 흰 돌을 줄 것이다. 그리고 받는 자 외에는 아무도 알 수 없는 그 돌 위에 기록된 새 이름을 줄 것이다." (이필찬, 2021:267~8)

예수님께서 계시록의 일곱 교회에 보내신 메시지는 교차대구법적인 (chiastic) 틀로 짜여진 것처럼 보인다.(C. H. Talbert, 13-25) '카이(chi)'는 헬라어 알파벳 X이고, 카이애즘(chiasm)은 이 틀을 따르는 문학적인 장치로서, 첫 번째와 마지막 번째 항목이 연결되고, 두 번째와 끝에서 두 번째 항목이 연결되고… 이런 식으로 구문을 짜나가는 방식이다. 이 틀을 계시록 2장, 3장에서 찾아볼 수 있는데 첫 번째와 마지막 편지, 곧 에베소와 라오디게아에 보내는 편지에서는 그들의 첫사랑을 잃고 뜨뜻미지근하게 된 것을 지적하고 있다(계 2:4; 3:6). 마찬가지로 두 번째와 여섯 번째 편지도, 서머나와 빌라델비아에 보낸 편지 둘 다 예수님이 아무런 비판을 하시지 않기에 이 편지들이 서로 교차대구법적으로 연결된 것처럼 보인다.

교차대구법적인 틀은 짝이 되는 항목들을 연결할 때뿐만 아니라 중앙에 있는 항목들에 초점을 맞추어 강조할 때에도 특히 유용하다. 이 사실은 자연히 세 번째, 네 번째 그리고 다섯 번째 교회에 보내는 메시지의 관계에 대한 의문이 생기게 한다. 그 대답은 이 세 교회뿐만 아니라 모든 시대 모든 교회까지도 항상 위태롭게 하는 것으로 예수님이 강조하고 있는 진행 상황에 있는 것 같다. 버가모교회에 보낸 세 번째 메시지는 그리스도의 백성들을 세속성으로 넘어가게 하는 거짓 가르침에 대해 경고하고 있다. 두아디라교회에 보낸 네 번째 메시지는 거짓 가르침과 죄악된 방탕의 열매를 꾸짖고 있고, 사데교회에 보낸 다섯 번째 메시지는 거짓 가르침이 죄악된 탐닉으로 이끌 때 나타나는 궁극적인 결과를 알려 준다. 예수님은 사데교회에 이렇게 말씀하신다: "네가 살았다 하는 이름은 가졌으나 죽은 자로다"(계 3:1). 이것은 승귀(乘貴) 되신 그리스도께서 그분의 교회에 주시는 전반적인 경고인 것처럼 보인다: 만일 거짓 가르침이 허용된다면 그것이 조장하는 세속성은 교회를 총체적인 사악함으로 이끌어 가게 되고 그 결과는 성도의 죽음이 될 것이다. 이 경고는 1세기 말의 교회들에만 해당하는 것이 아니라 세속과 곧잘 타협하는 21세기의 교회들에도 아주 긴급한 사안임을 말하는 것이다.

2:13 _박해의 위협

서머나교회에 보내는 그리스도의 편지에서는 다가오고 있는 박해에 대해 경고했지만(계 2:10), 버가모교회에 보내는 편지에서 예수님은 믿음 때문에 순교하는 것을 이미 목격한 그리스도인들에게 말씀하신다. 예수님은 그들을 칭찬하신다: "네가 내 이름을 굳게 잡아서… 내 충성된 증인 안디바가 죽임을 당할 때에도 나를 믿는 믿음을 저버리지 아니하였도다"(계 2:13). "증인"이라는 낱말의 헬라어는 '마르튀스'인데 이 말에서 순교자(martyr)라는 말이 나왔다. 순교자는 그리스도께 충성하기 위해 자기 목숨을 드린 신자를 가리킨다. 예수님이 버가모를 가리켜 "사탄의 권좌가 있는 데" "사탄이 사는 곳"(계 2:13)이라 하셨기 때문에 버가모에서 이미 순교가 있었다는 것은 놀랍지 않다. 버가모에 대해 예수님이 왜 이것을 말씀하시는지 몇 가지 이유가 제시되었다. 에베소와 서머나처럼 버가모는 거짓 종교와 우상 숭배의 강력한 중심지로서 크고 중요한 도시였다. 도시의 도로 위로 많은 신전과 정부 건물로 가득한 높은 단지가 있었다. 제우스, 아테네, 디오니소스와 특히 아스클레피오스 신을 포함한 네 가지 각기 다른 제의(祭義) 행사의 본부가 버가모에 있었다. 아스클레피오스 신은 치료의 신으로 유명했고 그래서 버가모는, "구세주 아스클레피오스"의 신전에서 치유와 회복을 구하는 의식 때문에 전 세계 모든 사람이 매우 매력적인 도시로 생각하고 있었다. 일부 사람들은 아스클레피오스의 상징이 오늘날 의사들(의사협회)에게 헌정된 똬리 튼 뱀이기 때문에 이 신전이 바로 예수님이 말씀하신 "사탄의 보좌"라는 말씀의 배경일 것으로 생각한다.

버가모는 또한 소아시아에 있는 로마 정부의 본부였다. "만약 에베소가 아시아의 뉴욕이라면 버가모는 거기에 로마제국의 권력이 그 정부를 두고 있었기 때문에 아시아의 워싱턴이다."(M. Wilcock, 47) 이런 이유로 버가모는 로마 황제 숭배에 가장 헌신 된 도시였으며 또한 가이사를 신으로 경배하기를 거부하는 그리스도인들이 박해를 가장 많이 받을 것 같은 도시였다. 남쪽에서 버가모로 접근하며 여행하다 보면 "도시 구릉 지대의 형상이 마치 평원 위에 높이 솟은 거대한 보좌처럼 나타날 것이다."(R. H. Mounce, 96) 버가모에 있는 보좌는 그리스도인들을 박해하는 사탄의 주요 도구인 가이사에게 속해 있다. 유대인 배신자들로부터 박해가 발생했던 서머나와는 대조적으로 버가모에서는 그리스도인들이 우상을 숭배하는 문화 규범에 동화될 것을 요구하는 이방인들의 적대감에 직면했다. 그리스도를 섬기려고 안디바가 목숨을 잃은 것은 어쩌면 이방 우상 숭배 행위에 저항하면서 황제 숭배를 거부했기 때문이었을 것이다.

우리는 로마 총독 플리니가 주후 111년경 트라얀 황제에게 보낸 편지에서 고발된 그리스도인들이 예수 그리스도의 이름을 저주하기만 하면 죽음을 면할 수 있었던 사실을 확인할 수 있다. 그렇다면 버가모교회를 예수님이 칭찬한 것이 얼마나 주목할 만한 것인지 알 수 있다: "네가 내 이름을 굳게 잡았다"(계 2:13). 그리스도인들은 심지어 죽음의 고통 속에서도 예수님을 포기하지도 그분의 이름을 경멸하지도 않았을 것이다. 뿐만 아니라, 예수님은 너희가 "나를 믿는 믿음을 저버리지 아니하였다"(계 2:13)고 말씀하신다. 이것은 그리스도인들이 예수님의 자리에 다른 주님을 용납하지 않았음을 그리고 그리스도의 신성, 그분의 십자가에서의 속죄하는 죽음, 오직 믿음만으로 얻는 구원 등의 성경의 중심교리를 포기하지 않았음을 뜻한다. 비록 이 신실한 자세 때문에 그리스도인들의 목숨이 위협을 받을지라도, 예수님은 그들에게 그분이 진정한 심판의 칼을 휘두르실 것 그리고 로마 총독이 내린 평결을 뒤집으실 것을 일깨우신다. 따라서 예수님은 이렇게 메시지를 시작하신

다: "버가모 교회의 사자에게 편지하라 '좌우에 날선 검을 가지신 이가 이르시되'"(계 2:12).

루마니아 공산정권의 박해를 받았던 침례교 목사 요제프 톤은 '순교 신학'이라는 책을 썼다. 그 책에서 예수님이 안디바를 "내 충성된 증인"이라고 칭찬하신 말씀의 요점을 잘 정리했다. 톤은 주님께서 그리스도인들을 돈, 시간, 재능 같은 것들을 관리하는 청지기로 삼으시는 것처럼 그분은 또한 죽음에 직면해서도 우리를 '증거의 청지기'로 삼으신다고 강력히 주장했다. 예수님을 위해 고난받는 그리스도인은 복음을 들고 많은 사람에게 다가갈 수 있는 귀한 자원을 받은 것이다.(D. F. Kelly, 50, R. D. Phillips, 112) 그들이 당한 대부분의 박해 때문에 버가모의 성도들은 그리스도의 열렬한 칭찬을 얻었다.

2:14 _이단의 위협

그러나 그리스도인들과 모든 교회에게 박해에 직면하는 것만이 심각한 위협은 아니다. 두 번째 위협은 내부에서의 거짓 가르침인데, 이런 점에서 예수님은 버가모교회에 대해 심각한 우려를 표하신다: "그러나 나는 네게 반대할 몇 가지를 가지고 있다. 곧 네가 거기에 발람의 교훈을 지키는 자들을 가지고 있다. 발람은 이스라엘의 아들들 앞에 우상의 제물을 먹도록 그리고 행음하도록 올무를 놓는 것을 발락에게 가르쳤다. 이와 같이 너도 역시 니골라 당의 교훈을 지키는 자들을 마찬가지로 가지고 있도다"(계 2:14~15).

뜻밖에 등장한 인물 발람은, 구약성경에 등장하는 악명높은 하나님의 원수인데 처음에 그는 신자들을 박해하려 했으나 그들을 유혹함으로써 마침내 대성공을 거두었다. 이스라엘 백성들이 모압 근처 광야를 행진하고 있을 때 모압 왕 발락은 발람이 저주를 선포하게 함으로써 그들을 파멸시키는 길을 모색했다. 발람이 이스라엘을 저주하기 시작했을 때 성령이 그를 덮쳐 그의 모든 저주를 복으로 바꿔 버리는 바람에 이 공격은 실패했다(민 23:1~12). 버가모의 사탄처럼 발람은 박해가 오직 하나님의 백성을 더 강하게 만들 뿐임을 깨달았고 그래서 그는 작전을 바꾸었다. 예수님은 발람이 "이스라엘 자손 앞에 걸림돌을 놓았다"(계 2:14)는 메시지를 주시는데 그렇게 해서 이스라엘 사람들은 먹으면 안 되는 음식을 먹었고 성적인 죄를 저질렀다. 발람은 성적인 죄와 우상 숭배의 길로 이스라엘을 유혹하도록 이스라엘 진영에 모압 여자들을 들여보내 이 일을 추진했다. 민수기 25장에는 이런 죄 때문에 하나님이 이스라엘을 심판하셔서 2만 4천 명이 역병으로 죽었다는 기록(민 25:9)이 있다.

발람과 또한 니골라 당으로 알려진 거짓 선생들의 예를 드는 것을 보면 예수님이 이들을 똑같은 자들로 말씀하시는 듯하다. '니골라 당'과 '발람'은 똑같은 뜻인데 전자는 헬라어이고 후자는 히브리어로서 "그 백성의 정복자(파멸시키는 자)"라는 뜻이다. 예수님은 이 둘을 동일시하면서 "이와 같이 네게도 니골라 당의 교훈을 지키는 자들이 있다"(계 2:15)고 말씀하신다.

발람이라는 이름을 가진 거짓 선생들에 대한 예수님의 묘사를 살펴보면서 발람이 거짓 가르침이라는 도구로 대혼란을 유도했음을 알아야만 한다: 그는 "발락을 가르쳐 이스라엘 자손 앞에 걸림돌을 놓았다." 버가모에서 비슷한 거짓 가르침으로 그리스도인들이 "우상의 제물을 먹게 하였고 또 행음(성적 부도덕)"(계 2:14)을 조장하였다. 그렇다면 니골라 당은 교회 안에서 문화적인 적응을 빙자하여 세속적인 삶을 조장했던 것처럼 보인다. 그리스도인들이 황제 숭배를 받아들이지 아니하면 도저히 살아남을 수 없어 보이는 곳에서 그들은 말씀을 전하고 종교적인 잔치에 참여하도록 신자들에게 강력하게 권했을 것이다. 어쩌면 그들은 한술 더 떠서 예수님이 모든 죄를 용서하시려고 죽었기 때문에 이방 세계에 발맞춰 갈 수 있게 하는 성적인 부도덕 같은 죄 된 행동에 대해 전혀 걱정할 것이 없다고까지 장광설(長廣舌)을 베풀었을 것이다. 그들의 메시지는 "로마와의 평화로운 공존을 유지하기 위해 (그리스도를) 배신하지 않고도 그런 것이 얼마든 가능하다"고 교활하게 가르쳤을 것이다.(R. Mounce, 98) 아울러 니골라 당은 "세상의 다양한 표준에 현명하게 동화되는 것은 전혀 잘못된 것이 아니라며 그리스도인들을 설득하는 길을 모색했을 것이다."(W. Barclay, 1:102) 일제강점기 신사참배에 앞장서며 배교(背敎)를 유도했던 한국 기독교 지도자들의 논리도 다름 아닌 바로 이런 것이었다.(최덕성, 오창희)

버가모는 이런 식으로 기독교회를 겨냥하여 사탄이 채용한 두 가지 큰 전략을 일깨워 준다. 첫째는, 버가모교회 교인들이 견뎌야 했던 박해다. 둘째는, 더럽고 세속적인 삶으로 이끌어가는 거짓 가르침인데 버가모 교인들은 이것에 굴복할 위험에 처해 있었다. 따라서 예수님은 그 백성들에게 이렇게 경고하신다: "그러므로 회개하라"(계 2:16).

오늘날 니골라 당의 으뜸은 동성애자들을 목사로 임직시킬 것을 강력히 요구하는 자들일 것인데, 그 이유는 이런 타협이야말로 세속 문화가 요구하는 것이기 때문이다. 이 공공연하게 비성경적인 행위 때문에 복음주의자들은 자유주의자들을 비아냥거리며 정죄한다. 그러나 교회에서 성경이 요구하는 성 질서를 실천하지 않으려 함으로써 자연스럽게 죄, 신성한 진노, 그리고 영원한 심판 같은 인기 없는(?) 주제들을 아예 가르치려 하지 않는다. '세속적인 수용'과 '영적인 쇠퇴'라는 똑같은 궤도를 따라 좀 앞서간다는 교회들에서 이러한 급진적인 여러 결과를 낳는, 성경을 매우 거짓되게 접근하는 악한 자세가 끊임없이 보급·확산되고 있다.

버가모교회를 향한 예수님의 경고는 그리스도인들과 교회들은 거짓 가르침에 깨어 있어야만 한다는 것을 가르쳐준다. 이것이 바로 바울이 에베소교회 장로들에게 충고했던 "사나운 이리가 여러분에게 들어와서 그 양떼를 아끼지 아니하며… 그러므로 깨어 있으라"(행 20:29~31)며 잘 경계하도록 신신당부했던 내용이다. 니골라 당의 정신은 하나님의 말씀을 실천하는 데 그리고 그것을 가르치는 데 쫀쫀하게 너무 엄격하게 굴지 말라고 말하고 있다. 다양한 예배 혁신이 안 믿는 자들에게 인기가 있다면 니골라 당은 성경을 거침없이 위반해서라도 그것들을 채택할 것이다. 오늘날 니골라 당은 복음주의 진영이 교리적인 구별과 논쟁에 대한 전반적인 우려 때문에 몸을 사리며 무심코 뒷걸음질한 탓에 매우 활발하게 유행하고 있어서, 교리적인 잘못에 맞서 싸우는 지도자들은 영적으로 몰상식한 사람, 그리고 "이단 사냥꾼"으로 가차 없이 비난당한다. 이런 태도에 대한 반응은 이렇다: "이런 의견을 지닌 이들은 신약성경이 우리 앞에 펼쳐 보이는 모든 내용을 간과하는 것처럼 보인다. 주 예수 그리스도의 모든 역사 속에서 논쟁하지 않는 주님의 모습은 도무지 찾을 수 없다."(D. M. Lloyd-Jones, ix, R. D. Phillips, 115) 버가모교회의 그리스도인들처럼 오늘 대다수 사람은 모든 사람으로부터 긍정적인 존경받기를 즐기며 모든 사람과 잘 지내고 싶어 할 것이다. 그러나 예수님은 어느 그리스도인에 대해 평가하시면서 이것은 최악이라고 말씀하신다: "모든 사람이 너희를 칭찬하면 화가 있도다. 그들의 조상들이 거짓 선지자들에게 이와 같이 하였느니라"(눅 6:26).

신약성경, 사실상 성경 전체는, 우리를 타락하게 이끌 어떤 사람, 그리고 어떤 것을 주의하라고…명령하고 있다. 이것은 우리의 신학에 대해 우리가 지나치게 현학적인 자세를 갖고 있기 때문이 아니라… 우리 하나님이 '진리의' 하나님이시기 때문이다. 구원 얻게 되는 오직 한 개의 길밖에 없기 때문이며 또한 우리가 의지하며 살아갈 단 하나의 기록된 말씀밖에 없기 때문이고 또한 거짓 가르침은 하나님의 백성을 망하게 하기 때문이다.(S. Wilmshurst, 42~43)

또한 에베소교회에 보낸 편지가 차갑고 사랑 없는 정통을 경고하고 있었다는 것을 기억한다(계 2:1~7). 그러나 여기 버가모교회에 보내는 편지에서는 교리적인 진리에 대한 무관심 그리고 우리가 성경을 배울 때 거짓 가르침에 전혀 반대하지 못하는 정반대 쪽의 위험을 배우게 된다. 버가모에서는 회개가 "교회의 훈련을 강화하면서 니골라 당의 가르침인 관용을 거부하는 것을 의미했을 것이다. 버가모교회와 교회 지도자들은 회개할 길을 찾으면서 니골라 당과 맞서야만 했다."(D. E. Johnson, 7) 예수님은 교회들이 이단을 받아들이거나 심지어 용인하지 않으면서 거짓 교리와 거짓 행위를 기꺼이 반대하지 않는 한 로마의 박해하는 칼이 필요하지 않을 것이라고 말씀하신다. 손수 권징(勸懲)하는 그리스도의 칼이 그의 교회에 떨어질 것이기 때문이다: "그러므로 회개하라. 그리하지 아니하면 내가 네게 속히 가서 내 입의 검으로 그들과 싸우리라"(계 2:16).

2:16~17 _새 생명의 약속

오늘날 복음주의 그리스도인들에게 공통된 니골라 당의 가르침, 그 한 형태는, 예수를 믿음으로 (세상을) 정복하거나 이기는 식으로 생각하면 안 된다고 마구 주장하는 것이다. 우리가 정말로 믿지 않는 이들과 다르지 않다는 것, 우리는 정말로 죄의 권능을 결코 이기지 못할 것이며 그러므로 이 세상에서 예수님과 함께 정복한다는 말을 포기해야만 한다는 사실을 받아들일 필요가 있다는 말을 자주 듣는다. 그러나 이 말은 다른 누구도 아닌 바로 예수님 자신으로부터 반박당한다. 예수님은, 버가모교회에 보내는 편지를 일곱 개의 모든 편지를 마무리하듯 "이기는 그에게"(계 2:17)라는 말로 마무리하신다. 확실히 우리 자신이 사실상 작은 신(神)이 될 정도로 그리스도인들이 이승에서 모든 어려움을 이기고 다 잘 될 것이라는 뜻으로 예수님이 하신 말씀은 아니다. 오히려 예수님은 하나님의 심판 아래 있는 세상의 표준을 자발적으로 섬기지 않고, 부도덕한 자들에게 항복하기를 거부하고, 거룩한 길로 부르는 성경을 끌어안고, 이단적인 가르침을 거부하고, 참 교리를 열정적으로 붙잡으면서, 모든 박해에 맞서 굳게 서서 주님을 배신하는 행위를 거부하는 이들을 그분의 참백성이라고 말씀하신다. 요한이 좀 더 간결하게 표현하듯이 "세상을 이기는 승리는… 우리의 믿음"(요일 5:4)이다.

믿음으로 정복하는 모든 이에게 예수님은 세 가지 부요(富饒)한 복을 약속하신다. 이 약속의 핵심은 신자들이 그리스도 안에서 우리가 가진 것으로 이미 주어진 세상의 호의를 구하거나 세상에 순응할 이유가 없다는 것이다. 예수님은 이렇게 결론 내리신다: "귀 있는 자는 성령이 교회들에게 하시는 말씀을 들을지어다. 이기는 그에게는 내가 감추었던 만나를 주고 또 흰 돌을 줄 터인데 그 돌 위에 새 이름을 기록한 것이 있나니 받는 자 밖에는 그 이름을 알 사람이 없느니라"(계 2:17).

'만나'는 출애굽 기간에 하나님의 백성을 살리고 광야에서 하나님의 인도를 따라갈 수 있을 만큼 그들을 강건케 만들었던 하늘에서 떨어진 초자연적인 음식이다. 학자들은 예수님이 언급하신 유대 전설을 지적한다. 그 전설은, 예루살렘이 파괴되었을 때 선지자 예레미야가 출애굽 때부터 저장된 만나를 취했고 그것을 메시아가 다시 오실 때까지 감추어 두었다는 내용이다. 예수님이 이것을 마음에 두셨든 그렇지 않든 간에 그분이 궁핍한 그의 신실한 백성을 강건하게 하기 위해 그분의 위대한 구원 사역에서 영적인 식량을 공급하시는 것은 사실이다. "감추어진 만나를 먹는다는 것은 메시아 시대의 모든 복을 즐긴다는 뜻이다."(W. Barclay, 1:105) 그리스도의 신실한 백성에게 주어지는 만나의 숨겨진 기원과 더불어 그 신비로운 본질을 이렇게 설명할 수 있다: "하나님은 그들에게 공급하신다. 그런데 그들은 그 만나가 어디서 왔는지 어떻게 거기서 얻게 되었는지를 모른다. 그것은 천상(天上)의 의미가 있다. 하나님은 그럴 필요가 있는 한 당신을 돌보실 것이다. 그분의 초자연적이고 압도적인 준비는 당신을 육체적으로 그리고 영적으로 돌보실 것이다."(D. Kelly, 52)

둘째, 예수님이 참 신자들에게 약속하신다: "내가 그에게 흰 돌을 주겠다"(계 2:17). 예수님의 말뜻과 연결된 것으로 보이는 고대사회에서 '테쎄라'라고 불린 의식용 흰 돌은 다양한 의미로 사용되었다. 운동경기에서는 가장 뛰어난 챔피언들에게 미래에 그들의 영예를 보장하는 뜻에서 흰 돌을 주었다. 따라서 "이것은, 그리스도인들은 주님의 영광에 동참하게 될 그리스도의 자랑스런 선수들이라는 뜻이다."(W. Barclay, 1:107)

덧붙여서, 흰 돌은 '허락'하는 표였으므로 거절을 의미하는 것으로 잘 알려진 "검은 돌"과 대조된다. 그것은 특히 버가모의 그리스도인들에게 주목할 만한 것이었는데 그리스도를 향한 그들의 충성은 이교(異敎)적인 축제와 잔치에서 배제되는 것이었고 흰 돌은 (하나님의) 연회장에 입장하는 것이 허용되는 것을 뜻했다. 예수님이 주시는 그 돌은 훨씬 더 호화스러운 천상의 식탁에 접근할 수 있는 '출입증'이 되는 것이다: 장차 오는 시대에 열리는 하나님의 어린 양, 그의 큰 잔치(계 19:8~9 참조).

가장 중요한 것은 배심원들이 법정에서 흰 돌을 던져 석방에 찬성하는데 반대로 검은 돌은 유죄를 뜻했다는 것이다.(이필찬, 2021:284) 사탄이 권세를 잡고 있는 곳에서는, 충성스런 그리스도인들은 검은 돌로 고소당하고 유죄판결을 받았는데 (안디바 같은) 몇몇 사람들은 예수 그리스도에게 충성하는 그들의 신앙 때문에 칼로 죽임을 당했다. 예수님은 이번에는 그분의 의롭다 함을 받는 백성에게 흰 돌을 주실 것이다. "예수님은 '영생의 보증인 석방의 흰 돌'을 주겠다고 약속하신다."(D. Thomas, 26)

셋째, 예수님은 약속하신다: "그 돌 위에 새 이름을 기록한 것이 있나니 받는 자 밖에는 그 이름을 알 사람이 없느니라"(계 2:17). 새 이름은 흰 돌마다 새겨진 주님이신 그리스도의 이름(빌 2:9~11)일 것인데 믿음으로 구원받는 이들만 그 이름을 알 수 있다. 계시록 14:1에서, "이마에는 어린 양의 이름과 그 아버지의 이름을 쓴 것이 있는" 각 사람이 대속 받은 것을 말하고 있다. 고대사회에서 이름은 "인격이나 본질의 핵심"을 가리켰다.(이필찬, 2021:271) 따라서 그리스도의 새 이름을 안다는 것은 영광의 주님과 신자의 친밀한 관계를 가리킨다. 우선 '새 이름'은 종말의 교회가 감당할 사명을 상징하고 있다.(이광우, 1993:33, 주 83) 뿐만 아니라 주님의 이름이 그분의 성전을 거룩하게 하는 것처럼, 마찬가지로 "돌 위에 새겨진 새 이름"을 받는 이들은 "초월적 주권"을 가지신(이필찬, 2021:287) 그리스도 안에서 그들의 거룩한 의무, 소명, 그리고 하나님의 뜻을 지닌다는 것을 의미했다. "그러므로 '새 이름'은 대속 받은 이들의 공동체, 거기의 진정한 회원이라는 표이기 때문에 그것 없이는 영원한 '하나님의 성'에 들어갈 수 없는 것이다."(G. K. Beale, 1999:254~55)

예수님이 약속하신 모든 복의 중요성은 20세기 초 가장 위대한 작가 가운데 하나였던 윌리엄 서머셋 모음에서 생생한 예를 볼 수 있다. 그의 소설 『인간의 굴레』는 고전으로 알려져 있고 그의 희곡 "정절의 아내"는 수천 번이나 무대에서 공연되었다. 그는 믿을 수 없을 만큼 인기를 누렸고 주당 300통의 '팬 레터'를 받았으며 엄청난 부(富)를 소유했다. 그러나 그의 극단적으로 황량한 성공의 꿈은 그를 만족시키지 못했다. 그의 조카 로빈 모검이 그가 죽기 전에 지중해에 있는 그의 빌라를 잠시 방문했는데 거기에는 온갖 값비싼 가구와 예술 작품들이 있었고 명승 휴양지 리비에라의 다른 모든 백만장자가 부러워하는 요리사를 포함한 11명의 종들이 그를 섬기고 있었다.

로빈은 그리스도인이었기에 언젠가 삼촌에게 성경 한 권을 사보낸 적이 있었다. 그가 도착했을 때 그는 모음이 "사람이 만일 온 천하를 얻고도 제 목숨을 잃으면 무엇이 유익하리요? 사람이 무엇을 주고 제 목숨과 바꾸겠느냐?"(마 16:26)라는 예수님의 말씀을 읽고 있는 것을 발견했다. 모음이 "애야

로빈아, 너에게 꼭 해 주고 싶은 말이 있다. 내가 어렸을 때 이 말씀이 내 침대 맞은편에 걸려 있었다… 물론, 그 모든 것은 다 허튼소리였다. 그러나 그 생각은 아무래도 매우 흥미롭기도 했지." 그러나 그날 저녁 식사 후 모음은 소파 위에 혼자 널브러졌다: "오, 로빈, 나는 무척 피곤하다." 두 손으로 자기 얼굴을 감싸면서 말을 이어갔다: "내 인생은 완전히 망해서 나는 실패자가 되었다." 로빈은 삼촌의 용기를 북돋우려 애썼다: "삼촌은 살아 있는 가장 위대한 작가입니다. 그것은 확실히 뭔가 의미가 있지 않나요?" 모음이 대답했다: "내가 단 한 줄의 글도 쓰지 않았더라면 얼마나 좋았을까?… 글쓰기는 나에게 불행밖에는 가져다주지 못했다… 모든 것을 바꾸기에는… 이제 너무 늦었다…" 그의 얼굴이 두려움으로 찡그려지고 두려움으로 먼 곳을 바라보려는 순간 그는 날카롭게 고함질렀다. "가거라! 나는 아직 준비되지 않았다… 나는 아직 죽지 않았다… 분명히 말하지만, 아직 죽지 않았어!" 그런 다음 그는 공포에 질려 발작하듯 헐떡거렸다. 로빈이 떠난 뒤 얼마 되지 않아 그의 삼촌 서머셋 모음은 세상을 떠났다.(K. Hughes, 201~2)

서머셋 모음의 삶과 죽음에서 중요한 것은 그가 성경에서 찾아 읽은 바로 그 한 구절이다: "사람이 만일 온 천하를 얻고도 제 목숨을 잃으면 무엇이 유익하리요? 사람이 무엇을 주고 제 목숨과 바꾸겠느냐?" 감추었던 만나, 흰 돌, 참되고 구원받는 믿음으로 그분을 따른 모든 이에게 주시는 그분의 새 이름을 예수님이 주실 때 세속적인 거짓 교리, 덧없이 흘러가는 세속적인 죄악들, 심판 때에 유죄판결 받을 운명 등, 오늘 당신이 서머셋 모음이 선택한 것처럼 살아간다면 그 또한 그 얼마나 두렵고도 가슴 아픈 비극이 아니겠는가?

2:13~14 _사탄이 사는 곳에 세워진 교회

예수님이 버가모를 "사탄의 보좌"로 비난하시기 때문에 일부 그리스도인들은 이런 도시에서는 교회가 설 곳이 없다고 결론 내릴지도 모른다. 그러나 예수님은 달리 생각하고 계신 듯하다. 그렇다면, "사탄이 사는 곳"에는 어떤 교회, 어떤 그리스도인들이 필요했을까?

믿음으로 이기기 위해 그런 곳에 필요한 그리스도인에 관한 한 가지 대답은 옛적에 하늘에서 내려왔던 만나와 예수님의 유사성에서 발견된다. 예수님 자신이 영생을 위해 그분이 독특하게 마련한 식량이 있는 곳으로 우리을 이끄신다: "나는 생명의 떡이니, 내게 오는 자는 결코 주리지 아니할 터이요, 나를 믿는 자는 영원히 목마르지 아니하리라"(요 6:35).

예수님이 우리 영혼에 생명을 주는 빵, 하늘에서 내려온 만나와 같다는 것을 결론 삼아 네 가지로 정리하겠다. 첫째, 광야에서 이스라엘의 삶에 만나가 꼭 필요했던 것과 마찬가지로 예수님은 '우리의 구원에 필수적'이다. 예수님 없이 살려고 애쓰고 있는가? 당신의 자아를 성공, 돈이 필요한 물건들, 혹은 쾌락 욕구로 만족시킬 수도 있을 것이다. 그러나 당신은 예수 그리스도 없이는 당신 영혼의 불가피한 필요를 결코 만족시킬 수 없을 것이다.

둘째, 예수님은 빵처럼 '모든 사람에게 다 어울린다.' "예수님은… 보좌에 앉아 있는 왕일 뿐만 아니라 소작인을 망라한 세상의 구주이시며… 그분은 당신에게 필요한 것을 다 갖고 계신다. 게다가 그분은 당신을 알고 계시고 당신의 필요를 어떻게 채워야 할지 알고 계신다."(J. M. Boice, 1999:2:478)

셋째, 떡을 씹고 삼켜야만 하는 것처럼 그리스도인들은 '예수님과 그분의 말씀을 먹고 살아야'만 한다. 어린이들의 마음은 부모의 친절과 사랑의 말로 길러진다. 한 국가는 가장 뛰어난 정치인의 용기를 주는 연설로 북돋워진다. 그러나 모든 남자, 여자, 어린이들의 영혼을 기르는 하나님의 말씀에 비할 만한 것은 없다. 만일 오늘날 그리스도인들 혹은 교회들이 약해져 있다면 쉽게 거짓 가르침의 먹이가 되고 세속적인 스타일과 요구를 수용한다면 우리가 하나님의 말씀보다는 세상을 먹고 살았다고 설명할 수밖에 없다. 믿음에서 강해지고 세상에 강력한 증거를 보여 주려면 그리스도와 그분의 말씀, 생명을 주는 떡을 계속 먹고 살아야만 한다.

마지막으로, 예수님이 빈 들에서 오천 명을 먹이셨을 때 그분이 "떡을 떼어 제자들에게 주셨다"(마 14:19)는 말을 들었다. 마찬가지로, 예수님은, '모든 죄를 위해 십자가에서 그분의 몸이 찢어지셨기 때문에,' 우리에게 생명의 떡이다. 나중에 예수님은 "이것은 너희를 위하는 내 몸"(고전 11:24)이라고 말씀하셨다. 예수님은 모든 죄의 형벌을 대신 받기 위해, 사랑의 아버지 앞에 우리를 회복시키기 위해 믿는 이들에게 새로운 종류의 생명을 주시기 위해 자기 몸을 빵으로 내주셨다. 신자들에게 예수님은 신성하게 준비된 하늘의 만나, 믿음만으로 주어진 칭의(稱義)(김세윤, 2013:93-103)의 흰 돌, 주님이신 자신과의 개인적인 관계를 주신다. 어떻게 우리가 이런 진리를 스스로 알고 경험할 수 있겠는가? 시편 34:8에서 우리에게 최고의 충고를 주고 있다: "여호와의 선하심을 '맛보아' 알지어다!"

내가 올 때까지 굳게 잡으라
(요한계시록 2:18~29)

¹⁸두아디라에 있는 교회의 천사에게 쓰라. 불의 화염같은 그의 눈들을 가진 이시며, 그의 발은 빛나는 청동과 같으신 하나님의 아들이 이같이 말씀하신다. ¹⁹나는 너의 행위들, 곧 너의 사랑과 신실함과 섬김과 인내, 그리고 너의 마지막 행위들이 처음 것들보다 더 많다는 것을 알고 있다. ²⁰그러나 나는 네게 반대할 (어떤 것들을) 가지고 있다. 곧 너는 자신을 여선지자라고 말하는 여자 이세벨을 용납하였고 그녀는 나의 종들을 행음하고 우상의 제물을 먹도록 가르치고 유혹하였다. ²¹그리고 나는 그녀에게 회개하도록 시간을 주었다. 그러나 그녀는 자신의 행음으로부터 회개하기를 원하지 않았다. ²²보라 내가 그녀를 침대로 던질 것이다. 그리고 나는 그녀와 함께 행음하는 자들을 만일 그들이 그녀의 행위들로부터 회개하지 않는다면 큰 환난으로 던질 것이다. ²³또 내가 그녀의 자녀들을 사망으로 죽일 것이다. 그리고 모든 교회들이 내가 생각들과 마음들을 살피는 자라는 것을 알게 될 것이다. 그리고 나는 너희들의 행위들에 따라 너희들 각자에게 줄 것이다. ²⁴그러나 내가 이 가르침을 받지 아니하고 그들이 말하는 바 사탄의 깊은 것들을 알지 못하는 두아디라에 남은 자들, 너희에게 말한다. 내가 다른 짐을 너희들 위에 놓지 않을 것이다. ²⁵다만 너희가 가지고 있는 것

들을 내가 올 때까지 굳게 잡으라. ²⁶ᵃ그리고 이기는 자 곧 나의 행위들을 끝까지 지키는 자, 그에게 내가 ²⁸ᵃ나도 나의 아버지로부터 받은 것처럼 ²⁶ᵇ나라들에 대한 권세를 줄 것이다. ²⁷그리고 그가 철의 막대기로 점토로 만든 그릇들이 깨어지는 것같이 그들을 부서뜨릴 것이다. ²⁸ᵇ그리고 내가 그에게 새벽별을 주리라. ²⁹귀를 가진 자로 성령이 교회들에게 말씀하시는 것을 듣게 하라.” (이필찬 2021:293~4)

　　계시록의 가장 위대한 메시지 가운데 하나는 그리스도의 백성들이 그분을 알게 됨으로 강해져서 인내하게 된다는 것이다. 이것이 1장의 개막 비전에서 예수님이 요한에게 나타나셨을 때 선지자, 제사장, 왕의 직임과 신성한 영광으로 옷 입고 나타나셨던 이유다. 반대로 이것은 예수님이 거짓 신자들을 비난하셨을 때 “내가 너희를 도무지 알지 못하니 불법을 행하는 자들아, 내게서 떠나가라”(마 7:22~23)고 경고하셨던 것과도 잘 들어맞는다. 예수님께서 지켜보셨듯이 거짓되고 죽은 믿음은 그분을 제대로 알지 못하는 데서 나온 것이며 반면 참되고 순종적인 믿음은, 구원하는 믿음의 개인적인 관계 안에서 예수님을 아는 데서 흘러나온다.

　　이 원리는 계시록 2~3장에 수록된 일곱 편지가 1장에 묘사되었던 그리스도의 모습, 그 가운데 한 부분으로 시작되는 이유를 설명해 준다. 교회들은 예수님이 누구시며 그분이 무엇을 하셨는가에 대한 지식에 비추어 그리스도의 메시지에 반응할 것이다. 이것은 두아디라에 있는 교회에 보낸 네 번째 메시지에 그려진 그리스도의 모습이 중요하다는 것을 알려 준다. 여기서 예수님은 많은 가짜 그리스도인들이 받아들이기를 거부할 방법으로 그러나 참 신자인 우리가 거룩하고 신실한 삶을 살도록 틀림없이 영감을 주는 방식으로 자신을 드러내신다. 그분은 자신을 “그 눈이 불꽃 같고 그 발이 빛난 주석과 같은 하나님의 아들”(계 2:18)로 묘사하신다. 그분은 우리의 모든 행위를 아시고, 모든 죄를 미워하시며, 교회 안에서 회개하지 않는 자들을 심판하시며, 그분의 이름으로 이기는 이들에게 영광을 주시는 분이다.

2:18~19 _모든 행위를 다 아시는 주님

교회에게 주시는 모든 메시지에서 예수님은 그 백성의 모든 선행을 다 알고 계신다고 말씀하신다. 이런 강조는 그리스도인들이 행위로 구원받는 것은 아니지만 주님을 기쁘시게 하는 선한 일은 할 수 있다는 것을 일깨워 준다. 이것은 신자와 안 믿는 자 간 큰 차이의 한 부분이다. 안 믿는 자들은 용서받지 못한 죄가 있어서 모든 것이 정죄당하기 때문에 참으로 선한 행위들을 할 수 없다. 신자들은 성령으로 거듭나고 "모든 선한 일을 행할"(딤후 3:17) 하나님의 말씀으로 무장했다. 이런 사정으로 그리스도인들은 선한 일에 헌신해야만 한다. "너희 빛이 사람 앞에 비치게 하여 그들로 너희 착한 행실을 보고 하늘에 계신 너희 아버지께 영광을 돌리게 하라"(마 5:16)고 예수님은 말씀하셨다. 예수님은 "내가 네 행위를 안다"(계 2:19)고 하시며 두아디라 교회를 일깨우신다. 마찬가지로 예수님은 하늘로부터 그분이 다시 오실 때 우리의 모든 선행을 아시고 기억하실 것이다. "잘하였도다. 착하고 충성된 종아… 네 주인의 즐거움에 참여할지어다"(마 25:21).

두아디라 교인들의 "(모든) 행위"를 언급하시면서 예수님은 그들의 "사랑과 믿음과 섬김과 인내"(계 2:19)를 열거하신다. 여기에 우리가 그런 교회의 일부가 되기를 사모해야만 하는 멋진 교회의 모습이 드러나 있다. 에베소처럼 두아디라교회가 열심히 사역했지만 두아디라교회는 그들의 행위에 에베소교인들이 잃어버렸던 사랑까지 아울러 갖추고 있었다. 버가모교회는 거짓 교사들을 용납한 반면 두아디라교회는 믿음을 잘 간직했다. 서머나교회처럼, 이 그리스도인들은 환난을 견디며 인내했다. 뿐만 아니라 두아디라 교인들은 그리스도인의 모든 덕목이 어떻게 함께 작동해야 하는지를 알려 준다. 사랑이 있는 곳에는 섬김도 있다; 믿음이 잘 자라는 곳에서는 하나님의 백성들이 잘 참으며 인내할 것이다.

두아디라교회에서 특히 두드러진 것은 그 교회가 선한 행위와 아울러 영적인 면에서 계속 성장하고 있었다는 것이다: 예수님은 "네 나중 행위가 처음 것보다 많도다"(계 2:19)라고 말씀하신다. 이런 신자들은 오늘 우리에게 참 좋은 모범이 된다. 기독교를 자극하는 것의 한 부분은 하나님의 은혜에 대한 지식, 개인적인 거룩(엡 4:24), 이웃 사랑, 선행을 통해 계속 성장하도록 (벧후 3:18) 우리가 부름 받았다는 것이다. "두아디라교회는 그리스도인의 삶은 성장, 진보, 발달의 삶이라는 것을 이해했다."(John. R. W. Stott, 67) 이것을 안다면 우리 각 사람은 "나중 행위"가 "처음 행위보다 낫게 되도록" 기도해야만 한다.

이 구절을 읽으면서 예수님이 두아디라 교인들을 비판하려 하신다는 것을 알게 된다. 그러나 그들의 성취 결과와 모든 덕목을 그 비판받을 것들 때문에 모조리 쓸어버리시지 않는다는 것도 알아야 한다. "때때로 우리가 문제점을 지적하는 과정에서 심지어 그다지 심각하지 않은 것들까지도 너무 함부로 건드려서, 안 그랬으면 멋지게 생겨났을지도 모르는 선한 것들까지 선뜻 받아들이지 못하게 된다. 예수님은 이 교회를 격려하고 있다. 많은 문제가 있지만 그러나 그 문제들이 두아디라 교인들의 삶에 들어 있는 성령의 열매를 아예 보지 못하게 하거나 칭찬하지 못하게 방해할 수는 없다."(J. M. Hamilton, 96) 예수님의 은혜로운 모범을 따르면서, 바로잡힐 필요가 있는 사람이나 교회를 다룰 때, 그들의 능력을 확인하고 그들의 덕을 칭찬할 줄도 아는 지혜를 보여야 할 것이며, 이렇게 해서 그들이 다소 엄한 메시지까지도 좀 더 기꺼이 받아들이도록 그들의 마음 문을 열도록 하여 더 깊이 파고 들어갈 수 있는 것이다. 실패할 경향이 있는 우리 자신의 약함을 알게 되었으니 예수님이 아시고, 돌보시고, 그분의 백성으로서 우리의 삶에서 일어나는 모든 선한 행위를 인정하고 높이 평가하신다는 것을 알게 되는 것은 그 얼마나 놀라운 은혜인가.

2:20~21 _죄를 혐오하시는 주님

두아디라교회의 좋은 첫인상에도 불구하고 그 교회에는 심각한 문제가 있었다. 두아디라교회의 사랑, 믿음, 섬김과 확고함에도 그 교회의 '거룩'에 대한 칭찬은 듣지 못했다. 이것은 예수님이 매우 깊이 염려하는 문제였고 죄를 함부로 용납하는 데 대한 이 꾸중과 경고는 일곱 교회에 보내는 메시지 가운데 가장 긴 분량을 차지한다.

주님의 편지에서 언급됐던 이전의 도시들과 달리 두아디라는 큰 도시가 아니었다. 두아디라는 버가모와 사데를 잇는 간선도로에 자리 잡은 시장(市場)형 도시였다. 그렇기에 두아디라는 양모, 아마포, 염색, 의류제조업, 가죽공예, 도예, 제빵, 구리산업 등, 도시의 다양한 산업을 감독하는 무역 상인조합들(길드)이 지배했다.(Sir W. Ramsay, R. D. Phillips, 123) 각각의 상인조합은 이방 신들 특히 아폴로와 아르테미스 신에게 헌상물(獻上物)을 바쳤다. 이 헌상물에는 잡신들의 신성한 축제들, 그들의 신전에서 음식물을 먹는 것, 많은 이교 제의에 수반된 성적인 부도덕에 동참하는 일 등이 포함되었다. "이방 신들에게 영광 돌리기, 우상에게 바쳤던 음식물 먹는 행위, 성적인 부도덕 행위 등을 거부한 그리스도인들은 생필품조차 공급이 위태로웠다. 그들은 사회에서 추방되어야 할 자들로 여겨졌다."(S. J. Kistemaker, 136)

이런 맥락에서 예수님의 불쾌감, 그 실체를 이해할 수도 있다: "그러나 네게 책망할 일이 있노라. 자칭 선지자라 하는 여자 이세벨(이필찬, 2021:302-03)을 네가 용납함이니 그가 내 종들을 가르쳐 꾀어 행음하게 하고 우상의 제물을 먹게 하는도다"(계 2:20). 모든 거짓 선생들 무리(니골라 당)를 용납했던 버가모교회처럼 두아디라교회 안에 자기가 예언의 은사를 가졌다고 주장하는 말솜씨가 능란한 여자가 있었는데 그녀의 가르침은 그리스도의 종들을 죄의 종이 되게 유혹했다. '이세벨'이라는 명칭은 그녀의 실제 이름일 리가 없고 오히려 구약성경의 유명한 여자 악당을 통해 그녀를 상징적으로 묘사하려 한 것으로 보인다.

주전 19세기 이세벨은 이스라엘 왕 아합과 정략(政略) 결혼한 시돈의 불신(不信) 공주였다. 이세벨은 시집오면서 가짜 신상들을 가져왔는데 이내 그녀가 데려온 이방 제사장 군단이 바알과 아세라 숭배를 이스라엘 전역에 퍼뜨렸다. 이스라엘인들은 남신이든 여신이든 이 시돈사람의 잡신(雜神)이 비옥한 땅과 다산(多産)의 형태로 경제적인 번영을 가져오리라는 생각에 유혹당했다. 이방 신전의 종교제의 절차에서 매음(賣淫)을 포함한 이세벨의 우상숭배는 하나님의 백성들을 완전히 휩쓸어 버렸다.

예수님이 '이세벨'이라는 이름을 사용하신 것은 두아디라교회의 거짓 여성 예언자의 가르침이 무엇인지를 가리키고 있다. 이 제2의 이세벨은 그리스도인들이 우상에게 희생제물로 바쳐진 음식을 먹고 심지어 성범죄에 가담하도록 하고, 여러 무역 상인조합의 축제와 잔치에 마음 편하게 참여하는 분위기를 조장했다. 이스라엘 사람들이 주님을 제쳐두고 바알과 아세라를 숭배하도록 구약의 원조 이세벨이 강력하게 권했던 것처럼, 이 신종 이세벨은 예수를 믿는다 하더라도 그 도시에서 부유하게 사는 데 필수적인 상인조합의 우상 숭배를 굳이 배제할 필요는 없음을 그리스도인들이 믿도록 강력하게 권했다. "그녀는 틀림없이 이렇게 말했을 것이다. '주중에 이 사람들(이방인 우상 숭배자들)을 사귀자; 그들의 종교적인 의식에 그냥 가 보자, 그리고 그들의 잔치에 참여하자. 그렇게 하면, 우리(그리스도인들)가 그들을 함부로 도덕적으로 판단하는 사람들이 아니라, 또한 속내를 알고 보면 사실 우리가 얼마나 재미있는 사람들인지 그들도 알게 될 것이다.'"(D. F. Kelly, 57) 이세벨의 교리는 하나님과 세상을 아울러 즐겁게 해야만 하는 것이고 또한 예수 믿는다는 이유만으로 그리스도인들이 믿지 않는 사람들과 무작정 다르게 되면 안 된다고 주장한 것이다.

이세벨이 없었더라면 정말 걸출한 교회가 되었을 참 아까운 교회에 이런 여자가 있다는 사실은 사탄이 할 수 있는 다양한 공격을 일깨워 준다. 계시록은 바다에서 올라온 짐승을 언급한다. 계시록에 등장하는 '바다'는 대체로 '악의 저장고'이다.(이필찬, 2021:504) 짐승은 정부의 박해를 나타내는데 땅에서 나온 짐승은 교회 안에 거짓 가르침을 가져온다. 이런 방법이 그리스도의 백성을 방해하지 못하면 사탄은 세 번째 접근방법인 음녀 바벨론을 이끌어 들인다. 음녀는 다양한 죄의 쾌락을 통해 천국 백성을 유혹한다(계시록 13~17장 참조). "만약 마귀가 박해나 이단으로 교회를 파괴할 수 없다면 그는 악으로 교회를 타락시키려고 애쓸 것이다."(John R. W. Stott, 2003:69)

이 이세벨의 유혹하는 작업에 대한 예수님의 반응은 성적인 정결에 관한 두 가지 사실을 일깨워 준다. 첫째, 성경은 성적인 죄를 우상 숭배와 똑같이 취급한다. 구약성경에서는 종종 우상 숭배를 성적인 부정(不貞)과 비교했다. 호세아는 "이 나라가 여호와를 떠나 크게 음란했다"(호 1:2)고 말하면서 이스라엘을 정죄했다. 예레미야는 바알 제단과 아세라 목상에 경배함으로써 유대인들이 "돌과 나무와 더불어… 행음하여 이 땅을 더럽혔다"(렘 3:9)고 한탄했다. 성(性)은 거룩한 자녀들의 출산을 위해 결혼이라는 테두리 안에서 하나님이 주신 복이다. 성적인 죄를 범한 이들은 하나님의 선물을 하나님의 거룩한 목적으로부터 분리하고 그럼으로써 자기 욕망이라는 잡신(雜神)을 만든다. 이것이 바울이 "음행을 피하라… 너희 몸은 너희가 하나님께로부터 받은 바 너희 가운데 계신 성령의 전인 줄을 알지 못하느냐? 너희는 너희 자신의 것이 아니라 값으로 산 것이 되었으니 그런즉 너희 몸으로 하나님께 영광을 돌리라"(고전 6:18~20)고 말했던 이유이다.

둘째, 예수님은 기독교인의 삶에서 성적인 정결의 중요성을 강조하고 있다. 대개 그리스도 안에 있는 신자들이 세상 사람들처럼 계속 살아갈 수도 있다는 생각은 완전히 잘못됐다. 야고보는 이렇게 말했다: "간음한 여인들아 세상과 벗된 것이 하나님과 원수 됨을 알지 못하느냐? 그런즉 누구든지 세상과 벗이 되고자 하는 자는 스스로 하나님과 원수 되는 것이니라"(약 4:4). "구약에서 하나님은 자기 백성을 신부로 언급하시고 당신은 그 신부를 쫓아 다니며 열렬히 구애하는 신랑으로 묘사하시어 이스라엘의 악행을 부부 관계를 어긴 음행(淫行)으로 고발하신다."(박대영, 287) 그러므로 이 원리는 혼외(婚外)에서의 금욕과 결혼생활 안에서의 성실을 통해 성적인 정결로 부름 받은 그리스도인들에게는 특히나 더 본질적이다. 성경은 "하나님의 뜻은 이것이니 너희의 거룩함이라. 곧 음란을 버리라"(살전 4:3)고 가르친다. 그러므로 예수님은 두아디라교회를 이렇게 꾸짖으셨다: "그러나 네게 책망할 일이 있노라. 자칭 선지자라 하는 여자 이세벨을 네가 용납함이니 그가 내 종들을 가르쳐 꾀어 행음하게 하고 우상의 제물을 먹게 하는도다"(계 2:20).

성적인 죄에 대한 그리스도의 꾸짖음을 오늘날 가짜 그리스도인들에게 분명하게 들려줄 필요가 있다. 십 년 전인 2011년 기독교 잡지의 설문 조사 결과 80%의 미혼 그리스도인들이 성적인 죄를 범했으며, 18세에서 29세 사이의 미혼 그리스도인들의 2/3가 혼전 성관계를 한 것으로 보고되었다. 아울러 가짜 그리스도인들은 낙태죄에도 연루되었다. 연구결과 낙태 시술을 받은 여성의 37%가 스스로 개신교인임을 밝혔고 또 다른 28%는 천주교 신자였다. 이 죄의 근본적인 이유는 "(거의) 모든 사람이 그 짓을 하고 있다"는 그 기사의 제목에 아주 잘 압축·표현되어 있다.

오늘날 우리 문화의 성적인 죄에 가담한 그리스도인들은 예수님이 모든 죄를 미워하시는 거룩한 주님이신데 특히 성적인 죄에 대해서 더 그렇다는 사실을 분명히 망각했다. 성경은 그리스도인들에게 "각각 거룩함과 존귀함으로 자기의 아내 대할 줄을 알고 하나님을 모르는 이방인과 같이 색욕을 따르지 말라"(살전 4:4~5)고 명령한다. 성 자체는 거룩한 결혼이라는 맥락에서는 부끄러운 것도 아니고 죄된 것도 아니며 그것은 정서적으로 그리고 영적으로 남편과 아내가 연합하도록 하나님께서 주신 큰 선물이다. 그러므로 그리스도인들은 단 한 명의 동료 신자와 경건하게 결혼생활에 들어가기 위해 정결하고 성숙하게 자라나야만 한다. 바울은 이렇게 말했다: "정욕이 불같이 타는 것보다 결혼하는 것이 나으니라"(고전 7:9). 히브리서 13:4에서는 이렇게 말하고 있다: "모든 사람은 결혼을 귀히 여기고 침소를 더럽히지 않게 하라. 음행하는 자들과 간음하는 자들을 하나님이 심판하시리라." 그러므로 그리스도인들은 혼외(婚外)·혼전(婚前) 성관계를 거부함으로써 결혼의 고결함을 증진시키고 또한 하나님이 복 주신 부부의 성생활 안에서 그리스도인의 즐거운 결혼생활을 누려야만 한다. 이를 위해 그리스도인들은 자녀들을 장차 경건한 남편과 아내가 되도록 준비시켜야 하며 기도하면서 우리 세대가 주님을 저버리고 범하는 우상 숭배의 쾌락과 욕구의 제단에 사랑하는 후손들이 경배하지 않도록 강력하게 권해야만 한다.

예수님은 우상에게 바친 희생 제사 음식에 대해 비판하시면서 그분께 충성하기 위해 신자들이 기꺼이 어떤 값을 치러야만 하는지를 알려 주신다. 상인조합(길드) 회원자격을 가지려면 이교도의 축제에 참여해야만 했는데 그 축제에서는 그 이방 신의 식탁에 올려졌던 음식을 받아먹음으로써 거짓 잡신들을 경배했다. 이런 축제에 합류하기를 거부하는 것은 "믿지 않는 사람들과의 모든 사회적 교제로부터 그리스도인들을 완전히 차단하는 것이다."(W. Barclay, 1:118) 이런 상황에서 그리스도인들은 우상을 숭배함으로써 부유함을 추구하지 않으려 했기 때문에 주님께서 그들에게 더 복된 것으로 공급해 주실 것을 믿으면서 그리스도를 위해 기꺼이 고난받을 책임이 있다.

그리스도께 충성하는 대가는 초대교회 지도자 터툴리안(움베르토 에코, 1:510)이 사업상의 이유로 우상 숭배에 참여하는 어느 신자를 책망한 데서 통렬하게 드러난다. 그 사람은 "결국, 나는 어쩔 수 없이 살아야만 했으니까요"라고 말하면서 자기 죄를 변명했다. 터툴리안이 책망했다: "먹고 살기 위해 어쩔 수 없었다고?" 우리의 목숨을 포함해서 그리스도께 충성하는 것보다 더 고귀한 부르심은 없다. "초대교회 신자들은 우리 주변에서 우상 숭배 혹은 부도덕을 정당화하는 자들과 삶을 공유하지도 않고 함께 가까이 지내지도 않고 국가에 복종하지도 않아야 한다는 것을 알았다… 바울이 우상에게 바쳐진 고기를 먹는 것을 허용할 수 있다고 말하기는 했지만 이교도 예배의 일부로서 이교 신전에서 그것을 하는 것이 정당하다고 말하지는 않았다. 예수님께서 가이사의 것은 가이사에게 주라고 말씀하셨을 때 그분은 '하나님의 것은 하나님께 드리라'는 말씀을 덧붙임으로써 그런 요구를 분명히 제한하셨다."(J. M. Boice: R. D. Phillips, 127)

2:22~23 _몸 된 교회를 심판하시는 주님

두아디라교회에 보낸 메시지에서 발견되는 예수님의 묘사를 그리스도인들이 쉽게 받아들이기 어려울 것을 앞서 말한 바 있다. 이것은 특히 교회를 심판하시는 주님으로 그리스도를 묘사하는 대목에서 더 그렇다. 오늘날 대부분의 복음주의적인 그리스도인들이 예수님이 죄를 미워하실 뿐만 아니라 교회의 훈련을 명령하시면서 회개하지 않는 죽은 교인들을 치시겠다고 위협하신다는 말을 들었을 경우 그들은 무슨 생각을 하게 될 것인가? 그 증거는 대부분의 복음주의자들이 예수님의 이런 모습에 진저리칠 것을 시사한다. 그러나 이것은 예수님이 두아디라교회에 자신을 나타내신 것과 정확히 똑같다. 교회 안에 있는 "이세벨"을 향해 예수님은 이렇게 말씀하신다: "볼지어다. 내가 그를 침상에 던질 터이요, 또 그와 더불어 간음하는 자들도 만일 그의 행위를 회개하지 아니하면 큰 환난 가운데에 던지고 또 내가 사망으로 그의 자녀를 죽이리니"(계 2:22~23).

그분의 백성을 심판하시기 전에 그리스도는 먼저 회개의 길로 부르시며 기회를 주신다. 이것은 그분의 근본 목적이 자신을 따르는 이들을 해치는 것이 아니라 구원하시려는 것임을 알려 준다. 그리스도는 이세벨처럼 심각한 죄에 빠진 백성에게조차 선의(善意)를 갖고 계신다. 그분은, "내가 그에게 회개할 기회를 주었다"(계 2:21)고 말씀하신다. 이것은 예전에 교회 지도자들이 거짓 가르침과 사악한 행위를 하는 그녀와 맞서 싸웠던 적이 있었음을 가리킨다. 여기서 우리는 사랑스럽고 충실한 교회 훈련의 중요성을 확인한다. 예수님은 그리스도인들에게 성경적인 꾸중 특히 충성스러운 목회자들 혹은 교회 장로들의 견책을 진지하게 받아들일 것을 강하게 일깨우신다. 예수님의 말씀이 이어진다. "그러나 자기의 음행 회개하기를 거부했다." 그러므로 이제 마지막 남은 유일한 수단은 그분의 손으로 직접 심판(처단)하시는 것밖에 없다.

문제는 예수님이 신자들을 심판하시는 것이 일시적이냐 아니면 영원한 것이냐, 따라서 그들이 천국에 갈 것이냐 지옥으로 갈 것이냐 하는 것이다. 이 질문에 대한 답은 그런 사람들이 참 신자로 간주될 수 있느냐 하는 데서만 확인될 수 있다. 신약성경의 어떤 사례에서는 범죄한 참 신자들이 쓰라린 심판을 받는 것처럼 보인다. 한 가지 예는 아나니아와 삽비라 부부인데 그들은 교회 앞에 헌금한 것을 거짓으로 자랑하며 함부로 성령을 속이려다가 죽임을 당했다(행 5:1~10). 어쩌면 그들은 그리스도 안에 참 신자이지만 단지 어리석었기에 죽은 뒤에 하늘로 갔을 것이다. 비록 그것이 가능하다 할지라도 두아디라의 이세벨 같은 여자에 대해 어떻게 이런 얘기를 할 수 있을지를 상상할 수는 없다. 가장 중요한 것은 예수님은 교회의 거룩을 추구하려고 심지어 그들의 어떤 죄 때문에 죽음을 내리시면서까지 때때로 구원받은 백성을 심판하신다는 것이다. 그분은 "내가 사망으로 그의 자녀를 죽이리라"(계 2:23)고 말씀하시는데 여기서 그 자녀들이란 어쩌면 이세벨을 추종하며 범죄하는 자들(이필찬, 2021:311)을 가리키는 것일 것이다. 그리스도의 심판 원리는 23절에 나와 있다: "내가 너희 각 사람의 행위대로 갚아 주리라." 회개를 촉구하는 성경의 부름에 응답하기를 거부하면서 극악한 죄를 끝까지 고집하는 자는 교회의 건강과 아울러 그들의 생명을 보존하기 위해서라도 강력한 징벌의 고통을 겪게 될 것이다.

만일 그리스도가 그 백성을 심판하신다는 것을 받아들이기 어렵다는 것을 알게 된다면 이 편지의 시작 부분에서 예수님이 주신 그림이 틀림없이 설득력이 있게 될 것이다: "그 눈이 불꽃같고 그 발이 빛난 주석과 같은 하나님의 아들이 이르시되"(계 2:18). 이것은 계시록에서 그리스도를 "하나님의 아들"이라는 칭호로 부른 유일한 사례. 이것은 시편 2편 후반부를 인용하면서 모든 백성을 심판하시는 왕이신 그리스도의 대권(大權)을 강조하기 위해 사용되었을 것이다: "여호와를 경외함으로 섬기고 떨며 즐거워할지어다. 그의 아들에게 입 맞추라. 그렇지 아니하면 진노하심으로 너희가 길에서 망하리니 그의 진노가 급하심이라"(시 2:11~12). 게다가 그리스도의 불꽃같은 눈은 선행은 물론 수치스런 죄까지 모든 사람의 마음을 꿰뚫을 수 있다. 그의 발은 "빛난 주석같다"는 말은, 죄를 심판하려고 불굴의 의지로 오시는 분으로서 흠이 없으신 분으로 그분을 드러내려는 것이다.

만일 두아디라교회 교인들이 예수님에 대한 이런 진리들을 망각했다면 우상 숭배 죄를 범한 자들에 대한 그분의 심판은 그들에게 예수님이 부재지주(不在地主, 마 25:14~30)가 아니라 하나님 나라(최성수, 175-85)의 주권적인 통치자라는 것을 일깨워 줄 것이다. 이세벨과 그 추종자들에 대한 심판을 이렇게 말씀하신다: "모든 교회가 나는 사람의 뜻과 마음을 살피는 자인 줄 알지라.

내가 너희 각 사람의 행위대로 갚아 주리라"(계 2:23). 이것은 첫째로, 우리의 모든 죄를 용서받기 위해 예수님을 믿으라고 부르고 있다. 그분은 "하나님께서 보내신 이를 믿는 것이 하나님의 일"(요 6:29)이라고 말씀하셨다. 그리스도의 피로 죄에서 구원받았기 때문에 그렇다면 그리스도인들은 예수님이 모든 것을 다 알아채시고 그들에게 복 주시는 일에 실패하지 않으실 것을 알고 있기에 또한 거룩한 주님으로서 모든 창피한 죄와 그분의 이름을 모욕한 죄를 예수님이 철저히 징벌하실 것을 깨달았기에 거룩과 선행을 더 열심히 추구해야만 한다.

2:24~28 _영광을 주시는 주님

그리스도의 이런 모습은 그리스도께서 죄를 미워하시고 교회를 심판하신다는 깨달음을 포함해서 경건한 삶을 살기 위한 수많은 동기를 제공한다. 마지막 이유는 예수님이, 그분의 이름으로 이기는 이들에게 은혜롭게 영광을 주시는 합리적이고 온화한 통치자라는 것이다.

그리스도의 온화함은 이세벨의 죄에 참여하지 않은 이들에게 주시는 그분의 말씀에 드러나 있다: "두아디라에 남아 있어 이 교훈을 받지 아니하고 소위 사탄의 깊은 것을 알지 못하는 너희에게 말하노니 다른 짐으로 너희에게 지울 것은 없노라. 다만 너희에게 있는 것을 내가 올 때까지 굳게 잡으라"(계 2:24~25).

예수님이 "사탄의 깊은 것"을 말씀하실 때, 예수님은 어쩌면 거짓 여선지자 이세벨의 세속적인 적응 교리에는 오직 소수정예만 이해할 수 있는 진보적인 기독교가 포함되어 있다는 그녀의 그럴싸한 주장을 다 알고 계셨을 것이다. 대신 예수님은 그리스도인들이 '안전하게 죄지을 수 있다'는 그녀의 가르침은 깊은 기독교가 아니라 오히려 사탄의 노예가 되는 것이라고 말씀하셨다. 그리스도인들은 비교(秘敎)적인 지식 혹은 성경이 가르치는 것 너머의 '고급 영성' 상태에 들어가려고 애쓰면 안 된다. 그것은 영적인 탐욕이다. 대신 성경에서 그리스도가 이미 계시하신 것을 굳게 붙들 책임이 있다. 그리스도의 짐은 사실상 무겁지 않다: "내 멍에는 쉽고 내 짐은 가벼움이라"(마 11:30). 예루살렘 공회가 사도들의 회의에서 이방인 신자들의 의무를 결정하면서 내린 명령을 되짚어 볼 필요가 있다. 이방인 신자들은 "우상의 더러운 것과 음행"(행 15:20)을 금할 책임이 있다고 했다. 신자들은 "하나님이 계시하신 말씀에 드러난 표준에 따라 살 책임이 있을 뿐 그 이상의 무엇은 없다. 요한이 다른 곳에서 다음과 같이 말했던 것처럼: '그의 계명들은 무거운 것이 아니다'(요일 5:3)."(D. Thomas, 32)

그분의 말씀이 부담되기는커녕 예수님은 모든 기대 이상으로 관대하시다. 그분은 우상에게 바치는 이교적인 주술행위와 기독교를 혼합하지 않고 진실하고 순종적인 믿음으로 인내한 이들에게 두 가지 눈부신 복을 약속하신다. 첫째는 그리스도의 주권적인 통치를 공유하는 것과 관계가 있다: "이기는 자와 끝까지 내 일을 지키는 그에게 만국을 다스리는 권세를 주리니 그가 철장을 가지고 그들을 다스려 질그릇 깨뜨리는 것과 같이 하리라. 나도 내 아버지께 받은 것이 그러하니라"(계 2:26~27).

여기서 예수님은 하나님이 그의 아들에게 말씀하시는 시편 2편 말씀을 인용하고 있다: "내게 구하라. 내가 이방 나라를 네 유업으로 주리니 네 소유가 땅끝까지 이르리로다. 네가 철장으로 그들을 깨뜨림이여 질그릇같이 부수리라"(시 2:8~9). 그리스도인들이 그리스도의 통치에 어떻게 참여하는지 이해할 수 있지만 그러나 다른 이들을 쇠지팡이로 "질그릇 조각"처럼 부수어 산산조각내는 것이 무엇을 뜻하는지는 알기 어렵다. 이 약속을 이해하는 열쇠는 본문에서 예수님이 시편 2편을 어떻게 수정했는지를 아는 데 있는데, 사람들을 "부수기 위해" 쇠지팡이를 휘두르는 대신 "그들을 다스리기 위해"(계 2:27) 권위를 준다는 점이다. 여기서 '다스리다'라는 헬라어는 "목자"(헬, 포이마이노)를 뜻한다. 그렇다면 그 약속은 양 무리를 해치려 하는 자들로부터 양 무리를 보호하기 위해 지팡이를 사용하여 신실하게 그분의 양떼를 '목양하는 능력'을 그의 충성스런 백성에게 주시겠다는 것이다.

"만국을 다스리는 권세"는 그리스도인들이 전 세계로 구원하는 복음을 들고 나가 다른 이들을 그리스도께 인도하는 주님의 대(大)분부(마 28:18~20)를 받듦으로써 수행된다. 신실한 종들은 목양하고, 영적으로 다스리며, 다른 신자들을 보호하는 권능을 받는다. 예수님은 신실한 교회 지도자들이 교회를 경건한 길로 이끌고, 그리스도의 양 무리를 의(義)의 길로 안내하고, 모든 두려움의 원천으로부터 양 무리를 보존하기 위한 영적인 무기를 휘두를 수 있게 될 것(시 23:3~4 참조)이라고 약속하신다. 신실하고 거룩한 그리스도인 부모는 구원에 이르는 경건한 길로 자녀들을 이끌 수 있을 것이다. 그리스도인들은 다른 이들을 그리스도께로 이끌고 그들이 경건하게 자라도록 도우면서 일터에서 은혜로운 영향력을 행사할 능력을 갖게 될 것이다.

마지막으로, 예수님은 경건하게 믿음 안에서 인내하는 신자들에게 약속하신다: "내가 또 그에게 새벽 별을 주리라"(계 2:28). '별'은 '신성(神性)'과 '영화(榮化)'를 상징한다.(마이클 하이저, 278) 예수님은 이 약속의 의미를 계시록 22:16에서 설명하신다: "나는 다윗의 뿌리요 자손이니 곧 광명한 새벽 별이라." 예수님은 "환경을 원망하지 않았던 다윗처럼"(이승장, 2001:138) 그의 신실한 백성에게 가장 귀한 선물로서 모든 어둠을 몰아내는 밝게 빛나는 빛 곧 자신의 "메시아적 통치의 지위"(이필찬, 2021:325)를 주겠다고 약속하신다. 그분 자신을 주신다는 약속과 함께 믿음으로 그리스도와 연합함으로 영광의 찬란한 빛 안으로 우리도 들어갈 것이라고 약속하신다. 심지어 이 땅의 삶에서조차도 그리스도인들은 "하나님의 흠없는 자녀로 세상에서 그들 가운데 빛들로 나타내며… 생명의 말씀을 밝히는(굳게 잡는)"(빌 2:15~16) 사람으로서

"세상의 빛으로 드러나도록" 그리스도한테서 능력을 받는다.

두아디라교회 안에서나 아니면 오늘날 우리가 그리스도를 위해 고립된 곳에서나 신실한 그리스도인의 거룩한 삶 속에서 그리스도의 빛은 얼마나 밝게 빛나는 것인가! 그러나 부활의 아침이 올 때는 그리스도와 그 백성의 빛은 오늘 우리가 좀체 상상할 수도 없는 눈부신 영광으로 밝게 빛날 것이다. 다니엘 12:3에서 이렇게 선언한다: "지혜 있는 자는 궁창의 빛과 같이 빛날 것이요 많은 사람을 옳은 데로 돌아오게 한 자는 별과 같이 영원토록 빛나리라."

생각하고 회개하라
(요한계시록 3:1~6)

¹그리고 사데에 있는 교회의 천사에게 쓰라. 하나님의 일곱 영과 일곱 별을 가진 이가 이같이 말씀하신다. "나는 너희 행위들 곧 네가 살았다 하는 이름은 가졌으나 죽어 있다는 것을 알고 있다. ²너는 계속 깨어 있으라. 그리고 그 죽게 되어 있는 남은 것들을 강하게 하라. 왜냐하면 내가 네 행위들이 나의 하나님 앞에서 온전해 있음을 발견하지 못해왔기 때문이다. ³그러므로 네가 어떻게 받았고 들었는지 기억하라. 그리고 회개하라. 만일 네가 깨어 있지 아니하면 내가 도적같이 올 것이다. 그리고 내가 어느 시에 네게 임할는지 네가 결코 알지 못하리라. ⁴그러나 너는 사데 안에 그들의 옷을 더럽히지 아니한 몇 이름을 가지고 있다. 그리고 그들은 흰옷을 입고 나와 함께 다닐 것이다. 왜냐하면 그들은 합당한 자이기 때문이다. ⁵이기는 자는 이와 같이 흰옷으로 입혀질 것이요 그리고 나는 그의 이름을 생명의 책으로부터 결코 지우지 아니할 것이다. 그리고 그 이름을 나의 아버지 앞과 그의 천사들 앞에서 시인하리라. ⁶귀를 가진 자로 성령이 교회들에게 말씀하시는 것을 듣게 하라." (이필찬, 2021:344)

"갑부/막대한 재산을 가진(as rich as Croesus)"이라는 표현은 고대 사데 왕

크리서스(6세기 리디아 왕국의 마지막 왕, 유명한 갑부)로부터 나왔다. 소아시아의 이 유명한 도시는 한때 리디아 왕국의 수도였는데 사데의 강에 흐르는 사금(砂金)으로 부유해졌다. 크리서스는 델피 신전의 신탁(神託)을 받으면서 성공을 확신한 후 페르시아 황제 고레스 대왕에 맞서 전쟁을 시작했는데 신탁은, "만일 네가 할리스 강을 건넌다면, 대제국을 멸망시킬 것"이라고 선언했다. 크리서스는 고레스의 제국이 무너질 것이라 짐작했지만 그러나 자신의 군대가 궤멸당하자 그는 신탁에서 말한 멸망이 자기 제국의 멸망을 의도한 것이었음을 뒤늦게 깨달았다. 그때 이후로 사데는 부(富)와 권력을 한꺼번에 잃어 악명높은 도시로 사람들의 입에 오르내렸다. 사데의 특징 가운데에는 도시의 제공선(skyline)을 이루고 있는 묘지들 때문에 "일천 개 봉분(封墳)의 도시"로 알려진 '공동묘지'가 있다. 예수님은 계시록 3:1에서 사데교회를 비난하면서 이런 역사적 배경을 깔고 말씀하신다: "네가 살았다 하는 이름은 가졌으나 죽은 자로다." 사데의 유명한 묘지에 일천 개의 봉분이 있었던 것처럼 예수님은 "어떤 교회는 1천 명(혹은 그 이상)의 교인을 모을 수 있지만 그 교인들은 묘지의 주민들(시체)처럼 여전히 죽어 있을 수 있다"는(J. M. Boice: R. D. Phillips, 133) 것을 일깨워 주신다.

3:1~2 _죽은 교회

예수님이 계시록에서 어느 지역의 역사와 교회들 주변의 지형을 그분의 편지 자료로 쓰시는 모습은 이 메시지들이 사도 요한 당시의 실제 교회들을 위해 의도된 것임을 일깨워 준다. 어떤 학자들은 계시록을 그리스도의 재림 전 먼 미래에 관해서만 말하고 있는 것처럼 취급하지만 그러나 계시록 2~3장의 일곱 메시지는 편지의 첫 독자(청중)가 계시록을 시작하는 인사말에 밝혀진 사람들(아시아의 일곱 교회)임을 일깨워 준다: "요한은 아시아에 있는 일곱 교회에 편지하노니"(계 1:4).

사데에 있는 교회를 힐책하면서 예수님은 그 도시의 잘 알려진 역사를 활용하신다. "사데 교회의 사자에게 편지하라… 내가 네 행위를 아노니, 네가 살았다 하는 이름은 가졌다"(계 3:1). 사데는 지나친 자신감과 허풍떠는 분위기가 가득한 도시로 알려졌다. 그러나 그 명성 뒤에는 사실 아무런 알맹이가 없었다. 이 교회는 사실상 이름에 어울리는 실체가 없었고 명성에 어울리는 생명도 없었다. 아마도 그 교회가 사데에서 오랜 기간 명성을 얻을 수 있었던 것은, 재정적인 성장, 혹은 교인들의 세속적인 영향, 혹은 많은 활동과 다양한 프로그램 등이 있었기 때문일 것이다. 그러나 현실은 매우 달랐다: "네가 살았다 하는 이름(명성)은 가졌으나 죽은 자로다"(계 3:1).

계시록의 일곱 편지 중 이 다섯 번째 편지를 살펴보면 이 교회에서는 서머나교회처럼 박해의 위협도 버가모교회 같은 거짓 가르침도 발견할 수 없다. 결과적으로 사탄은 사데교회를 영적으로 습격할 만한 가치가 있다고 전혀 생각하지 않았던 것이다. 그래서 얼핏 보아 "사데는 매우 '평화로운' 교회였다. 교인들은 평화를 즐겼지만 그러나 그것은 무덤의 평화였다!"(W. Hendriksen, 73) 사데는 오늘날 우리가 흔히 부르는 "명목상의" 교회였다. 그저 '무늬만 기독교인'인 사람들이 모여 있는 일종의 '친교 집단'이었다. 그리스도인이라는 이름은 있었으나 어디까지나 이름뿐이었다. 교인들은 '예수 믿는다'고 고백은 했으나, 실제 그들의 마음은 그분으로부터 돌아서 있었다.(마 15:8; 막 7:6)

예수님은 계속해서 말씀하신다. "그러나 사데에 그 옷을 더럽히지 아니한 자 몇 명이 내게 있다"(계 3:4). 이것은 교인 대부분은 스스로 죄로 더럽혀졌음을 뜻한다. "거의 교회 전체가 이방 종교와 유대교에 둘러싸여 항복했고 문화에 영향력을 행사하기보다는 거꾸로 그 문화의 영향을 받았다."(S. J. Kistemaker, 150)

뿐만 아니라 예수님은 "내 하나님 앞에 네 행위의 온전한 것을 찾지 못했다"(계 3:2)고 한탄하신다. '온전한 것'에 해당하는 헬라어 '플레로오'는 요한복음에서는 '충만함'을 의미한다(요 3:29, 16:24 참조). 그들의 사역이 사람들 눈에는 영적으로 꽤 인상적이었던 반면 하나님이 보시기에 그들은 알맹이 없는 빈 껍데기였다. 여기에는 사데에, 건축을 시작하기는 했지만 공사가 끝내 마무리되지 못했던 거대한 아데미 신전 이야기가 배경으로 깔려 있었을 것이다. 구약성경에서 하나님은 희생으로 바친 흠 있는 양은 거절하셨다(레 1:3; 신 15:21). 마찬가지로 그리스도는 사데의 종교가 실제적인 헌신이나 하나님을 향한 감사가 없는 공허한 것이라는 것을 아셨다.

사데교회의 이런 모습은 디모데후서 3:1~8에 기록된 사도 바울의 경고를 일깨워 준다. 바울은 디모데에게 이기심, 오만, 불복종, 배은망덕, 사악함, 배신으로 얼룩진 "고통하는 때"가 올 것이라 했다. 교회는 협잡꾼들, 거짓 교사들, 참소자들의 공격을 받게 될 것이다. 바울의 경고를 읽으면서 바울이 디모데후서 3:5에서 "경건의 모양은 있으나 경건의 능력은 부인한다"고 했던 말이 오직 교회 내부에 있는 사람들에게만 해당한다는 점만 제외하면, 바울이 거기서 당시 자기 주변의 일반적인 세상을 묘사하고 있다고 볼 수도 있다. 그 업적과 명성에도 불구하고 이것이 사데의 상황이었던 것으로 보인다. 이 교회는 "겉으로는 부유하고 종교 활동의 외면(外面)은 무척 분주했으나 영적인 생명과 능력은 전혀 없었다."(G. E. Ladd, 1972:56)

3:3 _어떻게 교회가 죽는가?

이 무섭도록 생생한 묘사는 한때 살아 있던 교회들이 어떻게 죽는가 하는 질문을 하게 만든다. 오랫동안 그렇게 명성을 떨치던 교회가 어떻게 죽은 상태로 굴러떨어질 수 있는가?

최소한 역사 속에서 잘 알려진 몇 가지 사건에서 끌어온 이야기로 사데 교회가 어떻게 죽었는가를 세 가지로 설명할 수 있다. 앞에서 사대 왕 크리서스가 페르시아 대왕 고레스에 맞서 전쟁을 벌여 완전히 망했다는 얘기를 했다. 전투가 끝난 뒤 크리서스는 평원 너머 800m 쯤에 위치한 제 딴에 난 공불락이라고 생각했던 사데 언덕 위의 요새로 돌아왔다. 고레스는 사데 성을 포위한 다음 거기 들어가는 방법을 찾아낼 수 있는 사람에게 후한 보상을 해 주겠노라 약속했다. 히에로에아데스라는 페르시아 군인이 사데의 군사 한 명이 벽에 부딪히면서 실수로 철모가 성벽 너머로 떨어지자 그것을 회수하러 깎아지른 벽을 기어 내려오는 것을 지켜보고 있었다. 히에로에아데스는 그 길을 잘 염탐해 두었다가 그날 밤 일단의 페르시아 군대가 그 절벽을 타고 넘어가 요새의 문을 열어 버렸다. 200년 뒤 똑같은 일이 또 벌어졌다. 사데는 알렉산더 대왕 수하의 장군에게 포위당했는데 그 장군도 절벽 너머로 소규모 부대를 파송했다. 사데는 자기들이 안전하다고 생각한 나머지 무방비 상태로 있었던 탓에 그들의 요새는 또다시 정복당했다.(W. Barclay, 1:126, 이필찬, 2021:351)

적을 경계하지 못하여 사데가 함락당했듯이 교회들은 다양한 영적인 공격을 경계하지 못한 탓에 정복당할 수 있다. 바울은 교리적인 공격을 예상하고 에베소교회 장로들에게 "그러므로 깨어 있으라"(행 20:31)고 강력하게 경고했다. 그리스도인들은 죄의 유혹에 맞서 깨어 있어야만 한다. 예수님은 "시험에 들지 않게 깨어 기도하라"(마 26:41)고 간곡히 권하셨다. 교회들은 영적으로 죽은 세상의 상태와 동화되지 않도록 깨어 있으면서 방어를 잘해야만 한다. 예수님은 경고하셨다: "너희는 스스로 조심하라. 그렇지 않으면 방탕함과 술취함과 생활의 염려로 마음이 둔하여지고 뜻밖에 그날이 덫과 같이 너희에게 임하리라"(눅 21:34). 우리가 깨어 있지 못하면 적 하나가 살금살금 벽을 타고 넘어와 가만히 문을 열고 마침내 우리에게 파멸을 안겨 줄 수도 있음을 알아야 한다. 목회자들과 장로들이 경계하지 않을 때 뿐만 아니라 가정에서 부모가 죄된 영향력에 맞서 부지런히 방어하지 않음으로 교회와 가정이 쥐도 새도 모르게 정복당한다. 뿐만 아니라 신자 개개인들도 부주의 하거나 방심하여 적의 공격 장비들을 경계하지 못하고 죄의 유혹에 맞서 방 어하지 못함으로 정복당한다.

둘째, 사데처럼 교회들은 자기들의 빛나는 이름, 영적인 유산, 혹은 부 유한 유산을 의지하고 또한 자기들의 실제적인 영적 활력을 돌보지 않을 때 죽을 수 있다. "사데는 지난날 황금을 지닌 도시였으나 안전을 제대로 지키 지 못했다."(D. F. Johnson, 82) 오늘날 교회들이 과거에 얻었던 명성에 최대한 머물러 있으려고 애쓸지도 모른다. 그러나 그 어떤 명성도 죄로부터 우리를 구원하지는 못한다. 오직 예수 그리스도 안에 살아 있는 믿음만이 어떤 죄인 이든 구원할 수 있다. 그러므로 설령 우리가 그리스도인으로서 눈부신 명성 을 갖고 있다 할지라도 우리 믿음의 힘과 현실을 세심하게 돌보아야만 한다. 야고보서 4:8 말씀이 하루하루의 소명을 잘 요약하고 있다: "하나님을 가까 이하라. 그리하면 너희를 가까이하시리라."

셋째, 진정으로 영적인 구원의 부요함 대신 헛되고 공허한 것들을 추구 함으로써 교회들이 쇠약해진다. 크리서스 왕 아래서 사데인들은 부와 평안 을 뽐냈으나 용기와 체력 같은 덕목을 기르지 못했다. 마찬가지로 오늘날 교 회들은 자기들의 재산, 음악 프로그램, 다양한 사역 행사, 남아도는 각종 설 비, 그 밖의 많은 것들에 초점을 맞추기도 한다. 그러나 내주(內住)하시는 성 령님을 통해 주어지는 그리스도의 영광이 없는 한 이 모든 것들만으로는 어 느 교회나 공허하게 된다. 교회의 본질은 살아 계신 주님 안에서 참믿음을 통해 흘러나오는 구원받은 삶과 예수님의 복음이어야만 한다. 그리스도를 믿음, 그리스도를 통해 예배함, 그리스도를 향한 진정한 섬김이 항시 참교회 의 가장 중요한 초점이 되어야만 한다. 그 외의 어떤 것에 초점을 맞추는 것은 어쩌면 교회의 활력과 심지어 교회의 생명까지도 완전히 잃어버리게 할 것이다.

3:2~3 _그리스도께서 갱생(更生)의 길로 부르심

사데교회는 예수님의 메시지가, 교회가 어떻게 죽을 수 있는가에 대해서 뿐만 아니라 이미 죽었거나 죽어 가는 교회를 어떻게 되살릴 수 있는지에 대한 의제(議題)도 설정해 준다는 것을 알려 준다. 계시록 3:2~3은 만일 교회가 되살아나지 않을 때 경고와 더불어 교회 부활에 대한 다섯 가지 중요한 긴급명령을 제공한다: "너는 계속 깨어 있으라. 그리고 그 죽게 되어 있는 남은 것들을 강하게 하라. 내가 네 행위들이 나의 하나님 앞에서 온전해 있음을 발견하지 못했기 때문이다. 그러므로 네가 어떻게 받았고 들었는지 기억하라. 그리고 회개하라. 만일 네가 깨어 있지 아니하면 내가 도적같이 올 것이다. 그리고 내가 어느 시에 네게 임할는지 네가 결코 알지 못하리라."(이 필찬, 2021: 344)

그리스도의 첫 명령은 사데교회의 잠자고 있는 신자들에게 깨어 있으라는 것이다: "깨어 있으라"(계 3:2). 이 부름은 그리스도께서는 아예 죽어버린 자들에게 잠에서 깨어날 것을 명령하시지는 않을 것이므로 만일 잠들어 있다면, 그 교회에 참 신자의 '남은 자'들이 있었다는 것을 알려 준다. 이 명령은 "부활(갱생)은 자기 주변의 상황에서 깨어 있으면서 그것들에 관심 있는 소수의 개인으로부터 시작"한다는 것을 알려 준다.(J. M. Boice: R. D. Phillips, 136) 사데는 경비병들이 잠들어 있었던 탓에 두 번이나 허망하게 함락되었다; 사데의 갱신은 깨어나서 새로운 삶을 자극하기 시작하는 소수의 그리스도인과 발맞추어 시작될 것이다.

둘째, 깨어난 그리스도인들은 "그 남은 바 죽게 된 것을 굳건하게 할"(계

3:2) 책임이 있다. 약해진 그리스도인 한 명 혹은 교회 하나는 하나님의 은혜로 강건케 될 필요가 있다. 베드로는 우리가 오직 "살아 있고 항상 있는 하나님의 말씀으로"(벧전 1:23)만 거듭난다고 말했다. 앞서 사데에 대한 묘사는 바울이 디모데후서에서 경고한 바와 비슷하다고 말한 바 있다. 바울은 디모데에게 세속적인 온갖 해법을 찾지 말고 "배우고 확신한 일에 거하라… 성경은 능히 너로 하여금 그리스도 예수 안에 있는 믿음으로 말미암아 구원에 이르는 지혜가 있게 한다"(딤후 3:14~15)며 오직 성경 말씀에 따라 사역할 것을 촉구했다. 바울은 여기에 덧붙여서 "모든 성경은 하나님의 감동으로 된 것으로 교훈과 책망과 바르게 함과 의로 교육하기에 유익하다"(딤후 3:16)고 했다. 이것은, 신실한 선지자 에스겔이 마른 뼈들의 골짜기에서 사역하도록 부름받았을 때 하나님이 에스겔에게 명령한 것이다. 사데와 다른 여러 곳의 상황을 상징하는 소름 끼치게 불쾌한 해골 더미를 마주하면서 하나님은 선지자에게 말씀하셨다: "이 모든 뼈에게 대언(代言)하여 이르기를 '너희 마른 뼈들아 여호와의 말씀을 들을지어다'"(겔 37:4). 에스겔이 하나님의 말씀을 선포하자 "생기가 그들에게 들어가매 그들이 곧 살아나서 일어나 서는데 극히 큰 군대"(겔 37:10)가 되었다.

여기서 교회 안에서의 설교와 교육의 임무뿐만 아니라 하나님의 말씀을 지닌 어느 그리스도인이라도 하나님의 쓰임을 받을 수 있음을 알게 된다. 2006년 자유형 오토바이 경주 챔피언 브라이언 디건은 무시무시한 충돌로 거의 죽을 뻔했다. 이전에 그의 여자친구는 임신해서 그녀의 기독교인 부모와 함께 살기 위해 집으로 가 있었다. 이 가족이 오랜 기간 그의 갱생(更生)과 재활을 돕기 위해 디건에게 손을 내밀었고 그는 가족들이 다니던 복음주의 교회에 출석하기 시작했다. 거기서 복음을 들으면서 그는 예수 그리스도를 믿게 되었다. 몸이 다 회복되자 디건은 모토-엑스 클럽으로 돌아갔고 거기서 디건에게 이끌려 마약, 술, 성폭행, 폭행으로 유명세를 탔던 친구 메탈 물리샤를 찾았다. 그리스도인으로 돌아오면서 디건은 동료 선수들을 성경공부에 초대했다. 그의 친구 중에 한 사람이 이렇게 회상했다. "그는 성경이 그의 인생을 얼마나 많이 바꾸었는지를 끊임없이 얘기했다. 그의 말을 듣지 않을 수 없다는 느낌을 받았다." 디건의 오토바이 친구들은 하나씩 차례로 그리스도와 구원받는 관계로 나왔고 이제 메탈 물리샤는 방종하는 폭행자로서가 아니라 복음주의와 기독교 제자로 널리 알려지게 되었다.(C. Palmer, 52~58)

하나님의 말씀에 덧붙여서 그리스도인들은 활기찬 기도 사역으로 교회를 강하게 만들 수도 있다. 1857년 9월 예레미야 란피에르는 뉴욕시에 있는 화란 개혁주의 교회의 기도 모임을 통해 미국의 경제 붕괴에 대응했다. 그는 정오에 기도하러 오라고 기업인들을 초대하는 회보 인쇄물을 만들었다. 란피에르와 함께 시작된 첫 모임은 처음 30분 동안 란피에르 단 한 사람밖에 없었으나, 그 다음 30분 동안에 여섯 명이 합류했고 1주일 후에는 20명이 모여 기도했고 3주 후에는 참석자가 40명이 되었다. 다음 해 봄까지 뉴욕에 수십 개의 유사한 기도모임이 생겼고 다른 도시로도 이 운동이 뻗어 나갔다. 부활절이 되자 수만 명씩 기도회로 모여 많은 사람이 예수 믿고 기독교로 개종했기 때문에 뉴욕시에서는 매일 정오에 문을 닫아야 했다. 소수의 깨어 있는 신자들의 기도로 출발하면서 1858 '평신도 기도 부흥 운동'은 온 나라로 퍼졌고 이로써 수만 명이 그리스도를 믿고 기독교 신자가 되었다.

셋째, "깨어 있으라"는 그리스도의 명령에 주의하고 또한 남은 자들을 강건하게 하는 것 외에도, 사데교회는 "어떻게 받았으며 어떻게 들었는지 생각할"(계 3:3) 책임이 있었다. 물론 사람들은 그들에게 구원을 가져다주었던 복음의 진리를 기억할 책임이 있었다. 그들은 또한 예수님이 베푸신 구원의 은혜, 성령의 사역을 통해 주님이 주시는 새 생명의 능력도 기억할 책임이 있었다. 이것이 아마도 이 편지 첫 들머리의 의미일 것이다: "하나님의 일곱 영과 일곱 별을 가지신 이의 말씀"(계 3:1). 예수님은 그 손에 교회라는

"일곱 별"을 붙들고 계시듯이 그 손에 각양각색의 은사와 성령의 다양한 은혜를 쥐고 계신다. 곧 이것이 "하나님의 일곱 영"의 의미이다. 중요한 것은 예수님이 성령을 통해 (교회를) 되살리는 능력을 주실 수 있다는 것이다. 낙심한 그리스도인들은 기도하라고 하시는 하나님의 부르심과 말씀으로 전진하며 사역하기 위해 이것을 기억할 책임이 있다. 친구 나사로를 무덤에서 불러내신 바로 그 예수님(요 11:43~44)께 영적으로 죽은 교회들을 생명으로 일으킬 능력이 있다. 만일 언젠가 우리가 개종하고 예수 믿게 된 것을 그리스도의 영이 그 복음을 복되게 하신 결과로 기억한다면 우리도 역시 다른 이들의 구원을 위해 섬길 일을 찾고 그리스도 안에서 하나님의 은혜로 교회를 강건하게 하는 수고를 함으로써 교회의 갱생을 촉진해야 할 것이다.

마지막으로 예수님은 그분의 말씀에 복종하며 죄를 회개하라고 명하신다: "그것을 지켜, 회개하라"(계 3:3). "하나님의 말씀을 청취하는 것만으로는 충분하지 않다. 우리는 들은 말씀에 복종해야만 한다."(J. M. Boice: R. Pillips, 138) 성경의 가르침과 예수 그리스도의 명령에 복종함으로써 성경 안에서 우리의 믿음을 알게 되었다. 뿐만 아니라 명목상의 교회는 그동안 범했던 실제적인 모든 죄로부터 돌아서고 하나님 앞에 두었던 것이 무엇이건 회개해야만 한다. 복종과 회개는 선택사항이 아니라 그리스도의 무서운 경고로 강화되어야 한다: "만일 일깨지 아니하면 내가 도둑같이 이르리니 어느 때에 네게 이를는지 네가 알지 못하리라"(계 3:3). 그리스도는 불복하는 그리스도인들을 방문하실 것이며 그들을 고통스럽게 훈련할 것이다. 복종하지도 회개하지도 않는 교회들은 그들의 촛대가 옮겨지고 빛이 완전히 사라져 버렸다는 것을 갑자기 알게 될 것이다. 한때 세계 선교의 빛나는 주역이었던 유럽 교회들이 오늘날 어떻게 몰락했는지를 깊이 생각해 보라. 한때 아주 잘 나가던 교회도 어느 한순간 "도시의 그늘"(P. G. Ryken, 2001:126)로 전락할 수 있음을 명심해야 한다. 예수님은 그분의 말씀에 복종하지 않고 회개하지 않는다면 오늘 우리들의 교회도 언제든 사데교회에서 일어났던 부끄럽고 안타까운 일들을 똑같이 겪을 수 있다고 경고하신다. 섬기는 지(支) 교회를 위해 항시 깊이 기도해야 할 이유가 바로 여기에 있다.

3:4~5 _흰옷 입고 그리스도와 함께 걷기

그리스도의 갱생 프로그램은 모든 그리스도인 한 사람 한 사람 특히 교회 안에서 그리스도의 거룩한 뜻에 봉사하기 위해 깨어 있는 한 사람의 가치를 알려 준다. 하나님의 말씀이 새로운 영적 생활을 자극하는 데 쓰이기를 바라면서 그 말씀의 권위를 완전히 거부하지는 않는 교회라면 약하거나 죽어 가고 있는 그 교회에 남아 있기로 결심하는 경건한 그리스도인들은 종종 마음속의 이런 부르심과 함께 한다.

모든 신실한 그리스도인들의 귀중함을 볼 수 있는 또 다른 방법은 이 편지를 마무리하는 몇 구절에서 그리스도께서 보여 주신 열정에 있다. 비록 그 교회가 대체로 거의 죽었다 해도 살아 있는 거룩한 믿음을 지닌 사람들이 몇 명은 남아 있다: "그러나 너는 사데 안에 그들의 옷을 더럽히지 아니한 몇 이름을 가지고 있다. 그리고 그들은 흰옷을 입고 나와 함께 다닐 것이다. 왜냐하면 그들은 합당한 자이기 때문이다"(계 3:4). (이필찬, 2021:344, 358-59) 여기에서 참신자들은 세속적인 영향력에 굴복하지 않은 이들 그리고 명목상의 그리스도인들이 빠져드는 역겨운 죄를 차단한 이들임을 알게 된다. 그리스도께서 "그들은 합당한 자"라고 말씀하시는 것은 그들이 자기들의 선행으로 구원 얻었다고 주장하는 것과 마찬가지로 그들이 완벽하고 더는 죄를 짓지 않는 그리스도인이라고 선언하시는 것은 아니다. 그러나 이들은 그리스도를 신뢰하면서 일상의 모든 죄를 고백함으로 깨끗하게 되고 또한 신실한 성경적 삶의 방식으로 묵묵히 살아가는 그리스도인들이었다(요일 1:9 참조). 따라서 바울은 에베소 교인들에게 "너희가 부르심을 받은 일에 합당하게 행하라"(엡 4:1)고 강력히 권했다. 이 합당함은 "그리스도 안에서의 새 생명에 대해 하나님께 감사하고 헌신하는 반응"(P. E. Hughes, 56)이며 그들의 삶에서 구원하시는 하나님의 거룩한 뜻이라기보다는 오히려 그 구원의 결과물이다.

그리스도께서 신자들을, 완벽한 그리스도인이 아니라 그들의 믿음으로 열심히 살고 그 결과 주님께 인정받는 진실하고 "합당한 사람"으로 부르시는 대목을 읽게 되는 것은 얼마나 복된가. 우리 중에 많은 이들이 주님을 기쁘시게 해 드리려는 열망 때문에 우리가 결코 주님의 기준에 미치지 못하고 있다는 느낌을 늘 갖고 있다. 그러나 계시록의 편지를 통틀어서, 자기 백성을 사랑하시기 때문에 예수님이 칭찬할 것을 열심히 찾고 계신다는 것을 알게 되었다. 심지어 죽은 사데교회 안에서조차 신실한 남은 자는 "합당하다"는 칭찬을 들었다. 당신이 하나님의 말씀에 대한 신뢰를 굳게 붙들고 또한 진지하게 성경적인 생활방식을 유지하면서 살아가고 있다면 주님께서 당신에게 "합당하다"고 선언하시는 격려를 받게 되는데, 이 모든 것이, 그리스도의 구원하시는 은혜(엡 1:6)의 영원한 영광을 위해 하나님이 당신에게 주시는 성령의 강력한 사역이기 때문이다.

신실하고 진지한 그리스도인들은 주님으로부터 "합당한" 사람으로 불리며 즐거워할 뿐만 아니라 특히 주님의 말씀을 믿고 거기에 복종함으로써 이긴 이들에게 주님이 약속하신 상을 크게 기뻐한다. 예수님은 "귀 있는 자는 성령이 교회들에게 하시는 말씀을 들어야 한다"(계 3:6)고 권면하시면서 세 가지 큰 약속으로 마무리하신다.

첫째, 예수님은 "그들이 흰옷을 입고 나와 함께 다닐 것"(계 3:4)이라고 선언하신다. 그분은 5절에서 이 정결이라는 표상(表象)을 다시 강조하신다: "이기는 자는 이와 같이 흰옷을 입을 것이다." 흰옷은 하늘 하나님의 보좌 주변에서 경배하는 승리한 영혼들을 위해 계시록에 나오는 천상(天上)의 의복(계

7:9~14)과 더불어 때때로 믿음으로 그리스도와 연합된 표로 입었던 세례복을 포함한 몇 가지 관념들과 연결된다.(G. R. Osborne, 179) 가장 중요한 것은 신자들이 거룩한 하나님 앞에 의롭다 함을 받고 서도록 하는 그리스도의 전가된 의(義)이다. 이 순결한 옷은 그리스도의 능력으로 죄로부터 점점 더 돌아서는 경건하고 신실한 삶의 실천적인 거룩으로 표현되었다. 그리스도인의 옷은 그리스도의 속죄하시는 피로 깨끗하게 하는 사역이 적용됨으로써 희게 되었다. 따라서 계시록 22:14에서 그리스도께서 마지막 복을 주신다: "자기 두루마기를 빠는 자들은 복이 있으니 이는 그들이 생명나무에 나아가며 문들을 통하여 성에 들어갈 권세를 받으려 함이로다."

신실한 그리스도인들이 하나님 앞에서 흰옷을 입을 뿐만 아니라 예수님은 "흰옷을 입고 그들이 나와 함께 다니리라"(계 3:4)고 선포하시기도 한다. 이것은 이승에서 시작되고 장차 오는 세상에서 끝없는 영광으로 완벽하게 되는 '그리스도와의 친교'라는 최고의 복을 의미하는 것이다.

둘째, 그리스도는 "그 이름을 생명책에서 결코 지우지 아니하겠다"(계 3:5)고 약속하신다. 이 구절은, 많은 학자가 주장했던 것처럼 선택받은 사람들이 그들의 구원을 잃고 또한 그들의 이름이 하나님의 책에서 지워진다고 말하는 것이 아니라는 것을 분명히 말해 두는 것이 중요하다. 예수님의 강조점은 참 신자들의 안전을 자세히 설명하시고자 함이다. 확실히 우리의 이름은 하늘에 있는 생명책에 적혀 있는 것이 없더라도 지상 교회의 두루마리(교적부)에는 이름이 적혀 있을 것이다. 그러나 예수님은 하나님의 말씀에 복종하며 인내하고 그리스도를 참으로 믿은 이들에게, 그들의 이름이 영원토록 확실한 천상(天上)의 두루마리 안에 들어 있음을 보증하며 안심시키신다: "내가 그 이름을 생명책에서 결코 지우지 아니하겠다"(계 3:5). 요한복음에서 예수님은 그분의 참양무리에게 말씀하셨다: "내가 그들에게 영생을 주노니 영원히 멸망하지 아니할 것이요 또 그들을 내 손에서 빼앗을 자가 없느니라"(요 10:28). 계시록 13:8에서는, 신자들의 이름이 "죽임당한 어린 양의 생명책에 창세 이후로" 적혀 있다는 것을 말하고 있다. 안 믿는 자들의 이름은 하나님의 책에 기록된 적이 전혀 없으므로 굳이 지워질 이유가 없다; 신자들의 이름은 영원한 과거에 하나님의 주권적인 선택으로 생명책에 새겨졌으므로 그들의 이름은 거기에 영원히 남아 있을 것이다.

마지막으로 예수님은 "그 이름을 내 아버지 앞과 그의 천사들 앞에서 시인하리라"(계 3:5)고 선언하신다. 여기서 단지 그리스도인으로서의 명성뿐만 아니라 그리스도를 믿는 믿음을 통해 실제적인 영원한 생명을 소유하는 모든 이의 이름이 얼마나 고귀한가를 알게 된다. 여자든 남자든 신자의 이름은 구원을 위한 하나님의 예정으로 하나님에 의해 미리 알려졌다(예지) (롬 8:29). 모든 죄를 속하기 위해 십자가에서 그분이 죽으셨을 때 그 이름은 예수님의 마음에 지각(知覺) 되었다(마 1:21). 그 이름은 마지막 날에 아버지 앞에 신자가 설 때 "볼지어다. 나와 및 하나님께서 내게 주신 자녀라"(히 2:13)는 말과 함께 그리스도의 입술에서 나오는 귀한 승인이 될 것이다.

그리스도가 심판 날에 그의 아버지 앞에 우리의 이름을 고백한다는 것을 어떻게 알 수 있는가? 그 답은 참되고, 살아 있고, 순종적이고, 인내하는 믿음을 통해 하나님의 은혜로 이루어진다는 것이다. 예수님은 말씀하셨다: "누구든지 사람 앞에서 나를 시인하면 인자도 하나님의 사자들 앞에서 그를 시인할 것이요, 사람 앞에서 나를 부인하는 자는 하나님의 사자들 앞에서 부인을 당하리라"(눅 12:8~9).

사람들 앞에서 그 명성 따위는 실제로 공허하고 죽은 것이므로 맹목적인 기독교로 종교적인 취미 생활을 하지 않는 것이 얼마나 중요한지를 깨닫고 있는가? 그러므로 하나님 앞에서 흰옷을 받기 위해 그리스도의 완벽한 사역을 믿자. 세상의 모든 죄로 그 옷을 더럽히지 말자. 용기 있는 증인으로서 그리스도의 이름을 고백하자. 그리고 속히 다시 오시는 그분의 영광 안에서 모든 것이 완벽하게 될 때 우리는 영원히 찬란한 흰옷을 입고 그분과 함께 걷게 될 것이므로 지금 여기 흰옷 입은 자들(교회, 동역자들)과 손을 맞잡고 그분과 함께, 어깨 펴고, 아랫배에 힘 꽉 주고 힘차게 걸어가자.

네 앞에 열려져 있는 문을
(요한계시록 3:7~13)

⁷그리고 빌라델비아에 있는 교회의 천사에게 쓰라. 거룩하고 참되신 이 다윗의 열쇠를 가지고 있는 이 열면 아무도 닫을 사람이 없고 닫으면 아무도 열 사람이 없는 이가 이같이 말씀하신다. ⁸ᵃ"내가 네 행위를 알고 있다. 보라 내가 네 앞에 열려져 있는 아무도 그것을 닫을 수 없는 문을 주었다. 곧 네가 적은 능력을 가지고도 내 말을 지키며 내 이름을 부정하지 않았다는 것을 (내가 알고 있다). ⁹보라 내가 사탄의 회당에 속한 자들 곧 자신들을 유대인이라고 말하지만 (유대인이) 아니라 거짓말하고 있는 자들(에 속한 자들)을 (네게) 넘겨줄 것이다. 보라 내가 그들이 와서 네 발 앞에 경배하고 내가 너를 사랑하는 줄을 알도록 만들 것이다. ¹⁰네가 나의 인내의 말씀을 지켰기 때문에 나도 역시 너를 땅에 사는 자들을 괴롭히기 위하여 온 세상에 오게 되어 있는 고통의 시간으로부터 지킬 것이다. ¹¹내가 속히 올 것이다. 아무도 너의 면류관을 빼앗지 못하도록 네가 가진 것을 굳게 잡으라, ¹²이기는 자, 그를 내가 나의 하나님의 성전 안에 기둥으로 만들 것이다. 그리고 내가 나의 하나님의 이름과 나의 하나님의 도시 곧 나의 하나님으로부터 하늘로부터 내려오는 새 예루살렘의 이름과 나의 새 이름을 그에게 기록할 것이다." ¹³귀를 가진 자로 성령이 교회들에게 말씀하시는

것을 듣게 하라. (이필찬 2021:369~70)

"보라 내가 네 앞에 열려 있는 아무도 그것을 닫을 수 없는 문을 주었다"(계 3:8). 여기서 '열린 문'은 복음 선포 사역의 기회를 가리킨다. 그리스도가 세우신 구원의 왕국으로 들어가는 것을 허락하기 위해 예수님이 열어 주시는 문이다. 개척하여 지난 30년간 섬겨온 전주열린문교회의 이름을 바로 이 계시록 3:8에서 따왔다. '열린문교회'에 사역지의 지명 '전주'를 붙여서 교회 이름은 '전주열린문교회'가 되었다.

3:7 _다윗의 열쇠를 지니신 분

계시록에서 일곱 교회 앞에 보낸 각 메시지는 신자들이 예수 그리스도의 인격과 사역에 초점을 맞추게 하려는 목적이 있다. 그리스도께서는 신자들이 죄의 유혹과 거짓 가르침에 맞서거나 그 결과 박해가 예상될지라도 신자들의 생각을 형성시키는 위대한 본체가 되셔야 할 책임이 있었다. 빌라델비아교회에 보내는 여섯 번째 메시지에서 그리스도는 복음을 전파하는 자기들의 소명을 일깨웠던 회중 앞에 자신을 드러내신다. 요한은 "빌라델비아교회의 사자에게 편지를" 전하고 있다: "거룩하고 진실하사 다윗의 열쇠를 가지신 이 곧 열면 닫을 사람이 없고 닫으면 열 사람이 없는 분"(계 3:7)의 말씀.

예수님은 거룩하고 진실하신 분으로 나타났다. "거룩"하시므로, 예수님은 의로움으로 순결하고 흠없는 분으로, 다른 모든 것들과 구별되신다. 하나님의 거룩하신 한 위격(位格)으로서 그분은 모세가 시내산의 불타는 떨기나무 앞에 서 있었을 때처럼 그 백성들의 경건한 관심을 명령하신다. 그분은 또한 "진실되시다." 여기에는 예수님은 '진정한' 주님이자 그 백성의 구세주라는 뜻이 담길 수 있다. 그러나 요한이 사용한 특별한 낱말은 보통은 '진실성'(헬라어 '알레디노스')을 강조한다. 빌라델비아에 있는 몸 된 교회 앞에 서 있는 예수님은 거룩하시고 진실하신(신실하신) 주권자이시다.

가장 중요한 특질은 그리스도께서 "다윗의 열쇠를 가지고 있다"(계 3:7)는 것이다. 열쇠를 가진다는 것은 출입과 접근을 통제할 권세가 있다는 것이다. 1:18에서 영생을 통제하시며 죽음을 정복하시는 그분을 언급하면서 예수님을 "사망과 음부의 열쇠를 가지신 분"으로 말씀하셨다. 여기서 예수님은 구원받은 자에게 다윗의 후손으로서 그가 다스리시는 왕국을 언급하신다. 예수님은 하나님의 가족에게 그리고 이스라엘에 주신 언약적 복을 받은 자들에게 줄 열쇠를 갖고 계신다.

계시록 3:7의 문구는 이사야서 22장의 이야기를 주목하게 한다. 주님은 셉나라는 이름의 신의 없는 종을 꾸짖으셨다. 셉나 대신 하나님은 다윗 왕국을 다스리도록 신실한 종 엘리아김을 세우셨다. 주님이 덧붙여 말씀하셨다: "내가 또 다윗의 집의 열쇠를 그의 어깨에 두리니 그가 열면 닫을 자가 없겠고 닫으면 열 자가 없으리라"(사 22:22). 이 신실한 종은 왕에게 접근하는 것을 통제할 수 있고 왕국의 자원을 나누어 줄 수 있을 것이다. 엘리아김은 "다윗의 열쇠를 가지신 이 곧 열면 닫을 사람이 없고 닫으면 열 사람이 없는"(계 3:7) 예수 그리스도의 상징이었다. 곧 "다윗 집의 열쇠"는 "왕적·제사장적·메시아적인 종 예수님을 예표"한다.(이필찬, 2021:375)

이 묘사는 두 가지 본질적인 진술을 만들어 낸다. 첫째, 구원은 오직 예수 그리스도를 통해서만 온다는 것이다. 예수님은 말씀하셨다: "내가 문이니 누구든지 나로 말미암아 들어가면 구원을 받으리라"(요 10:9). "내가 곧 길이요 진리요 생명이니 나로 말미암지 않고는 아버지께로 올 자가 없느니라"(요 14:6). 그러므로 거룩하고 진실하신 분 하나님의 아들 예수를 믿음으로만 하나님의 구원 왕국에 들어갈 수 있다. 이 가르침은 특히 예수 그리스도를 부인했던 유대인들이 그리스도인들을 적대하고 있는 빌라델비아교회에 중요했다. 그러나 예수님은 다윗의 왕손으로서 유일한 열쇠를 갖고 계시며 그래서 그분 혼자서만 하나님 나라(왕국)(본 로버츠, 28-32, 146)로 들어가는 길을 여실 수 있다.

둘째, 예수님이 구원의 열쇠를 갖고 계시기 때문에 하나님 나라의 문을 여닫으면서 교회는 그 사역의 성공을 허가해 주시기를 그리스도께 기대한다. "만일 그 문이 교회의 기회를 상징한다면 그 열쇠는 그리스도께서 지니신 권위의 상징이다."(John R. W. Stott, 2003:105) 이것을 깨달으면서 교회는 그리스도의 복음을 신실하게 선포해야만 한다. 우리는 구원하는 능력을 달라고 하나님께 그리스도의 이름으로 기도해야만 한다. 그러기에 십자가에서 속죄하는 죽음으로 죄인들을 위한 사랑을 증명하신 구세주 예수님이 구원 왕국의 열쇠를 쥐고 계신다는 것은 얼마나 흥분되는 소식인가. 열쇠를 쥐고 있는 다윗의 후손 그리스도는 그분의 복음을 전파하라고 우리를 부르신다. 그분은 우리가 다른 이들에게 구원하시는 사랑에 대해 말할 때 믿는 이들에게 영원한 생명을 주시는 그분께 우리가 쓰임 받고 있다는 것을 알게 되는 큰 특권을 주셨다.

3:8 _구원을 위해 열린 문

만약 예수님이 하나님의 왕국에 들어가는 열쇠를 쥐시고 복음 사역에 성공을 주신다는 뜻을 이해한다면 빌라델비아교회에 주신 메시지는 가슴 떨리게 감격스러운 것이다. 그분은 말씀하셨다: "볼지어다. 내게 네 앞에 열린 문을 두었으되 능히 닫을 사람이 없으리라"(계 3:8).

일부 학자들은 예수님의 말뜻은 단지 그분이 빌라델비아교회 신자들의 구원을 확실하게 하셨다는 것이라고 주장한다. 유대인들의 적대행위 때문에 그들 중 많은 이들이 그리스도를 믿기 때문에 유대인의 회당에서 추방당했을 것이다. 그러나 회당 문은 닫혔어도 그리스도는 그들에게 누구도 닫을 수 없는 하늘 문을 열어 주셨다는 것이다. 이것이 그리스도께서 이 교회에 주는 메시지의 한 부분임은 틀림없지만 그것은 "하늘에 열린 문"(계 4:1)으로 시작되는 4장의 비전과도 일치한다는 점 또한 주목해야 한다.

그러나 예수님도 또한 다른 이들에게 복음을 전파하는 그들을 위해 문 열어 주시는 것을 마음에 두고 계셨을 것 같다. 바울은 종종 그리스도를 증언하는 기회를 '열린 문'으로 말했다. 그는 기도 중에 이렇게 "하나님이 전도할 문을 우리에게 열어 주사 그리스도의 비밀을 말하게 하시기를"(골 4:3, 또한 고전 16:9; 고후 2:21도 참조할 것) 요청했다. 이 설명은 빌라델비아가 헬라 문화의 아시아 지역 전초기지로서 주전 2세기경에 건설되어 역사가 상당히 짧은 도시였다는 점을 감안할 때 그럴듯해진다. 이것은 "빌라델비아교회는 선교적인 도시에 세워진 선교적인 교회였다. 그래서 예수님이 주시는 약속은 그분을 증언하는 교회의 선교사역이 성공적일 것"(J. M. Boice: R. D. Phillips, 145)임을 뜻한다.

역사는 하나님이 지중해 세계에 그리스도의 복음을 급속하게 퍼뜨렸던 초대교회 시대 전반에 걸쳐 예수님이 빌라델비아교회에 하신 약속이 대체로 사실이었음을 알려 준다. '로마의 평화(팍스 로마나)' 시대, 스페인에서 아시아에 이르는 세계는 좋은 도로망, 안전한 여행, 공식 공용어를 갖춘 잘 조직된 로마정부의 다스림을 받았다. 아주 자유분방한 여러 도시에 흩어져 있는 유대인 공동체들은 사도들보다 먼저 구약성경을 갖고 있었고 그런 까닭에 복음에 포함된 사상은 출발이 좋았다. 게다가 이교주의의 늙은 잡신(雜神)들은 영향력이 서서히 감퇴하고 있었고 로마 세계는 강력하고 도전적인 세계관을 받아들일 준비가 되어 있었다. "그들이 어디를 가든 (기독교 복음 전도자들은) 암중모색하는 사람들의 마음, (복음에) 굶주린 가슴을 찾아냈다."(John R. W. Stott, 2003:100) 간단히 말해서 하나님은 복음이 도달할 전체 고대 세계를 이미 준비해 놓으셨다. 그리스도는 여러 시대에 걸쳐 역사 속에 비슷한 문들을 여셨다. 오늘날 가장 좋은 예가 중국인데 거기서는 지하교회 운동이 들불처럼 퍼져 나가고 공산주의 이데올로기의 미몽(迷夢)에서 깨어난 곳에서는 어쩌면 복음이 채워야 할 세계관의 진공상태가 많이 남아 있다. 앞선 몇 편의 편지에서처럼 예수님은 수신자들에게 "내가 네 행위를 안다"(계 3:8)고 하신다. 반면 다른 교회들에는 그리스도께서 바로잡아야 할 심각한 문제들이 있었지만 빌라델비아교회는 비판받을 일이 하나도 없었다. 그러나 이 교회의 교세가 강하지 않다는 것을 아시기에 "네가 작은 능력을 갖고서도 내 말을 지키며 내 이름을 배반하지 아니하였다"(빌 3:8)고 말씀하셨다. 빌라델비아 교인들의 굳건한 믿음 때문에 또한 그들의 사역으로 그리스도께서 빗장을 풀어낼 구원하는 능력 때문에 이 교회의 약한 교세 탓에 그리스도께서 이 교회에 사역을 허락하시며 특별히 열어 주신 전도의 문이 방해받지는 않았을 것이다.

빌라델비아교회가 약했던 몇 가지 이유를 생각하는 것은 어렵지 않다. 교인들은 대체로 낮은 경제력 그리고 낮은 사회계급 출신이었을 것이다. 아마 그들은 정부에 영향력을 행사하지도 못했고 물질 자원도 별로 없었을 것이고 그래서 교인 숫자도 상당히 적었을 것이다. 그러나 그들이 그리스도의 증인 사역을 계속하면서 성경에 복종하며 선교했을 때 그들의 영적인 업적에는 큰 능력이 실려 있었다. 이 모든 점에서 빌라델비아 교인들이 대했던 세계는 사람들이 신자들을 대하는 면에서 오늘날과 그다지 다르지 않았다.

수많은 대학과 미디어 같은 사회 고위층의 조직적인 불신앙이 있는 현대 미국과 서유럽의 공격적인 세속주의를 속속들이 들여다보라. 교육 체계를 에워싼 모더니즘 이외에 한때 기독교인이었던 사람들의 가파른 도덕적 쇠퇴도 있다. 그것들에 맞서서 이겨야 할 우리의 힘은 너무 없다. 그러나 예수님은 그것을 너무 염려하지도 걱정하지도 말라고 말씀하신다. "네가 작은 능력을 갖고 있다; 네가 가진 작은 것들을 사용해라. 그러면 내가 올바른 문들을 열어줌으로써 그것을 초자연적으로 늘려주겠다." (D. F. Kelly, 74)

교회의 약함 때문에 복음을 위해 그리스도께서 열어 주신 문이 닫히지 않을 뿐만 아니라 그 어떤 것도 신자들 앞에 적대행위를 하지 못한다. 예수님의 말씀이 이어진다: "보라. 내가 사탄의 회당에 속한 자들 곧 자신들을 유대인이라고 말하지만 (유대인이) 아니라 거짓말하고 있는 자들(에 속한 자들)을 (네게) 넘겨줄 것이다. 보라 내가 그들이 와서 네 발 앞에 경배하고 내가 너를 사랑하는 줄을 알도록 만들 것이다"(계 3:9).(이필찬, 2021:370)

예수님이 "사탄의 회당"을 거론하실 때 예수님은 그분의 주장을 부인했던 바리새인과 서기관들처럼 유대인 공동체가 그리스도인들의 믿음을 흉내 내고 있다는 뜻으로 말씀하신 것이다. 뿐만 아니라 유대인 지도자들이 그리스도를 십자가에 넘겼듯이, 회당 지도자들도 빌라델비아 교회를 박해하려고 로마인들을 열심히 찾았다. 그런 자들은 "스스로 유대인이라 말하지만 유대인이 아니다." 예수님은 그들의 민족성을 부인하지는 않지만 오히려 유대인들의 언약적인 지위를 부정하고 있다. 요한복음 8장에서 예수님은 자신을 고소하고 있었던 바리새인들에게 이 점을 분명히 밝히셨다. 만일 그들이 아브라함의 참된 추종자라면 그들은 그리스도 안에서 아브라함의 믿음을 가졌을 것이다(요 8:37~40). "하나님이 너희 아버지였으면 너희가 나를 사랑하였을 것이다. 이는 내가 하나님께로부터 나와서 왔음이라"(요 8:42).

예수님이 믿지 않는 유대인들의 거짓 믿음을 거부했을 뿐만 아니라 그들의 적대행위가 그들에게 전해진 복음의 증거를 방해조차 하지 못할 것을 약속하신다: "보라. 내가 그들이 와서 네 발 앞에 경배하고 내가 너를 사랑하는 줄을 알도록 만들 것이다"(계 3:9). (이필찬, 2021:370) 이것은 하나님이 이스라엘에 이방인들이 이스라엘의 하나님을 믿는다고 고백하게 될 것을 약속하신 이사야 45:14 말씀을 인용한 비유다. "그들이 너를 따를 것이라. 사슬에 매여 건너와서 네게 굴복하고 간구하기를 '하나님이 과연 네게 계시고 그 외에는 다른 하나님이 없다' 하리라"(사 45:14). 유대인들이 깨닫지 못한 것은 예수님을 부인함으로써 그들 스스로 이방인이 되었다는 것 즉 하나님의 언약에 관한 한 그들은 이제 이방인이라는 것이다. 믿지 않는 유대인들이 교회의 증거를 통해 그리스도를 믿는 길로 나올 때 구약성경의 예언이 성취될 것이다.

이 개종을 성취시키는 이는 그리스도임을 주목하라: "보라… 그들로 와서 네 발 앞에 절하게 할 것"이라고 예수님이 약속하시고 또한 믿지 않는 유대인들을 포함한 안 믿는 자들이 그리스도를 따르는 이들 위에 하나님의 사랑이 머물러 있다는 것을 인정할 날이 올 것을 약속하신다. 이 약속은 교회가 어떻게 믿지 않는 유대인들을 그리스도를 믿도록 끌어오는 데 쓰일 것인지를 말한 바울의 기록과 완벽하게 일치한다: "내가 이방인의 사도인 만큼 내 직분을 영광스럽게 여기노니 이는 혹 내 골육을 아무쪼록 시기하게 하여 그들 중에서 얼마를 구원하려 함이라"(롬 11:13~14).

격렬한 반대 때문에 빌라델비아 교인들이 복음을 증언하는 일에서 뒷걸음질했을 수도 있다. 특히 '유대인들에게 전도할 때는 제발 목소리를 낮추라'는 제법 신중한⒜ 요구를 수용했을 수도 있다. 그러나 예수님은 복음을 반대하는 이들이야말로 복음을 가장 잘 들을 것 같은 이들이고 나아가 복음의 능력에 감동 받을 수 있다는 것을 알려 주신다. 복음 선교사역을 위한 문이 열려 있기에 예수님은 빌라델비아교회가 그분을 담대하게 증거한 결과 교회를 아주 난폭하게 박해하는 자들 몇 사람이 구원받은 이들의 대열에 보란 듯이 합류할 것을 교회에게 확실히 말씀하신다.

그리스도께서 사역을 위해 열어놓은 문은 첫째 교회의 약함, 둘째 교회에 대한 적대행위, 혹은, 세 번째로 빌라델비아 교인들이 살았던 세계에서 역사하는 하나님의 심판에 의해 방해받지 않을 것이다. 예수님이 말씀하신다: "네가 나의 인내의 말씀을 지켰은즉 내가 또한 너를 지켜 시험의 때를 면하게 하리니 이는 장차 온 세상에 임하여 땅에 거하는 자들을 시험할 때라"(계 3:10).

예수님이 언급하시는 시련의 시간은 서머나교회에 예수님이 예언했던 것(계 2:10)처럼 지역적인 환난은 아닌 것 같다. 예수님은 '세상'이라는 말의 헬라어 '오이쿠메네'를 쓰셨는데 이것은 "거주민"을 뜻한다. 아울러 그것이 시험받는 "온 세상"일 것이라 하셨다. 이런 이유로 학자의 대부분은 마지막 때 그리스도의 재림 전에 예언된 전 세계적인 환난을 예수님이 말씀하시고 있다고 믿고 있다(살후 2:3~12 참조). 이것은 빌라델비아교회가 오는 환난을 면하게 하는 것이 아니라 하나님이 세상을 심판하실 때 그 심판에 정복당하지 않도록 환난 중에 안전하게 보호될 것이라는 뜻이다. 뿐만 아니라 마지막 때의 환난은 역사를 통틀어서 인간의 반역에 대한 하나님의 심판으로 예상되었다(살후 2:7; 요일 2:18). 이런 이유로 빌라델비아 교인들은 오늘의 그리스도인들처럼 하나님의 심판 아래 있는 세상에 복음을 증언하도록 부름 받았다. 그런 예수님이 그들 앞에 '열린 문'을 놓아두셨는데 심지어 하나님의 심판이 집행될 때조차도 그리스도께서 그분의 말씀에 대한 믿음을 통해 사람들을 구원의 길로 데려오는 일을 방해하지 못할 것이다.

반역과 심판의 와중에 그리스도께서 복음에 능력을 주는 한 가지 방법은 그의 신실한 백성을 안전하게 지키는 것이다. 예수님은 빌라델비아 교인들이 "나의 인내의 말씀을 지켰기"(계3:10) 때문에 보호하실 것을 특별히 언급하신다. 그 백성을 안전하게 지키시는 분은 그리스도시라는 것, 그리고 이 안전은 살아 있고 보호하는 믿음을 통해 일어난다는 것을 주목하라. 그리스도인들은 하나님의 주권적인 의지와 능력에 의해 영원히 안전하게 보호되는데 이 안전은 그리스도의 백성이 이 세상에서 정복하는 수단인 적극적이고 노력하는 믿음에 의해 경험된다(벧전 1:4~5).

역사적 사실은 여기서 그리스도께서 하신 주장을 훨씬 더 돋보이게 한다. 예수님은 아시아의 일곱 교회가 만일 그들이 회개하고 믿지 않는다면 그들의 촛대를 잃어버릴 수도 있다고 경고하셨는데 역사는 이 교회들이 마침내 사라지고 말았음을 보여 준다. 유일한 예외는 빌라델비아교회인데 이 교회는 마지막에 오는 환난에서조차도 안전하게 보호하실 것을 약속받았다. 빌라델비아는 무슬림 정복자들한테 함락될 때까지 반복된 침략에도 무너지지 않고 살아남았다는 사실이 밝혀졌다. 하지만 도시가 함락되었을 때조차도 그리스도인 공동체는 여전히 존속되었고 오늘날 터키의 알라셰히르 시(옛 빌라델비아 지역)에는 초대교회 공동체로부터 이어져 내려오는 교회들이 조직돼 있고 그들은 자기 교회 주교의 지도를 받고 있으며 이 주교의 계보는 놀랍게도 사도 시대까지 거슬러 올라간다.(R. Bewes, 33)

3:10~12 _하나님의 성에서 받는 복

그리스도의 '열린 문'이라는 메시지는 신자들에게 짜릿한 감동을 주는 것이다. 그들이 받는 복이 믿음으로 인내하며 승리한 이들에게 주는 여러 약속으로 끝맺음하는 대목에 포함되어 있다: "이기는 자, 그를 내가 나의 하나님의 성전 안에 기둥으로 만들 것이다. 그리고 내가 나의 하나님의 이름과 나의 하나님의 도시 곧 나의 하나님으로부터 하늘로부터 내려오는 새 예루살렘의 이름과 나의 새 이름을 그에게 기록할 것이다." 귀를 가진 자로 성령이 교회들에게 말씀하시는 것을 듣게 하라.(이필찬 2021:370)

빌라델비아의 역사는 이 도시가 지질학적으로 위험한 단층선을 따라 자리 잡고 있었기 때문에 숱한 지진으로 비극적으로 망가졌음을 알려 주고 있다. 잦은 지진으로 도시가 무너졌고 그 여파로 주민들은 몇 달씩 혹은 몇 년씩 공포에 떨었고 그래서 도시는 물리적 안정성이 없어서 고통을 겪었다. 그러나 예수님은 그분의 신실한 제자들의 영적인 안정성이 흔들리지 않을 것을 약속하신다. 예수님은 이기는 모든 그리스도인을 "하나님 성전의 기둥이 되게 하겠다"(계 3:12)고 약속하신다. 이것은 인내하는 그리스도인들이 그리스도의 교회 곧 하나님이 영원히 거하실 영원한 성전의 영원한 설비 그리고 아름다운 장식물이 될 것이라는 것이다. 이런 식으로 예수님은 믿음이 증명된 그리스도인들에게 흔들림 없는 안전을 약속하신다. "기둥은 바로 그 본질과 기능상 (건축물에서) 결코 제거될 수 없다."(P. E. Hughes, 62~63) "작은 능력"을 갖고 있는 것으로 인정되었던 그리스도인들이 그리스도를 믿음으로 하나님의 영원한 거처에서 강력한 기둥으로 세워진다는 것 곧 메시아 왕국에 소속된다는 것,(이필찬, 2021:393) 이 얼마나 놀라운 일인가.

예수님은 거기에다가 신실한 신자들에게 새 이름을 포함하는 삼중 약속을 더 주셨다: "내가 나의 하나님의 이름과, 나의 하나님의 도시 곧 나의 하나님으로부터 하늘로부터 내려오는 새 예루살렘의 이름과, 나의 새 이름을 그에게 기록할 것이다"(계 3:12).(이필찬, 2021:370)

빌라델비아가 주후 17년의 대지진으로 심한 피해를 본 뒤에 로마 황제 피벨리우스의 관대한 재정지원으로 재건되었다는 역사적 기록이 있다. 그에 대한 감사로 시민들은 도시의 이름을 '네오 가이사라'로 바꿨다. 요한이 계시록을 쓰기 전 그리 멀지 않은 시점에 도시 이름을 '플라비아'로 한 번 더 바꿨는데 플라비아는 베스파시안 황제의 세례명이었다. 이와 대조적으로 그리스도인들은 하나님 자신의 후원을 받고 있고 또한 구세주이신 하나님의 이름을 지닐 것이라고 예수님은 말씀하신다. 그들은 또한 "하나님의 성 곧 하늘에서… 내려오는 새 예루살렘의 이름"(계 3:12)을 받게 될 것이다. 이 주제는 계시록에서 반복될 것이다. 계시록 마지막 장(章)에서 영원히 완성된 우리의 시민권을 보게 된다: "그의 얼굴을 볼 터이요, 그의 이름도 그들의 이마에 있으리라… 그들이 세세토록 왕 노릇하리로다"(계 22:4~5). "이 명명(命名) 작업은 정복자가 허락하는 공인(公認) 시민권의 도장을 나타내고 있는데"(P. E. Hughes, 62~63) 참 그리스도인의 충성 혹은 하나님의 영원한 성(城)에서 시민권을 즐길 권리에 관한 한 불확실성이 전혀 없음을 알려 주고 있다.

마지막으로 예수님은 신실한 신자는 "나의 새 이름"(계 3:12)의 표를 받게 될 것이라고 약속하신다. 이 새 이름은 계시록 19:16에 "그 옷과 그 다리에 이름을 쓴 것이 있으니 만왕의 왕이요 만주의 주라 하였다"는 기록이 있기에 신자들에게 알려지지 않은 것이 아니다. 신자들이 그의 새 이름을 받을 것이라고 말함으로써 예수님은 믿음으로 그분의 소유권과 보호가 확실하게 되었고, 따라서 영광 중에 영생의 복이 확실하게 되었음을 알려 주신다. "만일 빌라델비아 교인들에게 이 새 이름이 주어졌다면 그 이유는 그들이 삶에서 이겼고, 이제 그분과 함께 다스리기 때문이다."(J. M. Boice: R. D. Phillips, 150)

3:8 _열기, 닫기

빌라델비아교회에게 "볼지어다. 네 앞에 열린 문을 두었다"(계 3:8)고 하신 바로 그 예수님이 이제는 우리에게 계시록을 통해 말씀하신다. 그리스도께서 이것을 과거에 완결된 어떤 행위가 영속적인 현 상황을 창조했다는 뜻의 완료시제로 말씀하셨다는 것을 간파해야만 한다. 과거의 행위는 죄를 대속하기 위해 그리스도가 십자가에서 죽으신 것을 가리킨다. 현재의 실상은 자기 죄를 고백하는 모든 이 참되고 살아 있는 믿음으로 예수님께 나오는 모든 이가 구원받도록 문이 열려 있다는 것이다. 열린 문(이필찬, 2021:376)같은 사람들은 다른 이들에게 기회를 제공하기 때문에 그렇게 불린다. 여기에 우리가 예전에 가질 수 없었던 위대한 기회가 있다: 모든 죄의 용서, 갱신되고 정결하게 된 본성, 하나님의 가정 안에 있는 기둥, 그분의 이름을 지니고 있음, 그리고 그분이 주시는 복을 영원히 누림. 당신이 어떻게 이 비길 데 없는 구원을 받을 수 있는가? '열린 문'이라는 이미지는 그리스도를 믿음으로 구원에 들어간다는 것을 이토록 분명하게 당신에게 말하고 있다.

그러나 그리스도께서 주신 기회와 그분의 복음과 더불어 경고도 있다. 예수님은 그분이 여신 문을 그 누구도 닫을 수 없다고 말씀하셨다. 그러나 그리스도 자신이 어느 날 그 문을 닫으실 것이고 그런 뒤에는 그 누구도 들어갈 수 없을 것이다. 따라서 성경은 구원받는 믿음으로 그리스도께 나가는 일이 그 무엇보다 긴급하다는 것을 당신에게 촉구한다: "보라. 지금은 은혜받을 만한 때요, 보라, 지금은 구원의 날이로다"(고후 6:2).

마지막으로 예수님은 빌라델비아 교인들에게 그리고 오늘의 우리에게 한 가지 지침을 주신다: "내가 속히 오리니 네가 가진 것을 굳게 잡아 아무도 네 면류관을 빼앗지 못하게 하라"(계 3:12). "작은 능력"밖에 없다는 것을 예수님이 알고 계시기에 그리스도인들이 자신의 힘으로 세상을 정복할 수 없음은 분명하다. 그리스도인들이 적을 쓰러뜨리지는 않지만 이 세상의 환난 중에 그리스도의 보호는 반드시 받아야 한다. 그러나 우리가 꼭 해야만 하는 것이 있다. 다시 말해서 우리는 복음을 사수(死守)해야만 한다. 그 복음을 포기하지 않아야 한다.

영화 "로키"에서 권투선수 로키 발보아에게 무패의 챔피언 아폴로 크리드와 싸울 기회가 주어졌다. 사람들은 로키에게 결코 챔피언을 이길 수 없을 거라 말했지만 로키는 그 시합을 준비하며 계속 훈련했다. 시합날이 오자 로키는 여자친구에게 이렇게 털어놓았다. "내가 아폴로 크리드를 때려 눕힐 수 있는 길은 없다." 그리스도인들이 적대적이고 반역적인 세상에 우리의 증거를 전할 때 바로 이런 느낌일 것이다. 로키는 이기기 위한 계획을 세우지 않았지만 그러나 그는 "나는 단지 마지막 회까지 싸우기를 원한다"고 말했다. 로키가 그것을 해내자 모든 사람이 놀라 자빠졌다. 그는 K.O. 당하지 않고 그 무시무시한 적에 맞서 링에서 마지막 15회까지 잘 싸웠다.

이것이 우리의 소명인데 성경을 굳게 붙들고 그리스도의 이름을 영화롭게 하면서 그분의 복음을 감당하여야 한다. 예수님은 "내가 속히 오리라"(계 3:11)고 선언하신다. 우리는 이렇게 응답한다: "예수님, 당신의 능력으로, 제가 끝까지 한번 해 보겠습니다." 우리가 그분을 신뢰할 때 그 누구도 영생의 면류관을 빼앗아 가지 못하겠지만 그보다는 "나를 위하여 의의 면류관이 예비되었으므로 주 곧 의로우신 재판장이 그날에 내게 주실 것이며, 내게만 아니라 주의 나타나심을 사모하는 모든 자에게도"(딤후 4:8)라는 바울의 고백을 가슴에 품고 힘차게 나가야만 한다.

차지도, 뜨겁지도 아니하다
(요한계시록 3:14~22)

[14]그리고 라오디게아에 있는 교회의 천사에게 쓰라. 아멘이신 이, 신실하고 참된 증인이신 이, 하나님의 창조의 시작이신 이가 이같이 말씀하신다. [15]"내가 너의 행위들, 곧 네가 차지도 아니하고 뜨겁지도 아니하다는 것을 알고 있다. 나는 네가 차든지 뜨겁든지 했기를 원했다. [16]이와같이 네가 미지근하고 뜨겁지도 아니하고 차지도 아니하기 때문에 나는 너를 나의 입으로부터 토해 내야만 할 것이다. [17]왜냐하면 네가 나는 부자요 나는 번성하였으며 아무런 부족한 것을 갖고 있지 않다고 말하지만 너는 네가 비참하고 불쌍하며 가난하고 소경이며 벌거벗은 자라는 것을 알지 못하기 때문이다. [18]내가 너에게 네가 부요해지도록 나로부터 불로 단련한 금을 사고 벌거벗은 수치를 보이지 않도록 흰옷을 사고 네가 보기 위하여 너의 눈에 안약을 살 것을 조언한다. [19]나는 내가 사랑하는 자는 누구든지 책망하고 훈육하나니 너는 열심을 내고 회개하라. [20]볼지어다 내가 문에 서 있어 왔고 두드리고 있다. 누구든지 내 음성을 듣고 문을 열면 내가 그에게로 들어갈 것이다. 그리고 나는 그와 함께 먹고 그는 나와 함께 먹을 것이다. [21]내가 이기고 나의 아버지와 함께 그의 보좌에 앉은 것과 같이, 이기는 자, 그에게 나는 내 보좌에 나와 함께 앉게 할 것이다. [22]귀를 가진 자로 성

령이 교회들에게 말씀하시는 것을 듣게 하라."(이필찬, 2021:401~02)

요한계시록에 열거된 교회에 보낸 일곱 메시지는 때때로 사도 시대부터 예수 그리스도의 재림까지의 역사를 요약한 것으로 설명되었다. 이제껏 살펴본 바와 같이 본문에 이런 견해를 뒷받침하는 증거는 없는데 편지 속 수많은 언급이 예수님이 요한 당시의 지상(地上)교회에 말씀하고 계신 것은 분명해 보인다. 그러나 교회사적 관점을 취하는 이들이 라오디게아교회를 그들 자신의 시대 상황과 거의 연관시키지 않는다는 점이 흥미롭다. 통상 그들 스스로 빌라델비아교회를 복음과 선교를 위해 '열린 문'을 가진 칭찬할 만한 교회로 보는 정도이다.

그러나 오늘 우리 시대와 가장 비슷한 교회는 아마도 라오디게아교회일 것이다. 이 교회의 그리스도인들은 물질적 풍요에도 불구하고 그리스도와 그의 복음에 대해서는 열심이 거의 없었다. 문제는 눈부신 풍요는 곳곳에서 심지어 교회 안에서조차 "불화와 분리"를 낳는다(김태형, 2020:11-33, 2013:178-204)는 것이다. 따라서 '개교회주의'가 암처럼 번지게 된다. 마찬가지로 오늘날 서구의 복음주의 교회들은 그리스도에 대한 뚜렷한 관심은 거의 없는 채로 기분 좋게 기획된 예배 경험과 '자기개발'에 맞춘 메시지 등 대체로 '자기만족'에 초점을 맞추고 있다. 기독교 서적들 가운데 예수 그리스도께 초점을 맞춘 책은 아주 드문 현실이고 복음의 핵심을 다룬 책들은 외면당한다. 오히려 기독교'적인' 삶의 처세술을 건드리는 책들이 폭발적인 인기를 누리는 역설이 드러나고 있다. 이런 흐름은 라오디게아 교회를 연상시킨다. "일곱 편의 편지 가운데 라오디게아 교회에 보내진 편지만큼 현대 교회에 적합한 메시지는 없을 것이다. 이 편지는 사람들의 이목을 끄는 명목상의 종교 놀이, 그러나 감성적이고 오늘날 우리 가운데 널리 퍼져 있는 피상적인 신앙적 위선을 아주 생생하게 서술하고 있다."(John R. W. Stott, 2003:113)

3:15~16 _메스꺼워하시는 그리스도의 평가

라오디게아교회는 예수님이 사도 요한을 통해 메시지를 보낸 일곱 교회 가운데 맨 마지막이었다. 골로새교회, 히에라폴리스교회와 함께, 에베소 동쪽으로 160km 떨어진 리쿠스에 자리잡은 세 개의 교회 가운데 하나다. 이 교회들은 바울이 에베소에 머물고 있었던 40년 전에 세워졌는데 어쩌면 바울이 골로새서 4:13에서 칭찬한 바 있는 에바브라가 거기서 사역했을 것이다.

라오디게아는 백만장자들, 금융업자, 은행업자들의 본거지로 불리는 이유를 알 만한 주요 무역로를 끼고 있었다. 이 도시는 주후 61년 대지진으로 파괴되었으나 매우 부유했던 나머지 재건 과정에서 정부의 도움을 거절했을 정도로 돈이 많은 도시였다. 특히 고대 세계에서 의료는 본질적으로 종교성을 띠는데(프랭클린 페인 주니어, 7) 라오디게아는 안(眼)연고를 포함한 다양한 고약으로 유명했던 의술 학교의 본거지였다. 라오디게아는 그 지역 사교계의 최상류층 사람들이 흔히 입었던, 검게 윤나는 부드러운 양모로 더욱 유명했다.

그런데 라오디게아에는 한 가지 심각한 문제가 있었다: 좋은 물이 제대로 공급되지 않는다는 것. 가까운 히에라폴리스에는 약효가 있는 온천이 있었고 골로새 지역은 깨끗하고 차가운 물 근원으로 유복했다. 라오디게아는 8km 떨어진 온천에서 수로를 통해 물을 끌어 와야만 했다. 문제는 라오디게아에 도착한 그 물이 미지근하고 염도가 높았다는 것이다. 예수님은 이 문제를 들어 라오디게아 교회에 편지를 쓰고 있다: "내가 네 행위를 아노니, 네가 차지도 아니하고 뜨겁지도 아니하는도다"(계 3:15).

라오디게아에서 예수님이 주목하고 있는 문제는 박해, 심각한 죄 혹은 거짓 가르침이 아니었다. 라오디게아의 환경으로 미루어 라오디게아는 유별나게 복을 많이 받은 지역인 듯하다. 그러나 이런 이유로 사람들은 그리스도에 대한 그들의 열심을 잃어버렸다. 예배하러 사람들이 모이기는 했으나 예배시간에 성경보다는 시계를 훨씬 더 자주 보는 오늘날의 교인들 같았다. 어쩌면 그들은 옳은 것들을 믿었겠지만 그 진리들은 그들의 삶에 깊은 영향을 끼치지 못했다. 예수님에 대해 말하자면 그들은 신자이기는 했으나 오직 뜨뜻미지근할 뿐이었다.

그리스도와 그분의 말씀에 대한 개인적인 열정이 부족할 뿐만 아니라 라오디게아교회는 사역이나 복음 전파의 증거를 거의 보여 주지 못했던 것 같다. "내가 안다"고 예수님이 말씀하시지만 그 다음에는 말할 만한 가치가 있는 무슨 건더기가 전혀 없었다. 사람들은 아마도 복음 증거에 게으르고 기도의 동기가 없으며 가난한 이, 아픈 이에게 무관심했고 각자 돈만 열심히 모으며 '자기중심적으로' 살았을 것이다. 그들은 신앙에 대해서는 "광(狂)적인" 삶이 되면 절대 안 된다고 생각하면서 신앙생활에 전심전력하지 않고 나홀로 '적당히' 주님을 기쁘게 하는 부류였다.

이 미지근한 신앙생활에 대한 예수님의 반응은 역겨움을 표현하는 것이었다: "네가 이같이 미지근하여 뜨겁지도 아니하고 차지도 아니하니 내 입에서 너를 토하여 버리리라"(계 3:16). 어떤 학자는 엉뚱하게 예수님이 미지근한 믿음보다는 차가움을 더 좋아하시는 것 아닌가 하면서 괜히 쓸데없는 고민을 했다. 그러나 그 이유는 헤아리기 어렵지 않다. 사람들이 그리스도의 영광을 확신케 하되 그런 다음 그 영광이 별 의미가 없는 것처럼 무감각하게 살게 하는 것보다 더 공격적인 사탄의 전술은 없을 것이다. "만일 그가 인간이 되셔서 우리의 죄를 위해 죽으신, 그러나 죽음에서 부활하신 하나님의 아들이라면; 만일 성탄절, 수난일(성 금요일), 부활절이 의미 없는 기념일 이상이라면 적어도 전심전력으로 그리스도께 우리의 의무를 이행해야 하는 것 아닌가."(John R. W. Stott, 2003:113)

교회가 늘 복음을 전하러 들로 나갔던 존 웨슬리같은 사람의 열심을 인정하지는 않았지만 주님은 그것을 인정하셨다. 교회가 인도의 이방인들 속에서 자신의 생명을 "낭비한" 윌리암 캐리같은 사람에게 뒤로 물러나라고 강력하게 권할 수도 있지만 그러나 그리스도는 그들의 사역을 즐거워하셨고 그 복음 선교사역의 성공을 통해 그분의 영광을 드러내셨다. "하나님을 위해 위대한 것들을 시도한다. 하나님으로부터 위대한 것들을 기대한다"는 캐리의 이 좌우명이야말로 정확히 라오디게아 교인들에 대한 주님의 불쾌감과는 정반대의 느낌이었다.

라오디게아 교인들이 어떻게 그렇게 미지근하게 되었는가? 예수님은 자기들의 외적인 여러 복에 근거하여 그들이 자신을 잘못 평가하였다고 대답하신다: "네가 나는 부자요 나는 번성하였으며 아무런 부족한 것을 갖고 있지 않다고 말하지만 너는 네가 비참하고 불쌍하며 가난하고 소경이며 벌거벗은 자라는 것을 알지 못한다"(계 3:17). 라오디게아 교인들은 자기들의 유리한 환경을 보았고 그들의 재산을 참 부요로 착각했다. 사실상 예수님은 돈을 신뢰하는 까닭에 '죽어 가는 세상 것들'을 위해 살아감으로써 그들이 비참하고 불쌍하며 가난하고 소경이며 수치로 옷 입은 것을 보고 계신다. 안네 수카노프는 오늘날 미국에 가장 흔한 이 증상을 "어플루엔자(Affluenza: '풍요'를 뜻하는 영어 affluence와 '유행성감기'를 뜻하는 influenza를 합친 신조어로서 직역하면 '풍요독감'인데 보통 '부자병'으로 번역함)"라고 이름 붙였는데 그녀는 그것을 "고독, 따분함, 수동성과, 성인들, 십대들, 엄청난 부(富)를 소유한 어린이들 안에 생긴 동기의 결핍 같은 일련의 정신적 만성질환"으로 정의한다.(A. Soukhanov: R. D. Phillips, 155) 라오디게아교회는 현대사회의 많은 교회처럼 "부자병(풍요독감)"을 앓고 있었으며 그 바람에 예수님은 그들 때문에 가슴 아파하셨다.

문제는 그들의 부요(富饒)가 아니라 그들의 재산이 그들에게 미치는 효과였다. 성경 속 아브라함, 제네바에서 위대한 부흥을 지원하는 데 돈을 아낌없이 썼던 로버트 할대인처럼 많은 위대한 신자들 가운데 부자들이 있었다.

문제는 그 재산을 하나님으로부터 받은 '청지기 정신'으로 관리하고 그분의 영광을 위해 쓰고 이웃을 돕고, 복음 사역을 위해 쓰느냐에 달려 있다. 혹은 그 부(富)가 지상의 복만을 생각하게 하면서 그리스도의 왕국에 대해서는 전혀 생각하지 못하게 만들지는 않는가? 이것이 바로 자기들의 부요한 마음을 자랑했지만 하나님과 그리스도의 왕국은 대체로 망각한 라오디게아교회의 문제였다.

이 구절에서 그리스도인들이 스스로 잘못 평가하는 경향이 있다는 것을 주목하라. 이것이 우리의 참된 모습을 드러냄과 동시에 우리의 약함과 죄를 깨닫게 하는 유일한 방편인 성경을 통해 건전하고 명쾌한 가르침을 받을 뚜렷한 필요가 있다는 한 가지 이유다. 성경은 이렇게 말한다: "하나님은 교만한 자를 대적하시되 겸손한 자들에게는 은혜를 주시느니라"(벧전 5:5). 그러므로 아직은 시간이 있을 때 변화를 드러내고 삶의 동향을 제대로 깨닫기 위해 라오디게아에 주신 것과 같은 메시지가 우리에게 필요하다. 삶을 낭비하고 심지어 우리 주님이 역겨워하시게 만드는 일을 피하려면 죄에 빠져든 우리의 타락에 대한 진실, 거짓 가르침을 용납한 것, 우상 숭배에 가담한 것, 자기 생각에 골몰한 나머지 그리스도에 대해 무관심한 것 등을 솔직하게 돌아볼 필요가 있다.

둘째, 라오디게아교인들은 그들을 둘러싼 세속 문화로부터 삶의 자세를 이끌어왔다는 점을 주목하라. 이런 일은 그리스도인들에게 빈번하게 일어난다. 세련된 문화 속에서 그리스도인들은 흔히 '탁월성'이라는 겉모양을 취하고 싶어 한다. 애국적인 배경에서 지상의 왕국에 마음을 빼앗기고 만다. 쾌락을 찾는 이들 속에서 그리스도인들은 최신의 소비재들을 위해 살아간다. 라오디게아 교인들의 부요한 오만이 신자들의 태도를 감염시켜 영적으로 가난하게 하고 천상의 실체들에 대해 눈멀게 하고 부끄럽게도 신실한 증거 사역과 선행이 사라졌다. 그러므로 그리스도인들은 시대 정신과 사는 장

소의 정신을 무심코 채택하는 것을 경계하고 대신 예수 그리스도의 의제(議
題)와 성경에 기반한 기풍을 가꾸어 나가야만 한다. 만일 그렇게 하지 않으
면 위험이 너무 큰 까닭에 예수님이 라오디게아교회를 토해내시겠다고 하셨
던 무서운 책망을 듣게 될 것이다. 의심할 여지 없이 이것은 그 교회에 다니
는 많은 이가 구원받지 못했음을 가리키고 있다. 무감각한 기독교는 종종 영
적으로 죽은 불신앙을 그럴싸한 가면으로 감춘다. 달란트 비유에서 예수님
은 거짓된 자칭 신자들을 내쫓으라고 명령하셨다: "이 무익한 종을 바깥 어
두운 데로 내쫓으라. 거기서 슬피 울며 이를 갈리라"(마 25:30).

3:17~19 _그리스도의 정다운 조언

　라오디게아에 보낸 그리스도의 편지는 성경에서 아주 가혹한 본문 가운
데 하나이며 그러므로 이 교회에 대해 그리스도께서 보여 주시는 사랑과 부
드러움을 보면서 많이 놀랄지도 모른다. 계시록 3:17을 읽고 나면 예수님
이 어느 순간에 이 교회를 향해 역겨워진 그분의 입에서 험하게 침을 내뱉으
실 것을 예상하게 된다. 그런데 오히려 예수님은 그들을 섬기시며 "내가 사
랑하는 자를 책망하여 징계한다"(계 3:19)고 말씀하신다. 우리의 많은 실패와
죄악에 비추어 볼 때 여기에 큰 소망이 있다. "그들의 모든 실패 때문에 그
럼에도 이것은 그분이 사랑하시며 회개하기를 원하시는 그의 백성들로 구
성된 '하나의 교회'다."(J. M. Boice: R. D. Phillips, 156) 그렇다면 라오디게아교회가
풍기는 불쾌감에 대한 처방이 예수님한테서 직접 나온다는 것이 놀랍지 않
다: "내가 너를 권하노니 내게서 불로 연단한 금을 사서 부요하게 하고 흰옷
을 사서 입어 벌거벗은 수치를 보이지 않게 하고 안약을 사서 눈에 발라 보
게 하라"(계 3:18).
　예수님이 열거하신 특별한 물품들을 살펴보기 전에 이 조언의 총체적인

주제에 먼저 초점을 맞추어야만 한다. 그리스도인들은 다양한 필요를 라오디게아 시장에서 채우기를 기대하지 말고 오히려 '그리스도께' 가서 그분과 거래해야 한다. 그들이 찾을 수도 있는 한 가지는 예수님이 세상 것과는 완전히 '다른 경제'를 운영하신다는 것이다. 이것이 우리가 "그분으로부터 사야만 한다고" 말씀하시는 예수님의 본뜻이다: 그분의 구원하시는 복이 돈 받고 팔려고 내놓은 것이라는 말이 아니라 우리의 영혼을 구원하실 모든 신성한 복을 받기 위해 그분께 가야만 한다는 것이다. 그분 혼자서만 우리의 궁핍을 부요로 바꿀 수 있고 우리의 벌거벗은 몸을 입힐 수 있고 영적으로 죽은 자에게 생명을 주실 수 있다. 이사야서에 표현된 시장 경제를 예수님이 마음에 두고 계셨음은 의심의 여지가 없다: "너희 모든 목마른 자들아, 물로 나아오라. 돈 없는 자도 오라. 너희는 와서 사 먹되 돈 없이, 값없이 와서 포도주와 젖을 사라"(사 55:1).

예수님과 거래한다는 것은 빈손으로 그분께 가는 것이며 오직 그분의 은혜만으로 모든 구원의 복을 얻으려고 하는 것이다. 그것을 아주 잘 표현한 시가 있다.

> 내 손에 든 것 하나 없이, 그저 당신의 십자가에 매달릴 뿐;
> 발가벗은 몸, 옷 입으려 당신께 갑니다;
> 의지할 데 없어, 은혜 받으려고 당신을 바라봅니다.
> 더러워졌기에 내가 샘으로 날아갑니다.
> 구주여 나를 씻으소서. 그렇지 않으면 나는 죽습니다.
>
> (A. M. Toplady, 1776)

첫째, 예수님은 "내게서 불로 연단한 금을 사라"(계 3:18)고 그들을 격려하신다. 그분께서 구원의 참된 부요와 경건한 삶을 말씀하신 바 있다. 예수님은 재산을 몽땅 쌓아 두었지만 어느 순간에 제 생명을 잃게 될지 알지 못하는 어리석은 부자 이야기를 하신 적 있다. 예수님은 이것을 "자기를 위하여 재물을 쌓아 두고 하나님께 대하여 부요하지 못한 자"(눅 12:21)의 어리석음이라 하셨다. "하나님께 대하여 부요하다"는 것은 모든 죄가 용서되고 그리스도를 믿음으로 의로움을 갖게 되는 것, 그런 다음 모든 시련과 환난을 인내함으로 순전하고 강하게 된 경건한 성품을 갖게 되는 것을 말한다. 예수님이 지적하셨듯이 많은 부자가 불행과 절망 속에 가련하고 비참하게 되지만 반면에 세상 것들에 가난한 강한 신자들은 "성령 안에 있는 의와 평강과 희락"(롬 14:17)으로 이미 눈부신 부자다.

둘째, 예수님은 "흰옷을 사서 입어 벌거벗은 수치를 보이지 않게 하라"(계 3:18)고 강력하게 권하신다. 계시록을 통틀어서 흰옷은 그리스도를 믿음으로 의롭게 되고 삶의 마지막까지 인내함으로 자기들의 구원을 확증한 이들을 상징한다(3:4; 4:4; 7:9; 22:14 참조). 여기서 또한 예수님이 우리의 수치를 덮어 준다는 것을 말씀하신다. 고대사회에서 가장 큰 굴욕은 발가벗겨지는 것이었고 반면 가장 큰 영예는 가장 좋은 옷으로 입혀지는 것이었다. 이 세상의 가장 큰 영광은 고상한 거룩이 있는 하늘로 불러 주실 만한 몸가짐으로 이 광야 길을 걷고 그리스도께서 넘겨주신 의로움으로 하나님 앞에서 옷 입혀졌음을 아는 이들이 경험하게 된다.

라오디게아의 표준색은 거기서 생산된 멋있는 양모의 '검은색'이었음을 기억해야만 한다. 그러므로 예수님을 믿음으로 의롭게 되고 정결하게 되는 이는 세상과는 다른 색의 옷을 입는 것을 예수님이 가리키는 듯하다. 흰옷을 입은 그리스도인들은 그리스도의 의로움, 거룩한 그리스도인의 소명, 장차 오는 세상에서의 부활 생명에 대한 영광스러운 소망을 보여 주는 대중적인 반체제문화(기독 문화)를 만들어 내야 할 책임이 있다. 그리스도의 의로운 자녀로서 그리스도인들은 복음에 대한 증거를 지닌 사람으로서 세상과 조화되는 것이 아니라 비(非)복음적인 세상에 끝까지 저항해야 할 책임이 있는 것이다.

셋째, 라오디게아는 의료용 안(眼)연고로 유명했지만 그것이 교회가 영적인 맹목(盲目)이 되는 것을 막아 주지는 못했다. 그러므로 사람들은 "안약을 사서 눈에 발라 보게 하기"(계 3:18) 위해 예수님께 가야만 했다. 구약성경 시인의 고백처럼 "내 눈을 열어서 주의 율법에서 놀라운 것을 보게 하소서"(시 119:18), 이렇게 가슴으로 울면서 예수님께 가야만 한다. 그들은 자신을 있는 그대로 볼 필요가 있었다; 예수님의 영광과 은혜를 새롭게 볼 필요가 있었다; 또한 그리스도의 구원하시는 자비를 열렬히 증거함으로만 만날 수 있는 세상의 참된 필요 안에서 세상을 다시 보아야 할 필요가 있었다.

이 모든 선물은 예수님께서 거저 주시는 것이지만 그럼에도 엄하게 징벌하시는 주님으로서 이 거래 외의 어떤 것을 요구하시면서 그것을 원하신다: "내가 사랑하는 자를 책망하여 징계하노니 그러므로 네가 열심을 내라 회개하라"(계 3:19). "열심을 내라"는 낱말은 "뜨겁게 끓고 있는"(헬, 젤류오)이라는 뜻이다. 그러므로 예수님은 그의 백성들이 하나님 나라의 복음적인 의제(議題)를 열렬히 추구함으로써 그분이 주시는 모든 선물에 응답하기를 원하신다. 바울은 로마서 12:1에서 비슷한 얘기를 했다: "그러므로 형제들아 내가 하나님의 모든 자비하심으로 너희를 권하노니 너희 몸을 하나님이 기뻐하시는 거룩한 산 제물로 드리라. 이는 너희가 드릴 영적 예배니라." 우리가 그분의 피가 쏟아짐으로 거저 주시는 은혜로 예수님한테서 모든 것을 다 받았기 때문에 주님은 그에 대한 응답으로 감사의 예물로서 그리고 영원한 나라(왕국)의 종으로서 우리 몸을 전부 드리기를 원하신다.

그것이 당신에게는 무엇일 것 같은가? 그것이 당신을 좀 더 헌신 된 기도 사역으로 부르시지 않는가? 그것이 다른 이들에게 증인으로 나서라고 부르는 것은 아닌가? 그것이 교회 안에서 봉사 사역에 활력을 주지는 않는가?

혹은 사역 현장으로 당신을 부르는 것은 아닌가? 우리의 모든 은사와 소명
은 각기 다를 것이지만 예수님은 우리 각 사람에게 각기 나름의 방법으로 그
분의 구원하시는 사역을 위해 최선을 다해 열심을 내는 사람이 되기를 원하
신다.

3:20 _그리스도의 부드러운 호소

예수님은 정다운 조언에 역겨움을 표현했던 것 때문에 교회에 주신 그
만큼 더 두드러지게 최고로 부드러운 호소를 덧붙이신다: "볼지어다. 내가
문밖에 서서 두드리노니 누구든지 내 음성을 듣고 문을 열면 내가 그에게로
들어가 그와 더불어 먹고 그는 나와 더불어 먹으리라"(계 3:20).

이 구절은 복음 전도적인 성구로 빈번하게 쓰이지만 그러나 그 문맥을
보면 이 말씀은 그런 사례가 될 수 없다. 이 구절은 안 믿는 자들에게 "예수
님을 당신의 마음에 초청하라"고 요청하는 말씀이 아니다; 그보다는 예수님
을 향해 굳게 '문 닫아버린 교회'를 향해 말씀하고 계시는 것이다. 아울러 믿
지 않는 마음을 예수님께 연다는 생각은 성경적인 회심 개념이 아니다. 성경
적인 복음주의는 그리스도의 인격과 사역으로 그리스도를 선포하고, 그럼
으로써 복음을 듣는 이들이 그 말씀을 통해 주님이 여는(행 16:14) 새로운 마
음을 하나님이 주신다고 믿는 것이다(겔 36:25~26). 본문에서 그리스도는 "무
관심하고 자기 만족적이며 세속적인 그리스도인의 삶 때문에 그분께 등 돌
려버리고 마음을 닫아버린 사람의 닫힌 마음을 두드리고 계신다. 문 두드리
는 예수님은 하나의 이미지이지 그분께 그들의 마음을 달라고 안 믿는 자들
을 부르시는 것이 아니라 표류하고 방황하고 있는 세속적인 신자들을 진지
한 회개와 갱신의 길로 '다시' 부르시는 것이다."(J. M. Boice: R. D. Phillips, 159)

홀만 헌트는, 런던의 성 바오로 성당에 걸려 있는 유명한 그림 '세상의

빛'에서 문 앞에 서신 예수님을 그렸다. 포도나무 덩굴이 문 앞에 있는데, 그 것은 그 문이 최근까지 사용되지 않았음을 알려 주고 있다. 그리스도는 가시 관을 쓰시고 손에 등롱(燈籠)을 들고 또 다른 손은 문을 두드리려고 들고 계 신다. 한 친구가 헌트에게 그 그림에 문손잡이가 없다고 투덜거리자 그는 바 로 그것이 중요한 핵심이라고 대답했다. 이 문은 안에서 열게 되어 있는데 그리스도께서 그분의 교회에 그분과의 관계 회복에 대한 노력을 바라신다는 것을 알려 주고 있다.(G. C. Morgan, 6:32~33) 이것이 교회에 도전하는 것이며 교회 안의 모든 개인에게도 마찬가지로 도전이 된다. 예수님은, "누구든지" 그리스도의 임재하시며 다스리시는 강력한 복을 향해 문을 열기만 하면 된 다고 말씀하신다.

예수님은 우리가 그분의 음성을 듣고 문을 열어야만 한다고 가르치신 다. 이것은 그리스도께서 오늘 우리를 그 백성이 열렬하고 회개하는 믿음으 로 깨어나 응답할 것을 강권하시면서 말씀을 통해 부르신다는 것이다. "그 렇다면 라오디게아교회를 향한 주님의 부름은 하나님의 말씀으로 되돌아오 는 것이다. 이 교회의 궁핍은 그들이 하나님의 말씀에 합당한(가장 좋은) 자리 를 주지 않았다는 사실에 있다."(D. G. Barnhouse, 1971:82) 그리스도의 부르심 은 "조건 없이 그분의 주권에 항복하는 것이다. 그것은 주님의 뜻을 그분의 말씀에서 찾고 즉각 그것에 복종하는 것이다. 그것은 그저 일주일에 한두 번 종교적인 예배 행사에 참석하는 것이 아니다… 그것은 그분을 최우선 순위 에 모시며 공적이든 사적이든 삶의 모든 부분에서 항시 그분의 기쁨을 찾는 것이다."(John R. W. Stott, 2003:121~22).

예수님은 그분의 부르심에 약속을 덧붙이신다: "누구든지 내 음성을 듣 고 문을 열면 내가 그에게로 들어가 그와 더불어 먹고 그는 나와 더불어 먹 으리라"(계 3:20). 이것은 예수님과의 풍성하고도 개인적인 성찬을 제공하시 겠다는 것이다. 헬라인들은 하루 세 끼를 먹는데 그중 가장 중요한 것은 하루의 삶의 여러 가지 경험과 시간을 보낸 생각들을 나누는 저녁식사인 '데이 폰'이다. 이것이 예수님이 말씀하신 바로 그 식사다. 그분은 그날 하루 동안 제자의 삶 안에서 살아 있는 성찬을 우리에게 제공하신다. 어떤 이는 여기서 주님의 성찬식이 인유(引喩)되었다고 본다. 이 식탁 제공이 단지 성찬식에만 국한되지는 말아야만 하는 한편 그분의 말씀을 통해 살아 계신 그리스도께 문을 여는 교회는 공허한 종교행사가 아닌 주님의 식탁에서 풍부하고 영적인 모든 복을 즐길 '의무'가 있다.

문 앞에 서신 그리스도의 초상을 그린 홀만 헌트에 관한 이야기가 하나 더 있다. 어느 소년이 그 그림을 들여다보고 나서 말했다. "아빠, 왜 그들이 문을 안 열죠?" 아버지가 대답하기를, "나도 모른다; 그들이 원치 않아서 그럴지도 모르지!" 소년이 대답했다. "아뇨, 그렇지 않아요. 그들이 문을 안 여는 이유를 알 것 같아요; 그들이 모두 다 집 뒤에 사는 거예요!"(G. C. Morgan, 6:33) 그 소년은 그들의 우선순위, 애착, 모든 선택에 대해 예수님이 주권자이시라고 주장할 것이기 때문에 교회당에 오기는 하지만 그 마음은 온통 세상의 것들로 가득한 이들, 예배행위를 아예 끝내버린 이들, 몸은 나와 있지만 들어오라는 주님의 초대에 그 마음을 끝내 열지 않는 이들(마 15:8; 막 7:6)을 예리하게 지적하고 있었다. 그리스도는 애원하는 분으로서가 아니라 주권자로서 문을 두드리시므로 자신의 마음 문을 넓게 열지 않는 그리스도인들은 그분이 제공하시는 풍성한 성찬의 복에 참여하는 기회를 마침내 잃어버릴 것이다.

3:14, 21 _그리스도의 구원 제안

그리스도는 미지근한 교회를 책망하시려고 라오디게아에 편지를 쓰고 있는데 회개하고 그분과 그분이 제공하시는 복음에 대해 뜨겁게 되어야 할 몇 가지 이유를 주고 계신다. 첫째 이유는 라오디게아에 명백하게 일어났던 바와 같이 교회를 그 입에서 토하여 버릴 수 있기 때문인데 이는 미지근한 신앙을 가졌던 교인들이 결코 구원받지 못할 것을 경고하는 것이다. 두 번째 이유는 세상은 줄 수 없는 흰옷과 보게 하는 눈과 더불어 참 부요를 예수님이 우리에게 주시기 때문이다. 셋째, 다스리시기 위해 그러나 또한 즐거움과 사랑으로 교제하시기 위해 예수님은 몸 된 교회와 그리스도인들의 마음속에 사시기를 간절히 바라신다. 마지막으로, 예수님을 향한 우리의 열정을 갱신하기 위한 가장 중요한 이유는 그분 특유의 훌륭함과 영광이다. 이것이 예수님의 핵심 속성을 서술하는 말로 이 메시지가 시작된 이유다: "라오디게아 교회의 사자에게 편지하라. 아멘이시요, 충성되고 참된 증인이시요, 하나님의 창조의 근본이신 이"(계 3:14).

첫째, 예수님은 "아멘"이신데, 이 말은 신뢰성과 진실성을 의미한다. 그분은 말씀하시는 주님이시며 말씀이 그렇다면 거침없이 행하시고 마침내 그것이 확정된다. "충성되고 참된 증인"으로서 주님은 우리 자신에 대하여, 세상에 대하여, 그리고 복음에 대하여, 생명을 가져오는 그분의 말씀, 우리가 들을 필요가 있는 진리를 말씀하시는 삼위 하나님이시다. 뿐만 아니라 예수님은 "창조의 근본"(계 3:14)이시다. 요한은 그의 복음서를 예수님이 태초에 하나님과 함께 계셨고 "만물을 지으신" "말씀"이라는 말(요 1:1~2)로 시작했다. 그러므로 예수님은 우리의 교회를 갱신시킬 수 있고 전능하시고 구원하시는 능력으로 우리 삶을 회복시키실 수 있다.

예수님이 아시아의 일곱 교회에 보내는 그분의 메시지를 구원이라는 마지막 제안으로 마무리하시는 것은 이런 능력이 있기 때문이다: "이기는 그에게는 내가 내 보좌에 함께 앉게 하여 주기를 내가 이기고 아버지 보좌에 함께 앉은 것과 같이하리라"(계 3:21).

계시록의 일곱 메시지 특히 그중에서도 라오디게아의 미지근한 교회에 보내는 메시지는 듣기 거북한 단호하고 엄격한 말로 되어 있다. 그러나 예수님은 자신의 교회를 친밀하게 아시며 그 백성을 사랑하시는 하나님으로서 말씀하고 계신다는 것을 일깨우게 된다. 그분의 힐책은 그분께 주도권을 양도함으로써 삶의 가장 좋은 것을 놓치게 하려는 것이 아니라 오히려 우리의 믿음을 통해 그분과의 고급 성찬의 식탁으로 우리를 높여 주시려는 것이다. 주님은 영광과 권위의 보좌 위 그분 곁에 우리를 앉히시고 또한 고유의 권한인 하나님 아버지와의 만족스러운 성찬에 우리를 영원히 참여하게 하시려는 뜻을 분명히 밝히신다.

이런 이유로 우리는 "내가 이기고 아버지 보좌에 함께 앉은 것과 같이 하리라"(계 3:21)고 말씀하시는 하나님이신 예수님 그분만의 승리에서 길어 올리는 믿음으로 세상을 정복해야만 한다. "그리스도는 십자가로 정복하셨고 그 제자들의 모범이 되신다. 그들은 험난한 나날을 만난다. 그러나 그들은 그리스도의 패배처럼 보이는 것이 사실은 세상에 대한 그분의 승리임을 잊지 않아야만 한다. 고난받도록 부름 받았다면 그 고난 속에서 그들도 정복할 것이므로 두려워할 필요가 없다."(L. Morris, 81) 우리는 영원토록 이어지는 큰 보상 단지 예수님의 하늘에서만이 아니라 "내 보좌에 (지금) 나와 함께"라고 하시는 말씀과 더불어 오직 그분의 능력으로만 정복한다. 이것은 요한이 말한 "세상을 이기는 승리는 이것이니 우리의 믿음이라"(요일 5:4)고 말씀하시는 그리스도께서 지금 그의 백성과 몸 된 교회를 부르시는 고상하고도 영광스러운 하늘의 뜻이다.

라오디게아교회를 향한 그리스도의 은혜로운 제안을 보면서 이 교회에 하나님의 은혜가 제공되었기 때문에 우리는 더더욱 계시록 2~3장에 등장한 교회들 가운데 일반적으로 최악으로 보였던 이 교회와 우리를 기꺼이 동일시하게 된다. 라오디게아교회에 보내는 그리스도의 용기를 북돋우는 메시지가 조셉 하트의 위대한 찬송가에 표현되었다.

오라, 너희 죄인들아,

가난하고 비참한 자, 약하고 상한 자, 아프고 쓰라린 자;

예수께서 너를 구원하려 서 계시네, 능력과 함께 가득한 연민으로…

돈 없이 오라, 돈 없이 오라, 돈 없이 오라,

예수 그리스도께 가서 사라; 예수 그리스도께 가서 사라.

(J. Hart, 1759. 찬송가 96장 "예수님은 누구신가"의 원 가사가 이것인데, F. S. Miller[민로아]가 이 가사를 개작한 것이 찬송가에 수록된 것이다. _https://cemk. org/20689/ 참조)

  그리스도의 부르심은 요한 당시의 고대 신자들과 마찬가지로 오늘 우리에게도 해당된다. 따라서 예수님은 우리 각 사람에게 긴급하게 말씀하신다: "귀 있는 자는 성령이 교회들에게 하시는 말씀을 들을지어다"(계 3:22). 말씀을 '들으라'는 명령은 단순히 '청취하라'는 것이 아니라 그 말씀에 '복종하라'는 뜻임을 잊지 말아야 한다.

2막

하늘에
열려져 있는 문

Ἀποκάλυψις Ἰησοῦ Χριστοῦ ἣν ἔδωκεν αὐτῷ ὁ θεός δεῖξαι
τοῖς δούλοις αὐτοῦ ἃ δεῖ γενέσθαι ἐν τάχει καὶ ἐσήμανεν
ἀποστείλας διὰ τοῦ ἀγγέλου αὐτοῦ τῷ δούλῳ αὐτοῦ Ἰωάννῃ

하늘에 보좌를 베풀었고
(요한계시록 4:1~8)

¹이후에 나는 보았다. 그리고 보라. 하늘에 열려져 있는 문이 있다. 그리고 나와 더불어 말하는 나팔 같은 것의 내가 들은 처음 음성이 말한다. "이리로 올라오라. 그리고 이 후에 반드시 되어져야만 하는 것들을 내가 네게 보여 줄 것이다." ²즉각적으로 내가 성령 안에 있었다. 그리고 보라. 하늘에 보좌가 놓여져 있다. 그리고 그 보좌 위에 앉으신 이가 있다. ³그리고 그 앉으신 이는 그 보임에 있어서 벽옥과 홍보석 같고 또 그 보임에 있어서 녹보석 같은 그 보좌 주위에 무지개가 둘려 있다. ⁴그리고 그 보좌를 두른 이십사 보좌들과 그 보좌 위에 앉아 있는, 흰옷으로 입혀진 이십사 장로들과 그들의 머리 위 금 면류관들을 (내가 보았다). ⁵그리고 그 보좌로부터 번개들과 소리들과 우레들이 나오고 있었고, 그 보좌 앞에는 일곱 등불이 타오르고 있었는데, 이는 하나님의 일곱 영이다. ⁶그리고 보좌 앞에 수정 같은 유리 바다 같은 것이 있고 보좌 중에와 보좌를 둘러 앞과 뒤에 눈들로 가득 찬 네 생물들이 있다. ⁷그리고 그 첫째 생물은 사자 같고, 그 둘째 생물은 송아지 같고, 그 셋째 생물은 사람 같은 것의 얼굴을 가지고 있고, 그 넷째 생물은 날아가는 독수리 같다. ⁸그리고 그 네 생물 각각은 여섯 날개를 가졌고 그들을 둘러서 그리고 그들 안이 눈들로 가득 차 있다. 그들은 "거룩

하다 거룩하다 거룩하다 주 하나님 전능하신 이여 전에도 계셨고 지금도 계시고 장차 오실 이여"라고 말하면서 낮과 밤에 쉼을 갖지 않는다. (이필찬, 2021:450, 464, 479, 515)

주전 593년 유대 제사장 에스겔은 바벨론에 포로로 잡혀가 있었다. 바벨론의 그발 강가에서 "주님의 손"이 그 위에 나타났고(겔 1:3) 그는 눈부신 비전을 보았다. 폭풍과 큰 구름이 오고 그 속에서 불이 번쩍번쩍하여 빛이 그 사방에 비치고 아울러 "네 생물의 형상"(겔 1:5)이 나타났다. 각기 네 날개가 달린 사람, 사자, 소, 독수리의 얼굴이 보였다. 그들의 머리 위에는 무지개에 둘러싸인 수정바다가 있고 "그 머리 위에 있는 궁창 위에 보좌의 형상이 있는데 그 모양이 남보석 같고 그 보좌의 형상 위에 한 형상이 있어 사람의 모양 같더라"(겔 1:26).

수 세기에 걸쳐 에스겔이 본 이 비전은 너무 난해해서 유대교 랍비들 가운데 일부는 에스겔서를 정경에서 제외할 궁리를 했다. 랍비 하나냐 벤 히스기야는 이 선지서의 의미를 밝히기 위해 밤늦게까지 등불을 밝히느라 5만 리터 가까운 기름을 썼다고 한다.(E. M. Duguid, 1999:18) 신약성경의 등장으로 에스겔서의 참 해석이 가능하게 되었는데 계시록 4장의 이 부분과 에스겔서 1장의 비전은 서로를 해석하는 데 큰 도움을 주고받는다.

에스겔의 비전에서 중요한 점은 '재앙의 시대에 하나님의 주권을 보여주는 것'이었다. 바벨론 제국의 황제는 자기 보좌에 앉아 다스렸지만 예루살렘이 마주한 시련들은 궁극적으로 하나님의 훨씬 더 영광스러운 보좌로부터 왔다. 이것은 고국에서 멀리 떨어진 이방에 포로로 잡혀가 있던 에스겔에게 큰 소망이 되었다: 심판 중에서조차 하나님은 구원하시겠다고 약속하셨던 모든 언약에 신실하시다는 것.

계시록이 현재와 미래의 사건들에 관한 일련의 예언적 비전으로 시작되기 때문에, 사도 요한은 7세기 전 에스겔에게 보였던 것과 사실상 똑같은 비전을 본 것이다. 일부 세부사항이 다르다 해도 에스겔 1장과 계시록 4장의 유사성은 현저하며 또한 요한이 받은 메시지는 에스겔이 받은 것과 똑같다. 비록 요한이 밧모 섬에 추방당해 있었고 아시아의 교회들이 로마에 있는 가이사의 보좌로부터 오는 불안한 박해에 직면했다 해도 역사를 참으로 다스리시는 분은 로마 황제가 아니라 하나님이셨다. 이 메시지는 우리의 본향이 아닌 세상에서 순례자가 된 오늘날의 그리스도인들에게도 중요하다. 우리가 사는 이 시대의 환난을 맞이할 준비를 하면서 우리 또한 온갖 시련이 모두 다 신실하신 하나님의 통제를 받고 있으며 따라서 악이 뒤엎어지고 우리의 구원으로 역사가 끝날 것을 분명히 알아야 할 책임이 있다.

4:1 _하나님의 주권

계시록은 7막으로 구성되어 있는데 각 단락(막)은 하늘에 계신 하나님의 관점에서 본 교회 시대의 역사를 나타내고 있다. "나선형으로 복합 구성"된 (이필찬, 2000:23; 김형종, 16) 이 일곱 주기(사이클)는 진행됨에 따라 차츰 강도가 높아지며 역사의 마지막을 향해 그 초점도 계속 좁혀져 간다. 이 단락들을 식별하는 열쇠는 그리스도의 재림과 최후 심판이 서술되고 있는 곳을 주목하는 것이다. 세대주의자들은 1장에서 22장까지 계시록을 하나의 연속적인 역사로 읽는데 그리스도의 재림과 하나님의 최후 진노가 순환하는 것을 억지로 꿰어 맞추려고 몹시 복잡하고 혼란스러운 설명을 시도한다. 이 책을 시작하면서 동영상을 글로 써서 전달하는 문제의 어려움을 지적한 바 있는데 세대주의자들은 바로 그 점을 전혀 간파하지 못한 것으로 보인다. 그러나 각각의 단락(막)이 단락 고유의 관점으로 역사의 병행을 묘사한다는 점을 인식할 때 계시록은 훨씬 더 뜻이 잘 통하게 된다.

계시록 4:1은 계시록의 2막을 시작하는데 한 걸음 더 전진하면서 조심스럽게 역사 속을 들여다보기 시작한다. 예수님이 요한을 불러서 "이후에 마땅히 일어날 일들을 내가 네게 보여 주리라"고 말씀하신다. "이후에"라는 문구는 "장면 전환" 표지다.(이필찬, 2021:450) 4장과 5장은 하늘 보좌 앞 현재 시점에서의 실체를 그리고 있고 사악한 자들이 "어린 양의 진노"(계 6:16~17)를 피하여 숨으려 하지만 허사가 되는 6장은 하나님의 계획이라는 여섯 개의 인(印)이 떼어지는 것을 보여 주는 것으로 끝맺는다. 7장은 장차 오는 세상의 영광 안에서 대속(代贖) 받은 이들의 찬양으로 2막을 마무리한다.

장차 무엇이 오는지를 알기 때문에 이 비전이 하늘에 있는 보좌에 초점을 맞추는 이유를 이해할 수 있다. "이 비전의 목적은 우리에게 아름다운 상징으로 보좌에 앉으신 주님이 만물을 다스리신다는 것을 알려 주는 것이다."(W. Hendriksen, 84) 이어 나오는 비전들은 점점 더 경악할 만한 장면들을 포함하고 있다. 그러므로 하늘의 보좌는 맨 먼저 치명적인 여러 시련의 와중에서 신자들에게 위로를 주는 장면을 보여 준다. 시편 99:1에서 이렇게 노래한다: "여호와께서 다스리시니 만민이 떨 것이요 여호와께서 그룹 사이에 좌정하시니 땅이 흔들릴 것이로다."

이 비전은 요한이 보고 있는 장면으로 시작된다. "보라 하늘에 열려져 있는 문이 있다!"(계 4:1). 이사야나 에스겔 같은 구약시대의 많은 선지자처럼 그리고 시내산 위로 소환되었던 모세처럼 요한은 그리스도의 음성을 따라 하나님 앞으로 불려 갔다: "이리로 올라오라. 이후에 마땅히 일어날 일들을 내가 네게 보이리라"(계 4:1). 위쪽(하늘)에서 보게 되면 거기에 종종 새로운 조망의 신호가 있는데 나팔소리가 새로운 계시를 선포했던 것처럼 요한은 이런 것들을 위해 영광 중에 즉위하신 하나님이 계시는 하늘 성전으로 받아들여질 것이다. 이 문은 계시록에서 세 번째로 언급된 것이다. 첫 번째는 선교 사역을 위한 '기회의 문'(3:8), 두 번째는 그리스도께서 다시 받아들여지고 싶어 두드리시는 '교회의 닫힌 문'(3:20)이었다. 세 번째인 이 문은 '계시의 문'인데, 이 문이 열림으로써 요한이 하나님의 모든 것을 볼 수 있게 된다. 세대주의자들은 요한의 소환을 종말적인 교회의 휴거로 잘못 해석한다. 이것은 본문을 완전히 잘못 읽은 것이다. 대신 요한은 그의 모든 감각 위에 작동하는 "성령에 감동되어"(1:10) 올려졌고 그래서 하늘의 참성전 안에 있는 것들을 보고 그것들을 상징적으로 표현할 수 있었다.

거기서 요한은 "그 보좌 위에 앉으신 이와 하늘에 서 있는" "보좌 하나"를 보았다(계 4:2). 하나님의 보좌는 계시록에 38회 등장하는데 그중 17회가 4장과 5장에 나온다. 이것은 예루살렘에서 주권의 위기가 있었던 기간에 이사야가 "주께서 높이 들린 보좌에 앉으신 것을"(사 6:1) 보았던 비전과 비슷한데 또한 그발 강가에서 에스겔이 본 하나님의 보좌 비전과는 훨씬 더 밀접한 관계를 드러낸다. 밧모 섬에서 요한이 보았던 비전은 "가이사가 앉은 보좌의 그늘에서 살아야만 했던 사탄의 보좌(2:13) 아래 그 그늘이 더 어두워지는 것을 발견한 이들에게 다른 무엇보다도 중요한 한 가지 진리는 '하늘에 훨씬 더 강하고 위대한 보좌가 있다'는 것이었다."(G. B. Caird, 62)

보좌라는 상징에 덧붙여서 그 비전에는 하나님의 주권에 대한 다른 지표들도 있었다. 그리스도의 목소리로 하시는 말씀을 주목하라: "이후에 마땅히 일어날 일들을 내가 네게 보이리라"(계 4:1). 그리스도는 그분이 미래를 주권적으로 다스리시기 때문에 그 미래를 예언하실 수 있다. 역사는 하나님의 주권적인 의지로 작정하신 것이기에 혹시 '일어날지도 모르는' 것 혹은 심지어 단지 '일어날' 일만으로 구성되는 것이 아니다. 뿐만 아니라 하나님의 주권은 하나님께 응답하고 있는 하나님의 보좌를 둘러싼 천사들, 대속 받은 교회, 천사같은 존재들과 함께, 모든 지음 받은 실체들의 중심에 보좌가 자리 잡은 모습으로 강조되고 있다.(마이클 하이저, 593-599 참조) 그리스도인들이 하나님의 주권을 생각할 때는 종종 그분의 구원하시는 은혜를 생각한다. 그러나 계시록은 하나님의 영광과 성도들의 선을 위해 하나님이 작정하신 그분의 교회가 마주하고 있는 모든 박해와 시련을 다스리는 하나님의 주권도 똑같이 강조하고 있다. 우리는, 이런 현실이 하나님의 보좌로부터 나와서 땅 위에 쏟아지는 모든 심판과 저주를 통해 계시록 전체에 걸쳐 강조되는 것을 알게 될 것이다(6:1~8, 16; 8:3~6; 16:17).

구원과 심판 양면에 걸친 하나님의 주권적인 통제는 에스겔과 사도 요한 같은 망명객들에게 틀림없이 큰 위로가 되었을 것이다. 그것은 또한 스코틀랜드 왕이 그리스도의 교회를 다스리는 권세를 끝끝내 인정하지 않음으로써 처형을 기다리고 있던 스코틀랜드의 장로주의자 알란 카메론에게도 소망이 되었다. 카메론이 처형당하기 전날 왕실의 권력자들이 카메론의 아들 리차드를 똑같은 죄목으로 사형시켰다. 그들은 잔혹하게 리차드의 머리와 팔을 베어 카메론의 형무소 감방 고참 간수에게 보내면서 카메론에게 그게 혹시 누구의 것인지 알아볼 수 있겠느냐고 물었다. "나는 안다. 알고말고." 그는 대답했다. "그것들은 내 아들의 것, 내 사랑하는 아들의 것이다." 그러나 그의 믿음이 이 슬픔과 고뇌로 무너지기는커녕, 그동안 뜻했던 대로 카메론은 주님의 주권으로부터 힘을 끌어냈다. 그는 "나에게 혹은 나의 자식에게 그릇된 일을 결코 하실 수 없는 주님의 뜻은 선한 것인데 그러나 주님은 우리가 사는 모든 날 동안 선함과 자비하심이 늘 우리를 따르게 하셨다."(D. F. Kelly, 87~88) 이렇듯 하나님의 주권적인 통치를 즐거워하는 신자들은 엄청난 시련에 인내하는 위대한 평화를 갖고 있다. 바울은 이렇게 말했다: "우리가 알거니와 하나님을 사랑하는 자, 곧 그 뜻대로 부르심을 받은 자들에게는 모든 것이 합력하여 선을 이루느니라"(롬 8:28).

4:4~6 _예배의 중요성

계시록 4장은, 요한복음 3장, 로마서 8장, 그리고 히브리서 7장과 함께 으레 성경에서 가장 위대한 장(章)들 가운데 하나로 여겨졌다. 계시록 4장은 모든 역사에 대한 하나님의 주권뿐만 아니라 역사의 중심 행위로서 하나님을 향한 경배도 알려 준다. 이 점은 4~6절에 그려져 있다: "그리고 그 보좌를 두른 이십사 보좌들과 그 보좌 위에 앉아 있는 흰옷으로 입혀진 이십사 장로들과 그들의 머리 위 금 면류관들을 (내가 보았다). 그리고 그 보좌로부터 번개들과 소리들과 우레들이 나오고 있었고, 그 보좌 앞에는 일곱 등불이 타오르고 있었는데, 이는 하나님의 일곱 영이다. 그리고 보좌 앞에 수정 같은 유리 바다 같은 것이 있고 보좌 중에와 보좌를 둘러 앞과 뒤에 눈들로 가득 찬 네 생물들이 있다."(이필찬, 2021:479) 요한이 본 비전의 중심에 하늘의 실체들에 상응하는 모든 창조세계가 있기에 그러므로 하나님을 경배하는 천상의 업무는 피조물에게는 또한 가장 고귀한 부르심이다. "하나님은 가장 중요하시고 가장 확실한 우주의 중심이자 우주의 지존자이시다." 그러므로 "피조물은 그분을 경배하고 섬기고 숭배하면서 자기들의 완전한 성취, 자기 존재의 의미와 충만한 만족을 발견한다."(V. S. Poythress, 98, 100)

요한은 천상의 지성소 안 보좌 주변에 모여 있는 까닭에 돋보이는 두 무리를 보았다. 첫째, 그는 "그리고 그 보좌를 두른 이십사 보좌들과 그 보좌 위에 앉아 있는 흰옷으로 입혀진 이십사 장로들과 그들의 머리 위 금 면류관들을 (내가 보았다)"(계 4:4), (이필찬, 2021:479) 이 장로들에 관한 한 가지 이론에서는 이스라엘의 제사장들을 24교대조로 조직했던 역대상 24:7~18을 지목하는데 성전 찬양대인(대상 25:6~31) 이 장로들을 하늘에 있는 하나님의 보좌 앞 천사들에 대응하는 존재들로 보고 있다. 보다 그럴 듯한 것은 천상의 24 장로를 이스라엘의 12지파와 신약의 12사도가 결합된 수에 상응하는 존재로 보는 것인데 이런 식으로 봄으로써 신약과 구약의 대속 받은 모든 교회를 상징하는 것으로 볼 수 있다. 이것은 계시록 21장과도 병행된다: "크고 높은 성곽이 있고 열두 문이 있는데 문에 열두 천사가 있고 그 문들 위에 이름을 썼으니 이스라엘 자손 열두 지파의 이름들이라. 동쪽에 세 문, 북쪽에 세 문, 남쪽에 세 문, 서쪽에 세 문이니 그 성의 성곽에는 열두 기초석이 있고 그 위에는 어린 양의 열두 사도의 열두 이름이 있더라"(계 21:12~14).

이 비전은 지상의 신자들 특히 환난으로 위협 받는 이들에게 지극히 중요한 의미가 있다. 이 역사(歷史)의 천상(天上)적 묘사에서 그리스도인의 교회가 하나님의 보좌로부터 가장 눈에 띄게 가까운 곳에 자리 잡고 있음을 주목하라. 특히 요한이 편지를 써 보내고 있는 아시아에 있는 일곱 교회의 경우처럼 세상이 교회와 그리스도인들을 가장 하잘것없는 사람들로 보는 반면 그들은 그리스도의 복음에 대한 증거를 갖고 있으며 또한 그들의 경배가 세상에서 가장 중요한 활동이기 때문에 실제로 가장 중요한 사람들이다. 뿐만 아니라 이미 죽임을 당한 순교자들과 죽음의 위협을 받았던 초대교회를 생각할 때 대속 받은 교회가 살아 있을 뿐만 아니라 영광 중에 그리스도와 함께 다스린다는 놀랄 만한 소식을 감격스럽게 깨닫는다.

24장로들이 교회에 대응된다는 것을 확신하게 되는 또 다른 이유는 요한이 강조하는 기록 때문이다: 그들은 "흰옷을 입고 금관을 쓰고 앉아 있다"(계 4:4). 이것은 땅에서 약속되고 시작된 구원의 완성을 나타낸다. 흰옷은 그들을 거룩한 삶으로 부르심 뿐만 아니라 그리스도를 통해 그리스도인들에게 주신 의로움을 의미하고 있다. 예수님은 사데교회의 "그 옷을 더럽히지 아니한 자… 흰옷을 입은" 이들에게 말씀하셨다(계 3:4). 왕관은 그리스도 안에서 죄를 이긴 참 신자들에게 주시는 보상이다: 예수님은 서머나교회에 보낸 편지에서 "네가 죽도록 충성하라. 그리하면 내가 생명의 관을 네게 주리라"(계 2:10)고 말씀하셨다. 예수님은 일곱 편지의 마지막에서 "이기는 그에게는 내가 내 보좌에 함께 앉게 하여 주기를 내가 이기고 아버지 보좌에 함께 앉은 것과 같이 하리라"(계 3:21)고 약속하셨다. 4장의 비전 속에 극적으로 표현된 이런 복들은 단지 어떤 선택받은 '특별한' 신자들뿐만 아니라 예수를 믿음과 동시에 마지막까지 믿음으로 살았던 '모든 참된 신자'가 받는 보상을 나타낸다. "이것은 대속 받은 모든 이가 어떻게 상 받을 것인지를 알려 준다. 그들은 하나님 앞에 서게 될 것이며 예수님 곁에서 그분과 함께 다스리게 될 것이다."(P. Gardner, 71)

> 그들은 당신을 대표하는 신자들이다. 여러 개의 보좌, 왕관, 여러 벌의 제사장의 옷은 다 당신 것이다. 언약을 주신 하나님의 보좌 가까이 보좌의 둘레라는 그 복된 자리도 당신의 것이다. 이것들은 하나님의 영적인 왕국에서 당신이 차지할 곳이다. 그것의 청결성, 영예, 능력, 그리고 하나님 가까이 머무는 것, 이 모든 것들은 실로 실질적인 소유에 관한 한 아직까지는 단지 부분적으로만 당신의 것이다; 그러나 당신이 그분이 주신 사랑의 언약 안에서 적어도 그분의 소유라면, 그것들이 수반하는 영원히 당신 것이 되는 모든 특권과 모든 복의 영광스러운 충만함으로 그것들을 틀림없이 실제로 소유하게 될 것이다.(J. Ramsey, 231)

이런 식으로 요한이 본 비전은 모든 그리스도인의 삶, 그것의 고귀한 부르심을 일깨우고 있다. 따라서 사도 베드로는 성도들을 "택하신 족속이요, 왕같은 제사장들이요, 거룩한 나라요, 그의 소유가 된 백성이니, 이는 너희를 어두운 데서 불러내어 그의 기이한 빛에 들어가게 하신 이의 아름다운 덕을 선포하게 하심이라"(벧전 2:9)고 묘사했다. 사데교회의 신실한 이들처럼 우리도 옷을 더럽히지 않도록(계 3:4) 부름 받았고 또한 빌라델비아교회의 성도들처럼 우리가 가진 것을 굳게 잡아 아무도 우리의 면류관을 빼앗지 못하게 하라(3:11)는 권면을 받았다.

보좌 앞에 구약성경과 신약성경의 모든 성도가 함께 모임과 더불어 요한은 하나님의 보좌 곁에 있는 신비스러운 존재들을 보았다: "네 생물이 있는데 앞뒤에 눈들이 가득하더라"(계 4:6). 그들이 에스겔 1장의 비전에 등장하지 않았더라면 이 존재들을 확인하기 어려웠을 것이다. 거기, 에스겔 1장에 등장하는 "네 생물"(겔 1:5)은 아주 사소한 수정사항 외에는 계시록 4장에 등장하는 존재들과 똑같은 모습이다. 뿐만 아니라 에스겔 10장에서 그들은 하나님의 보좌를 받드는 강력한 "그룹천사"로 밝혀졌다. 이들은 하나님의 지상 보좌의 발판으로 여겨지는 언약궤 위 금으로 상징화된 영광스러운 존재들이다. 에스겔이 본 비전 속 그룹천사처럼 요한이 본 네 생물도 눈들로 가득한 네 존재로 나타난다: "그 첫째 생물은 사자 같고, 그 둘째 생물은 송아지 같고, 그 셋째 생물은 얼굴이 사람 같고, 그 넷째 생물은 날아가는 독수리 같다"(계 4:7). 이 네 얼굴들은 지상의 피조물을 나타낸다. 사람(지상의 가장 높은 피조물)과 함께 등장하는 "사자(가장 높은 야생 짐승), 송아지(가장 높은 가축), 독수리(가장 높은 조류)는 그 자체로 살아 있는 피조물의 가장 높은 속성 전체를 구체화하고 있다는 사실을 상징하고 있다."(I. M. Duguid, 1999:58~59)

생물의 창조 순서를 나타내고 있는 네 생물을 살펴볼 때는 대속(代贖) 받은 교회와 더불어 계시록 5:11에서 무수한 천사들이 신자들 주변에 모여 있다고 말하는 내용과 함께, 영원토록 가장 중요한 한 가지 행위(하나님께 경배)에 종사하면서 하늘 보좌 주변에 모여 영원한 영광 안에 살게 될 모든 이를 아울러 생각해야 한다. 그러므로 요한이 본 비전의 목적은 땅에서 포위 공격을 당하는 신자들에게 하늘 보좌에 계신 하나님의 주권뿐만 아니라 모든 시간 모든 것 안에서 하나님께 영광 돌리는 그분의 백성을 향한 위대한 부르심까지도 일깨우고자 하는 것이다. "하나님께서 만물을 다스리고 계시기 때문에 모든 피조물은 그분을 경배하는 일을 가장 중요한 행위와 의무가 되도록

해야만 한다."(J. M. Boice: R. D. Phillips, 171~2)

4:2~3 _하나님 중심의 예배

프랭크 바움의 고전 『오즈의 마법사』는 도로시라는 소녀의 이야기인데 도로시는 고향 칸사스에서 폭풍에 휩쓸려 날아가 요한처럼 밧모 섬에서 유랑객이 되었다. 도움이 필요한 위험한 세계에서 도로시는 심장이 필요한 양철나무꾼, 용기가 부족한 겁쟁이 사자, 뇌를 잃어버린 허수아비와 함께 에메랄드 성의 순례자가 되었다. 마침내 그들은 나팔소리와 불을 내뿜는 위대하고 강력한 오즈의 마법사 앞에 나타난다. 그러나 장막이 걷히자 각종 지레를 당기면서 단추들을 눌러대는 꼬마 하나가 나타났다. 그 강력한 마법사는 누구의 실제적인 필요도 전혀 채워 줄 수 없는 협잡 사기꾼이었던 것이다.(D. E. Johnson, 95)

이 이야기는 하늘 지성소로 이끌려 들어간 요한이 보았던 것과는 전혀 다르다. 장막이 걷히자 '열린 문'이 나타났고 요한은 자신의 모든 뜻을 성취시키는 전능자 하나님의 아주 멋진 모습을 보았다. 요한은 하나님이 예배의 중심이심과 더불어 주권자로서 보좌에 앉아 계시는 모습을 이미 보았다. 우리는 하나님의 주권 때문에 그분께서 숭배와 섬김을 받으실 자격이 있다는 것을 이미 확인했다. 그러나 하나님은 그분의 모든 속성에서 경배받으실 "이유"가 있는 가장 위대한 분이시다. 요한이 본 비전은 하나님의 모든 존재 때문에 우리가 경배하는 것을 보여 주고 있는 이미지들의 콜라주(collage)이다.

하나님의 '주권'을 확인했으므로, 요한이 본 비전에서 그다음으로 명백한 것은 하나님의 '영광'임을 알 수 있게 된다. 요한이 "보좌 위에 앉으신 이"(계 4:2)라는 말 외에 다른 설명을 하려고 하지 않는다는 점을 주목하라. 바울은 "가까이 가지 못할 빛에 거하시고 어떤 사람도 보지 못한"(딤전 6:16)

하나님을 말했다. 그러므로 하나님의 영광을 그리고 있는 많은 소리, 빛, 색상은, 하나님이 "벽옥과 홍보석 같고 또 무지개가 있어 보좌에 둘렸는데 그 모양이 녹보석(에메랄드: 오즈의 마법사에 나오는 성 이름이 에메랄드다)같다"(계 4:3)고 요한이 말하려고 하는 것이다.

오늘날의 벽옥(jasper)은 색이 분명치 않은 불투명한 돌이지만 그러나 계시록 21:11에서는 그것을 "수정같이 맑다"고 묘사하고 있다. 따라서 학자들은 이것을 오늘날 우리가 금강석(diamond)이라고 부르는 것이라고 생각한다. 남보석(carnelian) 혹은 루비(sardius)는 진한 붉은 색이다. 이것들은 하나님의 아름다움의 압도적인 그림을 보여 주기 위해 녹보석 무지개와 결합되었다. "보석들은 접근할 수 없는 밝음을 반영하면서 보좌 주변의 빛을 강화하고 또한 그렇게 해서 하나님의 본체를 둘러싸고 있는 눈부시게 아름다운 영광을 드러낸다."(G. K. Beale, 1999:321) 요한이 쉽사리 말로 표현하기 어려웠던 이렇게 가시적인 영광은 하늘에 계신 하나님을 향한 경배를 촉구한다.

경배해야 할 "이유"로서 주님은 '신실하신 분'으로 좀더 드러난다. 하나님의 이 측면은 하나님의 보좌를 둘러싼 녹보석 무지개로 묘사되었다. 무지개는 대속(代贖) 받은 이들의 완전한 수가 채워질 때까지 심판을 유보하겠다는 하나님의 자비를 약속하며 노아와 맺은 하나님의 언약적 표상(表象)이다(창 9:13). 이 비전은 창조주 하나님의 주권을 강조하고 또한 그렇게 해서 창조세계에 대한 언약의 신실성이 영화롭게 되는 것을 강조한다. 반원형인 지상의 무지개와 대조적으로 이 무지개는 하나님의 영원한 신실성을 강조하는 완전한 원형이다. 또한 녹보석 무지개는 노아와 그의 가족을 위해 하나님이 깨끗하고 새로운 세상을 주셨던 것처럼 하나님을 믿는 사람들을 위해 그분의 언약이 새로운 녹색 창조의 세계로 그들을 이끌 것이라는 암시 그 이상이다. "여기에는 그림형식으로 마치 노아에게 주셨던 약속들을 하나님이 잊어버리기나 한 것처럼, 여러 비전의 다른 부분에서 이야기하게 될 재앙 같은 것을 설명하기 위한 경고는 없다. 심지어 하나님이 심판의 보좌 위에 앉아 계실 때조차도 그분은 자신만의 모든 언약적 약속에 눈부시게 둘러싸여 있다."(P. Gardner, 70)

하나님은 그분의 '능력' 때문에 더더욱 경배받으신다. 이것은 아마도 하나님의 보좌 앞 "수정같은 유리 바다"(계 4:6)의 중요성 때문일 것이다. 하나님의 초월성을 보여 주는 것으로 짐작되는 하늘과 땅이 분리된 창조 영역을 포함하는 이 "바다"에 대한 개연성 있는 수많은 해석이 있다. 혹은 바다가 제사장이 섬기기 전에 와서 씻는 장소인 성전 앞 대야를 언급하는 것일 수도 있는데 그것은 그리스도 안에서 하나님께서 정결하게 하시는 은혜의 상징일 수도 있다. 그러나 특히 계시록의 나중에 나오는 용법에 비추어 가장 그럴듯해 보이는 것은 바다가 하나님께 대항하는 세상에서 '불신과 반역의 혼돈상태'를 상징하는 것으로 보는 것이다. 계시록에서 정부의 압제를 상징하는 첫 짐승이 바다에서 올라온다(계 13:1). 이것을 생각하면 "유리 바다"는 하나님의 권능에 정복당한 악과 불(不)신앙의 혼돈상태를 나타냈던 것으로 밝혀진다. 이스라엘이 상처 입지 않고 통과하도록 하나님이 홍해를 가르셨듯이 하나님은 모든 악과 반란을 정복하시고 그럼으로써 그 백성들이 예배 자리에 다가설 수 있게 하셨다. 5장에서 그리스도의 죽음과 부활이 악의 권세를 정복했음을 알게 된다. 마찬가지로 예수님이 언젠가 그분의 목소리로 폭풍과 파도를 잠잠하게 하셨듯이 그분은 오늘도 여전히 세상에서 역경(逆境)의 폭풍우에 놀란 성도들의 마음에 평강을 주신다.

하나님은 특히 그중에서도 녹보석 무지개뿐만 아니라 보좌 앞에 켠 일곱 등불 곧 "하나님의 일곱 영"(계 4:5)이 상징하는 그분의 '은혜'로 인해 경배받기 "때문에" 위대하신 분이시다. 7은 완성을 말하는 것이고 따라서 성령의 완전히 충족된 사역을 가리킨다. 성령의 영감을 받은 말씀을 통해서 하나님은 그 백성에게 구원을 가져다주기 위해 보좌로부터 나오는 빛을 보내신다.

계시록 1:4에서 요한은 "그의 보좌 앞에 있는 일곱 영"에 의해 하나님이 주시는 "은혜와… 평강"을 선언했다. 비슷한 비전에서 스가랴 4:6에서는 하나님의 구원하시는 은혜를 말했다: "힘으로 되지 아니하며, 능력으로 되지 아니하고, 오직 나의 영으로 되느니라."

마지막으로 하나님은 '거룩하시기' 때문에 경배받으신다. "번개와 음성과 우렛소리"(계 4:5)는 일반적으로는 하나님의 영광을 그러나 특별하게는 그분의 거룩을 말한다. 번개와 우렛소리는 하나님이 율법을 내려 주실 때 시내 산에 울렸던 번개와 우렛소리와 뚜렷한 병행을 보인다. 하나님의 거룩성은 그분을 경배해야 하는 주된 이유 가운데 하나다. 보좌 앞의 네 생물이 외친다: "거룩하다. 거룩하다. 거룩하다. 주 하나님 곧 전능하신 이여, 전에도 계셨고, 이제도 계시고, 장차 오실 이시라"(계 4:8). 주님이 지니신 모든 속성의 영광 때문에 하나님 스스로 항시 예배의 중심에 계시며 오직 하나님 혼자서만 그 백성의 경배를 받으신다.

4:1~2 _보좌로 부르시는 그리스도

하나님의 거룩을 기억하며 보좌의 위엄을 보고 그다음에 두려운 그룹천사 호위대를 엿볼 때 긴급한 질문은 앞으로 우리 중에 누가 이 예배 현장에 들어갈 수 있느냐 하는 것이다. 그룹천사 형상들이 이스라엘인들과 지성소를 가리는 장막으로 조립되어 하나님의 거룩한 임재로부터 그들을 분리했던 것을 기억한다. 타락한 아담을 생명나무로부터 추방하여 동산을 지키기 위해 강력한 그룹천사에게 화염 검(창 3:24)이 주어졌다. 그렇다면 하나님의 율법을 어겼고 옷이 죄로 더럽혀진 우리가 어떻게 하나님을 경배하러 네 생물이 있는 곳 천상의 성전에 들어갈 수 있겠는가?(이광우, 1993:34 참조)

우리의 죄 문제가 너무 어렵고 과거의 죄의 기록이 우리를 정죄하기 때문에 어떻게든 하나님께 좋은 인상을 주기 위해 자신의 일을 열심히 하는 것은 정답이 아니다. 우리에게 답은 요한의 경우와 똑같다. 사도 요한조차도 예수님이 "오라"(계 4:1)고 말씀하시며 그를 부르셨을 때만 천상의 영광에 들어갔다. 예수님이 그분의 피로 우리를 죄책으로부터 영원히 단번에 깨끗하게 하신 십자가로 "오라" 말씀하시면서 우리를 부르신다. 예수님은 믿는 이들에게 정복하는 생명을 주시는 그분의 부활이 있는 빈 무덤으로 우리를 초대하신다. 그리고 이제 예수님은 그분만을 믿는 믿음을 통해 우리가 하나님께 갈 때 무엇무엇이 우리 것이 되는지를 보고 하늘을 들여다보라고 명령하신다. 그리스도는 그분의 소환에 응하는 모든 이를 위해 깨끗한 옷, 왕관, 보좌를 준비해 놓으셨다. 그리스도께 가 보았는가? 그분은 심지어 지금도 "오라"고 말씀하신다. 계시록의 마지막 장에서 우리에게 "오라" 하시는 예수님의 부름에 응답하고 하나님의 아들을 믿음으로 하나님 앞에서 걷기만 한다면 영원한 성전에 있는 우리의 처소, 우리가 속하게 될 영광에 대해 말하고 있다:

다시 저주가 없으며 하나님과 그 어린 양의 보좌가 그 가운데에 있으리니 그의 종들이 그를 섬기며 그의 얼굴을 볼 터이요 그의 이름도 그들의 이마에 있으리라(계 22:3~4).

영광과 존귀와 권능
(요한계시록 4:6~11)

⁶그리고 보좌 앞에 수정 같은 유리 바다 같은 것이 있고 보좌 중에와 보좌를 둘러 앞과 뒤에 눈들로 가득 찬 네 생물들이 있다. ⁷그리고 그 첫째 생물은 사자 같고, 그 둘째 생물은 송아지 같고, 그 셋째 생물은 사람 같은 것의 얼굴을 가지고 있고, 그 넷째 생물은 날아가는 독수리 같다. ⁸그리고 그 네 생물 각각은 여섯 날개를 가졌고 그들을 둘러서 그리고 그들 안이 눈들로 가득 차 있다. 그들은 "거룩하다. 거룩하다. 거룩하다. 주 하나님 전능하신이여. 전에도 계셨고, 지금도 계시고, 장차 오실 이여"라고 말하면서 낮과 밤에 쉼을 갖지 않는다. ⁹그리고 생물들이 영원히 사시는 보좌에 앉으신 이에게 영광과 존귀와 가사들 드리는 때에 ¹⁰이십사 장로들이 보좌에 앉으신 이 앞에 엎드리고 영원히 사시는 이에게 경배한다. 그리고 그들은 (다음과 같이) 말하면서 그들의 면류관을 보좌 앞에 놓는다. ¹¹"우리의 주와 하나님이여, 영광과 존귀와 능력을 받으시기에 합당합니다. 왜냐하면 당신이 만물을 지으셨고, (만물이) 당신의 뜻대로 있었고 지으심을 받았기 때문입니다". (이필찬, 2021: 479, 515~16)

바로 앞에서 계시록 4장이 성경의 가장 위대한 장(章)들 가운데 하나로 간주 되어야만 한다고 말한 바 있다. 그 이유는 4장이 어쩌면 하늘에서 다스리시는 하나님의 영광에 대해 가장 많은 정보를 주고 있을 것이라고 보기 때문이다. 시편 23편, 이사야 53장, 로마서 8장 같은 본문은, 우리의 구원을 위해 하나님께서 '하신 일'과 하나님이 '계속하시는 일'이라는 극히 중대한 주제에 초점을 맞추고 있다. 그러나 계시록 4장은 그 보좌에 앉으신 분의 찬란한 영광 안에 계시는 '하나님 자신'을 보여 주고 있다. 그것은 "전능하신 지존자의" "오직 겸손하게 예배함으로만 탐색 되는 신비"(G. B. Caird, 63)이다.

하나님을 인식하며 성장한 이들은 필연적으로 그분을 좀 더 분명하게 보기를 원한다. 모세는 이렇게 탄원했다: "주의 영광을 내게 보이소서"(출 33:18). 하나님은 오직 그 영광의 "등"만 보는 것을 허락하셨는데(출 33:23) 이것은 계시록 4장에 주어진 상징적인 비전과 유사한 것이었으리라 생각한다. 하나님의 찬란함이라는 이 비전을 아마도 두 눈으로 하나님의 위엄을 직접 보게 되는 이런 하늘에 우리가 가게 될 것이라고 보는 것이 가장 근사한 생각이다.

필연적으로 제기되는 문제는 말로 전달된 이 비전이 하늘과 하나님의 "실제" 모습을 보여 주고 있느냐 하는 것이다. 그 답은 다른 모든 묵시문학과 마찬가지로 계시록은 실재를 상징 형식으로 보여 준다는 것이다. 계시록의 다음 부분에서 거짓의 아비인 사탄(스캇 펙, 399)은 용으로, 박해하는 적그리스도는 짐승으로 그려질 것이다. 이것들은 사진이 아니고 상징이지만 그것들은 여전히 사탄과 그 하수인들을 "실제로" 유사하게 그려낸다. 마찬가지로 우리는 하나님이 모세에게 "사람은 하나님을 볼 수 없다"(출 33:20)고 말씀하신 것과 같은 직접적인 비전으로 상징을 대체할 수 있다 해도 하나님과 천국을 좀 더 분명하게 보지는 못할 것이다. 시편 104:2에서 하나님은 스스로 "빛을 (옷으로) 입으신다"고 했는데 이것은 하나님이 감추려 하시는 것이 아니라 우리에게 자신을 '드러내려 하신다'는 뜻이다. 볼 수 없는 하나님을 볼 수 있게 설계된 상징들, 곧 이 비전에 기록된 것들을 요한이 정말로 보았음을 확신할 수 있다: 보석으로 반짝이는 하나님의 보좌, 녹보석 무지개, 네 생물, 보좌에 앉은 장로들. 이 상징적인 비전은 어쩌면 성경의 다른 어느 곳보다도 훨씬 더 찬란하고 더 명료하게 하나님이 지니신 용모의 영광을 보여 주시려고 하나님이 선택하신 방법의 실재를 보여 주고 있을 것이다.

4:6~11 _요한계시록 4장의 큰 주제들

4장(章)의 탁월성, 그 일부를 확인하기 위해 우리 마음에 불을 붙여야만 하는 몇 가지 주제를 살펴보겠다. 이 비전에서 우리가 수집해야만 하는 첫 번째 인상은 하나님의 빼어난 '탁월성'과 '위엄'이다. 하나님보다 더 흥미롭고 중요한 존재는 없다. 하나님만큼 마음(과 영혼)을 넓혀 주는 주제는 없다. 지상의 어떤 취미나 오락도 하나님의 영광을 묵상하는 일의 경이로움으로부터 우리 상상력의 매력을 결코 느슨하게 하지 못한다.

하나님의 탁월성에 접근하는 한 가지 방법은 '영광'을 나타내는 히브리어(카봇)를 이해하는 것이다. '카봇'이라는 낱말의 기본 의미는 "무거운"이다. 중요한 것은 '하나님이 중대하시다'는 것이다: 가볍지 않고 무겁다.(이광우, 1993:10) 하나님은 무한한 실체이시므로 바람에 날리는 겨(시 1:4)와 정반대이신 분이다. "그분보다 더 영향력 있는 이는 아무도 없다. 그분보다 더 지위가 높거나 명성의 무게가 더한 사람은 없다. 그 누구도 그분보다 더 존경, 인정, 찬양을 받을 만한 존재는 없다."(P. G. Ryken, 1999:16)

계시록 4장이 하나님의 묵직한 탁월성을 나타내기 때문에 오늘날 기독교의 주요 병폐 가운데 하나를 생각하게 된다. 미국 복음주의에 접근하면서, 데이빗 웰스는 "하나님의 무중력상태"에 대해 비판했다. 가짜 그리스도인들에게 "하나님은 중요하지 않게 되었다. 그분은 너무 하찮은 나머지 알아차릴 수도 없게 세상에서 곤히 잠들어 계신다."(D. F. Wells, 1994:88~90) 웰스의 말은 하나님께 무슨 일이 일어났다는 뜻이 아니고 그보다는 '하나님을 향한 인간의 태도'에 무언가 심각한 문제가 생겼다는 것이다. 인간은 하나님의 자리인 보좌 위에 올라앉은 오만한 자신을 본다. 심지어 오늘날의 그리스도인들은 하나님과 그분의 뜻이 아닌 우리 자신의 다양한 필요에 어울리는 것들, 우리 자신의 취미와 기호(嗜好)에 어울리는 것들에 마음을 빼앗겼다.

만일 복음주의자들이 이런 식으로 계속 하나님께 무관심하다면 최근 일어난 포스트모던 정신은 신성(神性)을 더더욱 가볍게 여기게 될 것이다. 웰스는 자신의 종교를 묘사해 달라는 설문 조사에서 자기의 종교를 "시일러리즘"이라고 답했던 시일러 라르손의 말을 인용한다. 이 사조(思潮)는 교회 없이 그녀 고유의 개인적인 종교를 구성한 것이다. 시일러가 시일러리즘의 진리를 어디서 찾을까? 그녀는 "그저 나만의 작은 목소리"에서 찾는다고 대답한다. 포스트모더니즘에 대해 웰즈는 "자아(自我)가 실재의 주요 형식이 되었다"고 비판한다.(D. F. Wells, 2005:150~53). 따라서 포스트모더니즘에서는 '성경'이 아니라 '내 감정', '내 기분'이 유일한 진리(의 기준이 된)다.

계시록 4장으로 돌아오면 거기 등장하는 그분의 위엄 안에 계신 하나님이라는 비전은 자아에서 비롯된 종교 따위의 모든 주장을 부숴버린다. "안과 주위에 눈이 가득하고 각기 여섯 날개를 가진 네 생물"(계 4:8)은 틀림없이 하나님의 '지배권'과 관계가 있다. 그룹천사들은 모든 곳에 있으면서 모든 것을 다 보았다. 그들의 탁월한 지성으로 하나님이 유일한 경배 대상이시며 주요 관심사라고 결론을 내렸다. 영광 중에 보좌에 앉으신 하나님을 보면서 우리는 얼굴을 엎드림으로(4:10) 24장로를 따라 우리의 면류관을 벗어 그분의 발 앞에 던지면서 "우리 주 하나님이여 영광과 존귀와 권능을 받으시는 것이 합당하다"(4:11)고 계속 찬양해야 한다.

이 비전에서 우리가 얻는 두 번째 인상은 '영광을 추구'하는 인간 마음의 정당한 열망이다. 그리스도인들은 때때로 영광에 대한 건전한 갈망에 반(反)하는 겸손한 행위를 성경이 요구하는 것을 본다. 사실상 인간은 영광을 위해 창조되었다. 우리는 '영광추구자'가 되도록 설계되었다. 이것이 사람들이 영화배우들이나 특급 운동선수에게 그토록 열광하는 이유다. 확실히 연예계와 스포츠계의 '아이돌'을 찬양하는 행위에는 적절한 이름이 붙여진 셈이다: 하지만 어떤 피조물이든 그것을 남신 혹은 여신의 지위로 끌어올리는 것은 우상 숭배다. 그러나 영광 자체를 추구하는 욕구는 다른 누구도 아닌 하나님 자신을 통해 만족하도록 하나님께서 인간의 마음에 심어 놓으신 것이다. 멋진 경기를 보기 위해 혹은 음악 콘서트에서 연주를 듣기 위해 수만 명씩 종교적인 열정으로 열심히 모이는 것에 놀랄 때가 있다. 그 이유는 우리 인간이 만든 것의 영광을 지상에서 잠깐 경험하는 것이라도 '영광을 열망하는 마음'이 인간에게 있기 때문이다. 그러나 유일하고도 참된 영광은 하나님의 '인격'과 그분의 '구원 사역'에서만 발견된다.

그리스도인들은 우상 숭배를 거절할 뿐만 아니라 하나님의 영광을 향해 마음을 열어야만 한다. 이것이 계시록 4장에서 우리가 보는 그림이다. 창조의 중심에서 빛나는 것은 영광스러운 하나님의 초월적인 찬란함이다. 요한이 본 비전에서 이 위엄은 24장로와 그들을 에워싸고 있는 수많은 천사 모두를 사로잡았다. 계시록은 우리 앞에 하늘 영광의 고귀한 비전을 계속 유지해 주므로 따라서 우리가 하나님의 영광을 묵상함으로 영혼을 자주 새롭게 하지 않으면 자신을 메마르게 만들어 버린다는 것을 알려 준다.

기억할 만한 에세이 '하나님의 무게'에서 C. S. 루이스는 신자들이 현재 우리가 보는 자연에 반영된 영광의 바깥에 있다고 했다. 그러나 그는 우리에게 불타는 일출, 혹은 불타는 듯한 가을 단풍 같은 자연의 작은 영광을 들여다볼 것 그리고 그 자연이 신호로 나타내는 참 영광 안으로 우리가 곧 들어갈 것을 깨달으라고 강권한다. 루이스는 우리가 "성경의 이미지들을 진지하게 받아들인다면 (그리고) 하나님이 어느 날 우리에게 태양의 찬란함을 '옷 입게'하는 새벽 별을 '주실' 것을 믿는다면" 자연의 아름다움 속에서 오고 있는 영광의 메아리를 보아야만 하는데 우리는 지금 "우리가 보는 온갖 화려함과 사귀고 있다"고 말했다. 그러나 그는 다음과 같이 덧붙인다.

> 신약성경의 모든 이파리는 그것이 항시 그렇게 되지는 않을 것이라는 소문으로 속삭이고 있다. 어느날 하나님이 기꺼이 그리하실 것이고 우리는 참가하게 될 것이다… (우리는) 입을 것이다… 대자연은 단지 첫 번째 스케치에 불과한 훨씬 더 큰 영광을… 대자연은 죽는 것이다; 우리는 대자연보다 더 오래 살 것이다. 모든 태양과 별무리가 사라져 버릴 때 당신들 각 사람은 여전히 살아 있을 것이다… 우리는 대자연 너머 대자연이 발작적으로 반영하는 그 찬란함 속으로 들어가 대자연을 경험하도록 소환될 것이다.(C. S. Lewis, 1962:16~17)

계시록 4장이 암시하는 세 번째 인상은 이 비전에 절대 없어서는 안 되는 아름다움과 관련이 있다. 이 비전의 풍경은 빼어나게 아름답고 의심할 바 없이 24장로와 함께 천사의 목소리들은 지상에서 들었던 어떤 소리의 아름다움보다 탁월하다는 것을 알라. 이 모든 것들이 그리스도인들에게 진(眞, 진리), 선(善), 미(美)라는 세 가지 고전적인 덕의 가치를 평가하고 계발하도록 일깨운다.

특히 하나님을 경배할 때 종교개혁의 계승자들이 시각적인 아름다움에 반대하는 경향을 보이면서 스스로 천주교와 열심히 거리두기를 하는 것(천주교의 대성당같은 건축물에 반영된 예술적인 형상화 특히 시각적인 요소를 필요 이상으로 배척하는 일부 개신교의 그릇된 자세를 비난하는 것)은 아주 우스꽝스럽다. 그러나 계시록 4장에 드러난 천상의 예배에 비추어 그런 태도는 얼마나 어울리지 않는 것인

가. 중세의 그리스도인들은 위에 계신 하나님을 향해 마음을 끌어올리기 위해 많은 대성당을 건축했다; 우리는 존경과 경외의 마음이 없이는 유럽의 어느 한 고대 성당에라도 들어갈 수 없다. 오늘날 복음전도자들은 "청중"의 편의를 위해 "예배 센터"를 실용적으로(?) 건축하는데 그런 건물에서는 위에 계신 하나님보다는 오히려 우리 주변의 사람들에게 수평적으로 눈길이 더 간다.

제2계명은 그것에 절하기 위해 "새긴 우상을 만드는"(출 20:4~5) 행위를 정죄한다. 많은 개혁주의 그리스도인들은 이것을 경배에서 모든 '시각(視覺) 이미지'를 배제하는 것으로 해석한다. 그러나 하나님 본체의 형상이 없어야 한다 해도 그들은 언약궤 위의 황금 그룹과 에덴동산을 연상하게 하는 다양한 자연 이미지들을 포함한 위대하고 아름다운 이미지들로 '성전'을 장식해야만 한다고 하나님께서 명령(출 25~28장)하셨음을 전혀 알아채지 못한다. 그렇다면 하나님은 그분께서 예배하려는 마음을 불러일으키는 아름다움을 설계하셨기 때문에 예배처소 안에서 시각적인 아름다움을 금하지 않으신 것이 분명하다. 전체 성경 특별히 계시록을 통해 우리 예배에서 아름다움을 계발하라는 격려를 받는다: 하나님께로 영혼을 들어 올리도록 설계된 예배 공간을 통해 시각적으로, 온갖 아름다운 소리로 하나님의 말씀을 돋보이게 하는 음악을 통해 청각적으로, 그리스도인들이 계발해야 할 아름다움의 가장 중요한 형식은 우리 마음속에 그것을 형성시킨 하나님의 거룩으로서 그분의 고유한 성품의 아름다움을 하나님께 다시 반사하는 "미(美)와 거룩"(시 29:2)이다.

오늘 우리가 사는 포스트모던 사회의 세속주의자가 인간 모습의 아름다움을 포함한 모든 종류의 아름다움에 상처를 내기로 결단한 것은 분명 우연은 아니다. 오늘날 많은 청소년이 온몸을 문신으로 덮고 또한 몸 여기저기에 구멍을 뚫는 것은 마음속에서 그들이 느끼는 것으로 자기들의 무력함을 덮으려 하는 것임을 별로 의심하지 않을 수 있다. 그러므로 그리스도인들은 우리가 만들고 우리가 하는 것들 속에 참되고 경건한 아름다움을 계발할 뿐만 아니라 하나님의 형상 곧 "왕 같은 존재"(차준희, 2013:28)로 창조된 사람의 아름다움과 가치로 소통해야만 한다. 계시록 4장은 우리가 이 비전에 드러난 아름다움의 이미지를 지니도록 하나님께서 설계한 족속임을 일깨워 준다: 우리의 몸, 우리의 성품, 우리의 모든 관계, 우리의 행위, 그리고 특히 우리의 예배.

4:8~11 _예배란 무엇인가

예배에 대해 생각할 때 그리스도인들은 하나님을 공경하는 성경적 모델에 대해 큰 책임을 깨달아야만 한다. 가르침에 대한 우리의 책임을 드러내는 한 가지 이야기가 출애굽기 32장에 들어 있다. 이스라엘 지파들이 시내산에 모였고 주님을 높이고 찬양하는 잔치를 열고 싶어 했다. 그러므로 그들은 자기들의 금과 보석을 대제사장 아론에게 갖다 주었고 아론은 그들의 바람대로 예배하기 위해 금송아지를 만들었다. 우리에게 중요한 것은 이것이 거짓 신을 예배한 것이 아니라 '참 하나님을 경배하는 거짓된 시도'라는 것을 깨닫는 것이다. 그들 마음의 욕망과 어리석음에 따라 이스라엘인들은 주님을 예배하기 위해 금송아지를 바라보았다(출 32:1~5). 하나님은 몹시 분노하셔서 자기들 나름대로 제멋대로 기획한 바에 따라 예배했던 그 백성을 심판하셨다.

계시록 4장은 하늘에서 하나님을 경배하는 데 대해 몇 가지 식견(識見)을 제공한다. 가장 근본적인 원리는 예배가 그분 자신을 계시하신 하나님께 응답하며 찬양하는 것이라는 점이다. 이것을 네 생물이 예배하는 모습에서 본다. 그들은 "밤낮 쉬지 않고"(계 4:8) 하나님께 찬양을 올린다. 이 천사 같은 여러 존재를 살피면서 그들의 얼굴이 사자, 소, 인간, 독수리의 모습이라는 것을 확인했는데 그들은 모든 부류의 지상 생물을 대표한다. 대표자들로서 그들은 자기들의 예배를 올린다. "모든 피조물이 성취하는 기능은… 하나님의 거룩 때문에 하나님을 찬양하는 것 그리고 그분의 창조 사역 때문에 그분께 영광 돌리는 것이다." 네 생물처럼, 창조세계 전체가 끊임없이 하나님께 밤이나 낮이나 끝이 없이 찬양을 올려 드린다. 하나님을 영화롭게 하고 찬양해야 하는 그룹천사들은 "대속 받은 인류의 목적을 나타내는 24장로와 합류한다."(G. K. Beale, 1999:332)

영어단어 'worship(예배)'이라는 낱말을 사용할 때 두 가지 중요한 점을 주목해야만 한다. 첫째, 그것이 자동사가 아니라 타동사라는 점이다. 이것은 예배가 항시 직접 목적어가 있어야만 한다는 것을 의미한다. 많은 사람이 "잠시 예배 중"이라고 말한다. 그러나 우리는 언제나 '어떤 것' 혹은 '어떤 분'을 예배한다. 오늘날 많은 교회에서 예배 의식은 믿지 않는 방문자들을 마음에 두고 기획(구도자 예배)되거나 혹은 회중의 입맛에 호소하기 위해 기획(예컨대, 입시철, 선거철에 교회당 안에서 행해지는 온갖 푸닥거리)된다. 그러나 그리스도인의 참된 예배는 오직 한 분만을 목표로 한다: 천상의 보좌에 앉으신 영광스러운 하나님. 참 예배는 요한계시록 5:13에 요약되어 있다. "보좌에 앉으신 이와 어린 양에게 찬송과 존귀와 영광과 권능을 세세토록 돌릴지어다." 방문객들과 회중이 참 예배로 복을 받는 동안 가장 중요한 원리는 그리스도인의 예배가 "하나님께 중심이 맞춰져야만 하며 하나님을 찬양해야만 하며 사람들의 마음을 하나님께로 돌려야만 하며 자기 자아를 벗어나 그 자아를 하나님을 향해 들어 올려야만 하며… 예배 의식의 권능과 영광, 힘과 생명이 하나님을 찬양하는 것이어야 하며 그분을 중심으로 해야만 한다"(D. F. Kelly, 103)는 것인데, 확실히 맞는 말이다. 이것이 정확하게 네 생물과 보좌에 앉은 24장로가 계시록 4장에서 하는 일이다.

둘째, 'worship'이라는 낱말은 영어 고어(古語) 'worthship'에서 온 말임을 유념해야만 한다. 하나님을 예배한다는 것은 그분의 진가(眞價)에 환호하는 것이다: 그분이 우리의 숭배를 받을 만한 가치가 있는 분이기에 하나님을 찬양한다. 이런 이유로 이 비전에서 하나님의 모든 속성이 지닌 영광 때문에 그분이 경배받으시는 것을 본다. 계시록은 천상의 그룹천사들이 경배할 때 찬양했던 하나님의 세 가지 속성을 강조한다: 하나님의 거룩, 능력, 그리고 영원성.

네 생물의 경배는 하나님의 '거룩'을 강조한다: "그들이 밤낮 쉬지 않고 이르기를 '거룩하다 거룩하다 거룩하다'"(계 4:8). 이 장면은 이사야 6장에서 본 천사의 경배를 되풀이하고 있다. 앞서 네 생물과 에스겔 1장의 천사 '그룹'을 비교했었는데 그러나 그들은 또한 이사야의 비전 속 경배하는 '스랍천사들'처럼 여섯 날개가 있으며 '3성창'으로 알려진 "거룩, 거룩, 거룩"을 노래하고 있다. 성경에서 반복은 특별한 강조를 표시하는데 하나님의 모든 속성 가운데서 오직 '거룩'만이 3성창으로 세 번 반복되고 있다. 거룩은 모든 피조물과 하나님의 초월적인 거리이며 또한 그분의 뛰어난 속성이다. 예수님은 하나님을 "거룩하신 아버지"(요 17:11)로 말씀하셨으며 기도에서 우리의 첫 번째 청원으로 '거룩'을 가르치셨다: "당신의 이름이 거룩히 여김을 받으시오며"(마 6:9). "여호와의 거룩 안에서 그분의 신성이 마치 그 자체에 집중하는 것 같다. 그것은 죄의 가능성 훨씬 위쪽으로 높여진다. 그분 안에 절대적으로 선한 것 때문에 악은 들어올 수 없다."(G. Vos, 269) 하나님의 거룩 때문에 모세는 불타는 떨기나무 앞에서 그의 신을 벗었다. 우리도 이와 같이 존경과 경외감으로 거룩하신 하나님을 예배해야만 한다(히 12:28~29). 참고로, 고대사회에서 종은 그 주인 앞에서 신을 신을 수 없었으므로 모세가 신을 벗은 행위는 주 되신 하나님 앞에 자신이 종임을 고백한 것이라는 것을 알아야 한다.

네 생물도 또한 하나님을 "주 하나님 전능하신 이"(계 4:8)라고 부르면서 하나님의 '능력'을 찬양한다. '전능하신'은 헬라어로 '판토크라토르'인데 로마 황제(가이사)가 건방지고 부당하게 가져다 써먹은 용어다. 하지만 참으로 전능하고 따라서 죄인을 구원하실 수 있는 분은 하나님 한 분밖에 없다. "계획을 시행하기 위해 능력이 들어가지 않았다면 그분의 계획은 얼마나 헛된 것이었을까. 구원하는 능력이 없었다면 그분의 자비는 나약한 연민에 지나지 않았을 것이다; 또한 처벌하는 능력이 없는 그분의 정의는 볼품없는 허수아비일 뿐이다; 모든 약속을 성취하는 능력 없이는 하나님의 모든 약속은 공허한 메아리일 뿐이다."(S. Charnock, 2:15) "하나님의 능력은 그분 자신과 같다: 무한하고, 영원하고, 불가해(不可解)한 분: 저지할 수도, 말릴 수도 없고, 피조물이 좌절시킬 수도 없는 분이시다."(A. W. Pink, 46) 요한이 편지를 써 보내고 있던 교회들이 바야흐로 박해와 시험의 때를 맞이하고 있었기 때문에 하나님의 능력에 대한 이 찬양이 그들에게 얼마나 큰 힘이 되었을지 상상할 수 있다.

하나님이 찬양받으시는 세 번째 속성은 그분의 '영원성'이다: "전에도 계셨고, 이제도 계시고, 장차 오실 이"(계 4:8). 하나님의 영원성은 그분이 만물의 전과 후에 계시기 때문에 그분의 주권적 통제를 강조한다. 다른 민족을 장악하여 제 나라를 만들려는 "모든 제국(김승환, 13)은 나타나기도 하고 사라지기도 한다; 그러나 하나님은 영원히 살아 계신다. 여기에 인류의 반역과 적대감 속에서도 한결같이 참으시는 승리자의 확약(確約)이 있다."(W. Barclay, 1:78)

하나님은 그 존재 때문만이 아니라 그분이 하시는 일 때문에도 찬양받으신다. 계시록 5장에서는 그리스도 안에서 하나님의 대속(代贖) 사역 때문에 그분을 찬양한다. 4장은 창조주이신 그분 사역의 영광 때문에 하나님을 찬양한다. 대속 받은 교회를 대표하고 있는 24장로의 경배에서 이것을 본

다: "우리 주 하나님이여 영광과 존귀와 권능을 받으시는 것이 합당하오니 주께서 만물을 지으신지라. 만물이 주의 뜻대로 있었고 또 지으심을 받았나이다"(계 4:11). 하나님은 만물을 지으셨을 뿐만 아니라 그것들을 지금 있는 그대로 붙들고 계시며 이 때문에 그분이 찬양받으시는 것이 합당하다.

별이 빛나는 밤하늘을 올려 볼 때 시편 8:1에서 "주의 영광이 하늘을 덮었나이다"라고 선언하는 것처럼 모든 별이 하나님의 영광을 찬양하는 성대한 의식을 보게 된다. 하늘의 별무리 가운데에는 아주 먼 거리에 있어서 하나처럼 빛나고 있는 전체 은하계도 있다. 망원경으로 보면 육안으로도 수십억 개의 성운(星雲)과 은하계를 볼 수 있다. 우리가 사는 은하계 곧 은하수 안에만 최소 2천 억 개 이상의 별이 우주 속에서 장엄하게 돌고 있으며 그 별들은 112만 조km나 되는 광대한 범위에 퍼져 있다. 성경을 통해 우리에게 자신을 계시하시는 하나님, 우리의 모든 죄를 대속하시려고 죽을 아들을 보내신 분 그 하나님이 이 영광스러운 우주를 지으시고 그분의 뜻대로 지금도 그것을 지탱하고 계신다. "천상의 성도들은 그분이 하신 창조의 경이로움 때문에 하나님을 찬양한다. 그 창조의 한 부분인 우리가 예배를 통해 또한 그렇게 해야만 하지 않겠는가?"(J. M. Boice: R. D. Phillips, 183~4)

창조주이신 하나님의 영광이 얼마나 위대한지를 살펴볼 때 우리의 찬양이 오직 그분 한 분께만 드려져야 한다는 것을 기억하고 있어야 한다. 1세기의 그리스도인들은 주님이신 그리스도에 대한 배타적인 헌신 때문에 죽음의 고통을 당하면서도 가이사를 하나님으로 받들기를 거부했다. 그러므로 오늘날의 그리스도인들도 우리 시대의 우상(아이돌)에게 절하기를 거부해야만 한다. "하나님 한 분만이 하나님이시므로 다른 모든 사랑, 다른 모든 염려, 우리를 탈진시키는 다른 모든 두려움을 넘어 오직 그분 한 분만이 맨 윗자리에 앉으실 자격이 있다."(C. S. Keener, 182) 참으로, 계시록의 논리는 우상 숭배로부터 우리 자신을 보호하는 가장 좋은 방법이 거룩하시고, 전능하시고, 영원하신 창조자 하나님을 찬양하기 위해 동료 신자들과 한자리에 모이는 것임을 시사한다.

4:10~11 _예배자가 할 일

요한이 본 천상의 비전으로부터 예배가 무엇인지를 확인했으므로 예배자들이 해야 할 것들을 살펴보면서 마무리하고자 한다. 네 생물과 보좌에 앉은 장로들은 세 가지를 우리에게 알려 준다. 첫째, 거룩하시고 전능하시고 영원하신 하나님의 임재 앞에서 우리 스스로 '겸손'해야 한다는 것을 강력하게 권한다.

네 생물의 겸손은 여섯 개의 날개로 암시되었다. 이것은 이사야가 본 비전 속 스랍천사들을 떠올리게 하는데 스랍천사들은 두 날개로는 얼굴을 가리고, 두 날개로 그들의 발을 가리고, 두 날개로는 날고 있었다(사 6:2). 이 천사들이 왜 얼굴을 가렸을까? 그 대답: 천사들 자신의 불꽃 같은 영광과 비교했을 때조차도 하나님의 밝음이 훨씬 더 영광스럽다는 것을 잘 알기에 황송하여 겸손을 드러내기 위해 그렇게 했다. 뿐만 아니라 발을 가림으로써 피조물로서의 겸손에 대한 자기들의 증거를 드러낸 것이다. 또한 "보좌에 앉으신 이 앞에 엎드려 세세토록 살아 계시는 이에게 경배하는"(계 4:10) 장로들의 겸손을 본다. 하나님이 높이 올려질 때 인간의 교만은 항상 아래로 깔리며 그리함으로 예배하지 않을 수 없게 되는 것이다. 사극(史劇)에서 '임금'을 '전하(殿下)'로 부르는 장면을 자주 보았을 것이다. 이는 "당신은 궁전 위(전상(殿上)에 계시고 저는 궁전 아래(전하(殿下))에 있어야 할 당신의 신하"라고 고백하며 자신을 완전히 낮추는 표현이다. 상대를 높임으로 자신을 낮추는 이 방식, 잘 생각해 보면 아주 성경적인 표현이다. 아무튼 하나님은 모든 인간의 유일한 '전하(殿下)'이시다. 이것은 우리가 하나님 앞에서 육체적으로 무릎을

꿇건 그렇지 않건 간에 특히 예배하기 위해 모였을 때 우리 마음이 항상 그분 앞에 겸손히 엎드려야만 하는 이유이다. 성경은 이렇게 말한다: "주 앞에서 낮추라. 그리하면 주께서 너희를 높이시리라"(약 4:10): "주님을 전하(殿下)로 모시라. 그리하면 전하(殿下)께옵서 너희를 높이시리라."

둘째, 하나님의 백성은 그분을 예배하기를 '즐거워한다.' 시편 전체에서 이 자세를 강력히 권하고 있다. 시편 97:12에서 이렇게 권하고 있다: "의인이여, 너희는 여호와로 말미암아 기뻐하며 그의 거룩한 이름에 감사할지어다!" 계시록 4장의 예배자들이 부르는 노래를 통해 기쁨(즐거움)을 추론할 수 있다. 이것들은 계시록에 기록된 많은 찬송 가운데 맨 먼저 나온 것인데 계시록의 모든 찬송은 특히 포위 공격을 당하는 하나님의 백성을 구원하실 때 하나님의 인격과 사역의 영광을 즐겁게 찬양한다. 따라서 이 천상(天上)예배의 측면에서 하나님을 찬양하면서 회중이 함께 노래하는 것이 우리의 주요 기쁨 가운데 하나가 되어야만 한다. "음악은 하나님과 진리에 의미 있고 기억할 만한 다양한 방식으로 응답하면서 우리의 가장 깊은 마음을 표현할 수 있도록 허락하신 하나님한테서 오는 은사이다. 그것은 우리가 기꺼이 받아들이는 모든 진리에 대해 '예, 예, 예!'라고 말하는 우리 마음으로 만나는 우리 마음의 실상이다."(J. M. Boice: R. D. Phillips, 185)

마지막으로, 성도들은 구주와 주님으로 그분을 '고백하면서' 하나님께 예배한다. 1743년 헨델의 '메시아'가 연주될 때 영국 왕 조지 2세는 "할렐루야 합창"이 불릴 때 자리에서 일어서서 듣는 것으로 그의 신앙을 고백했는데 이것이 오늘날까지 하나의 전통처럼 이어지고 있다. 자신이 영국의 주권자였음에도 불구하고 예수 그리스도가 왕중왕(王中王), 이제로부터 영원히 다스리시는 메시아이심을 고백하기 위해 일어서서 겸손히 머리를 숙인 것이다.

24장로는 "자기의 관을 보좌 앞에 드리고" "우리 주 하나님이여, 영광과 존귀와 권능을 받으시는 것이 합당하시다"(계 4:10~11)고 말하면서 그들의 고백을 드렸다. 그들은 유일하고도 참되신 주권자이신 하나님께 자기들의 순종을 환호하며 드러내고 있었다. 그리스도의 백성으로서 그들이 지닌 영광은 어느 것이나 다 하나님한테서 온 것이며 그러므로 그것이 오직 하나님을 찬양하는 데만 쓰여야 한다는 것을 고백하고 있었다. 그리스도인들이, 그리스도 안에서 하나님의 은혜로 창조세계 전체의 찬양에 영원히 우리의 증언을 추가하면서, 그분의 발 앞에 던지기 위해 왕관을 얻는 이 땅의 삶을 살고 있다는 것을 깨닫게 된 것은 얼마나 흥분되고 신나는 일인가.

어느 날 우리 모두 하나님 앞에 설 것이다. 당신이 그리스도인이 아니라면 그리스도의 대속하시는 피로 당신의 죄를 깨끗이 씻고 당신의 죄와 영원한 처벌에 대한 하나님의 무서운 선포를 듣게 될 것이다. 당신이 그리스도를 믿는 신자라면 천상의 영원한 찬양의 거룩한 궁전으로 하나님이 받아들이시는 말씀을 들으며 즐거워할 것이다. 그날 하나님의 발아래 갖다 놓을 왕관을 갖고 있는가? '지금' 아주 소수의 사람들만 아는 것처럼 보이는 것들을 '그때' 확실히 깨달을 것이다. 천국에 가면 세 번 놀란다고 한다: "그 사람 안 왔어?" 하면서 한 번, "어? 저 사람도 왔어?" 하면서 한 번, "얼씨구! 나도 왔네?" 하면서 또 한 번. 우리의 주된 목적과 가장 큰 복은 영원히 하나님을 찬양하기 위해 사는 것이며 아울러 우리 마음속에서 즐겁게 외치면서 "하나님께만 모든 영광이 있으라!"고 말할 수 있다는 것을 계시록 4장의 이 말씀에서 확실히 깨달아야 할 것이다.

사자와 어린 양
(요한계시록 5:1~7)

[1] 그리고 나는 보좌 위에 앉으신 이의 오른손 위에 있는 안쪽과 뒤쪽에 기록되어 있고 일곱 인으로 인봉되어 있는 책을 보았다. [2] 그리고 나는 힘센 천사가 큰 음성으로 외치는 것을 보았다. "누가 그 책을 열며 그것의 인들을 떼기에 합당한가?" [3] 그러나 아무도 하늘 안에서나 땅 위에나 땅 아래에서 그 책을 열거나 그것을 볼 수 없었다. [4] 그래서 나는 크게 울었다. 왜냐하면 아무도 그 책을 열거나 그것을 보기에 합당한 것으로 발견되지 않았기 때문이다. [5] 그리고 장로들 중 하나가 내게 말한다. "울지 말라. 보라. 그 책과 그것의 일곱 인들을 열기 위하여 유다 지파의 사자, 다윗의 뿌리가 이기셨다." [6] 그리고 보좌와 네 생물 중에와 장로들 중에 일곱 뿔과 일곱 눈을 가지고 있으면서 죽임당한 것 같은, 서 있는 어린 양을 나는 보았다. (이 눈들은) 모든 땅으로 보내심을 받은 하나님의 [일곱] 영이다. [7] 그리고 그가 와서 보좌에 앉으신 이의 오른손으로부터 (책을) 취하셨다. (이필찬, 2021: 530, 548, 556)

영국의 철학자 버틀란트 러셀은 20세기의 선도적인 무신론자 가운데 하나로 주목받았다. 러셀은, 역사는 이유 없는 사건들이 연속되면서 우연히 발생한 결과라고 주장했다. 그는 인간의 "기원, 성장, 모든 소망과 두려움, 모든 사랑과 신념들은 미립자들이 닥치는 대로 배열된 결과물"이라고 주장했다. 그는 현실주의자들이 "모든 영감, 대낮처럼 밝은 인간의 모든 재능이 태양계의 광막한 죽음으로 소멸할 운명"이라는 것을 인정해야만 한다고 주장했다. 러셀은 이렇게 결론 내렸다: "앞으로는 이 모든 진리의 발판, 단단한 절망이라는 견고한 토대 위에서만 영혼의 거처가 안전하게 건설될 수 있을 것이다."(B. Russell, 107)

계시록 5장에 들어설 때 사도 요한이 러셀이 말했던 절망을 일시적으로 느끼는 사람같이 되었음을 발견한다. 하나님의 손에 있는 그분의 뜻이 담긴 두루마리를 보면서 요한은 그 두루마리를 열도록 봉인을 뗄 자격을 갖춘 이가 아무도 없다는 말을 듣는다. 간단히 말해서 요한은 하나님과 인간 사이에 중재자가 없는 역사, 그리스도가 없는 세상을 응시한다. 러셀처럼 요한은 이것을 깊은 절망의 장면으로 보고 있다. 그는 이렇게 쓰고 있다: "그 두루마리를 펴거나 보거나 하기에 합당한 자가 보이지 아니하기로 내가 크게 울었다"(계 5:4).

이런 식으로 요한은 하나님과 예수 그리스도가 없는 세상을 생각하는 것이 얼마나 가슴 아픈 일인지를 느꼈다. 그는 러셀이 깨닫지 못했을 것으로 짐작되는 것을 보았고 절망이라는 토대는 전혀 토대가 될 수 없다는 것을 알았다. 계시록 5장은 소망과 의미를 위해 그리스도가 필요하다는 것과 또한 죽임당함으로써 이기신 어린 양으로 오신 그리스도의 좋은 소식도 필요하다는 것을 알려 준다. 이렇게 요약할 수 있다: "그분의 죽음과 부활로 예수님은 역사를 통제하시게 되었다… 예수님은 그릇된 것들을 바로 잡으시고 상처를 치유하고 눈물을 닦아 주시는 오직 한 분이시다."(J. M. Hamilton Jr., 151) 복음은 우주의 소멸에 관한 메시지가 아니라 하나님의 구원 의지 덕분에 영원한 생명의 메시지(폴 워셔, 7-11)가 되기 때문에, 요한은 절망이 아니라 소망의 유일한 토대이신 예수 그리스도 안에서 구세주에 관한 좋은 소식을 듣고 보았다.

5:1~4 _인을 뗄 수 있는 이가 하나도 없다

계시록 4장에서 요한은 하나님의 보좌 주변에서 예배하는 모습을 볼 수 있도록 하늘에 열린 문을 통해 하늘로 받아들여졌다. 5장에서 요한은 하나님의 손에 있는 어떤 물건 이야기로 시작하면서 그가 계속 보고 있는 내용을 말해 준다: "내가 보매 보좌에 앉으신 이의 오른손에 두루마리가 있으니 안팎으로 썼고 일곱 인(印)으로 봉하였더라"(계 5:1). 이 두루마리와 그 인을 뗴는 것은 앞으로 주어질 계시록 본문의 자료를 제공하면서 계시록에서 매우 중요한 역할을 한다.

이 두루마리에 대해 여러 이론이 있는데 그 가운데 네 가지가 가장 두드러진다. 첫째, 몇몇 사람들은 "썩지 않고 더럽지 않고 쇠하지 아니하는 유업을 잇게 하시나니 곧 너희를 위하여 하늘에 간직하신 것"(벧전 1:4)이라는 베드로의 말을 포함하고 있는 두루마리가 예수님의 마지막 의지이자 약속(증거)이라고 믿는다. 두 번째 견해는 하나님의 손에 있는 두루마리는 그리스도를 통해 대속 받은 이들의 이름을 담고 있는 하나님의 생명책이라는 입장을 유지한다. 이 두 견해의 문제는, 봉인이 떼어질 때 두루마리가 그 백성에 대한 그리스도의 복을 드러내는 것이 아니라 지상에 하나님의 심판이 퍼부어진다는 점이다.

세 번째 견해는 두루마리가 예수님이 완전히 설명해 주시는 구약성경이라는 것이다. "모세와 선지자의 글로 시작하여 모든 성경에 자기에 관한 것을 자세히 설명하시는"(눅 24:27) 분이 예수님이라는 것을 그분 스스로 주장하시기 때문에 이 말은 사실이다. 그럼에도 이 두루마리가 구약성경이라는 것을 시사하는 본문이 계시록에 하나도 없다.

계시록 5장의 두루마리를 가장 잘 이해하는 네 번째 견해는 사악한 자들을 심판하시면서 동시에 그 백성을 대속하시는 '역사에 대한 하나님의 전체적인 의지'로 보는 것이다. 이 두루마리는 하나님의 뜻의 전체 이야기를 담고 있다는 것을 보여 주면서 안팎 양면에 기록되었다. 두루마리는 "역사를 통틀어서 우주 전체에 관하여 하나님의 목적을 상징하며 또한 영원부터 영원까지 모든 시대의 모든 피조물과 관련된 것들을 담고 있다."(W. Hendriksen, 89) "두루마리는 구약에 예시된 하나님의 대속 계획인데 그것으로 죄 된 세상에 대한 하나님의 주권을 주장함과 동시에 그렇게 해서 창조의 목적을 성취하는 것을 뜻한다."(G. B. Caird, 72)

그러나 이 두루마리가 등장하자 즉시 질문이 나왔다. 요한은 "또 보매 힘 있는 천사가 큰 음성으로 외치기를 '누가 그 두루마리를 펴며 그 인을 떼기에 합당하냐?'"(계 5:2)라는 질문을 들었다. 그는 하나님 앞에 설 권한과 자격이 있고 두루마리를 받아 그 봉인을 열 수 있는 한 분이 있어야만 한다는 것을 깨닫는다. 이런 일이 일어날 수 없다면, 하나님 손에 들린 책의 내용은 드러나지 않을 것이고 또한 역사를 향한 하나님의 뜻은 성취되지 않을 것이다. "두루마리를 열 수 있는 이가 누구냐? 하는 질문 외에는 요한, 교회, 우주 자체의 운명은 아직 그 어느 쪽으로도 결정되지 않았다."(V. S. Poythress, 109) 요한은 "하늘 위에나 땅 위에나 땅 아래에 능히 그 두루마리를 펴거나 보거나 할 자가 없어서"(계 5:3) 안타까워했다. 이것을 체감한 그는 큰 충격을 받았다: "그 두루마리를 펴거나 보거나 하기에 합당한 자가 보이지 아니하기로 내가 크게 울었다"(계 5:4).

의심할 바 없이 요한이 크게 흐느껴 울었던 이유는 그 자신의 무자격, 그리고 인류 전체의 무자격에 대한 인식에서 생겼다. 하나님의 권위를 대신 행사하도록 하기 위해 하나님이 인간을 창조하셨기 때문에 하나님은 아담에게 땅을 다스리는 권세라는 복을 내려 주셨다(창 1:28). 그러나 아담은 하나님의 명령을 위반함으로써 그 권위를 상실했다. 아담이 범죄했을 때(창 3:6), 스스로 곤두박질했고 또한 그의 모든 후손도 죄책과 타락의 늪으로 빠져버렸다. 사람으로서 요한은 이제 두루마리를 보면서 그것을 열 자격이 있는 이가 하나도 없다는 말을 듣고 인간이 죄지은 상태의 쓰라림을 맛보고 있다. 이 장면은 "인간의 이야기에서 우리를 지으신 분 앞에서 죄지은 피조물로서 우리가 완전히 무가치하게 되었다는 것보다 더 비참하고 불행한 일은 없다. 우리 자신의 불경건으로 스스로 모든 자격을 빼앗겼다는 사실보다 더 서글픈 것은 없다"는 것을 알려 준다.(P. E. Hughes, 78)

요한은 그 봉인을 뗌으로써 드러날 수 있는 신자들에게 약속된 모든 복 때문에, 열리지 않는 두루마리를 보며 더 흐느껴 울었다.

> 만일 이 아름다운 비전에서 인을 뗌으로써 두루마리가 열려야 하나님의 계획이 실행된다는 것을 가리킨다는 것을 마음에 계속 기억한다면, 이 눈물의 의미를 이해할 수 있을 것이다. 봉인이 떼어지고 두루마리가 열리게 되면, 우주는 교회의 관심 안에서 다스려진다. 그런 다음 하나님의 영광스럽고 대속(代贖)적인 목적은 실현된다; 그분의 계획은 실행될 것이고 또한 두루마리의 내용은 우주의 역사 안에서 실현된다. 그러나 만약 두루마리가 열리지 않는다면 쓰라린 시련의 시간에 하나님의 자녀들은 전혀 보호받지 못할 것이다; 교회를 박해하는 세상에 대한 심판도 없을 것이다; 신자들의 궁극적인 승리도 없다; 새 하늘 새 땅도 없다; 미래에 받게 될 상속재산도 없다.(W. Hendriksen, 89)

요한의 흐느낌과 비슷한 방식으로 하나님의 뜻이 우리의 경험 속에서 좌절될 것처럼 보일 때 그리스도인들은 때때로 슬픔에 잠긴다. 교회의 '타협'

과 '쇠퇴'를 본다. 요한이 편지를 써보내고 있던 당시의 그리스도인들처럼 복음을 증언하는 과정에서 박해에 직면할지도 모른다. 언약의 자녀들이 타락하거나 혼인 서약이 깨질 때 가족 공동체 안에서 비슷한 좌절을 느낄 수 있다. 하나님의 언약 백성을 위해 기획된 모든 복을 그르치면 어떻게 되는가? 요한이 배웠던 것처럼 그 답은 종종 우리 자신의 불순종과 죄에서 발견되며 그 대가로 우리는 눈물을 흘리게 된다. 요한처럼, 계시록 5:5~7의 메시지 곧 승리하시는 예수님이 나타나셔야만 우리가 안심하게 될 것이다.

5:5~6 _울지 말라

어쩌면 요한이 받는 위로가 죄의 쓰라림을 아는 천사를 통해 오는 것이 아니라 대속 받은 동료 신자를 통해 온다는 사실이 중요할 것이다: "장로 중의 한 사람이 내게 말하되 '울지 말라'"(계 5:5). 우리와 똑같이 그리스도의 구원 사역에 의존하고 있는 장로가 "보라, 유대 지파의 사자 다윗의 뿌리가 이겼으니 그 두루마리와 일곱 인(印)을 떼시리라"(계 5:5)고 외친다.

이 구절은 성경에서 예수님을 "유다 지파의 사자(Lion)"로 일컫는 유일한 본문인데 이 이미지는 매우 영감을 주는 것이어서 기독교인들이 가장 사랑하는 그리스도의 호칭 가운데 하나이다. 이 호칭은 야곱이 죽기 전 아들들에게 했던 예언이 예수님 안에서 성취된 것이다. "유다는 사자 새끼로다"(창 49:9~10). 야곱은 유다 지파에서 왕조가 나타날 것을 내다 보았다. 예수님은 유다 지파에서 나온 언약의 상속자였고 전혀 도전받지 않고 자기 영역을 다스리는 밀림의 왕 사자같이 역사를 다스리는 신(神)적인 용사다.

예수님은 더 나아가서 "다윗의 뿌리"(계 5:5)로 언급된다. 이 칭호는 이사야 11장의 예언에 기반한 것인데 이사야 11장에서는 하나님을 지상에 평화를 가져오시는 분으로 본다: "내 거룩한 산 모든 곳에서 해(害) 됨도 없고 상함도 없을 것이니 이는 물이 바다를 덮음같이 여호와를 아는 지식이 세상에 충만할 것이니라"(사 11:9). 이 복된 상태는 다윗의 아버지 "이새의 뿌리"(사 11:10)로 오시는 분에 의해 보장될 것이다. 다윗 가문은 죄 때문에 거의 베어졌는데 그러나 이사야는 "이새의 줄기에서 한 싹이 나며 그 뿌리에서 한 가지가 나서 결실할 것"(사 11:1)이라고 말했다. 이 약속은 그 가문이 사실상 멸망했지만 이제 지상에 구원을 가져오는 하나님의 영이 지닌 권능으로 온 다윗 계열에서 태어나는 예수님을 그리고 있다. 유다 지파의 사자(獅子)와 다윗의 뿌리로서 예수님은 구약의 모든 약속의 성취를 구체적으로 드러내시고, 또한 하나님의 구원 계획이 성취되고 있다는 증거를 제시하신다.

이런 말을 들음으로써 요한의 마음이 다소 풀렸음은 틀림없지만 그러나 이어지는 장면은 훨씬 더 극적(劇的)이다: "내가 또 보니 보좌와 네 생물과 장로들 사이에 한 어린 양이 서 있는데 일찍이 죽임을 당한 것 같더라"(계 5:6). 이 얼마나 놀라운 일인가: 요한은 방금 사자 이야기를 들었는데 눈을 들어보니 죽임당한 것 같은 어린 양이 보였다! 이 극단적으로 변형된 모습의 한 가지 이유는 예수님이 서 계시는 곳이다: "보좌와… 장로 사이." 곧 하나님과 사람 사이의 '중보적인 위치'에 그분이 있는 것이다. 비록 그분이 사자라 해도 예수님은 어린 양으로서 그분의 사역을 통해 하나님과 그 백성을 화목(和睦)하게 하신다(엡 2:14).

사자이면서 어린 양으로 예수님이 나타나심은 그 백성을 위해 성육신하신 구세주가 지닌 영광의 한 부분이다. 우리는 경험을 통해 어떤 사람이 대개 어떤 때는 강하고 지배적인 사자처럼 굴다가 또 어떤 때는 양같이 온순한 머슴처럼 구는 것을 안다. 그러나 그리스도는 이런 덕목들을 완벽한 균형과 조화로 연결한다. "그리스도의 탁월성"이라는 제목의 설교에서 조나단 에드워즈는 명백히 모순되는 두 측면이 이렇게 조합되는 것에 경탄했다. 그리스도는 "따라서 무엇보다도, 최고의 겸손으로 맨 밑바닥까지 낮아지셨고… 그리스도의 인격 안에서, 무한한 '위엄'과 초월적인 '유순함'이 함께 만났다."(J. Edwards, 1997:21~24) 사자로서 예수님은 다스리기 위해 하나님의 주권적인 능력을 휘두르신다. 어린 양으로서 그분은 순종의 정신을 발휘하신다. 예수님은 혼자서 모든 인류 가운데서 "내가 아버지의 계명을 지켜 그의 사랑 안에 거한다"(요 15:10)고 선포하실 수 있다. 따라서 예수님은 참 하나님이자 완벽한 인간, 사자와 어린 양, 주인과 종의 자격을 두루 갖춘 분이시다.

"일찍이 죽임을 당한 것 같은 어린 양이 서 있는" 장면을 요한이 보았던 것은 의미심장하다. 그 의미는 그분이 죽임을 당했지만 승리하여 나타났다는 것이다. 그분은 자기의 영적 무기의 표징을 갖고 서 계신다: "일곱 눈과 일곱 뿔"(계 5:6). 성경에서, 뿔은 적군에 맞서 들어 올리는 능력의 상징이다. "일곱 뿔"은 완전한 능력, 즉 신적인 전능(全能)을 뜻한다. 일곱 눈은 "온 땅에 보내심을 받은 하나님의 일곱 영"(계 5:6) 즉 성령이라고 요한이 설명한다. 이사야 11:2에서 이새의 뿌리에 대해 "그의 위에 여호와의 영 곧 지혜와 총명의 영이요, 모략과 재능의 영이요, 지식과 여호와를 경외하는 영이 강림하신다"고 말한다. 예수님은 성령으로 완전히 활력을 얻으며 두루마리를 취하여 열 수 있는 곧 하나님의 구원하시는 의지를 드러내시고 성취할 수 있는 신적인 능력을 갖춘 유일한 유(有)자격자이시다.

아마도 이 비전 전체에서 가장 중요한 것은 어린 양으로서 예수님이 수행했던 사역으로 사자(獅子) 예수님이 그분의 신적인 전능(全能)으로 정복하셨다는 것이다. "이겼으니 그 두루마리와 그 일곱 인을 떼실"(계 5:5) 분이 죽임당한 어린 양으로 서 계신다. 예수님은 계시록에서 어린 양으로 28회 언급되는데 이는 그분의 속죄하는 죽음을 그 백성을 위해 성취하신 승리의 중심적인 공로, 그 표지로 보는 것이다. "하나님이 군사적인 무기가 아니라 십자가형의 '약함'으로 그 백성을 구원하시고 승리를 쟁취하신 것" 곧 "기독교 믿음의 중심적인 역설이자 신비"(V. S. Poythress, 109)야말로 정말 경탄할 만한 일이다.

죽임당한 어린 양의 속죄 사역은 에덴동산에서 맨 처음 범죄하는 장면에 소개되었다. 아담과 하와는 하나님의 명령을 어겼고, 그 죄에 대한 형벌은 죽음이었다. 하나님은 죽음의 고통에 대해 그들에게 적절한 대체물을 제공하심으로 복음을 선포하셨는데 그들의 죄를 처리하는 하나님의 정의를 만족시키면서 "여호와 하나님이 아담과 그의 아내를 위하여 가죽옷을 지어" 입히셨다(창 3:21). "짐승들의 희생은 무죄한 자가 죄인 대신 죽는 대속(代贖)의 원리를 가르쳤는데 아담과 하와를 입히기 위해 짐승의 가죽을 사용하신 것으로 '주입된 의로움'의 원리를 가르쳐 주었다."(J. M. Boice: R. D. Phillips, 192) 즉, 그리스도를 믿는 이들에게 주어진 그리스도에 의해 얻게 된 의로움.

구약성경을 통틀어서 짐승 희생 제사는 계속되었는데 이것은 자격이 있는 희생제물의 죽음으로만 그들의 모든 죄가 제거될 수 있다는 것을 하나님의 백성들에게 일깨우는 것이었다. 이스라엘은 유월절에 죽음의 사자(使者)를 막아내는 어린 양의 피로 애굽에서 구원받았다. 매년 속죄일에는 대제사장이 지성소에 어린 양이 흘린 희생의 피를 갖고 들어가서 하나님의 진노를 그 백성으로부터 돌이켰다. 이것들은 예수님이 십자가에서 죽었을 때 예수님에 의해 성취되어야 할 실재의 강력한 그림이다. 예수님은 그분의 십자가형 때문에 절망하여 엠마오로 가던 제자들에게 이것이 구약성경의 중심 가르침임을 설명하셨다: "그리스도가 이런 고난을 받고 자기의 영광에 들어가야 할 것이 아니냐?"(눅 24:26). 참 희생제물인 어린 양으로 나아감으로써 그 백성의 모든 죄를 짊어지는 예수님이 하나님의 구원 의지를 가로막는 죄의 장벽을 완전히 정복하고 제거한 것이다: 하나님의 율법 아래서 죄의 책임을 그분이 대신 짊어지심으로 죄인들이 받아 마땅한 형벌로부터 그 백성을 해방시켰다는 것.

그러므로 그 어린 양이 "나아와서 보좌에 앉으신 이의 오른손에서 두루마리를 취하시는"(계 5:7) 모습을 요한이 보았을 때 요한은 속죄의 죽음 후에 무덤에서 죽음을 이기시고 부활하여 아버지와 함께 하늘에서 권능의 자리로 그리스도가 높여진 사건의 명확한 증인이었다.

여기에 러셀과 이 세상에서 어떠한 소망의 토대도 거부하는 다른 회의주의자들에게 주는 요한의 답변이 있다! "그리스도는, 승천하셔서 중보자로서 하나님의 영원한 칙령에 따라 우주를 다스릴 권세를 받으셨다… 그분의 대속 사역에 대한 보상으로, 그리스도는 하늘로 오르셔서 그분 자신의 왕국을 받으셨다."(W. Hendriksen, 90~91) 보좌에 앉으신 어린 양이 하나님의 뜻이 담긴 두루마리를 열 것이므로 요한이 "그만 울어야만"(계 5:5) 하는 것은 더는 이상하지 않다. 뿐만 아니라 요한은 자기 자신과 전 인류가 죄로 실패했음에도 불구하고 유다 지파의 사자(獅子)가, 믿음으로 그분과 연합한 이들을 구원하는 능력이 있음을 보았다.

5:7 _어린 양을 통해 정복함

예수님이 사자의 이빨이 아니라 어린 양의 치명적인 상처로 정복하시는 것을 살펴보면서 그리스도인들은 어떻게 하면 믿음을 통해 그분과 함께 이겼다는 말을 들을 수 있는지에 대해 중요한 통찰을 얻는다. 2장 3장에 있는 일곱 교회에 보낸 각각의 편지에서 예수님은 독자들에게 구원은 "오직 이기는 이"(계 2:7, 11 등)에게만 주어질 것임을 말씀하셨다. 5장의 관점에서 그리스도를 믿어야만 이긴다는 말이 무슨 뜻인지를 좀 더 충분히 이해할 수 있다.

예수님이 인류의 죄 때문에 주님이 어린 양이 되어 대신 죽음으로 이기셨기 때문에 우리의 영적인 승리의 첫걸음은 항상 믿음만으로 그분의 구원 사역을 받아들이는 것이어야만 한다. 그리스도를 위해 혹은 그리스도와 함께 무언가를 하기 전에 우리는 그분의 이기는 사역으로 먼저 구원받아야만 한다. 요한은 이것을 요한일서에서 설명했다. 첫째, 하나님 앞에서 죄를 용서받는 것이 인류의 보편적인 욕구임을 일깨워 주었다: "만일 우리가 죄가 없다고 말하면 스스로 속이고 또 진리가 우리 속에 있지 아니할 것이요"(요일 1:8). 그다음 구절에서 치료법을 제시한다: "만일 우리가 우리 죄를 자백하면 그는 미쁘시고 의로우사 우리 죄를 사하시며 우리를 모든 불의에서 깨끗하게 하실 것이요"(요일 1:9). 요한은 좀 더 자세히 설명한다: "만일 누가 죄를 범하여도 아버지 앞에서 우리에게 대언자(변호사)가 있으니 곧 의로우신 예수 그리스도시라. 그는 우리 죄를 위한 화목 제물이니 우리만 위할 뿐 아니요, 온 세상의 죄를 위하심이라"(요일 2:1~2). '화목하게 한다'는 말은 '진노를 가라앉힌다'는 뜻이다. 예수님은 그분의 죽음으로 우리의 모든 죄를 대속하셔서 우리가 마땅히 받아야 할 하나님의 진노를 가라앉히셔야만 한다.

당신의 모든 죄를 가져가 버리도록 하나님의 어린 양 예수님께 당신의 죄를 고백하고 그분을 불렀는가? 당신이 그렇게 할 때까지는 당신이 하나님께 받아들여지기 위한 이 장애물을 극복할 수 있는 아무런 영적 성취가 없을 것이며 당신의 죄책에 대한 정죄를 제거하는 어떤 비용도 치를 수 없을 것이다. 요한이 자기와 다른 모든 죄인의 삶이 무가치하다는 것을 보았을 때 흐느껴 울었던 것처럼 당신의 삶이 지금 슬픔과 후회로 이기는 길로 들어서고 있는가? 구원은 깨끗하게 되고, 용서되고, 새롭게 되기 위해 예수님께 나감으로 시작된다. 그러므로 요한복음 1장에 있는 요한의 메시지는 구원을 위해 우리가 듣고 믿어야만 하는 최초의 메시지이다: "보라. 세상 죄를 지고 가는 하나님의 어린 양이로다"(요 1:29).

일단 먼저 구원받은 뒤에 그다음으로는 오직 사자로서가 아니라 어린 양으로서 복음을 전파하고 섬기는 그리스도의 모범을 따라 악을 이길 책임이 있다. 우리가 예수님의 모습에서 보는 '사자와 어린 양의 조합'은 성령의 내주(內住)하시는 사역을 통해서만 우리 안에서도 가능하게 된다; 어린 양의 부드러움과 유순함으로 사자의 영적인 능력을 휘두르는 것은 사실상 그리스도인들의 참된 영성의 표지이다. 우리가 죄와 죄인들을 다루는 방식은 영적인 능력 면에서는 사자가, 신실함이라는 면에서는 어린 양이 되어야만 한다. 그리스도의 제자로서 이기려면 이 땅에서 나의 이익보다 다른 이들(심지어 원수들까지도)의 영원한 복지를 앞세우면서 복음을 위해 고난을 겪어야 한다. 베드로는 이렇게 말했다: "이를 위하여 너희가 부르심을 받았으니 그리스도도 너희를 위하여 고난을 받으사 너희에게 본을 끼쳐 그 자취를 따라오게 하려 하셨느니라"(벧전 2:21). 예수님처럼 우리도 종종 순종과 믿음으로 손해를 감수함으로써 세상에 가장 큰 영적 충격을 안겨줄 수 있다. 예수님처럼 우리도 사자의 믿음은 어린 양의 방식으로 이겨야만 한다는 것, 그리고 영원한 생명(영생)의 면류관은 오직 십자가를 맨 먼저 짊어진 이들만 쓸 수 있다는 것을 안다.

코리 텐 붐은 사자이자 어린 양이신 예수님을 신뢰하도록 배웠던 사람이다. 1940년 나찌 독일군이 서유럽을 휩쓸고 독일군 휘장을 단 독재자 히틀러가 홀랜드를 접수했을 때, 코리의 가족은 사도 요한 당시 아시아의 교회들 앞에 드리우고 있던 암울한 상황과 다르지 않은 처지에 놓였다. 예수님을 본받아 돌보는 사람으로 살고 있던 텐 붐은 어느 정보원이 나찌에게 고발하는 바람에 온 가족이 체포되어 집단 수용소로 끌려갈 때까지 독일군 게슈타포로부터 유대인들을 숨겨 주는 일에 목숨을 걸었다.

잔혹한 라벤스부룩 수용소에서 코리와 그녀의 자매 벳시는 그 능력으로 보호해 주시고 그들을 구원해 주신 '사자-그리스도'를 의지하는 법을 배웠다. 언젠가는 벳시가 몸이 아파 작은 병에 담긴 비타민 몇 알로 연명할 수밖에 없었다. 병 속에는 단 며칠 분 약밖에 남아 있지 않았지만 코리는 그것이 바닥나지 않는 것을 알았다. 그녀는 약이 부족한 자매를 위해 귀한 약품을 몰래 저장하려고 임시직원으로 일하고 있었지만 그리스도를 의지할 결심을 하고 필요한 모든 이에게 약을 나눠준 다음 기도하기 시작했다. 훗날 그녀는 "내가 작은 병을 기울일 때마다 유리병 마개 끝에서 약이 한 알씩 나왔다"고 회상했다. 벳시가 나아지고 육체적으로 어느 정도 괜찮아진 훨씬 뒤까지 그 약병에서는 계속 약이 나왔다. 종전(終戰)이 가까워지면서 코리는 어느 날 점호 시간에 자기의 이름을 부르는 소리를 들었다. 처형당하기 위해 소환되는 것이 확실했지만 그 대신 그녀는 뜻밖에도 "석방"이 표기된 카드를 받았다. 그녀는 홀랜드까지 갈 수 있는 기차표와 함께 자기 소지품도 돌려받았다. 나중에야 그것이 행정직원의 실수였고 일주일 후 그녀의 감방에 함께 수용돼 있던 모든 여성이 다 사형당했다는 것을 알게 되었다. 이러 저러한 방법으로 그녀는 유다 지파의 사자가 악을 이기고 구원하시는 권능을 생생히 목격했다.(C. ten Boom, 202~3)

그러나 어린 양 예수님의 승리를 코리가 완전히 배우게 된 것은 전쟁이 끝난 뒤였다. 그녀의 돋보이는 이야기 때문에, 그녀는 유명 연사가 되었고 종종 강연하면서 청중들에게 복음을 전하였다. 언젠가 그녀가 그리스도의 '용서'에 대해 연설한 뒤 예전에 루벤스부룩 수용소에서 SS 친위대원이었던 한 사람이 수소문 끝에 그녀를 찾아왔다. 그는 코리와 다른 여성 죄수들을 고문하고 조롱했던 아주 잔혹한 자였다. 이제 그자가 예배 후 그녀를 찾아와 공손히 절한 다음 이렇게 말했다. "코리 '양', 당신이 전한 메시지, 얼마나 감사한지 모릅니다. 당신이 말씀하신, '그분이 나의 모든 죄를 씻어 주셨다!'는 메시지를 생각하게 해 주셔서 감사합니다." 바로 이 순간 코리는 죽임 당했던 어린 양, 그분을 등지고 범죄한 자들을 위해 대신 죽으셨던 구세주의 발걸음으로 이겼다는 것을 완전히 알게 되었다. 무슨 일이 일어났는지 그녀는 이렇게 설명했다:

나와 악수하려고 그가 와락 손을 내밀었다. 그리고 (용서에 대해) 그토록 자주 설교했던… 나도 모르게 무의식적으로 몸을 틀어 내 손을 한쪽으로 감추고 있었던 [나는] (그를) 용서할 필요가 있었다. 비록 내 속에서 분노, 복수하고픈 생각들이 용암처럼 끓어오르고 있다 해도… 나는 그들의 죄악을 분명히 보았다. 예수 그리스도는 이 사람을 위해서도 죽으셨다; 내가 그 이상 무엇을 또 물을 것인가? 나는 기도했다. "주 예수님, 저를 용서해 주시고, 제가 그를 용서할 수 있도록 도와 주소서…"

내가 그의 손을 잡자 가장 믿을 수 없는 일이 일어났다. 내 마음속으로부터 이 가련한 사람을 위한 사랑이 솟구쳐 나와 나를 거의 압도해버리는 동안, 내 어깨로부터 내 팔을 따라 그리고 내 손을 통해 어떤 전류가 나에게서 그 사람한테로 강력하게 흐르는 것 같았다.(C. ten Boom, 202~3)

요한은 어린 양으로서 이기신 사자 예수님을 보면서 기뻐했다. 그분을 믿음으로 그리스도인들은 여러 가지 방법으로 이긴다. 우리는 죄를 회개하고 성경의 진리를 굳게 붙들며 다른 이들을 구원받도록 이끌면서 복음을 증거한다. 사자의 권능이 많은 시련 속에서도 우리를 붙들어 준다. 그러나 우리에게 죄지은 이들을 용서하고 잃어버린 이들에게 은혜의 손을 내밀면서 어린 양처럼 십자가를 지고 자비와 희생적인 사랑으로 이길 때 우리는 예수님을 가장 많이 닮게 된다. "이기는 그에게는 내가 내 보좌에 함께 앉게 하여 주기를 내가 이기고 아버지 보좌에 함께 앉은 것과 같이 하리라"(계 3:21)는 예수님의 특별한 약속은 틀림없이 죽임당한 어린 양의 유순한 복종을 본받아 따라가는 이들을 위한 것이다.

인(印)들을 열기에 합당하시도다
(요한계시록 5:8~14)

⁸그리고 그가 책을 취하셨을 때 네 생물과 이십사 장로들이 각자 하프와 성도들의 기도들인 향으로 가득한 금 대접들을 가지고 어린 양 앞에 엎드렸다. ⁹그리고 그들은 (다음과 같이) 말하면서 새 노래를 노래한다: "당신은 그 책을 위하고 그것의 인들을 열기에 합당하십니다. 왜냐하면 당신은 죽임을 당하셨고 모든 족속과 언어와 백성과 나라로부터 (사람들을) 하나님께 속하도록 당신의 피로 사셔서 ¹⁰그들을 우리의 하나님께 나라와 제사장으로 만드시고 그래서 그들이 땅에서 통치하기 때문입니다." ¹¹그리고 나는 보았다. 그리고 나는 보좌와 생물들과 장로들 주위에 (있는) 많은 천사의 음성을 들었다. 그들의 수는 만만이요 천천이다. ¹²그들이 큰 음성으로 말하기를 "죽임을 당하신 어린 양이 능력과 부와 지혜와 힘과 존귀와 영광과 찬송을 받으시기에 합당하다" 하였다. ¹³그리고 하늘 안과 땅 위와 땅 아래와 바다 위에 있는 모든 피조물과 그것들 안에 있는 모든 것들이 (다음과 같이) 말하는 것을 나는 들었다. "보좌에 앉으신 이와 어린 양에게 찬송과 존귀와 영광과 능력이 영원토록 (있기를 바랍니다)." ¹⁴그리고 네 생물이 말하고 있었다: "아멘." 그리고 장로들은 엎드려 경배하였다.

(이필찬, 2021: 572, 594~5)

어떤 행사들은 아주 중요한 까닭에 '새 노래'가 아주 잘 어울릴 때가 있다. 예를 들어서 러시아 작곡가 피터 차이코프스키는 1880년에 모스크바에서 열리는 몇 가지 행사를 위해 작곡을 하게 되었다. 보로디노에서 러시아 군대가 나폴레옹을 물리친 것을 기념하는 승전기념일, 짜르 알렉산더 2세의 대관식 25주년 기념식, 구주 그리스도의 대성당 헌당식 등이 포함되어 있었다. 차이코프스키는 그 악보에 포함된 울려 퍼지는 여러 개의 '카논'으로 유명해진 '1812 서곡'을 썼다. 새로운 곡들은 장례식, 취임식, 봉헌식 같은 다른 특별한 행사들을 축하하는 데 사용되었다.

그러나 요한이 하늘에서 합당한 새 노래를 말했던 계시록 5장에 기록된 것보다 더 중요한 사건은 여태껏 없었다. 이 사건은 그리스도께서 지상의 구원 사역을 성공적으로 마친 뒤 하나님의 아들이 승천에 이어 보좌에 오르시는 의식이었다. 요한은 그리스도께서 하나님의 보좌에 오셔서 하나님의 뜻이 담긴 두루마리를 받으시는 것을 지켜보았다. 그는 이렇게 말했다: "그리고 그가 책을 취하셨을 때 네 생물과 이십사 장로들이 각자 하프와 성도들의 기도들인 향으로 가득한 금 대접들을 가지고 어린 양 앞에 엎드렸다. 그리고 그들은 (다음과 같이) 말하면서 새 노래를 노래한다: "당신은 그 책을 위하고 그것의 인들을 열기에 합당하십니다. 왜냐하면 당신은 죽임을 당하셨고 모든 족속과 언어와 백성과 나라로부터 (사람들을) 하나님께 속하도록 당신의 피로 사셔서"(계 5:8~9).(이필찬, 2021: 572)

요한이 하늘에서 들었던 새 노래는 예수님의 죽음과 부활을 찬양하는 대속의 노래이다.(그런 점에서 새 노래는, 단순히 새로 작사 작곡된 노래라기보다는, 구원받은 이들이 구원의 감격 속에 하나님께 감사하는 마음으로 부르는 찬양이다.) 4장의 비전에서 요한은 하나님을 찬양하며 노래했던 창조의 노래를 들었다: "우리 주 하나님이여 영광과 존귀와 권능을 받으시는 것이 합당하오니 주께서 만물을 지으신지라"(계 4:11). 이 노래는 아마도 욥기 38:7에서 하나님이 말씀하셨던

'창조 축하 노래'와 비슷할 것이다: "그때에 새벽 별들이 기뻐 노래하며 하나님의 아들들이 다 기뻐 소리를 질렀느니라"(욥 38:7). 그러나 그리스도의 대속 사역 거기에는 하나님을 찬양할 새로운 이유가 있다. "그들은 새 노래를 부른다… 예전에는 이처럼 위대하고 영광스러운 구원이 결코 없었기 때문이고 또한 어린 양이 이 위대한 영예를 받으셨던 적이 결코 없었기 때문이다."(W. Hendriksen, 91) '새 노래'는 여호와의 종(메시야)이 나타나시는 것에 관한 종말론적 성격의 노래다.(이필찬, 2021:578) 그러므로 계시록 4장에 덧붙여진 5장은 똑같은 방법으로 하나님이 하신 창조 사역의 영광에 그리스도의 대속 사역을 덧붙이고 있다. "그 백성을 대속하심으로 그분이 미래 역사의 흐름을 결정하게 될, 대속하신 이들이 유익하도록 역사를 통제하시는 수단인 두루마리를 취하셨기 때문에"(J. M. Boice: R. D. Phillips, 197) 새 노래가 그리스도께 헌정(獻呈) 되었다.

5:8~9 _경배받기에 합당하심

천상의 무리가 그 행사의 위대함 뿐만 아니라 승천하셔서 통치권을 받으신 구세주의 합당하심 때문에 새 노래를 불렀다. "두루마리를 가지시고 그 인봉을 떼기에 합당하시도다"(계 5:9).

그리스도의 합당하심은 그분의 영광스럽고 신성한 인격이라는 의미에서가 아니라 지상에서 그분이 성공적으로 구원 '사역'을 하신 점 때문에 격찬을 받는다. 히브리서 5:9에서도 비슷하게 그리스도는 "완전하게 되셨기에 그분께 순종하는 모든 이에게 영원한 구원의 근원"이 되셨다고 주장하고 있다. 이런 의미에서 그분은 두루마리를 받기에 합당하실 뿐만 아니라 찬양받으시기에 합당하게 되셨다.

계시록 5:9~10에는, 4장에서 시작된 비전에 나오는 다섯 노래 중 세 번째 곡을 보여 준다. 이 노래에는 대속 받은 교회를 상징하는 24장로가 그리스도께 바치는 찬양이 포함되어 있다. 그들이 새 노래를 부른다: "두루마리를 가지시고 그 인봉을 떼기에 합당하시도다. 일찍이 죽임을 당하사 각 족속과 방언과 백성과 나라 가운데에서 사람들을 피로 사서 하나님께 드리시고"(계 5:9). 그리스도는 그 백성의 모든 죄에서 그들을 대속하기 위해 죽음으로 희생제물이 되셨기 때문에 영광을 받으신다.

첫째, 그리스도는 "죽임당하셨기" 때문에 찬양받으신다. 그분은 피할 수 없는 비극 때문에 어쩔 수 없이 죽은 것이 아니라 그 백성을 위해 희생적인 사랑의 자발적인 행위로 죽은 것이다. 고대 역사가들은 철학자 소크라테스가 충성의 원리가 작동되지 않은 탓에 당하는 불의한 처형을 기꺼이 감수하자 그를 칭찬했다. "소크라테스의 죽음은 그의 인생을 불멸의 삶으로 만든 사건"이었다.(움베르토 에코, 1:143-44) 미국 어린이들은 우리나라 어린이들이 이순신 장군을 존경하듯이 조국에 바칠 목숨이 단 하나밖에 없음을 유감스러워했던 혁명전쟁의 애국지사 나탄 해일을 격찬한다. 소크라테스는 어떤 원리를 위해 죽었고 나탄 해일은 대의명분을 위해 죽었다. 그러나 그리스도인들은 "그분이 죄인인 나를 위해 죽으셨다"고 말할 수 있기에 하나님의 아들 예수 그리스도를 숭모하고 사랑해야 할 훨씬 더 고상한 이유가 있다. 그분이 말씀하셨다: "나는 양을 위하여 목숨을 버리노라… 이를 내게서 빼앗는 자가 있는 것이 아니라 내가 스스로 버리노라"(요 10:15, 18). 그러므로 사람들이 '누가 예수 그리스도를 죽였느냐' 묻는다면 가장 좋은 대답은 예수님이 그가 사랑하시는 사람들을 위하여 그분 스스로 죽음을 기꺼이 결심하셨다고 말하는 것이다.

둘째, 그리스도는 그분의 죽음으로 성취하신 것 때문에 합당하시다: "사람들을 피로 사서 하나님께 드리시고"(계 5:9). 영역본 성경에서는 '대속(代贖)하다(ransom)'를, '샀다(purchased, NIV)', '구속(救贖)했다(redeemed, NKJV)'로 번역했다. 헬라어 '아고라조'는 일반적으로 매입(買入)을 뜻하지만 종종 노예를 풀어 주거나 죄수를 대속하는 특수한 의미를 함축하기도 했다. 여기서 예수 그리스도께서 십자가에서 성취시킨 일의 정수(精髓)를 본다: 그분이 죽은 증거인 피의 대가로 예수님은 정죄(유죄 판결)와 속박으로부터 죄인들을 구원하셨다. 특히 초대교회에서 많은 작가들이 예수님이 사탄에게 속전(贖錢)을 지불한 것으로 상상했다. 그러나 마귀는 하나님의 백성을 소유할 진짜 권리가 결코 없기에 이것은 아주 잘못된 생각이다. 오히려 예수님은 죄의 형벌로 죽음을 요구하셨던 하나님의 공의(창 2:17; 롬 6:23)에 값을 치르신 것이다. 예수님은 "인자가 온 것은… 섬기려 하고 자기 목숨을 많은 사람의 대속물로 주려 함"(마 20:28)이라고 예언하셨다. 그러므로 바울은 이렇게 말했다: "우리는 그리스도 안에서 그의 은혜의 풍성함을 따라 그의 피로 말미암아 속량 곧 죄 사함을 받았느니라"(엡 1:7).

하늘에 있는 교회의 찬양이 그리스도의 십자가를 통한 대속적인 희생에 초점을 맞추고 있다는 점은 중요하다. 비슷하게 참 그리스도인들이 그들 믿음의 실체를 설명할 때 그들은 언제나 '죄의 빚'으로부터 우리를 사기 위한 그분의 희생적인 죽음에 초점을 맞춘다. 워필드는 프린스턴 신학대학에 들어오는 학생들에게 그리스도의 백성들에게 가장 고귀한 칭호는 "대속된 사람"임을 주장하면서 이 점을 강조했다. 그가 그렇게 말했던 이유는 "그것이 단지 우리의 감각으로만 [예수를 통해] 구원받았다고 표현할 뿐만 아니라 우리를 위한 이 구원을 마련하기 위해 그분의 몸을 대가로 지불하신 데 대한 우리의 깊은 감사를 정중히 표현하는 것이기도 하기 때문이다."(B. B. Warfield, 1950:325) 워필드는 두툼한 신학 서적들에서 가져온 것이 아니라 그리스도를 대속자로 격찬하며 계속 이어지는 노래들을 열거하는 교회의 많은 찬송가 모음집에서 자료를 가져왔다며 이런 주장을 증명했다: "만 입이 내게 있으면 그 입 다 가지고 내 구주 주신 은총을 늘 찬송하겠네"(찬송가 23장), "찬

양하라. 복되신 구세주 예수 백성들아, 사랑을 전하세. 경배하라. 하늘의 천
국과 천사 주님 앞에 영광을 돌리세"(찬송가 31장), "면류관 벗어서 주 앞에 드
리세. 저 천사 기쁜 노래가 온 땅에 퍼지네"(찬송가 25장), "주 예수 이름 높이
어 다 찬양하여라. 금 면류관을 드려서 만유의 주 찬양 금 면류관을 드려서
만유의 주 찬양"(찬송가 36장). 이런 식으로 워필드는 찬송가 28개를 열거했는
데, 거기에 그리스도의 희생을 찬양하기 위해 '대속'이라는 노랫말을 담고 있
는 찬송 25개도 추가했다. 워필드는 신자들이 그리스도를 예배할 때 대속(代
贖)의 중심성을 증명하기 위해 24장로의 새 노래도 틀림없이 추가했을 것이
라고 말했다. "그것이 신약과 구약시대를 아우르는 하나님의 백성을 상징하
는 장로들이 그의 피로 '사서' 그들을 하나님께 드린 예수님을 찬양하는 이유
가 아니었을까? 그것이 가장 큰 비용을 치르고 그들을 개인적으로 대속하기
위해 예수님이 죽은 것을 기억하고 있기 때문이 아니었을까?"(J. M. Boice: R. D.
Phillips, 199)

　　만약 우리를 죄에서 대속하기 위한 그리스도의 죽음이 천상예배의 중심
이라면, 지상에서 교회가 내놓는 증언의 중심도 마찬가지로 그래야만 한다.
리처드 필립스 목사가 교회에서 '대속'에 관한 연속 설교를 한 적이 있었다.
몇 주 후 교인 하나가 예배 후 필립스 목사를 찾아와서 불평을 늘어놓았다.
그 교인이 거칠게 대들며 말했다: "만일 죄와 그리스도의 피에 대한 설교를
이렇게 계속하면 목사님은 이 교회를 말아먹게 될 겁니다!" 목사님은 성경
에 의지하여 그를 조근조근 타일렀다. 그리스도께서 지상에 오신 가장 중요
한 이유 그리고 단 한 가지 이유는 그 백성의 모든 죄를 위한 대속물로 죽기
위해서라는 것을 차근차근 짚어 주었다. "분명히 말씀드리는데 내가 그리
스도의 피에 대해 설교하는 것이 '당신의' 교회를 말아먹을지는 모르겠습니
다. 그러나 그 설교가 '그리스도의' 교회를 말아먹는 일은 결코 없을 것입니
다."(R. D. Phillips, 199) 사실 만일 우리가 여러 가지 방식으로 예수님의 탁월성

에 대한 증거를 지니고 있다 해도 미안하지만 십자가의 대속(代贖)을 선포하는 일을 소홀히 한다면 결국 우리는 복음을 증언하는 데 실패한 것이고, 우리의 예배는 하늘에서 드리는 예배와 다르게 된다.

24장로가 그리스도의 대속을 강조하는 것 뿐만 아니라 그들이 찬양했던 대속의 종류도 주목해야만 한다. 5:9의 마지막 구절에서 이것을 보게 된다: "각 족속과 방언과 백성과 나라 가운데에서 사람들을 피로 사서 하나님께 드리셨다." 여기서 과연 '누구를 위해' 그리스도께서 그의 피로 속전(贖錢)을 드렸느냐 하는 질문이 나오게 된다. '보편구원론'을 주장하는 이들은 예수님이 모든 사람을 위해 죽었으므로, 따라서 설사 누군가가 예수 믿기를 거부한다 해도 결국은 모든 사람이 용서받는다고 대답한다. 이것은 진지한 그리스도인이 받아들일 수 없는, 성경과 완전히 반대되는 이야기다. 또 다른 이들은 예수님이 그의 피를 그들의 구원을 위해 바쳐 동등하게 모든 사람을 위해 죽었으므로 구원받기 위해 십자가로부터 나오는 이익을 믿음으로 이 선물을 받는 이들만 구원받는다고 한다. '보편적 대속'으로 불리는 이 견해는 알미니안 신학("그리스도의 죽음은 선택받은 자들만을 위한 것이 아니라 만인의 구원을 위한 것이므로, 우리가 믿는 '행위'를 함으로 구원받는다"는 입장. 결국 행위구원론)과 관련되어 있다. 그러나 이것 또한 그리스도의 대속에 관한 다른 성경 구절들과 함께 계시록 5:9 말씀과 갈등을 일으킨다. 장로들은 예수님이 대신 죽은 이들을 실제로 "대속하셨고" 그래서 그들은 더는 속박당한 채로 있지 않게 되었다고 노래한다. 오직 구원받은 이들만 이렇게 말할 수 있다. 뿐만 아니라 그들은 그리스도의 대속하시는 사역 대상을 지칭하는 데에 일반적인 용어가 아닌 한정적인 용어를 쓴다. 그분은 "모든 족속, 방언, 백성, 나라"를 위해 죽으신 것이 아니라 "각 족속과 방언과 백성과 나라 가운데에서…피로 사서 하나님께 드린 사람들"(5:9)을 위해 죽으셨다.

다른 말로 하자면 그리스도는 온 세상에서 특별한 사람들, 즉 선택받은 이들을 대속(代贖)하신 것이다. 이것은 개혁주의의 '특별 대속' 혹은 '제한 속죄' 교리를 확증한다. 이 교리는, 모든 사람이 믿게 될 때만 그리스도께서 특별히 그들을 위해 죽으셨다는 것이 아니라, 창세(영원) 전부터(요 17:2; 엡 1:4) 특히 아버지께서 미리 아시고 그분께 주신 그분만의 백성, 그들의 속전(贖錢)으로서 그리스도가 흘린 피를 통해 실제로 그리고 효과적으로 대속 된 이들을 위해 그리스도가 죽었다는 것이다. 구원하는 믿음의 선물로 그들이 대속 받은 유익을 성령께서 적용하기 때문에(엡 2:8~9) 바로 이 사람들이 믿음으로 나아간다. 계시록 5:9 말씀은 하나님께 드릴 백성을 성공적으로 사들이는 속전과 효과적인 대속을 가르친다. 그러므로 그리스도인들이 '믿(어주)기' 때문에 구원받는 것(알미니안 신학)이 아니라, 우리를 하나님께 드리려고 그분이 그의 피로 속전을 냈기 때문에 우리가 그리스도를 믿게 된 것이다.

5:10 _경배드릴 자격을 회복하다

이것은 장로들이, "당신이 그들을 우리 하나님 앞에서 나라와 제사장들을 삼으셨으니 그들이 땅에서 왕 노릇하리로다"라고 그리스도께 계속 찬양하고 있는 계시록 5:10에 계속 이어지는 하나님의 주권을 강조한다. 이것은 무엇을 '위해' 우리가 구원받았는지 그리고 그리스도가 무엇이 '되게 하려고' 우리를 만드셨는지를 강조한다: 하나님 앞에서 나라와 제사장들.

장로들의 노래는 '회복'이라는 구원신학을 가르쳐 준다. 아담은 하나님을 섬기면서 왕과 제사장 역할을 감당하도록 동산에 세워졌지만, 그러나 죄에 빠지는 타락으로 그 직임을 상실했다. 출애굽 과정에서 하나님은 이스라엘을 "거룩한 백성 그리고 제사장 나라"(출 19:6)로 세우셨다. 이스라엘을 부르신 것은 온 세상에 제사장처럼 하나님을 증언하는 표를 드러내고 하나님의 말씀에 복종함으로써 하나님의 다스림을 받으며 살아가도록 하기 위해서였다. 그런데 이스라엘은 하나님의 말씀에 등을 돌리고 주변 나라들의 잡다한 우상을 따라갔다. 그러나 아담과 이스라엘이 실패했음에도 마침내 예수 그리스도께서 승리하셨다. 예수님은 참된 대제사장으로서 그리고 왕중왕으로서 자신의 사역으로 성공하셨을 뿐만 아니라, 그분의 교회를 "하나님 앞에서 나라와 제사장들"(계 5:10)로 삼으심으로 성공하셨다.

그리스도의 왕국이 완전히 한때 정죄당했던 죄인(전과자)들로 구성된다는 것을 기억할 때 이 메시지는 그 얼마나 신나고 짜릿한가. 교회는 그들 자신의 자격이 아니라 '그리스도의 자격'을 열렬히 찬양한다! 그러나 그리스도께서 누가복음 7장에 등장하는 예수님의 발에 기름 부었던 여인 같은 창녀를 깨끗하게 하시고 용서하신 것, 모세와 다윗 왕같은 살인자들, 그리고 바울같은 오만한 박해자들을 깨끗게 하시고 용서하신 것을 찬양한다. 바울은 성적으로 부도덕한 자들, 우상 숭배자, 동성애자, 도둑, 탐욕스러운 자, 알콜 중독자들이 있음을 말하고 있다: "음행하는 자나 우상을 숭배하는 자나 간음하는 자나 탐색하는 자나 남색하는 자나 도적이나 탐욕(신원하, 2012:138)을 부리는 자나 술 취하는 자나 모욕하는 자나 속여 빼앗는 자들은 하나님의 나라를 유업으로 받지 못하리라. 너희 중에 이런 자들이 있더니 주 예수 그리스도의 이름과 우리 하나님의 성령 안에서 씻음과 거룩함과 의롭다 하심을 받았느니라"(고전 6:9~11). 이 선물은 모든 죄인을 향한 따뜻한 초대이다: "살아오면서 우리가 행한 모든 부정하고, 무가치하고, 음란하고, 불결하고 불순한 것들이 우리를 어린 양의 피를 적용하기에는 너무 염치없고 무자격한 자들로 만들어버렸다. 그럼에도 당신은 천상에서 그들이 부르는 노래를 부르도록 초대되었다."(D. F. Kelly, 110)

계시록 5:10에 "나라(왕국)"가 단수로, "제사장들"이 복수로 표현된 것은 주목할 만하다. 그리스도는 '여러 명의 제사장'으로 구성된 '나라 하나'를 만드셨다. 교회는 그리스도의 군주국 소속이므로 그분의 진리가 가르쳐져야 하며 그분의 명령에 복종해야 하고 그분의 구원하시는 은혜가 제공되어야 한다. 초기교회는 이방 문화의 취향을 수용하거나 가이사의 요구에 굴복하지 않았다. 이와 같이 오늘날 그리스도인들의 교회는 그리스도의 말씀에 반(反)하는 의회 혹은 대통령의 명령을 지지하지 않아야 한다. 뿐만 아니라 교회는 그리스도의 나라를 제사장의 방식으로 섬긴다. 이것을 계시록 5:8의 묘사에서 본다: "그 두루마리를 취하시매 네 생물과 이십사 장로들이 그 어린 양 앞에 엎드려 각각 거문고와 향이 가득한 금 대접을 가졌으니 이 향은 성도의 기도들이라." 그들은 구약성경의 성전 예배에 서술된 대속(代贖)의 새 노래로 예수님을 예배하면서 작은 하프 같은 악기를 들고 있고(시 33:3; 40:3; 96:1 등등 참조), 또한 하나님의 보좌 앞에 그들의 기도를 올리고 있다.

이 얼마나 멋진 교회 예배 장면인가! 24장로가 그리스도 앞에 엎드리듯이 우리 또한 "경건함과 두려움으로"(히 12:28) 경배해야만 한다. 새 노래를 부를 때 하프를 연주하는 것은 참된 예배는 단지 마음으로만 하는 것이 아니라 감정과 의지로도 하는 것임을 알려 준다. 유대 제사장들이 날마다 하나님 앞에서 향을 태우듯이 우리 또한 열심히 기도해야 할 책임이 있다. 계시록 6장에서 그 백성들의 간청에 대한 응답으로 하나님의 심판이 사악한 자들 위에 쏟아지는 것을 보게 될 것이다(계 6:10). 여기 계시록 5장에서 어쩌면 더 일반적으로 하나님의 백성이 기도하는 삶을 이해해야만 할 것이다. 기도는 간청일 뿐만 아니라 예배이기도 함을 일깨우게 된다: 하나님께 감사함으로, 그분의 중보를 위해 기도함으로 하나님을 공경한다; 예수님은 "당신의 나라가 임하시오며 뜻이 하늘에서 이루어진 것 같이 땅에서도 이루어지도록"(마 6:10) 기도하라고 가르치셨다.

장로들은 하나님 앞에 자기들을 나라와 제사장들로 만들어 주신 것뿐만 아니라 "땅에서 왕 노릇"(계 5:10)하게 된 것 때문에 그리스도를 찬양한다. 10절의 다스림을 현재시제로도 미래시제로도 읽을 수 있기 때문에(G. K. Beale,

1999:362~63) 학자들은 이 통치가 언제 이루어지는가에 대해 계속 논쟁한다. 사탄의 최종 반역과 궁극적인 패배 전에 교회가 지상에서 권세를 갖고 다스리는 문자적인 천년 기간으로 보기 때문에 전천년주의자들은 이 말이 미래를 가리킨다고 주장한다. 그들은 현재 이 악한 세상의 역사가 흘러가는 동안에 그리스도인들이 진정으로 다스리고 있다고 말할 수 없다고 주장한다. 그러나 무천년주의자들은 교회가 현재 "나라와 제사장들"로 서술되고 있으므로 또한 그리스도의 이름으로 현재 다스리고 있다고 아주 정확하게 지적한다. "본문은 어린 양이 그들을 제사장들로 '만들었고' 즉, 그들이 이미 제사장들이 '되었고' 그래서 '지금 나라(왕국) 안에 있다'는 뜻으로 읽어야 한다… 그들의 기도를 통하여, 그들은 심지어 '지금도' 땅에서 다스리고 있다."(S. J. Kistemaker, 211)

  그렇다면 그리스도인들이 그리스도를 대신하여 '땅에서 다스린다는 것' 이 무슨 뜻인지를 깨닫는 것이 중요하다. 심상찮은 도덕적 쇠퇴에 답하여 서구의 그리스도인들은 때때로 다양한 세속 정치판에서 세속적인 권력을 획득함으로써 다스리는 길을 모색했다. 이것이 영적인 무결성과 정당성을 잃지 않고서도 가능한지조차 의심스럽다. 그리스도인들은 우리의 영적인 권위가 항시 어떤 세속적으로 강압적인 힘보다 더 강력하다는 것을 깨닫는 것이 더 중요하다. 자신의 구세주를 배신하느니 차라리 화형을 감수하여 초대교회에 영감을 불어넣었던 서머나교회의 폴리캅을 생각한다. 교황의 성좌(聖座)로부터가 아니라 강단(講壇)에서 청교도 개혁 운동을 시작했던 마틴 루터를 생각한다. 20년 이상 노동 수용소에 갇혀 있었지만 석방되자마자 즉시 예수님에 대한 설교를 재개(再開)한 앨런 유안과 사무엘 램같은 중국 가정교회 목사들을 생각한다. 램은 말했다. "박해가 심해질수록, 교회는 더욱더 성장한다." 불과 몇 년 전, 유안은 말했다. "베이징에 속담이 하나 있다. '만일 당신이 담대하게 설교한다면, 사람들은 믿게 될 것이다.'"(D. Aikman, 57~65)

복음서 저자들은 "내 나라는 이 세상에 속한 것이 아니라"(요 18:36)고 말씀하셨던 그리스도와 마찬가지로, 그리스도인들도 또한 성경적인 복종과 복음 선포의 영적인 권위로 다스린다는 것을 일깨워 준다. "그렇다면 교회의 역할은 신실한 증인이 되는 것과 교인들이 그 목숨을 내려놓는 범위까지도 하나님을 위해 타협하지 않는 자세를 취하는 것이다."(D. Tidball, 313) 공산당 심문자로부터 살해 위협을 받았던 루마니아의 요셉 쏜 목사는 이렇게 대답했다.

> 당원 동지(참고로, 북한에서 '동무'는 맞상대하는 호칭이고 '동지'는 존칭이다. 오직 공산당 간부들에게만 '동지'라는 호칭을 쓴다.), 당신의 최고 무기는 죽이는 것입니다. 내가 가진 최고의 무기는 죽는 것입니다. 당원 동지, 내 모든 설교 녹음테이프가 지금 온 나라에 쫙악 퍼져 있습니다. 그 설교 테이프를 들은 그 누구든 그것을 들은 뒤에, "설교 듣기를 참 잘했구나. 이 사람은 자신의 피로 그것을 보증했구나." 이렇게 말할 것입니다. 그들은 전보다 열 배나 더 크게 말할 것입니다. 그러므로 어서 나를 죽이시오. 그리되면 내가 최고의 승리를 얻는 것입니다.(D. Tidball, 313)

그 영적인 능력 앞에서 쏜 목사를 형무소에 가두었던 자들은 풀이 죽었고 주로 그리스도인들의 복음 증거와 기도 때문에 공산정권은 마침내 망해 버렸다.

5:11~14 _예배에 정통한 피조물

계시록 5장은 하나님과 어린 양에게 예배하는 일에 정통한 24장로와 네 생물의 예배에 응답하는 전체 창조세계와 함께 마무리된다. 첫째, 그리스도께 자기들의 노래를 올려드리는 무수한 천사 무리를 보게 된다: "내가 또 보고 들으매 보좌와 생물들과 장로들을 둘러선 많은 천사의 음성이 있으니 그 수가 만만이요 천천이라"(계 5:11).

천사들을 묘사하면서 "그 수가 만만이요 천천"이라 했는데, 하늘에 있는 하나님의 종들 그 무수함, 헤아릴 수 없음을 보여 주는 것이 요점이다. 교회의 대속을 통해서 거룩한 천사들이 그리스도의 구원 사역을 알게 되기 때문에 그들이 24장로를 따라 자기들의 찬양을 그리스도께 드리는 것이 어쩌면 중요할 것이다. 사도 베드로는 복음의 교리를 "천사들도 살펴보기를 원하는 것"(벧전 1:12)으로 묘사했다. 이제 천사들은 교회의 예배를 통해 그리스도의 구원하시는 사역을 이해하게 되었고 그래서 천사 무리가 그들만의 찬양을 올려드린다: "죽임을 당하신 어린 양은 능력과 부와 지혜와 힘과 존귀와 영광과 찬송을 받으시기에 합당하도다"(계 5:12).

그리스도를 향한 7중 찬양 목록은 마땅히 하나님 아버지께 속하는 모든 영광스러운 소유물을 그리스도의 것으로 돌려드리는 듯하다. 헬라어 본문에서 첫 번째 항목 "능력(헬, 텐 뒤나민)"에만 정관사 '텐'이 붙어 있다는 사실은 전체 목록이 한 묶음으로 연합 구성되어 있음을 시사한다. 영광스럽게 된 교회의 예배처럼 천사들의 경배는 그리스도가 지신 십자가에서의 속죄하는 죽음에 응답한다. 그러므로 그들의 증언은 한때 예수님이 패한 것처럼 보였던 것이 완전한 승리로 드러났다는 것을 알려 준다. 십자가는 약해 보였지만 실제로는 능력이었다; 십자가는 가난해 보였지만 참 부요함을 얻은 것이다; 십자가는 세상이 보기에 어리석음이었으나 하나님으로부터 오는 지혜였다(고전 1:24); 십자가는 수치스러운 것이었지만 그리스도께서 최고의 영예를 얻게 한 것이었다; 십자가는 깊은 불명예의 자리였으나 하나님의 은혜라는 바로 그 영광을 드러냈다; 그리고 십자가는 죄의 저주가 되었으나 예수님이 대속한 이들에게 영원한 복을 성취했다. 천사들은 그들의 찬양으로 들어

오라고 우리를 초대하면서 이렇게 마무리한다: "죽임을 당하신 어린 양은…합당하도다"(계 5:12).

마지막으로, 그 예배는 하나님과 어린 양을 찬양하는 자리에 전체 피조물이 다 합류하는 쪽으로 확장된다: "내가 또 들으니 하늘 위에와 땅 위에와 땅 아래와 바다 위에와 또 그 가운데 모든 피조물이 이르되 '보좌에 앉으신 이와 어린 양에게 찬송과 존귀와 영광과 권능을 세세토록 돌릴지어다'"(계 5:13). 여기서 그리스도의 구속 사역, 그 영역의 가장 너른 범위를 본다. 천사들이 교회의 예배에서 어린 양의 영광을 이해했듯이 그리스도께서 그 백성을 대속하신 일 또한 창조세계 전체 영역에서 죄의 저주를 풀고 원상 복귀시켰음을 알 수 있다. 창조주와 구속주는 그분들의 손으로 하신 일 때문에 함께 찬양을 받으셔야 하는데 이 우주적인 송영(送迎)으로 삼위 하나님의 이 두 가지 사역이 뜻하신 바대로 목적을 달성하였다는 사실이 드러났다.

5:13~14 _주권자는 선하시다

사도 요한이 계시록을 쓰고 있던 당시 세계로 돌아가 보면 약할 뿐만 아니라 위협받고 있던 아시아의 교회들에게 이 예배 장면이 무슨 의미였겠는지를 알 수 있다. 역사를 다스리시는 분은 가이사가 아니라 그리스도이시며 그리스도의 대속 사역이 마무리됨으로, 하나님의 은혜에 대한 찬양과 그 백성의 구원을 위해 모든 것들이 작동하게 될 하늘의 뜻이 안전하게 보장된다는 것이다. 5장은 매우 적절한 반응으로 마무리된다: "네 생물이 이르되 '아멘' 하고 장로들은 엎드려 경배하더라"(계 5:14). 그것이 괴롭힘당하는 그리스도인들이 반응하는 방법이었다: 그리스도의 주권적인 통치에 그들만의 '아멘'을 덧붙이는 것으로 또한 즐거운 경배를 스스로 올려 드림으로 제사장들의 나라로서의 그들의 소명을 성취해 나가는 것.

오늘날 그리스도인들도 상황은 그다지 다르지 않다. 예컨대 제임스 보이스 목사처럼 어쩌다 말기 암 환자가 되었다 치자. 그런 상황 또한 어쩌다 우연히 일어난 것이 아니라 철저하게 그리스도의 주권 아래 있다는 사실을 굳게 믿어야 한다. "하나님께서 나를 돌보지 않는다고, 하나님이 책임지셔야 한다고, 하나님이 너무 무심하게 생각될 수도 있지만 그럼에도 하나님은 여전히 선하시고, 그분이 하시는 모든 일은 선하다는 것을 굳게 믿어야 한다."(J. M. Boice: R. D. Phillips, 205)

그것이 계시록 5장의 바로 그 핵심이다. 가이사 대신 하나님이 보좌에 앉아 계시는 것은 정말 좋은 소식(복음)이다. 아울러 하나님이 역사를 주권적으로 다스리실 뿐만 아니라 예수님이 두루마리를 받으실 때 주권자가 우리를 아주 많이 사랑하셔서 우리 죄를 위해 죽기까지 하신다는 확신을 얻었다. 그분이 역사 속에 그리고 나만의 삶 속에 무엇을 가져오셔도 그분을 신뢰할 수 있다. 그러니 오직 그 믿음으로 선한 싸움을 꾸준히 계속해 나가야 한다(딤후 4:8).

선한 싸움을 계속해 나가는 것 또한 계시록 5장의 메시지다. 그리스도께서 자신의 피로 우리를 대속하시면서 보좌에 앉아 계신다. 이제 우리는 지상에서 그분을 섬기기 위해 제사장들의 나라가 되었다. 우리를 사랑하신 구주께서 모든 것을 다스리고 계심을 알기에 그분이 우리에게 주신 일을 열심히 하면서 그분의 영광이라는 목적에 몸을 바치자. 이 땅에 부는 변화의 바람이나 복음을 대적하는 악한 권세의 공허한 위협에 주눅 들지 말자. 그리스도는 주권자이시며 우리의 행복을 위해 만물을 다스리고 계신다. 예배, 복음 증거 그리고 여기 이 땅에서 구원의 나라를 위한 기도 등의 제사장다운 사역으로 우리의 믿음을 꾸준히 다그치자.

첫째, 둘째, 셋째, 넷째 인을 떼실 때에
(요한계시록 6:1~8)

¹그리고 어린 양이 일곱 인 중 하나를 여실 때에 나는 보았다. 그리고 나는
네 생물 중 하나가 우레의 소리같이 말하는 것을 들었다. "오라." ²그리고
나는 보았다. 그리고 보라, 흰말이 있다. 그리고 그것 위에 탄 자가 활을 가
졌고 그에게 면류관이 주어졌고 그가 이기면서 나갔고 또 이기기 위하여
나갔다. ³그리고 그가 둘째 인을 여실 때에 나는 둘째 생물이 말하는 것을
들었다. "오라." ⁴그리고 다른 붉은 말이 나왔다. 그리고 그것 위에 탄 자 바
로 그에게 땅으로부터 평화를 취하는 것 곧 서로를 죽이는 것이 지정되었
다. 또 큰 칼이 그에게 주어졌다. ⁵그리고 그가 셋째 인을 여실 때에 나는
셋째 생물이 말하는 것을 들었다. "오라." 그리고 나는 보았다. 그리고 보
라. 검은 말이다. 그리고 그것 위에 탄 자가 그의 손에 저울을 가지고 있다.
⁶그리고 나는 네 생물 중에서 음성 같은 것이 말하는 것을 들었다: "한 데나
리온에 밀 한 되요 한 데나리온에 보리 석 되이다. 그리고 감람유와 포도
주를 해하지 말라." ⁷그리고 그가 넷째 인을 여실 때에 나는 넷째 생물의 음
성이 말하는 것을 들었다. "오라." ⁸그리고 나는 보았다. 그리고 보라 황녹
색 말이다. 그리고 그것 위에 탄 자는 사망이라는 이름이 그에게 있다. 그
리고 음부가 그것과 함께 따른다. 칼과 기근과 사망으로 말미암아, 그리고

땅의 짐승들에 의해서 죽이는 땅의 사분의 일에 대한 권세가 그들에게 주어졌다. (이필찬, 2021:626)

영화 "대부"(신귀백, 217-225) 시리즈로 유명한 프랜시스 포드 코폴라 감독은 베트남 전쟁에 관한 가장 껄끄러운 영화 가운데 하나를 만들었다. 전쟁 영화이지만 다른 모든 것을 뛰어넘어 "인간 영혼의 가장 음침한 부분까지 도달했다"는 찬사를 듣는 그의 영화 "지옥의 묵시록"은 계시록에서 제목을 그대로 뽑아온 것이다. 영화 속 한 장면: 미군 장교 하나가 포격전이 벌어지는 곳에 도착한다. 곳곳에 포탄이 쏟아지고 있고 기관총 추적기는 하늘을 가득 메우고 있고 병사들은 눈을 크게 뜬 채 절망에 빠져 있다. "여기 담당자가 누군가?" 그 장교가 물었다. 아무도 대답하지 않는데 이것이 코폴라가 그 영화 속에서 드러내고자 한 요점이다. 그것은 바로 방향도, 목표도, 해법도 없는 '지옥의 한 장면'이다.

계시록은 정확히 인류 역사의 야만성에 대해 정 반대되는 것을 나타내고 있다. 요한이 본 비전이 6장에 이어질 때 하나님의 두루마리에 찍힌 인들이 떼어지면서 지상에 큰 환난이 발생한다. 그러나 목적이 없기는커녕 요한이 본 비전이 보여 주는 인(印)들은 예수 그리스도의 주권 아래 하나님의 뜻을 반영하고 있다. "요한계시록 6:1~8에는 그리스도께서 이처럼 명백하게 혼란스러운 세계를 다스리고 계시며 또한 고통이 우연히 일어나거나 무차별적으로 일어나지 않음을 알려 주려는 의도가 담겨 있다."(G. K. Beale, 1999:370) 네 명의 기수(騎手)가 저주와 죽음을 가져오는 동안 그들은 그리스도를 신뢰하고 있는 이들에게만은 결코 절망을 가져다주지 않는다.

계시록 4장과 5장의 하나님의 보좌와 영광스럽게 승귀(乘貴)된 어린 양에 관한 여러 비전은 하나님을 역사를 다스리는 주권자로 그리면서 계시록의 분명한 핵심을 드러낸다. 6장에서 두루마리를 열기에 합당한 분으로 밝혀진 예수님이 그 봉인(封印)을 열기 시작한다. 그리스도께서 그분을 사랑하는 이들의 마음뿐만 아니라 세상에 풀려난 위험한 세력들까지도 다스리고 계심을 보여 주면서 네 명의 기수(騎手)가 그분의 명령에 따라 앞으로 나온다. 요한이 말했듯이 예수님은 참으로 "땅의 임금들의 머리"(계 1:5)이시다. 그러므로 그분을 따르는 이들은 소망을 갖고 환난을 맞이할 수 있다.

6:1~8 _네 기수(騎手) 파악하기

묵시록의 네 기수는 대중문화에서 강력한 은유가 되었다. 1924년 크누트 로크네 코치의 지도를 받고 있었던 노트르담 축구팀은 '노트르담의 네 기수'로 알려진 올스타 출신의 외야수를 보란 듯이 자랑했다. 그러나 구약 배경은 이 이미지들에 관해 좀 덜 상서로운 의미를 보여 준다. 2천 년대 초 앨버트 몰러는, 프리드리히 니체, 칼 마르크스, 찰스 다윈, 지그문트 프로이트를 무신론을 대변하는 "네 명의 기사들"이라고 했다. 최근에는 리처드 도킨스, 대니얼 데니트, 샘 해리스, 크리스토퍼 히친스를 무신론의 새로운 "네 기사"라고 한다.(게리 길리, 175-78) 여기서 말하는 "네 기사"는 명백히 계시록 6장을 풍자한 것이다. 스가랴 1장은 하나님 대신 온 땅을 순찰했던 기수(騎手)를 소개했다. 나중에 선지자는 계시록 6장에 나오는 기수들의 색깔을 거울처럼 비추는 네 병거를 소개했는데 그들은 하나님의 원수들에게 하나님의 뜻을 알려 주기 위해 땅의 네 모퉁이로 나갔다(슥 6:1~8).

스가랴에 등장하는 기수들과의 연결은 하나님에 대항하는 반역으로 세상에 형벌을 가하려고 나가는 계시록의 이 기수들을 암시한다. 그러나 교회는 세상에 있고 따라서 이런 재앙을 받는 대상이다. 예를 들어서 두 번째 기수는 사람들이 "서로 죽이게"(계 6:4)하는데, '죽인다'는 이 낱말은 그리스도와 그의 신자들을 무참히 살해하는 본문에도 사용되었다(요일 3:12; 계 5:6, 9).

이 비전에 그려진 심판은 또한 에스겔 14:12~23에 나타났던 양식을 따르고 있다. 요점은 우상 숭배자들을 처벌하는 것뿐만 아니라 하나님께 속한 백성의 믿음을 정화하기 위함이다. "그렇다면 처음 네 인(印)은 각각 그리스도인들을 시험하여 거짓 제자들을 처치하기 위해 그리스도인들을 향했던 갈등을 나타낸다."(A. F. Johnson, 473) 예수님은 세상에 "평화를 주러" 오신 것이 아니라 "검을 주러 왔다"(마 10:34)고 하시면서 주님을 위해 자기 목숨을 잃는 자는 그것을 얻을 것을 약속하셨다. 그러므로 교회가 당하는 박해가 이 저주들의 전경(前景)은 아니겠지만 틀림없이 그것들과 밀접한 관계가 있다.

뿐만 아니라 이것들은 감람산 강화(講話)에서 예수님이 예언하셨던 재앙들과 적어도 일반적으로 일치하는 것처럼 보인다(마 24장; 막 13장; 눅 21장). 예수님은 기만, 전쟁(신원하, 2004:111-22 참조), 다툼, 박해를 말씀하시면서 "아직 끝은 아니니라… 이 모든 것은 재난의 시작"(마 24:6~8)이라는 말씀으로 결론을 내리신다. 이것은 계시록 6:1~8에 그려진 재앙의 시점을 밝히는 데 도움을 준다. 일부 학자들은 하나님이 주신 두루마리의 인을 예수님이 열 때 주님께서 마지막 날들을 시작하신다고 생각한다. 5장에서는 예수님을 하나님의 보좌에 다가가면서 두루마리를 취하는 분으로 소개하였다. 이것은 초림(初臨)의 결론이 날 때 그분이 승천하신 것과 일치하고, "하늘과 땅의 모든 권세를 내게 주셨다"(마 28:18)고 하시면서 내려 주신 대분부(Great Commission)와도 조화된다. 따라서 계시록은 하나님의 계획을 현시대에 불러들이기 위해 봉인을 여는 분으로 예수님을 그린다. "로마제국의 소용돌이 속에서 일어났던 것들은 지금도 일어나고 있으며 재림 직전에도 일어날 것으로 기대할 수 있다."(V. S. Poythress, 114)

'네 기수'라는 비전이 만든 가장 중요한 점은 지상의 환난을 다스리는 그리스도의 주권이다. 그리스도께서 인을 떼실 때 스랍천사가 각각의 기수를 불러낸다. 이 문단 전체에서 기수들이 그들에게 "주어진" 장비를 갖추었다는 것을 주목하라. 흰색 말을 탄 자에게는 면류관이 주어졌는데, 붉은 말을 탄 자에게는 평화를 제거하는 일이 "허락되고" "큰 칼"이 주어지며, 청황색 (파리한) 말을 탄 자에게는 땅의 1/4을 죽이는 "권세가 주어졌다." 각각의 경우 악은 그 자신의 의지대로 진행해 나가므로, 그리스도가 지상의 재앙을 직접 일으키시는 것은 아니다. 그러나 기수들은, 하나님의 계획과 그리스도의 주권적인 다스림에 따라 그들에게 할당되고 허용된 심판만을 집행한다.

이 비전에서 펼쳐지는 재앙들은 사실상 반역하는 세상을 그리스도께서 심판하시는 역사의 기록이다. 따라서 시편 2:12에서는 경건하지 못한 자들에게 이렇게 경고한다: "그의 아들에게 입 맞추라. 그렇지 아니하면 진노하심으로 너희가 길에서 망하리라." 동시에 그리스도의 주권은 세상에서 고난받는 그 백성에게 큰 위로를 준다. 지상에서 일어나는 일들이 아무리 지옥처럼 보일지라도 그리스도인들이 "여기 책임자가 누구냐?"고 물을 때 성경은 마지막에 구원하시려고 그의 모든 백성을 데려오려고 주권적으로 결단하시는 우리의 모든 죄를 위해 죽임당하신 어린 양을 분명히 가리키고 있다.

6:2 _이기고 또 이기려는 첫 번째 기수

계시록 4장과 5장은 하늘에서의 하나님의 행동을 묘사하고 6장에서 요한은 그 결과 지상에서 일어나는 사건들을 본다. "그리고 어린 양이 일곱 인 중 하나를 여실 때 나는 보았다. 그리고 나는 네 생물 중 하나가 우레의 소리 같이 말하는 것을 들었다. '오라.' 그리고 나는 보았다. 그리고 보라 흰말이 있다. 그리고 그것 위에 탄 자가 활을 가졌고 그에게 면류관이 주어졌고 그가 이기면서 나갔고 또 이기기 위하여 나갔다"(계 6:1~2).(이필찬, 2021:626)

이 기수(騎手)의 임무를 이해하기 전에 먼저 그의 정체를 밝혀야만 한다. 주요 후보로 세 가지 견해가 있는데 세상에 자신의 복음을 공포하는 그리스도, 포악한 적그리스도, 단순히 역사 속에 주기적으로 등장하는 다양한 정복자들 가운데 하나라는 견해이다. 그 기수를 그리스도로 믿는 이들은 계시록 19장에서 천군(天軍)을 이끌고 나타나는 백마 탄 분을 그리스도로 지목한다. 흰색은 의로움을 상징하는 색인데 요한복음과 요한계시록 모두에서 예수님은 자주 정복자로 언급되었다(요 16:33; 계 5:5).(W. Hendreksen, 93~96) 그러나 이 견해를 의심할 만한 이유들이 있다. 중요한 반대는 칭송받은 노트르담의 축구 선수들처럼 이 네 기수는 모두 다 같은 팀이라는 것이다. 그들의 목적은 구원이 아니라 '환난'이다. 뿐만 아니라 이 기수는 계시록 19:12에서 예수님이 쓰고 있는 "많은 관"과 다른 정복자의 월계관(헬, 스테파노스)을 쓰고 있다. 흰색이 종종 의로움을 말하지만 그것은 또한 개선 행진할 때 흰말을 탔던 로마의 정복자같은 승리하는 용사를 나타낼 수도 있다. 이런 이유로 학자들은 특히 적그리스도도 또한 정복자로 불리기 때문에(계 11:7; 13:7) 첫 번째 기수를 그리스도로 보지 않고 사탄을 닮은 가짜 그리스도 곧 적그리스도로 본다. 그러나 어쩌면 첫 번째 기수를 보는 가장 좋은 견해는 이 기수를 그리스도나 혹은 적그리스도로 보지 않고 '군사적인 정복의 비참한 저주'로 보는 것이다. 활은 로마제국의 주요 골칫거리였던 파르티아인들이 즐겨 쓰던 아주 무서운 전쟁 무기였다. "'화살'은… 폭력의 상징이고 그 기수가 받은 '면류관'은 횡포한 통치를 상징하며, 그가 탄 말의 '흰색'은 정복의 전조(前兆)가 된다. 한편 그가 나아가서 '이기고 또 이기려고 하는 것'은 세상을 지배하는 권력에 대한 강한 욕망을 표현한다."(P. E. Hughes, 85)

이런 식으로 이해하게 되면 첫째 인이 떼어지면서 땅을 정복할 권세를 받은 군벌(軍閥)이 역사 속으로 들어와 활개 치게 된다는 것을 알 수 있다. 로마 황제들은 로마의 칼로 보장되었던 평화, 곧 로마의 평화, '팍스 로마나'를 자랑했다. 그러나 로마군을 주후 62년에 패퇴시킨 파르티아인들은 이런 주장이 얼마나 덧없는지를 보여 주었다. 역사를 통틀어서 그리스도는 거짓 평화를 자랑하는 인간을 뒤엎기 위해 흉노족 왕 아틸라, 징기스칸, 나폴레옹, 그리고 히틀러 같은 사람들을 풀어놓으셨고 한편 인류는 그러는 동안 내내 하나님과 전쟁하였다. "로마의 평화는 번영을 약속했지만 실상은 전혀 달랐다. 정복, 학살로 인한 유혈 참사, 기근, 그리고 죽음이 교회 시대를 통틀어 인류사회에 만연했다."(V. S. Poythress, 115)

6:3~8 _붉은 말, 검은 말, 파리한 청황색 말을 탄 자들

두 번째, 세 번째, 네 번째 기수는 인류 역사에 수반된 전쟁의 참혹한 피해를 그린다. 요한은 계속해서 대량학살을 불러오는 붉은 말 탄 기수를 소개한다: "그리고 그가 둘째 인을 여실 때에 나는 둘째 생물이 말하는 것을 들었다. '오라.' 그리고 다른 붉은 말이 나왔다. 그리고 그것 위에 탄 자 바로 그에게 땅으로부터 평화를 취하는 것 곧 서로를 죽이는 것이 지정되었다. 또 큰 칼이 그에게 주어졌다"(계 6:3~4). (이필찬, 2021:626)

이 두 번째 말의 밝은 적색은 잔혹하고 난폭한 '피 흘림'이라는 주제와 딱 들어맞는다. 요한은 그 말을 탄 자에게 "큰 칼"이 주어지고 그는 그 칼로 "땅에서 화평을 제하여 버리며 서로 죽이게" 한다고 말한다. 첫 번째 기수가 군사적 정복을 가져온다면 이 두 번째 기수는 '내전'을 일으키고 사회에 '피바람'을 일으키는 것이다. 그리스도는 폭력을 유발하지 않을 뿐만 아니라 오직 악에 대한 그분의 억제력을 잠시 제거하여 그것을 허락하실 뿐이라는 것을 다시 주목하라. 이렇게 하시는 이유는 범죄한 인간 내면의 증오 때문이다. 야고보는 이렇게 설명했다: "너희 중에 싸움이 어디로부터 다툼이 어디로부터 나느냐? 너희 지체 중에서 싸우는 정욕으로부터 나는 것이 아니냐? 너희는 욕심을 내어도 얻지 못하여 살인하며 시기하여도 능히 취하지 못하므로 다투고 싸우는도다"(약 4:1~2). 그리스도의 은혜가 죄를 억제하는 참된 능력이기 때문에 하나님께 등 돌린 사회는 이내 사람들의 '난폭성'에 경악하게 된다. 우리 사회는 폭력을 미화하는 연예 사업에서부터 가정을 파괴하는 온갖 성적인 "자유"에 이르기까지 가장 치명적인 영향력의 고삐를 풀어버렸다. 그러므로 이런 죄 된 세력들이 폭발할 때 파괴와 폭력 그리고 길거리, 학교, 가정에서의 유혈 참사 때문에 세속적인 지도자들은 절망감을 표현한다. 계시록 6:3~4에서 붉은 말을 탄 기수의 살육(殺戮)이 믿지 않는 인류 안에서 난폭한 열광을 표현하도록 허락함으로써 심판을 가져온다고 알려 주고 있다.

살육의 칼은 그리스도인들에 대한 박해와 집단적인 투쟁 모두를 가리키는 것일 수도 있다. 특히 다섯 번째 인이 '살육'(헬, 스파조)을 나타낼 때, 6:9의 "하나님의 말씀과 그들이 가진 증거로 말미암아 죽임 당한(스파조) 영혼들"을 말할 때 똑같은 낱말을 쓰고 있기에, 그것이 박해일 가능성이 많이 있다. 오늘날도 그리스도의 사람들을 살육(殺戮)하는 이 칼, 중국에서 정기적으로 기독교인들을 엉뚱하게 체포하여 매질을 가하는 일, 아프리카와 중동, 서구사회에서의 종교 자유에 대한 압제, 신자들에 대한 야만적인 학살 등에 관한 뉴스가 계속해서 끊임없이 나오고 있다.

세 번째 기수는 땅에 기근을 가져오면서 검은 말을 타고 나온다: "그리고 그가 셋째 인을 여실 때에 나는 셋째 생물이 말하는 것을 들었다. '오라.' 그리고 나는 보았다. 그리고 보라 검은 말이다. 그리고 그것 위에 탄 자가 그의 손에 저울을 가지고 있다. 그리고 나는 네 생물 중에서 음성 같은 것이 말하는 것을 들었다: '한 데나리온에 밀 한 되요 한 데나리온에 보리 석 되이다. 그리고 감람유와 포도주를 해하지 말라.'"(계 6:5~6) 이 구절은 '경제적인 붕괴'를 그리고 있다. 사람들은 생필품을 도무지 구할 수 없다. 소아시아 지역은 감람유와 포도주는 자급자족하고 있었지만 곡물은 이집트나 다른 곳으로부터 수입해야만 했다. 본문에서 말하는 가격을 오늘날로 환산하면 대략 800%~1,600% 정도의 인플레이션을 반영한 것이다.(G. K. Beale, 1999:381) 밀한 되는 한 사람을 하루 동안 먹기에 충분한 양이지만 지금은 하루 품삯 정도로 값이 올라버려서 노동자들이 자기 가족을 부양할 수 없게 되었다. 유일한 수단은 일반적으로 가축용으로 남겨둔 영양가 낮은 곡물인 보리를 먹으며 가족들이 근근히 생존하는 것이었다.

세 번째 기수는 총체적인 기근은 아니지만 궁핍을 가져온다. 따라서 누군가가 "감람유와 포도주는 치지 말라"(계 6:6)고 외친다. 감람나무와 포도원의 보존은 오직 가난한 이들만 그 기근에 고통을 겪고 좀 더 부유한 자들은 자기네 사치품으로 웬만큼 견딜 수 있음을 가리킬 것이다. 그 외침은 또한 주후 92년 소아시아를 강타했던 기근을 반영하는 것일 수도 있는데 그 기간에 도미티안 황제는 곡물을 좀 더 생산할 땅을 만들려고 "포도원과 감람나무를 허물라"는 명령을 내렸다. 지주들이 저항하기 위해 똘똘 뭉치자, 황제는 결국 그 명령을 철회했다. 이것이 요한이 본 비전이 나타내고 있는 경제적인 역경으로 시민 투쟁과 계급갈등이 드러나고 있는 최근 상황이다. "하나님의 진리를 거부하고 하나님께 불복종하는 문화는 마침내 그 경제 능력을 잃고 만다"(D. F. Kelly, 123)는 말은 바로 이런 재앙에 대한 그리스도의 주권을 일깨워 준다.

그리스도인들은 종종 경제적인 위기 때 특히 그리스도께 바치는 그들의 충성이 정부 권력자들, 고용주들과 충돌하여 관계가 껄끄러울 때 고통을 겪는다. 버가모교회에 보내는 편지에서 예수님은 그 교회에 "우상의 제물을 먹는 행위"와 "성적으로 부도덕한 행위"(계 2:14)를 하지 말라고 권면했다. 이것은 아마도 상업 조합(길드)의 회원이 되는 데 필수적인 우상 숭배였을 것이고 그래서 이런 죄짓기를 거부했던 그리스도인들은 돈벌이가 좋은 직업을 가질 수 없었을 것이다. 나중에 계시록에서는 "그 표를 가진 자 외에는 매매하지 못하게 하는 이 표는 짐승의 이름이나 그 수"(계 13:17)임을 언급한다. 이것은 신실한 그리스도인들이 때때로 경제 활동에 참여하는 일이 금지됨을 알려 준다.

이 문제는 미연방 정부에서 기독교인 기업주들에게 종업원들을 위해 낙태-유발 피임기구를 공급하는 건강 보호 계획을 확보하도록 요구하는 오늘날의 미국 상황(대한민국도 별반 다르지 않음)과 잘 어울린다.(이만열, 2020; 2021) 이렇게 하지 못하면 정부에서 기업이 휘청거릴 정도로 막대한 벌금을 부과한다. 종교적인 자유를 보호하기 위해 세워진 나라에서 그리스도인들은 점점 사생활 영역에서만 그리스도께 복종할 수 있게 되었다. 심지어 개인이 소유한 기업을 운영할 때조차 하나님 앞에서 자신의 양심을 배반해야만 한다. 그리스도인들은 이 불의한 독재에 맞서 법적인 보호를 받기 위해 기도해야만 한다. 그러나 우리는 계시록이 바로 이런 류의 박해를 예언하고 있기 때문에 놀라지 말아야만 한다.

네 번째 인이 떼어질 때 그 말을 탄 자, 대부분의 번역에서 그 설명을 "창백한, 파리한"으로 번역하고 있는 색상의 말을 탄 자가 나온다. 이 헬라어 낱말 '클로로스'에서 영어 '엽록소(chlorophyl)', 화학 원소인 '염소(chlorine)'라는 낱말이 나왔다. 그 색상이 본문의 목적과 훨씬 잘 어울린다: "그 탄 자의 이름은 사망이니 음부가 그 뒤를 따르더라"(계 6:7). 이 네 번째 기수는 대개 그 희생자들이 금세 죽어 무덤에 묻혀 버리는 질병과 전염병을 그리는 것으로 생각되었다.

계시록 6:8의 마지막 진술이 오직 네 번째 기수의 활동 결과만을 말하는지 지금까지 말한 네 기수의 모든 활동을 종합하여 말하는지는 분명하지 않다. 그러나 요한이 보았던 모든 것의 요약 진술인 것만은 분명하다: "칼과 기근과 사망으로 말미암아 그리고 땅의 짐승들에 의해서 죽이는 땅의 사 분의 일에 대한 권세가 주어졌다"(이필찬, 2021:626) 이 치명적인 저주 목록은 에스겔 14:12~23에서 따왔는데 거기에는 이스라엘의 우상 숭배자들에게 내려지는 심판과 똑같은 목록이 담겨 있다. 에스겔은 들짐승들이 울부짖는 땅을 인간 사회가 하나님의 언약에서 경고되었던 저주 아래 완전히 무너져버린 것으로 이야기했다; 이 말은 아마도 계시록 6:8에 들짐승이 추가된 것에 대한 설명일 것이다. 에스겔서를 인용하여 비유한 것은 또한 그리스도의 심판이 우상 숭배와 불신앙에 대한 응답임을 보여줌과 동시에 경건한 백성들이 사악한 자들과 함께 고통을 받게 될 것임을 가리키는 것이다.

네 번째 기수가 두루마리에서 날아갈 때 인봉을 떼신 그리스도의 주권을 일깨우게 되었다. 그것들은 무시무시하고 이 저주들은 그분의 영광을 높이는 찬양을 위해 일어난다. 그분께 찬양을 부르던 네 생물이 있었고(계 5:9) 아울러 최후 심판의 네 기수를 소환하는 그룹천사 넷이 있다. 그들의 저주는 그리스도의 목적이 성취되기 위해 그리스도가 재림하실 때까지 오늘을 포함한 인류 역사 전체를 통틀어서 지상에서 계속될 것이다. "그리스도는 그분의 나라가 전진하도록 '성화(聖化)'와 '심판'이라는 그분의 목적을 실행하시려고 세상의 악한 세력을 그의 대행자로 삼으셨다."(G. K. Beale, 1999:385) 이것이 사망이라는 이름을 지니고 음부가 그 뒤를 따르는 네 기수를 불러냄으로 가장 분명하게 드러났다. 일찍이 예수님은 "내가 사망과 음부의 열쇠를 가졌다"(계 1:18)고 선언하셨다. 그러므로 다른 기수들과 마찬가지로 이 기수들도 오직 그분의 명령으로만 활동하며 또한 마찬가지로 그분의 복음적인 통치를 반대하는 대적들을 좌절시킬 그 저주들 외에는 다른 것을 가져오지 못하도록 그리스도께서 철저히 금지하신 것이다. 이렇듯 예수님은 심판 과정에서도 인류 역사의 유일한 주관자이시다.

6:1 _심판과 구원을 행하시는 주권자

무신론자들은 빈번하게 "악이라는 문제"가 성경에 대한 강력한 도전이라고 주장한다. 그들은 "이처럼 악한 일들이 그토록 빈번하게 일어나는데 어떻게 선한 하나님이 있을 수 있느냐?" 이렇게 따진다. 그러나 이 문제는 오직 안 믿는 자들에게만 해당한다. 무시무시한 인간의 고통 앞에서도 거룩하고 사랑 많으신 하나님의 존재에 당황하기는커녕 계시록은 담대하게 네 기수에 대한 그리스도의 철저한 주권을 선포하고 있다. 이 충격적인 상태의 여러 사건으로부터 우리가 취할 수 있는 의미는 무엇일까?

네 기수로부터 취해야만 하는 첫째 메시지는 죄와 땅의 반역에 대한 하늘의 단호한 분노이다. "이 성경의 마지막 책에서 요한이 그린 모든 그림은 단지 우리의 마음을 훈련하기 위해 즐거움 혹은 수수께끼를 주기 위한 것이 아니다. 그것들은 하나님이 죄를 얼마나 심각하게 다루시며 적절한 시기에 그것을 어떻게 완전하게 심판하시려 하는가에 대한 다양한 경고이다."(J. M. Boice; R. D. Phillips, 215) 어떤 사람들은 그리스도가 대속하기 위해 십자가에서 죽었기 때문에 예수님이 이제 더는 죄에 관심을 두지 않는다는 결론을 내릴 수도 있다. 그러나 "그리스도는 죄로부터 구원시키는 것뿐만 아니라 정죄당하지 않게 하기 위해서도 죽었다."(L. Morris, 103) 죄를 짊어진 아들에게 그분의 진노를 쏟아부으심으로 하나님은 모든 악을 향한 그분의 혐오가 얼마나 단호한지를 보여 주셨다. 그러므로 예수님을 거부하고 그분의 대속적 죽음을 조롱하는 세상은 하늘에서 내려오는 심판 외의 그 어떤 것도 기대할 수 없다. "세상의 역사는 세상의 심판"(G. B. Wilson, 2:511)이라는 말은 아주 틀림없는 이야기다.

오늘날 사람들에게 하나님께서 우리가 경험하는 여러 재앙으로 세상을 적극적으로 심판하시는 일은 일어나지 않는다. 그리스도인들은 특정 사건들이 특정인들에 대한 하나님의 심판이라고 함부로 선언하는 일을 정말 조심해야만 한다. 그러나 요한이 본 비전은 세속주의자들의 경건하지 못한 낙원 추구를 하나님이 허용하시지 않을 것을 알려 준다. 하나님은 창세기 11장에서 바벨탑을 무너뜨렸으며 또한 우상 숭배하는 인류의 모든 천년왕국

같은 이상향을 깨부수는 일을 계속한다. 고대 로마제국의 황제들과 오늘날의 정치인들은 한패가 되어 하나님의 모든 계명을 조롱하면서 평화와 번영을 약속하고 있다. 그들은 세상의 목적이 죄짓는 인간의 쾌락이 아니라 의로움에 거하시는 하나님의 영광임을 망각하고 있다. 바울은 이렇게 가르쳤다: "하나님을 알되 하나님을 영화롭게도 아니하며 감사하지도 아니하고 오히려 그 생각이 허망하여지며 미련한 마음이 어두워졌다"(롬 1:21). 이런 이유로 또 이렇게 말했다: "하나님의 진노가 불의로 진리를 막는 사람들의 모든 경건하지 않음과 불의에 대하여 하늘로부터 나타난다"(롬 1:18).

우리 세대에 서구사회는 네 기수가 가져온 모든 저주를 다 경험했다. 평화를 외치고 있음에도 불구하고 인류는 지배욕에 사로잡힌 인간들이 정복하고자 하는 각종 꿍꿍이에 포위되어 있다. 2001년 9월 11일 공중납치된 비행기가 세계무역센터에 충돌한 대참사로 미국인들이 엄청난 충격에 휩싸였지만 역사에 대한 통찰력이 있는 이들에게는 그다지 놀랄 일이 아니었음이 분명하다. 정치인들은 수많은 전쟁을 끝내지 못한 데 대해 논쟁하면서도 그 누구도 하늘의 진노와 그 뒤에 숨어있는 죄 문제를 말하지 않는다. 미국 건설 초기에는 군사적 패배로 고통을 겪을 때 미국 정부는 시민들에게 기도와 금식하는 날을 요청했다. 그런데 20세기 세속적인 인본주의로 이 경건을 잃어버렸다. 민중 지도자들은 1차 세계대전을 "모든 전쟁을 끝내는 전쟁"이라 불렀다. 그들의 오만은 2차 세계대전을 거쳐 오늘까지 이어지는 천벌, 전대미문의 피바람이 몰아친 현대사 때문에 여지없이 들통나고 말았다.

붉은 말 탄 기수가 풀어놓는 사회 속 폭력에 대해 비슷한 평을 내릴 수 있다. 미국의 학교에서 총알이 사정없이 날아다닐 때 총기 소지에 대해 불평하지만 하나님 앞에서 회개하라는 부름을 거부하면서 우리 마음속 죄 문제를 소홀히 여긴다. 1960년대와 70년대의 성 개방 혁명이 80년대, 90년대에 이즈(AIDS) 참상으로 이어졌을 때, 그것도 죄로부터 회개할 것을 촉구하는 하나님의 음성이었을 것이다. 경제적인 부채가 폭등하고, 후손들을 희생시켜 가면서 단기간의 쾌락을 미친 듯이 추구하는 우리의 태도에 대해 국회의원들은 진리를 거부한다. 계시록의 기수(騎手)들이 나타낸 각 종류의 재앙으로 심판은 죄에 대한 필연적인 결과이며 또한 다스리시는 그리스도의 주권적인 천명(天命)임을 알 수 있다.

이 비전의 두 번째 강조점은 특히 신자들이 주목할 만한 것으로서 계시록 6장의 기수(騎手)들은 역사의 다양한 재앙에 대한 그리스도의 목적을 드러낸다는 것이다. 어떤 이들은 죄에 대한 하나님의 주권을 거부한다는 것을 말한 바 있는데 그러나 그와 정반대의 것이 훨씬 더 놀라운 것이다. 프란시스 포드 코폴라 감독의 영화, 어느 한 사람도 책임지지 않으면서 세상의 모든 악이 통제되지도 않고 관리되지도 않은 채 미쳐 날뛰는 "지옥의 묵시록"이 던져 주는 메시지가 정말로 사실이라고 한다면 그 얼마나 두렵겠는가.

요한이 본 비전은 그리스도인들에게 이 저주들이 그리스도께서 재림하실 때까지 우리가 사는 세상에서 계속될 것을 가르친다. 그러므로 "교회는 당연히 대담하게 저돌적으로 살려고 해야" 한다.(R. Bewes, 54) 그러나 우리는 또한 그리스도의 다스림 아래 이 재앙들이 우리를 무너뜨리지 않을 것이라는 점에서 위로받아야 한다. 그리스도를 신뢰하는 이들이 이런 시련들을 겪을 수도 있겠으나 그러나 그 시련을 통해 구원받게 될 것이다. 바울은 이렇게 설교했다: "하나님의 나라에 들어가려면 많은 환난을 겪어야 할 것이다"(행 14:22). 또한 구주이신 주님께서 봉인을 떼어 두루마리를 연다는 비전은 그분이 그 시련들을 다스리시기 때문에 우리가 구원받게 된다는 것을 증명한다. 이렇게 결론 내릴 수 있다: "비록 전 인류를 겨냥한 묵시적인 심판의 봉인이 풀려 집행된다 해도 하나님의 백성은 결코 절망할 필요가 없다. 그들은 그 환난이 정말 대수롭지 않다는 듯이 보존될 것이다."(L. Morris, 102)

역사에 대한 주권을 그리스도께 돌릴 때 비록 그분이 이런 재앙들의 한계와 영역을 허락하시기는 해도 그렇다고 그분이 그 모든 재앙을 일으키는 장본인은 아니라는 것을 항시 잊지 말아야만 한다. 이런 여러 환난을 불러온 이들은 죄에 빠져 사는 우리 인간들이다. "중요한 점은… 죄와 그 결과가 가장 뚜렷한 증거로 나타나는 곳에서, 인간의 사악함을 하나님의 목적에 봉사하는 방향으로 전환해 나가고… 하나님의 은혜로운 목적의 패턴으로 짜여질 수 없는… 인간의 불순종에 대한 가장 무서운 증거조차도… 이제 아무 일도 일어날 수 없다는 것이다."(G. B. Caird, 83)

앞에서 하나님의 진노가 우리의 죄에 불리하게 드러났다(롬 1:18)고 바울이 말했을 때 이 세상의 문제에 대한 그의 진단을 말한 바 있다. 그것이 묵시록의 네 기수(騎手)를 연구한 끝에 내리는 결론과 맞아떨어질 것 같은데 하지만 그것은 단지 바울의 복음이 보여 주는 시작에 불과하다. 비록 사람이 스스로 망가졌고 자신의 죄로 역사 속에서 심판을 자초했다 해도 하나님은 그의 아들 예수 그리스도를 통해 구원하려고 내내 열심히 중재하셨다. 바울은 그 문제를 로마서 3:23에서 말하고 있다: "모든 사람이 죄를 범하였으매 하나님의 영광에 이르지 못했다." 그는 계속해서 요한이 계시록에서 앞으로 이어갈 것과 마찬가지로, 하늘로부터 오는 해법을 계시한다. 곧 죄인들은 "그리스도 예수 안에 있는 속량으로 말미암아 하나님의 은혜로 값 없이 의롭다 하심을 얻은 자 되었다." "이 예수를 하나님이 그의 피로써 믿음으로 말미암는 화목제물로"(롬 3:24~25) 삼으셨다. 그러므로 지상의 모든 죄에 맞서는 하늘의 거룩한 진노를 묵상할 때, '복음의 초대'를 결코 망각하면 안 된다: "누구든지 주의 이름을 부르는 자는 구원을 받으리라"(롬 10:13). 그리스도께서 역사를 다스리고 계시기에 또한 그분의 구원을 제공하는 문이 아직 열려 있기에 그분의 백성인 우리가 우리 시대에 이 지상에서 복음을 맡아 열심히 사역하도록 하자. 그리하면 유일한 나라(왕국)의 영광은 결코 무너지거나 실패하지 않을 것이다.

사도 바울은 이렇게 말했다: "그러므로 내 사랑하는 형제들아 견실하며 흔들리지 말고 항상 주의 일에 더욱 힘쓰는 자들이 되라 이는 너희 수고가 주 안에서 헛되지 않은 줄 앎이라"(고전 15:58).

다섯째 인을 떼실 때에
(요한계시록 6:9~11)

⁹그리고 그가 다섯째 인을 여실 때에 나는 하나님의 말씀 때문에 그리고 그들이 가지고 있었던 증거 때문에 죽임을 당한 자들의 영혼들이 제단 아래에 있는 것을 보았다. ¹⁰그리고 그들이 큰 소리로 외쳐 말했다. "거룩하고 참되신 대주재여 언제까지 땅에 사는 자들을 향하여 심판하지 않으시고 우리의 피를 신원하여 주지 아니하시겠습니까?" ¹¹그리고 그들에게 각각 길고 늘어진 흰옷이 주어졌다. 그리고 그들에게 말씀이 주어졌다. "그들과 같은 방식으로 죽임을 당하게 되어 있는 그들의 동료 종들과 그들의 형제들의 (수가) 완성되기까지 아직 잠시 동안 쉴 것이다." (이필찬, 2021:647)

존 폭스는 그의 종교적 신념이 헨리 8세 치하 영국 교회의 공식적인 입장과 갈등을 일으켰기 때문에 1547년에 옥스퍼드 대학교 교수직에서 물러났다. 1553년 헨리 국왕의 딸 메리가 왕위에 오르자 폭스가 전에 내놓았던 신학적인 견해들이 그를 위험에 빠뜨렸고 할 수 없이 다른 사람들과 함께 유럽 대륙으로 피신했다. 영국에서 망명 온 이들로부터 청교도에 대한 소름 끼치는 박해 소식을 듣자 폭스는 그들의 잔혹한 순교에 관한 기록을 모으기 시작했다. 1554년 그의 책 『사도행전의 역사와 교회의 금자탑』 초판이 나왔다.

결과적으로 사람들은 영국에서의 그리스도인들의 처형, 주로 자신의 신념을 지키려고 굴하지 않고 화형당한 것을 목격했던 자료들을 더 많이 가져왔다. 엘리자베스 여왕 1세가 영국에 평화를 가져오자 폭스는 귀국하여 그 책의 개정 신판을 출간했다. 정확하게 쓰려고 그의 기록을 몇 년에 걸쳐 수정하면서 전 세계 여러 지역의 순교자들과 초대교회의 순교자들을 포함시켰다. 그의 책은 『폭스의 순교자 열전』으로 알려지게 되었고 영국이 청교도 신앙을 고수하게 만드는 데 중요한 역할을 하면서 판매량과 영향력 면에서 성경 다음가는 자리를 차지하는 유일한 책이 되었다.

성경 자체는 박해받는 이들을 강건하게 하려고 신실한 신자들의 죽음을 기록한다. 이른바 신자들의 '믿음의 전당'으로 불리는 히브리서 11장에서는 이런 말로 말씀을 맺고 있다: "또 어떤 이들은 조롱과 채찍질뿐 아니라 결박과 옥에 갇히는 시련도 받았으며 돌로 치는 것과 톱으로 켜는 것과 시험과 칼로 죽임을 당하고 양과 염소의 가죽을 입고 유리하여 궁핍과 환난과 학대를 받았으니 (이런 사람은 세상이 감당하지 못하느니라) 그들이 광야와 산과 동굴과 토굴에 유리하였느니라"(히 11:36~38). (화종부, 2018:265-77 참조) 이런 순교자들은 또한 성경의 마지막 책에서도 기억되었다. 계시록 6:9에서 이것을 보여주고 있다: "하나님의 말씀과 그들이 가진 증거로 말미암아 죽임을 당한 영혼들이 제단 아래에 있다." "어느 때까지(얼마나 오래) 하시려 하나이까?" 그들이 울면서 하나님께 묻자, "아직 잠시 동안 쉬되 그들의 동무 종들과 형제들도 자기처럼 죽임을 당하여 그 수가 차기까지"(계 6:10~11) 하라고 하나님께서 대답하신다.

6:9 _순교자들의 정당한 이유

하늘에서 받은 두루마리의 처음 네 인을 예수님께서 떼실 때 그것들은 교회 시대에 지상에서 일어날 각종 재앙을 드러냈다. 다섯 번째 인을 열자 우리의 시선은 다시 하늘을 향하게 된다. 여기서 이 환난 중에 그리스도를 위해 죽은 신자들의 영혼을 본다. 이렇게 강조해도 계시록이 그 독자들을 여태껏 박해에 대비하도록 준비시켜 왔기 때문에 전혀 놀랍지 않다. 서머나교회에 보내는 편지에서 예수님은 "네가 죽도록 충성하라. 그리하면 내가 생명의 관을 네게 주리라"(계 2:10)고 말씀하셨다. 버가모교회의 안디바는 신실한 증인으로서 이미 순교했다(2:13). 복음서에서 예수님은 "그때에 사람들이 너희를 환난에 넘겨주겠으며 너희를 죽이리니 너희가 내 이름 때문에 모든 민족에게 미움을 받으리라"(마 24:9)고 경고하셨다. "예수님의 가르침으로 미루어 볼 때 인류 역사의 긴 기록을 통틀어서 놀라운 것은 그리스도인들이 박해당하고 죽임당했다는 것이 아니라… 생각보다 많은 이들이 죽임당하지 않았다는 것이다."(J. M. Boice; R. D. Phillips, 219) 그리스도인들에게 치명적인 박해가 비일상적인 것이 되기는커녕 그 박해는 (계시록의 예언에 비추어 보면) 그리스도인들이 오히려 정상적으로 기대해야만 하는 것이다.

다섯 번째 인과 더불어 요한은 "죽임을 당한 영혼들이 제단 아래에 있는"(계 6:9) 모습을 보았다. 존 폭스는 예수 그리스도가 "모든 순교의 영감이자 원천으로서"(J. Foxe, 4) 제일 먼저 죽었다고 지적했다. 그다음으로 순교한 이가 스데반 집사인데, 그분의 이름은 순교적인 삶에 어울리는 "왕관"(헬, 스테파노스)이었다. 스데반 집사의 순교로 "예루살렘에 있는 교회에 큰 박해가 있었다"(행 8:1). 그 결과 사도 요한의 형제 사도 야고보를 포함한 많은 그리스도인이 죽임을 당했다(행 12:1~2). 교회 전승에 의하면, 사도 요한을 제외한 모든 사도가 복음 때문에 죽었다. 1세기 중엽, 로마 황제 네로(주후 54~68)는 수천 명을 순교자의 길로 내몰았고 요한이 계시록을 쓰고 있던 시기에 도미티안(주후 81~96) 황제는 그리스도의 백성들을 겨냥하여 새로운 폭력의 파도를 준비하고 있었다. 요한 당시의 독자들은 로마인들이 그리스도인들에게 짐승 가죽을 입혀서 사자와 다른 야생동물을 풀어놓은 곳에 집어넣어 그 짐승들이 그들을 갈기갈기 찢어 죽이게 한다는 것을 잘 알았다. 일부 그리스도인들은 잔혹하게 고통스러운 방법으로 산 채로 화형당했다. 이런 식의 고통를 당하고 있는 이들이 순교자들의 영혼이 하늘에 살아 있음을 알게 되는 이것이 그들에게 그 얼마나 큰 용기를 불어넣는 것이었을까.

언젠가는 모두 다 죽는데 그러나 이 영혼들은 자기들이 죽는 '명분' 때문에 특별하다: 그들은 "하나님의 말씀과 그들이 가진 증거로 말미암아 죽임을 당했다"(계 6:9). 순교자들은 그리스도의 신적인 인격과 구원 사역에 대한 성경적 계시를 포기하지 않았기 때문에 죽었다. "증거"는 아마도 그들이 받았던 복음 메시지 그리고 그다음 그것을 다른 이들과 담대하게 나눈 것을 강조하는 말일 것이다. 이것은 요한 자신에게도 그가 밧모 섬에 추방당했던 명분으로 주어진 것이었다: "하나님의 말씀과 예수를 증언하였음으로 말미암아 밧모라 하는 섬에 있었다"(계 1:9).

이것은 헬라어 '순교'라는 낱말의 기본 뜻이 "증인"임을 일깨워 준다. 이 영혼들은 예수님에 대한 그들의 증언 '때문에' 그리고 예수님에 대한 증인'으로서' 죽었다. 이 극히 중대한 의미에서 '순교자'라는 낱말은 그리스도인들이 복음을 굳게 붙듦으로 구원받았고 그 복음을 증언하게 하려고 부름 받았기 때문에 단지 복음을 위해 죽은 이들만이 아니라 모든 그리스도인을 아울러 말하고 있다. 복음에 대한 증거를 지니고 있다는 것은 사실상 이 세상에서 어떤 형태의 고난이 확실시된다는 뜻이다. "예수님의 모든 제자가 본질상 순교자다; 그래서 요한은 그토록 고난 당한 모든 신자를 마음에 두고 있다."(G. E. Ladd, 1972:104) 계시록 12:11에서 그리스도의 모든 백성을 "어린 양의 피와 자기들이 증언하는 말씀으로… 이긴 사람"으로 서술했다.

이 순교자들의 희생은 요한이 그들의 영혼을 "보았던" 상징적인 장소에 반영되었다: "죽임을 당한 영혼들이 제단 아래에 있다"(계 6:9). 구약시대 성전에서 희생 제사가 드려질 때 희생제물의 피가 제단 옆으로 흘러내려 그 바닥에 고였다. '모든 (믿는) 사람'이 실천적으로 새롭고 구별된 삶을 살도록 도전하는(김근주, 25-29) 레위기 17장 11절에서, "생명이 피에 있다" 곧 "속죄의 주권은 하나님께 있다"(박철현, 491; 빅터 쿨리진, 194)고 알려 주고 있기에 그러므로 제단 아래 영혼들은 그들이 그리스도를 위해 흘렸던 피에 대해 말하는 것이다. 이것은 상징이다. 순교자들은 속죄하기 위해 죽은 것이 아니지만 그러나 그들의 죽음은 그리스도의 희생적인 죽음과 밀접하게 연관되어 있어서 그들의 피가 하나님의 제단 아래로 흘러내려 가는 것으로 그려진 것이다. "지상에서 졸지에 당한 그들의 죽음은 하나님의 관점에서는 하늘의 제단 위에 바친 희생제물이다."(R. H. Mounce, 158) 이런 식으로 성전의 번제단은 그들의 순교에 대한 기념 표상(表象)이다.

우리는 또한 이 제단을 성도들의 기도를 의미했던 제단의 향과 연관시킬 수 있다(계 5:8). 계시록 6:10에서 순교자들이 하나님께 기도하고 있는 모습 곧 제단의 향이라는 관념을 강화하고 있다. 그렇다면 9절의 제단을 아마도 성전 안의 여러 제단을 아울러 상징하는 복합물로 보는 것이 가장 좋을 것이다.

한층 더 발전한 생각은 순교자들의 영혼이 제단 아래에 있다는 것을 하나님의 보호 아래 하늘에서 그들의 안전을 상징하는 것으로 보는 것이다. 지상에서는 배척당했지만 그들이 신앙을 고백하며 죽은 어린 양의 다스림으로 안전하게 지켜져서 그들은 이제 하늘에서 하나님 앞 가까이에 있다. 이것은 오늘날 우리에게 그러한 것처럼 요한 당시 순교에 직면한 이들에게 영감을 더해주었을 것이다.

역사가 진행되는 동안 줄곧 많고 많은 하나님의 신실한 종들이 진실하게 믿음을 지킨 탓에 죽었다. 오늘도 그런 일이 계속 일어나고 있고 또한 역

사의 마지막 순간이 될 때까지 그런 일이 계속 일어날 것이다. 그들은 어
느 날 나이지리아에서 죽은 여성 복음전도자, 그다음으로 인도네시아에
서 집단으로 참수당한 이들, 인도 남부 카르나타카 주에서 살해당한 목
사… 처럼 이름없는 이들이다. 우리는 그들의 이름을 몰라도 하나님은
그들을 다 알고 계신다.(S. Wilmshurst, 83~84)

6:10 _순교자들의 외침

만약 계시록 6:9 말씀이 순교자들의 '명분'을 강조하고 있다면 그다음 구
절은 하늘에 있는 순교자들의 '외침'을 기록하고 있다: "큰 소리로 불러 이르
되 거룩하고 참되신 대주재여 땅에 거하는 자들을 심판하여 우리 피를 갚아
주지 아니하시기를 어느 때까지 하시려 하나이까?"(계 6:10).

순교자들은 지상에서 성도들이 계속 살육(殺戮)당하는 것에 대해 울부
짖는다. 가인이 아벨을 죽이자 주님이 그 아우의 핏 소리가 "땅에서부터 내
게 호소한다"(창 4:10)고 말씀하셨다. 이제 하늘에서 순교자들의 영혼이 그들
의 죽음에 대해서 뿐만 아니라 지상에서 일어나고 있는 불의에 대해 하나님
께 울부짖으며 하나님께 묻는다. 질문이 있다면 아직 희망이 있다는데(장창
수, 91) 하나님은 질문 형식의 이 기도에 아주 따뜻한 답을 주신다. 이것은 순
교자들이 복수심으로 울부짖어야만 한다고 생각되고 있던 문제에 대한 답을
주는데 반면 예수님은 첫 순교자 스데반 집사가 그랬듯이(행 7:60) 자기를 죽
이는 자들을 용서해 달라고 하나님께 기도(눅 23:34)했다. 따라서 이렇게 논평
하는 이도 있다: "이것은 그리스도인의 기도가 아니다."(R. Mounce, 158) 그러
나 영화(榮化)된 성도들이 하늘의 하나님 앞 그분 가까이에서 이런 식으로 기
도하는 이것이 성경적인 기도여야만 한다는 것이 사실이다.

이 기도가 그리스도인들에게 가치 있는 첫 번째 이유는 순교자들이 그

들 자신의 숱한 고통에 대해서만 한탄하는 것이 아니라 동료 신자들에게 가해지는 불의에 대해 울부짖고 있었다는 것 때문이다. 하늘의 성도들은 지상 교회가 얼마나 오래 고통을 겪게 될 것인지 알고 싶어 한다. 우리 또한 괴로워하는 그리스도인들을 위해 "오, 주권자이신 주여, 언제까지입니까?" 이렇게 기도해야만 한다.

둘째, 하나님께 사악한 자를 심판해 달라고 요청하면서 악에 맞서는 기도에 대해 본래 기독교적이지 않은 것은 아무것도 없다. 이런 기도는 시편 곳곳에서 숱하게 발견된다. 다윗은 기도했다: "여호와여 진노로 일어나사 내 대적들의 노를 막으소서"(시 7:6). 예수님은 "내 원수에 대한 나의 원한을 풀어 주소서"(눅 18:3) 이렇게 애걸하며 심판해 주시기를 줄기차게 호소하는 과부의 이야기를 들어주셨다. 예수님은 하나님께 정의를 위해 올리는 우리의 기도가 이와 같아야 응답받을 것이라고 말씀하시면서 그녀의 끈질김을 칭찬하셨다. "하나님께서 그 밤낮 부르짖는 택하신 자들의 원한을 풀어 주지 아니하시겠느냐? 내가 너희에게 이르노니 속히 그 원한을 풀어 주시리라"(눅 18:7~8).

어떤 이들은 "내 사랑하는 자들아 너희가 친히 원수를 갚지 말고 하나님의 진노하심에 맡기라 기록되었으되 '원수 갚는 것이 내게 있으니 내가 갚으리라'고 주께서 말씀하시니라"(롬 12:19)고 바울이 명령했던 것을 기억해 내면서 달리 반응할지도 모른다. 하지만 이것이 지금 순교자들이 하늘에서 하고 있는 바로 그 일이다! 그리스도인들은 우리를 해치는 자들에 맞서 복수할 길을 찾지 않으며 또한 우리는 자주 사악한 자들의 구원을 위해 하나님의 자비를 기도해야만 한다. 그러나 복수를 하나님께 맡겨드림으로 그분의 정의가 널리 퍼지기를 간절히 구하는 것에는 잘못된 것이 하나도 없다. "영광 가운데 있는 성도는 스데반 집사가 그랬듯이 더는 개인적인 복수를 바라지 않는다. 그러나 그는 지존자와 거룩, 주권자와 그리스도 안에 있는 하나님의 의

로움이 공식적으로 드러나는 그 위대한 날이 오기를 간절히 기다린다."(W. Hendriksen, 106)

악에 대한 하나님의 심판을 구하는 이 기도는 주님께서 가르치신 기도의 변주곡이다: "나라가 임하시오며 뜻이 하늘에서 이루어진 것 같이 땅에서도 이루어지이다"(마 6:10). 우리의 기도에는 다음과 같은 것들이 반드시 들어 있어야만 한다.

> 학교에서, 정부에서, 각종 매체에서, 하나님의 진리에 반(反)하는 것들이 무엇인지에 대한 생각… 이슬람 국가들에서, 그가 전에 무슬림 신자였는데 정부 당국자에게 적발된 경우, 기독교 세례를 받는 것은 문자 그대로 참수당하는 것을 의미하는 이슬람권에 관한 생각. 하늘에 있는 순교 당한 성도들이 간구하고 있는 기도에 관한 생각: "땅에 거하는 자들을 심판하여 우리 피를 갚아 주지 아니하시기를 어느 때까지 하시려 하나이까?"(계 6:10) (D. F. Kelly, 128)

만일 이것이 하늘에서 성도들이 기도하는 방법이라면 그들이 보여 주는 모범은 동료 신자들을 위해 기도할 뿐만 아니라 복음을 반대하는 악한 권세에 대항하는 기도를 하는 지상의 그리스도인들에게 틀림없이 깊은 영감을 줄 것이다.

셋째, 이 기도에서 가장 중요한 초점은 하나님의 명예다. 하나님의 영광은 의로움이 널리 퍼지기를 요구한다는 것을 알기 때문에 순교자들은 역사의 주권자께 기도한다. 그들은 하나님은 악을 참으실 수 없고 그래서 그분의 말씀이 성취되어야만 한다는 것을 알기 때문에 거룩하시고 참되신 하나님께 울부짖는다. 그러므로 "거룩하고 참되신 대주재께" 기도하고 있는 것이며, 그들은 주님의 명예에 관심을 두고 그분께 호소한다: "땅에 거하는 자들을 심판하여 우리 피를 갚아 주지 아니하시기를 어느 때까지 하시려 하나이까?"(계 6:10). 우리 또한 하나님이 틀림없이 그리하실 것을 알기 때문에, 사악한 자들을 심판하심으로 하나님 자신을 영화롭게 하시도록 하나님께 기도해야만 한다. 6장 말씀이 계속 이어지면서 심판의 날은 복수를 위한 순교자들의 이 기도에 대한 응답이라는 것이 요한에게 알려진다(계 6:12~17).

6:11 _순교자들의 처지

계시록 6:11은 하늘에 있는 순교자들의 '처지'가 드러나는 아주 짧지만 주목할 만한 구절로 마무리된다: "각각 그들에게 흰 두루마기를 주시며 이르시되 '아직 잠시 동안 쉬되 그들의 동무 종들과 형제들도 자기처럼 죽임을 당하여 그 수가 차기까지 하라' 하시더라"

첫째, 순교자들에게 각각 "흰옷"이 입혀졌다. 어떤 이들은 이 흰옷을, 아마도 그들의 희생에 대한 특별한 보상으로서 하늘에서 순교자들에게 주신 영화(榮化)된 몸일 것이라고 설명한다. 그러나 계시록에서 이 이미지를 사용한 것은 또 다른 논쟁을 일으킨다. 흰옷은 의로움을 의미한다. 7장에서 요한은 영광 중에 의인들의 큰 모임을 보는데 그들이 "어린 양의 피에 그 옷을 씻어 희게 하였기 때문에"(계 7:14) 모두 다 흰옷을 입고 있다. 이것은 의의 흰옷은 업적 있는 행위인 순교로 '획득'되는 것이 아님을 명백하게 말한다. 이 요점은 천상에서 차별화된 신분을 얻는 방편으로 순교할 자리를 일부러 찾아다녔던 초기 그리스도인들이 많았다는 역사 기록이 있기에 강조될 필요가 있다. 하늘에 있는 순교자들에게는 그들이 그리스도를 위해 죽었기 때문이 아니라 그리스도께서 그들을 위해 죽었기 때문에 흰옷이 입혀졌다. 예수님은 사데교회에 보낸 편지에서 믿음으로 인내하는 모든 신자를 격려하기 위해 이렇게 말씀하셨다: "이기는 자는 이와 같이 흰옷을 입을 것이요 내가 그 이름을 생명책에서 결코 지우지 아니하고 그 이름을 내 아버지 앞과 그의 천사들 앞에서 시인하리라"(계 3:5).

하늘에 있는 성도들의 의로운 자리와 함께 흰옷은 또한 그들의 정결을 말하고 있다. 그리스도인들이 그분을 믿음으로 의롭게 되는 것을 생각할 때마다 신자들은 성화(聖化)라는 거룩한 길을 따라 살도록 부름 받았다는 것이 또한 일깨워 져야만 한다. 위에 있는 성도들은 완결된 성화를 얻었고, 그들의 흰옷은 그들이 그리스도 안에서 얻은 영광을 증언하고 있다. 따라서 히브리서 기자는 천상의 예루살렘에서 영화(榮化)된 그리스도인들을 "온전하게 된 의인의 영들"(히 12:23)로 묘사한다.

뿐만 아니라 흰색은 "승리의 색이다. 순교자들은 지상에서 그 원수들에게 패배한 것으로 드러났다. 그러나 사실상 하나님은 그들에게 승리를 주셨다."(L. Morris, 109) 교회를 박해했던 로마 황제들이 개선 행진을 할 때 흰옷을 입었기 때문에 하나님이 하시는 말씀은 무엇을 뜻하는가! 하늘에서 드러나는 현실은 비록 세상에서 한없이 약하고 그 믿음 때문에 멸시당했지만 십자가 위에서 죽은 그리스도와의 연합으로 승리를 얻은 이들은 성도들임을 보여 주고 있다. 십자가는 하나님이 "폭력을 행사하느니 차라리 폭력에 희생당하실 분"임을 알려 준다.(박영호, 145) "지상에서 그들은 (그리스도를 닮아) 속수무책의 무력한 희생자들이어서 살인자들한테 미움받고 경멸당하면서 패자 쪽에 서 있었다… 그러나 하늘에서는 얼마나 다른 모습인가! 그들의 자리는 보좌에 가장 가까운 곳이고 그들은 지금 승리의 흰옷을 입고 있다."(S. Wilmshurst, 84)

둘째, 흰옷 입은 순교자들은 하늘에서 하나님과 만족스러운 쉼을 즐긴다: 이렇듯 "쉼은 하나님 안에 순간순간 머물러 있을 때" 주어진다.(이규현, 2021:200) 그들은 "잠시 동안 조금 더 쉬는"(계 6:11) 이들이다. '쉰다'는 말의 헬라어는 '아나파우오'인데 이 낱말은 '원기를 회복하다'라는 뜻도 갖고 있다.

주님 앞에서 은혜를 입어 모든 노동을 쉬는 이들이 누리는 복을 즐긴다. 그들은 그리스도의 완성된 사역으로 쉬게 되며 따라서 그들의 기쁨은 낮은 세상이 아니라 하늘에 있는 세상에 초점을 맞춘 삶을 사는 동안 하늘에 보물을 쌓아 두었던 까닭에 부요하게 되었다(마 6:19~20). 계시록 14:13에서 이렇게 선포한다: "지금 이후로 주 안에서 죽는 자들은 복이 있도다… 그들이 수고를 그치고 쉬리니 이는 그들의 행한 일이 따름이라."

비록 순교자들이 흰옷을 입고 천국으로 들어갔다 해도 그들은 아직 욕구의 최대치에 도달하지는 못했다. 잠시 동안 그들은 쉴 것이지만 또한 "그들의 동무 종들과 형제들도 자기처럼 죽임을 당하여 그 수가 차기까지"(계 6:11) 기다리라는 얘기를 듣게 된다. 구속 사역의 목적은 하나님이 계신 하늘의 세계와 지혜(예수)로 만드신 이 세상이 통일되는 것이다. 그렇게 될 수 있도록 창조의 원형인 저 하늘의 모습처럼 사랑으로 하나 된 공동체인 교회를 통하여 분열되고 찢긴 땅의 세상을 연합시키는 일이다.(박대영, 2013:401) 그러기에 순교자들은 정의를 원하는 그들의 부르짖음에 하나님이 응답하는 것과 마찬가지로 구속사(救贖史)가 완결되기를, 선택받은 이들이 모두 다 모이기를 간절히 바라고 있다.

하나님께 속한 백성의 수가 완전히 다 채워지고 교회가 영생으로 부름받은 모든 이로 가득 차는 날은 아직 오지 않았다. 예수님은 끝이 오기 전에 "복음이 먼저 만국에 전파되어야 할 것"(막 13:10)이라고 말씀하셨다. 왜 끝이 아직 오지 않았으며, 또한 왜 순교자들의 열망이 아직 성취되지 않았는가? 성경은 하나님께서 여전히 예수 그리스도를 통해 죄인들을 구원하고 계시기 때문에 세상은 여전히 그 순교자들이 나오도록 허용되어 있기 때문이라고 대답한다. 베드로는 이렇게 말했다: "주의 약속은 어떤 이들이 더디다고 생각하는 것 같이 더딘 것이 아니라 오직 주께서는 너희를 대하여 오래 참으사 아무도 멸망하지 아니하고 다 회개하기에 이르기를 원하시느니라"(벧후 3:9).

하나님은 위(하늘)에 있는 순교자들에게 아래(땅)에 있는 죄인들을 위한 그분 마음의 자비 때문에 그들의 복된 쉼 안에서 기다리라고 말씀하신다.

그러나 안 믿는 자들은 하나님의 인내가 곧 끝날지도 모르며 그 인내가 끝난 뒤에는 구원의 기회가 아예 없게 될 것임을 깨달아야만 한다. 바울은 이렇게 말했다: "보라, 지금은 은혜받을 만한 때요, 보라, 지금은 구원의 날이로다"(고후 6:2). 신자들은 그때가 얼마 남지 않았음을 알기 때문에 좀 더 열정적으로 예수님의 대분부(마 28:18~20)를 받들어야 한다: "하늘과 땅의 모든 권세를 내게 주셨으니 그러므로 너희는 가서 모든 민족을 제자로 삼아 아버지와 아들과 성령의 이름으로 세례를 베풀고 내가 너희에게 분부한 모든 것을 가르쳐 지키게 하라. 볼지어다. 내가 세상 끝날까지 너희와 항상 함께 있으리라"(마 28:18~20).

6:9~11 _순교자들이 주는 교훈

이 세 구절은 많은 부분에서, 대충 훑어보는 것만으로도 그것들이 신자의 죽음 후 마지막 부활 전에 하늘에서 신자들에게 주어지는 것들이기 때문에 우리에게 아주 풍부한 교훈을 준다. 네 가지 중요한 교훈을 강조하면서 마무리하는 것이 좋겠다.

첫째, 이 구절은 '죽은 그리스도인들의 영혼이 즉시 하늘로 간다'는 것을 가르친다. 이것은 예수님을 위해 잔인하게 죽는 이들에게 뿐만 아니라 구원을 위해 그분을 신뢰하며 살다 죽은 모든 이에게도 사실이다. 웨스트민스터 신앙고백서 '믿음' 32.1항에서 이 가르침을 강력한 용어로 말하고 있다: "그 다음에 거룩 안에서 완벽하게 된, 의인의 영혼은 그들이 하나님의 얼굴을 보게 되는 가장 높은 하늘 안으로 받아들여지고 그들의 몸의 완전한 대속을 기다리게 된다." 최후의 부활은 계시록 20장에 이를 때까지는 일어나지 않지만 그러나 영광 중에 계신 하나님과 그리스도를 위해 죽은 이들의 영혼이 여기에 있다.

이것이 그리스도인들이 주 안에서 죽은 이들에 대한 큰 소망으로 가슴 아파하는 이유다. 임종(臨終)을 코앞에 두었거나 사랑했던 이의 죽음으로 슬퍼하는 이들에게 시편 23편은 큰 위로가 된다. "사망의 음침한 골짜기"는 마지막에 나타나는 것이 아니라 이 땅에서 고단한 여정을 소화하는 중에 나타난다. 그리스도인들은 죽음 '안으로' 나아가는 것이 아니라 주님 면전에서의 복을 즉시 즐기기 위해 죽음을 '통하여' 나아간다.

아울러, 이 영혼들이 땅에서의 일들에 대해 알고 있을 뿐만 아니라 하늘에서 의식과 지각력을 지닌 존재로 그려지고 있다는 것을 주목하라. 일부 그리스도인들은 죽음과 부활 사이의 시간에는 신자들이 무의식 상태로 있는 것이라는 영혼수면설(교리)을 배웠다. 그들은 흔히 예수님이 죽은 이들에 대해 "잠잔다"(마 9:24; 요 11:11)고 말씀하신 구절을 지목하는데 그들은 예수님의 이 표현이 영혼의 경험이 아니라 '죽은 몸의 겉모습'을 서술하는 표현임을 깨닫지 못하기 때문에 그런 생각을 하는 것이다. 예수님은 십자가에서 그분을 믿는 강도에게 "오늘 네가 나와 함께 낙원에 있으리라"(눅 23:43)고 말씀하셨다. 바울은 "몸을 떠나는 것"이 "주와 함께하는 것"(고후 5:8)임을 즐거워했다.

둘째, 천상의 순교자들의 처지를 통해 '세상의 불의는 하나님의 의로운 심판으로 뒤집힌다'는 것을 알게 된다. 그리스도인들은 경건하지 못한 의제(議題)들이 성공적으로 진행되고 사악한 이상들이 사회를 사로잡을 때 파수꾼으로 서는 일에서 쓰라린 좌절을 맛볼 수도 있다. 비록 성경이 이승에서 환난을 겪는다고 말했음에도 불구하고 그런 경험은 우리를 절망감에 사로잡히게 한다. 1세기의 순교자들은 무시무시한 공포로 고통을 겪었고 무수한 신자들이 그리스도를 위해 죽었다. 그러나 세상의 박해자들은 이 그리스도인들이 바라던 것과 정확히 정 반대 상황에 몰리도록 하는 데 일단 성공했다. 그들은 신자들의 목숨을 빼앗을 궁리를 했지만 그러나 역설적으로 신자들이 영광 안으로 들어가는 문을 열어 주었다. 그들은 그리스도인들을 정죄 (유죄 판결)했지만 그러나 하늘의 흰옷은 그들의 판결을 뒤엎어 버렸다. 그들은 특히 스스로 그리스도인들의 영향력에서 벗어나는 길을 열심히 찾았다. 그러나 순교자들이 지금 어디에 있는가를 보라! 그들은 하나님의 보좌 아주 가까운 곳에 있는데 그 보좌로부터 역사를 다스리는 하나님의 모든 법령이 공포된다. 세상은 순교야말로 그리스도의 백성을 궁극적으로 무력화하는 것으로 생각했다. "그러나 실제로 무엇이 일어났는지를 보라: 그들은 단지 신자들에게 엄청난 권위의 자리를 내주었을 뿐이고 지금 신자들은 하늘에서 기도함으로써 하늘 아버지의 마음에 가깝게 그 복된 권위를 행사하고 있다."(D. F. Kelly, 126)

셋째, 계시록 6:11에서 '그리스도를 통해 구원받은 사람의 수를 하나님께서 예정하셨으며 그들 모두는 틀림없이 믿음에 이르게' 된다는 것을 알려 준다. 하나님은 "그들의 동무 종들과 형제들의 수"를 알고 계시며 하나님이 그들의 삶과 죽음의 방식을 정하신 것처럼 그들이 완전하게 한곳에 모일 '시기'를 지정하셨다. 택함 받은 이는 틀림없이 구원받게 되고 많은 이들이 신자들의 복음 증거를 통해 그리스도께 올 것이기 때문에 이 사실은 신자들이 복음을 증거할 때 틀림없이 큰 용기를 더해 줄 것이다. 그것은 또한 틀림없이 모든 다양한 어려움과 심지어 박해에도 불구하고 믿음으로 하늘의 영원을 확신할 수 있어서 그리스도를 따르는 일을 더 열심히 하도록 용기를 줄 것이다.

넷째, 이 구절들은 '역사를 향한 하나님의 구속계획에 있어서 순교자들의 증언이 중요하다는 것'을 알려 준다. "주님의 신실한 증언 수단 가운데 하나가 되는 순교는 죽음으로 그 입이 막히게 되어 하나님께서 패배한 것처럼 보이고 교회가 피해를 보고 후퇴하는 것처럼 보인다; 그러나 순교는 계속 반복해서 복음을 전진시키고 하나님의 백성을 위한 복과 능력을 증강한다."(P. E. Hughes, 90)

'순교'라는 말이 '증언하다'라는 뜻의 헬라어 동사에서 왔다는 것을 말한 바 있다. 그러므로 하나님의 구속(救贖) 계획에서 결정적인 역할을 하기 위해 굳이 예수님을 위해 장렬하게 죽으려고 애쓸 필요는 없다. 그러나 세상이 당신의 믿음을 알아볼 수 있도록 하나님의 말씀에 충분히 진실된 사람이 되어야만 한다. 언젠가 이런 문구가 적힌 엽서를 본 적 있다. "만약 당신이 그리스도인이 되었다는 사실 때문에 체포당했다면, 당신의 '유죄'를 입증할 만한 충분한 증거가 있는가?" 어떤가? 이 질문 앞에서 당신은 유죄라는 확신이 있는가? 그렇다면 정말 축하한다. 그런데… 만에 하나, 그렇지 않다면…? 내일을 모르고 사는 우리에게 내일은 없을지도 모른다는 사실을 부디 잊지 마시라.

1745년 위그노 목사 루이 랭은 유죄 판결을 받고 사형 선고를 받았다. 만일 그리스도에 대한 그의 믿음을 포기한다면 살려 주겠다는 약속도 받았다. 그는 그 제안을 거절했을 뿐만 아니라 시편 118:24 말씀을 프랑스어로 노래하면서 단두대로 나아갔다. "이날은 여호와께서 정하신 것이라." 그는 노래 불렀다. "이날에 우리가 즐거워하고 기뻐하리로다." 몇 주후, 또 다른 위그노 목사 자크 로저 또한 권력자들을 수년간 피해 다니다가 결국 체포되어 유죄판결을 받았다. 그는 말했다. "저는 당신이 39년간 찾았던 그 사람입니다. 이제 당신께서 저를 발견하셔야만 할 때입니다." 로저가 처형당할 때 자기보다 먼저 루이 랭 목사가 노래했던 것과 똑같은 성경구절을 노래했다. 그 후 프랑스에서 위그노 순교자가 된 이는 1762년에 체포된 프랑수아 로제였다. 그 또한 그리스도를 포기하면서 죽음을 피하기를 거부했다. 그도 또한 시편 118:24 말씀을 노래하면서 거리에서 끌려다녔다. "이날은 여호와

께서 정하신 것이라. 이날에 우리가 즐거워하고 기뻐하리로다."(R. E. Prothero, 225~28)

그 마음속 기쁨과 믿음으로 죽음에 들어간 이 모든 순교자들의 메시지는 무엇인가? 그들의 메시지는 예수 그리스도를 믿음으로 하늘의 복된 안식 안에 있는 영원한 생명을 말해 준다. 그들은 모두 다 오늘 우리에게 지금 말씀하시는 예수님의 진리를 알고 있었다: "누구든지 제 목숨을 구원하고자 하면 잃을 것이요 누구든지 나를 위하여 제 목숨을 잃으면 구원하리라"(눅 9:24).

여섯째 인을 떼실 때에
(요한계시록 6:12~17)

¹²그리고 그가 여섯째 인을 여실 때에 나는 보았다. 그리고 그때 큰 지진이 일어났다. 그리고 해가 검은 베옷같이 검게 되었다. 그리고 달 전체가 피같이 되었다. ¹³그리고 무화과나무가 큰 바람에 의하여 그것의 익은 과일을 떨어뜨리게 되는 것처럼 하늘의 별들이 땅으로 떨어졌다. ¹⁴그리고 하늘은 두루마리가 말리는 것처럼 분리되었고 모든 산과 섬이 그것들의 위치로부터 옮겨졌다. ¹⁵그리고 땅의 왕들과 귀족들과 장군들과 부자들과 강한 자들과, 모든 종과 자유자가 굴들 속으로 그리고 산들의 바위들 속으로 자신들을 숨겼다. ¹⁶그리고 그들이 산들과 바위들에게 말했다. "우리 위에 떨어져라. 그리고 너희들은 보좌에 앉으신 이의 얼굴로부터 그리고 어린 양의 진노로부터 우리를 숨기라. ¹⁷왜냐하면 그들의 진노의 큰 날이 이르렀기 때문이다. 그리고 그래서 누가 견고하게 설 수 있겠는가?" (이필찬, 2021:667)

계시록 4장에서 시작된 역사의 여러 사이클(주기)은 최후 심판에 대한 다양한 표현에서 확인될 수 있다. 4장에서 시작되는 첫 번째 주기는 6:12~17에 있는 창조의 붕괴와 7장에서 하늘에 모여 있는 성도들에 상응하는 비전으로 마무리되고 있는 역사의 일곱 인(印)을 나타낸다. 그리고 이어지는 비전들로 ①죽은 자가 심판받음 ②땅을 망하게 하는 자들이 멸망 당함(계 11:15~19) ③천사들이 예리한 낫을 들고 땅에 추수하러 옴(14:14~16) ④진노의 대접들을 퍼부음(16:17~21) ⑤큰 성 바벨론이 몰락함(18:1~24) ⑥"하나님의 맹렬한 포도주 틀을 밟는" 백마 탄 기수의 등장(19:14~15) 그리고 ⑦사탄과 안 믿는 자들이 불 못에 던져지는 큰 백 보좌 심판(20:11~15) 등이 담긴 마지막 나팔소리를 들려줄 것이다. 이 일곱 장면은 계시록 6:17에서 "(하나님의) 진노의 큰 날"이라는 딱지가 붙은, 똑같은 큰 사건의 각각 다른 면을 들여다보게 된다.

계시록 4~7장에서 발견된 역사의 첫 번째 주기에서 심판의 날이 여섯 인(印)의 열림으로 나타난다. 처음 네 개의 인은, 그리스도의 승천부터 재림까지 교회 시대 전체를 특징지을 온갖 저주를 묘사하는 정복, 폭력, 기근, 그리고 죽음의 기수들을 풀어놓았다. 다섯 번째 인은 이 네 가지 저주의 와중에 죽어서 하늘에 있는 순교자들의 영혼을 보여 주었다. 여섯 번째 인은 지상에 사는 자들에게 복수하며 정의를 구현해 달라고 요구하는 순교자들의 기도에 응답한다. 하나님은 그들에게 "그들의 동무 종들과 형제들도… 죽임을 당하여 그 수가 차기까지"(계 6:11) 기다리라는 말을 들려주는데 여섯 번째 인은 또한 이 기다림이 하나님의 시간표 안에서 성취될 것을 알려 준다. 계시록에서 숫자 7이 완성과 구원의 수인 것처럼, 6은 인간의 숫자다. 따라서 그리스도께서 "여섯 번째 인을 떼자"(6:12), 하나님의 '진노의 날'이 이르게 된다. "그것은 이 시대의 마지막에 일어나는 큰 파국을 서술한다. 그날의 두려움과 공포, 경악과 위압감이 ①완전히 놀라 자빠진 인류와 ②붕괴되는 우주라는 이중 상징으로 그려진다."(W. Hendriksen, 107)

6:12~14 _우주의 붕괴

계시록 6:12~14에 묘사된 창조세계의 붕괴를 살필 때 함께 다루어야만 할 두 가지 중요한 질문에 답할 필요가 있다. 첫째, 이 묘사들을 상징적으로 다루어야 하는지 아니면 다소간 문자적으로 다뤄야 하는지, 둘째, 그것들이 묘사하는 사건은 무엇인가 하는 것이다. 두 가지 주된 답이 있다. '과거주의'('preterist'라는 이 이름은 "과거"를 뜻하는 라틴어에서 생겼다.) 입장을 견지하는 이들은 이 파국적인 언어가 물리적인 붕괴를 서술하고 있다기보다는 사회활동에서의 상승과 폭락의 상징이라는 입장이다. 계시록의 저작을 좀 더 이른 시기로 보는 이 견해에 의하면 여기 서술된 재앙은 최후 심판이 아니라 주후 70년의 예루살렘 함락이다. 또 다른 견해는 상징적인 언어가 사용되는 한 여섯 번째 인은 문자적으로 최후 심판 때의 세상 끝에 일어나는 재앙을 그리는 것으로 보아야 한다는 것이다.

뜻밖에 상징적 해석을 찬성하는 과거주의자들의 주장이 아주 고맙게도 인상적이다. 우선 그들은 이 물리적 재앙의 이미지들이 특히 여러 제국과 도시의 몰락을 그리면서 하나님의 개입을 서술하는 역사적 사건들에 사용된 이미지들과 똑같은 구약성경 구절에서 따온 것을 지적한다. 출애굽기 19:18에 지진이 나오는데 그것은 시내산에 하나님이 도착하셨음을 그리기 위한 것이고 나훔 1:5에서는 니느웨 정복을 서술한다. 출애굽기 19:21~23에서는 하나님이 애굽을 심판하실 때 해가 어두워졌고 에스겔 32:7은 애굽을 심판하신 뒤에 달이 그 빛을 잃었다고 한다. 별들의 추락은 그 형제들의 굴복을 그리기 위해 요셉의 꿈(창 37:9)에 나타났다. 대부분의 은유는 바벨론의 몰락을 예언하는 이사야의 예언에 등장한다: "보라, 여호와의 날 곧 잔혹히 분냄과 맹렬히 노하는 날이 이르러… 하늘의 별들과 별 무리가 그 빛을 내지 아니하며 해가 돋아도 어두우며 달이 그 빛을 비추지 아니할 것으로

다… 내가… 하늘을 진동시키며 땅을 흔들어 그 자리에서 떠나게 하리니"(사 13:9~13).

이 여러 구절에서 천문학적인 여러 재앙은 통치자들과 여러 나라의 몰락을 나타낸다. 여섯 번째 인(印)의 경우 과거주의자들은 계시록 6:13이 예수님이 이스라엘에 대한 심판 이미지로 사용하신(마 21:18~19) 무화과나무를 암시하기 때문에 이 이미지를 주후 70년의 예루살렘 함락에 적용시킨다.(S. Gregg, 166~171) 뿐만 아니라 그들은 문자적인 성취는 예컨대 별들이 너무 크기 때문에 문자적으로 그보다 작은 지구에 떨어질 수 없으므로 물리적인 가능성이 아님을 지적한다. 이런 견해를 따른다면 여섯 번째 인은 교회를 박해하는 죄 때문에 하나님이 로마를 제거하시는 것처럼 복음에 대한 유대인의 반대를 제거하는 것을 예언한 것이다. "진실로, 적절한 때에 하나님은 사랑과 은혜로 충만한 왕국의 여지를 남기려고 그분의 교회를 반대한 기타 모든 것을 흔들어 떨어뜨릴 것이다."(D. F. Kelly, 135)

그러나 여섯 번째 인이 하나님의 최후 심판에서 문자적으로 우주의 붕괴를 예언한다는 또 다른 견해를 취할 몇 가지 이유가 있다. 첫째, 이 상징이 종종 여러 제국의 몰락과 정복 당하는 도시들을 나타내기 위해 구약성경에 사용되었다는 것에 동의한다면, 지구 자체가 파괴되는 이 일시적인 심판들이 크고 최종적인 심판의 날을 예견한다는 것을 보여 주는 또 다른 구절들이 있다. 이사야 24장은 "여호와께서 땅을 공허하게 하시며 황폐하게 하시며… 그날에 여호와께서 높은 데에서 높은 군대를 벌하시며 땅에서 땅의 왕들을 벌하시리니"(사 24:1, 21)라는 말로 여섯 번째 인과 같은 이미지를 사용한다. 가장 중요한 것은 요한이 계시록 6:12~14에서 직접 인용하고 있는 것으로 보이는 이사야 34:4의 예언이다. 여기서 하나님은 지구 전체를 향해 이렇게 말씀하신다: "땅과 땅에 충만한 것, 세계와 세계에서 나는 모든 것이여 들을지어다. 대저 여화와께서 열방을 향하여 진노하시며"(사 34:1~2). 이사야는 사실상 요한이 되풀이하고 있는 말을 계속한다: "하늘의 만상이 사라지고 하늘들이 두루마리 같이 말리되 그 만상의 쇠잔함이 포도나무 잎이 마름 같고 무화과나무 잎이 마름 같으리라"(사34:4). 이사야는 창조세계 자체가 용해되는 우주적인 심판을 서술하고 있다. 이것은 이 사건을 하나님의 "진노의 큰 날"로 묘사하고 있는 계시록 6:17 말씀과 딱 들어맞는다. 덧붙여서 여섯 번째 인은 전 세계에 심판을 내려 주시기를 요구하는 다섯 번째 인(印) 심판에 들어 있던 순교자들의 기도(6:10)에 응답한다. 뿐만 아니라 여기 사용된 모든 언어는 전 인류에 대한 최후 심판을 서술하기 위해 계시록 곳곳에 등장한다(11:13; 16:18~20; 20:11).(G. K. Beale, 1999:396~99; S. Gregg, 166~71; R. L. Thomas, 1992:450~51; D. Kelly, 130~36)

마지막으로, 여섯 번째 인을 문자적으로 읽는 것은 예수님이 감람산 강화에서 묘사하신 것과도 맞아떨어진다. 예수님은 해가 어두워지며 달이 빛을 내지 아니하며 별들이 하늘에서 떨어지며 하늘의 권능들이 흔들릴 것이며… 인자가 구름을 타고 능력과 큰 영광으로 오는 것을 볼 것인데 그것들이 예수님의 재림과 시대의 끝이 나란히 올 것을 말씀하셨다(마 24:29~32). 거기서 예수님은 이사야 34:4와 똑같은 의미로 무화과나무 은유를 사용하셨고, 계시록 6:13은 마지막을 위해 준비될 필요가 있다는 교훈으로 삼고 있다. 이 문자적인 가르침은 베드로후서에서 확인된다: "그날에는 하늘이 큰 소리로 떠나가고 물질이 뜨거운 불에 풀어지고 땅과 그중에 있는 모든 일이 드러나리로다"(벧후 3:10).

창조세계의 문자적인 붕괴를 묘사하는 대목에서조차 이 구절들 안에 어쩌면 어느 정도는 상징이 포함돼 있을 것이다. 여전히 주로 문자적인 독법(讀法)은 가능하다. 전례 없이 맹렬한 큰 지진은 하늘을 어둡게 덮는 재와 용암을 뿜어 올리고 떨어지는 별들은 소행성이 지구를 강타하는 것을 언급하는 것일 수 있다. "이 언어표현은 단지 시적(詩的)이거나 상징적인 영적 실재들 뿐만 아니라 그 실제 성격을 우리가 상상할 수 없는 현실적인 우주의 파국을 서술하는 것이기도 하다."(G. E. Ladd, 1972:108)

계시록 6:12~14에서는 산과 섬의 사라짐을 한 묶음으로 볼 때 여섯 항목, 혹은 그것들을 별개로 볼 때 일곱 항목을 서술하고 있다. 만일 여섯 항목이라면 어쩌면 '정당한 심판의 불완전함'이라는 개념일 것이고, 만일 일곱 항목이라면 '지구에 닥친 완벽한 파괴'라는 개념일 것이다. "하나님 나라 백성의 구원이 창조를 통해 이야기된 것과 마찬가지로… 하나님의 심판도… 창조 파괴, 곧 우주의 붕괴로 서술되었다. 하나님은 창조세계라는 구조물을 해체하시면서 찢어버리신다."(D. Chilton, 196)

계시록 6:12에서는 해가 "검은 털로 짠 상복같이 검어지고" 달이 "온통 피같이 되는" 현상을 동반한 "큰 지진"을 말하고 있다. 요한이 계시록을 쓰던 당시 많은 도시가 지진으로 황폐해지는 고통을 겪었다. 여기서 창조세계 전체가 흔들리는 것은 그리스도가 다시 오실 때 새 창조의 길을 내기 위함이다(학 2:6~7; 히 12:26~27). 해와 달이 어두워지는 것이 구약성경에 등장하는 여러 제국이 몰락하는 전조(前兆)가 되었듯이 여기서 심판 아래 놓이는 것은 지구 전체이다. 해가 검은 털로 짠 상복 같다고 서술된 것은 굴욕과 애도를 더하는 것이다. 달이 온통 피같이 된다는 것은 하나님의 심판으로 재앙이 절박하게 임박했음을 의미한다.

계시록 6:13은 "하늘의 별들이 대풍에 흔들려 설익은 열매가 떨어지는 것 같이" 땅에 떨어진다는 말을 덧붙이고 있다. 이것이 유성(流星)을 말하는 것일 수도 있고 혹은 상징적으로 광풍에 철 늦은 과일들같이 떨어지는 것을 말하는 것일 수도 있는데 아무튼 그 이미지는 사람들의 마음속에 공포를 불러일으킨다. 예수님은 "무서운 일과 하늘로부터 큰 징조들이 있으리라"(눅 21:11)고 말씀하셨다. "별들이 떨어지는 것은… 고대인들에게 '끝이 왔다'는 오직 한 가지 사실을 의미했을 것이다."(R. H. Mounce, 162) 다섯 번째 사건에 대해서도 똑같이 이야기될 수 있다.: "하늘은 두루마리가 말리는 것 같이 떠나간다"(계 6:14). 하늘이 양쪽 끝에서부터 중앙부 쪽으로 말리든 아니면 한쪽 끝에서 다른 한쪽 끝으로 말리든 간에 이 그림은 지구 쪽에서 볼 때 우주의 해체를 보여 주는 것이다. 예수님의 초림 때 그분의 세례를 위해 "하늘이 갈라짐"(막 1:10)이 있었던 것처럼 그분의 재림 때는 마침내 하늘이 말리듯 걷혀 버린다(히 1:12). 이 이미지들은 별들의 떨어짐과 하늘의 찢어짐이 오직 시대의 끝만을 신호로 알려 주기 때문에 세대주의자들이 가르치는 것처럼 단지 끝이 가까울 때가 아니라 이 사건들이 역사의 마지막에 일어나는 것임을 분명히 해 준다.

마지막으로 산들과 섬들, 오랜 세월 동안 '영원성'을 상징했던 물체들이 제 자리에서 옮겨진다(계 6:14). 이것은 나중에 계시록에서 찬양하게 될 상황을 그리고 있다: "처음 것들이 다 지나갔음이러라"(계 21:4). 산과 섬을 한 묶음으로 보면 이 이미지들은 아담이 죄에 빠져 타락함으로 부패한 세계(창 3:17 참조)의 해체와 더불어 지상에 그리스도의 재림이 일어날 때 새롭게 된 우주가 제 자리를 잡는 것을 알려 준다.

6:15~17 _인류의 절망

여섯 번째 인이 떼어짐으로 부패한 우주가 파괴될 뿐만 아니라 정죄당한 인류가 도망치지 못할 공포와 두려움을 그리는 격변도 발생한다. 따라서 창조세계의 해체에 덧붙여서 요한은 범죄한 인간의 절망을 본다:

> 그리고 땅의 왕들과 귀족들과 장군들과 부자들과 강한 자들과, 모든 종과 자유자가 굴들 속으로 그리고 산들의 바위들 속으로 자신들을 숨겼다. 그리고 그들이 산들과 바위들에게 말했다. "우리 위에 떨어져라. 그

리고 너희들은 보좌에 앉으신 이의 얼굴로부터 그리고 어린 양의 진노로부터 우리를 숨기라 왜냐하면 그들의 진노의 큰 날이 이르렀기 때문이다. 그리고 그래서 누가 견고하게 설 수 있겠는가?"(계 6:15~17)(이필찬, 2021:667)

여기 요한은 '진노의 큰 날'을 경험하는 정죄당한 여섯(만일 마지막 두 가지인 '종'과 '자유자'를 별도로 본다면 일곱) 부류의 인류를 본다. 도무지 "피신할 곳도 없다."(김기석, 92) 안 믿는 자들에 대한 하나님의 심판에서 차이나 구별이 아예 없다는 것을 보이면서 그들은 사회의 모든 부류를 나타낸다. "하나님은 사람을 차별대우하지 않는 분이시며 다만 모든 사람을 그들의 사회적, 정치적, 혹은 경제적 지위와 상관없이 동등한 근거에서 심판하신다는 것을 이 목록에서 알 수 있다."(G. K. Beale, 1999:400) 그러나 세상의 위대한 자들과 통치자들에 대한 심판이 두드러지게 나타난다. 순교자들은 하나님께서 "땅에 거하는 자들을"(계 6:10) 심판해 주시기를 기도했는데 그것이 첫 출발이 되었다.

첫 번째가 시편 2편에서 "여호와와 그의 기름 부음 받은 자를 대적"하였지만 이제 "철장에 맞아 부서지는"(시 2:2, 9) 지상의 왕들이다. 그들과 함께 부서지는 자들은 그들의 모든 대리인인 "귀족들(큰 자들)"인데 그들은 왕자들이거나 지상의 경건하지 못한 권력을 나눠 가졌던 각료들이다. 그들 곁에 "장군들"이 합류하는데 그들은 자신의 영광을 즐겼으나 이제는 하나님의 진노에 직면하게 되었다. "부자들"은 종종 왕이나 대통령들보다 더 많은 지배권을 행사했지만 역시 심판에 직면한다. 이들과 더불어 "강한 자"(계 6:15)와 영향력 있는 자도 심판을 피해가지 못한다. 이 모든 부류의 사람들은 하나님께 반역하면서 세상을 쥐락펴락했고 또한 함께 예수 그리스도께서 복음으로 통치하는 일을 반대했다. 이들과 더불어 다소 높고 낮은 보통사람들 곧 "종과 자유자를 아우른 모든 사람"도 하나님께 대항했던 그들의 반역에 합당한 무시무시한 정죄를 당한다.

절망한 인류는 최후 심판에 두 가지 방식으로 반응한다. 첫째는 헛된 도망질을 하려고 하는 것이다. 그 사람들은 "산과 바위들에게 '우리 위에 떨어져… 우리를 가려달라'"(계 6:16)고 외친다. 이런 식으로 그들은, 들이닥친 심판을 대하는 것보다 더 나쁜 것은 없다는 것을 말하고 있다. 그 누구도 단 한 사람도 도망칠 수 없다. 한 나라에 재앙이 닥칠 때 "독재자들은 재산을 감출 스위스은행 비밀 계좌를 만들려 한다. 장군들은 남아메리카의 안전한 피난처로 그들을 데려가기 위해 기다리고 있는 비행기를 준비할 것이다. 심지어 보통사람들도 재난을 피할 다양한 방편을 마련할 것이다. 그러나 하나님께서 그분의 심판을 집행하러 오실 때는 절대 그렇게 하지 못한다."(J. M. Boice: R. D. Phillips, 235) 그날에는 높은 자든 낮은 자든, 부자이든 가난한 자이든, 자유자이든 노예이든, 모든 사람이 하나님의 진노 앞에서 바짝 쫄 것이며 또한 제아무리 날뛰어도 진노의 그날, 우주적인 공포에서 한 발짝도 도망치지 못할 것이다.

도망치려는 인간의 시도와 더불어 그들은 하나님의 심판 앞에서 공포에 떨기도 한다. 이것이 "보좌에 앉으신 이의 얼굴에서와 그 어린 양의 진노"(계 6:16)를 당하느니 차라리 죽는 것이 더 낫다는 것을 그들이 알게 되는 이유다. 나는 수십 년 만의 지독한 폭염이라던 1977년 7월부터 공수특전단에서 장교 계급장을 떼어버리고 공수훈련을 받았다. 말 그대로 지옥훈련은 매일 아침 10km '폭풍 구보'로 시작되었다. 폭풍 구보라 하는 이유는 2km씩 이어 달리며 우리 교육생들을 이끄는 강철 체력의 그 포악한 조교들의 채찍과 몽둥이에 쫓기며 10km 전 구간을 내내 100m 달리기 속도로 달려야 하기 때문이다. 숨이 턱에 닿아 깔딱 숨을 연신 내쉬며 버둥거리는 우리 교육생들에게 징글징글한 그 조교들은 늘 "차라리" "죽여라"라는 구호를 연신 외치게 했다. 지옥 같은 순간순간을 이를 악물고 버티며 "차라리, 죽여라" 아무리 외쳐도, 여기저기서 기절하는 교육생이 속출하기는 해도, 이상하게 아무도 죽지는 않았다. 죽고 싶을 만큼 힘든데 맘대로 죽지도 못하는 시간… 거기가 바로 지옥이었다. 곰곰 생각해 보면 아무튼 나는 지옥에서 걸어 나온 아주 질기디질긴 독종이다. 내가 어떻게 그 지옥훈련을 견뎌냈는지 지금도 생각할수록 나 자신이 신기하기만 하다. 아담과 하와가 범죄 한 뒤에 동산에서 하나님을 피해 도망치려 했던 것(창 3:8)처럼 인류는 무엇보다도 자기들이 그토록 사악하게 반역했던 창조주, 이제는 진노의 표정이 드러난 창조주의 얼굴을 피하고자 하는 일에 하나가 되었다. 여기서 "죄인들이 가장 두려워하는 것은 죽음이 아니라 하나님의 얼굴이 드러나는 것"(H. B. Swete, 2:94)이라는 것을 알게 된다. 하나님은, 제공했던 구원이 퇴짜 맞고 멸시당한 어린 양으로서 그리고 보좌에 앉으신 창조주로서 정죄당한 인류에게 나타나셨다. "그들의 진노의 큰 날"(계 6:17)이 올 때 그들이 느끼는 공포의 총량은 얼마나 될 것 같은가! 내가 받았던 공수훈련의 고통으로 미루어 그 지긋지긋한 고통의 총량을 나는 도무지 상상할 수도 없다.

낙담한 인류는 절망하여 부르짖는다. "누가 능히 (하나님 앞에) 서리요?"(계 6:17). 그 답이 7장에 나와 있는데 거기서 복음을 믿었고 그들이 용서받을 필요가 있음을 고백했고 예수님을 구주와 주로 영접했고 그래서 다가오는 진노로부터 이런 식으로 대속(代贖) 받아 구원받은 천상(天上)의 무수한 신자들을 보여 주고 있다. 요한은 "각 나라와 족속과 백성과 방언에서 아무도 능히 셀 수 없는 큰 무리가 나와 흰옷을 입고 손에 종려 가지를 들고 보좌 앞과 어린 양 앞에 서서 큰소리로 외쳐 이르되 구원하심이 보좌에 앉으신 우리 하나님과 어린 양에게"(계 7:9~10) 있다는 찬양을 부르고 있는 이들을 보고 있다.

6:17 _진노의 큰 날

여섯 번째 인으로 인해 그려진 무서운 사건들을 반추하면서 네 가지 적용점을 생각해야만 한다. 첫째는 '땅이 하나님의 진노 아래 파괴되기 때문에 잠시 지나가는 현재의 세상이 아닌 장차 오는 영원한 세상을 목표로 살아야만 한다는 것'이다.

신약성경은 이런 주장으로 가득하다. 바울은 고린도교회 교인들에게 "이 세상의 외형은 지나간다"(고전 7:31)고 했다. 그러므로 그리스도인들이 이 세상 것들을 즐길 자유가 있다 할지라도 그것들을 목표로 살아가지는 말아야 한다. 심지어 가장 빼어난 성취, 불후의 업적, 그리고 영광조차도 그리스도와 동떨어진 것이라면 반드시 멸망하게 되어 있기에 이 세상은 영원히 지속되지 않을 것이다. 만일 우리가 이 세계가 그리스도의 영원한 나라(왕국)로 가는 '길'을 만드는 것이라면 어떻게든 그분의 나라에서 보물을 찾도록 해야만 한다. 그리스도의 몸인 교회의 복지와 성장에 도움 주는 그분의 말씀에 복종하고 복음을 전파하여 더 많은 이들이 우리와 함께 영원 속에 살 수 있도록 함으로써 그분을 높여 드려야만 한다. 이 적용점은 우리 각자의 우선순위가 지상에 있느냐 혹은 하늘에 있느냐를 알기 위해 우리 삶의 근원을 취하도록 강력히 권하고 있다. 당신의 일정표, 서재, 예금, 신용카드, 혹은 페이스북 담벼락 등을 분석해 보면 당신의 마음에 대해 무슨 이야기를 할 수 있겠는가? 그것이 지상의 것들로 짜여 있는가 아니면 그리스도와 그분의 나라 위에 있는가? 베드로 사도는 베드로후서에서 이 문제에 대해 말했다:

이 모든 것이 이렇게 풀어지리니 너희가 어떠한 사람이 되어야 마땅하냐? 거룩한 행실과 경건함으로 하나님의 날이 임하기를 바라보고 간절히 사모하라. 그날에 하늘이 불에 타서 풀어지고 물질이 뜨거운 불에 녹

아질 것이다!(벧후 3:11~12)

두 번째 적용점은, 요한이 박해에 직면하고 있는 교회들에게 계시록을 쓰고 있던 당시 요한의 마음에 관한 것일 것 같다. 과거주의자들이 계시록을 읽을 때 여섯 번째 인을 단지 주후 70년의 예루살렘 함락만을 서술하고 있는 것으로 본다는 것을 말한 바 있다. 과거주의자들의 또 다른 주장이 심판받으면서 산과 바위를 부르는 자들이 도망칠 길을 찾고 있는 계시록 6:16에 나온다. 예수님은 그들 자신과 그 자녀들을 위해 울라고 그들에게 말씀하셨다: "예루살렘의 딸들아, 나를 위하여 울지 말고 너희와 너희 자녀를 위하여 울라. 보라, 날이 이르면 사람이 말하기를 '잉태하지 못하는 이와 해산하지 못한 배와 먹이지 못한 젖이 복이 있다' 하리라. 그때에 사람이 산들을 대하여 '우리 위에 무너지라' 하며 작은 산들을 대하여 '우리를 덮으라' 하리라"(눅 23:28~30). 계시록 6:16에 이와 똑같은 경고가 존재한다는 것은 과거주의자들이 주장하는 것처럼 여섯 번째 인이 오직 예루살렘의 몰락만을 서술한다는 것을 증명하지 못한다. 그러나 모든 인류에 대한 하나님의 최후 심판은 하나님의 백성을 박해하고 그분의 복음에 반대하는 자들에 대하여 역사 전체에 걸쳐 이루어지는 다양한 심판이라는 하나님의 대책이 이미 세워졌음을 알려 준다. 하나님은 예루살렘의 그리스도인들에게 도망치라고 미리 경고 (마 24:15~20)하시면서 예수님의 복음을 증오하면서 그리스도를 거부했던 책임을 물어 예루살렘을 파괴시키셨다. 가이사들이 그리스도인들을 박해하고 그런 다음 교회들이 복음을 받아들였을 때 나중에 하나님은 교회를 타락시킨 가이사들을 심판하시고 파멸시키셨다.

복음의 원수들에 대해 심판하시고 그 백성들을 구원하시는 하나님의 패턴은 역사 전반에 걸쳐서 반복되었다. 프랑스 혁명, 나찌 독일에서든, 아니면 동유럽의 공산주의, 중국에서든, 하나님은 교회를 박해하고 그의 복음에 반대했던 통치자들과 권력자들을 심판하셨다. 오늘날 경건하지 못한 인본주의와 기독교에 적대적인 정부는 오직 하나님의 심판을 받을 수밖에 없다. 하나님이 계시록 6:10의 기도에 12~17절의 심판으로 응답하신 것처럼 하나님은 오늘 고통 당하는 신자들의 기도를 들으시고 거기에 응답하실 것이다. '반대와 역경을 겪고 있는 그리스도인들은 구속이 가까웠음을 알기 때문에 포기하거나 세상에 굴복하지 말고, 믿음 기도, 그리고 충성스러운 복음 증거로 인내해야만 한다.'

셋째, 그리스도 안에 있는 신자들은 이 무시무시한 진노에 사로잡히는 것을 절대 두려워하지 않아야 한다. 계시록 6:16에서 최후 심판은 "보좌에 앉으신 이의 얼굴"을 드러내고 있다. 그러므로 이것은 "대화하자"고(레이첼 헬드 에반스, 68) 우리를 부르는 성경에 서술되었던 역사의 계획이 뒤집혀 진 것이 아니라 오히려 성취된 것이다. 하나님의 모든 약속은 그분의 보좌에 의해 수립되었다. 4장에서 하나님의 은혜 언약을 그분께 일깨우는 무지개에 둘러싸인 하나님의 보좌를 보았다. 로마서 8:30에서 "미리 정하신 그들을 또한 부르시고, 부르신 그들을 또한 의롭다 하시고, 의롭다 하신 그들을 또한 영화롭게" 하셨다고 선포한다. 이것은 그리스도 안에 있는 하나님의 백성을 위하시는 하늘 보좌에 앉으신 주권자 하나님의 의지이다. 로마서 5:1~2에서 이렇게 말한다: "그러므로 우리가 믿음으로 의롭다 하심을 받았으니 우리 주 예수 그리스도로 말미암아 하나님과 화평을 누리자 또한… 하나님의 영광을 바라고 즐거워하느니라." 계시록에서 이렇게 슬프고 비참한 구절을 읽으면서 우리는 "심판 때 세상의 마지막에 내가 살아남게 될 것인가?"를 묻게 된다.

그 질문에 답하는 한 가지 확실한 방법밖에 없다. 우리는 장차 오는 진노로부터 우리를 구원하는 예수 그리스도 안에 있는 그 믿음을 말하는 복음의 메시지를 믿어야만 한다. 7장의 위대한 대답은 이 세상에서 예수님이 인치신 모든 영혼 하나하나가 오는 세상의 심판을 견디게 되리라는 것이다. 모든 영혼 하나 하나가!(D. Thomas, 59)

마지막으로 복음을 듣기는 했으나 아직 믿지 않고 있는 이들은 지금이 은혜의 시대이자 구원받을 마지막 기회라는 것, 그 기회가 한순간 갑자기 사라져 버린 뒤에는 이내 하나님의 진노와 최후 심판이 뒤따른다는 것을 깨달아야만 한다. 구원받기 위해 아직 예수님을 영접하지 않았다면 당신은 이 참혹한 그림 속에 있게 될 것이며 당신이 개인적으로 퇴짜 놓았던 구세주의 진노로부터 도망칠 수 없는 절망에 빠질 것이다. 당신은 다른 무엇보다도 장차 오는 심판이 하나님의 정의일 뿐만 아니라 "어린 양의 진노"(계 6:16)이기도 한 '큰 날'임을 지금 깨달아야만 한다. 인류는 죄를 용서하기 위해 대신 죽임 당한 어린 양을 거절했기에 지금 그분의 손에 있는 하나님의 진노로 고통을 겪게 될 것이다. "십자가에서 죽었던 온화한 어린 양이 지금은 그분의 진노를 퍼붓기 위해 우주 전체를 다스리는 하늘 높은 위치에 서 계신다… 그분은 그 백성들에게 정다운 분이실 뿐만 아니라 그 원수들에게는 공의로운 심판관이시다."(G. K. Beale, 1999:403) 그렇다면 세상의 유일한 구주께서 세상에 대해 진노의 심판관이 되실 때 겸손하고 회개하는 믿음으로 미리 예수님께 가지 않았던 자들 그 누구에게도 구원은 없을 것이다.

1980년 5월 지질학자들은 워싱턴 소재 세인트 헬렌스 산이 재와 불의 엄청난 분화로 곧 터질 것이라고 여러 번 경고를 보냈다. 대통령의 이름을 따서 자기 이름을 붙인 해리 트루만은 헬렌스 산 북쪽 8km 거리에 있는 스피릿 호수 가에 있는 오두막집 관리인이었다. 그도 라디오와 텔레비전의 경고 방송을 여러 번 들었다. 주민 철수령이 내려 경찰이 그 지역 주민들을 대피시킬 때 트루만은 고집을 부리고 듣지 않았다. 친구들이 계속 연락하며 도망치라고 강력하게 권하고 있었지만 해리는 그 경고를 귀담아듣지 않았다. 심지어 텔레비전에 출연하여 그 위험을 슬슬 웃어넘겼다. 그러나 5월 18일 오전 8:31에 화산이 폭발했다. 수백만 톤의 바위 덩어리들이 16km 고도의 하늘로 솟구쳤고 진동파가 음속보다 빠르게 산 아래로 무너져 내려와 화산 주변 210km² 안에 있는 모든 것들이 쓰러져 버렸다. 그 후 해리 트루만의 종적은 어디에서도 찾을 수 없었다. 그는 자신이 어리석게 부인했던 대격변으로 망해버렸는데 막상 그 화산 폭발 순간이 닥치자 쉽게 도망칠 수 없었을 것이다.

시편 2편에서, 지상의 많은 왕과 통치자들이 반역하지만 그들이 그리스도의 쇠몽둥이에 맞아 파멸할 것을 말하고 있다. 이 시편은 우리에게 호소하고, 경고하고, 약속하는 말씀으로 끝맺는다: "그 아들에게 입맞추라. 그렇지 아니하면 진노하심으로 너희가 길에서 망하리니 그의 진노가 급하심이라. 여호와께 피하는 모든 사람은 다 복이 있도다"(시 2:12).

인침 받은 144,000
(요한계시록 7:1~12)

[1]이후에 나는 바람이 땅에나 바다에나 모든 나무에 불지 않도록 땅의 네 바람들을 붙잡고 땅의 네 모퉁이에 서 있는 네 천사를 보았다. [2]그리고 나는 살아 계신 하나님의 인을 가지고 동쪽으로부터 올라오는 다른 천사를 보았다. 그리고 그가 땅과 바다를 해롭게 하는 (권세가) 주어진 네 천사를 향하여 큰 소리로 외쳐 [3]말하기를, "우리가 우리 하나님의 종들을 그들의 이마에 인칠 때까지 땅과 바다와 나무들을 해롭게 하지 말라"라고 하였다. [4]그리고 나는 인침 받은 자들의 수를 들었다. 이스라엘의 아들들의 모든 지파로부터 인침 받은 자들은 십사만 사천이다. [5]유다 지파로부터 일만 이천이 인침 받았다. 르우벤 지파로부터 일만 이천, 갓 지파로부터 일만 이천, [6]아셀 지파로부터 일만 이천, 납달리 지파로부터 일만 이천, 므낫세 지파로부터 일만 이천, [7]시므온 지파로부터 일만 이천, 레위 지파로부터 일만 이천, 잇사갈 지파로부터 일만 이천, [8]스불론 지파로부터 일만 이천, 요셉 지파로부터 일만 이천, 베냐민 지파로부터 일만 이천이 인침 받았다. [9]이후에 나는 보았다. 그리고 보라 모든 나라와 족속들과 백성들과 언어들로부터 아무도 셀 수 없는 큰 무리가 흰옷을 입고 그들의 손에 종려 가지를 (들고) 보좌 앞과 어린 양 앞에 서 있다. [10]그리고 그들은 큰 소리로 외쳐 말

했다. "구원하심이 보좌에 앉으신 우리 하나님과 어린 양에게 있습니다."
[11]그리고 모든 천사들이 보좌와 장로들과 네 생물의 주위에 섰다. 그리고 그들은 보좌 앞에 얼굴을 대고 엎드렸다. 그리고 하나님께 경배하여, [12]말하기를 "아멘 찬송과 영광과 지혜와 감사와 존귀와 능력과 힘이 우리 하나님께 영원토록 있습니다. 아멘."이라고 하였다. (이필찬, 2021:702, 713, 721)

계시록은 여러 비전을 복잡하고 면밀하게 융단처럼 짜서 엮고 있다. 예를 들어서 6장에서 하나님의 보좌 아래 있던 순교자들이 그들의 고통을 언제 갚아 주실지 묻고 있는데 그 "동무 종들과 형제들도… 죽임을 당하여 그 수가 차기까지"(계 6:10) 기다리라는 말을 듣는다. 그다음 인(印)이 개봉되면서 인류가 심판을 받는 것으로 이 기도가 응답되고 있다. 공포에 떨며 절망한 인류가 묻는다 : "누가 능히 서리요?"(계 6:17). 7장에서 하나님의 백성 "큰 무리"가 "보좌 앞과 어린 양 앞에 서 있는 것"(계 7:9~10)을 보여 주는 것으로 이 질문에 답을 준다.(이필찬, 2021:698 참조) 순교자들의 동료인 종의 총 숫자가 "이스라엘 자손의 각 지파 중에서 인침을 받은… 십사만 사천"(계 7:4)이다. 이 이미지들은 예수님을 믿은 이들과 불(不)신앙으로 그분을 거부한 자들 간의 큰 차이를 분명하게 그리고 있다. 그리스도인은 아래쪽 땅에서는 고난을 당하지만 나중에 위에 있는 하늘에서는 다스린다. 안 믿는 자들은 아래에서는 다스리지만 위로부터 쏟아지는 하늘의 진노로 땅에서 고통을 당한다.

계시록 6장 끝부분에서 하나님의 마지막 진노의 날을 시작하는 여섯 번째 인이 떼어졌다. 그리스도의 재림과 새 시대의 시작을 의미할 수 있는 일곱째 인이 떼어지기 전에 7장에서는 '극적인 간주(間奏)'를 들려준다. 그것은 그리스도 안에서 의롭게 된 하나님의 백성들이 하늘에서 하나님께 영광 돌리기 위해 세상의 환난을 통과하는 동안 아주 안전하게 보호된다는 것을 시사한다.

7:1~3 _인침과 안전함

계시록이 종말에 대한 직선적인(시간순) 연대기를 제공하는 것이 아니고 하늘의 관점에서 현재 역사를 일련의 겹치기(나선형)로 보여 준다는 것을 기억하는 것이 중요하다.(이필찬, 2000:23; 김형종, 16) 7장은 곳곳에서 그리스도께서 죄를 심판하시면서 그 나라를 진전시키는 재앙을 서술하는 6장의 처음 네 개의 인(印) 시대로 되돌아간다. 요한은 "네 천사가 땅 네 모퉁이에 선 것"을 보았고 그들이 "땅의 사방의 바람을 붙잡아 바람으로 하여금 땅에나 바다에나 각종 나무에 불지 못하게 하는 것"(계 7:1)도 보았다. 이 천사들은 6장의 네 기수(騎手)와 밀접하게 관련된다. 네 기수뿐만 아니라 이 이미지의 원조라 할 수 있는 스가랴서에서 하나님의 기수들이 네 바람과 밀접하게 연관되는 비전(슥 6:5)과도 관련된다. 바람은 태풍을 겪어본 이라면 누구나 말할 수 있는 또 하나의 심판과 재앙 이미지인데, '네 바람'은 지구 전체가 대상임을 나타내는 은유다. 여기서 네 천사가 바람을 "붙잡아" 두는데 이것은 하나님의 심판이 지구를 완전히 뭉개버리지 않도록 일시적으로 억제하고 있다는 뜻이다.

천사들이 바람을 억제하고 있는 이유를 의아해 할 수 있는데 두 번째 천사가 나타나서 설명한다: "그리고 나는 살아 계신 하나님의 인을 가지고 동쪽으로부터 올라오는 다른 천사를 보았다. 그리고 그가 땅과 바다를 해롭게 하는 (권세가) 주어진 네 천사를 향하여 큰 소리로 외쳐 말하기를 '우리가 우리 하나님의 종들을 그들의 이마에 인(印)칠 때까지 땅과 바다와 나무들을 해롭게 하지 말'고 하였다"(계 7:2~3)(이필찬, 2021:702) 땅, 바다, 그리고 나무는 지구 전체를 가리킨다. 요점은 여섯 번째 인(印)으로 그려지는 최후 심판이 하나님께 속한 백성의 총 숫자가 다 차게 하려고 그때까지 지연되고 있다는 것이다. 이것은 다섯 번째 인에 등장한 순교자들에게 하나님이 주신 답,

"그들의 동무 종들과 형제들도 자기처럼 죽임을 당하여 그 수가 차기까지 하라"는 말씀(계 6:11)과도 맞아떨어진다.

성경에서 에스겔이 말했던, 주님이 동쪽에서 그분의 성전에 들어올 것이라는 말씀(겔 43:2)과 그리스도를 경배했던 동방박사들이 종종 동쪽에서 나타나는 것(마 2:1)으로 묘사된 것처럼 구원의 소식은 대개 동쪽에서 나타난다. 이제 그 방향에서 "하나님의 종들의 이마에 인치기 위해… 살아 계신 하나님의 인을 가지고"(계 7:2~3) 천사가 나온다.

고대 세계에서 도장은, 그 주인에게 속한 물건들, 혹은 주인한테서 오는 메시지의 '확실성'을 '식별하는 데' 쓰였다. 일반적인 도장은 소유자를 상징하는 무늬가 새겨진 인장 반지였다. 천사의 도장 그 성경적인 배경은 에스겔서 9장이다. 하나님은 선지자에게 하나님이 예루살렘을 심판하시겠다는 내용의 비전을 주셨는데 먼저 그분의 신실한 백성에게 표를 하겠다 하셨다: "너는 예루살렘 성읍 중에 순행하여 그 가운데에서 행하는 모든 가증한 일로 말미암아 탄식하며 우는 자의 이마에 표를 그리라"(겔 9:4). 오직 하나님의 인(印)으로 표시된 이들만 하나님의 심판을 피할 수 있게 될 것이다. 계시록 14:1에서 "십사만 사천이 있는데 그들의 이마에는 어린 양의 이름과 그 아버지의 이름을 쓴 것이 있다"는 얘기를 들을 수 있다. 그렇다면 계시록 7장의 인에는 그 종들의 이마에 아버지와 그리스도의 이름이 새겨져 있을 것으로 짐작된다.

에스겔 9장에서처럼 요점은 이 인침으로 네 바람이 불어닥칠 때나 네 기수의 재앙이 올 때 하나님의 신실한 백성들은 해를 받지 않는다는 것이다. 이것은 다섯 번째 인이 하나님의 말씀 때문에 많은 이들이 죽임을 당하기 때문에 그리스도인들이 지상에서 일어나는 고통을 겪지 않는다는 것을 뜻하지 않는다. 이 세상에서 사는 그리스도인들은 질병, 빈곤, 압제, 중상모략, 그리고 죽음을 포함한 온갖 슬픔을 다 겪지만, 이런 여러 고난을 통해서 그리스도인들은 틀림없이 구원에 들어간다. "이 인침이 성취시키는 것은 믿음 안에서 그들이 인내하는 것 곧 그들이 끝까지 굳게 서서 버티도록 그들을 확실히 책임져 주는 하나님의 사역이다."(J. M. Boice: R. D. Phillips, 241) 바울은 이렇게 말했다: "그러나 하나님의 견고한 터는 섰으니 인침이 있어 일렀으되 주께서 자기 백성을 아신다 하며 또 주의 이름을 부르는 자마다 불의에서 떠날지어다 하셨느니라"(딤후 2:19). 참된 믿음으로 예수를 부르는 모든 사람이 이 세상에서 구원받도록 하나님이 즉시 '표'를 해 놓으신다. 예수님은 이렇게 확실히 보증하며 안심시키신다: "내가 진실로 진실로 너희에게 이르노니 내 말을 듣고 또 나 보내신 이를 믿는 자는 영생을 얻었고 심판에 이르지 아니하나니 사망에서 생명으로 옮겼느니라"(요 5:24).

인(印)침의 성경적인 개념은 '소유권 확인'과 '법적인 인증'뿐만 아니라 '보호'를 의미하기도 한다. 예수님의 무덤은 함부로 열고 들어갈 수 없게 인봉되었는데 하나님은 구원을 보장하기 위해 그 백성에게 인(印) 치신다. 바울은 이런 의미에서 성령을 말했다: "그 안에서 너희도 진리의 말씀 곧 너희의 구원의 복음을 듣고 그 안에서 또한 믿어 약속의 성령으로 인치심을 받았으니 이는 우리 기업의 보증이 되사 그 얻으신 것을 속량하시고 그의 영광을 찬송하게 하려 하심이라"(엡 1:13~14). 하나님의 인은 그분의 임재가 도장이 하는 세 가지 일을 모두 다 성취시키는 성령의 내주(內住)이다. 성령은 신자의 삶에서 변화되는 효과로 참 그리스도인을 '식별하고 증명'한다. 성령은 신자의 삶이 복음의 진리에 부합되게 할 수 있는 그리스도인의 증언을 '법적으로 확인'한다. 마지막으로, 성령은 구원에 이르도록 우리의 믿음을 '보호'한다. 신자들을 갱신시키기 위해 그분이 오심은 그 끝을 지금 보증해 주기 시작하는 것과 동시에 장차 영광 중에 우리가 완전히 소유하게 될 유산을 미리 맛보게(prolepsis) 하는 것이다. "이 인침은 하늘 아래서 가장 멋지고 고귀한 것이다."(W. Hendriksen, 110) 하나님의 영이 인치심으로, 우리는 그분께 속한 이들로 '확인'되었다; 하나님의 구원하시는 복이 '법적으로 확인'되었다; 또한 믿음을 위협하고 그럼으로써 우리를 하나님으로부터 분리되게 만들지도 모르는 것들로부터 안전하게 '보호'되었다.

하나님의 영이 우리의 구원에 전적으로 중요한 인(印)이기 때문에 그렇다면 성령을 소유한다는 것을 어떻게 알 수 있는가? 예수님은 언젠가 성령을 바람에 비유하시면서 이렇게 대답하신 적이 있다: "바람이 임의로 불매 네가 그 소리는 들어도 어디서 와서 어디로 가는지 알지 못하나니 성령으로 난 사람도 다 그러하니라"(요 3:8). 이 말씀의 요점은 성령은 그 '효능'으로 가장 잘 알게 된다는 것이다. 당신은 바람이 불었음을 당신에게 말해 주는 명백한 증거를 느낄 수 있고 그것을 살필 수 있다. 성령의 표로 어떤 사람의 삶에 그분이 임재하심을 알고 믿음의 소유와 구원을 위해 인침 받은 그리스도인임을 확인하게 된다.

성령의 표를 다룬 가장 위대한 책은 18세기 미국의 설교가이자 신학자인 조나단 에드워즈가 쓴 것일 것이다. 에드워즈는 대각성 기간에 '거짓 회심'에 관심을 가졌고, 참회심과 거짓 회심을 식별하는 것이 성경적으로 무엇인지를 살폈다. 그의 책 제목은 『하나님의 성령이 역사하신 표 식별하기』인데 그 책의 주제 성구는 요한일서 4:1이었다: "사랑하는 자들아 영을 다 믿지 말고 오직 영들이 하나님께 속하였나 분별하라."(J. Edwards, 1965:115)

에드워즈는 맨 먼저 하나님의 말씀에 대한 열정적인 반응과 강한 감동 같은 외적인 증거들은 성령 없이도 얼마든지 나타날 수 있음을 알아챘다. 그 다음 그는 오직 성령만이 산출할 수 있고 따라서 어떤 사람이 그리스도를 믿는다고 주장하는 바를 확인해 주는 표 다섯 가지 목록을 만들었다. 첫째로 에드워즈가 확인했던 것은 '예수 그리스도를 하나님의 아들이자 구세주로 존중하는 마음이 높아지는 것'이었다. 이것이 성령께서 참되게 작용했다는 사실의 가장 확실한 표다. 예수님은 성령에 대해 이렇게 말씀하셨다: "진리의 성령이 오실 때에 그가 나를 증언하실 것이다"(요 15:26); "그가 내 영광을 나타낼 것이다"(요 16:14). 둘째, '사탄의 지배를 반대하고 죄로부터 돌아서게 하는 원인이 되게 하는 것'이 성령의 참된 사역이다(요일 1:5~6 참조). 하나님의 영은 거룩의 영이므로 신자들이 하나님을 높이는 새로운 삶을 추구하는 원인이 되신다. 셋째, 참된 회심은 성경이 가르치는 것이 무엇인지 알고자 함과 동시에 그것을 실천하려는 마음을 포함하는 '하나님의 말씀에 점점 더 관심을 두게 영감'을 준다. 넷째, 성령은 '참 교리를 건전하게 붙드는 것'으로 우리를 가르치고 오류로부터 그것을 방어하고자 하는 열심을 준다. 다섯째는 '사랑의 표'이다. 에드워즈는 이렇게 말한다: "만약 사람들 가운데서 하나님과 사람에 대한 사랑의 영으로 작용하는 영이 활동하고 있다면 그것은 그 영이 하나님의 영이라는 확실한 표이다."(J. Edwards, 1965:115) 거짓 영성은 '자아'에 관심이 있지만 성령은 '이웃(넘)'에게 관심이 있도록 하고 '희생'에 열심을 내게 하며 기꺼이 '용서'하면서 행복하게 '섬기게' 한다.

하나님의 영, 그 중요성을 확인했으므로 모든 그리스도인은 성령이 임재하신 증거를 열심히 추구해야만 한다. 우리는 하나님의 인침을 결코 벌어들일 수 없지만 믿음으로 살아감으로써 하나님의 영이 주시는 '표'를 경험할수 있다. 그러니 심지어 시련 중에도 성령의 내주(內住)를 알게 되는 것은 우리에게 그 얼마나 큰 힘이 되는 일인가. 성령은 "살아 계신 하나님의 인"(계 7:2)이다. 하나님은 죽은 우상이 아니므로 우리를 보호하시고 우리에게 공급하시기 위해 살아 계신다. 고난의 바람이 불 수도 있고 고난을 겪을 수도 있지만 천사들이 우리를 위해 심판을 억제하고 있고 또한 하나님께서 직접 우리의 구원을 약속해 주셨다. 이런 이유로 찰스 스펄전은 시련 중에서조차 우리가 구원받기 때문에 적대적인 세상에서 그리스도인들을 틀림없이 특징짓는 즐거운 소망을 강조했다: "주님의 사랑을 받는 그 사람에게 무슨 나쁜 일이 꼭 생기게 되기는 불가능하다. 그에게 나쁜 일이 반드시 나쁜 일은 아니고 오히려 '신비스러운 형식으로 좋은 일'일 뿐이다. 손해가 그를 부요하게 하고, 질병이 그의 치료제이며, 비난이 그의 영예이고, 죽음은 그의 소득이다."(S. Wilmshurst, 96에서 재인용)

7:4~8 _인침 받은 144,000명의 종들

천사들을 볼 수 있었던 비전과 함께 요한은 이스라엘 자손의 각 지파에서 인 맞은 144,000의 자세한 수를 들었다:

유다 지파로부터 일만 이천,

르우벤 지파로부터 일만 이천,

갓 지파로부터 일만 이천,

아셀 지파로부터 일만 이천,

납달리 지파로부터 일만 이천,

므낫세 지파로부터 일만 이천,

시므온 지파로부터 일만 이천,

레위 지파로부터 일만 이천,

잇사갈 지파로부터 일만 이천,

스불론 지파로부터 일만 이천,

요셉 지파로부터 일만 이천,

베냐민 지파로부터 일만 이천이 인침 받았다(계 7:4~8).

이와 같은 자세한 진술은 하나님의 인침을 받은 종으로 밝혀진 천사들로 시작되는 비전을 확장한다. 이 단락에서 관심을 끄는 첫 번째 의문은 그 정체이다. 일부 독자들은 144,000을 문자적으로 해석한다. 잘 알려진 예가

'여호와의 증인'인데 그들은 오직 144,000 명만 하늘에서 영원을 누리게 될 것이라고 믿는다. 게다가 그들은 이 숫자가 1935년에 다 채워졌다고, 따라서 그 시점 이후의 신자들은 하늘에 들어가지 못하지만, 계시록 7:9~17에 서술된 것을 근거로 그들이 '지상에서 복 받은 무리'를 형성할 것이라고 가르친다. 당연히 이런 해석의 근거는 전혀 없을 뿐만 아니라 그 두 무리를 완전히 거꾸로 보는 것이다. 요한이 본 비전에서 144,000의 인 맞은 종들이 지상에서 시련을 겪는다는 것, 그리고 무수한 무리는 하늘의 그리스도인들임을 서술한 것이기 때문이다.

문자적인 접근의 또 다른 예는 오늘날 미국에서 복음주의적인 그리스도인들 가운데 다수를 차지하고 있는 세대주의자들이다. 세대주의자들은 이스라엘과 기독교회가 서로 다른 영원한 운명을 가진 분리된 몸체라는 전제에서 시작한다. 그들은 또한 계시록의 모든 비전을 전적으로 그리스도의 재림 전 마지막 단계라는 기간에 속하는 것으로만 보는 미래주의적인 관점에서 해석한다. 이런 전제에서 세대주의자들은 144,000을 문자적으로 휴거후 그리스도께 개종하고 마지막 때에 복음의 증인이 된 유대인을 가리키는 숫자로 본다.(R. L. Thomas, 1992:463~82)

세대주의적 접근법을 거부하고 그 대신에 144,000을 상징적인 수로 이해해야 할 이유는 차고 넘친다. 첫째, 세대주의적인 관점은 여섯 번째 인 다음에 일어나는 것을 보면서 계시록 7장을 연대기적으로(시간순으로) 6장에 이어지는 것으로 본다. 그러나 여섯 번째 인이 하나님의 진노의 큰 날에 우주가 붕괴되는 것(계 6:12~17)을 보여 주었기 때문에 이것은 불가능하다. 남은 게 있다면 그것은 일곱 번째 인이 의미하는 그리스도의 육체적인 재림밖에 없다. 이 144,000은 여섯 번째 인 다음에 인(印)침을 받을 뿐만 아니라 오히려 처음 네 개 인의 재앙이 내려지는 동안에도 인침을 받는다.

둘째, 세대주의자들은 특히 개별적인 지파 이름이 열거되는 것으로 보아, 이스라엘에 대한 다양한 언급이 144,000을 문자적으로 읽도록 요구한 다고 주장한다. 이 주장은 그들 주장의 가장 큰 약점을 노출시킨다: 기독교 회가 구약성경의 이스라엘과 유기적으로 합류한다는 것을 알아채지 못한 점. 반면 세대주의자들은 이스라엘과 교회를 영원히 분리하는데 계시록은 일관되게 '그리스도인들이 곧 이스라엘'이라는 이미지로 언급한다. 그리스 도가 세우신 사도들의 수를 이스라엘의 지파 수에 상응하도록 한 것, 그들이 "열두 보좌에 앉아 이스라엘 열두 지파를 심판하리라"(마 19:28)고 예수님이 약속하신 것을 보면 세대주의의 허점을 잘 알 수 있다. 바울은 그리스도 안 에 있는 신자가 참 유대인(롬 2:29)이라 했다. 그는 이방인 그리스도인들이 이 스라엘이라는 감람나무에 접붙여진다는 것(롬 11:17~19)을 말했고, 기독교회 를 "하나님의 이스라엘"(갈 6:16)이라고 했다. 계시록은 이스라엘을 가리키는 많은 인유(引喩)로 채워져 있는데 구약성경 그리고 옛적의 성전, 이 모든 언 급이 요한 당시의 그리스도인 독자들의 정체와 경험에 관한 것들이다. 그러 므로 이스라엘 지파들이 교회를 가리키고 있는 것으로 보는 것이 가장 자연 스럽다.

요한이 인용하고 있는 이스라엘 12지파의 이름을 일일이 자세하게 기록 한 목록에 대한 질문들도 있다. 그것은 몇 가지 이유에서 평범한 목록이 아 니다. 한 가지 예로 예수님이 유다 지파에서 태어났기 때문에 유다가 목록 맨 앞에 나와 있다는 점을 들 수 있다. 에브라임 지파와 함께 단 지파도 생략 되었다. 추정 가능한 이유로는 여로보암의 황금 송아지가 단과 에브라임에 세워졌다는 것, 두 지파 모두 이렇게 이스라엘을 우상 숭배의 길로 이끌었기 때문이다. 우상 숭배자는 하나님의 나라에 들어갈 수 없기에 이 지파들이 생 략된 것이다. 뿐만 아니라 이 목록은 야곱의 아내들이 낳은 아들들보다 야곱 의 첩이 낳은 아들들을 먼저 언급한다: 유다와 르우벤 다음 맨 먼저 나오는 것이 야곱의 첩 소생인 갓, 아셀, 납달리이다. 그 다음으로 야곱의 아내들 소생의 아들들이 나온다: 시므온, 레위, 잇사갈, 스불론, 요셉 그리고 베냐민. 이 순서와 관련하여 가장 그럴듯한 추정은 야곱의 첩 소생의 아들들은 '이방인이 포함됨'을 의미한다는 것인데 그들은 이제 이스라엘의 적출(嫡出) 아들들보다 앞선다. 요한이 계시록을 쓰고 있을 때 문자적인 의미에서 12지파는 하나님에 의해 여러 차례에 걸친 이스라엘의 망명으로 뿌리 뽑혀 아예 존재하지도 않았다.(D. E. Johnson, 132~33)

이런 점들을 살펴보면 인침 받은 144,000은 문자적으로 다뤄지기보다는 상징적으로 다뤄져야 함을 알 수 있다. 이 숫자는 12의 제곱으로 만들어졌는데 이는 이스라엘에 12, 사도들에게 12를 할당함으로써 대속 받은 교회 전체를 의미하려는 것이다. 이것은 계시록 21장에 나오는 대속 받은 교회 전체를 의미하는 이스라엘 12지파가 들어가는 문(門)과 더불어 사도들의 12 기초석이 있는(계 21:12~14) 하늘의 도시와도 잘 어울린다. 이 수에 1,000(완전수 10의 세제곱)이 곱해지는 것은 아마도 그리스도께 속한 백성들의 아주 많은 수를 보여 주려는 의도일 것이다. 그리스도인들을 이스라엘 지파들과 같은 수가 되게 하려는 생각은 교회가 군대를 형성하고 복음의 깃발을 지니고 있음(G. R. Osborne, 313)을 시사하는 것일지도 모른다. 그들이 무사히 통과할 때까지 심판하는 바람과 재앙이 억제되는 것 그리고 하나님에 의해 인침을 받음으로 교회는 광야에서 하늘을 향해 당당하게 나아간다.

상징적인 이해는 이어지는 구절로 확실해진다: "이 일 후에 내가 보니 각 나라와 족속과 백성과 방언에서 아무도 능히 셀 수 없는 큰 무리가 나와 흰옷을 입고 손에 종려 가지를 들고 보좌 앞과 어린 양 앞에 서서"(계 7:9). 이런 표현에서, 5장을 다시 생각하게 된다. 거기서 요한은 유다 지파의 사자가 두루마리를 뗄 수 있다는 말을 들었고 그다음에 또 다른 것을 보았다. 마찬가지로 요한은 144,000의 소리를 들었고 그다음에 돌아서서 헤아릴 수 없이 많은 무리를 보았다. 그들은 처음에는 지상(地上) 전쟁터에 배치되었지만 나중에 하늘에서 영광스럽게 변화된 한 몸 된 교회이다.

이런 식으로 7장의 흐름이 마무리된다. 심판과 저주의 바람을 억제하고 있는 네 천사가 맨 먼저 나온다(1절). 다른 천사가 하나님의 종들에게 인 치기 위해 나오는데 그들은 상징적으로 투쟁적인 이스라엘로 세상에 나타났다. 마지막으로, 하늘에서 영화(榮化)되고 그들의 주 하나님을 예배하는 일을 즐거워하는 하나님의 백성은 인간의 숫자 개념을 훨씬 초월하는 셀 수 없는 수로 드러났다.

7:9~12 _풍성한 수확

애굽을 떠나 약속의 땅을 향해 행진하는 이스라엘을 통해 교회에 대해 생각할 때 믿음으로 인내해야 할 필요성을 일깨우게 된다. 모세의 인도로 애굽을 출발했던 대부분의 이스라엘인이 그들의 반역과 불신앙 때문에 약속의 땅에 결코 들어갈 수 없었다. 히브리서 4:2에서 경고하듯이 오늘날 교회에 출석하는 많은 이들이 구원에 결코 들어가지 못했던 이스라엘 사람들과 하는 짓이 똑같다. "복음 전함을 받은 자이나, 들은 바 그 말씀이 그들에게 유익하지 못한 것은 듣는 자가 믿음과 결부시키지 않기"(히 4:2) 때문이다. 이것은 단순히 교회에 등록하여 교적부에 이름이 있고 습관적으로 예배에 참석하는 것만으로는 우리에게 구원이 허락되지 않을 것이므로 오직 구원하는 참믿음과 내주하시는 성령으로만 구원받는다는 것을 경고하고 있다. 계시록 7장은 참 신자들이 하늘에 도착할 때까지 내내 인내하도록 하나님에 의해 인침 받았다는 것을 확실히 말하고 있다. 문제는 이것이다: "우리는 참 신자인가? 그래서 우리 삶에 성령의 권능과 임재에 대한 확실한 증거를 갖고 있는가?" 그렇다면 계시록 7장에 대한 첫 번째 적용점은 단지 무늬만 기독교인으로 살기보다는 우리의 삶 속에서 성령이 임재하는 실체를 우리가 알아야 한다는 것이다. 구원을 위해 하나님께서 우리를 인(印)치셨음을 유일하게 증명하는 살아 있는 믿음으로 그리스도를 영접하였는가?

이 비전으로부터 두 가지 적용점을 찾아낼 수 있다. 계시록 7:9~10에서 하늘에 있는 교회가 그 구원 때문에 하나님을 찬양하고 있는 모습을 보았다. 헤아릴 수 없이 많은 무리가 "보좌 앞과 어린 양 앞에 서서, 흰옷을 입고, 종려나무 가지를 손에 들고, 큰소리로 외치면서 '구원이 보좌에 앉으신 하나님과 어린 양께 속했다!'"고 찬양한다. 이 구절들을 다음에 좀 더 자세히 살펴볼 것이다. 그러나 이 장면이 출애굽의 성공적인 완수와 매년 농산물의 수확을 동시에 축하하는 이스라엘의 성전 축제 장면과 어울린다는 것을 알아야만 한다. 특히 감람나무 가지를 흔드는 것에서 이것을 알 수 있는데 그것은 이 축제의 주요 특질 가운데 하나이며 한 해 농사의 수확물을 모으게 된 데 대해 감사하는 마음으로 하나님을 찬양하는 것이다. 그리스도의 백성에 대한 전체 수확이 끝나 그들이 한곳에 다 모이게 되었을 때 하늘에서의 이런 예배는 그 얼마나 멋지게 잘 어울리는 것인가.

요한이 위(하늘)에 있는 이 예배를 보여 주었던 한 가지 이유는 첫 네 개의 인(印)이 나타냈던 시련 중에 이곳 현세에 사는 그리스도인들에게 하나님의 은혜로 온전하게 보증된 구원을 베푸신 데 대해 하나님께 영광 돌리도록 영감을 주기 위함이었다. 위에 있는 성도들은 주권적인 은혜로 구원받은 데 대해 감사하면서 하나님과 어린 양에게 노래한다: "구원하심이 보좌에 앉으신 우리 하나님과 어린 양에게 있도다!" 우리의 구원은 아버지의 의지이자 아들의 사역 결과이므로 그분들은 우리의 찬양을 받으실 자격이 있다. 우리의 구원은 지금 안전하게 되었고 그때 완성될 것이므로 이 찬양을 올리기 위해 우리가 하늘을 기다려야만 할 이유는 없다. "이보다 더 행복할 수도 더 안전할 수도 없다. 영화(榮化)된 영들은 지금 하늘에 있다."(A. M. Toplady, 1771: 찬송가 373, 494장 작사) 일단 우리가 지금 하늘에 들어가 있는데 좀 더 행복하게 될 것을 아는 것, 얼마나 기쁘고 즐거운 일인가. 그러나 우리가 지상의 숱한 시련 중에도 지금 이토록 안전한데 장차 하늘의 영광 속에 영원히 살게 될 것을 안다는 것은 또한 얼마나 기쁘고 즐거운 일인가.

요한이 본 비전은 하늘의 천사들이 우리의 구원을 통해 그들이 알게 된 것 때문에 하나님께 경배하고 있는 계시록 7:11~12에 계속 이어진다: "아멘! 찬송과 영광과 지혜와 감사와 존귀와 권능과 힘이 우리 하나님께 세세토록 있을지어다 아멘"(계 7:12). 이것을 알기 때문에 우리 구주를 영원히 찬양하기 위하여 삶 속에 나타나는 하나님의 은혜의 능력에, 우리를 수호하는 천사들이 경탄할 만한 방법으로 지금 여기서 신자답게 멋지게 살아가도록 노력해야만 한다.

마지막으로, 모든 그리스도인의 소명을 구체화하는 복음의 요청을 일깨워야 할 책임이 있다. 왜 심판이 아직까지 일어나지 않는가? 왜 천사들이 네 모퉁이의 바람을 아직 억제하고 있는가? 그 대답: 선택받은 하나님의 백성 전체가 하늘에 들어올 수 있어야 하기 때문. 현재 우리의 역사는 위(하늘)에서 예배할 큰 무리의 구원을 위해 존재하고 있다. 질서 있게 행진하는 12지파처럼 교회는 무수한 사람들이 구원받도록 전 세계에 예수 그리스도의 좋은 소식, 복음의 사명을 갖고 역사의 과정을 통과하도록 파송되었다.

이 그림(비전)에 어울리는 선교적인 마음 자세와 열정을 갖고 있는가? 최후의 추수를 축하하는 천상의 성전 축제를 들여다보면서 이 땅 들판에서의 추수 사역이 바로 지금 일어나고 있음을 깨닫고 있는가? 열심 있는 교회는 이렇게 물어야만 할 것이다. "전 세계와 우리 주변에 있는 이들에게 복음을 들고 달려나가려면 무엇을 더 할 수 있을 것인가?" 구원을 위한 복음의 큰 추수에서 당신은 어떤 역할을 하고 있는가? 특정 인물들(태신자들)이 구원받도록 기도하고 있는가? 당신은 이웃들을 교회로 따뜻하게 초대하고 있는가? 예수님의 복음 메시지를 다른 이들에게 설명할 준비가 되어 있고 또한 기꺼이 그렇게 할 마음이 있는가?

복음의 요청은 천국 백성의 이마에 기록된 어린 양과 하나님의 이름 못 지않게 분명하게 요한이 본 비전 곳곳에 기록되어 있다. 하늘의 무수한 무리, 성도들과 천사들이 마찬가지로 하나님이 주신 구원 때문에 하나님께 영광 돌리는 일을 영원토록 계속할 것이다. 우리가 지상에서 그분의 종이 되고 그분의 성령으로 인침 받고 보호받으며 잃어버린 자에게 복음을 날라 주는 일을 한다는 것이 얼마나 즐겁고 기쁜 특권인가. "추수할 것이 많다"고 제자 들에게 말씀하신 주님께서 곧 이어서 슬프고 유감스럽게도 "일꾼이 별로 없다"(마 9:37)고 마음 아파하시지 않았던가.

구원하심이 어린 양에게 있도다

(요한계시록 7:9~17)

⁹이후에 나는 보았다. 그리고 보라. 모든 나라와 족속들과 백성들과 언어들로부터 아무도 셀 수 없는 큰 무리가 흰옷을 입고 그들의 손에 종려 가지를 (들고) 보좌 앞과 어린 양 앞에 서 있다. ¹⁰그리고 그들은 큰 소리로 외쳐 말했다. "구원하심이 보좌에 앉으신 우리 하나님과 어린 양에게 있습니다." ¹¹그리고 모든 천사들이 보좌와 장로들과 네 생물의 주위에 섰다. 그리고 그들은 보좌 앞에 얼굴을 대고 엎드렸다. 그리고 하나님께 경배하여, ¹²말하기를 "아멘 찬송과 영광과 지혜와 감사와 존귀와 능력과 힘이 우리 하나님께 영원토록 있습니다. 아멘."이라고 하였다. ¹³그리고 장로 중에 하나가 응답하여 내게 말했다. 이 흰옷 입은 자들이 누구며 또 어디서 왔는가? ¹⁴그리고 내가 그에게 말했다. "나의 주여 당신이 압니다." 그리고 그가 나에게 말했다. "이들은 큰 환난으로부터 나오는 자들이다. 그리고 그들은 그들의 옷들을 찢었다. 그리고 그것들을 어린 양의 피로 희게 하였다." ¹⁵그러므로 그들은 하나님의 보좌 앞에 있다. 그리고 그들이 그의 성전에서 밤낮 하나님을 예배한다. 그리고 보좌에 앉으신 이가 그들 위에 장막을 펼치신다. ¹⁶그들은 더는 굶주리지 않는다. 그리고 그들은 더는 목마르지 않는다. 그리고 그들은 해나 모든 뜨거움이 그들에게 떨어지지 않는다. ¹⁷왜냐

하면 보좌 가운데 계신 어린 양이 그들을 먹이시고 그들을 물들의 생명의 샘으로 인도하시고 하나님이 그들의 눈으로부터 모든 눈물을 씻어 주시기 때문이다. (이필찬, 2021:721~22, 739)

    찰스 디킨스의 소설 『크리스마스 캐롤』(1843)에 다른 사람들보다 지독한 구두쇠여서 비참해진 사람 에벤에셀 스크루지가 등장한다. 스크루지는 연이어 나타나는 인정 많은 유령들의 방문을 받는데 그들은 그를 과거의 크리스마스, 현재의 크리스마스, 미래의 크리스마스로 데려가 여행하게 한다. 이 비전들을 두루 살핀 후 스크루지는 자신의 인생을 새롭게 이해하게 되고 불행하고 평판 좋지 못하게 투덜거리던 삶을 청산하고 즐겁고 사랑받는 기부자, 후원자의 삶으로 변화되었다.

    계시록 7장을 마무리하고 있는 비전에는 요한의 편지를 수신하는 교회들을 향한 비슷한 의도가 담겨 있다. 임박한 박해와 지상의 온갖 시련에 대한 염려로, 하나님이 보시기에 그들이 실제로 어떤 사람들인지, 그리고 그리스도 안에서 그들에게 확실하게 약속된 미래가 어떤 것인지에 대해 생각해 볼 수 있는 비전을 그들에게 보여 주었다. 그 논리는 만일 그리스도인들이 천상에서의 운명을 통해 자신을 볼 수만 있다면 그들은 이 세상에서 믿음의 경주를 잘 해낼 힘을 발견할 수 있을 것을 알려 준다. 오늘날 그리스도인들이 계시록을 읽고 연구하듯이 초기 신자들이 살았던 것과 똑같은 세계에서 살아가면서 우리에게도 또한 하늘에 속한 신분과 운명이라는 관점에서 자신을 보려는 의도가 있다. "이 단락은 성경의 다른 부분과 마찬가지로 우리가 사랑한 많은 이들이 이미 들어가 있는 또한 구원받은 사람들이 곧 들어가게 될 하늘에 우리의 마음을 두게 한다."(D. F. Kelly, 149)

7:9~10 _이들은 누구인가: 우리의 운명

우리 앞에 주목할 만한 광경이 나타났을 때 "(여기 좀) 보라!"고 감탄하는 표현이 있다. 몇 년 전 그랜드 캐년에 다녀온 적이 있다. 사진으로만 보다가 실제로 눈앞에 나타난 광대한 풍경 앞에 입이 떡 벌어졌다. 사도 요한이 아마 이런 식의 경험을 했을 것이다. 지상 풍경이 아닌 천상의 영화(榮化)된 교회라는 비전을 보면서 말이다: "이후에 나는 보았다. 그리고 보라 모든 나라와 족속들과 백성들과 언어들로부터 아무도 셀 수 없는 큰 무리가 흰옷을 입고 그들의 손에 종려 가지를 (들고) 보좌 앞과 어린 양 앞에 서 있다"(계 7:9). 4~8절을 살피면서 이 큰 무리가 지상에서 인침을 받은 144,000의 하늘에 속한 짝(상대)(마이클 하이저, 403) 곧 시련을 통과하면서 하나님의 보호를 받는 온전하고 완성된 교회로 그려졌던 존재임을 확인했다. 크리스마스 때 에벤에셀 스크루지가 만났던 유령들처럼 이 비전은 신자들에게 그들이 참으로 누구인지를 알려 주고 있다: 너무 많아서 셀 수 없는 하나님의 보좌 앞에 어엿이 서 있는 존재.

그리스도인들이, 자신을 하찮고 별 볼 일 없는 소수, 세상일이나 정치의 저울을 결코 뒤집을 수 없는 존재로 보게 하는 유혹이 계속되고 있다. 자칫 이스라엘에 참 신자는 오직 자기 하나밖에 남지 않았다고 엘리야가 하나님께 투덜거렸을 때처럼 의기소침한 상태가 될 수 있다. 주님은 그에게 우상(바알) 앞에 절하지 않은 7천 명이 아직 남아 있다고 알려 주셨다(왕하 19:14, 18). 그리스도인들은 결코 작고 하찮은 무리가 아니고 오히려 항시 역사가 완결될 때 하늘에서 가장 높은 영광의 자리로 들려 올려질 무수한 무리의 일부이다.

교회는 무수한 무리일 뿐만 아니라 교회는 온 땅에 드러나는 모든 다양성을 반영한다: "모든 나라와 족속들과 백성들과 언어들로부터 아무도 셀 수 없는 큰 무리가 흰옷을 입고 그들의 손에 종려 가지를 (들고) 보좌 앞과 어린 양 앞에 서 있다"(계 7:9). 교회는 내성적인 소수민족도 결코 아니고 혹은 문화적으로 고립된 영역이 아니라 오히려 인간의 모든 무리에서 나온 여러 모로 호기심을 불러일으키는 신자들의 모임이다. 언약에 기반한 은혜가 시작될 때 하나님이 아브라함에게 주셨던 약속을 일깨워야 한다: "내가 너로 큰 민족을 이루고… 땅의 모든 족속이 너로 말미암아 복을 얻을 것이라"(창 12:2~3). 따라서 요한이 본 비전 속 많은 무리는 "아브라함 언약의 극단적인 성취이다."(G. K. Beale, 1999:426~47) "그 무리 속에는 수백만의 아프리카인, 많은 브라질사람과 대한민국 사람과 베트남 사람과 미얀마 사람과 탄자니아 사람과 중국인과 필리핀 사람이 있을 것이고 멕시코인도 많고 인도와 아랍인들, 일본인도 있을 것이다. 거기에는 일부 백인들도 있을 것이다… 하늘에서는 무슨 정치적인 입장과 다문화주의가 없이도 단 한 가지 목적 안에서 하나가 되어 있을 것이다. 모든 가슴, 모든 머리, 모든 목소리가 하나님과 어린 양께 영광 돌릴 것이다."(K. DeYoung)

여기서, 열방(列邦)은 지상에서 그들을 벗어났었지만 이제 그리스도의 인격과 사역을 통해 성취(엡 2:14)된 참 평화를 찾아낸다. 심지어 지금도 바벨탑에서의 죄(창 11장)가 원인이 된 열방의 분열이, 구원을 공유하면서 한 가지 신조로 전 세계의 신자들이 함께 모인 교회 안에서 반전(反轉)되었다. 현세에서는 교회가 민족, 문화, 그리고 언어 장벽을 극복하는 일이 종종 어려울 수 있겠지만 그러나 하늘에서는 온갖 다양한 인류가 모두 진정으로 하나가 되어 모든 언어로 그리스도께 찬양을 올릴 것이다. 언젠가는 모든 그리스도인이 온전히 하나가 된다는 것을 알기 때문에 지금 이런 비전을 봄으로써 민족적, 문화적 장벽을 뛰어넘도록 지상의 교회들을 격려해야만 한다.

교회는 그 광대함과 다양성으로 나타날 뿐만 아니라 특히 예수 그리스도를 통해 교회가 받은 승리로 드러났다. 이것이 성도들에게 입혀진 흰옷,

그들의 손에 들린 감람나무 가지의 요점이다. 정복자들을 개선 행진으로 맞이하듯이 위(하늘)에 있는 성도들은 흰옷을 입고 승리의 감람나무 가지를 들고, 그리스도와의 연합으로 하늘에 도달했다.

흰색은 또한 신자가 그리스도를 믿음으로 얻은 의로움과 청결을 나타낸다. 예수님은 사데교회에게 "이기는 자는 이와 같이 흰옷을 입을 것이요 내가 그 이름을 생명책에서 결코 지우지 아니하고 그 이름을 내 아버지 앞과 그의 천사들 앞에서 시인하리라"(계 3:5)고 말씀하셨다. 죄에 대한 가장 큰 승리는 그리스도의 완벽한 삶과 죄를 속하는 죽음으로 그분이 얻으신 것이다. 믿음으로 우리는 의로움과 그 보상인 영생의 승리를 받는다. "이것이 주님에 의해 성화(聖化)되고 모든 더러운 것이 깨끗하게 된 그리스도의 신부가 입는 옷, 교회의 승리이다."(P. E. Hughes, 96) 비록 그들이 세상에서 엄청난 고통, 일부는 그 믿음 때문에 죽는 고통을 겪었다 해도 모든 그리스도인은 구원 안에서 승리를 경험한다. 요한은 요한일서에서 이렇게 말했다: "세상을 이기는 승리는 이것이니 우리의 믿음이니라"(요일 5:4).

하늘의 흰옷 입은 무리는 그들이 받은 구원 때문에 하나님을 오롯이 찬양하는 데 몰두한다: 그들은 "큰 소리로… '구원하심이 보좌에 앉으신 우리 하나님과 어린 양에게 있도다!'"(계 7:10)라고 외친다. 위에 있는 교회는 하나님의 주권적인 은혜와 십자가 위 예수 그리스도의 구원 사역에 중심을 두고 있다! 이것이 여전히 세상의 여러 시련으로 고통을 받으면서도 바로 지금 그리스도인들이 기뻐해야만 할 일이다. 사람들은 지상의 여러 시련으로 여전히 고통을 받고 있으면서도 축구경기 승리, 정치 집회, 음악 콘서트에 열광한다. 그러나 여기에 훨씬 더 위대한 주제와 훨씬 더 위대한 승리가 있다! 구원을 하나님 덕으로 돌리면서 흰옷 입은 무리는 이 세상의 환난을 통해 우리를 구원하신 까닭에 그분이 모든 찬양을 받으실 만하다고 외친다. 구원은 하나님의 은혜에 의지하고 있으며 또한 그리스도께서 완성하신 사역에 달려 있고 그러므로 영광이 그분들께 속하는 것이다. 홍해를 건넌 뒤 모세는 "여호와는 나의 힘이요 노래시며 나의 구원"(출 15:2)이라고 노래했다. 마침내 우리가 하늘에 들어갔을 때 이런 식으로 예배할 것을 알기 때문에 신자들은 아직 지상에 있는 지금부터 똑같은 찬양을 서둘러 하나님께 드리도록 해야만 한다.

구원하신 하나님께 교회가 찬양을 올릴 뿐만 아니라 에워싼 천사 무리도 그들 나름의 숭배로 응답한다: "그리고 모든 천사가 보좌와 장로들과 네 생물의 주위에 섰다. 그리고 그들은 보좌 앞에 얼굴을 대고 엎드렸다. 그리고 하나님께 경배하여, 말하기를 '아멘 찬송과 영광과 지혜와 감사와 존귀와 능력과 힘이 우리 하나님께 영원토록 있습니다. 아멘.'이라고 하였다"(계 7:11~12).(이필찬, 2021:721)

계시록 4장에서 하나님의 보좌가 있는 방 풍경을 살펴보고 있었을 때 이 단락에서 24장로가 교회의 찬양에 응답하면서 하늘의 천사들과 함께 예배하고 있는 모습을 보이기 때문에 그들이 교회의 천상적 짝인 천사임을 확인한 바 있다. 교회가 선언했던 것을 천사들이 확인하는 것으로 시작한다: "아멘!" 천사들은 이렇게 하나님의 구원 사역에 대해 외친다. 이것은 우리의 구원으로 그들이 영화(榮化)될 때 하나님의 모든 속성을 찬양하기 시작하면서 하늘에 있는 대속(代贖) 받은 죄인들의 큰 무리가 환호하게 하는 우주에서 가장 위대한 "아멘!"이다: "아멘 찬송과 영광과 지혜와 감사와 존귀와 능력과 힘이 우리 하나님께 영원토록 있습니다. 아멘"(계 7:12).(이필찬, 2021:721) 하나님은 복을 내려 주셨고, 영광을 보여 주셨으며, 지혜를 발휘하셨고, 감사와 영예를 얻으셨고, 이 세상의 환난과 죄의 책임으로부터 그 백성을 구원하시는 힘과 권능을 휘두르셨다. 하나님께서 '영원히 단번에' 그 백성에게 주님의 은혜를 증명하셨고, 예배하고 싶은 그들의 마음을 얻으셨기 때문에 모든 영원한 존재들이 이처럼 찬양으로 공명(共鳴)할 것이다.

이것은 오늘 우리의 모든 삶을 지켜보며 돌보고 있는 천사들이 우리의 삶 속에서 하나님을 찬양할 온갖 이유(동기)를 과연 보고 있는가 하는 궁금증이 생기게 한다. 그 문제의 답을 찾기 위해서는 다른 사람들(이웃)이 나(우리) 때문에 하나님을 찬양할 마음이 생기느냐를 스스로 물어봐야만 한다. 하나님의 영이 우리 안에서 구원의 열매를 맺도록 일하고 계시기 때문에 내 삶을 지켜보는 다른 이들이 그렇게 되어야만 한다. 예수님은 "이와 같이 죄인 한 사람이 회개하면 하나님의 사자들 앞에 기쁨이 된다"(눅 15:10)고 말씀하셨다. 그러므로 당신이 성경의 인도를 따라갈 때, 또한 한 걸음씩 그리스도인의 삶에서 성장하고 성숙해 갈 때 죄로부터 당신을 구원하시는 것을 이미 보여 주신 하나님의 권능과 지혜를 천사들이 찬양하고 있으니 부디 용기와 힘을 내시라. 뿐만 아니라 당신이 성경적인 삶의 양식을 받아들이고 좀 더 담대하게 구원의 복음을 전파할 때 당신의 삶을 통해 하나님이 가져오신 구원 때문에 다른 사람들(이웃사람들)이 하나님께 감사하게 될 것이다. "대속 받은 '모든' 이들이 그들의 하나님 앞에 설 때 하늘에 있는 큰 무리의 즐거운 숭배는 그 얼마나 믿을 수 없을 만큼 위대하겠는가!"(R. H. Mounce, 172) 만일 당신이 이 무리 안에 당신 자신도 서 있는 모습을 볼 수 있다면 또한 예수 그리스도를 믿음으로 그럴 수 있다면 당신 인생의 모든 시련이야말로 당신을 더 강건하게 하는 영광의 소망이 아니겠는가?

7:13~14 _그들이 어떻게 거기에 갔는가: 우리의 구원

계시록에서 매우 자주 일어나는 장면인데 경배하는 장로 하나가 고개를 돌려 요한에게 질문할 때 요한이 본 비전은 좀 더 생동감이 넘치게 된다. 디킨스의 소설『크리스마스 캐롤』에 등장하는 유령들이 에벤에셀 스크루지로 하여금 요점을 확실히 이해하게 했던 것처럼 이 천사 지도자는 요한의 이해도를 확인한다. 그가 묻는다. "이 흰옷 입은 자들이 누구냐?" 이어서 묻는다. "또 그들이 어디서 왔느냐?" 요한이 지혜롭게 그 천사에게 공을 넘긴다: "내가 말하기를 '내 주여 당신이 아시나이다.'" 그 장로가 대답한다: "이들은 큰 환난으로부터 나오는 자들이다. 그리고 그들은 자기들의 옷을 찢었다. 그리고 그것들을 어린 양의 피로 희게 하였다"(계 7:13~14). 처음에 요한이 본 비전은 지상에서 고난받는 그리스도인들이 바로 그리스도의 영화(榮化)된 교회임을 보여 주려는 의도를 담고 있었다. 이제 그 장로는 예수님을 통해 성취된 큰 구원을 강조하면서 교회가 어떻게 거기에 이르게 되었는지를 분명히 밝힌다.

그 장로는 요한과 독자들에게 두 가지 요점을 강조한다. 첫째, 교회는 "큰 환난을 통과하여"(계 7:14) 하늘에 도착했다는 것이다. 지상의 그리스도인들은 모든 시련과 박해는 언제든 일어날 수 있다는 것 그리고 모든 적대행위에 맞서 믿음으로 인내함으로써만 우리가 구원받으리라는 것을 깨달아야만 한다. 베드로는 이렇게 간곡히 타일렀다: "사랑하는 자들아 너희를 연단하려고 오는 불시험을 이상한 일 당하는 것 같이 이상히 여기지 말고 오히려 너희가 그리스도의 고난에 참여하는 것으로 즐거워하라. 이는 그의 영광을 나타내실 때에 너희로 즐거워하고 기뻐하게 하려 함이라"(벧전 4:12~13).

그 장로의 말은 이 환난이 언제 일어나는가에 대해 궁금증을 일으킨다. 종말 강화(講話)에서 예수님은 그분이 재림하시기 직전에 "큰 환난이 있겠음이라. 창세로부터 지금까지 이런 환난이 없었고 후에도 없으리라. 그날들을 감하지 아니하면 모든 육체가 구원을 얻지 못할 것"(마 24:21~22, 또한 단 9:24~27도 참조할 것)이라고 말씀하셨다. 마찬가지로 바울도 끝이 오기 전에 교회 안에서 대대적인 배교(背敎)와 멸망의 사람이 나타날 것을 경고했다(살후 2:3). 이런 배경에서 또한 계시록 7:14에서 '그' 큰 환난을 말하고 있는 까닭에 일부 학자들은 그 장로가 영화(榮化)된 성도들이 통과할 최후의, 상대적으로 극히 짧은 기간의 시련을 언급한 것이라고 결론을 내린다.

그러나 그 장로가 좀더 일반적으로 박해, 적대행위, 괴로움으로 점철된 교회 시대 전체를 언급하고 있다고 생각할 만한 그럴듯한 이유가 많이 있다. 이런 견해로 보면 '그' 환난은 비록 그것이 끝이 오기 직전에 특히 집중된다고 하더라도 이 세상에서 그리스도와 그의 백성을 향해 가해지는 일반적인 증오(혐오)이다. 예수님은 전체 교회 시대에 관하여 이렇게 가르치셨다: "너희가 세상에 속하였으면 세상이 자기의 것을 사랑할 것이나 너희는 세상에 속한 자가 아니요 도리어 내가 너희를 세상에서 택하였기 때문에 세상이 너희를 미워하느니라"(요 15:19). 환난에 대한 이 일반적인 개념을 취하는 또 다른 이유는, 실은 이것이 좀 더 그럴듯한데, 요한이 본 비전에서 특히 무시무시한 박해가 있는 마지막 때에 구원받은 단지 작은 무리가 아닌 모든 시대에 걸친 아주 무수한 신자 무리로 교회 전체를 통합시키고 있기 때문이다.

계시록은 1세기 후반 요한 당시의 교회들에게 환난에 대비하도록 강력하게 권하고 있다. 요한은 그들에게 "너희 형제요 예수의 환난과 나라와 참음에 동참하는 자"(계 1:9), 곧 동역자의 한 사람으로서 편지를 썼다. 역사를 통틀어서 그리스도를 믿는 신자들은 복음 때문에 가장 처절한 괴로움을 겪었지만 구원 받도록 하나님이 그들을 인(印)치시고 성령으로 믿음 안에서 굳게 서도록 힘을 주셨기 때문에 아직까지 전 세계에 널리 퍼져 있다. 요한 당시 그리스도의 신실한 종들은 굶주린 사자들에게 던져졌고 영국 개혁 시대에는 산 채로 불태워졌으며 스코틀랜드의 박해 기간에는 온 나라에 걸쳐 사냥당했고 일제강점기 대한민국에서는 신사참배를 강요당하여 주기철 목사를 비롯한 숱한 순교자가 나왔고 공산 중국에서는 집단 강제 노동수용소에 갇혔고 보다 최근에는 수단과 나이지리아에서 예배 중에 폭탄 테러를 당했다. 솔직히 "오늘날 중국, 이라크, 북한의 그리스도인들에게 그 환난이 아직 시작되지도 않았다고 말하는 것은 정말 어려운 일일 것이다!"(S. Wilmshurst,

98) 예수님은 제자들에게 이렇게 말씀하셨다: "세상에서는 너희가 환난을 당하나 담대하라. 내가 세상을 이기었노라"(요 16:33).

이 세상에서 예수님의 이름을 지니기 원하는 이들은 '최악의 환난'을 헤아려 봐야만 한다. 또한 이 비전이 보여 주는 바와 같이 그리스도로 말미암아 환난으로부터 나와 하나님의 보좌 앞에 선 하늘의 영광스러운 무리 안에 자기들의 모습이 보일 것을 알 수 있다. 하인리히 쉥크는 그 장로의 질문으로 찬송가를 썼다:

> 이 현기증 날 정도로 빛나는 이 누구인가,
> 이들은 하나님 그분의 진리로 잘 차려입었다.
> 가장 청결한 흰색,
> 결코 사라지지 않을 갈망의 옷을 입고 있지 않은가…?

그는 대답한다:

> 이들은 자기네 구주의 영예를 위해 오랫동안 싸워온 이들,
> 삶이 끝날 때까지 씨름하면서, 죄악의 무리를 따르지 않았지;
> 선한 싸움 계속했고, 이들은 어린 양이 얻으신 것을 통해 이겼다네.
> (H. T. Schenk, 1719)

그 장로의 두 번째 대답은 곧바로 그 어린 양을 가리키고 있다: "어린 양의 피에 그 옷을 씻어 희게 하였느니라"(계 7:14). 하늘의 성도들은 제힘으로 구원을 쟁취한 것이 아니다. 그들이 환난을 통과하며 이긴 것은 그들의 용맹함 때문이 아니다. 이미 하늘에 있는 이들 특유의 명쾌함으로 그 장로는 신자들의 구원을 그리스도께서 흘리신 정결하게 하는 피, 그것의 능력 덕분이

라고 한다. 우리의 구원을 이렇게 설명하기도 한다:

> 수치를 짊어지니 또한 조롱하는 듯한 야만,
> 내가 서야 할 자리에서 그분이 정죄당하시어,
> 그분의 피로 나의 면죄부에 인(印)치셨네:
> 할렐루야! 오 구주여!
> (P. B. Bliss, 1875. 찬송가 200, 202, 267, 510, 520장 작사·작곡; 311, 413장 작곡;
> 298장 작사)

　최근, 일부 복음주의 학자들이 그리스도의 '속죄하는 피'라는 교리에 너무 주목하지 말거나, 아니면 최소한 이 섬뜩한 피의 함축의미를 완화하려는 시도라도 해야 한다고 주장하고 있다. 그러나 위(하늘)에 있는 장로들은 그 피가 예수님의 마음속 '사랑의 감정'으로 단순하게 환원될 수는 없다는 것을 알고 있다. 그분이 하나님의 정의를 제공하시고, 그 백성의 모든 죄의 처벌과 죄책으로부터 그들을 청결하게 하신 것은 죽음으로 값을 치렀음을 의미하는 그분의 피가 있기 때문이다. "어떻게 예수님의 피가 그들을 깨끗하게 하였는가? 예수님이 돌아가셨을 때 그분은 죄에 대한 처벌, 그 값을 다 치르셨고, 그들이 예수를 믿었을 때 그분이 감당하신 죄에 대한 처벌이 그들에게 '적용'되었다. 그들이 그리스도를 믿었을 때 그들의 모든 죄가 씻겨 나갔다."(J. M. Hamilton Jr., 194)

　그리스도의 백성을 청결케 함에 대해 세 가지를 주목해야만 한다. 첫째, 그리스도께서 죄 때문에 죽었을 뿐만 아니라 그분의 백성은 개인적인 믿음으로 그 죽음의 청결하게 하는 유익을 받았다는 것을 주목해야만 한다. 그들은 그리스도의 피를 신뢰함으로 "그 옷을 씻어 희게"(계 7:14) 하였다. 만일 당신이 구원받을 생각이라면 이와 똑같이 해야만 한다(롬 4:5). 둘째, 이것들이 과거시제 동사임을 알 수 있으므로, 그것이 완결된 모든 행위를 뜻하고 있음을 깨달아야 한다. 신자들이 믿음 안에서 인내해야만 하는 것은 사실이고, 또한 당신이 그리스도의 피를 믿기 시작하는 바로 그 순간에 당신의 죄가 씻어져서 하나님 앞에 흰옷을 입고 서게 된다는 것도 사실이다. 신자들은 여전히 죄를 짓기에 그 양심이 깨끗하게 되도록 그 모든 허물을 계속 고백할 필요가 있다. 그러나 그리스도의 피 안에서 참으로 구원하는 믿음은 '영원히 단번에' "모든 죄에서 깨끗하게 하실 것"(요일 1:7)이다. 요한이 하늘에 있는 그리스도의 백성한테서 본 내용은 우리가 그분을 믿는 믿음을 발휘하자마자 우리에게도 '즉시' 현실이 된다. 예수님은 "아들을 믿는 자에게는 영생이 있다"(요 3:36)고 말씀하셨다. 셋째, 이 비전은 누구라도 하늘에 이를 수 있는 '유일한' 길은 자신의 모든 죄를 예수님의 피로 씻어야만 한다고 말한다. 요한은 천상의 구원 받은 하나님의 백성, 그 전체 회중을 보고 있고 또한 그들은 모두다 "어린 양의 피에 그 옷을 씻어 희게 하였음"(계 7:14)을 분명히 보고 있다. "그리스도의 속죄하는 죽음의 온전한 효능이 강력하게 주장되고 있다. 그분의 죽음, 그 토대 위에서 사람들이 적절한 옷을 입고 보좌 앞에 설 수 있다… 그들은 다른 방법이 아닌 바로 이 방법으로 구원받았다."(L. Morris, 117~18)

7:15~17 _그들은 어디로 가고 있는가: 우리의 목적지

요한이 본 비전을 통해 지상에서 고난받는 교회에 상응하는 천상의 실재에 대해 영광스러운 전망을 알 수 있다. 그러나 천상의 이 성도들에게는 미래가 있다. 요한은 신자들의 하늘에 속한 운명을 보여 주었고 그리스도의 피로 그들이 구원받는다는 것을 가르쳤다. 이제 그는 이 큰 무리의 그리스도께 속한 백성들이 향하고 있는 영원한 목적지를 눈부시게 묘사하면서, 4

장에서 시작된 이 비전들의 전체 주기와 7장을 마무리하고 있다.

디킨스의 『크리스마스 캐롤』에서 세 명의 유령이 에벤에셀 스크루지를 방문했는데 스크루지에게 가장 깊은 영향을 끼친 이는 미래 크리스마스의 유령이었다. 검은 옷을 둘러 입은 이 유령은 스크루지의 눈으로 자신의 장례식을 보게 해 주었는데 그를 알고 있었던 사람들로부터 그가 얻어먹어도 싼 경멸하는 욕설을 실컷 듣도록 했고, 그가 받아 마땅한 영원한 정죄를 곰곰 생각하게 했다. 이 경악할 만한 장면이 그의 마음을 흔들었고 마침내 그는 회개하고 다른 삶을 살 수 있도록 이끌려 꿈에서 돌아왔다. 그러나 그리스도를 믿는 이들에게 우리의 미래 목적지에 대한 비전은 그리스도를 섬기는 일에 대한 소망과 기쁨으로 이승에서의 모든 시련과 환난을 견딜 수 있게 우리의 사기를 진작시키는 최고의 격려다. 만일 당신이 아직 그리스도께 돌아서지 않았다면 그분의 백성을 기다리고 있는 빛나는 복들이, 그분의 피를 믿음으로 당신의 모든 죄가 깨끗이 씻어지지 않는 한 당신이 결코 알지 못할 당신의 미래를 진지하게 생각해 보도록 강력하게 권하고 있다.

첫째, 요한은 하나님 자신의 영광스러운 임재와 함께 하나님이 제공하시는 '안식처'에 대한 이야기를 듣고 있다: "그러므로 그들은 하나님의 보좌 앞에 있다. 그들은 그분의 성전에서 밤낮 하나님을 예배한다. 그리고 보좌에 앉으신 이가 그들 위에 장막을 펼치신다"(계 7:15). 성도들은 모든 죄가 깨끗이 씻어졌고 또한 그리스도 안에서 의롭게 되었기 때문에 거룩하신 하나님의 보좌 앞에 들어가게 되었다. 거기서 "그들은 그분께 자발적으로 기꺼이 마음에서 우러나는 전적인 헌신을 하게 된다… 그치지 않는 예배(로)."(W. Hendriksen, 114) 하나님의 성소에서 예배하면서 그들은 하나님 앞의 영광에 즉각 접근하게 된다. 바울이 말했듯이 그들은 이제 "하나님의 모든 충만하신 것으로 충만하게 되었다"(엡 3:19).

하나님 편에서 그분은 스스로 끔찍이 사랑하시는 자녀인 교회를 받으신다. 주권자인 창조주는 그분의 현존(임재)을 마치 장막처럼 그들 위에 덮어 주시며 그리하여 그들은 하나님 안에서 영원히 산다. 제사장의 나라로서 신자들은 그들이 빚어진 목적을 성취하며 그런 다음 그들이 영원까지 이어지는 '영원한 존재'로 완전히 알게 된 하나님의 끝없는 사랑 안에서 대속(代贖)되었다. 사도 바울은 현세에서 가장 훌륭한 그리스도인조차도 "거울로 보는 것같이 희미하게(밖에)" 보지 못하지만 그때는 하나님을 "얼굴과 얼굴을 대하여 볼 것"(고전 13:12)이라고 말했다. 계시록 22:4~5에는 그 세부내용으로 가득하다: "그의 얼굴을 볼 터이요, 그의 이름도 그들의 이마에 있으리라… 주 하나님이 그들에게 비치심이라. 그들이 세세토록 왕 노릇하리로다"(계 22:4~5).

둘째, 요한은 하나님의 사랑이 넘치는 안식처에 그리스도의 백성들이 참여하는 '복'에 대한 이야기를 들었다: "그들은 더는 굶주리지 않는다. 그리고 그들은 더는 목마르지 않는다. 그리고 그들은 해나 모든 뜨거움이 그들에게 떨어지지 않는다"(계 7:16). 여기 죄악 세상이라는 광야에서 지금 여행하고 있는 그리스도의 백성에게 달린, 구원받은 이의 복이 있다. 지상에서 신자들은 온갖 역경과 궁핍을 당하지만 그러나 그 투쟁이 결코 헛되지 않으리라는 약속이 여전히 유지되고 있다. 다윗은 시편 23편을 마무리하는 말로 이 보상을 기대했다: "주께서 내 원수의 목전에서 내게 상을 차려 주시고 기름을 내 머리에 부으셨으니 내 잔이 넘치나이다. 내 평생에 선하심과 인자하심이 '반드시' 나를 따르리니 내가 여호와의 집에 영원히 살리로다"(시 23:5~6).

시편 23편은 우리의 영원한 목적지 그 세 번째 특질과 연관된다: 그리스도의 영원한 '목자 되심.' "보좌 가운데 계신 어린 양이 그들을 먹이시고 그들을 생명의 샘으로 인도하시고 하나님이 그들의 눈으로부터 모든 눈물을 씻어 주시기 때문이다"(계 7:17). 전체적으로 이 비전에서 신자들은 보좌에 앉으신 하나님과 어린 양 앞에 서 있었다. 영원하신 하나님이 그분의 현존(얼굴)

을 우리 위에 장막으로 드리우실 때, 어린 양은 "생명수 샘으로" 인도하시면서 우리가 영생을 충만히 경험하는 방향으로 양을 치신다. 하늘에서는 예수 그리스도의 사역으로 "구원받은 자는 언제나 하나님을 목말라하는데 그러나 그 목마름은 늘 만족하게 채워질 것이다."(L. Morris, 119) 그의 양 무리를 이끄는 목자는 다름 아닌 우리 대신 속죄양이 되신 하나님이시다. "오호라 너희 목마른 자들아 물로 나아오라. 돈 없는 자도 오라. 너희는 와서 사 먹되 돈 없이 값 없이 와서 포도주와 젖을 사라… 그리하면 너희의 영혼이 살리라"(사 55:1~3).

요한이 본 비전은 계시록의 마지막에 기록된 최후의 완성(성취)을 내다보면서 끝맺는다: "하나님이 그들의 눈으로부터 모든 눈물을 씻어 주실"(계 7:17) 것이다. 이제 곧 쓰라린 고통을 겪게 될 것이며 그래서 그들의 눈에서 하염없이 눈물이 쏟아질 요한의 편지를 수신하는 교회들을 생각해 본다. 눈물이 그 뺨을 타고 흘러내리는 우리가 아는 이들을 생각해 본다. 우리의 눈은 타락한 세상, 이 산산 조각난 세상에 대한 슬픔으로 자주 젖는다. 그러나 마지막에 우리가 영원한 목적지에 도달했을 때 거기에는 더는 눈물이 없을 것이다. 그때에는 모든 손해가 이자 붙어서 상환되고 모든 슬픔이 기쁨으로 응답될 것이며 모든 갈망은 영광으로 채워지고 우리가 하나님의 눈을 마주 볼 때 그분의 사랑스런 손이 우리 눈의 눈물을 닦아 줄 것이다. 고난받는 요한 당시의 교회들과 오늘 우리의 교회에게 계시록 7장의 전체적인 메시지를 요약하여 전달하면 이런 말이 될 것이다: "하나님의 백성으로서 우리는 오늘도 안전하다, 그러나 내일은 상상할 수도 없을 만큼 더 영광스러울 것이다."(S. Wilmshurst, 100)

7:10, 17 _그분이 구원하신다!

계시록 7장의 마지막 구절이 이사야 49:10을 직접 인용하고 있기에 이사야 선지자가 전해 준 말씀으로 끝맺는 것이 좋을 것 같다. 앞서 살핀 비전에서, 그는 "그것들이 여호와의 영광 곧 우리 하나님의 아름다움을 보리로다"(사 35:1~2)라고 말하면서, 마지막에 하나님의 백성을 기다리고 있는 영광스러운 회복을 즐거워했다. 이것을 마음에 두면서 이사야는, 하나님의 백성들에게 사도 요한이 글을 쓰는 과정을 함께하신 것과 똑같은 영 안에서: "너희는 약한 손을 강하게 하며 떨리는 무릎을 굳게 하며 겁내는 자들에게 이르기를 '굳세어라. 두려워하지 말라. 보라 너희 하나님이 오사 보복하시며 갚아 주실 것이라. 하나님이 오사 너희를 구하시리라' 하라"(사 35:3~4)고 말했다.

3막

일곱 나팔

하늘이 고요하더니
(요한계시록 8:1~5)

[1]그리고 그가 일곱째 인을 여실 때에 하늘에서 반 시 같은 기간에 침묵이 있었다. [2]나는 하나님 앞에 서 있는 일곱 천사를 보았다. 그리고 일곱 개의 나팔이 그들에게 주어졌다. [3]그리고 다른 천사가 왔다. 그리고 그가 금 향로를 가지고 제단 위에 섰다. 그리고 모든 성도들의 기도들과 함께 보좌 앞에 있는 금 제단에 드리도록 많은 향들이 그에게 주어졌다. [4]그리고 향들의 연기가 성도들의 기도들과 함께 천사의 손으로부터 하나님 앞으로 올라갔다. [5]그리고 그 천사가 향로를 취하였다. 그리고 그는 그것을 제단의 불로 가득 채웠다. 그리고 그는 땅으로 던졌다. 그리고 그때 우레들과 소리들과 번개들과 지진이 일어났다. (이필찬, 2021:680–81)

영국의 유명한 언론인 버나드 레빈은 고전 음악 특히 오페라와 합창에 대한 열정으로 널리 알려져 있다. 언젠가 그는 슈베르트가 만든 여러 노래의 공연을 듣고 특별히 감동적이었다고 보도했다. 위대한 연주자들은 연주가 다 끝난 뒤 대개 커다란 박수갈채를 받지만 그러나 그날은 공연이 다 끝난 후에도 청중들이 침묵 속에 한동안 가만히 앉아 있었는데 레빈은 그것이 매우 인상적이었다고 말했다. 마지막에, 여전히 음악에 대한 외경심에 휩싸인 채 청중은 조용히 일어나서 공연장을 떠났다. 침묵은 오늘날처럼 소음으로 가득 찬 세상(문화)에서는 드문 일이다. 가장 강력할 때 침묵은, 단지 소리의 부재(不在)가 아니라 오히려 "수다와 잡담에 몰두한 현실의 측면을 감지할 수 있는 심오하고 고요하고 깊은 경험"(N. T. Wright, 76-77)인 것이다.

계시록 7장의 마지막에서 사도 요한은 지상의 위대한 음악 연주뿐만 아니라 천상의 성도들과 천사들로 구성된 혼합 합창단이 하나님과 어린 양에게 영광을 돌리는 찬양도 다루었다. 하나님의 두루마리에 찍힌 처음 네 개의 인을 열면서 땅으로 달려 나가려는 저주의 기수(騎手)들을 보았다. 다섯 번째 인은 정의를 청원하는 순교자들의 울음소리를 들려주었고 이어지는 여섯 번째 인에서는 하나님의 심판 그 속박이 풀리는 것을 보았다. 7장은 하늘과 땅 사이를 왔다 갔다 하며 장면이 바뀌면서 하나님의 종들이 아래(땅)에서 인침받고 위(하늘)에서는 영화(榮化)되는 장면을 보여 준다. 마침내 요한에게 설명해 주는 천사가 하나님의 임재로 그분이 그들의 안식처(장막)가 되시며 어린 양이 그들을 생명수 샘으로 이끄는 것과 더불어 그리스도의 백성들을 기다리고 있는 궁극적인 복을 미리 내다본다.

그러나 한 개의 인(印)이 아직 남아 있기에 그리스도인들은 예수님이 나타나시면서 그것이 마지막 시대의 심판을 가져오기를 자연스럽게 기대한다. 8장이 시작되면서, 일곱 번째 인이 열렸는데 그리스도의 재림이라는 영광스런 비전 대신에 "하늘이 반 시간쯤 고요하다"(계 8:1)는 말이 나온다. 바로 그 끝이 나오기 직전에 하늘의 음악이 멈추고 모든 호흡도 완전히 멈춘다. "침묵은 하나님이 성도들의 기도를 들으시는 정황"(이필찬, 2021:682)이기도 하고 또한 "침묵은 주님이 심판하러 도착하시는 시간이 임박했다는 사실에 대해 피조물들이 기대하는 반응이기도 하다."(D. E. Johnson, 136) 선지자 스가랴에게 이렇게 명령하셨다: "모든 육체가 여호와 앞에서 잠잠할 것은 여호와께서 그의 거룩한 처소에서 일어나심이니라"(슥 2:13).

일곱 번째 인이 열릴 때 하늘의 침묵을 두 가지 방식으로 이해해야만 한다. 첫째, 그것은 광채와 능력으로 오시는 주권자 하나님의 영광과 위엄에 대한 경외감을 반영한다. 구약성경에서 하나님이 심판하러 오시기 전 경외감에 젖은 침묵을 명령한다: "주 여호와 앞에서 잠잠할지어다. 이는 여호와의 날이 가까웠으므로"(습 1:7). 하나님의 마지막 진노의 오심이 "너무 두렵고 무시무시해서… 하늘에 사는 이들이 주문에 걸린 듯, 한동안(반 시 동안) 숨도 쉬지 못하고, 침묵 속의 놀람에 빠져든다."(W. Hendriksen, 117)

경외감을 표현하는 것에 덧붙여서 일곱 번째 인이 침묵 속에 멈춘 것은 요한이 계시록을 쓰는 문학적인 목적에 도움을 준다. 만일 우리가 계시록을 최초로 낭송하는 소리를 듣는다면 틀림없이 일곱 번째 인이 열림으로 계시록이 다 끝난 것으로 생각했을 것이다. 그러나 계시되어야 할 것이 아직 더 있다: 역사의 윤곽에 대한 더 많은 것들, 하나님의 백성을 구원하기 위한 하나님의 계획에 대한 더 상세한 내용들. 그러므로 그리스도가 영광의 구름으로부터 땅 위에 걸음을 내딛기 직전에 계시록은 오직 그분의 오심에 수반되는 침묵으로 잠시 멈추는 것이다.

8:1~5 _인, 나팔, 그리고 대접

천사들이 계시록의 드라마를 반 시간의 침묵으로 잠시 멈춰 놓았기 때문에 우리도 마찬가지로 멈춰서서 이 책의 전체적인 내용을 살펴보는 것이 매우 가치 있는 일일 것이다. 8장을 시작하면서, 계시록의 주요 단락 세 개를 살펴보는 것으로 시작하는 것이 좋겠다. 1~3장은 교회의 주님이신 그리스도의 영광을 보여 주었고 또한 일곱 편지로 이 시대의 교회를 관리하는 다양한 원리를 표현했다. 4~7장은 하나님의 두루마리에 있는 일곱 인의 개봉에 초점이 맞추어진 역사에 대한 조망을 보여 주었다. 4~5장의 하늘에 대한 비전들을 보여 준 뒤에 6장에서 인들이 떼어지면서 대속(代贖) 받은 이들이 구원받는 역사 속의 다양한 환난이 세상에 풀려난다. 7장에서 심판이 억제되는 것과 성도들에게 인(印) 치는 것을 보여 주는데 인침을 받음으로 성도들이 하늘에 안전하게 도착한다. 여섯 번째 인으로 시작된 최후 심판은 일곱 번째 인이 열리면서 하늘의 침묵으로 잠시 멈춰진다.

8장은 계시록의 세 번째 주요 단락을 시작하는데 일곱 번째 나팔이 하나님의 심판을 선포한다. 네 번째 단락(12~14장)의 상징적인 역사 이후에 다섯 번째 단락에서 하나님이 내리시는 진노의 일곱 대접(15~16장)을 아주 중요하게 다룰 것이다. 일곱 인, 일곱 나팔, 일곱 대접 사이에 어떤 관계가 있음은 분명하다. 계시록의 핵심을 이루는 이 자료들을 직접 다루기 전에 이 관계가 어떤 작용을 하는지 결정하는 길을 모색해야만 한다.

일부 학자들은 일곱 인, 일곱 나팔, 일곱 대접이 연속적으로 조직되어 있다는 견해를 굳게 지지하고 있다. 그들은 계시록에서 일곱 인에 이어 일곱 나팔이 나오고 거기 뒤이어 역사에 일곱 대접이 연대순으로 이어진다는 점에서 직선적인 시간 개념을 드러낸다. 이런 견해로 보면 일곱 번째 인의 개봉은 무슨 실제적인 내용을 전혀 드러내지 못하게 된다; 두루마리는 오직 일곱 나팔을 향해 이야기가 움직이는 것을 보여 주기 위해서만 열리게 된다.

이 견해를 거부할 좋은 이유가 많이 있는데 그보다는, 나선형으로 복합 구성된(이필찬, 2000:23; 김형종, 16) 다양한 주기를 같은 시기(기간)를 상보(相補)적인 조망에서 다루고 있는 것으로 보고자 하는 것이다. 특히 나팔과 대접 심판이 거의 정확하게 한 줄로 늘어서 있기에 이 주기들에 병행되는 내용이 있음은 아주 명백하다. 뿐만 아니라 나팔소리가 날 때와 대접이 부어질 때 일어나는 것의 상당 부분이 여섯 번째 인에 계시된 최후 심판보다 명백히 앞서고 있다. 예를 들어서 천사가 세 번째 나팔을 불 때 모든 강물을 오염시키기 위해 횃불같이 타는 큰 별이 하늘에서 떨어진다(계 8:10). 여섯 번째 인이 떼어질 때(6:13), "하늘의 모든 별이" 이미 "땅에 떨어져 버렸기" 때문에 엄격한 시간순으로 보면 이것은 불가능하다. 그러므로 나팔과 대접 심판은 시간(연대)적으로 계시록 본문에서 더 일찍 일어났던 여섯 번째 인이 떼어지기 전에 일어나는 것이 명백하다. 정확하게 이해했다면, 일곱 번째 인, 일곱 번째 나팔, 그리고 일곱 번째 대접이 모두 다 같은 사건의 여러 면을 그리고 있음을 알 수 있을 것이다: 구원하기 위해 진노하심으로 다시 오시는 그리스도.

따라서 단지 간단히 살펴보기만 해도 인, 나팔, 대접의 주기들은 심판의 비슷한 장면들의 병행 표현임이 아주 분명해진다. 이것은 계시록을 미래에 관한 역사책처럼 읽지 말 것을 일깨워 준다. 우리를 돕기 위해 하늘의 관점에서 역사의 중요한 특징들을 보여 주는 각각 다른 장면들로 하늘의 천사들이 만든 연극 대본(실제로는 하나의 뮤지컬)처럼 이 책을 읽는 것이 훨씬 나을 것 같다. 혹은 계시록을 각 악장을 통해 구원 사역과 심판의 주요 선율을 담아내는 하나의 교향곡으로 생각할 수도 있겠다. 요한이 끌어오는 구약성경의 다양한 자료들을 반영하고 있는 다양한 주기 안에 그 멜로디의 많은 변주가 들어 있다. 7장에서 요한은 에스겔 9장에 묘사된 신실한 종들에게 인(印) 치는 것을 인용하며 비유하고 있다. 8장의 나팔 심판은 여리고 성 함락과 애굽을 감염시켰던 전염병의 추억을 말하고 있다. 그러므로 그 주기들이 똑같은 배경을 다루는 것이라면 그것들은 각기 다른 각도에서 그렇게 하는 것이고 다만 그 심판의 강도가 점점 더 세진다는 것을 드러낼 뿐이다. 일곱 인(印)이라는 주제는 교회를 위해 하나님이 심판을 '억제'하는 것이고 일곱 나팔은 세상에 대해 하나님이 내리시는 심판의 '승리'를 선포하는 것이며 일곱 대접은 하나님의 심판에 반영된 '진노'를 그린다. 이 모든 것이 끝난 뒤에 보좌로부터 큰 음성이 승리에 찬 음성으로 외친다: "(다) 되었다!"(계 16:17).

8:2~4 _일곱 천사와 금 향로

일곱 번째 인의 개봉으로 하늘의 침묵보다 더한 무슨 일이 생긴다. 즉시 요한에게 다음 단락에 등장하게 될 "일곱 나팔을 받은" "하나님 앞에 선" "일곱 천사"(계 8:2)를 보여 주신다. 비록 두 가지 주목할 만한 제안이 있기는 하지만 이 일곱 천사의 정체에 관한 이야기를 아직 듣지 못했다. 1장에서 예수님은 손에 "일곱 교회의 사자인"(계 1:20) 일곱 별을 잡고 일곱 금 촛대 사이에서 계셨다. 그러므로 8장의 일곱 천사는 요한의 편지를 수신할 일곱 교회의 사자들 곧 함께 복음 시대의 교회 전체를 상징하는 사자들일지도 모른다. 다른 학자들은 이사야 63:9 말씀을 근거로 이 일곱을 '하나님 앞의 천사들'로 보는 것이 더 그럴듯하다고 강력히 주장한다. 성경에 두 천사장(天使長)의 이름이 나와 있다: 미가엘(유 9)과 가브리엘(눅 1:19). 유대 외경 저작물에서 다른 다섯 천사의 이름을 알려 준다: 우리엘, 라파엘, 라구엘, 사리엘 그리고 레미엘(1에녹 20:2~8).(R. D. Phillips, 267) 이 천사들에 정관사를 붙여서 "'그' 일곱"이라고 밝히고 있기에 이들을 이 일곱 천사장으로 이해하는 것이 가장 좋을 듯싶다.

그러나 어느 나팔소리도 나기 전에 또 다른 천사가 "와서 제단 곁에 서서 금향로"(계 8:3)를 받는다. 이 대접 혹은 화로에 담을 "많은 향을 받았으니 이는 모든 성도의 기도와 합하여 보좌 앞 금 제단에 드리고자 함"(계 8:3)이다. 그가 그것을 바칠 때 "향연(香煙)이 성도의 기도와 함께 천사의 손으로부터 하나님 앞으로"(계 8:4) 올라간다. 이 사역을 수행한 뒤에 그 천사가 "향로를 가지고 제단의 불을 담아다가 땅에 쏟으매 우레와 음성과 번개와 지진이"(계 8:5) 난다.

누가복음 12:49에서 예수님은 "내가 불을 땅에 던지러 왔노니 불이 이미 붙었더라면"이라고 말씀하셨다. 계시록 8:5의 화염심판은 일곱 번째 인의 개봉에 상응하는데 그 침묵은 예수님이 기대하시는 세상을 불로 청결하게 하는 것과 그리스도의 재림을 의미하는 것이다. 그분의 불이 다섯 번째 인에 드러났던 성도들의 기도에 대한 응답으로 던져졌다는 것이 좀 더 분명해진다. 순교자들이 "거룩하고 참되신 대주재여, 땅에 거하는 자들을 심판하여 우리 피를 갚아 주지 아니하시기를 어느 때까지 하시려 하나이까?"(계 6:10) 이렇게 외쳤다. 일곱 번째 인(印) 심판에서 그리스도는 그들의 탄원에 응답하셔서 순교 당한 몸 된 교회의 복수를 집행하신다.

8:1~5의 장면 변화는 계시록에 반영된 예술 효과의 일부를 드러낸다. 일곱 인에 이어 일곱 나팔이 나올 뿐만 아니라 2절에서 일곱 나팔이 소개되고 3~5절에 일곱 번째 인 심판이 나타나기 때문에 하나의 끝 부분에 다른 하나가 시작되면서 연동된다. 이 중첩(O.L.: 영화에서 자주 쓰이는 일종의 오버랩 기법)은 대체로 계시록의 메시지에 필수적인 강조점을 만들기 위해 구성되었다. 인과 나팔 두 가지로 묘사된 심판은 하나님의 백성이 올리는 기도에 대한 응답으로 발생한 것을 알려 준다. 2절에, 천사들이 불 수 있도록 나팔이 주어졌다. 3절에, 그들은 향기로운 향과 혼합된 성도들의 기도를 바치기 위해 앞으로 나오는 어느 천사에 의해 가로막힌다. 이 기도가 하나님의 보좌로 올라간 뒤에서야 천사가 성도들의 기도가 담겼던 바로 그 향로를 잡아 사악한 땅에 불을 던지기 위해 그 향로를 사용한다. 이런 연속적인 흐름은 단지 그리스도의 재림과 하나님의 주권적인 심판만이 아니라 그리스도인들의 기도가 수행하는 필수 불가결한 역할을 두드러지게 한다.

8:3~5 _기도와 하나님의 목적

이 단락에서 기도를 강조함으로써 몇 가지 중요한 요점이 드러난다. 첫째로 그리고 가장 중요한 것은 '기도는 하나님께서 역사 속에서 그분의 목적을 성취하게 하는 수단'임을 알게 된다는 것이다. 이것이 계시록 8:3~5에서 우리가 반드시 알아야 할 핵심 요점인데 그것은 일곱 천사장이 그들의 나팔 불기를 잠시 중단해야 할 정도로 매우 중요한 것이다. 성경에 기록된 많은 묵시적 비전 속에 천사가 제지당하는 것은 함부로 지나쳐서는 안 되는 중요한 요점이 있다는 것을 드러낸다(슥 2:3~5; 계 7:2~3 참조). 여기서 하나님은 그 백성과의 언약적 유대의 힘을 드러내시고 성도들의 기도를 제일 먼저 올리도록 천사를 보내고 오직 그런 다음에만 천사장들이 화로를 사용하여 세상에 불 심판을 던지게 하신다.

이것을 강조할 필요가 있는 한 가지 이유는, 그리스도인들이 자신의 행위를 의지하고 또한 죄와 악에 맞서 우리가 할 수 있는 일에 초점을 맞추는 반면 종종 훨씬 더 중요한 기도라는 자원(방편)을 소홀히 여기는 경향이 아주 많기 때문이다. 대조적으로 성경의 거룩한 전쟁 개념에서는 기도를 첫 번째 자리에 그다음 우리 자신의 행동을 두 번째 자리에 둔다. 주전 701년 산헤립의 대군이 쳐들어왔을 때 유다 왕 히스기야가 보인 모범을 예로 들 수 있다. 히스기야의 군대는 왕국을 방어하려 했지만 그리스도인들이 종종 세속 권력에 압도당하는 것처럼 앗수르 군은 이스라엘을 훨씬 압도하고 있었다. 마침내 히스기야 왕과 신하들은 예루살렘 성벽 뒤에 포위당했다. 산헤립의 전령이 와서 그들의 방어책을 조롱하면서 이스라엘이 믿는 하나님의 신성을 모독했다(사 36장). 히스기야는 적군의 요구가 적힌 문서를 받아 성전에 들어가서 그것을 하나님 앞에 펼쳐 놓고 기도했다. 계시록의 이미지를 반영하고 있는 말로 히스기야는 이렇게 기도했다: "그룹 사이에 계신 이스라엘의 하나님 만군의 여호와여 주는 천하만국에 유일하신 하나님이시라 주께서 천지를 만드셨나이다… 우리 하나님 여호와여 이제 우리를 그의 손에서 구원하사 천하만국이 주만이 여호와이신 줄을 알게 하옵소서"(사 37:16~20). 아침이 되자 히스기야는 하나님께서 응답하셔서 적군을 완전히 파멸시킨 것을 알게

되었다: "여호와의 사자가 나가서 앗수르 진중에서 십팔만 오천 인을 쳤으므로 아침에 일찍이 일어나 본즉 시체뿐이라"(사 37:36).

히스기야의 기도는 단지 구약성경의 감동적인 이야기일 뿐만 아니라, 이 세상에서 하나님의 백성이 어떻게 하나님의 목적을 섬겨야 하는가를 알려 주는 중요한 진술이기도 하다. 하나님의 주권은 그 백성들의 기도와 아울러 그들의 기도에 응답하시는 일까지도 하나님이 함께 다스리기 때문에 하나님의 주권과 기도는 결코 이따금 따로 나타나는 것이 아니다. 사실상 기도는 하나님의 뜻과 일치하는 하나님의 주권을 호소하는 것이다.

최근 교회의 역사에도 기도가 어떻게 하나님의 목적에 열쇠가 되는가를 보여 주는 많은 예가 있다. '한국판-사도행전'(손영규, 7) 곧 대한민국에 복음이 전해지고 수많은 교회가 세워진 과정은 누가 봐도 정말 감격스럽다. 아울러 사람들은 수억 명의 신자들에게 복음이 힘차게 퍼져 나간 중국 가정교회 운동의 영적인 힘에 놀란다. 20년 이상 공산정권이 선교사들을 다 추방해버리고 지도적인 위치에 있던 그리스도인 목사들이 다 감옥에 갇힌 뒤에 어떻게 이런 일이 일어났을까? 그 대답의 한 부분은 투옥되어 있던 목사들이 밧모 섬의 요한처럼 기도에 헌신했기 때문이다. 그들은 구원 특히 정확하게 다섯 번째 인에 등장하는 순교자들의 정신으로 구원을 위해 기도했다: "오 하나님, 땅에 거하는 자들을 심판하여 우리 피를 갚아 주지 아니하시기를 어느 때까지 하시려 하나이까?"(계 6:10) 그들은 자비심을 가지고 자기들을 괴롭히는 간수들의 구원을 위해 기도했고 아울러 성령께서 자기 조국에 복음을 퍼뜨려 주시기를 기도했다. 마침내 그들이 석방되었을 때 그 기도를 통해 하나님의 손이 그 땅 위에 놓이도록 하는 영적인 힘을 갖고 그들은 당당하게 돌아왔다.(K. Anderson)

하나님이 기도를 어떻게 쓰시는지를 보여 주는 또 다른 예는 1989년 베를린 장벽의 붕괴다. 동독의 그리스도인들은 라이프치히에 있는 한때 요한 세바스티안 바흐가 오르간을 연주했던 웅장한 루터교 교회당에 밤마다 기도회로 모이기 시작했다. 다른 종파 소속의 기독교인들도 합류했고 자기 조국을 파멸시키고 있는 무시무시한 공산 정권에게 하나님이 무언가를 해 주시기를 열렬히 기도했다. 이 모임을 알게 된 공산당 간부들이 놀라게 되었다. 하나님은 없다는 공산당의 공식적인 교조에도 불구하고 역설적으로 "그들은 그리스도인들이 그들에 대해 하나님께 말하기 시작했을 때 매우 신경질적인 반응을 보였다."(D. F. Kelly, 165) 마침내 군대가 소집되어 쳐들어왔지만 군인들은 자기 동포에게 총 쏘기를 거부했는데 그들 가운데 일부는 가족과 친구들이었다. 군대가 그리스도인들을 사살하라는 명령에 불복종한 그날 이후 이어진 집단 혁명으로 베를린에 세워진 증오의 장벽이 산산조각으로 무너져 내렸다. 계시록 8장이 얘기하듯이 그리스도인들이 기도할 때, 하나님께서 땅에 불을 던지시는 것이다.(D. F. Kelly, 165-66)

이런 이유로 기도를 소홀히 하는 것은 엄청난 재앙의 하나이고 그것이 또한 오늘날 서구 교회의 주된 몰락 요인이다. 오늘날 그리스도인들은 당장 눈에 띄는 효과가 있는 다양한 행동에 좀 더 열심히 참여한다. 서로 서로에게 이야기함으로써 혹은 좀 더 유익한 것처럼 보이는 다양한 행동을 취함으로써 더 많은 것들이 성취된다고 착각한다. 이것이 그리스도인들이 기도 모임에 참여하기가 그토록 어려운 이유이며 당신이 한 삼십 분 정도 대충 기도하고는 그냥 집에 가서 무언가가 성취되었다는 확신을 전혀 갖지 않는 오늘날 대부분의 복음주의 교회들이 더는 기도회로 모이지 않는 이유이다. 그러나 일곱째 인이 보여 주는 비전은 우리의 모든 기도가 하나님께로 올라갈 뿐만 아니라 그 기도가 하나님의 뜻에 따라 역사 속에 결정적인 차이를 만들어 낸다는 것을 분명히 하고 있다.

종교의 자유가 침해되고 도덕적인 정갈함과 진리를 분노에 찬 자세로 무차별 공격하는 세상에서 우리는 무엇보다도 기도 사역에 다시 불을 지펴야만 한다. 세속의 고위 권력자들, 법률가들, 언론인들, 학자들, 예술가들, 공무원들, 젊은이들… 아울러 분단된 우리 조국 대한민국의 평화적인 통일을 위해 끊임없이 기도해야 한다. 기도는 언제, 어디서나, 누구에게나, 매우 합법적인 수단이다. 기도는 우리 그리스도인들이 직접 나서서 무언가를 하는 것보다 인류 역사 속에 하나님의 뜻에 맞게 무언가를 하나님께서 직접 하시도록 하는 훨씬 더 효율적이고 경제적이고 거룩한 수단이다. 이 세상은 불신앙의 영이 권세를 쥐고 있는 기울어진 경기장이다. 기도는 이 기울어진 경기장을 그리스도인들이 세상의 힘보다 훨씬 더 큰 능력으로 뛰는 거룩한 경기장으로 바꾸어 버린다. 기도 없는 우리의 활동이 실패하는 반면 하나님의 손안에 있는 기도만으로도 하나님 나라의 원수들에게 하나님의 심판을 가져오는 위대한 능력이 나타난다는 것을 확실히 믿어야 한다.

8:3~5 _하나님이 받으실 만한 기도

이 단락에서 두 번째로 중대한 요점은 '그리스도인들의 기도는 확실히 하나님께 받아들여지고 아울러 하나님이 친히 응답'한다는 것이다. 이것이 천사가 기도와 향의 혼합물이 담긴 향로를 하나님께 올리는 요점이다. 향은 하나님 앞에 올리는 기도를 달콤한 냄새로 만드는 기능이 있다.

영국 국교회 성직자 테리 와이트가 당했던 역경을 생각해 보자. 그는 1980년대에 무슬림 테러 분자에게 인질로 잡혀 있던 서구인들을 석방하려고 협상 차 베이루트를 찾아갔다. 협상하기 위해 와이트 스스로 납치당해서 5년간 인질이 되었다. 그 무시무시한 시기에 혹시 그에게 위로나 격려가 될까 하여 가족과 친구들이 편지를 많이 보냈다. 그런데 그 5년 동안 딱 한 장의 엽서만 그에게 전달되었는데 그 엽서는 와이트가 전혀 알지도 못하는 영국 베드포드에 사는 어느 여성이 보낸 것이었다. 많은 사람이 막연히 열심히 기도해 봤자 이런 식의 어떤 일이 생길 것이라고 느낀다. "솔직히 말해서 당신의 '많은 기도'가 어떤 기회에 전달될 수 있으리라고 생각하는가? (당신의 기도가) 사람들이 테리 와이트에게 보냈던 편지들처럼 길바닥 어딘가에서 분실되거나 반송되리라고 생각하는 것이 훨씬 더 그럴듯하지 않은가?"(S. Wilmshurst, 102) 그리스도의 군대는 이런 영양가 없는 생각과 싸우느라 좀체 기도하지 않거나 어쩌다 기도한다 해도 기도의 열정이 거의 없다. 그러나 요한이 본 비전에 등장하는 천사는 우리의 기도가 하나님께 반드시 전달되며 그분이 정확히 들으시며 그 기도를 통해 세상과 역사 속에 엄청난 차이를 만들어 낸다는 것을 분명히 알려 준다.

이 천사를 통해 기도가 하나님의 성전으로 전달되듯이 우리 기도가 하나님께 효과적으로 받아들여지기 위해서는 무언가를 해야 할 필요가 있다는 것은 의심할 여지가 없다. 우리가 하는 모든 기도는 결점이 있는데, 많은 경우에 이기적이거나 어리석고, 어떤 점에서는 온통 죄로 부패해서 그 기도가 하나님 앞에 받아들여질 수 없게 한다. 그렇다면 무엇이 우리 기도가 하나님께 잘 전달될 뿐만 아니라 그것이 달콤한 향기가 되게 할 수 있을까? 그 대답은 천사는 하나님의 백성을 중보할 수 없고 천사한테서는 기도에 응답할 능력이 발견되지 않기에 우리가 천사에게 기도하지는 않는다는 것이다. 예수님의 완전한 삶과 죄를 속하는 죽음을 통해 그리고 교회를 위해 지금도 중재하신다는 사실 때문에 그 답은 예수 그리스도의 중보 사역에서 발견된다 (롬 8:34; 히 7:25). 성경에서는 "하나님과 사람 사이에 중보자는 한 분"(딤전 2:5)뿐이라고 가르친다. 예수님은 제자들에게 "내 이름으로 아버지께 무엇을 구하든지 다 받게"(요 15:16)할 것이라고 말씀하셨다.

이스라엘의 연례적인 '대(大) 속죄일'에 성전 제사의식의 일부를 이루는 레위기 16:12~13에서 이 단락과 가장 가까운 구약성경의 병행 구절이 발견된다는 사실에 주목함으로써 향과 예수님의 구원 사역이 연결된다는 것을 알 수 있다. 죄 때문에 피 희생 제사가 진행되는 동안 대제사장은 "향로를 가져다가 여호와 앞 제단 위에서 피운 불을 그것에 채우고 또 곱게 간 향기로운 향을 두 손에 채워 휘장 안에 들어가서 여호와 앞에서 분향한다." 대(大) 속죄일은 우리를 죄에서 깨끗게 할 뿐만 아니라 우리의 기도를 거룩하게 하는 그리스도께서 흘리신 속죄하는 피를 가리킨다. 비슷하게 그리스도께서 하늘에서 현재 중보하심으로 그 백성의 기도가 하나님 앞에 올려질 때 "아름다운 장미 다발처럼 순결하고, 달콤하고, 향기롭게… 왕의 보좌에 받아들여질 만한 가치가 있게"(D. F. Kelly, 164) 만든다.

뿐만 아니라 요한은 "모든 성도의 기도"가 향기롭게 하나님 앞으로 올라간다(계 8:3)고 말한다. 성도(聖徒: Holy people)는 영적인 상류층이 아니고, 지상의 무슨 교황이 골라서 임명하는 별난 사람이 아니다. 그보다는 오히려 성경에서 성도들은 단지 그리스도를 믿음으로 세상과 죄와 결별한 예수 그리스도의 피로 정결하게 되고 거룩하게 된 죄인이다(고전 1:2 참조). 당신이 범한 모든 죄로부터 구원받기 위해 예수님께 가지 않았다면 당신은 '성도'가 아니며 당신의 기도가 하나님께 받아들여지리라고 믿을 이유가 전혀 없다. 이것이, 자기들의 기도는 하나님께 받아들여지지 않는다는 것을 알고, 또한 자기들을 위해 신자들이 늘 기도해 준다는 것을 알기 때문에 급할 때마다 예수 안 믿는 사람들이 잘 알고 지내는 신자들에게 기도를 부탁하는 이유다. 그러므로 자기 죄 때문에 예수님이 하나님 앞에 자기를 대신하여 죽으신 것과 하늘에서 그분의 영원한 통치를 신뢰하면서 그리스도의 이름으로 기도하는 각사람이 다 성도이다. 성도라면 가장 초보적인 그리스도인도 자기의 모든 기도를 하나님이 보배롭게 여기실 것이며 또한 하나님의 완벽하고 선한 뜻에 따라 그 기도가 응답 될 것을 확신할 수 있다. 바울의 보충 설명은 이렇다: "성령도 우리의 연약함을 도우신다"(롬 8:26). 이렇게 요약할 수 있다: "우리의 기도는 성령의 능력, 아들의 중보, 그리고 하늘에 있는 천사들의 도움으로

하나님께 향기롭게 올려진다."(D. Thomas, 69)

8:5 _교회의 위대한 기도

마지막으로, 일곱 번째 인이라는 비전은 '교회의 위대한 기도는 장차 오실 그리스도의 나라(왕국)를 위한 것'임을 알려 준다. 천사가 들고 있는 금 향로에 담겨 있는 기도는 자기들의 원수를 갚아 주시기 위해 하나님이 심판해 주실 것을 탄원했던 순교자들이 올린 것이다(계 6:10). 기도에 대한 예수님의 가르침은 그분의 나라에서 비슷한 우선순위를 차지한다. "새로운 하나님 나라 운동의 요약인 '주기도문'"(김세윤, 2001:14-19)에는 일용할 양식, 죄 용서, 시험에 들지 않도록 도와주시라는 청원이 포함되어 있다. 그러나 그리스도는 하나님의 이름이 거룩하게 여겨지고 하나님의 뜻이 하늘에서처럼 땅에서도 이루어지게 해 달라는 기도를 맨 먼저 해야 한다고 가르쳤다(한병수, 32): "하늘에 계신 우리 아버지여 이름이 거룩히 여김을 받으시오며 나라가 임하시오며 뜻이 하늘에서 이루어진 것같이 땅에서도 이루어지이다"(마 6:9~10). 지금 복음전파, 교회 성장, 신자들의 순종, 그리고 마지막으로 구원하고 심판하시기 위해 영광 중에 그리스도께서 다시 나타나심으로 그리스도의 나라가 오기를 바라는 기도는 교회의 가장 위대한 사역이다.

성경에서 그리스도인들은 자기의 필요, 이웃과 친구들의 필요를 위해 기도하라는 격려를 받는다. 그러나 우리 기도 생활의 우선순위는 복음전파, 교회의 보존과 능력, 하나님의 말씀 사역, 우리가 사는 세상의 사악한 권력과 무신론을 무너뜨리는 것이어야만 한다. 당신은 이런 것들을 위해 기도하고 있는가? 계시록에 의하면 이것들이 가장 중요한 기도, 하나님이 선택하시는 때에 하늘로부터 능력으로 하나님이 응답하실 기도, 그리스도의 이름으로 올리는 것에 최고의 특권을 부여해야만 하는 기도이다.

그리스도의 나라를 위해 기도하는 일을 맡으려는가? 그분의 복음, 그 대의를 위해 반역적인 악을 하나님이 심판해 주시도록 그분의 이름으로 기도하면서 천사가 우리의 기도를 모두 다 모아서 금 향로에 담아, 그리스도의 속죄 사역의 향으로 달콤하게 맛을 내서, 하나님의 보좌 앞에 올려드리는 비전에서 힘과 용기를 얻어서 우리의 가장 열렬한 기도가 응답될 그날을 기다리면서 기도해야 한다. 이것이 계시록 전체와 성경 전체에서 결론 짓고 있는 기도의 핵심이다. 우리는 기도한다: "주 예수여 오시옵소서!" 주님은 우리 마음에 가장 귀한 말씀으로 응답하신다: "내가 진실로 속히 오리라!"(계 22:20)

첫째, 둘째, 셋째, 넷째 나팔을 부니
(요한계시록 8:6~13)

⁶그리고 일곱 나팔들을 가진 일곱 천사가 그것들을 불기 위해 준비하였다. ⁷그리고 그 첫 번째 천사가 나팔 불었다. 그때 우박과, 피로 섞여진 불이 생겨났고 그것이 땅으로 던져졌다. 그리고 땅의 삼 분의 일이 태워졌고 나무들의 삼 분의 일이 태워졌고 모든 푸른 풀이 태워졌다. ⁸그리고 둘째 천사가 나팔 불었다. 그때 불로 말미암아 타는 큰 산 같은 것이 바다로 던져졌다. 그래서 바다의 삼 분의 일이 피가 되었다. ⁹그리고 바다에 있는 생명을 가진 피조물들의 삼 분의 일이 죽었다. 그리고 배들의 삼 분의 일이 파괴되었다. ¹⁰그리고 셋째 천사가 나팔 불었다. 그때 횃불같이 타는 큰 별이 그 하늘로부터 떨어졌다. 그리고 그것은 강들의 삼 분의 일과 물의 샘들에 떨어졌다. ¹¹그 별의 이름은 쑥이라고 불리운다. 그리고 물들의 삼 분의 일이 쑥이 되었다. 그리고 사람들 중 많은 이들이 죽었다. 왜냐하면 그것들[물들]이 쓰게 되었기 때문이다. ¹²그리고 넷째 천사가 나팔 불었다. 그때 해의 삼 분의 일과 달의 삼 분의 일과 별들의 삼 분의 일이 타격받았다. 그러자 그것들의 삼 분의 일이 어두워졌고 낮이 그것의 삼 분의 일을 비추지 않았고 밤도 마찬가지였다. ¹³그리고 그때에 중천에 날아가는 독수리 하나가 큰 소리로 "나팔 불려는 세 천사의 나팔의 나머지 소리들로부터 땅에 사는

자들에게 화, 화, 화가 있으리로다"라고 말하는 것을 나는 보았고 들었다.
(이필찬, 2021: 767, 787)

이스라엘 12지파가 애굽을 탈출하여 광야를 빠져나와 약속의 땅 경계에 도착하였을 때 거룩한 전쟁의 나팔소리가 울려 퍼졌다. 하나님은, 일곱 명의 제사장들이 일곱 나팔을 7일 동안 불도록 지시하셨다. 마지막 날 제사장들은 여리고라는 요새화된 도성을 포위하도록 백성들을 인도했다. 일곱 번째 나팔소리가 울리자 백성들이 함성을 질렀고 그렇게 그 성은 함락되었다. 언약궤와 함께 한 여호수아의 인도로 이스라엘은 하나님의 말씀에 순종하였다. 일곱째 날 그 성을 일곱 번 돈 뒤에 일곱 나팔 소리가 울려 퍼질 때 여리고 성이 무너져 내렸고 이스라엘은 그 성을 탈취하였다. 여호수아는 백성들에게 말했다. "외치라. 여호와께서 너희에게 이 성을 주셨느니라"(수 6:16).

요한계시록 8:6에서 일곱 나팔을 불고 있는 천사들과 함께 비전의 세 번째 주기가 시작될 때 독자들은 여리고 성이 몰락할 때보다 훨씬 더 큰 규모로 하나님이 개입하실 것을 기대하게 된다. 요한계시록 8, 9장의 나팔 비전은 전 세계적인 규모로 나타나는데 이는 세속적인 도시가 그 막강한 힘에도 불구하고 하나님의 언약 백성들이 믿음으로 승리하지 못하게 막을 수 없다는 것을 보여 주고 있다. 그리스도는 죄악과 불신앙의 도성 그 요새를 치실 것이며, 마침내 그것은 무시무시한 심판을 받아 무너질 것이다. 언젠가 베드로에게 주님이 말씀하신 것처럼 말이다. "내가 내 교회를 세울 것이니 음부의 권세가 이기지 못할 것이다"(마 16:18).

8:6 _주님의 나팔

성경을 살펴보면 다양한 이유로 나팔을 부는 것을 알 수 있다. 중요한 시기에 하나님의 백성을 불러 모으기 위해 나팔을 분다. "거룩한 소집으로서" "나팔 소리와 함께"(레 23:24) 환호성 속에 이스라엘의 절기를 맞이한다. 다윗의 보좌에 솔로몬이 등극할 때 나팔소리가 울려 퍼졌다(왕상 1:34, 39). 신약에서는 그리스도의 재림을 선포하기 위해 나팔이 울리는데 이 나팔소리로 전 세계의 선택받은 이들을 불러 그리스도와 만나게 한다(마 24:30~31). 요엘 선지자는 심판하러 오시는 하나님과 나팔소리를 연관시켰다: "시온에서 나팔을 불며 나의 거룩한 산에서 경고의 소리를 질러 이 땅 주민들로 다 떨게 할지니 이는 여호와의 날이 이르게 됨이니라. 이제 임박하였으니"(욜 2:1).

구약을 보면 이스라엘의 전투 병력을 소집할 때 나팔을 불었는데 에훗이 전투를 위해 에브라임 지파를 소집할 때 나팔 불었던 예를 들 수 있다. 무엇보다 중요한 것은 이스라엘의 나팔소리는 이스라엘 나라를 위한 전쟁을 치르기 위해 주님이 오시는 것을 의미했다는 점이다(삿 3:27). 이것이 바로 여호수아가 여리고 성 밖에서 나팔을 분 의미다. 마찬가지로 기드온의 300 용사가 나팔을 불자 하나님께서 미디안 군대를 혼란에 빠뜨려 패망하게 했다.

이런 배경에 기대어 요한계시록 8:6은 "일곱 나팔을 가진 일곱 천사가 나팔 불기를 준비하더라"라고 말하고 있는데 이 말씀에서 우리는 하나님께서 그 원수들을 무찌르기 위해 역사 속에 개입하시는 것을 볼 수 있으리라고 기대할 수 있다. 여리고 성 밖에서 나팔을 불었던 것처럼 하나님은 그 대적들을 무찌르실 능력으로 오신다. 처음 여섯 나팔은 여리고 사건처럼 최종 승리를 가져올 결정적인 일곱 번째 나팔을 위한 무대를 마련한다. "여호수아 6장의 거룩한 전쟁은 틀림없이 계시록 속에 그 궁극적인 짝이 있다. 하나님이 사탄과 악한 모든 것과 회개하기를 거부하는 자들에 맞서 전쟁을 수행하신다는 점에서 그렇다."(P. Gardner, 127)

뿐만 아니라 계시록 8장의 나팔소리와 6장에서 인봉이 열린 네 개의 인(印)을 든 기수들 사이에는 명백한 병행 관계가 있다.(이필찬, 2000:23; 김형종, 16)

네 기수는 전쟁, 폭력, 기근과 죽음을 가져왔는데 처음 네 나팔도 마찬가지로 온 땅에 파괴적인 능력을 드러낸다. 인과 나팔은 똑같은 진행(4+2+삽입+1)을 보인다: 처음 네 인이 열리고 네 나팔 소리가 울려 퍼진다. 두 개의 인과 나팔이 이어지고, 한 개의 삽입 다음에, 마지막 인과 마지막 나팔소리가 나오는데, 이 마지막 인과 나팔은 심판하러 오시는 그리스도를 그리고 있다. 이 모든 병행을 통해 계시록 8장의 나팔소리가 6장과 7장의 인 심판 다음에 나타나는 역사의 새로운 측면을 묘사하는 것이 아님을 알 수 있다. 오히려 나팔 심판은 인 심판에 의해 지상에 내린 재앙들을 다른 관점에서 되풀이하며 강조하는 "점층적 패턴"(이필찬, 2021:770)이다. 다른 한 편 인 심판이 "큰 환난으로부터 나와"(계 7:14) 하늘에 이르도록 교회를 보존하시는 하나님의 손길을 강조한다면 나팔 심판의 관점은 사악한 자들에 대한 주님의 심판과 승리에 초점이 맞춰져 있다. "인 심판은 인침을 받은 주님의 소유된 백성들의 관점에서 하나님의 대속(代贖) 목적을 펼치고 있음을 보여 주는 것이고, 나팔 재앙은 똑같은 현실을 보여 주되 인(印) 맞지 못한 자들 곧 하나님의 백성이 아닌 자들의 관점에서 보여 주는 것이다. 인 심판의 시작을 통해 하나님의 백성들은 큰 위로를 받게 된다. 나팔 소리는 하나님의 백성이 아닌 자들에게 무시무시한 재앙을 가져오는 것이다."(D. Thomas, 73)

8:7~13 _나팔 비전 해석

계시록 연구 과정에서 해석을 매우 신중하게 하는 일은 대단히 중요하다. 계시록 전반에 걸쳐서 나타나는 비전들을 무조건 문자적으로 해석하면 안 되고 그것들이 다양한 역사적 현실을 묘사하는 상징을 포함하고 있다는 것을 전제해야만 한다. 일곱 나팔 비전 해석에서 이런 점이 특히 더 중요하다. 저명한 신학자들 가운데서도 계시록 8장과 9장의 심판과 오늘날의 어떤 사건들의 유사성을 멋대로 엮어서 이 비전들이 우리 시대에 이미 성취되었다고 선언하는 이들이 더러 있다. 대표적인 예가 1986년 소련에서 발생한 체르노빌 방사능 유출 사건이다.(케이트 브라운, 17-32 참조) 예언 전문가들은 '체르노빌'이라는 낱말이 우크라이나 언어로 "쑥"이라는 뜻이라고 주장하면서 세 번째 나팔에 포함되어 있는 예언이 성취되었다고 주장했다. 엄밀히 말하면 '체르노빌'이라는 말이 정확히 "쑥"을 의미하지 않음에도 불구하고 또한 방사능 유출 사건 자체가 세 번째 나팔 심판과는 전혀 상관없는 것에도 불구하고 이런 뉴스는 상당수 기독교인을 상당히 흥분시켰다.(S. Wilmshurst, 114-5) 이런 접근법을 따르게 되면 적어도 체르노빌 사건이 터지기 전 19세기 동안 지구촌에 살았던 사람들 그리고 요한이 계시록을 저술하면서 생각하고 있었던 후대의 독자들에게 계시록의 세 번째 나팔 심판은 아무런 상관이 없게 되는 것이다. 더 나아가서 비전을 문자적으로 해석하려는 이런 식의 시도는 독자들이 계시록 본문의 실제 의미를 전혀 보지 못하게 만들어 버린다.

그러나 이런 얘기가 계시록이 말 그대로 역사를 그리는 것이 아니라는 뜻은 아니다. 우선 우리는 상징체계를 이해해야만 한다. 그런 다음 문자적으로 상징화된 것이 요한이 말하고 있는 역사 속에서 어떻게 일어나고 있는지를 찾아내야 할 것이다. 요한은 그가 사용하는 이미지들을 구약에서 끌어오기 때문에 따라서 우리는 오늘날의 신문 뉴스가 아니라 구약 속에서 일곱 나팔 비전을 이해해야 할 것이다.

그렇다면 네 개의 나팔이 그리는 것은 무엇인가? 우선 그것들은 하나님께서 그의 원수들을 '대자연의 격변'이라는 형식으로 심판하고 있음을 알려준다. 여리고 성 점령에 이어지는 여러 차례의 전투에서 하나님은 자연 현상이라는 강력한 수단으로 그 대적과 맞서 싸우셨다. 다섯 왕과의 전투에서 하나님은 이스라엘의 원수들에게 우박을 쏟아부었고 그 결과 "칼에 죽은 자들보다 우박 덩어리에 맞아 죽은" 적군이 훨씬 더 많았다(수 10:11~13). 적군이

도주할 때는 주님께서 태양을 하늘에 계속 머물게 하여 여호수아가 그들을 죽일 수 있는 시간을 늘려 주셨다. 비슷한 방식으로 계시록 8장의 네 나팔은 하나님께서 그의 원수들을 물리치는 수단이 될 '대자연에 내리는 재앙'을 그리고 있다. "나팔 소리는 땅, 바다, 강과 샘 근원, 천체와 무저갱(아뷔쏘스)에 영향을 미치는 처벌 형식으로 하나님의 심판을 불러들인다."(S. J. Kistemaker, 272)

하나님께서 대자연에 대한 그분의 주권적인 통제로 이스라엘의 원수들을 패퇴시키는 것을 살펴볼 때 가장 돋보이는 예는 이스라엘을 애굽에서 풀어 주기 전에 나타났던 사건들이다. 출애굽 전의 10가지 재앙에서 그리고 홍해를 건너는 과정에서 하나님은 자연계의 힘을 나일강의 거짓 신들을 굴복시키는 데 쓰시면서 믿지 않는 바로의 강퍅한 의지를 깨뜨리셨다. 이 점은 아주 중요한데 그 이유는 애굽에 내린 재앙들과 계시록 8장의 나팔소리로 촉발된 재앙들이 명백히 병행되기 때문이다. 이 병행은 계시록의 나팔재앙이 경건하지 못한 나라들을 겨냥한 거룩한 전쟁을 의미한다는 생각을 강화한다. 특히 계시록 8장은 우박, 피, 흑암(어둠)을 포함하고 있는 애굽에 내린 일곱 번째, 첫 번째, 아홉 번째 재앙을 끌어 온다.

애굽에 내린 재앙들이 강조하는 요점의 하나는 오직 하나님만이 행하실 수 있는 초자연적인 개입이다. 바로는 모세에 맞설 자신의 마술사들을 보냈지만 그러나 패배한 마술사들은 "이것은 하나님의 손가락(권능)"(출 8:19)이라고 말할 수밖에 없었다. 그러므로 계시록 8장에 묘사된 격변도 믿지 않는 세상에 대한 하나님의 초자연적인 심판을 그리고 있는 것이다. 이스라엘을 노예로 부리는 바로의 손아귀 힘을 빼기 위해 하나님이 모세를 통해 활동했듯이 처음 네 가지 나팔재앙은 하나님께서 믿지 않는 권세들을 무릎꿇림과 동시에 교회를 박해한 세상을 처벌하는 것을 나타낸다. 더 나아가서 모세가 바로에 맞서 선포한 재앙들은 애굽인들이 숭배했던 거짓 신들을 겨냥한 것이었음을 알 수 있다. 마찬가지로 계시록 8장은 사람들이 신뢰하는 이 세상의 온갖 우상을 심판하시는 분이 하나님이심을 알려 준다. 애굽에 내린 재앙들로 바로가 회개하도록 만들고자 했으나 그 재앙들은 바로의 마음을 오히려 더 강퍅하게 하여 바로는 결국 최종 파멸에 이르고야 말았다. 역사 속에서 이루어지는 하나님의 심판이 일반적으로 그러하다.

우리는 8장에 기록된 심판의 제한된 성격을 좀 더 주목해야만 한다. 첫 나팔소리가 나자 땅과 거기 있는 나무의 3분의 1이 불타버린다(계 8:7). 다른 나팔들도 마찬가지다. 바다와 거기 속한 생물과 배의 3분의 1(계 8:8~9), 강의 3분의 1(계 8:10~11), 그리고 천체와 광명의 3분의 1이 심판받는다(계 8:12). 1/3은 상당히 의미 있는 비율이지만 과반수는 아니다. 핵심은 이 심판이 부분적인 것이고 최종적인 심판은 아니라는 것이다. 이 심판은 최종심판에 맞서는 이 세상에 대해 경고하면서 하나님의 진노를 선포하기 위해 기획된 것이다. 부분적인 상해(傷害)는 "나팔소리는 최종 멸망이 아니라 경고다. 인류의 대다수에게 살아남을 기회가 주어지는데 그들에게 죄에 대한 하나님의 진노를 보여줌으로써 회개할 기회를 주려는 것"(M. Wilcock, 95)을 알려 주는 것이다. 하나님이 악인들에게 재앙을 내리시면서 경고하신다. 3분의 1은 충분한 경고다. 하나님의 심판을 받을 때 마음이 더 완악해지는 사람이 있는가 하면 회개하고 하나님의 은혜 아래 들어 오는 이도 있다. 아무튼 이 모든 재앙은 하나님의 통제 아래 있다(시 46:2~3)

8:7~12 _계시록 8장의 네 나팔

이제 계시록 8장의 네 나팔을 좀 더 자세히 살펴보도록 하자. 첫 번째 천사가 나팔을 부니 "피 섞인 우박과 불이 나와서 땅에 쏟아지매 땅의 삼 분의 일이 타 버리고 수목의 삼 분의 일도 타 버리고 각종 푸른 풀도 타 버렸더라"(계 8:7).

하나님이 모세를 통해 애굽을 괴롭히는 우박과 불 재앙을 내리시는 것을 보았다. "우박이 내림과 불덩이가 우박에 섞여 내림이 심히 맹렬하니 나라가 생긴 그때로부터 애굽 온 땅에는 그와 같은 일이 없었더라. 우박이 애굽 온 땅에서 사람과 짐승을 막론하고 밭에 있는 모든 것을 쳤으며 우박이 또 밭의 모든 채소를 치고 들의 모든 나무를 꺾었으되"(출 9:24~25). 첫 번째 나팔은 마찬가지로 피를 포함하고 있는데 이는 어쩌면 생명의 손실이 포함되어 있음을 보여 주려는 의도일 것이다. 그 재앙은 한 국가만 해치는 것이 아니라 전 세계에 걸쳐 지표면의 3분의 1을 파괴한다. "아마존, 콩고, 요세미티, 옐로우스톤 등, 지구촌의 가장 거대한 숲의 3분의 1이 불탄다고 생각해 보자. 이것은 상상할 수도 없는 자연 재앙이다. 전 세계의 소방관들이 그들이 여태껏 알고 있던 그 어떤 화재보다 수천 배나 더 거대한 불을 끄기 위해 애쓰는 모습을 생각해 보라."(G. Osborne, 351) 역사 속에서 이루어지는 하나님의 심판은 생명의 근원을 파괴할 뿐만 아니라 인류의 과학, 조직, 인간의 의지력이 관리할 수 있는 수준을 훨씬 뛰어넘는 것이 될 것이다. 하나님은 눈에 보이지 않는 '코로나19 바이러스' 하나만으로도 21세기 오만한 인류의 입을 아주 가볍게 막아버리지 않으셨던가.

두 번째 나팔을 부니 하나님의 심판이 땅의 바다에 내려진다. "불붙는 큰 산과 같은 것이 바다에 던져지매 바다의 삼 분의 일이 피가 되고 바다 가운데 생명 가진 피조물의 삼 분의 일이 죽고 배들의 삼 분의 일이 깨지더라"(계 8:8~9). 몇몇 학자들은 이 재앙과 A.D. 79년의 베스비우스 화산 폭발과 그로 인한 지중해 인근의 파괴를 연결하려 했다. 그러나 여기 묘사된 장면은 전 세계 바다의 3분의 1이 피로 변하게 되고 바다 생물과 배의 3분의 1이 파괴당한다는 점에서 그보다 훨씬 더 광범한 규모임을 알 수 있다.

두 번째 나팔은 애굽에 내린 하나님의 첫 번째 재앙을 반영하는데 모세가 그의 지팡이를 나일강에 넣자 강물이 피로 변했다. 그 결과 물고기가 죽고 물에서 악취가 나고 마침내 도무지 마실 수 없는 물이 되었다(출 7:17~21). 이와 마찬가지로 이 재앙으로 바다가 이 세상이 의지하고 있는 경제적인 자원들을 더는 공급할 수 없도록 물고기와 무역선의 3분의 1이 파괴된다. 이 이미지는 식료품 공급을 해상무역에 의존하던 로마제국의 신민(臣民)들에게는 특히 더 심각한 문제였을 것이다.

이 재앙에서 중요한 것은 불붙은 거대한 산들이 바다로 던져진다는 것이다. 이런 표현은 예레미야서에서 따온 것인데 거기서 선지자는 바벨론을 이런 방식으로 언급한다. 하나님은 바벨론을 "온 세계를 멸하는 멸망의 산"(렘 51:25)이라 부른다. 하나님은 "나의 손을 네 위에 펴서 너로 불탄 산이 되게 하겠다"고 다짐(약속)하시고 이내 바벨론이 마치 바다에 던져진 것처럼 그것을 파괴하신다. 요한 당시의 "바벨론"(렘 51:42)은 로마인데 로마는 마치 모세 시대의 애굽과 똑같다. 따라서 이 나팔재앙은 이 세상의 세속적인 제국들이 불타면서 바닷속에 가라앉아 이 세상에 엄청난 재앙을 가져올 것을 묘사하고 있다.

그 이미지는 세 번째 나팔재앙으로 훨씬 더 생생하게 드러난다: "셋째 천사가 나팔을 부니 횃불같이 타는 큰 별이 하늘에서 떨어져 강들의 삼 분의 일과 여러 물샘에 떨어지니 이 별 이름은 쓴 쑥이라 물의 삼 분의 일이 쓴 쑥이 되매 그 물이 쓴 물이 됨으로 많은 사람이 죽더라"(계 8:10~11). 여기서 어떤 큰 별 또는 불타는 횃불이 바다로 빠져들지 않고 내륙의 물에 떨어져 물의 3분의 1에 독성이 생겨 많은 사람이 죽는다. 그 별은 파탄의 진원지가 하늘에 계신 하나님임을 보여 주며 아울러 그 별의 이름은 그로 인한 재앙을 드러낸다. 쑥은 물을 마실 수 없게 하는 악취 나는 식물로서 성경에서는 이 풀을 "쓴 것·고초"(애 3:15, 19)와 연결 짓는다.

이 세 번째 재앙 역시 이사야 14:12~15 말씀에 비추어 이 세상 제국 권세의 몰락을 암시하는 것일 수도 있다. 거기서 하나님은 바벨론 왕을 추락한 별에 비유하고 있다. 하나님 앞의 사탄처럼 느부갓네살 왕은 자신을 하나님 보다 더 높은 곳에 세우려고 그 마음속으로 이렇게 말했다: "내가 하늘에 올라 하나님의 뭇 별 위에 내가 북극 집회의 산 위에 앉으리라. 가장 높은 구름에 올라 지극히 높은 자와 같아지리라"(사 14:13~14). 심판 과정에서 하나님께서 선포하셨다: 이사야 14:15, "그러나 이제 네가 스올 곧 구덩이 맨 밑에 떨어짐을 당하리로다"(단 4:28~33도 참조). 요점은 바벨론, 로마, 나찌 독일, 공산주의 러시아 혹은 세속화된 미국과 같은 우상화된 제국의 자만심을 하나님이 심판하신다는 것이다. 그들의 우상 숭배는 하나님을 격분시키는데 그 이유는 그것이 결혼, 가족, 공동체, 시민사회의 '관계망'(네트웍)과 같은 생명의 근원을 오염시키고 있기 때문이다. 이런 식으로 역사는 하나님 위에 자신을 더 높이려 하는 자들의 생명을 쓰라리게 만듦으로써 우상을 숭배하는 인간을 계속해서 심판하시는 분으로 하나님을 기록한다. '쑥'은 모든 생명을 파멸시키는 죄의 결과에 대한 성경적인 구호이다. 하나님은 예레미야서에서 이런 식으로 폭주하는 죄의 영적인 결과들을 지적하신다: "내가 그들 곧 이 백성에게 쑥을 먹이며 독한 물을 마시게 하고"(렘 9:15).

네 번째 나팔은 땅에 어둠을 가져오는 하늘에 대한 심판을 말한다: "넷째 천사가 나팔을 부니 해 삼 분의 일과 달 삼 분의 일과 별들의 삼 분의 일이 타격을 받아 그 삼 분의 일이 어두워지니 낮 삼 분의 일은 비추임이 없고 밤도 그러하더라"(계 8:12).

낮과 밤의 3분의 1과 함께 해와 달의 비췸의 일부라는 관념은 물리적인 세계와는 이치에 맞지 않기 때문에 이 네 번째 재앙 같은 나팔재앙의 문자적인 성취를 생각하면 안 된다는 것을 확인시켜 준다. 어떤 이들은 이 재앙을 대규모 일식과 연결했지만 그러나 그것은 네 번째 나팔재앙이 묘사하는 것이 아니다. "요한이 천문학에 관한 논문을 쓰고 있는 것이 아니라 어떤 (상징적인) 그림을 그리고 있음이 아주 분명하기 때문이다."(G. Wilson, 2:523) 네 번째 나팔재앙의 요점은 천체까지도 하나님의 통제권 아래에 있기에 하나님께서 는 언제 어디서나 원수들을 심판하시는 어둠을 가져오실 수 있다는 것이다. 비록 하나님께서 여기서 빛의 근원들에 대해 부분적인 심판을 내리실지라도 하나님은 만일 죄인들이 회개하지 않으면 최후 심판 때에 완전한 어둠이 인 류에게 내려질 것을 경고하시는 것이다.

어둠은 하나님의 복이 제거되었음을 묘사한다; 어둠은 죄의 저주 아래 사는 사람들과 관계된다. 이것이 바로 예수님께서 우리의 모든 죄의 형벌을 십자가에서 감내하실 때 어둠이 내려온 이유를 말해 준다. "하나님은 빛이 시라"(요일 1:5). 그러므로 어둠의 저주 아래 떨어진다는 것은 죄로 인해 저주 를 받고 빛이신 하나님의 어떤 복도 받지 못하는 자리로 떨어져 나가는 것을 말한다. 하나님은 바로의 애굽에 3일 동안 흑암의 재앙을 내리셨지만 반면 에 이스라엘 백성이 살고 있던 땅에는 계속 빛이 내렸다(출 10:21~23). 이 재 앙은 믿음으로 그리스도께 나아올 때만 우리가 죄와 심판의 어둠을 피할 수 있음을 일깨워 준다. 요한은 예수님에 대해 이렇게 말했다: "그 안에 생명이 있었으니 이 생명은 사람들의 빛이라"(요 1:4).

요한계시록이 수수께끼 책이 아니라 그림책임을 잊지 말아야 한다. 그 러므로 전체적인 인상을 먼저 살피는 것이 가장 중요하다. 본문에서 네 개의 나팔은 인류 역사 전반에 걸쳐 우상을 숭배하며 세워진 나라들에 대한 하나 님의 심판을 예시하기 위해 땅, 바다, 강, 별들과 달 등의 창조 질서에 재앙 을 가져온다. 이 재앙들은 "자연 자체"가 아닌 하나님에 의해 내려진 것이므 로 인간은 그것들을 전혀 관리할 수 없다. 이것이야말로 창조세계의 모든 부 분으로부터 발생하고 있는 비극 때문에 여러 종족의 대다수가 고통을 겪고 어느 특정 시기에 죽임을 당하는 인류 역사에 대한 정확하고도 냉정한 관점 이다. 세계 유수의 보험사들은 예컨대 미국 플로리다 주에 자주 발생하는 허리케인 피해, 일본의 대지진, 홍수, 쓰나미, 기근, 대규모 화산 폭발 등등 그로 인한 전 세계의 막대한 경제적 타격 같은 이런 자연재해에 "하나님의 행동"이라는 딱지를 붙였는데 이런 흐름이야말로 계시록 8장이 말하는 심판과 정확히 일치하는 것이다. 네 가지 나팔재앙은 불신앙으로 하나님으로부터 소외된 사람들에 대한 하나님의 진노가 겨냥하는 과녁이 무엇인지를 알려 준다: 하나님은 그리스도께서 이 땅을 심판하러 오실 때 영원히 지속될 더 강렬한 불과 멸망과 흑암으로 더 큰 심판이 임할 것이라고 인류에게 경고하신다.

8:13 _나팔소리: 하나님의 부르심

그동안 네 나팔의 결과로 나타나는 이미지들을 문자적으로 해석해서는 안 된다는 것을 강조해 왔지만 네 나팔이 그리는 역사에 대한 하나님의 심판은 매우 현실적이다. 이 네 가지 재앙의 의도는 인간의 힘으로 이상향을 구현하려는 생각은 반드시 실패하게 되어 있다는 것을 알려 주고 역사의 끝에 오는 최종심판을 당할 사람들, 오늘날 온갖 죄로 벌어들이는 쓰라림을 남김 없이 당할 우상 숭배자들에게 경고하려는 것이다.

이 점을 분명히 하기 위해 계시록 8:13에서는 먹이를 찾으려고 공중을 배회하면서 심지어는 더 심한 심판들이 아직 나타나지 않았다고 경고하는 이 세상 위 하늘 높이 날고 있는 독수리를 보여 준다: "내가 또 보고 들으니 공중에 날아가는 독수리가 큰 소리로 이르되 '땅에 사는 자들에게 화, 화, 화가 있으리니 이는 세 천사가 불어야 할 나팔 소리가 남아 있음이로다' 하더라"(계 8:13). '독수리'는 썩은 고기를 먹는 새여서 공중에서 땅을 내려다보면서 먹잇감으로 사람의 살을 뜯어 먹으려 하는 포식자다. 그 독수리가 마지막 세 나팔재앙 속에 엄청난 심판이 있음을 경고한다. 그 독수리는 자연의 격변이 죄의 훨씬 더 심각한 영적 결과들을 조심하도록 인류에게 어떻게 경고하는지를 보여 준다. 이러한 영적 심판은 9장에서 시작될 것이다.

독수리의 재앙 경고는 세 가지 것들을 생생하고 분명하게 만드는 8장 전체의 결론이 된다. 첫째, "나는 [보았다], 그리고 나는 [들었다]." 이 시청각적 메시지(이필찬, 2021:787)는 하나님이 죄를 심판하실 때 반드시 무시무시한 방법으로 하실 것이 '확실하다'는 것이다. 믿지 않는 세상 사람들은 본 장(章)에 상징된 심판의 종류를 보며 성경 속의 하나님에 관해 온갖 비판적인 이야기를 해댈 것이다. "도대체 하나님이란 게 뭐 이따위인가?" "누가 땅과 바다에 불을 쏟아붓는다는 말인가? 누가 강물을 독하게 만들 것이며 이 세상을 어둠 아래로 내던진다는 말인가?" 성경은 죄지은 인류를 겨냥하여 진노를 불태우시는 거룩한 하나님이 그렇게 하실 것이라고 분명하게 답하고 있다.

아담이 죄에 빠졌을 때 하나님은 그에게 자연 질서가 저주받아 심판에 이르렀다고 말씀하셨다: "땅은 너로 말미암아 저주를 받고 너는 네 평생에 수고하여야 그 소산을 먹으리라"(창 3:17). 네 가지 나팔재앙은 인간이 죄를 회개하고 그리스도를 믿는 믿음으로 하나님과 화해하지 않는 한 죄의 저주에서 도망칠 길이 전혀 없음을 알려 준다. 하나님은 그저 땅을 저주하고 아담에게 그 척박한 땅을 주신 것으로 끝낸 것이 아니다. 오히려 하나님은 죄에 대한 심판을 계속 가(加)하시고 반역을 처벌하시면서 일곱 번째 나팔의 최후 심판 전에 회개할 것을 인간에게 계속 경고하신다. 네 가지 나팔재앙은 "하나님께서 다스리시는 세상에 '자연적인' 재앙은 없다는 것을 알려 준다."(G. Wilson, 2:276) 그러므로 사실상 매일 매일 파멸로 지구촌을 휩쓰는 자연·기후 재앙, 시시때때로 참혹한 재앙으로 이 땅이 구멍 나는 모습을 볼 때마다 인간이 자신의 죄에 대한 하나님의 심판을 일깨움으로써 회개하고 예수 믿어 구원받게 되기를 하나님께서 꾀하고 계심을 알아야 한다.

둘째, 출애굽 당시의 재앙을 계속 인용하는 것은 하나님이 세상의 압제에서 그 백성을 구원하시기로 작정하셨다는 것을 신자들에게 말씀하시고자 하는 것이다. 요한이 당대(當代)의 바로인 로마 황제 도미티안의 무시무시한 박해가 시작되기 직전에 지상의 교회에 계시록을 써서 전하고 있다는 것을 기억해야 한다. 애굽과 로마의 상징 사이의 관계는 계시록 11:8에서 분명하게 드러나지만 그러나 그런 암시가 요한 당시의 로마에만 국한되는 것은 아니다. 계시록의 "'애굽 모형학'은, 현실의 재난이 하나님의 위대한 구원의 전주곡일 뿐이라는 것을 강조하는 수사법이다. 하늘에서 각각의 나팔소리가 울려 퍼질 때 하나님은 새로운 애굽의 바로에게 '내 백성을 내보내라'고 말씀하신다. 동시에 하나님은 그리스도인들에게도 '이런 일이 되기를 시작하거든 일어나 머리를 들라. 너희 속량(贖良)이 가까웠느니라'라고 말씀하고 계시는 것이다"(눅 21:28).(G. B. Caird, 115-16)

그러므로 그리스도인들은 역사의 비참한 종말을 내다보면서 예수님의 십자가를 믿는 믿음으로 우리가 심판을 피할 수 있음을 일깨워야만 한다. 우리는 또한 그 재앙들을, 그리스도의 은혜와 진리에 맞서는 세속 권세의 의지를 깨뜨리려는 하나님이 주시는 위대한 구원의 상징으로 보아야만 할 것이다. "내 백성을 보내라"(출 7:16). 모세는 바로에게 이렇게 외쳤다. 예수님은 자연의 격변이 있을 때 "이런 일이 되기를 시작하거든 일어나 머리를 들라. 너희 속량이 가까웠느니라"(눅 21:28)라고 말씀하셨다. 하나님의 권능으로 그리스도 안에 있는 신자들은 그리스도의 피로 죄의 권세와 처벌로부터 우리가 해방되었으며 하나님께서 역사의 권세자들로부터 우리를 해방하여 구원이 완성되는 날까지 우리를 믿음 안에 계속 있게 하실 것을 확신할 수 있다.

셋째, 천사의 나팔 소리를 들으면서 그리스도의 군사로 우리를 부르시는 하나님의 음성을 듣는다. 나팔소리는 여리고 성벽을 무너뜨리는 하나님의 권능을 요구하는 여호수아의 나팔소리와 마찬가지로 하나님이 장차 하시려는 것이 무엇인지를 의미한다. 여호수아와 이스라엘 백성들처럼 우리도 하나님의 깃발 아래 믿음으로 행하며 전진해야 한다. 이 세상이 우리에게 어떤 제약을 가할지라도 하나님을 예배하는 데에 온 마음을 다 쏟아야 한다. 하나님이 주신 말씀의 진리를 계속 선포해야만 하고 죄에 대해 하나님이 내리시는 심판의 증거를 갖고 그리스도를 믿는 믿음으로 하나님의 은혜로운 용서가 있음을 계속 선포해야 한다. 기도로 하나님을 부르며 계속 전진해야 하며 아울러 그리스도를 통해 하나님이 우리의 기도를 들으시며 하늘의 나팔소리와 함께 응답하실 것을 알고 있어야 한다.

예수 그리스도를 통해 이 세상에 대한 하나님의 승리를 선포하기 위해 나팔소리가 울려 퍼진다. 하나님의 은혜로 우리도 승리하게 되어 있다. 그 승리는 세속적인 권세나 우리가 획득한 소유에 의해서가 아니라 그리스도 안에서 하나님의 백성이 된 우리 소명의 성취로 그렇게 될 것이다. 여섯 번째와 일곱 번째 나팔재앙 사이 이후에 나오는 비전은 우리의 소명을 명백하게 해 줄 것이다. 그 소명은 하나님뿐만 아니라 우리를 보며 천사들조차 놀라는 눈부신 은혜다. "그들이 정복하였다." 이 세상을 살아가는 그리스도인들에 대해 천사들은 이렇게 말할 것이다. 요한계시록 12:11, "또 우리 형제들이 어린 양의 피와 자기들의 증언하는 말씀으로써 그를 이겼으니 그들은 죽기까지 자기들의 생명을 아끼지 아니하였도다(죽음으로 이겼다. 예수님처럼)." 이것이 우리의 소명이다. 계시록의 나팔소리를 들으면서 우리는 이제 거룩한 전쟁터로 힘차게 나서게 되었다.

무저갱을 여니
(요한계시록 9:1~21)

¹그리고 다섯째 천사가 나팔불었다. 그리고 나는 그 하늘로부터 땅으로 떨어져 있는 별을 보았다. 그리고 그에게 아쉬쏘스의 입구의 열쇠가 주어졌다. ²그리고 그가 아쉬쏘스의 입구를 열었다. 그 입구로부터 큰 풀무의 연기 같은 연기가 올라왔다. 그때 해와 공기가 그 입구의 연기로 인하여 어두워졌다. ³또 황충들이 그 연기로부터 땅으로 나왔다. 그리고 땅의 전갈들이 권세를 가지고 있는 것처럼 권세가 그들에게 주어졌다. ⁴그리고 그들이 이마에 하나님의 인을 갖지 않은 사람들 외에는 땅의 풀이나 푸른 것이나 모든 수목을 해롭게 하지 말아야 한다는 것이 그들에게 말씀되었다. ⁵그러나 그들에게는 그들을 죽이지 않고 그러나 다섯 달 동안 괴롭게만 할 것이 허락되었다. 그들의 괴롭게 함은 (전갈이) 사람을 쏠 때의 전갈의 괴롭게 함과 같다. ⁶그리고 그날들에 사람들이 죽기를 구할 것이다. 그러나 그들은 결코 그것을 발견하지 못할 것이다. 그리고 그들이 죽기를 간절히 원할 것이다. 그러나 죽음이 그들로부터 피한다. ⁷그리고 그들의 머리들 위에 금 비슷한 면류관들 같은 것이 있다. 그리고 그들의 얼굴들은 사람들의 얼굴들 같다. ⁸또 그들은 여자들의 머리카락들 같은 머리카락들을 가지고 있다. 그리고 그들의 이빨들은 사자들의 (이빨들) 같다. ⁹그리고 그들은 철

로 만든 흉갑 같은 흉갑을 가지고 있다. 그리고 그들의 날개들의 소리는 전장으로 달려가는 말을 가진 많은 병거들의 소리 같다. [10]그리고 그들은 쏘는 살들을 가진, 전갈과 같은 꼬리들을 가지고 있다. 그리고 그들의 꼬리들에 다섯 달 동안 사람들을 해하는 그들의 권세가 있다. [11]그들은 그 아뷔쏘스의 천사를 그들을 다스리는 왕으로 가지고 있다. 그의 이름은 히브리음으로 아바돈이요 그리고 헬라 음으로 그는 아폴뤼온이라는 이름을 가진다. [12]그 첫째 화는 지나갔다. 보라 이것들 후에 남아 있는 두 개의 화가 올 것이다. [13a]그리고 여섯째 천사가 나팔 불었다. [13b]그때 나는 하나님 앞에 있는 금 제단의 [네] 뿔들로부터 [14a]여섯째 천사 곧 그 나팔 가진 자에게 말하는 [13b]한 음성을 들었다: [14b]"큰 강 유브라데에 결박되어 있는 [14c]네 천사를 놓아주라" [15]그리고 그 시간과 날과 달과 년을 위하여 준비되어 있는 네 천사가 사람들의 삼 분의 일을 죽이도록 풀려났다. [16]그리고 마병대의 수는 이만 만이다. 나는 그들의 수를 들었다. [17]그리고 이와 같이 나는 환상 중에 그 말들과 그것들 위에 앉아 있는 자들을 보았다. 그들은 불빛과 자줏빛과 유황빛 흉갑을 가지고 있다. 그리고 그 말들의 머리들은 사자들의 머리들 같고 그들의 입들로부터 불과 연기와 유황이 나온다. [18]이 세 재앙으로부터 곧 그들의 입으로부터 나오는 불과 연기와 유황을 인하여 사람들의 삼 분의 일이 죽임을 당했다. [19]왜냐하면 이 말들의 권세는 그들의 입과 그들의 꼬리에 있기 때문이다. 곧 머리들을 가지고 있는 그들의 꼬리들은 뱀과 같다. 그리고 그들은 이것들로 해롭게 한다. [20]그리고 이 재앙들로 말미암아 죽임당하지 않은, 사람들 곧 남은 자들은 귀신들과 볼 수도 들을 수도 걸어 다닐 수도 없는 금들과 은들과 동들과 돌들과 나무들(로 만든) 우상들에게 경배하지 않도록 그들의 손의 행위들로부터 회개하지 않았다. [21]그리고 그들은 그들의 살인들과 그들의 점술들과 그들의 음행들과 그들의 도적질들로부터 결코 회개하지 않았다. (이필찬, 2021: 798~99, 839~40)

    2018년 문재인 대통령-김정은 국방위원장 사이에 꿈같은 남북정상회담이 판문점에서 열렸다. 싱가포르에서의 역사적인 북미정상회담(김정은-트럼프), 한반도 평화 분위기 등 그동안 꿈도 꾸지 못했던 기적 같은 일이 일어났다. 나는 역사의 주인이 하나님이심을 믿는다. 이 땅에서 일어나는 이 모든 일이 하나님의 손으로 이루어졌다고 믿는다. 이 일련의 과정을 지켜보며 나는 하나님이 우리 조국 대한민국을 아직 버리지 않으셨다는 확신과 하나 된 8천만 민족을 앞으로 정말 귀하게 쓰시리라는 확신이 더더욱 강해졌다. 그래서 우리 조국의 평화적인 통일을 위해 역사의 주인이신 하나님께 교우들과 함께 새벽마다 밤마다 기도한다.

    현미경으로 찍은 사진을 보자. 현미경 렌즈를 쓰면 인간의 눈으로는 볼 수 없는 미시(微視)우주를 자세히 볼 수 있다. 이제 망원렌즈로 찍은 사진을 보자. 망원렌즈를 쓰면 은하계와 같은 거대(巨大)우주를 볼 수 있다. 미시우주든 거대우주든 모두 다 하나님의 걸작품이다. 어떤 렌즈를 선택하느냐에 따라 보이는 세계가 각기 다르다. 우리는 요한계시록 전체를 바로 이와 같은 다양한 렌즈와 비교해야만 한다. 계시록의 다양한 비전은 하늘 보좌에 계시는 하나님의 관점으로 역사를 볼 수 있게 해 준다. 일곱 인(印)이라는 렌즈로 보면, 하나님께서 그 종들이 지상의 큰 환난을 통과하여 무사히 하늘에 도착하도록 보호하고 계시는 모습을 본다. 그다음 일곱 나팔이라는 렌즈로 바꿔 보면, 그리스도의 필연적인 승리를 선언하는 하나님의 심판과 우상을 숭배하는 인류에게 죄를 회개하도록 하나님이 부르시는 것을 본다. 딱딱한 호두 껍질 속에 고소한 알맹이가 있듯이 하나님의 무서운 심판의 핵심에는 죄인들을 향한 하나님의 자비와 사랑이 들어 있음(요나서의 주제)을 잊지 말아야 한다. 일곱 대접 비전이라는 또 다른 렌즈는 이 시대의 쾌락적인 왕궁과 요새들을 파괴하시는 하나님의 심판에 담긴 참혹한 형벌을 드러내 줄 것이다.

    계시록 9장에 접어들면 다섯 번째와 여섯 번째 나팔이 독자들에게 절망감을 잔뜩 안겨 주는 무시무시한 공포를 드러낸다. 다섯 번째 나팔은 우주의 외계인이 나오는 공상과학 영화 속에나 나옴 직한 무시무시한 능력을 지닌 메뚜기 떼(군대)를 불러낸다. 여섯 번째 나팔은 꼬리에 독사의 머리가 달렸고 입에서는 불을 내뿜는 마병대를 쏟아낸다. 계시록에는 일부 그리스도인들이 너무 혼란스럽고 어려워서 이 책을 피하고 싶게 만드는 기괴한(?) 이미지들이 많다. 그러나 이 다양한 비전 이면의 현실은 아주 실제적이라 함부로 무시할 수 없다. 이 다양한 비전이라는 렌즈들은 우리가 사는 이 세상 현실의 영적인 차원과 고통과 공포로 사람의 생명을 해치는 악한 권세들을 있는 그대로 볼 수 있게 해 준다. 이러한 비전들이 몹시 무시무시해서 우리는 "도대체 왜?"라는 고통스런 질문을 하게 된다. 이 모든 저주의 결정적인 이유는 죄, 우상 숭배, 그리고 그 죄를 심판하시기로 단단히 작정하신 거룩한 하나님을 향한 인류의 끈질긴 반역이다.

9:1~10 _악마의 무리

9장의 메시지를 이해하려면 무엇보다도 먼저 여기에 기록된 기괴한 이미지들을 파악해야만 한다. 계시록을 연구하는 과정에서 우리는 계시록에 실린 묵시가 여러 가지 상징적인 그림으로 실재를 표현한다는 것을 배웠다. 그러므로 어떤 숫자 또는 이미지를 문자적인 방식으로 해석하는 것이 거북하게 느껴진다면 그 묵시의 상징적인 의미를 탐색해야 할 것이다. 그 다양한 비전을 해석하는 가장 확실한 자료는 요한에게나 요한 당시의 독자에게나 똑같은 자료였던 구약성경이다. 뿐만 아니라 그 비전들은 계시록의 원래 수신자들 곧 주후 1세기 끝자락에 로마제국 내 소아시아 교회에 소속되어 있던 그리스도인들이 쉽게 이해할 수 있었던 내용이었으리라는 것을 짐작할 수 있다.

성경이 말하고 있는 그대로 문자적으로 성경을 해석해야만 한다고 가르치는 일에 목숨을 거는 사람들이 있다. 이 원리를 계시록 9장에 적용한다면 도움이 될 만한 결과를 별로 얻지 못할 것이다. 베스트셀러 작가인 할 린제이의 『묵시 코드』라는 책을 예로 들 수 있다. 그 책에서 린제이는 다섯 번째 나팔은 오늘날 중국군이 실전 배치한 공격용 헬기를 묘사하는 것이라고 주장한다. 그는 요한이 본 환상의 세부내용과 우리 시대의 어떤 특질들 사이의 공통점을 찾는 수고를 한 끝에 마침내 이런 결론에 도달했다. 물론 이런 결론은 비행기라는 것을 아예 모르고 있던 요한 당시의 독자들에게는 아무런 의미가 없으며 9장 본문의 진술 의도가 성취된 것도 전혀 아닌 것이 분명하다.

그렇다면 다섯 번째 나팔이 불러낸 황충(메뚜기 떼) 비전을 어떻게 보아야 하는가?

> 황충들의 모양은 전쟁을 위하여 준비한 말들 같고 그 머리에 금 같은 관 비슷한 것을 썼으며 그 얼굴은 사람의 얼굴 같고 또 여자의 머리털 같은 머리털이 있고 그 이빨은 사자의 이빨 같으며 또 철 호심경 같은 호심경이 있고 그 날개들의 소리는 병거와 많은 말들이 전쟁터로 달려 들어가는 소리 같으며 또 전갈과 같은 꼬리와 쏘는 살이 있어 그 꼬리에는 다섯 달 동안 사람들을 해하는 권세가 있더라(요한계시록 9:7~10).

이 침략자들이 중국군의 공격 헬기 같은 오늘날의 자연과학적인 군대가 아닌 것은 분명하다. 그 침략자들은 귀신들이 사는 무저갱(아뷔쏘스, 계시록 9:1~2)의 축에서 나와 인류 역사 속으로 들어오기 때문이다. 그러므로 이 무수한 황충은 하나님의 뜻에 따라 속박이 풀려 이 세상으로 들어오는 '악령의 힘'이다.

이 비전에 들어 있는 이미지들은 구약성경의 두 곳에서 그 자료를 찾을 수 있다. 그것은 출애굽기 10장과 요엘서 2장이다. 출애굽기 10:13~15에서는 모세가 메뚜기 재앙을 애굽에 내린다. 이것은 계시록 8장에 기록된 애굽에 내린 재앙을 반복한 이전 나팔재앙의 패턴과 어울린다. 또 다른 자료인 요엘서 2:1~11에서는 메뚜기 떼의 습격 이야기로 주님의 심판 날이 오는 것을 묘사하고 있다. 요엘은 이 거대하고 식탐 많은 메뚜기 떼를 습격하는 잔혹한 "용사들"과 성벽을 기어오르는 "군사들"에 비유하면서 화염과 파괴를 가져오는 "기병"으로 묘사했다(요엘 2:4~7).

계시록에서는 요엘의 비전에 기괴한 특질들을 더하여 악마 같은 침공을 묘사한다. 요한은 "사람의 얼굴"(계 9:7)을 지니고 황금 왕관을 쓴 마병 부대와 황충 떼를 비교한다. 왕관은 승리를 예고하는 것이며 사람의 얼굴은 그것들의 논리적인 교활함을 나타낸다. 나의 빌립보서 강해 『이와 같이 주 안에 서라』에서 "바른 말 잘하는 나쁜 인간들·개똥 같은 인간들"(이광우, 2017:69-72)에 대해 말한 적이 있는데, 이 개똥 같은 인간들을 요한은 '사람의 얼굴'을 지녔다고 말한 것이다. 요한은 "그 머리카락은 여자의 머리털 같고 그 이빨은 사자의 이빨 같다"(계 9:8)는 말을 덧붙인다. 예뻐 보이는 여성의 머리카락은 실제로는 죽음을 가져오는 유혹의 권능을 암시한다. 더 나아가서 이 황충들은 "철 호심경 같은 호심경이 있고 그 날개들의 소리는 병거와 많은 말들이 전쟁터로 달려 들어가는 소리 같다"(계 9:9). 호심경은 난공불락임을 말하고 그 날개들의 소리는 기습의 속도를 그리고 있다. 마지막으로 그것들은 "전갈과 같은 꼬리와 쏘는 살이 있어 그 꼬리에는 다섯 달 동안 사람들을 해(害)하는 권세가"(계 9:10) 있다. "전갈은 인간과 적대적인 뱀이나 다른 피조물 부류에 속하는데 이것들은 이 세상에서 활약하고 있는 영적인 악의 힘을 상징하고 있다."(H. B. Swete, 2:116) 우리는 요한이 이것들의 문자적인 특징을 묘사하고 있는 것이 아님을 잘 알고 있다. 요한이 이 본문에서 "같다"라는 말을 여덟 번이나 쓰면서 이 표현이 비유임을 밝히고 있기 때문이다. 이것들은 "사악한 자들의 영혼 속에 있는 어둠의 권세와 그것의 작용을 드러내는 경악할 만한 공포의 실감 나는 그림"을 표현하는 비유 체계다.(W. Hendriksen, 121)

여섯 번째 나팔은, 메뚜기 재앙처럼 모든 부분이 다 초자연적이고 악마 같은 군대를 불러낸다. "마병대의 수는 2억"(계 9:16)이다. 이 숫자는 오늘날 상상할 수 있는 어떤 지상군의 숫자보다도 크다. 핵심은 그 수를 헤아릴 수 없다는 것이다. 요한은 말 위의 기병을 본다: "이같은 환상 가운데 그 말들과 그 위에 탄 자들을 보니 불빛과 자줏빛과 유황빛 호심경이 있고 또 말들의 머리는 사자 머리 같고 그 입에서는 불과 연기와 유황이 나오더라"(계 9:16~17). 말들은 사자 머리 같은 입에서 불을 내뿜는데 여러 개의 뱀 꼬리를 지니고 있다: "이 말들의 힘은 입과 꼬리에 있으니 꼬리는 뱀 같고 또 꼬리에 머리가 있어 이것으로 해하더라"(계 9:19).

이 비전과 더불어 빨강, 노랑, 파랑 등의 호심경의 색깔은 불, 유황, 연기를 의미하는데 그것들이 이 기수들과 함께한다. "이것은 지옥의 아가리에서 튀어나오는 군대. 말들의 뱀 같은 꼬리는 사탄의 본질을 가리키며… 또한 그들이 내뿜는 불, 연기, 유황도 그러하다."(G. B. Caird, 122)

9:7~11 _황충으로 인한 고통

계 9:1, 다섯 번째 나팔 환상은 "하늘에서 땅에 떨어진 별 하나가 있는데 그가 무저갱의 열쇠를" 받았다는 말로 시작된다. 계시록의 이미지 체계에서 이 별은 천사 같은 존재다. 일부 학자들은 한 천사가 하늘에서 내려와 거대한 쇠사슬로 무저갱을 잠그기 때문에 이 별이 하나님을 섬기는 거룩한 천사라고 생각한다(20:1). 하지만 그 천사가 "땅으로… 떨어졌다고 하기 때문에" 9장은 이와는 다른 상황을 그리고 있다. 예수님은 "사탄이 하늘로부터 번개같이 떨어지는 것을 내가 보았노라"(눅 10:18)고 하셨다. 계시록 12장의 비전에서 큰 용인 사탄이 "땅으로 내던져진다"(계 12:9). 그렇다면 하늘로부터 추락한 천사는 지옥의 거대한 무저갱을 열도록 하나님으로부터 권세를 허락받은 악마 천사장일 가능성이 있다. 요한은 쏟아져 나오는 악마의 무리들이 히브리어로 "아바돈" 헬라어로 "아볼루온"(계 9:11)이라는 이름을 지닌 "무저갱의 천사"의 지휘를 받는다고 말하고 있다. 이 두 가지 낱말은 모두 다 "파괴자"라는 뜻인데 그가 사탄의 악한 종임을 보여 준다. 만일 그가 사탄 자신이 아니라면 사탄의 악랄한 행위의 결과물일 것이다. 아볼루온(아폴뤼온)이라는 이름은 헬라의 신 아폴로의 이름과 같은 동사에서 파생되었다. 로마 황제 도미티안이 자신을 '아폴로 신의 현현'이라고 여기며 황제 숭배를 강요했기 때문에 요한은 어쩌면 아시아의 교회들이 직면한 황제의 박해를 이 나팔에 의해 고삐가 풀린 고통스런 재앙으로 표현하려고 애쓰고 있었을 것이다.

"무저갱"(헬, 아뷔쏘스: 밑바닥 없는 갱도)이라는 용어는 성경 전체에서 귀신들이 붙잡혀 있는 어두운 감옥을 가리키는 데 사용되었다. 언젠가 예수님은 자신을 "군대(헬, 레기온)"라 일컫는 귀신의 무리에게 사로잡힌 사람을 만나신 적이 있었다. 예수님이 그 귀신들을 쫓아내기 전에 귀신들은 "무저갱으로 들어가라' 하지 마시기를 간구했다"(눅 8:31). 이 무저갱은 마귀들이 무시무시한 고통을 당하면서 최후의 심판을 기다리고 있는 밑 빠진 구덩이임을 암시한다. 이런 관념은 구덩이로부터 나오는 연기를 통해 더 강화된다: "그가 무저갱을 여니 그 구멍에서 큰 화덕의 연기 같은 연기가 올라오매 해와 공기가 그 구멍의 연기로 말미암아 어두워지며"(계 9:2). "이것은 지옥 밖으로 계속 내뿜는 기만과 환멸, 죄와 슬픔, 도덕적 어두움과 타락의 연기다."(W. Hendriksen, 122)

이 무저갱으로부터 귀신 무리가 나와서, 메뚜기 재앙으로 해를 입은 폐허와 닮은 영적인 공격을 가져온다: 계시록 9:3, "또 황충이 연기 가운데로부터 땅 위에 나오매 그들이 땅에 있는 전갈의 권세와 같은 권세를 받았더라." 황충 떼는 그 수가 무수히 많아서 하늘을 어둡게 뒤덮을 정도이고 땅을 황폐하게 하며 곡물의 줄기를 뿌리까지 다 먹어 치우고 모든 나무의 껍질을 벗겨 먹으며 그것들이 지나가는 곳을 모두 황무지로 만들어 버린다. 우리가 사는 이 세상을 다섯 번째 나팔이라는 렌즈로 보면 이런 식의 영적인 공격이 지금도 일어나고 있음을 알 수 있다.

그러나 문자적인 메뚜기떼와 달리 이런 영적인 침공은 "지상의 풀이나 초원 또는 어떤 나무를 해치지는 않지만 그 이마에 하나님의 인이 없는 사람들만 해친다"(계 9:4). 이 영적인 공격은 하나님께 반역하고, 우상에게 경배하며, 기독교를 '개독교'라 욕하며 교회를 악독하게 공격하는 사람들에 대한 하나님의 심판이다. "사탄의 무리는 지구촌 곳곳에서 활동하면서 사람들의 생명을 파괴하고 사람들이 서로 서로에게 지독한 죄를 범하도록 부추기고 사람들의 삶을 완전히 비참하게 만들면서 그들을 수많은 거짓 종교에 사로잡아 둔다."(S. Wilmshurst, 121)

이 비전을 통해서 오늘날 우리 문화 속에서 사탄의 어떤 영향력을 찾아낼 수 있을까? 틀림없이 성적인 난잡(亂雜)이 가장 큰 악의 근원일 것인데 이 때문에 간음과 젊은 남성 여성들의 순결을 빼앗는 행위로 하나님의 위대한 선물인 결혼과 가정이 파괴되고 있다. 사람들의 마음에 성적으로 음란한 생각과 난폭으로 채우는 '포르노', '동성애'를 영적인 악으로 볼 수 있다. 불필요한 증오과 쓰라림을 키우는 인종차별도 사람들의 가슴에 큰 상처를 남겼다. 마약과 알콜의 오·남용도 수백만의 생명을 황폐케 했다. 곳곳에 드러나는 갑(甲)질, 수많은 '을(乙)'의 피눈물 나는 고통, 다양한 중독(돈, 일, 쾌락, 게임, 도박, 스마트폰, 관계, 식탐, 영상, 지나친 운동)도 마찬가지다. 이런 것들이 분명히 파괴적인 영향력임을 주목해야 하는데 현대사회에서 이런 것들의 대부분이 열렬히 옹호되고 심지어는 권장되기까지 한다. 세속적인 인본주의, 물질주의, 자기 중심적인 쾌락주의야말로 지구촌의 인류 대다수를 영적인 고통과 정서적인 갈등의 길로 몰아가는 악한 권세들이다.

　이 영적인 재앙에 대해 세 가지를 주목해야 한다. 첫째, 그것은 사람들을 직접 죽이지는 않지만 사람들의 생명을 몹시 비참하게 만들어 "사람들이 죽기를 구하여도 죽지 못하고 죽고 싶으나 죽음이 그들을 피하는"(계 9:6) 상태에 이르게 한다. 둘째, 이것들은 제한된 심판으로서 죄에 대해 더 심각하고 무시무시한 최종심판에 대한 경각심을 갖게 한다. 귀신들은 "또 전갈과 같은 꼬리와 쏘는 살이 있어 그 꼬리에는 다섯 달 동안 사람들을 해하는 권세가"(계 9:10) 있는데 이 다섯 달은 대략 황충의 수명과 같다. 요점은 사탄과 그 졸개들이 그들이 사람들을 해칠 수 있는 하나님의 심판 집행 과정에서 하나님의 통제를 받는다는 것이다. 곧 하나님은 역사의 주인이시다. 셋째, 이 영적인 고통으로 "오직 이마에 하나님의 인침을 받지 아니한 사람들만"(계 9:4) 해(害)를 입는다는 것이다. 이로써 이 재앙들이 모든 사람을 해치는 물리적 육체적인 재앙이 아니라 죄악의 길로 넘어간 사람들을 심판하시기 위해 하나님이 사용하시는 영적인 고통이라는 것을 알 수 있다. 황충 떼의 철 호심경을 보면 그것들이 난공불락임을 알 수 있다. 그러므로 신자들이 이 재앙을 멈추게 할 수는 없어도 성도들이 성령의 권능으로 경건한 생활 습관을 유지할 때 이런 고통에서 벗어날 수는 있다. 출애굽 때와 마찬가지로 죽음의 사자가 애굽 온 땅의 초태생(初胎生)을 죽일 때 어린 양의 피로 표시가 된 집 안에 있는 이들은 죽음의 재앙을 피했는데 이 어린 양의 피는 그리스도의 십자가를 믿는 믿음을 나타내는 예표다. 그러므로 오늘날 그리스도가 주신 성령의 인을 지닌 사람들은 마귀가 주는 고통스런 재앙의 심판 날에도 그 생명이 안전하게 보존될 것이다.

9:13~17 _마귀의 마병대

여섯 번째 나팔소리가 나자 요한은 "하나님 앞 금 제단 네 뿔에서 한 음성이 나서 나팔 가진 여섯째 천사에게 큰 강 유브라데에 결박한 네 천사를 놓아주라"(계 9:13~14)는 소리를 듣는다. 이 네 천사는 "그 년 월 일 시에 이르러 사람 삼 분의 일을 죽이기로 준비된 자들"이며 "마병대의 수는 이만만"(계 9:15~16) 곧 2억이다. 고대사회에서 2억은 헤아릴 수 없이 큰 수였으므로 그 마병대가 무수히 많다는 뜻이다. 이 마병대는 하나님의 명령을 받아 이 세상에 풀려난 영적인 세력이다. 마병대를 통한 심판은 고통뿐만 아니라 죽음도 포함하는데 전쟁과 정복으로 그런 일이 일어난다. 그것들의 입에서 나오는 "불과 연기와 유황"은 지옥의 독기(毒氣)이며 그 독한 기운은 사람들을 다치거나 죽게 할 권세를 지니고 있다.

유프라테스 강은 하나님께서 약속하신 바와 같이 이스라엘의 이상적인 북동쪽 경계선이었다. 그러므로 이 마병들은 이 세상으로부터 교회로 침공해 들어오는 적군을 나타낸다. 구약에서 하나님은 우상을 섬긴 이스라엘을 심판하시기 위해 유프라테스 강을 건너 앗수르 군대와 바벨론 군대를 보내셨다. 예레미야는 이렇게 경고했다: "큰 나라가 땅끝에서부터 떨쳐 일어나나니 그들은 활과 창을 잡았고 잔인하여 사랑이 없으며 그 목소리는 바다처럼 포효하는 소리라. 그들이 말을 타고 전사같이 다 대열을 벌이고 시온의 딸인 너를 치려 하느니라"(렘 6:22~23).

뿐만 아니라 요한이 계시록을 쓸 당시 유프라테스 강은 로마제국의 경계선이었고 강 건너편에는 파르티아 제국의 무시무시한 마병대가 주둔하고 있었다. A.D. 114~116년 로마의 트라얀 황제가 파르티아 제국에 승리하기 전까지는 로마제국의 경계선 안에 살고 있던 사람들에게 이 파르티안 마병대는, 참수형을 동영상으로 생중계하는 오늘날 이슬람국가(IS) 테러세력처럼 당시에는 악몽처럼 정말 두려운 존재였다. 그 입에서 불을 내뿜고 꼬리로 쏘는 마병대에 관한 이러한 묘사는 요한 당시의 독자들에게 전진할 때나 후퇴할 때나 활을 쏘아대는 파르티아 마병대의 궁수를 떠올리게 했을 것이다.

인류 역사에서 만국(萬國)이 그들의 영광을 드높이기 위해 반복적으로 하나님께 등 돌리는 모습을 볼 수 있다. 욕심 많은 모든 제국(김승환, 13)은 그 제국이 평화와 번영의 땅에 주는 그들 나름의 구원을 약속한다. 인류 역사는 그 모든 제국이 잔혹함으로 무장한 뜻밖의 침략군 앞에서 산산 조각났음을 기록하고 있다.

놀랍게도 대개 이런 정복자들의 근원은 정확히 설명할 수 없다. 역사가들은 훈족의 아틸라와 같은 강력한 지도자의 지도력으로 로마제국을 무너뜨린 고트족의 침공과 그 근원을 설명하고자 무던히 애를 썼다. 몇 세기 후 이슬람 유목민이 사실상 아무런 예고 없이 북아프리카 일대를 휩쓸었다. 13세기 초 카리스마 넘치는 징기스칸으로 알려진 지도자 테무진의 지도로 몽골 대군이 설명하기 힘든 특출한 재능과 세력으로 중국에서부터 서양의 다뉴브강 동쪽 지역까지 정복했다. 몽골인들은 여섯 번째 나팔재앙에 등장하는 기수들과 매우 비슷해서 당시 그리스도인들은 그들을 계시록의 문자적인 성취라고 여겨 그들에게 "마귀의 마병대"라는 이름을 붙였다. 14세기에 영국 군대는 갑자기 무적의 궁수대로 무장했다. 역사가들은 잉글랜드와 웨일즈에서 어떻게 이 용맹한 궁수대가 발달했는지 왜 이들이 갑자기 사라졌는지 알지 못하지만, 그러나 그 군사적인 이점을 안고 에드워드 왕가가 200년 전쟁을 치를 수 있었다. 20세기에는 강력한 나찌 기갑 사단의 충격적인 재앙을 목격했는데 상당히 많은 이들이 이 나찌 기갑 사단을 계시록 9장의 마병대로 이해했다. 21세기에는 논리적으로 도저히 이해할 수 없는 이슬람의 성전(聖戰) 참가자들(지하디스트, 탈레반)이 피바람을 불러왔다. 달리 설명할 방법이 없는 이러한 정복자들의 활, 칼 그리고 폭탄으로 역사상 엄청나게 많은 인명이 살상당했다. 이는 지옥의 구덩이로부터 땅 위로 풀려난 여섯 번째 나팔이라는 비전으로 비롯된 전쟁 외의 방식으로는 설명할 길이 없다.

9:18~21 _그리스도의 평화

계시록 9장에서 세 가지 중요한 교훈을 배워야만 한다. 첫째는, 우상 숭배와 죄 때문에 우리가 사는 이 세상이 영적인 고통과 파괴와 함께 하나님의 심판을 받게 된다는 것이다. 이런 재앙은 귀신들이 사는 무저갱에서 기원한다. 세속 사회에서 기독교인들의 영향력이 강하여 건전한 문화가 꽃피는 시기들이 있다. 그러나 그 사회가 하나님께 등 돌리고 그분의 말씀을 거부할 때 하나님은 악한 고통의 영적인 군대로 그 우상 숭배 행위를 심판하신다. 바울은 사람들이 하나님을 등지고 우상을 숭배할 때 "그들의 어리석은 마음이 어두워지고" 하나님이 "그들의 마음의 정욕대로 더러움에 내버려 두신다"(롬 1:21~24)고 했다. 그들이 그토록 사모하는 바로 그 죄로 그들이 하나님의 심판을 받게 되는 것이다. 가장 무서운 심판은 그냥 '내버려 두는 것'이다. 계시록 9장에서 하나님께서 사악한 자들을 그들의 죄에 넘겨주실 뿐만 아니라 그 죄들로 그들을 고통스럽게 하신다는 것을 배울 수 있다.

계시록 9:15, 유브라데 강변의 네 천사가 "놓였으니 그들은 그 년 월 일 시에 이르러 사람 삼 분의 일을 죽이기로 준비된 자들이더라." 이것은 예정된 때에 하나님께서 세속 권세의 자만심을 무릎 꿇릴 것을 암시한다. 계시록의 인, 나팔, 대접 심판의 병행 구조를 통해, 우리는 일반적으로 나팔재앙이 복음 시대에 일어나는 사건들을 묘사하고 있다고 설명한다. 그러나 여섯 번째 인이 최후의 심판에 초점을 맞추었던 데 반해 이 여섯 번째 나팔 비전은 하나님이 준비하신 때 역사의 마지막을 위해 엄청나게 무시무시하고 잔혹한 전쟁이 예비되어 있음을 예고한다.

　이 관념은 전 세계적으로 믿음과 경건의 최고의 흐름 속에서 역사가 끝날 때까지 그리스도인의 영향력이 계속 증가할 것으로 믿는 후천년설을 신봉하는 그리스도인들의 주장을 약화시킨다. 후천년설은 '천년왕국 후에 예수님이 재림'하신다는 신학사상으로서 그리스도가 재림하시기 전 복음의 승리와 평화가 충만한 시대가 천년왕국이라고 생각하는 견해다. 결국 '재림 전 상황에 대한 낙관론'이 바로 후천년설인데 청교도들이 이 후천년설을 견지했다. 다섯 번째와 여섯 번째 나팔 비전은 그와 정반대의 상황을 암시하는데 인류의 모든 역사 속에서 특히 역사의 끝 무렵에 하나님께서 반역하는 세상을 심판하시기 위해 지옥의 아가리로부터 여러 가지 재앙을 풀어 놓으실 것이라고 말하고 있기 때문이다. 요한 당시의 로마 황제들처럼 역사상 모든 세속 권력은 그들을 지으신 하나님 안에서가 아니라 그들 스스로 만들어낸 잡신(雜神) 안에서 안전과 복락을 추구한다. 그러므로 하나님은 다가오는 하나님의 심판으로 승리를 선포하기 위해 고통을 보내신다. "승천하신 우리 주 예수 그리스도는… 삶의 모든 영역에서 교회를 박해하는 자들에게 재앙을 내리심으로써 그들을 계속 처벌하고 또 처벌하신다."(W. Hendriksen, 123) 그러므로 계시록 9장의 여러 비전은 후천년설이 말하는 세상의 진보에 관한 확신을 지지하지 않고 오히려 그 대신에 심판받게 되어 있는 우리의 세상에서 죄인들을 구원할 수 있는 복음의 능력에 대한 확신을 더 강하게 할 뿐이다.

　계시록 9장의 다양한 렌즈를 끼고 보면 비참함과 파멸로 고통을 주는 악한 권세가 이 세상을 지배하고 있음을 알 수 있다. 바울은 "하늘에 있는 악의 영들"(엡 6:12)에서 우리의 생명을 파멸시키기 원하는 무자비한 원수들을 상대해야 한다고 말했다. 세속적인 정신이 불행과 사망에 이르게 하기에 그리스도인들은 세속적인 가치에 흡수·동화되지 말아야만 한다는 것을 알아야 한다. 바울은 "이 세상의 외형은 지나가는 것"(고전 7:31)이기 때문에 이 세상에 궁극적인 집착을 하지 말아야만 한다고 말한다. 요한은 이렇게 경고했다: "이 세상이나 세상에 있는 것들을 사랑하지 말라. 누구든지 세상을 사랑하면 아버지의 사랑이 그 안에 있지 아니하니 이는 세상에 있는 모든 것이 육신의 정욕과 안목의 정욕과 이승의 자랑이니 다 아버지께로부터 온 것이 아니요 세상으로부터 온 것이라. 이 세상도, 그 정욕도 지나가되 오직 하나님의 뜻을 행하는 자는 영원히 거하느니라"(요일 2:15~17). 그러므로 로마서 12:1~2 말씀처럼 우리는 이 세상과 다르게 살도록 부름 받았기 때문에 이 시대의 정신과 거룩하게 분리됨으로써 지금 이 세상에 가해지고 있는 심판으로부터 신앙을 보호할 수 있다.

둘째, 이러한 심판이 몹시 두렵기는 하지만 그리스도인들은 결코 두려워할 필요가 없다. 본문은 이런 재앙과 고통을 다스리시는 하나님의 완벽한 주권의 다양한 증표로 채워져 있다. 9장은 하나님이 무저갱을 열도록 천사에게 허락하시는 것으로 시작된다(계 9:1). 10절에서 하나님은 황충 재앙의 범위를 제한하신다. 여섯 번째 나팔재앙은 "하나님 앞 금 제단 네 뿔에서"(계 9:13) 나오는 명령으로 시작된다. 앞서 살펴본 바와 같이 이 제단은 순교자와 성도들의 기도가 올려지는 곳인데 그러므로 이 여러 가지 심판은 신원(伸寃)을 간청하는 백성들의 기도에 대한 하나님의 응답이다. "하나님은 죄를 무죄하게 사용하신다." 이 말은 하나님께서 악의 권세를 끌어다가 악행하는 자들을 거룩하게 심판하시는 데 쓰신다는 것이다.(D. F. Kelly, 170) 여러 나팔재앙이 두려울지도 모르나 그것들은 언약에 신실하신 우리 하나님의 완벽한 통제 아래 있으며 따라서 그것들이 우리를 결코 해칠 수 없다. "하나님의 자녀들은 사악한 자들을 괴롭히는 영적인 여러 고통에 관한 한 문외한(門外漢)이다."(G. B. Wilson, 2:525)

더 나아가서 계시록 9:4에서는 황충 재앙이 신자들을 겨냥한 것이 아니라 오직 "그들의 이마에 하나님의 인(印)이 없는 자들"을 겨냥하고 있다는 것을 분명히 하고 있다. 그러나 많은 신자가 그리스도께 나오기 전에 그들이 범했던 죄 때문에 괴로움을 당한다: 성적인 난잡, 동성애, 인종차별, 이기주의(자기 중심성), 갑질, 중독 등등. 그러므로 그들은 상처를 지니고 죄된 영향력으로부터 획득한 습관을 지닌 채 그리스도인의 삶에 뛰어든다. 그럼에도 그들이 예수 그리스도 안에 있다는 것이 얼마나 위대한 소망이고 은혜인가. 바울은 고린도교회 교인들에게 성적 부도덕, 우상 숭배, 간음, 동성애, 도둑질 등등의 죄를 범한 자들은 하나님 나라(왕국)에 들어가지 못할 것이라 했다. 그런 다음 이어서 이렇게 말했다: "너희 중에 이와 같은 자들이 있더니, 주 예수 그리스도의 이름과 우리 하나님의 성령 안에서 씻음과 거룩함과 의롭다 하심을 받았느니라"(고전 6:9~11). 그리스도를 믿는 사람들은 죄의 권세와 처벌로부터 구원 받는다. 그리스도를 믿는 믿음으로 하나님의 말씀에 복종하여 살아감으로써 그리고 성령의 권능에 붙들려 살아감으로써 우리는 죄의 고통스런 속박으로부터 자유롭게 되었다. 바울은 이렇게 설명했다: "우리가 알거니와 우리의 옛사람이 예수와 함께 십자가에 못 박힌 것은 죄의 몸이 죽어 다시는 우리가 죄에게 종노릇 하지 아니하려 함이니… 이와 같이 너희도 너희 자신을 죄에 대하여는 죽은 자요 그리스도 예수 안에서 하나님께 대하여는 살아 있는 자로 여길지어다"(롬 6:6, 11).

셋째, 9장의 끝부분에서 이 심판의 목적은 죄인들에게 그들이 회개해야 할 필요성을 일깨우고 그리스도를 믿음으로 주님께로 돌아오도록 하는 것을 알 수 있다. 요한의 결론은 이렇다.

> 이 재앙에 죽지 않고 남은 사람들은 손으로 행한 일을 회개하지 아니하고 오히려 여러 귀신과 또는 보거나 듣거나 다니거나 하지 못하는 금, 은, 동과 목석의 우상에게 절하고 또 그 살인과 복술과 음행과 도둑질을 회개하지 아니하더라(계 9:20~21).

여러분들이 굳이 이처럼 자기 파괴적인 오시범(誤示範)을 따르며 영원한 죽음의 길을 달려갈 이유는 없다. 돈, 쾌락, 권력, 섹스, 갑질 욕구 같은 이 세상의 우상을 섬기는 것은 곧 귀신을 섬기는 것이며 이 세상이 심판받을 때 예약된 고통을 자초(自招)하는 것이다. 하나님은 죄된 삶의 불행을 통해 죄책 감을 용서받고 죄의 권세로부터 구원받을 필요가 있음을 깨닫게 되기를 바라신다. 하나님은 구주 예수 그리스도를 믿는 믿음을 통해 이 모든 사랑의 선물을 주고자 하신다. "하나님이 세상을 이처럼 사랑하사 독생자를 주셨으니 이는 그를 믿는 자마다 멸망하지 않고 영생을 얻게 하려 하심이라"(요 3:16).(화종부, 2019:285-99 참조)

예수님께서 거라사 지방의 군대 귀신 들린 사람을 구원해 주신 이야기를 기억할 것이다. 군대 귀신은 무저갱에 자기들을 던져 넣지 마시기를 예수님께 애걸했다. 예수님의 구원하시는 권능으로 그 사람이 구원받은 뒤에 전에 그토록 고통스러워하던 사람이 그리스도의 구원하시는 은혜를 덧입어 새 사람이 된 모습을 누가는 증언하고 있다. 이제 "귀신 나간 사람이 옷을 입고 정신이 온전하여 예수의 발치에 앉아 있었다"(눅 8:35). 이것이 바로 죄의 압제 아래 고통받던 모든 사람에게 예수님이 주시는 구원이다. 그리스도는 우리를 그분의 제자로 삼으셔서 주님과 개인적인 관계를 맺도록 복 주신다. 예수님은 우리 죄를 제거하시고 하나님 앞에서 그분의 의로움으로 옷 입혀 주신다. 만일 당신이 마음의 고통, 내적인 타락, 여러 가지 죄의 고통 때문에 삶에 지치고 절망한 적이 있다면 예수님을 믿고 하나님께로 돌아서라. 그러면 틀림없이 구원받을 것이다.

계시록 9장의 메시지를 다음과 같이 멋지게 요약할 수 있을 것 같다:

"No Jesus, No peace(예수 없이 평화 없고),

Know Jesus, Know Peace(예수 알면 평화 안다)."

예수님 없이는, 다시 말해서 예수님이 주시는 죄 용서와 죄 씻음이 없이는 이 죄악 세상에서 평화(평안)는 없다. 그러나 만일 우리가 구원하는 믿음으로 그분을 알게 되고 심판과 불행으로부터 죄인들을 풀어 주는 그분의 대속 사역을 신뢰한다면 그분의 참 평화를 알게 될 것이다. 예수님의 말씀을 직접 들어 보라: "평안을 너희에게 끼치노니 곧 나의 평안을 너희에게 주노라. 내가 너희에게 주는 것은 세상이 주는 것 같지 아니하니라. 너희는 마음에 근심하지도 말고 두려워하지도 말라"(요 14:27).

작은 두루마리를 가지라
(요한계시록 10:1~11)

[1]그리고 나는 구름이 입혀진 채로 하늘로부터 내려오는 다른 힘센 천사를 보았다. 그리고 그의 머리 위에 그 무지개가 있고 그의 얼굴은 해 같고 그의 발은 불의 기둥 같다. [2]그리고 그는 열려져 있는 작은 책을 그의 손에 들고 있다. 그리고 그는 그의 오른발은 바다에 두고 왼발을 땅에 두었다. [3]그리고 그는 사자가 포효하는 것같이 큰소리로 외쳤다. 그리고 그가 외칠 때에 일곱 우레들이 자기 자신들의 소리들을 말하였다. [4]그리고 일곱 우레들이 말할 때에 내가 기록하려고 하였다. 그때 나는 하늘로부터 말하는 소리를 들었다. "일곱 우레들이 말한 것들을 인봉하고 그것들을 기록하지 말라." [5]그리고 바다 위에와 땅 위에 서 있는 것을 내가 본 그 천사가 하늘을 향하여 그의 오른손을 들었다. [6]그리고 그가 하늘과 그것 안에 있는 것들 그리고 땅과 그것 안에 있는 것들 그리고 바다와 그것 안에 있는 것들을 창조하신 영원히 사시는 분으로 말미암아 기다림은 더는 있지 않을 것을 맹세했다. [7]그러나 일곱째 천사가 나팔불게 될 일곱째 천사의 소리의 날들에 하나님의 비밀이 자신의 종들 곧 선지자들에게 선포하신 것과 같이 완성되어질 것이다. [8]그리고 하늘로부터 내가 들었던 그 음성이 다시 나와 함께 말하였다. "너는 가서 바다와 땅 위에 서 있는 천사의 손 안에 열려져 있는

그 책을 취하라." [9]그리고 나는 그 천사에게 가서 그 작은 책을 달라고 말했다. 그리고 그가 나에게 말한다. "그것을 취하라. 그리고 게걸스럽게 먹어라. 그리고 그것이 너의 배를 쓰게 할 것이다. 그러나 너의 입에서 그것은 꿀처럼 달게 될 것이다." [10]그때 나는 그 천사의 손으로부터 그 작은 책을 취했다. 그리고 그것을 게걸스럽게 먹었다. 그때 그것은 나의 입에서 꿀처럼 달았다. 그리고 내가 그것을 먹었을 때, 나의 배가 쓰게 되었다. [11]그리고 나는 들었다. "너는 많은 백성들과 나라들과 언어들과 왕들을 대적하여 다시 예언해야 한다. (이필찬, 2021: 869, 882, 904-05)

뜻밖에도 "말씀만으로는 목회가 안 된다"고 하는 이상한(?) 목사들이 꽤 많다. 그러면서 사람을 많이 끌어모으려고 열심히 복음에 "물타기"를 한다. 국회 청문회에서 증인 선서를 하면서 "더하거나 빼는 것이 있으면 위증죄로 벌 받겠다"고 약속하지만, 물 먹듯 거짓말을 하고도 벌 받는 이는 사실 거의 없다. 하지만 국회 청문회에서의 위증은 복음에 거침없이 물타기 하는 간큰 목사들의 죄에 비하면 사실 아무것도 아니다. 하나님 앞에서 그 누구보다도 정직해야 할 목사들까지 그 지경이니… 신앙인의 한 사람으로서 늘 몹시 부끄럽고 가슴 아프다. 그런 사람들이 장차 하나님 앞에 누가 감히 고개 똑바로 들고 설 수 있겠는가?

계시록 6:17의, "누가 능히 서리요?"라는 질문으로 인(印) 심판이 마무리된다. 8:6부터 시작되는 나팔 심판 앞에 기록된 7장은 '막간' 삽입이다. 10:1~6 역시 여섯 번째 나팔 심판과 일곱 번째 나팔 심판 사이에 들어가는 막간 삽입이다. 요한의 묵시록이라는 이 드라마는 일곱 인과 일곱 나팔을 펼쳐나가는 과정에서 '막간(幕間)'이라는 장치를 매우 중요하게 사용한다. 이 막간에 계시록이라는 극장의 '로비'에서 요한은 인과 나팔이라는 핵심 행동과 어울리는 더 많은 비전을 보았다. 인과 나팔의 목적은 역사적 상황, 하나님의 뜻, 교회의 소명을 그려 나가는 것이었다. 계시록의 막간은 "세속 역사의 맨 마지막 기간에 교회의 역할과 운명에 관하여 교회가 가르침을 받는 문학적인 장치"(R. H. Mounce, 207)다.

여섯 인 심판 다음의 막간에 요한은 하나님의 교회를 구원하고 교회를 환난으로부터 안전하게 구하기 위해 하나님이 어떻게 교회에 인(印) 치시는지를 보았다. 요한은 여섯 번째와 일곱 번째 나팔 사이의 막간에도 이와 비슷한 비전을 받는다. 10장을 시작하면서 이 비전을 통해 하나님의 말씀을 받고 그 말씀을 굳게 잡고 박해받고 심지어는 순교 당하면서까지도 하나님을 끝까지 증언하는 존재가 교회임을 그리고 있다. 10장은 요한에게 주는 명령으로 끝맺는다: "그가 내게 말하기를 네가 많은 백성과 나라와 방언과 임금에게 다시 예언하여야 하리라 하더라"(계 10:11). 설교자 요한의 소명은 11장의 박해 받는 두 증인 비전과 짝을 이루면서 이 세상에 대한 심판을 설명한다. "사악한 자들은 증인들의 메시지를 받아들이지 않고 오히려 그들을 박해했기 때문에 고통을 당한다."(G. K. Beale, 1999:536)

계시록 10장에서는 그리스도의 참된 교회는 하나님이 계시하신 보배로운 말씀을 받아 그것을 고이 간직하는 모임으로 정의된다. 이스라엘이 "이방의 빛"(사 49:6)으로 불렸던 것처럼 교회는 이 적대적인 세상에 복음을 증언하기 위해 부름을 받았다. "힘센 천사"와 그가 받은 "작은 두루마리" 비전은 우리가 하나님의 부르심을 받들고 하나님의 거룩한 말씀에 항시 신실한 자세로 서 있어야 할 이유를 가르쳐 준다.

10:1~3 _주권적인 대속자의 말씀

그리스도인들이 그리스도와 그분의 말씀을 계속 증거해야만 하는 가장 중요한 이유는 그분의 메시지 자체가 대속자의 주권적인 영광이기 때문이다. 요한계시록 10:1의 비전은 "구름을 입고 하늘에서 내려오는데 그 머리 위에 무지개가 있고 그 얼굴은 해 같고 그 발은 불기둥 같은" 힘센 다른 천사를 요한이 보는 것으로 시작된다. '힘센 천사'는 5:2에 이어 여기에 두 번째로 등장하는데(계 5:2) 두 번 등장하는 힘센 천사들 모두 다 하나님의 뜻이 담긴 두루마리를 다루고 있기에 그 둘은 분명히 서로 연결되어 있다. 이 천사는 "그 손에 펴 놓인 작은 두루마리를 들고"(계 10:2) 있는데 이 모습에서 일찍이 예수께서 여신 두루마리를 일깨우게 된다. 따라서 이 작은 두루마리를 대략 요한계시록이라는 책으로 생각할 수도 있다.

　이 힘센 천사를 묘사하는 내용에 다양한 신성(神性)의 표지가 포함되어 있어서 학자들은 이 힘센 천사가 예수님 자신이라고 믿는다. 그 천사는 "구름을 입고 하늘에서 내려오는데 그 머리 위에 무지개가 있고 그 얼굴은 해 같고 그 발은 불기둥 같다"(계 10:1). 하나님께서 구름을 타시고 무지개에 둘러싸여 있으며 해같이 빛나는 광채를 발하기 때문에 이 모든 것들은 다 신성(神性)의 상징이다. 그러나 1절에 등장하는 천사는 그리스도는 아닌 것 같다. 계시록에서 그리스도는 '정복하는 어린 양'으로 묘사되고 있고 '천사'라는 용어는 일관되게 하늘에 있는 그리스도의 종으로 묘사되었기 때문이다. 어쨌든 이 힘센 천사의 모습을 통해 그가 섬기는 그리스도의 영광을 표현하려는 의도가 담긴 것은 분명하다. "그 천사의 빛나는 광채는 그가 그 주인의 형상을 지니고 있다는 표지다. 그는 그 주인의 메시지를 전달할 때 주인의 영광을 반영하고 있다. 힘센 천사는 우리도 또한 목숨 걸고 그리스도의 복음 메시지를 증거함으로써 그분의 거룩한 이미지로 변화되어 가기를 사모해야만 한다는 것을 일깨워 준다(고후 3:18)."(D. E. Johnson, 158)

　이 영광스러운 천사의 세부 모습은 출애굽 과정에서 이스라엘의 대속자인 그리스도를 좀 더 자세하게 그린다. 이스라엘이 애굽에 노예로 머물던 때부터 약속의 땅에 세워진 왕국에 이르는 기간에 하나님의 구름이 성막 위에 강림했다. 또한 하나님 앞에 머물다 돌아온 모세의 얼굴은 빛이 났으며 광야에서 불기둥이 그 백성을 보호하며 인도했다. 무지개는 하나님의 언약적인 자비를 상징하는데 "영광과 권능뿐만 아니라 하나님의 백성에 대한 구원"까지도 의미하고 있다.(G. R. Osborne, 394) 이런 식으로 그 천사는 그리스도께서 새롭고도 더 나은 약속의 땅으로 그 백성을 이끌려고 하신다는 것을 알리고 있다. 노아가 방주에서 나와 죄가 깨끗이 씻겨 나간 새로운 세상으로 들어갔듯이 그 천사의 무지개는 그리스도를 따르는 자들을 기다리고 있는 새 하늘 새 땅을 내다보고 있다. "하나님이 노아와 새 땅에 하셨던 그 일을 이 세상을 심판하시며 우리를 구원하실 때 하나님께서 다시 행하려 하신다."(J. M. Hamilton Jr. 223-24)

이 "힘센 천사" 비전은, 하나님의 주권을 강조한다. 다니엘 7:13~14, "하늘 구름을 탄" 인자 같은 이가 와서 하나님으로부터 그의 영원한 통치권(주권)을 받는다. 이제 그 천사는 "구름을 입은"(계 10:1) 그리스도를 나타낸다. 나아가 이 거대한 천사는 "그 오른발은 바다를 밟고 왼발은 땅을 밟고"(계 10:2) 있다. 성경에서 누군가의 발아래 무언가가 있다는 것은 밟은 자가 밟힌 것에 대한 주권을 행사하는 것을 뜻한다. 여기서 그리스도의 천사는 창조세계 전체 땅과 바다에 대한 그분의 주권을 그리고 있다. 앞으로 계시록에서 땅과 바다로부터 사탄의 졸개인 짐승들(오명현, 353)을 일으키는 그리스도의 원수, 사탄을 보게 될 것이다. 그 짐승들의 등장에 앞서 여기서는 그 짐승들이 나오는 바로 그 영역에 그리스도께서 이미 그 발을 디디고 있다는 것을 먼저 가르쳐 주는 것이다.

마지막으로, 그리스도의 주권은 "사자가 부르짖는 것 같은"(계 10:3) 천사의 커다란 외침으로 그려진다. 예수님은 이미 "유다 지파의 사자"(계 5:5)로 계시 되었다. 예수님은 사자(獅子)로서 정복했고 또한 천상의 두루마리를 받은 어린 양이기 때문인데 이런 모습의 한 부분을 천사가 지금 요한에게 보여 주는 것이다.

여섯 번째와 일곱 번째 인(印) 사이의 막간(幕間) 삽입처럼 여섯 번째와 일곱 번째 나팔 사이 삽입의 목적은 '교회의 정체성과 소명'을 계시하는 것이다. 힘센 천사의 출애굽 이미지는 하나님의 거룩한 백성들이 이 세상에서 하늘을 향해 가는 순례자임을 일깨워 준다. 가족, 직업, 민족 또는 지위 등등 하는 일이 무엇이든 그리스도인들은 그분의 피로 대속하신 사람이자 주권자인 그리스도를 따르는 사람이며 하나님의 영원한 구원계획의 대상이다. "우리는 하나님께서 우리를 대속하시기 위해 엄청나게 과분한 일을 해 주신 복덩이들이다."(J. M. Hamilton Jr. 223) 광야 길에서 구름 기둥과 불기둥이 이스라엘을 보호하고 인도했듯이 우리도 그리스도의 보호와 인도를 받아 마침내 장차 올 새 시대의 새 세상에 안전하게 도착하게 될 것이다. 구원 받기 위해 우리가 반드시 해야만 할 그리스도를 따르는 열쇠는 하나님의 말씀을 받아 그것을 신뢰하며 그 말씀에 복종하는 것이다. 이것이 바로 그 힘센 천사가 그의 손에 펴 놓인 "작은 두루마리"를 들고 요한에게 온 이유다.

우리의 주권적인 대속자로서 그리스도의 영광을 묘사하는 이 천사는 그 말씀을 주시는 분의 영광 때문에 하나님의 말씀을 우리가 보배롭게 여기고 꼭 붙들도록 격려한다. 계시록은 예수께서 하나님한테서 온 어떤 계시를 그의 백성들에게 보여 주려 하시는 얘기로 시작된다. "예수 그리스도의 계시라. 이는 하나님이 그에게 주사 반드시 속히 일어날 일들을 그 종들에게 보이시려고 그의 천사를 그 종 요한에게 보내어 알게 하신 것이라"(계 1:1). 계시록의 이 첫 번째 요점이 이제 요한에게 두루마리를 가져오는 천사에 의해 더 생생하게 그려지고 있다. 그의 모습은 우리가 오늘날 읽고, 믿고, 선포하는 하나님의 말씀이 창조세계 전체를 다스리시는 주권자이시며 우리를 구원하여 하늘로 데려가실 구주로부터 온 것을 일깨워 준다.

그리스도인들이 적대적인 문화의 불길에 휩싸이게 될 때 성경의 가르침을 타협하거나 그 갈등을 경감시킬 다양한 궁리를 하며 요령껏 '물타기'해서 타협하려는 유혹을 받는다. 그러나 영광 받으신 그리스도의 주권적인 사역을 통해 하나님의 말씀이 우리에게 전해졌다는 점을 기억한다면 마음속에서 타협하고 싶은 생각을 물리칠 수 있다. 사람들이 예수님의 가르침을 거부했을 때 예수님께서 베드로, 요한을 비롯한 제자들에게 어떻게 도전하셨는지를 기억해야만 한다. 예수님은 그분의 말씀을 경멸하는 세속적인 자들을 지목하시면서 열두 제자에게 이렇게 물으셨다. "너희도 가려느냐?"(요 6:67). 베드로는 주님께 이렇게 대답했다. "주여, 영생의 말씀이 계시오매 우리가 어디로 가오리이까?"(요 6:68). 베드로의 이 대답은 오늘날도 여전히 유효하다.

세상 사람들이 성경의 '창조 교리'를 조롱하면서 경건하지 못한 '진화론'을 강요할 때 우리는 우주의 출발점을 지정하시고 그것을 실제로 목격하신 단 한 분이 우리에게 계시해 주신 진리를 굳게 붙들어야만 한다. 혼란스런 도덕의 왜곡된 목소리들이 우리에게 성, 결혼, 성생활 그리고 일상생활의 가치에 관한 우리의 견해를 속되게 바꾸라고 요구할 때 그리스도인들은 역사상 가장 완벽한 사람이었던 단 한 분께서 주신 가르침을 굳게 붙들어야만 한다. 우리가 죄에 대한 하나님의 심판과 예수님만이 유일한 구세주라는 것을 선포할 때 적대적인 목소리들이 혐오감을 표현할지라도 구원에 관한 성경의 방법에 필수적인 이런 교리를 계속 가르쳐야만 한다. 세상 사람들은 복음을 "듣기 싫은 얘기"라고 부를지 모르지만 그러나 그리스도인들은 "하나님이 세상을 이처럼 사랑하사 독생자를 주셨으니 이는 그를 믿는 자마다 멸망치 않고 영생을 얻게 하려 하심이라"(요 3:16)는 말씀을 계속 선포해야만 한다. 조롱하는 세상 사람들 앞에서 타협하거나 항복하지 않고 우리가 하나님의 말씀을 어떻게 하면 굳게 붙들 수 있을까? 이 "힘센 천사"가 묘사하는 바와 같이 그리스도를 우리의 주권적인 대속자로 여기기 때문에 우리는 그 두루마리가 누구의 것인지 누구로부터 하나님의 계시인 말씀이 왔는지를 기억해야만 한다. 이 메시지를 거부하는 것은 유일한 구세주이신 그리스도 자신을 거부하는 것이며 의도적으로 성경의 가르침을 타협하는 것은 우리 주 예수님을 배신하는 행위다.

10:4~7 _하나님 말씀의 확실한 성취

10장은 '그리스도를 닮은 힘센 천사'의 등장과 함께 시작되지만 하나님의 말씀에 대한 그 메시지는 이어지는 행동으로 강조될 뿐이다. 요한은 사자가 부르짖는 것 같은 큰소리로 외치는 천사의 소리를 듣는데 그 응답으로 "일곱 우레가 그 소리를 내어"(계 10:3) 말한다. 성경에서 우레는 모든 대적을 무찌르는 능력과 함께 강림(시 29:3)하시는 하나님의 위엄을 의미한다. 일곱 인과 일곱 나팔에 일곱 우레가 추가됨으로써 일곱 대접 재앙이 아직 오지는 않았다는 점과 아울러 이 세상에 더 많은 심판이 임할 것을 알게 된다. 여섯 번째 나팔 소리가 난 후에 우상을 섬기는 인류가 여전히 회개하지 않고 죄와 거짓 신들로부터 돌아서지 않았다는 얘기를 들었다(계 9:20~21). 그러므로 일곱 우레로 대답하는 천사의 외침은 반역하는 세상이 받아 마땅한 더 많은 심판을 예고하는 것이다.

요한은 일곱 우레로부터 들은 바를 적을 준비를 하고 있다가 갑자기 제지(制止)당한다: "일곱 우레가 말을 할 때에 내가 기록하려고 하다가 곧 들으니 하늘에서 소리가 나서 말하기를 '일곱 우레가 말한 것을 인봉하고 기록하지 말라' 하더라"(계 10:4). 요한이 일곱 우레 심판을 기록하면 안 된다는 것이다. 학자들은 이 명령의 이유를 여러 가지로 추정한다. 한 가지 추정은 우리에게 계시하려고 (하나님이) 성경 안에 기록하셨던 것들보다도 역사에 대해 좀 더 많은 계획을 하나님이 갖고 있다는 것을 이것이 알려 준다는 것, 그러므로 성경에 설명되지 않은 일들이 일어날 때 절대로 놀라서는 안 된다는 것이다. 또 다른 추정은 일곱 우레 심판이 이미 분명하게 드러나 버렸기 때문에 일곱 우레 심판을 하나님께서 취소하셨다는 것이다. 즉 "절대로 회개하지 않으려는 인간의 완악한 결단 때문에 또 다른 어떤 심판 시리즈도 별 의미가 없게 되었다"(R. H. Mounce, 211-12)는 것이다.

가장 좋은 설명은 이어지는 구절에서 천사가 내놓은 것이다: "내가 본바 바다와 땅을 밟고 서 있는 천사가 하늘을 향하여 오른손을 들고 세세토록 살아 계신 이 곧 하늘과 그 가운데에 있는 물건이며 땅과 그 가운데에 있는 물건이며 바다와 그 가운데에 있는 물건을 창조하신 이를 가리켜 맹세하여 이르되 지체하지 아니하리니 일곱째 천사가 소리 내는 날 그의 나팔을 불려고 할 때에 하나님이 그의 종 선지자들에게 전하신 복음과 같이 하나님의 그 비밀이 이루어지리라 하더라"(계 10:5~7). 천사는 곧 울려 퍼질 일곱 번째 나팔을 예상하면서 최후 심판을 가져오고 그 시대를 마감하기 위해 그리스도가 즉시 돌아오실 것을 엄중하게 선언한다.

그 천사가 마치 오늘날 법정에서 증인들이 선서하듯이 그의 손을 들어 엄중하게 서약하는데 그 과정에서 상상할 수 있는 최고의 권위를 지닌 이름을 언급한다: "세세토록 살아 계신 이 곧 하늘과 그 가운데에 있는 물건이며 땅과 그 가운데에 있는 물건이며 바다와 그 가운데에 있는 물건을 창조하신 이"(계 10:6)를 가리켜 맹세하는 것이다. 이것은 성경에 등장하는 선지자들과 사도들이 했던 증언과 똑같은 것이다. 그들은 자기네들의 의견을 진술하지 않았고 하나님이 그들에게 주신 말씀에 맹세했다(아모스 3:7~8에서 사자의 포효와 천사의 증언 간의 명백한 병행을 확인할 수 있다.).

하나님에 의해 맹세하도록 권위를 받은 증인으로서 그 천사는 하나님의 말씀을 가져올 뿐만 아니라 그 말씀이 확실하게 성취된다는 것을 증언하고 있다: "일곱째 천사가 소리 내는 날 그의 나팔을 불려고 할 때에 하나님이 그의 종 선지자들에게 전하신 복음과 같이 하나님의 그 비밀이 이루어지리라"(계 10:7). 이 구절은 다니엘서 12장을 인용한 것인데 거기서는 선지자가 종말이 오는 것에 대해 알고 싶어 할 때 말씀이 주어졌다. 다니엘 12:6~7, 천사가 "자기의 좌우 손을 들어 하늘을 향하여 영원히 살아 계시는 이를 가리켜 맹세하여" 다니엘에게 말했다. 바로 그때 천사가 다니엘에게 말하기를 종말이 오기 전에 성도들이 견뎌야 할 굉장한 시련의 시기가 아직 남아 있다고 했다: "반드시 한 때 두 때 반 때를 지나서 성도의 권세가 다 깨지기까지이니 그렇게 되면 이 모든 일이 다 끝나리라"(단 12:7). 이제 일곱 번째 나팔이 울려 퍼지려 할 때, 어쩌면 아까와 똑같은 천사가 또 다른 메시지를 준다. 이제는 더는 지체하는 일이 없이 일곱 번째 나팔소리가 울림과 동시에 복음(성경)에 기록된 대로 "하나님의 그 비밀이 이루어질 것"(계 10:7)이라는 것이다.

신약성경에서 "하나님의 비밀"이라는 말을 할 때는 우리가 추적할 수 있는 단서들이 아닌 오직 하나님께서 계시하실 때만 알 수 있는 역사의 대속(代贖)적인 진리를 가리킨다. 종말이 올 때는 이 심판과 구원의 비밀 계획이 완전하게 총체적으로 성취될 것이다. 하나님의 보좌 위로 무지개가 드리우듯이 하나님의 언약은 온전히 성취될 것이다(계 4:3). 힘센 천사는 이 성취의 확실성을 엄중하게 약속하고 있다. "내 입에서 나가는 말도 이와 같이 헛되이 내게로 돌아오지 아니하고 나의 기뻐하는 뜻을 이루며 내가 보낸 일에 형통하리라"(사 55:11).

천사의 증언에서 우리가 하나님의 말씀을 굳게 붙들어야 할 두 번째 이유를 알 수 있다. 이 세상의 모든 약속은 땅에 떨어져 재가 되겠지만 그러나 예수님은 "천지는 없어질지언정 내 말은 없어지지 아니하리라"(마 24:35)고 말씀하신다. 그 천사는 "세세토록 살아 계신 이 곧 하늘과 그 가운데에 있는 물건이며, 땅과 그 가운데에 있는 물건이며, 바다와 그 가운데에 있는 물건을 창조하신 이를 가리켜"(계 10:6) 맹세한다. 요점은 하나님이 영원하시기에 하나님이 자기 말씀의 성취를 항시 지켜보고 계신다는 것이다. 하나님이 만물의 창조자이자 주님이시기 때문에 하나님은 자기 말씀의 성취를 보장하실 수 있다. 그러므로 천사의 선서와 증거를 들으면서 그리스도인들은 하나님의 말씀이라는 반석 위에 굳게 섬으로써 세속적인 생각의 일시적인 유행에 저항해야만 한다. 그런 점에서 역겨운 "물 탄 복음"을 토해 내면서 말씀만으로는 안 된다는 일부 목사들의 말은 정말 위험하고 명백한 위증(僞證)이다. 그런 말을 함부로 하는 겁 없는 목사들, 하나님 앞에서 위증죄로 엄중히 벌 받게 되지 않겠는가?

10:8~11 _하나님의 말씀을 선포하라는 명령

1차 세계대전 후에 윌리엄 버틀러 예이츠는 유럽의 절망과 혼돈, 특히 러시아 공산주의 혁명의 공포를 표현하는 시를 한 편 썼다. 예이츠는 시의 제목을 "재림"이라 붙이면서 임박한 재앙에 대한 느낌을 표현하기 위해 계시록의 이미지를 사용했다. 그 시의 첫 연은 당시 요동치는 세대의 불안정한 마음을 인상 깊게 표현하고 있다.

> 점점 커지는 소용돌이 속을
> 돌고 돌면서
> 송골매는 그 주인의 소리를 듣지 못하네.
> 만물이 다 부서지고
> 중심은 힘을 잃어
> 이 세상엔 오직 넘실대는 혼돈 뿐.
> (W. B. Yeats, 491)

예이츠의 시는 계시록의 심판이 묘사한 바로 그 상황, 이 세상에서 무엇이 일어나고 있는지를 정확하게 묘사한 것이다. 그렇다면 모든 것들이 다 "떨어져 나가고" 모든 사람이 혼돈 속에서 한없이 방황하는 이 세상에서 어떻게 해야 그리스도인들이 확신 있게 굳게 설 수 있을까? 그 천사의 대답은 그의 손을 펴서 요한에게 하나님의 말씀이 적힌 두루마리를 주는 것이었다: "하늘에서 나서 내게 들리던 음성이 또 내게 말하여 이르되 '네가 가서 바다와 땅을 밟고 서 있는 천사의 손에 펴 놓인 두루마리를 가지라' 하기로"(계 10:8). 이와 똑같은 방법으로만 우리는 우리 인생의 수고로움과 우리 세대의 숱한 재앙에 맞서 고요하면서도 즐거운 믿음으로 이길 수 있다. 잠언 기자는 이렇게 선포한다: "대저 여호와는 지혜를 주시며 지식과 명철을 그 입에서 내심이며 그는 정직한 자를 위하여 완전한 지혜를 예비하시며 행실이 온전한 자에게 방패가 되시나니, 대저 그는 정의의 길을 보호하며 그의 성도들의 길을 보전하려 하심이니라. 그런즉 네가 공의와 정의와 정직 곧 모든 선한 길을 깨달을 것이라"(잠 2:6~9). 예수님도 말씀하셨다: "너희가 내 말에 거하면 참으로 내 제자가 되고 진리를 알지니 진리가 너희를 자유롭게 하리라"(요 8:31~32).

10장의 마지막 몇 구절에서 하늘로부터 부름을 받고 힘센 천사에게로 나아간 요한이 하나님의 말씀을 받는 모습을 보았다. 천사의 손에는 요한의 사역을 통해 지상 교회에 전달될 하나님의 계시가 포함된 작은 두루마리가 들려 있었다. 이 비전에서 하나님의 말씀을 받아 전하는 우리가 어떻게 해야만 하는지에 대해 몇 가지 생생한 가르침을 받을 수 있다.

첫째, 성경은 하나님으로부터 인간에게 온 계시라는 것이다. 왜 그리스도인들이 성경을 배신하는 것을 거부하고 하나님의 말씀을 굳게 붙들고 용감하게 그 메시지를 선포해야만 하는가? 그 이유는 죄에 대한 심판과 예수 믿는 믿음을 통한 구원을 선포하고 있는 성경이 인류에게 주신 하나님의 계시이기 때문이다. 요한은 자신이 전하는 메시지를 소설 쓰듯이 스스로 만들지도 않았고 나름대로 연구하여 그것을 정리하거나 다른 사람의 견해를 빌어오지도 않았다. 대신 그는 천사의 손에서 자기가 전할 메시지를 전달받았다. 이는 성경이 하나님 자신의 계시라는 것을 알려 준다. 성경은 사람의 말이 아니라 하나님의 말씀, 우주의 왕이신 분의 준엄한 명령이다.

둘째, 요한이 그랬듯이 우리도 성경에서 하나님의 메시지를 받고 그것을 이해하려고 끊임없이 노력해야만 한다. 요한은 "가서 그 두루마리를 취하라"(계 10:8)는 말을 들었다. 그 다음절에서 "받아서 그것을 먹으라"(계 10:9)는 명령도 받았다. 이 이미지들은 에스겔 2:8에서 따온 것이다. 에스겔 2:8에서도 선지자에게 두루마리가 주어지는데 선지자는 "입을 벌려 내가 네게 주는 것을 먹으라"는 말을 듣는다. 마찬가지로 요한은 하나님의 말씀이 그의 피가 되고 살이 되도록 말씀을 식별하여 그것을 섭취해야 했다. 그것이 하나님께서 그에게 주신 메시지를 믿고 의지할 때 그 말씀이 그의 일용할 양식이 될 것이다. 예수님이 성육신하여 우리 곁에 오셨듯이 그리스도인들도 말씀을 몸으로 '살아 내야' 한다. 그저 예수 믿는 것이 아니라, "사람이 친구를 위하여 자기 목숨을 버리면 이보다 더 큰 사랑이 없다"(요 15:13)는 예수님의 말씀처럼, 박정희 유신 독재 시절 "너는 나의 나다"라는 필생(畢生)의 신념(송필경, 118)으로 지독한 가난과 핍박 속에서도 좌절하거나 타락하지 않고… 평화시장의 불쌍한 '어린·여성·노동자들'을 비롯한 만인을 위해 기꺼이 죽은"(송필경, 13; 조영래, 3, 304) 전태일 선생님처럼, 말씀을 육신으로 번역하며 예수님을 열심히 '살아 내야' 한다. 참고로 어린아이들이 엄마 젖을 빨 때 얼굴이 벌겋게 되면서 땀을 뻘뻘 흘리는 모습에서 먹는 일이 그리 쉽지 않다는 것을 알 수 있다. 먹는 일은 이렇듯 혼신(渾身)을 다 기울이는 줄기찬 노력이 뒤따라야 한다. 그리스도인들도 이처럼 하나님의 말씀을 연구하고 묵상하고 암송하고 삶에 적용하기 위해 계속 애써야만 한다. 영국 성공회의 공동기도문처럼 우리는 하나님의 말씀이 우리의 영혼을 살찌게 하고 생명을 줄

수 있도록 그 말씀을 "읽고, 줄 긋고, 배우고, 그리고 내적으로 소화"해야만
한다. 그래야 구속 사역의 성취를 선포하는 사역을 감당할 수 있다.(이필찬, 2021:906)

셋째, 하나님의 말씀이 달기도 하고 쓰기도 하다는 것을 알아야 한다:
요한계시록 10:9, "내가 천사에게 나아가 작은 두루마리를 달라 한즉 천사
가 이르되 갖다 먹어 버리라. 네 배에는 쓰나 네 입에는 꿀 같이 달리라." 사
랑하는 여러분, 지금 갖고 계신 성경책의 어떤 구절에 밑줄이 그어져 있는
가? 주로 내 마음에 드는 달달한 구절에만 줄을 그어놓지 않았는가? 사실
믿는 사람들에게 확신과 위로를 주는 성경 메시지보다 우리 영혼에 더 달콤
한 것은 없다. 다윗은 "여호와의 율법은 완전하여 영혼을 소성시키며, 여호
와의 증거는 확실하여 우둔한 자를 지혜롭게 하며, 여호와의 교훈은 정직하
여 마음을 기쁘게 하고, 여호와의 계명은 순결하여 눈을 밝게 하시도다. 여
호와를 경외하는 도는 정결하여, 영원까지 이르고 여호와의 법도 진실하여
다 의로우니, 금 곧 많은 순금보다 더 사모할 것이며, 꿀과 송이꿀보다 더 달
도다"(시 19:7~10)라고 성경 말씀을 칭송했다. 역사상 셀 수 없이 많은 신자가
하나님의 말씀을 섭취함으로써 이처럼 많은 복을 받았다. 하나님의 말씀을
먹으면 영혼이 소성되고, 우둔한 자도 지혜롭게 되며, 마음이 기뻐지며, 눈
이 밝아지고, 영원히 진실하며 의로운 삶을 살 힘을 얻게 된다. 이 말씀을 먹
고 이 말씀의 맛을 아는 사람들은 말씀에 대한 식욕이 한없이 커진다. 이 말
씀의 음식은 아무리 먹어도 '군살이 찌지 않는 최고의 영양식이며 건강 식단'
이다.

동시에 성경의 메시지는 달콤한 구원뿐만 아니라 죄에 대한 쓰라린 심
판도 다룬다. 더욱이 이 경건하지 못한 세상에서 사는 동안 성경을 믿음으로
써 쓰라린 결과가 나타나기도 한다: 계시록에 분명하게 묘사된 박해와 고난
이 무척 많기 때문이다. "최후의 심판 전까지 신자들은 무시무시한 시련을

통과하게 되는데"(R. Mounce, 218) 이것이 바로 11장의 메시지이다. 성경을 믿는 이들은 "그 말씀의 단맛과 고난, 십자가를 지는 삶을 함께 경험해야만 하는데, 그것을 돕는 일은 언제나 신실하게 그 말씀을 선포하는 이들의 몫"(W. Hendriksen, 125)이다. "말씀만으로는 안 된다"고 헛소리하는 자들이 지저분하게 토해 내는 물 탄 복음, 맹물 설교는, 말씀을 먼저 받은 설교자들이 범하는 가장 무섭고 혐오스러운 죄악의 추악한 열매다.

넷째, 우리는 성경에서 하나님의 계시를 받고 우리의 삶을 위해 그 말씀을 섭취하면서 그것의 쓴맛과 단맛을 볼 뿐만 아니라 요한처럼 우리도 그 말씀을 선포하도록 그리스도한테서 위임받았다. 10장은 하늘에서 내려오는 명령으로 끝난다: "그가 내게 말하기를 네가 많은 백성과 나라와 방언과 임금에게 다시 예언하여야 하리라 하더라"(계 10:11). 하나님의 말씀을 전파하도록 요한에게 주신 소명이 이번이 처음은 아니다. 그는 오랫동안 사도로 사역해 왔으며 또한 계시록이 이와 똑같은 소명으로 시작되었기 때문이다. 그러므로 그에게 주어진 책임은 오직 요한에게만 주어진 것이 아니고 모든 신자의 마음속에 큰 울림을 주기 위해 주어진 것이다. 그러므로 그리스도인이 된다는 것은 하나님의 말씀을 받고, 맛보고, 섭취하고, 선포하는 사람이 되는 것이다.

성경을 믿는 이들과 그렇지 않은 이의 두 부류로 그리스도인을 나눠 말하는 경향이 있지만 성경은 그런 구별을 전혀 하지 않는다. 성경을 믿지 않는 이들은 그리스도인이 결코 아니기 때문이다. 주권적인 대속자 예수 그리스도에 의해 구원받은 사람들은 그리스도한테서 오는 하나님의 말씀을 겸손하게 받고 그 말씀의 확실한 성취를 기대하면서 성경을 굳게 붙들고 온 세상에 심판과 구원의 메시지를 선포하라는 그리스도의 위탁 명령을 신실하게 성취시키는 사람들이다.

10:8~11 _"내가 너를 보낸다."

요한의 상황을 광주 챔피언스 필드에서 프로야구 한국 시리즈 최종전을 관람하고 있는 야구팬의 상황과 비교할 수 있다. 요한은 한 해의 챔피언을 최종결정하게 될 그 마지막 시합에 마음이 온통 사로잡혀 있다. 9회 말에 뜻밖에도 우승 후보팀 감독이 스탠드로 들어와서 요한을 찾는다. 그는 스탠드에 있는 요한을 불러내서 그 결정적인 이닝에 그를 투수로 세운다! 사도와 그리스도의 모든 백성에게 주어지는 천사의 메시지가 바로 이런 것이다: 우리는 아버지 하나님의 영원한 뜻을 따라 정해진 그리스도의 피로 사서 구원하시는 하나님의 말씀을 받게 되었고 또한 세상에 그것을 선포하도록 부름받았다.

이 위임은 하나님이 그분의 주권을 내려놓으셨다는 뜻도 아니고 혹은 그리스도인들이 모든 사안에 대해 그리스도의 주권을 대신 행사한다는 뜻도 아니다. 오히려 그 요점은 하나님의 주권적인 계획 속에서 비록 우리가 구원시키려고 찾고 있는 바로 그 사람들로부터 박해를 당할 수 있을지라도 은혜로 구원받아야 할 필요가 있는 또 다른 죄인들에게 복음을 전하라고 은혜로 먼저 구원받은 우리 죄인들에 의해 전파될 하나님의 메시지에 대한 결정적인 증인을 부르신다는 것이다. 요한은 "두루마리를 가져다가" "많은 백성과 나라와 방언과 임금에 대해"(계 10:8, 11) 예언하도록 위임받았다. 그러므로 이 임무는 이 세상 역사 전반에 걸쳐서 수행돼야 할 결정적인 활동이다! 요한은 회개하지 않는 죄인들에게 심판을 그리고 회개하고 믿는 죄인들에게는 구원을 선포해야 하는데 우리 또한 그와 똑같이 해야만 한다. 이것은 말 그대로 '불가능한 임무(mission impossible)'다. 그리스도인들은 늑대 굴에 들어가서 늑대를 양으로 바꾸는 임무를 수행할 양 무리이기 때문이다. 늑대 굴에서 생존하기도 힘겨운 양 무리에게 그 늑대들을 양으로 바꾸라는 명령, 애당초 정말 불가능한 숙제 아닌가? 그러나 용광로 속에 던져진 다니엘의 친구들처럼 이 명령에 오직 믿음으로 순종할 때만 그리스도인들은 영적인 어둠의 권세에 대한 승리를 경험할 수 있을 것이다: "또 우리 형제들이 어린 양의 피와 자기들의 증언하는 말씀으로써 그를 이겼으니 그들은 죽기까지 자기들의 생명을 아끼지 아니하였도다"(계 12:11).

하늘로 오르시기 전 제자들과의 마지막 만남에서 예수님께서도 이와 똑같이 강조하셨다. 장차 올 하나님의 왕국에 세 가지 일이 일어나야만 할 것이다: "이같이 그리스도가 고난을 받고 제삼일에 죽은 자 가운데서 살아날 것과, 또 그의 이름으로 죄 사함을 받게 하는 회개가 예루살렘에서 시작하여 모든 족속에게 전파될 것이 기록되었다"(눅 24:46~47)고 말씀하셨다. 이 위대한 사건들 가운데 두 가지, 그리스도의 대속(代贖) 죽음과 영광스러운 부활은 이미 일어났다는 것을 주목하라. 세 번째 사건인 복음을 선포하는 일은 인류 역사 속에 지금도 계속 일어나고 있다. 복음을 전하는 일, 이 얼마나 생동감 있고 중요한 일인가! 마찬가지로 이 사건들의 두 가지 곧 주님의 죽음과 부활이 우리가 개입하지 않고도 그분에 의해 온전히 성취되었음을 주목하라. 하지만 세 번째 사건에는 우리도 참여하도록 부름 받았다. 그분의 이름으로 회개와 용서의 복음을 선포하는 일 말이다. 그래서 예수님께서 이렇게 덧붙이신 것이다: "너희는 이 모든 일의 증인이라"(눅 24:48).

우리의 소명은 복음을 믿게 될 모든 사람을 모아서 복음을 증언하는 것, 부름 받아 믿음으로 늑대 굴로 담대히 들어가는 양이 되는 것, 곧 증인의 삶을 사는 것이다. 그러므로 우리는 첫째로 영광 받으신 그리스도 자신의 말씀인 복음을 받아야만 한다. 둘째로, 그 복음의 확실한 성취를 확신하면서 추호도 타협하지 않고 하나님의 말씀을 굳게 붙들어야만 한다. 셋째, 우리는 "그러나 이 모든 일에 우리를 사랑하시는 이로 말미암아 우리가 넉넉히 이긴다"(롬 8:37)는 사실을 확신하면서 그 어떤 박해에도 불구하고 "많은 백성과 나라와 방언과 임금에게"(계 10:11) 하나님의 심판과 구원을 선포할 소명을 감당해야만 한다. 다시 말하거니와 하나님의 양 무리인 우리는 기꺼이 담대하게 늑대굴로 뛰어 들어가 이 생명의 복음을 전해야만 한다.

그리스도인은 하나님의 사랑만 극단적으로 강조하는 신복음주의자들이 아니다. 시편 1편에서 복 있는 사람(아쉬레)은 하나님의 "말씀을 밤이나 낮이나 묵상"하는 사람이라 했다. 곧 말씀이 일용할 양식이라는 것이다. 우리에게 생명의 말씀을 먹이신 주님은 우리를 늑대 굴로 들여보내신다. 생존이 목표가 아니라 늑대를 우리와 똑같은 양으로 바꾸는 어려운 임무가 주어졌다. 톰 크루즈가 아닌 평범한 우리에게 주어진 불가능한 임무(mission impossible)다. 오직 말씀을 꾸준히 먹는 양들만 그 거룩하고 복된 소명을 감당할 수 있다. 2018 러시아 월드컵에서 대한민국 국가대표 축구단이 세계랭킹 1위 독일을 2:0으로 이겼다. 그러므로 한때 내가 근무했던 공수특전단의 구호처럼 하나님을 믿음으로 "안 되면 되게 해야(Nothing is impossible)" 한다. 국가대표 축구 선수들이 해낸 그 일, 하나님의 자녀인 우리가 못할 게 뭔가? 세상은 한없이 어둡지만 능력의 말씀이 있기에… 한 번 해 볼 만하다. 오직 말씀'만' 있으면 다 된다. 이것을 확실히 믿는가?

성전, 제단, 경배하는 자들을 측량하라
(요한계시록 11:1~2)

[1]그리고 막대기 같은 갈대가 나에게 주어지며 말한다: "너는 일어나라. 그리고 하나님의 성전과 그 제단과 그것(제단)에서 예배하는 자들을 측량하라. [2]그리고 너는 성전의 바깥 마당을 밖으로 던져버리라. 그리고 그것을 측량하지 말라." 왜냐하면 그것은 이방인들에게 주어졌고 그들은 그 거룩한 도시를 마흔 두 달 동안 짓밟을 것이기 때문이다. (이필찬, 2021: 916)

하나 물어보자. 예수님과 스데반 집사가 무슨 죄목으로 사형을 당했는가?(요 2:18~22 참조) 기막힌 것은 신학을 공부했다는 목사 중에도 교회당을 줄기차게 '성전'이라고 부르는 이가 꽤 많다는 것이다. 그러면서 '성전 건축' 헌금을 내라 하고 신문에 거창하게 광고하며 '성전 봉헌식'을 버젓이 한다. 몰라서 그런다면 소경이 소경을 인도하는 셈이고, 알면서도 그런다면 미안한 말이지만 예수 그리스도 외의 또 '다른 그리스도'를 주장하고 있다는 점에서 개혁주의 신앙고백과는 거리가 멀어도 아주 멀다. 우리 교회당 건물에는 서예가 여태명 교수의 글씨로 '전주열린문교회당'이라는 예쁜 간판이 붙어 있다. '성전' 개념은 기독교의 핵심인 '기독론'과 결정적인 관계가 있으므로 성경의 진리에 맞춰 '당(堂)' 자 하나를 추가해서 '성전' 개념을 분명히 함과 동시에 부질없는 신학적인 오해를 철저히 막기 위해서 그렇게 한 것이다. 여태명 교수가 글씨를 써 주면서 굳이 '당' 자를 꼭 넣어야 하느냐고 기분 좋게 구시렁거리던 생각이 난다.

존 번연의 『천로역정』에서 그리스도인인 '믿음 씨'가 '해설자'의 집에 머물면서 거기서 중요한 영적 교훈들을 가르치기 위해 고안된 몇 개의 비전을 보게 되었다. 첫 번째 비전은 하늘을 바라보고 있는 어떤 사람의 모습이었는데, 그는 왕관을 쓰고 있었고 사람들에게 말씀을 잘 들어보라고 간청하고 있었다. 그 의미는 그리스도인은 오직 신실하고 거룩한 성경 교사들의 말만 들어야 한다는 것이다. 두 번째로, 그는 먼지가 가득한 커다란 응접실을 보게 되었다. 어떤 사람이 청소하러 왔지만 빗자루로 바닥을 쓸 때 청소가 되기는커녕 단지 방안 가득 먼지만 휘날릴 뿐이었다. 그러자 어떤 소녀가 와서 그 방에 물을 뿌렸고 그런 뒤에야 비로소 그 방을 쉽게 청소할 수 있었다. 이 비전은 복음의 물이 뿌려지기 전에는 율법의 빗자루로 사람의 마음을 깨끗하게 할 수 없다는 것을 알려 준다. 번연은 또 다른 여러 가지 비전으로, 그리스도인의 삶에 꼭 필요한 영적인 교훈을 다양하게 설명하고 있다. 『천로역정』의 독자들은, 번연이 등장 인물들에게 붙인 이름으로 우화를 말하고 있다는 것을 안다. 복음을 증언하는 사람은 '전도자'로 불리고, 그리스도인인 순례자는 '믿음 씨'로 불리는데, 그는 '유순 씨'와 '왕고집 씨' 때문에 이리저리 방황하다가, '해설자'라는 이름을 가진 어떤 사람의 집에서 여러 가지 비전을 보게 된다.(J. Bunyun, 26-33)

계시록이 『천로역정』 같은 우화는 아니지만 다양한 묵시적인 비전이 담긴 책인 것은 분명하다. 번연의 걸작처럼 계시록은 아직도 그 책을 우리가 어떻게 읽어야만 하는지에 대한 다양한 신호를 주는 방식으로 기능한다. 계시록의 첫 들머리에서부터 계시록은 대속적-역사적 현실을 그리기 위해 상징체계를 채용하고 있다. 1장에서 예수님은 지상교회들을 대표하는 금 촛대

사이에서(계 1:12), 천사들을 상징하는 별들을 그 손에 쥐고(1:16, 20) 그분 말씀의 예리함을 그리는 그 입에서 나오는 양날 검을 지닌 분(1:16)으로 나타나셨다. 우리는 분명히 이런 이미지들을 상징적으로 해석해야만 했다. 요한이 사용하는 숫자들도 마찬가지다. "7"은 성령(1:4)의 완전 무결성을 그리는 것으로, "144,000"은 그리스도의 12사도와 이스라엘의 열두 지파에서 나오는 대속 받은 무리 전체를 그리는 것으로 해석했다(7:4). 여기서 144,000은 "구원의 배타성"을 가리키기도 한다.(이필찬, 2016:154)

계시록 11, 12장과 13장에 자세히 기록된 비전들을 해석할 때 우리가 읽고 있는 본문의 장르를 기억하는 것이 큰 도움이 될 것이다. 일부 그리스도인들은 이런 구절들을 과거 혹은 미래의 역사적인 사건들을 어느 정도는 직접 묘사한 것으로 보아 문자적으로 해석해야 한다고 주장한다. 그러나 이런 접근법을 주장하는 이들은, 『천로역정』의 본질이 존 번연의 작품을 우화적으로 해석하도록 밀어붙이는 것처럼, 계시록의 본질 자체가 이런 비전들을 상징적으로 해석하도록 강요한다는 사실을 잊고 있다.

"측량하라"와 "측량하지 말라"는 두 개의 대조되는 명령이 나오는 계시록 11:1~2 말씀에 등장하는 성전 측량에 관한 구절은 이 책을 해석하는 데 있어서 각기 다른 여러 접근법의 중요성을 분명하게 알려 준다. 신학자 알포드는 그것을 "해석의 급소(crux interpretum)"라고 부르면서 이 구절을 "계시록 전체에서 틀림없이 가장 어려운 대목의 하나"(H. Alford, 4:655)라고 했다. 이 구절의 중요성과 함께 해석상 어려움이 생기는 가장 중요한 이유는, 이 구절이 계시록을 어떻게 다룰 것인지에 대해 명확하게 결단하도록 독자를 밀어붙이기 때문이다. 그러므로 계시록에 대한 주요 접근법들을 비교하면서 이 책을 어떻게 다룰 것이며 왜 그렇게 다뤄야 하는지를 먼저 분명히 하는 것은 아주 중요한 작업이다.

11:1~2 _계시록의 성전

계시록 11장은 성전 측량에 참여하도록 요한이 부름 받는 내용을 담은 두 구절로 시작된다. 요한은 10장에서 그가 만났던 힘센 천사임이 분명한 이로부터 "지팡이처럼 생긴 측량하는 갈대 막대기"를 받는다. 요한은 이런 명령을 받는다: "일어나서 하나님의 성전과 제단과 그 안에서 경배하는 자들을 측량하되 성전 바깥마당은 측량하지 말고 그냥 두라"(계 11:1~2). 여기서는 성전과 그 제단 그리고 바깥마당으로 표현된 것이 무엇인지를 알아내는 것이 첫 번째 과제다.

이 구절에 대해 오늘날 가장 일반적으로 알려진 견해는 세대주의 신학과 연관된 '문자적-미래주의적인 견해'다. 이 접근법은 성경을 아주 엄격하게 문자적으로 읽을 것을 강조한다. 세대주의 신학은 19세기 영국 플리머스 형제교회의 지도자 존 넬슨 다비(1800-1882)에 의해 시작되었다. 기독교 복음주의자 혹은 근본주의자 가운데 상당수가 이 세대주의 신학을 받아들였다. 세대주의는 하나님이 인류 역사를 7천년(구약 4천년+신약 2천년+천년왕국)과 7세대로 나누어 경륜하셨다고 생각한다. 성경의 역사를 일곱 시대로 구분하여 시대마다 통치하는 원리가 다르고 구원 방법도 다르다고 주장하는 아주 위험한 신학 사상이다. 『스코필드 주석 성경』이 세대주의의 영향을 많이 받았다. 성경 전체를 이해하는 방식에 따라 신학이 크게 두 갈래로 갈라지는데 하나는 루터와 칼빈(움베르토 에코, 2:167-70)의 개신교 '언약 신학'에 기초한 '개혁주의 신학'이고 또 다른 하나는 '세대주의 신학'이다. 우리나라에 들어온 초기 선교사들은 대부분 세대주의 신학에 근거한 복음을 전파했다. 형제교회 창시자 다비와 성경주석가 스코필드는 인류 역사를 일곱 세대로 나누어 설명했는데 하나님께서 세대마다 '각기 다른 구원계획'을 마련하였다고 보았다. '세대'는 세계 역사를 관통하는 여러 세대 속에 하나님의 프로그램이 전개되는 것을 가리킨다. 세대는 성경 역사에 따라 범죄 전 아담의 무죄(innocence)시대(구원 기준: 무죄), 아담 범죄후-노아홍수 때까지의 양심(conscience)시대(양심), 노아홍수-아브라함까지의 인간 정부(human government)시대(정부 세력: 바벨탑 사건으로 실패), 아브라함-모세까지의 약속:족장 통치(promise: Patriarchal Rule)시대(약속), 모세-그리스도까지의 율법(Law)시대(율법), 교회 통한 은혜(grace)시대(은혜의 복음), 천년왕국(Kingdom: Millennium)시대(왕국 통치), 총 일곱 가지 시대로 나눈다. 현재는 예수님의 십자가로 시작된 은혜 시대로 더는 율법을 지키거나 제사를 드리지 않아도 예수를 믿음으로 영생을 얻을 수 있는 세대라는 것이다. 그러나 그렇다고 절대 율법을 지키지 말라는 교리는 아니다. 다만 율법을 지키지 않으면 구원에 이르지 못했던 율법 시대와는 다르게 은혜 시대에는 예수님을 구주로 영접함으로써 구원에 이를 수 있게 된 것이 다르다는 것이다. 세대주의 신학의 장점은 성경을 하나님의 말씀으로 확고히 믿고 열심히 전도하며, 철저한 재림사상과 교리를 강조한다는 것이다. 단점은 지나친 내세주의로 인한 현실참여 회피(이 점이 일제강점기에 한국 교회가 신사참배를 허용하는 신학적 바탕이 됨), 문화 사역 등한시, 왜곡된 교회관으로 인한 분열 조장, "2천년대에 예수님이 재림하신다"고 주장함으로써 '시한부 종말론'의 뿌리가 되었다는 점이다. 세대주의 신학은 환난 전 휴거와 전천년설을 믿는다. 계시록 22:20, 예수님께서 "내가 진실로 속히 오리라"고 하신 말씀을 늘 기억하며 언제나 깨어 있기를 촉구한다. 이런 생각 때문에 휴거가 일어날 특정 일자나 시간을 알 수 있다고 생각하는 시한부 종말론이 나타난 것이다(마 24:36 참조). 세대주의에서 가장 중요한 것은 이스라엘을 위한 하나님의 계획과 교회를 위한 하나님의 계획이 근본적으로 그리고 영원히 다르다는 신념일 것이다. 앤서니 호크마는 세대주의자들에 대해 이렇게 설명한다. "성경이 이스라엘에 관해 이야기할 때 그것은 교회를 의미하는 것이 아니며, 성경이 교회에 관해 말할 때 그것은 이스라엘을 뜻하는 것이 아니다."(A. A. Hoekema, 1979:196) 이런 세대주의적인 견해를 따르면 계시록이라는 책은 주로 이스라엘 민족에 대한 하나님의 미래 계획서일 뿐이므로 그리스도의 몸인 교회를 향한 직접적인 메시지가 담겨 있지는 않은 것이다. 세대주의 주석가인 도날드 그레이 반하우스는 계시록이라는 책의 "본질적인 유대인다움"을 주장하면서, "계시록 4장 첫머리 이후의 말씀은 전적으로 미래에 관한 이야기"라고 강변한다.(D. G. Barnhouse, 192) 이런 접근법을 따르면 계시록 11장은 로마제국의 무시무시한 박해의 임박한 위협에 직면하고 있는 요한의 독자인 지상교회의 상황과 목양적인 필요와는 전혀 상관없는 미래의 사건들을 말하는 것이다. 이런 식의 개연성이 형편없이 떨어지는 계시록에 대한 논증을 깊이 살피는 것은 괜히 아까운 시간만 낭비하는 것이다.

세대주의의 문자적-미래적 접근법을 따르면 요한더러 측량하라고 하신 성전은 재건된 이스라엘이 시온산 위에 세우게 될 그야말로 문자 그대로의 건축물이다. 이 구역은 현재 두 개의 무슬림 사원이 차지하고 있다. 어쩌면 다시 피비린내 나는 정복 전쟁으로 이 두 사원이 제거되고 거기에 새로운 유대교 성전이 세워져야만 할 것이다. 이 구절이 "문자 그대로의 성전이 미래의 그리스도가 재림하기 직전에 실제로 존재하게 될 것이며… 이것은, 이스라엘의 성전을 포함해서 이스라엘 백성의 국가적인 재조직을 요구한다"는 내용을 예언하고 있다고 강변하는 사람(R. L. Thomas, 1995:82)도 있다. 이런 식으로 보면, 1948년에 유대인 국가인 이스라엘이 세워지고 1967년에 이스라엘이 예루살렘을 차지한 사건을 그리스도의 재림이 임박했다는 결정적인 표징으로 보는 것이다. 이 구절을 오늘날의 그리스도인들이 적용하려면 이스라엘 국가에게 정치적인 지원을 요청함과 동시에 성전 재건의 표징이 될 만한 다양한 뉴스를 수시로 열렬히 살펴야만 할 것이다.

예루살렘에 이스라엘 성전을 재건하는 일을 하나님이 보증하신다는 생각을 하는 세대주의적 접근법에는 중요한 난점(難點)들이 많다. 여기 11장 1~2절 같은 구절의 성전에 관한 언급이 문자적으로 해석되어야만 한다고 누군가가 전제하지 않는 한 물리적인 성전 재건에 관한 신약의 가르침은 단 한 곳도 없기 때문이다. 예수님이 성전 파괴는 예언하셨으나 성전의 재건은 예언하지 않으셨다(마 24:2). 그 이유는 성전의 첫 번째 기능은 속죄를 위해 동물들을 희생시키는 의식에 있었기 때문이다. 그리스도의 죽음은 이 상징을 성취시켰고 희생제사들을 마무리 지었는데 바로 이 점이 예수님이 숨질 때 "다 이루었다" 하신 이유이고(요 19:30) 하나님께서 성전의 휘장을 찢으신 이유이다(마 27:51). 하나님이 미래의 이스라엘과 성전 희생제사를 회복시키신다는 생각은 희생 제사들이 그리스도의 대속적인 죽음의 충분성을 거부하는 것이기 때문에 성경과 모순된다. 이것은 그리스도의 속죄 사역을 한없이 깎아내리는 한심한 짓이다.

하나님은 그리스도의 대속을 거부한 유대인들을 심판하시기 위해 정확하게 주후 70년에 예루살렘 성전을 파괴하셨으므로 물리적인 성전 재건은 단지 그리스도의 보혈을 거부하는 행위를 재건하는 것에 지나지 않기 때문이다. 설령 세대주의가 가르치는 것처럼 유대인 국가의 천년왕국을 우리가 믿는다 해도 하나님이 파괴하신 바로 그 성전을 재건하는 식으로 이스라엘을 회복시킨다는 생각은 단지 기괴한 상상에 지나지 않는다. 만일 유대인에 의해 그런 성전이 다시 건축된다면 그것은 고대의 바벨탑처럼 예수 그리스도의 십자가를 거부한 불(不)신앙의 기념물이 되는 셈이다. 예수님의 몸이 성전(요 2:21)이고 오늘날 그분의 몸 된 교회, 성도들의 모임이 성전(고전 3:16~17)이기 때문이다.

하나님이 건물로 된 성전을 거부하신 점을 이처럼 강조하기 때문에 11장 1~2절 말씀이 주후 70년의 예루살렘 멸망을 예언한 것으로 보는 두 번째 접근법이 생긴다. 이 과거주의 입장은 이런 이유로 요한이 예루살렘과 성전 파괴 전에 그 멸망을 내다보며 계시록을 썼다고 믿는다. 세대주의자들이 계시록의 문자적-미래적인 해석을 고수하는 반면 과거주의자들은 문자적-과거적 관점을 고수한다. 그러나 이것은 그저 부분적으로 문자적인 해석일 뿐인데 과거주의자들은 계시록 11:1의 성전이 교회를 상징하는 것으로, 2절의 바깥마당이 믿지 않는 유대인들을 상징하는 것으로 보고, 거룩한 도성을 문자적으로 고대 예루살렘으로 해석하기 때문이다. 따라서 이 구절들은, 하나님께서 "믿지 않는 예루살렘이 마흔두 달 동안 이방인에게 짓밟히게 하시지만, 그러나 하나님이 요한에게 참 성전인 참된 성도들을 측량하게 하셨다"는 것을 이 구절이 예언하고 있다는 것이다.(D. F. Kelly, 199)

과거주의 접근법에는 두 가지 중요한 문제가 있다. 첫째, 요한계시록이 주후 60년대 중반쯤에 기록되었다고 해야 이 견해가 맞을 텐데 그럴 가능성은 없다. 초대교회 증인들은 한결같이 요한이 이 서신을 쓴 것이 그보다 훨씬 뒤인 90년대 중반이라고 말하고 있다. 더욱이 60년대 네로황제의 박해는 계시록에 묘사된 것과는 다른 방식으로 일어났으며 또한 그 박해 범위가 소아시아 지역까지 미치지 못했다. 두 번째 반대 이유는 과거주의적인 접근법은 문자적인 해석과 상징을 제멋대로 채용한다는 점이다. 만일 이 구절들이 문자 그대로의 어떤 사건을 묘사하고 있다면 여기 나오는 성전도 문자 그대로의 성전이어야만 한다. 그러나 일관되게 문자적-과거적인 해석을 하기에는 본문의 앞뒤 문맥이 적절치 않다. 성전은 A.D. 70년에 이미 파괴되었는데 계시록 11:1에서는 성전이 어엿하게 보호되고 있기 때문이다.

이 때문에 계시록의 여러 이미지를 상징적으로 해석하는 세 번째 접근법이 생길 여지가 생긴다. 세대주의자들은 상징적인 독법이 계시록의 문자적인 의미를 거부한다고 불평한다. 반대로 상징주의는 단지 계시록이 역사적인 현실과 대화하는 수단일 뿐이라고 본다. 이 구절에서 요한은 먼 미래의 사건을 예언하거나 혹은 그가 계시록을 기록하기 전에 일어나야만 했던 사건들에 대해 말한 것이 아니고 그의 독자들 곧 1세기 독자들과 오늘날의 독자들이 살고 있는 그 시대의 역사적인 현실에 대해 말한 것이다.

계시록 11:1~2의 비전은 성전 이미지가 중심인데 신약 전체에서 성전은 그리스도인의 교회를 묘사하기 위해 주로 사용되었다. "성경의 성전 신학은 건물에 관한 것이 아니라 하나님께서 그 백성과 함께 계신다는 것을 가리킨다."(J. M. Hamilton, 233) 요한복음 2:18~22에서 예수님은 십자가에서 찢기실 그분의 몸을 성전이라 했다. 바울은 그리스도인들을 일컬어 "하나님의 성전인 것과 하나님의 성령이 그 안에 계시는 것"(고전 3:16)이라고 했다. 또한 "우리는 살아 계신 하나님의 성전이라. 이와 같이 하나님께서 이르시되 내가 그들 가운데 거하며 두루 행하여 나는 그들의 하나님이 되고 그들은 나의 백성이 되리라 하셨느니라"(고후 6:16)고 말하기도 했다. 사도 베드로는 그리스도인들을 가리켜 "너희도 산 돌 같이 신령한 집(성전)으로 세워지고 예수 그리스도로 말미암아 하나님이 기쁘게 받으실 신령한 제사를 드릴 거룩한 제사장이 될지니라"(벧전 2:5)고 말했다. 그렇다면 이런 맥락에서 볼 때, 성전이 그리스도와 몸 된 교회로 대체되었기 때문에 '성전'을 문자적으로 '건물'로 이해하면 안 된다. 다시 말하거니와, "성전 봉헌식" "성전 건축헌금"을 드리며 교회당 건물을 끝끝내 '성전'이라 주장하는 자들은 개혁주의 신학과는 거리가 아주 멀다. "이제, 그 안에 하나님이 임재하심으로 영적인 성전을 형성하는 총체적인 언약공동체에 초점을 맞춘다."(G. K. Beale, 1999:562) 계시록의 몇몇 비전은 하나님을 하늘 성전에 계시는 분으로 그리는데 성전은 예외 없이 하나님과 어린 양을 경배하기 위해 거기 모인 그리스도인들을 가리킨다.

이 비전을 상징적으로 이해하면서, 우리는, 이 시대의 여러 환난을 통과하는 교회를 보존하도록 하나님이 위탁하시기 위해 성전을 측량하라고 요한에게 말씀하셨다는 것을 깨닫는다. 그렇다면 이 비전은 계시록 7장에서 하나님의 종들에게 인(印) 치는 것과 비슷하다. 동시에 요한은 "성전 바깥마

당은 측량"하지 말고 그냥 두라는 명령을 받았는데(11:2) 성전 바깥마당은 명목상 교회당을 출입하는 그리스도인들이기는 하나 그리스도께 진정으로 속하지는 않은 이들 곧 '무늬만 그리스도인인 사람들'을 가리킨다. 거짓 믿음 혹은 무늬만 믿음, 거짓 가르침에 대한 이런 관심은 계시록 2:5; 14~15; 3:1~2; 15~16 등의 일곱 교회에 보내는 예수님의 편지에 여러 차례 강조되어 있었다. 11:2의 "거룩한 도성"은 교회 공동체를 상징하는데 현세에서 교회는 믿지 않는 세상을 상징하는 열방에 의해 짓밟힌다. "거룩한 도성이 짓밟히는 것은 계시록 전체에 서술된 위대한 순교와 똑같은 것이다."(G. B. Caird, 86) 그러므로 요한에게 내려진 성전인 교회를 측량하라는 명령은 참 신자들에게는 그들이 이 세상의 박해 기간에 보호받고 구원받는다는 것을, 반면에 그저 무늬만 신자, 입술만 신자인 이들은 보호받지도 못할 뿐만 아니라 참 교회를 박해하는 안 믿는 자들과 한패가 되고 만다는 것을 확신하게 한다.

11:2 _마흔두 달

다시 한번 물어보자. 예수 믿는가? 오직 예수'만' 믿는가? 진짜 신자인가? 혹시 '무늬만 신자', '나이롱 신앙'은 아닌가? 그 이유는 무엇인가? 참 신앙인이 반듯하게 신앙 생활하기에 눈물이 참 많이 나는 시대이다. 그렇다면 지금 당신에게 신앙 때문에 흘리는 고귀한 눈물이 있는가?

거룩한 도시가 안 믿는 자들에게 짓밟힐 것이라는 말을 요한이 들었을 때 그에게 알려진 기간은 "마흔두 달"(계 11:2)이었다. 이 기간은 계시록에 이런 형식으로 반복적으로 나타나게 될 것인데 3년반 혹은 1,260일로 표기되지만 모두 다 똑같은 시간의 길이를 나타낸다. 계시록을 해석하는 각기 다른 접근법에 따라 이 기간에 대한 각기 다른 견해가 나오게 된다. 세대주의자들은 마흔두 달을 문자적인 3년 반으로 보는데 이런 경우 이것은 장차 예루살렘에 임할 공격을 묘사하는 것으로 보인다. 과거주의자들은 주후 70년 예루살렘이 파괴되기 전 성이 포위당하는 기간이 마흔두 달이라고 보는데 이 견해는 비평가들로부터 많은 논박을 당했다.(R. L. Thomas, 1995:86) 상징적인 접근법으로 보면 마흔두 달 또는 이와 대등한 기간은 시간의 양이라기보다는 오히려 시간의 질을 표현하는 것이다. 이 기간 표시는 하나님의 뜻으로 제한된 강력한 박해 기간인 것이다.(이필찬, 2021:932-35 참조)

마흔둘이라는 숫자는 출애굽 과정에서 이스라엘이 광야를 여행하는 동안에 최초로 등장한다. 불순종 때문에 이스라엘이 심판을 받기 전까지 걸린 2년을 감안하면 하나님의 백성이 애굽을 나와 약속의 땅으로 들어가기까지 42년이 걸렸다. 나아가 성경은 이스라엘의 광야 여정에서 마흔두 번 진 친 목록을 보여 준다(민 33:5~49).(L. Morris, 147) 더 나아가서 누가복음에 기록된 예수님의 말씀을 보면 이스라엘의 우상 숭배 때문에 엘리야가 하늘이 닫히기를 기도하자 3년 반 동안 비가 내리지 않았다고 했다(눅 4:25). 이 기간은 시련 속에서 하나님의 신실한 백성이 보호받는 반역의 시간과 연관되는 듯하다.

3년 반이라는 시간은 다니엘의 예언에서 특히 더 중요한 역할을 한다. 다니엘 7:25에서는 성전의 신성을 모독했으나 주전 2세기 중반 마카비 폭동으로 패퇴한 헬라의 통치자 안티오쿠스 에피파네스 아래서 유대인들이 당했던 환난을 예언하고 있다. 이 고통은 "한 때와 두 때와 반 때" 동안 지속될 것이라 했는데 이것은 3년 반을 뜻한다. 다시 여기서 이 기간은 '통렬한 고난 기간'을 상징하는데 이 기간을 통과하면서 하나님의 참 백성이 승리하는 모습으로 나타나게 된다.

어쩌면 다니엘서의 가장 중요한 예언은 9장에 있는 것 같다. 예레미야가 예언했던 포로 생활 70년이 바야흐로 끝나간다는 것을 깨달았던 선지자 다니엘은 그러므로 포로 생활로부터 본국으로의 귀환을 위해 레위기

26:40~42에 명시된 회개의 기도를 올렸다(렘 25:12). 이 기도에 대한 응답으로 회복이 곧 시작될 것을 알려 주러 천사 가브리엘이 나타났다. 다니엘 9:24에서 천사는 하나님의 대속이라는 최종 목적이 성취되기까지 "일흔 이레"가 걸릴 것이라 했다. 이 숫자는 이스라엘의 포로생활 70년이라는 상징적인 길이와 대등하다. 레위기 26:34~35에서 경고한 대로 490년 동안 이스라엘은 제7년째의 안식년을 소홀히 여겼고 하나님은 그 땅이 누렸어야 할 안식을 그 땅에 한꺼번에 돌려주기 위해 그들을 약속의 땅에서 내쫓았다. 하나님의 자비로 이스라엘이 범죄한 기간인 일흔 이레는 하나님의 대속이 성취(단 9:24)되는 기간에 상응하는 "칠십 주"로 대체되었는데 그 기간에 하나님의 최종 구원을 가져올 것이다. 가브리엘의 예언에 따르면 메시아는 69 이레(단 9:25, 62 이레+7 이레) 후에 오셔서 "끊어져 없어질 것"(단 9:26)이다. 이것은 그리스도가 십자가에서 죽으실 것에 대한 언급인데 이 십자가 사건 뒤에 "한 이레 동안의 언약을 굳게 맺을 것(강한 언약)"(단 9:27)이다. 그리스도의 죽음 후의 최종 "한 주"는 새 언약 시대에 상응한다. 또한 이것은 두 쪽으로 나뉜다. 이 한 주의 처음 절반 기간에는 그리스도가 "제사와 예물을 금지할(끝낼) 것"인데 이것은 주후 70년의 성전 파괴를 말하는 것이다. 이로써 구원의 완성까지 최종 반 주간이 남게 된다.(M. G. Kline, 1974; J. H. Skilton, 452-69) 이 기간의 최종 반 주 혹은 마흔두 달은 계시록과 관련된 기간 곧 우리가 사는 복음 시대이다.

이것이 바로 문자적인 해석자들 특히 세대주의자들의 요점인데 이것은 이 숫자들을 상징적으로 해석하는 사람들의 해석과 상당히 다르다. 첫째, 그들은 이 예언이 시작되는 시점부터 종려 주일에 예수님이 예루살렘에 도착하실 때까지 문자적인 69주 혹은 483년을 강변(强辯)한다. 이 견해의 문제점은 숫자들이 무슨 작용을 하도록 만들어질 수 없다는 것이다. 천사 가브리엘은 그 예언의 출발점을 "예루살렘을 중건하라는 영이 날 때부터"(단

9:25)로 명시했다. 이것은 페르시아 황제 고레스가 유대인들에게 본토로 돌아가 그 도성을 재건하라는 칙령을 내린 때를 가리킨다. 이 출발점은 대하 36:21~22로 확인되었다. "이에 토지가 황폐하여 땅이 안식년을 누림 같이 안식하여 칠십 년을 지냈으니 여호와께서 예레미야의 입으로 하신 말씀이 이루어졌더라. 바사의 고레스 왕 원년에 여호와께서 예레미야의 입으로 하신 말씀을 이루시려고 여호와께서 바사의 고레스 왕의 마음을 감동시키시매 그가 온 나라에 공포도 하고 조서도 내려 이르되." 이스라엘 본토가 포로 기간에 고레스왕의 칙령이 내릴 때까지 그 안식년을 충분히 누렸다는 것이다. 고레스의 칙령은 주전 538년에 내려졌다. 그러나 예언된 483년을 헤아려 보면 추수 기간 등등의 유대 달력 특유의 내용을 알게 되는데 예수님의 사역 기간이 가까워질 무렵에는 그 어디에서도 세월을 문자적으로 헤아리는 곳이 없다는 것이다. 이 문제를 해결하기 위해 세대주의자들은 에스라 7:12~26 을 근거로 더 늦은 시기인 주전 457년 아닥사스다 왕의 칙령이 내린 시점을 출발점으로 이용한다(스 7:22~26). 그들은 이날부터 헤아려 예수님이 오시기까지 문자적인 483년을 계산한다. 문제는 성경에서 예수님의 사역에 관한 역사적인 날짜를 제공하지 않을 뿐만 아니라 성경 고유의 출발 시점을 좀 더 나아 보이는 어떤 시점으로 대체하면서까지 성경을 문자적으로 해석해야 한다고 말하기는 어렵다는 것이다.

둘째, 세대주의자들은 다니엘의 예언 속 마지막 "주간"이 가브리엘이 말한 바와 같이 그리스도가 오신 뒤에 시작되지만 교회 시대라는 역사적 "삽입" 후에 완성된다고 가르친다. 이 견해를 따르면 '7년대환난'은 교회의 비밀 휴거 후에 시작되며 그 기간에 예수 믿는 유대인들이 재건된 성전에 포위당한다. 다니엘서 9장의 예언은 이러한 삽입을 언급하지 않으며 마찬가지로 신약성경 살전 4:15~17도 그리스도인들의 비밀스런 휴거를 언급하지 않는다.(R. D. Phillips, 314) 그러므로 이스라엘과 교회를 분리하여 생각하는 세대주의 관점 때문에 성경 본문에 좀 더 충실할 필요가 생긴다. 요한계시록보다 이런 가정의 실체를 지지하는 성경은 거의 없다. 계시록은 구약의 상징체계를 빌어 지속적으로 교회를 언급하고 있으며 그리스도의 몸 된 교회의 열두 사도와 이스라엘의 열두 지파 모두를 포괄하는 상징으로 하나님의 영원한 도성을 가리키는 최종 비전을 언급하고 있다(계 21:12~14).

다니엘 9장에 예언된 490년과 계시록 11:2의 마흔두 달을 훨씬 더 잘 다루는 방법은 이 책을 해석하는 일반적인 원칙들을 유지하면서 그것을 '상징적으로' 다루는 것이다. 다니엘 9:27에서 그리스도가 그의 언약을 "한 주간"에 수립할 것을 말하는데 이는 '첫 반 주간'으로 상징된 주후 70년 성전의 물리적인 파괴를 포함해서 그리스도가 재림하기 전 새 언약의 시대에 상응한다. 남아 있는 이 3년 반(마흔두 달)은 이스라엘의 출애굽 후 42년 동안의 광야 방랑, 가뭄이 지속될 때 엘리야의 마흔두 달 동안의 유랑생활과 병행을 이룬다. 그것은 요한 당시의 독자들이 살았던 기간과 오늘날 우리가 사는 기간을 나타내는데 이는 세속적인 세력에 의해 가시적인 교회 곧 거룩한 도성이 "짓밟히는" 기간이다. 계시록 11:2의 "나라들(이방인)"은 "거룩한 모든 것을 짓밟고 그것의 신성을 모독하는 그리스도인이 아닌 자들"이다.(S. J. Kistemaker, 150) 따라서 "마흔두 달"은 "모든 시대를 통틀어서 그리스도인들을 괴롭히는 박해"를 언급하는 것이다. 이런 해석은 계시록 12장의 비전과도 잘 맞는데 거기서 교회가 3년 반("한 때와 두 때와 반 때") 동안 광야로 나가며 그 기간에 교회는 용의 공격으로부터 보호받으면서 하나님의 양육을 받는다(계 12:14). 아울러 이것은 하나님의 백성들이 계속 박해를 받으면서도 주권자이신 주님에 의해 안전하게 보호되는 현시대를 보여 주는 것이기도 하다.

11:2 _하나님의 임재 안에서 안전

이렇게 '성전'과 '마흔두 달'을 자세히 분석하는 이유는, 그것이 11장 1~2절을 이해하는 데 중요할 뿐만 아니라 9장 이후의 말씀을 바르게 해석하는 데도 필수적이기 때문이다. 그러나 이 두 구절이 오늘날의 신자들에게 말을 할 때 이 두 구절에는 성경 적용에 매우 중요한 점이 남아 있다. 그 메시지는 그리스도와 그 제자들을 대적하는 악한 시대를 살아가는 동안 그리스도인들은 그리스도의 보혈을 신뢰하고 기도 중에 하나님을 부르고 동역자들과 함께 경배하며 모이면서 하나님께 가까이 다가가야만 한다는 것이다. 주님은 역사의 마지막에 드러날 완전한 구원을 주시려고 성령으로 임하시는 그분과 동행하는 신자들을 감싸고 그들을 안전하게 보호하시기 위해 그분의 측량막대기를 내미신다.

여기서, 교회당에 들락거리기는 하지만 그리스도의 참 제자들의 영적인 몸에는 속하지 않은 '무늬만 신자', '말로만 신자', '나이롱 신자'들에게 특별한 경고가 주어진다. 그들은 구약시대 때 성전 바깥 뜰에만 들어올 수 있었던 이방인과 같다. 요한은 "성전 바깥마당은 측량하지 말라"(11:2)는 명령을 받았는데 이것은 명목상의 그리스도인들은 하나님의 관심 대상이 아니기에 하나님이 보호하시지 않는다는 것을 알려 준다. 계시록 11:2를 보면 사실상 이름뿐인 세속적인 교회를 "이방인(열방)에게 넘겨"주었다는 것을 알 수 있다. 예수님에 대한 살아 있는 믿음과 하나님의 말씀에 대한 전적인 헌신과는 전혀 상관없는 형식적이고 제도적인 교회와 그 조직은 멸망 당할 이 세상에 빌붙어 있다. 참 신자들을 향한 박해는 바로 이 명목상의 교회로부터 가해지는 것이다. 이런 일은 세속적인 교회의 설교와 불(不)신앙적인 각종 세미나에서 쏟아지는 거짓 가르침, '물탄 복음', '맹물 설교'로 오늘날도 계속 일어나고 있다.

그러므로 요한이 본 비전은 우리에게 큰 도전을 준다: 당신은 혹시 명목상의 그리스도인은 아닌가? 복종하는 믿음으로 성경의 메시지를 받지 않고 죄에 대한 그 심판의 메시지와 그리스도를 믿는 믿음으로 구원받는다는 메시지를 거부하지는 않는가? 그리스도인들의 '행사'에 종종 참여하고, 그리스도인들이 쓰는 '용어'를 쓰지만, 당신 개인의 구원을 그리스도께 의존하지 않고 당신의 주님이신 예수님께 당신의 삶을 결코 온전히 내어드리지 않고 있지는 않은가? 만일 그렇다면 당신은 구원의 바깥에 있을 뿐만 아니라 참되고 성경적인 기독교를 받아들이지 않게 될 것이다. 계시록 11:2 말씀은 요한복음 4:24에서 말했듯이 교회당 주변을 맴돌 뿐 그리스도의 참 교회라는 성전에서 "영과 진리로" 경배하지 않는 자들에 대한 무시무시한 경고를 주고 있다.

역사가 어떻게 끝나는가에 대해서 뿐만 아니라 현재 우리가 사는 시대가 어떻게 돌아가는가를 이해하면서 요한이 본 비전을 참 그리스도인들에게 하나님의 임재에 더 가까이서 살아갈 것을 강력히 권하는 것으로 보아야 한다. 요한이 언급하는 제단은 죄 용서를 위한 그리스도의 속죄하는 피를 우리가 의지해야 한다는 것뿐만 아니라 도움을 받기 위해 하나님을 부르는 곳에서 기도의 단을 쌓아야 한다는 것을 말하고 있다. 뿐만 아니라 요한은 계시록 11:1에서 "제단에서 경배하는 자들"을 언급하는데 이는 그리스도인의 공동체가 모이는 거룩한 곳에서 경배하는 그리스도께 속한 신자들의 몸에 합류하도록 우리를 부르신다는 것을 말하는 것이다. 우리는 거기 하나님이 임재하시는 안전한 곳에서 측량되고, 하나님께 알려지며, 그리스도인들의 교회라는 거룩한 공동체 안에서 안전하게 보호된다.

고통과 환난 속, 교회가 겪는 전쟁의 소용돌이 속에서
교회는 영원히 평화의 완성을 기다린다네.

영광스러운 환상을 보는 교회, 그 소망의 눈망울은 복되도다.
마침내 승리하는 위대한 교회는 안식을 누리게 되리.
(S. J. Stone, 1866)

나이롱 신자, 무늬만 신자, 물탄 복음, 맹물 설교 좋아하는 사람들은 예수 안 믿는 사람과 똑같이 심판받을 것이다. 당신은 진짜인가? 신앙인으로 살아가기 위한 몸부림이 있는가? 그래서 지금 당신의 눈에는 신앙 때문에 흐르는 뜨거운 눈물이 있는가?

두 증인이 예언하리라
(요한계시록 11:3~14)

³그리고 그들이 베옷을 입고 천이백육십 일을 예언하도록 내가 나의 두 증인에게 (권세를) 줄 것이다. ⁴이들은 땅의 주 앞에 서 있는 그 두 감람나무와 그 두 촛대다. ⁵그리고 만일 누군가 그들을 해하기를 원한다면 불이 그들의 입으로부터 나와서 그들의 원수들을 멸망시킨다. 그리고 만일 누군가 그들을 해하기를 원한다면 이와 같이 그는 반드시 죽임을 당해야만 한다. ⁶이들은 그들의 예언의 날 동안 비가 오지 않도록 하늘을 닫을 권세를 가지고 있다. 그리고 그들은 물들을 피로 바꾸는 물에 대한 권세를, 그리고 그들이 원한다면 언제든지 모든 재앙으로 땅을 치는 권세를 가지고 있다. ⁷그리고 그들이 그들의 증거를 완성할 때에 아뷔쏘스로부터 올라오는 그 짐승이 그들과 전쟁을 일으킬 것이다. 그리고 그 짐승이 그들을 이길 것이다. 그리고 그들을 죽일 것이다. ⁸그리고 그들의 시체가 그 큰 도시의 넓은 길에 있다. 그 도시는 영적으로 소돔과 애굽이라고 불린다. 그곳은 그들의 주께서도 역시 십자가에 못 박혀 죽임을 당하셨던 곳이다. ⁹그리고 백성들과 족속들과 언어들과 나라들로부터 사람들이 그들의 시체를 삼 일 반 동안 바라본다. 그리고 그들은 그들의 시체들을 무덤에 장사하는 것을 허락하지 않는다. ¹⁰그리고 땅에 사는 자들이 그들에 대해 즐거워하고 기

뻐한다. 그리고 그들은 서로에게 선물들을 보낸다. 왜냐하면 이 두 선지자가 땅에 사는 자들을 괴롭게 했기 때문이다. [11]그러나 삼 일 반 후에 하나님으로부터 생명의 영이 그들 안에 들어갔다. 그리고 그들이 그들의 발로 일어섰다. 그때 큰 두려움이 그들을 바라보던 자들 위에 엄습하였다. [12]그때 그들은 그들에게 말하는 하늘로부터의 큰 음성을 들었다. "이리로 올라오라." 그리고 그들은 구름의 도움으로 하늘로 올라갔다. 그리고 그들의 대적자들이 그들을 바라보았다. [13]그리고 저 시간에 큰 지진이 일어났다. 그래서 그 도시의 십분의 일이 무너졌다. 그리고 사람들 중 칠천 명이 지진으로 말미암아 죽임 당했다. 그리고 그 남은 자들이 두려워하였다. 그래서 하늘의 하나님께 영광을 드렸다. [14]두 번째 화가 지나갔다. 보라 세 번째 화가 곧 온다. (이필찬, 2021: 939, 949, 963, 993)

다시 물어보자. 이 시대에 하나님 나라 사역이 정말 복음'만'으로는 안 되는가? 그 이유가 무엇인가? 기도하는가? 왜 하는가? 기도 안하는가? 왜 안하는가? 말씀과 성령을 줄기차게 의지하는가? 먼저 사도 베드로의 말을 깊이 묵상하면서 시작하자: "베드로가 가로되 '은과 금은 내게 없거니와 내게 있는 것으로 네게 주노니 곧 나사렛 예수 그리스도의 이름으로 걸으라'"(행 3:6).

1685년 프랑스의 루이 14세는 위그노로 알려진 프랑스의 개신교도에게 종교의 자유를 보장했던 낭트 칙령을 폐지했다. 이후 수천 명의 그리스도인이 야만적인 방법으로 살육당했으며 프랑스 일부 지역에서는 개혁교회가 완전히 사라져 버렸다. 루이는 왕국의 평화를 가져오기 위해 개신교인들의 헌신을 로마 가톨릭으로 되돌리려고 강압적으로 이런 박해를 가하도록 명령했다. 그러나 잔혹한 박해는 수천 명의 위그노가 망명해 간 주변 개신교 국가들의 원한을 더욱 깊게 만들었다. 루이는 그의 여생을 전쟁의 진흙구렁에 빠져 허우적거리다 고통으로 소진되어 1715년에 죽고 말았다. 18세기 말 루이의 왕국은 프랑스 혁명으로 피투성이가 되어 황량하게 무너졌다. 같은 시기 많은 위그노가 정착한 영국은 존 웨슬리와 조지 휫필드의 사역으로 활짝 핀 복음의 꽃을 경험했다. 복음을 거부한 전제 국가들은 사라져 버렸다. 하지만 복음의 은혜를 고이 간직하며 박해받는 교회를 원조했던 영국과 네덜란드의 왕실은 오늘날까지 존속되고 있다.

교회사의 이런 기록은 이 도전적인 계시록에서 가장 난해한 구절들 가운데 하나인 계시록 11장의 비전을 반영하고 있다. 그러나 계시록이 미래 사건들에 대한 문자적인 서술이 아니라 '비전을 담은 그림책'이라는 것을 이해한다면 이런 해석상의 어려움은 거의 다 사라지게 된다. 성경적인 상징체계를 수단으로 11장은 복음이 소동을 일으키는 시대에 복음을 증언하는 교회를 고무적으로 묘사한다. 그 비전은 복음에 맞서려는 세상이 일으키는 전쟁의 난폭함과 함께 교회의 강력한 증거에 대한 가장 잠재적인 묘사이다. 그것은 하나님의 권능으로 부활한 그리스도의 증인을 묘사함으로써, 하나님께 맞서는 세상의 절망과 놀라 자빠지는 모습으로 끝맺음한다.

11:3 _두 증인은 누구인가?

11:1~2에서, 요한은 성전과 제단과 그 안에서 경배하는 자들을 측량하라는 말을 들었는데 이것은 신실한 신자들의 참 교회를 묘사하는 것이었다. 무늬만 그리스도인인 사람들의 거짓 교회를 묘사하고 있는 바깥뜰은 측량에서 배제되었다. 마흔두 달 동안 열방이 교회를 짓밟을 것이지만 그럼에도 하나님의 보호하시는 장벽은 교회의 영적인 생명을 보존할 것이다. 10장에서 다니엘 7:25에 예언된 것처럼 주전 2세기에 안티오쿠스 에피파네스에 의해 예루살렘이 마흔두 달 동안 더럽혀지는 것을 보았다. 계시록에서 이 숫자는

시간의 길이를 묘사하는 것이 아니고, 일종의 역사, 곧 그리스도와 몸 된 교회를 향한 난폭한 반대의 한 가지 실례를 보여 주는 것이다. 이것은 주후 1세기 후반 요한의 원래 독자들이 직면했던 상황이며 21세기를 살아가는 많은 그리스도인이 직면한 상황이기도 하다.

요한계시록 11:3은 "그리고(헬, 카이)"로 시작된다(우리말 성경에는 이 말이 생략되어 있다). 이것은 1절에서 시작된 비전이 계속되고 있다는 뜻이다: "(그리고)내가 나의 두 증인에게 권세를 주리니 그들이 굵은 베옷을 입고 천이백육십일을 예언하리라." 교회는 두 명의 증인으로 진실을 확인하라는 성경의 요구에 걸맞게 "두 증인"으로 묘사되었다(신 17:6). 이것은 하나님께서 종종 심판을 선포하거나 진리를 실증하려고 두 천사를 보내시는 것처럼(창 19:1, 눅 24:3~9, 행 1:10~11), 복음을 증언하는 '교회라는 증인'의 합법적인 타당성을 강조하는 것이다. 예수님이 전도자들을 "둘씩"(눅 10:1) 짝지어 파송하셨던 것을 잘 알고 있을 것이다. 따라서 두 증인이라는 표상은 '교회의 전도적 소명'을 말하는 것이다. 계시록 2~3장에 기록된 일곱 교회에 보내는 예수님의 편지는 모든 지상 교회가 다 그리스도와 그의 복음을 증언하기 위해 부름 받았다는 것을 분명히 밝히고 있다(계 2:10, 13). 계시록 6:9에서 다섯째 인이 떼어졌을 때 요한은 "하나님의 말씀과 그들이 가진 증거로 말미암아 죽임을 당한 영혼들"인 모든 교회에서 나온 순교자들을 보았다. "이 증인들은 현세를 살아가면서 선교와 전도사역을 통해 복음을 증언하며 전투하는 그리스도의 용사들을 상징한다."(W. Hendriksen, 129)

요한은 교회가 "천이백육십 일 동안 예언할 것"(계 11:3)이라는 말을 들었다. 이 문맥에서 "예언"한다는 것은 "하나님의 말씀을 선포"한다는 뜻이다. 학자들은 2절에서 '달'로 표현된 것이 여기서는 왜 '일(날)'로 표현되었는지에 대해 궁금해한다. 한 가지 가능한 대답은 2절은 포위 공격이 보통은 '달'로 측정되기 때문에 교회가 포위 공격 당하는 기간을 말한 것이라는 것, 그러나 교회의 증인 사역은 하루하루 날마다 수고해야만 하는 고단한 과업임을 강조하려는 것으로 보인다는 것이다.

두 증인은 "굵은 베옷을 입고 있다"(계 11:3). 이런 옷차림은 죄에 대한 내적인 슬픔과 회개(이필찬, 2021:946)를 표현하는 것이다. 이 옷차림이 적어도 증인들이 전한 복음을 들은 사람들 가운데 일부가 회개할 것이라는 소망과 함께 "교회가 전하는 메시지의 결과로 나타날 심판에 대한 슬픔을 암시한다."(G. K. Beale, 1999:576)

11:4~6 _교회의 강력한 증언

11장에서 개개인의 문자적인 미래를 말하기보다는 다양한 상징을 쓰고 있음이 분명하다. 특히 계시록 11:8부터는 비전을 "상징적으로" 설명할 것을 강력하게 요구하고 있다. 증인들을 두 감람나무, 두 촛대 그리고 엘리야와 모세라는 구약의 두 선지자로 묘사하는 것을 볼 때 이 접근법의 타당성은 더더욱 확실해진다. 이런 비유들은 교회의 증거, 그 증거의 효과, 복음 증거 과정에서 나타나는 다양한 하나님의 보호 수단, 교회가 기도를 통해 행사하는 증거 능력을 묘사한다. 이런 상징체계에서 비전은 포위 공격을 당하는 그리스도인들에게 꼭 필요한 격려를 전해 주고 있다. 이 격려는 요한 당시의 독자는 물론 오늘날의 우리에게도 꼭 필요한 것이다.

첫째, 두 감람나무라는 상징은 교회가 복음을 증언하는 다양한 수단을 보여 준다. 여기서 계시록은 주전 520년 스가랴 선지자에게 주어졌던 비전을 끌어온다. 바벨론 포로 생활 후에 예루살렘으로 돌아온 유대인들은 다양한 시련으로 수렁에 빠져 성전 재건 사역을 중단했다. 하나님은 찬란하게 빛나는 금 촛대 비전을 포함해서 그들의 믿음을 격려하기 위해 스가랴에게 다양한 비전을 보여 주셨다(슥 4:1~14). 요한 당시의 교회를 그리기 위해 촛대가 사용된 것과 마찬가지로(계 1:12) 이것은 그 어두운 시대 이스라엘을 나타내는 그림이었다. 스가랴는 금 촛대 곁의 두 감람나무를 보았는데(슥 4:3), 이 두 감람나무 가지 곁에는 촛대에 기름을 주입하여 촛불이 계속 타오르게 하는 금대롱이 있었다(슥 4:12). 감람나무 하나는 왕실의 왕권을 나타내는 왕자 스룹바벨을 가리키고 있었다. 또 다른 감람나무는 기름 부음을 받은 제사장을 대표하는 대제사장 여호수아를 가리켰다(슥 4:14). 그 감람나무 가지로부터 흘러나오는 기름은 성령을 나타낸다. 하나님은 이 메시지를 스룹바벨에게 주셨다: "이는 힘으로 되지 아니하며 능력으로 되지 아니하고 오직 나의 영으로 되느니라"(슥 4:6).

두 감람나무 비전을 끌어옴으로써 계시록은 교회가 수행하는 증거 사역의 두 가지 수단을 그리고 있다. 그리스도인들은 왕이신 그리스도의 말씀을 선포함으로써 그리스도를 왕으로 모시는 하늘나라의 신민(臣民)이라는 증거를 지니게 된다. 교회는 그리스도의 대속적인 피를 보여 주는 그리스도의 복음, 기도, 성례 집행으로 제사장의 증거를 지닌다. 그러므로 신실한 교회는 하나님의 '말씀과 성례전'이라는 증거를 통해 역사하시는 성령의 능력에 의해 증인 사역을 감당한다. 이런 왕직과 제사장직은 계시록 전반에 걸쳐서 나타나는 교회에 대한 묘사와 잘 어울린다. 요한의 처음 송영에서 그리스도를 이렇게 찬양한다: "우리를 사랑하사 그의 피로 우리 죄에서 우리를 풀어 주시고 그의 아버지 하나님을 위하여 우리를 나라와 제사장으로 삼으신 그"(계 1:5~6). "주후 1세기의 끝 무렵에 우리가 어디서 그리스도인 왕과 그리스도인 제사장을 찾겠는가? 교회 안의 특정인 두 사람에서가 아니라 오히려 그리스도한테서 그의 왕직과 제사장직 기능을 부여받은 하나님의 모든 백성 안에서 찾을 수 있다."(G. B. Caird, 134)

교회의 증언에 대한 이런 묘사는 한 가지 질문을 하게 만든다: 당신의 죄를 대속하기 위해 십자가에서 죽으신 분을 당신의 주로 고백하며 그분을 신뢰하는지, 예수님께 당신의 생명을 완전히 넘겨드렸는지? 만일 당신이 구원받고자 한다면 믿음으로 반드시 받아들여야만 할 복음 메시지가 바로 이것이다.

요한계시록에서는 교회의 증거 사역 목적을 "이 땅의 주 앞에 서 있는 두 감람나무와 두 촛대"(계 11:4)로 서술한다: 예수님은 세례 요한을 "켜서 비추이는 등불"(요 5:35)로 묘사하셨다. 등불은 스스로 빛을 내지 않고 누군가가 켜준 빛을 발산한다. 마찬가지로 그리스도인들은 스스로 만든 증거를 지니는 것이 아니기에 교회는 그리스도가 보이도록 교회 위에 비취는 빛을 드러내는 촛대이다. 세례 요한은 그리스도에 대해 이렇게 말했다: "내가 와서 물로 세례를 베푸는 것은 그를 이스라엘에 나타내려 함이라"(요 1:31). 두 촛대가 "이 땅의 주 앞에"(계 11:4) 서 있기에 그리스도인들은, 그리스도의 피를 통해 하나님 앞에서 의롭다 함을 받게 되었으며 그럼으로써 그 말씀의 진리와 그리스도의 복음에 담긴 은혜를 세상에 드러내게 된다.(P. E. Hughes, 124)

마지막으로, 계시록 11:6 말씀은 교회가 기도로 증언하는 사역의 권능을 말한다: "그들이 권능을 가지고 하늘을 닫아 그 예언을 하는 날 동안 비가 오지 못하게 하고 또 권능을 가지고 물을 피로 변하게 하고 아무 때든지 원하는 대로 여러 가지 재앙으로 땅을 치리로다." 우상 숭배자 아합 왕 시대에 선지자 엘리야가 기도하자, 3년 반 동안 하늘에서 비가 내리지 않았다(왕상 17:1, 눅 4:25). 모세는 하나님이 주신 능력으로 나일강물을 피로 변하게 했고, 그밖에도 많은 치명적인 재앙을 애굽에 내리게 했다(출 7:7이하). 복음 시대에 증인 사역을 하는 교회가 이러한 구약시대 영웅들만 못한 능력으로 무장되지는 않겠지만 그렇다 하더라도 교회는 기도함으로 정복하는 능력을 발휘하게 될 것이다. 야고보 사도는 "의인의 기도는 역사하는 힘이 많다"고 말하면서 엘리야의 사례를 들어 성도들에게 호소했다. "의인의 간구는 역사하는 힘이 큼이니라. 엘리야는 우리와 성정이 같은 사람이로되 그가 비가 오지 않기를 간절히 기도한즉 삼 년 육 개월 동안 땅에 비가 오지 아니하고"(약 5:16~17). "의인"은 하나님의 나라와 그 의를 먼저 구하는 사람, 하나님께 온전히 순종하는 사람, 하나님과 바른 관계에 있는 사람, 의로운 삶의 열매를 맺는 사람이다. 그런 사람이었기에 엘리야는 우리와 똑같은 사람이었지만 하나님이 그의 기도에 응답하여 하늘이 닫혀 비가 멈추고 하늘이 열려 다시 비가 내리는 기적을 일으켜 주셨다.(박대영, 2020:377-82) 사도행전 12장에는 베드로가 헤롯에게 잡혀 처형당하기 직전에 그리스도인들이 기도했고 그러자 하나님이 천사를 보내 사도를 석방시킨 일이 기록되어 있다(행 12:1~17). 이것은 신실한 교회가 기도로 하나님의 능력을 늘 활용할 수 있다는 것을 가르친다.

엘리야가 하늘이 닫히기를 기도했을 때, 그는 오직 한 분이신 참 하나님께 아뢰었음을 증명했다.(박대영, 2020:377-82) 당신은 성경에 나오는 하나님이 참되시며 살아 계신 하나님이심을 믿는가? 모세의 재앙은 "복음을 선포함으로써 속박으로부터 사람들을 풀어 주기 위한 교회의 능력을 돋보이게"(J. M. Hamilton Jr., 239) 한다. 예수님의 죽음과 부활을 통해 당신의 모든 죄로부터 해방되었는가? 그분의 복음을 단순하게 믿기만 하면 그 누구라도 그렇게 될 수 있다. 당신이 해방되었다면 모든 교회와 더불어 거룩한 소명도 받았을 것이고 성령이 부어 주시는 능력으로 이 세상의 어둠을 향해 복음의 증인이 될 수 있다.

1588년, 개신교 개혁주의 복음에 담긴 영광의 낌새를 채고 영국을 정복하기 위해 스페인의 천주교가 엄청난 힘으로 대규모 함선을 보냈지만 스페인 무적함대는 허망하게 패망하고 말았다. 스페인 무적함대가 완전히 패망한 데 두 가지 요인이 복합되어 있었다. 한 가지는 갑자기 발생한 거센 폭풍으로 거대(巨大) 전함들이 아일랜드 암석 해안에 충돌하여 부서진 것이었다. 또 다른 하나는 하나님이 내리신 혼란 속에서 그것을 이용한 영국의 훨씬 더 작고 민첩한 선박들의 용감한 투쟁이었다. 이 두 가지 곧 폭풍과 영국의 소형 선박들의 뒤에는 구약시대에 엘리야와 모세가 그랬듯이 하늘의 하나님께 뜨겁게 기도했던 영국의 무수한 신자들의 기도가 있었다. 영국이 구원받은 뒤에, 엘리자베스 여왕 1세는 기념주화를 만들도록 명령했다. 그 주화에 감명 깊은 문구 "Affavit Deus"를 새겨 넣었는데, 이 말은 "하나님이 불어 버렸다"는 뜻이다. 여왕은 영국 백성들의 기도에 하나님이 응답하셨다는 것을 알았고, 그런 식으로 영국은 개혁교회의 복음 증거 사역에 대한 귀한 증거를 남겼다.

대체로 계시록 11장에 있는 요한이 본 환상은 말씀, 성례전, 성령의 능력에 기반한 기도를 통해 증인 사역을 하는 교회의 능력을 보여 준다. 이러한 "정규 은혜의 수단들"로 교회는 악을 압도하며, 죄인들을 심판으로부터 구원하며, 하나님이 주신 말씀의 진리를 선포할 수 있게 된다. "이것(말씀)이 교회를 강력하게 만든다; 돈이 아니고, 정치적인 영향력도 아니고, 장사꾼 수법도 아니고, 세속적인 전략을 포함한 어떤 것으로도 아니다." 교회의 능력은 예수 그리스도와 그분의 십자가에서의 희생을 통한 하나님 아버지의 보호 선언, 하나님의 말씀으로 성령께서 부어주시는 능력이다.(J. M. Hamilton Jr., 239)

11:7~10 _증인들을 괴롭히는 전쟁

그리스도인들이 복음을 증거할 때 패배할 수 없는 이유는 바로 고난받는 성도들과 함께하는 하나님의 권능 때문이다. 그러나 계시록 11:7은 "그들이 그 증언을 마칠 때에" 세상이 그들에 맞서 난폭한 전쟁을 벌일 것이라고 말한다. 7절에 계시록의 나머지 부분에서 중요한 역할을 할 어떤 존재를 소개한다. "무저갱으로부터 올라오는 짐승이 그들과 더불어 전쟁을 일으켜 그들을 이기고 그들을 죽일 터인즉" 그 짐승은 "악한 권세의 명백한 승리"를 가져오는 "그리스도인의 증언을 침묵시키려 하는 세상의 적(敵)그리스도적인 권세들"이다.(G. B. Wilson, 2:534)

이 짐승 이미지는 다니엘 7장의 예언과 연결된다. 역사 속에 네 개의 대제국이 세워질 것인데, 각각의 제국은 사자, 곰, 표범을 포함한 치명적인 짐승으로 표현되었다(단 7:1~8). 네 번째 짐승은 무시무시하고 살벌한 쇠 이빨과 열 개의 뿔을 갖고 있다. 이 배경을 바탕으로 다니엘이 말한 네 번째 짐승이 로마제국을 가리킨다고 믿기 때문에 해석가들은 대부분 계시록의 짐승이 로마 황제 도미티아누스에서 비롯된 요한 당시의 황제 숭배라는 박해로 이해한다. 이 짐승이 "무저갱으로부터" 올라온다는 사실은 그 짐승이 마귀를 섬기는 악마적인 능력을 발휘한다는 것을 가리킨다. 바울은 예수님 재림 전에 만국을 속이고 교회를 괴롭히기 위해 "불법한 자"가 등장하리라(살후 2:8~10)고 말했다. 그러나 요한은, 짐승이 올라오는 것을 말하기 위해 현재 시제를 사용한다: 이것은, 비록 그 짐승이 그리스도의 재림 전 역사의 끝에 가장 강력한 형태를 취하게 될지라도, 요한 당시의 독자들과 교회 시대의 모든 그리스도인에게 현실적으로 매우 위협적인 흐름임을 나타내고자 하는 것이다.

그리스도인들이 일단 복음의 증거를 받게 되면 그 짐승은 "그들과 더불어 전쟁을 일으켜 그들을 이기고 그들을 죽일 것"(계 11:7)이다. 그런 다음 "그들의 시체가 큰 성 길에 있으리니 그 성은 영적으로 하면 소돔이라고도 하고 애굽이라고도 하니 곧 그들의 주께서 십자가에 못 박히신 곳이라. 백성들과 족속과 방언과 나라 중에서 사람들이 그 시체를 사흘 반 동안을 보며 무덤에 장사하지 못하게"(계 11:8~9) 할 것이다.

요한은 이 무시무시한 사건을, 세 가지 성경적 이미지로 특징짓는 자리에 배치한다. 증인들의 피살은 나중에 계시록의 다음 부분에서 좀 더 자세하게 전개될 패턴을 따르면서 역사 전반에 걸쳐 복음 사역을 방해하는 사탄의 행위를 요약하고 있다. 첫째는 소돔이라는 도시인데 이 도시는 사악한 성적(性的) 혐오행위와 우상 숭배 죄를 나타내고 있다. 소돔은 계시록 17장에서 음녀 바벨론으로 묘사된 세상을 예견(豫見)하게 하는데 음녀는 감각적 탐닉의 잔으로 사람들을 죽음에 이르도록 유혹한다. 둘째는 애굽인데 거기서 하나님의 거룩한 백성이 노예로 붙들려 있었고 하나님의 메시지는 무자비하게 경멸당했다. 애굽은 첫 번째 짐승을 예견하게 하는데 그 짐승은 13장에서 교회를 박해하는 독재적인 권세를 갖고 일어날 것이다. 세 번째는 예루살렘 밖 예수의 십자가형인데 이것은 하나님이 보내신 메시아와 그의 복음을 거부하는 것을 나타내고 있다. 여기서, 계시록 13장의 두 번째 짐승이 예견되는데 이 짐승은 우상을 숭배하는 적그리스도적인 종교로 세상을 이끄는 거짓 선지자다. 계시록 11:8은 이러한 이미지들을 "상징적으로" 받아들이거나 혹은 말 그대로 "영적인 방식으로" 받아들여야 한다는 것을 알려 준다. 요점은 그것들이 이 세상에 있는 어떤 장소를 나타내는 것이 아니고 마치 그것이 복음을 군사적으로 반대하는 것처럼 우상을 섬기는 거짓 종교, 관능적 매춘, 난폭한 박해를 자행하는 세상 자체를 나타낸다는 것이다. 이런 이유로 소돔, 애굽 그리고 예루살렘의 조합을 "전 세계적인 불(不)신앙의 구조와 하나님을 겨냥한 도발"과 연관시킬 수 있는데 이런 연결은 매우 적절해 보인다.(P. E. Hughes, 127)

이 상징적인 비전에서 교회 증인의 시체가 길바닥에 "사흘 반 동안"(계 11:9) 나뒹굴게 되는데 이 기간은 아마도 하나님이 한정하신 시간을 나타내는 것일 것이다. 주요 강조점은 살해당한 교회를 향한 세상의 태도에 맞춰져 있다. 어떤 특정 부류의 인간이 아니라 모든 백성들과 족속과 방언과 나라가 연합해서 하나님의 백성을 증오한다. 심지어 그들의 시신을 무덤에 장사하지도 못하게 하고 그 증오 때문에 그리스도인 증인들을 죽이는 일을 즐거워하는 모습에서 그리스도인들에 대한 경멸을 확인하게 된다: "이 두 선지자가 땅에 사는 자들을 괴롭게 한 고로 땅에 사는 자들이 두 선지자의 죽음을 즐거워하고 기뻐하여 서로 예물을 보내리라 하더라"(계 11:10). "그리스도의 백성들이 심판과 구원, 죄와 용서에 대해 거듭 증언하는 행위가 안 믿는 자들을 깊이 분노하게 했고 그러기에 그들은 자기들의 원수를 갚게 된 것을 기뻐한다." 곧 "어둠 속에 감출 것이 많고 회개하기는 싫어하는 자들"이(이필찬, 2021:980) 교회의 몰락과 패배를 즐거워하는 것이다.(P. Gardner, 158)

요한 당시의 독자들이 그 짐승을 그들이 로마제국으로부터 곧 마주하게 될 위협으로 해석하도록 요한이 독자들을 이끌고 있다는 것은 의심의 여지가 없다. 증인들의 죽음은 루이 14세가 낭트 칙령을 폐지한 뒤 프랑스의 그리스도인들이 겪었던 환난, 교회사 전반에 걸친 유사한 사건들과 엇비슷하다. 그것은 실제로 "잔혹한 세력이 진리와 의로움을 짓밟고 승리하는 것처럼 보이는 역사 속에서의 모든 학살과 순교"를 가리킨다.(H. B. Swete, 2:137)

11:11~13 _부활하신 그리스도의 증거

요한이 본 비전에 나오는 짐승은 틀림없이 자기들이 마침내 그리스도의 증인들을 무찔렀다고 믿었을 것이다. 유대교 지도자들도 자기들이 예루살렘 성문 밖에서 예수를 십자가에 매달아 죽이는 일에 성공했을 때 그와 똑같이 생각했을 것이다. 마찬가지로 다소의 사울도 첫 순교자였던 스데반을 돌로 쳐죽일 때 승리감에 도취되었을 것이다. 그러나 예수님의 몸인 교회도 그분과 마찬가지로 하나님의 권능으로 십자가 사건에 이어 부활이 있었듯이 분명히 다시 일어설 것이다. 따라서 요한이 본 비전에서는 이렇게 결론 내린다: "삼 일 반 후에 하나님께로부터 생기가 그들 속에 들어가매 그들이 발로 일어서니 구경하는 자들이 크게 두려워하더라"(계 11:11).

요한이 본 비전은 교회 역사와 더불어 하나님의 부활 능력 때문에 세상이 교회를 이기는 것이 일시적이며 공허한 일임을 알려 준다. "그러나 교회들이 숱하게 파괴되고 하나님의 백성이 순교하거나 추방당하거나 박해를 받으면서 전 세계의 안 믿는 자들의 축하잔치가 많이 열리겠지만 하나님께서 항시 자신의 영광을 위해(시 23:3) 몸 된 교회를 일으켜 세우는 일을 변함없이 계속하실 것이다."(P. Gardner, 161)

최근의 생생한 사례는 중국에서의 복음 사역 경험이다. 윌리암 핸드릭슨은 1940년에 계시록 주석을 쓰면서 사탄의 짐승이 기독교 증인들을 쓸어버린 사례로 공산주의 중국에서 교회가 일시적으로 패배한 것을 들었다. 세상 사람들이 교회의 죽음을 고소해한다고 했듯이 모택동의 아내는 1960년대 문화혁명 기간에 기독교가 죽었다는 선언을 하면서 유명해졌다. 수많은 그리스도인이 체포되어 처형당하거나 혹은 공산주의 사상과 교리를 다시 주입 받았다.(W. Hendriksen, 130) 그러나 60년 뒤 복음은 대단한 세력으로 중국을 휩쓸고 있으며 수백만 명의 사람들이 구원받는 믿음을 갖게 되었다. 하나님이 기획하신 일정 기간이 지나면 중국에 있는 교회의 증인들이 권능으로 일어나서 그리스도의 원수들을 혼란과 절망 속으로 내던질 것이다.

요한이 본 비전은 하늘로 들려 올려지는 교회를 좀 더 보여 준다: "하늘로부터 큰 음성이 있어 이리로 올라오라 함을 그들이 듣고 구름을 타고 하늘로 올라가니 그들의 원수들도 구경하더라"(계 11:12). 이 비전이 여섯 번째와 일곱 번째 나팔 사이에 나타나고 있음을 잘 아실 것이다. 그러므로 이 비전은 그리스도의 재림과 함께 하나님이 성도들을 모으시는 일에 더 근접해 있는 것이다. 그러나 이것은 "비밀스런 휴거"와는 거리가 멀다. "그들의 원수들도 그들을 '지켜보고' 있기" 때문이다. 그리스도의 재림 때 몸 된 교회를 모으심으로써 박해당한 그 백성들을 변호하는 모습을 보여 주실 것이다. 역사 속에서 박해받은 교회가 승리한 모습으로 다시 살아날 때마다 이런 변호가 일어날 것이다.

그리스도를 따르는 증인들의 부활과 더불어 사악한 자들에 대한 심판이

동시에 일어난다: "그때에 큰 지진이 나서 성 십분의 일이 무너지고 지진에 죽은 사람이 칠천이라. 그 남은 자들이 두려워하여 영광을 하늘의 하나님께 돌리더라"(계 11:13). 계시록 6:12의 여섯 번째 인이 떼어지면서 이 세상의 권세들이 박살 나는 무시무시한 지진이 일어났다. 계시록 8:5, 천사가 향로를 가지고 제단의 불을 담아다가 땅에 쏟으매 우레와 음성과 번개와 지진이 났다. 지진이라는 상징은 하나님을 향한 세속적인 반항과 우상의 권세를 흔들고 박살 내는 것을 보여 준다. 이런 효과는 하나님의 권능으로 복음이 선포될 때마다 일어나고 있다. 따라서 바울이 데살로니가에서 복음을 전할 때 그랬듯이 하나님의 원수들은 이렇게 불평한다: "천하를 어지럽게 하던 이 사람들이 여기도 이르렀다"(행 17:6).

요한이 본 비전 속에서 큰 지진으로 "성 십 분의 일이 무너지고, 지진에 죽은 사람이 칠천 명"이다. 이 비전이 일곱 번째 나팔재앙이 일어나기 직전에 일어나고 있음을 생각한다면 이것이 역사의 종말이 가까워졌다는 것을 가리키고 있음을 알게 된다. 나팔재앙은 하나님의 심판으로 세속적인 적대 세력들에 대한 그리스도의 승리를 선포하는 방식을 알려 준다. 여기서 지진은 하나님의 최종심판이 다가오고 있음을 분명히 하기에 충분한 피해를 준다. "성 십 분의 일"과 "칠천 명"은 사상자의 실질적인 비율을 가리키는 듯한데 그렇지만 사람들 대부분은 살아남는 셈이다. "그 남은 자들이 두려워하여 영광을 하늘의 하나님께 돌린다"(계 11:13). 그리스도께서 아직 재림하시지 않았기 때문에 최소한 얼마간의 사람들이 더 회개하고 믿음으로 구원받게 될 것으로 보이지만 그럼에도 많은 안 믿는 자들은 틀림없이 하나님의 임박한 진노 앞에서 불신앙적인 공포에 사로잡혀 하나님께 영광 돌리지 않고 오히려 하나님을 욕할 것이다. 이런 두려움은 하나님의 초자연적인 권능이 몸 된 교회를 옹호하고 부활시키는 것이 분명해질 때마다 경험될 것이다.

11:11~14 _두려움 아니면 복?

초기교회 역사를 살펴보면, 이 비전이 요한 당시 아시아 교회들의 코앞에 닥친 박해를 얼마나 정확하게 그려냈는지를 알 수 있다. 아시아 지역 교회들에 환난 속에서 복음을 증거할 위대한 권능이 주어질 것이며 또한 로마의 칼에 의해서 혹은 광장에서 교회의 지도자들과 성도들이 순교의 길을 걸을 때 탄압으로 그들의 증거가 망한 것처럼 보일 때마다 하나님은 믿음으로 그 순교자들을 따르는 더 많은 개종자를 일으키실 것이다. 따라서 3세기 기독교 지도자였던 터툴리안은 로마의 박해자들에게 "순교자들의 피는 교회의 씨앗"이라는 글을 써 보냈다.

이 증거는 짐승이 당하는 화는 세상을 위한 복이라는 사실을 일깨워 준다. 천사는 요한이 본 환상을 큰소리로 외치면서 마무리한다. "둘째 화는 지나갔으나 보라 셋째 화가 속히 이르는도다"(계 11:14). 이 세상에 내릴 세 번째 화는 일곱 번째 나팔소리가 나고 역사의 끝에 그리스도께서 다시 오실 때 내려지는 최후 심판이 될 것이다. 최후의 심판이 내려지는 바로 그 끝이 올 때까지 하나님의 원수들이 당하는 화는 교회의 복음을 증언하는 이들에게는 지속적인 복이 된다는 뜻이다.

하나님은 그분의 복음을 증언하는 이들을 보호하시는데 그럼으로써 여전히 구원받을 기회가 죄인들에게 주어진다. 그래서 초대교회에서 순교자들이 복음의 깃발을 들었을 때 로마 황제 콘스탄틴이 그리스도를 믿는 믿음에 항복했다. 마찬가지로 스페인 무적함대의 멸망으로 영국에서 복음의 빛이 계속 불타오를 수 있었다. 마찬가지로 위그노들이 프랑스에서 쫓겨나도 영국 스코틀랜드와 웨일즈에서 개혁주의 증인들과 합류할 수 있었고 그로 인해 전 세계에 복음이 전파되었다. 마찬가지로 오늘날 교회들이 이처럼 잔혹한 박해를 겪고 있는 수단, 에리트레아, 시리아에서처럼 오늘날 중국과 인도 북한에서도, 복음이 의심할 여지 없이 자리를 잡게 될 것이다. 우리가 단지 회개하고 믿기만 하면 하나님께서 복음을 보존하심으로 구원이 주어진다. 이것이 주님의 몸인 교회의 강력한 증거에 비추어 우리가 하나님께 영광을 돌리는 가장 좋은 방법이다: 완악한 불신앙을 통한 심판 때문이 아니라 예수 그리스도에 대한 믿음을 통한 구원으로 그렇게 된다. 그러면 하나님께서 그분의 증인으로 우리를 쓰실 것이며, 비록 예수님과 그분의 말씀 때문에 고난 당하다 죽을 수도 있다 할지라도 부활시키시는 하나님의 권능이 우리를 다시 일으켜 영원한 생명으로 이끌어 주실 것이다.

일곱 번째 나팔을 불매
(요한계시록 11:15~19)

¹⁵그리고 일곱째 천사가 나팔불었다. 그때에 하늘에 큰 음성들이 있어 말하였다: 세상의 나라가 우리의 주와 그의 그리스도의 나라가 되었다. 그래서 그가 영원토록 통치하실 것이다. ¹⁶그리고 하나님 앞에서 그들의 보좌들에 앉은 이십사 장로가 그들의 얼굴들을 대고 엎드려 하나님께 경배하였다. ¹⁷말하기를 "지금 계시고 전에도 계셨던 주 하나님 전능자시여, 당신께 감사드립니다. 왜냐하면 당신은 당신의 큰 능력을 참으로 취하셔서 통치하기 시작하셨기 때문입니다. ¹⁸그리고 나라들이 분노했습니다. 그러나 당신의 분노가 임하였습니다. 그래서 죽은 자들을 심판하시며 당신의 종들 곧 선지자들과 성도들에게와 작은 자들이든 큰 자들이든 당신의 이름을 경외하는 자들에게 상을 주시며 땅을 망하게 하는 자들을 망하게 하실 때가 왔습니다" ^{17a}하였다. ¹⁹그리고 하늘에 있는 하나님의 성전이 열려졌다. 그때 그의 성전 안에 그의 언약의 궤가 보여졌다. 그리고 번개들과 소리들과 우레들과 지진과 큰 우박이 있었다. (이필찬, 2021: 1012)

교회 주보 1면에 '교회의 비전'이라 해 놓고 서너 자릿수 숫자를 내 걸고 숫자놀음 하는 교회들을 볼 때마다 목사 이전에 신자의 한 사람으로서 몹시

부끄럽고 마음이 아프다. 내 마음이 그토록 아플 때 주님의 마음은 또 얼마나 아프실까 생각하면 속이 더 쓰려온다. 교회를 개척했을 때나 30년이 지난 지금이나 전주열린문교회의 비전은 딱 하나, 삶의 모든 지경에서 '예수 그리스도의 주권이 회복되는 일에 헌신하는 것'이다. 이것은 우리 전주열린문교회뿐만 아니라 지상의 모든 교회가 다 똑같이 가져야 하는 단 하나의 가장 중요한 비전이다.

성탄절 기간에 많은 교회에서 예수님의 구원 사역을 찬양하는 헨델의 웅장한 오라토리오 메시아를 즐겨 연주한다. 그러나 헨델의 메시아가 원래 부활절을 기념하기 위해 작곡되었고 부활절에 연주되었다는 사실을 아는 이는 별로 없다. 이렇게 된 이유는 그리스도의 부활과 영광 중에 영원한 통치를 찬양하는 승리의 "할렐루야 합창"이 작품 속에 들어 있기 때문일 것이다.

헨델이 메시아를 작곡하면서 직접 경험한 바를 고백한 바 있는데 그의 말이 계시록에 들어 있는 말씀을 떠올리게 만든다: "나는 내 앞에 펼쳐진 천상의 풍경을 생각하며 위대한 하나님 그분을 보았다."(P. Jacobi, 7) 그는 비전이 아니라 하나님의 말씀으로 이런 경험을 했다. 헨델이 메시아를 작곡했던 24일 동안 종종 밥 먹는 것도 잊을 정도로 작곡에 몰두했다는 비화(秘話)도 있다. 하인 하나가 헨델이 작곡 도중 이사야 53:3, "그는 멸시를 받아 사람들에게 버림 받았다"(P. Jacobi, 33)는 말씀 부분의 악보를 쓰면서 흐느껴 우는 것을 보았다는 얘기도 전해진다. 비록 '메시아'가 처음부터 성공을 거둔 것은 아니었다 할지라도 헨델의 메시아는 마침내 그리스도의 영광을 경외감 속에 예배하도록 영감을 불어넣는 불후의 위대한 작품이 되었다. 영국 왕 조지 2세가 "할렐루야 합창"을 맨 처음 들었을 때 승귀(乘貴)되신 예수 그리스도의 위대한 주권을 깨닫고 자리에서 벌떡 일어섰다는 유명한 일화도 있다.(P. Jacobi, 45) "할렐루야 합창"의 가사에는 일곱째 천사가 나팔을 불자 하늘에서 그리스도의 승리를 선포했다는 계시록 11:15의 웅장한 함성이 담겨 있다:

"세상 나라가 우리 주와 그의 그리스도의 나라가 되어 그가 세세토록 왕 노릇 하시리로다."

계시록 11장 마무리 부분에서 9장의 여섯 번째 나팔 이후로 내내 기다려온 일곱 번째 나팔소리를 마침내 듣게 된다. 여호수아가 약속의 땅에 들어갔을 때 일곱 번째 나팔소리에 여리고 성벽들이 무너져 내렸다(수 6:20). 이제 하늘에서 일곱 번째 나팔소리가 나면서 교회의 출애굽 여행은 그리스도의 재림과 함께 끝이 나고 원수들이 마침내 패망한다. 그리스도의 왕국을 위한 승리의 함성은 여전히 이 험한 세상에서 사는 우리 성도들에게 깊은 가르침을 준다. 그것은 하나님의 왕국을 위한 우리의 기도는 어느 날 온전히 응답받게 되리라는 것이다(마 6:10).

11:15 _선포된 하나님의 왕국

계시록에 기록된 인, 나팔, 대접 심판 속에서, 각 시리즈의 일곱 번째 숫자는 땅에서가 아니라 하늘에서 무슨 일이 일어나는지를 우리에게 알려 준다. 이것은 위에 계신 하나님, 하늘 보좌의 관점에서 우리의 역사를 보여 주려는 계시록의 목적과 보조를 맞추고 있다. 여섯 번째 인이 열렸을 때 하늘에 반 시간쯤 침묵이 있었다(계 8:1). 일곱 번째 대접을 쏟으매 하나님의 보좌로부터 큰 음성이 나서 이르기를 "(다) 되었다!"(계 16:17)고 선언하게 될 것이다. 일곱 번째 나팔소리가 날 때 하늘의 큰 음성이 나서 예수께서 그의 영원한 왕국을 지상에 가져온다는 것을 선포한다.

바울은 그리스도께서 재림하시고 "마지막 나팔"(고전 15:52)에서 소리가 나면 죽은 자들이 최후의 심판을 받기 위해 다시 살아난다고 했다. 계시록의 일곱 번째 나팔은 앞으로 계시록에서 다룰 이런 사건들을 자세히 서술하지는 않지만 단순하게 그리스도께서 심판하러 다시 오신다고 선언한다. 세대주의자들은 이 나팔이 오직 그리스도의 천년 통치가 지상에 펼쳐지고 그 뒤에 또 다른 반역이 일어날 것이라고 가르치지만 이것은 이 나팔이 영원한 통치를 선포하고 있다는 것을 잘 모르는 탓이다: "그가 세세토록 왕 노릇하시리로다"(계 11:15). 과거주의자들은 이 나팔을 그리스도가 영적으로 다스리시는 복음 시대의 시작으로 본다. 그러나 18절은 그것을 "죽은 자들이 심판받는 때"로 정의한다. 그러므로 일곱 번째 나팔은 왕의 왕이신 예수님께서 땅을 영원히 다스리시기 위해 영광스럽게 다시 오시는 것을 선포하는 것이다.

그리스도인은 대부분 우리의 영혼이 예수님과 함께하기 위해 하늘로 가는 것으로 구원이 끝난다고 생각한다. 구원 얻는다는 것을 "내가 죽을 때 하늘로 가는 것"으로만 생각하기 때문이다. 이것은 사실이지만 그러나 역사는 거기서 끝나지 않는다. 성경은 새로워지고 영광스럽게 된 땅을 다스리시기 위해 예수님께서 다시 오실 것이라고 가르치고 있다. 예수께서 "우리 주와 그의 그리스도의 나라"(계 11:15)를 세우기 위해 "세상 나라"에 오실 것이다. 하나님은 당신께서 지으셨으나 죄가 망가뜨려 버린 이 땅에서 물러서지 않으신다. 오히려 하나님은 죄의 피해를 치유하기 위해 그의 아들을 보내셨고 십자가에서 그 죗값을 다 치르셨으며 교회 시대에 복음을 통해 그의 백성을 모으신 뒤에 그 아들이 다시 와서 모든 창조세계에 하나님의 주권을 다시 세우도록 하셨다. 이사야 선지자가 예언했듯이 "(하나님의) 거룩한 산 모든 곳에서 해(害) 됨도 없고 상함도 없을 것이니 이는 물이 바다를 덮음같이 여호와를 아는 지식이 세상에 충만할 것"(사 11:9)이다. 그 시대에는 신자들이 예수님의 부활한 몸처럼 몸으로 부활할 것이며 그리하여 새 하늘 새 땅에서 그와 함께 영원히 살 수 있게 될 것이다(계 21:1).

영국의 군주들이 왕관을 받기 위해 웨스트민스터 성당에 갈 때 그는 "세상 나라가 우리 주와 그의 그리스도의 나라가 된다"는 계시록 11:15 말씀이 새겨진 제단 앞에 선다. 이것은 지상의 통치자들이 하나님의 더 높은 권위에 응답해야만 한다는 준엄한 사실을 드러낸다. 이것이 바로 똑같은 본문을 노래한 헨델의 "할렐루야 합창"을 듣는 순간 조지 2세가 자리에서 벌떡 일어난 이유다.

그러나 웨스트민스터 대성당의 제단에 새겨진 킹 제임스 역본에는 약간의 실수가 드러나 있다. 거기에는 "세상 나라들"이라고 복수로 표현되어 있는데 반면 요한은 "세상 나라"를 '헤 바실레이아 투 코스무'라고 '단수'로 표현하면서 '세상 나라'가 그리스도에 의해 정복당했다고 했다. 곧 그리스도가 지상의 모든 다른 나라(왕국)들을 물리치기 위해 다시 오셨다고 말하는 것이 아니라 하늘에서 나는 큰 음성들은 그리스도께 대항한 것은 '지상의 단일 왕국'이라고 말하는 것이다. 다니엘은 각기 특별한 짐승으로 상징된 다른 왕국들이 연달아 등장할 것을 예언(단 7:1~8)하였지만 그러나 그 모든 왕국의 복합체인 짐승 하나가 등장한다(계 13:1~2). 로마제국, 유럽의 전제 국가들, 나찌 독일, 중국과 러시아의 공산정권, 미국과 서방의 쾌락을 추구하는 모든 인간 사회를 포함한 모든 세속 제국들은 실제로는 사탄의 지배 아래 있는 '단 하나의 지상 왕국'이다. 그리스도가 다시 오실 때 "세상의 (단일) 왕국"은 "우리 주와 그의 그리스도의 나라"(계 11:15)에 항복할 것이다.

예수님의 부활로 지상에 주님이 왕 되시는 구원의 왕국이 시작되었고 또한 바로 그날로부터 인류의 마음과 정신을 쟁취하려는 두 왕국의 싸움이 시작되었다. 그리스도의 부활 왕국이 참 왕국이기에 세속 왕국이 사라질 때 유일하게 존속할 왕국은 우리 주님의 나라인 것이다. 그러므로 예수님께서 부활하신 후에 이렇게 선포하셨다. "하늘과 땅의 모든 권세를 내게 주셨다"(마 28:18). 그러나 죄와 불신의 왕국이 주님의 통치와 다툴 때 비록 주님의 통치에 대항하는 적대세력이 종종 성공하는 것처럼 보일지라도 반역하는 이 세상을 그리스도께서 다스리고 계신다는 사실은 분명하다. 일곱 번째 나팔은 그리스도가 마침내 세상 왕국을 물리치고 그분의 통치에 대항하는 모든 세력을 내쫓음으로 지금 매우 강력해 보이는 세상 왕국이 그분이 오심으로 멸망할 것을 선포한다. "어떤 왕이 '법률상의' 왕일 수 있지만 그는 충성스럽게 복종하는 백성들의 환호와 찬성으로 그의 정권 취득을 선포하는 나팔소리가 울려 퍼질 때까지는 '사실상의' 왕은 아니다."(G. B. Caird, 141) 지금껏 우리가 확신한 바와 같이 역사는 그리스도께서 다시 오셔서 그분의 의로운 왕국으로 사악한 세상 왕국을 완전히 뒤엎어버리고 부활한 그분의 백성들이 기꺼이 즐겁게 올리는 찬양을 받으시는 사건이 마무리될 때를 향하여 앞으로 계속 달려 나갈 것이다.

다가오는 왕국은 "우리 주와 그의 그리스도의 나라"이다(계 11:15). 신약성경에서 '주님'은 대개 예수님을 가리키지만 그러나 계시록에서 이 호칭은 그분과 우리의 주 곧 하나님 아버지를 가리킨다. 따라서 다가오는 왕국은 "우리 주와 그의 그리스도의" 연합 통치를 포함하고 있다; 하나님 아버지와 아들 하나님이 대속 받은 그분들의 대가족을 사랑으로 다스리신다; 옛적부터 항상 계신 이와 인자같은 이가 연합 주권을 행사하신다(단 7:9~14); 보좌에 앉아 계신 이와 죽임당한 어린 양이 하늘과 땅을 함께 다스리신다(계 5:13). 아버지는 창조주이시며 아들은 대속주이시다: 그분들은 하나님의 영광 안에서 권능과 은혜로 함께 다스리신다. 여기서 하나님의 통치에 관한 한 하나님 아버지와 하나이신 예수 그리스도의 충만한 신성(神性)이 확인된다.

그리스도의 왕국은 역사의 마지막 영역으로서 인류에게 온다. 그렇지 않다면 우리는 심지어 역사 '후(後)'를 이야기해야만 할 것이다. 계시록 11:15에서 하늘이 외친다: "그가 세세토록 왕 노릇 하시리로다." 소아시아 지역 교회에 소속된 계시록의 독자들은 오늘날의 그리스도인들이 그러하듯이 이 세상 왕국의 압제 아래 박해당하고 있었다. 그들처럼 오늘의 우리도 그리스도께서 다시 오실 때 모든 반대와 핍박이 사라지는 것을 알게 될 것이다. 최후의 심판에 "주님께 대항하던 모든 권세가 당하게 되는 우주적으로 결정적인 패배"(G. K. Beale, 1999:614)가 포함되기에 그리스도의 백성은 영원히 안전하게 될 것이며 영원히 흔들리지 않고 그리고 하나님으로부터 영원히 복을 받게 될 것이다.

이것이 "그리스도"의 왕국임을 알기에 우리는 그분이 기름 부음을 받은 모든 직책 안에서 이 칭호가 예수님을 가리키는 것을 기억한다(계시록의 '주'라는 칭호가 그리스도께도 동시에 적용된다는 말이다.). 그분은 그 백성을 영원히 의(義)로 다스리실 위대한 왕이실 뿐만 아니라 신자들에게 하나님의 영광을 영원히 계시하실 위대한 선지자이시기도 하며 아울러 그분의 속죄하는 희생으로 영원히 안전하게 우리를 구원하시는 위대한 대제사장이시기도 하다. 히브리서 7:25에서 이렇게 단언하고 있다. "그러므로 자기를 힘입어 하나님께 나아가는 자들을 온전히 구원하실 수 있으니 이는 그가 항상 살아 계셔서 그들을 위하여 간구하심이라." 그리스도께서 살아 계시는 한 우리의 구원은 뒤엎어질 수 없다! 그러므로 헨델이 "할렐루야 합창"에 "그가 세세토록 왕 노릇 하시리로다"(계 11:15)라는 말씀을 집어넣은 것은 그리 놀랄 일이 아니다. 세상 왕국이 그리스도의 왕국으로 대체될 것이며 그럼으로써 그리스도께서 영원히 다스리실 수 있다는 소식은 모든 신앙인이 "할렐루야" 곧 "주님을 찬양하라"는 환호성을 지르도록 틀림없이 영감을 북돋울 것이다.

11:16~18 _찬양 받는 하나님의 왕국

교회 주변에서 '큰 교회', '작은 교회', '큰 일꾼', '작은 일꾼'라는 말을 자주 듣는다. 처음 만나 인사를 나눈 자리에서 상대가 목사라는 것을 알게 되면 으레 제일 먼저 나오는 질문이 '교인 숫자'다: "그 교회 교인 수는 몇 명이나 되나요?" 언젠가 서울에서 열린 꽤 큰 공식 모임에서, 이름만 대면 알 만한 수도권의 어느 대형교회 담임목사가 여러 사람 앞에서 아주 당당하게 "대형

교회 아무나 하나?"라고 말하는 것을 보았다. 그런데 그런 말, 성경적으로 정말 이치에 맞는 말인가? 성경 어디에 더 정확히 요한계시록 2~3장 어디에 '큰 교회', '작은 교회'를 구별하는 얘기가 있던가?(이규현, 2012: 40 참조) 예수님이 어느 한 교회에라도 '교회 크기'를 갖고 책망하신 곳이 단 한 군데라도 있는가? 한껏 교만한 그 말을 듣는 순간 내 귀를 의심했지만 분명 내가 꿈을 꾸고 있는 것은 아니었다. (미안한 말이지만, 덩치 크다고 싸움 잘하는 것 아니다.) 하나 더, 당신은 지금 어떤 예배자인가? 이 질문을 가슴 깊이 품고 이 단락의 말씀을 살피도록 하자.

사도 요한 혼자서만 일곱 번째 나팔과 그리스도의 왕국 선언을 들은 것은 아니다. 우리는 계시록 4장에서 하늘에서 구약과 신약교회를 대표하며 나타나 그리스도의 통치에 교회가 포함되었음을 나타내는 보좌에 앉아 있던 "이십사 장로"를 다시 보게 된다. 영국 왕 조지 2세가 헨델의 할렐루야 합창을 듣다가 자리에서 벌떡 일어섰던 반면에 "이십사 장로들은 엎드려 얼굴을 땅에 대고 하나님께 경배"(계 11:16)한다. 천상의 통치자들은 그리스도의 피로 죄가 씻겨진 교회의 거룩을 보여 주기 위해 흰옷을 입고 있다. 하늘 보좌가 있는 바로 그 방에 살고 있기에 그들은 하나님의 발 앞에 엎드려 이렇게 노래한다: "감사하옵나니, 옛적에도 계셨고, 지금도 계신 주 하나님 곧 전능하신 이여 친히 큰 권능을 잡으시고 왕 노릇 하시도다"(계 11:17). 이 경배의 노래 속에, 일곱 번째 경축 나팔소리가 나면서 그리스도의 왕국이 선포된다.

그리스도의 왕국을 향한 찬양과 감사가 아버지 하나님께 드려진다: "주 하나님 곧 전능하신 이"(계 11:17). '전능하신 이'라는 낱말은 헬라어로 '판토크라토르'인데 이것은 "주권자" 혹은 "만물의 통치자"라는 뜻이다. 로마 황제(가이사)들은 피조물 주제에 건방지게 이 칭호를 도용(盜用)했다. 그러나 창조주 하나님은 역사의 통치자이시며 그러기에 그분의 자비로 예수님을 보내셔서 이기적이고 악독하며 탐욕스러운 세속 왕국에 맞서는 '은혜의 왕국'을 다스리게 하셨다. 요한은 이렇게 말한다: "하나님이 세상을 이처럼 사랑하사 독생자를 주셨으니 이는 그를 믿는 자마다 멸망하지 않고 영생을 얻게 하려 하심이라"(요 3:16). 이제 하나님은 베들레헴에서 태어나시고, 십자가에서 죽고, 무덤에서 부활하신 구주 예수님의 최종 승리로 찬양을 받으셨다. 이런 주님께서 "예외 없이 부패하여 흙으로 돌아가는 이 땅에서 영원히 죽지 않고 변하지 않는 참된 생명 안으로 들어오라고 우리를 초대"하신다.(화종부, 2019:116-17)

계시록의 모든 경배 찬양을 통틀어서 하나님은 영원토록 영광 받으신다. 네 생물은 이렇게 노래했다. "거룩하다, 거룩하다, 거룩하다, 주 하나님 곧 전능하신 이여, 전에도 계셨고 이제도 계시고 장차 오실 이시라"(계시록 4:8). 그러나 계시록 11:17의 노래에서 하나님은 더는 "장차 오실 이"로 찬양받지 않으신다. 감사하옵나니 "옛적에도 계셨고" "지금도 계신 주 하나님 곧 전능하신 이"에게 감사하지만 그러나 그들은 "장차 오실 이"라는 말은 하지 않는다. 이 눈에 확 띄는 '생략'은 그리스도의 재림과 함께 일곱 번째 나팔이 영원한 영광을 선포한다는 사실을 반영한다. 영원한 삶은 이제 더는 "장차 올 것"이 아니라 단순히 성도들의 눈앞에 "현실로 존재"하는 것이다. "하나님의 바로 그 이름으로 미래가 일단 제거되어 버리면 미래는 더는 존재할 수 없다."(G. B. Caird, 146) 이것이 바로 이 나팔이 일시적인 천년왕국을 가져오는 것이 아니라 영원한 상태라는 역사의 끝을 선포하는 것이라는 확신을 주는 또 다른 이유다.

하나님이 "장차 오실 것"이라고 읽기를 기대할 만한 대목을 오히려 이렇게 고쳐 읽어야 한다: "(왜냐하면) 친히 큰 권능을 잡으시고 왕 노릇(하기 시작)하시도다"(계 11:17). 이것은 내내 미래로 받아들여졌고 지금도 우리에게는 여전히 미래에 이루어질 일이다: 하나님의 전능한 권세로 그분의 의로운 통치를 온전히 집행하는 일이 아직까지는 미래형이라는 얘기다. 어느 신학자는 이것을 "모든 예언이 겨냥하는 것을 최종적이고 압도적인 상태로 드러내는 것"(H. B. Swete, 2:143)이라고 불렀다. "친히 당신의 큰 권능을 잡으시고"라는 구절은 완료시제로 표현되었는데 이것은 효과가 영원히 계속되는 완벽한 행동을 가리키고 있다. 그리스도의 재림은 영원한 평화와 복락으로 귀결되는 결정적인 사건이라는 말이다.

계시록 11:17에서 그리스도의 왕국에 대해 하나님께 감사하는 반면 18절에서는 그분이 오실 때 일어나는 일의 요점을 찬양하고 있다. 그리스도의 통치, 그 한쪽에는 모든 악과 악인들에게 퍼부어지는 하나님의 최종 진노가 있다. 다른 한쪽에는, 24장로처럼 죄가 씻겨 흰옷을 입은 신자들에게 퍼부어지는 영원한 복락이 있다. 다니엘은 그리스도께서 다시 오실 때 이 위대한 사건이 일어날 것을 예언했다: "땅의 티끌 가운데에서 자는 자 중에서 많은 사람이 깨어나 영생을 받는 자도 있겠고 수치를 당하여서 영원히 부끄러움을 당할 자도 있을 것이다"(단 12:2).

맨 먼저 장로들은 18절에서 이렇게 노래한다. "이방들이 분노하매 주의 진노가 내렸다." 계시록에 등장하는 모든 비전을 통해, 하나님께서 믿지 않는 세상과 갈등하시는 것을 살펴왔다. 계시록 6:9에서는 순교자들을 "하나님의 말씀과 그들이 가진 증거로 말미암아 죽임을 당한 영혼들"로 묘사했다. 이것이 하나님의 뜻 특히 하나님의 말씀에 대항하는 이 세상의 총체적인 음모의 전형적인 모습이다. 시편 기자는 묻는다. "어찌하여 이방 나라들이 분노하며 민족들이 헛된 일을 꾸미는가?"(시 2:1~2). 어림없는 일이지만 "세상의 군왕들이 나서며 관원들이 서로 꾀하여 여호와와 그의 기름 부음 받은 자를 대적"한다. 이런 표현으로 인간 역사의 모든 것이 정리될 수 있다. 70인역에서 세상의 "분노"와 하나님의 "진노"라는 말은 똑같은 어근(헬라어, 오르기조와 오르게)을 쓰고 있다. 인간은 하나님과 그가 보내시는 구세주를 향해 분노를 품었고 그래서 하나님은 똑같은 진노로 되갚아 주신다. 하나님이 약속대로 그리스도를 통해 은혜로운 구원을 제공하셨음에도 유대교 지도자들은 로마 황제와 공모하여 예수를 십자가에 못 박았고 이어서 그를 따르는 신자들을 박해했다. 이제 하늘로 승귀(乘貴)되신 그리스도께서 다시 오실 때 하나님은 그분의 통치권을 회복하실 것이며 아울러 압제자들과 거짓 교사들에게 하나님의 정의로운 심판을 분명하게 내리실 것이다.

죄에 대한 영원한 처벌을 집행하기 위해 "주의 진노가 내려 죽은 자를 심판하시며 종 선지자들과 성도들과 또 작은 자든지 큰 자든지 주의 이름을 경외하는 자들에게 상 주시며 또 땅을 망하게 하는 자들을 멸망시키실 때"(계 11:18)가 바로 그리스도께서 다시 오시는 결정적인 신호다. 계시록 20 장에서 이 장면을 자세히 볼 수 있다. 재림은 단지 신자들뿐만 아니라 보좌에 오르신 그리스도 앞에서 그들의 몸으로 심판대 앞에 세우기 위해 모든 죽은 자의 일반적인 부활과 함께 시작되지만 그렇다고 부활한 모든 사람이 다 영원히 사는 것은 아니다. 요한은 이렇게 쓰고 있다. "또 내가 보니 죽은 자들이 큰 자나 작은 자나 그 보좌 앞에 서 있는데 책들이 펴 있고 또 다른 책이 펴졌으니 곧 생명책이라. 죽은 자들이 자기 행위를 따라 책들에 기록된 대로 심판을 받으니"(계 20:12). 죄책(罪責)이 있고 그리스도의 피로 그것을 용서받아 생명책에 그 이름이 기록되지 못한 모든 사람은 "불 못에 던져진다"(계 20:15).

계시록 11:18은 그리스도께서 "땅을 망하게 하는 자들"을 끝장내 버리실 것이라는 말을 덧붙인다. 여호수아와 이스라엘이 가나안에 들어갔을 때 일어났던 일들을 기억해 보라. 첫걸음은 이방인의 여리고 성벽이 완전히 파괴된 것이었고, 이어서 그 땅에서 악한 가나안 사람들을 싹쓸이해 버린 것이었다. 계시록 19:11~15, 예수께서 백마를 타고 역사 속으로 다시 오실 것을 알려 주고 있다: "그 이름은 충신과 진실이라… 또 그가 피 뿌린 옷을 입었는데… 전능하신 이의 맹렬한 진노의 포도주 틀을 밟겠고." 정복하시는 왕 예수님의 손에 파괴자들이 영원히 파괴당하며 그럼으로써 주님의 땅이 복락과 평화를 영원토록 즐거워할 것이다.

위대하신 왕은 그를 대적하는 사악한 원수들을 칼로 치실 뿐만 아니라 충성하는 종들을 모아서 칭찬하며 상을 주신다. 그러므로 그리스도께서 다시 오셔서 "종 선지자들과 성도들과 또 작은 자든지 큰 자든지 주의 이름을 경외하는 자들에게 상"(계 11:18)을 내리신다. 일부 학자는 본문의 종들, 선지자들, 성도들, 하나님의 이름을 경외하는 자들 간의 차이점을 밝히려 많이 애썼다. 그러나 이 모든 용어가 그리스도의 백성 전체를 묘사하고 있는 것으로 보는 것이 더 나을 듯하다. 모든 신실한 그리스도인들은 다 그리스도의 '종'이며, 하나님의 말씀을 전파하는 '선지자'이며, 거룩한 방식으로 살아가는 '성도들'이며, 하나님과 그의 이름을 경외하는 '예배자들'이다. 상을 주신다는 말은 신자들이 구원에 무슨 특혜를 누린다는 것이 아니다: 오히려 성경은 죄인들이 오직 은혜로만 구원을 얻을 수 있다는 것을 분명히 하고 있다. 죄 때문에 우리 모두 정죄 받아야 마땅하지만 그럼에도 우리는 믿음으로 구원받았다. 그러므로 그 상은 그분의 은혜에 대한 반응으로 나타난 성도들의 헌신적인 섬김에 대한 그리스도의 칭찬과 인정을 반영한다.

달란트 비유에서 예수님은 그 삶이 그리스도께 유익이 되었던 백성들의 삶에 상을 주러 다시 오신다고 말씀하셨다: "잘하였도다. 착하고 충성된 종아 네가 적은 일에 충성하였으매 내가 많은 것을 네게 맡기리니 네 주인의 즐거움에 참여할지어다"(마 25:21). 요한은 이런 상급이 모든 그리스도인에게 주어질 것이라는 말을 들었다. "작은 자들과 큰 자들"(계 11:18) 모두에게 말이다. 이것은 사실일 뿐만 아니라 그리스도께서 오셔서 상 주시는 것에 비추어 볼 때 이 세상에서 위대하다고 여겨지는 삶을 산 그리스도인들은, 그들이 그리스도를 섬기는 일에는 노력을 별로 하지 않았기 때문에 오히려 작게 여겨질 수도 있다는 것을 알아야 한다. 그러나 지금 세상에서 좀 초라해 보이는 삶을 사는 많은 이들(특히 산간, 오지, 섬 지역, 땅끝 사역자들)이 말없이 보이지 않는 곳에서 그리스도를 겸손하게 섬긴 일 때문에 영광과 존귀를 얻게 될 것이다.

그리스도께서 다시 오실 때 몹시 엄한 심판 과정에서 두 가지 상반되는 행동을 하실 것이기 때문에 인류에게는 지금 당장 그분을 믿고 그분께 나가야 할 긴급한 필요가 발생한다. 우리 모두 하나님께 맞서 반역한 죄 때문에 영원히 벌 받아 마땅하다. 그런데도 불신앙의 길을 고집스럽게 가는 이들, 그리스도와 하나님의 말씀을 배척한 이들은 반드시 그분의 심판을 받게 될 것이다. 하나님의 심판대 앞에 설 때 그 얼마나 무시무시하고 두려울 것인가! 언젠가 예수님께서 말씀하셨다. "몸은 죽여도 영혼은 능히 죽이지 못하는 자들을 두려워하지 말고, 오직 몸과 영혼을 능히 지옥에 멸하실 수 있는 이를 두려워하라"(마 10:28). 역사의 마지막에 진노하시면서 말씀하실 하나님이 지금 그의 아들을 통해 구원하시겠다고 그분의 말씀으로 제안하고 계신다. 성경은 약속한다. 만일 우리가 우리 죄를 자백하고 예수 그리스도를 믿으면 "그 아들 예수의 피가 우리를 모든 죄에서 깨끗하게 하실 것"이요, "그는 미쁘시고 의로우사 우리 죄를 사하시며 우리를 모든 불의에서 깨끗하게 하실 것"(요일 1:7, 9)이다.

성경에 '큰 교회', '작은 교회' 같은 극히 세속적이고 지저분한 개념은 없다. 하나님은 토기장이, 우리는 진흙 덩이다. 그러니 무엇을 빚어 어디에 두시든 세워진 바로 그 자리에서 충성하라. 그러면 모두가 다 상을 받을 것이다. 오직 왕국 백성임을 자랑스러워하고, 나 같은 죄인을 그분의 백성 삼으신 하나님을 찬양하라. 주님의 이름으로 경고하고 간곡히 당부하노니 부디 머리 되신 주님을 따르며 '진실(진리)'하고 '사랑' 넘치는(엡 4:15) 경배자가 되라.

11:19 _완성된 하나님의 왕국

계시록 11:19 말씀은 11장의 맨 마지막 구절일 뿐만 아니라 계시록 전반부의 결론이기도 하다. "하늘에 있는 하나님의 성전"을 언급함으로써 요한은 4장에서 보았던 비전을 마무리한다. 계시록의 전반부에서는, 기독교역사 속에서 교회의 웅대한 압승을 포괄하고 있는 폭넓고도 생생한 정보가담긴 다양한 비전을 제공했다. 12장부터 시작되는 비전들은 그리스도의 원수들을 훨씬 더 자세하게 묘사하는 데 초점을 맞추고 있으며 또한 그리스도인들이 어떻게 그들을 모두 다 물리칠 수 있는지를 알려 주는데 무엇보다 중요한 것은 사탄과 그의 두 짐승의 짝퉁(거짓) 삼위일체다.

일곱 나팔과 역사의 관점 이것들은 하나님의 성전이 열림과 동시에 결론이 주어진다. 계시록의 더 많은 부분을 아직 다 읽지 못한 탓에 그리스도가 직접 보이지는 않지만 그러나 그분의 위대한 구약 상징물은 이미 계시 되었다: "성전 안에 하나님의 언약궤가 보이며 또 번개와 음성들과 우레와 지진과 큰 우박이 있더라"(계 11:19). 일곱 번째 나팔이 그리스도의 왕국을 선포하고 있고 찬양의 노래가 그 왕국을 축하하고 있다. 이제 그 왕국이 완성되었기에 그리스도의 백성들이 그분의 영광 안으로 들어갈 길이 열린 것이다.

언약궤는 구약 이스라엘에 가장 신성한 물체였으나 하나님이 예루살렘을 심판하시는 동안에 분실됐거나 불타버렸다. 그리스도인들이 이 언약궤가 어딘가에서 다시 나타나기를 열렬히 바랐으나 성경은 그런 일이 일어나리라는 어떤 힌트도 주지 않는다. 예루살렘이 함락된 뒤 어느 시점에 언약궤가 이 세상에서 하늘로 옮겨졌는지는 알 수 없다. 가장 근사한 해석은 언약궤가 하나의 상징으로 여기에 등장했고 그것이 하나님의 백성과 하나님 사이의 언약을 나타내고 있다는 것이다.

언약궤가 하나님의 구원하시는 손길을 나타냈지만 그러나 이스라엘은 실제로 그것을 전혀 보지 못했다: 심지어 언약궤를 옮기는 사람들조차도 그것을 절대로 들여다보지 못하도록 그것을 어떻게 덮어야 하는지에 대해 특별한 지시를 받았다. 그 이유는 하나님의 '거룩'과 인간의 '죄'에 있다. 오직 대제사장만 이스라엘 나라의 속죄를 위해 언약궤 위에 뿌릴 속죄하는 피를 가져갈 때 1년에 딱 한 번 언약궤를 보았다. 바로 그 언약궤가 이제 열려서 보인다는 것은 예수를 믿는 신자들에게 '죄'가 아무 문제되지 않는다는 것을 가리킨다. 예수님이 죽었을 때 한때 언약궤를 보호하고 있던 성전의 휘장이 위로부터 아래로 찢어져 버렸다: 하나님의 영광스러운 임재 앞으로 나아갈 수 있는 길이 예수 그리스도의 십자가를 통해 열리게 된 것이다(히 10:19).

　뿐만 아니라 언약궤 안에는 하나님과 이스라엘의 약속이 기록된 언약의 돌판이 보관돼 있었고, 그래서 이 언약궤는 하나님의 구원 언약이 성취되었다는 것을 상징하는 것이다. 하나님은 모세에게 언약궤의 "속죄소(자비가 베풀어지는 자리)"(출 25:22)에서 만날 것을 말씀하셨는데 거기는 이스라엘의 죄를 덮기 위해 속죄하는 피가 부어졌던 곳이었다. 마찬가지로 우리도 '영원히 단번에' 뿌려진 그리스도의 피를 통해 하나님과 만나며 언약의 주권자이신 하나님과 영광스럽고도 영원한 친교의 자리로 들어간다. 죄 짐을 대신 지고 십자가에서 죽은 그리스도의 구원 사역은 하나님의 거룩을 전혀 변질시키지 않았다: 그분은 아직도 불(不)신앙으로 그분과 맞서는 모든 사람을 겨냥하여 번개와 우레와 지진과 우박을 내리신다. 하나님의 원수들에게 언약궤는 두려움과 저주의 상징이다. 여리고에서 나팔을 불었던 제사장들이 언약궤를 옮겼고 그로 인해 하나님의 군대인 이스라엘 백성이 하나님의 권능으로 전진했다. "그 백성들에게 은혜를 주시고 그 백성의 원수들에게는 복수를 가하시는 신실하신 하나님의 상징인 언약궤가 보였다."(H. Alford, 4:666)

　그리스도 안에 있는 신자들은 죄 때문에 전혀 두려워할 필요가 없다는 것을 일깨우며 결론을 내리는 계시록 8~11장의 나팔 비전은 6~7장의 인

㉑ 비전처럼 우리 성도들에게 얼마나 든든하고 멋진 격려인가. 하나님과 그분의 말씀을 대적하는 사람들에게 두말할 것 없는 두려움이 임하는 심판의 날이 오고 있다. 경건하지 못한 자들에게 역사 속에서 여리고 성벽이 무너졌듯이 그와 똑같은 종류의 파멸이 주어질 것이다! 그러나 그리스도인들은 비록 그들이 죄에 대한 의식이 있다 할지라도 오직 죄로부터 자유를 얻은 사람들에게만 보이는 하나님의 언약궤를 응시할 명분을 갖고 있다. 본문의 요점은 그리스도께서 무덤에서 부활하심으로써 시작된 복음 시대의 장엄한 결론과 다가올 역사의 위대한 사건이 일어나는 그리스도의 재림을 예수 믿는 우리가 결코 두려워해서는 안 된다는 것이다.

11:19 _왕국을 위해 일어서다

헨델의 메시아가 공연될 때, "할렐루야 합창"을 들으며 자리에서 벌떡 일어났던 영국의 조지 왕의 모범을 따라 이 곡이 연주될 때마다 청중들을 일으켜 세우는 전통이 있다. 그리스도께서 다시 오시고 그의 보좌에 앉으실 때 전통에 의해서가 아니라 심판하시는 하나님의 위엄에 의해 전 인류가 일어설 것을 성경이 말하고 있다. 그리스도와 그의 피를 신뢰함으로 죄를 용서받은 사람들만 그의 최종심판에서 벗어날 수 있다. "내 아버지께 복 받을 자들이여, 나아와 창세로부터 너희를 위하여 예비된 나라를 상속받으라"(마 25:34).

일곱 번째 나팔은 죄를 대속하기 위해 죽고 무덤에서 일어나신 그리스도께서 영원히 끝나지 않을 의(義)의 왕국을 건설하시기 위해 영광 중에 다시 오실 것을 선포한다. 이것은 우리 모두에게 최상의 소식 혹은 최악의 소식일 것이다: 당신에게는 이 소식이 어떻게 다가오는가? 예수를 구주와 주로 믿는 사람은 십자가에서 그리스도가 흘리신 피로 깨끗하게 되었으며, 그 부활의 권능으로 거듭났으며, 믿음으로 그리스도 안에서 의롭다고 인정받을 것을 성경은 약속하고 있다.

반면 그리스도의 원수들은 그날에 무시무시한 심판대 앞에 서야만 하지만 신자들이 일어서야 할 시간은 바로 이 순간이다. 만일 24장로가 보좌에 앉으신 이에게 엎드려 세세토록 살아 계시는 이에게 경배하는 것(계 4:10)이 어떤 암시라면 바로 그날에 우리도 우리 구주를 찬양하기 위해 엎드리게 될 것이며 그분이 우리에게 주셨던 영광스러운 관을 그분의 발 앞에 던져 드리게 될 것이다. 그러나 역사가 끝날 때 어떤 노래가 연주될지를 아는 사람들로서 그분의 다시 오심을 기다리면서 복음을 전파하기 위해 바로 지금 일어서야만 한다. 죄악 속에서 이 세상 왕국에게 충성을 맹세하는 일을 거부하면서 우리의 가르침과 삶 속에서 하나님의 진리를 나타내고 복음이 미치는 모든 곳에 그분의 자비를 나타내며 거룩한 삶을 살아감으로써 주님의 영광과 왕국을 나타내야 한다. 만일 우리가 믿음으로 굳게 서면 그분의 은혜로 우리는 바로 그날에 나팔 소리를 기쁨으로 듣게 될 것이며, 하늘에서 울리는 소리로 인해 경외감 속에 기쁨의 눈물을 흘리게 될 것이다: "세상 나라가 우리 주와 그의 그리스도의 나라가 되어 그가 세세토록 왕 노릇하시리로다"(계 11:15). 아멘. 오늘 우리의 찬양이 그리스도의 왕국을 선포하는 위대한 나팔 소리가 되기를 간절히 바란다.

4막

하늘에
큰 이적

Ἀποκάλυψις Ἰησοῦ Χριστοῦ ἣν ἔδωκεν αὐτῷ ὁ θεὸς δεῖξαι
τοῖς δούλοις αὐτοῦ ἃ δεῖ γενέσθαι ἐν τάχει καὶ ἐσήμανεν
ἀποστείλας διὰ τοῦ ἀγγέλου αὐτοῦ τῷ δούλῳ αὐτοῦ Ἰωάννῃ

여자, 아이, 용
(요한계시록 12:1~6)

¹그리고 하늘에 큰 표적이 나타났다. 해로 입혀진 한 여자가 있다. 그리고 달이 그녀의 발아래 있다. 그리고 그녀의 머리 위에 열 두 별의 면류관이 있다. ²그리고 그녀는 잉태하였다. 그리고 그녀는 해산의 고통으로 인하여 부르짖었다. 그리고 그녀는 출산하기 위하여 고통을 받았다. ³그리고 하늘에 다른 표적이 나타났다. 보라 큰 붉은 용이 있다. 그 용은 일곱 머리와 열 뿔과 그리고 그의 머리 위에 일곱 면류관을 가지고 있다. ⁴그리고 그 용의 꼬리는 하늘의 별들의 삼 분의 일을 끌어 당겼다. 그리고 그것들을 땅으로 던졌다. 그리고 그 용은 그 여자가 그녀의 자녀를 출산할 때 삼키기 위하여 출산하려는 여자 앞에 나타났다. ⁵그때 그 여자가 철로 만든 막대기로 모든 나라를 깨뜨리게 될 그리고 아들, 남아를 낳았다. 그 여자의 아이는 하나님께로 그리고 그의 보좌로 취하여졌다. ⁶그러자 그 여자는 거기에서 그들이 그녀를 1,260일 동안 양육하도록 거기에서 그녀가 하나님에 의하여 준비된 장소를 가지게 된 광야로 도망갔다. (이필찬, 미출판 원고)

딸아이가 어릴 적 냇가에 데리고 가 함께 물 놀이한 적이 있다. 수영을 좀 가르쳐 볼까 하고 내 가슴 정도까지 물이 차는 곳, 어린 딸에게는 키 넘는 곳으로 들어가서 손을 잡아주며 한동안 놀아 주었다. 그러다 어쩌는가 보려고 장난삼아 아주 잠깐 손을 놓아 보았더니 몇 초도 못가 온 냇가가 떠내려가게 엉엉 울면서 냇물을 꼴깍꼴깍 마시며 몹시 무서워했다. 미안한 마음이 들어 얼른 다시 손을 잡아 주고 딸을 안고 물가로 데리고 나왔다. 하나님 앞에 우리가 영락없이 그런 꼴이다. 내 생각에 교회의 위기는 늘 신실한 신앙인들의 느닷없는 고통 속에서 시작되는 것 같다. 신앙생활을 그래서 광야 행진이라 한다. 하지만 광야 길에는 우리 딸에게 아비인 내가 있었듯이 시련 중에 경험하는 하나님의 보호와 인도가 있다. 그래서 "광야에서 영성이 다듬어지고 그 영성이 단단해진다. 광야는 우리가 새롭게 태어나는 곳이다."(이규현, 2021:6) 새 하늘 새 땅을 향해, '이미'와 '아직'의 광야 여정에서 적당한 긴장감은 늘 영적인 보약이다. 주님 다시 오실 때까지는 끝나지 않을 영적인 전쟁터에서 전투 의식 없이 혼자 함부로 나대면 허망하게 전사하기 쉽다. 약간의 긴장감 속에 전투 의식을 갖고 이 말씀을 살펴보자.

고대 신화에는 왕자의 손에 죽임당할 악한 찬탈자가 태어나는 이야기가 아주 많다. 예컨대 아폴로의 출생 이야기를 아주 잘 알고 있던 요한 당시의 독자들에게 이런 이야기는 꽤 익숙한 것이었을 것이다. 아폴로의 어머니 레토가 임신했을 때 용 파이톤이 제우스의 아들이 태어나지 못하게 막기 위해 그녀를 죽이려고 혈안이 돼 있었다. 신들의 왕인 제우스는 출산을 앞둔 산모를 숨기기 위해 레토를 바람에 태워 비밀의 섬으로 옮겼다. 마침내 아폴로가 태어났고, 4일 후 그는 악한 용을 죽여버렸다.

계시록 12장을 쓸 때 사도 요한은 틀림없이 이 유명한 이야기를 알고 있었을 것이다. 일부 학자들은 요한이 신화를 베껴 왔다고 주장한다.(S. S. Smalley, 162-63) 그러나 요한의 관점은 그리스도의 역사가 우리가 사는 이 세상의 참된 이야기라는 것이다. 이교(異教) 신화의 일부는 사탄의 목적을 이루려고 복음을 왜곡시키기 위해 그리스도의 참된 역사를 사탄이 위조한 내용으로 구성되어 있다.(G. K. Beale, 1999:625) 사탄은 하나님이 약속하신 아들에 의해 반드시 패배할 진짜 용이며 아울러 그 용은 맨 먼저 메시아의 탄생을 막으려 하고 그다음 이 세상의 이야기 곧 역사를 실제로 구성하는 메시아의 백성을 박해하려 한다고 요한은 말했다.

12장은 계시록 후반부의 시작이다. 전반부에서는 역사의 총체적인 흐름을 살폈다. 이 세상이 복음에 맞서는 것을 보았으며 사악한 열방에 대한 그리스도의 심판, 믿음을 지키기 위해 인내하도록 하나님께서 성도를 부르시는 것을 보았다. 계시록의 후반부에서는 이런 장면들의 배후에서 일어나는 영적 전쟁의 주요 특징을 본격적으로 다룬다. 가장 돋보이는 적은 '사탄-용'이다. 사탄은 두 짐승, 곧 음녀 바벨론과 짐승의 표를 받은 사람들의 지원을 받는다. 12~15장 무대에 이 등장인물들이 하나씩 하나씩 등장하며 16~20장에는 그들이 하나씩 하나씩 심판을 받아 패망하는 이야기가 무대에서 자세히 펼쳐진다.

많은 학자가 계시록의 한복판에 자리한 계시록 12장을 계시록의 중심이자 핵심 비전으로 본다. 12장은 교회, 악마와 하나님의 아이, 예수 그리스도 사이의 결정적인 갈등을 묘사하고 있다. 여기에 우리 주님께서 십자가에서의 승리를 앞둔 그날 밤에 위대한 확신의 말씀과 함께 주신 인류 역사 속 '영적인 갈등'의 배경이 제시되어 있다: "세상에서는 너희가 환난을 당하나 담대하라. 내가 세상을 이기었노라"(요 16:33).

12:1~6 _여자와 아이

계시록을 읽을 때 원래는 계시록에 장, 절 구분이 없었다는 점을 기억해야만 한다. 그러므로 천둥과 번개와 우레가 동반된 하나님의 임재 앞으로 신자들이 다가가는 것을 상징하고 있는 언약궤를 계시하기 위해 하나님의 성전이 열리는 비전을 전반부의 결론으로 받아야 한다. 계시록의 최초 수신자들이 큰소리로 계시록을 읽어 가는 과정에서 틀림없이 흐름이 멈추는 바로 이 대목을 발견하게 되었을 것이다. 그래서 이미 보았던 이전의 비전이 여전히 마음속에 맴돌고 있었을 텐데, 요한이 이야기한다: "하늘에 큰 이적이 보이니 해를 옷 입은 한 여자가 있는데 그 발아래에는 달이 있고 그 머리에는 열두 별의 관을 썼더라"(계 12:1). 이전의 비전은 하늘이 열리는 것으로 끝맺음하고 이제 영광스러운 교회에 대한 묘사와 더불어 새로운 비전이 시작된다.

요한은 여자를 "이적"이라고 함으로써 여기 등장하는 여자가 실제 여자가 아니라 단지 하나의 상징일 뿐임을 분명히 한다. 천주교에서는 이 인물이 중보자로서 영광 속에 있는 성모 마리아를 묘사한다고 주장한다. 그러나 본문의 세부내용은 마리아 이야기와 전혀 상관이 없다. 이 여인의 아이들은 "하나님의 증거를 지키며 예수의 증거를 가진 자들"(계 12:17)을 모두 포함하고 있기 때문이다. 그러므로 이 여인은 하나님이 사랑하시는 신실한 백성들의 언약공동체이고 하나님은 이 여인을 통해 그의 아들, 오랫동안 약속하신 구세주를 세상에 보내 주신 것이다. 여자는 구약의 이스라엘과 신약의 교회를 포괄하는 "그리스도께서 오시기 전과 오신 후의 모든 기간에 살았던 하나님의 백성"이다.(G. K. Beale, 1999:627) 따라서 이 영광스러운 여인은 메시아를 탄생시킬 뿐만 아니라 그의 승천 후에도 자녀들을 계속 생산한다. 바울은 영적인 예루살렘을 "우리 어머니"(갈 4:26) 라고 말했다. 마찬가지로 스코틀랜드 언약교회는 "어머니 장로교회"를 존경하여 이르기를 교회는 그리스도의 신부이자 그 돌봄으로 하나님의 자녀들이 양육되는 어머니라고 한다.

그 비전은 하나님께서 그분의 영원한 목적과 뜻에 따라 그 여인을 보고 계심을 보여줌으로써 신실한 교회의 빛나는 영광을 강조한다. 여자는 "해를 옷 입고" "그 발아래에는 달이 있고 그 머리에는 열두 별의 관"(계 12:1)을 쓰고 있다. 해를 옷 입음으로써 하나님의 빛을 지닌 여자는 영광스럽게 되고 영적인 권위를 행사한다; 여인의 머리에 있는 열두 별의 관은 그리스도 안에 있는 승리의 월계관이다; 그리고 임신한 어머니로서 여인에게는 그리스도를 세상에 탄생시킬 임무가 주어져 있다. 해, 달, 그리고 별은 여인을 하나님의 언약 백성과 연결한다. 창세기 37:9~11 요셉의 꿈에서 해는 그의 아버지 야곱을, 달은 그의 어머니 라헬을, 그리고 별들은 이스라엘 12지파가 될 형제들을 가리키고 있었다. 이미 다룬 계시록 1:20에서 별들이 지상 모든 교회의 천사들, 곧 "하나님의 새 이스라엘"(갈 6:16)을 그리고 있음을 보았다.

만일 우리가 천상의 하늘에서 빛나고 있는 이 찬란한 여자를 상상할 수 있다면 그리스도의 대속 사역에 비추어 하나님이 우리를 보시는 것처럼 그 여인이 우리 곧 그리스도인들의 교회를 그리고 있음을 깨우치도록 큰 용기를 줄 수 있을 것이다. "지상에서 이 교회는 아주 별 볼 일 없는 존재로 나타날 수도 있겠고, 또한 멸시와 조롱의 대상이 될 수도 있을 것이다. 그러나 하늘의 시선으로 보면 바로 이 교회야말로 온전히 영광스러운 존재다: 천상의 모든 영광과 찬란함이 그 여인을 두루 감싸고 있는 것 말이다."(W. Hendriksen, 136) 이사야 62:5에서 모든 언약백성 따라서 그 안에 포함된 각 사람에게 선언하기를 "신랑이 신부를 기뻐함같이, 네 하나님이 너를 기뻐하시리라" 하셨다. 신부는 그녀가 남편의 아이를 낳을 때 그 남편에게 다시없이 아름답고 소중한 존재다. 임신한 아내의 모습보다 남편에게 그의 보호 본능을 강하게 북돋울 수 있는 것은 없다. 마찬가지로 하나님은 거룩한 딸 시온을 보살피며 보호하신다. 스가랴 2:8, "너희를 범하는 자는 그의 눈동자를 범하는 것이라."

인류가 죄에 빠져듦으로써 상처 입고 망가진 이 세상에서 아이를 낳는 일은 늘 극심한 출산의 고통을 수반한다. 언약의 어머니에게도 그 점은 마찬가지다: "이 여자가 아이를 배어 해산하게 되매 아파서 애를 쓰며 부르짖더라"(계 12:2). 이 진술은 마침내 오랫동안 약속돼 있던 메시아가 태어날 때까지 이스라엘이 겪어야 했던 모든 고통과 함께 이스라엘 역사 전체를 요약하고 있다. "구약의 이스라엘은 수천 년 동안 그리스도를 잉태하고 있었다. 이스라엘은 메시아를 탄생시킬 자궁으로 쓰임 받고 있었다."(D. F. Kelly, 216) "여호와여 잉태한 여인이 산기(産期)가 임박하여 산고(産苦)를 겪으며 부르짖음 같이 우리가 주 앞에서 그와 같으니이다"(사 26:17).

천상의 여인, 이 비전은 교회의 사명을 일깨워 준다. 그녀가 빛으로 옷을 입었듯이 우리는 하나님의 말씀, 그 빛을 드러내야만 할 사명을 받았다. 그녀가 거룩하듯이 우리도 이 세상을 본받지 말고 주님의 성품을 본받아야 한다. 그녀의 사명이 그리스도를 탄생시키는 것이었듯이 우리의 사명은 그분을 이 세상에서 구주와 주로 선포하는 것이다. 교회는 이 세상에 다양한 인간적인 봉사를 하기 위한 구제기관의 하나로 존재하는 것이 아니라 죄인들의 마음(가슴)에 그리스도께서 태어나도록 하여 그들이 구원받게 하는 사역을 감당하기 위해 존재한다. 교회는 하나님의 언약을 받은 모든 자녀의 어머니이기에 주님의 훈계와 말씀을 먹여 그들을 길러야 한다. 그리스도가 태어나기 전까지 이스라엘이 숱한 산고를 겪었듯이 오늘 이 시대에 교회 역시 환난과 역경을 당한다. 그러나 우리는 주님께서 보배로이 여기는 존재들이므로 그분의 대속적인 목적 안에서 빛을 발해야 한다. 우리 하나님은 강하시고 사랑이 많으시며 신실하신 아버지이시기에 그분의 모든 자녀의 어머니인 교회를 안전하게 지키실 것이기 때문이다(마 28:20 하).

12:3~4 _맹렬히 날뛰는 붉은 용

요한계시록의 한 가지 목적은 인류 역사를 통틀어서 그리스도인들이 경험하는 것들이 무엇인지를 설명하는 데 있다. 계시록의 전반부는 지상교회가 경험하게 될 다양한 소동을 설명하는 여러 역사적 현실을 다뤘다. 2~3장에는 우리의 죄와 실패가 포함돼 있으며, 6~7장에는 교회를 보호하기 위한 세상 나라들에 대한 그리스도의 심판이 포함돼 있고, 8~9장에는 죄인들이 회개해야 할 필요를 이해시키기 위해 고안된 더 심한 심판이 담겨 있다. 그리스도의 훈련(연단), 그리스도의 보호와 그리스도의 회개 촉구 등과 같은 이런 요인들은 신자들의 기도(계 8:3~5)와 발을 맞추면서 세계 역사에 만연(蔓延)된 숱한 '격변'을 설명한다.

계시록 12장은 역사의 가장 중요한 설명으로 간주될 수도 있는 내용을 제시하는데, 곧 역사의 각 장면, 그 이면에서 날뛰고 있는 거대한 영적 갈등을 보여 준다. 3절에서 그리스도와 맞서 싸우는 강력하고 무시무시한 괴물을 보여 준다: "하늘에 또 다른 이적이 보이니 보라 한 큰 붉은 용이 있어 머리가 일곱이요 뿔이 열이라 그 여러 머리에 일곱 왕관이 있는데." 역사 이면(裏面)의 모든 행동에는 교회를 파괴하려는 영적으로 거대한 적이 있다는 것이다. 요한은 9절에서 그 원수의 정체를 이렇게 밝힌다: "곧 옛 뱀 곧 마귀라고도 하고 사탄이라고도 하는" 존재.

오늘날 사람들은 마귀를 상상 또는 신화라고 가볍게 생각한다. 그러나 이 인격적이고 강력한 영, 곧 그리스도와 그의 몸 된 교회의 원수인 마귀의 실체를 믿지 않는다면 성경을 진지하게 대할 수 없을 것이며, 이 마귀의 존재를 계산에 넣지 않는 한 이 세상에 대한 진정한 인식을 지닐 수 없을 것이다. 마귀는 성경에, 아담과 이브가 하나님의 계명을 깨도록 속이고(화종부, 2019:57-9) 유혹하여 우리 인류를 죄에 빠져들게 만든 뱀으로 처음 등장한다(창 3:1~6). 뱀을 저주하시면서 하나님은 사탄의 종들과 여자의 자손들 사이에 전쟁이 있을 것을 말씀하셨다(창 3:15). 여자의 후손은 주로 그리스도를 가리키는 것이겠으나 그 그리스도 안에 구약과 신약의 교회 전체가 포함되어 있다. 역사의 나머지는 마귀와 하나님의 언약 백성과의 갈등으로 이어지는데 본문에서 그리스도 그분께 맞서는 마귀를 집중 조명한다. "여자의 후손은 네 머리를 상하게 할 것이다"(창 3:15).

요한은 사탄을 큰 용으로 묘사함으로써 에덴동산의 뱀까지 거슬러 올라감은 물론 고대 세계에서 혼돈과 악을 상징하는 신화적인 용 이미지까지 통합시킨다. 구약성경에서는 종종 악을 용 또는 바다 괴물로 인격화했다. 이사야는 출애굽 과정에서 하나님이 바로를 물리치신 일을 회고하면서 이렇게 말했다: "라합을 저미시고 용을 찌르신 이가 바로 주님 아니십니까?"(사 51:9). 이사야는 앗수르에 대한 하나님의 심판을 이렇게 말했다. "주께서 바다에 있는 용을 죽이시리라"(사 27:1). 고대 세계의 신화적인 용 뒤에 있는 것은 실제 용 곧 마귀다. 역사 속에 잠복해 있는 진짜 괴물이 있는데, 베드로는 마귀를 "우는 사자같이 두루 다니며 삼킬 자를 찾고 있는 자"(벧전 5:8)로 묘사했다.

요한은 사탄을 큰 붉은 용으로 보고 있는데 붉은색은 살인과 피 흘리는 모습을 분명히 나타내고 있다. 예수님은 마귀를 "처음부터 살인한 자"(요 8:44)라고 하셨다. 그 용은 "머리가 일곱이요 뿔이 열이라. 그 여러 머리에 일곱 왕관이 있는"(계 12:3) 모습으로 그려진다. 고대 신화에서 머리가 여러 개인 용은 도무지 물리칠 수 없는 존재로 여겨졌다. 마찬가지로 사탄도 여러 개의 머리와 뿔을 지니고 이 세상 여기저기에 영향력을 행사하는데 그는 아주 깜짝 놀랄 만한 재주를 갖고 활동한다. 한 영역에서 사탄을 물리치고 나면 이내 또 다른 영역에서 공격을 감행하는 모습을 보게 되기 때문이다. 일곱 머리와 함께 "열 개의 뿔"도 갖고 있다. 성경에서 뿔은 힘을 상징하는데 열 개의 뿔은 마귀의 영향을 받는 이 세상에서 설쳐대는 악의 무시무시한 능력을 말하는 것이다. 다니엘이 본 네 번째 짐승 곧 가장 무시무시한 짐승은 열 개의 뿔을 지니고 있는데(단 7:7, 24) 그것은 사탄의 통제를 받는 지상 왕국들과 이 뿔들의 연관성을 연상시킨다. 이 개념을 더 강화하는 것이 바로 그의 머리에 있는 "일곱 왕관"(계 12:3)이다. 이것들은 여인이 쓰고 있는 승리의 월계관과는 전혀 다른 것으로서, 사탄이 찬탈한 '지상의 지배권'이라는 왕관이다. 바울은 사탄을 "공중의 권세 잡은 자 곧 지금 불순종의 아들들 가운데서 역사하는 영"(엡 2:2)으로 묘사했다.

사탄은 섬기지 않고 오직 군림할 뿐이다. 그의 왕관들은 전제군주의 쇠로 만든 관이다. 그 왕관들은 "마귀의 우주적인 권위의 거짓 주권 주장이며 '머리에 마찬가지로 많은 관이 있는 진짜 만왕의 왕 만주의 주'께(계 19:12, 19~21) 대항하는 권세"이다.(G. K. Beale, 1999:635) 사탄은 그리스도께 드리는 것이 아닌 사탄 자신의 영광을 노래하는 "많은 왕관으로 관을 씌워 드리세"라는 찬송을 듣고 싶어 한다. "타락한 왕들, 국가들, 그리고 왕국들의 길잡이 노릇을 하는 천상의 악한 안내자이며… 이것은 로마제국과 그 왕들 곧 신으로 떠받들어지며 경배받기를 원했던 가이사들을 포함하고 있으며, 마찬가지로 좀 더 근대에 와서는 하나님과 그분의 말씀 그리고 그의 백성들을 경멸하고 나아가 박해하는 인본주의 사회와 정부의 형태로 나타나는 것을 예로 들 수 있다."(P. Gardner, 169)

요한은 용의 "꼬리가 하늘의 별 삼 분의 일을 끌어다가 땅에 던졌다"(계 12:4)는 얘기를 들었다. 독자들이 이것은 하나님께 맞서 반역하려고 사탄이 악한 천사 무리를 하늘로 이끄는 것을 언급한다는 식의 결론으로 비약해 버린다. 그러나 이 비전을 '지상의 교회와 전쟁을 치르려는 사탄의 오만한 목표'를 상징하는 것으로 보는 것이 더 나을 듯하다. 똑같은 표현이 다니엘 8:10에 등장하는 유대인들을 무지막지하게 박해했던 안티오쿠스 에피파네스 관련 말씀에도 들어 있다. 요점은 하늘에 피해를 주려고 지상에서 사탄이 온갖 악한 행동을 하려는 것으로 보인다는 것이다. 오직 거대하고 막강한 괴물만이 그 꼬리를 휘둘러 하늘의 별들을 떨어뜨릴 수 있다. "용은 하나님의 질서와 규칙을 공격한다… 용이 하늘 자체를 급습하는 것은, 하늘의 별들에

미치는 효과로 상징되었다."(V. S. Poythress, 135)

특히 용은 창세기에 기록된 여인의 자녀가 그의 머리를 깨뜨릴 것이라는 하나님의 약속(창 3:15)을 기억하고 있다. 그러므로 이 비전은 출산이 임박한 어머니와 그 여자 옆에 일곱 대가리를 가진 용이 어린아이가 태어나면 공격하기 위해 잠복하고 있는 기괴한 그림을 그리고 있다: "용이 해산하려는 여자 앞에서 그가 해산하면 그 아이를 삼키고자 하더니"(계 12:4).

아울러 이것은 구약성경의 이야기이기도 하다. 여자와 그 아이와 더불어 적대적 대립이라는 저주를 받은 직후 사탄은 어떻게든 언약 계보를 끊어버릴 궁리를 했다. 첫째, 그는 카인을 부추겨 그의 경건한 아우 아벨을 죽이게 했다(창 4:8). 그다음, 이스라엘이 애굽에서 종살이할 때 사탄은 바로를 꼬드겨 이스라엘 여인들이 아들을 낳으면 즉시 죽이라는 명령을 내리게 했다(출 1:8~16). 사탄은 사울 왕의 마음속에 들어가 진정한 왕의 조상이 될 다윗을 살해할 궁리를 하게 했다. 바벨론에서 사탄은 악한 하만이 이스라엘 공동체를 완전히 쓸어버릴 궁리를 하게 했지만(에 3:15) 하나님께서 페르샤 왕 곁에 세워두신 에스더 왕비의 비상한 지략으로 되치기당하고 말았다. 마지막으로 동방박사들이 헤롯왕에게 왔을 때, 헤롯이 왕으로 태어난 그 아이에 관해 묻고 베들레헴에 군대를 급히 보내 두 살 이하의 어린이들을 모두 살해했다(마 2:16). 이 모든 성경 이야기를 통해서 사탄은 오직 한 가지 목적에 초점을 맞춘 채 살기등등한 욕정으로 미친 듯 날뛰고 있다는 것을 알 수 있다: 사탄의 악한 지배권을 끝장내러 오실 약속된 구세주를 죽이는 것, 그의 몸 된 교회를 무너뜨리는 것.

12:5 _장차 우주를 다스리실 아이

비전에서 소개된 세 번째 인물은 그 누구보다도 중요한 그리스도이시

다: "여자가 아들을 낳으니 이는 장차 철장으로 만국을 다스릴 남자라"(계 12:5). 그분의 오심을 반영하는 고대 신화들의 참된 성취로써 예수 그리스도는 요한일서 3:8에서 말한 바와 같이 "마귀의 일을 멸하려고" 오시는 예언된 아들이시다.

그리스도를 묘사하면서 요한은 비록 이방 나라들이 서로 꾀하여 여호와의 기름 부은 자를 향해 분노하지만 하나님께서는 그 아들을 보좌에 앉히시고 그에게 이방 나라들에 대한 소유권을 허락하는 시편 2편을 인용하고 있다. 하나님께서 선언하신다. "네가 철장으로 깨뜨림이여 질그릇같이 부수리라"(시 2:9). 시편의 이 말씀에 대한 반향으로 여인은 "철장으로 만국을 다스릴"(계 12:5) 사내아이를 잉태한다. 그리스도께 속한 만국은 그의 복음으로 추수할 땅이다. 우리는 그분을 구주와 주로 기꺼이 영접하여 찬양하거나 아니면 그분의 심판하시는 쇠몽둥이 아래 거꾸러지거나 둘 중 하나를 선택해야만 한다. 뿐만 아니라 그의 철장은 교회를 보호한다: "목자는 그의 양 무리를 포식자의 먹이가 되지 않게 지켜준다. 마찬가지로 그리스도께서도 다시 오실 때 그의 몸 된 교회를 압제하고 박해한 만국을 철장으로 후려칠 것이다."(R. H. Mounce, 238)

예수 그리스도가 되실 씨를 없애려고 사탄이 날뛰는 성경 역사의 흐름을 이미 살펴보았다. 그와 같은 일련의 노력이 실패로 돌아가자 사탄은 가룟 유다를 이용하여 예수님을 배신하게 했고 그런 다음에는 유대교 지도자들과 로마의 권력자를 사주하여 예수님을 십자가형으로 죽이는 극악무도한 '사법 살인'을 자행했다. 결국 용은 왕자를 죽이고 말았다! 그러나 예수께서 "다 이루었다."(요 19:30) 하시며 그의 영을 아버지께 내어드렸고 기름 부음 받은 그분의 희생으로 죄의 올무로 인류를 독재자처럼 다스리던 사탄에게 치명적인 타격이 가해졌다. 요한이 본 비전에서 여인의 "아이는 하나님 앞과 그 보좌 앞으로 올려졌다"(계 12:5). 사탄의 승리가 분명해 보이던 바로 그 순간 사탄의 마수 때문에 무덤에 누워 있는 하나님의 아들 예수님을 하나님께서 일으키셔서 그에게 만국을 다스릴 권세를 주셨고 이 때문에 하나님 나라를 무너뜨리려던 마귀의 전략이 허망하게 무산되고 말았다.

12:6 _광야에 머무는 여인

이어지는 계시록 말씀에서 거룩한 전쟁의 좀 더 자세한 내용을 이야기할 것이지만 그러나 요한은 이 계시를 시작하는 비전에서 출생 후 하나님의 보좌로 안전하게 들어 올려질 여인의 아이가 태어난 뒤 여인에게 일어날 일을 이야기함으로써 이 이야기를 오늘의 우리와 연결한다. 요한은 이렇게 결론 내린다: "그 여자가 광야로 도망하매 거기서 천이백육십 일 동안 그를 양육하기 위하여 하나님께서 친히 예비하신 곳이 있더라"(계 12:6).

이 마지막 구절은 오늘날 우리에게 세 가지 생생한 적용점을 제시한다. 첫째, 그리스도인들은 지금 이 세상을 영원한 집으로 생각하면 절대 안 된다는 것이다. 현세는 우리가 광야 길을 순례하는 시기이기 때문이다. 이승에서의 삶은 그리스도께서 다시 오실 때 우리의 진짜 집에 들어갈 준비를 하는 시험 기간이다. 마귀의 권세 아래 있는 세상은 신실한 그리스도인들에게 늘 적대적이다. 예수님이 말씀하셨다. "너희가 세상에 속하였으면 세상이 자기의 것을 사랑할 것이나 너희는 세상에 속한 자가 아니요 도리어 내가 너희를 세상에서 택하였기 때문에 세상이 너희를 미워하느니라"(요 15:19). 그러므로 그리스도인들은 영적으로 강해야 하고 성경적으로 신중해야만 한다. 이 세상의 반대와 도덕적 사악함의 배후에 사탄이 이끄는 영적인 악의 권세가 도사리고 있기 때문이다. 바울이 말했다. "우리의 씨름은 혈과 육을 상대하는 것이 아니요 통치자들과 권세들과 이 어둠의 세상 주관자들과 하늘에 있는 악의 영들을 상대함이라"(엡 6:12). 이 사실을 안다면 성도들의 모임인 교회가 돈, 권력 혹은 정치적 영향력 같은 것들에 의존하는 세속적인 방식으로 싸우려 해서는 결코 안 된다. 우리의 영적인 전쟁은 기도, 하나님의 말씀, 그리고 거룩한 삶이라는 영적인 자원에 달려 있다(고후 10:3~5).

이런 갈등 속에서 하나님께서 우리를 부르신 것은, 어둠의 영적인 권세를 무너뜨리게 하시려는 것이 아니다. 우리가 그 용을 죽이는 것이 아니기 때문이다. 그보다는 우리가 믿음으로 단순하게 그와 대적하기만 하면 된다. 우리는 하나님의 전신 갑주를 취하여 "악한 날에 능히 대적하고 모든 일을 행한 후에"(엡 6:13) 서기만 하면 된다. 이것은 우리가, 세상의 죄악 속에서 세상과 타협하는 것은 우리의 원수 마귀가 전진할 명분을 준다는 것을 잘 알기에 세속적인 여러 가지 요구와 실천에 결코 순응해서는 안 된다는 것을 뜻한다. 하나님과 그분의 말씀에 반대되는 세상의 모든 것 예컨대 '성적인 부도덕', '세속적인 이데올로기', 혹은 '소비 중독'과 같은 우상들은 그리스도와 몸된 교회를 대적하고 인류를 고통스럽게 하려는 사탄이 꾸며낸 강력한 무기다. 세속적인 여러 가지 길을 닮아가고 싶은 압박을 받을 때, 우리는 열심히 활동 중인 마귀의 은밀한 손을 또렷이 보아야만 하며 그리고 나도 모르게 우리 왕의 원수를 돕고 지원하는 뜻밖의 이적(利敵)행위를 단호하게 거부해야만 한다.

미국의 내전 당시 마나사스의 첫 전투에서 토마스 잭슨 장군이 그의 제1 버지니아 여단을 이끌고 전장에 도착했을 때 연합군은 전장에서 계속 밀리고 있었다. 잭슨은 침착하게 그의 여단 병사들에게 각자 자리를 지키고 있으라고 명령을 내렸다. 도주하던 다른 여단의 일부 병사들 가운데 그들의 지휘자 한 사람이 잭슨 장군이 굳세게 버티고 서 있는 것을 보았다. 그가 외쳤다. "저기 봐라. 잭슨 장군께서 돌담처럼 서 있다!" 이렇게 해서 잭슨 장군은 '돌담 잭슨'이라는 유명한 별명을 얻게 되었다. 그를 보자마자 병사들이 다시 마음속에 용기를 얻게 되었다. 병사들은 잭슨과 나란히 서서 각자의 자리를 견고히 지켰고 결사적으로 항전하는 돌담 위에서 적의 선봉을 무너뜨리고 말았다.

미국의 내전을 어떤 시각으로 보든 간에 모든 사람이 잭슨의 용맹한 자세에 탄복하고 아울러 그 행동의 중요성을 새삼 깨닫게 될 것이다. 우리도 우리 시대의 영적인 전투에서 이처럼 해야 할 의무가 있다. 죄가 지배하는 세상의 요구와 표준을 수용하지 않고 믿음으로 견고히 서 있을 때 자신을 잘 지킬 수 있을 뿐만 아니라 다른 신자들을 강하게 세워 줄 수 있을 것이다. 그들 가운데 몇 사람은 두려움이나 의심에 떨고 있을 수도 있기 때문이다. 다른 그리스도인들이 당신의 믿음과 삶을 보며 "저기에 돌담처럼 그가 서 있다!"고 말하게 하라. 우리가 아주 단순하게 성경적인 믿음과 복종으로 결의에 찬 태도로 서 있으면 하나님을 영화롭게 하고 동시에 이 황량한 세상 광야 길의 싸움에서 하나님께서 크게 쓰시는 사람이 될 것이다.

둘째, 계시록 12:6은 광야로 도망친 여자를 하나님께서 돌보신다는 것을 강조한다: "그 여자가 광야로 도망하매 거기서 천이백육십 일 동안 그를 양육하기 위하여 하나님께서 예비하신 곳이 있더라." 앞서 살펴본 바와 같이 1,260일 혹은 마흔두 달은 시련과 고난의 시기를 상징한다. 이 기간은 교회 시대를 그리고 있는데 이는 신자들이 고난을 당하는 하나님께서 예언하신 '제한된 기간'이다. 그러나 동시에 그 광야가 여자에게는 안전한 장소로서 하나님이 예비하신 곳임도 주목해야 한다. 경건하지 못한 세상으로부터 멀리 나가서 그리스도인들은 이처럼 죄로 인한 참혹한 피해를 보지 않고 온전히 보존된다.

하나님이 예비하신 광야는 단지 안전한 장소일 뿐만 아니라 하나님이 예비하신 결과물이기도 하다. 하나님은 그릿 시냇가로 도망친 3년 반 동안 까마귀를 보내서 엘리야를 먹였고(왕상 17:6), 또한 광야 길에서 이스라엘은 하늘로부터 하나님이 내리시는 만나를 먹고 살았다(출 16장). 이제 하나님은 몸 된 교회를 그분의 말씀으로 먹이시며 그리하여 고난 속에서도 믿음이 강하게 자라도록 하신다(신 8:3). 사실, 그의 언약 백성이 사랑으로 하나님께 더 가까이 다가갈 수 있는 곳, 하나님의 공급과 보호에 대해 온전하게 그분을 의지하는 법을 배우는 곳인 광야 생활이야말로 하나님의 눈부신 계획인 것이다. 하나님은 이스라엘에게 말씀하셨다. "그러므로 보라, 내가 그를 타일러 거친 들로 데리고 가서 말로 위로하고 거기서 비로소 그의 포도원을 그에게 주고"(호 2:14~15).

마지막으로 원수가 이미 패배했음을 반드시 기억해야만 한다. 세계 제2차대전이 끝나갈 무렵, 1944년의 노르망디 상륙작전의 D-데이와 1945년의 V-데이 사이 연합군의 상황과, 그리스도의 정복하시는 죽음과 부활 그리고 그의 영광스러운 승리의 재림 사이인 교회 시대에 분명히 어떤 공통점이 있다. 아이젠하워의 군대가 D-데이에 프랑스에 상륙했을 때 2차 세계대전이 연합군의 승리로 끝날 것을 아무도 의심하지 않았다. 독일군에게 결정적인 타격이 가해졌고 적의 패잔병을 열심히 소탕하는 일 외에는 할 일이 별로 없는 듯이 보였다. 독일군 장군들도 이 점을 꽤 잘 알고 있었기에 그들 중 다수가 가능한 한 빨리 항복할 길을 찾고 있었다. 그러나 그 전쟁은 그 후로 여러 달 동안 최고조에 달했고 수많은 피의 전장(戰場)에서 치열한 전투가 계속되었다. 그러나 2차대전 막바지의 그 전투는 연합군의 대의명분이 이미 이겼음을 알고 있었던 이미 승리한 군대의 마무리 싸움이었을 뿐이다.

오늘 우리의 싸움과 2차대전 말기의 전투와 무엇이 다르단 말인가! 여자의 아들이 태어났다. 그는 십자가에서 죄와 사탄을 정복했고 죽음에서 부활 승천하여 지금 아버지와 함께 계신다. 그는 다시 오셔서 완벽한 승리를 쟁취함으로써 그 전쟁을 끝낼 것을 약속하셨다. 지금도 여전히 하나님의 백성이 싸워야만 하는 전투는 계속되고 있으며 어떤 전장에서는 피를 흘려야 하고 아울러 극심한 고통과 눈물이 뒤따른다. 우리 성도들은 비싼 대가를 치를 것이 뻔한 이 고단한 전장에 믿음으로 끝까지 굳게 서 있어야만 한다. 우리는 자신을 위해서가 아니라 우리 주님이신 예수님을 위해 전장에 서 있으며 그의 사랑에 감사해서 뿐만 아니라 마침내 그분이 승리하신다는 것을 확신해서 그렇게 싸우는 것이다.

나는 우리 국가대표 축구팀의 경기 실황 중계방송을 거의 보지 않는다. 대개 내가 볼 때마다 대표팀이 늘 지기 때문에 우리 대표팀을 도우려는 아주 작은 애국심 때문이기도 하다. 그러나 다음날 대표팀이 이겼다는 소식이 들려오면 (혹시 시간이 날 때는) 간식을 좀 준비한 다음 거실 소파에 비스듬히 누워 그 경기의 녹화방송을 마냥 즐긴다. 어쩌다 경기 도중 우리 팀이 지고 있어도 눈 하나 깜짝하지 않는다. 최종 결과를 이미 알고 있기 때문이다. 심지어는 서너 골 차이로 끌려가고 있어도 하나도 걱정 안 한다. 그러다가 경기 막판에 아주 짜릿한 역전 골로 우리 대표팀의 최종 승리가 확정되는 장면을 볼 때는 그야말로 엔돌핀(endorphin)이 팍팍 솟아난다. 이 땅에서 주님의 백성인 성도, 곧 주님의 몸인 교회의 싸움이 이런 것이다. 주님의 십자가와 부활 승천 덕분에 이미 완전히 이겨버린 싸움터에 우리가 서 있다는 말이다. 그래도 전쟁은 전쟁이니까 때로 좀 힘들 때도 있겠지만 최후의 결과를 다 알고 하는 싸움이니 이 또한 영적인 엔돌핀이 한없이 솟구치는 즐거운 사역이 아니겠는가.

이 세상 삶 속에서의 수많은 시련과 실패 그리고 슬픔 속에서 비로소 하나님이 교회를 어떻게 보시는지, 그 교회를 영광으로 옷 입히시고 수많은 별로 관을 씌워 주신다는 자랑스러운 이 비전을 볼 수 있게 된다는 사실이 오늘 우리에게 얼마나 깊은 영감을 주고 있는가. 태어날 아이의 전쟁을 통해 무시무시한 용을 마침내 그가 이긴다는 이야기로 역사가 구성되어 있다는 것을 깨닫게 된 것이 얼마나 경이로운가. 그럼에도 오늘 우리가 이 치열한 전장에 아직 서 있다는 것을 깨닫는 것이 또 얼마나 엄중한 사실인가. 요한

계시록 12:11에서 요한은 오늘 우리의 헌신을 이렇게 설명한다: "또 우리 형제들이 어린 양의 피와 자기들이 증언하는 말씀으로써 그를 이겼으니." 그리스도 어린 양은 그의 피로 마귀를 정복했다. 만일 우리가 믿음에 굳게 서고, 그분이 세우신 왕국의 영광에 대한 증거를 지니고 있다면 우리의 삶에서 무엇이 중요한지를 발견하는 것보다 중요한 일이 무엇이 있겠는가.

우리는 지금 광야에서 나그네 삶을 살고 있다. 바로 그 광야에서 하나님이 우리를 돌보신다. 마귀는 이미 패했다. 우리는 이미 이겨버린 싸움에 동참하고 있다. 힘들 때도 있지만 사실은 이미 이긴 대표팀 축구경기의 녹화방송을 보는 것보다 훨씬 더 신나고 즐거운 싸움이다. 이것을 믿는가?

어린 양의 피와 말씀으로
(요한계시록 12:7~17)

[7]그리고 하늘에 전쟁이 있었다. 그 미가엘과 그의 천사들은 그 용과 더불어 전쟁해야만 했다. 그리고 그 용은 그의 천사들과 함께 싸웠다. [8]그리고 그(용)는 이기지 않았고 하늘에 그들의 장소가 발견되지 않았다. [9]그리고 그 큰 용, 마귀라고 불리우는 옛 뱀, 곧 온 세상을 미혹하는 자, 사탄이 던져졌다. 그가 땅으로 던져졌다. 그리고 그의 천사들도 그와 함께 던져졌다. [10]그리고 그때 나는 하늘에서 큰 음성이 말하는 것을 들었다. 지금 우리 하나님의 구원과 능력과 나라 그리고 그의 그리스도의 권세가 일어났다. 왜냐하면 우리 하나님 앞에서 밤낮 우리 형제들을 참소하는 우리 형제들의 참소자가 던져졌기 때문이다. [11]그리고 그들 자신은 어린 양의 피로 말미암아 그리고 그들의 증거의 말씀으로 말미암아 그를 이겼다. 왜냐하면 그들은 죽기까지 그들의 생명을 사랑하지 않았기 때문이다. [12]그러므로 [그] 하늘들과 그리고 그것들 안에 거하는 자들이여 너희들은 기뻐하라. 땅과 바다에게 화 있다. 왜냐하면 그 마귀가 큰 분노를 가지고 너희에게 내려갔기 때문이다. (그가 큰 분노를 가지게 된 이유는) 그가 짧은 시간을 가지고 있다는 것을 알고 있기 때문이다. [13]그리고 그 용이 땅으로 던져졌다는 것을 알았을 때, 남아를 낳은 그 여자를 핍박하기 시작했다. [14]그리

고 그 여자가 뱀의 얼굴로부터(피하여) 한 때 두 때 반 때 동안 거기에서 양육을 받는 광야 곧 그녀의 장소로 날아가도록, 그 여자에게 큰 독수리의 두 날개가 주어졌다. [15]그녀를 물에 떠내려가게 하도록 뱀은 강같이 물을 그의 입으로부터 그 여자 뒤에서 던졌다. [16]그러나 땅이 여자를 도왔다. 그리고 그 땅은 그것의 입을 열어서 용이 그의 입으로부터 던진 물을 삼켜버렸다. [17]그러자 그 용은 그 여자에게 분노하였다. 그리고 그는 하나님의 계명을 지키고 그리고 예수의 증거를 가진 그녀의 후손의 남은 자들과 전쟁을 하기 위해 가 버렸다. 그리고 그는 바다의 모래 위에 나타났다. (이필찬, 미출판 원고)

계시록 12:11의 현대판 예를 하나 들어보자. "식인종들이 있다! 당신은 식인종에게 잡아먹힐 수 있다!" 존 G. 페이톤이 뉴 에브리디즈 군도에서 복음 증언하는 일을 단념하도록 설득하기 위해 누군가가 그를 겁주려고 해 준 말이다. 그리스도인들에게 섬 주민의 난폭한 야만성은, 거기 들어가 그 식인종들과 살면서 선교하고 헌신하는 삶을 살지 못할 만한 충분한 이유가 되었다. 많은 이들이 이런 섬들은 영원히 사탄에게 속했고, 거기 주민들에게 사탄의 권세가 너무 깊게 뿌리내리고 있어서 쉽사리 도전하기 어려운 곳이라 여겼다. 그러나 페이톤은, "구원받지 못한 자가 장차 당할 무시무시한 위험"을 가벼이 여길 수 없어서, 자신이 "멸망해 가는 사람들을 구주께로 되돌리는 도구가 되게" 해 달라고 기도했다. 1858년 페이톤이 탄나 섬에 도착해서, 그가 제일 먼저 발견한 것은 수많은 위험이었다. 그의 선교 편지에 이런 대목이 있다. "그곳 사람들의 일상의 삶에서 우리 눈에 보이는 사탄의 심연은… 노출되지 않은 채 그대로 있었다." 페이톤은 그 섬사람들과 함께 살면서 그들의 신뢰를 얻고 그들의 언어를 배우고 죄를 깨끗게 씻는 그리스도의 피에 대해 증거할 계획을 세웠다. (J. D. Legg, 305-11)

많은 경우에, 총으로 무장한 채 날뛰는 원주민들 앞에서 그의 생명이 위협을 받을 때마다 페이톤은 기도에 의지했다. 어느 작가가 그에 대해 이런 전기를 썼다: "그는 자기를 그곳에 세워 두신 주님만을 신뢰했고, 하늘과 땅의 모든 권세를 받으신 분께… 그리스도께서 친히 자기를 보호해 주시거나 그분의 영광이 있는 하늘 본향으로 데려가 달라고 기도했다. …얼마 지나지 않아 페이톤은 그들에게 '죄와 구원'에 대해 말할 수 있게 되었고, 그는 줄기차게 이 일을 계속했다."(J. D. Legg, 314)

탄나 섬, 아니와 섬에서의 25년 동안 페이톤은 하나님께 쓰임을 받아 사람들을 대부분 개종시켰으며 그곳에 여러 개의 강력한 교회를 세웠다. 선교 기금을 모으기 위해 스코틀랜드로 한 차례 돌아왔을 때, 그는 이런 글을 썼다. "내 영혼은 아니와 섬의 거룩한 안식일들을 그리워하고 있다."(J. D. Legg, 329) 한 개인이 어떻게 그처럼 사탄이 날뛰는 위험의 한복판에서 그토록 압도적으로 기묘한 행동들에 맞서 성공적인 사역을 할 수 있었을까? 계시록 12:11에서 그 답을 찾을 수 있을 것 같다. 페이톤 같은 충성스러운 그리스도인들이 "어린 양의 피와 자기들이 증언하는 말씀으로써 그를 이겼으니(정복했으니)."

12:7~12 _하늘에서의 전쟁

계시록 12장은 여자, 그녀의 아들 그리고 큰 용이라는 형식의 비전으로 교회의 웅장한 역사를 나타내고 있다. 여자는 교회를 나타내는데 그 여자를 통해 하나님은 그의 아들, 구세주를 세상에 보내신다. 용은 마귀인데 그 아이의 출생을 막으려 하고 그리스도께서 권세 있는 자리로 승귀(乘貴)되신 후에는 끊임없이 교회를 박해했다. 1~6절에서 이 거룩한 전쟁의 등장인물들을 소개하면서 하나님께서 그 아이의 출생과 그리스도의 구원 사역으로 하나님이 마귀를 어떻게 물리치시는지를 알려 주고 있다. 7절 시작 부분에서 신자들과 끊임없이 전쟁하고 있는 마귀를 보여줌으로써 비전이 계속된다. 사탄은 그리스도의 오심으로 처절한 패배를 당했고 그럼으로써 그의 활동은 축소되었다. 그럼에도 사탄은 그리스도의 초림과 재림 사이 우리가 사는 바로 이 시대를 드러내고 있는 영적인 전쟁에서 그가 남겼던 자원들을 총동원하여 여전히 맹렬하게 날뛰고 있다.

계시록 12:7에서 시작되고 있는 이 비전의 주제는 '그리스도의 죽음, 부활 그리고 승귀 때문에 마귀가 당하는 패배'이다. 요한은 이렇게 적고 있다: "하늘에 전쟁이 있으니 미가엘과 그의 사자들이 용과 더불어 싸우매"(계 12:7). 이 구절은 이 땅에서 그리스도와 그의 백성 그리고 사탄과 그 졸개들 사이의 영적인 전쟁이 일어날 뿐만 아니라 천사들의 영적인 영역에서도 마찬가지로 전쟁이 있음을 알려 준다.

미가엘은 다니엘 10:13에서, 천사들의 "가장 높은 군주 중 하나"로 묘사되었다. 다니엘은 하나님께서 그 백성을 용서하시고 그들을 회복시켜 예루살렘으로 돌아가게 해 달라고 기도했다. 그의 기도가 열납되었다는 소식을 전하는 천사 하나가 파송되었지만 그 내용은 악한 천사 때문에 차단당했다. "미가엘이……와서 도와줌"(단 10:13) 때에야 비로소 그 천사가 다니엘에게 올 수 있었다. 그때 다니엘의 끈질긴 기도가 미가엘이 승리하는 데 영적인 자원들을 공급했던 것처럼 보인다(단 10:2~4). 다니엘서는 교회 시대 시련 기간에 "네 민족을 호위하는 큰 군주 미가엘이 일어날 것"(단 12:1)이라는 약속과 함께 끝을 맺는다. 계시록 12:7~8은 이렇게 오랫동안 예언되어 온 거룩한 전쟁을 서술하고 있다: "미가엘과 그의 사자들이 용과 더불어 싸울새 용과 그의 사자들도 싸우나."

이 구절을 이해하려면 이 전투가 예수 그리스도의 삶과 사역 기간에 일어났고 그분이 하늘로 승귀되심으로 끝났다는 것을 반드시 깨달아야만 한다. 계시록 12:3, 용이 "땅으로 곤두박질한 뒤에 사내아이를 출산한 여인을 추격했음"을 보도하고 있다. 이것은 용이 교회 시대 전에 추방당했음을 뜻한다. 십자가에서의 예수님의 승리, 하늘 보좌로 올려져 왕관을 받으심으로 사탄과 그의 군대는 패배했고 그 뒤로 "하늘에서 그들이 있을 곳을 얻지 못하고… 땅으로 내쫓기니 그의 사자들도 그와 함께 내쫓겼다"(계 12:8~9).

사탄이 하늘에서 "내쫓겼다"는 것은 무슨 뜻인가? 계시록 12:10에 그 대답이 있다. "우리 형제들을 참소하던 자 곧 우리 하나님 앞에서 밤낮 참소하던 자가 쫓겨났다." "예수께서 죄인들을 위한 그의 대속 사역을 끝마치시고 하늘로 오르사 하나님의 보좌에 앉으셨을 때 사탄은 이제 더는 성도들을 헐뜯기 위해 하나님 앞에 나아갈 수 없게 되었다. 오히려 사탄이 한때 차지하고 있던 하나님 앞 그 자리에 예수님이 계신다. 사탄이 고소자로 섰던 것과 달리 그분은 우리의 변호인으로 거기에 서 있다."(D. F. Kelly, 220)

이런 관점에서 보면 미가엘과 사탄의 전투는 하늘 법정에서의 법률적 다툼으로 생각되는 게 마땅하다. 사탄의 패배를 즐거워하는 천상의 소리가 들려오는데, "우리 하나님 앞에서 밤낮 참소하던 자"(계 12:10)가 하늘 법정에서 가졌던 많은 특권을 상실해 버렸기 때문이다. 이것은 구약의 그림과 잘 맞아떨어진다. 욥기 1:6, "하루는 하나님의 아들들이 와서 여호와 앞에 섰고 사탄도 그들 가운데에 온지라." 천상의 존재로서 타락한 사탄조차도 하나님의 법정에 다른 천사들과 함께 참여할 자격을 갖고 있었다. 하나님이 사탄에게 묻는다. "네가 내 종 욥을 주의하여 보았느냐? 그와 같이 온전하고 정직하여 하나님을 경외하며 악에서 떠난 자는 세상에 없느니라"(욥 1:8). 사탄은 욥을 고소하면서 하나님이 그에게 부자되는 복을 주었기 때문에 욥이 하나님을 공경하는 것이라고 대답했다. 사탄의 이 고소는 욥에게 무시무시한 여러 가지 고통을 불러왔고 그것은 이내 하나님을 향한 그의 굳센 믿음의 확실한 증거가 되었다. 고통은 욥이 범한 죄 때문에 시작된 것이 아니라 '천상의

지적 토론의 결과'로 촉발된 것이었다.(권지성, 32)

계시록 12장은, 사탄이 이제 더는 그따위 고소를 할 수 없다는 것을 말하고 있다. 하늘의 거룩한 전쟁에서, "큰 용이 내쫓겼다"(계 12:9). 요한은 그 용을 "옛 뱀"이라고 묘사함으로써, 마귀가 어떻게 우리 인류를 죄에 빠뜨려 정죄당하게 했는지를 일깨우고 있다. 용은 "옛 뱀 곧 마귀라고도 하고 사탄이라고도 하며 온 천하를 꾀는 자"(계 12:9)이다. 마귀라는 낱말은 "중상모략하는 자" 또는 "고소자"를 뜻한다. 요즘 식으로 말하자면 가짜뉴스를 만들어 퍼뜨리는 자 정도로 이해해도 좋겠다. 사탄이라는 낱말은 하나님의 백성들의 '적'을 뜻하며, 따라서 사탄은 이 세상 사람들이 하나님을 불신하게 하는 "속이는 자"로 활약한다. 이런 이름을 통해 사탄이 하나님과 그의 백성들에 맞서 어떻게 전쟁하는지를 알 수 있다: 사탄은 속이려 하며 나아가 특히 하나님의 법정에서 우리의 죄로 우리를 고소하려 한다. 오랫동안 그리스도인으로 살아온 사람들은 이것이 무엇을 의미하는지 잘 알 것이다. 사탄은 신자의 마음속에 악한 생각을 집어넣고, 그다음에는 그처럼 악한 생각을 지닌 사람은 결코 참된 그리스도인일 수 없다는 생각으로 어떤 사람을 깔보도록 부추긴다. 그러나 사탄은 이제 쫓겨났고 따라서 우리가 지상에 사는 동안 그가 우리를 잠시 괴롭히기는 하겠지만 하나님 앞에서 그는 이제 더는 우리를 고소할 수 없다.

신약성경에서는 그리스도의 구원 사역과 사탄의 축출을 연관시킨다. 누가복음 10:17, 예수님이 파송했던 70인 전도대의 귀환을 기록하고 있다. 그들이, 복음을 전파하니 귀신들도 항복하더라는 보고를 드리자 예수님이 말씀하셨다. "사탄이 하늘로부터 번개같이 떨어지는 것을 내가 보았다"(눅 10:18). 예수님이 그 장면을 보셨을 때 예수님의 대속 사역 소식이 전해진 하늘에서 사탄을 추방해 버렸다. 요한복음 12:31에서 예수님은 다가오는 십자가에서의 죽음에 대해 이렇게 말씀하셨다: "이제 이 세상에 대한 심판이 이르렀으니 이 세상의 임금이 쫓겨나리라." 예수님은 죄로부터 우리를 대속하시는 그분의 사역을 사탄의 고소와 기만이라는 분탕질의 끝으로 보셨다. 이제 하늘에 있는 하나님의 보좌로 올려지신 예수님은 그 자리에 영원히 계시면서 사탄이 우리를 고소하러 나타나지 못하게 막으신다. "그리스도는 승리를 완성하셨다. 이는 분명히 하나님이 미가엘을 보내셔서 그 일을 북돋우신 것이다."(J. M. Hamilton, 251) "미가엘의 일은 지상에서 그리스도께서 하시는 일의 천상적인 반영이다."(G. K. Beale, 1999:657) 그리스도께서 지상에서 승리를 쟁취하셨고 그러므로 "미가엘과 그의 천사들"이 사탄에게 맹공을 퍼부어 그를 물리쳤고 그 결과 그를 하늘 법정에서 완전히 내쫓아버린 것이다(계 12:7~8).

잊지 마라. 사탄은 쫓겨 난 거지다. 양아치처럼 허풍 떨며 성도들을 계속 유혹할 뿐이다. 그러니 속지 말라. 다시 말하거니와 사탄은 양아치다.

12:10~11 _그리스도의 피와 우리의 증거

광야 길에서는 고난과 은총이 늘 공존한다. 이미 이긴 싸움을 하고 있기에 힘들어도 신나는 싸움이다. 영적인 전쟁터에서 우리에게 주어진 싸움을 어떻게 해야 할까? 지난 한 주, 당신의 영적인 싸움, 그 승률은 몇 할이나 되는가?

본문의 강조점을 감안할 때, 그리스도께서 우리를 고소하는 자를 어떻게 물리치셨으며 오늘날 우리가 사탄을 어떻게 거꾸러뜨려야 하는지를 이해하는 것은 그리스도인들에게 대단히 중요하다. 계시록 12:11에서, 그리스도께서 우리를 고소하는 사탄을 물리쳤을 뿐만 아니라 그의 백성들 또한 용을 물리쳤다는 것을 알려 주고 있다: "또 우리 형제들이 어린 양의 피와 자기들이 증언하는 말씀으로써 그를 이겼으니." 신자들을 겨냥하여 고소하는 사탄의 전쟁은 이제 그리스도의 피와 우리의 복음 증거로 완전히 패배했다.

첫째, 신자들은 그리스도의 피로 마귀의 고소를 뒤엎어버린다. 사탄이 우리를 고소하려고 하늘에 나타나는 이유는 하나님의 법 아래서 우리를 영원히 정죄당하게 할 방법을 찾기 위해서다. 스가랴 3:1 말씀을 예로 들 수 있다: "대제사장 여호수아는 여호와의 천사 앞에 섰고 사탄은 그의 오른쪽에 서서 그를 대적하는 것을" 하나님께서 스가랴에게 보여 주셨다. 3절에 여호수아가 실제로 죄책감으로 주눅 들어 있는 모습이 나타난다: "여호수아가 더러운 옷을 입고 천사 앞에 서 있는지라." 이스라엘의 대제사장으로서 여호수아는 이스라엘 나라 전체를 대표하는데 이스라엘 나라는 그 죄와 우상숭배로 인해 약속의 땅에서 추방당했다. 사탄은 이 점을 즐겨 지적하며 하나님께서 그렇게 더러운 죄인들을 회복시켜 예루살렘으로 돌아가게 복 주셔서 그들에게 복 주시는 것은 부당하다고 강변했다.

이것이 미가엘과 그의 천사들이 예수 그리스도 "어린 양의 피"의 정복(계 12:11) 덕분에 끝장내 버린 바로 그 사탄의 고소이다. 예수님이 죽기 전에 사탄은 하나님의 백성들을 겨냥한 좋은 소송꺼리를 갖고 있었다. 사탄이 다윗왕 같은 신자들을 고소할 때, 사탄은 다윗이 범했던 실제적이고 가증스러운 죄들 예컨대 밧세바를 범하고 그 남편 우리야를 살해한 다윗의 간통죄를 지적했다. 사탄이 모세를 고소할 때 모세에게는 지적당해 마땅한 죄들이 실제로 있었다. 구약시대의 다른 모든 신자에게도 마찬가지였는데 그리스도를 향하고 있는 복음을 믿는 그 믿음 때문에 하나님은 구약시대 신자들을 하늘로 받아들이셨다. 그러나 그리스도께서 오시고 하나님의 참 어린 양으로서 그의 피를 하나님께 드림으로 하나님의 법정에서 신자들을 겨냥한 고소는 이제 불가능하게 되었다. 그리스도께서 하나님의 율법을 만족시키자 고소할 명분이 더는 없게 된 것이다! 우리의 죄가 의로우신 그리스도께로 전가되고 그리스도의 의(義)가 믿음으로 우리에게 전가됨으로써 도무지 고소할 수 없게 된 것이다.

이 구원은 대제사장 여호수아와 사탄이 나타났던, 스가랴 선지자가 보았던 비전이 성취된 것이다. 예수께서 나타나셔서 명령하셨다. "내가 네 죄악을 제거하여 버렸으니 네게 아름다운 옷을 입히리라"(슥 3:4). 이런 배경에서 예수님이 말씀하셨다. "사탄아 여호와께서 너를 책망하노라!"(슥 3:2). 그리스도는 여호수아의 더러운 옷을 자신이 취하시고 그의 죄의 형벌을 십자가에서 대신 짊어지셨다. 그렇게 하나님께서는 그리스도의 의로운 옷을 여호수아에게 전가하시고(입히시고), 그럼으로써 그는 하나님의 법 앞에서 의롭다 함을 얻게 되었다. 여호수아는 그리스도의 의로운 옷을 덧입은 것이다. 이것이 바로 바울이 로마서 8:1에서 "그러므로 이제 그리스도 예수 안에 있는 자에게는 결코 정죄함(유죄 판결)이 없나니"라고 즐겁게 외친 이유다.

당신이 예수를 믿고 있다면 사탄은 마찬가지로 하나님의 정의로운 법정에서 당신을 고소할 권리를 상실한 것이다. 그렇다고 당신이 죄지은 일이 전혀 없다는 것이 아니다. 당신이 죄인임은 분명한 사실이다. 요한일서 1:7에서 지적하듯이 죄가 있음에도 불구하고 "그 아들 예수의 피가 우리를 모든 죄에서 깨끗하게 하실 것"이다. 마틴 루터를 고소하려고 마귀가 어떻게 다가왔는지에 대한 유명한 이야기가 있다. 이 위대한 종교개혁가는 모국어인 독일어로 성경을 번역하는 매우 중요한 사역을 수행하고 있었는데 사탄은 당연히 그를 좌절시키려 했다. 루터는 사탄이 루터 자신의 많은 죄 목록을 들고 나타나서 하나님을 섬기고자 하는 그의 소망을 조롱했다고 술회(述懷)했다. 루터는 그의 수많은 죄악이 진실임을 고백했다. 그러나 그리스도의 피가 그 모든 죄악을 다 깨끗하게 했음을 아울러 확신했다. 그래서 루터는 자기를 조롱하는 사탄을 향해 잉크병을 내던졌는데 그 잉크 자국은 오늘날까지도 루터의 집 벽에 그대로 남아 있다.

찰스 웨슬리는 그리스도인의 구원을 이렇게 말하고 있다: "놀라운 사랑!

나의 하나님, 어찌 그런 일이 가능한지요. 당신이 나를 위해 죽으시다니!"

그 찬송의 마지막 구절은 그리스도 안에 있는 성도의 승리를 노래한다:

"나 이제 정죄함을 두려워하지 않네;

예수님, 그 안에 있는 모든 것이 다 내 것이라네!

나의 살아 계신 머리이신 그분 안에 내가 살며

하나님의 의로 나 옷 입었네.

보라, 나는 영원한 보좌에 나아가

나의 그리스도 안에서 왕관을 구하네.

놀라운 사랑! 나의 하나님, 어찌 이런 일이 가능한지요.

당신이 나를 위해 죽으셨다니!"

(C. Wesley, 1738)

둘째, 그리스도인들은 "자기들이 증언하는 말씀으로써"(계 12:11) 사탄을 이긴다. 사탄은 가능한 한 그의 패배 소식이 알려지지 않기를 바라고 있다! 그러나 그리스도인들이 그리스도 안에 있는 죄 용서의 좋은 소식을 전파할 때 사탄의 권능은 대폭 감소한다. 사탄은 우리 가족과 친구들에게 그들의 선한 양심을 빌미로 그들이 하나님께 결코 받아들여질 수 없다고 끊임없이 고소한다. 그리스도인들은 그리스도의 구원하시는 피의 진리를 말함으로써 이 악마적인 전쟁을 이긴다. 예수께서 그의 전도자들을 파송하신 후에 전도자들은 그들이 귀신을 내쫓았다는 사실에 고무되어 기쁨으로 돌아왔다(눅 10:17). 예수님이 직접 파송하셨던 전도대처럼 우리 또한 그리스도의 구원하시는 사역에 관한 기쁜 소식을 증거할 때마다 사탄의 왕국에 맞서는 권능을 발휘한다. 우리가 복음을 전할 때마다 원수 사탄의 날개가 꺾여 하늘에서 땅으로 곤두박질하는 것이다.

어둠의 천사들은, 하나님이 누구시며 하나님이 그리스도 안에서 무엇을 하셨는지에 대한 증거를 지닌 그리스도인들에 의해 후퇴했다. 그밖에 다른 어떤 것으로 우리가 사탄과 그의 군대를 물리칠 수 있겠는가? 우리가 그저 침묵하기만 한다면 허망하게 패배하게 될 것이다. 만일 당신이 복음을 다른 사람들과 나누지 않고 그것을 전하지 않는다면 당신 자신은 이미 패배당한 것이다. 그런 자세로는 당신은 어둠의 전선을 물리치지 못한다. 이것이 바로 어린 양의 피와 당신의 증언으로 사탄이 패배하는 결정적인 방법이다.(D. A. Carson, 35-36)

셋째, 계시록 12:11, 그리스도인들은 "죽기까지 자기들의 생명을 아끼지 아니하였기" 때문에 이긴다. 그리스도께서 자기 피로 우리를 구원하셨기 때문에 열심히 복음을 선포할 뿐만 아니라 죽음에 이른다 해도 우리의 구원을 굳게 붙들어야만 한다. 우리는 그리스도 그분을 위해 날마다 우리의 성화에 도움을 주는 죄와의 싸움을 포함해서 모든 고난을 감수한다. "고난은 우리 각 사람에게 각기 다른 형태로 나타날 것이다. 몇몇 사람들은 지적으로 고통을 겪을 수도 있다. 우리는 마음으로 날마다 예수님을 따르면서 우리 몫의 십자가를 짊어지는 삶 때문에 조롱을 당할 것이다. 어떤 사람들에게는 그 고난은 실제로 우리가 감내해야만 할 육체적인 고통으로 나타날 것이다."(D. A. Carson, 36-37) 이 악한 세상에서 우리가 그리스도를 위해 고난받는 일은 견디기 어렵겠지만 그러나 참 신자는 예수를 믿는 믿음을 포기하기보다는 그 어떤 고난이라도 믿음으로 끝까지 견뎌낼 것이다. "복음을 거부하면서 구차하게 연명하는 것보다는 그리스도를 신뢰하고 복음을 끝까지 붙들면서 죽는 것이 더 낫다… 복음이 없으면, 하나님 앞에 설 때 사탄의 모든 고소가 사실이 되어 당신을 에워쌀 것이고 당신은 마침내 사탄과 함께 저주를 받게 될 것이다."(J. M. Hamilton Jr., 253)

이것은, 우리 각 사람이 우리의 죄를 고백하고 예수를 믿으며 그의 십자가에서 깨끗하게 되어야 하는 일이 얼마나 중요한지를 알려 준다. 사탄은 하나님 앞에서 당신을 고소하려 하며 나아가 사탄은 고소에 필요하다고 생각될 수 있는 모든 증거를 다 갖고 있다. 살 수 있는 단 하나의 길, 하나님의 영원한 진노로부터 구원받는 길은 예수께로 돌아서는 것, 당신의 죄를 대신하여 십자가에서 그가 죽으심을 흔들림 없이 믿는 것, 그리고 그의 복음을 신뢰하면서 영원히 사는 것밖에 없다.

12:12~17 _때가 얼마 남지 않았기 때문에

계시록 12장의 마지막 구절은 그리스도의 승리 때문에 현세에 나타나는 두 가지 결과를 보여 주면서 예수께서 하늘로 승귀(乘貴)되신 뒤 이 땅에 남아 있는 교회와 그리스도인들의 상황을 설명한다. 그 첫 번째는 하늘과 거기 사는 이들의 영원한 즐거움이고, 두 번째는 교회가 지상에서 당하는 일시적인 고난이다.

그리스도의 승리는 하늘에서 찬양과 즐거움을 유발한다: "내가 또 들으니 하늘에 큰 음성이 있어 이르되 이제 우리 하나님의 구원과 능력과 나라와 또 그의 그리스도의 권세가 나타났으니 우리 형제들을 참소하던 자, 곧 우리 하나님 앞에서 밤낮 참소하던 자가 쫓겨났고 또 우리 형제들이 어린 양의 피와 자기들이 증언하는 말씀으로써 그를 이겼으니 그들은 죽기까지 자기들의 생명을 아끼지 아니하였도다. 그러므로 하늘과 그 가운데 거하는 자들은 즐거워하라. 그러나 땅과 바다는 화 있을진저. 이는 마귀가 자기의 때가 얼마 남지 않은 줄을 앎으로 크게 분 내어 너희에게 내려갔음이라"(계 12:10~12). 그리스도의 승리는 하나님이 약속하신 구원을 가져왔는데 구원하시는 하나님의 권능을 드러내고 하나님이 복 내리시는 왕국을 시작했으며 구주이자

주가 되시는 그리스도의 권세를 수립하였다. 이보다 더 좋은 소식이 들려온 적 있었던가? 고소자인 사탄은 땅으로 쫓겨났다! "승리를 얻었다: 구원은 확고하다; 하나님의 왕국이 시작되었다; 그리스도가 다스리신다."(S. Wilmshurst, 156) 미국 북캐롤라이나의 어떤 마을에서는 길거리에서 춤추는 것이 금지되어 있었다. 그러나 세계 제2차대전이 끝나고 군인들이 고향에 돌아왔을 때 그 엄격한 규칙은 순식간에 내팽개쳐지고 사람들은 흥에 겨워 길거리에서 신나게 춤을 추었다. 이보다 훨씬 더 위대한 그리스도께서 사탄을 이겼다는 뉴스는 성도들에게 하늘에까지 닿을 만한 즐거움을 일으킬 것이다. "그러므로 우리는 즐거워하는 백성이 될 만한 모든 이유를 다 갖고 있으므로 죄인과 화목하게 되어 웃으시는 하나님 아버지께 즉각 나아갈 수 있는 이 즐거움은 우리의 예배에 항시 반영되어야만 한다."(D. F. Kelly, 223)

그리스도의 승리는 하늘에서의 영원한 즐거움으로 우리를 이끌지만 그러나 사탄이 지상으로 쫓겨남으로써 우리는 현세에서 일시적으로 고난 당한다. "그러나 땅과 바다는 화 있을진저. 이는 마귀가 자기의 때가 얼마 남지 않은 줄을 앎으로 크게 분 내어 너희에게 내려갔음이라"(계 12:12).

계시록 12장의 마지막 단락은 지상의 교회를 괴롭히려고 하는 사탄의 시도를 그리고 있는데 그 이유는 사탄이 이제 더는 하늘에서 그리스도인들을 고소할 수 없게 되었기 때문이다: "용이 자기가 땅으로 내쫓긴 것을 보고 남자를 낳은 여자를 박해하는지라"(계 12:13). 사탄은 기회만 있으면 신자들을 해치려고 한다. 신자들의 영원한 생명을 건드릴 수 없기 때문이다; 사탄은 그가 우리 영혼을 구원하시는 그리스도를 좌절시킬 수 없기에 지상에서의 근심 걱정으로 우리를 좌절시키려 한다. 사탄은 자신의 패배 때문에 노발대발하며 하나님의 말씀에 복종하면서 복음을 증언하는 삶을 사는 그리스도 안에 있는 신자들을 무지무지하게 증오한다: "용이 여자에게 분노하여 돌아가서 그 여자의 남은 자손 곧 하나님의 계명을 지키며 예수의 증거를 가진 자들과 더불어 싸우려고 바다 모래 위에 서 있더라"(계 12:1).

1944년 6월 연합군이 노르망디에 상륙함으로써 제2차 세계대전이 거의 끝난 것이나 마찬가지였다는 얘기를 한 바 있다. 독일군 장군들은 아돌프 히틀러에게 전쟁을 끝내기 위해 협상할 것을 호소하기 시작했다. 히틀러는 정반대로 행동했다. 적군을 향한 그의 미친 분노 때문에 그는 적군을 상처입히기 위해 그가 할 수 있는 모든 조치를 다 했다. 한 가지 예로 전쟁 막바지 마지막 한 달 동안 영국의 여러 도시에 히틀러가 퍼부은 V-2 로켓 공격을 들 수 있다. 그 로켓 발사 기지가 마침내 붕괴될 때까지 무려 일천 발의 V-2 로켓이 영국에 발사됐고 많은 사상자를 냈으며 런던에 심각한 타격을 입혔다. 이미 패전했음에도 히틀러는 왜 이런 짓을 했을까? 계시록에 그 답이 있다: "그러나 땅과 바다는 화 있을진저. 이는 마귀가 자기의 때가 얼마 남지 않은 줄을 앎으로 크게 분 내어 너희에게 내려갔음이라"(계 12:12).

중요한 점은, 사탄이 이 땅에 있는 교회를 박해하는 것은 그가 우리의 구원을 뺏을 수 있다고 생각하기 때문이 아니라 자기가 그럴 수 없다는 것을 아주 잘 알기 때문이라는 것이다. 못 먹는 감 찔러버리는 식이다. 마귀는 확실한 패배에 직면하여 순전한 악의에 사로잡혀 날뛴다. 사탄의 사악함을 묵상하는 것은 신자들을 얼마나 불안하게 만드는 일인가. 그러나 그 불안감은 정말 부질없는 것이다. 사탄은 목줄에 묶인 개나 마찬가지다. 아무리 우렁차게 으르렁거리며 짖어대도 목줄 거리 밖에서는 세 살짜리 어린아이 하나도 물 수 없다. 사탄의 사악한 계략으로 친한 사람들이 우리를 공격할 때, 거짓 고소로 우리를 한없이 고통스럽게 할 때, 혹은 우리가 믿음 때문에 부당하게 대우받을 때도, 오늘 본문 말씀은 여전히 극심하게 고난 당하는 그리스도인들을 한없이 격려하고 있다! 그리스도의 피와 우리가 증언하는 말씀을 통해 우리는 승리 이상의 것을 가졌다. 바로 이런 이유로 우리는 이곳 지상에서 사탄으로부터 무지막지한 공격을 당한다. 따라서 그리스도를 위해 우리가 당하는 박해는 오래전에 이 세상이 구주를 십자가에 못 박았지만 그 세상을 이미 정복하신 그분께 우리가 속했다는 것을 확실하게 보여 주고 있다. 복음을 선포하다가 심한 매질을 당했던 베드로와 요한이 보여 준 태도를 우리도 지녀야만 한다: "사도들은 예수님의 이름을 위하여 능욕 받는 일에 합당한 자로 여기심을 기뻐하면서 공회 앞을 떠나니라"(행 5:41). 우리의 많은 건물, 소득(경제)과 우리의 몸을 겨냥한 사탄의 공격은 그리스도 안에서 우리가 누리는 복을 전혀 건드릴 수 없다는 것과 우리가 지금 하늘의 영원한 영광에 속해 있다는 것을 확인해 줄 뿐이다. 사탄이 우리를 박해할 수 있는 시간은 사탄 자신이 이미 잘 알고 있듯이 "얼마 남지 않았다." 하지만 하늘에서 우리가 그리스도와 함께 누릴 기쁨은 '영원 영원히' 계속될 것이다.

마지막으로 요한은 용의 박해 기간에 여인을 위한 하나님의 준비와 보호를 보여 주는 구약의 이미지에서 끌어온 비전을 보았다; "그러나 그 여자가 큰 독수리의 두 날개를 받아 광야 자기 곳으로 날아가 거기서 그 뱀의 낯을 피하여 한 때와 두 때와 반 때를 양육 받으매"(계 12:14). 구약성경에서는 종종 하나님께서 독수리 날개(출 19:4~6; 신 32:10~11)로 안전하게 그 백성을 옮기시는 이야기를 한다. 이것은 위험으로부터 교회를 구원하기 위한 하나님의 초자연적인 개입을 상징한다. 그동안 계시록을 공부하면서 여러 차례 확인한 바와 같이 "한 때와 두 때와 반 때"는 3년 반과 같은데 그것은 교회 시대 전체에 걸친 교회의 환난을 상징하고 있다. 하나님은 그의 백성을 안전하게 보호하실 뿐만 아니라 그분의 말씀이라는 하늘의 만나를 통해 우리의 믿음이 자라나도록 하신다.

그러나 사탄은 여전히 광포하게 날뛴다: "여자의 뒤에서 뱀이 그 입으로 물을 강 같이 토하여 여자를 물에 떠내려가게 하려"(계 12:15) 한다. 사탄의 기만술은 마치 홍수와 같아서 바로가 이스라엘을 홍해 물에 익사시키려 했듯이 우리를 익사시킬 수도 있지만 그러나 바로 그때 하나님께서 우리를 구원하시려고 초자연적으로 개입하신다. 계시록 1:16에서는, 예수님의 입에서 나오는 "날카로운 양날 검"을 말하고 있는데 이것은 그분의 복음 메시지를 말하는 것이다. 이와는 대조적으로 사탄의 입에서 나오는 홍수는 신앙이 안정되지 못한 자와 조심성 없는 자들을 휩쓸어 가고자 사탄이 내놓은 거짓 가르침의 쓰나미를 강조한다. 요한은 이렇게 쓰고 있다: "그러나 땅이 여자를 도와 그 입을 벌려 용의 입에서 토한 강물을 삼키니"(계 12:16). 이것은 출애굽 과정에서 모세에게 대항했던 고라 다단 아비람과 같은 거짓 증인들을 땅이 입을 열어 삼켜버리도록 하나님께서 역사하신 일(민 16:26~33)을 인용한 것이다. 이 이미지들은 고난받는 그리스도인들이 이 시대의 시련 속에서 하나님이 몸 된 교회를 안전하게 지키시겠다고 어떻게 약속하셨는지를 기억하면서 기도하도록 격려한다. 시편 32:6~7에서 다윗은 이런 식으로 행동할 것을 우리에게 강력하게 권하고 있다: "이로 말미암아 모든 경건한 자는 주를 만날 기회를 얻어서 주께 기도할지라. 진실로 홍수가 범람할지라도 그에게 미치지 못하리이다. 주는 나의 은신처이오니 환난에서 나를 보호하시고 구원의 노래로 나를 두르시리이다."

12:12~17 _사탄이 쫓겨나다

사탄은 그리스도의 승리로 하늘에서 땅으로 쫓겨났다. 사탄은 아직도 우리 성도들에게 지상의 고통을 안겨줄 수 있지만 그러나 이제 더는 우리를 하나님 앞에서 고소하거나 영원한 생명에 대한 우리의 권리를 위협할 힘이 없다. 이것이 바로 존 G. 페이톤이 탄나 섬의 식인종 나무리에게 가르쳤던 위대한 진리다. 이 식인종 나무리는 페이톤이 전하는 예수 그리스도를 통한 구원의 메시지를 들었고 이내 그 진리를 믿었고 구원을 경험했고 마침내 복음 전도자가 되었다. 하루는 나무리가 섬 주민들에게 그리스도의 피에 관한 메시지를 전하고 있었는데, 그 식인종 마을에서 의사 노릇을 하는 주술사 하나가 다가와서 그를 몽둥이로 패기 시작했다. 심하게 다친 나무리는 페이톤 선교사의 집으로 도망쳤다. 페이톤은 그를 잘 간호하여 건강을 되찾게 해주었고, 마을로 돌아가지도 말고 아울러 복음 전하는 일을 더는 계속하지 말라고 했다. 나무리는 그리스도의 피가 어떻게 사탄을 정복했는지 어떻게 그를 해방하여 복음을 전하게 하셨는지를 일깨우면서 페이톤 선교사의 말을 거절했다:

> 선교사님, 그들이 내 피를 마시고 싶어 하는 모습에서 나는 선교사님이 처음 우리 섬에 오셨을 때의 내 모습을 보았습니다. 나는 그들이 지금 나를 죽이고 싶어 하듯이 선교사님을 죽이고 싶어 했습니다. 만일 선교사님께서 그런 위험을 피하고자 했더라면 저는 식인종 이교도로 여전히 이 섬에 남아 있었을 것입니다; 그러나 선교사님은 그 모든 위험을 무릅쓰고 이 섬에 오셨고 우리를 가르치려고 끊임없이 다가오셨습니다. 마침내 하나님의 은혜로 제가 오늘의 이 모습으로 변화되었습니다. 이제 저를 이렇게 변화시킨 바로 그 하나님께서 제가 믿는 하나님을 사랑하고 섬기도록 이 불쌍한 식인종들을 변화시킬 수 있음을 믿습니다. 저는 그들을 피할 수 없습니다. 어떻게든 저는 그들을 예수님께로 이끌기 위해 제가 할 수 있는 모든 일을 할 작정입니다.

존 페이톤과 그가 개종시킨 나무리와 같은 증인들의 증거와 어린 양의 피로 한때 사탄이 온전히 장악하고 있던 영역이었던 어둠과 죽음의 섬들을 그리스도의 빛이 정복한 것이다. 만일 우리가 고통, 손해 혹은 죽음을 개의치 않고 그리스도의 피의 승리에 대한 믿음을 견지하고 담대하게 그의 복음을 선포한다면 오늘 우리가 사는 이곳에서 하나님께서 무엇을 하실 것인가?

요한이 본 비전에 의하면 그 대답은, 사탄이 그의 권좌로부터 축출될 것이며, 계시록 12:10, 12에서 말하듯이 "우리 형제들을 참소하던 자 곧 우리 하나님 앞에서 밤낮 참소하던 자가 쫓겨나고… 하늘과 그 가운데에 거하는 자들이 즐거워"하게 된다는 것이다. 만일 우리가 날마다 예수의 죽음이라는 십자가를 짊어지고 그의 구원을 증언하는 삶을 산다면 우리는 "어린 양의 피로"(계 12:11) 정복하는 삶을 살 수 있을 것이다.

우리는 믿음으로 미래를 확신한다. 사탄도 마찬가지 자신의 때가 얼마 남지 않은 것을 알기에 최후의 발악을 하며 못 먹는 감 찔러버리는 식으로 날뛴다. 성도들은 이 거짓 계략에 걸려들지 않도록 말씀 안에서 늘 근신해야 한다. 모쪼록 근신하면서 즐거운 예배자가 되라.

바다에서 한 짐승이
(요한계시록 13:1~10)

[1]그리고 나는 바다로부터 짐승이 열 뿔과 일곱 머리, 그리고 그의 뿔들에 열 면류관과 그의 머리들에 모독의 이름[들]을 가지고 올라오는 것을 보았다. [2]그리고 내가 본 그 짐승은 표범같고 그리고 그의 발은 곰(발)같고 그리고 그의 입은 사자의 입 같았다. 그리고 그 용이 그에게 그의 능력과 그의 보좌와 큰 권세를 주었다. [3]그리고 그의 머리들 중 하나가 치명적으로 상처를 입어 죽임을 당한 것 같다. 그러나 그의 죽음의 상처가 치료되었다. 그때 온 땅이 그 짐승에 대해 놀라 그를 따랐다. [4]그리고 그들은 용에게 경배하였다. 왜냐하면 그 용이 그 짐승에게 권세를 주었기 때문이다. 그리고 그들은 다음과 같이 말하면서 그 짐승에게 경배하였다: 누가 그 짐승과 같은가? 그리고 누가 그와 전쟁할 수 있는가? [5]그리고 그에게 교만한 것들과 모독들을 말하는 입이 주어졌다. 그리고 그에게 마흔 두 달 동안 활동할 권세가 주어졌다. [6]그리고 그는 하나님을 향한 신성모독(들)을 위하여 그의 이름과 그의 장막 곧 하늘에 거하는 자들을 신성모독하기 위하여 그의 입을 열었다. [7]그리고 성도들과 전쟁을 일으켜 그들을 이기는 것이 그에게 허락되었다. 그리고 모든 족속과 백성과 언어와 나라들에 대한 권세가 그에게 주어졌다. [8]그리고 죽임당한 어린양의 생명의 책에 세상의 창조로

부터 그의 이름이 기록되지 않은 땅에 사는 모든 자들이 그를 경배할 것이다. ⁹누가 귀를 가지고 있다면 그로 듣게 하라. ¹⁰누가 포로로 가는 것이 정해진다면 그는 포로로 간다. 누가 칼로 죽임당하는 것이 정해진다면, 그로 칼로 죽임당하도록 하라. 성도들의 인내와 믿음이 여기에 있다. (이필찬 미출판 원고)

지피지기 백전불태(知彼知己 百戰不殆)라는 말이 있다. '적을 알고 나를 알면, 백 번 싸워도 위태롭지 않다'는 말이다. 장교 훈련을 받고 임관 후, 육군 보병학교를 졸업하고 공수훈련 특수전훈련을 받은 뒤 공수특전단에서 근무할 때 적(敵)전술, 적화기 공부도 많이 하고 실습도 자주 했다. 특전단 시절 아군의 주 무기인 M16소총만큼 북한군이 쓰는 AK소총 사격도 꽤 자주 했다. 유사시 적의 무기를 빼앗아서 사용할 수 있는 능력을 갖추기 위해서였다. 영적인 전쟁터에서 성도들처럼 마귀도 나름대로 적 전술을 면밀히 공부한다. 예수님이 시험당할 때(마 4:1~11) 형세가 좀 불리하다 싶으면 감히 예수님 앞에까지 마귀가 성경을 들고 나타났다는 사실을 잊지 말아야 한다. 그러니 요한계시록의 이 본문으로 이번에는 적 전술을 좀 공부해 보자. 적을 잘 알아야 위태롭지 않을 것이니까.

계시록을 공부하면서 우리가 신문에서 미래의 역사를 읽고 있는 것이 아니라, '비전-예언' 책에서 우리가 사는 이 시대의 다양한 영적인 현실을 배우고 있다는 것을 끊임없이 깨달을 필요가 있다. 그리스도인들이 그동안 들었던 혼란스러운 가르침 때문에 계시록을 이해하려는 노력조차 하지 않는 오늘 이 접근법을 특히 더 강조할 필요가 있다. 그러나 계시록에서 요한이 보았던 여러 가지 비전은, 탕자의 비유, 선한 사마리아인의 비유처럼 잘 알려진 예수님의 비유와 마찬가지로 신자들에게 매우 친숙해져야만 한다. 한 가지 예로 12장의 용, 여자 그리고 아이 비전을 들 수 있다. 교회 시대 영적인 전쟁의 이런 극적인 구성은 성경을 믿는 모든 신자가 이해하기 쉬운 정신적인 그림이다. 이 비전은 예수님이 처음 오셨을 때 그분을 무너뜨리는 일에 사탄이 어떻게 실패했는지 그리고 지금 사탄이 그의 필연적인 실패 앞에서 교회를 향해 분노하는 것이 얼마나 헛된 일인지를 알려 주고 있다.

기억해야 할 두 번째 원리는, 계시록의 상징체계는 오늘날 일어나는 사건들을 사색하는 것으로부터가 아니라 구약에 있는 병행 본문들을 사색하는 방식으로 해석되어야만 한다는 것이다. 한 가지 예를 12장의 맨 마지막 구절(12:17)에서 찾을 수 있다: "(용이) 바다 모래 위에 서 있더라." 구약 이미지에 익숙한 독자는 이 말씀을 보며 바다가 혼돈과 반역의 영역이며 지옥의 무저갱과 사실상의 동의어이기 때문에 무언가 두려운 악이 나타나리라는 것을 예상할 수 있을 것이다. 앞에서 복음을 증언하는 교회와 전쟁하려고 "무저갱으로부터 올라오는 짐승"(계 11:7)을 소개한 바 있다. 요한이 보고 있는 바와 같이 이제 그 전쟁이 적군의 관점에서 그려질 것이다. 요한은 이렇게 말하고 있다: "내가 보니 바다에서 한 짐승이 나오는데"(계 13:1).

13:1~6 _바다에서 나오는 짐승

구약 선지자 다니엘은 지상의 악한 제국을 나타내는 네 짐승을 보여 주는 비전을 받았다. 다니엘의 짐승들은 역사 속에서 연이어 등장하는 바벨론, 페르샤, 그리스와 로마제국을 나타냈다(단 7:1~8). 이 여러 제국이 하나님의 백성을 해치지만 그러나 결국은 그 제국들이 그리스도에 의해 뿌리 뽑혔다. 다니엘은 이런 말을 들었다: "지극히 높으신 이의 성도들이 나라를 얻으리니 그 누림이 영원하고 영원하고 영원하리라"(단 7:18).

다니엘이 보았던 것 같은 짐승을 요한이 보여 줄 때 그는 그 짐승이 어두운 물살을 헤치고 천천히 나오고 있는 모습을 본다: "내가 보니 바다에서

한 짐승이 나오는데 뿔이 열이요 머리가 일곱이라. 그 뿔에는 열 왕관이 있고 그 머리들에는 신성을 모독하는 이름들이 있더라"(계 13:1). 로마제국을 나타냈던 다니엘의 네 번째 짐승처럼 이 짐승도 열 개의 뿔(단 7:7)을 갖고 있다. 용처럼 이 짐승은 일곱 개의 머리, 열 개의 뿔과 열 개의 왕관을 갖고 있다(계 12:3). 이러한 병행은 이 짐승을 로마제국과 연결하면서 이 짐승이 사탄의 힘을 휘두르는 사탄이 부리는 종의 하나임을 암시한다.

요한은 이 짐승이 "뿔이 열이요 머리가 일곱이라. 그 뿔에는 열 왕관이 있고 그 머리들에는 신성 모독하는 이름들이 있더라"(계 13:1)고 말했다. 이에 대한 좀 더 자세한 설명을 계시록 17장에서 다룰 것이지만 그러나 우선 여기서는, 짐승의 통제 아래 있는 여러 권력자, 통치자, 임금으로 나타나고 있는 그 짐승의 일반적인 인상 정도만 확인하고 넘어가겠다. 다니엘이 보았던 비전에서 네 번째 짐승의 열 뿔은 장차 일어날 임금들을 나타냈다. 이 여러 개의 뿔 하나하나마다 왕관(단 7:24)이 있다는 사실은 이것들이 왕족이라는 것을 확증하고 있다. 짐승은 열 개의 왕관을 지녔는데 반면에 계시록 12:3의 용은 그의 일곱 머리에 일곱 왕관을 쓰고 있다. 이것은 "용이 악한 제국의 왕인 반면 짐승은 그 왕의 군사적인 무기를 나타낸다."(G. R. Osborne, 490)

계시록 주석가들이 짐승의 일곱 머리는 아우구스투스 케사르 이후의 일곱 명의 로마 황제들이라고 주장한다: 티베리우스, 칼리굴라, 클라우디우스, 네로, 베스파시안, 티투스, 도미티안 황제. 그러나 중간중간 아주 짧은 기간 황제로 통치했던 사람들도 있기에 이런 해석이 확실한 것은 아니다. 그러므로 숫자 10과 7을, 그 짐승이 행사하는 포괄적인 힘과 권력을 가리키는 "완전성과 충만성"의 상징으로 보아야 한다.(S. J. Kistemaker, 377) 다니엘의 네 짐승이 일곱 머리와 열 개의 뿔을 지니고 있었기 때문에 본문의 일곱 머리는 단지 이 짐승을 다니엘 7장의 짐승과 연결하려는 의도에서 그리하였을 수도 있다(단 7:3~7). 요한 자신의 설명도 왕 같은 권력과 지배력이라는 일반적인 관념을 강조하고 있다: "용이 자기의 능력과 보좌와 큰 권세를 그에게 주었더라"(계 13:2). "바다 짐승은 인류 역사 전반에 걸쳐서 나타난 모든 나라와 정부로 구체화 된 사탄의 박해하는 능력을 상징하고 있다… 사탄의 박해하는 권세가 짐승으로 가시화된다."(W. Hendriksen, 145)

그 짐승은 "그 머리들에 신성을 모독하는 이름들"(계 13:1)을 지니고 있다. 이것은 자기들이 신이라고 주장하는 지상의 통치자, 그들의 거짓 주장을 가리킨다. 로마 황제들은 스스로에게 '주, 구주, 하나님의 아들, 주와 신'이라는 호칭을 부여했다. 초기의 황제들은 사후에야 신으로 떠받들어졌지만, 얼마 지나지 않아 황제들은 '살아 있는 신'으로 경배받기를 원하기 시작했다. 이것은 요한 당시의 짐승같은 황제 도미티안 때에 특히 더 그러했는데 도미티안은 로마제국 안에서 자기에게 희생 제사를 드릴 것을 요구했고 로마제국 모든 영토 안에서 그의 흉상에 경배하도록 하고 이에 응하지 않는 자는 거침없이 죽였다.(G. B. Caird, 163)

요한은 그 짐승이 나오는 모습을 좀 더 자세하게 묘사한다: "내가 본 짐승은 표범과 비슷하고 그 발은 곰의 발 같고 그 입은 사자의 입 같았다"(계 13:2). 이 묘사는 다니엘이 보았던 비전 속 각기 다른 짐승들과 연결되는데 각 짐승은 각기 다른 왕국을 강조하고 있었다. 그러므로 이 짐승은 다니엘이 보았던 모든 짐승의 복합체라고 볼 수 있다. 이것은 요한이 말하는 짐승은 어떤 개별 제국, 심지어 로마제국보다도 훨씬 더 강력하다는 것을 암시한다. 바다에서 나오는 짐승은 "인류 역사를 통틀어서 하나님과 그의 백성을 대적하려고 일어선 모든 제국"을 나타내고 있다.(G. Osborne, 492) 이 짐승이 교회 시대 전체를 가리키는 마흔두 달 동안 활동한다는 사실(계 13:5)은 이 짐승이 요한 당시 교회를 박해했던 고대 로마제국 이상의 거대한 세력을 나타낸다는 것을 알려 주고 있다. 이 짐승은 그리스도의 왕국과 그의 백성을 대적하는 지상의 난폭한 제국들의 총체를 나타낸다.

바다에서 나오는 이 짐승을 적그리스도와 동일시하는 것이 맞는가 하는 질문이 나올 수 있다. 그러나 적(敵)그리스도를 성경적으로 잘 이해한다면 '그렇다'고 답할 수 있다. 이 용어는 요한 서신에서만 사용되었다. 요한은 예수님의 계시를 반대하는 사람들을 가리켜 이렇게 말했다: "아이들아 지금은 마지막 때라 적그리스도가 오리라는 말을 너희가 들은 것과 같이 지금도 많은 적그리스도가 일어났으니 그러므로 우리가 마지막 때인 줄 아노라"(요일 2:18). 이 구절은 적그리스도가 말세에 나타날 어떤 인물이지만 그 인물은 교회 역사를 통틀어서 그처럼 나타날 많은 사람을 대표한다. 요한은 이렇게 덧붙였다: "예수를 시인하지 아니하는 영마다 하나님께 속한 것이 아니니 이것이 곧 적그리스도의 영이니라. 오리라 한 말을 너희가 들었거니와 지금 벌써 세상에 있느니라… 미혹하는 자가 세상에 많이 나왔나니 이는 예수 그리스도께서 육체로 오심을 부인하는 자라. 이런 자가 미혹하는 자요 적(敵)그리스도니"(요일 4:3; 요이 7). 여기에서 이 악한 영이 바다에서 나오는 짐승으로 예시되었다. 이 짐승은 "과장되고 신성모독을 말하는 입을"(계 13:5) 받았다. 데살로니가후서 2:3에 기록된 바울의 가르침은 그리스도께서 재림하시기 전에 궁극적인 적그리스도 곧 "불법(무법)의 사람"이 나타날 것을 지적하고 있다. 그러나 그는 교회 시대를 통틀어서 그리스도를 대적하는 신성모독적인 권세를 가리킨 것이다.

13:3~4 _짐승, 짝퉁 그리스도

계시록 13장에 등장하는 짐승의 가장 중요한 특질 가운데 하나는 짐승이 그리스도의 죽음과 부활을 흉내 내는 방식이다. 계시록 19:12를 보면 그리스도는 머리에 "많은 관"을 쓰고 있는데 마찬가지로 짐승도 많은 왕관을 쓰고 있다; 그리스도는 고귀한 이름 쓴 것 하나를 갖고 있는데(19:12) 마찬가지로 짐승도 신성모독적인 이름을 갖고 있다; 그리스도께는 "각 족속과 방언과 백성과 나라에서 나오는"(계 5:9) 백성이 있는데 마찬가지로 짐승도 "각 족속과 방언과 나라"(13:7)를 다스리는 권세를 받았다; 그리스도가 하나님과 함께 경배를 받으시는데(7:10) 마찬가지로 짐승도 사탄과 함께 거짓 경배를 요구한다(13:4).

이렇게 그리스도를 모방하는 짓을 계속 지적하면서 요한은 짐승에 대해 이렇게 말한다: "그의 머리 하나가 상하여 죽게 된 것 같더니 그 죽게 되었던 상처가 나으매 온 땅이 놀랍게 여겨 짐승을 따른다"(계 13:3). 헬라어 본문의 병행 구절은 그리스도의 죽음과 부활의 관계를 분명히 밝히고 있다. 예수님과 짐승 둘 다 "죽임을 당했다"(헬, 다나토스)고 말하는 대목에서 똑같은 낱말이 쓰였으며, 또한 예수님이 "살아났다"(2:8)는 말과 짐승이 "살아났다"(13:14)는 대목에도 같은 낱말(헬, 자오)이 쓰였다. 사탄의 짐승이 그리스도의 부활을 모방하자 "온 땅이 놀랍게 여겨 짐승을"(13:3) 따른다.

학자들은, 대부분 죽임당했다가 다시 살아난 이 짐승을 그리스도인들을 야만스럽게 공격했던 사악한 통치자 로마의 네로 황제로 본다. 네로는 자기를 높이는 짐승의 분명한 사례였으며 따라서 그의 통치는 너무 부패해서 마침내 로마의 원로원이 그를 배척했고 그 후 네로는 A.D. 68년에 자살하고 말았다. 네로가 공식적으로 처형당하거나 매장되지 않았기 때문에, 그가 도망쳤다는 전설이 만들어졌다. 요한이 이 계시록을 쓰고 있던 기간을 포함해서 수십 년 동안 자신의 제국을 되찾고 로마의 불순분자를 숙청하러 네로가 다시 돌아올 것을 예상했던 많은 전설이 만들어졌다. 요한이 짐승의 여러 머리 가운데 하나가 상하여 죽게 되었다가 상처가 나은 것처럼 말하고 있기에 죽었다가 다시 살아난 신화의 주인공인 로마 황제의 하나가 네로라는 주장이 있었다.(G. B. Caird, 164-65)

이런 견해에는 두 가지 문제가 있다. 첫째는, 네로가 실제로 죽은 것이 주후 68년이기 때문에, 사도 요한이 역사적으로 거짓인 전설을 믿고 사용한 셈이 되는 것이다. 둘째, 요한이 말하는 짐승은 자살한 것이 아니라 "치명상을 입은 것"(13:3)이다. 확실한 것은 아니지만 좀 더 나은 접근법은, 네로의 몰락을 네로 사후 혼란에 빠졌던 로마제국의 죽음에 가까운 몰락을 나타내는 것으로 보는 것이다. 예루살렘을 함락시킨 로마 장군 베스파시안이 돌아와 질서를 회복하고 스스로 황제가 되면서 로마제국은 부활했다. 그 뒤를 이어 그의 두 아들 티투스와 도미티안이 황제가 되었다.(D. E. Johnson, 193) 로마제국은 마치 죽은 것 같았으나 이내 새로운 생명으로 부활하는 듯한 흐름을 타고 있던 것이다.

좀 더 나은 해석에서는 13:14의 "칼에 상하였다가 살아난 짐승"이라는 말을 주목한다. 계시록을 통틀어서 칼은 예수 그리스도가 휘두르시는 무기다(계 1:16; 2:12; 16; 19:15, 21). 이런 견해로 보면 짐승의 부상은 그리스도의 대속하는 죽음과 새 생명을 주시는 부활과 성령의 권능으로 그리스도의 교회가 세워지는 승리 때문에 사탄에게 가해진 치명타를 반영하는 것이다. 그러나 네로를 포함해서 그 뒤를 잇는 도미티안 같은 박해자 황제들의 등장은 그리스도인의 명백한 패배를 목격한 사람들에게 매우 깊은 인상을 주었을 것이다. "사탄의 부상은 치명적으로 보였고 나아가 실제로 그랬다. 그럼에도 그의 하수인들을 통한 마귀의 지속적인 활동이 요한에게는 마치 그가 그리스도의 죽음과 부활로 입었던 그 치명상을 극복한 것처럼 보였을 것이다."(G. K. Beale, 1999:688)

이런 여러 가지 설명 가운데 어느 것도 확실한 결론이라 할 수 없지만, 그리스도인들은 사탄과 그의 졸개인 짐승이 그리스도의 부활을 흉내냄으로써 세상을 혼란스럽게 할 길을 찾으려 할 것임은 확실히 알 수 있다. 마태복음 24:24에서 예수님은 이렇게 가르치셨다: "거짓 그리스도들과 거짓 선지자들이 일어나 큰 표적과 기사를 보여 할 수만 있으면 택하신 자들도 미혹하리라." 이어지는 25~27절에서 예수님은 이렇게 덧붙이셨다. 참 그리스도인은 하늘로 올려져서 오직 그리스도의 영광스러운 재림 때에만 이 땅으로 돌아올 것이기 때문에, 그리스도인들은, 명백한 이적이나 부활의 증거와 함께 자기가 메시아라고 주장하는 자들을 절대로 따르면 안 된다(마 24:25~27).

13:5~6 _짐승이 경배 받으려 하다

요한은, 그 짐승이 두 가지 중요한 의제(議題)를 갖고 있다는 정보를 제공한다. 그 첫째는 자신에게 경배하도록 거짓으로 경배자를 모으는 것, 그리고 자신을 통해 사탄에게 경배하도록 하는 것이다: "용이 짐승에게 권세를 주므로 용에게 경배하며 짐승에게 경배하여 이르되 '누가 이 짐승과 같으냐? 누가 능히 이와 더불어 싸우리요?' 하더라"(계 13:4).

대부분의 비열한 전제군주가 종종 극단적으로 인기가 있어서 그 백성들로부터 사실상 경배를 끌어낸다는 것이 인류 역사의 뚜렷한 사실이다. 아돌프 히틀러는 자신을 아리안 족의 메시아로 치켜세웠고 많은 게르만 족 사람들로부터 미친 듯 존경을 받았는데 연합군이 진격하면서 독일의 도시들이 초토화될 때조차도 그러하였다. 무자비한 정복자 나폴레옹 보나파르트는 프랑스 사람들로부터 계속 숭앙받았지만 그들의 조국 프랑스는 여러 번의 파괴적인 전쟁으로 황폐해지고 말았다. "독재자들은 그들 자신의 개인적인 신화를 창조하거나, 다른 사람들이 그렇게 하도록 만든다. 무엇보다도 그들은 백성들이 온전히 무조건 복종하기를 바란다. 이것은 오직 하나님만이 갖고 계시는 권리와 비슷한 수준의 복종이다."(S. Wilmshurst, 164)

인류 역사는 요한이 예견하였던 것을 정확하게 기록하고 있다. 감명을 주어 무언가를 조작할 권세를 사탄으로부터 받아서 전제군주가 된 통치자들은 자신을 사실상 신성화하는 짐승을 대표한다. "누가 짐승과 같으냐? 누가 능히 이와 더불어 싸우리요?"(계 13:4). 사람들은 짐승에게 폭 빠져서 이렇게 찬미한다. 성경에서, 이런 말은 오직 하나님 한 분을 찬미할 때만 쓰였다. 하나님께서 홍해의 물을 갈라 이스라엘이 홍해를 걸어서 건너게 하신 뒤에 모세는 이렇게 노래했다: "여호와여 신(神) 중에 주와 같은 자가 누구니이까? 주와 같이 거룩함으로 영광스러우며 찬송할 만한 위엄이 있으며 기이한 일을 행하는 자가 누구니이까?"(출 15:11). 선지자 미가는 하나님의 구원하시는 은혜를 이렇게 찬양했다: "주와 같은 신이 어디 있으리이까? 주께서는 죄악과 그 기업에 남은 자의 허물을 사유하시며 인애를 기뻐하시므로 진노를 오래 품지 아니하시나이다"(미 7:18). 오직 한 분 하나님과 견줄 수 있는 자는 아무도 없다. 그러나 짐승이 이 지상에서 행한 놀라운 권세를 통해 사탄은 속여서 찬탈한 오직 하나님만 갖고 계신 영광의 덕을 든든히 보고 있다.

요한은 거짓 이적과 기사에 휘둘리지 말 것을 신자들에게 경고했다: "사랑하는 자들아 영을 다 믿지 말고 오직 영들이 하나님께 속하였나 분별하라. 많은 거짓 선지자가 세상에 나왔음이라"(요일 4:1). 사탄은 거짓 경배를 받으려고 초자연적인 능력을 사용한다. 예수님이 광야에서 시험을 받으실 때, 사탄은 심지어 예수님한테서까지 경배받을 궁리를 했다. 예수님에게 "천하 만국과 그 영광"을 보여 주면서 사탄은 이렇게 말했다. "만일 내게 엎드려 경배하면 이 모든 것을 네게 주리라"(마 4:8~9).

그리스도인들은, 사람들을 예수를 믿는 믿음에서 떠나도록 이끌거나 하나님의 말씀과 반대로 행동하면서 지상의 영광과 어설픈 권세로 나대는 사탄과 그의 짐승이 요구하는 경배의 거짓됨을 분별할 수 있다. 인간 통치자에게 무조건 동조하며 그를 경배하라는 요구를 받을 때마다 우리는 그 통치자를 사탄 앞에 서서 하나님의 보좌를 찬탈하려고 필사적으로 날뛰고 있는 짐승으로 보아야만 한다. 그렇다고 이 세상 모든 정부가 다 사악하다는 말은 아니다. 바울은 그의 로마 시민권을 잘 활용했고 그럼으로써 종종 양심적인 로마 관료들의 도움을 받았다. 단, 정부가 우리의 삶에서 하나님의 위치를 차지하려 할 때 그것이 짐승으로 나타난다는 것을 알아야 한다. 여러 민주주의 국가에서 사탄은 사람들이 "국가를 마치 메시아처럼 여기도록 만들려고" 한다.(V. S. Poythress, 139) 정부가 "경제적, 사회적, 의료적, 도덕적. 심지어는 영적인 모든 질병에 대한 처방"으로 자리잡게 될 때 국가라는 우상은 오직 하나님 한 분만 받으셔야 할 경배의 자리를 찬탈한다.(S. Wilmshurst, 139) 우리가 "모든 축복이 흘러나오는 국가를 찬양하라"는 세속적인 송영을 노래할 때마다 사람들은 머잖아 짐승을 경배하게 될 것이다.

요한은, 짐승의 우상은 애매하지 않고 그를 경배할 것을 요구하는 신성모독 행위들을 포함한 채 명백하게 나타날 것이라고 주장한다. "또 짐승이 과장되고 신성 모독을 말하는 입을 받고 또 마흔두 달 동안 일할 권세를 받으니라. 짐승이 입을 벌려 하나님을 향하여 비방하되 그의 이름과 그의 장막 곧 하늘에 사는 자들을 비방하더라"(계 13:5~6). 짐승은 성경적인 가르침을 공격하는 이교도이거나 하나님의 존재를 부정하는 아주 교활한 논리로 무장한 무신론자일 수도 있다. 오늘날 세속주의자들은 과학이야말로 도덕성과 궁극적인 신앙을 포함해서 모든 것들에 대해 궁극적인 해답을 갖고 있다며 입을 함부로 놀리고 있다. 로마의 황제들은 그들 자신의 형상을 신적인 것처럼 동전에 새겨넣는 좀더 극악한 방식으로 하나님의 지위를 멋대로 차지했다.

그 짐승은 또한 "하나님의 장막 곧 하늘에 사는 자들을"(계 13:6) 비방하며 교회 시대를 통틀어 신성모독을 일삼는다. 사악한 자들은 주후 64년 로마의 대화재 때 네로가 모든 그리스도인을 비난했던 것처럼 그리스도인들을 중상 모략한다. 짐승은 그의 종들에게 그리스도인들의 생활방식을 모방하게 하면서 모든 저명한 신자들의 모든 죄악을 증폭시키고 심지어는 가장 경건하고 거룩한 기독교의 덕목들까지도 어리석고 헛되고 무식한 것이라고 조롱한다. 나찌 독일에서 히틀러에 맞섰던 루터교 목사인 디트리히 본회퍼는 집단

수용소에서 처형당했다. 본회퍼는 이렇게 말했다: "예수님의 사자들은 말세에 미움을 받게 될 것이다. 그들은 수많은 도시와 가정을 쪼개는 모든 분열행위 때문에 비난을 받게 될 것이다. 예수님과 그의 제자들은 가정생활을 무너뜨리게 하고 국가를 휘청거리게 한다는 모든 이유로 비난받게 될 것이다. 그들은 광신도(狂信徒)들, 그리고 평화를 깨는 자들로('개독'으로) 불릴 것이다."(D. Bonhoeffer, 239)

짐승은 하나님과 그리스도인들을 겨냥하여 신성을 모독하는 짓으로 만족하지 않고 한 수 더 뜬다. 짐승의 첫 번째 의제(議題)는 짐승 자신과 사탄을 향한 경배를 획득하는 것이며 그의 두 번째 의제는 오직 하나님께만 속한 경배를 짐승에게 드리기를 거부하는 그리스도인들을 잔혹하게 박해하는 것이다: "또 권세를 받아 성도들과 싸워 이기게 되고" 짐승이 "성도들" 곧 "거룩한 백성들"(계 13:7)인 그리스도인을 겨냥하고 있다는 것을 주목하라. 다시 말해서 짐승은 전쟁을 일으킨다. 이것은 세상이 우리를 미워하는 것은 우리의 많은 허물과 죄 때문이 아니라, 우리의 삶 속에 나타나는 하나님의 구원하시는 사역 때문이라는 것을 일깨워 준다.

로마 황제의 경배 요구는 요한과 당시 독자들을 다니엘과 그의 친구들과 직접 연결했다. 다니엘과 그의 친구들은, 자신의 황금상을 세워 두고 제국의 모든 신민이 그 앞에 절할 것을 요구했던 바벨론의 독재자 느부갓네살의 궁정에서 경배를 강요당했다. 다니엘 3장(1~23절)에서 다니엘의 신실한 친구들이 우상 숭배를 거부하자 그들은 극렬히 타는 용광로 속으로 던져졌다. "로마 황제들, 종교개혁기의 독일 합스부르크 왕가, 루이 14세, 스탈린 또는 이디 아민 등등의 독재 치하에서, 짐승에게 경배하기를 거부한 신실한 교회들이 늘 있었고, 그때마다 짐승은 그 교회들과 전쟁을 벌였다."(S. Wilmshurst, 164) 짐승 같은 독재자들이 대개 일시적으로 성공한 것처럼 보일 것임을 요한이 말하고 있다는 것을 기억해야만 한다: "또 권세를 받아 성도들과 싸워 이기게 되고"(계 13:7). 사도 요한이 죽은 뒤 약 100년간의 로마제국에서도 그러했다. 로마제국 전역에서 박해받은 그리스도인들은 지하로 쫓겨 들어갔고 반면에 우상 숭배는 곳곳에 넘쳐났다. 공산당이 사실상 모든 그리스도인 성직자들을 투옥했던 중국에서도 그랬다. 한때 기독교 사회였던 서구에서도 도덕적인 타락이 위협적으로 증가하면서 이내 단지 성경을 읽기만 해도 죄가 되는 세상이 되고 말 것이다.

더욱이 짐승은 "각 족속과 백성과 방언과 나라를 다스리는"(계 13:7~8) 권세를 받았다. 사탄의 짐승은 이 세상의 구석구석과 사회의 모든 영역에서 그의 영향력을 굳게 하고 마침내 그리스도를 믿는 믿음으로 보호받지 못하는 모든 사람의 경배를 받게 된다. 21세기 초반 알 카에다의 테러리스트 조직 속에서 짐승의 그물 조직을 유추할 수 있다. 피범벅 된 알카에다의 누리 집은, 동아프리카, 아라비아, 모로코, 인도네시아, 중앙아시아, 터키, 뉴욕, 마드리드와 런던에서 폭탄 테러로 무고한 피를 흘리게 했음을 알려 주고 있다. "알카에다는 전 세계를 지배하는 것을 목표로 하는 조직으로서 모든 사람은 한 가지 혹은 두 가지의 선택을 하게 될 것이다: 알카에다에 항복하거나 알카에다에 의해 파괴당하는 것 말이다."(S. Wilmshurst, 160) 알카에다는 바다에서 나오는 짐승의 적절한 예인데 이처럼 포악한 테러리스트들은 마귀같은 권능과 권세로 어느 곳에서나 우상 숭배를 유발하는 사탄의 욕구를 만족시키기 위해 날뛰는 것이다.

13:7~10 _이것이 승리다!

요한은 짐승 같은 로마 황제 도미티안을 마주하고 있는 아시아의 교회들 이야기로 출발하면서 신자들이 무엇을 기대해야 하는가에 대해 경고하려고 짐승 비전을 기록하고 있다. 요한은 세 가지 적용점으로 결론을 내린다:

첫째, 신자들이 지닌 소망의 원천, 둘째, 박해 속에서 신자들의 부르심, 셋째, 믿음으로 인내함으로써 신자들이 얻는 승리.

전 세계에 걸쳐 지배력과 권위를 행사하는 그토록 무시무시한 짐승에 맞서서 그리스도인들은 어디에서 구원의 소망을 찾을 수 있는가? 그 답은 우리의 삶과 사탄과 그의 짐승들과 이 세상에 대한 궁극적인 지배권을 갖고 계신 우주의 주권자 하나님 안에 있다. 짐승이 묶인 개처럼 그에게 허용된 범위에 매여 있다는 사실을 주목하라: 짐승은 권세를 "받아" 성도들과 싸워 이기게 되고 각 나라를 다스리는 권세를 "허락"(계 13:7) 받았다. 이런 점들은 짐승이 진짜 주권을 지녔다는 말이 아니다! 하나님이 참 주권자이시기에 하나님은 믿지 않는 세상을 심판하시는 일을 포함해서 그분 자신의 거룩한 목적을 위해 사탄과 그의 짐승까지도 선하게 활용하시는 것이다.

가장 중요한 것은 신자들이 하나님의 주권적인 의지 안에서 영원히 안전하다는 것을 요한이 일깨우고 있다는 점이다. 요한은 "죽임을 당한 어린 양의 생명책에 창세 이후로 이름이 기록되지 못하고 이 땅에 사는 자들은 다 그 짐승에게"(계 13:8) 경배하게 될 것이라고 말한다. 이 구절에서 예수 그리스도를 구주와 주로 믿는 사람들은 누구나 하나님께서 구원하시기로 예정하셨으며 그들의 이름이 "창세 전에 생명책에" 기록되어 있다(엡 1:4)는 것을 배운다. 누구든 그 이름이 이 책에 있다는 것은 주권자의 은혜 때문이며, 그 결과로 영원한 생명이 주어진다. 이런 사람은 "죽임당한" 어린 양에게 속해 있다. 그리스도의 대속적인 죽음으로 "생명책이 만들어질 수 있게 됐다. 우리 죄에 대한 희생제물이 된 이가 바로 죽임당한 어린 양이었고 따라서 하나님의 백성들이 '생명'을 갖게 되었기 때문이다."(G. Osborne, 503) 구원에 대해 그리스도를 신뢰함으로써 그리고 그리스도를 통해 오직 하나님께만 예배함으로써 우리의 영혼이 영원히 안전하며 우리의 이름이 하나님의 영원한 생명책에 있으며, 따라서 우리가 짐승을 경배하는 일을 하지 않도록 보호받는다는 것을 알 수 있다.

예수님의 제자들이 그들이 귀신을 쫓아낼 수 있었다고 예수님께 보고하자 예수님은 "귀신이 너희들에게 항복하는 것으로 기뻐하지 말고 너희 이름이 하늘에 기록된 것으로 기뻐하라"(눅 10:20)고 충고하셨다. 무엇보다 중요한 것은 영원한 운명이지 일시적인 고통이 아니다! 하나님은 일어나는 모든 일을 다스리시는 주권자이시며 그러기에 그분의 지혜가 우리의 기쁨과 시련을 모두 다 인도하신다. 그러므로 당신에게 중요한 것은 당신의 부(富), 지위, 사회적 역량, 권력 혹은 영향력 같은 지상에서의 배경이 아니라 당신의 이름이 생명책에 기록되는 것이다. 하나님의 아들이자 구세주로서 예수님을 신뢰함으로써만 죽임당한 어린 양의 피로 우리의 모든 죄가 깨끗하게 되었다는 것을 알 수 있다.

하나님의 주권적인 의지로 고통당하는 그리스도인들에게 소망을 공급한다는 것을 강조한 다음 요한은 성도의 고단한 소명을 안내한다: "사로잡힐 자는 사로잡혀 갈 것이요 칼에 죽을 자는 마땅히 칼에 죽을 것이니 성도들의 인내와 믿음이 여기 있느니라"(계 13:10). 그리스도의 백성은 포로 생활과 부당한 체포를 당할 수 있다는 얘기를 들었다. 그러므로 이런 일이 일어날 때 그리스도의 증인으로서의 소명감으로 그것을 포용해야만 한다. 심지어 우리가 죽임을 당하여 순교자가 되더라도 그것은 복음을 증언하기 위한 부르심인 것이다. 이 부르심은 박해를 피하기 위한 신중한 발걸음을 우리가 내디디지 못하게 할 수도 있지만 그리스도인들은 박해가 올 때 그것을 믿음으로 포용하면서 하나님의 뜻을 행하려는 결단을 가져야 한다.

바벨론에 포로로 잡혀간 사람들에게 하나님께서 예레미야 선지자를 통해 주신 하나님의 편지를 기억한다. 예레미야의 그 편지에서 하나님은 포로로 잡혀간 자들이 그들의 포로 생활을 그들의 궁극적인 구원을 위한 하나님의 계획으로 포용해야만 한다는 것을 말씀하셨다. 하나님은 이렇게 일깨워

준다: "너희를 향한 나의 생각을 내가 아나니 평안이요 재앙이 아니니라. 너희에게 미래와 희망을 주는 것이니라"(렘 29:11). 심지어 그리스도인들이 죽임을 당할 때도 예수님의 죽음을 통한 하나님의 뜻을 기억해야만 하며, 승리가 가까이 왔음을 이해해야만 한다. 바울은 신자의 고통과 살해당함을 말하면서 이렇게 말한다. "이 모든 일에" "우리를 사랑하시는 이로 말미암아 우리가 넉넉히 이기느니라"(롬 8:36~37).

모든 고난에도 불구하고 믿음으로 인내하라는 계시록의 간곡한 당부 하나로 이 단락을 결론 맺는다. "성도들의 인내와 믿음이 여기 있느니라"(계 13:10). 사탄과 그의 짐승은 그들의 추종자와 함께, 우리가 박해 당하며 거꾸러질 때 우리가 패배했다고 생각하지만 그러나 우리는 믿음의 인내를 통해서 예수 그리스도를 통해 승리를 얻는다. 요한은 이와 똑같은 원리를 요한일서의 끝부분에서 강조했다. "세상을 이기는 승리는 이것이니 우리의 믿음이니라"(요일 5:4).

2세기와 3세기에 로마제국이 어떻게 그리스도인들을 지하로 내몰았는지를 말한 바 있다. 그러나 4세기에 이르러 로마 황제 자신이 그리스도에게 무릎 꿇었다. 중국에서 공산당이 어떻게 모든 설교자들을 체포했는지를 얘기했다. 그러나 그 설교자들은 감옥에서 20년을 기도했고 복음 전도의 능력과 함께 돌아와 복음이 중국을 휩쓸었다. 인내하는 믿음으로 승리한 가장 위대한 사례 가운데 하나는 다니엘의 친구들인데 그들은 느부갓네살의 황금 우상에게 절하는 것을 거부했다. 그들은 펄펄 끓는 용광로 속에 던져졌지만, 모든 사람이 예상했던 것과 달리 그들은 타죽지 않았다. 대신. 느부갓네살은 "신들의 아들과 같은"(단 3:25) 모습을 한 한 사람이 그들과 함께하면서 그들을 보호하심으로 그들이 전혀 상하지 않는 것을 보았다.

그리스도는 고통당하는 그의 신실한 백성들에게 복과 권능을 갖고 오신다. 믿음으로 그리스도를 소유할 때 모든 박해에도 불구하고 영원한 생명을 얻으며 은혜로 의롭다 함을 얻고 하나님의 자녀로 입양되며 영광 속에서 하나님 나라를 상속받는다. 이처럼 영원한 여러 가지 복과 함께 우리는 또한 우리가 짐승에게 굴복하기를 거부하고 믿음으로 인내할 때 그분으로부터 매일 매일의 도움을 받게 된다. 예수님은 이사야 선지자를 통해 우리를 격려하신다:

야곱아, 너를 창조하신 여호와께서 지금 말씀하시느니라. 이스라엘아, 너를 지으신 이가 말씀하시느니라. 너는 두려워하지 말라. 내가 너를 구속하였고 내가 너를 지명하여 불렀나니 너는 내 것이라. 네가 물 가운데로 지날 때에 내가 함께 할 것이라. 강을 건널 때에 물이 너를 침몰하지 못할 것이며, 네가 불 가운데로 지날 때에 타지도 아니할 것이요, 불꽃이 너를 사르지도 못하리니, 대저 나는 여호와 네 하나님이요, 이스라엘의 거룩한 이요, 네 구원자임이라. 내가 애굽을 너의 속량물로, 구스와 스바를 너를 대신하여 주었노라(사 43:1~3).

또 다른 짐승이 땅에서
(요한계시록 13:11~18)

¹¹그리고 나는 다른 짐승이 땅으로부터 올라오는 것을 보았다. 그 짐승은 양처럼 두 개의 뿔을 가지고 있었다. 그리고 그는 용처럼 말하고 있었다. ¹²그리고 그는 첫째 짐승의 모든 권세를 그의 앞에서 행한다. 그리고 그는 땅과 그것 안에 사는 자들이 그의 죽음의 상처가 치료된 처음 짐승을 경배하는 것을 하게 한다. ¹³그는 큰 표적들을 행한다 곧 불이 사람들 앞에서 하늘로부터 땅으로 내려 오도록 한다. ¹⁴그리고 그는 그 짐승 앞에서 행하도록 그에게 허락된 그 표적들로 말미암아 땅에 사는 자들을 미혹한다. 그리고 칼의 상처를 가지고 있다가 살아난 짐승을 위하여 땅에 사는 자들에게 형상을 만들 것을 명령한다. ¹⁵그리고 그에게 짐승의 형상에게 생기를 주는 것이 허락되었다. 그래서 짐승의 형상이 말도 하고 짐승의 형상에게 경배하지 않는 자들은 죽임당하도록 하였다. ¹⁶그리고 그는 모든 자 곧 작은 자들과 큰 자들과 그리고 부자들과 가난한 자들, 그리고 자유자들이나 종들을 그들이 그들에게 그들의 오른손에 혹은 그들의 이마에 표를 주도록 ¹⁷그리고 그 표 곧 짐승의 이름 혹은 그의 이름의 수를 가진 자 외에는 누가 사거나 팔 수 없도록 강제한다. ¹⁸지혜가 여기 있다. 지각을 가진 자로 짐승의 수를 세게 하라. 왜냐하면 그것은 한 사람의 수이고, 그리고 그의 수는

육백육십육이기 때문이다. (이필찬, 미출판 원고)

톰 크루즈 주연의 영화 "작전명 발키리"는, 아돌프 히틀러 암살 음모의 주역이었던 두 사람, 트레스코브 소장과 스타펜버그 대령에 관한 이야기다. 트레스코브와 스타펜버그같은 그리스도인들이 히틀러의 짐승같은 악행을 인지하게 되었다. 히틀러를 나찌 독일의 최고 지도자로 인정하고 그에게 무조건 복종하기로 서약했음에도 트레스코브는 전쟁 초기에 히틀러를 암살할 음모를 꾸미기 시작했다. 1941년과 1943년에 히틀러를 살해하려 했으나 히틀러의 이동 계획이 갑작스럽게 변경되거나 혹은 예상치 못한 실수 때문에 실패하고 말았다. 1944년, 나찌군 지휘 계통의 고위 지휘관이었던 스타펜버그 대령이 독재자의 발 바로 아래에 서류 가방 폭탄을 둠으로써 히틀러의 목숨을 앗을 가장 좋은 기회가 있었다. 그런데 스타펜버그 대령이 방을 떠난 뒤 어떤 장교가 그 서류 가방 폭탄을 탁자의 다른 쪽으로 옮겨 버렸다. 폭탄이 터졌을 때, 견고한 나무로 만든 브리핑 테이블 덕분에 히틀러는 목숨을 건졌다. 스타펜버그 대령과 트레스코브 소장은 곧바로 총살당했다.

그리스도인인 이 두 사람의 대단한 용기는 칭찬받을 만하다. 독재자를 제거하려는 그들의 목숨 건 노력을 하나님께서 좌절시킨 것처럼 보이기에 그들의 좌절에 연민의 정을 느낄 수 있다. 그러나 그들이 요한계시록을 좀 더 주의 깊게 살폈더라면 그들은 자기들의 계획에 도움을 주시지 않은 하나님의 뜻을 발견할 수 있었을 것이다. 성경은 독재의 사탄적인 권세에 맞서서 영적인 전쟁을 감당하는 그리스도인들에게 아무런 말을 하지 않으며 신자들이 '기만'과 '테러'로 대응하는 행위에 대해서도 무슨 말을 해 주지 않는다. 우리는 트레스코브와 스타펜버그가 그리스도의 속죄하는 피로 하나님 앞에서 의롭다 함을 받을 것이라고 믿을 수 있다. 그러나 히틀러에게 복종을 서약하면서도 뒷전에서는 신뢰받는 그 지위를 이용해서 그를 살해하려 한 것은 성경의 어떤 지지도 받을 수 없다. 다만 그들의 성취는, 괴물같은 독재자를 죽이려 했던 데 있는 것이 아니라 단지 그리스도를 따르기로 서약한 사람들로서 기꺼이 죽음을 택했다는 데서 찾을 수 있다. 히틀러처럼 사탄 같은 짐승에게 성경적으로 반응하기 위해 투쟁했던 이렇게 영웅적인 그리스도인들은 계시록 13장 마지막에 기록된 사도 요한의 말을 입증하고 있다. 용과 그의 짐승들에 맞서는 우리의 투쟁은 계시록 13장 말씀처럼 "지혜로 불린다"(계 13:18).

13:11~12 _거짓 선지자인 두 번째 짐승

계시록 13장의 전반부에서 그리스도의 교회에 맞서 전쟁을 하는 사탄은 용 같은 모습으로 혼자 존재하는 것이 아님을 확인했다. 바다에서 한 짐승을 불러내면서 사탄은 그 짐승에게 땅을 다스릴 권세를 주었다. 첫 번째 짐승은 그리스도와 몸 된 교회에 맞서 역사 속에서 일하는 독재 정부를 나타내고 있다. 13장의 후반부에서는 이 첫 번째 짐승 역시 홀로 일하는 것이 아님을 확인한다. 첫 번째 짐승은 "땅에서"(계 13:11) 올라오는 두 번째 짐승과 연합한다. 바다에서 나온 짐승이 바다 밖 아시아 지역에 로마제국의 전제 권력을 나타냈다면 땅에서 올라온 짐승은 로마에 협력했던 지방 권력을 나타낸다. 바다짐승이 사악한 전제 정권을 나타낸다면 땅 짐승은 사람들이 그 짐승을 경배하도록 바람을 넣는 선전원인 것이다. 이 짐승을 "거짓 선지자"(계 16:13)라 부른다. 첫 번째 짐승은 주로 권력에 의존하는 반면 두 번째 짐승은 그 첫 번째 짐승을 거짓말로 지원하고 있다. "그 두 짐승의 관계는 마치 국가와 국가교회의 관계와 같다. 바다에서 나온 짐승이 세속적인 정치 권력이라면 땅의 짐승은 첫 번째 짐승을 향한 예배를 조장하는 종교적인 제도다."(J. R. Michaels, 164)

거짓 종교를 이야기할 때, 넓은 의미에서, 불신과 우상 숭배를 지원하는 모든 이데올로기를 가리킨다는 것을 말하지 않을 수 없다. 이 짐승이 "붉은 광장에서의 장엄한 퍼레이드를 자랑하는 소련의 공산주의, 특권을 보장하는 당원증, 히틀러 소년단과 뉘른베르크 연맹의 나찌즘, 이라크 부패의 상징인 사담 후세인의 동상, 마오쩌뚱 주석의 벽보 포스터"(S. Wilmshurst, 166-67) 속에 나타나 있다고 보고 있다. 여기에 낙태의 공포를 옹호하고 끊임없이 성적인 부도덕을 조장하면서 성경을 믿는 기독교를 조롱하는 일이라면 어떤 기회도 놓치지 않는 현대사회의 주류 언론을 포함해야만 한다.

두 번째 짐승을 묘사하면서 요한은 이 짐승이 "두 뿔을 갖고 있다"(계 13:11)고 알려 준다. 계시록의 이 단락은, 현세에 그리스도에 대한 증거를 지닌 두 증인의 모양으로 나타난 교회에 관한 비전으로 시작되었다는 것을 기억한다. 그 두 증인은 짐승에게 죽임을 당했으나 이내 다시 일어선다(계 11:3~11). 거짓 선지자는 두 증인을 흉내 내려고 사탄으로부터 영감받은 짝퉁으로서 짐승과 용의 대의명분을 증진하는 거짓 종교들과 교묘한 철학으로 기독교의 복음과 다툰다. 두 번째 짐승은 "먼저 나온 짐승의 모든 권세를 그 앞에서 행하고 땅과 땅에 사는 자들을 처음 짐승에게 경배하게"(계 13:12) 한다.

틀림없이 요한은 이 짐승을 "지역 수준에서 괴물을 본뜰 뿐만 아니라 괴물의 취향을 유지시키기 위해 모든 사람이 그들의 영역에서 괴물을 경배하지 않으면 안 되도록 주장하는 각 도시와 각 지역의 귀족들"로 구성된 지방 정부 형태라고 알고 있었을 것이다.(N. T. Wright, 120; G. B. Caird, 171) 로마제국의 성공 때문에 아시아의 지도자들은 로마제국 황제들을 달래고, 모방하고 숭앙하지 않을 수 없었을 것이다. 많은 경우에 황제가 경배를 요구했다기보다는 황실 우상으로부터 특권을 얻기 위해 서로 경쟁하듯이 황제를 위해 우상과 신전을 세우고 그들의 신민(臣民)들에게 그 우상을 숭배하기를 강제했던 지방 지도자들이 그리했다고 볼 수 있다.

두 개의 뿔은 두 증인으로서의 교회 이미지와 대조를 이룰 뿐만 아니라 그리스도에 대한 명백한 풍자도 깃들어 있다: "어린 양같이 두 뿔이 있고"(계 13:11) 그리스도는 은혜의 성령으로 그 백성들의 복지를 위해 다스리신다. 거짓 선지자는 이런 식으로 다가오지만 실제로는 "용처럼" 말을 한다. 예수님께서 마태복음에서 경고하셨듯이 이게 바로 양의 옷을 입고 나타난 이리인데(마 7:15), 이 거짓 선지자는 하나님이 주신 말씀의 진리보다는 세속 교리를 가르친다. 이것은 그리스도인들이 대중적인 인물들의 외적인 인상에 좌우되지 말고 그들이 말하는 바를 성경에 비추어 주의 깊게 판단할 것을 일깨워 준다. 짐승은 사탄이 주는 메시지를 들을 청중을 얻기 위해 유혹적인 이미지로 꾸미고 나타나는 사이비 목사들, 대학교수들, 정치인들, 예술가들, 언론 종사자들을 나타낸다.

두 번째 짐승은 "죽게 되었던 상처가 나은"(계 13:12) 처음 짐승을 경배하도록 사람들을 강제한다. 이것은 하나님께 반역하는 이 세상의 권력과 쾌락의 거짓 복음을 나타낸다. 에덴동산에서 사탄은 죄짓도록 이브를 속였다; 두 번째 짐승은 그와 똑같이 죄를 짓게 하며 하나님을 비방하는 목소리로 사람들에게 그들 자신의 메시아를 만들도록 강제하고 죄를 묵과하는 가짜 구원을 조장하면서 영혼을 파괴하는 짐승의 노예가 되면 자유를 얻을 수 있다고 속삭인다.

13:13~14 _기만적인 이적을 행하는 두 번째 짐승

요한은 거짓 선지자들이 첫 번째 짐승과 그의 포악함을 섬기도록 사람들을 유도하려고 기만적으로 말할 것을 미리 경고한다. 같은 구절에서 두 번째 짐승도 똑같은 목적으로 이적과 기사를 행한다: "큰 이적을 행하되 심지어 사람들 앞에서 불이 하늘로부터 땅에 내려오게 하고 짐승 앞에서 받은 바 이적을 행함으로 땅에 거하는 자들을 미혹하며 땅에 거하는 자들에게 이르기를 칼에 상하였다가 살아난 짐승을 위하여 우상을 만들라 하더라"(계 13:13~14).

요한의 독자들이 살았던 아시아 지역에서 마술사들과 그들의 기술은 매우 흔했는데 그 마술사들의 주요 고용처는 지방의 이방 신전들이었다. 우상들이 마치 실제로 말하는 것처럼 꾸며 장난칠 수 있는 이방 마술사들의 행적과 불덩어리 폭발, 신상의 이동 등등 초기교회의 자료들이 많이 있다.(C. S. Keener, 351) 이런 여러 가지 수단으로 두 번째 짐승은 또다시 증인 사역을 감당하는 교회를 흉내 낸다. 교회의 증인 사역을 모세와 엘리야의 증인 사역과 비교했다(계 11:6). 여기서 두 번째 짐승은 구약의 위대한 인물들을 연상시키는 이적들을 흉내 낸다. 엘리야는 하늘로부터 불을 내리게 했고(왕상 18:37~39), 모세는 짐승 같은 바로의 면전에서 많은 이적을 행하였다(출 7:9~12). "복화술, 가짜 번개 및 기타 이러한 현상들을 포함한 다양한 '유사-마술'적인 속임수가 요한 시대에 여러 신전 안에서 효과적으로 사용되었다."(G. K. Beale, 1999:711)

계시록 13:14, 계시록 전체를 통틀어서 "땅에 거하는 자들"은 죄와 불신앙으로 사는 사람들이다. 두 번째 짐승은 그들을 속이면서 "짐승을 위하여 우상을" 만들라고 한다. 고대사회에서 대부분의 세련된 사람들은 우상들 자체가 신이라는 것을 믿지 않았고 오히려 그 우상들을, 잡신(雜神)들이 그들의 종과 소통했던 연결선으로 생각했다. 속임수, 사탄이 허락해 준 초자연적인 분명한 권능으로 이런 이적들은 우상 숭배의 위세를 증진했다. 요한은 "칼에 상하였다가 살아난"(계 13:14) 첫 번째 짐승의 신화를 강조하고 있다. 앞선 12장에서 짐승의 "죽음과 부활이 그리스도께서 승리하신 초림 후의 로마 권력과 사탄의 갱생을 매력적으로 돋보이게 하고 있다는 것을 알았다. 이방 로마가 승리와 지상의 영광으로 빛남과 동시에 이방의 협잡꾼들이 행했던 이

적들은 강력한 신의 이미지를 선사하면서 많은 세속적인 사람들을 거짓 신에게 경배하지 않으면 안 되도록 사로잡아 버렸다.

오늘날 값싼 마술적인 속임수 대신 과학의 발달과 정부 조직의 다양한 성취가 세속적인 인본주의라는 거짓 복음의 증거로 빗발치고 있다. "그렇다면 과학기술은 다양한 기적적인 표적의 일꾼이 된다… 짐승의 권세, 기술관료들의 국가조직 권력, 전문가의 능력을 경배하는 일, 기술이 그 누구도 하지 못하는 온갖 이적을 일으킬 수 있기 때문이다."(V. S. Poythress, 145) 뉴스 방송에서, 공립학교에서, 영화와 텔레비전에서, 유토피아적인 메시지가, 그것의 하나님, 그것의 구원 그리고 그것의 거룩한 생활 패턴에 따라 성경의 편협한(?) 사고 너머로 나아가도록 우리를 유혹하고 있다. 물론 그것들은 영혼을 깨부수는 죄의 굴레와 사회적인 붕괴라는 엄연한 현실을 결단코 지적하지 않는다. 거짓 선지자들의 목표는 세상 사람들이 포악한 짐승과 그를 종으로 부리는 주인인 용을 경배하도록 하는 것이기 때문이다. "인간은 하나님과 그리스도를 자기 자신으로 대체해 버렸으며 그렇게 함으로써 짐승의 완전한 기만에 굴복하고 만다."(P. Gardner, 184)

13:15~17 _박해자, 두 번째 짐승

땅에서 올라온 짐승은 거짓 가르침과 기만적인 표적과 기적으로 바다에서 올라온 짐승을 섬긴다. 치명적인 강압과 박해 전략으로 그 짐승의 권위를 행사한다. 이것이 두 번째 짐승이 첫 번째 짐승과 용에 대한 경배를 강화하는 세 번째 접근법이다. 땅 짐승은 그 추종자들에게 "짐승의 우상에게 경배하지 아니하는 자는 다 죽이게"(계 13:15) 한다. 더욱이 그것은 모든 자에게 "그 오른손이나 이마에 표를 받게 하고 누구든지 이 표를 가진 자 외에는 매매를 못하게" 한다. "이 표는 곧 짐승의 이름이나 그 이름의 수"(계 13:16~17)

라고 한다.

버가모교회에 편지를 쓰면서 예수님은 안디바라는 이름의 그리스도인이 믿음 때문에 이미 죽었다는 것을 지적하셨다(계 2:13). 따라서 어쩌면 로마의 가이사에게 충성을 표현하려 하거나 황제의 제의에 과잉 충성하는 지방 관료들에 의해 살해행위가 일어났을 것이다. 그 상황은 오늘날 북나이제리아와 중동에서와 비슷하다. 거기서는 광신적인 무슬림들이 기독교 교회당에 폭탄을 터뜨리고 기독교로 개종한 이들을 참수함으로써 알라에 대한 그들의 열심을 과시한다. 요점은 두 번째 짐승의 영향력으로 모든 그리스도인이 다 죽임을 당한다는 것이 아니라 거짓 종교 예배자들이 종종 참 신앙에 맞서는 그들의 열심을 내보일 것이라는 것이다. 치명적인 힘과 함께 그 짐승은 또한 모든 사람이 짐승의 표를 받도록 요구하면서 거짓 경배를 강요한다. 요한은 모든 사람이 이런 요구에 직면한다고 말한다: 작은 자나 큰 자나 부자나 가난한 자나 자유인이나 종들이나 구분 없이 모두 다(계 13:16). 첫 짐승이라는 국가 독재에 충성하고 복종하는 것을 드러낼 의무에서 자유로운 자는 어떤 부류도 없다.

인기 있는 종말 관련 서적들은 짐승의 표를 종종 모든 상행위를 통제하게 될 컴퓨터 칩을 심는 기술로 본다. 그러나 요한이 그가 살고 있던 시대의 공통 현상을 언급하고 있었음을 믿을 만한 아주 많은 이유가 있다(요한 당시에는 컴퓨터 칩이 없었다). '표'를 뜻하는 헬라어 '카라그마'는 로마의 공문서에 찍는 황제의 도장을 가리키는 말이다. 이 점에 비추어 짐승의 표는 "로마의 종교적인 요구를 따르는 사람들에게만 주어진 로마라는 나라의 정치 경제적 '인증 도장'을 비유한 것이다."(G. K. Beale, 1999:715)

로마 세계에서는 때로 주인의 소유권을 표시하기 위해 노예들의 이마에 문신을 새겼다. 이와 비슷하게 짐승의 표는 그 짐승을 경배하는 자들에 대한 소유권을 주장하기 위한 것이다. 군인들은 어떤 장군에게 그들의 충성을 보이기 위해 손에 표를 받았다; 마찬가지로 짐승의 표는 '추종자로서의 헌신'을 보여 주는 것이다.(C. S. Keener, 353) 요한은 그 당시의 문화 속에서 이러한 사례들을 사용하면서 짐승의 표가 포함하고 있는 것에 관한 요점을 밝히고 있다. 신명기 6:8에서 하나님의 백성은 그들의 손과 눈앞에 하나님의 말씀을 매는데 그 요점은 우리가 성경적으로 생각하고 행동해야 한다는 것이다. 마찬가지로 짐승은 이마에 문신을 요구한다기보다는 짐승이 생각하도록 유도하는 방식을 생각하는 마음을 요구한 것이다. 짐승은 손에 있는 도장에는 별 관심이 없고 그의 악한 방식을 모방하는 여러 행위에 관심이 있는 것이다.

이러한 사례들은, 짐승의 표는 사람이 우연히 받는 어떤 표가 아니라는 것을 알려 준다. 주로 그것은 오직 하나님만 받으실 전적인 충성을 어떤 개인 또는 지상의 어떤 실체에게 공식적으로 수락하는 것이다. 이 충성은 대개 몇 가지 형식적인 인식표로 상징되는데 예를 들면 나찌의 팔찌 혹은 중국에서 공산당원들에게 주어지는 당원증과 같은 여러 가지 특별한 특권을 획득하는 것 등이다. 돋보이는 사례가 외경인 마카비3서에 기록되어 있는데 거기에는 애굽의 전제군주 프톨로미4세 필로파터가 유대인들에게 이방인의 희생 제사를 요구한 내용이 담겨 있다. 그것을 거부한 유대인들은 사형에 처해졌다. 마음이 약해져 그 요구를 받아들인 사람들에게는 포도주와 감각적 탐닉의 헬라 신 디오니소스를 상징하는 담쟁이잎 낙인을 찍었다. 이 표를 지닌 유대인들에게는 프톨레미의 제국에서 '시민권'이라는 눈부신 특권이 주어졌다(3마카비 3:28~30).

짐승의 표를 받는 일이 결코 우연한 것이 아니지만, 그 과정은 아주 교묘한 것이었다. 독일군의 관료적인 장교들은 아돌프 히틀러를 숭앙한다 해서 그에게 무조건 충성을 서약하지는 않았다. 그들은 주로 애국심과 자신의 경력을 채우려는 야망에 고무되었다. 나중에 그들은 스스로 조국을 파멸시킬 수도 있음을 알았던 잔혹한 행위에 가담하는 서약을 함으로써 덫에 치였다는 것을 느꼈다. 오늘날 미국 같은 나라에서 사업가들은 성공을 위한 열망에 사로잡혀 회사에 "그들의 영혼을 팔" 수도 있다. 일부 사람들은 가족의 기대에 충성하기 때문에 그리스도에 대한 믿음을 고백하는 일에 실패한다. 일부 젊은이들은 마음과 영혼을 양아치 집단 혹은 저질 록 밴드 혹은 하급문화에 바치면서 길거리 양아치들의 문신을 하거나 그들이 신처럼 추앙하는 록 그룹의 문신을 한다.

궁극적으로, 짐승의 표는 세속과 그리스도 사이의 '선택'을 포함하고 있다. 이 표와 7장에서 그리스도의 백성이 받았던 인(도장)은 명백하게 대조된다. 고난받는 신자들은 하나님의 종으로서 "이마에 인침"(계 7:3)을 받았다. 사탄은 이미 짝퉁 그리스도로 행세했기에 이제 자신의 표를 지닌 군대를 만들어 하나님의 인침을 받은 교회를 흉내 내고 있다.

요한이 살던 시대에 짐승의 표는 신자들을 박해하는 또 다른 길을 제공했다: "누구든지 이 표를 가진 자 외에는 매매를 못하게 하니 이 표는 곧 짐승의 이름이나 그 이름의 수라"(계 13:17). 버가모교회의 그리스도인들은 우상 숭배와 주술적인 매춘에 가담하지 않고서는 상인조합에 합류할 수 없었다(계 2:14). 특히 이것은 버가모의 그리스도인들이 고수익 직업을 가질 수 없다는 것을 의미했다. 오늘날 기독교인들의 사업은 보험을 통한 자금조달에 실패하여 문을 닫을 수도 있다. 군대에서 그리스도인 장교들은 그들이 믿음을 숨기려 하지 않음으로써 승진에서 탈락할 수도 있다. 핵심은 그리스도인들이 예수님께 더 높은 충성을 보이기 때문에 짐승은 그리스도인들을 세상의 지배 집단에 불충한 집단으로 매도한다는 것이다. 결과적으로 그리스도인들은 강제로 공공생활 주변으로 밀려나고 중요한 직위에 발탁될 수 없으며, 소규모 사업을 할 수밖에 없고 요즘 대한민국에서처럼 별다른 이유도 없이 '개독'으로 몰리며 '공공의 적'이 될 수도 있다. 황제의 인증이 요구되었던 고대 세계의 시장에서 짐승은 문자적으로 신자들을 궁핍한 삶으로 내몬다. 예수님은 그의 백성들이 고난받는 것을 아신다고 말씀하셨다: "내가 네 환난과 궁핍을 안다"(계 2:9). "그러나 네가 부요한 자니라." 예수님은 이렇게 덧붙이셨다: "네가 죽도록 충성하라. 그리하면 내가 생명의 (왕)관을 네게 주리라"(계 2:10). 이 세상에서 그리스도를 위해 모든 것을 잃은 그토록 많은 그리스도인들 그러나 오는 세상에서는 예수님과 함께 영광의 나라를 얻는 그리스도인들의 한없이 영광스러운 삶을 이 말씀이 얼마나 정확하게 지적하고 있는지 모른다. 잊지 말라! 그리스도인들의 삶은 아무리 고난이 많아도 끝이 좋다는 것을! 어릴 적 내 아버지한테 들었던 동화의 아주 뻔한 결말처럼 "영원토록 행복하게 아~주 잘 먹고 잘 산다"는 것을…

13:18 _짐승의 수 666: 지혜로의 부르심

요한은 그의 가르침을 요약하면서 이 극적인 장(章)을 매듭짓고 있다. "지혜가 여기 있다(이것이 지혜로의 부르심이다)"(계 13:18). 12장에서 교회와 전쟁하는 용 비전을 다루었고, 그런 다음 13장에서는 거짓과 기만의 이데올로기로 무장한 독재적인 짐승을 다루고 있는데 여기서 우리는 그리스도인들이 매우 지혜로와야 할 필요를 알 수 있다. 하나님의 말씀을 주의 깊게 살핌으로써 참 선지자와 거짓 선지자의 차이를 식별할 수 있도록 지혜로워야만 한다: "내가 너희를 보냄이 양을 이리 가운데로 보냄과 같도다. 그러므로 너희는 뱀 같이 지혜롭고 비둘기같이 순결하라"(마 10:16). 우리는 믿음의 대가를 치르리라는 것을 예상하는 일에 지혜로워야만 한다. 계시록을 통틀어서 예수님은 믿음으로 인내하고 그리스도의 증인이 되는 삶으로 영적인 전쟁에서 이긴 사람들에게만 구원의 복을 약속하셨음을 알 수 있다.

요한은 마지막 절에서 마지막 지혜의 형식을 생각하고 있다. 이것은 그리스도인들의 적이 도대체 어떤 존재인지를 알게 해 주는 지혜이므로, 이 지혜가 있어야 적의 다양한 기만술에 속거나 적의 다양한 위협에 겁먹지 않게 될 것이다. 성경에는 다양한 영적인 공격으로부터 그 백성을 구원하시는 하나님의 신실하심에 대한 증거가 가득 담겨 있다. 따라서 지혜는 유혹이나 두려움 때문에 우리가 증인의 삶을 포기하거나 움츠러들지 않게 한다. 요한은 13장에서 가장 잘 알려졌으며 아울러 가장 논쟁거리가 되는 구절로 이 요점을 밝히고 있다: "지혜가 여기 있으니 총명한 자는 그 짐승의 수를 세어 보라. 그것은 사람의 수니 그의 수는 666이니라"(계 13:18).

학자들은 666이 '게마트리아'로 알려진 고대의 예식에서 사용된 암호화된 문서로 추측한다. 게마트리아는 히브리어 낱말의 알파벳에 해당하는 숫자로 바꾸어 해석하는 방법을 가리킨다. 헬라어와 히브리어같은 언어에는 숫자가 없어서, 글자(알파벳)에 숫자 값이 할당되어 있었다: 일부는 한 자리 수, 또 다른 일부는 열 자리 수, 그리고 어떤 글자는 백 자리 수를 가리켰다. 이런 개념 덕에 요한은 적그리스도 혹은 첫 번째 짐승을 독자들이 식별할 수 있도록 해 준 것이다. 그의 헬라어 이름을 합하면 666이기 때문이다. 이것 혹은 이와 비슷한 체계를 활용하면서 최근 어떤 그리스도인들은 미국 대통령이었던 로날드 윌슨 레이건(Ronald Wilson Reagan)의 이름 세 단락이 각각 6 글자로 되어 있기 때문에 그가 적그리스도라고 주장했다. 미국의 정치가 헨리 키신저도 세속적인 세상의 평화를 위한 그의 노력뿐만 아니라 헬라어 체계에서 그의 마지막 이름의 합이 666이기 때문에 오랫동안 적그리스도 후보로 거론되었다. 문제는 이런 접근법으로는 적그리스도 후보가 사실상 한도 끝도 없이 계속 나올 것이라는 점이다. 어떤 학자는 기발하게도 귀여운 자주색 공룡(cute purple dinosaur) 숫자의 합이 666이기 때문에 어린이들이 즐겨보는 텔레비전에 등장하는 '바니'가 적그리스도라고 주장하기도 했다.(C. S. Keener, 359)

666과 가장 자주 연관되는 인물은 로마 황제 네로다. 케사르 네로의 이름을 히브리어로 번역하고 글자들의 숫자 값을 더하면 666이 되기 때문에 요한의 666이 네로 황제의 암호화된 이름이라고 보는 것이다. 요점은 네로와 같은 짐승이 때로 대중들에게 아주 인기가 있지만 그리스도인들에게는 난폭한 박해를 퍼붓는 불량한 전제군주라는 것이다. 이런 접근법의 문제점은 헬라인 개종자들인 요한 당시의 독자들은 대개 이런 이론으로 해석할 수 있는 바탕이 되는 히브리어를 말할 줄 몰랐다는 데 있다. 더욱이 합산해서 666이 나오려면 케사르라는 말의 철자법을 살짝 비틀어야 그렇게 된다. 이런 요인들은 네로 설의 개연성을 떨어뜨린다.

이 숫자의 의미를 풀어낼 좀 더 나은 접근법은 숫자 6의 상징성을 이해하는 것이다. 그동안 완성과 완벽의 숫자로서 숫자 7을 자주 접했다(계 1:11~12, 20; 3:1). 숫자 6은 이 숫자에서 하나가 모자라는 것이므로 '불완전', '미완성' 그리고 '결점'을 의미한다. 이것은 타락한 인간을 묘사하는데 요한은 이것을 "사람의 수"(계 13:18)라고 부른다. 용과 그의 두 짐승은 가짜 삼위일체 신으로 자신을 꾸미려 한다. 하나님의 심판과 그리스도의 승리로 그들의 삼중 속임수와 삼중 실패가 드러나게 될 것이다. "6이 세 번 반복된 것은 짐승에게서 발견된 '죄악의 완벽한 불완전성'을 가리킨다. 짐승은 하나님의 완전성을 성취한 것처럼 보이지만 실은 완벽한 불완전성의 전형"이다.(G. K. Beale, 1999:722)

헬라어 '짐승'을 가리키는 말 '떼리온(therion)'의 숫자를 합산하면 666임이 밝혀졌다. 흥미롭게도 예수라는 이름은 888로 계산된다. 만일 이것이 적어도 요한이 전하고자 했던 메시지의 일부라면 그 의미는 명백하다: 예수는 완전성을 훌쩍 웃도는 '충만함'(7+1)을 나타내지만 짐승은 불완전한 사기꾼(7-1)이다. 이런 관점에서 보면, 요한이 뜻하는 바는 그리스도인들이 두 짐승에 대해 알 필요가 있는 반면 우리가 유혹받는 것만큼 그것들을 심각하게 여길 필요는 없다는 얘기인 것처럼 보인다. 그러나 결국 실패한 짐승은 불 못에 들어가 심판받게 되어 있다(계 19:20). 반면 그리스도의 통치는 영원할 것이며, 짐승들은 반드시 죽게 될 것이고 그들의 통치는 하나님이 허락하신 까닭에 하나님의 심판과 대속에 담긴 하나님의 목적에 부응하는 범위에서만 잠시 날뛰다가 마침내 수명이 다하게 될 것이다. 짐승의 표를 지닌 사람들은 짐승의 이름과 숫자가 암시하듯이 짐승의 실패에 동참하게 될 것이다. 그러나 짐승을 거부하고 심지어 박해받는 동안에도 그리스도의 완벽한 이름을 굳게 붙든 사람들은 그분의 신성과 하늘의 복에 동참하게 될 것이다.

짐승에 현명하게 대처한 사람이 하나 있는데 그 이름은 보리스 코른펠드이다. 그는 소련의 강제 노동수용소에서 일했던 의사다. 어느 그리스도인이 그에게 예수 그리스도의 복음을 전했다. 복음을 들은 코른펠드는 그의 죄를 깨달았는데 특히 경비원들에 대한 그의 증오심과 악한 세력에 그가 협력한 방식에 환멸을 느끼고 있었기 때문이다. 그는 예수님이 주시는 용서를 간절히 바라고 있었다. 그리스도인들을 이송하는 작업을 하면서 코른펠드는 믿음으로 예수님께 돌아섰다. 한동안 누구에게도 그 사실을 말하지 않았다. 그러나 주님을 향한 그의 새로운 충성의 의무 때문에 그는 부패에 가담하는 것을 거부했고 수용소 안에서 약하고 병든 사람들을 보호할 수 있는 일을 하기 시작했다.

어느 날 밤 코른펠드는 고통스러운 암 절제 수술을 받고 회복 중인 환자 하나를 돕고 있었다. 그는 공산당 관료들에 대한 두려움 때문에 더는 침묵할 수 없다는 결론에 이르렀다. 그가 기독교인이 되었다는 말이 새나가기 시작했고 마침내 그는 사람들에게 그리스도께 믿음으로 나아간 것과 하나님의 은혜가 어떻게 자기를 변화시켰는지에 대해 이야기를 털어 놓았다. 이 증언을 하고 난 뒤 환자가 잠들기를 기다려 코른펠드는 병실 가까이 있는 그의 방에 들어가 잠을 청했다. 더는 짐승을 섬기지 않겠다고 결심한 까닭에 그가 잠시 잠든 사이 누군가가 그의 머리를 큰 망치로 내려쳐 두개골이 부서져 그는 그만 허망하게 죽고 말았다.

코른펠드의 증언이 그토록 중요하며 그리스도께 의지하는 것이 그의 목숨을 잃을 만큼 가치가 있는 일인가? 그의 마지막 말을 들었던 그 환자가 그 대답을 해 주었다. 그 환자는 1970년 노벨문학상, 1983년 템플턴 상을 받은 알렉산더 솔제니친이었다. 솔제니친은 나중에 이렇게 말했다: "코른펠드의 예언적인 말은 지상에서 그가 남긴 마지막 말이었다. 그리고 그 마지막 말은 나에게 아주 소중한 유산으로 남았다."(A. Solzhenitsyn, 310) 그는 짐승의 표가 그리스도를 믿음으로 구원을 보장하는 성령의 인침에 대한 단절을 의미할 수 있다는 것을 깨달았으며, 하나님의 은혜로 변화되었으며, 그래서 믿음으로 인생길을 새롭게 걷기 시작했다. 몇 년 뒤 솔제니친의 글이 공산주의 체계를 뿌리째 흔들어 놓게 되었다. 그의 유명한 책들은 짐승처럼 비인간적인 소련 체제를 폭로했을 뿐만 아니라 기독교적인 구원의 소망을 지닌 많은 이들에게 아주 밝은 빛을 던져 주었다.

요한은 독재자들과 그 독재자들을 섬기는 거짓 선지자들을 거느린 사탄의 치명적인 짝퉁 삼위일체로부터 우리가 공격 당하는 상황을 이해하는 것은 그리스도인들 가운데 있는 지혜를 부르는 것이라고 말하고 있다. 그 지혜는 사탄이 가진 무기들로 그 짐승을 어떻게 물리치느냐가 아니라 어떻게 담대하게 그리스도의 복음 메시지를 전하느냐이다. 지혜는 짐승의 독재를 어떻게 피하느냐가 아니라 그리스도인의 용기와 주님에 대한 신뢰로 어떻게 인내하느냐이다. 짐승의 숫자를 보고 그 짐승의 한계와 그의 패배를 확신하기에 짐승의 공격을 더는 두려워하지 않고 살 수 있다. 설령 짐승이 망치로 우리 머리를 내려친다 해도 짐승은 더는 아무것도 할 수 없고 오히려 우리를 승리하신 그리스도의 사랑스러운 품으로 보내 줄 뿐이다. 예수님을 알면 그 분이 지신 십자가의 무한한 가치를 헤아리면서, 영광과 구원 안에 있는 그분의 완전함을 신뢰하면서 다른 사람들에게 담대하게 그분을 증거할 수 있게 된다. 요한의 의도는 12장에서 승리하는 신자들에 대해 천사가 말한 것처럼 우리가 믿음으로 승리한다는 것을 말하려는 데 있다: "또 우리 형제들이 어린 양의 피와 자기들이 증언하는 말씀으로써 그를 이겼으니 그들은 죽기까지 자기들의 생명을 아끼지 아니하였도다"(계 12:11).

새 노래를 부르니
(요한계시록 14:1~5)

¹또 내가 보니 보라 어린 양이 시온산에 섰고 그와 함께 십사만 사천이 서 있는데 그들의 이마에는 어린 양의 이름과 그 아버지의 이름을 쓴 것이 있더라 ²내가 하늘에서 나는 소리를 들으니 많은 물 소리와도 같고 큰 우렛소리와도 같은데 내가 들은 소리는 거문고 타는 자들이 그 거문고를 타는 것 같더라 ³그들이 보좌 앞과 네 생물과 장로들 앞에서 새 노래를 부르니 땅에서 속량함을 받은 십사만 사천 밖에는 능히 이 노래를 배울 자가 없더라 ⁴이 사람들은 여자와 더불어 더럽히지 아니하고 순결한 자라 어린 양이 어디로 인도하든지 따라가는 자며 사람 가운데에서 속량함을 받아 처음 익은 열매로 하나님과 어린 양에게 속한 자들이니 ⁵그 입에 거짓말이 없고 흠이 없는 자들이더라 (개역개정)

계시록은 흔히 잘못 생각하는 것처럼 '겁주는 책'이 아니다. 오히려 고난받는 성도들을 승리의 소망으로 위로하는 책이다. 존 번연의 『천로역정』은 영어권에서 성경 다음으로 꼭 읽어야만 할 책으로 여겨졌다. 이 영적인 고전은 신앙생활에서 겪는 다양한 도전을 묘사하는데 성경적인 고증의 정확성 때문에 그리스도인들로부터 큰 사랑을 받았다. 『천로역정』이 인기가 있게 된 또 다른 이유는 하늘 소망에 대한 비전 때문이다. 낙심의 수렁, 허영의 시장, 무저갱의 용, 의심의 성 등등으로 제기된 다양한 도전에도 불구하고, 『천로역정』을 읽을 때마다 그리스도인들은 믿음으로 목적지에 성공적으로 도착할 수 있다는 소망을 갖게 된다.

계시록은 1세기 요한의 독자들에게 이와 똑같은 소망의 메시지를 전달하기 위해 기록되었다. 14장에서 시작되는 비전 속에서 이것을 깨닫게 된다. 여기서 요한은 일찍이 보여 주었던 구속받은 144,000명의 성도에 관한 비전을 다시 끌어들이는데, 이 성도들은 7장의 세상의 박해와 재앙 이야기에 등장했던 이들이다. 이제 구속(救贖)받은 교회는 영광의 그리스도께 이르게 되었다. 12장과 13장에 그려졌던 치명적인 전쟁 후에 14장은 이렇게 시작하고 있다: "또 내가 보니 보라 어린 양이 시온산에 섰고"(계 14:1).

『천로역정』처럼 14장은 믿음으로 인내하면서 싸우는 그리스도인들이 반드시 구원에 이를 것을 확실히 말해 준다. 우리 확신의 근거는 우리를 죽이는 용이나 우리와 싸우는 짐승에 대한 우리의 담력이 아니라 죽었지만 하나님의 주권으로 천상(天上)의 시온에 올라가 서 계신 어린 양 예수 그리스도이시다. "어린 양은 이 세상의 모든 적그리스도 세력을 정복하신 유일한 승리자로 시온산 위에 서 계신다. 따라서 성도들은 절망하지 않고 용기를 가져야만 한다. 그들은 어린 양의 승리에 동참하기 때문이다."(S. J. Kistemaker, 400)

14:1∼3 _대속(代贖)자의 정체

요한복음 10:28에서 예수님은 믿음으로 그분을 따르는 사람은 "영원히 멸망하지 아니할 것이요 또 그들을 내 손에서 빼앗을 자가 없다"고 약속하셨다. 이 교리는 144,000이 시온산 위에 계신 어린 양과 모여 있는 비전으로 생생하게 그려졌다. 마지막으로 본 바와 같이 이 회중은 용과 그의 두 짐승과의 전쟁을 포함해서 교회 시대의 엄청난 환난으로 많은 위험을 겪었다. 세속적인 관점에서는 그들 가운데 그 누구도 하늘에 안전하게 도착할 수 없는 것처럼 보였다. 이제 시온산 위에서 그들 가운데 단 한 사람도 잃어버리지 않고 하늘에 이르렀음을 알 수 있다. 요한은 14만 4천의 90 퍼센트인 129,600명이라고 하지도 않고 또한 그 양 무리 가운데 하나가 모자란 143,999명이라고 하지도 않고 14만 4천 명이라고 말한다. 대신 믿음으로 구원의 여정을 시작했던 사람들이 모두 다 안전하게 그분 앞에 도착했음을 말하고 있다. 시편 23편을 빗대어 말하자면 14만 4천이 모두 다 이렇게 고백하기 시작하는 것이다. "주님은 나의 목자시다." 그러므로 "주님의 집에서 내가 영원히 산다."

이 견해를 제시하자면 14만 4천이 그리스도께 속한 백성의 총체를 나타낸다는 것을 인정할 필요가 있다: 과거, 현재, 미래의 모든 백성. 어떤 이는 이 영광스러운 회중이 그리스도를 증언하다가 죽은 초기교회의 순교자들 혹은 그리스도께서 재림하시기 직전에 개종한 유대인들의 문자적인 숫자로만 구성된다고 주장할 것이다. 14만 4천이 모든 신자를 나타낸다는 것을 보여 주는 한 가지 방법은 그것이 구약과 신약시대 모두를 나타내는 방법을 확인하는 것이다. 이 숫자는 이스라엘의 12지파와 그리스도의 12사도를 아우르고 있으며 12와 12를 곱하고, "아무도 능히 셀 수 없는 큰 무리"(계 7:9)를 나타내는 숫자 1천을 곱한 것이다. 뿐만 아니라 이 구절에서 14만 4천에 주어진 묘사는 그리스도께 속한 백성의 총체를 진정으로 보여 주는 것이다.

첫째, 요한은 그들의 "이마에는 어린 양의 이름과 그 아버지의 이름을 쓴 것"(계 14:1) 있다고 한다. 이전에 이마와 손에 짐승의 표를 받은 모든 자 "곧 작은 자나 큰 자나 부자나 가난한 자나 자유인이나 종들"(계 13:16) 이야기를 들었다. 이 표는 그 표를 받은 자가 그들의 생각과 행동에서 적그리스도적인 세상의 체계를 포용했음을 나타냈다. 유일한 예외는 "죽임을 당한 어린 양의 생명책에 창세 이후로 이름이 기록된"(13:8) 사람들이다. 계시록에 따르면 사람은 오직 두 부류밖에 없다: 죄와 불(不)신앙으로 사탄을 섬기는 짐승의 표를 받은 사람과 그리스도를 믿는 믿음으로 그리스도께 속한 하나님의 인(印)침을 받은 사람들. 14만 4천을 하나님의 인을 받은 사람들로 본다는 것은 그들이 모든 시대에 걸친 신자의 총수를 나타낸다고 말하는 것과 같다. "숫자 144,000은, 인류를 위한 하나님의 거룩한 기획을 성취하는 과정에서 짐승 추종자들의 이마에 있는 666의 불완전성에 대한 반(反)명제로서 하나님께 속한 참 백성의 완전성을 함축한다."(G. K. Beale, 1999:733)

그리스도인과 예수 믿지 않는 사람이 함께 앉아 있다면 이 두 사람을 구별할 만한 눈에 띄는 표는 거의 없을 것이다. 그러나 계시록은 신앙 혹은 불(不)신앙에 상응하는 위대한 영적인 실재에 관한 상징들을 말하고 있다. 누군가의 이마에 하나님의 이름이 새겨져 있다고 말하는 것은 그 사람이 하나님께 속해 있으며 따라서 하나님이 그와 함께하심으로 보호받고 있다는 것을 말하는 비유이다. 모든 신자에게 이것은 얼마나 든든한 격려와 위안이 되는가! 예수님을 믿게 됨으로써 당신이 영원토록 하나님께 속하게 되었다는 것, 하나님이 당신을 표시해 두었다는 것을 알게 된다. 이것은 하나님이 당신의 이름과 함께 그 자신의 표를 해 두었다고 선언하시는 이사야 49:16의 결론이다: "보라, 내가 너를 내 손바닥에 새겼다." 그리스도를 믿는 사람들이 영원한 안전을 얻게 되었다고 말할 수 있는 이유는 하나님께서 자신의 소유라고 주장하시는 모든 사람을 소유하시고 보호하시고자 하는 그분의 주권적인 결단이 있기 때문이다.

더 나아가서 인(印)은 그것을 지닌 사람들의 충성을 드러내는 표지다: 144,000은 그리스도를 통해 하나님께 충성을 이미 서약한 사람들로 구성되어 있는데 그들은 이 세상의 짐승 같은 지배 권력에 충성하는 사람들과 대조된다. 이런 식으로 그 비전은 예수님과 관계 맺는 그 사람의 자세에 결국 한

정된다는 것을 알려 준다. 믿음으로 예수님을 끌어안는다는 것은, 이 세상과 죄에 대한 충성을 포기하고 영광 중에 있는 예수님과 영원한 공동운명체가 됨을 확실히 한다는 뜻이다. 그리스도와 그의 복음을 거부하는 것은 이승에서 독이 들어 있는 쾌락을 즐기면서 이 세상이 주는 죄의 종으로 남아 있다는 것이며 따라서 그리스도께서 재림하시는 날 그리스도께 반역하는 적들을 심판하기 위해 예비 된 영원한 처벌을 받게 될 것이다.

144,000은 또한 "땅에서 속량(贖良)함을 받은"(계 14:3) 사람들로 묘사되어 있다. 어린 양은 신자들 가운데 영적인 상류층이나 미래의 유대 혈통 신자들과 함께 서 계신 것이 아니라 어린 양이 흘린 피의 대가로 죄에서 대속(代贖) 받은 모든 사람과 함께 서 계신다. 그리스도와 함께하는 이 승리가 신자로서의 영적인 성취, 혹은 갖고 있는 재능의 양이나 질, 혹은 교회 안에서 혹은 이 세상에서 우리가 누리는 지위 때문에 보장되는 것이 아니라는 것이 얼마나 감사한 일인가. 대신 그리스도와 함께 누리는 특권적인 지위, 그분을 향하는 우리의 가치, 그의 구원에 동참하는 것은 우리 죄를 대속하기 위해 그분이 쏟으신 피에 의존하고 있다. 모든 그리스도인은 "그리스도의 보배로운 피로"(벧전 1:19) '대속 받은 사람들'이라는 영광스러운 신분을 지니게 되었다.

요한은 144,000명을 "하나님과 어린 양에게 속한 자들"(계 14:4)로 좀 더 자세하게 묘사한다. 요한은 이 사람들을 요한 당시 이미 하늘에 있는 신자들 혹은 초대교회 순교자들의 무리와 동일시하고 있다. 첫 열매는 맨 처음 추수한 것으로서 추수한 곡식 전부를 대표하기 때문이다. 그러나 성경은 또한 열매를 맺지 못하는 세상과 대조되는 하나님께 속한 모든 사람으로 말하기도 한다. 야고보서 1:18에서는 그리스도인들을 "피조물 가운데 첫 열매" 즉 하나님의 소유로 하나님이 취하신 인류의 일정 부분으로 묘사하고 있으며 또한 예레미야 2:3에서는 모든 이스라엘을 "그의 소산 중 첫 열매"로 묘사한다.(S. Storm, 215; R. Michaels, 170) 144,000이 하나님의 이름을 지닌 대속 받은 이들이기 때문에 "첫 열매"를 세상에 속하여 우상을 섬김으로써 오염된 사람들과 대조되는 하나님께 귀중한 사람들, 하나님께 속하여 하나님의 영광을 위해 드려진 사람들 곧 그리스도께 속한 백성의 총체를 언급하는 것으로 보는 것이 가장 나을 듯하다.

이 영광스러운 무리에 어떻게 들어갈 수 있는가? 단지 그리스도를 믿기만 하면 된다. 요한은 자신이 전하는 복음을 이렇게 정의한다. "너희로 예수께서 하나님의 아들 그리스도이심을 믿게 하려 함이요 또 너희로 믿고 그 이름을 힘입어 생명을 얻게 하려 함이니라"(요 20:31).

14:4~5 _대속 받은 자의 위치

144,000명의 '정체'를 분명히 확인했으니 이제 그들의 '위치'를 살펴보는 게 좋겠다. 요한은 그들이 "어린 양과 함께" "시온산"(계 14:1) 위에 있는 것을 보았다. 사탄인 용이 그의 반역을 도울 짐승들을 불러내면서 "바다 모래 위에"(12:17) 서 있는 반면 예수님은 그의 성도들과 함께 하나님의 거룩한 산 반석 위에 서 계신다.

학자들은, 이 시온산이 지상의 산인지 천상의 산인지를 놓고 논쟁한다. 그리스도께서 거기에서 마지막으로 나타나셨기 때문에 증거의 무게는 천상의 시온 쪽으로 기운다(계 7:9~14). 계시록 14:3에서는 하늘에 있는 그리스도의 보좌 앞에서 섬기는 "네 생물"과 "24장로"를 언급하고 있다. 그러나 요점은 시온산이 역사의 끝, 구원이 완성되는 곳에 자리 잡고 있다는 것이다. 시편 2:6에서 하나님은 말씀하셨다: "내가 나의 왕을 내 거룩한 산 시온에 세웠다." 이 진술은 단지 예루살렘에 있는 성전산만을 가리키는 것이 아니라 그의 백성을 위해 "하나님이 함께 계시면서 안전을 보장하는 곳인 종말의 도시"(G. K. Beale, 1999:732)를 가리키기도 한다. 시온산 위에 그리스도와 함께 나타난 교회의 수많은 성도 무리를 보면서 성도들이 승리를 얻었고 그 승리는 확실하다는 것을 알게 된다.

하나님이 정하신 구원의 신성한 결말을 보면서 요한과 그의 독자들은 로마의 박해에 직면하면서도 큰 격려를 받게 되었다. 요한이 제시한 사례들은 그리스도인들이 역사의 마지막에 현재의 여러 가지 시련을 되짚어 보도록 강하게 밀어붙인다. 지금 우리의 약함, 의심과 지상의 고통이 있는 곳에서 출발하기보다는 염려 근심이 따르는 그것들 너머 미래의 전망을 보면서, 그 과정을 뒤집어 보아야만 한다. 무엇보다도 지금 당하고 있는 여러 가지 시련으로부터 소망을 찾기 위해 마음을 다잡고 애쓰면서 우리의 마음을 미래의 확실성과 승리하신 어린 양이 서 계시는 시온산에 고정해야만 한다.

영화 "게티스버그"는 미국 내전 당시 결정적인 전투에서 북군의 기병대를 지휘했던 존 부포드 장군의 공적을 다루고 있다. 남부군이 우세한 지형 덕을 보고 있었던 까닭에 부포드는 이전 몇 차례의 패배로 큰 고통을 겪었다. 그래서 그는 이렇게 주장했다: "우리는 고지대를 적에게 내주면 안 된다." 마침내 부포드의 선봉대는 북군 연합군이 유리한 고지를 점령하도록 해주었다. 그리스도인들은 사탄, 죄 그리고 세속적인 반대에 맞서는 영적인 전쟁이 벌어질 때 걱정할 필요가 없다. 이 비전에 먹구름이 드리울 때 요한은 눈을 들어 시온산 위에 서신 그리스도를 볼 수 있게 되었다. 어린 양은 영원히 높은 곳을 차지하고 계시면서 아래쪽에서 벌어지는 수많은 갈등을 굽어보고 계신다. 시온산 위에 서신 예수님을 보면서 우리에게 주어진 하나님의 모든 약속이 우리에게 성취될 것, 그의 이름을 지닌 사람들이 안전하게 지켜질 것, 우리 믿음의 삶이 성공으로 관(冠) 씌워질 것을 확신하게 된다. 사무엘 러더포드는 마지막 유언으로 이 주제를 이야기했는데 안느 쿠신이 그의 유언을 은혜로운 노래로 만들었다:

천군 천사와 함께 어린 양이 시온산에 서 계시네

그리고 임마누엘의 땅에 영광, 영광이 거하셨네.

(A. R. Cousin, 1857)

14:5 _대속 받은 자의 성품

하나님의 이름을 지닌 이들은 그분의 보호를 누릴 뿐만 아니라 주님의 다양한 속성에도 참여한다. 따라서 요한이 본 비전에 대속자의 성품도 나타나고 있는데, "궁극적인 문제는 육체적인 위세, 정치 경제적 권력이 아닌 참 영성의 문제라는 것"(D. F. Kelly, 253)을 확신하도록 신자들을 몰아가고 있다. 그 백성들을 위한 승리를 온전히 지키시는 이는 그리스도 바로 그분이시듯이 그리스도인들을 이 세상에서 구별 지을 뿐만 아니라 그들에게 영적인 전쟁을 치를 힘을 부여하는 것은 결국 '그리스도인다움'이다. 군군(君君) 신신(臣臣) 부부(父父) 자자(子子), 임금은 임금답고, 신하는 신하답고, 아비는 아비답고, 자식은 자식다워야 한다. 왕이신 하나님께서 하나님다우시기 때문에 신자는 마땅히 신자다워야 한다: "그러므로 하늘에 계신 너희 아버지의 온전하심과 같이 너희도 온전하라"(마 5:48). 물론 이것은 신자의 본질이라기보다는 신앙인들의 영적인 '지향점'(목표)을 말하는 것이다.

그리스도인의 성품에 대한 맨 처음 사항은 계시록 독자들을 몹시 곤혹스럽게 했다: "이 사람들은 여자와 더불어 더럽히지 아니하고 순결한 자라"(계 14:4). 이 구절을 엉뚱하게 잘못 다룰 가능성이 있다. 예를 들자면 144,000을 독신주의를 칭찬받을 만한 행위로 여김으로써 영적인 지위를 획득했던 영적인 상류층으로 잘못 생각할 수도 있다. 몇몇 여성운동 학자들은 성경이 여성에 대해 반감이 있다고 여겨 불평하는 근거로 이 구절을 오용(誤用)하기도 했다.(J. R. Michaels, 170) 몇몇 학자들은 또한 남녀 간 성관계가 부정한 행위로 묘사되고 있는 것처럼 보이기 때문에 부부간의 일반적인 성생활에 대한 부정적인 태도를 이 구절에서 끌어내기도 한다.

하지만 이 모든 견해는 다 잘못된 것이다. 성경에서는 남편과 아내 사이의 성적인 친밀감은 결혼을 통해 그들의 마음을 하나로 묶기 위해 하나님이 고안하신 거룩한 하나님의 선물임을 가르치고 있다. 성경에서 성적인 순결은 혼외의 금욕과 결혼 안에서 부부 관계의 신실성 모두를 포함한다. 히브리서 13:4에서 이렇게 명령하고 있다: "모든 사람은 결혼을 귀히 여기고 침소를 더럽히지 않게 하라. 음행하는 자들과 간음하는 자들을 하나님이 심판하시리라." 결혼생활을 더럽히는 것은 성행위 자체가 아니라 간음이다. 바울은 그의 독신생활이 복음 사역에 좀 더 집중할 수 있게 한 데 대해 감사하면서도(고전 7:7) 베드로를 포함한 다른 사도들은 선교 여행에 아내를 데리고 다녔다고 했다(고전 9:5). 바울은 결혼을 그리스도와 몸 된 교회의 연합에 대한 은유로 사용할 뿐만 아니라(엡 5:32) 부부간의 성적인 하나 됨이 결혼의 신실성을 유지하는 데 필수적임을 강조하고 있다(고전 7:5). 일반적으로 여성의 경우에 성경은 종종 그리스도의 왕국 사역에 여성들이 그저 어머니와 아내로서만이 아니라 여성으로서 크게 봉사할 수 있음을 강조하는 적극적인 관점을 제시한다.(강호숙, 2020:249-315) 교회에 대한 요한의 가장 중요한 지시사항 가운데 하나는 교회가 "신부가 남편을 위하여 단장한 것" 같아야 한다는 것이다(계 21:2).

그렇다면 이 구절이 동정(童貞)을 지킴으로써 자신의 지위를 획득하는 금욕생활을 하는 남성으로서의 144,000을 묘사하는 것이라는 견해를 어떻게 피할 수 있는가? 지금 우리가 계시록을 공부하면서 친숙해진 그 대답은 이 구절을 상징적으로 해석해야 한다는 것이다. "문제의 순결은 영적인 신실성과 관련된 문제이다."(P. E. Hughes, 159) "문제의 사람들이 자신을 이방 세속 체계와의 통간 행위와 완전히 선을 그었다는 것을 뜻한다. 그들은 그리스도와의 혼인 서약에 함축된 거룩한 의미를 따라 살았던 사람들이다."(L. Morris, 177) 곧 영적인 순결은 '세계관의 혁신적인 변화'를 뜻하는 것이다.

물론 영적인 순결성은 도덕적 순결과 따로 생각할 수 없다. 오늘날의 서구사회보다도 훨씬 더 성적으로 방탕했던 로마 세계에서 살았던 사도들은 성적인 범죄로부터 확고한 회개를 신자들에게 촉구했다. 바울은, 그리스도 안에서 정결케 된 그리스도인들은 설령 순결을 잃었더라도 '순결성을 다시 얻을 수 있다'고 덧붙였다. 바울이 성적으로 부도덕한 자들, 간음한 자들과 동성애에 참여한 자들을 정죄하기는 했지만 그는 이렇게 덧붙였다: "너희 중에 이와 같은 자들(이 문맥에서는 음행한 자들)이 있더니, 주 예수 그리스도의 이름과 우리 하나님의 성령 안에서 씻음과 거룩함과 의롭다 하심을 얻었느니라"(고전 6:9~11).

그리스도인들은 영적인 순결을 지킬 도덕적인 의무가 있을 뿐만 아니라 이 문제가 영적인 전쟁에서 우리에게 깊은 영향을 미친다는 것을 알아야 한다. 진실로 요한의 언어는 구약성경에 기록된 이스라엘의 전투 준비를 반영하고 있는데 신명기에서는 성관계를 금하는 것으로 병사들의 순결을 말하고 있다(신 23:10). 남자나 여자, 독신이나 기혼자를 포함해서 금욕적인 병사로서의 교회라는 상징은 "우리 모두 사령관에게 빚을 지고 있기에 오롯한 마음으로 그에게 충성할 것을 요구한다."(D. E. Johnson, 203) 또한 14장이 음녀 바벨론에 관해 이야기하고 있음을 기억해야만 한다. "큰 성 바벨론이여, 모든 나라에게 그의 음행으로 말미암아 진노의 포도주를 먹이던 자로다"(계 14:8). 그러므로 4절은, 우상이 가득한 세상에서 간음으로 자신을 더럽힌 사람들의 상태와 대조되는 '영적이고 도덕적인 순결성'을 강조하고 있다.

순결한 삶과 더불어 그리스도의 144,000은 복종하는 자세를 갖는다: "어린 양이 어디로 인도하든지 따라가는 자"(계 14:4)이다. 그리스도께서 어디로 부르시든지 우리는 가야만 한다. 그리스도가 무언가를 하도록 부르시는 것이 바로 우리가 해야만 할 일이다. 그분의 길이 우리의 길이 되는데 그 길이 비록 좁아 보일지라도 그 좁은 길은 우리를 영원한 생명으로 인도한다. 그리스도를 따르는 것은 그분의 가르침에 대한 믿음, 그의 명령에 대한 복종과 그의 복음을 열정적으로 전파하는 것을 포함한다. 그리스도께서 우리를 위해 자신을 희생시켰듯이 우리도 하나님을 섬기고 경배하는 일에 우리 자신을 산 제물로 올려 드려야 한다(롬 12:1~2). 이것이 바로 "첫 열매"라는 묘사에 함축된 의미이다. 어린 양이 시온산 위에 서신 것을 보면서 예수님을 따르는 것이 마침내 우리를 구원과 영광으로 이끄는 것임을 마음 깊이 새겨야만 한다.

세 번째로 요한이 본 비전은 '진실된 말'이 그리스도인의 성품임을 강조하고 있다: "그 입에 거짓말이 없고 흠이 없는 자들이더라"(계 14:5). "순결 다음으로, 어쩌면 진실성이 이방 신을 섬기는 그들의 이웃과는 대조적으로 그리스도를 따르는 자들의 가장 도드라진 표일 것이다."(H. B. Swete, 2:180) 제9계명은, 계시록 21:8에 나오는 불 못에 던져지는 "거짓말하는 모든 자"와 더불어 살 수밖에 없는 신자들이 진실하게 말할 것을 요구하고 있다. 그리스도인의 구원은 하나님이 주신 말씀의 진리로부터 가지가 뻗어 나와서 진리의 삶을 산출한다. 이 세상이 "하나님의 진리를 거짓 것으로 바꾸어 버린"(롬 1:25) 반면 신자들은 우상을 거부하고 적극적으로 복음의 진리를 전파하는데 그렇게 함으로써 거짓말쟁이들과 다른 죄인들이 대속(代贖) 받아 구원에 이를 수 있게 한다. "여기서 마음에 두어야 할 것은 단지 일반적인 진실성이 아니고 성도들이 짐승과 '거짓 선지자'로부터 그들의 믿음을 타협하도록 압박을 받고 있을 때조차 예수님에 관해 증언하는 그들의 '한결같은' 성실성이다."(G. K. Beale, 1999:746) 믿음을 지키기 위한 순교적 각오, 죽기까지 어린 양을 따르려는 의지가 곧 '진실성'이다.

요한은 이 그리스도를 닮은 성품 때문에 대속 받은 교회는 "흠이 없는 자들"(계 14:5)이라고 요약하고 있다. 요점은 경건한 성품이 구원에 도움이 된다는 것이 아니라 그 성품이 오히려 하나님이 받을 만한 감사와 찬양의 제물로 하나님을 섬길 수 있게 한다는 것이다. 그리스도인의 성품에 대한 이와 같은 요약은 그리스도의 왕국을 위해 신자들이 '차별화된 삶'을 살 수 있게 한다: 곧 순결, 복종, 그리고 신실성. 오직 예수님만 어떤 죄도 범하지 않으신 분으로서 흠이 없으시다. 그러나 대속 받은 죄인들로서 그리스도인들은 영적인 성실성, 능력과 복음의 용기로 살아감으로써 그리스도를 증언하는 삶을 시작할 수 있어야만 한다(요 8:46 참조). 이러한 속성들은 대량 살상과 파괴를 일으키는 이 세상의 무기와는 전혀 다르다는 것을 지적한다. 대신, 그 속성들은 "대량 부활의 무기이며… 궁극적으로 예수님이 시온산 위에 서서 모든 것을 지휘하실 때 예수님과 그의 군대에 의해 발생하는 이런 영적인 특질들은 사탄이 조종하는 세상 조직의 사악함과 난폭성을 모조리 물리치게 될 것이다.(D. F. Kelly, 256)

14:3~5 _대속받은 자의 행위

요한이 본 비전은 그리스도의 대속 받은 교회의 정체, 위치와 성품을 보여 주었다. 따라서 요한의 강조점은 대속 받은 이들의 '행동'에 맞춰져 있다. 그들은 즐거운 노래로 하나님과 어린 양을 경배한다: "그들은 보좌 앞에서 새 노래를 부른다"(계 14:3).

요한은 이렇게 말한다: "내가 하늘에서 나는 소리를 들으니 많은 물소리와도 같고 큰 우렛소리와도 같은데"(계 14:2). 오직 144,000만 이 노래를 배울 수 있기에 요한은 대속 받은 자들의 경배를 언급하고 있다(계 14:3). 그리스도인들은 기독교인 집회에서 군중과 더불어 흥겹게 찬양해 본 경험이 있을 것이다. 폭포수의 우렁찬 울림과 천둥소리의 거대함을 수반하고 있는 영광 중에 부르는 찬양은 그런 경험을 훨씬 웃돌 것이다. 계시록 7:9, "각 나라와 족속과 백성과 방언에서 아무도 능히 셀 수 없는 큰 무리가 나와 흰옷을 입고 손에 종려 가지를 들고 보좌 앞과 어린 양 앞에 서서" 그 노래를 부르기 때문인데, 7:9에 등장하는 이 무리의 수가 144,000으로 묘사되었다. 그 노래는 소리가 웅장할 뿐만 아니라 마음의 감정을 고조시키는 열정으로 가득 차 있다. 요한은 "거문고 타는 자들이 그 거문고를 타는 것"(14:2)같은 소리에 비교하고 있다. "비록 그 노래가 웅장하고 고상하고 지속적이라 할지라도 동시에 그것은 이제껏 들어본 적이 없는 가장 사랑스럽고 달콤하고 따스한 노래"이다.(W. Hendriksen, 151)

　　요나단 에드워즈는 설교에서 하늘에 있는 성도들이 하나님께 그토록 열렬하게 영광을 돌리는 이유를 밝힌 바 있다. 첫째로, 그들이 마침내 영광 중에 계신 하나님을 보게 되기 때문이며, "하나님을 보고 찬양할 수밖에 없는 사람들이며… 이처럼 영광스러운 광경은 영혼의 모든 능력을 일깨우고 북돋아 그들이 찬양하지 않고는 못 배기도록 그들을 이끌기 때문이다." 둘째, 따라서 대속 받은 이들은 "온전히 겸손하게 되어서… 스스로 찬양하게 되는 것으로 최고의 자부심이 있게 될 것이며… 마음 깊은 곳에서 우러나와 고백하게 만드는 것은 오직 겸손일 뿐이며… '오 주님, 우리에게 마시고, 우리에게 마시고, 오직 주님의 이름에만 영광을 돌리게 하소서'라고 고백하게 될 것이기 때문이다." 셋째, "하나님과 그리스도를 향한 우리의 사랑도 완벽해질 것이며… 사랑의 은혜는 하늘나라에서 최고의 높이와 최고의 완벽으로 드높여질 것이다; 따라서 사랑은 그 자체로 찬양이 될 것이기 때문이다. 하늘나라는 하나님을 향한 사랑이 가득 찼기 때문에 찬양으로 가득할 것이다."(J. Edwards, 1997:215-20) 하나님 나라에서의 찬양에 대한 에드워즈의 설명으로 이 지상에서 좀더 충만하게 하나님을 경배할 분명한 이유를 배울 수 있다. 곧 하나님의 말씀 안에서 하나님에 대해 좀 더 분명하게 공부함으로써 하나님을 좀 더 분명하게 볼 수 있다는 것이다. 아울러 하나님의 거룩하고 경외로운 장엄함 앞에서 자신을 좀 더 겸손하게 낮춤으로써 그리고 예수 그리스도 안에서 우리에게 베푸신 하나님의 대속적인 사랑에 근거하여 하나님을 향한 사랑을 계속 키워나감으로써 그렇게 할 수 있다.

요한은 시온산 위의 대속 받은 사람들이 "보좌 앞과 네 생물과 장로들 앞에서 새 노래를"(계 14:3) 부른다고 말하고 있다. 이로써 우리의 경배는 그 보좌가 이처럼 영광의 존재들로 둘러싸여 있는 하나님과 어린 양을 향한 것이어야 함을 알 수 있다. 우리는 성경 전체에서 배운 구원의 메시지로부터 뭔가 색다른 것을 발견해서가 아니라 우리의 경험에 그 경험의 능력과 영광의 신선한 증거들이 공급되었기 때문에 "새 노래"를 부른다. 구약성경에서 "새 노래"는 하나님의 구원을 생생하게 확인한 데 대한 반응으로 불려졌다 (시 96:1; 144:9). 우리의 구원이 온전히 성취되고 나면 우리가 부르는 새 노래는 그의 피로 대속하여 우리를 그 왕국의 제사장 삼으신 어린 양에게 올리는 찬양이 될 것이다.

> 영광의 장면 속에서 내가 새롭고 새로운 노래 부를 때
> 내가 오랫동안 사랑했던 노래는 낡고 후진 노래가 될 것이네.
> (K. Hankey, 1866)

새 노래가 그리스도를 대속자로 찬양하고 있기에, "땅에서 속량함을 받은 십사만 사천 밖에는 능히 이 노래를 배울 자"(계 14:3)가 없다. 이웃과 더불어 크리스마스 캐롤을 부를 때를 생각해 보라. 수많은 사람이 대속(代贖) 신학에 기대어 성탄을 축하하지만 정작 영적으로는 전혀 변화되지 않는 사람들이 많지 않은가. 말씀과 악기를 배울 수는 있어도 영광과 경이로움 속으로 들어갈 수는 없지 않은가. 죄악의 쓴 맛을 보고 그리스도 안에서 대속된 사

람이 부르는 노래의 즐거움을 아는 이는 오직 그리스도인밖에 없지 않은가. 오직 죄악과 싸우는 그리스도인, 이 악한 세상에서 용, 짐승 그리고 거짓 선지자의 가시에 찔려 고통을 받는 그리스도인만이 시온산에 서신 어린 양을 보면서 참된 기쁨으로 그 마음을 일깨워 새 노래를 부를 수 있는 것이다.

14:2 _그들이 노래하기 시작할 때

어린 양의 신분, 위치, 성품 그리고 영광 속에서의 대속 행위를 확인할 수 있는 시온산 위 보좌에 계신 요한의 어린 양 비전을 적용하면서 요한이 계시록을 쓰기 오래전 일어났던 어떤 상황을 되짚어 볼 필요가 있다고 생각한다. 역대하 20장에서, 경건한 왕 여호사밧이 동쪽에서 오는 살육(殺戮)하는 군대에 관한 소식을 어떻게 받았는지를 말하고 있다. 세속적인 말로 하자면 이것은 요한과 그 이후의 교회들이 로마 황제의 압제하에서 직면했던 상황과 똑같이 매우 절망적인 상황이었다. 그러나 여호사밧은 그의 얼굴을 하늘로 향하고 모든 백성을 모아 하나님의 구원을 바라며 기도하도록 했다. 하나님은 여호사밧에게 군대를 이끌고 믿음으로 적을 향해 전진하라고 말씀하셨다(대하 20:17). 여호사밧은 시편 118:1의 "여호와께 감사하라. 그는 선하시며 그의 인자하심이 영원하도다"라는 찬송을 부르는 제사장들이 이끄는 군대를 전진시켰다(대하 20:21). 성경은 그 결과 무슨 일이 일어났는지를 이렇게 말하고 있다. "그 노래와 찬송이 시작될 때에 여호와께서 복병을 두어 유다를 치러 온 암몬 자손과 모압과 세일 산 주민들을 치게 하시므로 그들이 패하였으니"(대하 20:22).

이 예는 영적인 도전에 믿음으로 반응하는 그리스도인들만이 찬송부를 자격이 있다는 것을 증명하지는 않는다. 그러나 이것은 만일 우리가 무시무시한 도전으로부터 눈을 돌려서 우리의 강한 용사의 영광에 주목하면서 시온산 위에 서신 그리스도를 보게 된다면 우리가 언제든 영적인 힘과 소망을 새롭게 할 수도 있다는 것을 의미할 수는 있다. 이런 비전과 더불어 우리는 두려움 없이 확신과 성실로 하나님의 말씀을 선포할 수 있게 될 것이다. 그래야 기도의 능력을 과소평가하지 않게 될 것이며 그리스도의 이름으로 드리는 경배가 세속적인 태도로 오염되지 않게 할 수 있다. 그리스도께서 승리하심으로 주권을 지니셨기에 이 지상에서 모든 대적 앞에서 그분을 높여 찬양하고 그분의 구원하시는 섭리를 확신하기 시작할 때 그분의 승리를 틀림없이 볼 수 있고 그래야만 우리의 대속자 그리스도를 찬양하는 새 노래를 즐겁게 부를 수 있게 될 것이다.

그의 심판의 시간이 이르렀음이니
(요한계시록 14:6~12)

⁶또 보니 다른 천사가 공중에 날아가는데 땅에 거주하는 자들 곧 모든 민족과 종족과 방언과 백성에게 전할 영원한 복음을 가졌더라 ⁷그가 큰 음성으로 이르되 하나님을 두려워하며 그에게 영광을 돌리라 이는 그의 심판의 시간이 이르렀음이니 하늘과 땅과 바다와 물들의 근원을 만드신 이를 경배하라 하더라 ⁸또 다른 천사 곧 둘째가 그 뒤를 따라 말하되 무너졌도다 무너졌도다 큰 성 바벨론이여 모든 나라에게 그의 음행으로 말미암아 진노의 포도주를 먹이던 자로다 하더라 ⁹또 다른 천사 곧 셋째가 그 뒤를 따라 큰 음성으로 이르되 만일 누구든지 짐승과 그의 우상에게 경배하고 이마에나 손에 표를 받으면 ¹⁰그도 하나님의 진노의 포도주를 마시리니 그 진노의 잔에 섞인 것이 없이 부은 포도주라 거룩한 천사들 앞과 어린 양 앞에서 불과 유황으로 고난을 받으리니 ¹¹그 고난의 연기가 세세토록 올라가리로다 짐승과 그의 우상에게 경배하고 그의 이름 표를 받는 자는 누구든지 밤낮 쉼을 얻지 못하리라 하더라 ¹²성도들의 인내가 여기 있나니 그들은 하나님의 계명과 예수에 대한 믿음을 지키는 자니라 (개역개정)

공상과학 영화에 등장하는 괴물들의 험악한 모습에 놀랄 때가 많지만 사실 곰곰 생각해 보면 그 괴물들의 외모가 지상에 존재하는 인간이나 다른 생물의 외모를 살짝 왜곡시킨 것에 지나지 않음을 알 수 있다. 시간과 공간을 색다르게 설정한다거나, 먼 미래의 상황을 가정하여 이야기를 전개해 간다거나, 등장하는 생명체의 피부색, 눈의 개수나 형태, 손발의 개수나 형태를 작가의 상상력에 따라 험악해 보이도록 왜곡시키기는 했어도 본질상 지상에 있는 생물의 형태에 기반한 것이 분명해 보이기 때문이다. 그런 공상과학 영화에서 때로 인류와 지구의 먼 미래를 다루는 경우가 많은데 놀랍게도 그 줄거리의 뿌리를 파보면 거기에 요한계시록의 거대한 흐름이 알게 모르게 자리하고 있음을 알 수 있다.

공상과학 영화의 성공 원인은 영화가 그리고 있는 본질적인 진리를 지적하고 있는 계시록으로 설명할 수 있다. 대개 인류는 인류를 노예로 부리기 위해 감각적 쾌락을 이용하는 보이지 않는 악의 권세에 의해 조종당한다. 개인적 자율과 쾌락주의의 쾌락이라는 우상 숭배에 빠져 있다 할지라도 우리는 뭔가가 아주 잘못 된 것 같다는 것을 어렴풋이 깨닫는다. 만족감이 사라져 버린다. 권력도 공허하게 느껴진다. 세속적인 인본주의의 위장막 뒤에 어둠의 권세가 활동하는 것은 아닌가 의심한다. 여러 가지 환상적인 이미지를 사용하면서 계시록은 이러한 류의 영적 압제를 그리고 있다. 우리는 그의 부하인 짐승과 더불어 안 믿는 자들을 조종하면서 진리를 따르는 기독교 공동체 문화에 맞서 전쟁을 벌이는 용, 사탄과 만난다.

공상과학 영화와 계시록 모두 다 악한 권세가 어떻게든 패배하기를 간절히 바라는 내용을 만들어 내는 진실을 알고 있다. 이것이 계시록 14:6~12에 등장하는 세 명의 집배원 천사들이 그리고 있는 바로 그 상황이다. 그들은 악한 권세의 전복(顚覆)을 선포하고 예수 그리스도를 거부한 자들에게 미칠 심판을 경고하며 짐승을 섬긴 자들에 대한 영원한 진노를 선언한다. 그것들은 "단 한 가지 목표를 가지고 있는데 실제로 인류가 참믿음 안에서 하나님께 돌아오게 하려고 다가오는 심판을 가벼이 여기지 않도록 인류에게 경고하는 것"이다.(W. Hendriksen, 153)

14:6~7 _심판당한 영적 무감각

첫째 천사는 "공중에 날아가는데 땅에 거주하는 자들에게 전할 영원한 복음을 가졌다"(계 14:6). 광고업자들은 스포츠 행사장이나 해변에 운집한 군중들에게 공중 광고를 하기 위해 종종 비행기를 임대한다. 요한은 그가 본 비전 속에서 이와 비슷한 어떤 것을 보고 있다: 한 천사가 하늘에서 가져온 메시지를 갖고 천하만국 앞에서 하늘을 날고 있다.

요한은 천사의 메시지를 "복음"으로 묘사한다. 이것은 요한이 예수님, 십자가에서의 그의 속죄의 죽음, 혹은 믿음을 통한 구원 제공 등에 대해 직접 아무것도 말하고 있지 않기 때문에 매우 이례적이다. 실제로 그 메시지는 경고이다: "심판의 시간이 이르렀다"(계 14:7). 이 메시지는 경건하지 못한 세상 권세의 패망이 다가오고 있다는 내용이다. 교회를 괴롭히던 독재자들로부터 교회가 자유를 얻게 됨을 말하기 때문에 박해받는 교회에 이것은 좋은 소식(복음)이다. "하나님의 목적에 반하는 모든 것들의 몰락은… 신자들에게는 좋은 소식이다."(D. Thomas, 120)

여기서, 복음은 회개를 촉구하는 형식으로 제시된다. 복음서에서 예수님이 그분의 사역을 시작하신 방식을 기억해야만 한다. 마가복음 1:14~15, 예수께서 갈릴리에 오셔서 "하나님의 복음을 선포하셨다." "때가 찼고 하나님의 나라가 가까이 왔으니 회개하고 복음을 믿으라"고 하셨다. 예수님이 오셔서 회개를 촉구하고 믿음을 가지라고 하신 것은 좋은 소식(복음)이다. 예수님은 "하나님의 왕국"이 왔음을 말씀하셨다. 첫 번째 천사가 "심판의 시간"이 왔다고 선언한 것도 똑같은 맥락이다. 천사는 그의 메시지를 "땅에 거주하는 모든 사람"(계 14:6)에게 전파한다. 계시록에서 이 표현은 예수를 무시하고 죄악을 편히 여기는 사람들을 가리킨다. 이렇게 거듭나지 못한 자들이 지구촌에 바글바글하다: "모든 민족과 종족과 방언과 백성들"(14:6)이 바로 그들이다. 천사는 그들에게 경고하고 하나님의 아들이 오시는 것에 관한 메시지를 주의하여 듣도록 그들 모두를 하나님께서 어떻게 부르시는지를 보여 준다. 고난받는 그리스도인의 교회는, 원수들이 회심하여 그들처럼 성도의 대열에 합류하거나 그 백성을 구원하시려고 하나님께서 그들을 심판하실 것이라는 사실 때문에 기뻐한다.

천사가 그 복음을 "영원한" 것으로 언급하는 사실에서, 몇 가지 흥미로운 점을 확인할 수 있다. 복음이 영원하지 '않다면' 한 가지 심각한 문제가 나타난다. "복음"이라는 말 자체는 어떤 나쁜 상황을 더 좋은 상황으로 변화시키기 위한 새로운 어떤 일이 일어났음을 가리킨다. 그리스도는 우리를 죄에서 구원하시려고 사람의 몸을 입고 역사 속으로 들어오셨다. 그렇지만 복음이 정말로 영원하다고 불릴 만한 세 가지 의미가 있다. 첫째, 그리스도의 복음 메시지는 영원한 결과를 불러온다. 이것이 천사가 전하는 경고의 핵심 내용이다: 그리스도의 재림은 심판의 시간을 가져오는데, 그때 주님의 복음을 거부한 자들은 정죄당한다. 둘째, 복음은 죄인들을 구원함으로써 하나님의 영광을 드러내는 하나님의 영원한 계획을 성취한다. 복음은 그리스도 안에서 영원히 합당하고 안전한 의로움을 가져온다. 셋째, 계시록에 종종 드러나듯이 구원하시는 은혜라는 복음 메시지는 영광 안에서 그리스도의 백성들이 부르는 영원한 찬양의 주제가 될 것이다(계 5:13; 14:3).

다가오는 심판에 비추어 볼 때 복음 메시지가 그토록 중요한 것은, 복음이 모든 사람으로부터 신앙적인 반응을 요구하기 때문이다. 천사가 "큰 음성으로 '하나님을 두려워하며 그에게 영광을 돌리라. 이는 그 심판의 시간이 이르렀음이니'"(계 14:7)라고 말한다. 하나님의 요구에 무관심함을 보이는 대신, 사람들은 하나님을 신중하게 대하면서 우주의 지존(주권자)으로서 그분이 받아 마땅한 영예를 그분께 드려야 한다. 여리고 성이 무너졌을 때, 아간이 전리품 가운데서 하나님께 온전히 바쳐진 물건을 훔쳤을 때, 여호수아는 아간에게 "이스라엘의 하나님 여호와께 영광을 돌리라"(수 7:19)고 강력하게 요구했다. 중요한 것은 아간이 하나님 앞에 스스로 그의 죄를 자백해야 한다는 것이었다. 이것은, 그리스도인들이 세상을 향해 외쳐야 할 기본적인 메시지다: "하나님이 계시다! 그분께 합당한 영광으로 그분을 영접하라! 그대들의 모든 죄를 용서받기 위해 그분의 자비를 간곡히 구하고, 평생토록 그분을 영화롭게 하며 살아라!"

상황은 마치, 해변에 앉아서 거대한 풍경화를 그리는 사람과 비슷하다. 그 화가는 자신의 그림에 매우 몰두하고 있기에 바닷물이 밀려 들어오는 것을 미처 깨닫지 못한다. 결과적으로 그는 익사(溺死)한다. 예수님은 이런 식으로 노아 홍수 때에 죽은 사람들과 심판받는 세상 사람을 비교하면서 그분이 재림하여 심판할 일을 말씀하신다: "노아의 때에 된 것과 같이 인자의 때에도 그러하리라. 노아가 방주에 들어가던 날까지 사람들이 먹고 마시고 장가들고 시집 가더니 홍수가 나서 그들을 다 멸망시켰으며"(눅 17:26~27). 천사는 이런 식으로 세상 사람들에게 위(하늘)를 보라고 부르면서 하나님을 신중히 만나고 창조주이신 그분을 경배할 것을 요구한다.

우리가 하나님을 경배하는 첫 번째 근거는 창조주로서 그분이 지니신 영광이다: "하늘과 땅과 바다와 물들의 근원을 만드신 이를 경배하라"(계 14:7). 모든 피조물은 만물을 만드신 분께 경배 드려야 할 의무가 있기에, 성경은 피조물의 영적인 무감각이 일으키는 범죄 행위를 지적한다: "하나님을 알되 하나님을 영화롭게도 아니하며 감사하지도 아니하고"(롬 1:21). 이에 비추어 볼 때 천사는 "이 땅에 사는 자들에게, 너무 늦기 전에 하나님의 다스림이라는 현실에 눈을 뜰 것"(G. B. Wilson, 2:552)을 이야기하는 것이다.

14:8 _악의 제국이 무너지다

첫 번째 천사가 심판을 경고하자 두 번째 천사가 외친다: "무너졌도다. 무너졌도다. 큰 성 바벨론이여"(계 14:8). 이 외침은 계시록에 한 가지 새로운 이미지를 불러들이는데, 그것은 분명히 초대교회 안에서 널리 이해되었던 것이었다. 베드로전서 마지막 부분에서 베드로는 특별한 인사를 포함시켰다: "바벨론에 있는 교회가 너희에게 문안하고"(벧전 5:13). 대부분의 학자들은 (외경 바룩2서 11:1과 시빌린 신탁 5:143 등의 고대 문서를 근거로) 이 표현이 로마를 가리키는 암호화된 구절이라고 믿고 있다. 요한이 살던 시대의 로마제국은 마치 예루살렘을 파괴하고 이스라엘 백성을 포로로 잡아가 하나님을 향한 이스라엘의 의무를 준행하지 못하게 박해했던 고대 바벨론과 같았다. 바벨론이나 로마나 모두 다 세속적인 체계의 상징이기에 그 세속 통치자들은 하나님과 그의 백성들에 맞선다. 다니엘 시대의 유대인들과 마찬가지로, 요한 당시의 초기 그리스도인들, 그리고 오늘날의 그리스도인들도 바벨론 시대와 거의 같은 흐름에서 살아간다. 공상과학 영화에서 바벨론은 거짓과 기만의 기반을 통제하는 악한 기계들을 나타낸다. 현실 세계에서 바벨론은 "창조주를 경배하지 못하게 사람들을 유혹하는 모든 시대의 경건하지 못한 정신"이다.(R. H. Mounce, 274)

성경이 말하고 있는 역사를 마치 거울에 비추듯이 보여 주는 구성(플롯)으로 만들어진 소설이나 영화들은 그리스도인들에게 매우 흥미로운 것이다.(김기대, 8) 성경을 거부하는 사람들이 열정적으로 성경과는 다른 형식으로 성경적인 이야기를 풀어내는 것을 자주 본다. 그 예로 톨킨의 『반지의 제왕』을 들 수 있다. 이 작품은 모든 시대를 통틀어 가장 널리 읽힌 소설 가운데 하나다. 『반지의 제왕』을 좋아하는 수백만의 열정적인 애독자들이 있는데 그중의 대다수는 예수 믿지 않는 사람들이다. 이야기의 끝부분으로 가면서 톨킨은 두 명의 영웅적인 인물 곧 로한의 공주인 어윈과, 곤도르의 왕자인 파라밀을 등장시키는데 이들은 자기들의 친구들이 결정적인 전투를 하기 위해 행진해 나가는 동안 그동안 당했던 부상으로부터 차츰 회복된다. 그들의 무시무시한 대적은 사우론인데, 사우론은 성경의 사탄과 닮은 어둠의 신이다. 사우론의 악한 왕국은 모르도르다. 그 왕국은 모든 자유민을 위협하고 조롱하는 바벨론의 일종이다. 파미르 왕자와 어윈 공주는 최후의 전투가 벌어질 동쪽 곤도르 왕국의 수도, 그 성벽을 늘 바라본다. 마침내 거대한 독수리가 하늘로부터 내려오는데 이것은 복음을 들고 하늘에서 날아 내려오는 요한이 보았던 천사와는 좀 다르다. 독수리가 전하는 기쁨의 메시지는 계시록의 내용을 거의 그대로 베껴온 것이다: "이제 노래하라. 너희 아노르 탑의 백성들이여. 이는 사우론이 영원히 끝장났고 어둠의 탑이 무너졌기 때문이다!"(J. R. R. Tolkin, 942)

톨킨의 공상 문학을 사랑하는 이들은, 계시록의 진짜 메시지를 반영하고 있는 거대한 독수리의 외침에 전율을 느낄 수밖에 없을 것이다: "무너졌도다. 무너졌도다. 큰 성 바벨론이여"(계 14:8). 이 메시지는, 오랫동안 이 세상을 고통스럽게 해 왔던 악한 왕국의 몰락이 확실함을 우리에게 확신시켜 주면서 그리스도께서 재림하시는 미래를 말하고 있다. 할렐루야! 어둠의 왕 사탄은 폭삭 망할 것이다!

로마와 바벨론은 전제적인 압제뿐만 아니라 주변 나라들을 죄악의 길로 유혹했다는 점에서 잘 알려져 있다. 바벨론은 "모든 나라에게 그 음행으로 말미암아 진노의 포도주를 먹이던 자"(계 14:8)이다. 계시록의 나머지 부분에서 강력한 음녀(淫女)로서의 바벨론에 대해 좀 더 자세히 배우게 될 것이다. 우선은 사람들을 노예 삼아 압제할 뿐만 아니라 영혼을 파괴하는 죄로 그들을 유혹한 세속의 악한 체계를 잘 알아야 한다는 것만 짚고 넘어간다. 본래의 바벨론은 권력과 포학을 대변할 뿐만 아니라 사치스럽고 성적인 탐닉을 나타내기도 한다. 만일 사람들이 바벨론을 무너뜨리지 못한다면 그들은 바벨론이 주는 쾌락의 포도주를 마시는 길로 이끌려 갈 것이다. 예레미야는 바벨론을 "여호와의 손에 잡혀 있어 온 세계가 취하게 하는 금잔"(렘 51:7)으로 묘사했다. 요한 당시 성욕에 탐닉하는 로마 사회를 그와 똑같이 말할 수 있다. 오늘날은 전 세계적으로 널리 퍼진 매춘(賣春)과 포르노 조직망에 연료를 공급하는, 성적으로 관대한 가치들을 수출하면서 성욕을 끊임없이 자극하는 서구의 퇴폐적인 나라들과 현대사회를 그렇게 말할 수 있다. 바벨론의 몰락은, 그 죄를 회개하지 않는 한 현대사회에 일어나게 될 일들에 대한 준엄한 경고인 것이다.

두 번째 천사가 바벨론의 잔에 취한 자들에게 하나님의 심판을 경고하고 있다. 계시록 14:8, "그의 음행으로 말미암아 진노의 포도주를 먹이던 자"라고 말하고 있다. 헬라어 '진노'(뒤모스)라는 낱말은 '열망'이라는 뜻인데, 여기서는 성적인 타락과 혼미함을 가리키고 있다. 성적인 부도덕의 파괴적인 힘은 술 취함으로써 얼간이가 되는 것에 비유된다. 자기 몸을 성적인 탐닉의 도구로 내놓는 사람들은 결혼한 부부 사이에서 누리도록 하나님이 설계하신 성적인 즐거움과 순결의 능력을 파괴한다. 이것이 바로 잠언 기자가 젊은이에게 음녀의 유혹을 물리치라고 경고하는 이유인데 음녀의 진짜 목적은 그녀의 희생제물을 지옥으로 끌어가는 것이기 때문이다(잠 9:13~18).

서구사회는 성적인 죄로 침몰해 가고 있다. 사소한 도구에서 스포츠카에 이르기까지 사실상 모든 것들이 성적인 설명(예, 자동차 박람회 전시장의 레이싱 걸)을 동원한다. 여성들은 오직 성적인 매력으로만 가치가 매겨지고 있다. 사람들은, 악행을 위한 마음에 올가미를 걸 눈으로 낚시바늘 같은 추파를 던지기 위해 고안된 선정적인 온갖 이미지로 융단폭격을 당하고 있다. 한편 좋은 소식은 우리가 바벨론의 몰락이라는 얘기를 듣게 되었다는 것이다! 우리 주님께서 다시 오실 때, 많은 사람을 유혹하고 그 유혹으로 심지어 하나님의 백성까지도 고통스럽게 하던 음녀가 내쫓기게 될 것이다.

음녀 바벨론에 맞서는 투쟁을 그리스도인들이 어려워할 것이지만, 그러나 천사의 메시지는 주로 음녀와 싸우지 않거나 탐욕스럽게 성적인 죄에 몰두하고 있는 자들에게 해당된다. 음녀의 잔을 마시는 이미지는 "생활 습관이나 숙명처럼 참여하는 것을 가리킨다."(G. Osborne, 538) 대학 캠퍼스에서 젊은이들이 흔히 보이는 방탕에 몸을 맡기거나 억제되지 않는 성적인 탐닉에 빠진 많은 남성이 섹스 산업(무역)을 천문학적인 액수의 사업으로 만들었다. 이 구분이 중요한 이유는, 성적인 죄에 걸려 넘어진 그리스도인들, 그리고 이 부분에서 진심으로 애쓰지만 큰 어려움을 겪고 있는 그리스도인들도 자신이 길을 잃었다고 생각하면 안 되기 때문이다. 그리스도인들은 이런 투쟁을 매우 진지하게 수행해야만 한다. 성적인 유혹이 생활 습관을 이끌 수도 있고 마침내 파멸에 이르게 할 수도 있기 때문이다. 한편 신자들의 모든 죄는 그리스도의 피로 깨끗하게 되었다(요일 1:7). 천사는 그리스도인의 믿음과 양립할 수 없는 성적인 죄에 완전히 동화되는 것을 말하고 있다: 이처럼 탐닉하는 죄인들은 갈수록 심화되는 타락의 고통을 받게 될 뿐만 아니라 하나님의 심판에 따라 정죄당하게 될 것이다. 세 번째 천사가 말하기를 그들도 "하나님의 진노의 포도주를 마시리니 그 진노의 잔에 섞인 것이 없이 부은 포도주라"(계 14:10). 병행구의 의미는 분명하다: 성적인 부도덕은 그 자체가 "하나님이 내리시는 진노의 잔"이며 그래서 그 포도주를 마신 사람들은 최후의 심판 날에 하나님이 내리는 진노의 잔을 받게 될 것이다. 옛날 사람들은 대개 포도주에 물을 타서 희석시켰다. 그러나 하나님의 진노는 "그 진노의 잔을 마시는 바벨론 사람들에게 잔에 섞인 것이 없이 부은 포도주" 곧 온전한 심판이 될 것이다.

천사가 전하는 메시지의 더 광범위한 요점은 이 바벨론 세상에 의해 증진된 죄악된 쾌락과 우상의 전체 합성물 곧 모든 죄에 대한 하나님의 심판이 불가피하다는 것이다. 첫 번째 천사는 심판이 다가오고 있음을 깨달아 회개함으로 하나님을 두려워할 것을 냉담한 세상에 경고했다. 두 번째 천사는 술, 돈, 권력, 섹스 등등의 죄에 탐닉하도록 자신을 내던진 사람들에게 하나님의 정죄가 있다는 것만을 덧붙였다. "큰 성 바벨론"(계 14:8)이 무너진 것을 즐거워한다. 이러한 말은 원래의 바벨론을 매우 강하게 세웠던 바벨론의 황제 느부갓네살의 자랑을 일깨워 준다. 느부갓네살이 큰소리친다: "이 큰 바벨론은 내가 능력과 권세로 건설하여 나의 도성으로 삼고 이것으로 내 위엄의 영광을 나타낸 것이 아니냐?"(단 4:30). 이것이야말로 허영과 오만에 찬 세상의 목소리다. 사도 바울이 하나님 한 분께만 모든 영광을 다 돌리고 있는 로마서 11:36 말씀과 느부갓네살의 자랑을 비교해 보라: "이는 만물이 주에게서 나오고 주로 말미암고 주에게로 돌아감이라."(J. M. Boice: R. D. Phillips, 403) 대조적으로 느부갓네살은 세속적인 인본주의자들의 목소리를 드러냈다. 그의 말은 생명이 인간의, 인간에 의한, 인간의 영광을 위한 것임을 묘사한 것이다. 다니엘서를 보면 하나님께서 느부갓네살을 심판하셔서 그의 왕권을 박탈하고 그가 미치광이처럼 되어 7년 동안 들짐승같이 지내게 하셨음을 알 수 있다(단 4:31~32). 미쳐버린 느부갓네살을 통해서 하나님은 인간을 영화롭게 하는 세속적인 인본주의 철학은 단지 미친 짓에 불과하다는 것을 지적하셨다. "하나님께서 느부갓네살을 인간의 오만과 영광의 정점에서 끌어내려 미치광이가 되는 밑바닥까지 낮추신 것은 하나님에 관한 진리를 압제하고 스스로 하나님의 영광을 취하는 모든 사람에게 일어나는 일이 이와 같을 것을 말씀하시는 하나님의 방법이다."(J. M. Boice: R. D. Phillips, 404) 마찬가지로 하나님은 우상을 높이 숭배하면서 멋대로 높아진 모든 마음, 죄의 잔을 탐닉하기 위해 내 뻗는 모든 손을 틀림없이 심판하실 것이다.

14:9~11 _세속적인 우상 숭배가 처벌 받다

신자의 한 사람으로서 나의 소원은 그날에 주님으로부터 "잘하였도다. 착하고 충성된 종아!"(마 25:21) 이런 칭찬을 듣는 것이다. 하나님의 은혜가 나에게 족(足)하기에 그밖에 다른 것은 바라는 것이 없다.

첫 번째 천사가 영적으로 무감각한 세상에 하나님이 정하신 심판의 시간이 다가오고 있음을 알리며 사람들이 깨어 회개할 것을 촉구하는 경고를 가져왔다. 두 번째 천사는 하나님께서 사악한 바벨론을 반드시 심판하실 것을 강조했는데 죄의 잔에 대해 진노의 잔으로 하나님이 응답하실 것임을 분명히 했다. 세 번째 천사의 메시지는 심판 때 하나님의 진노가 매우 엄중할 것임을 경고하고 있다.

> 또 다른 천사 곧 셋째가 그 뒤를 따라 큰 음성으로 말한다: "만일 누구든지 짐승과 그의 우상에게 경배하고 이마나 손에 표를 받으면 그도 하나님이 내리는 진노의 포도주를 마시리니 그 진노의 잔에 섞인 것이 없이 부은 포도주라. 거룩한 천사들 앞과 어린 양 앞에서 불과 유황으로 고난을 받으리니"(계 14:9~10).

첫 번째 천사는 영적으로 무감각한 사람들에게 경고했다. 두 번째 천사는 바벨론의 타락을 즐기는 자들에게 재앙이 임박했음을 알렸다. 세 번째 천사는, 이 세상에 충성하고 그럼으로써 짐승 곧 세속적으로 '협박하는 권세'를 경배한 사람들을 겨냥했다. 성경은 하나님의 영광을 부인한 자들은 반드시 세속에 영광을 돌리게 되고 그렇게 해서 결국 악한 마귀를 섬길 수밖에 없다고 경고한다. 참 하나님을 섬기지 않는 사람들은 가짜 신들을 경배할 수밖에 없는데 그 가짜 신들 뒤에는 사탄이 서 있다. 요한 당시 짐승은 자신을 신으로 경배할 것을 요구하는 로마 황제를 나타내고 있었다. 오늘날 그 짐승은 정치적인 독재자 거대조직 연합, 연예계 아이돌, 혹은 우리 마음속으로 우리가 헌신하는 그 어떤 존재들이다. 천사는 참 하나님은 이러한 우상 숭배 행위에 진노로 응답하신다고 경고한다. 이 세상의 우상을 경배하는 자들은 "거룩한 천사들 앞과 어린 양 앞에서 불과 유황으로 고난"(계 14:10)을 받을 것이다.

처음 두 천사가 심판의 확실성을 예언했다면, 세 번째 천사는 지옥의 참혹한 실상을 경고하고 있다. 이 세상에 발맞추어 가기는 언제나 매우 쉽지만 그 대가(비용)를 정직하게 헤아려 봐야 한다. "이곳 지상에서의 선택은 천국 또는 지옥에서의 영원한 삶 속에서 그 결과를 드러낼 것이다… 만약 십자가를 지신 그리스도에 의해 죄가 처리되지 않았다면 그 죄짐은 죄인 스스로 영원토록 혼자 짊어져야만 할 것이다."(S. Wilmshurst, 178)

이 천사는 "불과 유황"으로 "고통" 당하는 형식으로 하나님의 처벌을 말하고 있다(계 14:10). 불과 유황이 쏟아져 내려 사악한 도시 소돔과 고모라를 파괴했던 하나님의 처벌(창 19:24)을 기억해야만 한다. 유황은 "강렬하고 무시무시한 악취를 산출하는 화산재에서 특히 많이 발견되는 아스팔트 타입이다. 성경에서 이것은 하나님의 심판 아래 무시무시한 고통을 묘사하는 데 자주 사용되었다."(G. Osborne, 541)

일부 학자들은 이 이미지를 문자적으로 취하지 말 것을 강력히 권한다.(G. B. Caird, 186) 계시록은 결국 상징체계로 말하기 때문에 "불과 유황"도 상징적으로 해석되어야만 한다는 것이다. 그 말은 진짜로 맞지만 그래도 우리는 여전히 무엇이 상징적인 것이 되는지를 물어야만 한다. 계시록은 용과 그의 짐승들이라는 상징을 쓰고 있는데 그것의 실재는 사실상 훨씬 더 치명적이다. 그것은 사탄과 적그리스도다. 만일 지옥의 불과 유황이 하나의 상징이라면 그 실재는 육체적 정신적 고통이라는 지옥에서의 처벌을 좀 더 악화시키는 정도에 그치고 만다. 계시록 14:11, "그 고난의 연기"가 세세토록 올라간다고 말한다. 여기서 연기 또한 비유적인 표현인데 그것은 "현실적이고 지속적이며 영원하고 의식할 수 있는 고통을 포함하는 하나님의 처벌에 대한 지속적인 기억"임을 드러낸다.(G. K. Beale, 1999:763)

천사는 이 고통이 "거룩한 천사들 앞과 어린 양 앞에서"(계 14:10) 일어난다고 덧붙인다. 이 진술은 지옥에서의 고통이 육체적일 뿐만 아니라 그들이 반역하여 맞서 전쟁을 했던 구주 곧 승리하여 승귀(乘貴) 되신 주님으로서의 그리스도를 그저 먼빛으로 바라봐야만 하는 고뇌까지도 포함하는 듯하다. "세상에서 가장 아름다운 눈물은 누군가를 위해 슬퍼하며 울어 주는 눈물"인데,(김수안, 222) 세월호 침몰 사건의 진상을 밝혀 달라고 단식투쟁하는 세월호 유가족들 앞에서 폭식 행사를 한 '일베'들은 자식을 잃고 고통당하는 유가족들에게 이런 지옥의 고통을 맛보게 했다는 점에서 도무지 용서받을 수 없는 악인들, 천벌 받아 마땅한 자들이다.

뿐만 아니라 천사는 지옥의 고통을 영원하고 끝이 없는 것으로 묘사한다: "그 고난의 연기가 세세토록 올라가리로다. 짐승과 그의 우상에게 경배하고 그의 이름표를 받는 자는 누구든지 밤낮 쉼을 얻지 못하리라"(계 14:11). 일부 그리스도인들은 이것을 어떤 경고를 묘사하고 있는 것으로 해석하려고 함으로써 이것이 영원한 파멸일 뿐 영원히 고통당하는 것은 아니라고 했다. 문제는 이런 견해가 너무나 많은 성경 구절과 직접 충돌한다는 것이다. 사탄과 함께 짐승과 거짓 선지자가 쫓겨나 불과 유황의 못에 빠지는 것을 말하고 있는데 "그들은 거기서 밤낮으로 영원히 고통을 당하게 될 것"(계 20:10)이다. 그다음 20장 15절에서는 "누구든지 생명책에 기록되지 못한 자는 불 못에 던져지리라" 이렇게 덧붙이고 있는데 이것은 짐승의 종들이 그들의 주인인 사탄과 똑같은 운명에 처해 고통을 당한다는 것을 가르쳐 준다(계 21:8도 참조).

사람들이 지옥에서의 끝없는 처벌을 가르치는 성경의 비도덕성(?)에 대해 불평할 때 그리스도인들은 이 구절을 통해 두 가지 답변을 줄 수 있다. 첫째, 그들에게 다음과 같은 사항을 일깨워야만 한다. 하나님의 심판에 대한 경고는 우리가 하나님을 두려워하도록 부르는 것이지, 그들과 논쟁하고자 함은 아니다. 거룩하신 하나님은 우리가 용납하든 용납하지 않든 간에 죄에 대해 그분의 공의로운 진노를 내리실 것이다. 첫 번째 천사는 "하나님을 두려워하며 그에게 영광을 돌리라. 이는 그의 심판의 시간이 이르렀음이니"(계 14:7)라고 했다. 둘째, 첫 번째 천사가 "영원한 복음"(계 14:6)을 가져왔다고 하는 점을 지적해야 한다. 우리는 그 진술을 대체로 고난받는 하나님의 백성들에게 그들을 고통스럽게 한 악한 자들이 패배할 것을 밝히는 내용으로 해석했다. 그러나 하나님이 우리에게 '먼저' 심판 소식을 '경고'했다는 그 사실은 회개하고 믿는 사람들에게 구원을 제공하신다는 하나님의 뜻을 보여 주는 것이다. 심지어 천사가 심판 시간에 대해 경고하고 있는 때조차도 요한복음 3:16은 여전히 구원받으라고 죄인들을 부르고 있다. "하나님이 세상을 이처럼 사랑하사 독생자를 주셨으니 이는 그를 믿는 자마다 멸망하지 않고 영생을 얻게 하려 하심이라."

14:12 _믿음과 복종으로 인내함

공상과학 소설과 판타지 문학이 어떻게 그토록 자주 계시록의 이야기 흐름을 거울처럼 비추는지에 대해 말한 바 있다. 그것들은 이 세상에서 활동하는 사악한 어둠의 권세에 관한 이야기다. 뿐만 아니라 이런 이야기들은 거의 언제나 어떤 형태의 속죄하는 죽음과 부활을 통해서 그의 백성을 구원하는 구원자 이야기로 성경을 거울처럼 비춰 준다. 영화 "매트릭스"에서 영웅 '네오'는 친구들을 위해 자기 목숨을 내어 주지만 그가 악한 존재들을 물리칠 수 있게 하는 부활을 경험한다. 톨킨의 『반지의 제왕』에서는 비천한 호빗 프로도 바긴스가 악의 반지를 파괴하도록 자기 목숨을 내놓는다. 이런 이야기들은 우리 마음에 감동을 주는데 그 이유는 그 이야기들이 의도적으로건 아니건 자기희생적인 죽음으로 죄의 악한 영역을 정복하고 부활 생명을 통해 승리를 얻으시는 하나님의 아들 예수 그리스도의 진짜 이야기와 연결되기 때문이다.

계시록은 우리에게 마치 공상 문학이 종종 그러한 것처럼 사탄이 거짓으로 속여 경배받기 위해 복음을 흉내(계 13:3~4) 낸다고 말한다. 그리스도인들은 사람들에게 예수의 죽음이라는 참 이야기를 들려주고 그리스도의 부활 권능으로 살아가도록 도전하는 소임을 가지고 부름 받았다. 이것이 이 말씀에서 제시하는 요한의 적용점이다. 이처럼 무시무시한 전쟁에서 우리는 무엇을 해야만 하는가? 요한이 답한다: "성도들의 인내가 여기 있나니 그들은 하나님의 계명과 예수에 대한 믿음을 지키는 자니라"(계 14:12).

요한이 계속 "예수 믿을 것"을 우리에게 권하는데 그 의미는 하늘의 천사가 전해 준 그 복음을 계속 우러러보아야만 한다는 뜻이다. 그것은 믿음을 통해 그리스도의 피로 용서 받고 우리가 하나님과 화목하게 되었다는 것을 가르쳐준다. 그것은 우리 구주께서 악한 권세를 정복하여 그 악한 권세 아래 고통당하고 있던 우리를 해방했다는 좋은 소식을 담고 있다. 요한은 "하나님의 계명과 예수에 대한 믿음을 지켜야"(계 14:12) 한다고 덧붙인다. 이 음란한 세상이 죄의 잔, 성적인 부도덕, 세속적인 우상 숭배 등을 우리에게 계속 선심 쓰듯 제공할 것이다. 하나님의 말씀은, 그것을 독(毒)으로 인식하도록 지혜를 준다. 우리의 모든 죄를 향한 하나님의 진노가 가득 담긴 잔을 예수님이 어떻게 마셨으며 그럼으로써 우리가 어떻게 용서받았는지를 기억한다(마 26:39). 그럼으로써 우리는 그분을 위한 사랑으로 그분이 우리에게 주시는 생명의 잔을 마신다.

이 악한 세상에 대한 충성을 거부함으로써 세상이 주는 진노로부터 고통을 겪을 수 있음을 분명히 알 수 있다. 그러나 천사의 감격스런 외침을 듣는다. "무너졌도다. 무너졌도다. 큰 성 바벨론이여"(계 14:8). 따라서 우리 마음은 새 힘을 얻는다. 그리스도의 날에 믿음과 복종은 영광 속에서 영원한 생명의 관을 쓰게 될 것이다. 믿음과 복종의 거룩한 삶은 바로 그 증거를 나타낼 것인데 곧 우리가 사랑하는 사람들이 진리를 보기 원하며 그 결과 그들이 예수 믿도록 격려하고 도전해야만 한다는 것이다. 아울러 하나님의 심판하시는 시간에 그의 거룩한 천사들 앞에서 그리스도는 그분의 이름표를 지닌 사람들에게 "잘하였도다. 착하고 충성된 종아"(마 25:21). 이렇게 말씀하시면서 반드시 보상하실 것이다.

주 안에서 죽는 자들은 복이 있도다

(요한계시록 14:13)

¹³또 내가 들으니 하늘에서 음성이 나서 이르되 기록하라 지금 이후로 주 안에서 죽는 자들은 복이 있도다 하시매 성령이 이르시되 그러하다 그들이 수고를 그치고 쉬리니 이는 그들의 행한 일이 따름이라 하시더라

(개역개정)

예수님께서 지상에 계실 때 오직 그분만이 주실 수 있는 위로와 도움을 보여 주는 여러 가지 이적을 행하셨다. 기독교인들이 시각장애인을 도울 수는 있지만, 예수님은 그에게 시력(視力)을 주실 수 있다. 사별을 슬퍼하는 이에게 우리가 공감하며 연민을 느낄 수 있지만, 예수님은 우리가 사랑하는 이들을 일으켜 생명을 돌려주실 수 있다. 예수님은 그분의 신성한 능력으로 박해에 직면하고 있는 계시록의 교회들에 상상할 수도 없는 엄청난 위로를 말씀하신다. 어떤 이들은 산 자를 축복할 수 있지만 예수님은 이렇게 선언하신다: "주 안에서 죽는 자들은 복이 있도다"(계 14:13). 로마서 8:37, "우리를 사랑하시는 이로 말미암아 우리가 넉넉히 이기느니라." 이런 위로의 말씀에 힘입어 주님의 제자들은 역사 속에서 이런 정신과 믿음으로 죽음에 맞설 수 있었다.

주님을 위해 죽음을 맞이하는 이들에게 그리스도께서 내리시는 복은 그리스도인과 예수 믿지 않는 사람 사이의 엄청난 차이를 그 어느 때보다도 분명하게 보여 주고 있다. 살아가는 동안 이 두 부류 사이에는 아주 멀고도 깊은 차이가 있다. 신자는 죄악과는 전쟁하지만 하나님과는 평화를 누린다. 이 두 부류의 분리는 심지어 죽음보다도 훨씬 더 엄청나다. 계시록 14:11에서는 세상을 사랑하고 그리스도를 거부한 자들에 대한 영원한 심판을 말하고 있다: "그 고난의 연기가 세세토록 올라가리로다… 밤낮 쉼을 얻지 못하리로다." 이와 극단적인 대조를 이루며 그리스도인들은 죽음으로 복을 받는다: "그들이 수고를 그치고 쉬리니"(계 14:13).

신자들과 안 믿는 자들의 까마득한 거리를 깨달은 성경의 등장인물로 이스라엘의 꽤 신비로운 원수 발람이 있다. 이 이방인 주술사는 이스라엘에 저주를 선포하도록 보내졌으나 하나님께서 그를 막으셨다. "그 백성을 저주하지 말라. 그들은 복을 받은 자들이니라"(민 22:12). 이리하여 발람은, 삶의 수고로움 속에서 그 백성을 보호하시는 하나님을 배우게 되었다. 그러나 그것은 신자들이 죽음과 더불어 받는 복이었기에 그는 그것을 각별히 사모하여 이렇게 부르짖는다: "나는 의인의 죽음을 죽기 원하며 나의 종말이 그와 같기를 바라노라"(민 23:10). 계시록 14:13은 그리스도의 백성들이 죽음으로 받는 복을 말하고 있으며 그 복은 모든 사람이 간절히 사모해야만 하는 것이다.

14:13 _"주 안에서" 죽는 이

계시록 14장에서, 12장과 13장에 서술되었던 갈등 때문에 머뭇거리고 있는 듯한 독자들에게 좋은 소식(복음)의 실현이 조금 뒤로 미루어진다. 거기서 용으로 나타난 사탄이 그의 부하인 무시무시한 짐승들의 도움을 받으며 그리스도의 백성을 파멸시키려고 미친 듯이 날뛰는 모습을 보았다. 계시록

14장은 이 곤경에서 구원받아 주권자이신 어린 양과 함께 시온산 위에 모인 하나님의 백성 곧 교회를 보여 주고 있다(계 14:1). 그리스도의 승리를 알고 음녀의 제국 바벨론의 멸망을 보고 있기에 그리스도인들은 고통에도 불구하고 믿음으로 끝까지 인내하며 하나님의 말씀에 복종해야만 한다. 그리스도께서는 믿음을 위해 심지어 죽음까지도 우리가 각오할 것을 기대하고 계신다. 그래서 하늘에서 음성이 나서 우리의 영혼을 하나님이 영원히 돌볼 것을 확신시킨다: "지금 이후로 주 안에서 죽는 자들은 복이 있도다"(계 14:13).

계시록에서 불안하게 다가오고 있는 박해의 배경 때문에 일부 학자들은 이 구절의 복은 순교자들에게 한정된다고 믿는다.(J. R. Michaels, 176) 결국 계시록 6:11에서 순교자들의 영혼에게 "아직 잠시 쉬라"고 말씀하셨는데, 이 구절과 똑같이 그리스도 안에서 죽은 자들에게 쉬라는 말을 하고 있다는 것이다. 그러나 그리스도인들은 계시록 14:13을 일상적인 장례식에 적용했는데, 그들이 어떤 사유로 죽었든지 간에 이게 맞다고 본다. 이 견해가 옳은 이유는 하늘에서 나는 음성이, 단지 극한 고통을 겪은 사람들뿐만 아니라 "주 안에서 죽는" 모든 사람들에게 하나님의 복을 내려 주기 때문이다.

이 진술의 열쇠는 "주 안에서 죽는"이 무슨 뜻인가를 이해하는 데 있다. 이 구절은 구원받기 위해 예수 그리스도를 신뢰하면서 인생의 순례 여정을 다 마친 사람들을 가리킨다. 히브리서 11:13에서는 구약시대의 족장들이 "믿음을 따라 죽었다"고 말하고 있는데 이것은 "주 안에서 죽는" 것과 같은 말이다. 바울은 "주 안에서"라는 문구를 자주 썼다. 빌립보서 3:8~9에서 그가 어떻게 다른 모든 것들을 포기했는지를 말했으며 특히 그의 표현을 보면 "내가 그리스도를 얻고 그 안에서 발견되려 함"이라고 했다. 그리스도 안에 산다는 것은 더는 "율법으로부터 오는 나 자신의 의(義)를 신뢰하지 않고 그리스도를 믿는 믿음을 통해 오는 의를 신뢰하는 것"을 말한다.(이광우, 2017:235-38) 그렇다면 주 안에서 죽는다는 것은 이 세상에서 죄인을 의롭다 하시는 도구인 믿음으로 그리스도와 연합하는 삶을 살아간다는 것이다.

이 진술은 계시록에 기록된 7복 가운데 두 번째다. 이 복의 모든 약속은 똑같은 사람들에게 속하므로 나머지 여섯 복을 살펴봄으로써 주 안에서 복을 받는다는 말이 무슨 뜻인지를 온전히 알 수 있을 것이다. 첫 번째 복은 하나님의 말씀을 믿음으로 받는 사람들에게 주어졌음을 알 수 있다: "이 예언의 말씀을 읽는 자와 듣는 자와 그 가운데에 기록한 것을 지키는 자는 복이 있나니"(계 1:3). 마찬가지로 여섯 번째 복은 "이 두루마리 예언의 말씀"(22:7)을 지키는 자에게 주어진다. 그렇다면 주 안에 머문다는 것은 그의 말씀을 믿고 복종한다는 뜻이다. 다른 복들은 그리스도인들의 거듭남(중생)과 관련되어 있다: "이 첫째 부활에 참여하는 자들은 복이 있고"(20:6); 그리스도의 피로 우리의 죄가 용서된 사람들 "자기 두루마기를 빠는 자들은 복이 있으니"(22:14). 계시록 16:15에서는 깨어 이 세상의 악에 휩쓸리지 않고 깨어 있는 그리스도인들에게 복을 선언한다. 계시록 19:9에서는 신자들을 그리스도의 친구로 묘사하면서 "어린 양의 혼인 잔치에 청함을 받은 자들은 복이 있다"고 했다. 이런 복들이 당신에게도 주어졌는가? 하나님의 말씀을 믿었는가? 특히 예수님을 하나님의 아들이자 우리의 구주라고 말하는 복음의 메시지를 믿고 있는가? 당신의 모든 죄를 용서받기 위해 십자가에서 대신 죽으신 예수님을 신뢰하고 있는가? 살아 있는 믿음으로 거듭났는가? 비록 당신이 온전한 그리스도인이 되기에는 아직 갈 길이 멀다 해도 그리스도의 재림을 바라보고 있으며 그분을 위해 오늘을 살려고 애쓰고 있는가? 만일 이런 진술들이 당신 삶의 특징이라면 당신은 지금 "주 안에" 있는 것이며, 심지어 죽음에 이를지라도 하나님께서 복 주시겠다고 지금 당신에게 말씀하고 계시는 것이다.

죽음에 이를 수도 있는 그리스도인들의 복은 지금 여기에서 믿음으로 사는 이들에게 주어진다. 사실 주 안에서 죽는 유일한 길은 '주 안에서 사는 것'이다: 그리스도 안에서 죽는 것은 예수를 위해 용감하게 살아온 신자들의 궁극적인 승리다. 주 안에서 죽는 것을 이렇게 말할 수 있다.

> 주 안에서 죽는다는 것은 그리스도인의 삶이 시작되었던 때 형성된 하나님과의 관계를 끝까지 유지하는 것이다… 사망의 그늘과 골짜기를 통과하여 나아가는 그리스도인들은 반드시 죽을 인생길의 온갖 시련, 슬픔과 의무를 다 감당해 나갈 때 "여호와는 나의 목자시니 내가 부족함이 없다"고 고백한다… 이것이 최후의 갈등에서 이기는 믿음이다. 그리스도인의 순례길에서 만났던 이전의 모든 갈등을 이겨냈기에 그렇게 고백하는 것이다. 똑같은 약속에 기반한 똑같은 믿음이 전과 다름없이 똑같은 구주를 끌어안게 만든다… 그가 늘 안겼던 대속(代贖)하시는 사랑의 하나님, 그 변함없는 품 안에 잠드는 하나님의 자녀들은 언제나 하나님의 평화 안에서 안전하다는 것을 느끼는 사람들이다.(C. P. McIlvane, 392)

믿음으로 그리스도 안에 머무는 이들을 위해서만 그리스도의 복이 예비됨을 깨달음으로 주술사 발람의 그릇된 생각이 안겨 주는 비극을 드러낸다. 민수기 23:10을 인용하여 발람이 의인의 죽음을 죽기 원했음을 말한 바 있다. 그런데 문제는, 발람이 의인의 삶을 살 의지가 없었다는 데 있다. 그는 반역을 기꺼이 포기할 생각이 없었으며 믿음으로 그 자신을 주께 복종시키려고 하지도 않았다. 그러므로 그는 자기의 영혼 위에 내리는 그리스도의 복과 더불어 죽지 못했으며 죄에 대한 하나님의 진노, 그 저주 아래서 죽고 말았다. 발람의 비참한 죽음은, 주 안에서 죽는 길은 지금 예수님께로 나아오는 것임을 일깨워 준다. 요한복음 3:36, "아들을 믿는 자에게는 영생"이 있기 때문이다. 회개하고 세례받는 것은 믿음으로 '주 안으로' 들어가는 것을 뜻한다(롬 6:3~4). 위대한 사도 바울의 고백을 잠시 묵상해 보자.

①나는 죽었다:

내가 그리스도와 함께 십자가에 못 박혔나니

②나는 다시 살아났다:

그런즉 이제는 내가 사는 것이 아니요 오직 내 안에 그리스도께서 사시는 것이라.

③나는 이제 믿음 안에서 덤으로 산다:

이제 내가 육체 가운데 사는 것은 나를 사랑하사 나를 위하여 자기 자신을 버리신 하나님의 아들을 믿는 믿음 안에서 사는 것이라(갈 2:20).

14:13 _사후(死後) 신자의 삶

어머님께서 떠나신 지 1년 반 만인 작년(2020) 성탄절에 아버님께서도 하늘로 돌아가셨다. 천붕(天崩)의 큰 아픔이지만, 성도의 사후(死後) 소망에 대한 확신이 있어서 슬픔에 너무 오래 종노릇 하지는 않았다. 계시록 14:13에서, 그리스도인들은 죽음으로 누리는 복이 이승에서 담대하게 살 수 있도록 우리를 무장시킨다는 것을 알기에 사후의 삶에 관한 성경의 가르침을 알아야만 한다는 것을 분명히 알 수 있다. 이 주제에 관한 성경의 가르침을 세 가지로 요약할 수 있다. 첫째, 죽음은 육체와 영혼의 분리를 포함하고 있다. 둘째, 하나님의 백성인 신자들의 영혼은 영광 중에 그리스도와 함께 나타난다. 셋째, 죽음과 거의 동시에 신자의 영혼은 온전한 거룩으로 정화되어 하늘에 있는 하나님의 임재(앞)라는 거룩한 환경에 최적화된다.

첫째, 죽음과 거의 동시에 영혼은 마지막 부활 때 다시 결합될 때까지 육체와 분리된다. 신자든 안 믿는 자든 상관없이 이것은 사실이다. 사람이 죽으면 사람들은 이렇게 말한다. "그는 더는 거기에 없지만 몸만 남겼다." 사람들이 깨닫는 것은 무언가를 감지하고 생각하고 경험하는 의식적인 자아인 영혼이 몸에서 떠났다는 사실이다. 몸은 비록 죽음으로 분해되었을지라도 그 사람의 일부를 남겨 놓는다. 그것이 우리가 그 남겨진 육신을 존엄하게 대하는 이유이지만 의식적인 영혼은 그 육체로부터 온전히 분리되었다.

성경은 죽은 몸을 잠자는 것처럼 묘사함으로써 영혼의 떠남을 표현하고 있다. 예수님은 죽어버린 소녀를 이런 식으로 말씀하셨고(마 9:24), 바울은 죽은 자를 "자는 자들"(살전 4:14)이라고 했다. 이런 묘사는 죽은 몸의 겉모습을 가리키는 것일 뿐 영혼을 말하는 것은 아니다. 그러므로 "영혼수면설"을 가르치는 이들의 가르침은 실수이다. 영혼수면설은, 신자들이 죽음과 동시에 그리스도의 재림 때까지 무의식적인 상태로 들어간다는 주장이다. 하지만 영혼이 잠드는 것이 아니라 생명 없는 육체와 분리된 것일 뿐이다.

둘째, 성경은 부활 때 그들의 육체가 다시 부름 받을 때까지 신자들의 영혼이 하늘에서 주님과 함께 지낸다는 것을 가르친다. 바울은 영혼이 몸을 떠나 "주와 함께 있는"(고후 5:8) 것이라고 말했다. 주 안에서 죽은 자들의 영혼은 "하나님의 임재에 들어가며… 그럼으로 그들은 잃어버린 바 되지도 않고 버림받은 자가 되지도 않으며 오히려 죽음에 의해 위대한 승리자가 된 것이며 이 세상 밖으로 그들이 옮겨진 것은 훨씬 더 좋은 상태로 들어간 것"(M. Henry, 5:632)이다. 누가복음 23:43에서 예수님은 그분을 믿는 강도에게 "오늘 네가 나와 함께 낙원에 있으리라"고 말씀하셨다. 그러므로 바울은 이렇게 외쳤다: "이는 내게 사는 것이 그리스도니 죽는 것도 유익함이라"(빌 1:21).

셋째, 신자들이 죽을 때 영혼은 즉시 온전히 거룩하게 되어 주님의 영광을 공유한다. 웨스트민스터 신앙고백의 '믿음' 조 32.1항에서는 이렇게 말한다. "그다음 거룩으로 온전케 된 의인들의 영혼은 그들이 하나님의 얼굴을 뵐 수 있는 가장 높은 하늘로 받아들여져서 빛과 영광 속에서 그몸의 온전한 구속을 기다리게 된다." 히브리서 12:23, 죽음을 맞은 그리스도인들을 "온전하게 된 의인의 영들"로 묘사한다. 따라서 신자들은 "느닷없는 죽음"이라는 말을 하지 말고 오히려 "주 안에서" 죽은 이들의 "느닷없는 영광"이라고 말하는 것이 더 좋다.(E. J. Alexander, 121)

복음을 증언하다가 얼마나 많은 그리스도인이 고난을 겪은 끝에 순교했는가! 그들은 자기들이 곧 주님 앞에 서게 되리라는 것을 알았기에 그들의 마음을 믿음으로 다잡을 수 있었다. 기독교 최초의 순교자였던 스데반 집사는 복음을 증거 하다가 돌에 맞아 죽는 참혹한 형벌을 당했는데, 죽어가면서 그는 하늘을 우러러 이렇게 말했다. "예수께서 하나님 우편에 서신 것을 보노라"(행 7:56). 자신이 곧 예수님과 거기에 함께 있을 것을 알았기에 그는 자기를 죽이는 살인자들을 용서해 달라는 기도를 하나님께 드리면서 돌에 맞아 죽었다. 돌팔매질하는 그 살인자 무리에 훗날 이방인의 사도가 될 사울(바울)이 있었다(행 7:60~8:1).

고린도전서 13:12에서 바울은 우리가 지금은 "거울로 보듯이" 희미하게 하나님을 인식할지라도 하늘에서는 우리가 그분을 "얼굴과 얼굴을 맞대고" 보게 될 것이라 했다. 서서히 인생의 마지막 날을 향해 가는 나이든 신자들, 질병으로 죽어가거나 느닷없는 죽음의 위협을 당하는 이들과 더불어 박해받은 성도들이 즐거워해야 할 복이 무엇인지 알려면 "주 안에서 죽는 자들은 복이 있다"(계 14:13)라는 하늘에서 오는 음성을 확실하게 들어야 한다. "그리스도께서 특별히 그들 가까이 계시기에 성도들이 그분과 가장 귀한 교제를 나눌 수 있기에, 그들의 모든 것을 다 그분께 맡기고 그들이 전에 알지 못했던 믿음의 힘과 자유를 느낄 수 있기에 그들이 전에 깨달았던 것보다 훨씬 더 달콤한 확신과 사랑과 평화를 누릴 수 있기에… '주님은 나의 빛이요 나의 구원이시니 내가 누구를 두려워하리요?'라고 고백할 수 있기에, 죽음을 맞이하는 그리스도인은 복이 있다."(C. P. McIlvaine, 405)

14:13 _수고를 그치고 쉼

요한은 신자가 죽으면서 즐겁게 누리는 여러 가지 특별한 복을 인용하고 있다. 그러나 우리는 이런 여러 가지 복에 수반되는 다양한 진술을 먼저 살펴보아야만 한다. 요한은 하늘에서 들려오는 "이것을 기록하라"는 음성을 들었다. 이로써 이 복에 강조점이 주어져 있다는 것을 분명히 알 수 있다. 성령 하나님의 감탄을 이렇게 덧붙이고 있다: "성령이 이르시되 그러하다"(계 14:13). "그러하다!" 사후세계에 관한 이 가르침이 아주 중요하기 때문에 하나님은 천상의 두 증인을 내세우시는데 그 가운데 하나가 바로 하나님의 거룩한 영이시다. 세상은 죽음과 사후세계에 관해 여러 가지 기상천외한 견해를 제시한다. 때로는 그리스도인들도 그렇게 엉뚱한 생각을 할 때도 많다. 그러나 그리스도인들은 가장 중요한 이 주제에 관해 오직 하나님께만 귀 기울여야 한다. "지금 이후로" 주 안에서 죽는 자들이 복이 있다고 하나님께서 분명히 계시하신다. 이것은 "요한 당시로부터 역사의 마지막에 이르기까지 그리스도에게 신실한 종으로 한결같이 살다가 죽는 모든 성도"(G. R. Osborne, 544)가 복을 받게 될 것을 강조하고 있다.

첫 번째 복은 죄와 고통의 이 세상에서 우리가 겪었던 지루한 노동이 끝난다는 것이다: "성령이 이르시되 그러하다. 그들이 수고를 그치고 쉬리니"(계 14:13). 성령께서 언제나 그리스도의 사역을 수행하고 계심을 우리는 안다. 이 세상에 머무시는 동안 예수님은 지친 사람들을 부르시면서 이렇게 말씀하셨다: "수고하고 무거운 짐 진 자들아 다 내게로 오라. 내가 너희를 쉬게 하리라"(마 11:28). 이제, 하늘로부터 영생의 복 안에서 바로 그 초대를 성취할 것을 성령께서 약속해 준다.

본문의 '수고'를 뜻하는 '코폰'이라는 헬라어는 "지루하고도 고통스러운 투쟁"을 뜻한다. 이것은 이승에서 모든 사람이 경험하는 고단한 일을 포함하지만 계시록의 문맥에서는 "(그리스도인의) 한결같은 믿음 때문에 발생한 다양한 고난"을 강조한다.(R. H. Mounce, 278) 늘 신앙과 적대적인 이 세상과 싸우면서 신자로 살아가기는 쉽지 않다. 그리스도인들은 복음전파, 교회사역과 기도, (심지어) 훈련과 근면 성실을 요구하는 예배와 성경공부 같은 영적인 즐거움으로부터도 지치게 된다. 하늘에서도 계속 예배하고 영광의 땅에서 그리스도와 함께 즐겁게 일할 것이지만, 노동의 수고는 이 세상에서의 우리 삶이 끝남과 동시에 완전히 끝나게 될 것이다.

천상(天上)의 성도들이 지상(地上)의 수고로부터 해방되는 몇 가지 방법을 찰스 스펄전이 멋지게 표현한 바 있다. 신앙인들은 하늘이 "그들에게 신선한 활력을 늘 공급하기에 결코 지루함이 없을 것"이다. 따라서 그들은 노동의 수고로부터 안식을 누릴 것이다. 신자들의 모든 슬픔은 무덤에서 완전히 끝날 것이기 때문에 그들은 노동의 저주로부터 해방될 것이다. 신자들의 사역이 더는 죄로 오염되지 않기 때문에 노동의 죄로부터 안식을 누릴 것이다. 그들은 노동의 모든 낙심과 실망으로부터 안식을 누릴 것이다. 하늘에서는 그 누구도 우리의 일을 비판하거나 우리의 동기를 의심하지 않을 것이므로 진짜로 어떤 것이 성취될지 의심하며 마음 졸이며 일터에서 돌아오는 일은 더는 없을 것이다. 스펄전은 이렇게 덧붙인다: "여기서 우리는 눈물로 씨를 뿌려야만 한다: 거기서 우리는 기쁨으로 단을 거둘 것이다… 여기서 우리는 수고로이 노동하지만 수확을 위태롭게 하는 황폐와 병충해가 더는 없는 거기서 우리는 수고의 열매를 즐거워할 것이다… 그러므로 주 안에서 죽는 자는 참으로 복되다."(C. H. Spurgeon, 21:116-18)

신자들이 죽으면서 즐거이 누리는 안식에 감사하는 한 가지 방법은 천주교의 혐오스러운 연옥('고되게 훈련하는 감옥') 교리를 성경의 가르침과 비교해 보는 것이다. 교황은 천주교인들에게 죽으면서 안식을 기대하지 말고 정화하는 고통의 불을 기대하라고 말한다. 매킬배인은 그리스도 안에서 죽는 이

가 기대할 것에 관해 천주교에서 어떻게 가르치는지를 이렇게 설명한다:

> 이승에서의 수고로부터 안식을 누리는 대신에 그들은 그동안 알고 있던 것보다 훨씬 더 엄중하고 고통스러운 노동과 고통으로 들어갔다; 그리스도와 더불어 행복하게 복을 누리는 존재가 되는 대신 그리스도와 분리된 어둠 속 저 멀리서 그들의 모든 죄 때문에 고통을 겪는다; 그리스도의 피가 "모든 죄로부터 깨끗게 하셨음"을 발견하는 대신에 연옥의 화염 속에서 한없는 고통을 경험하게 될 것이다… 현세의 모든 것들로부터 해방된 존재가 되는 대신에 고통의 세월을 단축하기 위해, 이제 기도와 미사, 지상 천주교회의 면죄부, 사제들의 의지, 죄인들의 자선, 사제들의 중보를 사기 위한 돈을 갚아야(성인공덕설) 한다.(C. P. McIlvaine, 402-3)

성경의 가르침에 이보다 더 반대되는 교리를 상상하기 힘들 정도다. 여기 천주교의 많은 가르침 가운데서 보듯이, 교황들은 하늘의 음성으로 말하는 것이 아니라 성경에 기록된 하나님의 메시지에 맞서 뻔뻔한 도발을 하는 것이다. 이 연옥 교리는 위로하시는 성령의 말씀에 정반대되는 메시지로 성도의 임종 자리에 찾아오는 거짓 목자인 사제들의 돌봄 아래 있는 천주교인들의 마음속에 한없는 두려움을 갖도록 협박한다. 연옥 교리는 성경의 가르침과 전혀 상관없는 황당한 거짓말이다. 이 그릇된 연옥 교리를 제대로 이해하는 것이, 죽음이 지상의 모든 시련과 부자유로부터 자유롭게 되고, 모든 죄로부터 깨끗하게 되고, 빛과 영광 속에 씻음을 받으면서 그리스도의 품 안에서 안식하는 것을 의미한다는 것을 그리스도인들이 좀 더 분명하게 볼 수 있게 하는 데 도움이 될 것이다. 히브리서 12:23, "온전하게 된 의인의 영들". 성령이 말씀하시기를 "주 안에서 죽은 자"는 "진실로 복 되도다."

14:13 _행한 일이 보상받다

두 번째 복은 신자들이 우리 구주의 면전에서 기대할 수 있는 보상을 말한다: "이는 그들의 행한 일이 따름이라"(계 14:13). 우리가 죽을 때 이승의 모든 죄, 시련, 고통과 결별하지만, 박해받으면서도 그리스도께 바친 우리의 선한 사역과 신실함은 우리 믿음의 삶에 대한 면류관으로 우리를 따라온다.

성경은, 나의 어떤 공로와 상관없이 죄인들이 오직 하나님의 은혜만으로 구원 얻는다고 심지어는 믿음조차도 하나님이 거저 주시는 선물이라고 가르친다. "행위에서 난 것이 아니니 이는 누구든지 자랑하지 못하게 함이라"(엡 2:9). 성경은 또한 구원에 대한 감사와 하나님의 말씀에 복종함으로 나타난 선행에 대해 보상받게 될 것도 가르치고 있다. 우리의 사역으로 영생이라는 보상을 얻어내지는 못하지만 그 행위로 영생 안에서의 보상은 얻는다. 예수님은 "너희를 위하여 보물을 하늘에 쌓아 두라"(마 6:20)고 강력히 권하셨다. 예수님은 그의 부지런한 일꾼들에게 보상을 약속하셨다: "잘하였도다. 착하고 충성된 종아. 네가 적은 일에 충성하였으매 내가 많은 것을 네게 맡기리니 네 주인의 즐거움에 참여할지어다"(마 25:21). 사도 바울도 이렇게 말했다: "만일 누구든지 그 위에 세운 공적이 그대로 있으면 상을 받고… 각각 선악 간에 그 몸으로 행한 것을 따라 받으려 함이라"(고전 3:14; 고후 5:10).

신자들의 "행한 일이 따름이라"(계 14:13)는 말이 특히 더 은혜가 된다. 우리의 행위가 우리보다 앞서가서 하늘에 들어가는 길을 열지는 못하지만 그리스도와 그분이 마치신 사역이 우리를 "앞서 간다"(히 6:20). 이런 이유로 그리스도인들은 자신의 사역, 영적인 성취, 그리스도께 드리는 섬김의 양이 많아지게 하려고 결코 애쓸 필요가 없다; 그보다는 오직 그리스도와 그분이 우리를 위해 하신 일이 우리 안에 충만하도록 애써야만 한다. 이것이 바로 위대한 사역 성과에도 불구하고 바울이 "내게는 우리 주 예수 그리스도의 십자가 외에 결코 자랑할 것이 없다"(갈 6:14)고 선언한 이유다. 신자들의 사역은 "그들의 훈장, 구매 대금으로 그들을 앞서가지 않고 그들이 주 안에서 살고 주 안에서 죽은 증거로 그들을 뒤따른다. 그러기에 그 사역의 기억은 즐거운 것이고 그 보상은 영광스러운 것인데 그것은 그들의 모든 섬김과 수고(수난)를 훨씬 뛰어넘는 것이다."(M. Henry, 6:939)

많은 그리스도인이, 유명한 설교자, 선교사, 교회 지도자들의 공식적인 성취와 자신의 사역을 비교한 나머지 하나님이 자기를 거들떠보지도 않으리라고 넘겨짚으며 자신의 사역을 너무 하찮게 생각한다. 예수님은 최후의 심판에 대해 가르치시면서 이런 생각을 바로잡으신다: "내가 주릴 때에 너희가 먹을 것을 주었고 목마를 때에 마시게 하였고 나그네 되었을 때에 영접하였고 헐벗었을 때에 옷을 입혔고 병들었을 때에 돌보았고 옥에 갇혔을 때에 와서 보았느니라"(마 25:35~36). 의인들이 놀라서 우리가 언제 예수님께 그런 일을 했느냐고 묻자 예수님은 이렇게 대답하신다: "내가 진실로 너희에게 이르노니 너희가 여기 내 형제 중에 지극히 작은 자 하나에게 한 것이 곧 내게 한 것이니라"(마 25:40).

그리스도께서 위대하고 유명한 그리스도인들의 업적을 말씀하신 것이 아님을 주목하라. 주님은 믿음과 사랑의 일상적인 행위가 훨씬 더 중요하며 바로 그것이 그분을 가장 기쁘게 하는 것임을 말씀하셨다. 의심 많은 신자들은 의아해한다. 우리의 사역이 하나님의 은혜로 힘을 얻었을 뿐만 아니라 그분의 자비로운 시선에 의해 평가받으며, 정결하게 하시는 피로 완전하게 되었으며, 우리가 사랑하는 하늘 아버지의 보좌 앞에서 상 받을 것을 기억할 때, "예수님의 칭찬을 들을 만한 가치가 있는 무슨 일을 내가 한 적이 있었던가?" 하는 이 질문에 대한 대답은 '그렇다'이다. 예를 들어서 자녀를 사랑하는 이 땅의 부모들이 자식이 만든 작품을 자기 사무실 벽에 걸어두거나 책 표지를 자식이 그린 그림으로 어떻게 꾸미는지를 생각해 보라. 대부분의 경우 아이들의 작품은 그다지 훌륭하지도 않고 별로 보잘것없는 것이지만 그 어설픈 작품들은 그 부모의 마음에 아주 보배로운 것이다. 그 이유는 부모가 그 자녀들을 사랑하기 때문이다. 이것은 그리스도 안에 있는 자녀들을 향한 하나님의 마음을 반영한다. 우리 주님을 영화롭게 하고 감사하며 영광스럽게 하기를 바라면서 하는 모든 진지한 행위들은 (그 결과물이 아무리 어설퍼 보여도) 하나도 빠짐없이 모두 다 하늘에서의 복으로 우리의 뒤를 따르게 될 것이다.

14:13 _생명에 대한 믿음; 죽음의 복

로마제국이, 곤경에 처하고 가난하고 곧 박해를 받을 요한의 독자들에 대해 마지막으로 한 말은 그들이 축복받았다는 것이다. 오늘날 세상은 신자들을 비슷한 눈으로 바라보고 있다. 그러나 하나님의 영의 목소리는 우리를 칭찬한다: "정말로 복이 있도다"(계 14:13). 우리는 수고를 그치고 쉬게 될 것이며 그리스도 안에서 나타난 모든 행위는 우리의 뒤를 따를 것이다.

이 본문의 적용은 분명하다. 요한은 이미 믿음으로 견디고 복종하라고 강권한 바 있다(계 14:12). 그러나 여기서 성경은 주 안에서 마지막까지 한결같이 그렇게 하는 것이 무엇보다 중요하다는 것을 일깨워 준다. 우리의 현재의 삶은 또한 영원한 의미를 수여한다. 이 시대의 우상체계와 싸우며 순전한 모습을 유지한 채로 머무는 것이 중요하다. 바울이 말하는 것처럼 "믿음의 선한 싸움"(딤전 6:12)을 계속하는 것이 중요하다. 그리스도인들은 비록 우리가 믿음만으로 우리의 행위와 상관없이 구원받았다 하더라도 오늘 우리 앞에 놓인 선한 일들을 가볍게 여기면 안 된다. 이승의 삶은 영원 속에서 다시 반향을 일으키기 때문이다. 지상에서의 참된 예배는 저 하늘에서 천사들의 찬양으로 기록된다. 바울은 주장했다: "견실하며 흔들리지 말고 항상 주의 일에 더욱 힘쓰는 자들이 되라. 이는 너희 수고가 주 안에서 헛되지 않은 줄 앎이라"(고전 15:58).

십자가에서 죽어가는 순간에 함께 십자가에 달리신 예수님께 신앙을 고백하고 주님과 함께 낙원에 들어가는 약속을 받았던 강도의 모습에서 볼 수 있듯이, 하나님의 순간은 영원을 창조하는 눈부신 힘이 있다. 그런 까닭에 성경에서는 '오늘'이 영원만큼 중요할 뿐만 아니라, 오늘 예수 그리스도에 대한 우리의 반응이 우리의 영원이 어디서 진행될 것인지를 결정한다고 한다. 하나님의 심판 날에 당신이 의롭게 받아들여질 것인가 아니면 당신의 죄에 대한 죄책 때문에 정죄(유죄 판결)당할 것인가? 그 대답은 예수님에 대한 당신의 반응으로 결정된다. 의로운 죽음을 사모하면서도 반역과 불신의 삶을 계속 살았던 어리석은 발람처럼 되지 말라. 모든 수단을 다 동원해서 주 안에서 죽음으로 받는 복을 사모하라! 그와 정반대의 것은 계시록과 성경 전체에서 그토록 분명하게 말하고 있는 무시무시한 '불 못'이다. "그 고난의 연기가 세세토록 올라가리로다. 짐승과 그의 우상에게 경배하고 그의 이름표를 받는 자는 누구든지 밤낮 쉼을 얻지 못하리라"(계 14:11). 그러나 그리스도 안에서 살고 믿음으로 죽는 사람들은 하늘에서 영원한 복을 바랄 수 있다. 마침내 그들은 그 복을 주님께 돌려드리고 그들의 마음에서 우러나오는 기쁨의 노래를 부를 것이다:

모든
수고를 내려놓고 쉬는
모든 성도에게
세상 앞에서 하나님께
믿음을 고백한 사람들에게
오 예수님,

당신의 이름에
영원히 복이 있으리이다.
알렐루야!
알렐루야!

(W. Walsham, 1864)

하나님의 진노의 큰 포도주 틀
(요한계시록 14:14~20)

¹⁴또 내가 보니 흰 구름이 있고 구름 위에 인자와 같은 이가 앉으셨는데 그 머리에는 금 면류관이 있고 그 손에는 예리한 낫을 가졌더라 ¹⁵또 다른 천사가 성전으로부터 나와 구름 위에 앉은 이를 향하여 큰 음성으로 외쳐 이르되 당신의 낫을 휘둘러 거두소서 땅의 곡식이 다 익어 거둘 때가 이르렀음이니이다 하니 ¹⁶구름 위에 앉으신 이가 낫을 땅에 휘두르매 땅의 곡식이 거두어지니라 ¹⁷또 다른 천사가 하늘에 있는 성전에서 나오는데 역시 예리한 낫을 가졌더라 ¹⁸또 불을 다스리는 다른 천사가 제단으로부터 나와 예리한 낫 가진 자를 향하여 큰 음성으로 불러 이르되 네 예리한 낫을 휘둘러 땅의 포도송이를 거두라 그 포도가 익었느니라 하더라 ¹⁹천사가 낫을 땅에 휘둘러 땅의 포도를 거두어 하나님의 진노의 큰 포도주 틀에 던지매 ²⁰성 밖에서 그 틀이 밟히니 틀에서 피가 나서 말 굴레에까지 닿았고 천육백 스다디온에 퍼졌더라 (개역개정)

"진노의 포도송이"라는 표현은 미국인들의 선전 문구로 꽤 오랜 역사가 있다. 가장 유명한 예는 1861년 11월 줄리아 와드 호위가 작사한 "공화국 전투찬가"에 쓰인 것이다. 이 찬가는 남북전쟁에서 남부군에 맞서는 북군을

'하나님의 정의의 칼'이라고 칭송한다. 가사의 일부:

나의 눈이 주님의 오심, 그 영광을 보았네:
주께서 진노의 포도송이가 쌓인 포도주 틀을 짓밟으시네.

존 스타인벡은 1939년에 발표한 소설 『분노의 포도』에서 똑같은 주장을 했는데, 그 소설에서 그는 캘리포니아 과수원에서 일하는 이민 노동자들의 입장을 옹호했다. 스타인벡은 난폭한 노동조직과 사회 경제정책들이 탐욕에 찌든 자본가들을 상대로 하나님의 의로운 심판을 대변한다는 것을 암시하는 뜻에서 이 제목을 썼다.

'진노의 포도송이'라는 이미지는 계시록 14장에서 나왔는데, 여기서 진노의 포도송이는 악한 세상에 대한 그리스도의 심판을 그리고 있다. 낫을 휘둘러 "땅의 포도"(계 14:19)를 거두도록 천사가 그리스도께 요청하는 장면에서, 그는 한 부류의 인간이 또 다른 부류를 상대로 의로운 전쟁을 하는 것을 묘사하는 것이 아니라 지상의 모든 것들을 향한 하나님의 거룩한 진노를 그리는 것이다. 계시록 14:14~20을 연구해 보면 어떤 사람들이 또 다른 사람들을 상대로 하나님의 진노를 내려 주시도록 요구할 가능성을 알 수 있다: 오직 인자만이 최후의 심판 자리에 앉으실 자격이 있기에, 진노의 포도송이는 그리스도의 통치에 대항하여 반역한 데 대해 진노의 심판으로 고통당하는 그리스도와 아무 상관 없는(예수 믿지 않는) 인류 전체를 나타낸다.

14:14 _인자의 오심

계시록 14장의 마지막 대목은 요한계시록의 네 번째 주요 단락을 결론짓고 있다. 첫 단락(1~3장)에서 그리스도는 그분의 영광을 계시하고 아시아의 일곱 교회에 편지하셨다. 두 번째 단락(4~7장)에서는 그 백성을 보존하시기 위해 인류 역사 전반에 걸쳐 주권을 행사하는 분이 그리스도임을 보여 주는 일곱 인(印)을 소개했다. 세 번째 단락인 8~11장에서는 반역하는 세상에 대한 그리스도의 불가피한 승리를 선포하고 있는 심판과 더불어 일곱 나팔을 보여 주었다. 네 번째 단락(12~14장)의 상징적인 역사를 통해, 교회 역사의 이면에서 격렬하게 벌어지고 있는 영적인 전쟁을 보여 주었다.

이전 각 단락의 끝에서 그리스도의 영광스런 재림이 바로 코앞에 다가왔음을 확인했다. 그러나 이제 처음으로 우리는 주님의 오심을 실제로 본다. 요한은 일찍이 "볼지어다. 그가 구름을 타고 오시리라 각 사람이 그를 보겠고"(계 1:7)라는 말을 했다. 요한은 이제 그가 본 것을 보여 주고 있다: "또 내가 보니 흰 구름이 있고 구름 위에 인자와 같은 이가 앉으셨는데 그 머리에는 금 면류관이 있고 그 손에는 예리한 낫을 가졌더라"(계 14:14). 요한계시록의 예언이 이미 이루어졌다고 믿는 계시록 학자들은 이 비전이 주후 70년 로마군대에 함락된 예루살렘에 대한 하나님의 심판을 보여 주고 있다고 믿는다. 그러나 인자의 다시 오심을 다루는 이 본문은 이 단락 전체가 전 세계적인 심판의 본질을 강조하고 있기에, 오직 역사의 끝과 지구 전체의 최종 수확을 가리킬 뿐이다. 예루살렘 함락은 믿지 않는 유대 백성에 대한 하나님의 심판이었지만, 예수님이 대제사장 가야바한테 굴욕적인 심문을 당하실 때 말씀하셨듯이, "이후에 인자가 권능의 우편에 앉아 있는 것과 하늘 구름을 타고 오는 것을 너희가"(마 26:64) 보게 되는 그때에 예수님의 신성(神性)은 온전히 증명될 것이다.

예수님은 그분의 영광과 승리의 깃발을 높이 들고 이 땅에 다시 오신다. '흰 구름'은 하나님의 눈부신 영광을 반영하고 있다. 출애굽 여정에서 모세가 성막에 갔을 때 영광스럽게 빛나는 구름이 그의 얼굴에서 밝은 광채가 나게 하였다. 예수님은 이 구름을 타고 하늘로 올라가셨고, 천사들은 그 모습을 지켜보고 있는 제자들에게 그분이 "하늘로 가심을 본 그대로 오시리라"(행 1:11)고 알려 주었다. 다니엘의 유명한 예언에서 예수님의 승귀와 대관식을 이렇게 얘기했다: "인자 같은 이가 하늘 구름을 타고 와서 옛적부터 항상 계신 이에게 나아가 그 앞으로 인도"(단 7:13) 되었다. 의심할 바 없이 영광의 구름을 타고 다시 오시는 이는 바로 '그' 인자(김세윤: 이광우, 1993:7, 주1)이시며, 그분은 이제 구원 역사를 완결 짓기 위해 다시 오신다. 흰색은 하나님의 본질인 거룩의 절대적인 순결을 반영하는데, 그 거룩은 매우 밝아서 이사야 6:2에서는 심지어, 하나님의 보좌를 모시고 있는 빛나는 스랍천사조차도 경외감 때문에 그들의 거룩한 얼굴을 가린다고 말한다.

더욱이 예수님은 "그 머리에 금 면류관"(계 14:14)을 쓰고 계신다. 이것은 승리자(우승자)의 월계관(헬, 스테파노스)이다. "황금 월계관은 정복하신 메시아, 그럼으로써 심판을 집행할 권세를 얻으신 메시아를 가리킨다."(R. Mounce, 279) 예수께서 심판하러 오신다는 사실은 그 손에 낫을 들고 계신 것으로 확인되었다. 하나님 나라 비유를 말씀하시면서 예수님은 의인과 경건하지 못한 자를 분리하시는 심판을 하러 다시 오실 것을 예언하셨다: "추수 때에 내가 추수꾼들에게 말하기를 '가라지는 먼저 거두어 불사르게 단으로 묶고 곡식은 모아 내 곳간에 넣으라' 하리라"(마 13:30).

그리스도의 재림에 관한 이 묘사는, 그분의 재림을 이 세상에 대한 즉각적인 심판과 연결하는 신약의 많은 구절 가운데 하나다. 전천년설을 주장하는 이들은 예수께서 지상에서의 천년 통치를 시작하시기 위해 재림하신다고 가르친다. 천년왕국 후에 하나님의 최후 심판으로 귀결되는 최후의 반역이 있다고 주장한다. 그러나 요한은 예수께서 이미 그 손에 낫을 들고 다시 오신다는 것을 보여 준다: 더는 지체함이 없을 것이며 그분이 오실 때 즉시 추수가 이루어진다. 마태복음 25:31에서 예수님은 이처럼 최후의 심판이 그의 재림 즉시 일어날 것을 가르치셨다: "인자가 자기 영광으로 모든 천사와 함께 올 때에 자기 영광의 보좌에 앉으리니." 바울도 똑같은 내용을 가르쳤다: "주께서 호령과 천사장의 소리와 하나님의 나팔 소리로 친히 하늘로부터 강림하시리니 그리스도 안에서 죽은 자들이 먼저 일어나고"(살전 4:16). 이것은 그리스도인들이 기쁘게 기다리고 있던 위대한 사건, 곧 바울이 "복스러운 소망"(딛 2:13)으로 묘사했던 엄청난 사건이다. 이 사건 후에 혼란스러운 일련의 사건들이 일어나는 것이 아니라, 바울이 말했듯이 "그리하여 우리가 항상 주와 함께"(살전 4:17) 있는 어떤 상태가 주어지는 것이다.

14:15~16 _땅의 추수

예수님은 최후 심판을 이중 추수로 묘사하셨다. 그리스도 안에 있는 신자들은 영원한 보상을 받기 위해 그분 품 안으로 따로 거둬 들여지지만 그분을 거절한 자들은 영원한 처벌로 심판받게 될 것을 밝히셨다(마 25:32~46; 3:12). 이 이중 심판이 계시록 14:14~20의 비전에 반영되어 있다. 심판의 전반부는 택함받은 자에게 복을 주기 위한 그리스도의 추수를, 그리고 후반부는 하나님의 진노, 그 포도주 틀에 들어갈 경건하지 못한 자들을 추수하는 것을 알려 준다.

계시록 14:15에 "또 다른 천사" 곧 네 번째 천사가 등장한다(6, 8, 9절을 보라). 이 천사는 "성전"에서 나온다. 이는 성부 하나님으로부터 어떤 메시지를 받았음을 의미하는데 "구름 위에 앉은 이를 향하여 큰 음성으로" 외친다. 그 천사는 영원한 영광 속으로 모이게 될 성도들이 오랫동안 기다려왔던 추수를 선포한다: "당신의 낫을 휘둘러 거두소서. 땅의 곡식이 다 익어 거둘 때가 이르렀음이니이다"(계 14:15).

이 부름에서 우리가 간파해야 할 몇 가지 요점이 있다. 첫째, 성부 하나님이 보내신 천사로부터 최후 심판에 대한 지침을 받으시는 그리스도를 본다. 천사가 예수님께 명령을 내린다는 생각은 일부 독자들을 혼란스럽게 한다. 그러나 우리는 그분의 최후 심판이 일어나는 날과 시간을 예수님도 모른다고 하셨던 가르침을 기억한다. "그날과 그때는 아무도 모르나니 하늘에 있는 천사들도, 아들도 모르고 아버지만 아시느니라"(막 13:32). 이것은 아버지를 향한 예수님의 복종과 그분이 지니신 인성의 뚜렷한 예증이다. 그것은 우리가 최후 심판의 시점을 알 수 없으며 그러므로 늘 준비하고 있어야만 한다는 것을 일깨워 준다(막 13:35~37).

둘째, 경건한 사람들은 알곡에 비유된다. 이것은 이 낱말이 "다 익었다"(헬, 크세라이노)로 번역된 점을 보면 분명하다. 이 말은 "말라 비틀어진다"라는 뜻인데 이 용어는 추수할 때가 다 된 곡식을 가리킬 때 쓰였다. 세례 요한은 경건한 자들을 가리키는 "알곡"과 경건하지 못한 자들을 가리키는 "쭉정이"(마 3:12)를 대조시켰다. 예수님은 경건한 곡식과 주인의 밭에 원수가 몰래 뿌린 가라지를 대조시켰다(마 13:25~30). 요점은 구원받은 이들과 최종 추수 오래전부터 정죄당한 자들 사이에 질적인 차이가 있다는 것이다. 이 차이는 하나님의 말씀에 대한 그들의 반응으로 확증된다. 하나님 나라는 "씨를 뿌리러 나가는 농부"(눅 8:5)와 같다고 예수님은 가르치셨다. "씨는 하나님의 말씀"(눅 8:11)이라고 하신다. 완악하고 세속적인 마음을 지닌 자들이 하나님의 말씀을 거부하지만 신자들은 그 말씀을 받아 믿음으로 열매 맺는다. 이 질적인 차이는 그리스도인들의 도덕적 혹은 영적인 우월성에서 나오는 것이 아니고 신자들 안에서 활동하시는 하나님이 주신 은혜의 결과물이다. 그러나 이 은혜는 최후의 추수에서 뚜렷한 차이를 드러낸다. 예수님은 이렇게 말씀하셨다. "추수 때는 세상 끝이요 추수꾼은 천사들"(마 13:39~42)이므로 가라지를 거두어 불에 사르고 알곡은 곳간에 들일 것이다. 그리스도께서 다시 오실 때 구원받은 알곡이 되어 곳간에 들어갈 수 있을 것인지를 아는 방법은, 지금 여기서 믿음으로 하나님의 말씀을 받아 주님을 위해 경건한 열매를 맺는 삶을 살아가느냐에 달려 있다. 이 신앙과 불(不)신앙이 하나님께서 모아들인 알곡과 영원한 불에 던져질 쭉정이 사이의 결정적인 표지다.

셋째, 천사는 "땅의 곡식이 다 익어 거둘 때가 이르렀기"(계 14:15) 때문에 추수 때가 왔음을 알린다. 이 진술은 하나님께서 택하신 자들이 믿음으로 교회에 들어오는 수가 다 찰 때 그리스도께서 다시 오신다는 것을 가리킨다. 따라서, 우리는 지금 여기서 그리스도의 백성들을 모으는 일이 최후 추수와 깊은 관계가 있음을 알아야 한다. 교회의 복음 사역을 말씀하시면서 예수님은 이렇게 말씀하셨다. "추수할 것은 많되 일꾼은 적다"(마 9:37). 말하자면 교회의 가장 위대한 사역은 설교, 전도, 해외 선교를 통해 땅끝까지 복음을 전파하는 것이다(눅 24:46~47). 교회는 교회의 자립 방안, 정치적인 비판 혹은 사역에 대한 긍정적인 평가에 신경 쓸 것이 아니라, 예수 그리스도의 피로 죄가 대속 된다는 성경의 핵심 메시지에 집중해야 한다. 모든 그리스도인은 다 복음을 전파하기 위해 부름 받았다. 그 사역을 통해 하나님은 그분이 택하신 추수할 알곡을 모으시는 것이다.

넷째, 만일 그리스도인인 우리의 사역이 추수를 준비하는 것과 같다면 우리는 이 농업 생활 은유가 함축하고 있는 고단한 노동을 알고 있어야만 한다. 우리는 지금 기계시대에 살고 있다. 동전 하나를 구멍에 투입하면 청량음료가 자동으로 나온다. 우리가 담당하는 구원 사역도 이와 비슷한 방식으로 생각하기에 종종 선교사역에서도 이처럼 신속한 결과를 기대한다. 그러나 구원은 흔히 이런 식으로 손쉽게 주어지는 것이 아니다. 사려 깊은 성경적 증인들이 보여 주었듯이 선교사역에는 아주 조심스러운 파종과 김매기가 수반되어야만 한다. 우리의 메시지는 기도로 물을 주어야 하고 종종 매우 긴 세월 동안 그리해야만 한다. 초기 성장의 징표가 보이면 계속 경작하면서 가지를 쳐주고 거름을 주어야 할 필요가 있다. 교회 성장과 그리스도인들의 자녀 양육에 긴 세월 동안 신실한 노력이 요구된다는 것을 안다면 열매 맺기가 어렵다는 사실은 그다지 놀라운 일이 아니다. 지친 그리스도인들과 교회들에 포기하고 싶은 마음은 무엇보다 강력한 유혹이다. 그러나 신실한 선교 사역에는 하나님의 말씀과 하나님의 주권적인 능력에 따라 하나님의 일을 하나님의 방식으로 함에 있어서 오랜 인내가 요구된다. 바울은 이렇게 말했다: "우리가 선을 행하되 낙심하지 말지니 포기하지 아니하면 때가 이르매 거두리라"(갈 6:9).

다섯째, 비록 우리가 그리스도의 추수 마당에 부름 받은 일꾼이라 할지라도, 실제로는 그리스도께서 추수를 집행하시는 유일한 분이심을 알아야 한다. 하나님의 부름을 받아 인자가 낫을 들고 나타나신다: "구름 위에 앉으신 이가 낫을 땅에 휘두르매 땅의 곡식이 거두어지니라"(계 14:16). 예수님은 마지막 날에 그 백성을 모으실 것이다, 그런데 그분은 지금 복음으로 각 사람을 부르고 계신다. 구원받으려면, 하나님의 말씀을 통해 당신의 마음속에 "나를 따르라"(마 9:9)고 부르시는 그리스도의 음성을 개인적으로 들어야 한다.(홍성훈, 484-87) 예수님은 "내 양은 내 음성을 들으며" "나는 그들을 알며 그들은 나를 따르느니라. 내가 그들에게 영생을 주노니 영원히 멸망하지 아니할 것"(요 10:27~28)이라고 말씀하셨다. "선한 목자는 양들을 위하여 목숨을"(요 10:11) 버린다고도 하셨다. 대신 속죄하는 그분의 죽음과 말씀을 통해 신자 개개인의 마음에 구원하시는 부름을 통해 예수님은 그분이 다시 오시는 바로 그날 "낫을 땅에 휘둘러 땅의 곡식을 거두는 것"(D. E. Johnson, 212)처럼 지금 그의 백성을 불러 모으고 계신다.

예수 믿는다는 것은 교회나 설교자 혹은 당신에게 복음을 전해 준 어떤 사람에 의해 구원 얻는다는 것이 아니다. 그리스도 안에 있는 신자는 주님에 의해 구원받았기에 그분이 다시 오실 때 주님에 의해 틀림없이 다시 하늘 곳간에 모여질 것이다. 가을에 밭에서 일하는 농부들이 추수하는 과정을 잘 지켜보라. 아무리 꼼꼼하게 거두어들여도 추수 과정에서 밭에 흘린 알곡이 적지 않을 것이다. 이로써 인간의 추수가 얼마나 어설프고 불확실한지를 알 수 있다. 그리스도의 추수는 이와 얼마나 다른가! "그분은 선택받은 모든 사람, 그들의 죄를 회개하고 그분을 한결같이 믿은 모든 이를 단 한 명도 빠짐없이 다 모으실 것이다. 인간의 불확실한 추수와 달리… 이 추수는 실패할 수 없다."(D. F. Kelly, 272)

14장의 메시지는 오늘의 우리를 한없이 격려하는 것처럼 요한 당시의 독자들을 힘껏 격려하려는 의도로 기록되었다. 시편 2편에서 세상의 군왕들이 나서며 관원들이 서로 음모하여 하나님과 그의 메시아를 대적하는 상황을 말하고 있다.

하나님의 원수들이 이 땅에서 하나님과 그가 보내시는 그리스도의 이름을 더럽히고 그들의 모든 음모를 꾸미게 내버려 둬라. 그들이 그 지극히 사악한 짓을 마음껏 하게 놓아두어라. 성육신하여 거룩한 삶을 사신 인자가 그 백성의 모든 죄를 대신하여 십자가형을 받으셨고 십자가형을 받은 바로 그 몸으로 부활하셨으며, 이제 구름 속으로 불러 올리셔서 그의 아버지 하나님의 보좌 곁에 서서 천하 열국에 대한 지배권을 받으셨기 때문이다. 짐승들은 그것을 멈출 수도 없고 추수의 시기를 늦출 수도 없다. 오직 인자만이 영광의 구름 위에서 높아지신 그분의 위엄으로 그 일을 집행하신다.(D. F. Kelly, 272)

14:17~20 _ 하나님의 진노, 그 포도주틀

계시록을 통틀어서, 구원의 기쁜 소식에는 그리스도와 그 백성들을 괴롭힌 원수들의 파멸이 포함되어 있다. 원수들을 파멸시키기 위해, 계시록 14:17~20에 묘사된 두 번째 추수가 등장한다. 요한이 본 비전은 요엘 선지자의 연장선에 있는 것 같다: "너희는 낫을 쓰라. 곡식이 익었도다. 와서 밟을지어다. 내가 거기에 앉아서 사면의 민족들을 다 심판하리로다"(욜 3:13).

최후 심판에 관한 예수님의 가르침에서도 각기 다른 운명을 지닌 경건한 자와 경건하지 못한 자들의 분리를 말하고 있었다(마 25:32). "또 다른 천사가" "예리한 낫을 들고" "하늘에 있는 성전"(계 14:17)에서 나오면서 두 번째 추수가 시작되었다. "또 불을 다스리는 다른 천사가 제단으로부터 나온다"(계 14:18). 순교자들의 영혼이 하늘의 제단 아래 모여 있었고, 그들의 기도가 제단에 드려졌던 것을 기억할 것이다(계 6:9~11; 8:3~4). 이런 연관성을 통해 사악한 자들에 대한 심판이 하나님의 정의를 구하는 기독교인 순교자들의 기도에 대한 응답의 일부임을 알 수 있다. 이 천사는 "불을 다스리는 권세"를 가졌는데, 이는 사악한 자들을 심판하는 그의 역할을 가리키는 것이다. 그 천사는 반역하는 인류를 모으라는 하나님의 명령을 받아온다: "낫 가진 자를 향하여 큰 음성으로 불러 이르되 '네 예리한 낫을 휘둘러 땅의 포도송이를 거두라 그 포도가 익었느니라' 하더라"(계 14:18).

심판하기 위해 경건하지 못한 자들을 거두는 일은 천사들을 통해서 하실 일이지 그리스도께서 직접 나서서 하지는 않기 때문에 이 구절에는 매우 "섬세한 아름다움"이 있다.(H. B. Swete, 2:190) 이것은 예수님이 그 백성들을 구원하는 일에는 직접 개입하시지만 그분의 권세 아래서 반역하는 자들을 심판하시는 일에는 그처럼 개인적인 접촉을 하시지 않는다는 것을 드러내는 것일 수도 있다. 그 백성들을 구원하는 일은 그리스도 그분 자신의 손으로 직접 하시지만 반역자들을 심판하시는 데는 그분의 명령만으로 충분하다. 이런 묵상이 예수님이 신성한 심판을 집행하는 데 있어서 어떤 식으로든 꾀까다로운 분이라는 것을 암시하는 식이 되어서는 안 된다. 마지막 때에 심판의 칼을 직접 휘두르며 하나님이 내리시는 진노의 포도주 틀을 밟으시는 예수님을 볼 수 있기 때문이다(계 19:12~15). 그러나 그것은 최소한 십자가 위에서 고난받으면서도 박해자들을 용서해 달라고 하시던 그의 부르짖음 속에 그리고 그분의 지상 사역 전반에서 예수님이 보였던 것과 똑같은 자비를 암시하는 것으로 보아야 한다(눅 23:34).

천사들이 열방을 모으는 일은 종말에 대속 받지 못한 모든 죄인에 대한 '심판의 확실성'을 드러낸다: "천사가 낫을 땅에 휘둘러 땅의 포도를 거두어 하나님이 진노의 큰 포도주 틀에 던지매"(계 14:19). 심판하기 위해 반역한 인류를 거두는 일로부터 도망칠 길은 없다. 모든 죄는 전능하신 하나님의 정의가 집행되는 거룩한 법정에서 다 대가를 치를 것이다. 그의 백성이 받아 마땅한 형벌을 받기 위해 그리스도께서 십자가에서 죽었기 때문에 만일 당신의 모든 죄가 예수 그리스도의 어깨 위에서 처벌되지 않았다면 당신 자신의 어깨로 하나님이 내리시는 정죄의 무한한 무게를 홀로 감당해야만 할 것이다. 하나님을 거부하고 예수님이 제공하시는 복음을 차버린 사람들은 하나님의 심판을 몽땅 다 받게 될 것이다. 진노의 추수는 사는 동안 그들이 하나님의 명예를 신나게 조롱하면서 틈만 나면 예배를 빼먹고 그분께 복종하지 않고 하나님께서 사랑하시는 그 백성들을 시시때때로 고통스럽게 하고 조롱하는 일에 참여한 결과물이다. 6장에서 보았던 비전에서 하나님의 심판 추수를 피할 길을 찾아도 그 길을 찾지 못하고 허둥대는 사악한 사람들을 보았다. "보좌에 앉으신 이의 얼굴에서와 그 어린 양의 진노에서 우리를 가리라"(6:16). 아무리 울부짖어도 피난처를 찾지 못하는 사악한 자들의 모습을 보라. 예리한 낫을 휘두르는 천사들은 포도를 몽땅 다 거두어서 하나님이 내리시는 진노의 포도주 틀에 던져 넣는다.

포도주 틀을 짓밟는 것은 하나님이 내리시는 진노의 날에 임할 '하나님이 집행하시는 심판의 공포'를 더 무섭게 묘사한 것이다. 옛날에는 포도즙 틀이 바위나 벽돌로 만들어져 있었다. 수확한 포도는 그것들을 발로 밟을 수 있도록 위쪽의 그릇에 놓았다. 그 포도를 짓밟으면 관을 통해 낮은 쪽의 그릇에 포도즙이 모인다. 하나님께서 그 원수들을 심판하시는 과정에서의 무시무시한 타격을 이보다 더 생생하게 상상하기는 어렵다. 이사야 63:3~4에서 주님은 말씀하신다. "만민 가운데 나와 함께 한 자가 없이 내가 홀로 포도즙 틀을 밟았는데 내가 노함으로 말미암아 무리를 밟았고 분함으로 말미암아 짓밟았으므로 그들의 선혈이 내 옷에 튀어 내 의복을 다 더럽혔음이니 이는 내 원수 갚는 날이 내 마음에 있고 내가 구속할 해가 왔으나."

요한은 "성 밖에서"(계 14:20) 포도즙 틀이 짓밟혔다고 했는데 그것은 하나님의 심판에 포함된 '버림받음'을 가리킨다. 경건하지 못한 자들은 하나님의 구원 도시의 언약적 구역 바깥쪽에 머무는데 이는 "구속받은 이들의 사회로부터 사악한 자들이 추방됨"(G. B. Wilson, 2:555)을 보여 주는 것이다. 우리는 예수님께서 예루살렘 성 밖에서 십자가를 지셨다는 것을 알고 있는데 바로 그날 주님은 우리 죄의 수치와 저주뿐만 아니라 죄책까지도 몸소 다 짊어지셨다. "우리의 모든 죄를 대신 지고 그 처벌을 몸소 다 받으시며 하나님이 퍼붓는 진노의 무시무시한 포도주 틀에서 자신을 짓밟도록 자신을 내어주신 곳은 바로 성밖이었다. 그리하여 우리는 그분의 순결과 거룩한 의의 옷을 덧입을 수 있게 되었다."(P. E. Hughes, 167) 이제 그리스도께서 재림하시는 시간에, 심판이 하나님의 도성 밖 똑같은 장소에서 일어나게 된다. "스스로 그들의 완악함으로 회개하지도 않고 감사하지도 않으면서 그들 자신의 선택에 따라 하나님이 내리는 진노의 고통을 받으신 십자가에서 나오는 은혜를 거부한 자들"(P. E. Hughes, 167)이 거기에 있다.

많은 이들이 하나님의 보복적인 진노에 대한 이런 성경적 묘사에 질색하거나 충격에 휩싸인다. 그 이미지가 '하나님은 사랑'이시라는 그들의 관념과는 동떨어진 것처럼 보이기 때문이다. 그러나 모든 악에 대해 하나님이 그토록 살벌하게 반응하시는 것은 분명히 정의, 진리, 평화를 위한 하나님의 사랑 때문임을 그들은 깨닫지 못한다. 근대와 포스트모던 시대의 인본주의자들은 하나님의 진노라는 성경적 개념은 포용할 가치도 없는 것, 도덕적으로 반대할 수 있는 어떤 것이라고 여긴다. 하나님의 진노라는 성경적 개념은,

'정당한' 분노 곧 창조세계 안에 있는 도덕적 사악함을 향한 창조주의 도덕적 완벽에서 비롯된 '정당한' 반응이다. 여태껏 죄를 벌하시는 하나님이 내리시는 진노의 표현이 도덕적으로 의심스럽게 여겨졌다. 도덕적으로 의심스럽다는 점은 하나님이 그분의 진노를 이런 식으로 보이면 안 된다는 식으로 여겨져 왔다는 뜻이다. 하나님은 '공정'하지 못하다. 즉 하나님은 '공정한' 방식으로 행동하지 않는다고 여기기 때문이다. 하지만 하나님이 모든 죄와 악행에 합당한 처벌을 가하지 않는다면 그분은 '심판자' 자격이 없다.(J. I. Packer, 166)

요한의 이미지를 살펴보면 죄에 합당한 처벌은 정말로 무시무시하다. 그 이유는 그 처벌이 죄의 본질이 지닌 무시무시한 공포에 걸맞기 때문이다. 여기서 하나님의 무시무시한 진노라는 성경의 그림을 사람들이 쉽게 받아들이기 어려운 이유를 알 수 있다: 그들은 죄에 대한 하나님의 혐오감을 공유하지 못하기 때문이다. "죄는… 우주 전체를 파괴하고, 수백만의 사람들의 마음을 망가뜨리고, 이 세상을 창조하신 단 한 분 하나님께 불명예를 안겨드린 가장 메스꺼운 것이다. 하나님이 보시기에 죄만큼 혐오스러운 것은 없다."(H. A. Ironside, 161) 단 한 가지 죄만으로도 하나님은 아담과 이브를 낙원에서 추방했다. 단 한 가지 죄만으로도 가나안의 후손들은 대대로 하나님의 저주 아래 들어가게 되었다. 모세는 단 하나의 죄로도 약속의 땅에 들어가지 못했다. 아나니아와 삽비라는 단 하나의 죄 때문에 죽임을 당했다. 우리에게 매우 익숙하여 더러 안도감까지 느끼게 하는 모든 죄는 의로운 본성 때문에

죄로 인해 개인적으로 상처를 받는 온전히 거룩하신 하나님께는 소름 끼치게 혐오스러운 것이다. 모든 죄가 그리스도의 십자가를 믿는 믿음으로 그리스도의 피로 대속하지 않는 한, 모든 죄인은 하나님이 내리시는 진노의 포도주 틀에서 잘 익은 포도송이가 으깨지듯이 짓밟혀야만 할 것이다.

하나님의 심판에 대해 우리가 하나님께 영광을 돌리든 그렇지 않든, 심지어 이 구절의 현실을 받아들이든 그렇지 않든 간에 회개하고 예수 그리스도를 믿지 않는 한 우리는 모두 다 하나님의 무시무시한 진노에 직면하게 될 것이다. 요한은 포도즙 틀에서 흘러나와 퍼져가는 광대한 피의 강을 보고 있다. 이것은 하나님의 심판, 그 '우주적인 범위'를 묘사한다: 계시록 14:20, "틀에서 피가 나서 말 굴레에까지 닿았고 천육백 스타디온에 퍼졌더라." 피의 강물은 사방팔방으로 흘러나가고 있는데 말이 헤엄칠 수 있을 만큼의 깊이로 흐르기에 이는 예수를 거부한 인류에 대한 심판을 내리기에 충분하다. 어떤 학자는 1,600 스타디아(약 180 마일, 290km)는 대략 팔레스타인 전체를 포괄하는 면적이라고 한다. 그러나 이 숫자가 상징적으로 채택되었을 가능성이 있다. 숫자 1,600은 4의 제곱(16)에 10의 제곱(100)을 곱한 것인데 4는 세상의 네 구석을 나타내고 1백은 심판의 완전성을 나타낸다. "1.2m 깊이의 피가 온 땅에 범람하는 것으로 그려졌다. 여기 담긴 사상은 명백하다: 이것은 하나님의 통치에 적대적인 모든 악행의 흔적을 단번에 쳐부수는 급진적인 심판을 가리킨다."(G. E. Ladd, 202)

14:16~19 _살고 싶으면 도망쳐라!

이 본문의 적용은 긴급하고도 명백하다. 그리스도인들은 이제부터는 안 믿는 사람들과 다르게 살려는 의지를 지녀야만 한다는 것을 기억해야만 한다. 안 믿는 사람들을 기다리고 있는 종말과는 전혀 다른 행복한 종말을 기독교인들이 소망하기 때문이다. 만일, 그리스도인이 보기에 신자들이 쭉정이와 비교되는 알곡이라면, 주 안에 있는 신자의 정체성에 걸맞는 경건한 열매와 삶의 영적인 실체가 있어야만 할 것이다. 시편 73편에서 아삽은 오늘날과 같은 세상에서 복종하는 믿음으로 살기가 참 힘들다고 분개했다. 그는 사악한 자들이 누리는 삶의 재미를 부러워했고 심지어 그들처럼 막살아버릴까 생각하기도 했다. 그러나 그가 하나님의 성소에 한 번 더 다녀온 뒤에는 이렇게 고백했다. "하나님의 성소에 들어갈 때에야 그들의 종말을 내가 깨달았나이다. 주께서 참으로 그들을 미끄러운 곳에 두시며 파멸에 던지시나니"(시 73:17~18). 경건하지 못한 자들의 세속적인 삶이 아무리 인상적이고 좋아 보여도, 그들이 죄악된 삶을 아무리 많이 즐기는 것처럼 보여도 그들을 부러워 말 일이다. 만일 당신이 예수 그리스도께 속했다면, 그대가 가진 믿음의 방식대로 믿고 흔들리지 말라. 하나님이 당신을 구별하셨으며 그분이 다시 오시는 날 그대가 영원한 생명에 들어가도록 그분이 당신을 구별하셔서 그분을 향한 믿음을 통해 하나님의 진노를 피할 수 있도록 하실 것을 이제부터 분명히 기억하라.

그리스도인들은 이 세상에서 예수님이 우리를 위해 그러셨듯이 십자가를 지면서 그리스도를 따르는 비용을 묵묵히 감당할 뿐만 아니라 곧 나타날 경건하지 못한 자들에 대한 심판을 긴급하게 경고해야만 한다. 앞서 그리스도께서 대대적으로 구원의 열매를 추수하시기 때문에 우리는 복음의 증인이 되는 삶을 우리의 주요 수고로 삼아야만 한다고 말한 바 있다. 계시록 14장 말씀을 마무리하면서 이 증거는 하나님의 진노에 담긴 공포를 지적하는 데 실패하면 안 된다. 오늘날 그리스도인들은 복음을 좀 더 듣기 좋게 만들려는 생각 때문에 하나님의 무시무시한 심판을 언급하는 데 부끄럼을 많이 탄다. 하지만 복음이 하나님의 진노로부터 우리를 구원하기 때문에 이 점을 분명히 하지 않고서는 왜 믿어야만 하는지에 대한 이유를 충분히 분명하게 밝힐 수 없다. 우리는 하나님의 온전한 계획을 통해 죄인들을 부르시기 위한 하나님의 주권적인 은혜를 신뢰하면서 하나님의 정의와 그리스도의 대속 두 가지가 다 포함된 진리를 제대로 선포해야만 한다.

마지막으로 만일 당신이 당신의 죄를 하나님께 고백하지 않고 용서와 구원을 위해 그리스도께로 아직 돌아서지 않았다면 이것은 당신의 인생에서 그 무엇보다도 긴급한 사안임을 잊지 마시라. 존 번연은 그의 유명한 책『천로역정』의 첫 장에서 긴급한 구원의 필요를 잘 묘사했다. 하나님의 책을 통해, 자신이 어느 순간에라도 하나님의 진노가 쏟아질 것이 확실한 멸망의 도시에 살고 있음을 깨닫게 된 어떤 '죄인'이 있다. 그는 '전도자'를 발견했는데 그는 그 죄인에게 도망칠 길로 그리스도의 십자가를 가리킨다. 그러자 그는 그 십자가를 향해 달리기 시작했다. 그는 부르짖었다; "생명! 생명! 영원한 생명!"(J. Bunyan, 11-13) 이것이 오늘 당신에게도 똑같은 부르짖음이 되게 하라. 당신의 죄 위에 퍼부어지는 하나님의 진노로부터 도망칠 때 용서와 그리스도의 복음 추수 때에 피난처 모두를 보장하는 십자가를 얻어야 한다. 십자가를 믿는 믿음을 통해, 당신은 그리스도께서 당신 대신 하나님의 진노를 받고 고난을 겪으셨으며 그럼으로써 영생의 추수 때 당신을 알곡처럼 하늘 곳간으로 불러 모으실 것을 알게 될 것이다.

5막

진노의
일곱 대접

Ἀποκάλυψις Ἰησοῦ Χριστοῦ ἣν ἔδωκεν αὐτῷ ὁ θεὸς δεῖξαι
τοῖς δούλοις αὐτοῦ ἃ δεῖ γενέσθαι ἐν τάχει καὶ ἐσήμανεν
ἀποστείλας διὰ τοῦ ἀγγέλου αὐτοῦ τῷ δούλῳ αὐτοῦ Ἰωάννῃ

유리 바다 가에 서서
(요한계시록 15:1~8)

[1]또 하늘에 크고 이상한 다른 이적을 보매 일곱 천사가 일곱 재앙을 가졌으니 곧 마지막 재앙이라 하나님의 진노가 이것으로 마치리로다 [2]또 내가 보니 불이 섞인 유리 바다 같은 것이 있고 짐승과 그의 우상과 그의 이름의 수를 이기고 벗어난 자들이 유리 바다 가에 서서 하나님의 거문고를 가지고 [3]하나님의 종 모세의 노래, 어린 양의 노래를 불러 이르되 주 하나님 곧 전능하신 이시여 하시는 일이 크고 놀라우시도다 만국의 왕이시여 주의 길이 의롭고 참되시도다 [4]주여 누가 주의 이름을 두려워하지 아니하며 영화롭게 하지 아니하오리이까 오직 주만 거룩하시니이다 주의 의로우신 일이 나타났으매 만국이 와서 주께 경배하리이다 하더라 [5]또 이 일 후에 내가 보니 하늘에 증거 장막의 성전이 열리며 [6]일곱 재앙을 가진 일곱 천사가 성전으로부터 나와 맑고 빛난 세마포 옷을 입고 가슴에 금 띠를 띠고 [7]네 생물 중의 하나가 영원토록 살아 계신 하나님의 진노를 가득히 담은 금 대접 일곱을 그 일곱 천사들에게 주니 [8]하나님의 영광과 능력으로 말미암아 성전에 연기가 가득 차매 일곱 천사의 일곱 재앙이 마치기까지는 성전에 능히 들어갈 자가 없더라 (개역개정)

나머지 성경과 마찬가지로 계시록은 하나님의 왕국이 온다는 이야기를 다룬다. 구약에서는, 이 왕국이 다니엘서 2장에서 하나님의 대적, 그 원형인 바벨론 왕 느부갓네살에게 주어진 비전으로 예언되었다. 느부갓네살 왕이 큰 신상 하나를 보았는데, 그 머리는 정금으로, 그 가슴과 팔은 은으로, 그 배와 허벅지는 동으로, 그 다리는 철로, 그 발의 일부는 철로, 일부는 진흙으로 만들어져 있었다(단 2:32~33). 이 신상은 이 세상에 연이어 나타나는 제국들이 그 영광이 증진되기는커녕 어떻게 쇠퇴할 것인지를 그린 것이다. 다니엘 시대에서부터 출발할 경우 이 제국들은 바벨론, 메대-파사, 헬라와 로마였다. 가장 중요한 것은, "손대지 아니한 돌이 나와서 신상의 쇠와 진흙의 발을 쳐서 부셔뜨리는"(단 2:34) 장면을 연이어 보여 주었다는 것이다. 손으로 다듬지 않은 이 돌은 그리스도의 왕국을 나타내는데, 이 왕국은 네 번째 제국인 로마시대에 나타나서 지상의 왕국들을 전복시킬 것이다.

계시록 전체에 드러난 요한의 조망은, 그리스도의 대속적인 죽음과 부활 후 하늘로 승귀되심으로써 성취된 하나님 왕국에 대한 다니엘의 예언과 일치한다. 네 번째 제국인 로마 시대에 그리스도의 왕국이 시작되었고, 이 시대를 통해 세속의 왕국들에 맞서 복음이 널리 퍼질 것이다.(R. D. Phillips, 7-10) 다니엘서 2장의 비전은 계시록이 지적하듯이 이렇게 결론을 맺는다: "이 여러 왕들의 시대에 하늘의 하나님이 한 나라를 세우시리니 이것은 영원히 망하지도 아니할 것이요… 도리어 이 모든 나라를 쳐서 멸망시키고 영원히 설 것이라"(단 2:44).

신약은, 구약의 종말론보다 좀 더 풍부한 세부사항을 제공하고 있다. 다니엘이 보았던 비전이 지상의 악한 왕국들을 쳐부수는 그리스도의 왕국을 보여 준다면 계시록은 인, 나팔, 대접이라는 좀 더 세부적인 심판을 보여 준다. 일련의 비전들은 그리스도의 심판이 지상에서 어떤 '흐름'을 타고 있음을 알려 준다. 첫째, 일곱 인은 그리스도의 백성들이 이 세상에서 하늘로 안전하게 통과하도록 도우면서 교회에 대한 세상의 포학을 억제하기 위한 심판자이신 그리스도를 보여 준다. 둘째, 일곱 나팔 심판은 열국(列國)에 최후 심판을 경고함과 동시에 그들에게 회개의 기회를 제공하기 위해 주어진다. 셋째, 일곱 대접은 회개하기를 거절하는 세상의 사악한 권세들을 파괴하기 위한 최종심판을 퍼붓는다. 그러므로 그것은 느부갓네살의 바벨론에게 부어지는 것이었다. 그것은 그리스도의 백성을 완전히 멸절시키지 못하도록 하는 것으로서 바벨론이 회개하지 않을 경우 메대-파사의 정복자들을 통해 바벨론이 파괴되도록 하는 하나님의 작정이었다. 똑같은 심판의 흐름인 '억제(인), 경고(나팔), 파괴(대접)'가, 최후 심판으로 모든 원수가 완전히 사라지고 영원한 하나님의 왕국이 시작될 때까지 그리스도를 대항하여 일어선 세속의 모든 권세 위에 쏟아질 것이다.

15:1 _하나님의 진노가 끝나다

계시록 15장은 진노의 일곱 대접이라는 심판을 보여 주면서 계시록의 5막을 열고 있다. 확인해야 할 첫 번째 질문은 언제 이 심판들이 일어날 것인가이다. 일부 학자는 이러한 심판이 그리스도의 재림 때에 역사의 종말에만 국한된다고 주장한다. 이렇게 주장하는 한 가지 이유는 요한계시록의 각 부분을 전체적으로 보지 않고 오직 미래적인 감각으로만 해석하려는 일반적인 경향 때문이다. 아울러 요한이 이제 "하나님의 진노가 이것으로 마치리로다"(계 15:1)라고 말하는 것에만 주목하기 때문이다. 그렇다면 이것은 교회의 일반적인 역사를 벗어나서 최후의 날들로 옮아갔다는 것을 뜻하는 것인가?

그렇지 않다. 두 가지 이유가 있다. 첫째, 이 단락은 곧바로 이어지는 장(章)들의 상징적인 역사와 연관되어 있다. 계시록 12장에 기록된 용과 여자라는 비전은 13장의 두 짐승 비전과 함께 교회 시대 전체를 묘사한 것이었다. 12장은 이렇게 시작되고 있다: "하늘에 큰 이적이 보이니"(계 12:1). 15장은 이렇게 시작한다: "또 하늘에 크고 이상한 다른 이적을 보매"(15:1). 대접 비전이 교회 시대 전체를 포괄하는 용과 여자 비전과 연결되어 있기에 일곱 대접 재앙 또한 이 기간의 역사를 그리는 것이지 단지 종말의 마지막 사건들을 말하는 것이 아니라는 것을 알아야 한다.

둘째, 일곱 인(印), 일곱 나팔과 일곱 대접의 관계 때문이다. 일곱 인이 교회 시대 전체를 포괄한다는 것은 의심의 여지가 없다. 다만 일곱 번째 인만이 그리스도의 재림 및 최후 심판에 상응하고 있다. 일곱 나팔 심판도 똑같다. 일곱 대접이 하나님의 진노를 끝낸다는 느낌은 이런 흐름과 상응한다. 대접 심판은 역사 속에서 하나님의 대적들을 향해 최종심판을 퍼붓는 하나님을 보여 준다. "대접 재앙은, 회개하지 않고 완악한 세상에 대한 하나님의 경고를 완결짓는 여러 재앙의 마지막을 가리킨다."(R. H. Mounce, 285) 대접 심판은 하나님이 퍼붓는 최초의 그리고 부분적인 심판을 무시했을 때 무슨 일이 일어나는지를 보여 준다. "나팔 심판으로 종종 경고를 받았음에도 사악한 자들이 그들의 마음을 계속 완악하게 한다면, 마침내 죽음이 분노하신 하나님의 손에 그들을 빠뜨릴 것이다."(W. Hendriksen, 157)

15:2~4 _심판을 통한 구원

계시록 15장은 아주 놀라운 장면으로 진노의 대접 비전을 시작한다: "또 내가 보니 불이 섞인 유리 바다 같은 것이 있고 짐승과 그의 우상과 그의 이름의 수를 이기고 벗어난 자들이 유리 바다 가에 서서 하나님의 거문고를 가지고"(계 15:2). 계시록 4:6에 하늘에 있는 하나님의 보좌 앞에 있는 "수정과 같은 유리 바다"가 있었다. 성도들은 지상에서의 시련을 통과하고 안전하게 하늘에 도착하여 지금 수정 바다 앞에 서 있다. 이것이, 시대의 마지막에 하나님의 백성들의 온전한 몸이 나타나는 미래를 가리키는 것인지, 아니면 이 시대의 온갖 시련 기간에 땅에서 하늘로 통과한 사람들을 가리키는 것인지는 분명치 않다. 바다는 하나님의 창조와 통치에 대항하여 일어난 악과 혼돈의 권세를 나타내는 성경의 이미지다. 결국 하나님의 백성을 공격하라고 용이 첫 번째 짐승을 소환한 곳은 바다였다. 거세게 치던 파도는 이제 잔잔해졌는데 이는 죄와 악에 대한 하나님의 영속적인 정복을 보여 주는 것이다. 따라서 수정 바다는 창조주이신 하나님의 주권적인 권세와 대속자 하나님으로서의 승리를 드러내는 영광스러운 비전이다. 아울러 이 비전에 등장하는 출애굽 이미지들은 매우 분명하기에 하나님이 모세 시대에 바로의 군대로부터 이스라엘을 구원하신 홍해 이야기의 최종판으로 유리 바다를 생각해야만 한다. 계시록 11:8에서 지적하는 것처럼, "영적인 애굽을 빠져나온 성도들은 이제는 하늘의 수정 바다로 치환된 순교의 홍해를 통과하도록 이끌림을 받았다."(H. B. Swete, 2:195) 유리 바다에는 이제 "불이 섞인다"(계 15:2). 이 붉은 광채는 "순교자들을 정죄했던 세상에 대해 퍼부어지려 하는 진노의 더 심한 상태로서, 순교자들이 통과했던 불"을 말하는 것이다.

하늘의 수정바다 가에서 하나님을 찬양하는 성도들은 "짐승과 그의 우상과 그의 이름의 수를 이기고 벗어난"(계 15:2) 이들임이 밝혀진다. "짐승"은 사탄에게 봉사하는 전제 권력을 가리키는데 요한 당시에 이것은 로마 황제 도미티안에 초점이 맞춰져 있다. 짐승의 "이미지"는 아시아 전역에서 신으로 영광 받고 싶어 하던 그의 욕망을 가리키며 "그의 이름의 수"는 인간중심의 뒤집힌 우상 숭배를 가리킨다. 홍해를 건넌 후에 하나님의 구원을 찬양하는 노래를 모세와 이스라엘이 불렀던 것처럼 하늘의 성도들도 "하나님의 종 모세의 노래, 어린 양의 노래"(계 15:3)를 부른다. 모세는 갈라졌던 홍해 가에서 노래했다: "여호와는 나의 힘이요 노래시며 나의 구원이시로다"(출 15:2). 하늘의 수정바다 가에서 영광스럽게 변화된 성도들의 노래 또한 "어린 양의 노래"로 불린다. 예수님은 그분의 죽음을 "출애굽(헬, 엑소도스: '별세')"(눅 9:31)으로 말씀하셨다. 그분의 생명을 희생시킴으로써 그분은 참 유월절 어린 양이 되시고, 그분의 피로 하나님의 백성을 대속하고 죄에서 해방함으로써 주님을 알고 경배하도록 하시기 때문이다.

짐승의 종들에 의해 지상에서 잔혹하게 죽임을 당한 성도들이 하늘에 도착했다. 그렇다면 그들이 어떻게 그 짐승을 정복한 사람들로 불릴 수 있을까? 요한계시록 12장에 그 답이 있다: "우리 형제들이 어린 양의 피와 자기들이 증언하는 말씀으로써 그를 이겼으니 그들은 죽기까지 자기들의 생명을 아끼지 아니하였도다"(계 12:11). 하나님께서 선물로 주신 아들 예수가 십자가에서 죽음으로 죄를 대속하신 유일한 길임을 굳게 믿었던 성도들은 승리를 얻게 되었다. 그리스도를 향한 충성의 대가가 이 세상의 손에 고난받고 죽는 것이었기에 이런 것들을 기꺼이 감내했던 그들의 경험은 이 세상에 대한 그들의 승리였다. "그들이 죽었기 때문에 그들을 승리자로 만들었다는 바로 그 사실은 의심의 여지가 없다. 만일 그들이 그들의 믿음에 거짓을 드러냄으로써 살아남았다면 그들은 패배하고 말았을 것이다."(W. Barclay, 2:133)

이 비전은 그리스도인의 교회가 구약의 이스라엘과 동등하다는 또 다른 증거를 제공하기에, 이스라엘과 교회를 전혀 다른 신분으로 여기는 세대주의자들은 성경을 잘못 본 것이다. 성도들이 그들의 손에 거문고를 가지고 있는 비전은 오직 구약의 성전 배경에서만 악기를 사용한다고 생각하는 일부 그리스도인들의 가르침이 잘못되었음을 알려 준다. 지상 교회는 천상의 교회와 근본적인 연속성을 갖고 있다고(마이클 하이저, 77-8) 여겨야만 하며 따라서 이 비전은 오늘날의 그리스도인들을 구약시대의 성전 예배뿐만 아니라 하늘의 풍요롭고 아름다운 예배, 명백히 각종 악기를 동반한 예배와도 연결하고 있다. 가장 중요한 것은 이 비전이 구약시대 모세의 영도 하에 출애굽 구원을 경험한 이들과 신약의 신자들을 연결하고 있다는 점이다. 모세

시대의 구원은 신약시대의 우리가 받기를 기대하는 어떤 것의 모형이었기 때문이다. 곧 어린 양의 대속하는 피로, 신자를 박해하는 세상에 대한 하나님의 복수하시는 진노로부터 받는 구원, 그것의 모형이 출애굽 사건이라는 말이다.

일부 독자들은 안 믿는 자들이 당하는 심판을 보면서 그리스도인들이 기뻐하는 것이 정당한가에 대해 의심을 가질 수도 있다. 그러나 이 구절은 이 사악한 세상의 압제로부터 구원을 받은 하나님의 백성들이 사악한 세상에 대한 심판을 다 겪은 후의 상황을 보여 주는 것이다. 홍해가 이스라엘의 대적을 익사시켜 바로의 전차부대, 그 창날로부터 이스라엘이 도망쳤던 것처럼 하늘의 성도들도 수정바다 가에 서서 일곱 천사가 지상에 퍼부을 재앙 속에서도 그들을 구원해 주신 하나님의 권세와 의로움을 찬양하고 있는 것이다.

15:5~6 _영원한 심판의 결말

계시록 15장은, 진노가 발원(發源)하는 하나님의 성전이 열리는 비전과 함께 성도들이 예배하는 장면으로 시작한다: "또 이 일 후에 내가 보니 하늘에 증거 장막의 성전이 열리며 일곱 재앙을 가진 일곱 천사가 성전으로부터 나와"(계 15:5~6). 그것은 이스라엘이 광야를 방랑할 때 하나님이 거하셨던 성막, 그 성막의 천상적 대응물(마이클 하이저, 77-8)인 "증거의 장막"에 있는 성소였다. 따라서 하나님께 속한 백성의 승리를 그들과 함께하셨던 하나님의 임재와 연결 짓는 것이다. 이것은 "하늘에 있는 참된 증거 장막"이므로 그것이 열리는 모습은 하나님의 임재, 권능, 언약의 신실성을 계시한다. 성전의 "증거"는 언약궤 안에 보존되어 있던 십계명에 기록된 하나님의 율법에 초점이 맞춰져 있다. 죄에 넘어간 열국을 심판하시기 위해 하나님의 거룩한 임재에서 나온 마지막 재앙은 하나님이 주신 율법의 증거와 일치하고 있다. 그 백성의 죄를 용서하기 위해 속죄의 희생제물이 거기에 드려졌기 때문에 성전은 또한 하나님의 자비에 대한 증거를 지녔다. 이제 그의 백성을 향한 하나님의 똑같은 자비가 구약의 바로 같이 교회를 고통스럽게 하는 일에 완악한 자세로 몰두했던 자들에 대한 최종심판으로 표현되고 있다.

이 하늘 성전의 등장이 세속적인 고통의 현실 혹은 위협에 직면한 그리스도인들을 위로한다. 바로나 도미티안이 교회를 핍박하는 일을 지속한다면 정한 때에 하나님의 무시무시한 진노를 받지 않을 수 없다는 것을 말하고 있기 때문이다. 오늘날 그리스도인들은 이슬람이 지배하고 있는 지역에서 가장 야만적인 폭력의 위협을 받고 있다. 서구에서는 급진적인 세속 정부들이 기독교의 진리와 도덕성을 점차로 관용하지 않는 흐름을 타고 있고 그럼으로써 세련되고 "부드러운" 박해가 점점 더 견고해지는 것 같다. 결과적으로 그리스도의 교회는 50년 전 혹은 짧게는 20년 전만 해도 상상할 수 없었던 지독한 전 세계적인 위협에 직면하고 있다. 그러나 가장 중요한 것은 변하지 않았다. 하나님은 여전히 하늘 보좌에 앉아 계시며 따라서 그분의 허락 없이는 어떤 것도 일어날 수 없다는 것을 알아야 한다. 하나님의 거룩한 품성은 전혀 변하지 않았으므로 죄는 우리의 역사 속에서나 마지막에나 늘 심판받을 수밖에 없다. 하나님이 주신 언약의 신실성 때문에, 그 백성들은 박해받을 때 흔들리지 않고 굳세게 버틸 수 있다. 그들을 압제하는 자들은 하늘에서 내려오는 재앙 아래 내던져질 것이다. 성경에 기록된 은혜의 언약에 계시된 하나님의 자비는 예수 안에 있는 신자들이 개인적으로 죄로부터 대속되어 즐거운 찬양을 부르며 하늘의 수정바닷가에 서서 하늘나라에 동참하게 될 것을 보장하고 있다.

하나님의 심판이 불가피하게 드러난 역사적인 예는 영국과 프랑스의 각기 다른 역사에서 찾을 수 있다. 중세 후기 영국 플랜태저넷 왕가의 통치자들은 프랑스의 부르봉 왕조의 왕들만큼이나 잔혹하고 탐욕스럽고 불경건했다. 두 왕조는 로마 가톨릭에 도전하기 위해 성경을 읽은 사람들을 잔혹하게 압제했다. 영국에서는 복음을 선포하는 요한 위클리프의 가르침을 따랐던 롤라드 파 사람들이 공식적인 법에 따라 추방당했고, 프랑스에서는 발도 파 교도들이 참혹하게 처형당했다. 계시록이 예언했듯이 영국도 프랑스도 회개하고 예수 그리스도께로 돌아서라고 경고했던 부분적인 심판과 그들 위에 쏟아질 하나님의 재앙 소식에 전혀 귀를 기울이지 않았다. 이런 일들이 계시록 15장에 기록된 재앙을 통해 그려진 유럽의 3분의 1 이상이 죽임을 당했던 무시무시한 "흑사병(페스트)"이었다.

두 왕국에 결정적인 기회가 왔는데, 16세기 청교도 개혁 운동을 통한 복음 전파로 복음을 접할 수 있었다. 프랑스 사람 요한 칼뱅은 자신이 쓴 『기독교 강요』를 프랑스 왕에게 헌정했다. 왕이 그것을 읽고 프랑스를 그리스도께로 돌이켜 주기를 바랐기 때문이다. 그러나 프랑스는 복음을 난폭하게 압제하였고 칼뱅이 그의 조국에 파송한 교회 지도자를 배출한 대학은 침울하게 "칼뱅의 죽음의 학교"로 알려지게 되었다. 영국에서의 개혁주의 가르침도 피어린 반대에 부딪혔다. 그러나 피의 여왕 메리가 개혁주의자들을 화형시킨 데 대한 반발로 많은 영국인들이 엘리자베스 여왕 통치 기간에 복음으로 돌아섰다. 그러나 17세기의 프랑스는 이와 매우 달랐다. 프랑스의 신교도인 위그노에게 어느 정도 신앙의 자유를 허락했던 낭트 칙령이 루이 14세 때인 1685년에 폐지되었고 수천 명의 기독교인이 살해되거나 망명길에 올랐다. 복음은 공식적으로 추방당했고 프랑스 군주제에 대한 최후 심판이 봉인되었다. 18세기에 혁명의 바람이 불어오자, 영국의 바보짓은 미국이라는 거대한 식민지에 대한 비용을 치렀지만 군주제는 굳건하게 살아남았다. 프랑스는 복음을 거부하는 죄를 회개하지 않고 극노하신 하나님의 심판 아래 떨어져서 혁명의 단두대가 사악한 전제군주제에 최종적인 종말을 가하고 파리의 거리를 피로 가득 물들였다.

계시록 15:7, "네 생물 중의 하나가 영원토록 살아 계신 하나님의 진노를 가득히 담은 금 대접 일곱을 그 일곱 천사에게 주니." 이 천사들은 "성전으로부터 나와 맑고 빛난 세마포 옷을 입고 가슴에 금띠를 띠고"(계 15:6) 있다. 7절에서는 하나님의 영원한 존재를 강조한다. 그것은 악에 대한 하나님의 심판과 그 백성을 향해 하나님이 주신 신실한 언약이 실패하지 않는 것을 보장한다. 결과적으로 하나님을 대항하여 반역하면서 하나님의 백성을 박해하는 어떤 나라나 권력도 건재할 수 없다. 그들은 그리스도께서 그분의 교회를 구원하려고 다시 오시는 날 예수 그리스도의 궁극적인 분노에 직면하거나 역사 속에서 심판을 받고 파멸할 것이다. 영원히 살아 계시는 하나님과, 그 백성을 향한 언약의 신실성이 하나님의 거룩한 법이 기록되어 있는 그의 성전에서 나오기 때문에 이 천사들은 "그 참혹한 결과로 고통을 겪지 않는 한 어떤 개인이나 국가도 하나님의 법을 무시할 수 없다는 것을 보여준다."(W. Barclay, 2:137) 성전의 개방과 더불어 진노를 운반하는 천사들의 등장은 성경에 계시된 하나님의 말씀으로 하나님께서 열방과 민족들을 지탱하고 계심을 가리킨다. "하나님의 영원성을 강조하는 것은…, 인류 역사에서 비록 악이 모든 것을 지배하는 것처럼 보일지라도 하나님께서 모든 것을 다스리고 계시기에 사탄의 악하고 강력한 힘으로도 그분의 목적을 결코 좌절시킬 수 없다는 것을 일깨우는 장치다."(G. E. Ladd, 207)

계시록 15:8 말씀에서 이렇게 결론 내린다: "하나님의 영광과 능력으로 말미암아 성전에 연기가 가득 차매 일곱 천사의 일곱 재앙이 마치기까지는 성전에 능히 들어갈 자가 없더라." 출애굽기 40:35, 하나님의 영광이 구름 같은 연기로 회막 위에 가시적으로 내려왔고 그래서 "모세가 거기에 들어갈 수 없었다"고 적고 있다. 이 현상은 솔로몬 시대에도 반복되는데, 하나님의 가시적인 영광이 성전 봉헌식 날 성전에 가득 찼다. 이 영광의 구름이 "일곱 천사의 일곱 재앙이 마치기까지"(왕상 8:10~11) 성소에 가득 찼다고 말함으로써 요한은 하나님의 최종 진노가 쏟아질 때 그 무엇도 그것을 멈출 수 없으며 불신앙으로 반역한 자들에게 하나님이 내리는 진노의 재앙으로부터 그들을 중재하여 건져 줄 수단이 전혀 없다는 것을 말하고 있다. 모세 시대에 바로가 완악하고 강퍅한 마음으로 하나님의 말씀을 거절하자 진노의 재앙이 그의 권세를 깨부수고 하나님의 백성을 해방했다. 같은 식으로, 하나님은 회개하지 않는 사람들과 열방에 각종 재앙을 보내셔서 몸 된 교회를 옹호하는 심판을 내리신다.

15:3~8 _주님의 이름을 영화롭게 하소서!

15장은, 그리스도인들을 박해하는 열국과 믿지 않는 백성들에 대해 하나님이 내리는 심판 수단으로서 하나님이 그 백성들을 구원하시는 것을 보여 주는 것으로 시작되고 끝맺는다. 15장 말씀의 핵심은 "하나님의 종 모세의 노래, 어린 양의 노래"(계 15:3)이다. 하늘의 열린 성전이 그리스도와 그의 복음을 대적하는 원수들에 대한 경고를 말한다면, 이 노래는 신자들에게 15장에 대한 적용점을 알려 준다.

첫째, 이 하늘의 노래는 신자들이 지상의 가변적인 사건들에 마음을 뺏기지 말고, 변함없으시고 거룩한 하나님의 힘과 영광에 주목할 것을 강력히 권한다. 위쪽 하늘에 있는 성도들에게 참된 것은 여기 아래쪽 땅에 있는 신자들에게는 훨씬 더 참된 것이다: "[그들이] 노래를 불러 이르되 주 하나님 곧 전능하신 이시여, 하시는 일이 크고 놀라우시도다. 만국의 왕이시여 주의 길이 의롭고 참되시도다"(계 15:3).

하나님께 속한 백성의 모든 역사는 피에 굶주린 바로가 그들을 죽이기 위해 뒤에서 급습해 오던 홍해에서 모세와 이스라엘이 경험했던 일로 요약된다. 모세는 크게 외쳤다. "너희는 두려워하지 말고 가만히 서서 여호와께서 오늘 너희를 위하여 행하시는 구원을 보라"(출 14:13). 하나님은 그분의 권능을 보내셔서 이스라엘이 통과할 수 있도록 홍해를 갈랐고 곧이어 이스라엘을 뒤쫓던 바로의 군대를 수장시켜 버렸다. 하나님은 스스로 위대하고 놀랄 만한 행위로 그분의 권능을 보여 주었다. 홍해를 갈랐던 바로 그 하나님이 여리고 성의 성벽이 무너지게 하셨으며 다소의 사울을 개종시켜 사도 바울이 되게 하셨고 지금도 그의 백성들을 구원하시면서 오늘날 몸 된 교회가 나아갈 통로를 만들고 있다.

하나님은 강력한 행위를 수행하실 뿐만 아니라 "의롭고 참되신"(계 15:3) 길도 내신다. 하나님은 늘 사악한 자들을 심판에 내던지시고 그리스도를 믿음으로 의롭다 함을 받은 이들은 구원하신다. 하나님의 강력한 행동의 영광과 의로움은 하늘에 모여든 사람들의 생각을 완벽하게 사로잡고, 하늘 아래 사는 우리에게 본이 되게 하신다. "하나님 앞에서 순교자들은 그들 자신을 잊는다; 그들의 모든 생각은 자기들을 둘러싸고 있는 새롭고 기이한 일들에 흡수되어 버린다; 그 안에서 순교자들 자신의 고통이 극히 작은 부분을 형성한 하나님의 영광과 모든 것들의 강력한 계획이 그들 앞에 펼쳐져 있다; 그들은 이 세상이라는 드라마의 위대한 주제를 보기 시작하며 하나님과 그분의 사역에 관한 구름이 환하게 걷힌 첫 비전을 영접하면서 하나님께 올리는 영광 송을 감격스럽게 듣는다."(H. B. Swete, 2:196)

둘째, 앞서 말한 대속 받은 자의 노래는 이 세상의 바로가 아닌 오직 하나님 한 분만 두려워해야만 한다는 것을 일깨워 준다. "주여 누가 주의 이름을 두려워하지 아니하며 영화롭게 하지 아니하오리이까. 오직 주만 거룩하시니이다"(계 15:4). 이것은 바로의 군대를 홍해에서 파멸시킨 일로 이스라엘에 미친 효과를 가리키는데, 홍해를 건넌 뒤 모세가 불렀던 노래를 떠올리게 한다: "이스라엘이 여호와께서 애굽 사람들에게 행하신 그 큰 능력을 보앞으므로 백성이 여호와를 경외하며 여호와와 그의 종 모세를 믿었더라"(출 14:31). 하나님의 거룩과 능력 그리고 그분의 이름만 영광 받아야 하기에 오직 하나님만이 두려움의 대상이다. 이런 태도는 또한 예수님의 초기 제자들의 모습에서도 발견된다. 한 예로 사도행전 12장을 들 수 있다. 거기에는 목숨 걸고 복음을 전하는 신자들을 헤롯 아그립바가 박해하기 시작했던 이야기, 곧 야고보의 순교와 베드로의 투옥 이야기가 담겨 있다. 헤롯은 야고보 사도를 칼로 죽였고 마찬가지로 사도 베드로도 죽여 없앨 생각으로 베드로를 체포하였다. 이런 상황에서 교회는 어떤 반응을 보였는가? 신자들이 정치적으로 혹은 군사적으로 헤롯에 대항하여 일어섰는가? 유대 왕의 요구를 적당히 수용할 수 있게 베드로의 교리를 수정하도록 베드로를 압박하여 헤롯과 타협하라고 하였는가? 오늘날 많은 복음주의 교회가 그러하듯이 삶, 예배와 가르침에 세속적인 스타일을 채택하였는가? 아니다. 그 대답은 하나님께서 위대하고 놀랄 만한 일을 해 주실 것을 기대하면서 기도회로 모였고 그들의 얼굴을 하나님께로 돌렸다는 것이다. 마가 요한의 어머니인 마리아의 집에서 "여러 사람이… 기도하고"(행 12:12) 있었다.

계시록 15장의 즐거운 장면에서 오늘날 그리스도인들이 그토록 기도에 취약한 이유에 대한 설명을 들을 수 있다. 미국의 어느 목사 가정에서 있었던 일이다. 너무 오랫동안 비가 내리지 않아 가족 예배 때마다 비를 내려 주시기를 기도했다. 모임이 있어 온 가족이 시내로 나가기 전에도 함께 모여 기도하며 비를 내려 주시기를 기도했다. 출발하려고 하는데 막내가 보이지 않는다. 아빠의 성화에 뒤늦게 나타난 막내의 손에 우산 몇 개가 들려 있었다. 뭐하러 우산을 챙겼느냐고 묻자 천연덕스럽게 이렇게 답했다. "비 내려 달라고 하나님께 기도했잖아요?" 잘 살펴보면 사도행전 12장 이야기도 이와 비슷하다. 교회의 기도에 대한 응답으로 하나님은 헤롯의 감옥을 아주 쉽게 무너뜨리고 베드로를 빼낼 수 있는 천사를 보냈다. 베드로는 그리스도인들이 모여 기도하고 있는 집에 가서 문을 두드렸다. 문제는, 문이 열리자 거기 서 있는 사람이 베드로라는 것을 그 누구도 믿으려 하지 않았다는 점이다! 사도행전 12:15, 그들은 로데라 하는 여자아이가 베드로 사도가 도착했다는 말을 하자 "네가 미쳤다"고 했다. 우리도 마찬가지로 하나님께서 정말로 기도에 응답하신다는 사실을 까맣게 잊고 있다. 그런 상태로 기도할 때가 너무 많다. 기도하면서 그들은 문을 두드리는 소리를 기대하고 있어야만 했다. 어쩌면 우리가 기도에 이토록 허약한 이유는 우리 역시 하나님께서 기도에 응답할 의지가 있거나 응답하실 능력이 있음을 의심하고 있기 때문일 것이다. 만일 우리가 성경에서 사람을 두려워하는 것이 아니라 하나님 두려워하기를 배운다면 훨씬 더 대단한 기대와 위로부터 오는 훨씬 더 강력한 능력을 경험하게 될 것이다.

셋째, 모세의 노래와 어린 양의 노래는 이제 그리스도를 통해 이 세상에 들어와서 역사 속에서 전진하고 있는 하나님의 왕국을 섬기는 수고에 초점을 맞출 것을 일깨워 준다. 이것은 기도에 덧붙여서, 복음의 증인이 되고 세계 선교의 임무에 우리가 좀 더 열심을 내야만 한다는 것을 뜻한다. "주의 의로우신 일이 나타났으매 만국이 와서 주께 경배하리이다"(계 15:4). 15장의 첫 들머리에서, 그리스도의 왕국은 반석이고 이 반석은 이 세상의 왕국을 깨부수기 위해 온다는 것을 말한 바 있다. 그리스도의 통치는 그분이 하늘로 들려 올라가셔서 지금 우리가 사는 교회 시대를 시작하셨을 때 이미 시작되었다. 바울은 이렇게 말한다: "그가 모든 원수를 그 발아래에 둘 때까지 반드시 왕 노릇 하시리니"(고전 15:25). 그리스도는 지금도 복음을 전파하는 사역을 통해 다스리시고 정복하신다. 그러므로 우리는 그분 왕국의 추수 때에 모든 종족, 언어, 나라의 수많은 무리가 모이기 시작하여 오는 시대의 영광 속에 한데 모여 그분을 경배한다는 것을 잘 알아서 이 사역에 온전히 헌신해야만 한다.

마지막으로 하늘의 대속을 받은 교회의 노래는 우리를 구원시키는 목적이 하나님을 영원히 찬양하는 것임을 일깨워 준다. 승리를 얻은 교회가 하늘에서 하나님 앞에서 경배하게 될 때 성도들이 부르는 찬송의 하나가 15장의 장면을 연상시킨다:

수정바닷가에서. 성도들이 영광스런 모습으로 서 있네.
모든 땅에서 모인 무수한 무리들
예수의 피로 씻어 흰옷을 입고
그들은 이제 하나님의 어린 양과 함께 하늘에서 다스리네.
(W. Kuipers, 1933)

이 찬양은 영광스럽게 변화된 교회 전체가 그리스도와 함께 영광 중에 다스리는 그날에 부르는 것일 수도 있다. 그러나 우리가 지금 그것을 부를 때는 믿지 않는 세상, 이 지상에서 지속적인 반대의 위협 아래서도 그분의 말씀을 우리가 굳게 믿고 구원의 소망인 그리스도의 승리를 확신하면서 그분을 예배할 때 그리스도가 영광스럽게 다스리고 계심을 늘 기억해야만 한다.

진노의 첫째, 둘째, 셋째 대접
(요한계시록 16:1~7)

¹또 내가 들으니 성전에서 큰 음성이 나서 일곱 천사에게 말하되 너희는 가서 하나님의 진노의 일곱 대접을 땅에 쏟으라 하더라 ²첫째 천사가 가서 그 대접을 땅에 쏟으매 짐승의 표를 받은 사람들과 그 우상에게 경배하는 자들에게 악하고 독한 종기가 나더라 ³둘째 천사가 그 대접을 바다에 쏟으매 바다가 곧 죽은 자의 피 같이 되니 바다 가운데 모든 생물이 죽더라 ⁴셋째 천사가 그 대접을 강과 물 근원에 쏟으매 피가 되더라 ⁵내가 들으니 물을 차지한 천사가 이르되 전에도 계셨고 지금도 계신 거룩하신 이여 이렇게 심판하시니 의로우시도다 ⁶그들이 성도들과 선지자들의 피를 흘렸으므로 그들에게 피를 마시게 하신 것이 합당하니이다 하더라 ⁷또 내가 들으니 제단이 말하기를 그러하다 주 하나님 곧 전능하신 이시여 심판하시는 것이 참되시고 의로우시도다 하더라 (개역개정)

사람들은 성경에 기록된 하나님의 진노에 대한 묘사에서 공포를 느끼며 전전긍긍한다. 심지어 말라기 선지자조차도 이렇게 탄식했다. "그가 임하시는 날을 누가 능히 당하며 그가 나타나는 때에 누가 능히 서리요?"(말 3:2) 이런 충격 때문인지 자유주의 학자들은 거룩과 진노라는 개념이 빠진 성경이 계시하는 하나님의 이미지를 함부로 재구성해 버렸다. 리차드 니버는 성경의 메시지를 멋대로 뽑아내 버리는 자유주의자들을 이렇게 꾸짖었다. "진노 없는 하나님은 십자가 없는 그리스도의 사역을 통해, 심판 없는 왕국 안으로, 죄 없는 인간을 데려갔다."(H. R. Niebuhr, 193) 그런 메시지가 신종 유행이나 만드는 세속주의자의 입맛에는 맞는다고 해도 성경의 기독교와는 전혀 상관이 없는 것이다.

16:1 _진노의 불더미

목사와 신학자들에게 하나님의 모습을 성경 그대로 그려 내는 일은 상당히 고달픈 일이다. 성경의 진노 교리를 기반으로 심판을 선포하는 과정에 두 가지 접근법이 있다. 첫째는 진노와 응보의 정의라는 성경의 가르침을 강조하는 것이다. 어떤 이는 성경을 원시적이고 비도덕적인 것으로 헐뜯기 위해 이 사실을 신나게 활용해 나간다. 무신론적 선동가인 크리스토퍼 히첸스(게리 길리, 177)는 하나님의 진노에 관한 이 말씀을 사도 요한의 마음에서 나온 "착시현상에 기반한 공상문학(판타지)"(C. Hitchens, 56)이라고 한다. 히첸스는 "병든 마음이 지옥을 구상했기에 인간이 만든 종교의 특성을 그 어떤 것도 증명하지 못한다"(C. Hitchens, 219)고 말했다. 지독한 무신론자인 리차드 도킨스는 "영원한 지옥 속에서 모든 죄를 처벌하는 것과 같은 교리를 아이들에게 가르치는 것은 천주교 사제들이 어린이들을 성추행하는 것보다도 훨씬 더 나쁜 형태의 아동 학대"라고 말한다.(R. Dawkins, 328; 게리 길리, 177)

두 번째 접근법은 죄인들과 죄에 대한 분노로 불타는 하나님을 거부할 구실을 찾는 일부 복음주의 학자들의 견해다. 곧 불로 드러나는 하나님의 진노 개념을 부정하는 것이다. 그 예로 요엘 그린과 마크 베이커의 견해를 들 수 있다: "속죄의 희생을 통해 분노를 달랠 필요가 있는 성난 하나님의 모습을 보여 주는 성경은 대체로 없다."(J. B. Green & M. D. Baker, 51) 스티브 초크는 "하나님의 진노라는 개념은 악을 악으로 갚지 말고 네 원수를 사랑하라고 가르친 예수님 자신의 가르침을 조롱하는 것"(S. Chalke & A. Mann, 182-83)이라고 말한다. 최근 일부 복음주의 계열 출판사에서도 이와 엇비슷한 견해를 담은 책들을 펴냈다.

계시록 16장 이후의 본문을 설교할 때, 새삼스럽게 성경이 사실상 죄에 대한 난폭한 심판과 하나님의 진노를 말하고 있다는 사실에 대해 논쟁할 필요도 없다. 비단 계시록 안에서만 그것이 사실인 것이 아니라 하나님의 진노를 말하는 수백 개의 성구가 성경 전체에 널려 있기 때문이다. 이 주제에 관한 성경의 가르침을 증명하기 위해서는 계시록 16:1 한 절만 읽어 봐도 된다: "또 내가 들으니 성전에서 큰 음성이 나서 일곱 천사에게 말하되 너희는 가서 하나님의 진노의 일곱 대접을 땅에 쏟으라 하더라." 그 명령은 영원하신 하나님께서 거하시는 바로 그 하늘 성전의 내(內)성소로부터 나온다. 천사들은 하나님의 종이며 대접에는 하나님의 진노가 담겨 있는데 하나님의 보복적인 심판을 위해 그 대접이 쏟아 부어진다. 그러므로 성경은 하나님의 진노라는 무시무시한 교리를 분명하게 가르치는 것이다.

진노에 대한 성경의 가르침과 더불어 하나님의 분노에 대한 도덕적인 수용 문제와 관련한 질문이 나올 수 있다. 이 질문 또한 계시록 16장의 첫 단락에 답이 나온다. 5~6절에 등장하는 천사가 하나님을 변호할 뿐만 아니라 하나님의 진노에 대해 아낌없이 찬양한다: 계시록 16:5~6, "전에도 계셨고 지금도 계신 거룩하신 이여 이렇게 심판하시니 의로우시도다. 그들이 성도들과 선지자들의 피를 흘렸으므로 그들에게 피를 마시게 하신 것이 합당하니이다"(계 16:5~6).

만일 계시록 말씀이 맞다면 모든 죄에 대한 하나님의 진노와 심판의 교리를 오늘날 그리스도인들이 적극 선포할 필요가 있다. 아울러 신자들은 학문적인 혼돈과 무신론적인 조롱에 대항하여 이러한 진리를 옹호해야 할 필요가 있다. 이런 명분에서 계시록 16장의 첫 단락은, 찬양받아 마땅한 하나님의 진노, 그것의 네 가지 측면을 강조하고 있다: 진노의 거룩성, 진노의 복수, 진노의 공의, 그리고 (하나님이 내리시는) 진노의 유익. 이 네 가지를 하나씩 살펴 보자.

16:2~4 _진노의 거룩

계시록 16:1~4 본문에서는 지상에 하나님이 내리시는 진노의 여러 대접이 퍼부어지는 것을 묘사하는데 이런 명령으로 시작된다: "또 내가 들으니 성전에서 큰 음성이 나서 일곱 천사에게 말하되 너희는 가서 하나님의 진노의 일곱 대접을 땅에 쏟으라 하더라"(계 16:1). 15장은 내(內)성소에 연기가 가득한 그림으로 끝맺었다. "일곱 천사의 일곱 재앙이 마치기까지는 성전에 능히 들어갈 자가 없더라"(15:8). 그렇다면 하나님 외에 그 누구도 하나님의 성전 내부로부터 말소리를 내보낼 분이 없기에 이 음성은 분명히 하나님의 것이다. 내성소는 창조세계를 통틀어 가장 거룩한 장소다. 이 성전 내부를 들여다본다는 것은 하나님의 충만한 거룩 안에 있는 "하나님의 아름다움"(시 27:4)을 보는 것이다. 완벽하고 사랑스러운 하나님의 찬란함이 가득한 바로 이 장소로부터 진노의 대접이 나와 지상에 쏟아 부어지는 것이다. 이 사실에서, 우리에게 가장 중요한 것은 하나님의 분노에 대해 정확히 아는 것임을 알 수 있다: 도덕적으로 극악하고 가증스러운 죄의 본질과 하나님의 도덕적인 완벽성 때문에 말 그대로 무시무시하고 거칠게 응답하는 것은 바로 하나님의 거룩한 진노이다.

자신의 피조물을 향해 하나님이 그토록 살벌하게 반응할 수 있느냐고 비평가들이 물을 때, 첫 번째이자 가장 중요한 대답은 하나님은 무한히 그리고 완벽하게 거룩하시기에 인류의 모든 죄가 하나님의 진노를 끌어냈다는 것이다. 하나님께서 인류에게 무차별적으로 분노하시는 것이 아니라 오직 회개하지 않은 죄인에게만 분노하시는 것이다. 시편 5:4~6에서 다윗은 이렇게 말했다: "주는 죄악을 기뻐하는 신이 아니시니 악이 주와 함께 머물지 못하며 오만한 자들이 주의 목전에 서지 못하리이다. 주는 모든 행악자를 미워하시며 거짓말하는 자들을 멸망시키시리이다. 여호와께서는 피 흘리기를 즐기는 자와 속이는 자를 싫어하시나이다." 이렇게 말할 수 있다: "거룩에 반대되는 모든 것을 증오하지 않고는 거룩을 사랑하는 일은 불가능하다. 하나님이 반드시 그 자신을 사랑하시기 때문에 하나님 자신에게 대항하는 모든 것은 필연적으로 미워하셔야만 하는 것이다: 또한 하나님의 거룩과 탁월성 때문에, 하나님 자신을 사랑하시기 때문에, 하나님은 반드시 그분의 거룩성을 증오하는 것은 무엇이든 그것을 반드시 싫어하셔야만 한다."(S. Chamock, 2:118)

하나님의 거룩에 대한 강조는, 인간이 자주 보이는 죄악 되고 거만한 분노와 비교할 수 없는 것임을 일깨워 준다. "하나님의 분노는 절대적으로 순수하고, 인간의 분노를 죄로 만드는 그런 요소들로 오염되지 않았다… 하나님의 분노(오르게)는 무차별적이고 통제되지 않은 짜증 섞인 분노의 악몽이 아니라, 인간의 불(不)경건(아세베이아)과 불의(아디키아)를 겨냥하여 거룩과 자비의 하나님이 불러내신 진노이다."(C. E. B. Cranfield, 1:111; J. R. W. Stott, 106) "하나님의 진노는… 악의 모든 형태와 다양한 표현에 대한 하나님의 지속적이고 무자비하며 꾸준하며 비타협적인 적개심이다."(J. R. W. Stott, 173) 죄에 대한 진노가 없이는 하나님께서 "도덕적인 존재가 되실 수 없다: 도덕적인 모든 존재는 이렇게 감지된 모든 그릇된 행위에 대한 뜨거운 분노로 불타야만 하기 때문이다. 악행을 보면서 그 악행에 대해 반응하지 못한다면, 분노와 복수하는 진노 속에서 도덕성이 아예 없거나 비도덕적인 존재로 드러날 것"

이다.(B. B. Warfield, 28) 그러므로 하나님의 진노 자체보다는 오히려 하나님의 거룩성을 의심할 수도 있는 하나님의 진노가 없는 상태를 더 심각하게 여겨야 한다.

하나님의 진노가 땅, 바다, 강과 샘에 부어지는 장면을 보면서, 창조주이신 하나님의 의무를 떠올리게 된다. "하나님의 거룩성, 하나님의 진노와 창조세계의 건강성은 불가분의 관계로 연합되어 있다. 하나님의 진노는 창조세계의 품격을 떨어뜨리고 파괴하는 것이 무엇이든 그분이 전혀 참지 못하신다는 것을 가리킨다. 마치 엄마가 그 자녀의 건강한 삶을 앗아가는 소아마비를 미워하듯이 하나님은 불공평을 미워하신다."(A. W. Tozer, 166) 타락한 창조세계로부터 염증을 느껴 하나님이 훌쩍 그냥 떠나지는 않으신다. 그렇기에 하나님의 진노는 그분의 사랑과 깊이 연결된다. 세계는 그분께 속해 있으며 그분의 영광을 드러내기 위해 창조되었다. 로마서 8:19~21, 하나님은 자신의 작품인 이 세상이 전적으로 타협하지 않고 죄에 맞서기를 바라시기에 그분의 사랑 안에서 인(印)을 쳐서 불러내기로 작정하셨고 그래서 진노의 심판을 통해 예수 그리스도가 영광스럽게 다시 오실 때 그 거룩한 운명을 드러내기 위해 세상을 정결하게 만드시기로 작정하셨다.

계시록 16:5, "물을 차지한 천사"가 하나님의 진노를 옹호하고 있다. 이 천사가 물을 맡았다는 것이 무슨 의미인지는 전적으로 분명하지 않다: 어쩌면 그 천사는 진노의 대접을 물에 쏟아붓는 존재이거나, 혹은 계시록 7:1, 땅의 네 모서리를 담당한 천사들이 있었던 것처럼 땅의 물을 맡은 존재일 수도 있다. 중요한 것은 그의 신분이 아니라 하나님의 품성에 대한 그들의 환호성이다: "전에도 계셨고, 지금도 계신 거룩하신 이여. 이렇게 심판하시니 의로우시도다"(계 16:5). 하나님의 영원성과 하나님의 거룩이 함께 일하시기에, 하나님이 불타는 진노로 죄에 대해 항시 반응을 보여야만 한다는 사실이 분명해진다. "그(하나님)가 음란을 미워하는 것을 멈추지 못하는 것은 그가 거룩을 사랑하기를 멈추지 못하는 것과 같다… 만일 악에 대한 그분의 반감이 변할 수 있다고 한다면… (하나님은) 자신을 부인하고, 자신의 본성과 신성을 부인해야만 할 것이다."(S. Charnock, 2:121)

하나님의 거룩이라는 관점에서 볼 때, 하나님의 진노를 부정하는 태도는 하나님의 진노가 아니라 도덕적으로 결함투성이인 태도를 드러내는, 거룩에 대한 자기 부정에 지나지 않을 것이다. 사람들이 하나님의 진노에 대항하여 그토록 격렬하게 반응하는 이유는 악에 대해 하나님이 품으시는 극도의 혐오감을 전혀 알지 못하기 때문이다.

16:2~6 _진노의 복수

하나님이 진노하시는 두 번째 이유는 하나님의 원수들에 대해 내리시는 복수 때문이다. 복수하시는 하나님의 진노를 받는 자들은 누구인가? 그들은 "짐승의 표를 받은 사람들과 그 우상에게 경배하는 자들"(계 16:2)이다. 하나님에 맞서는 최악의 원수인 용과 그 짐승들, 그들을 경배하는 자들과 그 하수인(下手人), 믿지 않는 세상 위에 하나님의 진노가 쏟아진다. 누가복음 11:23에서 예수님은 "나와 함께하지 아니하는 자는 나를 반대하는 자"라고 하셨다. 계시록에서는 인류를, 우상 숭배자로서 짐승의 표를 지닌 자들, 믿음으로 그리스도의 표를 지닌 이들의 두 부류로 그리고 있다(계 13:17~14:1). 하나님의 진노가 담긴 대접이 부어지는 세상은 반역적인 불신으로 하나님을 배척하고 그 대신 사탄이 지배하는 악한 권세를 경배하였다.

더욱이 하나님의 원수들은 "성도들과 선지자들의 피를 흘렸다"(계 16:6). 따라서 하나님의 진노는 부분적으로는 하나님의 백성들을 고통스럽게 한 폭력에 대한 앙갚음이다. 바울은 고난받는 그리스도인들이 스스로의 힘으로 복수하지 말 것을 권면했다. "하나님이 진노하심에 맡기라. 기록되었으되 원수 갚는 것이 내게 있으니 내가 갚으리라고 주께서 말씀하시느니라"(롬 12:9). 하늘에 있는 순교자들의 영혼이 하나님께 요청하는 모습이 보였다. "땅에 거하는 자들을 심판하여 우리 피를 갚아 주지 아니하시기를 어느 때까지 하시려 하나이까?"(계 6:10) 그러므로 하나님이 진노하시는 배경에는 고난받는 하나님의 백성, 그들의 기도가 있는 것이다. 16:7에서 요한은 흥미로운 사실을 보고한다. "또 내가 들으니 제단이 말하기를 '그러하다 주 하나님 곧 전능하신 이시여 심판하시는 것이 참되시고 의로우시도다' 하더라." 일찍이 순교자들의 영혼이 제단 아래 있는 모습이 보였는데, 복수를 요청하는 그들의 기도가 담겨 제단 위에 드려졌다. 그러므로 이 외침은 아마도 교회의 원수들에 대해 하나님이 진노로 복수하시는 것(계 8:3)과 관련해서, 고통당한 교회의 만족감을 반영하는 것임이 분명하다.

하나님의 진노로 인한 복수를 말할 때 사악한 자들로부터 하나님의 백성을 구원하실 필요가 있음을 잘 알고 있다. 예수님은 제자들에게 이렇게 기도하라고 가르치셨다. "악으로부터 구하옵소서"(마 6:13). 그러므로 이런 기도에 하나님께서 온전히 응답하시는 것은 경건하지 못한 자들에게 그분의 진노를 내리심으로 가능하게 된다. 그러므로 하나님의 '보복하시는' 진노는 또한 '대속하시는' 진노이다. 이것은 16장에서 쏟아 부어지는 심판의 출애굽과 같은 배경 속에서 온전히 성취된다. 첫 번째 진노의 대접이 경건하지 못한 자들에게 쏟아지자 "악하고 독한 종기가 난다"(계 16:2). 이 재앙은 출애굽 당시 애굽과 바로에게 내렸던 여섯 번째 재앙에 상응한다. 애굽 온 땅의 사람과 짐승에게 악성 종기가 생겼다(출 9:8~12). 두 번째 대접이 바다에 쏟아지자 "바다가 죽은 자의 피 같이 되고 바다 가운데 모든 생물이" 죽는다. 세 번째 대접을 "강과 물 근원에 쏟으매 피가"(계 16:4) 된다. 이 심판들은 애굽에 내렸던 첫 번째 재앙에 상응한다. "나일강의 고기가 죽고 그 물에서는 악취가"(출 7:21) 났다. 요점은 하나님이 그분의 진노를 애굽에 쏟으셔서 그 백성을 고통과 속박에서 건지셨듯이 역사 속에서 드러나는 하나님의 모든 심판은 세상의 고통으로부터 그리스도인들의 교회를 구원하기 위함이라는 것이다. 이 시대의 역사를 끝장낼 격변을 일으키는 진노를 쏟아부음으로써 마침내 하나님의 백성들이 구원을 받고 그들에게 영원한 안식의 승리가 허락된다.

그리스도인들은 하나님께서 사악한 자들의 핍박으로부터 그 백성을 구원하시고 모든 악을 심판하실 것을 안다. 이것을 알기에 신자들은 복음을 위해 이 세상에서 자비와 은혜의 대행인으로서 하나님과 세상을 섬길 자유를 얻는다. 바울은 이렇게 권면했다. "네 원수가 주리거든 먹이고 목마르거든 마시게 하라. 그리함으로 네가 숯불을 그 머리에 쌓아 놓으리라"(롬 12:20~21).

16:6~7 _진노의 정의로움

하나님의 분노를 옹호하는 세 번째 측면은 하나님의 진노가 정의롭다는 것이다. 천사가 외친다. "오 거룩하신 하나님, 오직 당신뿐입니다." 성도들과 선지자들의 피를 흘렸으므로 "그들에게 피를 마시게 하신 것이 합당"(계 15:5~6)하다고 한다. 순교자들의 목소리가 덧붙여진다. "심판하시는 것이 참되시고 의로우시도다"(계 16:7).

일곱 대접 심판이 이전의 일곱 나팔 심판과 밀접하게 상응한다는 것을 기억할 것이다. 특히 두 번째와 세 번째 대접 심판은 두 번째와 세 번째 나팔 심판과 연결돼 있다. 두 번째 나팔은 "바다의 삼 분의 일이" 피가 되고 "바다 가운데 생명 가진 피조물들의 삼 분의 일"을 죽게 만들었다(계 8:8~9). 세 번째 나팔소리가 나자 "강들의 삼 분의 일"과 "여러 물 샘"이 오염되었다(계 8:10). 네 번째, 다섯 번째, 여섯 번째 나팔재앙도 대략 진노의 대접 심판과 연결되어 있다. 중요한 차이는, 나팔 심판이 경고의 성격을 띠고 있기에 오직 그 목표물의 삼 분의 일만 상하게 하지만, 대접 심판은 그것이 진노와 파괴의 심판이기 때문에 그 목표물 전체를 상하게 한다는 것이다.

놓쳐서는 안 될 요점은 이 대접 심판이 죄에 대한 정당한 보응이라는 것이다. 대접 재앙은, 하나님의 법을 위반한 자들을 처벌하는 하나님의 공의를 나타낸다. 그들이 성도들과 선지자들의 피를 흘렸으므로 그들에게 피를 마시게 하신 것이 "합당하다"(계 16:6)고 한다. 이것은 성경 전체에서 가르치고 있는 심판 패턴과 일치한다. 일부 학자들은 "하나님의 심판은 주로 행위에 따라 사람들이 '되돌려 받는' 보응으로 보이는 것이"(S. H. Travis, 서문) 아니라고 주장했지만 그러나 이것은 정확하게 성경이 거듭거듭 보여 주고 있는 내용이다. 아간이 무너진 여리고에서 금, 은, 값진 의복을 훔쳤을 때 하나님은 그의 죄에 대한 보응으로 그를 처벌하셨다. 여로보암, 아합과 이세벨, 느부갓네살 그리고 아나니아와 삽비라 등의 사람들도 명백한 보응을 받았다. 이스라엘 자신도 나라의 우상 숭배 죄 때문에 우상을 경배하는 땅으로 포로로 잡혀갔는데 그것도 하나님의 보응에 기반한 공의에 따라 심판을 받은 것이다.

그러나 반대 의견도 여전히 나오고 있다. 몇몇 사람들은 사랑 많으신 하나님의 심판에 대해 불평한다. 그러나 범죄한 인류에게 중요하고도 궁극적인 위협은 진실로 하나님 자신임을 알아야 한다: 하나님은 거룩한 진노의 대접을 쏟아부으심으로써 죄를 개별적으로 심판하실 것이다. 하나님은 반드시 그렇게 하셔야만 하는 거룩하시고, 의로우시며, 공정하신 분이시다. 이것이 바로 히브리서 저자가 구원을 위해 그리스도를 껴안으라고 강권하는 이유다. "살아 계신 하나님의 손에 빠져들어 가는 것이 무서울진저"(히 10:31).

하나님의 공정한 진노에 대한 또 다른 반대는 그것이 예수님의 산상수훈에 있는 가르침과 갈등을 일으키는 것처럼 보인다는 것이다. 예수님은 다른 쪽 뺨도 대주라고 하지 않았던가? "누구든지 네 오른편 뺨을 치거든 왼편도 돌려 대며… 너희 원수를 사랑하며 너희를 박해하는 자를 위하여 기도하라. 이같이 한즉 하늘에 계신 너희 아버지의 아들이 되리니"(마 5:39, 44~45). 만일 하나님이 보복하지 말라고 가르치시고서는 인과응보적인 정의의 진노를 퍼부으신다면 그것은 하나님께서 우리더러 이렇게 하라 하시고는 정작 하나님 자신은 다르게 행하시는 것 아닌가? 그러나 하나님은 우리와는 다르기에 정의를 완벽하게 집행하실 수 있다는 점에서 그 대답은 '그렇다'이다. 하나님의 뜻을 알고 있기에 복수하지 말라는 바울의 가르침을 분명히 듣는다: "원수 갚는 것이 내게 있으니 내가 갚으리라"(롬 12:19). 따라서 "하나님은 그분이 자기 손으로 심판하시기 때문에 정확하게 그분이 하시는 그 일을 피조물인 우리가 하지 못하게 하실 것이다. 하나님은 '내가 말하는 것을 행하되, 내가 하는 대로 하지 말라'고 하신다. 그렇기에 그분은 하나님이시며 우리는 하나님이 아닌 피조물인 것이다."(G. . Williams, 178)

진노의 처음 세 가지 대접을 살펴보면 그것들이 인간의 죄에 대한 정확한 보상을 포함하고 있음을 알 수 있다. 짐승을 섬기는 자들은 땅의 아름다움과 쾌락에 참여하려는 생각 때문에 그 짐승의 표를 지니고 있다. 그래서 하나님은 그들의 육체에 악하고 독한 종기가 나게 하신다. 그들은 의인들의 피를 흘렸으므로 하나님은 그들의 물을 피와 죽음의 오수(汚水) 구덩이가 되게 하신다. 땅의 주민들이 지옥의 권능과 연합하여 평화와 쉼을 찾았다(계 16:8~9). 그래서 하나님이 네 번째 대접에 담긴 하늘에서 내려오는 불로 그들을 태워 버리신다. 만일 우리가 믿음을 통해 우리의 구세주 예수님을 영접하지 않는다면 이것은 바로 우리를 향한 경고이다: "우리를 겨냥한 이 모든 미래의 심판들은 하늘의 거룩하고 아름다운 곳으로부터 나올 것이다. 오만한 죄인들이 그 재앙이 쏟아지기 전에 회개하지 않는다면 재앙이 정말로 쏟아질 때 공포감으로 땅바닥에 고꾸라질 것이다."(D. F. Kelly, 297)

하나님의 진노는 정당하다. 진노의 고통은 무시무시하다. 하나님의 진노는 거룩하다. 하나님의 진노는 하나님의 손으로 하시는 하나님의 복수이다. 하나님의 진노는 정의롭다. 진노의 대상이 될 것인가, 은총의 대상이 될 것인가?

16:5~7 _진노의 유익

이 본문에서 하나님의 진노를 보는 네 번째 방법은, 하나님의 진노로 발생한 유익한 결과들 덕분에 천사와 순교자들의 증언이 하늘의 즐거움에 합류한다는 사실에 주목하는 것이다: "그러하다. 주 하나님 곧 전능하신 이시여, 심판하시는 것이 참되시고 의로우시도다"(계 16:7). 하나님의 진노는 유익하다. 그 이유는 그 진노가 모든 피조물의 복지를 위해 하나님의 법을 지탱해 주기 때문이다. 악이 활동하는 동안 세상은 온전하지도, 선하지도, 평화롭지도 않다. 복음의 본질은 하나님의 의로움이 마침내 만물을 다스린다는 것과 하나님의 진노가 모든 죄와 악을 겨냥하고 있어서 세상이 깨끗하게 될 것이라는 점이다.

> "부정을 미워할 줄 모르는 사람은
> 정의를 사랑할 줄 모른다."
>
> (로망 롤랑: 프랑스 소설가, 노벨상 수상자)

대도시 외곽 시골에 있어서 정부 관리의 관심을 좀체 받지 못하는 작은 마을을 예로 들자. 법을 제대로 지키는 이들이 없어서 어떤 건축업자는 그의 고객한테 속인다. 어떤 과부가 지갑을 도둑맞았는데도 그 여자를 도와줄 힘을 가진 사람이 아무도 없다. 어느 가족이 계약을 위반한 탐욕스런 지주 탓에 그들의 집에서 쫓겨 났다. 이런 모든 종류의 불의는, 누군가가 와서 상황을 바로잡기 전에는 불행과 손해를 끊임없이 가중(加重)한다.

　그러나 마침내 어느 공정한 재판관이 직원들과 함께 그 마을에 왔다. 그는 약하고 궁핍한 사람들을 돌보는 특별한 시각으로 사안 별로 주의 깊게 살펴 효율적인 정의를 시행한다. 그의 통치 아래 심판이 집행되면서, 죄인들은 벌을 받고, 불공정한 손해는 변상을 받게 되었다. 사기꾼은 그 대가를 치르게 될 것이다. 도둑은 보상금과 함께 훔친 지갑을 돌려줄 것이다. 지주는 계약한 대로 그의 의무를 이행하게 될 것이다. 이제, 마을에 온 이 재판관과 직원에 대해 이 공동체는 어떤 반응을 보이게 될까? "그 마을은 대체로 안도의 한숨을 쉬게 될 것이다. 정의가 구현되었기 때문이다. 세상은 균형을 회복했다. 감사하는 마을 공동체의 주민들은 그들의 마음속 깊은 곳에서 우러나는 고마움을 재판관에게 표할 것이다."(N. T. Write, 138)

　이 마을공동체의 경험을 전 세계적인 규모로 확장하면 하나님께서 진노와 심판으로 모든 악을 심판하시는 것이 얼마나 좋은 것인지를 알게 될 것이다. 역사 속에서 하나님이 심판으로 정의를 성취할 때 그 얼마나 복된가? 아울러 모든 것을 하나님이 올바르게 되돌리는 정의로운 진노로 거룩하게 복수하시는 것으로 역사를 마무리 지으실 때 그 얼마나 경이롭겠는가. 다윗은 시편 58:11에서 이 즐거운 성취를 믿음으로 내다보았다: "그때에 사람의 말이 진실로 의인에게 갚음이 있고 진실로 땅에서 심판하시는 하나님이 계시다 하리로다." 아울러 악을 심판하시는 하나님이 행하시는 진노의 선함 때문에 대속 받은 하나님의 백성들은 위대한 찬양으로 하나님을 경배하는 천사들의 목소리에 그들의 목소리를 더할 것이다. "전에도 계셨고 지금도 계신 거룩하신 이여, 이렇게 심판하시니 의로우시도다. 그들이 성도들과 선지자들의 피를 흘렸으므로 그들에게 피를 마시게 하신 것이 합당하니이다"(계 16:5~6).

16:7 _진노로부터의 구원

신학자 라이트는 "주권(소유권)의 이전(移轉)"인 칭의(케제만: 김세윤, 2013:85) 교리를 연구하는 동안 하나님의 진노라는 신학적 주제와 씨름하면서 매우 힘든 시간을 보냈다. 하지만 바로 그 칭의 교리가 하나님의 진노로부터 도망칠 필요가 있는 죄인들에게 해법을 제공하고 있었다. 진실로 죄인들이 하나님의 진노라는 무시무시한 교리와 씨름할 때 그들의 난제를 해소할 수 있는 로마서의 한 구절을 알려 줄 필요가 있다. 로마서 3:25에서 바울은 예수 그리스도를 이렇게 말하고 있다: "이 예수를 하나님이 그의 피로써 믿음으로 말미암는 화목제물로 세우셨으니 이는 하나님께서 길이 참으시는 중에 전에 지은 죄를 간과하심으로 자기의 의로우심을 나타내려 하심이니." 이 구절 앞에 있는 로마서의 모든 내용이 다 죄를 겨냥한 하나님의 진노를 불러일으키는 나쁜 소식들이다. 바울은 이렇게 논증을 시작했다. "하나님의 진노가 불의로 진리를 막는 사람들의 모든 경건하지 않음과 불의에 대하여 하늘로부터 나타나나니"(롬 1:18). 이렇게 덧붙인다. "의인은 없나니 하나도 없으며"(롬 3:10) 이렇게 요약한다. "모든 사람이 죄를 범하였으매 하나님의 영광에 이르지 못하더니"(롬 3:23). 그러므로 모든 사람이 다 하나님의 진노 아래 있다는 것이다. 그러나 우리가 필요로 하는 좋은 소식은 우리 죄를 덮는 화목제물로 하나님께서 그 아들 예수님을 보내셨다는 것이다. 즉 믿음으로 예수를 영접하는 사람들을 대신하여 예수님이 하나님의 진노를 짊어지셨다는 것이다. 이 진술이 있기 전에는 죄에 대한 하나님의 진노 때문에 모든 것이 나쁜 소식이었다. 하나님의 은혜의 이 섭리 후로는 예수 그리스도가 이루신 구원의 충족성 때문에 모든 것이 좋은 소식이 된다. 계시록 16장은 복수하시는 하나님의 진노가 거룩하고 공정하며 은혜로운 것을 보여 줌으로써 하나님의 진노에 대한 다양한 불만에 답한다. 그러나 하나님이 내리시는 진노의 위협 아래 있는 죄인들 자신에게 참된 해법은 죄인인 우리가 받아 마땅한 정의로운 심판으로부터 해방되기 위해 각자 예수를 믿는 것이다.

진실로 일단 우리가 그리스도의 십자가 안에서 죄의 형벌을 피할 곳을 발견한다면 신자들은 하나님의 진노라는 문제에 더는 놀라지 않아도 된다. 죄의 악함과 하나님의 거룩을 보면서 '하나님의 진노'야말로 '이 세상에서 가장 논리적이고 가장 합리적인 것'이라는 것을 깨닫는다! 대신 우리가 놀라는 것은 우리가 반역했던 바로 그 하나님께서 우리가 범한 모든 죄의 형벌을 대신 짊어지기 위해 그의 아들을 보내셨다는 것이다. 진노는 죄에 대한 하나님의 가장 명백한 반응이기 때문에 그 누구도 "놀라운 진노"라는 찬송가 가사를 쓴 적이 없다. 그러나 은혜는 참으로 놀라운 것이다: 그래서 우리는 이렇게 찬양한다: 찬송가 305장, "나같은 죄인 살리신 그 은혜 놀라워". "놀라운 은혜!"(J. Newton, 1779)

더욱이 그리스도를 믿음으로 하나님의 은혜를 일단 받은 뒤에는 하나님의 진노를 그토록 무시무시하게 만들었던 바로 그 특성이 이제는 가장 위대한 소망과 기쁨의 원천이 된다. 하나님은 거룩하시며 그리기에 그리스도를 믿는 믿음으로 죄인들은 용서받고 깨끗하게 되어 하나님의 거룩한 백성이 된다. 하나님의 진노는 복수하는 진노이지만 그러나 예수 믿는 사람들은 하나님의 돌봄을 받는 하나님의 자녀가 된다(요 1:11~12). 하나님의 자녀가 되는 것은 회개한 죄인들이 누릴 수 있는 최고의 특권이다. 하나님의 진노는 공정하기에 모든 죄는 그에 합당한 보응을 반드시 받게 될 것이다. 그러나 하나님의 아들을 통해 죄가 덮어지고 용서를 받은 사람들은 "우리를 거스르고 불리하게 하는 법조문으로 쓴 증서를 지우시고 제하여 버리사(취소) 십자가에 못 박으신"(골 2:14) 은혜를 덧입게 된다. 그러므로 이미 깨끗하게 되고 거룩하게 되고 양자 되고 용서받은 그리스도인들은 의로우신 하나님께 올리는 놀라운 예배에 동참하게 될 것이다. "그러하다. 주 하나님 곧 전능하신 이시여, 심판하시는 것이 참되고 의로우시도다"(계 16:7). 뿐만 아니라, 우리는 의로우신 하나님이 우리를 구원시켰기 때문에 위대한 영광과 함께 즐거워한다. 하나님이 그의 독생하신 아들의 피를 흘렸고, 하나님의 진노를 받아 마땅한 우리가 그 진노 대신 하나님의 은혜라는 영광을 받았기 때문이다.

진노의 넷째, 다섯째, 여섯째 대접
(요한계시록 16:8~16)

[8]넷째 천사가 그 대접을 해에 쏟으매 해가 권세를 받아 불로 사람들을 태우니 [9]사람들이 크게 태움에 태워진지라 이 재앙들을 행하는 권세를 가지신 하나님의 이름을 비방하며 또 회개하지 아니하고 주께 영광을 돌리지 아니하더라 [10]또 다섯째 천사가 그 대접을 짐승의 왕좌에 쏟으니 그 나라가 곧 어두워지며 사람들이 아파서 자기 혀를 깨물고 [11]아픈 것과 종기로 말미암아 하늘의 하나님을 비방하고 그들의 행위를 회개하지 아니하더라 [12]또 여섯째 천사가 그 대접을 큰 강 유브라데에 쏟으매 강물이 말라서 동방에서 오는 왕들의 길이 예비되었더라 [13]또 내가 보매 개구리 같은 세 더러운 영이 용의 입과 짐승의 입과 거짓 선지자의 입에서 나오니 [14]그들은 귀신의 영이라 이적을 행하여 온 천하 왕들에게 가서 하나님 곧 전능하신 이의 큰 날에 있을 전쟁을 위하여 그들을 모으더라 [15]보라 내가 도둑 같이 오리니 누구든지 깨어 자기 옷을 지켜 벌거벗고 다니지 아니하며 자기의 부끄러움을 보이지 아니하는 자는 복이 있도다 [16]세 영이 히브리어로 아마겟돈이라 하는 곳으로 왕들을 모으더라 (개역개정)

주전 852년 모압사람들이 암몬, 마온 연합군과 함께 군사동맹을 맺어 유대왕 여호사밧에 맞서 반역적인 전쟁을 일으켰다. 여호사밧은 적군이 예루살렘 코앞 엔게디에 집결할 때까지 그들의 공격을 알아채지 못했다(대하 20:2). 여호사밧은 나라가 완전히 망할 위험이 있는 이 갑작스러운 재앙에 넋이 나갔다. 그 어디에도 손을 내밀 수가 없었기에 구약성경에 기록된 가장 큰 규모의 기도회를 소집하면서 주님께 아뢰었다. "유다 모든 사람이 그들의 아내와 자녀와 어린이와 더불어 여호와 앞에 섰더라"(대하 20:13). 왕은 구원을 요청하는 기도를 올렸다: "우리 하나님이여 그들을 징벌하지 아니하시나이까? 우리를 치러 오는 이 큰 무리를 우리가 대적할 능력이 없고 어떻게 할 줄도 알지 못하옵고 '오직 주만 바라보나이다'"(대하 20:12). 하나님은 믿음으로 강하게 서 있으라고 그에게 강력히 권하심으로써 그 기도에 응답하셨다: "이 전쟁에는 너희가 싸울 것이 없나니 대열을 이루고 서서 너희와 함께한 여호와가 구원하는 것을 보라"(20:17). 다음 날 왕과 백성이 적진을 돌아보았을 때 "땅에 엎드러진 시체들뿐이요 한 사람도 피한 자가 없었다"(20:24). 따라서 이스라엘은 적군이 남긴 전리품으로 풍족하게 되었다(20:25~30).

하나님이 여호사밧을 구원하신 것은 구약에 기록된 개별 사건에 지나지 않는다. 그 시나리오는 사실상 주전 701년에도 되풀이되었다. 히스기야 왕의 기도는 예루살렘을 포위하고 있던 앗수르 왕 산헤립의 군대가 185,000명의 전사자를 남기고 패주하는 결과를 낳았다. 사사기에도, 가나안 왕 야빈과 그의 장수 시스라가 이스라엘 백성을 정복하러 왔을 때 이와 비슷한 이야기가 기록되어 있다. 하나님은 믿음으로 일어나 하나님의 백성을 보호하도록 하시기 위해 바락을 부르려고 드보라를 사용하셨다.(김지찬, 상: 100-111)

하나님의 구원에 관한 이런 시나리오들은 단지 구약에만 국한되는 것은 아니다. 신약성경 전체와 더불어 요한계시록은, 파국적인 적대행위와 하나님의 구원이라는 이런 시나리오가 역사의 마지막에 하나님께서 몸 된 교회를 구원하시는 방법임을 분명히 하고 있다. 드보라의 노래에 따르면, 바락의 승리는 "므깃도 물 가 다아낙에서" 일어났는데 "별들이 하늘에서부터 싸우되 그들이 다니는 길에서 시스라와 거기서 싸웠다"(삿 5:19~20)고 한다. 계시록도 이 승리를 그리스도께서 종말에 그 백성들을 구원하시는 모델로 삼는 것처럼 보인다. 군대가 교회를 파괴하려고 "히브리어로 아마겟돈이라 하는 곳으로 왕들을 모으더라"(계 16:16)라고 말하고 있기 때문이다. 아마겟돈은 곧 "므깃도 언덕(산)"이다. 므깃도는 외부 세력이 이스라엘을 파멸시키기 위해 들어오는 요충지이자 통로인데, 그렇지만 언제나 그들의 무덤이 되었던 곳이다. 므깃도를 점령해야 이스라엘을 차지할 수 있기 때문에 이스라엘의 대적이 늘 므깃도로 쳐들어 왔지만 거기서 성공한 적이 없는,(송태근, 2015-2:225) 이스라엘로서는 아주 중요한 전략적 요충지였다.

16:8~11 _네 번째와 다섯 번째 대접

앞서 계시록에서 일곱 인, 일곱 나팔, 일곱 대접 비전을 살펴보았다. 이 모든 것들은 일반적으로 교회 시대 전 기간에 걸쳐 일어나는 하나님의 심판을 가리킨다는 것을 확인했다. 그러나 이 일련의 비전 가운데 여섯 번째 것은 시대의 맨 마지막 바로 직전의 사건들을 가리키고 있으며, 일곱 번째 재앙은 그리스도의 재림 쪽으로 우리의 시선을 이끌어 간다. 그러므로 네 번째와 다섯 번째 대접 재앙을 살핌으로써 그것들이 역사를 통틀어 나타나는 세상의 경건하지 못한 반응의 특징을 알아야만 할 것이며, 그것들이 결국은 절정을 이루는 최후의 사건들로 이어질 것이라는 것도 알아야만 한다.

네 번째 진노의 대접이 "해에" 쏟아 부어지는데 그로 인해 "해가 권세를 받아 불로 사람들을 태운다"(계 16:8). 이 대접 재앙의 열쇠는 그것이 하나님의 신실한 백성들에게 주신 성경의 약속들과 정반대의 것이라는 것을 알아채는 데 있다. 시편 121:5~6, "여호와는 너를 지키시는 이시라 여호와께서 네 오른쪽에서 네 그늘이 되시나니 낮의 해가 너를 상하게 하지 아니하며 밤의 달도 너를 해치지 아니하리로다." 이와 비슷하게 계시록 7:16은 이렇게 약속했다. "그들이 다시는 주리지도 아니하며 목마르지도 아니하고 해나 아무 뜨거운 기운에 상하지도 아니하리니." 여기서 주님은 죄악 세상을 심판하는 일과 정반대의 일을 행하신다. 그래서 네 번째 대접 재앙은 "언약에 기반한 심판을 상징한다. 사람들은 대개 우상 숭배 행위로 하나님의 도덕적인 법을 변경시켰기 때문에 심판받는다."(G. K. Beale, 1999:821) 산상수훈에서 예수님은, 하나님께서 "선인과 악인에게"(마 5:45) 해를 똑같이 비추시는 친절한 분이심을 가르치셨다. 그러나 하나님과 맞서 반역하는 사람들로부터 생명의 복을 하나님께서 박탈하실 때는 보통 복의 근원이 되었던 것들마저도 하나님의 심판 도구가 되어버린다고 가르치신 것이다.

죄에 대한 심판으로서, 네 번째 대접은 오늘날 서구사회의 상황을 가리킨다. 오늘 세속 세계는 거침없이 하나님을 거부했고 그분의 영향력을 추방하려고 애써왔다. 계시록이 보여 주는 것처럼 인간은 모든 곳에 스며드는 정부라는 짐승, 세속적 인본주의라는 거짓 선지자 그리고 음녀 바벨론이라는 유혹으로 하나님을 대체해 버렸다. 그러나 하나님은 실제로 권좌에서 밀려나거나 축출된 것이 아니다. "여호와는 네게 복을 주시고 너를 지키시기를 원하며 여호와는 그의 얼굴을 네게 비추사 은혜 베푸시기를 원하며"(민 6:24~25). 하나님의 언약에 기초한 복을 약속하는 이런 성경말씀을 듣는 대신, 죄를 섬기는 인류는 하나님의 언약에 기반한 저주를 받게 되었다. 바울은 이렇게 말했다. "하나님의 진노가 불의로 진리를 막는 사람들의 모든 경건하지 않음과 불의에 대하여 하늘로부터 나타나나니"(롬 1:18). 이 심판이 현재 시제로 표현되어 있음을 주목해야 한다: "'계속' 나타나고 있나니." 바른 길을 벗어난 우상 숭배자들에게 하나님이 삶의 불행을 어떻게 내리시는지를 아울러 주목해야 한다(롬 1:26~31). 네 번째 대접 재앙은 하나님이 저주한 태양이 내뿜는 "극히 뜨거운 열"로 세상이 불태워지는 심판을 그리고 있다. 죄 속에서 이 세상은 몹시 가혹하고 고통스럽게 된다.

죄에 대해 하나님이 내리시는 심판의 결과로 나타나는 참혹한 불행에 대해 죄로 부패한 세속주의자들은 어떤 반응을 보이는가? 오늘날 사람들은 각종 매체를 통해 끊임없이 하나님을 향해 신성모독을 쏟아 내는 이야기들 속에서 끊임없이 그 대답을 듣고 있다. "이 재앙들을 행하는 권세를 가지신 하나님의 이름을 비방하며 또 회개하지 아니하고 주께 영광을 돌리지 아니하더라"(계 16:9). 똑같은 바탕에서 오늘날 "종교"와 기독교는 공공연하게 해로운 것으로 헐뜯기고 있다. 분노한 무신론자들이 죄에 뿌리를 두고 있는 광범한 기근, 무지, 질병, 무법, 관계 파괴를 지적하고, 그다음에는 그것들이 마치 하나님의 책임인 양 하나님을 저주한다. "너희 그리스도인들이 말하는 자비와 사랑의 하나님이 도대체 어디 있느냐?" 이렇게 빈정거리며 하나님을 욕한다. 이에 대한 대답은, 인간 자신의 우상 숭배와 죄가 하나님께서 분노에 찬 얼굴로 인류를 대하게 만든다는 것이다.

오늘날 일부 그리스도인들은 어리석게도 하나님의 진노를 경시하려는 유혹에 빠진다. 그들은 하나님이 결코 심판을 내리지 않을 것이라고 주장하면서 하나님의 주권을 한없이 무시하며 짓밟고 도덕적 혐오에 대한 하나님의 관용을 선포한다. 이와는 정반대로 성경은 태양이 지구를 태우게 만드는 네 번째 재앙으로 상징되었듯이 사악한 자들에 대한 하나님의 격노하시는 심판을 명백히 선언하고 있다. 오늘날 미국은 자기 자식들을 야만적으로 살해하고, 성적인 외설을 적극적으로 홍보하며, 끊임없는 전쟁으로 인류를 위해 하나님이 창조하신 세상을 합법적으로 파괴하고 있다. 우리 사회의 지속적인 타락에 대해 하나님의 분노어린 심판 외에 또 다른 성경의 설명이 더 필요한가? 이렇게 말하면 자신의 죄를 인정하지도 않고 하나님의 진노라는 정의를 인정하지도 않는 세속주의자들이 격노할 것이다. 그런데 이런 반응이야말로 계시록 16장이 그리고 있는 네 번째 대접 재앙과 정확히 일치하는 것이다. "회개하기를 거절하는 사람들은 하나님을 근심시키는 삶과 그에 뒤따르는 고통과 슬픔의 긴밀한 관계를 신경쓰지 않으려고 결심한 자들이다."(D. F. Kelly, 307) 이런 지적이야말로 정확하게 성경이 제시하는 설명이다.

하나님은 신실하지 못한 세상에 심판의 저주를 퍼부으실 뿐만 아니라 하나님과 영적으로 맞서는 자들의 우두머리들을 겨냥하고 계신다. "또 다섯째 천사가 그 대접을 짐승의 왕좌에 쏟으니 그 나라가 곧 어두워지며"(계 16:10) 이 심판은 출애굽 당시 하나님이 바로의 땅에 어둠을 내리셨던 네 번째 재앙에 기반한 것이다. 이 재앙의 의도는, 바로가 대표하는 것으로 여겨지는 애굽의 태양신 '라'(Ra)에게 치욕을 안겨 주기 위한 것이었다. 이 재앙으로 하나님은 바로에게 회개할 기회를 주셨다. 비슷한 방식으로 하나님은 복음에 대항하는 각 나라의 정부 조직을 지배하는 사탄의 지배권에 수치를 안겨 주신다. 요한 당시의 독자들은 이 어둠을 로마 황제의 신뢰도를 떨어뜨린 악한 황제 네로의 자살 이후 수년에 걸쳐 로마가 겪었던 혼란과 연결하여 이해했을 것이다. "성도들을 압제하고 우상 숭배를 조장한 세속 통치자들이 권력 내부의 반란"과 "정치 종교적 권력으로부터 축출당하는 것"을 기대했을지도 모른다.(G. K. Beale, 1999:824) 하나님이 정하신 이러한 패배는 짐승의 권세 뒤에 숨어 있는 여러 세속적인 이데올로기에 어두운 그림자를 드리운다. 출애굽 당시 흑암 재앙이 애굽에 대한 하나님의 주권(지배권)을 보여 주었듯이 하나님은 이와 마찬가지로 지상에 있는 사탄의 종들 속에 혼란을 심으심으로써 사탄의 통치에 대한 하나님의 지배권을 보여 주신다.

오늘날 유명인사들은 지구촌의 숱한 재앙을 "하나님의 행동"으로 말함으로써 하나님을 인정하는 듯이 보인다. 하지만 어떤 정치인이 지진, 태풍, 테러리스트들의 공격, 주가 폭락 등의 재앙이 실제로 하나님의 심판 행위라고 주장한다면 그는 틀림없이 욕을 바가지로 먹게 될 것이다. 하지만 이 모든 재앙은 분명히 계시록에서 하나님의 심판으로 정확하게 서술된 여러 재앙의 범위 안에 들어 있는 것들이다. 범죄한 사람들이 "그들의 행위를 회개"(계 16:10~11)하지 않으면서도, 그들은 여전히 "하늘의 하나님을 비방"할 것이다. 재정적이건 정치적이건 혹은 이데올로기적이건 간에 그들의 안전을 보장하는 자원들이 무너지면서, 요한은 자신의 혀를 깨물며 어떻게든 스스로 통제하려 애쓰는 모습으로 그들을 그린다. 하나님은 이렇게 말씀하신다. "악인에게는 평강이 없다"(사 57:21). 하나님의 그림자가 사탄의 영역에 절망을 가져올 때 그들의 죄를 포기하지 않고 하나님이 마땅히 받으셔야 할 영광을 그분께 돌리지 않는 자들의 영혼을 괴롭히는 죄의 근심은 특히 더 강렬하게 된다.

16:12~16 _여섯 번째 대접

처음 다섯 개의 대접 심판이 교회 시대 모든 기간에 걸쳐 사탄의 권세를 타격하는 하나님의 심판을 보여 주었지만, 여섯 번째 대접 심판은 여섯 번째인 심판(계 6:12~17)과 여섯 번째 나팔 심판(9:13~19)처럼 그리스도 재림 전의 극적인 사건들 쪽으로 우리를 이끌어 간다. 끝에서 두 번째의 이 생생한 비전은 연이어 등장하는 천사가 대접을 쏟아붓는 것으로 시작되고 있다: "또 여섯째 천사가 그 대접을 큰 강 유브라데에 쏟으매 강물이 말라서 동방에서 오는 왕들의 길이 예비되었더라"(16:12).

유브라데 강은 하나님이 이스라엘에게 주신 땅과 그 너머에 있는 적국(敵國)의 경계선이었다. 비슷하게 요한 당시에 유브라데 강은 로마와 무시무시한 파르티안 제국 사이의 경계선이었다. 바벨론이라는 도시는 유브라데 강 유역에 자리 잡고 있었는데 계시록에서 바벨론은 우상에 찌든 세속 체계를 상징하고 있다. 구약에서 강물이 말라붙거나 갈라지는 것은 그 백성의 자존심을 세워 주기 위해 하나님이 중재하시는 행위였다. 여기서 하나님이 유브라데 강을 마르게 하신 것은 "동쪽에서 오는 왕들을 위해 길을 예비하기 위함"이다.

"동방에서 오는 왕들"(계 6:12)에 관한 몇 가지 다른 견해들이 있다. 학자들은 대부분 이것이 세상의 권력자들 사이의 전쟁을 상징하는 것으로 생각한다. 만일 파르티아 사람들을 염두한 것이라면, 파르티아가 로마의 가장 중요한 적이었기에 이 견해는 그럴듯하다. 아울러 그것은 고레스 왕이 도시의 성벽을 공격하기 위해 유브라테 강에 댐을 쌓아 그의 군대가 행진할 대로를 강바닥에 만들어 바벨론을 몰락시킬 것을 예언한 이사야의 예언이 성취된 것이기도 하다(이사야 44:26~45:3).(R. D. Phillips, 457) 이 두 가지 시나리오 속에서, 강이라는 장애물을 제거함으로써 이교도의 제국이 또 다른 제국을 공격할 수 있게 된 것은 고통당한 하나님의 백성들에게는 큰 도움이 되는 것이다. 결국 유대 백성이 바벨론 포로 생활을 끝내고 예루살렘으로 돌아가도록 칙령을 발표한 이는 바로 이교도였던 고레스 왕이었다.(W. Hendriksen, 163; P. E. Hughes, 176; R. D. Phillips, 458)

요한계시록이, 역사적인 사건들의 이야기를 직접 전달하는 것이 아니라 비전을 통해 상징을 제공한다는 것을 한 번 더 일깨울 필요가 있다. 이것은 세속적인 권세로부터 나오는 이런 급습에 대한 사탄의 반응을 보면 분명히 알 수 있다: "또 내가 보매 개구리 같은 더러운 세 영이 용의 입과 짐승의 입과 거짓 선지자의 입에서 나오니"(계 6:13). 사탄은 자신을 상징하는 용, 짐승, 그리고 거짓 선지자, 적그리스도의 전제 군주적인 통치, 사회와 조직 교회 내부의 거짓 교사들이라는 거룩하지 못한 짝퉁 삼위일체를 수단 삼아 영적인 공격을 감행한다. "불결한 영들"로 불리는 귀신들은 "개구리 같은" 모습으로 그려졌다. 이것은 하나님이 애굽 땅에 내렸던 개구리 재앙을 일깨움으로써 또다시 출애굽 사건을 암시하고 있다(출 8:2~14). 개구리 떼가 모든 가정에 침투해서 곳곳을 오염시키고 귀가 먹먹하고 정신이 어지러울 만큼 소음을 냈다. 마귀가 개구리 떼에 비유된 것은 마귀가 내놓는 교활하고 부도덕한 말의 기만과 타락 때문이다.

사탄이 진리를 거짓으로 바꿔 전하는 데 성공한 것과 더불어 그 영들은 "이적을 행하고" "온 천하 왕들에게 가서 하나님 곧 전능하신 이의 큰 날에 있을 전쟁을 위하여 그들을"(계 16:14) 모은다. 이런 식으로 우리는 이런 사건들 속에서 사탄의 목적과 하나님의 목적을 본다. 세속적인 권세들의 공격에 대한 반응으로 사탄은, 하나님을 대적하는 결정적인 전투를 위해 모든 나라가 모이도록 속인다. 지상의 권세들이 하나님의 교회에 맞서기 위해 연합하지 못하도록 했던 하나님의 속박을 제거하는 것을 상징하는 강을 마르게 하신 것은 바로 이런 목적 때문이었다. 따라서 사탄의 영적인 기만은 나라들을 단일화하고자 하는 인간적인 거대한 욕구를 자극하는 데 성공한다. 그 욕구를 충족시키기 위해 그리스도께서 재림하실 때 심판받아 파괴당할 그날을 위해 그 나라들을 모으는 것이다. 14절의 "온 천하 왕들"이라는 칭호는 시편 2편 말씀을 떠올리게 한다: "세상의 군왕들이 나서며 관원들이 서로 꾀하여 여호와와 그의 기름 부음 받은 자를 대적하며 우리가 그들의 맨 것을 끊고 그의 결박을 벗어버리자 하는도다. 하늘에 계신 이가 웃으심이여 주께서 그들을 비웃으시리로다"(시 2:2~4). "모든 나라는 자기들이 성도들을 끝장내 버리기 위해 모인다고 생각하도록 기만당했다. 그러나 사실상 그들은 궁극적으로 하나님의 계획에 따라 예수님의 손에 스스로 심판을 받기 위해 모여든 것이다."(G. K. Beale, 1999:835) 구속사(救贖史)에서 그들은 '신(神)의 한 수'를 전혀 모르기 때문이다.

16:16 _아마겟돈 전쟁

이 마지막 전쟁에 붙여진 이름은 세상의 파국적인 종말을 상징한다. 요한은 이렇게 쓰고 있다: "세 영이 히브리어로 아마겟돈이라 하는 곳으로 왕들을 모으더라"(계 16:16).

'아마겟돈'이라는 말의 뜻은 비교적 분명하다. 요한이 말하려고 하는 히브리어는 "므깃도 산"을 뜻한다.(M. D. Kline, 207-22, R. D. Phillips, 459) '하르'는 히브리어로 "산"이라는 뜻을 지닌 낱말이며, 므깃도는 예루살렘 북서쪽 평원을 내려다볼 수 있는 요새로서 옛날부터 최근에 이르기까지 수많은 전투가 벌어졌던 곳이다. 최근에는 제1차 세계대전 때 나폴레옹과 영국군이 싸웠던 곳이기도 하다. 해안 지대로부터 이스라엘의 심장부와 요단강까지 진군할 수 있는 이스르엘 골짜기가 이어진 이스라엘 북부 갈멜산 동부 에스드라엘론 평야에 대군을 주둔시킬 수 있는 곳이다. 이곳은 "이스라엘의 전쟁터"(D. Thomas, 131)였다. 한쪽 편에서 보면 다볼 산이 내려다 보이는데 바로 거기에서 드보라와 바락이 가나안 족을 습격했다. 골짜기 건너에 길보아 산이 있는데, 거기서 사울 왕이 블레셋 사람들한테 죽임을 당했다. 므깃도 바로 뒤에는 갈멜산이 있는데, 거기서 이세벨을 섬기는 바알의 거짓 선지자들을 엘리야가 처단했다. 기드온이 나팔을 불어 미디안 사람들을 무너뜨린 곳도 바로 이 평원에서였다. 또한 이스라엘의 마지막 경건한 왕 요시야가 애굽의 바로 느고와의 전투에서 전사한 곳이기도 하다. "그렇다면, 므깃도가 어둠의 군대에 맞선 주님의 전투 장소를 상징하는 것이어야만 한다는 것이 전적으로 타당하며, 최종적이고 결정적인 전투가 바로 여기서 일어나는 것으로 그려져야만 하는 것 또한 전적으로 타당하다."(D. Thomas, 131)

몇몇 학자들은 미래에 문자적인 의미의 전투가 므깃도에서 일어날 것이라고 상상한다. 곧 지구상의 모든 군대가 미래의 유대 국가를 공격하기 위해 므깃도에 모여들 것이라는 것이다. 이런 접근법은 계시록에 등장하는 비전의 상징적인 본질에 맞지 않는다. 뿐만 아니라 므깃도 주변의 평원은 고대의 전투를 치르기에는 충분할 만큼 넓었지만, 이 세상의 모든 연합군을 수용하기에는 좀 규모가 큰 부대 하나를 배치하기에도 심히 좁은 땅이다. 게다가 계시록의 이 구절에 상징주의가 작동하고 있음은 분명하다. 계시록 17장에서 확인할 수 있듯이 유브라데 강에 대한 언급은 "음녀가 앉아 있는 물은 백성과 무리와 열국과 방언들"(계 17:15)이라는 상징의 하나임을 말하고 있다. 심지어 아마겟돈 혹은 므깃도 산이라는 이름은, 산이 아니라 조그만 언덕 위에 세워진 도시였기 때문에 상징적이다. "이스라엘에서 므깃도와 연관된 전투들은… 지구촌 전 지역에서 일어나는, '그리스도와 성도들을 겨냥한 마지막 전투'의 모형론적인 상징이다."(G.K. Beale, 1999:838)

'하르-므깃도'가 상징이지만 다른 한편으로 그것은 매우 실제적인 미래의 사건을 그리고 있다. 성경에는 하나님의 백성을 상대로 전쟁을 벌이기 위해 사탄이 주는 영감을 얻은 적(敵)그리스도 아래 지상의 군대들이 연합하는 최종적인 갈등이 있을 것을 알려 주는 증거들이 매우 풍부하다. 예수님은 계시록 16장에 언급된 속이는 영에 대해 말씀하셨다(계 16:14). 마지막 날에 "거짓 그리스도들과 거짓 선지자들이 일어나 큰 표적과 기사를 보여 할 수만 있으면 택하신 자들도 미혹하리라"(마 24:24). 바울은 교회에 엄청난 환난이 있을 것이며, 그 과정에서 많은 이들이 외적인 신앙고백을 취소할 것을 예언했다. 바울은 이렇게 말했다. "대적하는 자라 신이라고 불리는 자가… 자기를 높이고 하나님의 성전에 앉아 자기를 하나님이라고 내세우느니라"(살후 2:3~4). 이 적그리스도는 "사탄의 활동을 따라 모든 능력과 표적과 거짓 기적과 불의의 모든 속임으로 멸망하는 자들에게"(살후 2:9~10) 나타난다. 계시록은 이와 똑같은 마지막 살육 전쟁을 그렸다. "무저갱으로부터 올라오는 짐승이 그들과 더불어 전쟁을 일으켜 그들을 이기고 그들을 죽일 터인즉 그들의 시체가 큰 성 길에 있으리니"(계 11:7~8).

요한계시록 20장에서는 이 시대의 마지막에 사탄이 마지막으로 딱 한 번 만국을 속일 수 있도록 허락받을 것을 말하고 있다(계 20:3). "사탄이 그 옥에서 놓여 나와서 땅의 사방 백성 곧 곡과 마곡을 미혹하고 모아 싸움을 붙이리니 그 수가 바다의 모래 같으리라. 그들이 지면에 널리 퍼져 성도들의 진과 사랑하시는 성을 두르매"(계 20:8~9). 바로 이 순간 그리스도께서 흰 말을 타시고 몸 된 교회를 구원하러 나타나신다: "그가 공의로 심판하며 싸우더라… 그의 입에서 예리한 검이 나오니 그것으로 열국을 치겠고"(계 19:11~15). "하나님과 사탄, 그리스도와 적그리스도, 선과 악의 거대한 갈등, 그 이면에 배배 꼬인 역사의 과정이 있는데 결국은 하나님께서 승리하시는 모습으로 나타나고 하나님을 믿는 믿음을 지킨 모든 사람을 하나님 곁으로 데려가시는 것(행복한 결말)으로 끝난다."(R. H. Mounce, 302) 그것은 16:14에서 "전능하신 이의 큰 날"로 선포된다. 성경의 여러 본문은 빈번하게 이날을 내다보고 있다. 그리스도께서 사탄과 그의 악한 권세를 파괴하시고 몸 된 교회를 구원하러 다시 오실 때 최종 부활과 심판을 통해 그분의 영원한 통치가 구원받은 자와 새로워진 창조세계 위에 드리워져서 그분의 영광을 온전히 드러내게 될 것이다.

16:15~16 _깨어 옷을 입으라

본문에서 최소한 세 가지 중요한 교훈을 얻을 수 있다. 첫 번째 교훈은, 그리스도인들은 포위당했지만 그리스도의 갑작스런 등장으로 구원받은 도시를 통해서 역사의 마지막 시점, 그것의 성경적인 모델을 이해해야만 한다는 것이다. 성경은 그리스도의 재림 전에 그리스도인들이 이 세상을 이길 것을 예견하지 않는다. 오히려 복음이 열방에 전파된 어떤 시대 다음에, 전 세계적으로 사탄이 그리스도인들을 조직적으로 박해하는 일과 더불어 역사가 종말을 고할 것을 말하고 있다. 우리의 상황은 세상의 무시무시한 무장 세력이 지배하는 상황에서 한없이 약한 현실을 마주해야 했던 드보라와 바락의 시대와 비슷하다. 바락의 "므깃도 물 가"(삿 5:19~20) 전투를 보며 드보라는 노래했다. 별들이 하늘에서부터 그들의 원수를 무너뜨리기 위해 싸웠다. 그래서 하늘이 열리고 그리스도를 계시하고, 그리스도의 교회를 압제하는 행위에 맞서 진노와 함께 전능하신 권능으로 재림하실 때 그 싸움은 그렇게 끝날 것이다. 우리의 상황은 무수한 무리가 동방에서 몰려올 때 그에 맞설 힘이 전혀 없었던 여호사밧의 상황과 같다. 그러나 하나님의 백성들이 올린 기도에 대한 응답으로 주님은 적군 무리를 죽였고, 여호사밧과 백성들은 하나님이 구원하심을 보았다. 우리의 상황은 산헤립의 대군이 이스라엘을 조롱하며 예루살렘 성을 포위했을 때 주님의 천사가 적군을 모두 다 죽이기 전 히스기야의 상황과 같을 것이다.

이런 가르침 때문에 박해받는 상황이 시작될 때 그리스도인들은 절망으로 반응하기보다는 주님의 오심에 대한 기대로 반응해야 한다. 계시록에서는 마지막 환난이 비록 극심할지라도, 그것이 상대적으로 짧을 것을 강조한다: 상징적으로 그것은 "삼일 반"(계 11:11) 곧 "반 때"(12:14)에 지나지 않는다. 예수님은 말씀하셨다. "이런 일이 되기를 시작하거든 일어나 머리를 들라. 너희 속량(贖良)이 가까웠느니라"(눅 21:28).

그리스도의 느닷없는 구원에 대한 이런 가르침은 오늘날 신자들에게 각별한 위로를 주는 것이 틀림없다. 성경에 등장하는 드보라, 여호사밧 그리고 히스기야같은 인물들이 모든 일을 다 옳게 행했다고 생각한다면 아주 잘못 생각하는 것이다. 전혀 아니다. 드보라 시대의 이스라엘 사람들은 그들의 우상 숭배 때문에 압제의 고통을 당했다. 여호사밧은 사악한 왕 아합과의 어리석은 동맹으로 임한 재앙 때문에 군사적으로 취약했다. 히스기야는 불신앙의 자세로, 그를 지배하고 있던 앗수르에 맞서 반역을 감행했다. 하나님은, 그들이 눈부신 업적을 쌓아서 구원받을 만했기 때문에 그들을 구원하신 것이 아니라 믿음으로 하나님을 찾는 겸손한 자들을 향한 하나님의 은혜 때문에 그들을 구원하셨다. 그들과 마찬가지로 마지막 때의 교회인 우리도, 모든 것을 다 잃은 것 같은 때, 하나님께서 구원할 준비를 하고 계신다는 것을 알게 될 것이다. 하나님은 죄인들을 구원하신다! 그러므로 결혼생활에 실패했거나, 혹은 부모·자식 노릇을 잘못했거나, 혹은 잠시 어리석은 판단으로 죄를 즐기다가 절망 속에 빠져들었을 때, 하르-므깃도 곧 므깃도 산이 우리가 하나님을 향해 부르짖도록 강권한다. 그러면 구약의 성도들에게 주셨던 하나님의 위로하시는 응답이 우리에게도 마찬가지로 주어질 것이다:

> 야곱아 너를 창조하신 여호와께서 지금 말씀하시느니라. 이스라엘아 너를 지으신 이가 말씀하시느니라. 너는 두려워하지 말라 내가 너를 구속하였고 내가 너를 지명하여 불렀나니 너는 내 것이라. 네가 물 가운데로 지날 때에 내가 너와 함께 할 것이라. 강을 건널 때에 물이 너를 침몰하지 못할 것이며 네가 불 가운데로 지날 때에 타지도 아니할 것이요 불꽃이 너를 사르지도 못하리니 대저 나는 여호와 네 하나님이요 이스라엘의 거룩한 이요 네 구원자임이라. 내가 애굽을 너의 속량물로 구스와 스바를 너를 대신하여 주었노라. (사 43:1~3)

두 번째 교훈은 아주 중요하기 때문에, 예수님께서 요한이 본 비전을 깨고 들어오셔서 백성들에게 직접 말씀하신다: "보라. 내가 도둑 같이 오리니, 누구든지 깨어 자기 옷을 지켜 벌거벗고 다니지 아니하며 자기의 부끄러움을 보이지 아니하는 자는 복이 있도다"(계 16:15). 여기서 예수님이 예상 밖의 때에 다시 오실 것을 우리에게 확신시킴과 동시에 위로의 말씀도 아울러 주시는 것을 본다. 주님의 원수들에게 밤에 도둑이 들듯이 오실 것을 밝힘과 동시에 아주 생생한 권면의 말씀도 주신다.

이 권면은 역사의 마지막에 나타나게 될 놀라운 사건들을 기다리는 동안 그리스도인들이 해야만 할 일이 무엇인가에 대한 질문에 답을 주신 것이다. 어떤 이는 그리스도의 재림에 관한 성경의 가르침에 대해 종말이 먼 미래에 안전하게 올 것이라고 결론 내릴지도 모른다. 예수님은 계속 깨어 있을 것을 강력하게 권하면서 이런 태도에 직격탄을 쏘신다. "전체적인 강조점은 주님의 '재림이 예측 불가능하다'는 사실에 맞춰져 있다. 또한 시점(時點)의 불확실성에 비추어 신자들은 한순간도 방심하거나 잠들지 말고 항시 깨어 있어야만 한다."(G. E. Ladd, 215) 신자들은 세상의 거짓말에 속지 말아야 하며 또한 죄악 세상의 길에 사로잡히지도 말아야 한다. 그리스도인들은 세상의 평화, 번영과 성공이라는 환상에 빠지면 안 된다. 그리스도 자신의 의의 옷을 믿음으로 하나님께 받아들여졌기 때문에 세상의 헛된 제복을 입지 말아야 하며 아울러 그리스도를 향한 우리의 충성을 포기해서도 안 된다. 그래야만 공공연하게 발가벗겨진 사람들처럼 수치를 당하지 않게 될 것이다. 그러므로 우리를 그리스도인으로 부르신 것은 그리스도인의 소망을 품고, 그리스도를 향한 믿음을 진정한 그리스도인의 삶에 적용하면서, 하나님의 은혜의 능력으로 하나님의 기쁨을 위해 사는 길을 찾으면서, 영원히 하나님과 함께 살 수 있도록 우리를 데려가실 그리스도의 재림에 주목하면서, 그리스도인으로 살도록 하기 위함이다.

우리의 의복에 대한 그리스도의 조언은 세 번째 적용점을 찾게 하는데 그것은 안 믿는 자들에게 주시는 말씀이다. 성경에 따르면, 사람들은 심판받기 위해 부활하여 하나님 앞에 서게 될 것이다. 그분 앞에서 당신은 무슨 옷을 입고 서 있겠는가? 성경은 죄악 된 옷을 그냥 입고 서 있거나 우리가 그리스도를 믿음으로 받는 예수 그리스도의 의로운 옷이라는 공짜 선물을 입고 있거나 할 것이라고 말한다. 이것은 죄로 인해 완악하게 되어서 회개하고 하나님께 영광을 돌리도록 하는 모든 증거를 보고서도 끝끝내 회개를 거부하는, 세상에 있는 대다수 사람의 태도와는 다른 자세를 신자들이 갖고 있어야만 한다는 것을 뜻한다. 안 믿는 자들은 피조물이 그 창조주께 영광을 돌리는 모든 증거에도 불구하고 하나님을 거부했다. 그들은 악을 짓밟고 몸된 교회를 보존하시는 거룩한 하나님의 주권을 역사가 드러내고 있다는 것을 인정하지 않는다. 역사의 마지막에 세속적인 인본주의의 기만은 이 안 믿는 자들의 거짓 확신을 철저히 배신하게 될 것이다. 그럼으로써 고난받는 백성을 구원하기 위해 오시는 그리스도의 재림 때 심판받기 위해 모이게 될 것이다. 하나님의 백성들이 당하는 환난은 신자들을 영원한 영광의 물가로 데려갈 것이다. 그러기에 고난 가득한 오늘은 여전히 구원의 날이다! 만일 당신이 회개하고 예수 그리스도를 믿는다면 그리스도는 그분이 십자가에서 쏟으신 속죄하는 피로 당신의 모든 죄를 씻어 주실 것이다. 그분은 당신을 받아 하나님 아버지 앞으로 인도하실 것이며 "전능하신 이의 큰 날에"(계 16:14) 그분의 의로운 옷을 당신에게 입혀 주실 것이다. "내가 진실로 진실로 너희에게 이르노니 내 말을 듣고 또 나 보내신 이를 믿는 자는 영생을 얻었고 심판에 이르지 아니하나니 사망에서 생명으로 옮겼느니라"(요 5:24). 이것이 오늘 당신을 향한 부르심이고 빛나는 약속이다. 하나님의 은혜로 회개하고 믿어 하나님께 합당한 영광을 그분께 드리면 당신도 틀림없이 구원받게 될 것이다.

진노의 일곱째 대접
(요한계시록 16:17~21)

[17]일곱째 천사가 그 대접을 공중에 쏟으매 큰 음성이 성전에서 보좌로부터 나서 이르되 되었다 하시니 [18]번개와 음성들과 우렛소리가 있고 또 큰 지진이 있어 얼마나 큰지 사람이 땅에 있어 온 이래로 이같이 큰 지진이 없었더라 [19]큰 성이 세 갈래로 갈라지고 만국의 성들도 무너지니 큰 성 바벨론이 하나님 앞에 기억하신 바 되어 그의 맹렬한 진노의 포도주 잔을 받으매 [20]각 섬도 없어지고 산악도 간 데 없더라 [21]또 무게가 한 달란트나 되는 큰 우박이 하늘로부터 사람들에게 내리매 사람들이 그 우박의 재앙 때문에 하나님을 비방하니 그 재앙이 심히 큼이러라 (개역개정)

계시록 16장의 마지막 몇 구절은 요한계시록 다섯 번째 주요 단락을 결론짓는다. 또한 계시록의 끝부분으로 가면 역사의 마지막, 특히 하나님의 원수들에 대한 심판에 좀 더 분명하게 초점을 맞추게 된다. 그러므로 그리스도인들이 계시록을 읽을 때, 하나님께서 원수들을 하나씩 하나씩 무찌르시는 모습, 하나님의 진노가 가차 없이 퍼부어지는 여러 장면에 다소 넌더리가 날 수도 있다. 심지어 일부 독자들은 요한이 제시하는 복음의 초점이 흔들리거나 그것이 망각되었다고 생각할 수도 있다.

그러나 좀 더 주의 깊게 살펴보면, 하나님의 원수들에게 퍼붓는 하나님의 진노라는 '나쁜 소식'은 원래 신자를 위한 하나님의 '좋은 소식'과 연결되어 있다는 사실이 드러나게 될 것이다. 계시록의 뒷부분을 미리 좀 살펴보면 바벨론에 대한 하나님의 심판은 "선지자들과 성도들의 피"(계 18:24)에 대한 복수이자 정당성을 입증한 것임을 알게 된다. 어린 양 혼인 잔치를 위해 그리스도의 영광스러운 신부가 도착하기 전에 음녀 바벨론을 거꾸러뜨리신다(계 19:6~8). 원수들을 살해하여 피에 흠뻑 젖으신 예수님이 바로 "충신과 진실"(19:11)이라고 불리우는 백마 탄 구주이시다. 다시 본문으로 돌아와서, 진노의 일곱 번째 대접이 부어질 때 하늘 보좌에서 터져 나온 음성이 참 신자들의 마음을 짜릿하게 하시는 말씀을 이렇게 외친다. "(다) 되었다!"(16:17).

요한복음에 친숙한 독자들은 십자가에서 예수님이 우리의 모든 죄를 대속하신 후에 "다 이루었다"(요 19:30)고 하신 위대한 승리의 외침을 필연적으로 떠올릴 것이다. 결국, 요한은 요한복음과 요한계시록 두 권의 저자였다: 만일 현대 독자들이 요한복음서와 계시록의 말씀들을 연결한다면 요한이 제멋대로 말씀을 그렇게 지어내어 기록했을 것으로 보기 어려울 것이다. 더욱이 "성전 보좌로부터" 나오는 "큰 음성"(계 16:17)은 오직 그리스도의 목소리일 수밖에 없지 않은가. 일찍이 진노의 여러 대접이 쏟아 부어질 때 성소에 오직 하나님 한 분밖에 계실 수 없다(15:8)는 얘기를 듣지 않았는가. 아울러 여러 병행 구절에서 이러한 심판을 "어린 양의 진노"(6:16)라고 이름하지 않았던가. 하나님의 심판을 드러내는 이 외침을 십자가에 못 박히신 그리스도께서 베푸신 구원의 외침과 연결함으로써 그리스도의 복음이 지닌 좌우에 날선 검의 두 면 곧 심판과 구원에 동참하게 된다(1:16).

진실로 십자가, 그 위에서의 그리스도의 외침과 하나님한테서 나오는 이 큰 소리 사이에는 심오한 대속적-역사적인 관계가 있다. 그분의 대속적인 죽음을 통해 대속 사역을 성취함으로써 예수님은 요한복음 19:30에서 헬라어 '테텔레스타이'라는 낱말을 쓰셨는데 이 말은 "성취했다·끝났다"라는 뜻이다. 이제, 복음 시대의 마지막에 하늘로부터 예수님이 재림하시는 때에 예수님께서 "게고녠(되었다)"(16:17)이라는 낱말을 쓰셨는데 이는 "다 지나갔다"는 뜻이다. 이것은 두 사건 사이의 대속적인 관계와 딱 들어맞는다: 십자가를 지시던 날 그리스도께서 성취하신 구원은 그분이 승리의 왕으로 재림하시는 날에 온전히 완성될 것이기 때문이다.

그렇다면 그리스도께서 다시 오실 때 이 시대의 종말에 어떤 결과가 발생하게 될까? 본문에서 예수님의 재림 그리고 최종심판과 함께 올 네 가지 마무리를 제시한다: ①세상의 종말 ②세속 사회의 종말 ③죄의 종말 그리고 ④구원에 필요한 복음을 들을 기회의 종말.

16:17~18 _세상의 종말

첫째, 이 본문의 명확한 강조점은 그리스도의 재림이 현재시제 형태로 '세상의 마지막'을 말하고 있다는 데 있다. 일곱 번째 대접이 부어졌을 때 "번개와 음성들과 우렛소리가 있고 또 큰 지진이 있어 얼마나 큰지 사람이 땅에 있어 온 이래로 이같이 큰 지진이 없었더라"(계 16:18). 이처럼 무시무시한 현상은 세상의 마지막에 관해서 우리가 전에 보았던 내용을 강화한다. 요한계시록 6장에서 "큰 지진"과 하늘이 "두루마리가 말리는 것 같이"(계 6:12~14) 떠나가는 것을 보았다. 이제 일곱 번째 진노의 대접이 공중에 쏟아지자 천둥, 번개, 모든 지진의 끝판왕 격인 엄청난 지진에 물리적인 세계가 급습 당하게 되었다.

이것은 단지 '하나의' 엄청난 지진이 아니라 학개 선지자가 "조금 있으면 내가 하늘과 땅과 바다와 육지를 진동시킬 것"(학 2:6)이라고 예언했던 바로 '그' 엄청난 지진이다. 히브리서 기자는 이것은 "진동하지 아니하는 것을 영존하게 만들기 위하여 진동할 것들 곧 만드신 것들이 변동될 것을 나타내심이라"(히 12:27)고 설명했다. 이 엄청난 마지막 지진의 요동이 모든 것을 어떻게 휩쓸어버리는지를 설명하면서 "각 섬도 없어지고 산악도 간 데 없더라"(계 16:20)고 말하고 있다. 영원을 상징하는 사물들 곧 산과 섬들이 파멸하며 휩쓸려 사라져 버린다. 계시록 21:4에서는 이것을 "처음 것들이 다 지나갔다"고 말한다. 아담의 죄(창 3:17)로 인류와 함께 타락하였으며 하나님의 아들을 거부함으로써 정죄당했던 땅은 그리스도의 재림과 최후의 심판으로 제자리를 떠나 흩어져 버린다.

일부 학자들은 완전히 새로운 세상으로 대체되기 위해 현재의 세계가 제거될 것이라고 주장했다. 그러나 현세의 물리적인 질서가 흔들리고 정화됨으로써 그리스도 재림 후에 새로운 시대로 갱신되고 영화롭게 될 것이라고 이해하는 것이 가장 좋을 것이다. 예수님께서도 새로운 세계를 '팔링게네시아'(마 19:28) 즉 "갱생" 혹은 "갱신"으로 언급하셨다. 바울은 피조물이 "썩어짐의 종노릇한 데서 해방될 때"(롬 8:21, 23) 세상의 파멸을 세상의 "속량(대속)"으로 말했다.

땅 자체가 파멸되어야만 한다는 사실은 우리에게 모든 형태의 죄의 무게를 일깨워 준다. 가인이 아벨을 죽였을 때, 하나님은 그를 저주하시면서 이렇게 말씀하신다. "네 아우의 핏소리가 땅에서부터 내게 호소하느니라"(창 4:10). 땅은 죄악의 흔적이 차근차근 쌓이는 곳이다. 그래서 하나하나의 죄악은 모두 다 그 죄를 범했던 땅에서 증인을 찾는 것이다. 하나님의 아들이 갈보리에서 피를 흘리며 조롱당하고 고문당하고 죽임을 당한 죄에 대해서도 마찬가지다. 그러므로 우리에게 죄의 공포를 설득할 것이 아무것도 없다 할지라도 시대의 마지막에 세상이 부서지는 것은 인간이 범한 모든 죄의 오점이 거룩하신 하나님의 눈에 얼마나 소름 끼치는 것인지를 우리에게 증명해야만 하는 것이다. 그래서 섬들이 없어지고 산악도 사라지는 것이다.

바울은 장차 일어날 세상의 종말로부터 또 다른 적용점을 찾도록 강하게 권했다. 고린도 교회에 편지를 쓰면서 그는 "이 세상의 외형은 지나간다"(고전 7:31)는 것을 지적했다. 그러므로 그리스도인들은 지금 여기에서 그리스도의 왕국에서 장차 오게 될 새로운 세상을 겨냥하며 살아야 한다. 바울은 이렇게 설명했다:

> 형제들아 내가 이 말을 하노니 그때가 단축하여진 고로, 이후부터 아내 있는 자들은 없는 자같이 하며, 우는 자들은 울지 않는 자 같이 하며, 기쁜 자들은 기쁘지 않는 자 같이 하며, 매매하는 자들은 없는 자 같이 하며, 세상 물건을 쓰는 자들은 다 쓰지 못하는 자 같이 하라, 이 세상의 외형은 지나감이니라(고전 7:29~31).

바울의 요점은 그리스도인들이 오늘 이 세상의 일들을 거부해야만 한다는 것이 아니고 오히려 우리가 이 세상의 일들에 먼저 점령당하는 길을 피해야 한다는 것이다. 우리가 '지금 여기서' 해야만 하는 모든 일은 우리가 그리스도의 왕국 안으로 부름을 받아 장차 올 영광 안으로 들어가도록 하는 복음이 종말을 향해 진보하는 것처럼 '그때 거기'를 섬기는 삶을 살아야만 한다는 것이다. 오늘 여기서 그리스도인들은 그때 거기의 삶을 앞당겨 살아야만 한다. 이 순간에도 종말이 시시각각 다가오고 있기 때문이다. 신자들의 삶은 종말을 '미리 맛보는 것'(prolepsis)이다. 산상수훈에서 예수님이 심령이 가난한 자, 의를 위하여 박해를 받은 자가 복된 이유가 천국이 그들의 것이기 때문이라고 현재 시제로 말씀하신 이유, 다시 말해서 천국이 '지금' 그들의 것이라고 하신 이유가 바로 '종말의 prolepsis'에 있다. 그날의 기쁨, 그날의 영광, 그날의 감격을 가불(假拂)하여 맛보며 살아가는 성도들이 되자.

16:19 _세속 사회의 종말

세상의 종말보다 더 중요한 요점은 '세속 사회의 종말'이다. "큰 성이 세 갈래로 갈라지고 만국의 성들도 무너지니 큰 성 바벨론이 하나님 앞에 그의 맹렬한 포도주잔을 받으매"(계 16:19).

학자들은, 요한 당시 "큰 성"은 지중해 세계의 수도였던 로마를 가리켰을 것으로 생각한다. 그 생각이 맞다면 로마는 그때까지 수 세기에 걸쳐 무너진 바벨론과 함께 세속 체계의 상징으로 봐야 할 것이다. 그것은 단지 이 심판으로 무너지는 어느 한 도시 혹은 한 나라만을 가리키는 것이 아니라 "열국(列國)의 도시들" 곧 그리스도에 맞서면서 사탄을 섬기는 모든 타락한 세계 체제(시스템)를 가리킨다. 그 큰 도시는 "인간의 업적에 대한 자만심, 사람을 신뢰하는 자들의 불경건함" "하나님과 상관없이 인간이 스스로의 일들을 명령하는 인간을… 나타낸다."(L. Morris, 201)

일곱 번째 대접이 "공중에"(계 16:17) 쏟아진다는 사실은 그 큰 성이 적(敵) 그리스도적인 세속 사회라는 생각을 강화시키고 있다. 사탄은 "공중 권세 잡은 자"(엡 2:2)로 불리고 있기 때문이다. 마귀는 에덴동산에서 인류의 첫 조상을 죄의 길로 이끌었기에 세속적으로 하나님을 반대하는 권세를 지니고 여태껏 인류를 조종해왔다. 그러나 이제 마귀가 하나님을 대적하도록 반역의 길로 이끌었던 그의 영적인 영역과 세속적인 문화가 최후의 심판을 받게 되었다. "(사탄은) 바벨론의 몰락을 막고 적그리스도적인 관심을 보존하기 위해 가능한 모든 수단을 다 쓴다. 그 수단들은 인간의 마음에 가하는 모든 영향력, 인간 마음의 눈을 멀게 하고, 복음에 대해 할 수 있는 한 최고조의 적대감 등등이다. 그러나 이제 여기서 사탄의 왕국에 심판의 대접이 쏟아지면서 마귀는 쫄딱 망하게 되었다."(M. Henry, 6:943)

요한은 경건하지 못한 세속 문화인 큰 성을 보고 있는데 큰 성이 "세 갈래로 갈라진다"(계 16:19). 이것은 인간의 도시가 완벽하게 파괴된 것을 보여 주고 있다. 이것은 "하나님의 지식에 맞서 제기되었던 인간의 모든 논쟁과 철학적인 주장이 완벽하게 파괴되었음을 보여 주고 있다."(S. J. Kistemaker, 454) 이 파괴의 우주적인 범위는 "열국의 도시들"이 몰락하는 것으로 나타나고 있다. 그것은 단지 로마만을 가리키는 것도 아니고 이후에 나타난 타격을 입은 커다란 악의 도시들을 가리키는 것이 아니라 전 세계의 문화적 정치적 경제적 사회적 중심지를 가리키는 것이다. 그것들은 바벨론 같은 세속 체계(G. K. Beale, 1999:843)의 한 부분이었기 때문에 무너지는 것이다. 하나님과 맞서는 인간과 사탄의 동맹이라는 큰 도시는 지구촌을 덮고 있던 그것들의 모든 속국과 함께 무너졌기 때문에 그 파편들이 땅에 널브러졌다. 이 심판은 "그 도시의 시민들이 도전할 수 있다고 생각했던 절대주권을 지니신 전능하신 하나님의 압도적인 심판을 맞이하면서 그 권세가 박살 났음을 상징한다."(P. E. Hughes, 179) 요한은 "하나님이 기억하신 큰 성 바벨론"(계 16:19)이라는 도발적인 말을 덧붙인다. 하나님의 백성들을 겨냥한 무시무시한 불의와 세속 권세를 가진 사악한 사람들의 포학한 모든 죄악을 포함해서 하나님께서 이 세상의 일들을 잊으신 듯이 여기는 일이 얼마나 많았는가. 이것은 악이 승리하는 것 같고 모든 소망이 사라지는 듯한 종말 직전에 있을 엄청난 환난 기간에 특히 더 그렇게 여겨질 것이다. 그러나 하나님은 잊으신 것이 아니다. 하나님은 고통당하는 그 백성들의 부르짖음을 들으셨다(출 2:24~25). 그러기에 하나님께서 사악한 자들을 심판하시기 위해 그 상황을 기억하신다. 그때 그리스도와 그의 복음에 맞서고 교회를 박해한 자들은 통렬한 심판으로 그에 합당한 정의로운 대가를 치르게 될 것이다.

이 심판은 오늘날의 신자들에게 세상의 악한 권세 때문에 겁먹지 말 것과 세상의 죄된 쾌락의 유혹적인 손짓에 말려들지 말 것을 일깨워 준다. 그리스도인들은 세상에서 인정받고 싶은 유혹을 받을 때 세상의 도시를 위해 쌓아 둔 이 끔찍한 종말을 기억해야만 한다. 시편 73편에서 아삽은 그가 사악한 자들의 종말을 기억하기 전에는 자신도 그들을 부러워했음을 인정했다: "주께서 참으로 그들을 미끄러운 곳에 두시며 파멸에 던지시니 그들이 어찌하여 그리 갑자기 황폐되었는가 놀랄 정도로 그들은 전멸하였나이다"(시 73:18~19). 하나님이 역사의 종말을 틀림없이 기다리고 계시듯이 하나님을 믿지 않는 부도덕한 세속 사회에는 확실한 심판이 기다리고 있다. "비록 천천히 돌아간다 해도 하나님의 맷돌은 계속 돌아간다. 오직 인간이 회개할 때만 빼고."(S. B. Swete, 2:211) 성경에서 자주 우상 숭배와 연관되는 산들과 더불어 섬들의 파괴는 아마도 이 파괴의 총체적인 범위를 보여 주는 것일 것이다. "가장 먼 섬에 있는 어떤 도시도, 어느 산에 있는 적그리스도적인 제국의 어떤 요새일지라도 이 파괴적인 최후의 진노를 피할 수 있는 것은 하나도 없다."(R. C. H. Lenski, 485)

그러므로 바울은 빌립보서 3:20에서 그리스도인들에게 "우리의 시민권이 하늘에 있음"을 깨달을 것을 권면했다. 따라서 그리스도인 부모들은 세상을 위해서가 아니라 그리스도의 왕국을 위해 자녀를 양육해야만 한다.(김향숙, 4-6) 신자들이 이 세상에 사는 동안, 생각하고 행동하는 방식에 있어서 세속의 길로 들어가지 않으려면 세상에 속하면 결코 안 된다. 우리는 지상의 영광, 재정적 안정, 자기 만족적인 즐거움이라는 세속적인 꿈을 꾸면 절대 안 된다. 그리스도인들은 세속적인 외관 혹은 큰 세속 도시의 인정을 얻기 위해 기획된 예배 스타일을 채택하려고 애쓰지 말아야 한다. 우리의 시민권은 이 세속 사회에 있지 않고 그리스도의 왕국 안에 있기에 바울은 우리가 사모하는 위대한 소망을 분명하게 지적하고 있다: "그러나 우리의 시민권은 하늘에 있는지라. 거기로부터 구원하는 자 곧 주 예수 그리스도를 기다리노니 그는 만물을 자기에게 복종하게 하실 수 있는 자의 역사로 우리의 낮은 몸을 자기 영광의 몸의 형체와 같이 변하게 하시리라"(빌 3:20~21).

16:19~21 _죄의 종말

　　세속사회의 파멸과 함께 이 구절은 또한 '죄의 종말'을 가져오는 그리스
도의 재림을 보여 주고 있다. 하나님이 바벨론을 기억하시는 이유는 하나님
이 모든 죄에 대한 세밀한 기록을 지니고 계시기 때문이다. 구약에는 하나님
이 죄를 처벌하실 의무가 있다는 내용만큼이나 하나님이 죄를 아시고 기록
하시고 기억하신다는 말씀이 아주 많다. 가인으로부터 라멕에 이르기까지
엘리의 아들 홉니와 비느하스부터 아합과 그의 아내 이세벨까지, 하나님은
때때로 죄를 위협하는 무시무시한 파멸을 불러오셨다. 종종 하나님은 오래
인내하시며 회개와 믿음을 통한 구원의 기회를 주기도 하시지만 말이다. 바
울은 이렇게 말한다: 하나님이 죄인들을 즉각 온전히 처벌하시지 않고 "하
나님께서 길이 참으시는 중에 전에 지은 죄를 간과하심으로"(롬 3:25) 자기의
의로움을 나타내려 하셨다. "하나님은 그분의 진노를 억제하시면서 오랫동
안 회개의 길로 초대하신다… 또한 그분은 사악한 자들이 모든 사악함을 다
채우도록 놓아두심으로써 결국 언젠가는 회개할 사람들을 너무 일찍 성급하
게 치셨다는 그 어떤 핑계도 댈 수 없게 하신다. 인간적으로 말해서 이것은
마치 하나님이 잊으신 것처럼 보인다. 그렇지만 마침내 심판이 쏟아질 때 이
것은 마치 갑자기 기억난 것처럼 보인다."(R. C. H. Lenski, 485) 그러나 하나님의
법은 결코 폐기된 적이 없다: "범죄하는 그 영혼은 죽을지라"(겔 18:20). 또한
"죄의 삯은 사망"(롬 6:23)이기 때문이다.

　　결국 죄악 자체는 종말을 맞게 될 것이다. 바울은, 하늘로 올라가신 뒤
에 그리스도께서 "모든 원수를 그 발아래에 둘 것"(고전 15:25)이라고 말했다.
세상에 대한 최후의 심판과 처벌을 포함하는 세상의 격변하는 종말에서, 하
나님의 손으로 지으신 창조세계 안에서 죄의 종말을 보게 될 것이다. "할렐
루야! 주 우리 하나님 곧 전능하신 이가 통치하시도다!"(계 19:6). 천사들의 이

런 찬양이 그다지 놀라운 것은 아니다.

하나님은 바벨론의 죄를 심판하셨다. 그 결과 바벨론이 하나님이 내리시는 "맹렬한 진노의 포도주잔"(계 16:19)을 받았다. 이것은 우리의 죄가 어떤 비인격적인 방식으로 단지 생명의 소유주이신 하나님의 기대에서 벗어난 것이 아니라, 오히려 우리를 지으신 거룩하신 하나님께 적극적으로 인격적인 공격을 했다는 것을 알려 준다. 우리 죄악의 최대 피해자는 하나님이다. 하나님은 죄에 대해 "격렬한 진노"로 반응하신다. 그것은 또한, 죄악을 끝장내시는 하나님의 완벽한 정의를 보여 준다. 바벨론을 처벌하신 것은 그 죄에 딱 맞는 것이다: 바벨론은 다른 사람들이 바벨론의 혐오스러운 것을 마셔 취하게 했기에 이제는 바벨론이 하나님이 내리시는 진노의 잔을 남김없이 마심으로써 하나님이 내리시는 심판의 공포에 취해야만 하는 것이다.

하나님은 죄를 미워해도 죄인은 사랑하신다는 말을 자주 한다. 하나님이 죄인을 사랑하신다는 말이 무슨 뜻인지를 '제대로' 이해하기만 한다면 이것은 사실이다. "하나님이 세상을 이처럼 사랑하사 독생자를 주셨으니 이는 그를 믿는 자마다 멸망하지 않고 영생을 얻게 하려 하심이라"(요 3:16). 하나님은 구세주 예수를 희생제물로 죄인들에게 보내 주심으로 죄인들을 사랑하셨다. 예수님의 복음을 믿음으로 구원받게 하신 것이다. 그러나 그리스도 안에서 하나님의 사랑스런 구원의 제안을 거절한 죄인들은 마지막에 땅에 내리는 그토록 엄청난 저주를 퍼붓기 위해 창조세계 자체가 난폭하게 요동치는 것을 보게 될 것이다.

사악한 바벨론의 파멸은 죄악된 쾌락의 포도주를 마신 모든 사람, 용서받지 못한 채 남아 있는 모든 사람이, 하나님께서 내리는 처벌을 받아 마땅하다는 것을 증명한다. 하나님의 격렬한 진노의 잔은 무한한 정죄와 영원한 저주를 낳는다. 모세와 이스라엘에 하나님의 법을 내려 주려고 하나님께서 시내산에 내려오셨을 때 천둥과 번개가 허공을 채웠고 지진이 땅을 뒤흔들었다. 이런 현상들은, 하나님의 거룩한 법을 깨는 이는 그 누구라도 하나님의 심판을 받을 것을 경고한 것이다. 이제, 시대의 마지막에 하나님은 마침내 예수 그리스도를 통해 주어진 위대한 구원을 무시한 모든 죄인과 함께 죄의 영역을 완전히 흩어버리신다.

동시에, 이 죄악의 종말은 죄와 악으로 인류를 실효 지배해 온 세속의 체계 아래서 고통당한 사람들에게 엄청난 위로를 반드시 주게 될 것이다. 시민운동 지도자 마틴 루터 킹 목사는 하나님이 어느 날 하루 만에 모든 죄를 다 패퇴시키고 제거할 것임을 알게 되면서부터 큰 격려를 받았다고 고백했다. 그는 다른 사람들을 바로 이 사실로 격려했다. 루터 킹 목사는 이렇게 말하고 있다:

> "일종의 차가운 냉담함으로 세상 밖을 보는 것이 아니다… 우리가 악의 군대를 물리치기 위해 투쟁할 때, 우주의 하나님께서 우리와 함께 싸우신다. 악은 바닷가에서 죽을 것인데, 단지 그 악에 대한 인간의 끝없는 투쟁 때문이 아니라 그 악을 물리치시는 하나님의 권능 때문이다."
> (M. L. King Jr., 64)

죄가 시대의 마지막에 반드시 패배할 것을 확실히 아는 것, 그것이 구원받기 위해 그리스도를 바라보는 모든 사람의 생활방식을 결정적으로 형성하게 된다. 이것이 바로 사도 베드로가 역사의 난폭한 결말을 생각하면서 지적했던 내용이다:

> 이 모든 것이 이렇게 풀어지리니 너희가 어떠한 사람이 되어야 마땅하냐? 거룩한 행실과 경건함으로 하나님의 날이 임하기를 바라보고 간절히 사모하라. 그날에 하늘이 불에 타서 풀어지고 물질이 뜨거운 불에 녹

아지려니와 우리는 그의 약속대로 의가 있는 곳인 새 하늘과 새 땅을 바라보도다. 그러므로 사랑하는 자들아 너희가 이것을 바라보나니 주 앞에서 점도 없고 흠도 없이 평강 가운데서 나타나기를 힘쓰라. 또 우리 주의 오래 참으심이 구원이 될 줄로 여기라(벧후 3:11~15).

16:19~21 _구원에 필요한 복음을 들을 기회의 종말

그리스도의 재림을 동반하는 엄청난 파국으로 이 세상의 종말, 세속 사회의 종말, 죄의 종말이 올 것을 살펴보았다. 그렇다면 똑같은 심판 사건이, 죄인들이 용서받고 예수 그리스도를 믿는 믿음으로 깨끗하게 될 수 있는 '복음을 들을 기회의 종말'을 선포하는 것임은 분명하다. 히브리서 기자는 이 점을 분명히 했다: "한번 죽는 것은 사람에게 정해진 것이요, 그 후에는 심판이 있으리니, 이와 같이 그리스도도 많은 사람의 죄를 담당하시려고 단번에 드리신 바 되셨고 구원에 이르게 하기 위하여 죄와 상관없이 자기를 바라는 자들에게 두 번째 나타나시리라"(히 9:27~28). 이것은 그리스도의 초림을 진술하고 있지만, 십자가에서 죄를 대속하는 그분의 죽음으로 끝을 맺으면서, 주님을 믿음으로 구원받을 현재의 기회를 말하고 있다. 현세에 예수 믿지 않고 죽은 죄인들은 즉각적인 하나님의 심판을 받을 가능성이 있다. 역사의 마지막에 그리스도께서 다시 오실 때 그런 사람들에게는 구원의 기회가 더는 주어지지 않는다. 대신 예수님에 맞서 반역했던 모든 사람에게 그분이 파멸적인 종말을 가져올 때조차도 그분을 믿고 기다리고 있던 사람들은 반드시 구원하신다.

이것을 말하는 또 다른 방법은 하나님의 계획이 죄에 대해 두 가지 답변을 제시한다는 것이다. 첫 번째는 십자가에서 그리스도의 외침으로 정의되었다. "다 이루었다"(요 19:30). 예수님의 죽음은 구원 얻는 믿음으로 그분께 나온 모든 사람을 용서하고 구원하는 일을 성취했다. 자기의 모든 죄를 고백하고 구원 받기 위해 그리스도께로 돌아서는 이들에 대해 바울은 이렇게 말한다: "그러므로 이제 그리스도 예수 안에 있는 자에게는 결코 정죄함(유죄 판결)이 없나니"(롬 8:1). 요한은 이렇게 말한다: "만일 우리가 우리 죄를 자백하면 그는 미쁘시고 의로우사 우리 죄를 사하시며 우리를 모든 불의에서 깨끗게 하실 것이요"(요일 1:9). 그러나 만일 우리가 죄를 용서받기 위해 십자가를 향해 돌아서지 않는다면, 하나님의 최종 심판의 장면에서 "되었다"(계 16:17)고 하시는 그리스도의 큰 외침으로 정의되는, 죄를 다루시는 하나님의 두 번째 방법 곧 심판이 적용된다. 마찬가지로 모든 죄에 대해 하나님이 내리시는 진노의 잔이 퍼부어진다. 십자가에서 고난 중에 하나님의 진노를 죄인 대신 몸소 받으신 예수 그리스도께서 그 진노의 잔을 대신 마시든지, 곧 들이닥칠 무시무시한 날에 그대가 영원히 파멸하도록 스스로 그 잔을 마시게 되든지 둘 중의 하나다.

요한이 본 비전에서 마지막 날에 무시무시한 심판이 쏟아질 때조차도 그리스도의 원수들은 이 엄중한 재앙 속에서도 "하나님을 비방"(계 16:21)할 것임을 알 수 있다. 하나님의 공정한 심판에 대한 이런 반응은 하나님을 향한 그들의 적대감을 확증한다. 회개하지 않는 원수요 죄인들로서 그들은 "하늘에서 쏟아지는, 한 알이 약 45kg이나 되는 큰 우박"에 두들겨 맞는다 (16:21). 하늘에서 쏟아지는 우박이 공격하는 것은 성경에서 하나님의 원수들에 대해 하나님이 진노하시는 심판의 성경적인 상징이다(수 10:11; 사 28:2). 이 어마어마한 크기의 우박은 그것에 맞는 모든 것들을 죽이기에 충분한 힘을 갖고 있기에 하나님을 저주하는 입들을 가볍게 침묵시킬 수 있다. "회개하고 싶은 의지가 없는 세상은 그 죄 때문에 죽는다."(C. S. Keener, 397) 그들은 하나님의 심판 때문에 죽는 것이 아니다.

이 심판은 하나님의 말씀 사역을 통해 성령께서 새롭게 하시는 은혜가 필요하다는 것을 확인시켜 준다. 종말의 파국조차도 사탄의 졸개들이 회개하고 하나님께 합당한 영광을 그분께 돌리게 할 수 없으며, 복음을 받아들일 마지막 몇 초의 기회조차도 역사 속에서 영원히 사라지게 된다. 어떤 이가 항공기 사고에서 기적적으로 살아남은 어떤 사람에 대해 이렇게 이야기한 적 있다. "사람은 누구나 죽어가는 삶의 마지막 순간에 하나님의 자비를 구하며 하나님께 부르짖을 것이라고 항시 기대하고 있었다. 하지만 놀랍게도 평생 살아오던 습관대로 많은 이들이, 죽어가는 그 마지막 순간에도 하나님을 저주하는 소리를 들었다."(C. S. Keener, 400) 이런 사례는, 지금이야말로 당신의 마음이 죄와 불신으로 그토록 강퍅해져 다시는 회개할 수 없게 되기 전에 회개할 수 있는 마지막 시간이라는 것을 깨닫는 데 큰 도움이 된다. 당신이 이미 경험한 사소한 시련과 심판에 대한 반응으로 하나님께 분노하며 맞서려 한다면 이런 부름은 특히 더 긴박한 것이다. "하나님의 의로운 심판에 대해 하나님께 범죄하며 적대감으로 마음을 완악하게 하면 그것이야말로 완전한 파멸의 확실한 증표이다."(M. Henry, 6:943)

동시에, 기독교회의 역사는 죄로 인한 자신의 멸망을 깨달아 회개하고 믿고 구원받기 위해 하나님의 은혜를 받은 이들의 이야기들로 가득하다. 그 중 하나가 존 기라르도인데 그는 죄와 구원에 관한 하나님의 말씀을 전하는 설교를 듣고 그리스도인이 된 찰스톤 대학 학생이었다. 그는 자신의 죄와 지옥의 암울한 미래와 씨름하면서 한 달 넘게 갈등했다. 마침내, 예수님의 피로 자신이 용서받는 빛을 경험했고 구원받기 위해 자신을 그리스도께 의탁했다. 그는 하늘의 생명에 연결되었다. "모든 하늘과 땅이 대속하시는 사랑의 찬양을 부르는 종려나무처럼" 보였으며 그래서 그는 자신의 구주이자 주님이신 분께 각별히 쓸모 있는 인생을 계속 살아가기로 작정했다.(D. B. Calhoun, 222) 자신의 죄를 예수님께 고백하고 용서받기 위해 그분의 이름을 부르면 존 기라르도가 누렸던 것과 똑같은 기쁨과 평화가 당신의 것이 될 수 있다. 하나님의 은혜로운 언약은 그리스도를 통해 용서를 구하는 모든 이에게 약속하신다: "내가 그들의 불의를 긍휼히 여기고 그들의 죄를 다시 기억하지 아니하리라"(히 8:12).

6막

백마를 타고
만국을 치겠고

큰 음녀, 가증한 것들의 어미
(요한계시록 17:1~6)

¹또 일곱 대접을 가진 일곱 천사 중 하나가 와서 내게 말하여 이르되 이리로 오라 많은 물 위에 앉은 큰 음녀가 받을 심판을 네게 보이리라 ²땅의 임금들도 그와 더불어 음행하였고 땅에 사는 자들도 그 음행의 포도주에 취하였다 하고 ³곧 성령으로 나를 데리고 광야로 가니라 내가 보니 여자가 붉은 빛 짐승을 탔는데 그 짐승의 몸에 하나님을 모독하는 이름들이 가득하고 일곱 머리와 열 뿔이 있으며 ⁴그 여자는 자주 빛과 붉은 빛 옷을 입고 금과 보석과 진주로 꾸미고 손에 금 잔을 가졌는데 가증한 물건과 그의 음행의 더러운 것들이 가득하더라 ⁵그의 이마에 이름이 기록되었으니 비밀이라, 큰 바벨론이라, 땅의 음녀들과 가증한 것들의 어미라 하였더라 ⁶또 내가 보매 이 여자가 성도들의 피와 예수의 증인들의 피에 취한지라 내가 그 여자를 보고 놀랍게 여기고 크게 놀랍게 여기니 (개역개정)

찰스 디킨스의 인기 소설 『크리스마스 캐롤』, 이 고전적인 작품은 영국 문학에서 계시록에 드러난 묵시문학적 스타일의 드문 사례다. 『크리스마스 캐롤』에서 에벤에셀 스크루지는 연이어 등장하는 유령 셋에 의해 거딜나 버리는데 유령들은 과거, 현재, 미래의 크리스마스라는 세 가지 비전을 그에게 보여 준다. 그 덕분에 스크루지는 변화된 사람으로 거듭나게 되었다: 이제 그는 협잡꾼의 대명사가 아니고 자비와 기쁨의 모범 인생이 되었다.

계시록에서 사도 요한은 밧모 섬으로 귀양 가 있으면서도 유령이 아니라 천사들의 호위를 받으면서 장차 올 교회 역사에 대해 친절한 안내를 받으며 여행한 덕에 귀양 생활의 혹독한 분위기에서 훌쩍 벗어날 수 있었다. 요한은 영광 받으신 예수님이 몸 된 교회를 위한 메시지를 갖고 나타나셨을 때 "성령에 감동되어"(계 1:10) 계시록을 쓰기 시작했다. 천사 하나가 요한을 불러 "이리로 올라오라"(계 4:1~2)고 말하면서 하늘에 열린 문을 통해 일곱 인(印), 일곱 나팔과 일곱 대접의 비전을 볼 수 있게 해 주었다. "성령에 감동된다"는 표현은 계시록에 딱 두 번 더 나오는데, 모두 다 요한이 영적으로 인지할 수 있게 고양된 상태에서 매우 중요한 계시들을 전달하고 있는 "오라"고 하는 천상(天上)의 부름과 연결되어 있다. 이것들은 계시록 안에서 주요 단락을 구분하는 표지다. 계시록 4~16장의 여러 환상으로 인류 역사의 의미를 보여 주었다. 요한은 이제 그리스도의 원수들에 대한 종말의 심판을 보게 될 것이다. 천사 하나가 "오라"(계 17:1~3)고 외치자 요한은 "성령에 감동되어" 세상의 "큰 음녀"가 고꾸라지는 모습을 본다. 계시록의 마지막 단락 또한 요한이 "성령으로"(계 21:9) 부름 받게 되는 것을 보여 줄 것인데 거기서는 매춘부인 세상의 반대편에 있는 교회 곧 음녀(淫女)가 아니라 "어린 양의 아내"를 보게 될 것이다.

에벤에셀 스크루지를 변화시킨 세 유령의 메시지처럼 "성령에 감동되는" 이 네 번의 소환으로 요한이 고난받는 교회에게 주고자 했던 메시지의 윤곽을 잡을 수 있다: ①주권자이신 그리스도를 보여 주는 비전 ②그리스도의 주권적인 다스림을 받는 역사에 대한 비전 ③아주 형편없이 퇴폐의 길을 걷는 세상이라는 비전 그리고 ④교회의 거룩한 아름다움이라는 비전.

17:1~2 _큰 음녀(淫女)를 만나다

17장에서 계시록의 새로운 단락이 시작되는데 이를 위해 땅에 진노의 일곱 대접을 쏟아 부었던 천사들 가운데 하나가 길잡이가 되어 요한을 인도한다. 그리스도의 원수들에 대한 심판으로 이 여섯 주기가 끝날 것을 드러내고 있다: 17:1, "또 일곱 대접을 가진 일곱 천사 중 하나가 와서 내게 말하여 이르되 '이리로 오라. 많은 물 위에 앉은 큰 음녀가 받을 심판을 네게 보이리라'"(계 17:1). 우상을 섬기는 세상 체계에 하나님께서 종말을 가져오시기 전에 무슨 일이 일어나는지 요한과 계시록의 독자들이 알게 되기를 하나님은 원하신다. 17장을 시작하는 몇 구절(1~5절)에 큰 음녀를 묘사하고 있는 눈에 띄는 특질 다섯 가지가 드러난다: 음녀의 '위치', 음녀의 '탈 것', 음녀의 '장식', 음녀의 혐오스러운 '잔', 그리고 인류 역사 속 음녀 역할의 신비를 드러내는 음녀의 '이름.'

첫째, 음녀의 위치가 드러난다: 요한은 천사가 "성령으로 나를 데리고 광야로"(계 17:3) 갔다고 말한다. 성경에서 광야는 여러 가지 의미를 지니고 있다. 그것은 죄의 메마른 결과를 묘사한다. 광야는 귀신들이 사는 곳(마 12:43)이다. 예수님은 마귀의 시험을 받기 위해 광야로 나가셨다(마 4:1). 이사야는 바벨론을 파괴하기 위해 올 침략자들이 오는 장소로 광야를 지목했다(사 21:1~10). 나중에 바벨론은 스스로 광야였음이 드러난다(계 18:2). 광야는 큰 환난 기간에 교회를 안전하게 지키기 위해 하나님께서 예비하신 피난처(계 12:6)였다. 바벨론은 죄가 곪는 "큰 성"(계 17:8)이기 때문에 광야는 또한 음녀의 죄악된 유혹의 손길이 미치고 있는 동안 요한이 볼 수 있었던 어떤 장소였다. 박해 혹은 사회적 배척이 그리스도인들을 세속 사회에서 축출시키는 원인이 될 것이다. 그러나 바로 이런 격리가 죄의 유혹으로부터 피난처를 제공하는 것이다. 그래서 "요한과 교회를 위해 광야는 육체적인 고통과 영적인 안전을 결합시킨다; 바벨론에게 광야는 황폐화의 운명 자체일 뿐이다."(D. E. Johnson, 244)

둘째, 철면피의 이 여인은 "붉은빛 짐승을 탔는데 그 짐승의 몸에 하나님을 모독하는 이름들이 가득하고 일곱 머리와 열 뿔이"(계 17:3) 달려 있다. 이 짐승이, 앞서 보았던 여러 비전에 등장했던 박해하는 독재 군주, 지상의 적그리스도적인 정부의 통치자들임은 분명하다(13:1). 일곱 머리는 다니엘 7장의 잔혹한 세상 왕국들을 나타내는 네 짐승에 상응하며 열 뿔은 다니엘이 보았던 네 번째 짐승 곧 로마제국을 나타낸다(단 7:7). 이 혼합 짐승은 따라서 "그리스도와 교회의 최대의 적이자 잔혹한 힘으로 다스리는 엄청난 박해 세력"(R. H. Mounce, 309)을 상징한다. 짐승의 붉은빛은 그 짐승이 사탄, 붉은 용임을 드러내며 아울러 사탄이 성도들에게 가하는 피비린내 나는 박해를 반영한다. 신성을 모독하는 이름들은 우상으로 경배받기 원하는 사탄의 모습, 곧 요한의 독자들이 짐승같은 로마 황제로부터 강요당하는 바로 그 황제 숭배의 위험을 반영한다.

음녀가 짐승을 타고 있다는 사실은 죄악된 환락의 목적과 잔혹한 전제군주의 온갖 목적이 긴밀하게 엮여 있음을 보여 주고 있다. 도덕적 외설과 독재 정부는 "땅의 왕들"의 항복을 받기 위해 똘똘 뭉치는데 이것은 마치 강철 주먹을 감추고 있는 권투 장갑과 같다. 어떤 이는 세속 권세에 겁을 먹고 퇴폐적인 경제 체계에 협력하고 또 어떤 이는 독재적인 국가적 우상 숭배에 내준 권력의 손실을 달래기 위해 육체적인 쾌락의 유혹을 받게 될 것이다. 따라서 이 비전은 독재정권이 어떻게 항시 부도덕을 조장하는지 또한 부도덕이 어떻게 항시 독재정권을 용납하는 일을 도모하는지를 묘사하는 것이다. 미국을 건설한 사람들은 부도덕한 국가가 곧 그 자유를 상실할 것을 잘 알고 있었는데 이는 얼마 되지 않아 쓰라린 고통을 통해 배우게 된 교훈이었다.

셋째, 이 그림은 음녀의 치장으로 부연 설명되었다: "그 여자는 자줏빛과 붉은빛 옷을 입고 금과 보석과 진주로 꾸미고"(계 17:4) 있다. "음녀는 화려하게 챙겨 입고 지나치게 꾸몄다… 여왕으로 행세하기 때문에 자주색 옷과 붉은 옷을 입었다."(W. Hendriksen, 167) 우리가 주목해야 할 첫 번째 것은 음녀가 아주 비싼 옷을 입었다는 사실이다. 고대사회에서 붉은 염색은 아주 비쌌으며 자주색도 아주 비싸서 귀족과 황족을 상징했다. 음녀는 부(富)와 육감적인 아름다움의 인상을 완성하기 위해 진주와 보석으로 화려하게 꾸몄다. "음녀는 경제적인 상거래의 번영을 유지하는 문화의 상징일 뿐만 아니라 창녀들이 다른 사람들을 유혹하는 외적인 매력을 상징한다."(G. K. Beale, 1999:854) 오늘날 이와 비슷한 방식으로 퇴폐적인 세속 문화는 그 부도덕성을 정당화하기 위해서 뿐만 아니라 불경건으로 얻을 수 있는 이득을 얻어내기 위해서 그 부요함을 열심히 홍보한다.

음녀의 관능적인 타락은 그리스도의 신부인 교회의 참 아름다움과 대조된다. 그 여자의 아름다움이 하나님의 거룩을 반영하는 것으로 그리고 있다: "해를 옷 입은 한 여자가 있는데 그 발아래에는 달이 있고 그 머리에는 열두 별의 관을 썼더라"(계 12:1). 나중에 드러나겠지만 그리스도의 신부는 세상의 천박하고 번지르르한 허위보다 훨씬 더 빛나는 아름다움을 지니게 될 것이다: "하나님의 영광이 있어 그 성의 빛이 지극히 귀한 보석 같고 벽옥과 수정같이 맑더라"(계 21:11). 음녀 바벨론은 세속의 왕들을 파멸시키기 위해 유혹하려고 매우 유혹적인 옷을 입고 있다. 대조적으로 그리스도인 여성의 외적인 아름다움은 누군가를 유혹하기보다는 도덕성을 가르치는 길을 찾기 위해 절제되어 있으며 그녀의 가장 귀한 아름다움은 내적이며 영적인 것이다: "오직 마음에 숨은 사람을 온유하고 안정한 심령의 썩지 아니할 것으로 하라. 이는 하나님 앞에 값진 것이니라"(벧전 3:4). 그리스도인 남성들도 마찬가지로 그리스도께서 성령으로 내주(內住)하시는 고상한 여성의 성품이 지닌 아름다움 대신 주로 감각적이고 세속적인 가치에 호소하는 여인들을 피하도록 권면을 받아야 한다.

네 번째, 음녀의 잔을 보게 된다: "손에 금잔을 가졌는데 가증한 물건과 그 음행의 더러운 것들이 가득하더라"(계 17:4). 금잔은 부요함과 영광을 암시한다. "그처럼 값진 잔에 술을 담아 마시는 것은 그것이 최고로 비싼 술임을 짐작케 하는데"(W. Hendriksen, 169), 그 내용물은 영혼을 빈곤케 만들고 그것을 마시는 자들을 불명예스럽게 만든다. "가증한 물건들"(신 27:15)은 거짓 경배와 같이 하나님께 특히 공격적인 것들을 말하는데, 점치기 요술, 무당, 진언자, 신접자, 박수, 초혼자의 행위와 같은 미신행위(신 18:10~11), 동성애 같은 성적인 왜곡(레 18:22, 20:13)을 말한다. 반면 "음행의 더러운 것들"은 일반적으로 죄악으로 타락한 여러 행위를 가리킨다. 요점은 단지 죄악과 불경건을 흡수하는 데 있는 것이 아니라 참 하나님을 향한 믿음 대신 우상 숭배를 조장하는 중독성 강한 영향력에 있다. "신자들을 하나님으로부터 등 돌리게 하는 세상이 사용하는 것이 무엇이든 그 모든 것들이 이 잔에 담겨 있다: 외설문학, 사람들이 완전히 빠져드는 스포츠, 사치품, 세속적인 명성과 권력, 육체의 욕망 등등… 이것들은, 사람들이 그것들을 수단으로 보지 않고 그 자체를 목적으로 삼기 때문에 나쁘게 된 것들을 다 포함하고 있다."(W. Hendriksen, 169) 세속문화는 바로 이 잔을 들고 있는데, 그 속에는 황금빛으로 반짝이는 모든 것들이 들어 있어서 그 내용물로 사람들을 유혹하며 그것으로 소비자를 기업의 노예로 삼고 우상의 나라에 기꺼이 종으로 헌신하도록 만든다. "그것은 터무니없는 것으로 보인다! 현대의 이 세속 시스템이 사람들에게 제공할 수 있는 것은 어마어마하고 무시무시하다! 그러나 그 잔 안에 무엇이 있는지 보게 될 때까지는 기다리라; 그 잔은 그 여자의 간음 곧 우상 숭배의 혐오스러운 것들과 외설(猥褻)로 가득 차 있다!"(D. F. Kelly, 326)

요한은 음녀가 서 있는 흉포하고 야만적인 언덕 곧 광야, 그녀의 유혹적인 치장과 그녀의 혐오스러운 것들로 가득 찬 잔을 보았다. 마지막으로 요한은 그녀의 이름을 알게 된다: "그의 이마에 이름이 기록되었으니 비밀이라, 큰 바벨론이라 땅의 음녀들과 가증한 것들의 어미라 하였더라"(계 17:5). 로마의 창녀들은 자기 이름이 적힌 머리띠를 두르고 있었다. 여기서 그 이름은 "큰 바벨론"이다. 옛날 역사의 이면으로 들어가 보면, 바벨론은 하나님께 대항하는 사탄의 군사력을 상징한다. 창세기 11장, 사탄의 유명한 탑(바벨탑)이 하늘에까지 닿을 정도였지만 하나님께서 그것을 무너뜨려 혼란 속으로 몰아넣으셨다. 느부갓네살 시대에 예루살렘을 멸망시킨 것은 바벨론이었고 하나님의 백성들은 우상 숭배 죄에 대한 형벌로 바벨론에 포로로 잡혀갔다. 느부갓네살은 그의 세속적-인본주의적 우상 숭배를 자랑하기 위해 동전에 "큰 바벨론"(단 4:30)이라는 문구를 새겨 넣었다. 요한은 이 이름을 "비밀"(계 17:5)이라고 말하고 있는데 그 핵심은 이 이름의 상징적인 의미이다. "하나님을 무시하고 그리스도를 왕으로 인정하지 않는 세상의 압제적인 왕국이라는 이 상징은, 여기서 제 몸을 팔아 혐오(嫌惡)를 낳는 여자로 인격화되었다."(J. M. Hamilton Jr., 326)

"큰 바벨론"이라는 이름에 덧붙여서 이 여자는 "땅의 음녀들과 가증한 것들의 어미"(계 17:5)로 불린다. 음녀 자신이 창녀일 뿐만 아니라 "땅의 임금들도 그와 더불어 음행하였고 땅에 사는 자들도 그 음행의 포도주에 취하게"(17:2) 하지만 그 음녀는 "짐승을 경배함으로써 영적인 음행의 죄를 범하는 모든 이를 지배하는 어머니다."(S. J. Kistemaker, 466) 굳이 세속 사회의 가치에 동화되어 어린 나이에 이 음녀 같은 가치와 외모에 사로잡힌 현대사회의 나이 어린 창녀를 생각할 필요는 없다. 이것은 하나님께 등을 돌린 어떤 문화의 영적인 음행을 상징한다. 기독교인이 음녀의 방탕과 완전히 반대되는 어떤 덕목을 소유해야 하는 것처럼 그리스도의 교회는 세속적이고 인본주의적인 이데올로기에 넘어가거나 감각적인 쾌락으로 몰려가는 소비 경제에 넘어가 버리지 말고, 하나님 대신 세속 권세가 경배받는 문화를 지배하는 죄악이나 타락과는 분리된 거룩한 삶을 추구해야만 한다.

17:3~6 _세상에서 무엇을 기대할 것인가

요한이 제시한 음녀 비전의 요점은 세상의 본질이 무엇인지 그리스도인들이 그 진실을 보게 하기 위함이다. "당신은 세상의 본질이 무엇인지 정확히 보고 있는가?" 계시록은 이렇게 묻고 있다. 문제는 이 세상 자체가 아니라 하나님께 반역하는 세속적이고 인본주의적인 세상의 시스템이다. 은혜와 진리이신 하나님의 통치와 별개로 세상은 폭군의 권력 남용과 음녀의 동맹에 빠져 있다.

이 퇴폐적인 세상 시스템이라는 모델은, 요한 당시 세상을 지배하고 있던 고대 로마다. 로마는 다니엘이 보았던 열 뿔을 지닌 네 번째 짐승이다(단 7:7; 계 17:3). 그리스도인들은 로마를 코드 이름 바벨론으로 불렀다(벧전 5:13). 일곱 산(계 17:9)을 말하고 있는데 이는 오직 로마를 가리키는 것일 수밖에 없는데 이것은 모든 시대의 정치, 문화, 경제, 군사력의 지배적인 세속 시스템을 상징하고 있다. "많은 물 위에 앉은"(계 17:1) 음란한 그 여자는 세속문화와 권력에 로마의 영향력이 스며드는 것을 말하고 있다.

로마가 교회에 가하는 특히 두 가지의 굉장한 위협, 곧 모든 시대에 걸쳐 사탄의 모든 공격을 조직화하는 위협에 있어서 로마는 세속적인 우상의 적절한 상징이다. 그중에 첫 번째 것은 박해다. 요한의 독자들은 네로 통치 기간에 그리스도인들에게 가해진 끔찍한 고통을 잊을 수 없었을 것인데, 이제 그들은 도미티안 황제의 우상을 향해 끝끝내 경배하지 않으면 당할 치명적인 위협에 직면하게 되었다. 그리스도인들을 향한 사탄의 두 번째 형태의 공격은 도덕적인 타락이다. 로마는 특히 문란한 성적 타락으로 사상 최악의 방탕, 그 하수구였다. 역사가 타키투스는 로마를 "세상의 모든 두렵고도 수치스러운 것들이 다 모여 있는 곳"(R. Mounce, 310; R. D. Phillips, 483)으로 묘사했다. 유명한 사례가 클라우디우스 황제의 처 메살리나다. 그녀는 저녁마다 공식적인 매음굴에서 몸을 팔았는데 이것은 황족의 퇴폐행위가 로마 사회의 다른 이들에게 어떻게 방탕을 부추겼는지를 상징한다. 이와 같은 두 가지 전략 곧 박해와 타락은 그리스도인들의 교회와 복음의 증인들을 파괴하려는 사탄의 전술로 계속 활용되었다.

박해 과정에서 음녀의 역할은 계시록 17:6에 서술되어 있다: "또 내가 보매 이 여자가 성도들의 피와 예수의 증인들의 피에 취한지라. 내가 그 여자를 보고 놀랍게 여기고 크게 놀랍게 여기니." 그리스도인들이 도덕적 타락과 혐오스런 행위에 참여하기를 거부한 대가로 그토록 무시무시한 고통을 겪어야만 한다는 사실을 요한은 몹시 두려워했다. 도덕적인 요셉이 보디발의 처로부터 유혹을 받고 무고당했던 것처럼 교회는 도덕적인 악에 참여하기를 거부한 대가로 고통을 겪는다. "그동안의 유혹에 음녀가 만족하지 못하고 택함 받은 자를 속일 수 없게 되자(마 24:24) 음녀가 성도들을 무자비하게 고문하고 죽임으로써 성도들의 피가 지표면에 쏟아지게 되었다."(S. J. Kistemaker, 467)

요한 당시의 교회들에 흐릿하게 드리우고 교회의 초기 역사 안에 나타났던 것과 마찬가지로 오늘날 박해는 전 세계에 널리 퍼져 있다. 이전의 어떤 시대보다도 20세기에 더 많은 그리스도인이 순교의 피를 쏟았는데 21세기는 그리스도인들의 순교가 새로운 정점을 찍고 있는 듯하다. 요한은 성도들의 피가 음녀의 사치하는 옷에 뛰는 것을 보고 공포에 사로잡혔다. 만일 요한이 오늘날 특히 이슬람이 지배하는 여러 나라에서 신자들이 무참히 살육당하는 것을 본다면 그는 마찬가지로 큰 슬픔에 잠길 것이다.

그러나 대체로 박해는 교회를 해치기에 그다지 효율적인 전략은 아니다. 그리스도인들이 고통을 겪는 동안 박해가 실제로는 교회를 더 강하게 만들기 때문이다. 그 과정에서 거짓 신자라는 잡초를 뽑아내고, 고난받는 성도들이 기도하면서 주님께로 더 가까이 가게 할 뿐이다. 결국 큰 환난은 그리스도의 신부인 교회의 원수를 갚고 그 신부를 구원하기 위해 그분이 다시 오실 명분을 만들어 줄 뿐이다. 박해에 직면한 그리스도인들을 주님이 부르시는 이유는 단순하다: "네가 죽도록 충성하라. 그리하면 내가 생명의 관을 네게 주리라"(계 2:10).

교회를 대항하는 세상의 두 번째 전략은 외적인 것이 아니라 내적이다; 그것은 박해가 아닌 은밀한 침투를 포함하는데 거기에는 도덕적인 타락과 거짓 교리가 있다. 이것은 이스라엘이 출애굽 한 뒤 발람이 채용하여 성공했던 전략이다. 이스라엘을 저주하지 말라는 하나님의 명령을 받았기에 발람은 모압의 아리따운 여자들을 풀어 이스라엘 남자들이 죄를 범하도록 유혹했고 그 죄로 우상을 숭배하도록 유도했다(민 25:1~3). 예수님은 버가모 교회에 보낸 편지에서 이 전략을 언급했다. "거기 네게 발람의 교훈을 가르치는 자들이 있도다. 발람이 발락을 가르쳐 이스라엘 자손 앞에 걸림돌을 놓아 우상의 제물을 먹게 하였고 또 행음하게 하였느니라"(계 2:14). 두아디라교회에 보내는 주님의 편지에도 이와 비슷한 경고가 포함되어 있는데 비슷한 구약 인물을 예로 들고 있다: "네게 책망할 일이 있노라. 자칭 선지자라 하는 여자 이세벨을 네가 용납함이니 그가 내 종들을 가르쳐 꾀어 행음하게 하고 우상의 제물을 먹게 하는도다"(계 2:20).

사탄은 비도덕적인 행위로만이 아니라 거짓 교리를 통해서도 교회에 은밀하게 침투한다. 계시록 2:15, 예수님은 버가모교회에게 볼멘소리를 하셨다: "이와 같이 네게도 니골라 당의 교훈을 지키는 자들이 있도다"(계 2:15). 바울은 갈라디아 교회에 편지를 쓰면서 구원에 관한 거짓 가르침의 심각한 위험을 단호하게 경고하고 있다: "만일 누구든지 너희가 받은 것 외에 다른 복음을 전하면 저주를 받을지어다"(갈 1:9). 오늘날 교회는 성경에 세속적인 비평을 허용하는 자유주의 신학, 복음을 단지 세속적인 축복으로 격하시키는 '건강', '행복'과 '부요'라는 '번영신학', 하나님 앞에서 비싸게 구는 오만한 생활방식, 거룩의 길로 부르는 성경 말씀과 죄, 대속의 중요성을 폄하(貶下)하면서 대중 심리학에 몰두하는 '치유 복음' 등의 공격을 받고 있다.

박해가 종종 교회를 더 강하게 만드는 데 반해 부도덕과 거짓 교리가 은밀하게 성공적으로 침투하게 되면 교회가 약해져서 거의 힘을 쓰지 못하게 된다. 이것이 바로 교회 안에서의 비성경적인 영향력을 겨냥하여 예수님이 특별하게 경고하셨던 이유다: "거짓 선지자들을 삼가라. 양의 옷을 입고 너희에게 나아오나 속에는 노략질하는 이리라. 그들의 열매로 그들을 알지니"(마 7:15~16).

17:1~6 _시편 1편: 두 길

그리스도의 백성들이 세속 문화라는 큰 음녀의 혐오스러운 것들을 볼 때 그들의 반응은 어떠해야만 하는가? 그 대답은 이 비전의 본질로 분명하게 드러났는데 계시록 18장에 보다 분명하게 밝혀져 있다: "내 백성아, 거기서 나와 그의 죄에 참여하지 말고 그가 받을 재앙들을 받지 말라. 그의 죄는 하늘에 사무쳤으며 하나님은 그의 불의한 일을 기억하신지라"(계 18:4~5).

어쩌면 세상 음녀의 유혹과 죄의 오염을 피할 수 있게 주어진 최상의 충고는 시편 1편의 첫 연(聯)에서 찾을 수 있을 것이다. 시편 1편은 신자의 영성을 안내하려고 만들어졌으며, 그래서 이 시편은 경건한 이들의 건실한 삶의 방식에 적합한 출입문이 되어 준다. 이 시편은 모든 그리스도인이 암송해야만 할 가르침으로 시작된다: 시편 1:1~2, "군자(君子)의 즐거움 오래 가누나. 선을 행하니 온갖 복이 모이고 무도한 이들과 어울리지 않으며 소인배와 함께함을 부끄러이 여기네. 가볍기 그지없는 오만한 자 멀리하고 저들과 같이 앉음 탐탁히 여기잖네. 거룩한 말씀 속에 한가로이 거닐며 온종일 말씀에 젖어 들기 즐기네"(오경웅·송대선, 38-39) 이것은, 그리스도인들의 본질이 친구들의 영향력에 의해 형성된다는 것을 말하고 있다. 이 메시지는 우리가 따르게 될 삶의 방식을 결정하는 것으로 마무리될 우리 마음과 귀를 어디를 향해 여느냐가 중요하다는 것이다. 세속에 가까이하는 삶을 살면서 그 친구들을 따르고 세속의 생각을 받아들이는 이들이 있는가 하면 하나님의 말씀을 가까이하며, 하나님의 가르침에 귀를 기울이고, 하나님을 기쁘시게 하는 삶의 스타일을 실천하는 사람들이 있다. 이것들은 두 가지 삶을 산출하게 되는 두 길이다. 예수님이 복음을 가르치시면서 이 접근법을 채택하신 적이 있다: "좁은 문으로 들어가라. 멸망으로 인도하는 문은 크고 그 길이 넓어 그리로 들어가는 자가 많고 생명으로 인도하는 문은 좁고 길이 협착하여 찾는 자가 적음이라"(마 7:13~14).

최초의 주불 미국 대사로 파견되었던 존 아담스에게 정숙한 아내 아비가일이 있었다. 바쁜 남편 때문에 정숙했던 아비가일이 외롭게 되자 그녀는 친구와 함께 파리의 오페라에 참석하기 시작했다. 처음에 그녀는 사실상 옷을 거의 다 벗고 나온 발레 무용수들의 관능성을 몹시 안 좋게 여겼다. 그녀는 춤추는 소녀들의 극단적으로 속이 다 보이는 의상을 묘사하면서 이렇게 썼다. "나는 그들을 보면서 심한 수치심을 느꼈다." 그러나 나중에 그녀는 "이렇게 구역질이 나게 했던 습관, 관습, 패션에 그 자체로 타협하고자 하는 나의 취향을 발견했다"(D. McCullough, 307)고 했다. 오늘날 똑같은 영향이 대학 캠퍼스, 영화관과 뮤직비디오 속에서 행해지고 있으며, 아주 서서히 젊은이들을 죄 된 습성에 젖어 들게 하고 있는데 그것은 마침내 그들의 영혼을 파괴하고야 말 것이다.

시편 1편은 두 가지 삶의 스타일을 서술한 다음 이 두 길에서 비롯되는 두 가지 전혀 다른 영원한 운명을 말하고 있다. 그것은 하나님의 말씀이 이끄는 운명과 세속의 길로 가는 이들의 운명 말이다. 성경에서 진리를 끌어내는 사람은 "비유하노라 시냇가에 심겨진 나무와 같아 제 때에 아름다운 결실을 맺고, 추위가 몰아쳐도 잎사귀 마르잖고, 울창히 자라나기 한이 없어라"(시 1:3),(오경웅·송대선, 38-39) 이와 대조적인 사람도 있다: "안타깝구나 미련한 자들이여, 땅에서 하늘이 한없이 먼 것같이, 이리저리 흩날려 아득이 멀어지니, 바람에 나는 겨와 다르지 않네"(시 1:4),(오경웅·송대선, 38-39) 마지막으로 영원한 일들이 우리 스스로 밟고 지나친 길에 따라 결정된다. "지혜로운 이들이 힘쓰는 바는 하나님이 싫어하시는 것 끊어버리기라. 우리 주님 바른 이를 인정해 주시고 무도한 이들 끝내 사라지게 하시리라"(시 1:5~6),(오경웅·송대선, 38-39)

이런 진행이 처음에는 사소한 생각에서 출발한다는 것을 기억해야만 한다. 세속의 생각은 음녀(淫女)의 품과 짐승이라는 폭군의 손아귀로 당신을 이끈다. 성경은 당신이 경건하게 복종할 뿐만 아니라 무엇보다도 잃어버린 자의 구주, 죄로 심판을 받는 이들의 대속자, 그분의 교회에 생명과 아름다움을 주시는 주님이신 예수 그리스도께 순종하는 것이 중요함을 강조한다. 주님의 메시지는 믿는 사람들을 위해 짐승과 음녀의 영역을 전복시키는 약속에 기반한 것이다. 세속성이라는 폭군과 죄의 오염을 알게 된 이들을 위해 예수님이 주시는 구원은 얼마나 위로가 되고 힘이 되는가. 예수님은 이렇게 말씀하신다: "너희가 내 말에 거하면 참으로 내 제자가 되고 진리를 알지니 진리가 너희를 자유롭게 하리라"(요 8:31~32), "누구든지 목마르거든 내게로 와서 마시라. 나를 믿는 자는 성경에 이름과 같이 그 배에서 생수의 강이 흘러나오리라"(요 7:37~38), "불의한 자가 하나님의 나라를 유업으로 받지 못할 줄을 알지 못하느냐? 미혹을 받지 말라. 음행하는 자나 우상 숭배하는 자나 간음하는 자나 탐색하는 자나 남색하는 자나 도적이나 탐욕을 부리는 자나 술 취하는 자들은 하나님의 나라를 유업으로 받지 못하리라. 너희 중에 이와 같은 자들이 있더니 주 예수 그리스도의 이름과 우리 하나님의 성령 안에서 씻음과 거룩함과 의롭다 하심을 받았느니라"(고전 6:9~11).

예수님은 말씀하셨다. "내가 온 것은 양으로 생명을 얻게 하고 더 풍성히 얻게 하려는 것이라"(요 10:10). 음녀 바벨론은 쾌락으로 유혹하면서 죽음과 절망의 품으로 사람들을 이끈다. 구주 예수님은 믿는 자들에게 하나님이 주시는 생명을 가지고 부르신다. 오직, 죄의 형벌로부터 우리를 자유하게 하시기 위해 우리 대신 쏟으신 그분의 피만 우리를 구원할 수 있다. 그렇다면, 그리스도의 열쇠는 부분적으로는 짐승을 탄 음녀의 추한 파멸을 보는 데 있다. 그보다 훨씬 더 중요한 열쇠는, 그리스도의 손에서 나오는 생명의 잔을 들고 있는 이들에게 참 아름다움, 생명과 영광을 나누어 주시는 분, 전적으로 사랑스러우신 예수 그리스도를 보는 것이다. 다윗은 이것을 알고 있었기에 세속적인 유혹의 치명적인 덫에 대한 최상의 치료책을 공급하는 그의 확신을 이렇게 표현했다. 시편 16:11, "제게 생명의 길 가르치시고, 님 우러르는 기쁨으로 배부르게 하소서. 주님의 오른편 늘 의지하오니 복과 낙 영원히 가득하리라."(오경웅·송대선, 103)

여자와 짐승의 비밀
(요한계시록 17:7~18)

⁷천사가 이르되 왜 놀랍게 여기느냐 내가 여자와 그가 탄 일곱 머리와 열 뿔 가진 짐승의 비밀을 네게 이르리라 ⁸네가 본 짐승은 전에 있었다가 지금은 없으나 장차 무저갱으로부터 올라와 멸망으로 들어갈 자니 땅에 사는 자들로서 창세 이후로 그 이름이 생명책에 기록되지 못한 자들이 이전에 있었다가 지금은 없으나 장차 나올 짐승을 보고 놀랍게 여기리라 ⁹지혜 있는 뜻이 여기 있으니 그 일곱 머리는 여자가 앉은 일곱 산이요 ¹⁰또 일곱 왕이라 다섯은 망하였고 하나는 있고 다른 하나는 아직 이르지 아니하였으나 이르면 반드시 잠시 동안 머무르리라 ¹¹전에 있었다가 지금 없어진 짐승은 여덟째 왕이니 일곱 중에 속한 자라 그가 멸망으로 들어가리라 ¹²네가 보던 열 뿔은 열 왕이니 아직 나라를 얻지 못하였으나 다만 짐승과 더불어 임금처럼 한동안 권세를 받으리라 ¹³그들이 한 뜻을 가지고 자기의 능력과 권세를 짐승에게 주더라 ¹⁴그들이 어린 양과 더불어 싸우려니와 어린 양은 만주의 주시요 만왕의 왕이시므로 그들을 이기실 터이요 또 그와 함께 있는 자들 곧 부르심을 받고 택하심을 받은 진실한 자들도 이기리로다 ¹⁵또 천사가 내게 말하되 네가 본 바 음녀가 앉아 있는 물은 백성과 무리와 열국과 방언들이니라 ¹⁶네가 본 바 이 열 뿔과 짐승은 음녀를 미워하여 망하게

하고 벌거벗게 하고 그의 살을 먹고 불로 아주 사르리라 ¹⁷이는 하나님이 자기 뜻대로 할 마음을 그들에게 주사 한 뜻을 이루게 하시고 그들의 나라를 그 짐승에게 주게 하시되 하나님의 말씀이 응하기까지 하심이라 ¹⁸또 네가 본 그 여자는 땅의 왕들을 다스리는 큰 성이라 하더라 (개역개정)

스코틀랜드 신앙개혁에서 가장 중요한 인물 가운데 하나는 사무엘 러더포드인데 그는 한평생 많은 박해를 받으며 살았다. 젊은 시절에 은혜로 얻는 구원을 가르친 죄로 추방당했으며, 나이 들어서는 국왕이 하나님의 법에 종속된다고 주장하다가 사형 선고를 받았다. 그를 지켜본 사람들은 이런 난관 속에서 그가 어떻게 기쁘게 신앙생활을 하며 살았는지를 의아하게 생각했다. 러더포드의 마지막 말과 그리스도에 대한 그의 소망을 풀어쓴 내용이 전해진다:

> 시간의 모래알은 아래로 쏟아지고
> 하늘의 새벽은 밝아오네.
> 내가 탄식했던 여름의 아침
> 공정하고 달콤한 아침이 깨어나네.
> 어둠, 어둠은 한밤중이었지만
> 이제 곧 새벽이 오리.
> 그리고 영광, 영광이 임마누엘의 땅에 살았네. (A. R. Cousin, 1857)

계시록 17장의 비전은 이와 비슷한 태도를 증진하려는 의도로 기록되었다. 요한은 큰 음녀 바벨론이 자줏빛 짐승을 타고 성도들의 피에 취해 있는 것을 보았다. "또 내가 보고" "크게 놀랍게"(계 17:6) 여겼다고 했다. 그것은 요한이 소름 끼치는 비전을 보고 너무 놀라서 뒷걸음질친 것처럼 보인다. 천사가 물으면서 말한다: "왜 놀랍게 여기느냐? 내가 여자와 그가 탄 일곱 머리와 열 뿔 가진 짐승의 비밀을 네게 이르리라"(계 17:7). 비전에 대한 이 설명은 요한의 두려움을 달래고 그가 믿음으로 인내하도록 그를 격려하기 위함이었다.

이 단락에서 천사의 메시지는 세 개의 주요 부분으로 짜여 있다. 첫째, 요한은 짐승과 그 짐승의 등장 방식을 깨달을 필요가 있었다. 둘째, 그리스도에 맞서 전쟁을 벌이는 짐승이 갖고 있는 군사적 능력을 이해해야만 했다. 셋째, 하나님의 주권적인 권세를 그분께서 드러내실 때, 음녀와 짐승 사이에 펼쳐지도록 하나님께서 작정하신 그 파멸에 많이 놀라게 되었다. 이 어려운 대목을 연구함으로써 우리가 얻게 되는 교훈이 있다. 우리에게 주려고 이 교훈이 기록되었기에 러더포드처럼 우리도 이 적대적인 세상에서 담대하게 하나님을 나타내야만 한다는 것이다.

17:7~8, 11~13 _짐승의 귀환 이해하기

계시록의 이 대목에서 우리는 하나님과 그 백성에 맞서 난폭한 세속적 권세를 나타내는 짐승에 꽤 익숙하다. 그 짐승은 11장에서 최초로 언급되었는데, 거기서 짐승은 순교자-교회를 상징하는 두 증인을 살해할 권세를 잠시 가졌지만(계 11:7~8), 마침내 두 증인은 하나님이 짐승을 심판하시기 전에 죽음에서 일어났다(11:11~13). 12장에서는, 짐승의 주인 곧 일곱 머리를 가진 용-사탄이 교회에 맞서 이길 수 없는 전쟁을 벌이지만 교회가 그리스도의 피와 "증언하는 말씀"(계 12:11)으로 사탄을 정복한다는 것을 배웠다. 13:5~6에서 요한은 이 짐승이 정해진 기간에 성도들을 이기도록 허락받아 성도들을 상대로 전쟁을 벌이는 것을 다시 보았다.

배경 자료는 계시록 17:8의 묘사와 일치한다: "네가 보았던 짐승이, 사라졌고, 파멸하기 위해 무저갱 바닥으로부터 일어나려 한다." 그 패턴은 역사 속에 드러났던 사탄의 행적을 따르고 있다. 즉, 마귀가 존재했었지만 사라졌고 그 마귀는 그리스도가 십자가에서 그를 물리치고 마귀의 왕국을 전복(顚覆)시킬 때까지 죄로 만국을 다스렸다. 이것은 오늘 우리 시대에 사탄의 악한 활동을 과소평가하고자 함이 아니고 복음이 세상에 전파되기 위해 마귀의 권세가 제한되었다는 것을 지적하려는 것이다(계 20:3). 비록 마귀의 통치가 과거형이었고 지금은 아니라 해도 마귀가 "열국을 미혹하고" 그리스도에 맞서기 위해 자기 군대를 "모아 싸움 붙이는 일을"(계 20:7~8) 한 번 더 하기 위해 역사의 마지막에 잠깐 다시 나타나게 될 것이다. 그러므로 사탄은 "존재했었고 다시 한번 더" 나타날 것이다.

짐승이 나타날 때 이와 똑같은 패턴이 역사 속에 재발할 것이다. 구약성경 역사에서 애굽의 바로, 앗수르의 산헤립, 다음으로 바벨론의 느부갓네살이 등장했다. 구약과 신약의 중간기에는 유대인을 박해했던 안티오쿠스 에피파네스, 어린 그리스도를 죽이려 했던 헤롯 대왕이 있었다. 이 모든 짐승 같은 독재자들은 하나님이 그들을 거꾸러뜨릴 때까지 피로 얼룩진 통치를 했다. 그들은 한때 존재했었지만 사라졌다. 그러나 그 짐승은, 네로가 그리스도인들을 박해했듯이 이제 요한 시대에는 도미티안 황제의 협박으로 보란 듯이 다시 일어났다. "이 상황은 그리스도께서 마지막에 다시 오실 때까지 지속할 것인데 그때가 되면 하나님의 백성을 이기는 짐승의 성공은 전보다 훨씬 더 커질 것이다."(G. K. Beale, 1999:866) "역사가 진행되는 동안 짐승은 할 수만 있다면 하나님의 백성을 파멸시키려 '무저갱으로부터 지긋지긋하게 기어올라' 온다."(R. Mounce, 312) 이 패턴을 깨닫는다면 경건한 시대를 살아가는 그리스도인들은 악이 언제든 되돌아오려고 늘 기다리고 있음을 알아야만 한다. 마찬가지로 박해받으며 고통을 겪고 있는 그리스도인들은 나타난 짐승이 곧 패퇴(敗退)할 것이라는 것도 알아야 한다. 짐승이 "무저갱으로부터 올라와"(계 17:8) 또한 "멸망으로 다시 들어갈" 것이라는 사실도 아주 확실하다. 무저갱은 하늘과 정반대되는 어둠의 처소다. 무저갱에서 짐승이 올라오는 것은 언제나 패배와 치욕을 안고 그 짐승이 무저갱으로 되돌아가는 일의 전주곡이다.

더 나아가 요한이 본 비전에서는 짐승이 등장하면 세상으로부터 열렬한 지원을 받게 될 것이라고 말한다: "땅에 사는 자들로서 창세 이후로 그 이름이 생명책에 기록되지 못한 자(엡 1:4 참조)들이 이전에 있었다가 지금은 없으나 장차 나올 짐승을 보고 놀랍게 여기리라"(계 17:8). 성령의 분별력이 없는 세속적인 백성들은 짐승 같은 독재자의 권세와 능력에 경외심을 품게 된다. 일찍이 히틀러의 나찌 독일에서, 누렘베르크 집회에서 광란에 빠졌던 대중을 생각해 보면 그것을 충분히 알 수 있을 것이다. 안 믿는 자들이, 큰 우상숭배, 인간의 도시 바벨론에 속해 있기에 이것은 그다지 놀라운 일이 아니다. "세계를 지배하려고 횡포한 제국을 세운 자들의 공훈은 늘 큰 바벨론 시민들의 경배와 경탄을 불러일으켰다."(P. E. Hughes, 184)

이 헌신을 요구하면서 짐승은 갑자기 나타나서 권력을 획득하는 것으로 예수님의 부활을 흉내 낸다. 우리는 계시록 13장에서 이 주제를 접했는데, 짐승의 머리 가운데 하나가 "상하여 죽게 된 것 같더니 그 죽게 되었던 상처가 나으매 온 땅이 놀랍게 여겨 짐승을" 따랐다(계 13:3)는 사실을 확인했다. 인류가 이 빤히 속 보이는 짓에 그토록 쉽게 빠져들 수 있는지 의아해할 수도 있다. 그러나 사람들이 하나님으로부터 소외되었기 때문에 죄인들이 하나님을 대체하는 데 열심이며 아주 사소한 구실로도 그들의 충성을 사기꾼에게 쉽게 바칠 것이라는 사실을 기억해야만 한다.

이런 성경 구절에서 우리를 위로하는 말씀은 어디에 있는가? 한 가지 위로는 사탄과 그의 짐승이 망한 까닭에 그것들이 그저 예수님처럼 되려고 흉내 냄으로써 세상을 놀래킬 수 있다는 사실을 깨닫는 데서 온다. 이런 식으로 짐승이 등장하는 역사는 그리스도에 대한 진리를 증명한다. 이울러 우리가 위로를 받는 것은 예수를 믿음으로써 영원토록 생명책에 우리의 이름이 기록되었다는 사실이다. "짐승이 일으키는 대혼란에도 불구하고, 세상이 짐승에게 퍼붓는 열애와 숭배에도 불구하고 하나님의 백성들은 안전하며 두려움이 없다. 그들의 영원한 운명은 이미 확실해졌다."(S. J. Kistemaker, 470) 예수 믿는가? 오직 예수'만' 믿는가? 그렇다면 축하드린다. 그거면 됐다.

17:9~15 _그리스도에 맞서는 짐승의 전쟁 이해하기

천사가 요한에게 준 두 번째 요점은 일곱 머리와 열 뿔의 의미인데 그것은 그리스도에 대항하는 전쟁을 하기 위해 짐승과 합세한 권력들을 보여 주기 위함이었다. 이 구절은 이해하기 매우 어렵다: "지혜 있는 뜻이 여기 있으니"(계 17:9). 짐승의 숫자가 주어졌을 때도 비슷한 진술이 있었다(계 13:18). 지혜는 자료를 이해하기 위해서 뿐만 아니라 그 의미에 초점을 맞출 때도 필요한 것이다.

천사가 "그 일곱 머리는 여자가 앉은 일곱 산"(계 17:9)이라고 말하기 시작한다. 이것은 분명히 요한 당시 음녀의 유혹하는 보좌와 짐승의 주요 표상이었던 '일곱 언덕의 도시'인 '로마'를 가리키는 것으로 보인다. 일부 학자들은 일곱 언덕이 있는 예루살렘과 같은 다른 도시들을 가리키는 것이라고 주장한다. 그러나 오늘날 미국에서 시카고가 "바람의 도시"로 뉴욕이 "대도시(Big Apple)"로 불리듯이 "일곱 언덕의 도시"는 특별히 로마를 가리키는 이름이다. 뿐만 아니라 성경에서 산들은 종종 하나님과 맞서기 위해 포진하는 영적인 권세를 묘사하는 데 쓰였다(사 2:2; 렘 51:25; 겔 35:3). 이 이미지는 계시록에서 교회들을 향한 요한의 경고와 완전히 부합된다: 짐승이 무저갱으로부터 다시 올라오려 한다. 짐승은 로마에 그 권세를 집중시키면서 교회를 박해하기 위해 황제 숭배를 활용하고 있다.

일곱 언덕은 이해하기가 비교적 쉽다. 그러나 그 뒤에 나오는 이야기는 그렇지 않다: "또 일곱 왕이라 다섯은 망하였고 하나는 있고 다른 하나는 아직 이르지 아니하였으나 이르면 반드시 잠시 동안 머무르리라"(계 17:10). 이 구절을 설명하는 세 가지 주요 이론이 있는데 그중의 둘은 역사적인 설명이고 나머지 하나는 상징적인 설명이다.

첫 번째 역사적인 접근법은 일곱 왕을 로마 황제들의 연속 계보로 보는 견해다. 다섯 황제는 몰락했고, 하나는 지금 통치하고 있으며, 그리고 마지막 하나는 미래에 잠깐 통치할 것이다.(D. Chilton, 436) 이런 접근법의 문제점은 도미티안 황제가 로마의 12번째 황제이지 여섯 번째 황제가 아니라는 점이다. 만일 아우구스투스 케사르부터 출발한다면 이 목록은 티베리우스, 칼리굴라, 클라우디우스 그리고 네로 등의 몰락한 통치자들일 것이다. 여섯 번째는 베스파시안일 것인데 만일 계시록이 대부분의 학자들이 믿고 있듯이 도미티안 황제 통치 기간에 기록된 것이라면 이것은 앞뒤가 맞지 않는다. 이 접근법은 심지어 네로 황제가 몰락한 뒤 짧게 통치했던 세 명의 황제들 곧 갈바, 오토, 그리고 비텔리우스를 정리하기 어렵게 된다. 그러므로 그것은 사실상 자의적인 조작이 없이는 성립될 수 없는 이론이다.

두 번째 역사적인 접근법은 일곱 왕을 역사 속에 등장했던 세속 통치자들로 본다. 이런 견해 또한 어떤 이름들이 포함되어야만 하는지에 대해 확실한 것이 없다. 윌리암 핸드릭슨은 고대 바벨론, 앗시리아, 신 바벨론, 메대-파사와 그리스를 무너진 다섯 개의 제국으로 본다. 여섯 번째 제국인 로마를 당시 지배하고 있던 제국으로 보는 셈이다.(W. Hendriksen, 170) 헨리 알포드는 이집트, 니느웨, 바벨론, 페르시아와 그리스를 이미 무너진 다섯 왕국으로 본다.(H. Alford, 4:710-11)

이런 접근법의 주된 문제는 "다른 하나는 아직 이르지 아니하였으나 이르면 반드시 잠시 동안 머무르리라"(계 17:10)고 한 일곱 번째 제국이다. 한 가지 접근법은 이것을 주후 312년 콘스탄틴 대제 때 시작되어 이어지는 유럽의 모든 역사를 포함한 교회-국가 제국으로 보는 것이다. 그러나 그것은 한 명의 우두머리 아래서 등장한 아틸라, 클레르망, 대영제국, 나폴레옹, 아돌프 히틀러, 미 연방체와 공산 독재국가들까지를 포함하는 2천 년 동안 등장했던 모든 제국을 입맛대로 포함하는 것처럼 보인다. 뿐만 아니라 이 역사를 어떻게 "반드시 잠시 동안 머물러야만 하는" 것으로 묘사할 수 있느냐 하는 것도 문제다.

역사적인 접근법의 문제점은 특히 계시록을 통틀어 숫자 7과 10을 상징적인 방식으로 사용해 왔기 때문에 상징적인 접근법을 고려하게 한다. 7은 완전성을 나타내기에 여기서는 역사 전반에 걸쳐 등장한 적그리스도 정부의 총체를 나타내는 것일 수 있다. 일곱 머리 지닌 짐승을 그리면서 그중 다섯이 이미 잘라진 것을 보여 준 것이다. 그 생각은 그리스도의 초림으로 사탄과 그의 짐승에게 치명적인 타격이 가해졌지만 사탄은 끄떡 않고 싸움을 계속하면서 그의 치명적인 여섯 번째 머리의 힘을 사용한다는 것인데, 마지막 일곱 번째는 아직 등장하지 않았다. 요점은 전쟁의 끝이 점점 더 가까워지고 있다는 것이다. 계시록 독자들은 그 전쟁의 끝에 있지 않았다. 그들은 여섯 번째 머리 시대에 살고 있었다. 그러나 그때 이미 마지막 국면은 시작되고 있었다. 이것은 교회를 향한 바울의 가르침과도 일치한다: "말세가 왔다"(고전 10:11). 그 갈등은 격렬할 것이지만 그 끝은 그리 멀리 있지 않다. 짐승의 이런 이미지는 따라서 사탄이 교회를 향한 진노로 충만하다는 이전의 진술을 반영하는 것이다. "이는 마귀가 자기의 때가 얼마 남지 않은 줄을 알므로"(계 12:12). 요한의 시대에 그리고 교회의 앞날에 엄청난 고통이 있을 것이기에 대단한 용기와 인내가 필요할 것이지만, 그리스도인들이 갈등에 직면하더라도 그 고통의 기간은 제한되어 있으며 그 끝이 다가오고 있음을 마귀도 알고 있다는 것이다.

그 끝이 올 때, 교회는 여덟 번째 머리를 만나게 될 것이다: "전에 있었다가 지금 없어진 짐승은 여덟째 왕이니 일곱 중에 속한 자라. 그가 멸망으로 들어가리라"(계 17:11). 8은 부활을 상징하는 숫자인데 그것은 마치 자신이 그리스도인 듯이 가면을 쓰려 하는 적그리스도의 의도에 부합하는 것이다. 이전의 모든 뿔처럼 그는 하나님께 반역하는 세속의 지배권에 전념하고 있다. 그러나 그는 자신이 진짜 짐승이기에 그와는 좀 다르다. "그는 악의 권세가 드러나는 인간 통치자가 아니고 악의 권세 그 자체다. 그는 인류 역사 모든 장면의 배후에 있는 사탄과 하나님 사이의 우주적인 투쟁에 속한다. 그러나 그는 역사의 무대에 어떤 '사람'으로 나타날 것이다."(R. H. Mounce, 316)

계시록 17:12, 일곱 번째 왕이 "열 개의 뿔"을 지녔다고 말하고 있다. "그것은 왕의 권세를 아직 받지 못한 열 명의 왕인데, 그러나 그들은 짐승과 함께 한 시간 동안 왕으로서의 권세를 받게 된다." 1990년대에 세대주의자들에게 그것은 재통일된 유럽이 바로 열 개의 뿔을 가진 짐승의 일곱 번째 머리라는 전제에서 열 개의 뿔을 유럽 공동시장(EU)으로 보는 것이 일반적이었다. 그 당시 유럽공동시장은 9개의 회원국을 갖고 있었기 때문에 설교자들은 교인들에게 열 번째 국가의 가입이 바로 최후의 환난과 그리스도 재림의 징표가 될 것이라고 가르쳤다. 오늘날 유럽연합은 27개 국가로 구성되었기 때문에 이 이론은 이제 그다지 그럴듯해 보이지 않는다.

본문에 등장하는 열 개의 뿔을 상징적으로 보는 것이 가장 낫다. 10은 완전성의 또 다른 숫자로, 이번에는 제국주의적인 짐승을 지원하는 종속 세력을 나타낸다. "제국주의 국가는 자기 민족만으로 국가를 구성하는 게 아니라 여러 민족을 장악하여 한 국가를 만들어 가는 것이다. 역사상 가장 방대한 세력을 가졌던 제국주의 국가는 로마"다.(김승환, 13) 요한 당시 로마는 열 개의 지방으로 조직되어 있었는데 그리스도인들을 박해한 자들은 주로 지방의 지도자들이었다. 좀 더 일반적으로 열 개의 뿔은 "예술, 교육, 상업, 산업, 정부의 모든 영역에서 그것들이 중앙 권력에 봉사함으로써 이 땅을 지배하는 힘센 자들"이다.(W. Hendriksen, 171) 자신의 권력을 행사하는 그런 동맹들과 함께 적그리스도는 아주 짧은 기간 곧 "한 시간" 동안 모든 사회를 지배할 것인데, 그 기간에 그는 자신을 권력자로 한껏 드높일 것이다. "한 뜻"을 가지고 있기에 뿔들은 "자기의 능력과 권세를 짐승에게 주고 그들이 어린 양과 더불어 싸울 것이다"(계 17:13~14). 그의 명령을 받은 이전 세계적인 군대와 더불어 짐승은 그리스도의 교회를 박멸하는 방법을 찾을 것이며, 예수님께 속한 주권을 요구할 것이다. 그리스도인들은 명백히 부도덕하고 자기 파괴적인 의제(議題)의 지원을 받는 언론, 교육가, 연예인, 국회의원들의 명백한 기만에 심심찮게 놀랄 것이다. 하나님에 대한 그들의 도덕적 반역과 그리스도에 대한 그들의 반대에 그 설명이 들어 있는데 그들은 (대개는 아무도 모르게 감쪽같이) 무저갱의 기만적인 영과 더불어 그들에게 생명을 불어넣는 짐승을 섬기는 길로 들어간다.

교회가 짧은 기간에 아무리 극심한 고통을 받을지라도 이 전쟁의 최종 결과는 그리스도의 완전한 승리다: "어린 양은 만주의 주시요 만왕의 왕이시므로 그들을 이기실"(계 17:14) 것이다. 앞선 비전에서 세속 사회는 짐승을 경배하면서 이렇게 경탄했다. "누가 이 짐승과 같으냐? 누가 능히 이와 더불어 싸우리요?"(13:4). 예수님의 등장으로 세상은 그 물음에 대한 정답을 듣게 되었다!

축구대회에는 강팀도 나오고 약팀도 나온다. 약한 팀은 오랫동안 그 시합을 위해 계속 준비하면서 때로는 그들이 강팀을 어떻게 보란 듯이 물리칠 것인지를 허풍스럽게 자랑하기도 한다. 그러나 시합 전 몸풀기를 하러 강팀이 운동장에 나타나자마자 약팀은 그들이 이미 패배하는 길에 들어섰다는 것을 깨닫는다. 예수께서 신성한 권세와 영광으로 다시 오실 때 교회의 뚜렷한 약점으로 교회를 두들겨 패면서 짐승의 거짓 지위에 합세했던 자들이 느끼는 절망감은 얼마나 클 것인가! "'왕의 왕'이라는 이름은 주권과 권세를 드러낸다; '만주의 주'라는 이름은 장엄함과 능력을 의미한다."(S. J. Kistemaker, 476) 그리스도께서 다시 오실 때 적그리스도의 힘은 박살 나서 패퇴할 것이다. 그 패배의 세부내용은 앞으로 이어지는 계시록의 비전에서 자세히 드러날 것이다.

세속 권세들은 역사가 진행되는 동안 그리고 바로 그 끝에서 강렬한 방식으로 그리스도인들에게 엄청난 고통을 안겨 주려고 짐승 아래 뭉칠 것이다. 그러나 적그리스도가 승리를 얻는 것처럼 보이는 바로 그때 그리스도께서 나타나셔서 그에게 완벽하고도 최종적인 파멸을 안겨줌과 동시에 신자들을 그의 영광의 왕국으로 데려갈 것이다. 요한이 일찍이 말했듯이 "성도들의 인내와 믿음이 여기"(계 13:10)에 있다. 그것은 또한 죄인들에게 아직 기회가 있는 동안 믿음으로 그리스도께 항복할 것을 촉구하는 음성이기도 하다. 시편 기자는 하나님께 대항하기 위해 열방이 분노하며 헛된 음모를 꾸미는 것을 고발한다. "하늘에 계신 이가 웃으심이여 주께서 그들을 비웃으시로다. 그때에 분을 발하며 진노하사 그들을 놀라게 하여"(시 2:4~5). 시편 2편은 성경 전체의 강조점인 회개와 믿음을 이렇게 호소하면서 끝맺는다: "여호와를 경외함으로 섬기고 떨며 즐거워할지어다. 그의 아들에게 입맞추라. 그렇지 아니하면 진노하심으로 너희가 길에서 망하리니"(시 2:11~12).

17:9, 16~18 _악의 자기기만에 놀람

요한은 적그리스도가 전쟁을 위해 군대를 모으는 것을 알아보았던 것처럼 무저갱에서 올라오는 짐승도 알아보았다. 요한은 세속 사회의 자기 파괴적인 본질에 놀랐다. 이것이 이 단락의 마지막 교훈이다.

계시록 17:9에서, 음녀가 일곱 산 위에 앉아 있는 모습을 보았는데, 세상의 유력자들은 타락시키는 그 여자의 포도주에 취하였다. 이제 18절에서 "땅의 왕들을 다스리는 큰 성"으로 여자를 묘사한다. 음녀는 세상이 기대고 있는 경제적 문화적 시스템을 상징한다. 15절에서는 그 여자가 전 세계에 부도덕한 문화를 퍼뜨리는 상황을 묘사하고 있다: "네가 본바 음녀가 앉아 있는 물은 백성과 무리와 열국(列國)과 방언들이니라." "그리스도께서 모든 나라와 방언에 그분의 참-교회를 세우시듯이 사탄은 모든 나라에 적대적인 교회를 세운다."(S. Wilmshurst, 214) 바벨론에서 흘러나오는 오염된 물처럼, 음녀의 퇴폐적인 문화는 "음녀의 오만한 자신감을 통해 사람들의 마음을 훔치는 번영이라는 유혹으로 약속하면서 짐승이 가진 군사력의 잔혹한 힘을 통해 퍼져 나간다."(D. E. Johnson, 252)

짐승과 음녀의 긴밀한 관계가 주어짐으로써, 독재적인 짐승이 그 음녀를 돌보고 보호할 것을 예측할 수 있다. 그런데 정반대의 상황이 벌어진다: "이 열 뿔과 짐승은 음녀를 미워하여 망하게 하고 벌거벗게 하고 그의 살을 먹고 불로 아주 사르리라"(계 17:16). 음녀의 유혹을 즐겼으면서도 세속 권세는 그 음녀에게 증오를 되돌려 준다. 그들은 음녀의 화려한 옷과 보석을 벌거벗겨 불명예스럽게 서 있게 만든다. 그들은 음녀의 살을 게걸스럽게 먹는다. 그들은 음녀를 불에 던져 태워버린다. 왜 이런 일이 벌어지는가? 한 가지 이유는 죄의 쾌락은 궁극적으로 실망스러운 것이기에 그 좌절감 때문에 악인들이 서로서로 등을 돌리게 된다는 것이다. 또 다른 이유는 짐승과 그의 세속적 통치자들이 그동안 이용했던 사람들을 사랑하지 않기 때문이다. "사탄과 그의 타락한 천사들은, 하나님의 형상으로 창조되어 하나님의 한결같은 사랑을 받는 인간에 대한 사랑이 없기" 때문이다.(G. R. Osborne, 625)

이 비전은 몇 가지 생생한 교훈을 알려 준다. 첫째, 젊은이들은 세상이 홀딱 반할 만큼 경배를 받는 대중 가수 혹은 영화배우가 되는 꿈에 '경고'를 받게 된다. 음녀의 우상 숭배가 이루어지는 곳에 들어가기를 바라는 것 자체가 위험한 것일 뿐만 아니라, 사실상 거의 모든(다 그런 것은 아니겠지만) 스타와 스타 지망생들이 처음에는 자기도 모르게 타락하게 되고, 그다음에는 경멸적인 세상에 의해 한순간에 냉정하게 버림받는 것('인기'는 바람 같은 것이다)을 그동안의 경험을 통해 알 수 있기 때문이다. 둘째, 우리는 여기서 하나님께 신실하지 못한 이들은 그 누구로부터도 신뢰를 받을 수 없다는 원리를 발견한다. 경건하지 못한 문화를 끌어안은 이들은 그 타락한 문화에 의해 배신당할 것이다. 사탄과 그의 고객인 권력은 어떤 사랑도 나눠 주지 못하며, 짐승의 독재 권력에 굴복한 이들은 조만간 인간의 위엄과 생명에 대한 모든 존경을 상실하게 된다.

짐승이 음녀를 공격하는 궁극적인 이유는 바로 하나님의 뜻 때문이다: "이는 하나님이 자기 뜻대로 할 마음을 그들에게 주사 한 뜻을 이루게 하시고 그들의 나라를 그 짐승에게 주게 하시되 하나님의 말씀이 응하기까지 하심이라"(계 17:17). 구약에서 하나님은 그 원수들을 혼란에 빠뜨리거나 서로서로 공격하게 하심으로써 그 원수들을 자주 당황하게 하셨다. 하나님은 악이 번성하는 것을 허락지 않으시며 아울러 음녀와 짐승이 조화롭게 연합하는 것을 허락하지 않으신다. "그러나 악인은 평온을 얻지 못하고 그 물이 진흙과 더러운 것을 늘 솟구쳐 내는 요동하는 바다와 같으니라. 내 하나님의 말씀에 악인에게는 평강이 없다 하셨느니라"(사 57:20~21). 하나님께서는, 모든 경건하지 못한 자들 안에 '자기 패배의 원리'를 심어 놓으셨다. "반역자의 가슴에 담겨 있는 불안감을 해결할 방법은 없다. 어린 양을 물리칠 방법이 없음을 알기에 악의 세력들은 서로서로 공격하는 것이다.… 오직 예수님 안에서만 빛과 충만함이 발견된다."(D, Thomas, 142)

17:14~18 _하나님의 주권적인 승리를 즐거워 함

17장 전체는 역사 속에서 활동하는 적그리스도 세력에 대해 말하고 있다. 요한은 심지어 짐승이 이미 패배했음에도 그 짐승이 다시 등장하는 것을 깨달아 알게 되었다; 그는 교회와 교전하는 짐승의 힘을 이해하게 되었다; 또한 그는 경건하지 못한 자들 사이에서 자기 파괴적인 경향이 작동되는 것에 놀라게 되었다. 그러나 다음과 같은 두 가지 진술로, 악의 시대에 꾸준히 신실하게 서 있으라고 신자들에게 강권하고 있다.

첫째, 계시록 17:14에서 어린 양의 정복을 이야기할 때, "부르심을 받고 택하심을 받은 진실한 자들이" 함께 할 것이라는 말을 덧붙이고 있다. 이 말씀 안에 그리스도인들에 대한 멋진 정의가 들어 있다. 그들은 하나님의 주권적인 은혜로 선택받은 이들 곧 영원한 구원이 보장된 이들이다. 그들의 의무는 단지 구주이자 주님이신 분께 신실한 자세로 서 있기만 하면 되는 것이다. 나아가 악에 맞서는 그리스도인의 신실함은 그들의 구원을 증명할 뿐만 아니라 마지막 날 예수님의 승리에 실제로 도움을 주는 것이다.

주전 480년 크세륵세스가 이끄는 페르시아 대군이 그리스를 침공하며 진군해 왔다. 흩어져 있는 도시국가들이 기동할 시간이 필요하다는 것을 깨닫고, 스파르타의 왕 레오니다스는 300명의 자원 용사를 뽑아 그들에게 테르모필래 협곡을 결사적으로 지키는 임무를 부여했다. 꼬박 이틀 동안 포위당하여 전멸할 때까지 이 소수 정예부대는 그 협곡을 지킴으로써 아테네의 해군이 살라미스 섬 근처에서 페르시아 함대를 물리칠 시간을 벌어 주었다. 자신의 함대가 힘을 쓰지 못하자 크세륵세스는 페르시아 군대에 전투 물자를 더는 공급할 수 없었고 마침내 그리스는 국가적 위기에서 구원받았다. 세상에 있는 그리스도의 교회는 비록 그 수가 적지만 '소수정예' 스파르타 군인들처럼 선택받은 자들이다. 우리는 하나님께서 주신 전장(戰場)을 점령하고 있다. 우리는 때로 절망적인 것처럼 보이는 뜻밖의 상황을 만난다. 신자인 우리는 자신의 믿음을 지키고 우리 동료 신자들에게 사랑을 불태우는 일뿐만 아니라 그리스도께서 우리를 구원하러 갑자기 나타나셔서 모든 악을 불의 호수에 던져 넣는 바로 그 순간까지도 처절한 고통과 죽음에 직면한다. 만일 우리가 역사 속에서 '우리 역할의 중요성'을 깨닫는다면 그릇된 것들로부터 진리를 방어하면서 악에 물들지 않고 경건하며, 이교(異敎)의 어두움으로부터 복음의 빛을 밝힌 다음, 전쟁을 위해 끊임없이 훈련받았던 스파르타의 소수정예 군인들처럼 기도와 하나님의 말씀을 통해 믿음과 경건을 열심히 훈련해야 할 것이다.

둘째, 천사가 하나님의 주권에 대해 말한 바를 기억해야만 한다: "하나님이 자기 뜻대로 할 마음을 그들에게 주사 한 뜻을 이루게 하시고 그들의 나라를 그 짐승에게 주게 하시되 하나님의 말씀이 응하기까지 하심이라"(계 17:17). 이것은, 하나님이 이 악한 시대에 일어나는 어떤 일에 놀라지 않는다는 것을 뜻한다. 악의 눈부신 진전이 하나님께서 통제권을 잃으셨다는 뜻은 아니다. 그분은 알파요 오메가(계 1:8)이시기에 하나님은 태초부터 종말까지를 다 알고 계신다. 신자들은 악에 대항함과 동시에 악을 통해 하나님 자신을 영화롭게 하면서 영원히 그 백성에게 복을 주시는 그분, 그 지혜를 믿을 수 있다. 나아가 하나님의 말씀은 틀림없이 다 성취된다는 것도 믿어야 한다. 천사가 그의 비전을 말하기를 "지혜 있는 뜻이 여기 있다"(계 17:9)고 했다. 우리의 지혜는, 하나님의 말씀에 계시된 모든 것을 실천하고 믿고 주의 깊게 관찰함으로써 오는 것이고 그 말씀의 가르침은 "완전하여 영혼을 소성시키며, 확실하여 우둔한 자를 지혜롭게"(시 19:7) 하기 때문이다.

사무엘 러더포드는 그리스도의 권위를 교회에서 찬탈하는 길을 찾던 영국 왕의 야만적인 권력에 도전했다. 그를 처형하려고 관리가 쳐들어 왔을 때, 병약해진 러더포드는 자기의 죽음이 이미 코앞에 닥쳐왔음을 알았다. 그는 말했다. "내가 하늘의 심판자이자 가장 높은 재판관 앞에 이미 소환당했다는 것을 그들에게 말해 주라. 그리고 내가 첫 소환에 응답했다는 것과 그 날이 이르기 전에 내가 위대한 민족들이 있는 그곳에 함께 있을 것임을 말해 주라." 러더포드는 십자가 너머에 찬란하게 빛나는 왕관을 보았다. 그래서 그는 그리스도를 믿음으로 살지 못하는 것과, 그 믿음으로 죽지 못하는 것을 가장 두려워했다. 그의 목숨 건 증거를 드러내는 그의 살아 있는 소망을 기록한 찬송가 가사가 있다.

그의 공정한 군대와 함께 어린 양이 시온산에 서 계시네.
그리고 영광, 영광이 임마누엘의 땅에 거하시네.

무너졌도다 큰 성 바벨론이여
(요한계시록 18:1~8)

¹이 일 후에 다른 천사가 하늘에서 내려 오는 것을 보니 큰 권세를 가졌는데 그의 영광으로 땅이 환하여지더라 ²힘찬 음성으로 외쳐 이르되 무너졌도다 무너졌도다 큰 성 바벨론이여 귀신의 처소와 각종 더러운 영이 모이는 곳과 각종 더럽고 가증한 새들이 모이는 곳이 되었도다 ³그 음행의 진노의 포도주로 말미암아 만국이 무너졌으며 또 땅의 왕들이 그와 더불어 음행하였으며 땅의 상인들도 그 사치의 세력으로 치부하였도다 하더라 ⁴또 내가 들으니 하늘로부터 다른 음성이 나서 이르되 내 백성아, 거기서 나와 그의 죄에 참여하지 말고 그가 받을 재앙들을 받지 말라 ⁵그의 죄는 하늘에 사무쳤으며 하나님은 그의 불의한 일을 기억하신지라 ⁶그가 준 그대로 그에게 주고 그의 행위대로 갑절을 갚아 주고 그가 섞은 잔에도 갑절이나 섞어 그에게 주라 ⁷그가 얼마나 자기를 영화롭게 하였으며 사치하였든지 그만큼 고통과 애통함으로 갚아 주라 그가 마음에 말하기를 나는 여왕으로 앉은 자요 과부가 아니라 결단코 애통함을 당하지 아니하리라 하니 ⁸그러므로 하루 동안에 그 재앙들이 이르리니 곧 사망과 애통함과 흉년이라 그가 또한 불에 살라지리니 그를 심판하시는 주 하나님은 강하신 자이심이라 (개역개정)

1951년 리차드 니버는 『그리스도와 문화』라는 책을 출판하면서 그리스도인들에게 가장 어렵고도 중요한 결정 가운데 하나가 '세상과의 관계 설정'이라는 것을 지적했다. 그는 이렇게 말했다. "기독교와 문화라는 문제는 결코 새로운 것이 아니다… 그 문제는 기독교의 역사 전반에 걸쳐서 계속 제기되어 왔다." 그는 이렇게 덧붙였다. 더욱이 "그리스도인들이 이 문제와 반복적으로 씨름함으로써 그리스도인들의 통일된 대답을 만들어 내지 못했다."(R. Niebuhr, 2) 그의 책은 기독교 사상에서 각 이론을 추적하면서 교회 지도자들이 제공하는 경향이 있는 다양한 답변을 간추려 놓은 것이다.

니버가 제안한 첫 번째 선택사항은 "문화에 대항하는 그리스도"였다. 여기서 기독교는 문화에 반대하면서 세속적인 영향력을 피하는 길을 모색한다. 둘째는 "문화의 그리스도"인데 기독교가 사회적 표준과 요구를 채택하는 것이다. 또 다른 견해는 "문화 위의 기독교"인데 그리스도인들이 세상을 더 낫게 만들기 위해 세상과 동역하는 것이다. 네 번째 견해는 "문화 변혁과 그리스도"인데 그리스도의 왕국을 점점 더 반영함으로서 사회를 기독교화하는 길을 모색하는 것이다. 이 모든 견해는 오늘날 성경을 하나님의 말씀으로 믿는 그리스도인들이 한결같이 주장하는 것들이다.

18:1~8 _세상에 대해 어떤 태도를 가져야 하나?

그의 첫 번째 선택사항 곧 "문화에 대항하는 그리스도"를 말하면서 니버는 이 견해가 사도 요한의 여러 저작에 예시되어 있다고 했다. 계시록 18장에 진술된 것보다 더 강력하게 성경적으로 세상에 대립 되는 진술을 찾기 어려울 것이다. "무너졌도다. 무너졌도다. 큰 성 바벨론이여… 내 백성아 거기서 나와 그의 죄에 참여하지 말고 그가 받을 재앙들을 받지 말라"(계 18:2, 4). 이 구절들을 단순하게 읽으면 그리스도인들에게 세상을 향하여 매우 소극적인 태도를 취할 것을 강권하는 듯이 보일 것이다.

바벨론의 멸망에 관한 소식을 가져오는 천사는, 심지어 계시록의 표준에서 보더라도 매우 놀랄만하다. "이 일 후에 다른 천사가 하늘에서 내려오는 것을 보니 큰 권세를 가졌는데 그의 영광으로 땅이 환하여지더라"(계 18:1). 이것은 우리가 여태껏 보지 못했던 천사인 것 같다. 요한은 그 천사의 엄청난 권세와 영광스럽게 빛나는 모습을 기록했다. 그 천사의 권세는 그가 맡은 중요한 임무를 수행하는 일을 가능하게 하며 그의 빛나는 모습은 타락한 땅과 어둠 속에 하나님의 영광을 반영하는 것이다. 그는 타락한 세상에 대한 상옛소리(만가: 挽歌)를 부르는데 그것은 애가(哀歌)일 뿐만 아니라 하나님께 패배한 원수들을 조롱하는 것이다.

세속 문화를 반대하는 이런 태도가 성경에 등장하는 유일한 견해는 아니다. 바울은 어디서든 좋은 것들을 발견하면 그것에 감사할 것을 강력히 권한다: "무엇에든지 참되며, 무엇에든지 경건하며, 무엇에든지 옳으며, 무엇에든지 정결하며, 무엇에든지 사랑받을 만하며, 무엇에든지 칭찬받을 만하며, 무슨 덕이 있든지, 무슨 기림이 있든지, 이것들을 생각하라"(빌 4:8). 그리스도인들은 작곡가인 모차르트가 아무리 불경건하다 해도, 그의 음악적인 천재성을 즐기는 일을 억제하면 안 된다. 마찬가지로 만일 우리 마음이 앤드류 로이드 웨버의 '오페라의 유령'에 감동하지 않고, 운동선수가 다이빙하듯 터치다운 볼을 잡는 현란한 모습에 우리의 목소리로 열광하지 않으며, 생각 깊은 시집(詩集)을 손에 들지 않고, 좋은 영화를 보지 않고(김기대, 7-9) 멋진 음악회에 가지 않으며, 우리의 손가락이 탁월한 추리 소설의 책장을 열심히 넘기지 않는다면 곧 '음악으로 샤워'하지 않고 '미술로 마음에 색칠'하지 않는다면,(이박행, 143-58) 우리의 인간성은 허무하게 고갈될 것이다.

진실로 "무너졌도다. 무너졌도다. 큰 성 바벨론이여"(계 18:2)라는 장송곡은 세상이 무너지기 전의 모습이 얼마나 대단했는지를 알려 준다. 이 세계가 하나님에 의해 선하게 창조되었으며 그러기에 세상은 그분의 소유로서 그분께 존귀한 존재다(시 24:1). 천사의 적대감은 물리적인 세계가 아닌 죄악 된 세속문화를 향하고 있다. 하나님께서 미워하시는 것은 하늘에 반역하는 감각적으로 완악한 세속 체계, 우상 숭배의 상징인 바벨론이다. 세상이 그 자체로 악한 것은 아닐지라도 하나님께 반역하고 범죄하는 세상은 악하다. 오늘날 가장 악독한 무신론자, 가장 오만하게 유혹적인 문화적 음녀, 그리고 가장 냉소적인 낙태 의사들이 모두 다 하나님의 형상이라는 흔적을 지니고 있다. 예수님은 바로 이런 세상에서 "너희 원수를 사랑하며 너희를 박해하는 자를 위하여 기도하라"(마 5:44)고 가르치셨다.

그럼에도 그 사악함 때문에 영광의 천사는 승리의 노래를 부른다: "무너졌도다. 무너졌도다. 큰 성 바벨론이여!"(계 18:2). 이 외침은 이사야 21:9에서 이사야가 메대 파사의 정복자 고레스에 의해 바벨론이 파멸할 것을 내다보면서 구 바벨론을 향해 선포했던 예언을 되풀이하고 있다. "함락되었도다. 함락되었도다. 바벨론이여. 그들이 조각한 신상들이 다 부서져 땅에 떨어졌도다"(사 21:9). 이사야가 고레스 왕의 진군을 내다보았던 것처럼 천사도 그리스도의 오심을 내다보고 아울러 하나의 성취된 사실로서 악의 최종 전복(顚覆)을 눈으로 보고 있다. 요한이 계시록을 쓸 때 바벨론이라는 지상의 도시는 이미 망해서 수 세기 동안 모래 속에 묻혀 있었다. 그가 말하는 바벨론이라는 도시는 "하나님께 적대적인 전 세계적인 인본주의 체계; 하나님의 말씀을 거부하고 그 아들을 통해 하나님이 주시는 구원을 받아들이기를 거부하는 세상"을 상징하고 있다. 바벨론같은 온 세상은 바벨론이라는 도시가 고레스의 준비된 용사들에 의해 함락되었던 것처럼 그리스도께서 다시 오실 때 그리스도께서 휘두르는 진노의 칼에 무너질 것이다.

바벨론의 몰락을 불러내면서 천사는 그 타락한 상태를 정죄한다: "귀신의 처소와 각종 더러운 영이 모이는 곳과 각종 더럽고 가증한 새들이 모이는 곳이 되었도다"(계 18:2). 이 진술은 이사야가 바벨론의 완전한 황폐화를 예언했던 내용을 그대로 반영하고 있다. "그곳에 거주할 자가 없겠고 거처할 사람이 대대로 없을 것이며… 오직 들짐승들이 거기에 엎드리고 부르짖는 짐승이 그들의 가옥에 가득하며… 그의 궁성에는 승냥이가 부르짖을 것이요 화려하던 궁전에는 들개가 울 것이라"(사 13:20~22). 계시록은 이와 똑같은 이미지를 그 극단까지 밀어붙여서 세속적인 바벨론에 귀신들과 불결한 영들과 가증한 짐승들이 출몰할 것임을 말하고 있다.

이 난폭하고 불결한 짐승들이 바벨론의 처소를 차지한다는 이미지는 하나님이 거부당하실 때마다 어떤 사회에서든 일어나는 것을 상징한다. "자연이 진공상태를 아주 싫어하듯이" 한 사회의 영적인 조건도 그러하다. "어떤 문화가 하나님, 성령에 대해 등을 돌리면," 어느 정도는 위축되면서 진공상태를 남겨 둔다. 그것을 채우려고 누가 달려들 것인지 추측해 보라. 악한 자, 타락한 피조물로서 한때 천사였지만 지금은 귀신인 자가 아니겠는가?(D. F. Kelly, 336) 하나님 없는 문화라는 우상 뒤에는 사회를 고문당하는 영혼들의 소굴로 만든 영적으로 악한 권세가 있다.

하나님으로부터 등을 돌린 사회 하나님의 말씀, 그 공적인 영향력을 무력화시키는 어떤 사회를 상상해 보라. 더 나아가서 그 결과로 나타나는 유행을 따라간 후 세대를 상상해 보라: 미국에서 미혼모 출산이 500%나 증가했다; 보고된 아동 학대는 2,300%로 증가했다. 이혼율은 350%나 증가했다; 젊은이들의 불법 마약 사용은 6,000%나 증가했다; 십대 자살률은 450%로 치솟았다; 그리고 산모의 요청에 따라 25%의 건강한 태아들이 낙태 시술로 죽어간다. 우리 대한민국도 별로 다르지 않다. 하나님의 통치를 공공연히 거부하면서 도덕 질서가 이처럼 완벽하게 무너져 버린 사회가 이미 "귀신의 처소"가 되었다고 보는 것이 공정하지 않다는 말인가? 더 나아가서 본문이 지적하듯이 회개하지 않는다면 곧 몰락하게 될 이런 사회가 하나님의 공정한 심판 아래 떨어지는 것이 공정하지 않겠는가?

물론 이런 상황은 상상이 아니다. 1962~2003년 사이 미국의 통계 수치가 말해 주는 것처럼 공립학교에서 성경 교육과 기도를 하지 못하도록 대법원이 결정한 뒤로, 공식적으로 '세속적인 국가'라는 세속 종교가 수립되고 말았기 때문이다.(R. D. Phillips, 502) 1962년 디트로이트 시는 미국에서 다섯 번째로 큰 도시였고, 고소득을 자랑했다. 그러나 이제는 불경건하고 탐욕스런 한 세대가 지난 후 디트로이트는 파산이 속출하고 널리 황폐화되어 여기저기 코요테가 싸돌아다니는 곳이 되었다. 다른 도시들은 디트로이트처럼 들짐 승 문제가 없을지 모르지만, 미국에서 가장 풍요로운 도시의 교회들도 이러한 "불결한 영들의 처소"가 되었고 마침내 집단 폭력에 희생되었다. 일례로 1999년 콜럼비아 고등학교에서의 총격 학살사건을 들 수 있다. 이 때문에 미국 전역에서 어린이들은 살기 어린 어린이 성폭행범들에 대한 두려움 때문에 어른들의 감시 없이는 더는 바깥에서 놀지 못하게 되었다. 로마서 6:23에서 성경은 고의로 하나님을 떠나고 하나님의 심판 아래 떨어진 모든 사회의 죽음을 포함해서 "죄의 삯은 사망"이라고 말한다.

바벨론에 그려진 생명의 죽음은 하나님을 향한 반역으로 도덕적인 황폐가 지배하는 데 그 원인이 있다. 첫째, 바벨론은 전 세계에 걸쳐 성적인 탐닉과 타락이라는 문화를 수출한 죄로 정죄당한다. "그 음행의 포도주로 말미암아 만국이 무너졌으며"(계 18:2). 이 진술은, 많은 사람을 범죄하게 만드는 사람들은 특히 더 하나님의 진노를 받아 마땅할 것을 암시하고 있다. 더욱이 "땅의 왕들이 그와 더불어 음행하였으며"(계 18:3). 독재 정부는 그 권력을 강화하고 백성들의 충성을 얻기 위해 부도덕의 감각적인 자극에 의존한다. 대한민국 정부는 이승만 정권 때부터 주한미군 기지 옆에 '기지촌'이라는 이름으로 미군을 위해 거의 자발적으로 공창(公娼)을 허락하여 오랫동안 운영해 왔다. 명색이 주권국가로서 정말 부끄럽지 않은가? 계시록의 말씀을 좀 더 들어보자. "땅의 상인들도 그 사치의 세력으로 치부하였도다"(계 18:3). 요점은 사업을 통한 정직한 소득을 정죄하려는 것이 아니라 죄악의 독을 거래하는 상인들과 거대기업을 반대하려는 것이다. 천사가 바벨론을 정죄하는 것은 공공 서비스에 종사하는 시민들과 개인 기업에 종사하는 이들 모두에게 경고하는 것이다. 하나님은 그들의 실천적인 삶에 딱지를 붙이고 계시며 자기의 동료들을 악독하게 착취하거나 성적으로 부도덕한 일을 증진하는 것을 하나하나 헤아리며 지켜보고 계신다는 것을 아울러 경고하는 것이다.

세속 사회에 대한 이런 묘사는 기독교와 문화라는 문제를 정리할 수 있도록 도움을 준다. 바벨론은 "하나님과 그분의 말씀을 완전히 회피하는 세상이라는 그림을"(S. J. Kistemaker, 487) 제시하고 있고 그렇다면 우리는 교회가 그 길을 걷지 않도록 해야만 하는 것이다. 기독교인들은 각종 교리, 표준, 가치와 실천지침들을 하나님의 백성들에게 가르치기 위해 이렇게 영적으로 황폐하게 된 세상을 결코 용납해서는 안 된다. "성령께서 마음에 계셔서 성도의 삶을 사는 이들이 있는 하나님의 도성은 얼마나 다른가! 거기에는 복음의 빛이 밝게 빛나고 그 백성들은 기쁨과 행복 속에 살아간다."(S. J. Kistemaker, 487)

18:4 _분리-어떻게?

몰락한 바벨론에 대한 첫 번째 천사의 즐거운 상엿소리(挽歌)가 나온 뒤에 하늘로부터 또 다른 목소리가 나는데 이는 하나님의 소리이거나 하나님을 대신하는 어떤 이의 소리다. 이 소리는 심판받는 바로 그 바벨론에 살고 있던 요한과 그의 독자들을 향하고 있다. 그들의 부름은 단순하면서도 긴박하다: "내 백성아 거기서 나오라"(계 18:4).

앞서 등장했던 천사가 바벨론의 몰락에 대해 이사야의 예언을 인용했던 것처럼 이 두 번째 목소리는 바벨론이 몰락하기 전에 거기서 빠져나오도록 이스라엘 백성을 부르는 예레미야의 말씀을 인용하고 있다(렘 51:9, 45). 사실 하나님의 백성더러 세상과 분리되어 살라는 지시는 성경 전체에 많이 스며 있다. 하나님은 아브라함을 택하시면서 이렇게 명령하셨다. "너는 너의 고향과 친척과 아버지의 집을 떠나 내가 네게 보여 줄 땅으로 가라"(창 12:1). 바울은 이와 비슷하게 초대교회 기독교인들에게 안 믿는 자들과 갈라설 것을 강력하게 권했다. "너희는 믿지 않는 자와 멍에를 함께 메지 말라. 의와 불법이 어찌 함께하며 빛과 어둠이 어찌 사귀며"(고후 6:14).

세상과 떨어지라는 이 부름은 성경 전체의 가르침에 비추어 이해되어야만 한다. 한 가지 중요한 예는 하나님께서 예레미야를 통해 바벨론에 포로로 잡혀가 있는 유대인들에게 보내신 편지다. 주님은 그들에게 이방인들 가운데서 머물러 지낼 것을 강력히 권하셨다: "너희는 집을 짓고 거기에 살며 텃밭을 만들고 그 열매를 먹으라. 아내를 맞이하여 자녀를 낳으며…" 여기 덧붙여서 하나님은 유대인들에게 또 이렇게 말씀하셨다. "너희는 내가 사로잡혀 가게 한 그 성읍의 평안을 구하고 그를 위하여 여호와께 기도하라. 이는 그 성읍이 평안함으로 너희도 평안할 것이라"(렘 29:4~7). 니버의 '그리스도와 문화'를 보면 이 구절이 하나님 나라의 자원들이 사회에 일반적인 도움을 주는 "문화 위의 기독교" 개념을 지지하는 구절로 나온다. 포로 생활은 이방 바벨론을 대속하거나 변혁시키기 위한 부름이 아니고 오히려 포로로 끌려간 자들이 하나님께 복종하면서 갈등을 일으키지 않는 한 바벨론 왕을 섬기면서 바벨론의 충성스럽고 좋은 신민(臣民)으로 살라고 하신 것이다. 이것은 충성스럽게 느부갓네살을 섬겼지만 하나님의 말씀에 반하는 명령에는 복종하기를 거부했던 다니엘이 살아가는 방식이기도 했다. 마찬가지로 예수님도 세상에서 선을 행할 것을 그리스도인들에게 격려하셨다: "너희는 세상의 빛이라… 너희 빛이 사람 앞에 비치게 하여 그들로 너희 착한 행실을 보고 하늘에 계신 너희 아버지께 영광을 돌리게 하라"(마 5:14~16). 이 구절들은 세상과 분리되라는 부르심이 사회로부터의 '절대적인 퇴각(退却)'을 뜻하지 않는다는 것을 알려 준다. "세상과 연결되는 어떤 형식은 책임감과 의무감이다. 교회는 세상에서 소금과 빛이 되어야 한다."(D. Thomas, 147)

그리스도인들은 때로 성경적인 분리라는 이름으로 전형적인 실수를 범한다. 하나는 중세시대 수도승들처럼 세상과 육체적으로 결별하는 것이다. 또 다른 실수는 암만파 신도들처럼 근·현대 기술을 거부함으로써 거룩과 연합될 수 있다고 생각하는 것이다. 중세 수도승들이나 암만파 신도들 모두 다 우리의 본질이 죄인이기 때문에 세상과 육체적으로 분리되는 것이 죄로부터 인간을 지킬 수 없다는 것을 깨닫지 못한 것이다. 그리고 또 다른 실수는 어떤 문화 활동을 금하는 근본주의 계열이다. 예컨대 영화를 감상한다든가 알콜을 공급하는 레스토랑에서 식사한다든가 하는 등의 그것들이 단지 세상과의 외적인 행동의 단절에 불과함에도 그것들을 마구잡이로 금한다.

문화로부터 "빠져나오려고 하는" 그리스도인들은 자신들이 그 문화에 얼마나 깊숙이 젖어 있는지를 전혀 깨닫지 못할 수 있다. 하나님의 말씀을 번역하는 바로 그 언어들은 문화적인 뿌리를 지닌 다양한 구조와 표현을 포함하고 있다. 전 세계 어느 나라든 사람들의 삶에는 사회에서 형성된 그들 나름의 삶의 기대치와 사회적인 관습이 깊이 배어 있다. 그리스도인들이 "다소간 외적인 여러 제도를 거절함으로써 경제적인 관습과 정치적인 신념들로부터 자신을 빼낼 수 없는데 이런 관습과 신념들은 그 마음속에 이미 자리 잡고 있다."(H. R. Niebuhr, 69) 적절한 예일지 모르겠는데, 어느 승려가 중국집에 가서 짜장면을 시켰다. 음식이 나오자 빈 그릇을 하나 달라고 하더니 거기에 짜장 국물에 있는 건더기를 죄다 건져 놓는 것이었다. 주방장이 물었다. "뭘 그렇게 열심히 골라내시우?" 승려의 답: "아, 예, 우리 불자들은 살생(殺生)을 금하기 때문에 돼지고기를 건져낸 것입니다." 그 말을 들은 주방장이 돌아서면서 혼자 하는 말: "젠장, 짜장 국물에 돼지고기 다 우러났는데…. 이렇듯 우리의 문화에서 육체적으로 떠난다 해도 우리는 이미 그 문화의 산물로 여전히 존재하며 삶 속에 우리의 문화적 전망을 암암리에 수행하고 있는 셈이다.

그렇다면 그리스도인들은 "내 백성아 거기서 나오라"(계 18:4)는 명령에 어떻게 복종해야 하는가? 그 대답은 이어지는 소리로 주어진다: "그의 죄에 참여하지 말고 그가 받을 재앙들을 받지 말라." 그리스도인들은 세속적인 바벨론과 관련하여 두 가지 위험을 피할 필요가 있다: 세상의 죄에 참여할 위험, 그리고 세상이 받을 심판을 덩달아 받을 위험.

그리스도인들은 사회에서 활동하고 있는 우상체계들을 이해해야만 하며, 또한 그 문화의 죄악된 태도들과 행위 안으로 끌어들이는 압박에 저항해야만 한다. 오늘날 전 세계적으로 이런 우상체계들은 돈, 외모, 젊음, 쾌락과 권력을 포함하고 있다. 죄의 유혹을 고려할 때 십계명 전체가 작동되기 시작한다. 하나님의 거룩한 이름에 대한 예배, 시간 사용, 권위있는 인물, 타인의 삶에 대한 태도, 소유, 성과 결혼, 재산, 진리에 대한 태도와 만족스러움 등등에 대한 우리의 태도는 모두 다 세상에 의해서가 아니라 하나님의 말씀에 따라 형성되어야만 한다. 때로 이것은 불경건을 공격적으로 키우는 다양한 문화 활동에 참여하지 말 것을 요구할 것이다. 오늘날 가장 중요한 예는 많은 그리스도인이 자기들의 자녀를 세속적인 이데올로기를 공격적으로 주입시키는 공립학교에 보내기를 꺼리는 것이다.

죄로부터의 분리는 세상에는 '아니오'를 그리고 하나님의 말씀에는 '예'라고 하는 이 두 가지 모두에 의해서만 성취될 수 있다. 이방 세계의 다양한 사상, 이미지와 꿈을 섭취한 그리스도인들은 세속적인 통로를 걸어 내려가는 것과 같다. 시편은 이렇게 시작된다: "복 있는 사람은 악인들의 꾀를 따르지 아니하며"(시 1:1). 그러나 우리는 마음과 가슴에 하나님의 말씀을 또한 적극적으로 적용해야만 한다. 복 있는 사람은 "오직 여호와의 율법을 즐거워하여 그의 율법을 주야로 묵상하는"(시 1:2) 사람이다. 하나님의 말씀에 따라 생각하고 행동하는 이 원리가 대단히 중요하기 때문에 바울은 로마서에서 이렇게 권면하고 있다: "너희는 이 세대를 본받지 말고 오직 마음을 새롭게 함으로 변화를 받아 하나님의 선하시고 기뻐하시고 온전하신 뜻이 무엇인지 분별하도록 하라"(롬 12:2).

오늘날 현대 문화는 저주받은 바벨론이나 이교(異敎) 로마와 밀접하게 닮아있기에 하나님의 말씀에 따라 조심스럽게 행동하지 않고 세상의 물건들을 아무 생각없이 사용하고 세속적인 오락을 거리낌 없이 즐기는 그리스도인들은 죄악 된 물결의 심각한 위험 속에서 살고 있다. "바벨론에서 떠난다는 것은 그 땅의 죄악들과 교제하지 말고, 그 땅의 유혹과 꼬드김의 올무에 걸리지 않아야 한다는 뜻이다."(W. Hendriksen, 174)

만일 우리가 바벨론이 받는 심판에 동참할지도 모른다는 것이 조심스러우면 아브라함의 조카 롯의 경험을 그냥 떠올려 보는 것만으로 충분하다. 신앙인이었지만 롯은 요단 골짜기 일대가 매우 풍요롭고 생산성이 있어 보였기 때문에 거침없이 소돔으로 들어갔다. 하나님이 소돔을 파멸시키려고 천사들을 보냈을 때 그들은 그 사악한 문화에 동화된 까닭에 심한 고통을 받았던 롯을 맨 먼저 구조했다. 롯은 심판의 불이 쏟아지기 전에 악한 도시에서 도망쳐 나왔지만 롯의 아내가 세속적인 갈망과 미련 때문에 되돌아보자 하나님은 그녀를 소금기둥이 되게 하셨고 또한 롯의 두 딸은 그토록 통탄할 성적인 죄악으로 끌려 들어갔고 그 결과 태어난 그 후손들이 하나님의 백성에 의해 내내 조롱당했다(창 19:1~38). 마찬가지로 많은 세속적인 그리스도인들은 복음을 위해 이룬 것이 별로 없게 될 뿐만 아니라 아주 초라한 영적 유산을 남기게 될 것이다. 예수님은 세상을 사모하는 눈초리로 바라보는 모든 그리스도인에게 "롯의 처를 기억하라"(눅 17:32)고 경고하신다.

천상의 목소리가 바벨론의 "죄는 하늘에 사무쳤으며 하나님은 그의 불의한 일을 기억"(계 18:5)하신다는 것을 지적함으로써 이 부르심으로 그리스도인들을 돕고 있다. 이 말씀은 특히 하나님의 자비와 은혜에 관한 성경의 가르침에 비추어 무심결에라도 죄를 생각하지 말도록 우리에게 경고하고 있다. "내가 그들의 불의를 긍휼히 여기고 그들의 죄를 다시 기억하지 아니하리라… 그들의 죄와 그들의 불법을 내가 다시 기억하지 아니하리라"(히 8:12; 10:17)고 약속하셨다. 그러나 회개하지 않는 죄인들이 범한 모든 죄를 하나님은 하나하나 다 끄집어내실 것이다.(S. J. Kistemaker, 489) 타락한 사회가 그토록 노골적으로 무시하는 죄악들은 모두 다 거룩하신 하나님의 마음에 무한하고도 영원한 공격이다.

몇 해 전 사우스 캘리포니아의 호화판 호텔에서 회의가 열렸는데, 거기서 포르노 사진가들의 모임이 열리고 있었다. 밖에 주차된 초호화판 리무진들과 그들의 뻐기는 웃음을 보면서 어느 신자는 극도의 혐오감을 표현했다. 그는 이 더러운 단체에 뒷돈을 대주고 있는 이들이 그리스도인들이라는 사실을 알고 있었기에 특히 더 분노했다. 절대로 그러면 안 되는 것이었다. 하나님은 명령하시다. "내 백성아, 거기서 나오라"(계 18:4).

18:6~8 _최고의 부르심

바벨론 세계의 죄악된 삶의 방식으로부터 빠져나오라는 하나님의 부르심에 관하여 우리는 세 가지 좀 더 구체적인 적용점을 찾을 수 있다. 각각의 적용점은 계시록 18:6~8에 기록된 심판에 관한 진술과 연결되어 있다.

첫째, 죄악 세상이 심판받을 운명에 처했기 때문에 그리스도인들은 이 세상에서 부질없는 야망에 투자해서는 안 되며 또한 이 세상 안에서 참된 보물을 찾으려 해서도 안 된다. "너희 보물을 땅에 쌓아 두지 말라"(마 6:19~20)

고 주님은 명하셨다. 세속적인 것들은 본질적으로 불안정하기에 우리 마음을 세속적인 것들에 두어서는 안 된다. 이 세상의 삶에서조차도 좀과 동록이 해하며 도둑들이 구멍을 뚫고 훔쳐 간다고 예수님은 경고하셨다. 예수님은 좀 더 심각하게 말씀하셨다. "네 보물 있는 그곳에는 네 마음도 있느니라"(마 6:21). 한가할 때 주로 무엇을 생각하고 있는지를 스스로 물어봄으로써 내 마음이 어디에 있는지를 알 수 있다. 당신에게 어떤 야망이 가장 중요한가? 어떤 일에 노력할 때 가장 재미있는가? 이 세상에 머무는 동안 우리는 세상에서 여러 가지 선한 관심거리들에 매이게 된다. 그러나 그리스도의 영광과 은혜를 아는 이들은 어떤 경우에도 그분을 가장 보배롭게 여겨야만 한다. 우리 마음은 그리스도의 교회와 복음 사역에 관심을 가져야만 한다. 그리고 주된 관심사는 하늘 왕국에 관한 것들이어야만 한다.

하늘에서 나는 소리는, 하나님께서 이 세상을 정죄하고 심판하시기로 작정하셨기 때문에 우리의 보물을 이 세상에 두지 말아야 할 또 다른 이유를 알려 준다. "그가 준 그대로 그에게 주고 그의 행위대로 갑절을 갚아 주고 그가 섞을 잔에도 갑절이나 섞어 그에게 주라"(계 18:6). 각 사람의 죄를 기록해 두셨기 때문에 하나님은 그에 합당한 완벽한 심판을 예비하셨다. 여기서 '갑절'이라는 개념은 심판이 두 번이라는 뜻이 아니고, 그 심판의 무게가 곱절, 곧 죄를 범한 것에 비해 심판의 양이 곱절이라는 뜻이다. 그리스도인들이 연루된 모든 죄가 틀림없이 하나님의 심판을 받을 것이다. 그런데도 그리스도인들과 교회가 세상의 유행, 세속적 의견들과 세상이 중시하는 것들에 마음을 뺏겨야만 하는 이유가 무엇인가? 우리의 보배를 소돔과 바벨론이라는 저장고에 두기보다는 예수님이 안전하게 지켜주시는 참 보배들을 안전하게 둘 곳을 찾아야만 한다. "그런즉 너희는 먼저 그의 나라와 그의 의를 구하라. 그리하면 이 모든 것을 너희에게 더하시리라"(마 6:33).

둘째, 이 심판은 세상의 죄악 된 자랑거리들에 대한 하나님의 증오를 드러내는 것이기에, 그리스도인들은 세속적인 정신을 반대함과 동시에 하나님을 기쁘시게 하는 태도를 계속 더 열심히 취해나가야만 한다. 일부 신자들은 행여나 자기들이 그리스도인으로 드러날까 봐 두려워서 세상과 다르게 되기를 꺼린다. 십여 년 전 전국 규모의 어느 공기업 직장신우회를 꽤 오래 섬긴 적이 있다. 그런데 그 신우회원들 가운데 상당수는 "신우회비는 얼마든 낼 테니 그냥 나를 좀 편하게 놓아 달라"는 말을 자주 했다. 기독교 신자인 지사장이 부임하자 신우회가 느닷없이 크게 부흥(?)했다. 이렇듯 정치인들이나 사업하는 사람들은 이왕이면 교인 수가 많은 교회에 등록한다. 도지사가 출석하는 교회에는 도청 공무원들이 바글바글하다. 그러나 주님을 향한 우리의 책임에 대해 본문은 무엇을 말하고 있는가? 바벨론의 오만과 죄악들에 대한 하나님의 반응을 생각한다면 오히려 예수님의 성품이었던 거룩한 겸손과 우리 하나님을 기쁘시게 하는 법을 더 열심히 찾아 나가야 하지 않겠는가.

범죄한 세상에 대해 하나님이 갖고 계신 극도의 혐오감이 계시록 18:7에 생생하게 그려져 있다: "그가 얼마나 자기를 영화롭게 하였으며 사치하였든지 그만큼 고통과 애통함으로 갚아 주라. 그가 마음에 말하기를 나는 여왕으로 앉은 자요 과부가 아니라 결단코 애통함을 당하지 아니하리라 하니." 여기 하나님을 반대하면서 자기를 자랑하며 자신에게 영광 돌리는 세상의 태도가 특히 분명하게 드러난다. 바벨론은 자기만족을 자랑하면서 자신을 찬양하기 위해 애썼다. 자신을 여왕이라고 말함으로써 하나님을 반역하는 일에 자신의 자율성을 드높인다. '자율성'은 하나님으로부터의 독립선언이고, 창세기 3장에 드러나 있듯이 스스로 하나님 노릇하고자 하는 가장 원천적인 죄이다. 과부가 되어 신음하기를 거부하면서 그녀는 심판하시겠다는 하나님의 경고를 조롱한다. 오늘날 세속 사회에 이와 비슷한 태도가 널리 퍼져 있으므로 그리스도인들은 주님의 청지기로서 세상의 것들을 선하게 활용하면서 그 마음으로 겸손히 하나님을 향해 나아가야만 한다.

마지막으로 그리스도인들은 경건하지 못한 세상을 위해 하나님께서 쌓아 둔 운명을 항시 기억해야 한다: "그러므로 하루 동안에 그 재앙들이 이르리니 곧 사망과 애통함과 흉년이라. 그가 또한 불에 살라지리니 그를 심판하시는 주 하나님은 강하신 자이심이라"(계 18:8). 갑자기 닥쳐온 홍수 전에 노아가 서둘러 떠났던 세상처럼 그리고 하나님으로부터 불과 유황이 쏟아져 단 하루 만에 멸망한 소돔처럼 온 세상은 죄인들이 소중히 여겨 붙들고 있던 모든 것들이 완전히 파괴될 심판을 기다리고 있다. 심판이 닥치면 예수 그리스도 안에서 주어진 구원의 복음을 거부했던 사람들이 도망칠 길은 그 어디에도 없다.

그리스도인들은 이 죄악 세상에서 왜 다르게 살아야만 하는가? 첫째, 하나님을 위해서 둘째, 세상을 위해서. 우리가 사는 세상은 예수 그리스도의 피를 통해 하나님께서 주시는 용서, 죄에 대한 하나님의 심판, 하나님의 구원에 대한 증거를 지닌 기독교의 살아 있는 증거를 간절히 필요로 한다. 이것은 예수님이 명하신 바와 같이 기독교와 문화라는 문제에 대해 가장 중요한 답을 준다: "그러므로 너희는 가서 모든 민족을 제자로 삼아 아버지와 아들과 성령의 이름으로 세례를 베풀고 내가 너희에게 분부한 모든 것을 가르쳐 지키게 하라 볼지어다 내가 세상 끝날까지 너희와 항상 함께 있으리라 하시니라"(마 28:19~20).

존 번연의 『천로역정』에는 임박한 심판과 구세주가 필요하다는 것을 알게 된 죄인의 모델이 나와 있다. '기독 씨'는 경고를 듣자 십자가를 향해 도망치면서 이렇게 부르짖는다: "생명! 생명! 영원한 생명!" 바로 이것이 오늘 우리가 해야만 하는 일이다. 세상을 뒤돌아보지 말고 용서받고 생명을 얻기 위해 오직 믿음으로 예수님을 향해 도망쳐야 한다. 그러나 『천로역정』은 또한 예수 믿고 구원을 발견한 사람들, 다른 사람들이 구원받도록 도울 기회를 한

동안 갖는 사람들의 모델도 제시한다. 그의 이름은 '전도자'인데 그 전도자는 '순례자'에게 그리스도의 복음 말씀 안에서 한 구절을 전해 주었다: "임박한 진노를 피하라"(마 3:7). 전도자는 위험에 빠진 죄인에게 자신이 예수 그리스도의 십자가에서 좁은 문을 통해 구원을 배울 수 있었던 곳인 '하나님의 말씀'이라는 빛나는 '등불'을 가리킨다.(J. Bunyan, 12-13) 그러나 그것이 그다지 인기가 없을지는 모르나 전도자는 히브리서 12:25의 말씀을 거듭 인용했다: "너희는 삼가 말씀하신 이를 거역하지 말라. 땅에서 경고하신 이를 거역한 그들이 피하지 못하였거든 하물며 하늘로부터 경고하신 이를 배반하는 우리일까 보냐?"

화 있도다! 견고한 성이여!
(요한계시록 18:9~24)

⁹그와 함께 음행하고 사치하던 땅의 왕들이 그가 불타는 연기를 보고 위하여 울고 가슴을 치며 ¹⁰그의 고통을 무서워하여 멀리 서서 이르되 화 있도다 화 있도다 큰 성, 견고한 성 바벨론이여 한 시간에 네 심판이 이르렀다 하리로다 ¹¹땅의 상인들이 그를 위하여 울고 애통하는 것은 다시 그들의 상품을 사는 자가 없음이라 ¹²그 상품은 금과 은과 보석과 진주와 세마포와 자주 옷감과 비단과 붉은 옷감이요 각종 향목과 각종 상아 그릇이요 값진 나무와 구리와 철과 대리석으로 만든 각종 그릇이요 ¹³계피와 향료와 향과 향유와 유향과 포도주와 감람유와 고운 밀가루와 밀이요 소와 양과 말과 수레와 종들과 사람의 영혼들이라 ¹⁴바벨론아 네 영혼이 탐하던 과일이 네게서 떠났으며 맛있는 것들과 빛난 것들이 다 없어졌으니 사람들이 결코 이것들을 다시 보지 못하리로다 ¹⁵바벨론으로 말미암아 치부한 이 상품의 상인들이 그의 고통을 무서워하여 멀리 서서 울고 애통하여 ¹⁶이르되 화 있도다 화 있도다 큰 성이여 세마포 옷과 자주 옷과 붉은 옷을 입고 금과 보석과 진주로 꾸민 것인데 ¹⁷그러한 부가 한 시간에 망하였도다 모든 선장과 각처를 다니는 선객들과 선원들과 바다에서 일하는 자들이 멀리 서서 ¹⁸그가 불타는 연기를 보고 외쳐 이르되 이 큰 성과 같은 성이 어디 있

느냐 하며 [19]티끌을 자기 머리에 뿌리고 울며 애통하여 외쳐 이르되 화 있도다 화 있도다 이 큰 성이여 바다에서 배 부리는 모든 자들이 너의 보배로운 상품으로 치부하였더니 한 시간에 망하였도다 [20]하늘과 성도들과 사도들과 선지자들아, 그로 말미암아 즐거워하라 하나님이 너희를 위하여 그에게 심판을 행하셨음이라 하더라 [21]이에 한 힘 센 천사가 큰 맷돌 같은 돌을 들어 바다에 던져 이르되 큰 성 바벨론이 이같이 비참하게 던져져 결코 다시 보이지 아니하리로다 [22]또 거문고 타는 자와 풍류하는 자와 퉁소 부는 자와 나팔 부는 자들의 소리가 결코 다시 네 안에서 들리지 아니하고 어떠한 세공업자든지 결코 다시 네 안에서 보이지 아니하고 또 맷돌 소리가 결코 다시 네 안에서 들리지 아니하고 [23]등불 빛이 결코 다시 네 안에서 비치지 아니하고 신랑과 신부의 음성이 결코 다시 네 안에서 들리지 아니하리로다 너의 상인들은 땅의 왕족들이라 네 복술로 말미암아 만국이 미혹되었도다 [24]선지자들과 성도들과 및 땅 위에서 죽임을 당한 모든 자의 피가 그 성 중에서 발견되었느니라 하더라 (개역개정)

1942년 6월 3일 아침 미드웨이 섬 서쪽 1,120km 지점에서 미국의 뇌격기 2개 대대가 일본 공군기 주력부대를 탑재한 일본 항공모함을 발견했다. 미군 뇌격기들은 즉각 공격을 감행했지만 50대의 일본군 전투기들이 미군 뇌격기를 모두 격추시키는 바람에 미군 폭격기 중에 단 한 대도 일본 군함을 건드리지 못했다. 유일하게 생존한 미 공군 조종사는 유진 조지 게이였다. 고무보트에 의존하여 바다에 표류하면서 유진 조지 게이는 엄청난 미드웨이 해전의 공방이 전개되는 것을 내내 지켜보았고 네 대의 일본군 항공모함 중세 대가 화염에 휩싸여 침몰하는 것을 지켜보며 망망한 바다에서 아주 기뻐하였다. (R. D. Phillips, 510)

계시록 18장은 큰 세속 도시 바벨론의 몰락에 대해 이와 비슷한 관점을 제시하고 있다. 요한의 설명은 에스겔 26~27장에 기록된 상업도시 두로의 몰락에 대한 에스겔의 애가(哀歌)를 모델로 하고 있다. 계시록 18장은 이 애가를 모방하면서, 사악한 바벨론과 동맹을 맺었으나 하나님의 심판으로 종말을 맞은 왕들, 상인들과 뱃사람들을 배우로 등장시킨다. 이 절망의 장면은 마지막에 하나님의 백성들이 누리는 하늘의 기쁨과 대조된다. 일본 천황함대와의 전투에 나섰던 유진 조지 게이처럼 하나님의 백성은 바벨론의 거대한 힘에 밀려 희생자가 되었지만 이제는 거대한 악의 세력이 수면 아래로 가라앉을 때 그것을 지켜보며 경탄하게 될 것이다.

18:9~11 _조문객의 애가(哀歌)

요한이 계시록을 쓸 때는 바벨론이 망한 지 오랜 세월이 흐른 뒤였다. 그러기에 바벨론은, 1세기 지중해 세계를 지배하고 있던 강력하고도 퇴폐적인 로마제국을 상징했다. 로마 자체가 하나님께 대항하는 우상에 찌든 사탄이 지배하는 바벨론에 비유되는 세속주의의 분명한 상징이었다. 바벨론의 식탁 축제를 즐겼던 이들이 바벨론이 당하는 심판에 대해 부르는 애가가 본문에 드러난다.

바벨론 몰락의 첫 번째 애가는 "땅의 왕들"(계 18:9)이 부른다. 이들은 요한계시록에 등장하는 여러 교회에 자리하고 있던 아시아 지역 통치자들을 포함해서 그들의 특권과 권력을 의지하고자 기꺼이 로마의 고객이 되었던 군주들이다. 이 통치자들은 로마로부터 권력을 얻기 위해 로마의 타락을 거침없이 끌어안았다. 계시록 18:9, 그들은 "그와 함께 음행하고 사치"했고 또한 지금은 "그가 불타는 연기를 보고 위하여 울고 가슴을 친다"(계 18:9). 계시록 18:10, 그 왕들은 로마의 위대함과 강력한 힘을 애통해하며 노래 부른다: "화 있도다. 화 있도다. 큰 성 견고한 성 바벨론이여"(계 18:10). 큰 성이 몰락함과 동시에 그들은 그 성 자체가 아니라 그들의 후원자를 잃어버린 것을 슬퍼한다.

두 번째 조문객들은 그들의 호화스런 제품들을 팔 큰 시장을 잃어버린 것을 슬퍼하는 상인들이다: "땅의 상인들이 그를 위하여 울고 애통하는 것은 다시 그들의 상품을 사는 자가 없음이라"(계 18:11), "그들은 자기들의 호구지책과 생계의 목적이 눈앞에서 사라지는 것을 본다. 그들이 가치 있는 것이라고 여겼던 모든 것들이 다 사라져 버렸다."(P. Gardner, 241)

당시 역사가들은 로마로 유입되는 무역량이 감소하고 있었음을 지적하고 있다. 사람들은 오늘날 서구의 퇴폐문화와 고대 로마의 퇴폐를 비교하나 그것을 정확하게 비교할 근거는 없다. 로마 시민들은 호화스러운 부(富)와 놀랄 만한 풍요를 누리고 있었다. 고대 세계의 부자들은 로마가 주는 고급 음식에 아주 푹 빠져 있었다. 아리스티데스는 이렇게 말했다: "상인들이, 모든 땅과 바다, 계절마다 생산되는 모든 것들, 모든 나라에서 생산되는 것들, 호수와 강에서 나는 것들, 헬라와 야만 세계의 모든 예술품을 다 가져왔기에 만약 누군가가 이 모든 것들을 보고자 한다면 온 세계를 다 찾아다니거나 혹은 그냥 로마를 한번 방문하기만 하면 되었다…; 모든 것들이 로마로 흘러들어 온다; 상인들, 각종 화물, 여러 가지 땅의 소산, 각종 광산물, 과거와 현재의 모든 예술 작품들이 다 거기 있었다."(W. Barclay, 2:176) 이러한 부(富)와 함께 로마인들은 가장 이국적인 사치와 방종을 경쟁하듯 즐겼다. 역사가 수에토니우스는 칼리굴라 황제에 대해 이렇게 말했다: "무자비한 사치와 방종으로, 새로운 종류의 욕조를 발명하고 괴상하고 다양한 음식과 축제를 발명함으로써 창의력 면에서 모든 시대의 방탕을 넘어섰다; 뜨겁거나 차가운 향유로 목욕하고, 아주 값비싼 진주를 식초로 분해한 음료를 마시고, 손님들에게 아주 값비싼 빵과 고기를 대접하였다."(W. Barclay, 2:176) 네로 황제는 같은 옷을 두 번 입은 적이 없었으며 천여 대의 마차가 없이는 여행하지 않았고 그

가 소유한 노새의 발굽 편자는 은으로 만들었다.(W. Barclay, 2:176-77)

이런 배경 탓에 그 부유한 화물을 잃은 상인들이 그것을 잃고 애가를 부르는 것이 그다지 놀랍지는 않다: "그 상품은 금과 은과 보석과 진주와 세마포와 자주 옷감과 비단과 붉은 옷감이요 각종 향목과 각종 상아 그릇이요 값진 나무와 구리와 철과 대리석으로 만든 각종 그릇이요 계피와 향료와 향과 향유과 유향과 포도주와 감람유와 고운 밀가루와 밀이요 소와 양과 말과 수레와 종들과 사람의 영혼들이라"(계 18:12~13). 부유한 사치품에 대한 일반적인 인상이 가장 중요한데 그것들을 분류해 보는 것이 본문을 이해하는 데 도움이 될 듯하다. 금, 은, 보석 외에도, 가장 값비싼 옷감들과 가장 진귀한 염색재료들이 있었다. 그 덕에 로마사람들은 최신 최상의 유행을 따라 옷을 해 입었다. 값비싼 목재와 상아로 가장 값비싼 가구를 만들 수 있었다. 모든 종류의 양념 재료는 향기로운 냄새를 뿜어냈고, 세상에서 가장 부요한 음식이 다양하게 공급되며 식탁에 감각적인 즐거움을 선사했다. 이 목록은 인간 노예들을 언급하며 마무리된다. 노예를 나타내는 말의 문자적인 의미는 "몸뚱이들"(헬, 쏘마)인데 이는 로마사람들이 인간 생명의 존엄을 얼마나 하찮게 여겼는지를 보여 주는 것이다. 이 "영혼들"은 부유한 소유주의 채찍으로 악랄하게 착취당하며 함부로 다뤄진 한낱 소유물, '말할 줄 아는 물건'에 지나지 않았다. "인간 육체를 사고파는 사업은 바벨론 수입의 마지막이었고 다른 사람들에게 어떤 대가를 치르게 해서라도 쾌락을 무자비하게 추구하던 퇴폐적인 문화의 끝판왕이었다."(D. E. Johnson, 257)

통치자들이 권력을 귀히 여겼다면, 상인들은 화려함과 아름다움을 사랑했다. 계시록 18:14, 그들은 외친다. "바벨론아, 네 영혼이 탐하던 과일이 네게서 떠났으며 맛있는 것들과 빛난 것들이 다 없어졌으니 사람들이 결코 이것들을 다시 보지 못하리라." 16절에서는 큰 도시를 가장 부유한 보석과 가장 유혹적인 의복을 사치스럽게 입은 아름다운 여인에 비유하고 있다: "화 있도다. 큰 성이여, 세마포 옷과 자주 옷과 붉은 옷을 입고 금과 보석과 진주로 꾸민 것인데.” “이 여자의 물질적인 사치와 육감적인 관능미를 위해 그녀가 자신의 영혼을 판 것을 이제는 돌이킬 수 없게 갑자기 잃어버렸다. 온 세상에 대한 심판 앞에서 그녀는 빈털터리가 되고 발가벗겨지게 되었다.”(P. E. Hughes, 193)

세 번째 무리의 조문객은 뱃사람들이다. 그들의 배는 상인들의 화물을 운반했다: “그러한 부가 한 시간에 망하였도다. 모든 선장과 각처를 다니는 선객들과 선원들과 바다에서 일하는 자들이 멀리 서서 그가 불타는 연기를 보고 외쳐 이르되 ‘이 큰 성과 같은 성이 어디 있느냐?’”(계 18:17~18) 그 배의 선장과 선원들은 멀리서 큰 도시가 불타며 연기가 치솟는 장면을 바라본다. “그들은 그 도시의 예전의 위대함과 찬란함을 회상한다. 그들은 지금 자기들의 모든 소망과 야망이 철저하게 무너지고 완전히 파괴된 것을 보면서 눈으로 보고 있는 현실을 도무지 믿을 수 없다. 그들은 슬픔의 표시로 자기들의 머리에 재를 뒤집어 쓴다.”(W. Hendriksen, 175)

로마로부터 권력을 얻으려 했던 왕들과 달리, 로마가 제공하는 호화로운 삶의 맛을 즐기던 상인들과 선장들은 그들이 로마에서 벌어들이던 돈만을 소중히 여긴다. “화 있도다. 화 있도다. 이 큰 성이여. 바다에서 배 부리는 모든 자가 너의 보배로운 상품으로 치부하였더니 한 시간에 망하였도다”(계 18:19). 그들이 풍부한 이득을 얻고 빠르게 부자가 될 기회가 더는 없다. 예수님이 산상수훈에서 충고했던 것과는 정반대로 그들은 하늘보다는 땅에 보물을 쌓았다(마 6:19~20). 그들의 모든 부(富)를 잃어버릴 때가 오고 말았다. 바벨론 같은 세속 체계에 대한 심판에서 세상의 것들에만 마음을 두었던 이들의 마음은 완전한 상실감 때문에 고통을 겪게 될 것이다.

이 몇 편의 애가를 통해 두 가지 사실을 알게 된다. 첫째, 슬피 우는 자들은 두려움 때문에, 멸망하는 바벨론을 구조하러 오지 않고 멀리 서서 하염없

이 바라보기만 한다: "그의 고통을 무서워하여 멀리 서서 이르되"(계 18:10). 그들의 애가는 전적으로 그들이 잃어버린 것 곧 그들 자신을 위한 것이지 바 벨론이나 바벨론 백성들을 위한 것이 아니며 그들은 바벨론에게 자비 혹은 사랑의 손을 전혀 뻗으려고 하지 않는다. 이것은 세속적인 사람이 될수록 관 계에 있어서 참된 교제를 누리지 못하게 될 것이라는 뜻이다. "사람이 만일 그들의 모든 행복을 물질적인 것들에만 둔다면, 그들은 모든 것의 가장 중요 한 부분 곧 사랑과 우정, 그리고 그 밖의 것들을 모조리 잃어버린다는 것이 삶의 법칙 가운데 하나다."(W. Barclay, 2:185) 이 애곡하는 자들은 단지 물질적 인 부(富)만을 위해서 동료들과의 우정과 하나님을 향한 사랑의 참된 부요함 을 포기했기 때문에 심지어 바벨론이 멸망하기 전에도 그들의 '마음'은 한없 이 가난했다.

이 비전이 단지 바벨론과 로마만이 아니라 우상 세계 전체와 퇴폐적인 시스템 전체가 몰락하는 최후 심판의 상징임을 기억해야만 한다. 역사 속에 최후의 심판이 올 때 구원하시는 예수 그리스도와의 관계 덕에 심판 속에서 도 그 생명이 보존되는 신자들 외에 파괴와 불의 몰락을 보지 않는 이는 아 무도 없다.

둘째, 큰 도시에 얼마나 신속하고 갑작스럽게 심판이 쏟아지는지를 알 아야 한다. "화 있도다. 화 있도다. 큰 성, 견고한 성 바벨론이여 한 시간 안 에 네 심판이 이르렀다 하리로다"(계 18:10). 그들이 자랑하던 거짓 신은 하늘 에서 내려오는 단 한 방의 타격으로 거꾸러져 영원히 일어나지 못할 것이다. 하나님의 인내가 지연되고 있다 해도 어느 순간 심판은 즉각적으로 오게 될 것이며 세상 모든 권세에 느닷없는 종말을 가져올 것이다.

미드웨이 전투 후에, 일본군 지휘관 나구모 부제독은, 일본군의 강력한 함대가 패배할 가능성이 있다는 것을 믿지 않았음을 인정했다. 그의 확신은 미군의 뇌격기들이 두 번째 비행에 나선 아침나절까지도 흔들림이 없었다.

나구모의 전투기들이 미군의 이 공격을 격퇴했고 많은 미군기가 격추당했기 때문이다. 그러나 바로 이 우연한 승리의 순간에 미군 폭격기 2개 대대가 고공에서 침투했다. 일본군 전투기들이 미군 뇌격기들을 파괴하려고 멀리 떠나 있는 동안 강하하는 폭격기의 째질 듯한 소음이 일본군의 주력 항공모함인 카가, 소류, 아카기 위로 들려왔다. 이 세 항공모함의 갑판에는 재급유 중이던 비행기들이 꽉 들어차 있었다. 항공모함 위로 폭탄이 비 오듯 쏟아졌고 일본 해군 항공모함은 하나둘 화염에 휩싸였다. 배 위에는 화염과 주검이 가득했다. 어느 전쟁 역사가가 이렇게 썼다: "이렇게 해서 약 5분 남짓한 시간에 일본의 전체 항공모함과 일본 해군 정예부대의 절반이 날아가 버렸다."(L. Hart, 228: R. D. Phillips, 514) 진주만 기습 전 야마모토 이소로꾸 일본 해군 제독이 염려했던 대로 이 미드웨이 해전의 패배로 일본군은 진주만 공습의 승기를 계속 이어가지 못하고 결국 패전의 길을 걷게 되었다. 이 한 차례 해전으로 태평양전쟁(2차 세계대전)의 승패가 완전히 갈리고 말았다. 아무튼 미드웨이 해전 3년 뒤 우리 대한민국도 고대하던 해방의 기쁨을 맛볼 수 있었다.

섭리하시는 하나님의 주권적인 손으로 심판이 집행될 때, 몰락은 빠르고 파괴는 아주 처참할 것이다. 이것이 예수 그리스도의 오심과 더불어 범죄한 반역적인 세상에 하나님의 진노가 어떻게 내리는지를 보여 주는 그림이다. "한 시간에 망하였도다"(계 18:19). 바벨론을 애곡하는 자들은 이렇게 부르짖었다. 그러므로 하나님의 심판으로부터 도망칠 수 있는 때는 죄악 세상이 심판으로 몰락하는 순간이 오기 전이다. 이것이 바로 바울이 고린도 교인들에게 다음과 같이 강력히 권했던 이유다: "보라 지금은 은혜 받을 만한 때요, 보라 지금은 구원의 날이로다"(고후 6:2).

18:18~20 _오 하늘이여 즐거워하라!

왕들, 상인들 뱃사람들의 애가가 강력한 바벨론의 몰락에만 초점이 맞춰져 있는 것은 아니다. 요한에게 설명해 주는 천사의 목소리가 갑자기 등장한다: "하늘과 성도들과 사도들과 선지자들아, 그로 말미암아 즐거워하라. 하나님이 너희를 위하여 그에게 심판을 행하셨음이라 하더라"(계 18:20).

바벨론의 몰락을 극적으로 표현하면서 요한은 이것이 의심할 여지 없이 하나님이 하시는 일임을 말하고 있다. 요한은 예레미야서의 한 장면으로 이것을 보여 준다. 예레미야 51:60, 선지자는 사악한 바벨론에 쏟아질 모든 심판을 한 권의 책으로 기록해두었다. 그런 다음 그는 바벨론에 포로로 잡혀갈 유대인 지도자 한 사람에게 그 책을 넘겨주었다. 그것은 하나님의 백성들이 쇠사슬에 묶여 바벨론에 도착할 때 하나님의 심판이 선포되게 하기 위함이었다. 그런 다음 그 지도자로 하여금 그 책에 돌 하나를 묶어 그것을 유프라테스 강에 던져버리라 하였는데, 그것은 하나님의 파국적인 심판 때문에 바벨론이 가라앉아 다시는 일어서지 못할 것을 상징적으로 보여 주기 위한 것이었다(렘 51:61~64).

이제 요한은 바벨론 세계의 모든 시스템이 심판받을 때 나타날 역사의 종말을 지켜본다. "이에 한 힘센 천사가 큰 맷돌같은 돌을 들어 바다에 던져 이르되 큰 성 바벨론이 이같이 비참하게 던져져 결코 다시 보이지 아니하리로다"(계 18:21). 큰 돌이 물에 내던져져 깊은 바다 밑바닥으로 가라앉는다. 이것은 우상 숭배와 죄 때문에 영원히 멸망하는 악한 세상의 철저한 파멸을 상징한다. 동방에서 몰려온 야만인들에 의해 로마가 완전히 먹힘으로써 이 총체적인 심판이 아주 적당한 때에 로마에 쏟아졌다. 두로, 바벨론, 로마에 대한 역사적인 심판은 "세상 왕국의 궁극적인 몰락의 전형이 된 것"이다.(G. K. Beale, 1999:918) 이 모든 심판은 하나님이 바로의 전차부대를 익사시킨 "홍해에서의 애굽의 몰락"을 반영한다. "(하나님께서) 쫓아 오는 자들을 돌을 큰물에 던짐 같이 깊은 물에 던지시고"(느 9:11), 모세가 그의 대적 애굽에 대해 말한 것이 사악한 온 세상에도 진리로 적용될 것이다. "깊은 물이 그들을 덮으니 그들이 돌처럼 깊음 속에 가라앉았도다"(출 15:5).

천사는 바벨론 생활의 모든 영역에 쏟아지는 심판을 헤아리는 찬사와 더불어 이 상징적인 몸짓을 이어가고 있다. 천사는 "다시(더는)"라는 말을 여섯 번이나 읊는다(계 18:21~23). 바벨론 자체는 "다시 보이지 않을 것이다." 뿐만 아니라 "등불 빛이 결코 다시 네 안에서 비치지 아니하고" 또한 "신랑과 신부의 음성이 결코 다시 네 안에서 들리지 아니할 것"이다(18:23).

첫째, "거문고 타는 자와 풍류하는 자와 퉁소 부는 자와 나팔 부는 자들의 소리가 결코 다시 네 안에서 들리지 아니할 것이다"(계 18:22). 인생에서 음악은 아주 소중한 복이다. 퉁소 부는 자와 노래하는 자 같은 음악가들은 행복한 순간에 연주하며 나팔소리는 축제와 시합장에서 울려 퍼진다. 그러나 이제 모든 음악을 침묵시키는 것으로 하나님의 언약적 저주가 쏟아진다(사 24:8 참조). 하늘과의 대조는 명백하고 엄중하다: 하늘에서 영광스러운 합창으로 주님께 할렐루야 찬양을 부르지만 우상과 죄를 영광스럽게 했던 땅의 음악은 영원히 침묵하게 될 것이다.

땅에서의 또 다른 즐거움은 많은 남성과 여성들이 풍요로운 미래를 예비하면서 경제활동을 하기 위해 그들의 기술을 적용할 때 나는 산업과 기술의 소리다. 이 소리 또한 침묵하게 될 것이다: "어떠한 세공업자든지 결코 다시 네 안에서 보이지 아니하고 맷돌 소리가 결코 다시 네 안에서 들리지 아니하고"(계 18:22). 하나님을 반역하며 들어 올렸던 인간의 손은 더는 가치 있는 것들과 아름다움을 만들도록 허락되지 않을 것이다. 이 심판은 부분적으로는 가이사와 그 후견인인 우상과 거래(계 2:9)하지 않기 때문에 그리스도인들이 가입할 수 없었던 아시아의 무역상인 조합에 대한 하나님의 꾸짖음을 나타낸다. 여기에 저주가 덧붙여진다. "또 맷돌 소리가 결코 다시 네 안에 서 들리지 아니하고"(18:22). 이것은 분주한 사회와 여러 가정에서 매일의 음 식을 준비할 때 나는 소리다. 이제 하나님을 반역한 자들에게 삶의 기본적인 필요를 채워 줄 어떤 이유도 없게 되었다.

하나님의 저주는, 좀 더 강력하게 몰락한 바벨론에서 모든 빛이 제거 되는 것으로 나타난다: "등불 빛이 결코 다시 네 안에서 비치지 아니하 고"(18:23). 반면에 하나님은 "그 얼굴을" 그 백성에게로 "향하여 드사 평강" 을 주시겠노라(민 6:25) 하셨다. 하나님의 저주 아래 있는 자들에게는 오직 어 두움밖에 없다. 오늘날 대도시의 휘황찬란한 불빛이 사람의 눈을 부시게 하 듯이 부유한 두로, 호화로운 바벨론, 영광스러운 로마제국에 빛이 넘쳐났 었다. 빛이 없다면 그 누가 금, 은, 사치하는 보석으로 상징되는 사치하는 부요를 알아보거나 즐길 수 있겠는가? "심판 날에는 철저한 어둠이 절대자 로 지배하게 된다. 이 사악하고 쾌락을 사랑하는 유혹적인 세상에 하나님 의 최종적이고 완벽한 진노의 분출을 상징하는 어둠이 짙게 드리워진다."(W. Hendriksen, 177)

마지막으로 바벨론에서 "신랑과 신부의 음성"(계 18:23)을 결코 다시 들을 수 없을 것이라고 한다. 사랑과 환희의 복, 인간적인 신뢰의 끈, 따사로운 낭 만의 소리는 그 거대한 도시에 더는 들리지 않게 될 것이며(렘 25:10~11), 지 옥에 속한 자들에게는 심지어 인간이 누리는 최고의 복인 부부간의 사랑조 차도 끝장나 버릴 것이다.

18:20~24 _심판을 위한 소송

이 심판의 공포 속에서 천사가 왜 신자들에게 "그로 말미암아 즐거워하 라"(계 18:20)고 하는지 그 이유에 대해 의아해하는 이들이 있을지도 모른다.

그 이유는 결국은 우리가 동료 죄인들에 대한 심판에 즐거워한다거나, 믿지 않는 세상에 맞서 그리스도인들이 품는 어떤 보복심에 있지 않다. 오히려 그 대답은 23절과 24절에 주어진 심판의 세 가지 명분에서 발견된다: "너의 상인들은 땅의 왕족들이라. 네 복술로 말미암아 만국이 미혹되었도다. 선지자들과 성도들과 및 땅 위에서 죽임을 당한 모든 자의 피가 그 성 중에서 발견되었느니라." 세속적인 바벨론이 낳았던 이런 악행들이 지적되면서 하나님의 백성은 미드웨이 해전에서 일본군 항공모함들이 가라앉는 것을 보며 기뻐했던 미군 조종사 유진 게이와 똑같은 마음으로 바벨론에 멸망이 닥친 것을 환영해야만 한다.

이 엄청난 심판의 첫 번째 원인은, 하나님께 영광을 돌리기보다는 자신의 영광을 추구했던 세속적인 바벨론의 우상 숭배였다. 왕들과 상인들과 뱃사람들로부터 바벨론이 어설프게 "크다" "견고하다"(계 18:10)는 칭송을 듣고 있었는지를 주목하고, 아울러 18:14, 17에서 바벨론의 "빛난 것(14절)", "부요함(17절)"에게 주어진 경배를 주목하라. 그들은 하나님을 망각하고 그분께 영광 돌리기를 그쳤을 뿐만 아니라 하나님의 지식을 추방했고 하나님의 참 경배자들을 박해했다. 18:18, 왕들이 외쳐 말한다. "이 큰 성과 같은 성이 어디 있느냐?"(계 18:18). 성경 전체에서 이런 칭송은 오직 하나님께만 사용되는 말인데 그런 말을 끌어다 바벨론을 찬양한 것이다(출 15:11; 미 7:18). 요한의 묘사는 세속적인 사람들이 사랑이나 신실성이 아닌 스스로의 위안과 안전에 도취하여 "인생의 좋은 것들"을 어떻게 하나님으로 삼는지를 보여 준다. 바벨론을 향한 이런 찬양의 외침은 오늘날 하나님이 바라시는 영광을 거부하면서 어리석게도 모든 주권을 인간에게 돌리는 세속적 인본주의의 외침 속에서도 자주 들려온다. "모든 것의 중심으로서 인본주의에 초점을 맞추고 하나님을 망각하는 것이 가장 큰 죄다."(G. K. Beale, 1999:922)

둘째, 바벨론의 "복술(卜術)로 말미암아 만국이 미혹되었기"(계 18:23) 때문에 바벨론이 심판을 받는다. 이 구절은 의심할 바 없이 신비적인 마술에 대한 정죄를 포함하는 것이지만 보다 일반적으로는 로마가 주변국들을 최악의 부패로 이끈 유혹적인 주술을 가리킨다. 예수님은 "누구든지 나를 믿는 이 작은 자 중 하나를 실족하게 하면 차라리 연자 맷돌이 그 목에 달려서 깊은 바다에 빠뜨려지는 것이 나으니라"(마 18:6)라고 경고하셨다. 여기서 맷돌을 언급하신 것은 다른 사람들을 사악한 길로 유혹한 로마와 바벨론 세계가 하나님에 의해 매우 철저하게 제거될 것을 암시한다. 자기들은 구원을 받을 수 있으나 다른 사람들이 심판의 고통을 당하는 것을 알고 슬퍼하면서도, 그리스도인들은 걸림돌과 타락의 원천을 세상에서 제거하시는 하나님을 보며 즐거워한다.

셋째, 천상과 지상에 있는 하나님의 백성들은 바벨론 세계로부터 받던 그들의 고통이 종말을 고했다는 사실을 즐거워한다. "선지자들과 성도들과 및 땅 위에서 죽임을 당한 모든 자의 피가 그 성 중에서 발견되었느니라"(계 18:24). 사악한 바벨론에 음악, 빛, 사랑이 더는 없을 뿐만 아니라 하나님의 심판으로 거기에는 우상 숭배, 유혹, 신자들에 대한 박해가 더는 없을 것이다. 일반적으로 이교도 사회를 특징짓는 난폭한 피흘림이 끝날 뿐만 아니라, 하나님의 종들을 박해한 원수들에 대한 하나님의 합당한 심판에 의해 그 종들이 흘린 피가 그들의 명예를 회복시킨다. 천사의 목소리가 들린다: "하늘과 성도들과 사도들과 선지자들아, 그로 말미암아 즐거워하라 하나님이 너희를 위하여 그에게 심판을 행하셨음이라 하더라"(계 18:20). 그리스도인들은 역사의 빛 안에서 거룩한 성품의 명예를 회복시키는 '하나님의 심판'이라는 정의를 즐거워한다. 뿐만 아니라 이 심판은 교회가 멸시당하고 땅에서는 유죄 판결을 받지만, 신자들은 하나님에 의해 명예가 회복되고 하나님께 받아들여진다는 것을 분명하게 증명할 것이다.

18:12~24 _바벨론 몰락의 교훈

　바벨론에 대한 심판으로 인한 바벨론의 멸망에서 결론적으로 세 가지 교훈을 얻을 수 있다. 첫째, 그리스도인들은 세상의 우상에 빠지지 않고 하나님이 주신 좋은 은사들을 즐기면서 세상의 것들을 올바르게 쓰는 법을 배워야만 한다. 왕들, 상인들, 뱃사람들이 두려움에 사로잡혀 멀리 서서 바라보는 것과 마찬가지로 그리스도인들은 바벨론의 정신을 특징짓는 물질주의와 일정한 거리를 유지해야만 한다.

　물론, 그리스도인들은 세상에 있는 좋은 것들을 주신 하나님께 감사하는 마음을 지니고 있다면 그런 마음으로 그것을 자유롭게 누릴 수 있다. 예를 들어서, 계시록 19장과 21장에 등장하는 그리스도의 빛나는 신부를 보게 되는데, 그리스도의 신부는 "세마포 옷"(계 19:8)을 입었으며, 각종 보석으로 장식되어 있음을 알게 될 것이다(계 21:11~14). 그리스도의 백성, 그들의 영광에 관한 한 칙칙하고 후진 것은 없으며, 실제로 교회의 아름다움은 바벨론 음녀의 아름다움을 훨씬 웃돈다(12:1 참조). 그리스도인인 우리에게 돈 혹은 높은 지위 혹은 즐거운 활동이 있다면 그것들에 대해 하나님께 감사하면서 이 세상에서 하나님의 사역을 위해 그것들의 청지기가 되어야 한다. 참된 보화는 항시 하나님과 그리스도 안에서 하나님이 주신 복이 되도록 하라. 요한은 이렇게 경고한다: "이 세상이나 세상에 있는 것들을 사랑하지 말라. 누구든지 세상을 사랑하면 아버지의 사랑이 그 안에 있지 아니하니 이는 세상에 있는 모든 것이 육신의 정욕과 안목의 정욕과 이생의 자랑이니 다 아버지께로부터 온 것이 아니요 세상으로부터 온 것이라"(요일 2:15~16). 그러므로 이 세상의 세속적인 것들을 자랑하거나 소유를 자랑하지 않도록 하라. 그보다는 사도 바울처럼 자족하는 삶을 살라: "나는 비천에 처할 줄도 알고 풍부에 처할 줄도 알아 모든 일 곧 배부름과 배고픔과 풍부와 궁핍에도 처할 줄 아는 일체의 비결을 배웠노라. 내게 능력 주시는 자 안에서 내가 모든 것을 할 수 있느니라"(빌 4:12~13). 예수님도 이렇게 덧붙이셨다: "네 보물 있는 그 곳 에는 네 마음도 있느니라"(마 6:21).

이 본문의 두 번째 교훈은, 사악한 자들을 향한 하나님의 심판, 그 확실 성을 결코 의심하면 안 된다는 것이다. 요한이 이 비전을 기록하고 오랜 세 월이 흐른 뒤에도 많은 이들의 눈에 로마가 멸망하기보다는 오히려 영원할 것처럼 보였다. 그러나 주후 410년 그날이 왔다. 서고트족 지도자 알라릭 오 버란이 로마 시를 약탈함으로써 로마제국의 종말이 왔다. 오늘날 많은 그리 스도인들이 서구사회의 몰락을 두려워하듯이 당시 많은 그리스도인들은 로 마제국이 멸망하는 그 순간의 불안감 때문에 완전히 절망했다. 그러나 그리 스도인 지도자 힙포의 어거스틴은 로마의 몰락 소식을 들으면서 이 심판이 필연적이었음을 지적했다: "모든 지상의 왕국은 종말을 맞을 것이다. 세상 이 그 지배력을 상실하고 감당하기 버거운 환난으로 가득 찬 것에 놀랄 것이 다. 이 세상이라는 늙은이에게 매달리지 말라; 당신에게 '이 세상은 지나가 는 것이며 세상의 호흡은 극히 짧다. 너의 젊음이 독수리처럼 새로워질 것' 이라고 당신에게 말씀하시는 그리스도 안에서 당신의 젊음을 다시 얻는 것 을 거부하지 말라."(R. Bewes, 121)

마지막으로, 그리스도인들은 우리가 사는 바로 이 세상에서는 확실한 심판을 향해 전진하고 있는 세상의 역사와 더불어 그리스도는 영광 중에 영 원히 견딜 그분의 교회를 세우고 계신다는 것을 깨달아야만 한다. 예수님 은 약속하셨다: "내가… 내 교회를 세우리니 음부의 권세가 이기지 못하리 라"(마 16:18). 이 심판들은 하나님의 주권과 능력을 과시한다. 복음을 통해 우리 안에서 그분이 지금 행하시는 사역을 가능하게 하는 그와 똑같이 전능 한 속성은 틀림없이 성공하게 된다. 이것을 알기에 우리는 이 세상에서 영원 을 위해 힘써 노력한다. 예수님이 말씀하셨듯이 우리가 먼저 그분의 나라와

의를 추구하면 그분 자신을 주신 것처럼 다른 모든 것들도 우리에게 주실 것을 확신해야 한다(마 6:33).

구원, 영광, 능력이 하나님께 있도다
(요한계시록 19:1~5)

¹이 일 후에 내가 들으니 하늘에 허다한 무리의 큰 음성 같은 것이 있어 이르되 할렐루야 구원과 영광과 능력이 우리 하나님께 있도다 ²그의 심판은 참되고 의로운지라 음행으로 땅을 더럽게 한 큰 음녀를 심판하사 자기 종들의 피를 그 음녀의 손에 갚으셨도다 하고 ³두 번째로 할렐루야 하니 그 연기가 세세토록 올라가더라 ⁴또 이십사 장로와 네 생물이 엎드려 보좌에 앉으신 하나님께 경배하여 이르되 아멘 할렐루야 하니 ⁵보좌에서 음성이 나서 이르시되 하나님의 종들 곧 그를 경외하는 너희들아 작은 자나 큰 자나 다 우리 하나님께 찬송하라 하더라 (개역개정)

예수님이 최후의 만찬 자리에 제자들을 불러 모으셨을 때, 제자들과 함께 유월절 축제 찬송을 불렀다는 기록을 볼 수 있다. 유대 전통에서는 '할렐루야'라는 낱말이 뚜렷하게 드러나는 시편 113편~118편의 할렐 시편들을 노래하라고 가르치고 있다. 이 낱말은 히브리어가 현대 영어로 그대로 넘어온 몇 안 되는 사례 가운데 하나다. '할렐루야'는 "찬양"을 뜻하는 '할렐'과 하나님의 이름 '야웨'의 축약형 '야'가 합해진 것이다. 이 낱말은 대개 "주님을 찬양하라"로 번역된다. 이 낱말의 영향을 감안할 때 이 낱말이 시편과 요한

계시록 오직 두 권의 성경에만 등장한다는 사실이 놀랍다. 할렐루야라는 말은 시편 150:6에 기록된 것을 포함해서 시편에 24회, 그리고 계시록 19장에만 4회 등장한다.

그러나 이처럼 "할렐루야"가 등장하는 여러 사례 사이에는 어떤 연관성이 있는 듯하다. 계시록 19장은 계시록에 등장하는 마지막 노래, 곧 신약성경에 등장하는 마지막 노래가 들어 있다. 그러므로 "히브리 시인들이, 하나님이 택하신 백성들이 하늘에서 하나님의 대속을 받아 '할렐루야'를 노래하는 것으로 시편을 끝맺듯이 신약도 하늘에서 하나님의 대속을 받은 백성들이 '할렐루야'를 노래하는 것으로 끝맺는다."(G. B. Funderburk: S. J. Kistemaker, 509) 죄책으로부터 자기 백성을 구원하시는 예수님의 지상 사역을 마무리하는 최후의 만찬 자리에서 그런 뜻에서 예수님이 그 제자들과 함께 '할렐'을 노래하셨을 것이다. 계시록 18장에서 큰 성 바벨론이 처참하게 심판받은 뒤에 계시록 19장에서, 죄의 지배와 권세로부터 그리스도가 그의 백성을 구원하신 데 대한 반응으로 예수님의 공로로 대속 받은 백성들이 "할렐루야"를 노래한다; 계시록 19장은 "이 일 후에"라는 말로 시작된다. 앞선 18장의 심판을 얘기하면서 그 심판에 뒤이어 이제 천상에서의 숭모하는 예배가 나오는 것이다. 계시록 19:1에서 요한은 하늘에 허다한 무리의 큰 음성 같은 "할렐루야"라는 외침을 들었다. 천사의 '할렐루야'는 "악의 제국이 몰락한 데 대해 주님을 찬양하는 하늘에 있는 많은 무리의 바람을 가리킨다."(D. Thomas, 152)

19:1 _구원하신 하나님이 영광 받으시다

계시록 19:1에서 하나님이 그 백성을 구원하심으로 승리하셨음을 천상의 무리가 영광 중에 기뻐한다: "할렐루야 구원과 영광과 능력이 우리 하나님께 있도다."

　하나님께 영광 돌리는 구원을 이야기할 때는 하나님의 놀라운 속성들이 빛을 발하는 그분의 구원 사역이 성취되었음을 뜻한다. 계시록 7:12의 비슷한 경배 장면에 하나님의 일곱 가지 속성을 찬양하는 내용이 나온다: "아멘. 찬송과 영광과 지혜와 감사와 존귀와 권능과 힘이 우리 하나님께 세세토록 있을지어다 아멘." 여기 19장에서는, 눈부시게 드러난 하나님의 세 가지 속성을 하늘의 무리가 찬양한다: 하나님의 구원과 영광과 능력. "구원이… 하나님께 있다"고 즐거워하면서, 하늘의 성악가들은 '구원' 사역에 관한 하나님의 주권을 특별히 언급한다. 구원이 하나님께 속해 있기에 오직 하나님 한 분만 그것을 성취할 수 있다. 우리 자신이 구원이 필요한 죄인들이기 때문에 악을 물리치기 위해 우리의 노력으로도, 선행으로도 자신을 구원하지 못한다. 오히려 우리는 요나와 비슷하다. 요나의 죄가 그를 바다에 던져지게 만들자 하나님이 큰 고기를 보내 그를 삼키게 하여 익사하지 않게 구원해 주셨기 때문이다. 요나는 하나님의 주권적인 자비를 깨닫고 목소리 높여 찬양하였다. "구원은 여호와께 속하였나이다"(욘 2:9). 또한 우리는 수많은 적군의 공격으로부터 하나님의 구원을 받은 여호사밧과 그 백성들과 같다. 우리가 종종 그렇듯이 여호사밧도 적군에게 압도당하여 절망한 나머지 국가적인 차원에서 범국민적인 큰 기도회를 열었다. 여호사밧은 이렇게 기도했다. "우리 하나님이여… 우리가 대적할 능력이 없고 어떻게 할 줄도 알지 못하옵고 오직 주만 바라보나이다"(대하 20:12). 하나님은 선지자를 통해 응답하시면서 이렇게 말씀하신다. "너희는 이 큰 무리로 말미암아 두려워하거나 놀라지 말라. 이 전쟁은 너희에게 속한 것이 아니요 하나님께 속한 것이니라"(대하 20:15). 그다음 날 하나님을 믿는 이스라엘 백성들이 하나님의 승리를 보러 나갔을 때 하나님께서 적들을 모두 다 시체로 만들어 버리셨음을 확인하게 되었고 아울러 그 백성들이 거두어들일 전리품이 산더미처럼 쌓여 있었음을 확인했다. 요나, 여호사밧, 성경 전체에 등장하는 수많은 증인처럼, 그리스도인들은 우리 쪽에서의 무슨 장점이나 기여와 상관없이 오직 하나님의 주권적인 행동으로 우리를 구원하신 대속자 하나님을 찬양해야만 하며 하나님께 우리 마음 가장 깊은 곳에서 우러나는 모든 영광을 돌려야만 한다.

"구원은… 여호와께 속했다"는 표현이 우리를 구원시키는 데 있어서 하나님의 주권을 강조하기 때문에 그것은 신자들을 위한 하나님의 뜻과 목적을 일깨워 준다. 그리스도인들은 종종 자기들을 위한 하나님의 뜻이 무엇인지를 의아해하는데 신자들이 고난의 시기를 지날 때 특히 더 그러하다. 그들은 "도대체 어떤 목적으로 하나님이 나의 삶에서 일하시는가?", "아울러 나는 이런 시련들을 어떤 의미로 받아들여야 하는가?"를 묻는다. 그 대답은 하나님께서 주권적인 뜻을 갖고 행하시며, 그 뜻이 그분의 '영광'을 찬양하도록 우리의 구원을 지금 일구어 가고 있다는 것이다. 하나님은 우리 각자의 삶이 그분의 주권적인 은혜를 나타내게 하시는 신묘막측한 길들을 열어 놓으셨다. 그럼으로써 하늘에서 영원토록 천사들이 "구원이 하나님께 속하였다!"고 노래하는 것을 확인하는 것과 마찬가지로 아주 독특한 증거를 우리 각자가 지니게 되는 방식에 대해서도 많이 놀랄 것이다.

하나님의 구원은 또한 그분의 '능력'을 극대화한다. 의심하는 자들은 이렇게 묻는다. "하나님이 구원시킬 의지가 있다 해도 그분이 그 일을 할 수 있다는 것을 알 수 있을까?" 이 본문에서 공표하듯이, 그리스도께서 다시 오실 때 사탄 같은 세속 체계의 파괴로 이런 질문은 더는 나오지 않게 될 것이다. 성경 전체의 일관된 메시지는 하나님이 그 백성을 구원하실 능력이 있다는 것이다. 하나님은 삼손에게 능력을 주셔서 나귀 턱뼈로 블레셋 사람들을 죽이게 하심으로써 그 백성을 구원하시는 풍부한 능력을 보여 주셨다(삿 15:15). 이스라엘이 도망칠 길이 필요할 때 하나님은 홍해를 가르셨고(출 14:26~30) 여리고 성의 강력한 성벽을 이스라엘의 발로 밟게 하셨다(수 6:20).

성경을 통틀어서, 하나님은 구원하시는 그분의 능력을 한결같이 증명하신다. 바울은 가장 위대한 예가 죄와 사망의 권세를 하나님이 물리치신 예수 그리스도의 부활이라고 말한다. 그러기에 바울은 신자들이 꼭 알아야 할 것들을 강조하며 이렇게 기도했다. "그의 힘의 위력으로 역사하심을 따라 믿는 우리에게 베푸신 능력의 지극히 크심이 어떠한 것을 너희로 알게 하시기를 구하노라. 그의 능력이 그리스도 안에서 역사하사 죽은 자들 가운데서 다시 살리시고 하늘에서 자기의 오른편에 앉히사"(엡 1:19~20). 여기에 우리가 사는 이 세상 곧 바벨론의 음녀를 전복시키는 하나님의 권능을 최고조로 드러내는 계시록 19장에 기록된 천사들의 찬양을 추가할 수 있다. 이런 종말을 기대하면서 항시 의심 없이 하나님의 권능을 의지해야만 한다. "하나님의 권능은 하나님이 약속하신 모든 것을 가능하게 하는 것이며 하나님의 목적을 온전히 성취할 수 있게 하는 것이다."(P. Gardner, 250) 그 진리만이 오늘날 하나님께 "할렐루야" 찬양을 부르는 이유이다.

하늘의 찬양, 그 중심에 드러난 하나님의 '영광'이 있다: "할렐루야! 구원과 영광과 능력이 우리 하나님께 있도다"(계 19:1). 하나님의 이 속성을 표현하기 위해 성경에 쓰인 두 개의 낱말을 살펴봄으로써 하나님의 영광이 무엇을 나타내는지 알 수 있다. 영광을 나타내는 히브리어는 '카봇'인데 이것은 원래 어떤 것이 '무겁다'는 뜻이다.(이광우, 1993: 10, 주8) 그렇다면 하나님의 영광을 말하는 것은 하나님의 무게 곧 하나님의 중요성을 찬양하는 것이다. 우리는 지금 하나님에 관한 생각이 그다지 영향력이 없는 시대에 살고 있다. 세속적인 사람들은 하나님을 더는 중요하게 여기지 않고 따라서 하나님의 심판을 두려워하지 않으면서 마음으로 갈망하는 모든 것들을 마음껏 행하며 자기 마음에 원하는 모든 것들을 골라서 믿는다. 역사의 마지막에 일어날 사건은 이런 태도의 어리석음 뿐만 아니라 하나님의 무한한 무게, 하나님의 중요성을 드러낼 것이다. 하나님은 진정한 헤비급 선수이시기에 그분을 무시한 모든 사람은 마지막 심판 때에 아주 허망하게 무너지게 될 것이다. 영광을 나타내는 헬라어는 '독사'다. 이 낱말은 '보이는 것'을 뜻하는 '도케오'에서 왔다. 이 낱말은 우리가 존경하는 어떤 것 혹은 특별히 인상적인 것을 가리킬 때 사용되었다. 하나님은 모든 존재 가운데 가장 중요하신 분이시기에 이 낱말이 하나님께 적용되는 것은 지극히 당연하다. 시대의 마지막에 일어날 사건들은 하나님과 우리와의 관계보다 더 중요한 것은 아무것도 없음을 증명할 것이다. 오늘 하나님이 보내신 구세주 예수를 믿는 믿음으로 하나님의 호의 속에서 살아가야만 하는 것보다 더 중요한 일은 없다.

역사의 마지막에 하나님의 구원은 그분이 우리의 찬양을 받기에 합당한 분이심을 증명할 것이다. 지상의 왕들은 "이 큰 성과 같은 성이 어디 있느냐?"(계 18:18) 이렇게 말하면서 세상 권세에게 영광을 돌렸다. 그러나 큰 성 바벨론이 멸망에 이르게 되고 그리스도 안에 있는 신자들이 하나님의 사랑스런 얼굴 앞에 모이게 될 때 유일하게 이렇게 외치는 소리만 하늘에서 들려올 것이다: "구원과 영광과 능력이 우리 하나님께 있도다"(계 19:1). 이런 종말을 기대하면서 우리의 전 생애를 통해 삶 속에서 오직 하나님 한 분께만 궁극적인 경배의 자리를 내어드려야 하며 오직 그분의 권위만 드러나게 하면서, 그날에 하나님이 드러내실 영광을 위해 오늘을 성실하게 살아야만 한다.

19:2~3 _심판 중에 하나님이 영광 받으신다

역사의 마지막에는 그 백성을 구원하실 뿐만 아니라 사악한 자들을 심판하심으로 하나님이 영광 받으시는 것을 보게 될 것이다. 따라서 천사들은 하나님의 거룩한 정의를 이렇게 찬양한다: "그의 심판은 참되고 의로운지라. 음행으로 땅을 더럽게 한 큰 음녀를 심판하사"(계 19:2).

하나님의 "심판은 참되고 의롭기" 때문에 죄에 대한 그분의 진노로 영광을 받으신다. 심판과정에서 하나님은 변덕스럽거나 불공정하지 않으시고 그분의 법에 따라 완벽한 정의를 시행하신다. 심지어 하나님의 말씀을 거부하던 자들조차도 살인자, 도둑, 사기꾼을 처벌하는 데 동의하는 경향을 보인다. 하나님은 그분의 모든 법을 강화하면서 죄에 대한 심판을 완벽하게 펼쳐 나가신다. 특히 불의가 광범하게 퍼져 있는 곳과 악이 제멋대로 활개 친 곳에서 정의를 갈구하는 울부짖음이 상소장이 되어 하나님께 올라가면 그 상소장에 따라 심판이 집행될 것이다. 기도는 하나님께 올리는 상소장이다. 역사의 마지막에 그리스도께서 다시 오시고 죄악된 세상의 종말이 올 때 정의를 갈구하는 이 외침은 하나님에 대한 찬양으로 바뀌면서 충만한 만족감이 드러날 것이다.

바벨론 세속 체계의 심판에 두 가지 주요 원인이 지적되었다. 첫째, 바벨론은 "음행으로 땅을 더럽게"(계 19:2) 하였다. 사람들이 실제로 부도덕하고 파괴적일 때 세상은 오히려 더 매력적이고 쾌락적인 것처럼 보이는 행동을 함으로써 사람들을 유혹한다. 이것은 가증하게도 인류를 거룩하고 복되게 살도록 창조하신 하나님을 공격하는 모양새를 지닌다. 창세기 3장에서는 기만행위에 의해 죄가 이 세상에 어떻게 들어와서 인류를 타락과 죽음의 그늘에 어떻게 가두었는지를 알려 주고 있다. 이와 비슷하게 죄가 기만적인 유혹으로 나아올 때마다 하나님은 더 격노하셨다. 특히 젊은이와 감수성이 예민한 어떤 사람을 죄로 이끄는 것은 얼마나 무시무시한 죄악인지 모른다. 예수님은, 어린아이 하나를 악에 빠지게 하는 것보다 연자 맷돌을 목에 매고 바다에 빠져 죽는 것이 훨씬 낫다고 선언하셨으며(마 18:6) 계시록에서는 바벨론의 몰락에 바로 이 심판을 적용하셨다(계 18:21). 오늘날 연예 산업, 광고업, 돈과 권력을 얻기 위해 부도덕을 부추기는 정부 관료들의 죄는 얼마나 무시무시한지 모른다. 앞서 말했듯이, 이승만 정권 시절부터 대한민국 정부는 주한미군을 위한 공창(公娼) 제도 곧 '기지촌'을 보란 듯이 운영했다. 이 얼마나 무섭고 부끄러운 죄악인가. 마지막에는 이런 식의 타락에 물든 바벨론 세계 전체를 심판하심으로써 하나님은 그분의 법이 정당하다는 것을 알려 주실 것이다.

둘째, 바벨론의 손은 "(하나님의) 종들의 피로"(계 19:2) 붉게 물들었다. 오늘날 전 세계 많은 곳에서 사람이 할 수 있는 가장 위험한 일은 하나님의 말씀을 전하거나 혹은 공개적으로 예수님의 이름을 경배하는 것이다. 그리스도인들은 다른 사람들에게 구원의 좋은 소식을 전했다는 이유로 감금되거나 죽임을 당한다. 좀 더 교활한 박해가 서구사회에 등장했다. 기독교인 소유주가 자신의 양심에 따라 동성애라는 죄를 칭찬하지 않았다는 이유로 기업들이 문을 닫게 되었다. 여성의 자궁 속 어린아이들을 살해하는 일에 기금을 대지 않았다는 이유로 정부의 위협을 받는 기업들도 많다. 세속적인 바벨론은 그리스도의 진리와 은혜에 대한 신실한 증인들을 겨냥하여 거침없이 욕설을 퍼붓지만 그러나 하나님은 핍박당하는 기독교인들의 슬픔과 피를 갚아 주겠다고 약속하셨다. 마지막에는 예수를 십자가에 못 박을 뿐만 아니라 그 예수님을 믿는 신자들을 박해한 세상은 하나님이 내리는 진노의 주요 과녁이 될 것이다. 자기 종들의 피를 흘리게 한 자들을 심판하시는 과정에서 하나님의 신실하심은 영광스럽게 찬양 받을 것이다.

하늘의 찬양대는 사악한 자들에 대한 하나님의 정의가 영원함을 찬양하는 노래를 덧붙인다: "두 번째로 할렐루야 하니 그 연기가 세세토록 올라가더라"(계 19:3). 이런 표현은 구약의 심판 관련 구절에서 끌어온 것이다. 아브라함은 하나님께서 사악한 도시 소돔과 고모라에 불과 유황을 퍼부어 심판하실 때 소돔과 고모라 평원이 바라보이는 곳에 서 있었다(창 19:28): "소돔과 고모라와 그 온 지역을 향하여 눈을 들어 연기가 옹기 가마의 연기같이 치솟음을 보았더라." 이사야도 비슷하게 에돔의 심판에 대해 말했다: "낮에나 밤에나 꺼지지 아니하고 그 연기가 끊임없이 떠오를 것이며"(사 34:10).

이러한 심판은 단지 지옥에서 겪는 영원한 심판의 실재를 상징화한 것일 뿐이다. 바울은 그리스도의 재림 후에 있을 최후의 심판에 대해 이렇게 말했다: "이런 자들은 주의 얼굴과 그의 힘의 영광을 떠나 영원한 멸망의 형벌을 받으리로다"(살후 1:9). "영원한 멸망"은 사악한 자들의 박멸 혹은 소멸을 뜻하는 것이 아니라 하나님의 정의로운 진노 아래서 영원토록 고통받는 것을 뜻한다. 하나님께서 사악한 자들을 불 못으로 내던진다고 말하고 있다: "불과 유황 못에 던져지니 거기는 그 짐승과 거짓 선지자도 있어 세세토록 밤낮 괴로움을 받으리라… 누구든지 생명책에 기록되지 못한 자는 불 못에 던져지리라"(계 20:10, 15).

일부 그리스도인들은 그토록 잔혹한 영원한 심판이라는 교리를 받아들이기 힘들어한다. 따라서 성경에서 지옥 교리를 반대하는 듯한 구절에 주목하는 이상한 흐름이 인기를 얻게 되었다. 그러나 그런 이들은 자기들이 하나님의 말씀을 훼손시킬 뿐만 아니라 지옥의 영원한 심판과 불가분의 관계로 얽혀 있는 모든 교리를 타락시키고 있다는 것을 깨닫지 못한다. 영원한 심판을 거부하려면 필연적으로 죄의 무시무시한 본질을 경시(輕視)해야만 한다. 그리스도를 거부하고 죽은 자들에게도 구원이 있을지 모른다고 주장하는 자들은 오늘 이 자리에서 복음을 믿으라고 긴급하게 요청하는 성경의 가르침을 깎아내리는 것이다. 지옥의 고통이라는 개념을 완화시키려 하는 자들은 우리 죄를 대신하여 십자가에서 그리스도께서 치르신 희생을 현저히 깎아내리는 것이다.

요한계시록 19:4에서는 사악한 자들에 대한 하나님의 영원한 심판에 대해 하늘에 있는 지도자들의 반응을 보여 주고 있다: "또 이십사 장로와 네 생물이 엎드려 보좌에 앉으신 하나님께 경배하여 이르되 아멘 할렐루야 하니." 이십사 장로는 지상교회의 12사도와 이스라엘 12지파에 상응하는 하늘에 있는 영적 존재들이다.(마이클 하이저, 272-276, 593-599) 따라서 그들은 인류 역사 속에서 대속 받은 하나님 나라 백성의 총체를 상징한다. "네 생물"(계 4:4~6)은 하나님의 보좌 가장 가까이에 있는 그룹이라는 이름의 천사들로서 하나님을 향한 모든 창조세계의 복종을 나타낸다. 그러므로 "이십사 장로와 네 생물이 찬양하는 노래가, 우주 전체와 온 교회로부터 하나님께 올려지는 것이다."(W. Barclay, 2:192)

하나님의 최후 심판에 관한 우리의 사고와 느낌이 여기 기록된 천상의 노래와 다르다면 죄, 하나님의 거룩, 구원과 심판에 관한 우리의 사상이 세속적인 관념들로 얼마나 오염되었는지를 되짚어 보아야만 한다. 어쩌면 우리가 사랑하는 사람들이 이처럼 영원한 고통을 겪게 될 것을 생각할 때, 거룩하신 하나님의 공의에 함부로 분개할 것이 아니라 오히려 죄의 악독함에 대해 먼저 분개해야만 한다. 대신에 그리스도인들은 심판하시는 바로 그 하나님께서 그 아들의 피로 세상을 향해 사랑의 손길을 그처럼 애타게 내밀고 있음을 좀 더 담대하게 말하기로 결단해야만 한다. 만일 아직 예수 믿는 사람이 아니라면 그 무엇보다도 긴급하게 우리 죄로 인한 영원한 심판의 위험을 생각해야만 한다. 모든 죄인이 우리 구주이자 주님이신 예수를 믿는 믿음으로 하나님이 주시는 구원이라는 은혜로운 선물을 품에 안음으로써 하나님의 공의, 거룩 그리고 영광스러운 진노로부터 구원받아야 할 필요가 있다. 이것은 그 얼마나 대단하고 은혜로운 가르침인가!

19:4~5 _찬양하도록 부르심

요한계시록 19장이 시작되는 단락은 하나님을 찬양하라고 그 종들을 불러내는 것으로 끝맺는다: "보좌에서 음성이 나서 이르시되 '하나님의 종들 곧 그를 경외하는 너희들아 작은 자나 큰 자나 다 우리 하나님께 찬송하라' 하더라"(계 19:5). 구원과 심판 과정에서 하나님의 영광과 연관되는 하나님의 말씀을 믿기 때문에, 우리가 믿음으로 구원받았음을 확신해야 할 뿐만 아니라 그에 따라 하나님을 찬양하고 감사를 표현하는 삶을 살아가야만 한다.

여기 하나님을 경배하는 사람들에 관한 세 가지 진술이 나타나 있다. 첫째, 하나님은 그 종들의 경배를 받으신다. 이 제목은 복음 사역에 있어서 특별하게 소명 받은 이들과 같은 어느 특정 부류의 그리스도인들을 묘사하는 것이 아니라 오히려 '모든 신자'를 묘사하는 것이다. 그리스도인이 된다는 것은 곧 하나님의 종이 된다는 것이다.

헬라어 '둘로스'는 "노예"로 번역된다. 요점은 그리스도인들이 하나님을 섬길 뿐만 아니라 우리 그리스도인들이 하나님의 소유된 종이 되어 그분을 섬긴다는 것이다. 이런 진리를, 돛단배 모델을 갖고 싶어 하는 어떤 소년에 비유할 수 있다. 소년은 몇 주에 걸쳐 장난감 도구 한 벌로 돛단배 한 척을 만들고 있었다. 마침내 돛배가 완성되자 소년은 그 배를 들고 호수로 가서 그 배를 띄웠다. 그 배는 소년의 눈앞에서 아주 멋지게 앞으로 나아가더니 잠시 뒤 아차 하는 순간 이내 사라져 버렸다. 소년은 그 배를 더는 찾을 수 없었다. 몇 주 후 시내 어느 가게 앞을 지나다가 소년은 자기가 만들었던 그 배가 아주 비싼 가격표가 달린 채 거기 놓여 있는 것을 보고 깜짝 놀랐다. 소년은 가게로 들어가 가게 주인에게 상황을 설명했으나 주인은 이렇게 말했다. "미안하지만 내가 아주 비싼 값을 치르고 이 배를 샀기 때문에 너에게 그냥 줄 수가 없다." 그래서 소년은 그 배를 되사오기 위한 돈을 모을 때까지 열심히 일했다. 얼마 후 소년은 마침내 그 비싼 장난감을 사들고 가게를 걸어 나왔다. 가게를 나서면서 소년은 이렇게 말했다. "장난감, 너는 이제 곱절로 내 것이다. 일단 내가 너를 만들었고 또 그다음으로는 내가 너를 샀기 때문이다." 하나님도 그러하시다. 그분은 우리를 창조하셨고 그다음으로는 죄 때문에 우리를 잃어버리셨을 때 예수님의 값비싼 피로 우리를 사셨다. 그러므로 우리가 곱절로 그분의 것이며 따라서 기꺼이 그분의 영원한 종이 된

다는 것이 얼마나 놀라운가!(R. K. Hughes, 308)

오늘날 그리스도인들은 세속의 가르침에 세뇌되어 자신의 생명이 자기 것이라고 여기게 되었다. 그러나 이것은 사실이 아니다. 우리는 하나님께 속해 있으며 그분의 소유이다. 하나님이 우리의 생명을 위해 아주 오랜 시간 동안 고통스러운 길을 선택하실 때 그리고 하나님 스스로 희생제물이 되어 자신을 우리에게 주셨을 때 우리의 창조주요 주인이신 그분의 권리를 먼저 기억해야만 하고 그리고 또한 지금 우리를 지탱하고 있는 그분의 은혜와 우리 구주께서 다시 오실 때 우리를 승리의 길로 이끌어가실 것을 기억해야만 한다.

둘째, 예배자들은 "하나님을 경외하는"(계 19:5) 사람들이다. 하나님의 참된 종은 존경심으로 그분을 예배하면서 하나님의 말씀에 조심스럽게 복종한다. 신자들이 하나님을 두려워하는 것은 굴종적인 공포 때문이 아니라 아버지의 규칙을 받아들이고 아버지의 처벌을 무서워하는 아들이 아버지에 대해 갖는 아버지를 진심으로 존경하는 태도 때문이다. 현명한 그리스도인들은 "주께서 그 사랑하시는 자를 징계하시고 그가 받아들이시는 아들마다 채찍질"(히 12:6)하신다는 것을 안다. 그러므로 그는 어떻게 살아갈 것인지를 조심스럽게 결정하고 주님의 자비와 사랑으로 즐거워하면서도 "하나님은 소멸하는 불이심을" 알기에 "경건함과 두려움으로 하나님을 기쁘시게 섬긴다"(히 12:28~29).

셋째, 하나님을 예배하도록 부름 받아 하나님을 경외하는 종들은 예수님 안에서 "작은 자나 큰 자"(계 19:5)를 가리지 않는다. 곧 예수 믿는 모든 사람을 포함한다. 이것은 초신자(初信者)뿐만 아니라 영적으로 성숙한 자도 포괄하는 것이다. 하나님은 모든 민족, 국가와 빈부 차이에 상관없이 사람들을 부르신다. 세상이 어떻게 계층화되고 사람들을 나누는지는 더는 중요하지 않고 신자들이 그리스도의 구원하시는 은혜로 어떻게 한 백성으로 연합하느냐가 중요한 것이다. 이 세상에서 그리고 교회 안에서 당신의 명함이 무엇인가는 더는 중요하지 않다. 삶 속에서 당신을 부르신 것은 당신의 예배, 봉사와 존경하는 마음의 복종으로 하나님께 찬양을 올리는 것, 그 모든 것이 당신 안에 있는 하나님의 은혜를 영광스럽게 드러내도록 하는 것이다. 공예배 시간의 찬양에서 목소리를 하나로 모으듯이 우리 각자의 삶과 하나님의 은혜에 대한 우리의 증거는, 오고 오는 모든 시대에 끝나지 않을 주님에 대한 찬양이 되는 참된 '할렐루야' 합창을 이룰 필요가 있다.

19:4 _아멘! 할렐루야!

'할렐루야'라는 낱말은 히브리어 혹은 아람어 낱말이 교회의 용도로 직수입되어 오늘날 우리의 언어로 들어온 몇 안 되는 사례 가운데 하나임을 이미 밝혔다. 이런 낱말들 가운데 또 다른 예는 계시록 19:4에서 발견된다: "아멘." 이 낱말은 하나님께 동의하는 표현이며, "예 그렇습니다"라고 말함으로써 하나님의 진리에 긍정적으로 반응하는 것을 뜻한다. 신약성경 전체에서 오직 여기에서만 '아멘'과 '할렐루야'가 연결되어 쓰였다. 그럴지라도 이두 낱말은 사실 아주 잘 어울린다. 그리스도인들이 '할렐루야' 찬양을 부르도록 동기를 부여하는 것은 믿음의 '아멘'이다.

계시록 19:1에 있는 천사들의 찬양 "할렐루야 구원과 영광과 능력이 우리 하나님께 있도다"에 아멘으로 화답할 수 있겠는가? 그럴 수 있다면, 당신의 삶을 자발적으로 그분을 섬기는 데 드리면서, 하나님의 주권, 영광스럽고 전능한 구원에 감사하는 마음으로 살아가야만 한다. 2절에 있는 하나님의 참되고 정의로운 심판에 대한 찬양에 '아멘' 할 수 있는가? 만일 죄를 처벌하시는 하나님의 거룩한 정의를 찬양할 수 있다면, 예수 믿고 예수님의 십자가에서의 죽음에 호소하면서 당신 자신의 모든 죄를 용서해 주시기를 제일 먼저 구하게 될 것이다. 죄와 반역에 대한 하나님의 공의로운 진노 아래서 받을 무시무시한 심판이 내리기 전에 이 세상을 둘러보면서 다른 죄인들에게 그들이 구원받을 수 있는 길을 말해 줌으로써 당신의 '아멘'을 덧붙이게 될 것이다.

계시록 19:1, 하나님께 그들의 '할렐루야'를 드리는 "하늘에 허다한 무리의 큰 음성"을 언급하고 있다. 그러나 여기 땅에서는 그들의 '아멘'을 드리는 이들이 그리 많지 않다. 모든 사람이 마음 깊은 곳에서 우러나는 찬양을 하나님께 드리지는 않을 것이지만 역사의 마지막에는 단 한 사람도 예외 없이 모든 이가 하나님께 영광을 드릴 것이다. 하나님은 주권자이시며 전능자이시기에, 구원과 심판에 관한 하나님의 영광스러운 목적은 틀림없이 성취된다.

> 과거에 지구촌에 살았던 사람이나 앞으로 지구촌에서 살게 될 사람들이, 능동적으로 혹은 수동적으로, 기꺼이 혹은 억지로, 하늘에서나 지옥에서나, 하나님을 영화롭게 해야만 한다. 당신 안에서 보여질 하나님의 자비와 영광의 대상으로서 당신은 하나님을 영화롭게 하게 될 것이다, 그게 아니라면 당신은 최후의 심판에서 하나님의 권능과 진노의 대상이 됨으로써 당신의 반역과 불신에 상응하는 고통 속에서 하나님을 영화롭게 할 것이다.(J. M. Boice, 1993: 3–1108–9)

이런 주장의 진리를 감안할 때 예수 그리스도를 우리 구주와 주님으로서 믿는 길을 찾으면서 예수 그리스도께 우리의 아멘을 드림으로써 오늘 여기에서 하나님께 영광을 드려야만 하는 것은 그 얼마나 생생하고 절실한가.

'아멘'과 '할렐루야'라는 낱말들은 신약에서 오직 이 본문에서만 결합되어 있다고 말씀드렸다. 그러나 이 낱말들은 시편 106편에서도 결합되어 나타난다. 시편 106편은 하나님이 우리에게 자비 베푸시기를 갈망하면서 우리가 가져야만 하는 태도를 요약하는 것으로 마무리되는데 곧 하나님께서 우리 인생의 찬양이 되셔야만 한다는 것이다: "여호와 우리 하나님이여 우리를 구원하사 여러 나라로부터 모으시고 우리가 주의 거룩하신 이름을 감사하며 주의 영예를 찬양하게 하소서. 여호와 이스라엘의 하나님을 영원부터 영원까지 찬양할지어다. 모든 백성아 아멘 할지어다. 할렐루야"(시 106:47~48).

어린 양의 혼인 기약이 이르렀고
(요한계시록 19:6~10)

⁶또 내가 들으니 허다한 무리의 음성과도 같고 많은 물 소리와도 같고 큰 우렛소리와도 같은 소리로 이르되 할렐루야 주 우리 하나님 곧 전능하신 이가 통치하시도다 ⁷우리가 즐거워하고 크게 기뻐하며 그에게 영광을 돌리세 어린 양의 혼인 기약이 이르렀고 그의 아내가 자신을 준비하였으므로 ⁸그에게 빛나고 깨끗한 세마포 옷을 입도록 허락하셨으니 이 세마포 옷은 성도들의 옳은 행실이로다 하더라 ⁹천사가 내게 말하기를 기록하라 어린 양의 혼인 잔치에 청함을 받은 자들은 복이 있도다 하고 또 내게 말하되 이것은 하나님의 참되신 말씀이라 하기로 ¹⁰내가 그 발 앞에 엎드려 경배하려 하니 그가 나에게 말하기를 나는 너와 및 예수의 증언을 받은 네 형제들과 같이 된 종이니 삼가 그리하지 말고 오직 하나님께 경배하라 예수의 증언은 예언의 영이라 하더라 (개역개정)

45여 년 전, 육군보병학교 초등군사반 장교 훈련을 마치면서 특전사 전출 명령을 받아 공수특전단 공수교육대에서 공수훈련을 받게 되었다. 공수훈련을 할 때는 맨 마지막 주차에 네 번에 걸쳐 '훈련 낙하'를 한다. 이 네 번의 강하(降下)훈련을 끝으로 그 혹독한 훈련이 끝나고 베레모를 쓰고 가슴에 공수 휘장을 붙이면 비로소 공수특전요원이 된다. 물론 베레모를 쓴 다음에도 한동안 특수전 교육을 더 받아야 한다. 훈련 낙하를 할 때 나는 성남 비행장에서 비행기를 타고 이륙하여 한강 미사리(워커힐 호텔이 바라다보이는 지금 조정경기장 있는 곳) 상공에서 뛰어내렸다. 그런데 우리를 태운 공군 수송기가 얼마나 후졌는지, 내부 벽면 덮개가 하나도 없이 마치 거미줄처럼 수십만 개의 전선 가닥이 그대로 노출돼 있어서 탑승할 때마다 '과연 이게 제대로 뜰까?' 무던히 찜찜하고 걱정스러웠다. 거기다가 이륙 전 비행기 제트엔진이 구동될 때 문을 다 열어 놓은 채로 운항하기 때문에 귀를 찢는 듯한 제트엔진의 소음 속에서 모든 대화를 수(手)신호로 해야 한다. 이 제트엔진의 소음은 고막을 상하게 하는 110 데시벨보다 훨씬 더 크고 시끄러워서 손가락으로 고막을 막지 않으면 면도날로 고막을 후벼 파는 듯하여 몹시 고통스럽다. 하지만 그런 제트엔진 소음의 크기도 오늘 본문에서 예수 그리스도의 승리를 찬양하는 하늘의 합창 소리하고는 아예 상대도 되지 않을 것이다. 계시록 19:6, 어린 양이 큰 음녀 바벨론을 정복한 후에 요한은 "허다한 무리의 음성과도 같고 많은 물 소리와도 같고 큰 우렛소리와도 같은 소리를 들었다."

만일 제트엔진 소리가 하늘의 합창 소리의 크기를 예측하는 데 도움이 된다면 그 소리의 가장 아름다운 소리는 조지 프레데릭 헨델의 "할렐루야 합창"일 것이다. 그 합창을 듣고 사람들은 이렇게 말한다: "이제껏 있었던 모든 에너지, 이제껏 응축되었던 모든 정감이 합창의 찬란함으로 폭발되어 쏟아졌다."(P. Jacobi, 78) 이것이 바로 요한이 말하고 있는 것과 같은 웅장한 장면이다: 하늘에 운집한 수백만의 거룩한 목소리들의 합창, 기쁨으로 노래하면서, "할렐루야!"를 외치는 소리가 우주에 가득 찼다.

19:6~7 _전능하신 주가 다스리시기에!

계시록 18장에서 세속적인 바벨론의 완전한 몰락 앞에서 그리스도인들이 마음껏 즐거워하기가 얼마나 쑥스러운지를 살펴보았는데 그것은 부분적으로는 예수님 자신이 보여 주셨던 죄인들에 대한 연민 때문이었다. 하나님의 진노는 정의롭기도 하고 영광스럽기도 하다는 것을 우리는 안다. 하지만 지옥은 유쾌한 생각만 못하다. 이제 하늘의 합창이 "할렐루야"를 노래하듯이, 하나님의 최종심판을 즐거워해야 할 좀 더 적극적인 여러 이유를 찾게 된다. 경건하지 못한 자들의 몰락은 만물에 대한 예수 그리스도의 영광스럽고 우주적이며 거침없는 통치 수단의 하나다. "할렐루야"(계 19:6) 노래가 우주에 울려 퍼진다. "주 우리 하나님 곧 전능하신 이가 통치"하시기 때문이다.

"주 우리 하나님 곧 전능하신 이"라는 호칭은 하나님의 전능하심과 주권을 강조한다. 중요한 의미에서 하나님께서 다스리시지 않는 때는 한순간도 없었다. 시편 2편에서 시편 기자는 지상의 통치자들이 하나님과 그분의 말씀을 대항하여 음모를 꾸밀 때조차도 하나님은 그 아들의 주권적인 통치를 확립하시면서 "하늘에 앉아서" 그들을 "비웃으신다"(시 2:1~7)고 했다. 역사에 대한 하나님의 계획은 그저 죄를 허용하실 뿐이고 그럼으로써 마지막 날에 그 아들 예수 그리스도가 자신의 피로 산 백성들과 더불어 은혜롭게 다스리시게 될 것이다. 이 승리가 성취될 때 사탄, 죄와 죽음이 정복되고 사라질 때, 모든 창조세계 안에서 그리스도의 복된 왕국을 가로막는 것은 아무것도 남아 있지 않을 것이기에 하늘이 즐거워하는 것은 놀랄 일이 아니다.

역사를 통틀어서 인류는 자신의 계획으로 이상향을 이룩하는 길을 꾸준히 모색(摸索)해 왔다. 오늘날까지도 세속주의자들의 꿈은 공공정책에 영향력을 행사하면서 문학과 예술로 그들의 주장을 드러내려 하고 있다. 그러나 역사는 죄 문제가 해결되지 않는 한 인간의 영광이라는 왕국은 필연적으로 피에 젖은 독재 정부와 도덕적 혼란으로 점철되었음을 보여 준다. 심지어 대속 받은 이들의 모임이 하늘에 있는 사회의 가장 좋은 것을 미리 맛보고 있는 교회 안에서조차도 죄의 타락과 순례자인 우리의 미숙(未熟)이, 예수님이 다시 오실 때 비로소 우리의 것이 될 좀 더 순전하고 좀 더 완벽한 교제를 사모할 여지를 무던히 많이 남겨 두고 있다.

에드워드 힉스는, 퀘이커교도로 알려진 형제단에서 사역한 19세기 미국의 유명한 민속화가였다. 하나님의 통치를 갈망하는 마음을 표현하기 위해, 그의 모든 그림은 그리스도의 "평화로운 왕국"이라는 주제를 다루고 있는데 사자가 어린 양과 함께 누우며 어린아이에 이끌리는 장면을 묘사하고 있다(사 11:6 참조). 예술사가들은 힉스의 그림을 4개의 시기로 분류하는데, 이는 다소간 그의 삶과 사역에서 커가고 있던 갈등을 도표화한 것이다. 마지막으로 갈수록, 그가 섬기던 교회들이 쓰라린 분열의 고통을 겪을 때여서, 힉스는 이따금 싸우는 짐승들과 신자들을 그렸다. 그의 마지막 그림은 지상에서 평화를 성취하는 데 실패한 것에 대한 그의 절망스러운 상태를 표현하기 위해 완전히 기진맥진한 채 웅크리고 있는 사자를 보여 주고 있다.(P. G. Ryken, 117-20)

그리스도와 그의 말씀을 반역적으로 거부한 탓에 바벨론 세계가 결코 보지 못할 것, 그리고 그리스도가 다시 오시기 전에 교회가 단지 부분적으로만 성취할 수 있는 것이 무엇이든, 천상의 찬양대는 마침내 그리스도께서 오셔서 온전히 다스리실 때 우주 최고의 기쁨으로 찬양한다. 거룩한 회중 전체가 "할렐루야!"를 노래하고 "우리가 즐거워하고 크게 기뻐하며 그에게 영광을 돌리자고 외친다"(계 19:6~7).

19:7~8 _어린 양의 혼인

영광 중에 우리를 기다리고 있는 수많은 복을 신자들이 이해할 수 있도록, 성경은 다양한 이미지를 제공한다. 시편 23편은 그리스도의 양 무리가, 한 해의 여행을 마친 뒤 고원지대의 푸른 풀밭에서 싱싱한 풀을 뜯는 모습을 그리고 있다. 그리스도인들은 시편 23편의 마지막 구절이 그리고 있는 복된 예상을 아직 충만히 누리지 못했다: "내 평생에 선하심과 인자하심이 반드시 나를 따르리니 내가 여호와의 집에 영원히 살리로다"(시 23:6). 계시록 19:7, 그리스도가 그의 신부를 맞이한 후에 벌어질 혼인 잔치의 영광스런 비전을 덧붙이고 있다. 합창의 내용은: "우리가 즐거워하고 크게 기뻐하며 그에게 영광을 돌리세. 어린 양의 혼인 기약이 이르렀고 그의 아내가 자신을 준비하였다."

성경을 통틀어서 구원은 하나님과 그 백성 간에 사랑하는 관계로 나타났다. 호세아 2:19~20에서 하나님은 이스라엘에게 이렇게 말씀하셨다: "내가 네게 장가들어 영원히 살되 공의와 정의와 은총과 긍휼히 여김으로 네게 장가들며 진실함으로 네게 장가 들리니." 바울은 이 혼인언약이 예수님의 구원 사역으로 성취되었음을 알리고 있다: "그리스도께서 교회를 사랑하시고 그 교회를 위하여 자신을 주심같이 하라. 이는 곧 물로 씻어 말씀으로 깨끗하게 하사 거룩하게 하시고 자기 앞에 영광스러운 교회로 세우사 티나 주름 잡힌 것이나 이런 것들이 없이 거룩하고 흠이 없게 하려 하심이라"(엡 5:25~27). "전능하신 아버지는, 아버지로서 아들에게 주실 수 있는 가장 좋은 선물인 아름다운 신부를 주시기로 계획하셨다. 그렇다면 하나님은 왜 세상을 만드셨는가? 왜 그분은 나를 거기에 집어넣으셨는가? 그 이유는, 그의 아들이 눈부신 아내를 맞이하기를 원하셨고 아울러 우리가 그 신부의 일부가 되도록 하나님이 우리를 초대하셨기 때문이다."(D. F. Kelly, 357)

이처럼 멋들어진 그림이 모압 여인 룻과 베들레헴에 살던 보아스의 사랑 이야기에 나타난다. 룻은 빈털터리인 채로 보아스를 찾아왔다. 이름도 없이, 물려받은 유산도, 재산도 없이 명예도 없이 그에게 왔다. 시어머니인 나오미의 강청에 따라 믿음으로 그녀가 의로운 보아스한테 호소했을 때 그가 어떻게 하였는가? 그는 그녀를 착취하지 않았고 오히려 자기의 겉옷을 벗어 그녀를 덮어 주고 그녀에게 필요한 것을 공급해 주고 그녀의 대속자(히, 가알)가 되어 주었다(룻 3:7~13). 그리고 그녀를 대속하면서 아주 친밀하고 순결한 부부의 사랑으로 그녀와 하나가 되었다. 이것이 바로 우리를 향한 그리스도의 언약에 기반한 사랑이다.

계시록 19장에서, 사악한 바벨론에 대한 심판을 즐거워하는 이유는 바로 그 일이 그리스도의 통치를 위한 길을 만들기 때문임을 지적한 바 있다. 뿐만 아니라 유혹하는 음녀가 제거되는 것을 즐거워하는데 그 음녀가 제거됨으로써 그리스도의 거룩한 신부가 앞으로 나올 수 있기 때문이다. 요한복음 2:1~11, 예수님의 첫 번째 이적이 바로 가나의 혼인 잔치였음을 기억할 것인데 이런 시작은 우연히 된 것이 아니다: "예수님의 사역 전체는 결혼식을 준비하기 위한 것"(D. Thomas, 155)임을 알 수 있다. 이제 그리스도께서 악을 정복하셨기 때문에 결혼 잔치가 시작된다.

성경 시대 결혼식은 오늘날과 달랐다. 첫째, 부모들이 그 자녀들의 약혼을 조율했고, 일단 혼인 약속이 공식적으로 인정되면 그 남녀는 합법적으로 결혼한 셈이 되었다. 약혼 후에 결혼식까지 상당한 유예기간이 주어지는데, 약혼부터 결혼식까지 때로는 몇 년씩 세월이 흐르기도 했다. 이 기간에 신랑은 신부의 아버지에게 지참금을 내거나(창 34:12) 약정한 기간에 처가에서 종살이하기도 했다(창 29:20). 결혼식은 신랑이 신부집에 가서 신부를 신랑의 집으로 데려오는 형식으로 진행된다. 신랑의 혼인행렬이 가까이 오면 신부는 아름답게 꾸미고 준비하고 있다가 자신을 신랑에게 내어 준다. 신부가 도착하면 신랑은 그 신부를 그녀의 아버지로부터 넘겨받는데 이렇게 해서 혼인 잔치가 시작된다. 잔치는 대개 7일 동안 계속된다.(W. Hendriksen, 180) 핸드릭슨은 이런 결혼식 절차가 그리스도와 몸 된 교회에 적합함을 아래와 같이 요약하고 있다:

그리스도 안에서 신부는 영원 전부터 '선택'되었다. 구약시대 전체를 통틀어 그 혼인은 '선포되었다.' 다음으로, 하나님의 아들이 인간의 육체와 피를 취하셨다: '약혼'이 이루어진 것이다. 그 대가(지참금)는 갈보리 언덕에서 치러졌다. 그래서 이제는, 하나님이 보시기에는 잠시에 불과한 유예기간 후에 신랑이 다시 와서 "어린 양의 혼인이 시작되었다." 그다음 우리는 영원히 신랑이신 그분과 함께 있게 될 것이다. 그것은 거룩하고, 복되며, 영원한 관계다: 복음에 담긴 모든 언약의 온전한 성취를 보게 된다.(W. Hendriksen, 181)

어떻게 죄인들이 예수 그리스도의 거룩한 처녀 신부의 역할을 할 수 있겠느냐 하는 질문이 나오는 것은 정당하다. 사실 대부분의 성경 구절이 죄로 인한 그녀의 간음을 지적하고 있다(렘 3:9; 겔 16:38 등). 가장 통렬한 사례는 하나님이 선지자 호세아를 부르신 일이다. 호세아는 고멜이라는 창녀와 결혼하여 그녀를 사랑함으로써 이스라엘에 대한 하나님의 말도 안 되는 사랑을 예증하는 삶을 살아야만 했다. "너는 가서 음란한 여자를 맞이 하여 음란한 자식들을 낳으라. 이 나라가 여호와를 떠나 크게 음란함이니라"(호 1:2).

요한계시록이 세상을 음녀 바벨론으로 정죄하기 때문에 이런 묘사는 인류 전체에 적용될 수 있을 것이다. 그래서 바로 그 세상으로부터 죄와 우상숭배로 스스로 하나님을 배신했던 죄인들이 그리스도의 흠 없고 빛나는 신부의 자격을 어떻게 얻을 수 있다는 말인가? 그 대답이 계시록 19:8에 나와

있다: "그에게 빛나고 깨끗한 세마포 옷을 입도록 허락하셨으니." 이것은 성경에 기록된 복음의 가르침을 요약한 것으로서, 하나님이 세상을 그토록 사랑하셨으며, 그래서 그리스도도 그의 신부를 그렇게 사랑하는 것이고, 그분이 십자가에서 죽으심으로 죄로부터 그의 택한 백성을 깨끗하게 하신다는 것이다. 더 나아가서 예수님은 흠 없는 삶으로 우리 대신 완벽하게 의로운 삶을 성취하셨다. 죄인들은 예수님이 주시는 의(義)를 넘겨 받음으로 의롭게 되고, 그럼으로써 오직 믿음만으로 그리스도의 흠없는 의의 옷을 받게 된다 (롬 4:4~6; 고후 5:21). 유명한 찬송가 가사에서도 이것을 그렇게 노래하고 있다:

> 교회의 유일한 기초는 교회의 주인이신 예수 그리스도
> 교회는 물과 말씀으로 새롭게 된 피조물
> 하늘에서 오신 주님이 그의 거룩한 신부가 되게 하셨네.
> 자기 피로 교회를 사시고, 교회를 살리려고 그가 죽으셨네.
> (S. J. Stone, 1866)

요한계시록 19:7~8에서는 신자의 칭의(稱義)와 성화(聖化)를 포괄(김세윤, 2013)하는 그리스도인의 구원, 그것의 양 측면을 제시한다. 성화에 대한 강조 즉 거룩하고 경건한 삶을 위한 적극적인 부르심은 분명하다. 첫째, "그의 아내가 자신을 준비하였다"(계 19:7)는 말씀을 볼 수 있다. 모든 신부는 결혼식 날 최고의 아름다움을 보이기 위해 자신을 열심히 가꾼다. 신부들은 좀 더 날씬해 보이는 드레스를 입기 위해 열심히 운동한다. 상당한 돈을 써 가며 화장, 향수, 미용에 공을 들이고, 결혼식 당일 최대한 아름답게 식장을 행진할 수 있도록 도우미의 도움을 받는다. 그리스도가 다시 오셔서 교회를 그의 아내로 삼으실 때 우리의 결혼을 준비할 때도 모든 그리스도인이 수행해야 할 영적인 노력 또한 이렇게 되어야 한다. 죄를 죽이고 거룩한 주님께 대

항하는 추한 습성을 제거함으로써 자신을 준비시켜야 한다. 우리 구주께 영광을 돌릴 수 있도록 믿음, 소망, 사랑의 내적인 은혜를 길러 나가야 한다. 이것이, 믿음으로 예수 그리스도와 약혼할 때 그리스도인들이 받아들였던 바로 그 소명이다.

뿐만 아니라 음녀 바벨론의 저속하고 유혹적인 의상과는 대조적으로 그리스도의 신부는 "빛나고 깨끗한 세마포 옷을 입도록 허락하셨으니 이 세마포 옷은 성도들의 옳은 행실"(계 19:8)이다. 그리스도의 신부에게 주어진 옷은 그리스도를 믿음으로 이 세상에서 살아온 방식을 반영한다. 죄를 거부하는 개인적인 거룩만을 생각하는 경향이 있는데 사실 그것은 분명히 맞는 얘기다. 그러나 "성도들의 의로운 행실"은 어쩌면 그리스도의 은혜로 성도들이 베푸는 자비와 사랑의 행위를 특별히 언급하는 것으로 보인다. 다시 오실 때 예수님은 그 백성들에게 후하게 내리실 칭찬을 준비하고 있다: "내가 주릴 때에 너희가 먹을 것을 주었고, 목마를 때에 마시게 하였고, 나그네 되었을 때에 영접하였고, 헐벗었을 때에 옷을 입혔고, 병들었을 때에 돌보았고, 옥에 갇혔을 때에 와서 보았느니라"(마 25:35~36). 충격받은 성도들이 이 칭찬에 깜짝 놀란다. 그들이 언제 예수 그리스도를 위해 그런 식의 사역을 수행했다는 말인가? 예수님이 대답하신다: "내가 진실로 너희에게 이르노니 너희가 여기 내 형제 중에 지극히 작은 자 하나에게 한 것이 곧 내게 한 것이니라"(마 25:40). 여기서, 우리가 행하는 모든 "손 대접하는"(크리스틴 폴, 38-9) 사랑의 몸짓이 그리스도께 가치 있는 것임을 알게 된다. "성도들의 옳은(의로운) 행실"은 예수님께서 약하고 몰락한 이들에게 보이셨던 자비와 우리가 용서받고 구원받았던 그 은혜를 거울처럼 비추고 있다.

그러므로 이렇게 말하면, 어떤 그리스도인들은 자신의 사역과 자기 의로 그리스도께 받아들여진다는 결론에 도달할 것이 틀림없다. 하지만 이것은 핵심을 완전히 놓친 것이다. 빛나고 깨끗한 세마포 옷이 "허락되었다"(계

19:8)고 말하고 있음을 주목하라. 여기 헬라어의 문법이 능동태가 아니라 수동태임을 주목하라; 빛나는 세마포 옷이 주어진 것이지 여자가 쟁취한 것이 아니다. 하나님의 보좌 앞에서 흠 없고 의로운 빛나고 순전한 세마포 옷을 그리스도를 통해 주시는 이는 하나님이시다. "하나님께서 결혼 예복을 주실 때만 신부는 자신을 준비시킬 수 있다. 이 의복은 아름답고 순전하기 때문이다. 그녀 자신의 의복은 더럽혀진 누더기일 뿐이지만 그러나 그리스도께서 깨끗하게 하시고 얼룩이나 주름진 것이나 또 다른 흠이 없는 그리스도 자신을 그녀에게 주신다"(엡 5:25~27).(S. J. Kistemaker, 515)

예수 그리스도와의 언약적인 관계는 죄로부터 우리를 의롭게 하시기 위해 '우리를 위해' 행하신 의로운 사역과 '우리 안에서' 행하시는 거룩하게 하시는 사역을 똑같이 포함하는데 그것을 통해 우리는 자신을 그분께 아름답게 드리는 일에 참여하게 된다. 계시록 본문을 보면 하나님께서 하나님을 믿는 모든 죄인에게 흠 없는 결혼 예복을 "허락"하시는 것을 알 수 있다. 지금껏 우리는 그것을 잘 입고 살아왔다. 즉 그리스도를 믿음으로 우리가 받은 의로운 표준에 맞게 살아가고 있다. 바울은 그리스도를 위해 준비하는 그리스도인들의 의무를 개괄하면서 이 점을 정확하게 말했다: "진리가 예수 안에 있는 것 같이 너희가 참으로 그에게서 듣고 또한 그 안에서 가르침을 받았을진대, 너희는 유혹의 욕심을 따라 썩어져 가는 구습을 따르는 옛 사람을 벗어버리고 오직 너희의 심령이 새롭게 되어 하나님을 따라 의와 진리의 거룩함으로 지으심을 받은 새 사람을 입으라"(엡 4:21~24). 한때 우리가 속했던 음녀 세상의 심판으로부터 그리스도의 피로 구원받았기에 우리는 오직 은혜만으로 흠 없는 의의 결혼 예복을 허락받았으며 지금까지 그분의 거룩한 백성으로 사는 것이다. 결국 "변화된 삶은 하늘에서 오는 신랑의 부름에 적절하게 반응하는 것"이라고 요약할 수 있다.(R. H. Mounce, 340)

19:9~10 _이제부터 영원까지 누리는 복

계시록 19장이 21~22장에 묘사되고 있는 그리스도와 그의 신부가 영원히 즐길 실제적인 결혼생활의 복을 보여 주지는 않는다. 그러나 오늘에 이르기까지 그리스도의 백성들에게 속하는 어떤 특별한 복을 분명히 지적했던 것은 사실이다: "기록하라. 어린 양의 혼인 잔치에 청함을 받은 자들은 복이 있도다"(계 19:9). 이것은 계시록에 기록된 네 번째 복이다. 지금까지 복은 "이 책의 메시지를 읽고 듣는 자"(1:3)에게, "주 안에서 죽은 자," "그들의 수고를 쉬는 자들"(14:13)에게 그리고 그리스도의 재림을 준비하면서 "그들의 옷을 더럽히지 않은 자들"(16:15)에게 주어졌다. 이제 그리스도인들은 그리스도의 신부로서뿐만 아니라 초대받은 손님 자격으로 혼인 잔치에 참여하는 이들로도 묘사된다. 우리는 혼인예식과 잔치를 기대하고 있는 복된 자들인데 혼인예식과 잔치라는 이 두 가지 복은 영원히 지속될 것이다.

비록 그리스도와 몸 된 교회와의 결혼식 날이 아직 오지는 않았지만, 신자들은 예수를 믿음으로 그 잔치에서 자리를 예약할 필요가 있는 초청장을 이미 소유하고 있기에 지금 여기서도 복을 받은 것이다. 핵심은 예수를 믿음으로 우리에게 현재 주어진 구원이 장차 올 결혼 잔치에서 우리의 미래에 주어질 구원을 절대적으로 안전하게 해 준다는 것이다. 하나님의 말씀의 신성한(불가침의) 권위 때문에 우리는 이것을 안다. 계시록 19:9에서 요한은 이렇게 덧붙인다: "이것은 하나님의 참되신 말씀이라." 요한복음에서는 우리의 구원을 현재 확립된 사실로 말하고 있다: "아들을 믿는 자에게는 영생이 있고"(요 3:36). 바울도 신자들에 대해 이렇게 말한다: "그 안에서 너희도 진리의 말씀 곧 너희의 구원의 복음을 듣고 그 안에서 또한 믿어 약속의 성령으로 인(印)치심을 받았으니 이는 우리 기업의 보증이 되사 그 얻으신 것을 속량하시고 그의 영광을 찬송하려 하심이라"(엡 1:13~14). 지금 예수를 믿고 그분의 제자로 사는 사람들은 "썩지 않고 더럽지 않고 쇠하지 아니하는 유업을 잇게 하시나니 곧 너희를 위하여 하늘에 간직하신 것이라. 너희는 말세에 나타내기로 예비하신 구원을 얻기 위하여 믿음으로 말미암아 하나님의 능력으로 보호하심을 받았느니라"(벧전 1:4~5).

이 사실을 알기에 그리스도인들은, 우리가 하늘의 찬양대에 합류하기 전에 혼인 잔치를 기다릴 필요가 없다. 바로 여기에서 그리스도 안에 있는 구원에 관한 현재의 확신으로 그저 열렬하게 경배하기만 하면 되기 때문이다: "할렐루야 주 우리 하나님 곧 전능하신 이가 통치하시도다. 우리가 즐거워하고 크게 기뻐하며 그에게 영광을 돌리세"(계 19:6~7). 우리는 지금 주님의 느닷없는 나타나심을 기다린다. 그러나 그분의 잔치에 우리를 초대하시는 것은 하나님의 말씀으로 인증되고 성령의 인 치시는 사역으로 안전하게 보증된다. 신자들이 하나님을 즐겁게 찬양하고 또한 그분의 오심을 열심히 준비하기 위해 삶을 내어 드리는 것은 그 얼마나 멋진 명분인가! 영광 중에 다가오는 잔치에 대한 이런 깨달음은 주님의 최후의 만찬 예식을 행할 때 교회의 모임을 영적으로 활기차게 해야만 한다. 신자들은 "하나님의 독생자의 신부가 되기 위해 세상의 우상 숭배로부터 구원받은" 사람으로 그리스도의 성찬 식탁에 모인다.(D. Chilton, 475) 지금뿐만 아니라 장차 우리의 마음을 그리스도께 묶는 복음의 말씀으로 강건케 되고 새롭게 될 수 있다는 이 사실은 그 얼마나 놀라운 진리인가!

계시록 19장에는 미래에 신자들이 그리스도와 연합하는 일을 기대하는 것이 얼마나 영광스러운지를 강조하는 놀랍고도 흥미로운 이야기가 덧붙여져 있다. 그 혼인 잔치에 초대받은 이들에게 하나님이 복 주신다는 얘기를 듣자, 요한은 천사의 발 앞에 "엎드려 천사를 경배"하려 하였다(계 19:10). 그러자 천사는 깜짝 놀라서 요한을 만류하며 외친다: "나는 너와 및 예수의 증언을 받은 네 형제들과 같이 된 종이니 삼가 그리하지 말고 오직 하나님께 경배하라. 예수의 증언은 예언의 영이라 하더라"(계 19:10). 이 구절은 어떤 사람 혹은 천사가 아무리 빛나 보일지라도 하나님 외의 그 누구에게도 경배하면 안 된다는 것을 가르쳐준다. 뿐만 아니라, 이 구절은 그리스도의 피로 대속했기에 그리스도인들은 이제 복음을 선포하고 하나님의 보좌에 찬양 올리는 일에 천사들과 "(똑)같이 된 종"이라는 것을 말하고 있다.

이것은 그 자체로서 매혹적인 이야기이면서도 장차 우리가 그리스도와 혼인하는 것을 기대하는 것이 얼마나 영광스러워야 하는지를 보여줌으로써 본문의 핵심 구절들과 깊이 연결된다. 물론 아무리 피조물인 하나님의 종들에게 감사한다 해도 하나님으로부터 복음을 선포하도록 위임받은 이들이 전하는 영광스러운 메시지 때문에 어떤 설교자를 숭배한다거나 혹은 우리가 받은 복음의 복을 눈부시게 설명하는 책의 저자들을 경배할 필요는 없다. 그러나 만약에 그렇게 하고자 하는 유혹을 받은 적이 없다면 예수 그리스도 안에서 우리를 기다리는 그 영광 안으로 들어가야만 할 때 어쩌면 결코 크게 기뻐하지 못할 것이다. 예수 그리스도를 통해 우리에게 주어진 그런 특권, 영광과 눈부신 사랑에 그렇게 크게 압도당한 적이 결코 없기에 신자들은 종종 하나님께 드릴 경배를 하나님이 보내신 사자에게 전이(轉移)시키는 경향이 있다. 이처럼 영광스런 기대는 언젠가 예수님의 가슴에 머리를 기대고 있었던 사도 요한을 사로잡았고, 그래서 그는 그 천사를 기리기 위해 그 앞에 엎드렸는데 그만 꾸중을 듣게 된 것이다: 계시록 19:10, "삼가 그리하지 말고… 오직 하나님께 경배하라"(계 19:10).

이처럼 강렬한 기대는 그리스도인의 현재의 삶의 고초를 장차 올 영광에 결코 비교할 수 없는 것으로 만들어 버린다. "지상에서 우리가 할 수 있는 최상의 경험은 이런 것들이다: 잘했다고 생각되는 결혼, 전문적인 성취, 사랑스러운 우정, 가족 소유의 넓은 땅, 조상으로부터 물려받은 유산…. 그런데 이 모든 것들은 기껏해야 그 영광스러운 날에 그리스도의 신부로서 누릴 최고 행복의 아주 작은 한 부분을 멀리 가리키는 희미한 지시봉에 지나지 않는다."(D. F. Kelly, 360) 그리스도인이 믿음 안에서 성장함에 따라 그 미래는 신자의 마음속에서 훨씬 더 명확하게 짜여가야만 한다. 그럼으로써, 우리를 비틀거리게 이끄는 욕망으로 사로잡는 음녀 세상의 즐거움에 중독되기보다는, 우리를 기다리고 있는 영광과 사랑이 우리 마음에 좀 더 확실하게 현실적인 것이 될 수 있다.

마지막으로, 계시록 19:6, "주 우리 하나님 곧 전능하신 이"가 통치하시게 될 때 다가오는 그날을 찬양할 때 그리스도께서 지금도 그분의 말씀 사역으로 다스리고 계심을 결코 잊어서는 안 된다. 계시록 19:10, 천사는 이렇게 결론을 내린다: "예수의 증언은 예언의 영이라"(계 19:10). 이 진술은 동등하게 유효한 두 가지 방식으로 받아들여질 수 있다. 그것은 예수님의 사랑이 증거되는 곳마다 참된 예언의 영이 등장한다는 것이다. 또는 복음의 증거를 믿는 이들이 그리스도가 주시는 구원의 은혜를 다른 사람들에게 전하는 예언의 영을 받는다고 말하는 것일 수도 있다. 두 견해 모두 다 복음이 우리에게 올 때 그리고 다른 이들에게 그 복음을 전할 때, 그리스도께서 현재 우리의 세상에서 다스리시며 믿음을 통해 그분 자신을 죄인들에게 내주시면서 모든 이에게 기쁨과 찬양으로 영원히 메아리칠 혼인 잔치에서 앉을 자리가 있음을 믿도록 보증하신다는 것이다. 심지어 이토록 어두운 세상에서 예수의 영광스러운 빛이 곧 나타나리라는 것을 아직 기다리고 있을 때조차 그리스도인이 된다는 것은 얼마나 신나는 일인가: "우리가 즐거워하고 크게 기뻐하며 그에게 영광을 돌리세"(계 19:7).

19:9~10 _그리스도의 대속하시는 사랑

앞서 하나님께서 선지자 호세아에게 음녀 고멜과 결혼하라고 명령하셨던 이야기를 한 바 있다. 그들이 결혼한 뒤 고멜은 사랑하는 남자들과 바람을 피우기 위해 돌아섰다. 이것은 하나님께서 우상 숭배 죄를 범하고 있는 이스라엘의 모습을 보여 주신 그림이다. 고멜의 죄는 인신매매 시장에서 그녀가 노예로 팔릴 정도까지 깊은 타락의 늪으로 빠져들었다. 거기서 남자들이 그녀의 발가벗은 몸을 사려고 할 때 그 남편의 목소리가 한 번 더 들려왔다. 한 남자가 그녀의 몸값으로 13 세겔을 내겠다 했으나 호세아는 큰 소리로 14 세겔을 매겨 불렀다. 또 다른 남자가 15 세겔을 부르자 고멜의 남편은 "은 열다섯 개와 보리 한 호멜 반"(호 3:2)을 제시했다. 이것을 보면 그 누구도 경매에서 그 선지자를 이길 수 없고 그래서 그의 아내 고멜은 또다시 그의 아내가 되는 것이 분명하다. "그는 고멜에게 이르기를 너는 많은 날 동안 나와 함께 지내고 음행하지 말며 다른 남자를 따르지 말라. 나도 네게 그리하리라"(호 3:2~3).

만일 당신이 믿음으로 예수 그리스도의 사랑을 향해 돌아서지 않는다면 이 이야기는 당신의 영혼을 위해 예수님이 제공하시는 대속적인 사랑과 당신의 (절망적인) 상태를 설명하는 것이다.

> 우리는 하나님과의 친밀한 교제 그리고 자유를 위해 창조되었지만, 불신앙으로 스스로 치욕스럽게 되었다. 첫째로 우리는 이 죄악 세상과 그 가치들과 불장난했고 이내 간음했다. 세상은, 섹스, 돈, 명예, 권력과 세상이 거래하는 모든 것들로 심지어 우리의 영혼까지 경매에 부쳤다. 그러나 신실한 사랑이자 신랑이신 예수님은 그 시장에 들러 비싼 값을 치르고 우리를 다시 사셨다. 그는 그분의 피를 경매에 내놓았다. 그보다 더 높은 경매가는 없다. 그래서 우리는 그분의 것이 되었다. 그분은 예전에 우리가 입던 낡은 불의의 넝마같은 누더기가 아니라 그분의 의로운 새 세마포 옷으로 갈아입게 하셨다. 그분은 우리에게 말씀하신다. "너는 나

의 소유가 되어 살아야만 한다… 너는 다른 이에게 속해서는 안 된다…
그리하면 나 또한 너의 소유가 되어 너에게 속할 것이다."(J. M. Boice,
1986:329-30)

예수 그리스도의 대속하시는 사랑보다 더 높은 사랑을 과연 찾을 수 있
겠는가? 만일 당신이, 당신의 믿음과 사랑을 그분께 드리면서 그분의 부르
심에 응답한다면 예수님은 영원토록 당신을 아버지 하나님께로 데려가실 것
이다. 그분은 당신이 사랑하는 구주요 영광스런 주님이 되어 주실 것이며 또
한 그분의 은혜로 당신 안에서 일하실 것이고 당신은 신실한 언약적인 사랑
으로 응답하면서 그분께 예배를 올려드릴 것이다. 그분과 더불어 영원히 살
아가는 한 복음을 믿는 모든 사람은 누구나 하나님의 아들과 더불어 복을 받
게 될 것이며 그분의 복된 교회에 속한 영광스러운 무리 전체와 영원토록 함
께할 것이다.

백마와 그것을 탄 자
(요한계시록 19:11~16)

[11]또 내가 하늘이 열린 것을 보니 보라 백마와 그것을 탄 자가 있으니 그 이름은 충신과 진실이라 그가 공의로 심판하며 싸우더라 [12]그 눈은 불꽃 같고 그 머리에는 많은 관들이 있고 또 이름 쓴 것 하나가 있으니 자기밖에 아는 자가 없고 [13]또 그가 피 뿌린 옷을 입었는데 그 이름은 하나님의 말씀이라 칭하더라 [14]하늘에 있는 군대들이 희고 깨끗한 세마포 옷을 입고 백마를 타고 그를 따르더라 [15]그의 입에서 예리한 검이 나오니 그것으로 만국을 치겠고 친히 그들을 철장으로 다스리며 또 친히 하나님 곧 전능하신 이의 맹렬한 진노의 포도주 틀을 밟겠고 [16]그 옷과 그 다리에 이름을 쓴 것이 있으니 만왕의 왕이요 만주의 주라 하였더라 (개역개정)

미국 서부영화를 보면 대부분의 플롯이 사실상 거기서 거기로 다 똑같으나 그냥 복잡한 머리를 식힐 때는 그럭저럭 봐줄 만하다. 뻔한 줄거리지만 초원지대에 있는 어느 마을이 법을 짓밟고 날뛰는 피에 주린 깡패에 의해 포위되었다. 그러나 그때 백마를 탄 어떤 이가 뽀얀 먼지를 일으키면서 나타났고 드디어 백마 탄 새로운 보안관이 마을에서 일하게 되었다. 얼마 되지 않아 그 영웅은 사악한 깡패들의 시체를 산더미처럼 쌓아 놓게 되었다. 여인들과 아이들은 비로소 마음 놓고 마을의 거리로 돌아올 수 있었고 마침내 희망이 다시 살아났다.

계시록 19:11에서 요한은 "하늘의 열린 것"을 보고 또한 "백마와 그것을 탄 자"를 보는데 그 백마 탄 이는 공의(公義)롭다. 이 이미지는 대체로 마을에 온 새로운 보안관과 더불어 악한 깡패들을 깨끗하게 몰아내는 서부영화와 닮아있다. 애석하게도 이 이미지는 예수 그리스도와 좀체 잘 연결되지 않는데 그 이유는 대체로 사랑을 빙자하여 예수님을 수동적이고 유약한 존재로 드러내기 위해 예술적으로 변용하는 경향 때문이다. 찰스 웨슬리의 찬송가 가사는 이렇게 되어 있다. "어린 아이를 보시듯이 점잖으신 예수님, 온화하고 부드러우신 분."(C. Wesley, 1742) 이런 표현은 그분을 믿는 회개한 죄인들을 향한 예수님의 태도를 정확하게 서술하고 있지만 그렇다고 계속 반역하는 사악한 죄인들한테까지 예수님이 그러시는 것은 아니다. 또 다른 찬송가는 이렇게 한쪽으로 쏠린 초상화의 균형을 잡아가고 있다.

> 환희의 멋진 모습으로 영광 중에 오시는 이 누구신가?
> 전장(戰場)의 주인, 하나님의 군대이신 그분이 승리하셨도다.
>
> (C. Wordsworth, 1862)

19:11 _용사이신 메시아

계시록이 교회 시대와 최후 심판을 그려내는 일련의 비전을 보여 주고 있음을 기억한다. 일곱 인(印), 일곱 나팔, 일곱 대접 심판은 악을 억제하고, 경고하고, 마침내 처벌하는, 복음 시대를 통틀어서 그리스도께서 통치하시는 관점을 각기 제공했다. 각각의 비전 주기(사이클)는 그리스도가 재림하시기 직전에 결론 내려진다. 계시록 6:12~17에서 하늘이 두루마리처럼 말리고 사악한 자들이 어린 양의 진노를 피하려고 숨지만 다 허사가 되는 상황을 볼 수 있었다. 일곱 번째 나팔소리가 나자 천사들이 이렇게 노래했다. "세상 나라가 우리 주와 그의 그리스도의 나라가 되었다"(계 11:15). 나중에 흰 구름을 탄 "인자와 같은 이"가 나와 날카로운 낫으로 땅에서 추수했다(계 14:14~16). 이런 것들은 악을 영원히 단번에 전복시키면서 심판하시기 위해 그리스도께서 두 번째 오시는 일의 희미한 비유들이다. 막이 걷히자 요한이 이렇게 말한다: "또 내가 하늘이 열린 것을 보니 보라 백마와 그것을 탄 자가 있다!"(계 19:11) 이제 더는 창문이나 출입문을 통해 하늘을 들여다보지 않아도 되며 바로 지금 하늘 자체가 열리고 거기서 주님과 그의 천군(天軍)이 달려 나온다.

하늘에서 나오는 그리스도는 구약에서 예언되었던 용사-메시아이시다. 이분은 홍해를 갈라 이스라엘이 통과하게 한 뒤에 바로의 군대를 수장시키셨던 바로 그 구원자이시다. 모세는 이렇게 노래했다. "여호와는 용사이시니 여호와는 그의 이름이시로다"(출 15:13). 이분은 여호수아 앞에 "칼을 빼어 손에 들고 서 있던" 분(수 5:13)으로서 "나는 여호와의 군대 대장"(수 5:14)이라고 예수님이 선언하셨고 그러자 여호수아는 그분께 경배하였다. 잠복하고 있는 용과 맞서서 자신의 여인을 지키는 중세의 기사처럼, 하늘의 용사이신 예수님은 백마를 타고 도착하셔서 몸 된 교회의 원수들을 죽이기 위해 칼을 휘두르신다. 백마는 정복 전쟁에서의 승리를 상징한다. 처음 오셨을 때 예수님은 자신의 피를 희생제물로 드림으로써 죄를 처리하셨다. 이제 영광 중에 다시 오셔서 주님은 "공의로 심판하며 싸우신다"(계 19:11).

19:12~13 _많은 관을 쓰신 정복자

얼핏 보면 이 비전이 불신세계에 심판을 가져오는 그리스도의 승리만을 보여 준다고 생각하기 쉽다. 그러나 그리스도가 "많은 (왕)관"을 쓰고 있기에, 그분이 오셔서 선포하는 그 승리는 여러 측면을 지니고 있다.

예를 들어서 예수님은 그분의 십자가로 이미 정복하신 구세주 신분으로 도착하신다. 요한은 "피 뿌린 옷"(계 19:13)을 입은 그분의 모습을 본다. 일부 학자들은 그리스도의 옷에 원수들의 피가 튀어 박혔다고 주장한다.(G. K. Beale, 1999:958) 화려한 의복을 입은 "구원할 능력을 지닌 분"으로 주님을 표현하는 이사야 63장은 이런 주장의 근거가 된다. 그분이 포도즙 틀에서 튄 붉은 빛에 물든 모습으로 오시는 이유를 묻자 그분은 이렇게 대답하신다: "내가 홀로 포도즙틀을 밟았는데 내가 노함으로 말미암아 무리를 밟았고 분함으로 말미암아 짓밟았으므로 그들의 선혈이 내 옷에 튀어 내 의복을 다 더럽혔음이니"(사 63:3). 그러나 이 피가 또한, 그 백성을 정결하게 하기 위해 흘린 그리스도 자신의 속죄하는 피를 나타내는 것으로 볼 만한 충분한 이유가 있다. 계시록 19:11~13에서, 예수님은 그의 원수들과의 전투에 들어가기 전에 자신을 드러내신다. 이 군대는 대속 받아 모인 무리를 포함하고 있는데 그들은 모든 죄를 위해 예수께서 쏟은 피 덕분에 희고 깨끗한 세마포 옷을 입고 예수님을 따르고 있다(계 17:14; 19:14). 진실로, 계시록은 성도들이 사탄인 용을 "어린 양의 피로"(계 12:11) 정복했음을 강조하고 있다. "그분의 옷에 묻은 피는 그 승리가 실제로 거두어진 십자가 위를 항시 생각나게 하는 것이다."(P. Gardner, 261)

예수님이 갈보리에서 죽었을 때, 세상이 그분을 이긴 것처럼 보였다. 그러나 그분이 속죄를 상징하는 깃발을 들고 돌아옴에도 불구하고 세상은 이제 그분을 해칠 수 있는 아무런 무기도 지니지 못하고 있다. "예수님은 더는 고뇌하시지 않는다; 더는 로마인들의 채찍질로 몸이 찢길 수 없고 십자가에 못 박히는 저주를 받을 수 없다… 그리스도는 여전히 희생적인 죽음의 표들을 지니고 있다; 그리고 그분이 승리를 위해 그리고 원수 갚기 위해 오실 때조차도 그분의 옷은 붉게 물들어 있다."(J. W. Alexander, 343-44) 그리스도의 피가 보이는 장면이 백성들을 찬양하고 경배하게 만드는 한편 그분의 재림과정에서 드러난 이 이미지는 그분의 원수들을 절망 속으로 몰아넣을 것이다. 요한은 계시록의 앞부분에서 이렇게 썼다: "볼지어다. 그가 구름을 타고 오시리라. 각 사람의 눈이 그를 보겠고 그를 찌른 자들도 볼 것이요 땅에 있는 모든 족속이 그로 말미암아 애곡하리니 그러하리라 아멘"(계 1:7).

예수님은 하나님 아버지를 향한 복종에 기반한 그분의 언약적 신실함으로 한층 더 정복하신다. 백마를 탄 분은 "충신과 진실"(계 19:11)로 불린다. 예수님은 열방을 그분의 유산으로 받으신 새롭고도 의로운 아담으로 나타나신다(시 2:8 참조). 바울은 예수님이 인간의 몸으로 나타나셔서 "자기를 낮추시고 죽기까지 복종, 곧 십자가에 죽으셨다"고 말한다. 그에 대한 응답으로 "하나님이 그를 지극히 높여 모든 이름 위에 뛰어난 이름을 주사 하늘에 있는 자들과 땅에 있는 자들과 땅 아래 있는 자들로 모든 무릎을 예수의 이름에 꿇게 하시고 모든 입으로 예수 그리스도를 주라 시인하여 하나님 아버지께 영광을 돌리게 하셨다"(빌 2:8~11). 하나님은, 예수님이 "처절한 수난의 길을 걷는"(이광우, 2005:92) '언약-성취'적인 죽음의 결과로 "내가 그에게 존귀한 자와 함께 몫을 받게 하며 강한 자와 함께 탈취한 것을 나누게 하겠다"(사 53:12)고 선언하셨다.

더욱이 그분의 말씀으로 정복하시는 모습으로 나타난다. 요한은 "그 이름은 하나님의 말씀이라"(계 19:13)고 하였다. 여기서 "하나님의 말씀"은 예수님 자신의 대속하는 정복을 위해 하나님의 뜻을 실행하는 그리스도의 권위를 의미하기 위해 쓰인 것으로 보인다. 계시록 5장은 오직 어린 양만이 하나님의 뜻이 담긴 두루마리를 열 수 있음을 알려 주었다. 예수님이 지금 하나님의 전능하신 판결을 휘두를 권리를 승낙받으신 것은 하나님의 언약을 성취시키는 그분의 의로움과 고난받으며 죽기까지 복종하신 것 때문이다. 하나님의 임명을 받으신 신실한 메시아로서 예수님은 그 원수들을 향해 하나님이 내리는 최후의 심판을 선포할 권세를 지니셨다. "하나님의 말씀으로서 아들 하나님은 하나님의 마음을 드러내는 분이심과 동시에 하나님의 뜻을 대리하는 분이시다. 하나님의 말씀은 하나님의 법령을 효과 있게 하는 데 실패하지 않기 때문에(사 55:11 참조) 영원한 말씀이신 그분을 통해서 하나님의 뜻이 실현된다."(P. E. Hughes, 204)

19:11~12 _심판 과정의 의로움

중국의 군사 전략가인 손자의 유명한 가르침이 있다. 현명한 장수는 승리하기 위해 전쟁터에 들어가지 않고 오직 이미 승리한 전장(戰場)에만 들어간다는 것이다. 그런 기준에 의하면 주 예수 그리스도보다 더 위대한 장수는 없었다. 예수님은, 하나님의 언약을 성취함으로써 그리고 하나님이 작정하신 뜻이 담긴 말씀으로써 자신의 피로 이미 정복한 사악한 적군을 만나려고 하늘로부터 나타나신다. 이런 식으로 나타나신 다음 예수님은 오늘 본문에 강조된 승리를 성취하신다: 악에 대한 최종 심판을 통한 정복. 승리의 백마를 타신 예수님은 "그 이름은 충신과 진실이라. 그가 공의로 심판하며 싸우신다"(계 19:11).

원수들을 심판하시는 예수님의 승리에 대하여 수많은 세부사항이 밝혀졌다. 어떤 이들은 예수님의 인격을 강조하면서 그 덕에 예수님의 정복이 가능했다고 한다. 예를 들어서, "그가 심판하며 싸울 수 있었던 것"은 그분의 "공의"(계 19:11) 때문이라는 것이다. 요한의 독자들은 정의를 뒤집기 위해 뇌물을 밝히던 불의한 독재자들, 사적인 소득을 얻으려고 칼을 휘두르던 무자비한 독재자들을 잘 알고 있었다. 이 점은 그분의 주된 전장(戰場)이 문자적인 전쟁터가 아니라 오히려 하나님의 법정에서의 법률적 다툼이라는 것을 깨달을 때 특히 더 중요하다. 예수님 자신의 의로움과 죄에 대한 그분의 의로운 정죄 두 가지 측면에서 정의는 예수님 편에 있다. 경건하지 못한 자는 예수님이 그분의 의로움이라는 칼로 그들을 죽이셔도 예수님이 옳다는 것을 알기에 수치스럽게 정복당하는 고통을 맛보게 될 것이다.

나아가 예수님의 눈은 "불꽃 같다"(계 19:12). 이것은 일반적으로 예수님의 신성을 말하는 것이겠지만, 그것은 특히 모든 죄를 찾아내고 꿰뚫는 그분의 물샐틈없는 안목을 묘사한다. 히브리서 4:13에서는 하나님의 말씀에 대해 이런 식으로 말한다: "지으신 것이 하나도 그 앞에 나타나지 않음이 없고 우리의 결산을 받으실 이의 눈앞에 만물이 벌거벗은 것같이 드러나느니라." 이 때문에 신실한 설교자들이 종종 사람들의 사생활을 꼬치꼬치 캐내어 설교 중에 그들의 비밀스런 죄악을 죄다 까발린다는 비난을 받는다. 하지만 사실은 마음속 은밀한 타락을 드러내기 위해 하나님의 말씀이 회중의 마음을 관통하고 있는 것이다. 죄악을 용서받지 못한 모든 자들을 심판하시려고 예수님이 불꽃같은 눈으로 다시 오실 때 모든 죄악이 얼마나 속속들이 드러나게 될 것인가.

뿐만 아니라 예수님은 "이름 쓴 것 하나가 있으니 자기밖에 아는 자가 없는"(계 19:12) 분이시다. 이 구절의 의미에 대해 많은 의문점이 있지만, 최상의 해법은 인간의 이해력을 훨씬 뛰어넘는 그리스도의 신성, 그 깊이로 보는 것이다. 예수님의 원수들이 좀체 헤아리기 어려운 예수님의 무한한 존재와 창조의 우물보다도 훨씬 더 깊은 그분의 지혜에 관한 자료들이 아주 많이 있다. 니케아 신조에 나와 있듯이, 예수님은 심판하시며 정복하시는데 그 이유는 그분이 "피조물이 아니라 하나님 아버지의 독생하신 참 하나님"이시기 때문이다. 더욱이 고대사회에서는 누군가의 참 이름을 아는 것은 그를 지배하는 능력의 근본이었다. 오늘날 21세기에도 개인정보는 돈이고 힘이지 않은가. 예수님은 그 원수들의 손아귀에 잡히지 않으셨고 아울러 그분 말씀의 능력 아래 원수들을 온전히 가둘 수 있게 하는 그들의 수와 이름을 갖고(알고) 있었다.

이 구절의 좀 더 자세한 내용들이 예수님의 초월적이고 탁월한 인격뿐만 아니라 심판하러 오시는 그분의 권위까지도 강조하고 있다. 이 권위는 그의 머리 위에 있는 "많은 (왕)관"(계 19:12, 헬, 디아데마)으로 표현되었다. 요한계시록에서는 '왕관'을 나타내는 두 가지 낱말이 사용되었다. 하나는 승리의 월계관을 뜻하는 '스테파노스'다. 다른 하나는 '디아데마'인데 이것은 다스리는 권세를 뜻한다. '디아데마'는 '둘러매다'라는 뜻의 '디아메오'에서 왔기 때문에 '머리띠' 혹은 '왕관'을 뜻한다. 악한 용은 머리에 "일곱 왕관"(계 12:3, 디아데마)을 쓰고 나타났는데, 용이 예수님처럼 '디아데마'를 쓰고 나타난 것은 예수님을 흉내 내면서 오직 그리스도께만 속한 그 권위를 찬탈하려는 악한 목적을 드러낸 것이다. 그러자 짐승도 그 머리에 "열 개의 왕관"(계 13:1, 디아데마)을 쓰고 나타났다. 요한 당시 이 왕관들은 대개 주권자의 머리에 둘러 묶은 리본(디아데마)으로 만들어져 있었고 각 리본에는 그가 다스리는 여러 지역의 이름이 기록되어 있었다. 오늘날 대영제국의 여왕은 잉글랜드, 스코틀랜드, 웨일즈, 북아일랜드로 분리된 영역들을 모두 다스린다. 예수께서 다스리시는 영역의 목록은 매우 광범위해서 창조세계 전체의 모든 영역을 다스리는 그분께 도무지 무너뜨릴 수 없는 권세가 주어져 있다.

부활 후에 예수께서 하늘로 오르실 때 성부 하나님께서는 예수님을 "하늘에서 자기의 오른편에 앉히사 모든 통치와 권세와 능력과 주권과 이 세상뿐 아니라 오는 세상에 일컫는 모든 이름 위에 뛰어나게"(엡 1:20~22) 하셨다. 따라서 예수님은 만물을 다스리게 '되기' 위해서가 아니라 이미 궁극적인 주권을 '소유'하셨기에 그분의 주권적인 머리에 지배와 통치의 많은 왕관을 쓰고 심판하러 오시는 것이다. 그분이 지니신 권세를 지금 실제적인 통치로 강화하면서 지구의 마지막을 그분의 소유로 취하는 것이다: "내가 이방 나라를 네 유업으로 주리니 네 소유가 땅끝까지 이르리로다"(시 2:8).

예수님의 권위는 하늘에 오른 무리에게 명령하시는 모습으로 더 뚜렷하게 나타난다: "하늘에 있는 군대들이 희고 깨끗한 세마포 옷을 입고 백마를 타고 그를 따르더라"(계 19:14). 여기에는 천군 천사의 무리가 포함되어 있는데, 그래서 바울은 예수님이 "능력의 천사들"(살후 1:7)과 함께 나타나실 것이라고 했다. 그러나 그들은 "택하심을 받은 신실한 자들"(계 17:14)이 포함된 무리, 즉 영광스럽게 변화된 교회다. 이 군대의 영적인 능력은 그리스도 안에서 그들의 '의로움'과 하나님 앞에서 그들의 '거룩'이라는 하얀 세마포로 나타나는데 성도들은 그리스도 왕국에서 제사장 지위를 상징하는 제복을 입고 있다.(G. K. Beale, 1999:961)

심판하시는 그리스도의 권위는 특히 그의 다리에 걸친 옷에 쓰인 문구로 강조되어 있다: "만왕의 왕이요 만주의 주"(계 19:16). 다리는 주로 힘을 상징하므로, 따라서 그리스도의 다리를 감싼 의복은 최고 통치권을 선포하는 것이다. 세상에 조무래기 왕들이 많이 있으나 그분은 왕중 왕이시다. 조무래기 주가 많이 있으나 그분은 만주의 주이시다. "이 이름은 하나님의 모든 원수들을 짓밟고 종말론적인 승리를 거두시는 용사이신 그리스도의 우주적인 주권을 강조한다."(R. H. Mounce, 347) 매튜 브리지스는 '만왕의 왕'이신 예수님이 많은 관을 쓰신 이 이미지에서 감화를 받아 유명한 찬송가(25장)를 지었다.(찰스 스윈돌, 308)

면류관 가지고 주 앞에 드리세.
저 천사 기쁜 노래가 온 땅에 퍼지네.
내 혼아 깨어서 주 찬송하여라.
온 백성 죄를 속하신 만왕의 왕일세.
(M. Bridges, 1852)

그리스도는 그분의 위격과 권세로 심판하실 자격을 지니셨을 뿐만 아니라 또한 그의 원수들을 완벽하게 즉각적으로 파괴하는 압도적인 권능을 지니고 나타나신다. "그의 입에서 예리한 검이 나오니 그것으로 만국을 치겠고"(계 19:15). 앞서 예수님의 "입에서 좌우에 날선 검이"(계 1:16) 나온다는 얘기를 들었다. 이 무기를 휘두르면서 예수님은 악한 권세와 거래하기 위한 타격을 가하는 것이 아니라 그것들을 즉시 죽여 버리신다. 바울은 종말의 적그리스도에 대해 가르치면서 이렇게 말한다: "주 예수께서 그 입의 기운으로 그를 죽이시고 강림하여 나타나심으로 폐하시리라"(살후 2:8). 예수님은 단지 그의 권위 있는 의지의 말씀만으로 원수의 반대를 쓸어버리시고 죄에 대해 주권적이고 의로운 정죄를 내리신다. 마틴 루터는 가장 유명한 "내 주는 강한 성"이라는 찬송가로 이것을 영원토록 각인시켰다:

> 힘 있는 장소 나와서 날 대신하여 싸우네.
> 이 장수 누군가 주 예수 그리스도
>
> 이 땅에 마귀 들끓어 우리를 삼키려 하나
> 겁내지 말고 섰거라 진리로 이기리로다.
> (M. Luther, 1529, 찬송가 585장)

예수님의 권능은 또한 그들을 "철장으로"(계 19:15) 다스리신다. 이 무기는 포식자로부터 그분의 양 무리를 보호하시는 목자의 막대기다. 예수께서 이 철장을 휘둘러 모든 대적을 깨뜨림으로써 시편 2:9의 언약을 성취하신다: "네가 철장으로 그들을 깨뜨림이여 질그릇같이 부수리라." 사악한 자들에 대한 바로 이런 처벌 때문에 바울은 그리스도인들이 악에 대항하여 보복하지 말 것을 명령했다: "내 사랑하는 자들아 너희가 친히 원수를 갚지 말고 하나님의 진노하심에 맡기라. 기록되었으되, '원수 갚는 것이 내게 있으니 내가 갚으리라'고 주께서 말씀하시느니라"(롬 12:19). 쇠 막대기이기 때문에 그리스도의 백성을 압제한 자들에 대한 그분의 복수는 강력하고 단호하다. 마지막에 악은, 그리스도의 양 떼가 영원한 영광의 푸른 풀밭 쉴 만한 물가에서 편히 누워 쉴 때 반드시 부서지고 파멸하게 될 것이다. 그러니 너무 순진하게 막연히 "사랑의 하나님"을 함부로 말하는 것은 아주 위험하다. 사도 바울은 "오직 사랑 안에서 참된 것을 하여 범사에 그에게까지 자라 가라"(엡 4:15)고 권면한다. 사랑과 진리(참된 것)는 기독교 신앙이라는 동전의 양면이다. 진리에 기초한 하나님의 심판이 제대로 집행될 때 비로소 하나님이 참으로 "사랑의 하나님"이 되시는 것이다. 정의로운 심판으로 온전히 구현되는 하나님의 사랑, 이것을 굳게 믿고 "아멘"으로 화답할 수 있겠는가?

마지막으로, 요한은 지상의 사악하고 반역적인 권세들에 대해 격분하시는 하나님의 진노를 내뿜기 위해 예수님이 권세를 갖고 오신다는 것을 말하고 있다: "또 친히 하나님 곧 전능하신 이의 맹렬한 진노의 포도주 틀을 밟겠고"(계 19:15). 사람들이 포도즙 틀에서 포도를 밟아 으깨듯이 용사이신 메시아는 그 신성한 힘으로 사악한 자들을 짓뭉개버리실 것이며 그 과정에서 그들의 피가 악과 죄에 대한 공정한 보응의 물결이 되어 쏟아져 나올 것이다. 물론 이것은 상징이다. 그러나 그것이 묘사하는 현실은 죄인들이, 의로우시고 복수하시는 그리스도의 심판을 받아야 하는 것을 생각할 때, (죄인들에게) 겁을 줄 것이다. "경건하지 못한 자들에 대한 그리스도의 신념은 그분이 그들을 파멸시키는 결과로 이어질 것이며 그것은 포도주 틀에서 포도가 으깨지듯이 처절하고 철저한 결과일 것이다."(G. K. Beale, 1999:963)

이사야는 심판의 날이 오고 있음을 경고하며 예언했는데 그 과정에서 그리스도가 그의 대적을 깨부수면서 그의 백성을 구원하시는 것이다. 첫째 질문이 나오는데 "에돔에서 오는 이 누구며, 붉은 옷을 입고 보스라에서 오는 이 누구냐?" 메시아가 대답하기를 "그는 나이니 공의를 말하는 이요 구원하는 능력을 가진 이니라." 메시아가 또 질문을 받는다. "어찌하여 네 의복이 붉으며 네 옷이 포도즙 틀을 밟는 자 같으냐?" 그리스도께서 대답하신다: "만민 가운데 나와 함께한 자가 없이 내가 홀로 포도즙 틀을 밟았는데 내가 노함으로 말미암아 무리를 밟았고 분함으로 말미암아 짓밟았으므로 그들의 선혈이 내 옷에 튀어 내 의복을 다 더럽혔음이니"(사 63:1~3).

　이 구절들은 심판하러 오시는 예수님의 성격이 괴팍하다거나 하나님의 인격적인 진노를 부과하는 과정에서 그분이 냉담하시다는 것을 보여 주는 것이 아니다. 성경을 읽은 모든 사람에 대해 이와 똑같은 이야기가 주어질 수도 없다. 많은 이들이 수많은 인간의 생명이 상징적으로 잘 익은 포도즙이 피처럼 쥐어짜지는 잔혹하고 비인간적인 가르침에 뒷걸음질친다. 이런 반대 의견에는 여러 가지 답변이 주어질 수 있다. 하나는 이토록 의로우신 주님이 이전에 구세주로 오셔서 십자가에서 희생적인 사랑으로 자신의 피를 쏟음으로써 바로 이 죄인들에게 '먼저' 구원을 제공하신 분이심에 주목하는 것이다. 예수님은 스스로 십자가를 지시고 무시무시한 죄의 대가로 자신을 내어놓으심으로써 온전한 용서와 자유를 제공하셨다. 그러므로 "심판이 십자가에서 그분께 퍼부어지거나, 아니면 그것이 실패하여 죄를 용서받지 못한 사람들이 지옥으로 떨어지는 심판이 그분에 의해 집행되거나 할 것이다."(S. Wilmshurst, 238) 성경이 단순하게 하나님의 진노에 대해 선언할 때 범죄에 대한 우리의 천박한 견해로 그것을 무작정 반대하는 것은 별 소득이 없는 짓이다. 인간의 난폭함, 전쟁, 불의한 압제로 지상에 흐른 피의 강으로부터 우리의 눈을 돌려 버릴 수도 있겠지만, 우리가 죄의 사악함과 회개를 직시하지 않는다면 우리 역시 거룩하신 하나님의 난폭한 보복 과정에서 짓밟히는 포도처럼 피가 쏟아지는 것 같은 공포를 목격하게 될 것이다. "어설픈 정에 호소하는 감정이라는 골자가 빠진 교리를 위해 죄에 대한 증오와 심판을 고려하지 않는 하나님에 대한 모든 견해는 계시록의 강력하고 냉정한 현실주의를 뒷받침하지 못한다."(R. Mounce, 347)

19:11~16 _진리의 정복하는 힘

이 단락의 가장 긴급한 적용점은 최후 심판과 진노라는 성경의 여러 이미지에 대해 논쟁하기보다는 우리의 죄를 고백하면서 예수 그리스도의 십자가에서 용서받아 "임박한 진노를 피하는 것"(마 3:7)이어야만 한다. 예수님이 베푸시는 은혜는 단순하고도 명백하다: "내 말을 듣고 또 나 보내신 이를 믿는 자는 영생을 얻었고 심판에 이르지 아니하나니 사망에서 생명으로 옮겼느니라"(요 5:24).

대단히 중요한 또 한 가지 적용점은 진리의 원천이신 예수 그리스도의 손에 있는 '진리의 정복하는 힘'에 관한 것이다. 예수님은 백마를 타고 오신다. "충신과 진실"이라는 이름을 지니고 계시는데 그것은 "하나님의 말씀"(계 19:11~15)으로 불린다. 그 입에서 나오는 그 진리의 말씀만으로 사악한 자들을 죽이신다. 그리스도의 말씀은 안 믿는 자의 기만적인 권세와의 다툼에서 전혀 실패하지 않으실 것이며 오히려 마지막에 그들을 완전히 정죄함으로써 죽이실 것이다. 그렇다면 기독교에 적대적인 문화적 불신 앞에서 성경에 있는 하나님의 말씀에서 나오는 이와 똑같은 진리를 말하는 것을 기독교인들이 왜 두려워해야 한다는 것인가? 우리는 지금 어둠, 불신, 그리고 우상 숭배가 대담하게 거짓과 타락을 선포하는 시대에 살고 있다. 그리스도인들이 뒤로 움츠러들지 않고 사도 바울이 가르쳤던 정신으로 담대하게 외칠 필요가 얼마나 절실한 시대인가: "우리의 싸우는 무기는 육신에 속한 것이 아니요 오직 어떤 견고한 진도 무너뜨리는 하나님의 능력이라. 모든 이론을 무너뜨리며 하나님 아는 것을 대적하여 높아진 것을 다 무너뜨리고 모든 생각을 사로잡아 그리스도에게 복종하게 하니"(고후 10:4~5). 모든 악의 기초는 기만과 거짓말이다: 부디 그리스도인들이 성령의 검 곧 하나님의 말씀으로 용감하게 싸우게 하라.

기독교인들은, 특히 기독교에 대한 무신론적인 공습에 맞서 진리의 권능이라는 칼을 휘둘러야만 한다. 무신론적인 공격은 모두 다 가장 노골적인 거짓에 뿌리를 두고 있다. 베스트셀러 가운데 하나는 『다빈치 코드』인데 이 책은 이른바 기독교라는 신화의 정체를 폭로하려는 다양한 주장을 담고 있다. 저자 가운데 한 사람인 댄 브라운이 등장시키는 인물, 리 티이빙은 뻔뻔스럽게도 이렇게 선언한다. "성경은, 하나님이 아니라 (예수를) 친애하는 사람들의 작품이다… 오늘날 우리가 알고 있는 성경은 이방인인 로마 황제 콘스탄틴 대제가 짜 맞춘 것이다."(D. Brown, 231) 또 어떤 곳에서 티이빙은 신학자들이 주후 325년 니케아 회의에서 교리를 창안해 내기 전까지는 예수의 신성(神性)에 대해 생각해 본 적이 없었다고 주장한다.(D. Brown, 233-34) 실력 있는 기독교 신학자 중에 아무도 거들떠보지 않는 이따위 도전들은 단순하면서 의도적인 이런 주장의 거짓을 손쉽게 드러낼 수 있기에 그리스도인들이 반기는 여러 가지 질문을 만들어 낸다. 그리스도인들은 진리 위에 서 있다. 예수님께서도 "내가… (유일한) 진리"(요 14:6)라고 말씀하셨다. 마지막에 예수님은 그 입에 있는 진리의 말씀 곧 그리스도인들이 오늘날 불신앙의 권세라는 어두움에 맞서는 바로 그 말씀으로 사악한 자들을 죽이실 것이다.

그리스도인들은 세상뿐만 아니라 교회 안에서도 진리의 정복하는 권능에 의존해야만 한다. 명색이 기독교회의 설교에서 죄, 심판, 그리스도의 대속적인 피, 성화(聖化) 등등의 교리들이 얼마나 자주 왕따를 당하고 있는가? 신실한 신자들 특히 목회자들은 무엇을 해야만 하는가? 바로 이런 상황을 맞이했던 디모데에게 바울이 보낸 편지에 그 답이 있다: "너는 말씀을 전파하라. 때를 얻든지 못 얻든지 항상 힘쓰라. 범사에 오래 참음과 가르침으로 경책하며 경계하며 권하라"(딤후 4:2). 신실한 설교로 거짓 교리를 바로잡을 뿐만 아니라 하나님의 말씀이 활력 잃은 교회에 영적인 활력을 불어넣어야 할 것이다. 하나님은 마른 뼈가 수북한 골짜기로 에스겔을 보내셔서 그 마른 뼈들을 향해 설교하라고 명령하셨다: "너는 이 모든 뼈에게 대언(代言)하여 이르기를 '너희 마른 뼈들아, 여호와의 말씀을 들을지어다'"(겔 37:4). 신실한 종의 입에서 하나님의 말씀이 나가자 마른 뼈들이 움직이기 시작하더니 서로 짜 맞춰지기 시작했다. 마침내 그것들이 "곧 살아나서 일어나 서는데 극히 큰 군대더라"(겔 37:10). 만일 그리스도의 교회가 오늘날 복음을 증거할 때 이러한 활력을 다시 얻는다면 정복하는 말씀의 신실한 사역을 통해 이런 일이 얼마든지 일어날 것이다.

그리스도께서 장차 그의 말씀의 검으로 세상을 판단하실 뿐만 아니라 그분의 진리로 바로 당신을 심판하실 것이다. 만일 당신이 현명하다면, 당신은 오늘 당장 그 심판 아래 서서 자신의 죄를 고백하고, 구원을 제공하는 그분의 복음을 믿고, 예수님의 사랑인 피의 희생을 통해 당신에게 주시는 용서하시는 자비를 품에 안을 것이다. 신자가 부름 받는 것(요 10:27), 거듭나는 것(벧전 1:23), 성화(聖化)되는 것(요 17:17), 가르침 받는 것(시 19:8), 마침내 구원받는 것(살후 2:8)은 오로지 하나님의 말씀으로만 가능하다. 예수님의 복음은 이렇다. 그분은 나귀 등에 타고 겸손하게 오시는데 이것은 회개하고 믿는 죄인들에게 베푸시는 하나님의 자비를 상징하고 있다(마 21:5). 그분은 백마를 타고 오셔서 사악한 자들을 죽이시고 죄악 세상을 깨끗하게 하신다. 그러니 이제 그분을 '충신과 진실'이라고 부르자. 우리의 마음 깊은 곳에 그분의 은혜로운 다스림을 모셔 들이자. 우리의 믿음과 사랑으로 그분에게 왕관을 씌워드리고, 그분의 지상 교회가 부르는 찬양에 동참함으로써 그분의 다시 오심을 즐겁게 기다리자:

깨어나라 내 영혼아.
그대 위해 대신 죽은
그분을 노래하라.
아울러 영원토록
그대의 단 하나뿐인 왕으로
그분을 즐겁게 맞으라.
(M. Bridges, 1851)

산 채로 유황불 붙는 못에 던져지고
(요한계시록 19:17~21)

¹⁷또 내가 보니 한 천사가 태양 안에 서서 공중에 나는 모든 새를 향하여 큰 음성으로 외쳐 이르되 와서 하나님의 큰 잔치에 모여 ¹⁸왕들의 살과 장군들의 살과 장사들의 살과 말들과 그것을 탄 자들의 살과 자유인들이나 종들이나 작은 자나 큰 자나 모든 자의 살을 먹으라 하더라 ¹⁹또 내가 보매 그 짐승과 땅의 임금들과 그들의 군대들이 모여 그 말 탄 자와 그의 군대와 더불어 전쟁을 일으키다가 ²⁰짐승이 잡히고 그 앞에서 표적을 행하던 거짓 선지자도 함께 잡혔으니 이는 짐승의 표를 받고 그의 우상에게 경배하던 자들을 표적으로 미혹하던 자라 이 둘이 산 채로 유황불 붙는 못에 던져지고 ²¹그 나머지는 말 탄 자의 입으로부터 나오는 검에 죽으매 모든 새가 그들의 살로 배불리더라 (개역개정)

C. S. 루이스는 기독교 역사상 문학적인 재능 면에서 『천로역정』을 쓴 존 번연과 쌍벽을 이룰 만한 눈부신 천재다. 일곱 권짜리 『나니아 연대기』의 마지막에서 C. S. 루이스는 그의 공상소설(판타지) 시리즈를 계시록의 마지막 장에서 끌어온 몇 가지 주제로 결론지었다. 루이스의 '마지막 전투'는 독재적인 칼로르메네의 군대에 의해 나니아가 정복당하는 것을 서술하고 있는데 칼로

르메네의 지도자인 타르칸은 계시록에 등장하는 극악무도한 짐승을 나타낸다. 그러나 계시록에 등장하는 거짓 선지자를 나타내는 또 다른 인물의 도움이 없었다면 이 독재자가 나니아를 결코 전복시킬 수 없었을 것인데, 루이스는 이 거짓 선지자를 말하는 원숭이 쉬프트로 그리고 있다. 그 유인원이 사자 가죽을 발견하여 다루기 힘든 공모자인 당나귀 퍼즐에게 걸쳐 입혔다. 그 당나귀가 희미한 빛 아래 나타났을 때, 나니아 사람들은 이 가짜 그리스도를 그들의 신성한 왕 사자-아슬란으로 여기도록 설득당했다. "너는 아슬란인 척 해야 한다." 원숭이는 당나귀에게 이렇게 설명했다. "그러면 내가 너에게 무엇을 말할 것인지 알려 줄 것이다."(C. S. Lewis, 10) 이내, 원숭이 쉬프트는 아슬란의 명령을 가장하여 칼로르메네 침략군을 위해 힘을 보존하고 그 악한 군대는 숲을 파괴하기 시작했고 또 다른 방법으로 나니아를 황폐화시키고 있었다. 거짓선지자는 독재자에게 권력을 이양함과 동시에 아슬란을 믿고 있던 많은 이들의 믿음을 더럽히는 데 성공했다.

루이스의 우화는 역사의 마지막에 대해 계시록이 예언하고 있는 사탄의 전략을 잘 포착하고 있다. 사도 요한은 이렇게 말하고 있다. 거짓 선지자의 지원을 받은 "그 짐승과 땅의 임금들과 그들의 군대들이 모여 그 말탄 자와 그의 군대와 더불어 전쟁을 일으키다가"(계 19:19). 루이스는 심지어 그가 거짓 선지자를 "그대가 상상할 수 있는 한 가장 영리하고 가장 추악하고 가장 결점이 많은 원숭이"라고 조롱하는 대목에서조차 거짓 선지자의 기만으로 드러나는 사악한 역할을 강조했다.(C. S. Lewis, 1) 『나니아 연대기』가 결말을 향해 가면서, 용감한 왕 티리안이 앞선 책들에 등장했던 폴리, 디고리, 에드먼드, 루시, 질, 유스타스, 높은 왕 피터, 이렇게 나니아의 전설적인 영웅들 일곱 명을 불러내는데 그 영웅들은 모두 다 신실하고 전투적인 일곱 교회를 상징한다. 마지막에 그들의 투쟁은 아슬란의 등장으로 승리로 마무리되고 그들의 머리에 월계관이 씌워진다. 마지막으로 아슬란은 나니아에 '최후의 심판'을 내리고 '새로운 세계'를 가져온다.

19:17~18 _마지막 전투는 언제?

루이스의 『나니아 연대기』에 관하여 꼭 해야만 하는 한 가지 질문은 요한계시록 19장이 말세의 맨 마지막 때의 갈등을 나타내려는 의도를 지닌 것이냐 하는 문제이다. 후천년설(천년왕국 후에 예수님이 재림한다는 입장)을 지지하는 학자들은 이 비전을 앞선 인(印), 나팔, 대접 심판의 비전과 비슷하게 교회 시대의 상황을 그리는 것으로 본다. 칼을 휘두르는 그리스도께서 죄악 세상에 피비린내 나는 정복을 집행하시는 장면은 세상을 정복하는 과정에서 교회가 승리한다는 것을 서술하는 것으로 보인다. "그분의 승리로, 그 용사는 짐승과 거짓 선지자의 영향을 받는 세상을 정화하며, 또한 이것은 바벨론의 몰락과 용의 결박을 한꺼번에 엮어서 교회를 위한 전례 없던 권능의 시대를 연다."(P. J. Leithart, 490-91) 이런 관점에서 그리스도인들은 군사적인 정복과 살상의 이미지를 사회의 악과 불신을 겨냥한 교회의 현세적 전투를 그리는 것으로 보아야만 한다.

그러나 본문을 좀 더 주의 깊게 들여다보면, 이것이 요한계시록의 이 부분을 가장 잘 이해한 것은 아님을 알 수 있다. 계시록의 이전 환상들, 곧 4~16장에 기록된 인, 나팔, 대접 비전 등은 교회사 전체를 요약하고 있었다. 그러나 17~20장에 기록된 여러 비전은 역사를 통틀어 그리스도를 적대시한 모든 원수의 활동을 되짚어 보는 한편 역사의 마지막에 그들이 당할 최후 심판을 강조하기도 한다. "오라 많은 물 위에 앉은 큰 음녀가 받을 심판을 네게 보이리라"(계 17:1)는 말로 최후 심판의 증인을 소환하는 이야기로 이 단락이 시작된다. "오라"라는 이 명령은 계시록의 새 단락이 시작된다는 표지이다. 앞서 나온 "오라"라는 말은 4~16장까지의 심판 주기 비전을 시작하면서 교회 시대의 다양한 환난을 극적으로 보여 주는 것들이었다. 요한은 "이리로 올라 오라"(4:1)는 명령을 들었고 이어서 "이후에 마땅히 일어날 일들을 내가 네게 보이리라"는 말씀을 들었다. 계시록 17:1의 "오라"는 "이리 오라. 내가 신부 곧 어린 양의 아내를 네게 보이리라"는 영원한 강복(降福)의 말씀으로 영화(榮化)된 교회에 관한 다양한 비전을 시작하려는 최후의 소환과 더불어 최후 심판 쪽으로 우리의 눈길을 유도하고 있다(21:9).

19장의 거룩한 심판이라는 비전을 정확하게 자리매김해야만 하는 한 가지 이유는 우리가 사는 이 세상을 향해 그릇되게 적대적인 태도를 보이지 말아야 하기 때문이다. 계시록의 어떤 독자들은 그리스도께서 만국(萬國)을 심판하시고 독수리들이 안 믿는 자의 살을 뜯어 먹으며 잔치하는 모습을 보면서 그리스도인들도 마찬가지로 안 믿는 자들에게 이렇게 적대적인 태도를 지녀야만 한다고 생각할 수도 있다. 그 예가 '십자군운동'이다. 이런 태도가 중세의 명예 정신과 맞물려 십자군은 1099년 예루살렘을 함락시키고 성경을 빙자하여 유대 땅에 머물던 회교도 주민들과 무슬림을 무참히 학살했다. 계시록이 그리스도인으로 하여금 악에 맞서 일어설 것을 촉구하는 것, 특히 박해에도 불구하고 믿음으로 인내할 것을 촉구하는 것은 분명하다. 그러나 교회는 경건하지 못한 자들을 겨냥한 군사적인 공격에 의해서가 아니라 구원하시는 예수님의 피를 증언하는 사역으로 현시대를 정복하는 것이다(계 12:11 참조).

한때 동성애자였던 여성 로사리아 버터필드의 회심을 생각해 보자. 스스로 "좌익분자이자 레즈비언 교수"라고 고백하는 그녀는 성경을 읽으면서 자기 같은 "퀴어 족을 향해 증오하는 정책을 펴는" 것으로 생각하고 그리스도인들을 마냥 경멸했다. 1997년 그녀는 "프라미스 키퍼스"로 알려진 기독교인 남성들의 가치관을 공격하는 글을 써서 어느 지방 신문에 게재했다. 그녀는 그리스도인으로 추정되는 사람들로부터 험악한 욕설이 담긴 엄청난 양의 메일을 받았는데, 메일을 보낸 이들은 그녀가 지옥에 떨어지게 될 것이라는 확신이 있었다. 그러나 그 가운데 보수적인 개신교 목사가 보낸 편지 하나가 섞여 있었다. 그 목사는 정중하게 그녀가 내세우는 주장의 전제들을 방어해 보라고 도전했는데 한마디로 그녀의 주장이 포스트모던 시대의 세속적인 인본주의로서 일관성이 없다는 지적이었다. 그 목사가 핵심을 잘 찔렀다는 것을 깨닫고 그녀는 자기의 인생을 바꾸게 될 대화를 시작하는 반응을 보였다. 나중에 그녀는 그 목사 부부가 어떻게 그녀에게 접근했는지를 이렇게 서술했다:

> 그들은 나의 세계로 들어왔다. 그들은 나의 친구들을 만났다. 우리는 책을 교환했다. 우리는 공개적으로 성(sex)에 대해, 정책에 관해 이야기를 나눴다. 그들은 그런 대화가 자기들을 오염시키지 않는다는 듯이 행동했다… 우리가 함께 식사할 때 그는 예전에 내가 결코 들어보지 못했던 느낌으로 기도했다. 그의 기도에서는 친밀감이 느껴졌다. 자칫 공격당하기 쉬운 기도이기도 했다. 그는 내 앞에서 자신의 죄를 회개했다. 그는 이 모든 것에 대해 하나님께 감사했다. 그가 믿는 하나님은 거룩하고 신실하셔서 자비가 무한히 풍성했다.(R. C. Butterfield, 112)

이 목사는, 로사리아가 살아온 죄 된 삶에 대한 하나님의 심판을 단순하게 간과(看過)하지 않았다. 또한 그는 이 거룩하신 하나님께서 죄 용서를 위한 예수님의 복음을 제공하셨다는 것을 명확히 지적했다. 그 목사는 이 시대에 잃어버린 자에 대한 은혜를 선포하도록 그분의 교회에 그리스도가 그 권위를 위임하셨다는 것을 알고 있었다. 그리스도께서 다시 오셔서 모든 안 믿는 자와 악인들을 겨냥하여 정의의 칼을 휘두르실 때가 올 것이다. 그러나 지금은 구원의 때이며 그러기에 그리스도인들은 세상의 악을 그리스도의 사랑과 복음으로 대해야 한다. 친구가 되어 준 이 그리스도인들의 사랑 어린 증거에 대한 반응으로 로사리아는 성경을 세심하게 살펴 읽게 되었다. 친구들의 반대와 진리에 맞서 싸워 온 자신의 이력에도 불구하고 그녀는 이렇게 고백한다: "주일 아침, 나는 레즈비언 연인의 침대에서 일어났고, 한 시간 뒤에는 시라큐스 개혁장로교회 신도석에 앉았다."(R. C. Butterfield, 114) 그녀는 이전에 자신이 욕했던 하나님을 경배하기 시작했고 예수님을 향한 믿음을 고백했으며 오늘날은 개신교 목사와 결혼해서 자기처럼 죄의 사슬에 매여 포로 생활을 하는 사람들에게 복음의 진리를 선포하고 있다.

19:17~18 _썩은 고기를 먹는 새들을 소환함

그리스도인들이 잃어버린 자의 구원을 추구해야 하는 한 가지 이유는 그리스도께서 다시 오실 때 구원을 제공할 기회가 끝난다는 것을 알고 있기 때문이다. 죄에 대한 하나님의 진노를 증거한 대가로 우리가 증오·편견을 가진 사람으로 억울하게 욕을 먹을지라도 그리스도인들은 예수님을 부인하고 그분의 구원을 거부하는 사람들에게 임할 파멸을 미리 경고하려는 마음의 동기를 확실히 갖고 있어야 한다. 그 파멸의 무시무시한 본질이, 천사가 시체 먹는 새들을 미래의 전장(戰場)으로 소환하는 이미지로 요한에게 예언되었다:

> 또 내가 보니 한 천사가 태양 안에 서서 공중에 나는 모든 새를 향하여 큰 음성으로 외쳐 이르되 와서 하나님의 큰 잔치에 모여 왕들의 살과 장군들의 살과 장사들의 살과 말들과 그것을 탄 자들의 살과 자유인들이나 종들이나 작은 자나 큰 자나 모든 자의 살을 먹으라 하더라(계 19:17~18).

이 비전의 요점은 지금 예수님을 대적하는 자들의 확실한 패배와 그들이 예수님의 영광스러운 재림을 직면해야만 한다는 것을 비유적으로 묘사한다는 것이다. 그 천사는 태양 안(공중)에 서 있는데 이는 독수리와 새들을 소환함과 동시에 그리스도께서 휘두르는 심판의 칼날에 살해당하는 자들을 향해 내려오기 좋은 위치다. 이 이미지는 상징적이지만 그것이 나타내는 것은 아주 치명적이다: 역사 속에서 그리스도의 백성을 괴롭히고 그리스도께 대항한 자들이 역사의 마지막에 겪을 철저한 수치, 파멸과 정죄를 담고 있기 때문이다. 시체를 먹는 새들이라는 이미지 묶음은 에스겔 39장의 비슷한 비전에서 따온 것인데 거기에는 선지자가 패배한 두발 왕 곡(Gog)이 이끄는 대군의 시체를 먹도록 독수리들을 소환하는 내용이 담겨 있다(겔 39:17~20). 그것은 "그리스도께서 거둔 승리의 위대함을 강조하기 위해 기획된 인간 대학살이라는 공포스런 그림"(R. L. Thomas, 1995:394)이다. 요점은 죄에 대한 하나님의 보복은 광야에서 죽은 자의 시신을 탐욕스럽게 뜯어먹기 위해 날아드는 독수리 떼만큼이나 확실하다는 것이다. "수백만의 시신으로 뒤덮여 있고 오직 움직임이라고는 죽은 자의 살점을 뜯어 먹는 새들밖에 없는 전쟁터가 끊임없이 이어질 것이다."(S. Wilmshurst, 239) 예수님께서도 이렇게 말씀하셨다: "주검이 있는 곳에는 독수리들이 모일 것이니라"(마 24:28).

이 두 구절의 세부내용은 기억할 만한 가치가 있다. 첫째, 앞서 어린 양의 혼인 잔치에 부름 받은 신자들과의 분명하면서도 역설적인 대조가 드러난다. 이 대학살은 "하나님의 큰 잔치"(계 19:17)로 이름 붙여졌는데 이는 심판 사역에서도 하나님이 영광받으신다는 요점을 드러낸다. 이러한 두 운명 가운데 하나는 예수 그리스도께서 제공하시는 구원에 대한 각자의 반응에 따라 한 사람 한 사람이 나아가고 있는 종말을 향하고 있다. 그들의 불신 때문에 그 죄를 용서받지 못한 경건하지 못한 자들은 "영(원한) 벌에" 들어가고 "의인들은 영생에 들어가게 될 것"이다(마 25:46).

둘째, 이 기본적인 대조는 모든 개개인에게 동등하게 해당한다. 시체를 먹는 새들은 "왕들의 살과 장군들의 살과 장사들의 살과 말들과 그것을 탄 자들의 살과 자유인들이나 종들이나 작은 자나 큰 자나 모든 자의 살을 게걸스럽게 먹기 위해"(계 19:18) 소환된다. 이것은 지상에서 신분과 계급의 차이가 무엇이든 인류 전체가 죄인으로 한데 묶여 있으며 하나님의 심판으로부터 도피하기 위해 구세주가 필요하다는 것을 증거한다. 그 심판이 올 때 예수님을 거부한 자들은 지상에서의 신분이나 명함이 아무짝에도 쓸데없다는 것을 알게 될 것이다. 그러나 조롱당했으나 이제는 심판주로 재림하시는 구세주 앞에서 그들의 죄책을 분명히 확인하게 될 것이다.

성경이 심판을 섬뜩하게 경고한다고 불평할 이유를 찾기 어려울 것이다. 이 다양한 경고는 은혜 시대 전 기간에 걸쳐 주어졌으므로 예수 그리스도의 십자가 앞에서 용서를 구함으로써 그 누구라도 구원받을 수 있다. 그렇게 한 적이 있는가? 스스로 낮춰서 죄를 다 고백하지 않고 구원의 길인 예수 믿기를 거부한다면 그분의 심판을 직면하는 것 외에 다른 선택지는 없을 것이며 오늘 본문에 나타난 무시무시한 이미지에 비유적으로 그려진 저주받은 자의 종말을 맞이하게 될 것이다.

19:19 _마지막 교전

계시록 19:19에서 최후의 전쟁을 보여 주는데 그것은 계시록에서 예전에 아마겟돈 전쟁으로 묘사(계 16:16)된 것이다. 계시록 17:14에서 짐승과 그를 받드는 왕들이 "어린 양과 더불어 싸우려니와 어린 양이 그들을 이기실 것"이라 예언한 바 있다. 계시록 19:19에서 똑같은 서사적 흐름으로 최후의 대결이 드러난다: "또 내가 보매 그 짐승과 땅의 임금들과 그들의 군대들이 모여 그 말 탄 자와 그의 군대와 더불어 전쟁을 일으키다가." 예수님의 가르침은 이 큰 전쟁이 그분이 재림하기 전, 전 세계적인 박해를 상징한다는 것을 분명히 하고 있다. "이는 그때에 큰 환난이 있겠음이라. 창세로부터 지금까지 이런 환난이 없었고 후에도 없으리라. 그날들을 감하지 아니하면, 모든 육체가 구원을 얻지 못할 것이나 그러나 택하신 자들을 위하여 그날들을 감하시리라"(마 24:21~22).

이것은 C. S. 루이스가 『마지막 전쟁』에서 묘사한 것이 대체로 적확(的確)하다는 것을 알려 준다. 루이스의 작품 속 거짓 선지자인 원숭이 쉬프트는 나니아 사람들에게 '가짜-아슬란' 당나귀를 동원하여 속였고 그래서 그들은 독재자 칼로르메네에게 복종하게 되었다. 마찬가지로 거짓선지자가 사람들을 너무 효과적으로 속이기 때문에 그리스도께서 막지 않으시면 신자들조차도 속는 것으로(마 24:24) 인류 역사가 정점에 이를 것이다. 열방은 전 세계적인 박해로 참 교회를 파괴하려 드는 독재적인 적그리스도를 추앙할 것이다. 이것을 상상할 수 있는가? 100년 전 어느 주경학자는 이렇게 말했다: "현대 문명의 경향에 주목하는 이들은, 기독교계 전체에 걸쳐 적그리스도의 영이 국가의 지원을 받아 그리스도의 인격과 가르침에 충성스러운 기독교에 대한 최후의 입장을 취할 때가 올 지도 모른다는 것을 도무지 상상할 수 없음을 깨닫지 못할 것이다."(H. B. Swete, 2:256) 오늘날 우리의 관점에서 그리스도인들에 대한 이러한 전 세계적인 박해는 상상할 수 있을 뿐만 아니라 모든 대륙에서 뚜렷하게 나타나고 있다. 그런 일이 일어날 때 시편 2:2에서 예언했던 반역이 온전히 펼쳐지게 된다: "세상의 군왕들이 나서며 관원들이 서로 꾀하여 여호와와 그의 기름 부음 받는 자를 대적하며."

최후의 전쟁 이미지는 성경 구절마다 다르게 나타나지만 그 결과는 같다. 시편 2편은 이렇게 말한다: "하늘에 계신 이가 웃으심이여 주께서 그들을 비웃으시리로다"(시 2:4). 단순한 천명(天命)으로 하나님은 "철장으로 그들을 질그릇같이 깨뜨려 부술"(시 2:9) 그 아들의 통치를 확립하신다. 바울은

"그 입의 기운으로 그를 죽이시고 강림하여 나타나심으로"(살후 2:8) 적그리스도를 죽일 그리스도를 얘기했다. "그들이 어린 양과 더불어 싸우려니와 어린 양은 만주의 주시요 만왕의 왕이시다"(계 17:14). 홍해가 갑자기 갈라져서 이스라엘 백성이 거기로 통과하고 그 후에 물이 다시 합쳐져서 바로의 무리를 수장시켰던 것(출 14:19~30)처럼 이스라엘이 나팔을 불자 강력한 여리고 성벽이 느닷없이 무너져 내렸던 것(수 6:20)처럼, 경건한 히스기야가 기도하자 주님의 천사가 하룻밤 사이에 앗수르 군사 185,000명을 죽였던 것(왕하 19:35)처럼 그리스도께서 나타나셔서, 그분의 교회를 포위하고 공격했던 자들을 느닷없이 즉각적으로 물리치신다. 요한은 "신실한 이들의 영적인 투쟁에서 악이 점진적으로 정복 당하는 것을 서술하는 것이 아니라, 오래 기다려 왔던 의(義)의 시대에 적 그리스도와 그의 군대와 그 패거리에게 종말을 가져오는 커다란 역사적 사건을 서술하고 있다."(R. H. Mounce, 349)

19:20~21 _최후의 전쟁, 그 후

요한은 최후의 전쟁과 그리스도 재림의 통렬한 효과로 나타난 즉각적인 여파를 보여 주고 있다: "짐승이 잡히고 그 앞에서 표적을 행하던 거짓 선지자도 함께 잡혔으니 이는 짐승의 표를 받고 그의 우상에게 경배하던 자들을 표적으로 미혹하던 자라. 이 둘이 산 채로 유황불 붙는 못에 던져지고"(계 19:20).

계시록 17~18장에서 그리스도께서 재림하실 때 큰 음녀 바벨론이 몰락하는 증거를 보았다. 최후의 전쟁 또한 짐승과 그의 거짓 선지자들이 체포되는 것을 보여 준다. 이 사기꾼들과 이 독재자들의 죄가 얼마나 큰가! 짐승의 손은 성도들의 피로 빨갛게 되었다. 거짓 선지자들은 가짜 이적으로 사람들이 짐승의 표를 받고 짐승의 우상에게 경배하게 하였다(계 13:13~17도 보라). 역사를 통틀어서 짐승과 거짓 선지자들이, 아돌프 히틀러와 그의 선전책 요제프 괴벨스이든, 혹은 사담 후세인과 그의 허풍떠는 정보장관이든, 그리스도는 짐승과 거짓 선지자들을 깨뜨리셨다. 마지막에는 최후의 짐승과 거짓 선지자는 그리스도께 포획되고 오직 사탄만이 최후의 심판을 앞두게 되었다.

무장 해제당함으로써, 짐승과 거짓 선지자는 "산 채로 유황불 붙는 못에 던져진다"(계 19:20). 본문에 나오는 불 못은 계시록의 마지막 부분에 나오는 네 번의 "불 못" 가운데 첫 번째다. 불과 함께 오는 하나님의 심판이라는 개념은 하나님의 분노가 유황과 불을 하늘에서 쏟으시는 것으로 표현된 소돔과 고모라의 파멸(창 19:24)과, 최후의 심판 때에 "불이 강처럼 흘러 그(하나님)의 앞에서 나오며"(단 7:10)라는 말씀을 생각나게 한다. 불 못은 지옥의 불타는 처벌을 가하는 하나님의 진노를 나타낸다. 요한은 짐승과 거짓 선지자가 "산 채로 불 못에 던져진다"고 자세히 설명하는데 이는 그들의 처벌이 단순한 박멸(죽음)이 아니라 죄의 공정한 처벌로서 영원한 고통이라는 핵심을 드러내려 하고 있다. 마귀가 벌을 받을 때 그들 또한 "불과 유황 못에 던져져 세세토록 밤낮 괴로움을 받게 될 것이다"(계 20:10).

지옥의 영원한 고통이라는 성경의 이미지는 신앙인들조차도 감당하기 힘든 것이다. 성경은 부정적인 처벌과 긍정적인 처벌 두 가지로 지옥을 서술하고 있다. 부정적으로 볼 때 이 세상에서 죄인들이 즐겼던 모든 쾌락은 사라져 버렸다. "오직 '세속, 육신, 마귀'의 일시적인 이익만을 위해 사는 세속적인 사람은 영원히 그 욕구를 충족시키지 못한다."(D. F. Kelly, 371) 긍정적으로는 죄된 삶에 대한 정당한 형벌로서 공포스러운 생존을 말하고 있다. 신약성경의 가장 보편적인 처벌의 이미지는 불을 통한 고문인데 이는 예수님께서 지옥을 묘사하시기 위해 12회나 쓰신 내용이다. 아울러 지옥으로 들어간 사람이 거기서 빠져나올 수 있는 문은 전혀 없다. 성경에서 영원한 생명을 묘사하기 위해 사용된 것과 똑같은 낱말이 불 못에서의 영원한 고통을 묘사하는 데 쓰였다(마 18:8, 요 3:16을 보라. 헬, '아이오니온'). 의학자들이 말하는 통증 서열은, 1위가 사지절단통(四肢切斷痛: 몸의 지체가 잘려나갈 때의 통증), 2위가 작열통(灼熱痛: 몸이 불타는 고통), 3위가 해산통(解産痛: 여성들이 출산할 때 겪는 고통)이다. 이런 결과를 보고 행여 '불 못'의 고통이 그 정도면 별것 아닐 것이라고 너무 낭만적으로 생각하지 말라. 펄펄 끓는 용광로 속에서 무시무시한 고통을 당하면서 그냥 죽고 싶어도 죽을 수도 없는 '영원한' 고통을 그 어디다 비할 수 있겠는가. 그러니 불 못의 고통은 '영원한 절대 고통'임을 명심해야 한다.

이런 지옥이라는 개념을 좋아하든 싫어하든 간에 분명한 사실은 하나님께서 말씀으로 그것을 가르치신다는 것이다. "만일 우리가 예수님을 믿는다면, 우리는 당연히 지옥에 관한 그분의 가르침 뿐만 아니라 그밖의 모든 것을 받아들인다… 지옥은 우리가 직면해야만 하는 현실의 일부이고 그 현실을 거부하는 것은 우리에게 조만간 재앙이 될 것이다."(D. F. Kelly, 373) 1912년, 초호화 유람선 타이타닉 호의 선장은 그가 모는 거대한 배를 빙산이 다치게 하지 못할 것이라고 오만하게 자랑했다. 그가 현실을 거부했기 때문에 수백 명의 사람이 죽었다. 성경이 말하는 지옥이라는 가르침을 경솔하게 걷어차는 사람은 단순한 죽음보다 훨씬 더 큰 고통을 겪게 될 것인데, 그 이유는 죄를 짓고 예수 그리스도의 복음을 거부한 사람에게 해당되는 지옥의 무시무시한 현실을 그들이 부인했기 때문이다.

요한계시록 19:21 말씀은, 짐승과 거짓 선지자들만 고통을 당하지는 않을 것임을 분명히 하고 있다. 그들의 모든 동료와 "말 탄 자의 입으로부터 나오는 검에 죽으매 모든 새가 그들의 살로 배불릴 것"을 말하고 있기 때문이다. 나중에 계시록은 짐승을 경배하고 그의 군대를 섬긴 자들은 예수 그리스도를 믿지 않은 자들과 함께 모조리 불 못에 던져질 것을 말한다(계 20:15). 여기 등장하는 죽이는 칼은 죄에 대한 처벌로서 "죽음의 천명(天命)"(G. K. Beale,

1999:970)을 나타내고 있다. "그들이 거부했던 은혜의 말씀은 바로 그 말씀으로 그들을 정죄함으로써 심판의 말씀이 된다."(P. E. Hughes, 208) 신약성경은 "죄의 삯은 사망"(롬 6:23)이라고 가르치고 있으며, 이런 이미지들은 영원한 정죄, 영원한 고통, 영원한 수치를 통한 죽음을 묘사한다.

불 못, 시체를 뜯어먹는 새들과 같은 상징적인 이미지들은 그리스도께서 재림하실 때 하나님의 원수들에게 하나님께서 부과하실 수치와 고통을 보여 주기 위해 결합된 표현이다. 계시록 19장이 보여 주는 준엄한 장면은 히브리서 10:31의 경고를 확인하면서 마무리된다. "살아 계신 하나님의 손에 빠져 들어가는 것이 무서울진저." 다른 것은 몰라도 하나님의 손으로 다스리시는 '불 못', 거기에 빠지면 절대 안 된다.

1970년대 초반 대학 시절, 어느 날 캠퍼스 앞 잔디밭에서 불교 동아리 활동을 열심히 하는 동기생과 나 사이에 뜻밖에 때아닌 '전쟁(?)'이 일어났다. 나는 기독교 '신앙인' 입장에서, 그 친구는 불교를 신봉하는 '종교인' 입장에서 서로를 설득하느라 한나절 내내 꽤 열심을 냈지만, 절간의 불상(佛像)처럼 내가 하나님을 모셔다 그 친구 눈앞에 앉혀 놓을 수 없는 처지라 시간만 흐를 뿐 전선은 은근히 교착상태였다. 여기서 굳이 '신앙인'과 '종교인'을 구분해서 말하는 이유는 하나님의 계시에서 출발하는 기독교를 일반 '종교'로 싸잡아 말하는 것에 평소 개인적으로 심각한 거부감이 있어서다. 단적으로 위에 계시는 하나님의 계시에 기대는 기독교는 '신앙'이고, 여타 종교들은 인간의 사색에서 비롯된다는 점에서 말 그대로 그냥 '종교'다. 기독교 신앙은 위(하늘)에서 아래(땅)로 내려오는 하나님의 계시를 '우러러 믿는 것(신앙)'이고 일반 종교는 어설픈 인간의 노력으로 인간의 사색을 따라 아래에서 위로 (혹시 있다면) 절대자를 찾아 이리저리 헤매는 체계다. 방향이 정반대인 것이다. 그래서 기독교는 '신앙'으로 일반 종교는 그냥 '종교'로 철저히 구분해서 생각해야 한다는 말이다. 그러니 기독교를 그렇고 그런 잡다한 종교의 하나로 함부로 생각하면 안 된다. 아무튼… 그날 잔디밭에서 시간이 많이 흘러 자리에서 일어설 시간이 되자 그 친구가 나에게 이렇게 말했다: "그래 알았어. 이광우! 너는 예수쟁이로 열심히 살다가 그 잘난 천국에 잘 가거라. 나는 네가 말하는 그 '불 못'에 중생 제도하러 갈란다." 만일 옆에 제3자가 있었다면 '역시 불교가 꽉 막힌 기독교보다 통이 훨씬 크군…' 이렇게 생각했을지도 모르겠다. 암만 그래도 내가 믿는 하나님의 체면이 있지 그런 말을 듣고 그냥 일어서버리면 안 되는 것 아닌가. 돌아서는 그 친구 뒤통수에 마지막으로 한 마디를 더 얹어 주었다: "너, '지옥'이나 '불 못'을 네 멋대로 너무 낭만적으로 생각하는 것 같다… 아무튼 좋게 말할 때 얼른 예수 믿어라. 지옥에 가더라도 머리 할딱 깎고 가는 것보다는 이왕이면 예수 믿고 전도하러 가는 것이 모양이 훨씬 좋지 않겠냐?" 그때나 지금이나 성경은 전혀 변함이 없다. 지옥이나 불 못을 제멋대로 너무 쉽게 생각하면 안 된다. 단언컨대 '불 못'을 다스리고 계신 '하나님의 손'에 빠져드는 것을 너무 가볍게 여기다가는 정말 영원히 후회할 일이 틀림없이 생길 것이다. 단언컨대….

19:20~21 _세상을 정복하는 승리

성경에 따르면 두 가지 방법 가운데 하나로 불 못에 빠져 처벌받는 운명을 피할 수 있다. 첫째는 창조주의 영광을 위해 삶 전체의 모든 일을 행하되 단 한 조항도 어김이 없이 하나님의 율법에 완벽하게 복종하는 삶을 사는 것이다. 그러나 솔로몬의 지혜가 일깨우듯이 "범죄하지 아니하는 사람은 없다."(왕상 8:46) 그러니 만일 죄를 전혀 짓지 않고 살 수 없다면 다시 말해서 단 한 가지라도 죄를 범했다면 두 번째 구원 방법이 필요하게 될 것이다. 곧 하나님의 거룩한 정의로부터 당신을 구원해 줄 구세주가 필요할 것이다. 우리가 만날 수 있는 유일한 구세주는 바로 하나님의 아들이다. 그분은 구원이 필요한 백성에게 의로움을 공급하실 수 있을 만큼 완벽한 삶을 사셨고 또한 죄를 대속하기 위해 죽었기 때문에 그를 믿는 사람들은 그들의 모든 죄를 용서받게 된다.

계시록 19:20에서 "짐승의 표를 받고 그의 우상에게 경배하던 자들"을 언급하고 있음을 주목하라. 계시록에 따르면, 자신의 소속(소유)과 운명을 결정하는 두 개의 표가 있고 모든 사람은 그 둘 중 한 가지 표는 반드시 지니게 된다는 것이다. 계시록 7:2~3에서 하나님께서 그의 종들에게 인(印)을 치셨는데 그 표는 그분이 볼 수 있고 그것이 구원하는 믿음의 참된 표인 것이다. 더 나아가서 계시록은 "오직 이마에 하나님의 인(印)침 받지 아니한 사람"(계 9:4)은 모두 다 짐승의 "표"(14:9, 11)를 지니고 있다고 가르치고 있다. 이들은 쾌락, 권력, 돈, 외모 같은 짐승의 가짜 신들을 경배하여 그리스도께 반역하는 세상에 속한 자들이다. 요점은 당신이 구원받기 위해 이승의 삶에서 예수님을 믿고 예수님 앞에 모이지 않는다면, 그분이 다시 오시는 날에 그리스도의 왕국에 반역한 종들에게 예비된 심판에 반드시 넘겨지게 된다는 것이다. 예수님은 그분이 다시 오실 때 자기 백성을 영원한 영광 안으로 모으실 것이지만 그분을 거부한 자들에게는 "나를 떠나 마귀와 그 사자들을 위하여 예비된 영원한 불에 들어가라"(마 25:41)고 선언하실 것을 말씀하셨다. 당신 앞에 이 처벌이 다가오고 있기에 당신의 인생에서 가장 긴급한 문제는 다음과 같이 사도 바울이 준 권고에 따라 행동하는 것이다:

"주 예수를 믿으라. 그리하면 너와 네 집이 구원을 받으리라"(행 16:31).

마지막 전쟁의 결과는 우리를 예수 믿도록 강력하게 권할 뿐만 아니라 신자들이 이 세상에 있는 악의 권세를 두려워하지 않도록 격려한다. 성경은 그리스도인들이 환난을 겪을 것이며 마침내는 전 세계적인 박해의 무시무시한 음모에 얽힐 것이라 말하고 있다. 하지만 마지막 전쟁은 모든 악의 세력에게 경악할 결말을 가져올 것이다. "그리스도의 재림으로 사탄의 교회 박해와 이 땅을 기만하는 그의 권세는 영원히 멈추게 될 것이다. 박해로든 기만으로든 사탄의 모든 영향력은 사탄과 함께 지옥으로 들어가고 지옥 밖 그 어디에서도 다시 나타나지 못한다."(W. Hendriksen, 183) 그래서 히브리서 저자의 호소는 계시록의 권면과 아주 잘 맞아떨어진다: "또 약속하신 이는 미쁘시니 우리가 믿는 도리의 소망을 움직이지 말자"(히 10:23).

그리스도의 재림과 마지막 전쟁을 기다리는 동안, 그리스도인들은 이 세상에서 당연히 전쟁을 치른다. 바울은 경건한 삶과 믿음의 삶을 이야기하면서 "나는 선한 싸움을 싸웠다"(딤후 4:7)고 말했다. 또한 그리스도인들은 앞서 말했던 그 목사 부부처럼 아주 전투적으로 그리스도인을 혐오하던 로사리아 버터필드 교수 같은 동성애자에게 다가가 증언 사역으로 사랑의 전투를 수행해야 한다. 예수님을 공공연하게 고백하는 자세에서 보인 그녀의 반응이야말로 그리스도인의 전투에서 거둔 눈부신 승리인 것이다. 나중에 그녀는 이렇게 말했다:

> 내가 그리스도인이 되었을 때 나는 모든 것을 포기했다. 나의 삶, 나의 친구들, 나의 저서, 나의 가르침, 나의 옷, 나의 말, 나의 생각까지. 나는 내가 더는 머물 수 없는 그 대학에서 종신 교수 자격을 갖고 있었다… 나는 내가 더는 믿지 않는 책을 쓰고 있었다. 또한 시라큐스대학교의 대학원생들에게 연설하여 돈을 벌 수 있는 수개월 동안의 일정이 잡혀 있었다. 내가 그들에게 무슨 얘기를 할 수 있었겠는가?(R. C. Butterfield, 26)

그녀가 아는 한 문제는, 대학의 학문적 특권이 있는 불신앙 동아리들을 지배하고 있는 거짓 선지자와 짐승에 공공연히 맞서서 그리스도의 복음을 위해 그녀가 기꺼이 비난받을 각오가 되어 있느냐 하는 것이었다. "퀴어 이론"이라는 주제로 열릴 예정이던 그녀의 강의는 그녀가 예수 그리스도에 대한 믿음을 고백하며 담대하게 커밍아웃하는 뜻밖의 이야기로 진행되었다. 그 결과 무시무시한 '적개심'을 감내해야 했고 종신 교수직을 잃게 되었다. 로사리아는 친구들 대부분을 잃는 엄청난 비용을 지불했다. 따라서 로사리아는 요한이 요한일서에서 말한 바 "우리의 믿음"이 "세상을 이기는 승리"(요일 5:4)임을 담대하게 증명한 것이었다.

천년 동안 결박하여 무저갱에
(요한계시록 20:1~3)

[1]또 내가 보매 천사가 무저갱의 열쇠와 큰 쇠사슬을 그의 손에 가지고 하늘로부터 내려와서 [2]용을 잡으니 곧 옛 뱀이요 마귀요 사탄이라 잡아서 천년 동안 결박하여 [3]무저갱에 던져 넣어 잠그고 그 위에 인봉하여 천년이 차도록 다시는 만국을 미혹하지 못하게 하였는데 그 후에는 반드시 잠깐 놓이리라(개역개정)

아주 비본질적인 주제들에 관한 각자의 견해에 따라 그리스도인들 사이에 많은 차이점이 나타나기도 한다. 유아세례를 행하는 사람들과 오직 믿음을 고백함으로써만 세례를 베풀려는 사람들 사이에 현저한 차이가 있다. 회중적인 방식으로 교회를 치리하는 이들과 장로교 체제(장로의 치리) 혹은 감독제(감독 치리)로 치리하는 이들 간에 또 다른 차이가 있다. 이런 차이점을 '비(非)본질적인 것'이라고 서술한다고 해서 그것들이 중요하지 않다고 말하는 것은 아니다. 오히려 이런 차이로 서로 일치하지 못하는 점에도 불구하고 여전히 서로를 예수와 성경을 믿는 동료 신앙인들로 여길 수 있다는 것이다.

종말 시대에 관한 교리 곧 종말론이라는 주제에 이르게 되면 성경을 믿는 그리스도인들 사이에 계시록 20:1~9에 언급된 '천년'에 관한 견해가 현저히 달라진다. 각기 다른 수많은 이론이 있지만 여기서는 천년왕국과 관련하여 세 가지 주요 관점을 살펴보는 것이 좋겠다. 전천년설은, 그리스도께서 천년왕국 전에 재림하신다는 입장을 고수한다. 전천년설에는 역사적 전천년설과 세대주의적 전천년설의 두 가지 갈래가 있다. 역사적 전천년설은 예수님께서 재림하신 후에 '부활한 그리스도인들'이 지상의 복을 천년 동안 누린다는 입장이다. 세대주의적 전천년설은 '회복된 유대 나라'가 메시아와 더불어 문자적으로 천년 동안 다스리게 된다는 입장이다. 두 번째 견해는 후천년설인데 계시록 20:1~9의 천년 후에 그리스도께서 재림하신다고 보는 견해다. 일반적으로 후천년주의자들은 교회가 전 세계 다른 모든 지역을 정복할 때, 곧 천년을 복음 시대의 끝을 향해 가는 상징적인 기간으로 믿는다. 세 번째 견해는 무천년설이다. "천년이 없다"는 뜻의 이름이기는 하지만 사실은 그리스도의 승천과 영광의 재림 사이의 현시대 전체를 상징적으로 '천년'으로 보는 입장이다. 요약하면 전천년설은 그리스도께서 천년왕국 전에 재림하신다고 믿는 것이고, 후천년설은 교회가 왕 노릇하는 승리의 천년 후에 그리스도께서 재림하신다는 입장이며, 무천년설은 교회시대의 마지막에 그리스도께서 재림하시는데 그 교회시대가 숫자적인 천년으로 '상징'되어 있다는 것이다.

천년왕국에 대해 서로 다른 이런 견해가 그리스도의 재림을 모두 고대하는 신자들 사이의 깊은 분열을 정당화하지 않는다는 점을 주목하는 것이 중요하다. 대립되는 천년왕국설을 믿는 교회 지도자들이 즐겁게 같은 교파, 한 공동체 안에서 즐겁게 섬길 수도 있다. 그럼에도 이 주제는 계시록 본문을 해석하는 과정에서 여전히 중요하므로 쟁점이 되는 분문을 가르칠 때 계시록 20장을 여는 여러 가지 정당한 근거를 주의 깊게 살펴야 한다. 이렇게 주의하는 한편 이 본문의 실제적인 중요성을 생각하기 위해서 20장을 네 단락으로 나누어서 접근하려 한다: ①사탄을 천 년 동안 결박함(계시록 20:1~3)

②그리스도와 성도들의 통치(20:4~6) ③곡과 마곡의 큰 전쟁(20:7~10) 그리고 ④흰 보좌(백보좌) 심판(20:11~15).

20:1~3 _전천년설

계시록 20장 본문을 다루려면 1~9절에 여섯 번이나 언급된 '천년'의 시점과 본질에 관해 결론을 내려야만 한다. 전천년설이 근래에 가장 인기 있는 복음주의적 접근법이기 때문에 이 이론의 개념을 이해하는 것이 출발하는 데 도움이 된다.

계시록 20장은 요한이 "천사가 무저갱의 열쇠와 큰 쇠사슬을 그의 손에 가지고 하늘로부터 내려와서 용을 잡으니 곧 옛 뱀이요 마귀요 사탄이라 잡아서 천년 동안 결박하는(계 20:1~2)" 장면을 보는 것으로 시작한다. 전천년주의자들은 이 구절을 그리스도 예수님의 재림 '후' 문자적인 천년 동안 사탄이 결박 당한다는 입장을 견지한다. 따라서 그리스도의 재림은 '천년 전'이다. 전천년설 입장에서 이 구절들을 다루는 세 가지 논점이 있다(다른 요점들은 이 다음 4~9절에서 다루어진다): 계시록 19장과 20장의 관계, 사탄이 결박 당한 일의 본질, 그리고 숫자 1천을 문자적으로 볼 것인가 아니면 상징적으로 볼 것인가 하는 문제.

전천년설에 따르면, 계시록 17~20장이 시간순으로 진행되고 따라서 맨 먼저 큰 음녀 바벨론이 심판받아 파멸 당하고(18장) 그 다음 짐승과 거짓 선지자가 그리스도가 재림하실 때 정복당하며 그 다음 20장에 서술된 대로 천년이 시작된다. 지상 복락의 이 천년 기간이 지나면 사탄의 최종 반역으로 짧은 기간의 위기가 있을 것이며 그 다음에는 20장의 끝에서 말하고 있는 바와 같이 최후의 심판이 온다.(G. E. Ladd, 261)

일부 전천년주의자들의 두 번째 논점은 숫자 1천은 역사 속의 문자적인 천년으로 해석되어야만 하며 따라서 이것을 문자적으로 이미 2천년 이상 세월이 흘러 온 교회 시대로 보면 안 된다는 것이다.(R. L. Thomas, 407-9)

세 번째 논점은 계시록 20:1~2에 기록된 사탄이 결박당함을 언급하는데 사용된 헬라어에 관한 것이다. 천사 하나가 하늘로부터 "큰 쇠사슬"을 갖고 내려온다. 그는 "용을 사로잡아… 천년 동안 결박한다." 이 구절은 "지상이라는 영역에서 사탄의 활동이 완전히 끝장날 것을 요구한다"는 것이다.(R. L. Thomas, 407-9; A. F. Johnson, 581) 이것은 우리의 현시대에 관한 것이라고 진지하게 주장할 수는 없는데 성경 자체는 현시대를 사탄의 행동, 사탄의 반대와 권능이 넓게 적용되는 시기로 보기 때문이다. 그러므로 사탄이 결박당하는 천년은 하늘로부터 그리스도가 재림한 뒤에 일어나고 재림의 결과이어야만 한다.

①계시록 19장과 20장의 (시간순) 연대기 ②숫자 '천'에 대한 문자적인 견해 및 ③사탄의 절대적인 결박이라는 이런 논점들을 근거로 전천년주의자들은 그리스도의 재림 후에 나타날 지상에서의 황금 시기를 기대한다. "죄로부터 자유롭고 저주로부터 자유로운 새 몸을 받은 신자들은 그리스도와 함께 지상으로 돌아와서 그분과 함께 다스릴 것이다. 그 기간에 현재 지상에서의 그리스도의 통치로 불공정, 폭력, 질병, 슬픔, 죽음 같은 인간의 죄에 대한 저주의 (다는 아닐지라도) 대부분이 급격하게 억제될 것이기 때문이다."(D. E. Johnson, 279)

20:1~3 _무천년설

전천년설에 대한 가장 강력한 비판은 계시록 20장의 천년이 교회 시대 전체를 상징적으로 기술한 것이라고 하는 무천년설을 지지하는 이들이 제시한 주장이다. 이런 평가는 계시록 20장을 계시록 19장에 시간순으로 이어지는 것으로 이해해야만 한다는 주장을 부인함으로써 시작된다. 그 대신 무천년설은 이런 비전들을 그리스도에게 영적으로 대항하는 역사를 재현하는 것으로 이해한다. 계시록 19장은 12~14장의 상징적인 역사에 소개되었던 그리스도의 대적들에 대한 심판을 보여 준다. 그들이 등장했던 '역순'으로 음녀 바벨론이 제일 먼저 다루어지는데 그리스도의 재림으로 일어나는 어린 양의 혼인 잔치를 예비하기 위해 그 음녀에 대한 심판이 이루어진다(계 19:6~10). 그다음으로 짐승과 그를 따르는 거짓 선지자들의 이력이 요약되고 아울러 그들이 백마를 타고 다시 오시는 예수님에 의해 파멸한다(계 19:11~21). 이 시점에 또 하나의 적, 곧 '용-사탄'이 패퇴하게 되는데 이어지는 20장에서 예수님의 재림으로 촉발되는 최후의 심판으로 용-사탄이 패배한다. 그러므로 이 비전들은 서로서로 시간적으로 이어지는 것이 아니고 주제별로 기록된 것이라고 본다: 바벨론 심판, 그 다음에 짐승, 그리고 마지막으로 사탄의 패배.

계시록 본문은 연속적인 시대라기보다는 역사상 동일한 시기를 서술해야만 한다는 것을 보여 주는 충분한 증거를 갖고 있다. 예를 들어서 계시록 19:15에서는 그리스도의 예리한 검으로 "열방"이 두들겨 맞고 하나님의 맹렬한 진노의 포도주 틀에 짓이겨지는 대상이 된다고 말하고 있다. 만일 계시록 20장이 시간적으로 이 사건의 뒤에 나온다면, 20장 8절의 최후의 전쟁을 위해 열방이 모일 때가 있다든지 20장 3절에서처럼 '만국'이 여전히 어떻게 존재하는지를 이해하기 어려운 것이다.[전천년주의자들은, 계시록 19:15의 '만국 [萬國]'이, 무장한 짐승의 군대에 실제로 합류한 안 믿는 자들일 뿐이라고 대답[G. E. Ladd, 263] 하거나, 20:3의 '만국'이, 그리스도의 재림으로 구원받은 신자들[19:11~21]의 타락한 후손이라고 대답[R. L. Thomas, 1995:404]한다.] 더욱이 20:7~10에 서술된 전투는 분명히 19:17~21에 묘사된 전투와 똑같은 것이다. 두 전투는 그리스도의 재림으로 촉발되어 파괴될 수밖에 없는, 주님과 그의 성도들과 맞서 전쟁하려고 역사의 종말에 열방이 모인다는 사실을 포함하고 있다. 확실히 요한은 이 두 기록의 배경으로 똑같은 구약 구절인 에스겔 39장으로부터 자료를 끌어오고 있는데 에스겔 39장은 선지자가 "곡과 마곡"이라는 군대에 대한 최후의 심판을 예언하면서(겔 39:1~6; 계 20:8) 또한 그들의 시체를 먹는 새들을 불러들이고 있다(겔 39:17~18; 계 19:17). 계시록 19장과 20장이 동일한 사건의 보충적인 비전을 제공하는 것이므로 계시록 20장은 시간적으로 19장을 따르는 것이 아니며, 20장의 천년이라는 비전은 예수님의 재림 후가 아니라 재림 전에 일어나는 것이다.(G. K. Beale, 1999:974-84)

둘째, 계시록 20장의 천년을 문자적인 천년이라는 기간으로 보아야만 하는가를 생각하게 된다. 계시록 전체를 통틀어서 이 여러 비전을 문자적으로 보는 것이 아니라 상징적으로 봐야 한다는 얘기를 계속해 왔다. 예컨대 이 단락에서 용으로 비유된 사탄의 이미지와 천사의 쇠사슬같은 것들의 특질처럼 7, 10, 1,000 같은 숫자들의 경우에 이것은 사실이다. 사탄은 아무리 염탐해 봐도 본질상 물리적인 사슬 같은 것으로 묶일 수 없는 천사급 영이다. 이 구절에서 쇠사슬과 용의 이미지가 명백하게 상징적이라면 유독 '숫자 천'만 문자적으로 읽어야만 한다는 것은 말이 되지 않는다. 천년은 '길지만 한정된' 시간 범위를 나타내는 것이기 때문에 이 숫자의 상징적인 의미는 식별하기가 어렵지 않다. 뿐만 아니라 천이 숫자 10의 완벽한 입방체이므로 이 숫자가 완벽한 완성을 나타낸다는 것을 알 수 있다. 따라서 '천년'은 복음 사역이 완결되는 '길지만 한정된 시간'인 것이다.

전천년설의 가장 중요한 논점은 계시록 20:1~3에 기록된 사탄이 실제로 결박당하는 것과 관련이 있다. 여기서 전천년적 관점에서는 이 결박이 교회 시대 전체의 상황을 서술할 수 없다고 주장한다. 아울러 "이 결박이 사탄의 활동을 완전하게 박탈하는 행동으로 이해해야만 한다"는 입장을 고수한다. 그럼에도 우리 현실은 명백히 그렇지 않은 것 아니냐는 것이다.(C. P.

Venema, 317) 이것이 전천년주의자들이 천년을 교회 시대 전체로 보기보다는 교회 시대의 마지막에 나타날 완전한 승리의 황금시대로 보는 이유다. 무천년주의자들의 대답은 사탄이 결박당한 것은 실제로 죽음을 정복하고 부활, 승천을 수반하는 그리스도의 '초림', 그 영적인 결과들을 보여 주면서 대단히 정확하게 복음 시대 전체를 서술하고 있다는 것이다. 현시대의 교회 성장과 복음전파를 이해하는 열쇠는 그리스도의 구원 사역의 결과로 사탄이 결박당했다고 보는 것이다.

오늘날 그리스도인들은 예수님의 초림으로 나타난 혁명적인 결과의 상당 부분을 깨닫지 못할지도 모른다. 구약에서 하나님은 아브람을 갈대아 우르에서 불러내신 다음 주로 이스라엘이라는 나라에 구원을 가져다주셨다. 만국에 복음이 전파되는 것이 약속은 되었지만 그리스도께서 오시기 전에는 그 사역이 시작되지 않았다. 유대인을 제외한 모든 나라들은 사탄에 의해 어둠에 묶여 있었다. 사도행전 14:16에서 바울은 "하나님이 지나간 세대에는 모든 민족으로 자기들의 길들을 가게 방임하셨다"고 했다. 그러나 그리스도께서 오심으로 요한복음 1:9 말씀이 지적하듯이 "참 빛 곧 세상에 와서 각 사람에게 비추는 빛이 있었다." 복음 시대에는 예전에 영적인 맹목과 악으로 사탄의 지배를 받던 모든 땅, 모든 대륙과 국가에 구원이 강력하게 전파되었다. 교회 시대 선교를 통해 복음이 확장된 기록으로 볼 때 사탄이 결박당한 효과와 "천년"이 정확하게 일치하는 것으로 보인다.

이 복음 시대를 통해서 지상에서 마귀의 영향력은 박탈되었다. 마귀는 역동적인 선교 프로그램에 의해 열방 중에 교회가 확장되는 것을 막을 수 없었다. 이 전체기간에 마귀는 열방 곧 일반적인 세상이 강력한 선교 기구인 교회를 파괴하지 못하게 되었다. 구약시대에는 마귀가 열방에서 거의 무제한적인 권위를 행사하였지만, 이제 마귀는 그리스도의 종들이 조금씩 조금씩 영역을 확보해 가는 것을 하염없이 지켜보지 않을 수 없게 되었다.(W. Hendriksen, 188-89)

현시대에 어떻게 사탄이 결박당했다는 이야기를 할 수 있는가를 묻는 이에게 두 가지 대답을 해 줄 수 있다. 첫 번째 대답은 계시록 20:3의 사탄이 결박당함으로 발생하는 특별한 효과를 명시하고 있다는 것이다: "다시는 만국을 미혹하지 못하게 하였다." 이 구절은 사탄이 모든 면에서 묶였다거나 혹은 사탄이 물리적으로 쇠사슬 채워진 독방에 갇혔다는 것을 말하는 것이 아니라 복음이 전파되는 것, 곧 예수 믿는 것을 더는 방해할 수 없는 특별한 방식으로 묶였다는 것을 상징하는 것일 뿐이다.

계시록 20장의 명백한 말에 관한 한 이것은 사탄이 결박당한 일의 한 가지 위대한 목적과 효능이다. 사탄이 결박당했으므로 그는 더는 열방 중에 복음이 전파되는 것을 막을 수도 없고 열방을 효과적으로 속일 수도 없다. 이 비전은 그리스도의 초림과 재림 사이의 기간이 예수 그리스도를 위해 왕국의 복음이 강력하고 효과적으로 전진하며 열방을 정복하는 기간임을 확증한다.(C. P. Venema, 319)

이렇게 사탄이 결박당한 것이 교회 시대를 그린다는 것을 확인하는 두 번째 방법은 이 비전이 그리스도의 초림으로 사탄이 패배하는 대목에 사용된 언어와 어떻게 반향을 일으키는가를 살펴보는 것이다. 마태복음 12:29에서 예수님은 사탄을 이와 똑같은 방식으로 말씀하신다: "사람이 먼저 강한 자를 결박하지 않고서야 어떻게 그 강한 자의 집에 들어가 그 세간을 강탈하겠느냐? 결박한 후에야 그 집을 강탈하리라." 여기 사용된 '결박'한다는 낱말(헬, 데오)이 계시록 20장 2절에 사용된 것과 똑같으며 또한 사탄의 집을 강탈하는 것은 틀림없이 복음을 통해 죄인들을 구원하는 것을 가리키는 것이다. 다른 신약 구절에서도 그리스도의 초림으로 이루어진 승리를 묘사하기 위해 마찬가지로 강력한 언어를 사용하고 있다. 요한복음 12장에서 예수님은 십자가에서의 다가오는 죽음을 이렇게 말씀하셨다: "이제 이 세상에 대한 심판이 이르렀으니 이 세상의 임금이 쫓겨나리라"(요 12:31). 일찍이 예수님은 70인 전도대가 복음을 전하고 돌아왔을 때 사탄의 추락을 말씀하셨다: "사탄이 하늘로부터 번개같이 떨어지는 것을 내가 보았노라"(눅 10:18). 이것은 계시록 12장의 비전과 맞아떨어지는데 거기서 "큰 용이 내쫓기니 옛 뱀 곧 마귀라고도 하고 사탄이라고도 하며 온 천하를 꾀는 자라. 그가 땅으로 내쫓기니 그의 사자들도 그와 함께 내쫓기니라"(계 12:9)고 말했다. 그 후에 성도들이 "어린 양의 피와 자기들이 증언하는 말씀으로써" 그들을 정복했다. 히브리서 2:14에서 예수님은 인간이 되셔서 "죽음을 통하여 죽음의 세력을 잡은 자 곧 마귀를 멸하셨다." 바울은 그리스도께서 "통치자들과 권세들을 무력화하여 드러내어 구경거리로 삼으시고 십자가로 그들을 이기셨다"(골 2:15)고 말했다. 이 모든 말씀은 틀림없이 그리스도의 죽음과 부활로 사탄의 권능이 발가벗겨졌으며 또한 그분의 승천으로 예수님께 권세가 주어지고 그럼으로써 그의 복음이 교회를 통해 뻗어 나가게 되었다는 것을 말하고 있다. 이 극적인 진술 중에 어느 하나도 현시대에 사탄의 지속적인 활동을 부인하지는 않는다. 신약에 따르면 사탄은 여전히 안 믿는 자들의 마음을 맹목이 되게 하며(고후 4:4), 우는 사자같이 삼킬 자를 찾고(벧전 5:8), "불순종의 아들들 가운데 역사하며"(엡 2:2), 그리고 교회에 맞서 전쟁하기 위해 "영적인 악의 힘"(엡 6:12)과 이 현실의 어두움의 "우주적인 권능"을 염탐하고 있다. 사탄은 무시무시하고 활동적인 적으로 여전히 남아 있다. 그러나 열방 중에 교회의 증언하는 능력과 선교사역이 진행될 때 사탄은 "쫓겨난"(요 12:31) 존재로, 하늘로부터 "떨어지는"(눅 10:18) 존재로, 땅으로 "내쫓긴"(계 12:9) 존재로,

"멸망 당한"(히 2:14) 자로, "무력화된"(골 2:15) 자로, "결박당한"(마 12:29) 자로 묘사되었다. 이 모든 용어는 계시록 20:1~3 말씀과 일치하며 또한 "열방 중에 복음을 증언하는 교회의 확장과 선교 사역"을 사탄이 거의 방해하지 못하게 되는 것을 포함해서 "우리 주 예수 그리스도의 초림을 연상시킨다."(W. Hendriksen, 188)

20:1~3 _더는 속이지 못한다.

이 압도적인 성경의 증거에 비추어 '사탄의 결박당함'이라는 주제를 주의 깊게 살펴보면 '천년'이 복음이 빠르게 확산되는 교회 시대를 상징적으로 드러내고 있음을 알 수 있다. 이것은 이 상황을 그리스도의 재림 후 지상통치로 보는 전천년설과 대립되고 또한 사탄이 오직 교회시대의 끝에서만 결박당하는 것으로 보는 후천년설과도 대립되는 무천년설의 증거가 된다. "예수님이 승천하신 때부터, 사탄은 구원의 복음이 전진하는 것을 멈추게 할 수 없었다. 세상의 모든 열방이 복음의 물결을 기꺼이 받아들이는 동안 사탄은 결박당했고 권위를 상실했다."(S. J. Kistemaker, 535-36)

계시록 20장의 비전은 요한이 "천사가 무저갱의 열쇠와 큰 쇠사슬을 그의 손에 가지고 하늘로부터 내려와서 용을 잡은" 것으로 시작한다(계 20:1~2). 9장에서 무저갱(아뷔쏘스)이 악한 영들의 거처임을 확인했는데 거기에서는 천사가 무저갱을 열고 지상에 갖가지 재앙이 일어나는 것을 허락하였다(계 9:1~5). 이제 사탄은 상징적으로 무저갱에 갇혔다. 천사가 무저갱(지하감옥)을 잠그는 열쇠와 함께 사탄이 끊을 수 없는 쇠사슬을 가져오는데 그럼으로써 마귀가 무저갱에 내던져지고, 무저갱이 닫히고, 인봉(印封)된다(계 20:3). 이 비전은 "사탄을 압도하는 완전하고 주권적인 통제"를 보여 준다.(C. P. Venema, 317) 구원을 위한 하나님의 계획은 성취되어야만 하며 아울러 이 목적을 위해 하나님의 영적인 대적은 결박당하는 것이다.

이 대적에게 네 개의 이름이 붙여졌는데 그 이름 하나하나는 복음 시대 내내 사탄이 왜 결박당해야만 하는지를 보여 준다. 12장에서 사탄은 '용'인데 메시아 탄생 전에 그를 파멸시키려 했으며(계 12:4) 그 후에는 증인인 교회를 파괴하지 못하게 되었다(계 12:15~17). 사탄은 '뱀'인데 창세기 3장에서 인류의 조상을 속여 죄에 빠지게 하는 데 성공했고 또한 만약 제지되지 않으면 "만국을 미혹"(20:3)하는 일을 계속할 자이다. 그는 '마귀'인데 하나님의 백성들의 큰 적이며 또한 "우리 하나님 앞에서 밤낮"(계 12:9~10) 하나님의 백성을 '참소'하는 '사탄'이다. 이런 이름들이 마귀의 죄를 요약할 뿐만 아니라 그것들은 또한 복음이 전진하기 위해서 그가 왜 결박당해야만 하는지에 대한 증거이기도 하다.

그러나 천년이 지난 뒤에 "잠깐 놓여야만 하기에(계 20:3)" 사탄의 결박이 영원한 것은 아니다. 이런 이야기는 또한 신약의 일반적인 가르침을 확증해 주며 또한 '천년'이 교회 시대를 서술한다는 것을 확증한다. 바울은 그리스도께서 재림하시기 전에 "먼저 배교하는 일이 있고 저 불법의 사람 곧 멸망의 아들이 나타난다"(살후 2:3)고 하였다. 이것은 계시록 13:1에서 용이 바다에서 불려 나와 보이게 되는 짐승을 묘사하는 바, 짐승은 그리스도인들을 향한 전 세계적인 박해를 가하고 아울러 마지막 전쟁을 하려고 열방을 모은다. 바울은 사탄의 "사악한 속임"(살후 2:10)으로 특징지워지는 큰 환난의 이 마지막 때가 그리스도의 재림 직전 복음 시대의 마지막에 일어날 것을 분명히 알고 있었다.(계시록 20:1~3의 형식과 계시록 11장에 있는 비전의 유사성에 대해서는 R. D. Phillips, 572 참조) 이것은 천년 후 최후의 전쟁 전에 열국을 잠시 기만하기 위해 사탄이 놓일 때를 "잠깐"으로 표현하는 것과 일치되고 있다.

이런 관점에서 그리스도인들은 역사를 되돌아보면서 그리스도의 초림으로 마귀를 물리쳤고 마귀의 권세를 제한하셨다는 것을 알게 된다. 우리는 미래를 내다보면서 사탄이 교회를 박해하고 열방을 기만하기 위해 "잠깐" 돌아오리라는 것을 예상할 수 있다. 이제 무엇보다 중요한 것은 "천년이 차기까지 마귀가 결박당한 상태에서는 더는 열방을 기만하지 못하는"(계 20:3)현 상황을 정확히 아는 것이다. 이것은 이승에서 우리에게 주어진 엄청난 기회, 세상에 있는 그리스도의 교회로서의 위대한 소명, 무시무시한 대적을 물리치시고 결박하신 강력한 구주를 섬길 수 있는 우리의 영광스러운 특권을 밝혀 준다. 이것은 예수님이 하늘로 오르시기 전에 제자들에게 위탁하시면서 강조하신 내용과 정확히 일치한다: "하늘과 땅의 모든 권세를 내게 주셨으니 그러므로 너희는 가서 모든 민족을 제자로 삼아 아버지와 아들과 성령의 이름으로 세계를 베풀고 내가 너희에게 분부한 모든 것을 가르쳐 지키게 하라. 볼지어다. 내가 세상 끝날까지 너희와 항상 함께 있으리라"(마 28:18~20). 요한복음의 마지막에서 주님은 말씀하셨다: "아버지께서 나를 보내신 것 같이 나도 너희를 보내노라"(요 20:21).

20:1~3 _복음의 종들

우리가 사는 이 시대를 위한 성경의 가르침과 교회를 향한 예수님의 위임을 받았으므로 가장 담대하게 복음을 전한 이들이 교회의 위대한 영웅이 된 것은 놀랄 일이 아니다. 초대교회는 사도들이 복음을 예루살렘으로부터 로마까지 전한 것을 보았다. 이어지는 수 세기 동안 기독교인 증인들은 하늘에서 사탄이 결박당하도록 하는 일이 가능함을 알기에 힘을 얻어 로마제국을 정복함으로써 열방을 놀라게 했다. 보니페이스, 패트릭, 콜럼바 같은 선교사들은 복음을 들고 머나먼 섬 지역과 북쪽의 야만인들을 향해 나갔고 그 결과 마침내 유럽이 기독교권으로 알려지게 되었다. 복음의 빛이 프로테스탄트의 종교개혁에서 타오를 때 루터와 칼빈의 추종자들은 모든 방면으로 오직 은혜로만 얻는 구원을 전파했고 불 혹은 피로 그들의 증언을 인(印)치면서 순교의 길을 걸었다.

현대사회에서 영국의 열정적인 교회들이 복음을 대영제국의 모든 땅으로 보냈다: 윌리엄 캐리와 헨리 마틴은 인도로, 허드슨 테일러와 윌리암 번즈는 중국으로, 데이빗 리빙스톤은 아프리카로 그리고 존 패이톤은 뉴 헤브리디즈 제도로 갔다. 미국의 복음주의 교회들은 사실상 모든 언어로 세상의 땅끝까지 복음을 전파했다. 인디언 원주민 선교사 데이비드 브레이너드, 우리 대한민국에 복음을 전한 알렌, 스크랜턴, 헤론. 애니 엘러스와 벙커, 윌리스 언더우드, 호러스 언더우드, 올리버 에비슨과 더글라스 에비슨 등의 의료선교사, 그리고 마펫 가문 사람들, 로버트 하디, 홀 가문 사람들, 맥켄지 가문 사람들, 특히 호남지방에 와서 사역한 마티 잉골드(전주예수병원), 테이트, 오웬, 파이팅, 포사이트, 간호사 안나 제이콥슨, 에스더 쉴즈, 마가릿 에드먼즈, 엘리자베스 쉐핑(서서평),(손영규, 2019: 303-311; 임희모) 버마(미얀마)의 복음 설교자 아도니람 저드슨, 에쿠아도르 원주민에게 그리스도의 사랑을 전하다 순교한 짐 엘리엇 등이 있다. 이런 분들뿐만 아니라 셀 수 없이 많은 그리스도의 종들이 복음의 깃발을 들고 나가서, 열방을 어둠 속에 가두었던 사탄이 결박되어 있는 이 시대의 이점(利點)을 활용했다.

이 시대와 복음의 기회는 그리스도께서 택하신 마지막 한 사람이 믿음으로 구원받도록 부름 받을 때까지 지속될 것이다. 예수님은 말씀하셨다. "이 천국 복음이 모든 민족에게 증언되기 위하여 온 세상에 전파되리니 그제야 끝이 오리라"(마 24:14). 그다음에 마지막 전쟁과 최후의 환난이라는 반역을 도모하기 위해 사탄이 잠시 풀려날 것이며(계 20:7~9) 그리스도께서 재림하실 것이며 마침내 최후의 심판이 이 시대의 결정적인 마지막을 가져올 것이다(계 20:10~15).

역사 속에서 복음의 이 장엄한 전진에 당신은 어떤 역할을 하고 있는가?

어떤 이는 복음을 전하는 전임사역자로 부름 받을 것이며, 새로운 지역에 복음을 전하는 선교사들은 그리스도의 구원을 촉진시키며 복음 사역의 선봉에 설 것이다. 우리는 모두 각 지역의 지(支) 교회에서 복음 사역을 하도록 부름 받았다. 당신은 의도적으로 기도 중에 주님의 대분부(마 28:18~20)를 수행하는가, 복음이 전파되는 사역에 참여하는가, 선교와 교회사역을 지원하기 위해 희생물을 드리고 있는가, 안 믿는 자들을 교회로 초대하는가, 예수님의 구원하시는 은혜를 개인적으로 증언하는 삶을 사는가?

만일 그렇지 못하다면 우리가 사는 이 시대가 무엇을 위해 흘러간다고 생각하는가? 예수님은 이승의 삶 속에서 우리가 그분을 섬길 것을 부탁하시며 우리를 믿고 각자에게 복음을 맡기셨다. 그분이 다시 오실 때 우리는 수고해서 거둔 열매를 그분께 올려드리는 기쁨에 젖을 것이다(눅 19:11~19). 예수님께서 말씀하셨듯이 참 제자가 일생을 통해 복음 사역의 열매를 아무것도 보여 줄 것이 없는 경우는 상상할 수 없다(눅 19:20~27). 예수님은 복음이 전파되는 것을 방해하지 못하도록 그분께서 친히 사탄을 결박하신 이 시대에 그분의 구원하시는 말씀으로 교회 안에서 우리를 통해 행하시는 그분의 사역에 대한 반응을 보이라고 말씀하시는데, 예수님은 모든 신실한 종에게 "잘하였다 착한 종이여"(눅 19:17)라고 말씀하실 것이다. 우리 죄를 대신하여 죽으시고, 우리의 구원을 위해 부활하시고, 이 시대에 복음을 위해 그분이 행하신 모든 것, 예수님이 우리를 위해 행하신 모든 것이 주어졌으므로, 그리스도의 구원하시는 선물을 증언하는 일을 감당함으로써 사탄을 결박하면서, 우리가 확실하게 할 수 있는 최소한의 일은 종말이 오고 그 다음 죄인들이 더는 구원받을 사람이 없게 될 때까지 이 복음을 위해 우리의 모든 것을 드리는 것이다.

그리스도와 더불어 왕 노릇하니
(요한계시록 20:4~6)

⁴또 내가 보좌들을 보니 거기에 앉은 자들이 있어 심판하는 권세를 받았더라 또 내가 보니 예수를 증언함과 하나님의 말씀 때문에 목 베임을 당한 자들의 영혼들과 또 짐승과 그의 우상에게 경배하지 아니하고 그들의 이마와 손에 그의 표를 받지 아니한 자들이 살아서 그리스도와 더불어 천년 동안 왕 노릇 하니 ⁵(그 나머지 죽은 자들은 그 천년이 차기까지 살지 못하더라) 이는 첫째 부활이라 ⁶이 첫째 부활에 참여하는 자들은 복이 있고 거룩하도다 둘째 사망이 그들을 다스리는 권세가 없고 도리어 그들이 하나님과 그리스도의 제사장이 되어 천년 동안 그리스도와 더불어 왕 노릇 하리라 (개역개정)

신문기자가 되려는 이들은 대부분 저널리즘 규칙(5W1H)을 배운다. 뉴스 이야기는 누가, 무엇을, 어디서, 언제, 어떻게, 왜라는 질문에 답해야만 하는 것이다. 설교자는 하나님의 거룩한 말씀을 전파하는 기자나 마찬가지이므로 성경을 주해할 때 이런 규칙들이 종종 도움이 되기도 한다. 계시록 20장에 있는 요한이 본 비전들의 실마리를 풀려고 할 때 저널리즘의 이런 규칙이 조사 연구의 뼈대를 정하는 데에 큰 도움이 된다. 전에 다뤘던 비전에서 천사는 요한에게 좋은 리포터가 되라고 부탁했다: "이 흰옷 입은 자들이 누구며 또 어디서 왔느냐?"(계 7:13) 우리가 그리스도와 함께 다스리는 거룩한 '제사장들'과 하나님의 '보좌'라는 비전을 살필 때 질문을 확대해 볼 수 있다: 이 보좌는 '어디에' 있는가? '누가' 거기에 앉는가? 첫째 부활은 '무엇'인가? 아울러 다음과 같은 것들을 더 깊이 살펴볼 필요가 있다: 이 천년은 '언제'인가? 이 성도들은 '어떻게' 그리스도와 함께 다스리는가? 그리고 오늘날의 그리스도인들에게 이 비전은 '왜' 중요한가?

20:4 _하늘에 있는 보좌들

요한은 "또 내가 보좌들을 보니"(계 20:4)라는 말로 그 비전 이야기를 시작한다. 이것은 첫 번째 질문을 하게 만든다: 이 보좌들은 '어디에' 있는가? 전천년설에 따르면 신실한 그리스도인들이 천년 동안 지상에서 그리스도와 함께 다스린다고 하기에 이 보좌들은 땅에 있다. 이 주장은 계시록에 보좌라는 말이 47회나 쓰이고 있는데 거의 언제나 보좌가 하늘에 있는 것으로 나타나기 때문에 문제가 많다. 오직 세 번의 예외가 있는데 사탄 혹은 짐승의 보좌가 지상에 있는 것으로 언급되며(2:13, 13:2, 16:10) 새 하늘과 새 땅에서 다스리기 위해 내려오신 후의 하나님의 보좌에 관한 구절들에서다(계 22:1, 3). 여타 모든 경우에 특히 교회의 천사 같은 대표 혹은 어린 양이 보좌에 앉게 될 때 보좌가 있는 장면은 언제나 하늘에 있다: "이기는 그에게는 내가 내 보좌에 함께 앉게 하여 주기를 내가 이기고 아버지 보좌에 함께 앉은 것과 같이 하리라"(계 3:21).

그리스도께서 재림하신 후에 지상에서 천년 동안 다스리시기 때문에 보좌들이 지상으로 온다는 주장은 전천년주의자들이 만든 것이다. 그러나 본문은 요한이 "목 베임을 당한 자들의 영혼들"(20:4)이 보좌에 앉아 있음을 보앉다고 말한다. 영혼(헬, 프쉬케)이라는 낱말이 항시 "육체에서 분리된 영들"을 뜻하지는 않는다는 것은 사실이지만 목 베임을 당한 이들의 영혼이 이런 의미인 것도 틀림없는 사실이다. 뿐만 아니라 이 구절은 분명히 앞서 나왔던 비전에서 거의 똑같은 용어로 서술된 '하늘의 순교자들의 영혼'과 관계가 있다. 계시록 6:9에, 다섯 번째 인이 열리면서 요한은 하늘에서 "하나님의 말씀과 그들이 가진 증거로 말미암아 죽임을 당한 영혼들이 제단 아래에 있는" 장면을 보았다는 말씀이 있다. 계시록 20:4에서는 "예수를 증언함과 하나님의 말씀 때문에 목 베임을 당한 자들의 영혼"에 대해 설명하고 있다. 이들은 명백히 똑같은 사람들이다. 뿐만 아니라 5절에서 이 영혼들을 "그 나머지 죽은 자들"과 대조시키는 대목에서 "요한이 영광 중에 있는 성도들이라는 비전을 보고 있는데 그 신자들은 죽었지만 하늘에서 그리스도 앞으로 옮겨졌다"는 것을 분명히 알 수 있다.(C. P. Venema, 329)

계시록 20:1~3 말씀을 연구함으로써 이 천년이 언제인가 하는 문제에 대한 답을 찾았는데 요한이 교회 시대 전체를 서술하는 것이라는 무천년설의 입장을 확인했다. 숫자 '천'이 상징하고 있는 길고도 완벽한 시간의 지속인 천년왕국은 그리스도께서 승천하여 왕권을 받으신 것으로 시작되었고 또한 새 하늘과 새 땅으로 인도하기 위해 재림하시는 것으로 끝맺는다. 이 현재적인 천년왕국 기간에 그리스도는 하늘에서 다스리시며 따라서 이 영혼들이 그분과 함께 다스리고 있으므로 그 다스리는 장소는 오직 하늘밖에 없다.

이것은 계시록 20:4~6이 1~3절에 지상에서 일어나고 있는 사건들의 천상(天上)적 짝(마이클 하이저, 82 참조)을 제공한다는 뜻이다. 그것은 알려진 것처럼 사후(死後) 신자들, 그들 영혼의 상태와 그리스도의 재림 전 상황과 몸의 부활 등의 중간적인 상태를 서술한 것이다. 요한이 본 비전은 이 영혼들이 복음 시대 기간에 보좌 위에 앉아 있는 것을 알려 준다. 예수님이 재림하실 때, 이 영혼들은 그 몸과 만나 단지 천년 간만이 아니라 그리스도와 함께 다스리면서 "세세토록 왕 노릇할 것이다"(계 22:5).

20:4 _순교자 교회가 왕위에 오르다

이 보좌들이 하늘에 자리 잡고 있기 때문에 그 다음으로는 그 위에 앉는 이가 '누구'인지를 확인해야만 한다. 최소한 이들은 그리스도를 믿기 때문에 죽음을 당한 순교자들의 영혼이다: "예수를 증언함과 하나님의 말씀 때문에 목 베임을 당한 자들의 영혼을 내가 보았다"(계 20:4).

몇몇 전천년설 학자들은 이 비전이 천년 동안 지상에서 그리스도와 함께 다스린 데 대한 특별한 보상을 믿음의 순교자들이 받는 것이라고 주장한다.(G. E. Ladd, 263; A. F. Johnson, 582) 세대주의 학자들은 그들이 순교자가 아니라 그리스도의 재림 전에 그리스도와 함께 싸웠고 지금은 지상에서 그분과 함께 심판을 집행하는 성도들이라는 의견을 포함한 여러 개의 의견을 내놓는다(계 19:14).(R. L. Thomas, 1996:414) 그러나 순교자들이 하늘에 있는 보좌에 앉아서 그리스도와 함께 다스리고 있는 비전을 요한이 보고 있다는 것을 의심할 수는 없을 것이다.

순교자의 영웅적 행동은 1세기 교회들의 그리스도인들에게 주요 영감을 공급했었고 요한은 바로 그런 교회를 향해 글을 쓰고 있다. 세례 요한은 요한의 형제인 야고보 사도처럼(행 12:2) 하나님의 말씀을 담대하게 선포한 결과 예루살렘에서 목 베임을 당했다(마 14:3~12). 교회 전승에 의하면 사도 바울도 네로 박해 기간에 로마 외곽에서 목이 잘려 죽었다고 한다. 베드로와 그리스도의 형제인 야고보를 포함한 기독교 초기의 지도자들이 담대하게 "예수와 하나님의 말씀을 증거했기 때문에"(계 20:4) 다양한 방식으로 죽임을 당했다.

계시록이 쓰여질 무렵에는 12사도 중에 오직 요한만 죽지 않고 남아 있었기에 그는 추방당한 상태에서 이 글을 쓰고 있었다. 처음 계시록 말씀을 들은 사람들 가운데 다수는 "가이사가 주님이다"라는 말을 중얼거리거나 황제의 신전에서 향을 태우는 것을 거절하고, 오로지 그리스도만을 경배하면서 자신의 증거를 죽음으로 인(印)쳤다. 이런 그리스도인들에게 명백한 의문은 이처럼 용맹스럽게 당하는 고난이 그럴 만한 가치가 있느냐는 것이었다. 그 대답으로 "그는 이 땅에서 그들의 주님을 고백하고 세상을 떠난 모든 그리스도인과 함께 이런 영혼들이 하늘에서 예수님과 함께 다스리고 있다는 것을 서술하고 있다. 요한은 실제로 '여기 낮은 땅: 몇 년 동안의 고난: 거기, 위에 있는 더 좋은 땅에서 그들은 살며 천년 동안 그리스도와 함께 다스린다고 말하고 있다. 이 얼마나 위로가 되는 말씀인가!"(W. Hendriksen, 191)

문제는, 이 비전이 오직 목이 잘려 죽거나 그 밖의 다른 난폭한 형태로 죽음을 당한 이들(순교자)에게만 이런 위로를 주는가이다. 요한이 이 비전을 잔혹하게 죽임을 당한 사람들로만 제한하지 않는 것은 분명하다. 그 이유는 "또 짐승과 그의 우상에게 경배하지 아니하고 그들의 이마와 손에 그의 표를 받지 아니한 자들"(계 20:4)이라는 말을 덧붙이고 있기 때문이다. 몇몇 학자들은 이들을, 잔혹하게 죽임을 당한 이들과 순교자의 왕관을 얻지는 않은 신실한 자들이라는 두 개의 다른 그룹으로 본다. 그러나 박해 중에도 신실함을 유지한 하나의 교회를 서술하는 것으로 이들을 한데 묶어 이해하는 것이 가장 좋은 것처럼 보인다. "문자적인 순교는 교회 전체를 대표하는 인물들을 이야기하는 것이다."(G. K. Beale, 1999:999) "그리스도의 승리는 순교자들에게만 주어지는 것이 아니고, 짐승과 거짓 선지자가 흔들어 대는 상황에서 비난, 따돌림, 투옥, 재산 손실, 혹은 다른 불편 등의 고통을 받으면서도 박해의 시대에 믿음을 지킨 모든 사람이 공유한다."(H. B. Swete, 2:262) "죽음의 수단 혹은 환경이 아니라 이 충성이 그들을 어린 양의 통치를 공유할 자격을 받을 수 있는 이들로 식별한다."(D. E. Johnson, 290)

그러므로 전체 교회에게 던질 질문은, 교회는 그리스도를 위해 목숨을 잃은 이들을 대표하기 때문에 복음을 위해 담대하게 고통을 받을 수 있느냐 이다: 이 신자들은 예수님께 끝까지 충성하기 위해 모든 것을 잃었는가? "그들은 모든 것을 잃은 것이 아니다. 그들은 왕권과 승리를 받았다."(L. Morris, 237) 요한은 계시록을 통틀어서 그리스도인들은 영원한 생명에 들어가기 위해 박해 중에 믿음으로 인내해야만 한다(계 2:7 등등)는 것을 강조했다. 이제 그는 그들의 증거를 신실하게 지키고 있는 모든 사람은 "생명을 얻고 천년 동안 그리스도와 함께 왕 노릇한다"(계 20:4)는 사실을 밝히고 있다.

이 계시록 말씀에 고무되어 용기를 얻은 어느 그리스도인이 있었는데 영국의 스무 살도 안 된 어린 공주 레이디 제인 그레이였다. 1553년, 그녀의 사촌인 젊은 왕 에드워드 6세가 죽자 영국의 왕좌를 두고 경합이 벌어졌다. 정치적인 생각을 하는 청교도 영주들은 레이디 제인을 보좌에 앉혔으나, 9일 후 헨리 8세의 딸 로마 가톨릭 신자인 공주 매리가 자신이 더 적임자라며 그녀를 압박하여 후임자가 되려 했다. 정치적인 책략가로서 레이디 제인의 머리에 잠시 왕관을 씌워주었던 노섬벌랜드의 공작이 즉각 가톨릭으로 복귀해 버렸다. 그가 남긴 유명한 말 한마디는 오늘 본문의 비전에 담긴 요한의 메시지에 얼마나 무지했는지를 보여 주고 있다. 불쌍한 노섬벌랜드는 "죽은 사자로 사느니 산 개로 지내는 게 더 낫다"고 말했다.

믿음을 포기하지 않은 대가로 처형을 기다리며 레이디 제인 그레이가 런던 타워에 갇혀 있었다. 이런 환경에서 메리 여왕은 그의 고해 신부 펙켄햄 추기경을 보내서 제인의 영적인 항복을 받아 승리를 쟁취하려 했다. 페켄햄은 그녀 앞에 한 가지 또 한 가지씩 요구했지만, 제인은 하나님의 말씀에 기대어 명확하게 방어하면서 그 제안을 모두 다 거부했다. 마침내, 추기경은 포기하고 실망감을 표현했다. 그는, 그녀가 복음을 도무지 철회하지 않으려 하기에 따라서 결코 자기를 다시 만날지 않을 것 같기 때문에 그녀의 완강한 태도가 유감스럽다고 말했다. 이것은 제인을 참수하겠다는 노골적인 경고였다. 어쩌면 계시록 20:4절 말씀이 그 마음속에 울리고 있었는지 제인은 이렇게 대답했다: "하나님께서 당신의 마음을 돌려놓지 않는 한 우리가 다시만나지 못할 것이라는 사실은 진리다; 당신이 회개하여 하나님께로 돌아서지 않는 한 당신이 악한 상태에 있다는 확신이 있기 때문이다; 그래서 나는하나님의 자비로운 마음으로 당신에게 그분의 성령을 보내 주시기를 하나님께 기도한다… 아울러 당신의 마음의 눈을 열어 주시기를 빈다."(P. F. M. Zahl, 110-3) 그 다음 날 제인은 참수형을 당했고 그녀의 영혼은 그리스도와 함께다스리기 위해 하늘로 날아올랐다.

20:4~6 _첫째 부활

우리는 계시록 20:4~6에서 지상에서의 죽음과 하늘로부터의 예수님의재림 사이 중간기에 신실한 그리스도인들의 영혼이 앉아 있는 하늘의 보좌를서술하는 것을 보았다. 이것은 요한이 전하는 환상의 '어디, 언제, 누구'에 대해 알려 주었다. 요한은 성도들이 "그리스도와 함께" 다스린다고 말함으로써이것에 답했고 아울러 이 보상을 "첫째 부활"(계 20:4~6)이라고 했다.

역사를 전천년적 관점으로 보는 이들은 그 본문을 이 영혼들이 육체적인 부활이 요구되는 존재라서 "살아나는" 것이라고 본다. 그러므로 전천년주의자들은, 죽었던 신자들은 예수님이 재림하실 때 지상에서 그리스도와함께 다스리기 위해 그들의 몸에 영혼이 회복된다고 가르친다. 천년이 지난나중에서야 최후의 심판을 받기 위해 안 믿는 자들의 몸이 부활한다는 것이다(계 20:10~15).

전천년적 주장의 근거는, 천년이 시작되는 시점에 "살아나는" 신자들과, 천년이 끝날(끝나갈) 때 "살아나는" 안 믿는 자들(계 20:4~5)의 평행관계인데, 그 이유는 두 경우 모두 똑같은 헬라어 단어 '에제산'이 쓰이고 있기 때문이다. "자연스런 귀납법적 주해를 해 보면, 두 단어가 똑같은 방법으로 사용되었으므로 문자적으로 부활을 가리키는 것으로 본다."(G. E. Ladd, 37) 계시록 2:8에서 이 단어는 예수님의 육체적 부활을 언급하는 데 쓰이면서 "죽었다가 살아나신 이"라고 하고 있다. 그렇다면, 2:8과 20:5에서 어떻게 명백히 육체적인 부활을 의미하는 단어가 20:4에서 또한 영적인 부활을 의미할 수 있는가가 논점이 될 것이다. "살아나다"라는 말이 육체적인 부활을 가리켜야만 하기에, 첫째 부활은 그리스도의 재림 후 신자의 몸이 회복되는 것을 의미해야만 하고, 그 뒤 천년 후에 안 믿는 자들의 둘째 부활이 일어나게 된다. 마찬가지로 전천년설을 지지하는 학자들은 '부활'이라는 낱말(계 20:5~6, 헬 아나스타시스)을 쓴 것이 오직 몸의 육체적인 끌어올림을 가리킬 수 있을 뿐이라고 주장한다.(H. Alford, 4:733)

천년이 현 교회 시대를 상징한다고 가르치는 무천년설의 견해는 이런 주장에 대해 흥미진진한 답을 많이 갖고 있다. 첫 번째 반론은, 성경 어디에도 신자와 안 믿는 자의 육체적인 부활 사이에 천년의 간격이 있다고 말하는 곳이 없을 뿐만 아니라 성경은 그런 교리를 적극적으로 배제한다는 것을 알아야 한다는 것이다. 한 가지 예를 들자면 예수님은 그분의 지상 재림과 즉각적인 심판, 곧 그 심판을 받기 위해 모든 사람이 그들의 부활한 몸으로 그분 앞에 선다는 것을 가르치셨다는 점이다: "인자가 자기 영광으로 모든 천사와 함께 올 때에 자기 영광의 보좌에 앉으리니 모든 민족을 그 앞에 모으고 각각 구분하기를 목자가 양과 염소를 구분하는 것 같이 하여"(마 25:31~32). 그리스도의 재림과 최후 심판 사이에 천년의 간격이 없을 뿐만 아니라 경건한 자 경건하지 못한 자를 막론하고 모든 사람이 이 사건을 위해 동시에 부활하게 된다는 것이다. 요한복음 5:28~29에서 예수님은 비슷하게 단번에 모든 사람이 육체적으로 부활할 것을 말씀하셨다: "무덤 속에 있는 자들이 다 그의 음성을 들을 때가 오나니 선한 일을 행한 자는 생명의 부활(아나스타시스)로 악한 일을 행한 자는 심판의 부활(아나스타시스)로 나오리라." 천년이라는 기간으로 그리스도의 재림과 최후 심판을 나누고 또한 그렇게 해서 천년왕국으로 신자의 부활과 안 믿는 자의 부활을 나눔으로써 전천년설적인 관점은 이러한 명백한 진술들과 모순되며 그렇기에 배척되어야만 한다.

뿐만 아니라 무천년주의자들은 '에제산'(< 자오, 계 20:4)과 '아나스타시스'(계 20:5) 이 두 단어 모두 다 사실상 육체적인 들려 올림보다는 영적인 상태를 가리키는 데 쓰일 수 있다는 점을 지적한다. 로마서 6:4~5에서 바울은 우리가 개종함으로 그리스도인들이 그리스도의 부활 안으로 살리심을 받고 그럼으로써 "새 생명 가운데서 행한다"고 말한다. 이와 비슷하게 골로새서 3:1에서는 이렇게 말했다: "그러므로 너희가 그리스도와 함께 다시 살리심을 받았으면 위의 것을 찾으라 거기는 그리스도께서 하나님 우편에 앉아 계시느니라"(엡 2:4~6도 보라). 이런 구절들에서 그리스도와 더불어 살아나고 부활한다는 것은 신자의 영적인 변화를 말하고 있다. 예수님은 요한복음 11:25~26의 고전적인 진술에서 우리 영혼의 영적인 부활을 언급하셨다: "나는 부활(아나스타시스)이요 생명이니 나를 믿는 자는 죽어도 살겠고 무릇 살아서(자오) 나를 믿는 자는 영원히 죽지 아니하리니 이것을 네가 믿느냐?"

뿐만 아니라, 계시록 20:5~6에서 요한은 단순한 부활을 말하지 않고 "첫째 부활"을 이야기한다. 전천년주의자들은 이것이 안 믿는 자들의 '두 번째' 부활과의 평행을 함축한다고 추정하지만 요한은 그렇게 말하지 않는다. 계시록 문맥에서, "첫째"라는 말은 장차 올 "새" 하늘과 "새" 땅보다는 오늘 이 세상의 것들을 언급하는 경우가 훨씬 많다. 오직 그리스도 안에 있는 신자들만 두 번의 부활을 영광스럽게 경험한다: 첫째, 사후(死後)에 그리스도와 함께 다스리기 위한 영의 부활 둘째, 그리스도의 재림 때 최후 심판을 위한 인류 전체의 부활.

마지막으로, 전천년설 학자들은 "살아난다"라는 표현이 계시록 20:4절과 5절 모두 다에 똑같은 의미로 사용되어야만 한다고 주장하지만, 무천년주의자들은 요한이 적극적인 비교가 아닌 급진적인 대조를 보여 주고 있다고 생각한다. 요한의 요점은 예수님을 믿기 때문에 죽임을 당함으로써 신자들은 경건하지 못한 자들이 결코 누릴 수 없는 부활 안으로 들어가고, 반면에 예수님이 재림하실 때 경건하지 못한 자들은 신자들이 결코 알지도 못할 죽음으로 들어가기 위해 부활의 고통을 겪는다는 것이다. 신자들은 하늘에서 그 영혼의 영적인 부활에 들어가기 위해 이승에서 죽음의 고통을 겪는다. 안 믿는 자들은 예수 그리스도의 보좌 앞에서 심판받기 위해 시대의 끝에만 살아난다. 이런 대조 때문에, 똑같은 낱말이 4절과 5절에서 다르게 사용된 것인데, 한쪽은 영적으로 살아나서 하늘로 향하고 다른 하나는 지옥을 위해 육체적으로 살아나는 것이다.

그러므로 첫째 부활은 "죽었던… 성도들을 위해 예비된 생명과 복을 가리키며" 그들의 몸의 미래 부활을 가리키는 것이 아니라 "제사장으로서 예수님과 함께 다스리며 살아가는 복을 가져오는 그리스도 안에 영적으로 참여하는 것"이다.(C. P. Venema, 332) "첫째 부활은 이 죄악 된 땅으로부터 하나님의 거룩한 하늘로의 영적인 이동이다."(W. Hendriksen, 192) 이승의 삶에서 믿음으로 인내한 사람들은 비록 박해를 받을지라도, 생명의 면류관과 보좌를 받고 거기서 예수님과 함께 다스린다. 요한은 계시록 20:4에서 이렇게 말한다: "그들이 살아서(에제산 <자오) 그리스도와 더불어 천년 동안 왕 노릇하니."

순교자들의 영혼이 하늘에 보이는 계시록 6:9와 20:4에서 순교자들을 묘사하는 데 사실상 똑같은 언어가 사용되고 있다는 점에서 병행 구조를 이야기한 바 있다. 유일한 차이점은, 6:9에서는 그들의 생명이 그리스도의 피를 믿는 믿음을 통해 드려졌기 때문에 그 영혼들이 제단 아래에 있다는 점이다. 이제는 그들이 "어린 양의 피와 자기들이 증언하는 말씀으로써"(계 12:11)

정복했기 때문에 바로 그 영혼들이 들어 올려져서 보좌에 앉혀졌다. 요한은 당시 독자들과 오늘의 우리에게 이 점을 분명히 밝히고 있다: 그리스도의 피를 위해 이 땅의 삶에서 고난받는 것은 하늘의 부활한 생명으로 그리스도와 함께 다스리기 위함이다.

20:6 _심판자로 지명된 제사장들

그렇다면, 그리스도인들이 죽은 뒤에 어떻게 하늘에서 그리스도와 함께 다스리게 되는가? 요한이 답한다: "이 첫째 부활에 참여하는 자들은 복이 있고 거룩하도다. 둘째 사망이 그들을 다스리는 권세가 없고 도리어 그들이 하나님과 그리스도의 제사장이 되어 천년 동안 그리스도와 더불어 왕 노릇하리라"(계 20:6).

요점은, 신자들이 하나님 앞에서 섬기는 제사장으로서 그리스도와 함께 다스린다는 것이다. 요한은 계시록의 첫 들머리 1:6에서 그리스도가 우리를 죄에서 자유하게 하시고 그의 피로 "아버지 하나님을 위하여 우리를 나라와 제사장으로 삼았다"는 말로 축복하며 이 소명을 강조했다. 이것은 하늘의 신자들이 하나님의 존전으로 즉각 다가가서 하나님의 영광을 대면하면서 온전한 영적 예배라는 상상할 수 없는 복을 누린다는 것을 가리킨다. 구약 이스라엘은 하나님 앞에서 거룩한 국가, 제사장 국가가 되기 위해 부름 받았고, 그래서 그리스도는 하늘에 있는 교회의 승리한 모임을 성취하기 위해 이 목적을 이루셨다. 사도 바울이 "사는 것이 그리스도니 죽는 것도 유익함이라." "세상을 떠나서 그리스도와 함께 있는 것이 훨씬 더 좋은 일"(빌 1:21~23)이라고 말한 것이 놀라운 것은 아니다. 죽는 그리스도인들은 하늘의 제사장으로서 그리스도와 함께 다스리면서 그들의 대속 경험에서 영광스러운 승진의 복을 받는 것이다.

계시록 20:4에서, 요한은 또한 이 보좌에 앉은 영혼들이 "심판하는 권세를 받았다"고 말했다. 성도들이 심판권을 행사하는 방식은 명시되지 않았지만, 그들이 그리스도와 함께 죄를 심판하는 일에 참여하면서 최소한 주님의 판결에 동의하는 즐거움은 누릴 것이다. 이 강조점은, 믿음 때문에 순교 당할 수도 있는 요한 당시의 많은 독자를 포함해서 박해받는 하나님의 교회를 위해 하나님의 공의를 드러내는 것에 대한 계시록의 깊은 관심을 반영한다. "말할 필요도 없이 여기 기록된 비전은 이 순교자들의 친구들과 친척들에게 큰 위로를 주었을 것이다: 요한은 그들의 영혼이 지금 하늘 보좌에 앉아서 심판 사역에 동참하고 있음을 보고 있다."(A. A. Hoekema, 166) 일찍이 박해받던 시대에 다니엘이 보았던 비전이 이렇게 성취되었다: "성도들을 위하여 원한을 풀어 주셨고 때가 이르매 성도들이 나라를 얻었더라"(단 7:22).

심판하기 위해 보좌에 앉아 있는 제사장들로서 신자들이 어떻게 그리스도와 함께 다스리는가? 요한은 그들이 거룩한 복 안에서 다스린다는 것을 감격스럽게 말한다: "이 첫째 부활에 참여하는 자들은 복이 있고 거룩하도다!"(계 20:6) 계시록을 통틀어서 믿음으로 이길 것을 권면해왔기에, 위에 있는 성도들은 이제 이겼음을 확인하였고 하나님과의 영적인 연합의 복 안으로 들어온 것이다. 그들의 몸은 지상에서 망가졌지만 그 영혼은 그리스도와 함께 하늘에 있다. 그들은 영광스러운 하나님의 얼굴 앞에서 살기 위해 복을 받고 영원토록 하나님의 보배로운 소유로 구별된 거룩한 이들이다.

요한은 계시록 20:6에서 사후 신자들이 누리는 생명의 소망을 이렇게 결론짓는다: "둘째 사망이 그들을 다스리는 권세가 없다." 그리스도인들도 안 믿는 자들과 마찬가지로 육체적인 죽음을 맞는다. 신자들의 영혼은 하늘로 들려 올려져서 몸의 부활을 기다리지만 그러나 죽음을 경험하는 일에 대한 두려움은 더는 없다. 그리스도를 거부하는 자들의 운명과 얼마나 다른가를 보라! 죽으면 그들의 영혼은 하늘로 가지 않고 지옥으로 가고 그들의 몸의 부활은 두 번째 죽음으로 이어지는데, 그것이 20장의 다음 대목에서 말하는 불 못에서의 영원한 죽음이다(계시록 20:10, 15). 그리스도를 믿는 것은 첫 번째 부활을 경험하기 위함이고 두 번째 죽음을 피하는 것이다. 그러나 예수님을 거부하는 것은 첫 번째 부활을 거부하고 둘째이자 최후의 죽음이라는 정죄를 당하는 것이다. "이 첫째 부활에 참여하기 때문에 (그리스도 안에 있는 신자들은) 하나님의 호의와 존전으로부터 영원히 분리되는 두 번째 죽음을 포함한 죽음의 권세와 죽음의 지배를 받지 않는다."(C. P. Venema, 336) "주님의 부활을 두 번 겪는 이들은 딱 한 번만 죽는다. 주님의 부활을 딱 한 번만 겪는 사람들은 두 번 죽는다."(C. Clemance: G. B. Wilson, 2:582: R. D. Phillips, 584)

20:1~6 _왜 두렵지 않은가?

요한의 비전에 관한 리포트로 신문기자의 숙제를 거의 다 마쳤다. 요한은 교회 시대인 천년 통치 기간에 신실한 신자들의 영혼이 앉아 있는 하늘의 보좌들을 보았다. 이 '어디서, 누가, 언제'에 덧붙여서 요한은 첫째 부활의 '무엇'을 보았다. 아울러 그들이 그리스도의 심판에 동참하는 거룩하고 복 받은 제사장으로서 그들이 '어떻게' 통치하는지도 보았다. 이제 마지막 질문만 남았다: '왜'?

이 질문에 대한 몇 가지 답이 있다. 요한의 독자들에게 그리스도께서 이 비전을 왜 주셨는지 물을 수 있다. 그 대답은, 박해의 시련과 투쟁의 외중에 그들을 격려하려는 바람 때문이라고 할 수 있다. 예수님은 누가복음 9:24에서 말씀하셨다: "누구든지 나를 위하여 제 목숨을 잃으면 구원하리라." "그리스도인들이 육체적인 죽음으로 명백히 패배하는 것은 사실상, 생명으로 인도하는 영적인 승리다."(S. Storms, 465) 예수님은 바울이 예견했던 "우리가 받는 환난의 경한 것이 지극히 크고 영원한 영광의 중한 것을 우리에게 이루게 함"이라는 확신이 없이 지금 그분과 함께 희생하라고 제자들을 부르지는 않는다(고후 4:17).

'왜'라는 질문을 마찬가지로 가치 있게 생각해 보는 방법은 "예수를 증언함과 하나님의 말씀 때문에" 죽기까지 고통을 기꺼이 견딘 이들의 말을 들어 보는 것이다. 예를 들어서, 인도네시아의 그리스도인 스텐리에게 물어볼 수도 있다. 1996년 그는 성경학교를 졸업하고, 마술과 이슬람이 뒤섞여 있고 기독교에 대한 공식적인 반대가 강렬한 어느 섬으로 복음을 전하기 위해 들어갔다. 스텐리는 담대하게 예수님의 구원하시는 사랑을 증거했고 우상 숭배를 회개하고 개종하여 오직 성경의 하나님만을 경배하라고 사람들을 초대했다. 어느 날 새 신자 가운데 한 사람이, 그 안에 쿠란 사본이 들어 있는 우상을 불태웠다. 이 소식이 무슬림 관리들에게 들어갔고 스텐리는 체포되었다. 집에서 온 어느 목사가 그를 찾아갔는데, 스텐리가 아주 심하게 매질을 당하고 머리를 얻어맞아 식물인간이 된 것을 알게 되었다. 잠시 뒤 스텐리는 죽었고 그의 영혼은 하늘에서 그리스도와 함께 다스리기 위해 하늘로 들려 올려졌다.

만일 우리가 그토록 적대적인 사람들에게 예수님을 무모하게 왜 선포했는지를 묻는다면 그는 어쩌면 의심할 바 없이 요한의 비전과 똑같이 대답했을 것이다. 그는, 하늘에서의 생명에 이르는 첫째 부활이 자신을 기다리고 있는 영광을 알았기 때문에 또한 복음을 받아들이지 않는 죄인들이 두 번째 죽음에 처할 운명을 알았기 때문에 자신의 생명을 희생시켰다. 그는 죽음으로 그리스도와 함께 다스리게 될 것을 알았고 그래서 복음을 통해 얻은 생명으로 그리스도와 함께 다스리게 되었던 것이다.

스텐리의 죽음 소식이 그의 고향 마을의 동료 신자들에게 큰 충격을 주었다. 즉각적으로 7명의 사역자가 그 위험한 섬에 복음을 계속 전하기 위해 들어가기로 결단하는 결과가 나왔다. 그중 한 사람은 '왜?'라는 질문에 스스로 답을 제시한 스텐리의 어머니였다. "죽는 것이 두렵지 않으세요?" 이렇게 묻자 스텐리의 어머니는 자신도 계시록에 있는 요한이 본 비전이 던져 주는 메시지를 배웠다는 점을 확인해 주었다. 그녀는 "내가 왜 죽는 것을 두려워해야만 하는가?"(R. D. Phillips, 585)라는 그녀 자신의 물음으로 '왜?'라는 질문에 아주 분명한 답을 주었다.

곡과 마곡을 미혹하고 모아

(요한계시록 20:7~10)

[7]천년이 차매 사탄이 그 옥에서 놓여 [8]나와서 땅의 사방 백성 곧 곡과 마곡을 미혹하고 모아 싸움을 붙이리니 그 수가 바다의 모래 같으리라 [9]그들이 지면에 널리 퍼져 성도들의 진과 사랑하시는 성을 두르매 하늘에서 불이 내려와 그들을 태워버리고 [10]또 그들을 미혹하는 마귀가 불과 유황 못에 던져지니 거기는 그 짐승과 거짓 선지자도 있어 세세토록 밤낮 괴로움을 받으리라 (개역개정)

1938년 할로윈 전날, H.G. 웰즈의 공상과학 괴기소설 『우주 전쟁』을 각색한 CBS 라디오 드라마 생방송 머큐리 극장이 방송되었다. 청취자들에게, 그것이 극화(劇化)된 것임을 사전에 공지했지만 배우들이 뉴저지 그로버스 밀에 착륙한 화성인에 관한 뉴스 보도를 연기하기 시작하자 공황상태가 주변 지역에 퍼져 나갔다. 방송을 청취한 미국인 가운데 1/5은 화성에서 온 군대가 실제로 미국을 침공했다고 믿었다. 결과적으로 전국적으로 교통이 정체되었고, 통신망에 과부하가 걸렸으며 병적인 흥분이 가라앉지 않았다. 크리스 조던 기자에 의하면, 그 라디오 프로그램은 미국이 "수년간 유럽에 소용돌이 친 전쟁의 바람과 경제 침체의 위기 상태였기" 때문에 사람들의 감각

신경을 건드렸다는 것이다.(C. Jordan, *USA Today*, 2013-10-29)

사회에 고조된 염려로, 성경의 예언을 연구할 때도 이와 비슷한 효과가 나타난다. 두려움과 압박의 시대에는 성경 독자들이 예언된 종말이 곧 닥칠 것처럼 여기는 경향이 있다. 에스겔 38장과 계시록 20장의 곡과 마곡에 관한 예언보다 이런 경향이 더 두드러지는 성경 구절은 없을 것이다. 로마제국이 쇠퇴하는 동안, 교부 암브로시우스는 당시 로마지역을 압박하고 있었던 고트족이 곡을 가리킨다고 주장했다. 7세기에는 곡과 마곡은 거룩한 땅을 위협하는 무슬림 군대라고 생각했다. 13세기에는 몽고의 칸을 곡으로 보았다. 그 후로도 곡은, 교황, 터키군, 러시아 짜르로 생각되었다. 이것들의 마지막은, 19세기의 크림전쟁(1853-1856, 영국, 프랑스, 터키, 사르디니아 연합국 대 러시아의 전쟁) 기간 때문에 특히 주목할 만하다. 이 이론은 세대주의 신학을 매우 넓게 퍼뜨린 『스코필드 주석성경』에 반영되었다. 백여 년이 지난 지금도 이 이론이 여전히 영향력이 있어서 예언 작가 그랜트 R. 제프리는 1991년에 펴낸 책에서 "러시아가 성경이 예언하는 곡과 마곡"이라고 주장했다.(G. R. Jeffrey, 47) 이어서 그는 러시아 수상 미하일 고르바초프가 이스라엘을 침공하기 위해 아랍 국가들을 '곡-러시아'와 연결하려 한다는 것을 독자들에게 확신시키려 했다. 이 전쟁이 교회의 휴거를 불러오고, 언약궤를 발견케 하고, 예루살렘 성전을 재건할 것이라는 것, 이 모든 일들이 2,000년까지는 이루어질 것으로 기대했다.(G. R. Jeffrey, 45-70)

제프리의 계산은 거짓으로 입증되었지만 그것들은 다음 설명과 같은 경향을 나타낸다: "그림 언어와 생생한 이미지들로… '곡과 마곡이라는 예언'과 같은 문학은 그 자체로 세계평화를 위태롭게 하는 현실의 사건들이 어떻게 감지되든 간에 (코에 걸면 코걸이 식으로) 융통성 있는 적용을 하게 만든다."(I. M. Duguid, 451-52) 불행히도 이런 접근은 그리스도인들 안에 '우주 전쟁' 라디오 방송의 효과와 다르지 않은 신경증적 효과를 만들어 내는데, 이것은 계시록 20장에서 사도 요한이 의도했던 것과는 정반대되는 것이다.

20:7~10 _사탄의 큰 반역

계시록 20:7~10에 기록된 비전은 교회 시대 마지막을 표시할 큰 반역이라는 신약의 가르침을 반영한다. 예수님은 마태복음 24:21에서 이렇게 말씀하셨다: "이는 그때에 큰 환난이 있겠음이라. 창세로부터 지금까지 이런 환난이 없었고 후에도 없으리라." 바울은 그리스도께서 "먼저 배교하는 일이 있고 저 불법의 사람 곧 멸망의 아들이 나타나기 전에는" 그리스도께서 "오시지 않을 것"(살후 2:3)이라고 말했다. 계시록은 교회에 대한 이 강렬한 공격을 다양하게 그려내고 있다. 11장에서 교회는 모세와 엘리야를 닮은 두 증인으로 나타났다. 그들의 증언이 마무리될 때 그리스도께서 그들을 3일 반 후에 일으킬 때까지 "무저갱으로부터 올라오는 짐승이 그들과 더불어 전쟁을 일으켜 그들을 이기고 그들을 죽일 것(계 11:7~11)"이다. 계시록 20:1~3에서는 사탄이 교회 시대 기간에 "그가 잠깐 다시 놓일 때… 까지"(계 20:3) 결박당함을 알려 준다. 요한은 이런 생각을 20:7~8절에서 강조한다: "천년이 차매 사탄이 그 옥에서 놓여 나와서 땅의 사방 백성 곧 곡과 마곡을 미혹하고 모아 싸움을 붙이리니 그 수가 바다의 모래 같으리라."

사탄에 대한 하나님의 주권적인 통치를 강조하면서 사탄이 그 속박에서 "놓여"난다는 것을 주목해야만 한다. 이 세부사항은 사탄이 아무리 강력하다 해도 제한된 힘밖에 없는 유한한 피조물일 뿐이어서, 하나님의 무한한 힘에 맞설 수 없다는 것을 일깨워 준다. "사탄은 하나님께서 그분의 주권적인 시간에 그 손과 발의 쇠사슬을 풀어 주시고 옥문을 열어서 그를 내보내 주기 전에는 자신의 힘으로 그 속박으로부터 결코 벗어날 수 없다."(D. F. Kelly, 387)

계시록 20:1~3을 연구하면서, "다시는 만국을 미혹하지 못하게"(계 20:3)

하나님이 금하심으로 복음이 온 세상에 전파되게 하는 것과 사탄이 결박당하는 것이 관계가 있다는 것을 알았다. 사탄이 결박당함은 그의 악한 활동이 완전히 금지되었다는 것이 아니라 열방을 불신의 어둠 속에 묶어두는 권세가 사탄에게 더는 없다는 것을 말한다. 그렇다면, 사탄이 풀려나자마자 "땅의 사방 백성을 미혹하는"(20:8) 짓을 그의 본성대로 보란 듯이 또 할 것임을 주목할 필요가 있다.

이 두 가지 사실은 이 세상에서 사탄이 쓰는 주요 수단이 포악한 박해가 아니라 '불신을 조장하는 기만술'임을 알려 주고 있다. 이것이, 그리스도인의 교회가 세상에 진리를 들고 파송되는 바로 그 이유다. 교회가 무엇을 하든 간에, 교회는 만연한 세속주의자들의 불신앙적인 교리들과 타협하기를 거부하고 하나님이 주신 말씀의 진리를 담대하게 선포해야만 한다. 오늘날 우리는 그리스도인들이 교리에 너무 병적으로 집착하지 말고 세속적인 생각과 실천에 좀 더 포용적인 자세를 가져야만 한다는 얘기를 계속 듣고 있다. 안 믿는 자들을 묶어두는 사탄의 주요 전략이 기만술이기 때문에 이런 식의 접근에 각별히 경각심을 가져야만 한다.

뿐만 아니라 인간 마음의 죄악된 경향은 시간이 흐른다고 해서 좋게 발전되지 않는다는 것을 알고 있다. 하나님이 사탄의 쇠사슬을 풀어 주자마자 "만국"이 한 번 더 속게 된다. 시대의 끝에 하나님이 사탄을 풀어 주시는 한 가지 이유는 "사탄의 꼼수나 인간 마음의 변덕이 세월이 흐른다고 해서 변하지 않는다는 것을 분명하게 보여 주시기 위함"(R. H. Mounce, 361)이다. 일단 옥에서 풀려나면 사탄은 그가 떠나왔던 곳을 다시 추켜들고 사람들을 다시 모아 제 뜻을 펼치려 할 것이다. 최후의 심판이 올 때 이런 사건들이 일어난 직후에 하나님이 사탄을 정죄하시는 하나님의 정의가 틀림없이 집행될 것이다. 사탄이 만국을 반역의 길로 이끄는 데 성공하는 것은 "죄악의 궁극적인 뿌리는 기근이나 부적절한 사회적 조건들 혹은 불행한 환경이 아니고 '인간

마음의 반역 기질'이라는 것을 분명하게 드러내는 것"이다.(G. E. Ladd, 269)

사탄이 잘 쓰는 기만의 목적은 언제나 어두워진 인류를 하나님께 맞서는 전쟁으로 이끄는 것이었으므로, 그래서 시대를 끝내는 대(大)환난이 있게 되는 것이다. 사탄은 "땅의 사방 백성 곧 곡과 마곡을 미혹하고 모아 싸움을 붙일 것"(계 20:8)이다. 계시록은 이 큰 전쟁이 앞에서 "아마겟돈"(16:16)이라 이름 붙여진 최후의 갈등과 똑같다는 것을 분명히 말해 준다. 전천년설을 믿는 그리스도인들은 계시록이 종말의 연속적인 전쟁을 보여 주는 것이고: 일곱 번째 대접이 부어지기 전에 아마겟돈 전쟁이 있다는 점; 예수님의 재림으로 큰 전쟁이 있고(계 19:19); 그래서 천년이 지난 후 계시록 20:8~9의 최후의 전쟁이 있다고 하면서 이런 관계를 부정한다. 그러나 이것들은 계시록의 각기 다른 부분들에 상응하는 각기 다른 세부내용들로서 하나의 전쟁 곧 똑같은 전쟁을 묘사한 것으로 보는 것이 계시록을 가장 잘 이해하는 것이다. "하나님 곧 전능하신 이의 큰 날에"(16:14) 아마겟돈 전쟁이 일어나고 또한 최후의 심판과 연관된 이미지들이 즉시 이어지는 것을 주목하라. 19장의 큰 전쟁은 에스겔 39장의 시체를 먹는 새들이라는 이미지를 끌어오고 계시록 20장이 똑같은 구약 본문으로부터 "곡과 마곡"이라는 이름을 끌어오고 있다. 더욱이 이 전쟁을 각각 서술하는 데 쓰인 언어는 사실상 똑같다. 각각의 경우에 "온 천하 왕들"(16:14) 혹은 "땅의 임금들"(19:19)이 주님과 맞서 전쟁하기 위해 "모여든다." 또한 이 헬라어 본문들에서 각각 '전쟁'이 아니라 '그 전쟁'이라 말하는 데 이 모든 것은 역사를 끝내는 최후의 갈등을 예언하는 것이다. "여기에 하나의 똑같은 전쟁이 있다… 그것은 교회를 향한 적그리스도 세력의 최후 공격이다."(W. Hendriksen, 195) T. S. 엘리어트의 유명한 시 "속빈 사람들"의 한 구절, "이것이 바로 세상이 끝나는 길이다; 총성이 아니라 흐느낌으로."(D. F. Kelly, 387) 계시록은 정확하게 그 반대의 상황을 가르친다: 역사는 교회를 겨냥한 세상의 큰 전쟁으로 끝난다는 것. 복음이 모든 열방에 다 전파되면 회개의 시간은 사라지고 틀림없이 종말이 올 것이다.

만국을 속이기 위해 사탄이 풀려난다는 소식은 그 일이 일어나기 전에 복음을 전파해야만 하는 긴박성을 우리에게 일깨워 준다. 사탄이 열방을 이기기 쉽다는 사실에서 복음을 통한 그리스도의 권능만이 구원을 가져올 수 있다는 것을 알려 준다: 바울이 말한 것처럼 "육신의 생각은 하나님과 원수가 된다"(롬 8:7). 그리스도인들은, 새 생명을 주시는 하나님의 말씀, 그 초자연적인 권능으로 이 총체적인 부패에 대응해야만 한다. 뿐만 아니라 사탄이 모든 사람을 기만하지 못하게 여전히 결박당하고 있는 오늘 이 좋은 때의 중요성을 깨달아야 한다. 지금이야말로 예수님이 주신 구원의 복음, 그 메시지를 신뢰함으로써 당신이 구원받을 기회이다. 은혜의 날이 느닷없이 닫힐 것이기 때문에 그리고 사탄이 한 번 더 하나님을 대항하여 반역하도록 모든 안 믿는 자들을 결박할 것이고, 마침내 사탄 자신과 함께 최후의 파멸을 당하게 될 것이기 때문이다.

20:8~9 _사탄의 큰 군대

계시록에 기록된 최후의 전쟁에 관한 세 개의 각기 다른 설명이 있고, 각기 그 나름의 강조점이 있다는 것을 말한 바 있다. 16장에서는 범죄한 인류의 파멸을 강조했는데 반면에 19장에서는 짐승의 패배를 보여 주었다. 20장에 기록된 최후의 전쟁은 사탄 자신의 체포와 심판을 강조하고 있다. 그러나 20장은 또한 하나님의 백성을 대적하기 위해 마귀가 모으는 큰 군대에 대해서도 생생하게 서술하고 있다. 계시록 20:8에서 이렇게 말하고 있다. 사탄이 "나와서 땅의 사방 백성 곧 곡과 마곡을 미혹하고 모아 싸움을 붙이리니 그 수가 바다의 모래 같으리라."

여기서 모여든 세상 나라들이 "곡과 마곡"이라는 이름으로 불린다. 이 대목은 에스겔 38장이 그 배경인데 거기서는 선지자가 하나님의 백성에 대한 축복의 시대 뒤에 하나님의 백성에 대한 큰 공격이 있을 것을 예언하고 있다. 에스겔 1~33장은 느부갓네살에게 예루살렘이 함락당하는 것을 포함해서 사악한 예루살렘에 대한 하나님의 심판을 다루고 있다. 34~37장에서 하나님은 그리스도의 복음을 통해 그 백성이 다시 살아날 것을 약속하신다: "또 새 영을 너희 속에 두고 새 마음을 너희에게 주되 너희 육신에서 굳은 마음을 제거하고 부드러운 마음을 줄 것이며"(겔 36:26). 그러나 38장과 39장에서 에스겔은 그리스도의 재림으로 오는 영원한 시대를 그리고 있는 40~48장의 상징적인 성전을 보여 주기 전에, 하나님의 백성을 향한 최후의 큰 공격을 예언하고 있다. 최후의 전쟁에 관하여 에스겔은 이렇게 말했다: "인자야 너는 마곡 땅에 있는 로스와 메섹과 두발 왕 곧 곡에게로 얼굴을 향하고 그에게 예언하여"(겔 38:2). 이와 똑같은 명칭을 사용하면서 계시록은 최후의 전쟁이 에스겔이 예견했던 최후의 전쟁과 똑같은 것임을 말하고 있다.

성경에 최초로 등장하는 "마곡"은 노아의 아들, 야벳의 아들들 가운데 하나이다(창 10:2). 메섹과 두발은 대개 흑해 지역 앗수르의 북쪽 지역에 있는 스키티아 제국의 영토로 여겨지는데 '곡'이 그 지도자였던 것 같다. '메섹', '두발'과 러시아의 도시 '모스코'와 '토볼스크'가 음성학적으로 유사함에도 이것들 사이에 실제적인 관계는 전혀 없다. 에스겔의 요점은, '곡'이 "내가…너를 돌이켜서 이끌고 북쪽 끝에서부터 나와서 이스라엘 산 위에 이르러"(겔 39:2)라고 말하고 있는 매우 먼 땅에서 오는 용사였다는 것이다. 20세기 후반의 냉전 시대 사고에 붙잡힌 서구사람들은 가장 북쪽이 러시아 혹은 중국일 것이라고 여기지만 에스겔 당시 그것은 앗수르 너머의 왕국들 곧 곡과 마곡이라는 스키티아 제국의 영토였을 것이다. 이 상징은 시편 2편의 반역하는 나라들 전체에 '곡과 마곡'이라는 이름을 붙여 쓴 랍비들의 여러 저술에서 뽑아낸 것이다.(G. B. Caird, 256)

달리 말하면 '곡과 마곡'은 '유대인들의 종말 관념에서 초기 과학소설책에 등장하는 화성인들과 비슷한 역할을 하는 것'이다: 카오스와 우주 전쟁의 무시무시한 권능에 대한 유명한 이름들. 요한의 용어는 문자적으로 에스겔서에 상응하는 것을 기대하지 말도록 조심할 것을 요구한다. 한편 에스겔서의 곡은 사람이고 마곡은 그의 거처인데, 요한은 "곡과 마곡" 이 두 이름을 모두 다 "땅의 사방 백성"(계 20:8)을 가리키는 데 쓰고 있다. "곡과 마곡은 지상의 열방에 있는 악의 상징들인데 이 악의 세력들은 사면팔방 모든 방향에서 온다."(B. Witherinton III, 250)

요한의 언어는 그리스도의 몸 된 교회에 대한 전 세계적인 최후의 박해 그것에 대한 신약의 가르침(마 24:21; 살후 2:3~4)을 확인해 주고 있다. 첫째, 그 나라들은 "싸움을 위해… 땅의 사방"(계 20:8)에서 모여든다. 이것은 인기 있는 예언적 가르침이 종종 언급하듯이, 최후의 전쟁이 단순하게 러시아나 중국 같은 극동 국가들에 의해 시작되는 것이 아니라는 것을 알려 준다. 하나님의 권위에 맞서기 위해 모여드는 것은 온 세상이다. 둘째, "그 수가 바다의 모래 같으리라"(20:8). 이 말은 이 대적들의 광대함을 가리키고 있다. 그 전쟁은 균등한 힘의 대결이 아닐 것이므로, 그리스도인들은 어떻게든 자기들의 힘으로 성공하기를 바랄 수 있다. 하지만 오직 하나님의 능력으로만 그들을 구원할 수 있다. 사악한 자들의 엄청난 숫자는 전천년주의자들에게 한 가지 문제를 일으킨다. 사탄이 활동하지 못하게 결박당했고 그리스도께서 땅에서 다스리고 계실 때 어떻게 그토록 수많은 대적 무리가 모일 수 있는가? 이 말은 하나님을 대항하여 반역하는 사탄이 복음을 중단시키는 일에 제지당하고 있으면서도 여전히 사람들 가운데서 사탄이 활동하고 있을 때, 그리스도께서 재림하시기 전인 우리 시대의 마지막에 이 큰 전쟁이 일어난다는 무천년설의 주장이 차라리 훨씬 더 적합하지 않겠는가?

이 엄청난 수의 세계적인 군대는 "지면에 널리 퍼져"(20:9) 있다. 대군이 땅의 광대한 지역에서 행진해 온다는 것을 알려 준다. 그들의 과녁은 교회이다: "성도들의 진과 사랑하시는 성을 두르매." 이것은 하나님의 백성을 구원하기 위한 성경적인 모델을 재현하고 있다. 구약을 통틀어서 이스라엘은 사악한 권세의 손아귀에 놓여 있었으나 늘 하나님의 갑작스런 개입으로 구원 받았다. 요한 당시 독자들의 상황도 마찬가지로 그들은 로마의 칼을 휘두르는 이방 통치자들에 둘러싸여 있었다. 유대 동굴에 피신한 다윗을 비롯해서, 체포당하지 않으려고 비밀리에 모이는 중국의 가정교회, 공개적인 폭력과 공격의 위협 속에서 모이는 무슬림 지역의 기독교회들까지, 신자들이 이런 역경을 얼마나 자주 경험하는가. 그래서 종말에는 전체 교회가 공격당할 것이고, 그래서 우상 숭배를 거부하고 담대하게 그리스도를 증언하는 일로 고난 당하게 된다.

요한이 교회를 서술하는 언어를 주목하라: "성도들의 진과 사랑하시는 성"(20:9). 첫 번째 묘사는 출애굽 여정에서의 이스라엘 진영을 시사한다: 교회는 전 생애에 걸쳐 저 너머 약속의 땅을 향해 행진하는 신자들의 순례행렬과 같다. 우리는 이 세상에서 정말로 유랑인이요 이방인임을 기억하고 있다. 베드로가 그리스도인들에게 죄의 오염을 피하라고 권면한 것은 바로 이것을 마음에 둔다는 것이다: "사랑하는 자들아 거류민과 나그네같은 너희를 권하노니 영혼을 거슬러 싸우는 육체의 정욕을 제어하라"(벧전 2:11). 동시에 우리가 세상에 의해 이방인으로 멸시당할지라도 교회는 하나님께서 "사랑하시는 성"이다. "이 성(도시)은 '이 땅의 거주민들'의 성 곧 바벨론의 성과 얼마나 다른가. 모든 면에서 예루살렘은 바벨론과 대조되는 모습으로 서 있는 것이다."(P. Gardner, 278) 예루살렘이 그리스도의 신부로서 교회를 나타내는 것과 마찬가지로 바벨론은 음란한 세상을 나타낸다. 한편 하나님은 믿음 없는 바벨론을 심판하고 정죄할 것이며, 신실한 교회는 그분의 사랑을 지니고 있어서 영원한 구원이라는 하나님의 약속을 받게 된다. "교회는 지금 하나님 앞 성전 안에 진친 참 이스라엘이고 앞으로도 그럴 것이다."(G. K. Beale, 1999:1027)

20:9 _사탄의 큰 패배

하나님의 백성은 사탄의 공격으로부터 하나님의 맹렬한 방어가 있기에 하나님이 사랑하시는 성이라고 말할 수 있다: "그러나 하늘에서 불이 내려와 그들을 태워버리고"(20:9). 구약에서 하나님은 악한 왕 아하시야의 군대로부터 그의 종 엘리야를 보호하시기 위해 불을 내려보냈던 것(왕하 1:10~12)처럼 소돔과 고모라를 불로 심판하셨다(창 19:24~25). 여기 계시록과 신약의 다른 곳에서처럼, 그리스도의 두 번째 오심으로 하나님의 교회를 괴롭혔던 모든 대적들이 즉각 패퇴하게 된다. 바울은 하나님께서 "환난을 받는 너희에게는 우리와 함께 안식으로 갚으시는 것이 하나님의 공의이시니, 주 예수께서 자기 능력의 천사들과 함께 하늘로부터 불꽃 가운데에 나타나실 때에 하나님을 모르는 자들과 우리 주 예수의 복음에 복종하지 않는 자들에게 형벌을 내리실 것"(살후 1:7~8)이라고 말했다. 에스겔은 불이 '마곡'에 내려 하나님의 백성을 방어함과 동시에 하나님의 이름을 영화롭게 할 것을 자세히 말했다(겔 39:6). 이 점은 교회가 자신을 방어하기 위해 싸우지 않는다는 것을 강조한다. 계시록 12:11에서 그리스도의 피를 신뢰하고, 하나님의 말씀을 증언하고, 그리고 우리의 삶과 증거를 인(印)치는 데 바치는 것으로 교회의 싸움을 묘사했다. 이것이 가이사에게 그의 신성을 인정하기를 거부함으로 큰 고통을 당했지만 세상이 결코 알지 못하는 은혜의 능력을 드러낸 초대교회의 정복하는 힘이었다. 마찬가지로 역사가 "복스러운 소망과 우리의 크신 하나님 구주 예수 그리스도의 영광이 나타나심"(딛 2:13)으로 끝맺을 때 종말 시대 교회의 인내하며 고난받는 믿음은 하나님을 영화롭게 할 것이다.

이 비전에서 사탄 자신의 파멸과 패배에 특별한 강조점이 주어진다. 이것은 17장에서부터 시작되는 음녀 바벨론에 대한 심판(17~18장)이 시작되는 심판 단락을 마무리할 것이다. 19장에서 거짓 선지자와 짐승의 심판을 보았고 이제는 사탄 자신의 심판을 목격했다. 요한은 "또 그들을 미혹하는 마귀가 불과 유황 못에 던져지니 거기는 그 짐승과 거짓 선지자도 있어 세세토록 밤낮 괴로움을 받으리라(계 20:10)"고 말하고 있다.

마귀가 주로 만국을 기만한 죄로 심판받는다는 것을 주목해야 하는데, 이것은 우리에게 세상의 가장 큰 필요는 언제나 하나님의 말씀을 통한 교회의 사역이라는 것을 한 번 더 일깨워 준다. 역사의 가장 위대한 승리는 예수님이 그분의 피로 죄를 정복하신 것이며 또한 그 승리는 그분이 세상의 큰 독재자이자 사기꾼인 사탄을 물리치셨다는 것과 연결된다. 이것을 안다면 그리스도인들은 하나님이 사탄에 대한 심판과 정죄를 작정하셨기 때문에 미래를 큰 소망으로 대하게 된다. 이 심판은 자기들에 대한 심판이 다가오는 것을 알고 있던 귀신들을 예수님이 쫓아내신 기록이 있는 마태복음에서 예견되었다. "이에 그들이 소리 질러 이르되 '하나님의 아들이여 우리가 당신과 무슨 상관이 있나이까? 때가 이르기 전에 우리를 괴롭게 하려고 여기 오셨나이까?'"(마 8:29) 예수님은 이때가 아직 오지 않았다고 말씀하셨지만, 계시록은 악의 대왕(사탄)이 무시무시하고 정의로운 하나님의 심판을 받으면서 역사가 끝난다는 것을 보여 준다.

존 번연의 『천로역정』에 생생한 장면이 나온다. 기독인이 길을 가다가 치명적인 사자 두 마리가 길가에 있는 것을 보고 깜짝 놀랐으나 그 사자들은 신실한 제자들에게는 미치지 못하는 사슬에 매여 있다는 것을 마침내 배우게 되었다. 이것은 현세에서의 사탄의 속박을 그린 것이다: 사탄은 치명적인 사자이지만 그리스도의 복음 사역을 방해하지 못하게 묶여 있다. 그리스도인들은 그리스도의 복음이 지금 전진하는 것을 사탄이 방해하지 못할 것을 알기에 즐거워하지만 하나님의 모든 창조세계 안에서 사탄의 겁주는 으르렁거림이 더는 들리지 않을 때 더더욱 즐거워하게 되지 않겠는가.

사탄이 결박당할 뿐만 아니라, "불과 유황 못에 던져지니 거기는 그 짐승과 거짓 선지자도 있다"(20:10). 사탄은 영적인 존재이므로 그가 불 못에 던져진다는 말은 상징적이다. 이것은 죄인들이 지옥에서 어떤 육체적인 고통을 경험할지라도 가장 큰 고통은 영적인 것이라는 것이다. 사탄은 그의 졸개들과 함께, "세세토록 밤낮 괴로움을 받을" 것이다(계 20:10). 이 구절은 지옥이 인간에게는 생각만으로도 무시무시한 끝나지 않는 지속적인 고문을 포함하고 있다는 것을 분명히 밝히는데 이것은 여전히 성경의 명백한 가르침이다. "이런 가르침에 불쾌감을 느끼는 이들은 죄의 무시무시한 본질과 하나님의 거룩이 그것을 향해야만 한다는 자연스런 반응을 아주 같잖게 여겨 버린다."(G. R. Osborne, 717) 계시록은 하나님의 아들 예수 그리스도가 우리 죄를 용서하시기 위해 죽도록 하나님이 작정하셨음을 일깨워 준다. 사탄과 그의 짐승들(20:15)과 함께 불 못의 고통을 당하는 자들은 모두 다 회개하기를 거부하면서 하나님을 향해 마음을 완악하게 한 자들이고 또한 그들을 용서하시기 위해 피를 쏟으신 구세주를 조롱한 자들이다.

20:10 _세세토록

이 비전의 마지막 낱말들은 통렬하고 단호하다: "세세토록"(계 20:10). 이것은 하나님의 통치에 맞서 반역하면서 죄에 계속 머무는 행위로 반역하면서 사탄의 반역에 동참하는 사람들에 대한 중대한 경고를 담고 있다. 그들에 대한 처벌은 하나님 자신이 영원하신 것처럼 영원한 것이다. 하나님의 정의와 거룩한 본성을 공격하는 것으로서의 죄는 영원한 것이며 그러므로 그 결과 또한 그러하다. 이와 똑같은 "세세토록"이라는 말은 그리스도인들에게 가장 즐거운 소망의 근거를 제공한다. 만물의 영광스러운 창조 과정에서 사탄과 죄가 아무런 역할을 하지 못한 것과 마찬가지로 그것들은 예수그리스도의 영광 안에 있는 만물의 완성으로부터 완벽하게 제거될 것이다. 우리의 죄는 용서될 뿐만 아니라 실제로 제거될 것이다. 우리를 고소하는 대적이 없을 것이며 오직 그리스도를 믿음으로 우리를 의롭다 하는 하나님의 정의만 남을 것이다. 우리를 겁주거나 미워하는 대적들은 없을 것이며 이사야가 예견했듯이 오직: "내 거룩한 산 모든 곳에서 해(害) 됨도 없고 상함도 없을 것이니 이는 물이 바다를 덮음같이 여호와를 아는 지식이 세상에 충만할 것"(사 11:9)이다.

오늘 신자들에게 이 "세세토록"이라는 말은 무슨 의미일까? 그대로 두면 우리 믿음의 뿌리가 손상될 치명적인 박해의 두려움에 대한 해독제를 갖고 있다는 것을 의미한다. 이야기가 어떻게 끝날지를 알고 있는데 이 세상의 고통 중에 예수 그리스도를 어떻게 저버릴 수 있겠는가? 예수님이 이기신다! 설령 잠시 잠깐의 환난으로 인한 고통이 수반될 수 있다 할지라도, 설령 그분의 제자가 되어 사는 길이 우리에게 정죄 받은 세상의 죄 된 쾌락을 포기할 것을 요구한다 할지라도, 왜 우리가 예수님이 승리하신 그 소중한 근거를 내팽개쳐야 하는가?

계시록 20:10의 "세세토록"이라는 말은 안 믿는 자들에게, 하나님에 맞서 반역하는 일의 부질없음 뿐만 아니라 우리의 모든 죄가 받아 마땅한 심판으로부터 우리를 구원하실 수 있는 유일한 구세주를 거부하는 어리석음까지도 경고하고 있다. 예수님은 약속하셨다: "진실로(아멘) 진실로(아멘) 너희에게 이르노니 내 말을 듣고 또 나 보내신 이를 믿는 자는 영생을 얻었고 심판에 이르지 아니하나니 사망에서 생명으로 옮겼느니라"(요 5:24). 그러나 예수님께 믿음을 드리지 않는 사람들은 이미 정죄 아래 있는 것이다. 예수님은 "믿지 아니하는 자는 하나님의 독생자의 이름을 믿지 아니하므로 벌써 심판을 받은 것"(요 3:18)이라고 경고하셨다.

마지막으로 사회 전체가 "우주 전쟁" 라디오 드라마 방송으로 수백만 명의 사람들을 병적인 흥분상태로 몰고 간 그런 식의 염려에 쉽게 사로잡힐 수 있는 세상에서는 계시록 20:10의 "세세토록"이라는 말은 예수 그리스도를 믿는 신자들을 평화의 부름으로 부르는 악기 소리로 들린다. 어둠이 짙을수록 아침이 가깝듯이, 요한이 본 비전은 상황이 최악인 것처럼 느껴질 때야말로 승리가 코앞에 있다는 것을 일깨워 준다. 교회의 진영이 적에게 포위당했을 때 예수님의 오심은 정말 가까이 다가와 있는 것이다. 죄가 당신을 한쪽 구석으로 몰거나 이 세상의 곡과 마곡들이 당신을 낙심하게 만들 때 구세주는 당신 대신 죽을 만큼 당신을 사랑했다는 것을 선언함과 동시에 당신이 그분과 함께 영원히 산다는 것을 확신시키기 위해 다시 오시고, 지금 여기에서 그분의 영광을 위해 살도록 당신을 부르고 계신다. "마귀, 귀신들, 그리고 인류가 주님과 그분의 교회에 맞서서 할 수 있는 최악의 상황은, 마지막에 하나님께 엄청난 호산나와 할렐루야를 드리게 되는 것이다."(D. F. Kelly, 387) 우리가 이런 결말을 알고 있고 또한 "세세토록" 그 너머에 두려움, 죄, 죽음이 없기에, 오늘 우리의 예배, 섬김, 그리고 우리의 삶은, 하나님이 손수 만드신 사랑하시는 도성의 백성에게 속한 영원한 즐거움을 반영하는 것이다.

둘째 사망
(요한계시록 20:11~15)

¹¹또 내가 크고 흰 보좌와 그 위에 앉으신 이를 보니 땅과 하늘이 그 앞에서 피하여 간 데 없더라 ¹²또 내가 보니 죽은 자들이 큰 자나 작은 자나 그 보좌 앞에 서 있는데 책들이 펴 있고 또 다른 책이 펴졌으니 곧 생명책이라 죽은 자들이 자기 행위를 따라 책들에 기록된 대로 심판을 받으니 ¹³바다가 그 가운데에서 죽은 자들을 내주고 또 사망과 음부도 그 가운데에서 죽은 자들을 내주매 각 사람이 자기의 행위대로 심판을 받고 ¹⁴사망과 음부도 불 못에 던져지니 이것은 둘째 사망 곧 불 못이라 ¹⁵누구든지 생명책에 기록되지 못한 자는 불 못에 던져지더라 (개역개정)

1808년 어느 날 저녁 아도니람 저드슨(1788-1850)이 어느 여관에서 생활하고 있었는데 그의 옆방에 묵고 있는 어떤 남자가 극심한 고통으로 사투를 벌이는 소리가 계속 들려왔다. 저드슨은 신학대학에 다니는 영리한 학생이었으나, 그 대학에 다니는 동안 유럽에서 들어오는 계몽적인 관념들에 홀딱 반해 있었다. 재기발랄한 상급생 제이콥 임즈가 강력히 권하는 바람에 그는 이신론(理神論, 신이 자연을 창조한 뒤로는 그 자연 법칙대로 돌아가도록 놓아두고 일체 간섭하지 않는다는 철학사조. 하나님의 '섭리'를 부인함) 곧 '부재(不在)하는 신'이라는 못된 관념을 받아들였다. 20살이 되는 생일에 저드슨은 거의 넋이 나가버린 부모들에게 자기는 그리스도인의 믿음을 포기했다고 말하고는 이내 쾌락적인 생활양식을 추구하기 위해 뉴욕시로 옮겨갔다.

얼마 지나지 않아 저드슨은 이웃 방에서 들려오는 무시무시한 고통소리를 듣게 되었고 죽어가는 사람이 무엇을 생각하는지 궁금해졌다. 벽 너머로 신음이 계속 들려왔고 그는 그 남자가 잠시도 쉬지 못하고 고통과 치열하게 싸우는 소리를 들을 수 있었다. 그 남자의 고뇌를 잊어버리게 하고 영원에 관한 그 사람의 불안을 제거하는 데, 그의 선배 임즈가 누누이 말하던 "종교적인 자유 사상"이라는 것은 과연 무엇이었을까? 혹시 저드슨처럼 이 사람도 세련된 세속적 신조를 위해 '복음'을 거부했다면 어쩔 것인가? 그의 저런 고뇌가 죽음 너머의 심판에 대한 두려움을 암시하는가? 자신의 두려움을 달래려고 이신론자 임즈의 영리한 답변을 기억하려고 애쓰면서 저드슨은 장차 죽을 때 자신이 당할 운명에 대해 깊이 고민하였다.

새벽이 오자 그 몸부림이 어느 순간 잦아들었다. 얼마 후 저드슨은 여관을 나가려고 소지품을 챙겼다. 나가는 길에 여관 문지기가 있는 방을 지나치면서 궁금해서 자기 옆 방에 있던 사람에 대해 묻자 이런 대답이 돌아왔다. "갔네. 불쌍한 친구같으니라구!" 저드슨이 물었다. "혹시 그 사람 이름을 아세요?" 문지기가 대답했다. "아. 음, 신학대학 다니던 젊은 친구였지. 이름은… 임즈?, 아, 제이콥 임즈였지." 저드슨은 깜짝 놀라자빠졌고 그 뒤 몇 시간 동안 그의 마음속에는 오직 한 가지 생각밖에 없었다. "죽음! 방황! 방황!"(S. Fisk, 65-67)

그 숙소에서 지옥문이 열렸고 마치 하늘이 무너지는 듯 저드슨의 가슴에 엄청난 충격을 주었다. 비록 그가 하나님께 즉시 돌아서지는 않았지만 이 것이 결국은 죽음과 심판을 털어내고 예수 그리스도의 용서를 구하는 길로 그를 이끌었다. 나중에 그는 위대한 침례교 선교사의 한 사람이 되어 다른 사람들을 죄에 대한 심판으로부터 풀어 주기 위해 많은 고난을 겪었다.

20:11 _최후 심판의 실체

계시록 20장의 마지막 비전을 전해 주면서 사도 요한은 그의 독자들이 '최후 심판의 실체'를 제대로 보기를 또한 바랐다. 요한은 이렇게 말했다: "또 내가 크고 흰 보좌와 그 위에 앉으신 이를 보니"(계 20:11). 사도 바울은 하나님이 "공의로 심판할 날을 작정"하셨다(행 17:31)고 경고했다. 예수님은 이날을 그분이 재림하시는 날로 정의하셨다: "인자가 자기 영광으로 모든 천사와 함께 올 때에 자기 영광의 보좌에 앉으리니"(마 25:31). "우리 문화에서 최후 심판에 대한 신학적 성찰을 상당히 소홀하게 하고, 최후의 심판을 익살스럽게 없애버리고, 현대 교회 강단에서 최후 심판이라는 주제에 대해 사실상 침묵해 버렸음에도 불구하고 그것은 반드시 일어나게 될 것이다."(B. Milne, 303) 우리더러 하나님의 심판을 기대하지 말도록 제아무리 영특한 논증으로 다양하게 권한다 해도 계시록 20:11~15 말씀은 니케아 신조의 논지를 단호하게 견지한다: 그리스도는 "산 자와 죽은 자 모두를 심판하러 다시 오실 것"이다.

요한은 심판장이 앉으시는 자리를 묘사하면서 시작한다: "또 내가 크고 흰 보좌와 그 위에 앉으신 이를 보니"(계 20:11). 요한이 하늘로 초대받았을 때 그가 맨 처음 보았던 것은 보좌였는데(4:2) 마지막인 지금 그가 보는 비전을 보좌가 채우고 있다. "큰" 보좌는 장엄함과 권위를 발산한다. "흰" 보좌는 완벽한 정결, 거룩, 타락할 수 없는 의로움의 빛을 발산하고 있다. 이사야가 환상 중에 하늘의 궁궐을 보았을 때 스랍들은 "거룩하다 거룩하다 거룩하다"(사 6:3) 하며 서로 찬양을 부르고 있었다. 크고 흰 보좌는 똑같이 무한하고 완벽한 정의의 메시지를 지니고 있다.

보좌에 누가 앉아 있는지를 요한이 자세히 밝히지는 않지만, 4장에서 이 보좌를 처음 보았을 때처럼 거기가 하나님 아버지의 존전(尊前)임을 암시한다(계 4:2, 또한 19:4, 21:5도 참조). 요한이 본 비전의 배경이 되는 다니엘 7:9에서는 "옛적부터 항상 계신 이가 좌정하셨는데 그 옷은 희기가 눈 같았다"고 한다. 그러나 성경은 또한 예수님이 아버지와 함께 세상을 심판하실 것이라고 말한다. 바울은 "그리스도 예수가… 하나님 앞과 살아 있는 자와 죽은 자를 심판하실 것"(딤후 4:1)이라고 했다. "아버지께서… 심판을 다 아들에게 맡기셨다"(요 5:22). 그러므로 계시록 20:11이 하나님 아버지께 초점을 맞추고 있는 것처럼 보이지만 맡겨 주신 심판을 실제 집행하는 대리자는 하나님의 아들 예수님이다. 이것이 바로 예수님이 거룩한 하나님의 오른쪽에 앉으신 이유다(엡 1:20; 히 12:2).

계시록 20:11은 놀랄 만한 이야기를 덧붙이고 있다: "땅과 하늘이 그 앞에서 피하여 간 데 없더라." 이 이미지는 그리스도의 재림과 연결된 앞선 언급과 연관되어 있다. 여섯 번째 인이 떼어진 뒤에, 요한은 큰 지진과 하늘에서 떨어지는 별들, 물리적인 질서의 대변동, 그 종말을 보았다. 6:12~14, "하늘은 두루마리가 말리는 것 같이 떠나갔다"고 했다. 이것은 하나님의 보좌가 타락한 세상 질서 안으로 옮겨질 때 하나님의 절대적인 거룩과 장엄함으로부터 대변동이 발생할 것을 알려 준다. 미가 선지자도 이런 식으로 말했다. 하나님이 지상에 강림하실 때 "산들이 녹고 골짜기들이 갈라지기를 불 앞의 밀초 같고 비탈로 쏟아지는 물같을 것"(미 1:3~4)이다.

창조세계가 사라지는 이유는 "죄"와 "허물" 때문이다(미 1:5). 죄로 인한 타락으로 저주 아래 떨어졌기 때문에 "계시록에서 대자연이 두들겨 맞게 되었다.(J. R. Michaels, 229) 이에 비추어 볼 때, 적(敵)그리스도적인 "뉴 에이지(New Age)" 운동이 하나님이 영광스럽게 오실 때 산산이 부서질 운명에 처해 있는 자연계라는 우상에 심취하는 것은 매우 역설적인 흐름이다.

계시록 6장에서 자연이 해체됨으로 인류가 "보좌에 앉으신 이의 얼굴에서와 그 어린 양의 진노"(계 6:16)를 피해 숨을 수 없게 되었다. 이와 똑같은 점이 계시록 20:11에서 땅과 하늘이 그 앞에서 피하여 간데없게 되는 상황을 만들고 오직 하나님과, 피할 수 없는 그분의 심판만 남게 된다.

> "어떤 사람들은 한평생 전능자를 부인하려고 노력하며 살았는데, 그들은 전능자가 만드신 우주 안 어디에서도 숨을 곳을 찾을 수 없다. 그날에는 그 어떤 핑계도 댈 수 없다. 도망칠 곳도, 숨을 곳도 없다. 철학과 거짓 종교라는 피난처는 구름처럼 사라져 버렸다. 하나님의 얼굴 앞에서 모든 것이 사로잡히고 말았다."(D. F. Kelly, 392)

20:12 _최후 심판의 범위

심판의 실체에 덧붙여서, 요한이 본 비전은 '최후 심판의 범위'를 보여 준다: "또 내가 보니 죽은 자들이 큰 자나 작은 자나 그 보좌 앞에 서 있다."(계 20:12) 그 의미는 이 땅에서 살았던 모든 사람이 이 심판대 앞에 설 것이라는 것이다. "그 심판은, 그것이 역사의 마지막 장이고, 인류 이야기의 집적(集積)이기 때문에 필연적으로 우주적이다. 모든 생명의 주께서 이제 인류의 모든 삶을 그분의 최종 결정 아래서 재조사하신다."(B. Milne, 297)

요한은 하나님의 보좌 앞에 서기 위해 모든 죽은 자들이 모두 다 부활할 것임을 강조한다. 예수님은 요한복음 5:28에서 "무덤 속에 있는 자가 다 그의 음성을 들을 때가 온다"고 하셨다. 이 부활의 보편성이 계시록 20:13에 담겨 있다: "바다가 그 가운데에서 죽은 자들을 내주고 또 사망과 음부도 그 가운데에서 죽은 자들을 내주었다." 고대사회에서 매장(埋葬)은 사람의 사후의 삶에 중요하게 여겨졌다. 그러므로 바다에서 죽는 것은 불행한 운명이었다. 그러나 그리스도의 재림으로 바다는 비록 그 육체가 유실되었다고 여겨질지라도 거기서 죽은 모든 사람을 내준다. 뿐만 아니라 바다는 하나님께 대항하는 것을 상징했던 어쩌면 "죽음·지옥"과 바다가 동일함을 설명해 주는 혼돈의 장소였다. 죽는 몸과 영혼을 위한 이 장소들도 마찬가지로 하나님의 보좌 앞에서 최후의 심판을 받도록 그 희생자들을 내놓는다.

요점은 모든 사람이 심판 보좌 앞에 서게 될 것이라는 점이다. 요한은, "큰 자나 작은 자나" 하나님 앞에 함께 설 것이기 때문에 심판에 차별이 없을 것을 강조한다. "역사상 가장 거대한 인간 집단이 될 것이다. 아담과 하와의 후손 가운데 단 한 명도 열외가 없을 것이다… 이것이 이 땅에 살았던 모든 영혼의 인격적이고 불멸하는 운명에 대해 하나님이 주시는 최후의 말씀일 것이다."(D. F. Kelly, 391)

20:12 _최후 심판의 근거

우리 각자가 하나님의 보좌 앞에 설 것이므로, 이제 '그 최후 심판의 근거'는 무엇인지 깨달아야만 한다. 요한의 답은 이렇다: "또 내가 보니 죽은 자들이 큰 자나 작은 자나 그 보좌 앞에 서 있는 데 책들이 펴 있고 또 다른 책이 펴졌으니 곧 생명책이라. 죽은 자들이 자기 행위를 따라 책들에 기록된 대로 심판을 받으니"(계 20:12).

여기서 극히 중요한 문제에 도달하게 되었다. 우리 각자가 하나님의 심판을 직면해야만 하기 때문인데 그렇다면 무엇이 정죄의 근거가 될 것인가? 성경은 우리의 행위로 심판받는다고 분명하게 말하고 있다. 요한의 보고에 따르면 책 하나가 펼쳐져 있는데 거기에는 죄악 된 '의도'는 물론 우리의 모든 '생각', '말', '행동'을 하나님이 기록해 놓으셨다고 한다. 초대교회 신학자 어거스틴은 이 책들의 상징에 대해 메모를 남겼는데, 거기에 모든 행위, 말, 생각과 동기를 한 치의 오차도 없이 기록한 "하나님의 기억력(요즘식으로 표현하면 '메모리'라는 기억 장치)"이라는 말을 붙였다.(R. Bewes, 142) 무한하고 전능하신 하나님은 완벽하고 착오 없는 관찰력으로 역사의 모든 세부내용을 다 보셨다.

최소한으로 말하더라도 이 생각은 우리를 심란하게 한다. 사람들은 종종 등 뒤로 잘 감추었다고 생각했던 결점들과 창피한 죄를 지적할 것 같아 오랫동안 알고 지내는 사람들을 피할 때가 있다. 우리가 자신의 허물을 잊었다고 생각해도 우주의 의로우신 심판관은 그 모든 것을 다 기억하신다. 모든 죄가 하나님의 책에 기록되어 있을 뿐만 아니라 그 책이 거룩하신 하나님의 위대한 흰 보좌와 모든 피조물들 앞에서 펼쳐지게 될 것이다. 당신이 딱 오늘 하루 동안 범했던 죄된 행동, 말과 생각이 다 기록되어 있다고 상상해 보라. 그 목록이 목사님께 주어져서 교회 강단에서 읽힌다고 상상해 보라. 어쩌면 당신은 예배당 의자 밑으로 기어서 도망치고 싶어질 것이다. 그러나 당신의 모든 죄가 그리스도를 믿는 믿음으로 먼저 용서되지 않는 한 그 죄에 대한 하나님의 심판에서 도망칠 수는 없을 것이다. 죄책뿐만 아니라 당신의 죄의 수치까지 진노하시는 하나님이 정죄하시도록 그 추악한 것들이 다 빛 가운데 노출될 것이다. 히브리서 4:13, "지으신 것이 하나도 그 앞에 나타나지 않음이 없고 우리의 결산을 받으실 이의 눈앞에 만물이 벌거벗은 것같이 드러나느니라."

모든 죽은 자들은 "자기 행위를 따라"(계 20:12) 하나님의 심판을 받게 될 것이다. 예수님이 모든 죄를 위해 대신 죽었기에 때때로 우리가 심판받는 유일한 죄는 불신앙의 죄라고 가르치기도 한다. 이것은 요한의 가르침과 모순된다. 성경은 예수님이 안 믿는 자들의 죄를 대신하여 속죄하셨다고 말하지 않으며, 또한 계시록은 우리의 '모든' 행동이 하나님의 심판 아래 놓일 것이라고 단순하게 말한다. 하나님의 정의는 변덕스럽거나 자의적이지 않고 완벽하게 공정하다. 많은 것들이 이 세상에서는 빛 가운데 드러나지 않겠지만 지금껏 하나님의 법을 어긴 행위, 사람들을 해친 모든 잘못된 행위가 벌거벗은 듯이 드러나 거룩하신 하나님의 처벌을 완벽하게 받을 것이다.

　이 세상에서 사람들은 정의의 충분한 의미를 별로 깊이 생각하지 않으면서 함부로 정의를 외친다. 어떤 이는 자기들이 하나님으로부터 원하는 모든 것은 그들의 당연한 권리를 얻는 것이라고 말하기까지 한다. 그러나 당신이 하나님으로부터 바라는 모든 것이 정의라면 당신은 또한 노출될 모든 죄에 대비해야만 하며 또한 당신에게 불리한 "유죄"라는 평결이 선언될 것에 대비해야만 한다. 많이 에누리해서 당신이 하루에 딱 세 가지씩만 죄를 지었다고 상상해 보라. 그러면 해마다 하나님의 법을 어긴 것이 천번 정도씩 축적될 것이다. 엄격한 권위를 위반하고, 거짓을 말하고, 마음에 정욕이 들끓고 다른 이의 물건을 몹시 탐낼 때마다 당신은 죄를 짓는다. 평범한 사람의 한평생 너나없이 하나님의 책에 기록되는 정죄당해 마땅한 셀 수 없는 위반 사항들이 쌓일 것이다. 그리고 그 평결의 순수한 정 때문에 바울은 "모든 입을 막고 온 세상으로 하나님의 심판 아래에 있게 하려 한다"(롬 3:19)고 말한다.

　하나님의 심판, 그 세밀한 공정성 때문에 정도가 다른 형벌이 할당될 것이다. 예수님은 가버나움 시민들에게, 그들이 구약시대에 악으로 소문난 도시들보다도 더 무서운 심판을 받게 될 것이라고 말씀하셨다: "네게 행한 모든 권능을 소돔에서 행하였더라면 그 성이 오늘까지 있었으리라"(마 11:23). 그렇다면 최후의 심판을 예언하면서 당신이 회개하고 믿어야만 한다고 말하는 요한이 비전을 통해 전하는 경고에도 불구하고, 그리스도를 거절한 자들의 죄는 얼마나 더 클 것인가! 그리스도를 믿는 믿음으로 구원받는 복음을 듣고도 교만한 마음으로 세상을 사랑하여 그 복음을 거절한 자들이 받을 심판은 그 얼마나 무시무시할 것인가!

20:12 _최후심판으로부터의 도피

하나님의 심판, 그 근거를 이해할 때 우리 모두에게 가장 큰 문제는 우리 모두 죄책 때문에 정죄당해 마땅하다는 것을 깨닫는 것이다. 이런 이유로 가장 중요한 진리는 죄인들이 '어떻게 최후 심판에서 도망칠' 수 있느냐 하는 것이다. 요한이 답한다: "또 다른 책이 펴졌으니 곧 생명책이라"(요 20:12).

성경은 하나님의 은혜로 구원받은 모든 선택받은 자에 대한 기록을 하나님이 갖고 계신다고 말한다. 이 책에는 행위와 이름이 다 적혀 있다. 이것은 "새 예루살렘에 사는 시민들의 두루마리"다.(H. B. Swete, 2:272) 다니엘 12:1에서는 하나님이 "책에 기록된 모든 자"를 구원하신다고 말한다. 이 책은 무한한 과거에 만들어졌는데 바울은 이 과거를 하나님께서 "'창세 전에' 그리스도 안에서 우리를 택하셨다"(엡 1:4)고 가르치고 있다. 요한은 계시록 17:8에서 구속받은 자들의 이름이 "창세 이후로 생명책에 기록되어" 있음을 같은 말로 표현하고 있다.

이 책에 적힌 모든 이름이 계시록 13:8에 기록되어 있다: "죽임을 당한 어린 양의 생명책." 이것은 선택과 구원이 항시 그리스도 안에서 이루어진다는 것을 분명히 밝힌다. 이 책을 "어린 양의" 책이라 말하는 것은 거기 기록된 이름들이 예수 그리스도께 속해 있는 이들이라는 것을 확증한다. 뿐만 아니라, 예수님을 "죽임당한 어린 양"이라 부르는 것은 이 책에 죄를 대속하는 그리스도의 죽음으로 구원받은 이들의 이름이 기록되어 있다는 뜻이다. 바울은 감격스럽게 외친다: "우리는 그리스도 안에서 그의 은혜의 풍성함을 따라 그의 피로 말미암아 속량(贖良) 곧 죄사함을 받았느니라"(엡 1:7). 이 대속(代贖)은 예수를 믿음으로 받게 된다. "하나님이 세상을 이처럼 사랑하사 독생자를 주셨으니 이는 그를 믿는 자마다 멸망하지 않고 영생을 얻게 하려 하심이라"(요 3:16). "만일 우리가 우리 죄를 자백하면 그는 미쁘시고 의로우사 우리 죄를 사하시며 우리를 모든 불의에서 깨끗하게 하실 것이요"(요일 1:9).

예수님은 그 백성을 위해 희생제물로서 십자가를 지셨다. 그분은 우리 '대신' 하나님의 진노가 우리의 모든 죄에 퍼부어질 때 그 죄의 형벌을 담당하셨다. 따라서 바울은 로마서 8:1에서 "그러므로 이제 그리스도 예수 안에 있는 자에게는 결코 정죄함이 없다"고 말했다. 뿐만 아니라 우리 자신의 모든 행위에 따라 심판받는 대신에 신자들은 그리스도의 완전한 행위 곧 그분의 의로움이 우리에게 전가되어 의롭다 일컬음을 받게 되었다(롬 4:5~6, 고후 5:21). 신자들은 "용서받고 하나님과 화목하게 되었다. 그들은 심판주 앞에서 그들의 공로 때문이 아니라 모든 죄의 속죄 제물이자 아버지와 함께 그들의 변호인이 되시는 의로우신 그리스도 안에서 의롭다 함을 받았다."(P. E. Hughes, 219)

생명책이 "창세 이후로" 기록되었기에 선택이 구원받는 믿음보다 앞선다. 우리가 그리스도를 믿었기 때문에 선택받은 것(알미니안)이 아니고 하나님의 선택과 갱생(更生)시키는 은혜로 말미암아 예수 믿게 된 것이다. 그렇다면 믿는다는 것은 어린 양의 생명책에 그대의 이름이 적혀 있음을 확신하게 되는 것이고 또한 그대가 최후의 심판에서 정죄당하지 않을 것을 확신하는 것이다. "창세 전에 하나님이 우리를 선택하셨음을 어떻게 알 수 있는가? 예수 그리스도를 믿음으로써다.… 하나님의 영원한 작정이 있으셨고 그래서 그분은 믿음에 기반한 사본을 우리에게 늘 주시기 위해 주요 원본을 스스로 보관하고 계신다."(J. Calvin, 1973:47) 이것을 깨닫는다면 신자들은 하나님의 은혜로 구원받은 데 대해 그분께 모든 영광을 올려 드려야 한다. 우리는 우리 믿음이 부서지기 쉬운 자신의 선택에 기반한 것이 아니라 세상을 창조하시기 전 하나님의 주권적인 선택에 기반한 것이라는 확증을 얻었다.

20:13~15 _최후 심판의 처벌

신자들이 하나님 앞에 설 때 그들의 행위에 따라 심판받게 된다는 것에 대한 의문이 생긴다. 요한이 증언하는 비전에서 분명해지는 것은 그리스도 밖에 있는 모든 인류가 그들의 모든 행위록에 따라 심판받지만 그리스도 안에 있는 신자들은 생명책에 기록된 그들의 이름에 의해 면죄된다는 것이다. 그러나 많은 이들이 그리스도인들은 자기들의 죄가 드러나지만 용서받는 심판대에는 서지 않을 것이라고 가르치고 있다. 이런 가르침의 근거는 "우리가 다 반드시 그리스도의 심판대 앞에 나타나게 되어 각각 선악 간에 그 몸으로 행한 것을 따라 받으려 함이라"는 고린도후서 5:10 말씀이다. 오즈번이 이런 입장을 취하고 있다: "우리는 우리의 모든 악행을 대하게 될 것이지만 그런 다음 용서받고 우리가 행했던 선행에 대한 보상을 받게 될 것이다."(G. R. Osborne, 722)

이런 가르침이 잘못되었다고 믿는 몇 가지 이유가 있다. 첫째, 용서와 관련한 성경의 기록에 하나님이 우리의 모든 죄를 간과(看過)하셨다는 진술이 있기 때문이다. 정말로 이 약속은 그리스도께서 성취하신 새 언약(신약성경)의 핵심 중의 핵심이다: "내가 그들의 불의를 긍휼히 여기고 그들의 죄를 다시 기억하지 아니하리라"(히 8:12; 렘 31:34 인용). 이 약속의 핵심은 예수님을 믿음으로 용서받은 이들의 모든 죄를 기록한 것을 하나님이 보관하시지 않는다는 것이다. 하나님께서 그리스도의 피라는 잉크로 우리의 모든 죄를 다 지워버리셨기 때문에 하나님은 심지어 그 죄를 미래에 가져오시지도 않을 것이다. 이사야도 비슷한 말을 했다: "내 모든 죄를 주의 등 뒤에 던지셨나이다"(사 38:17). 시편 103:12에서 다윗은 이렇게 기뻐한다: "동이 서에서 먼 것 같이 우리의 죄과(罪過)를 우리에게서 멀리 옮기셨으며." 이런 진술들은 신자들이 그들의 죄 때문에 수치를 당하겠지만 그 죄들이 하나님의 거룩한 보좌 앞에서 용서받을 뿐이라는 교리와 단순하게 똑같지는 않다.

둘째, 죄지어 심판받는 신자들을 변호하는 일이 모든 죄가 그 거룩한 보좌 앞에 다 드러날 때 얼마나 절망스러울 것인지를 생각하는 데 아무런 도움이 되지 못한다. 죄가 없음에도 무고로 재판을 받게 되었다 치자. 내가 무죄임이 확실하고 변호사도 걱정하지 말라고 하지만 막상 재판일이 다가오고 재판장 앞에 서야 한다는 사실 때문에 심각한 불면증이 생길 수 있다. 유전무죄, 무전 유죄, 오심(誤審)도 의외로 많기 때문이다. 죄가 없는 사람도 재판장 앞에서는 진땀이 나고 얼굴이 창백해지며 극도로 긴장하게 된다. 그리스도를 믿음으로 의롭게 된 그리스도인들은 그렇게 초조하게 염려와 불안으로 최후 심판을 생각하는 일을 당하지 않을 것이다.

셋째, 마태복음 25:32에서 최후 심판에 대해 예수님이 말씀하셨을 때, 열방이 그분의 보좌 앞에 모일 것이지만 "그분은 양과 염소를… 분리할 것"이다. 이것은 모든 사람이 부활한 후에 의인은 오히려 그리스도한테서 칭찬과 보상을 받기 위해 심판에서 열외(洌州)될 것을 가리키고 있다. 예수님은 그의 백성에게 이렇게 말씀하실 것이다. "내 아버지께 복 받을 자들이여 나아와 창세로부터 너희를 위하여 예비 된 나라를 상속받으라"(마 25:34). 나아가 그분의 피로 모든 죄가 용서되고 그다음 우리의 모든 선행이 사랑 많으신 우리 구주이자 주님이신 그분의 칭찬으로 보상받게 될 것이다(마 25:35~40). 이것이 바로 신자들은 그리스도 앞에 나타나야만 하고 살면서 더욱 열심을 내야만 한다고 바울이 했던 말의 의미이다. 아울러 이것이 바로 그리스도인들은 그리스도의 재림과 최후 심판을 기대해야 한다고 가르치는 이유다. 우리의 죄책뿐만 아니라 우리 죄의 수치까지도 십자가에 못 박히신 예수께서 온전히 짊어지셨다. 우리는 심판이 아니라 풍성한 복으로 그리스도와 함께 공동상속자로서 대관식을 맞이하게 될 것이다.

하지만, 그들의 죄에 대해 심판을 받게 되고 어린 양의 생명책에 그 이름이 없는 이들이 받을 '최후 심판의 형벌'은 그 얼마나 두려운 것인가. 요한은 이렇게 말한다: "누구든지 생명책에 기록되지 못한 자는 불 못에 던져지더라"(계 20:15). 이 진술은 그 누구도 자신의 업적으로 구원받지 못할 것이라는 말이다. 사도 바울은 그 이유를 이렇게 이야기했다: "의인은 없나니 하나도 없으며… 모든 사람이 죄를 범하였으매 하나님의 영광에 이르지 못하더니"(롬 3:10, 23). 모든 사람이 다 죄인이기 때문에 하나님 앞에서 그 누구도 자신의 업적으로 의롭다 함을 받을 수 없다. 구원은 오직 어린 양의 생명책에 따라 예수 믿는 믿음, 은혜로만 오는 것이다. "오직 한 가지 길, 한 분께서만 주시는 구원 앞에서 입을 닫아야 한다… 그리스도가 없으면 영원한 정죄가 있을 뿐이다."(B. Milne, 301)

20:14 _최후 심판의 경고

최후 심판에 관해 요한이 본 비전은 하나님의 궁극적인 승리, 곧 심지어 죽음 자체와 지옥을 이기는 승리로 끝맺는다: "사망과 음부도 불 못에 던져지니 이것은 둘째 사망 곧 불 못이라"(계 20:14). 죽음은 하나님의 완전한 창조 세계에 죄가 불러온 저주였다. 그리스도께서 영원한 영광의 "새 하늘과 새 땅"을 가져오시기 위해서는 정죄당한 자들의 거처인 음부와 함께 죽음의 저주를 그분이 끝장내셔야만 했다. 고린도전서 15:26에서 바울은 "맨 마지막에 멸망 받을 원수는 사망"이라고 했다. 요한은 음부와 죽음이 불 못에 던져지는 모습을 보여 주고 있는데 거기는 사탄과 그의 짐승들이 던져져서 세세토록 고통을 당하는 곳(계 20:10)이다. 이것은 "삼위 하나님의 최종적이고 번복할 수 없는 승리"이며 그 승리 안에서 하나님을 적대하던 최후의 원수들이 "정복되고 하나님의 진노를 당하며 하나님의 한없는 영광과 통치를 위협하던 그들이 최종적으로 그리고 영원히 종말을 맞게 된다."(B. Milne, 298) 이 승리로 인해 최후의 심판은 하나님의 대속 받은 백성과 더불어 거룩한 천사들에게는 즐거움의 날이 된다. 그러자 하늘에서 환희에 찬 음성으로 "세상 나라가 우리 주와 그의 그리스도의 나라가 되어 그가 세세토록 왕 노릇 하신다"(계 11:15)는 것을 정당하게 선포한다.

그러나 불 못에 던져져서 "세세토록 밤낮 괴로움을 받는"(계 20:10) 죄인들은 그 얼마나 비통할 것인가. 요한은 "이것이 둘째 사망"이라고 말하는데, 이것은 몸의 죽음뿐만 아니라 영혼이 영원토록 죽음의 어둠을 경험할 것이라는 말이다. "두 번째의 고귀한 삶이 있는 한편, 두 번째의 더 깊은 죽음도 있다."(H. Alford, 4:735)

'최후 심판의 경고'를 듣고도 그리스도 안에서 용서받는다는 복음 메시지를 거부해버린 자들의 이런 종말은 그 얼마나 비극적인가! 그것은 자기들의 죄를 고백하지 않고 예수님 앞에 무릎 꿇지 않으려는 그들의 자만심 때문이었을까? 그 대가로 그들은 죄의 처벌을 영원히 받으면서 지옥에서 강제로 "그리스도를 주라 시인하여 하나님 아버지께 영광을 돌릴 것"(빌 2:11)이다. 세속적인 지혜가 좀 있다고 뻐기면서 하나님의 은혜로운 사랑으로 복음이 주는 호소를 거절한 것인가? 바울은 고린도전서 1:18에서 이렇게 말했다: "십자가의 도가 멸망하는 자들에게는 미련한 것이요 구원을 받는 우리에게는 하나님의 능력이라."

중세 성당을 방문해 보면, 정문 위에 라틴어로 '팀파눔'이라 부르는 반원형 조각이 있는 것을 종종 볼 수 있을 것이다. 그 조각은 최후 심판을 그리고 있는데, 보좌에 앉으신 그리스도, 그 우편에 대속 받은 이들, 좌편에 정죄당한 자들이 새겨져 있다. 매 주일에 사람들이 그 문을 들어설 때마다 계시록에서 보여 주는 이 최후 심판의 비전이 드러내는 진리를 또렷이 일깨웠을 것이다: 세상에 오직 두 개의 운명 곧 하늘과 지옥밖에 없으며, 그 운명은 예수 그리스도를 믿은 죄인들을 향한 하나님의 자비와 죄에 대한 하나님의 심

판을 가르치는 교회 안에서 선포되는 복음에 대한 반응에 따라 결정될 것이다.(D. Kelly, 391)

　미국인 최초의 선교사 아도니람 저드슨은 하나님의 심판을 두려워하지 않도록 그를 그럴싸하게 격려했던 그 남자가 겪는 죽음의 고뇌를 들었을 때 완전히 상반되는 두 운명에 직면했다. 자신의 위험을 깨닫고 그는 성경으로 돌아왔고 예수를 믿음으로 구원받았다. 마침내 미얀마 사람들을 복음으로 섬기기 위해 온몸을 바쳤다. 최후 심판에 관해 요한이 본 비전에서 하나님의 말씀이 죄에 대한 심판을 경고하면서 예수 그리스도를 통한 구원을 제공하고 있다. 당신이 믿는다면 창세 전에 생명책에 당신의 이름을 적어 놓으셨음을 알 수 있게 될 것이며 따라서 최후의 심판 날이 당신에게는 영광의 날이 될 것을 알게 될 것이다. 그렇다면 죄인들이 구원받을 필요가 얼마나 큰지를 깨닫게 될 것이고, 아도니람 저드슨처럼 당신도 틀림없이 죽임당한 어린 양의 복음 메시지를 다른 사람들에게 열심히 전하지 않을 수 없을 것이다.

새 하늘과 새 땅
(요한계시록 21:1~4)

¹또 내가 새 하늘과 새 땅을 보니 처음 하늘과 처음 땅이 없어졌고 바다도 다시 있지 않더라 ²또 내가 보매 거룩한 성 새 예루살렘이 하나님께로부터 하늘에서 내려오니 그 준비한 것이 신부가 남편을 위하여 단장한 것 같더라 ³내가 들으니 보좌에서 큰 음성이 나서 이르되 보라 하나님의 장막이 사람들과 함께 있으매 하나님이 그들과 함께 계시리니 그들은 하나님의 백성이 되고 하나님은 친히 그들과 함께 계셔서 ⁴모든 눈물을 그 눈에서 닦아 주시니 다시는 사망이 없고 애통하는 것이나 곡하는 것이나 아픈 것이 다시 있지 아니하리니 처음 것들이 다 지나갔음이러라 (개역개정)

톨킨의 소설을 원작으로 만들어진 유명한 영화 "호빗"이 있다. "호빗"은 무시무시한 용의 공격으로 집을 잃어버린 일단의 난쟁이 용사들에 관한 이야기다. 한때 그들의 산악왕국은 세상의 경이로움 자체였고 그들의 부요함은 영원히 끝날 것 같지 않았다. 그들은 금과 보석의 찬란함 속에서 살고 있었다. 그러나 그들은 이제 낙원을 잃어버렸고 수치감을 안고 가난하게 세상을 방랑하지 않으면 안 되는 처지가 되었다. 이런 현실은 아담의 타락으로 에덴동산에서 추방당한 인류의 상태와 비슷하다.

영화 앞부분에서 난장이 지도자 토린 와켄쉴드와 그의 삼촌인 현자(賢者) 발린의 대화가 나온다. 늙은 난장이는 산악왕국으로 돌아가 보좌를 되찾으려는 토린의 계획이 쓸데없다고 강력히 주장한다. 발린은 이렇게 말한다. "우리 꼬락서니를 좀 봐라. 전설이 될 소질은커녕 기껏해야 상인, 광부, 땜장이, 장난감 만드는 사람들 아닌가?" 타락한 우리 인류도 마찬가지다. 하나님의 형상으로 빚어졌던 창조의 영광으로 돌아가려고 창세기를 되돌아본다. 낙원인 동산에서 살았을 때는 "바람이 불 때(날이 서늘할 때)"(창 3:8) 하나님과 함께 걸었다. 그러나 죄가 한때 영광스러웠던 상태를 파멸시키고 말았고 인류는 세상의 진흙 구렁에서 표류하게 되었다. 우리는 묻는다, 우리는 무엇인가? 사업가, 교사, 공무원, 예술가, 정치인, 법조인, 배관공, 은행원… 영광의 흔적은 찾아보기 어렵게 되었다. 그리스도인들은 행여 다시 돌아갈 수는 없을까 하고 잃어버린 낙원을 틈틈이 돌이켜 본다.

타락으로 우리의 원래 운명으로부터 영원히 털려났다면 그러므로 이승에서 무언가를 그럭저럭 얻는 것이 우리가 할 수 있는 최선인가? 계시록은 예수께서 그 피로 우리를 죄의 형벌에서 해방하신 십자가(계 1:5)를 되돌아 보면서 그리스도의 재림과 그가 가져오실 새 하늘과 새 땅도 함께 응시하도록 함으로써 답을 제시한다. 이런 식으로 성경의 마지막 책(계시록)은 성경의 첫 번째 책(창세기)에서 사망의 늪에 빠져버린 인류의 상황에 답하고 있다. 시작 단계에서 잃어버린 동산은 마지막에 "거룩한 성 새 예루살렘"(계 21:2)으로 대체된다. 요한이 이처럼 새로운 현실을 진술할 때, 그는 인간의 타락한 상태가 제거된 파멸의 주요 원인에서 어떤 미래를 제시하고 있다: 영적인 악한 원수는 더는 존재하지 않으며, 하나님의 백성은 더는 죄로 정죄당하지 않으며, 삶은 더는 공허함과 죽음의 망령으로 비참해지지 않는다. 타락이 역전된 효과 덕분에 하나님의 원래 언약의 목표는 성취되었다: "보라 하나님의 장막이 사람들과 함께 있으매 하나님이 그들과 함께 계시리니 그들은 하나님의 백성이 되고 하나님은 친히 그들과 함께 계셔서"(계 21:3).

21:1 _대체? 갱신?

계시록 21:1의 첫 들머리에서 그리스도인들이 여태껏 한 번도 받을 수 없었던 엄청난 격려 몇 가지를 제공한다: "또 내가 새 하늘과 새 땅을 보니 처음 하늘과 처음 땅이 없어졌고 바다도 다시 있지 아니하더라." 성경은 그리스도가 재림하실 때 물리적인 우주와 영적인 세계 질서 둘 다를 아울러 언급하는 방식인 "하늘과 (그) 땅"이 영광 중에 깨끗하게 되고 새롭게 될 것을 말하고 있다. 이것으로써 성경이, 하나님의 백성의 최종 운명을, 덧없고 희미한 하늘이 아니라 하나님의 창조의 시작이 영광스럽고 영원한 끝이 되는 구속된 땅에 두었음을 일깨운다.

신약에는, 예수님의 재림 후에 일어나는 우주적인 변형에 관한 증거가 풍부하게 담겨 있다. 계시록 20장에서는 사탄, 사탄의 추종자들, 아울러 죽음과 지옥까지 제거되어 이 모든 것들이 불 못에 던져지는 모습을 보여 주었다(계 20:10, 14). 이 원수들이 마침내 패배해서 영원히 추방당하고 승리의 그리스도는 온 우주의 혁신으로 그분의 사역에 유종의 미를 거두며 언약의 성취를 향해 전진하신다. 바울은 이 해방으로 급히 떠오르며 다가오는 성취를 예상했다: "피조물도 썩어짐의 종노릇 한 데서 해방되어 하나님의 자녀들의 영광의 자유에 이르는 것이니라"(롬 8:21).

일부 그리스도인들은 주로 베드로후서에 근거하여 현재의 우주가 다 소비되어 새로운 우주로 대체된다는 교리를 가르친다. 베드로는 노아 시대의 세계가 홍수로 파멸되었던 것처럼 예수님이 재림하실 때 "하늘이 큰 소리로 떠나가고 물질이 뜨거운 불에 풀어지고 땅과 그중에 있는 모든 일이 드러난다"(벧후 3:10)고 말했다. 이 말을 근거로 일부 그리스도인들은 현재의 이 세상이 사라져 버리고 새로운 세상으로 대체된다고 가르친다.

　좀 더 나은 이해는, 그리스도의 재림 후에 우주가 정화되고 갱신된다는 교리이다. "모든 것을 새로" 만드시는 대신 그리스도는 "만물을 새롭게"(계 21:5) 하신다. 마태복음 19:28에서 예수님은 재림 후에 "세상이 새롭게" 된다고 말씀하셨다. 여기 쓰인 헬라어 '팔링게네시아'는 곧 '갱신'이라는 뜻인데 이는, 예수님 재림 후 천지의 변형, 예수께로 나아오는 신자들의 영적인 거듭남이 비슷하다는 것을 시사한다. 그리스도께서 죄 때문에 원래의 창조세계를 제거하신다는 반대 의견은 불안한 뜻을 함축하게 된다. 이 견해를 따르게 되면 사탄이 창세기 1장에 기록된 영광스러운 사역을 전복시키는 데 성공한 셈(사탄이 하나님을 이긴 셈)이 된다. 뿐만 아니라, 만일 하나님이 현재의 천지를 없애버리신다면, 그렇다면 "만물을 새롭게 하기보다는 삼위 하나님이 결국 대속 사역을 포기했다고 결론지을 수도 있게 된다."(C. P. Venema, 461)

　만일 그리스도의 재림으로 우주가 대체되지 않고 새롭게 된다면, "하늘이 큰 소리로 떠나가고 물질이 뜨거운 불에 풀어진다"(벧후 3:10)는 베드로의 진술을 우리가 어떻게 이해해야 하는가? 그 대답은 노아시대 홍수로 인한 파괴를 유추해 낸 베드로의 말에서 찾을 수 있다. 대홍수로 지구 자체를 파괴한 것이 아니고 단지 죄인들을 심판하여 제거하고 세상의 타락을 정화했기 때문이다. 노아가 방주를 떠나 죄가 쓸려나간 낡은 세상의 '새로운 개정판' 안으로 들어갔듯이 그리스도는 원초적으로 정화되고 영광스럽게 된 새 창조 안으로 몸 된 교회를 안내할 것이다. "한번 더, 하지만 이제는 비상한 방식으로 창조세계는 하나님과 그 백성이 함께 거하기에 적합한 성전이 될 것이다."(C. P. Venema, 460)

21:1 _바다도 다시 있지 아니하더라

계시록 21:1에, 모든 악의 제거를 압축하는 도발적인 진술이 덧붙여져 있다: "(또한) 바다도 다시 있지 않더라." 계시록의 상징체계에서 바다는 지형학적인 의미보다는 신학적인 의미를 지니고 있다. '바다'는 하나님과 맞서 반역하는 '악의 영역'이다. 시편 74에서 구원을 하나님이 "바다 괴물"의 머리를 깨부수고 "리워야단"을 쳐부수는 것으로 묘사했는데 거대한 신화적인 바다 짐승(용)은 하나님을 반대하는 우상 숭배를 나타낸다(시 74:12~14). 이스라엘 사람들에게 바다는 "악이 나오는 거대한 미지의 어두움이었다."(J. M. Hamilton, 2012:383) 이스라엘에는 바다 영웅이 전혀 없었다! 그 이유는 하나님의 언약 백성은 혼돈과 파멸의 원천인 바다를 피했기 때문이다. 계시록 12:17에서 사탄은 "바다 모래 위에 서 있었는데" 이내 자기의 부하 짐승을 "바다에서 나오게 한다"(계 13:1). 17~20장에서 요한은, 용, 그의 짐승들, 음녀가 그들의 사악한 모든 계획과 함께 제거되는 장면을 보여 주었다. 마지막으로, 그것들이 나오는 바다조차도 더는 존재하지 않게 된다.

그러므로 그리스도인들이 "우리는 다른 모든 사람처럼 죄지을 운명을 타고났다. 우리는 전설이 될 소질이 거의 없다"고 말하는 것은 얼마나 잘못된 것인가. 그러나 우리는 장차 죄가 전혀 없는 영광의 나라 상속자들이 될 것이다! 그렇다. 우리는 지금 죄의 광야 속 에덴의 동쪽에 살고 있다. 그러나 우리는 바다가 더는 없는 세상에 살 운명을 타고났다. 이런 배경에서 바울은 에베소 교인들에게 악의 사람들과 함께하지 말 것을 이렇게 권면했다. "너희가 전에는 어둠이더니 이제는 주 안에서 빛이라." 우리에게는 성경적인 운명의 소질이 있다! 그러므로 "빛의 자녀들처럼 행해야"(엡 5:8) 한다. 이 사악한 세상의 악과 타협하거나 유혹에 마음을 내주지 말라. 그리스도인들은 지금 악도 없고 허물도 없고 심지어는 죄의 유혹조차도 없는 새로워진 창조세계를 기대하고 있다. 그리스도 안에 있는 신자들은 "하나님의 선한 말씀과 내세의 능력을 (이미) 맛보았다"(히 6:5).

21:2 _이제 타락은 없다

그리스도의 재림으로 발생하는 새 창조의 두 번째 특질은 그때에 새롭게 되는 교회에 관한 비전이다: "또 내가 보매 거룩한 성 새 예루살렘이 하나님께로부터 하늘에서 내려오니"(계 21:2). 이사야는 하나님의 오심으로 대속받아 의롭게 되고 하나님과 사랑의 혼인 관계를 반영하는 새 이름(헵시바: "나의 기쁨이 그에게 있다", 쁄라: "결혼한 여자")을 받은 예루살렘을 예견했다(사 62:2~5). 요한은 이 약속이 예수님의 초림으로 성취된 것이 아니고 그분의 재림으로 성취되었다고 보았다. 예루살렘은 역사상 하나님의 대속 행위, 그 중심지였는데, 특히 하나님의 독생하신 아들이 감당한 속죄의 죽음에 있어서 그랬다. 그러므로 창조세계가 새 하늘과 새 땅으로 영화롭게 된 것처럼 대속은 새 예루살렘이 옴으로 영광스럽게 성취되는 것이다.

하나님의 성, 그 첫 번째 특성은 '거룩성'이다: "거룩한 성." 이것은 "단순히(그리고 부정적으로) 어떤 형태의 죄악도 없음을 반영하는 것이 아니라 하나님의 찬란한 독보적 특성에 들어 있는, 하나님의 눈부신 장엄함이 지닌 영광스러운 적극성을 반영한다… 그 성은 그런 하나님의 거처이기 때문에 그 성은 거룩한 장소가 아닌 다른 어떤 곳이 될 수 없기" 때문이다.(B. Milne, 311) 신자들이 그리스도 안에서 믿음을 갖게 될 때 그들은 이런 목적을 위해 영적으로 새로워진다. 새 예루살렘을 "거룩한 성"으로 부름으로써 요한은 그리스도인들과 오늘날의 교회를 정의하는 주된 특징과 소명을 확인해 준다. 성경은 교회가 "풍성한 성", "문화적으로 발전한 성", "재미있는 성"이 아니라, "거룩한 성"임을 강조하고 있다.

둘째, 하나님의 백성은 '공동체'다. 도시는 주로 거리와 건물이 아니라 거기 사는 사람들로 정의된다. 그러므로 '영원성'은 혼자 복 받는 꿈을 추구하는 것이 아니라 하나님의 영광을 다 함께 경험하는 것으로 구성된다. 히브리서 12:23에서 하늘의 예루살렘을 "하늘에 기록된 장자들의 모임… 온전하게 된 의인들의 영들"과 같은 것으로 본다. 이 성은 이제 새로워지고 영광스러운 형태로 땅으로 내려온다. 하나님의 고유한 존재가 삼위라는 공동체를 포함하듯이 마찬가지로 새 예루살렘은, 성도들과 하나님의 교제뿐만 아니라 하나님과 성도 상호 간의 교제도 포함한다.

셋째, 하나님의 성은 그분의 '주권적인 은혜'라는 특징을 지닌다. 요한이, 새 예루살렘은 "하나님께로부터 하늘에서 내려온다"(계 21:2)고 말할 때 그것은 하나님의 행위가 영원한 영광 안에 있는 이 장소에 하나님의 백성이 도달하게 만드는 결과를 낳았다는 것이다. 교회는 선택되었고, 의롭다 함을 받았고, 입양되었고, 거룩하게 되었고, 그리고 마침내 하나님의 주권적인 은혜로 영화롭게 되었다. 이런 이유로 예수 안에 있는 신자들은 이 영광스러운 운명을 확신할 수 있다: 베드로는 "썩지 않고 더럽지 않고 쇠하지 아니하는 유업을 잇게 하시나니… 말세에 나타내기로 예비하신 구원"(벧전 1:4~5)을 약속하고 있다. 같은 이유로, 하나님의 은혜의 영원한 거울인 그 백성에게 비취는 새 예루살렘의 영광은 전적으로 하나님께 속한 것이다.

넷째, 새 예루살렘은 "그 준비한 것이 신부가 남편을 위하여 단장한 것 같기"(계21:2) 때문에 '사랑에서 우러나는 친밀감'으로 표시된다. 그리스도인들은 승리하신 예수 그리스도 우리 주님과 함께 이 사랑을 즐긴다. 많은 그리스도인이, 우리가 죽음으로 분리되어 영광으로 들어갈 때 이승에서 최고의 친밀성을 조장하기 위해 기획된 지상의 결혼이 끝날 것이라는 생각과 싸운다(눅 20:34~36 참조). 그러나 신자들은 영원한 성에서 아무런 손실도 입지 않을 것이다. 지상의 부모들이, 우리 마음속에 하나님 아버지께서 완벽하게 채우실 어떤 장소(위치)를 차지하도록 기획된 것처럼 하나님도 또한 그리스도의 신부로서 영원히 그분과 사랑의 친밀감을 마음에 느낄 준비를 할 수 있도록 지금 이 땅에서 결혼의 친밀함으로 우리에게 복을 주시기 때문이다. "하늘을 경험하는 것은 완전하게 그리고 영원하게 사랑받는 지극한 복이다."(B. Milne, 312) 바울이 유명한 사랑 장(章)에서 말했듯이 "그때에는 주께서 나를 아신 것 같이 내가 (주님을) 온전히 알게 될 것"이다(고전 13:12).

계시록 20:1에서, 그리스도의 모든 원수가 제거되어 갱신된 창조세계인 새 하늘과 새 땅을 보여 주었다. 새 예루살렘에서 하나님의 새로워진 백성은 더는 죄 때문에 정죄당하지 않는 것을 본다. 노아와 그 가족이 방주 밖으로 다시 나올 때 세상이 홍수로 깨끗해졌다. 그들이 세상에 들어감으로 세상에 죄가 다시 들어오게 되었다(창 9:18~25). 새 하늘 새 땅에서는 그렇게 되지 않을 것이다. 신자들은 그리스도의 피로 죄가 깨끗하게 되었고 그분의 의(義)가 전가된 옷을 입어 의롭다 함을 받았기 때문에 하나님의 아들과 영원한 사랑의 친교 안으로 들어갈 자격을 얻었다. 이것이 교회가 마치 "신부가 남편을 위하여 단장한 것 같다"(계 21:2)고 요한이 말한 이유다. 자신의 피로 속죄하는 희생이 되심으로 예수님은 영원토록 우리의 죄를 제거했으며, 모든 믿는 이들을 위해 하나님 앞에서 용서를 얻어내신다. 바울이 가르쳤듯이 우리는 "그의 피로 말미암아 속량 곧 죄 사함을 받았다"(엡 1:7). 그리스도께서 지극히 사랑하는 그의 신부를 준비시키는 것이 그토록 완벽하기에 요한은 이사야의 예언이 성취되었음을 확인한다: "마치 청년이 처녀와 결혼함 같이 네 아들들이 너를 취하겠고 신랑이 신부를 기뻐함 같이 네 하나님이 너를 기뻐하시리라"(사 62:5).

아울러 이제 그리스도인들은 지금 예수님을 향한 사랑의 열망에 대한 자극으로서 그들의 운명을 다시 생각하게 된다. 계시록은 우리가 함께 그리스도의 사랑을 위해 정결케 되고 영광스럽게 된 하나님의 아들, 그분의 눈부신 신부가 되어야 하는 운명에 처했다고 말한다. 이것을 깨닫기에, 우리 구주께서 사랑하시는 거룩한 아름다움을 믿음으로 추구하면서 현재의 삶을 마치 신부가 결혼식 날을 준비하듯이 살아내야 한다. 참으로 그리스도는 "물로 씻어 말씀으로 깨끗하게 하사 거룩하게 하시고 자기 앞에 영광스러운 교회로 세우사 티나 주름 잡힌 것이나 이런 것들이 없이 거룩하고 흠이 없게 하려"(엡 5:26~27) 하신다.

21:3~4 _죽음이나 눈물이 다시 있지 아니하다

타락한 세상은 그리스도의 원수인 독재자에 시달리고 있어서, 우리는 지금 타락과 유혹이라는 영적 쓰레기장에서 살고 있다. 설상가상으로 우리 스스로 죄된 본성의 참사(慘事)를 맞았다. 우리 시대의 세 번째 악은 슬픔과 재난의 참혹함으로 수많은 죄의 결과에서 드러난다. 계시록 21:1~2에서는, 바다와 모든 악이 우리의 미래 환경에서 제거되어 버리고, 하나님의 백성들이 정결하게 되며 영광으로 꾸며진다고 보았다. 이제 오는 시대의 삶은, 죄와 죽음의 저주받는 지배 아래서의 고통이 더는 없이 완전히 새롭게 만들어진다. "모든 눈물을 그 눈에서 닦아 주시니 다시는 사망이 없고 애통하는 것이나 곡하는 것이나 아픈 것이 다시 있지 아니하리니 처음 것들이 지나갔음이러라"(계 21:4).

나는 이제 나이를 많이 먹어서 내 인생에 죽음의 그림자가 예전보다 더 짙어졌다. 부모님 두 분 다 돌아가셨고, 그분들이 계시지 않음을 문득문득 깊이 실감한다. 내 주변, 내 또래의 사람들이 죽음의 고통을 겪고 있는데 그런 모습에서 나 자신도 언젠가 죽을 것을 깨닫게 된다. 공수특전단 장교의 팔팔했던 젊은 시절은 이제 아련한 추억이 되고 말았다. 오늘 누리는 즐거움도 곧 미끄러지듯 사라질 것이다. 누구나 이런 경험을 하면서 살아간다. 시간과 죽음이 현재 이 세상에서 사는 모든 이의 꽁무니를 따라 다닌다. 그러나 오는 시대에는 죽음도 슬픔도 눈물도 고통도 더는 없을 것이다.

그리스도인들의 장례식에서 많이 인용되는 성경은 시편 116편 9절이다: "내가 생명이 있는 땅에서 여호와 앞에 행하리로다." 이 말씀은, 우리가 현재 땅에서 죽어가며 살고 있지만, 산 자들의 땅은 우리가 사랑했던, 먼저 떠난 사람들이 들어간 하늘임을 알려 준다. 이승의 슬픔은 우리의 뺨에 눈물이 흐르게 하고 우리 마음에 고통을 준다. 그러나 그리스도께서 다시 오실 때, 믿음으로 그분과 연합하는 이들은 영원한 생명의 충만함을 경험할 것이다. "여기서 흘리는 눈물은 모든 인간의 슬픔, 비극, 악을 나타낸다. 하나님의 영광스런 비전에 동행하는 것은, 낡은 질서 속의 모든 슬픔과 악의 존재가 멀리 떠나버린 존재의 변형된 양식이 될 것이다."(G. E. Ladd, 1972:277) 이사야는 이렇게 예견했다: "여호와의 속량함을 받은 자들이 돌아오되 노래하며 시온에 이르러 그들의 머리 위에 영영한 희락을 띠고 기쁨과 즐거움을 얻으리니 슬픔과 탄식이 사라지리로다"(사 35:10).

무엇보다 가장 사랑스러운 것은, 하나님께서 손수 우리의 눈물을 닦아 주신다는 것이다. 계시록 21:4의 이미지는, 슬픔 많은 우리 삶의 눈물이 여전히 우리 볼에 흐르는 채로 영광 안으로 사무치게 들어가도록 한다. 어떤 이미지가 이 타락한 세상에서 삶의 순전한 고통을 이보다 더 충분하게 표현할 수 있겠는가! 그러나 사랑 많으신 하늘 아버지는 우리를 반가이 맞아 주시고, 우리 얼굴에 흐르던 마지막 눈물을 닦아 주시고 영원토록 더는 흐느끼지 않도록 우리를 초대하신다. 진실로 계시록 21:4에서 하나님의 손을 지금도 우리에게 뻗으셔서 우리의 눈물을 모으시면서, 그리스도가 다시 오시고 슬픔이 더는 없게 될 때가 곧 온다는 것을 우리에게 알려 주고 계신다. 이런 은혜의 격려를 받고, 이승에서의 모든 슬픔을 용기 있게 대면하고, 앞에 있는 약속의 땅을 향해 우리의 순례 행진에 용기를 북돋우게 된다.

21:3 _하나님이 (영원히) 그들과 함께 계시리니

지금까지, 새 창조에 대한 계시록의 그림은 주로 부정적인 표현 방식으로 주어졌다: 바다가 없을 것이고, 죄의 오염이 없을 것이고, 더는 흐느낌이나 슬픔이 없을 것이다. 그러나 이 구절의 핵심은, 그리스도의 백성들을 기다리고 있는 큰 긍정적인 복이다: "내가 들으니 보좌에서 큰 음성이 나서 이르되, 보라 하나님의 장막이 사람들과 함께 있으매 하나님이 그들과 함께 계시리니 그들은 하나님의 백성이 되고 하나님은 친히 그들과 함께 계셔서"(계 21:3). 이것은 "하나님께서 그 백성들에게 오시는 모든 과정의 절정"이다. 하나님과 그의 택한 백성 사이의 이 영원한 친교가 그토록 밀접하기에, 그분은 그들과 한 장막, 말하자면, 그분의 장막, 그분의 영광스런 속성 안에서 함께 사신다."(W. Hendriksen, 199)

하나님의 보좌에서 나오는 음성이 문자적으로, "하나님의 장막이 사람들과 함께 있으매 하나님이 그들과 함께 계시리니"라고 말한다. 이것은 에스겔 37:26~27에서 주어진 약속을 성취시킨 것인데, 에스겔 본문에서는, 그리스도 안에서 영원한 새 언약을 통해 하나님의 성령이 오실 때를 내다보고 있다: "내가… 내 성소를 그 가운데에 세워서 영원히 이르게 하리니 내 처소가 그들 가운데 있을 것이며 나는 그들의 하나님이 되고 그들은 내 백성이 되리라." 이 약속은 "처음부터 끝까지 황금실로 성경의 천에 짜 넣은 것"이라고 말할 수 있다.(S. J. Kistemaker, 557) 하나님은 이 약속을 아브라함에게 주셨다: "내가 내 언약을 나와 너 및 네 대대 후손 사이에 세워서 영원한 언약을 삼고 너와 네 후손의 하나님이 되리라"(창 17:7). 이것은 이스라엘의 기초를 닦으신 하나님의 목적이었다: "너희를 내 백성으로 삼고 나는 너희의 하나님이 되리니"(출 6:7). 하나님이 모세에게 광야에 성막을 짓게 하셨을 때 하나님은, "내가 내 성막을 너희 중에 세우리니… 나는 너희 중에 행하여 너희의 하나님이 되고 너희는 내 백성이 될 것"(레 26:11~12)을 바라셨다. 예수님은 그분의 성육신으로 이 약속을 부분적으로 성취시켰다: "말씀이 육신이 되어 우리 가운데 거하시매"("성막을 치시매": 이광우, 1993:15, 주 14) 우리가 그의 영광을 보니"(요 1:14).

그리스도인들은 옛 언약을 알고 있었던 하나님의 백성들보다 더 큰 특권을 누린다. 그때는 오직 모세와 대제사장들만 하나님의 성막에 들어가서 그분의 영광을 볼 수 있었지만, 지금은 하나님의 영광으로 가득한 성전이 성령을 통해 신자 개개인의 가슴에 있다(고후 3:18). 그러나 장차 오는 시대에는 하나님을 알고 그분의 얼굴을 보고 싶어 하는 모든 영의 열망이 완벽하게 성취될 것이다. 하나님이 그의 백성과 즐기려고 영원토록 작정하신 그 원초적인 친교가 온전히 성취될 것이다.

"하나님이 계획하시고 지으실 터를 바라던"(히 11:10) 아브라함의 갈망이 이제 성취되었다. 이런 점에서 계시록 21:3의 영어 번역은 "그들이 하나님의 백성이 될 것이다"인데, 헬라어 원문은 복수 형태를 써서 "그들이 하나님의 백성'들'이 될 것이다"로 되어 있다. 하나님이 아브라함에게 "땅의 모든 족속이 너로 말미암아 복을 얻을 것이라"(창 12:3)고 말씀하셨기 때문이다. 아브라함의 믿음이 우리를 그리스도께로 안내하고 복음이 모든 나라에 전파되기 때문에 각 종족과 언어는 하나님의 소유가 되기 위해 한데 모여야 한다.

아울러 이제, 아론의 복이 최종적으로 실현된다: "여호와는 네게 복을 주시고 너를 지키시기를 원하며, 여호와는 그의 얼굴을 네게 비추사 은혜 베푸시기를 원하며, 여호와는 그 얼굴을 네게로 향하여 드사 평강 주시기를 원하노라"(민 6:23~26). 그리스도의 대속 사역이 온전히 마무리되었을 때 장차 오는 생명은 "하나님 앞에서 살면서 하나님 안에 있는 즐거움을 발견하는 것으로 이루어지고… 신자들은 하나님 앞에 굽신거리지 않고 어엿이 서게 될 것이며, 하나님 앞에서 그들이 하나님께 받아들여질 수 있음을 다시 확신하

게 될 것이다. 하나님의 웃으시는 표정은 영원부터 영원까지 그리스도의 영
광스러운 가족 위에 빛날 것이다."(C. P. Venema, 482-483)

21:4 _우리의 복된 소망

역사의 교훈을 망각하는 자들은 그것을 되풀이할 운명에 처한다는 얘기
를 해왔다. 미래에 대한 성경의 계시로 말하면 그와 반대 역시 진리다. 새 하
늘과 새 땅이라는 이 비전이 아니면, 그리스도가 주시는 소망, 그분이 공급
하시는 목적, 그가 약속하시는 영광이 전혀 없이 살아가게 될 것이다.

성경은 당신이 하나님의 자녀이며, 영원한 영광을 누릴 그리스도와의
공동상속자, 가슴 안에 하나님이 거하시고 그 얼굴에 하나님의 영광으로 빛
이 비취는 하나님의 백성이라고 가르치고 있다. 어떻게 이럴 수 있는가? 그
리스도께서 죄를 정복하러 오셨고, 그리스도가 구원의 완성을 가져오시기
위해 다시 오시기 때문이다.

거룩한 성. 아름다운 신부. 눈물 없는 영원한 삶. 우리 사랑의 성취를 기
다리시는 사랑 많으신 하나님이자 구세주이신 분. 거기에 누가 있게 될까?
자신의 모든 죄를 고백하고, 그리스도의 피를 신뢰하며, 그리스도께서 주신
구원의 복음을 믿는 모든 사람이 다 거기 있게 될 것이다. 이제 우리는 무엇
을 해야 하나? 바울은, 하나님의 은혜가 우리에게 가르쳐 주시는 것으로 대
답했다:

> 우리를 양육하시되 경건하지 않은 것과 이 세상 정욕을 다 버리고 신중
> 함과 의로움과 경건함으로 이 세상에 살고 복스러운 소망과 우리의 크신
> 하나님 구주 예수 그리스도의 영광이 나타나심을 기다리게 하셨으니 그
> 가 우리를 대신하여 자신을 주심은 모든 불법에서 우리를 속량하시고 우

리를 깨끗하게 하사 선한 일을 열심히 하는 자기 백성이 되게 하려 하심이라(딛 2:12~14).

내가 만물을 새롭게 하노라
(요한계시록 21:5~8)

⁵보좌에 앉으신 이가 이르시되 보라 내가 만물을 새롭게 하노라 하시고 또 이르시되 이 말은 신실하고 참되니 기록하라 하시고 ⁶또 내게 말씀하시되 이루었도다 나는 알파와 오메가요 처음과 마지막이라 내가 생명수 샘물을 목마른 자에게 값없이 주리니 ⁷이기는 자는 이것들을 상속으로 받으리라 나는 그의 하나님이 되고 그는 내 아들이 되리라 ⁸그러나 두려워하는 자들과 믿지 아니하는 자들과 흉악한 자들과 살인자들과 음행하는 자들과 점술가들과 우상 숭배자들과 거짓말하는 모든 자들은 불과 유황으로 타는 못에 던져지리니 이것이 둘째 사망이라 (개역개정)

계시록 21:5~8에서 사도 요한의 긴 교회 순례 역사는 마침내 세상의 종말에 이르게 된다. 앞선 비전들에서는 종말의 가장자리까지 갔었다. 그러나 17장에서 시작된 비전의 6번째 주기(사이클)가 심판과 그리스도의 모든 원수의 제거로 드러났다. 큰 음녀 바벨론이 몰락했다. 짐승과 거짓 선지자가 불못에 던져졌다. 사탄인 용도 마찬가지로 죽음·음부와 함께 불타는 못에 던져졌다. 혼돈과 악의 상징적 근원인 바다 자체도 더는 보이지 않는다. 이제 역사의 마지막이, 계시록의 여섯 번째 단락 마지막 본문에 이르렀다. 그리고 이제 마지막에 요한과 당시의 독자들은 하나님을 뵙는다: "보좌에 앉으신 이가 이르시되"(계 21:5).

계시록에서, 하나님께서 직접 말씀하시는 것은 오직 두 곳밖에 없다. 첫 번째는 계시록의 시작 부분에 나와 있다: "나는 알파와 오메가라. 이제도 있고, 전에도 있었고, 장차 올 자요, 전능자라"(계 1:8). 이제, 역사의 마지막에, 하나님을 한 번 더 뵙게 된다. 계시록 이야기가 극히 중대한 지점에 이르렀다: 살아 있는 모든 영혼이 하나님과 타협(?)해야만 한다. 전 생애에 걸쳐 우리는 하나님과 함께 차분히 계산하지 못할 만큼 주의 산만하게 살아왔을 수 있지만, 그러나 마지막에는 모두 다 그분을 대면해야만 한다. 하나님 앞에 서보신 적이 있는가? 하나님께서 당신을 보고 계시며 알고 계신다는 것을 깨닫는 순간 하나님이 두렵다는 생각이 들지는 않는가? 그분께 직접 말씀드리기가 두려운가? 우리 모두 다 하나님의 얼굴을 대해야만 하기에, 우리에게 그분을 아는 일보다 더 긴요한 일은 없다. 계시록 21:5~8에서는 하나님이 어떤 분이신지, 세상의 마지막에는 어떤 분이실지를 알려 준다: 진리의 하나님, 생명의 하나님, 공의의 하나님. 만물을 이기신 기쁨으로 그분의 마지막 목적을 선포하시면서 기뻐하시는 하나님을 보게 된다: "보라 내가 만물을 새롭게 하노라"(계 21:5).

21:5~6 _진리의 하나님

요한이 전한 메시지의 진리는 1세기 요한 당시의 독자들에게는 극히 중요한 것이었다. 계시록을 통틀어서 그들은 치명적인 적대행위를 이겨내라는 권면을 받았다. 일부는 예수를 부인하고 황제를 숭배하느니 차라리 죽음을 택했다. 버가모교회에서 안디바가 이미 순교했고, 요한은 비전에서 순교자의 수가 증가하고 있음을 보았다(계 2:13; 6:9~11; 20:4). 만일 그들이 오해하여 그런 상실을 겪었다면 얼마나 비극적인 일인가! 오늘날, 알라가 낙원에서 자기들에게 보상할 것이라 믿기에 자살 폭탄을 두르고 제 목숨과 함께 수많은 인명을 살상하는 테러리스트들이 있다. 그들이 죽어 가는 명분은 완전히 거짓이다. 그러나 그런 대의명분을 위해 마음 편히 죽어 가는 순교자들의 명분이 진리라는 것을 그리스도인들이 어떻게 아는가?

그 답은 하나님이 요한에게 주시는 메시지에 있다: "이 말은 신실하고 참되니 기록하라"(계 21:5). 이제 하나님 스스로 그 말씀이 진실하다는 사실에 증인이 되어 주신다. 그분은 히브리서 6:18이 단언하듯이 "하나님이 거짓말을 하실 수 없기"(히 6:18) 때문에 진리를 세우실 수 있다. 하나님의 본성은 스스로 하신 약속에 신실하도록 요구한다. "너희를 부르시는 이는 미쁘시니 그가 또한 이루시리라"(살전 5:24). 하나님이 자기에게 주신 말씀을 기록하면서 요한은 자신의 사도적 직임을 성취하고 있다. 교회가 "사도들과 선지자들의 터 위에 세우심을 입었다"(엡 2:20)고 바울이 말했을 때, 신약성경이 기록되는 과정을 그가 마음에 두었을 것이므로 사도들은 우리가 믿을 수 있도록 하나님이 그들에게 위임하신 모든 진리를 우리에게 보증했다.

하나님이 밧모 섬에서 이 비전으로 요한에게 나타나셔서 말씀하고 계실 뿐만 아니라 하나님은 지금 우리에게도 똑같은 말씀이 읽히고 선포되어야 한다고 말씀하신다. 궁극적으로, 하나님이 요한에게 하셨듯이 우리에게 직접 말씀하실 때 우리가 성경의 진리를 알게 되는 것은 말씀 그 자체에 의해서이다. 웨스트민스터 신앙고백 1.5에서는, 성경을 진실한 것으로 받아들여야 할 많은 이유가 있음을 밝히고 있다. "(성경) 내용의 천상적 성질, 교리의 유효성, 문체의 장엄성, 모든 부분의 상호 일치, 모든 영광을 하나님께 돌리려는 전체적인 목적, 인류 구원의 유일한 길의 충분한 발견, 기타 많은 비할 데 없는 우수성과 전체의 완전성은 성경이 하나님의 말씀이라는 것을 풍부히 증명하는 변론들이다. 그럼에도 성경의 무오한 진리(C. L. Bloomberg, 1-12)

와 신적 권위에 대한 우리의 완전한 납득과 확신(파커스트, 135-141)은 우리의 마음에서 말씀으로써 또는 말씀과 함께 증거되는 성령의 내적 사역에서 유래한다(고전 2:10~11; 요 16:13~14; 고전 2:6~9)." 요한은 계시록 21:5에서 "보좌에 앉으신 이가 이르시되"라고 말하면서, "이 말은 신실하고 참되니 기록하라"는 하나님의 선언을 덧붙이는데 하나님의 백성은 하나님의 말씀이 진실됨을 알고 깨닫게 된다. 이것이 바로 요한이 계시록을 써야 했던 이유인데, 이는 오늘날 시험받는 신자들이 필요로 하는 것처럼 요한 당시의 박해받는 신자들이 하나님의 말씀으로 하나님의 진리를 받아들이게 하려는 것이었다. "성경을 하나님의 말씀으로 믿을 때 성경 자체에 대해 성경이 우리에게 말하는 것을 믿게 되고 그런 다음 성경의 모든 요구가 확증되도록 우리의 마음에 성령이 증거한다."(J. M. Hamilton, 386)

하나님이 스스로 직접 말씀하심으로 주신 말씀의 진정성을 선포할 뿐만 아니라, 계시록에 예언된 사건들이 이미 충분히 확정되었다는 사실도 선포하신다: "또 내게 말씀하시되 '이루었도다!'"(계 21:6). 하나님은 역사의 끝에 서시면서 역사 속에서 이미 확정된 미래를 선포하도록 요한에게 말씀하신다. '일어났다'는 동사의 헬라어는 완료시제인데 "그것이 이미 일어났다"는 뜻이다. 뿐만 아니라 그것은 복수형(헬, 게고난)이므로 "(모든 것들이) 이미 일어났다"로 읽어야만 하는데, 여기서 '모든 것'은 심판과 구원을 모두 다 포괄하는, 계시록에 계시된 모든 것을 가리키고 있다. "인간의 경험 안에 제시된 혼란스럽고 무질서한 것들과는 반대로, 대속(代贖)에 있어서 하나님의 목적은 그것이 마치 이미 일어난 것만큼 확실한 것이다. 하나님을 신뢰하는 이들에게 미래는 결코 불확실한 것이 아니다."(G. E. Ladd, 1972:278) 사람들은 단지 확실한 것은 죽음과 세금뿐이라고 말한다. 그러나 신자들은 하나님의 말씀에 약속된 모든 것은 절대적으로 확실하기에 믿을 만한 가치가 있다는 것을 알고 있다.(R. D. Phillips, 620)

일찍이 요한의 저술에 언급되었던 것들과 여기 "이루었도다"(21:6)라는 하나님의 주석(註釋) 간의 관계를 유념하고 있을 것이다. 가장 잘 알려진 말씀은 예수님이 십자가 위에서 대신 속죄하고 죽으면서 부르짖었던 "다 이루었도다!"(요 19:30)이다. 일곱 번째 진노의 대접이 부어질 때 천사가 "되었다!"(계 16:17)라고 외친 것과 마찬가지로 우리는 이 말씀을 기억하고 있다. 십자가에 달린 예수님의 외침은 '죄책'의 종말을 표시했고, 일곱 번째 대접을 든 천사의 외침은 '죄의 통치', 그것의 종말을 표시했다. "마침내, 하나님이 여기서 '그것들이 끝났다'고 말씀하시는 것은 세상의 파괴와 마지막 새 시대의 시작을 포함한 세계사의 모든 사건이 종말을 맞고 있다"는(G. R. Osborne, 738) 것이다. 그리스도의 죽음은, 구원의 '바탕', 구원의 '문맥'을 제공한 죄에 대한 심판, 그리고 "보라 내가 만물을 새롭게 하노라"(계 21:5)라고 언급되고 있는 구원의 '도착'을 모두 다 성취했다.

하나님이 말씀의 진정성을 선포하면서 그 약속의 실재에 덧붙여서 하나님은 요한에게 "나는 알파와 오메가요 처음과 마지막"(계 21:6)이라고 다시 선언하신다. '알파'는 헬라어 알파벳의 첫 글자이고 '오메가'는 끝 글자다. 자신을 "알파와 오메가"로 부르시면서 하나님은 자신의 영원한 존재를 드러내신다: 그분은 만물을 존재케 하신 창조주이시며 또한 만물을 그것들의 맨 마지막으로 가져가시는 심판주이시다. 핵심은 만물을 다스리는 하나님의 주권이다: 그분이 태초부터 주님이셨기 때문에 종말을 확실하게 하시며 또한 역사의 매 순간을 통해 주권자로 남아 계신다. 역사의 알파이자 오메가로서 하나님은 그 사이에 있는 만물을 절대적으로 다스리신다.

하나님의 주권은, 그분의 말씀이 참됨을 확신할 수 있는 또 다른 이유를 제공한다. 하나님은 예레미야에게 "내가 내 말을 지켜 그대로 이루려 한다"(렘 1:12)고 말씀하셨다. "만물에 대한 하나님의 주권적 통제와 그분의 영원한 본성이, 그분은 완전하게 신뢰할 만한 가치가 있으시다는 것과 그분이 주신 말씀의 진실성을 보증한다. 하나님은 지나간 옛것과 다가올 새것을 다스리시는 불변의 절대자이시다."(R. L. Thomas, 2001:448)

설교자는 자신이 전한 하나님의 말씀이 진리라는 확신으로 설교해야 한다. 그러기에 말씀을 정직하게 받고 담대하게 전달해야 한다. 하나님의 말씀은 구원과 영생의 길을 드러내는 유일한 방편이므로 목회자들은 하나님의 말씀에 담긴 진리를 잘 알아야만 한다. 하나님은 믿을 만한 분이며 영원한 본성을 지니셨다는 것, 그분이 만물을 다스리는 주권자라는 것을 알기에 믿음을 위해 고난받도록 부름 받은 그리스도인들은 자기들이 헛된 것을 믿는 것이 결코 아니라는 것을 확실히 아는 것으로 위로를 받는다.

21:7 _생명의 하나님

세상의 마지막에 서시는 하나님은 진리를 말씀하시는 분일 뿐만 아니라 생명을 주시는 분이다. 하나님이 말씀하신다: "보라 내가 만물을 새롭게 하노라"(계 21:5).

역사는 아담 때문에 실패한 계획에 잇따라 새 세상을 만들려 한 기록이다. 인간은 교육, 행정, 평화 프로그램, 교묘하게 설계된 환경을 통해 나름의 이상향을 모색해왔다. 이 모든 실패는 아담의 타락 후에 인간의 모든 삶에 스며든 죄의 부패 탓이다. 하나님만이 참으로 새롭게 하실 수 있는 것은 그분이 보내시는 성령의 덕이다. 하나님은 이제 예수 믿는 이들의 마음속에서 이 일을 하고 계신다. 이런 이유로 바울은 이렇게 말했다: "그런즉 누구든지 그리스도 안에 있으면 새로운 피조물이라. 이전 것은 지나갔으니, 보라 새것이 되었도다"(고후 5:17). 죄의 지배를 받던 낡은 삶은 그리스도를 믿는 믿음으로 거듭난 마음으로 종말을 맞으며 이제는 순결, 진리, 사랑을 위해 하나님한테서 오는 권능과 함께 새로운 삶이 시작된다. 이제 하나님의 백성이라는 제한된 범위에서 행하시던 것을 마지막에는 하나님께서 만물로 확장하실 것이다. 어쩌면 요한은 이사야 43:19 말씀을 마음에 담고 있었을 텐데, 이사야서에서 하나님은 선지자를 통해 이렇게 말씀하신다: "보라 내가 새 일을 행하리라." 이제야 하나님은 '모든'이라는 말을 덧붙이신다: "보라 내가 만(모든)물을 새롭게 하노라"(계 21:5). 그리스도 안에서 의롭다 함을 받은 이들이 마지막에 하나님 앞에 서 있는 한, 온 우주가 새롭게 되는 것을 목격하는 영광스러운 경험을 하게 될 것이다.

세계의 큰 비극은, 잃어버린 죄인들이 하나님을 원망하면서 가능한 한 그분을 피하려 한다는 것이다. 남자나 여자나 하나님을 대면한다는 생각에서 꽁무니를 빼고, 심지어 매에게 쫓긴 꿩이 두엄자리에 머리를 처박듯이, 하나님에 대해 생각하는 일조차 피하려고 무던히 애를 쓴다. 그러나 그들이 등 돌린 하나님은 생명을 주시는 자비로운 분이시다. 그래서 하나님은 요한에게 이렇게 말씀하신다: "내가 생명수 샘물을 목마른 자에게 값없이 주리니"(계 21:6). 만일 당신이 믿음으로 그분께 돌아서지 않았다면 이것은 하나님이 지금 당신에게 보내시는 마지막 경고 메시지다. 하나님은 당신에게 하나님 자신의 영원한 생명력과 자신의 존재에서 기원한 무한한 생명을 거저 주고자 하신다.

여행객들을 몹시 목타게 하는 메마르고 지긋지긋한 사막을 상상할 수 있다. 거기에 주변에 푸른 숲이 우거진 샘물, 오아시스가 있다. 사람들이 거기에 가기만 하면 목마른 사람은 이 생명수를 마실 수 있을 것이다. 이것은 우리를 살리는 생명에 관한 아주 쉬운 은유이다. 뭇 영혼은 만족하지 못하며, 마음은 슬프고, 헤아릴 수 없이 많은 이들이 비통해한다. 어쩌면 당신은 지금 큰 실망과 씨름하고 있을지도 모른다. 어쩌면 당신은 사방에 널려 있는 끊임없는 고통으로 근심하고 있을 수도 있다. 어쩌면 당신은 물이 바닥난 저수지처럼 비극으로 무너졌을지도 모른다. 하나님은 생명을 회복시키고 마음을 만족시키며, 슬픔에 빠진 이들을 위로하는 생명의 물을 주신다. 예수님은 하나님의 성령을 말씀하시려고 이 은유를 사용하셨다: "누구든지 목마르거든 내게로 와서 마셔라. 나를 믿는 자는 성경에 이름과 같이 그 배에서 생수의 강이 흘러 나오리라"(요 7:37~38). 요한은 "이는 그를 믿는 자들이 받을 성령을 가리켜 말씀한 것"(요 7:39)이라고 설명한다. 이 이미지는 예수 그리스도를 믿는 믿음으로 하나님께 돌아선 이들의 경험을 표현하고 있다.

> "모든 시대 하나님의 성도들, 남자나 여자나 믿음으로 이 샘에 와서 마신이는 구원 받았다. 그들은 자기들의 죄책과 공허를 느꼈고 구원에 목말랐다. 그들은 용서, 자비, 그리고 모든 회개하는 신자들을 위해 십자가를 지신 그리스도 안에 있는 은혜가 충만하게 주어진다는 소식을 들었다. 그들은 좋은 소식(복음)을 들었고 그 믿음에 기반하여 행동했다."
>
> (J. C. Ryle, 1999:2:46)

하나님은 그 아들 예수님을 통해 영생을 위해 영혼이 필요로 하는 모든 것을 제공하신다: 자비, 은혜, 용서, 평화, 그리고 위로부터 오는 능력. 메마른 황무지에서 유일한 생명 샘을 가진 사람은, 다른 이들이 그 물을 마시도록 허락할 경우 그 물값을 매길 수 있다. 그러나 하나님은 그분의 사랑으로 "생명수 샘물을 목마른 자에게 '값없이' 주겠다"(계 21:6)고 하신다. 하나님은, 그분의 관대한 마음의 은혜 때문에 당신에게 영원한 생명(영생)을 선물로 '거저' 주신다.

이것은 결정적인 질문을 낳는다: 생명수 샘으로 하나님이 어떤 부류의 사람을 반갑게 영접하시는가? 거기에 들어가는 데 무슨 무슨 요구조건이 있는가? 어느 정도나 선행을 쌓아야만 하는가? 무슨 신앙적인 업적이 있어야 하는가? 수행해야 할 무슨 종교적인 의식(儀式)이 있는가? 하나님은 요한에게 "목마른 자('수고하고 무거운 짐 진 자', 마 11:28)에게" 준다고 말씀하신다. 이것이 유일한 요구조건이다: 하나님은 하나님과 영적인 삶에 목마른 자에게 생명수를 주셔야만 한다. 우리는 구원하시는 하나님의 은혜가 필요하여 우리의 발이 아니라 믿음으로 열린 마음으로 그분께 간다.

목마르기에 그저 마신다. 잔을 들고 샘으로 내려가듯이 우리의 믿음은 그리스도 안에 있는 하나님의 은혜라는 선물을 받아 그것을 우리 영혼에 담는다. 하나님께 나온다는 것은, 세상의 유일한 구주로 하나님이 보내신 아들 예수님을 받아들이고 자신을 그분의 돌봄에 믿음으로 맡기는 것이다. 그것은, 우리를 용서하시려고 예수께서 피를 쏟으신 십자가 쪽으로 우리의 모든 죄를 가져오는 것을 뜻한다. 그것은 그분과 동행하는 것, 목마른 우리 영혼이 날마다 그분의 말씀 곧 그 자체로 생명 샘(시 1:3)인 말씀을 마시는 것, 하나님한테서 오는 능력과 평화와 정결한 삶을 받는 것을 뜻한다.

놀라운 것은 하나님께서 우리의 갈증을 만족시킬 뿐만 아니라 우리 안에서 더 깊은 갈증을 느끼도록 일깨우신다는 것이다. 마지막에 하나님이 가져오시는 새 세상은 우리 안의 가장 깊은 갈망을 채울 모든 것을 한없이 공급하실 것이지만 동시에 하나님의 영광에 대한 우리의 경험은 여전히 더 깊은 갈망을 만들어 낼 것이고 그래서 우리의 갈증은 영원히 점점 더 많이 만족케 된다는 것이다. "하나님을 아는 것 그리고 그분을 점점 더 알고 싶은 갈증이 생기는 것이야말로 하늘의 역설이다."(B. Milne, 315) 영원한 복이라는 성경적 개념을 이렇게 포착한 이도 있다(R. D. Phillips, 624):

우리는 원천(源泉)이신 당신을 마십니다.
또한 우리 영혼, 채워 주시는 당신으로 더 목마르게 하소서.

샘물처럼 구원을 주시겠다는 하나님의 제의는 예수님을 통해 목마른 자에게 주시는 생명의 체험을 말해 준다. 그러나 그는, 신실한 이들이 마지막에 완전히 들어가는 관계를 말씀하시면서 삶의 또 다른 측면을 덧붙이고 있다: "이기는 자는 이것들을 상속으로 받으리라. 나는 그의 하나님이 되고 그는 내 아들이 되리라"(계 21:7).

하나님의 영원한 성에 사는 시민들은 참되시고 살아 계신 하나님을 자기 아버지로 아는 특권을 누린다. 세상의 아버지들도 그 자녀들의 마음에 가까이 있으면서 그들과의 교제를 즐거워한다. 땅의 아버지들은 종종 실패하지만, 그리스도인들에게는 자신을 그 자녀들에게 주시면서 영원토록 무한한 데까지 나아가신 완전하신 하늘 아버지가 있다. 자녀들의 마음속 갈망은 자기 아버지를 아는 것이며, 아버지가 주시는 복과 사랑에 대해 확신을 갖는 것이다. 부요하고 깊고 점점 커가는 사랑에 대한 이런 경험이 예수 그리스도를 믿음으로 자녀가 되어 지금 하나님께 나갈 수 있게 된 모든 이의 유산이 될 것이다.

학자들은 요한이 여기서 신자들이 아들들로 명명되었음에도 하나님을 아버지로 부르지 않는 것에 주목한다. 어떤 사람들은 이것이 예수님과 그의 친아버지인 하나님과의 독특한 관계를 강조한다고 주장한다. 그러나 이것이 사실이라면 영원하신 아들을 통해 우리가 양자로 하나님께 받아들여졌기 때문에 이와 똑같은 관계를 그리스도인들도 누릴 수 있는 것은 사실이다. 바울은 이렇게 말했다: "너희가 다 믿음으로 말미암아 그리스도 예수 안에서 하나님의 아들이 되었다"(갈 3:26). 아들은 아버지의 유산을 받기 때문에 이 관계에는 '상속자'라는 신분이 포함되어 있다. 우리의 영원한 유산은 자식을 사랑하는 땅에 있는 인간 아버지의 마음에 장자가 속한 것과 같은 방식(히 12:23)으로 하늘의 하나님께 소속되는 것이다. 하나님은 심지어 하나님 자신이 예수 그리스도와 우리가 함께 받는 유산(롬 8:17)임에도 불구하고 우리에게 영원히 투자하실 것이다. 그리스도인들은 지금 모두 다 믿음을 통해 하나님의 자녀로 살아가면서 이 유산을 미리 맛보았다(종말의 prolepsis). 하나님이 만물을 새롭게 하실 때, 우리는 "하나님의 자녀들의 영광의 자유"(롬 8:21)를 획득하는 최후의 부활을 통과하게 될 것이다.

만일 목마른 사람이 하나님의 생명 샘에서 물을 마시도록 초청받았다면 "이기는 자"(계 21:7)는 하나님과 함께 영원한 아들이라는 유산을 얻는다. 이 두 가지 묘사가 결합하여 기독교인의 삶, 그 시작과 끝을 보여 준다. 우리는 먼저 단순한 믿음으로 우리의 목마름을 하나님께 가져옴으로써 구원을 받는다. 그러나 그다음 그리스도인들은 종말까지 견뎌내기 위해 그 믿음으로 걷는다. 몇몇 신자들은 신자들이 정복한다는 생각 앞에서 뒷걸음질 친다. 몇몇 사람들은 자신의 약함을 알기 때문에, 우리를 구원하던 날 하나님이 시작하신 일을 우리 안에서 완성(빌 1:6)하실 만큼 하나님이 신실하시다는 것을 망각하면서 수시로 두려워하는 반응을 보인다. 또 어떤 이들은, 정복하는 삶 혹은 승리하는 삶을 말하는 것은 오만한 짓이라는 생각 때문에 거짓 겸손으로 반응한다. 그러나 그들은 신자들이 오직 하나님의 영광만을 위해 자신의 능력이 아니라 그리스도의 은혜로 이긴다는 것을 깨닫지 못하고 있다. 계시록 12:11에서는 그리스도인들이 "어린 양의 피와 자기들이 증언하는 말씀으로" 정복한다는 것을 가르치고 있다. 이 승리는 우리가 그리스도를 따르고 하나님을 신뢰하면서 활기차게 노력하는 삶을 살 때 얻게 된다. "구속받은 이를 위한 하늘의 보증이, 부지런히 거룩을 추구하는 삶의 필요를 털끝만큼도 감소시키지 않는다. 천국은 인내로 얻어지기 때문에 그것 없이는 천국을 얻을 수 없다."(D. Thomas, 175)

21:8 _공의의 하나님

세상의 마지막에 하나님은 진리로 그리고 그분이 주시는 생명으로 보좌에 앉으신다. 그분의 은혜를 마시기 위해 구원에 목마른 이들, 아들로 받아들여지기 위해 믿음으로 이긴 이들은 영원한 영광을 경험하기 위해 거기서 하나님을 만날 것이다. 그러나 하나님은 요한이 아직 이 땅에 살고 있을 때 그에게 말씀하고 계신다. 이것은 어떤 경고는 원대한 은혜의 말씀을 동반해야만 한다는 것을 의미한다. 진리와 사랑의 하나님은 또한 용서받지 못한 모든 죄를 처벌하시는 정의의 하나님으로 나타나야만 한다. 그러기에 하나님은 이렇게 결론을 내리신다: "그러나 두려워하는 자들과 믿지 아니하는 자들과 흉악한 자들과 살인자들과 음행하는 자들과 점술가들과 우상 숭배자들과 거짓말하는 자들은 불과 유황으로 타는 못에 던져지리니 이것이 둘째 사망이라"(계 21:8). 죄와 세상의 쾌락에 목마른 자들, 함께 손잡고 세상에서 하나님과 맞서 반역하는 자들은 영광의 유산을 받지 못할 뿐만 아니라 하나님의 영적인 원수들을 위해 예비된 지옥에서 정죄의 몫을 받게 될 것이다.

요한에게 주어진 목록은 두 무리로 구성된 듯한데 첫째 무리는 그리스도를 믿는 믿음을 고백했으나 세속의 압박 혹은 죄의 유혹 아래서 그 고백을 포기한 자들을 가리키는 것 같다: "그러나 비겁한(두려워하는) 자들은 믿음 없는 자들, 혐오할 만한(흉악한) 자들"이다. "두려워하는 자"와 "믿음 없는 자"는 두려움을 안고 투쟁하는 그리스도인이 아니라 압박 아래서 그리스도를 배신하는 사람들이다. 그런 사람은 예수님이 말씀하신 뿌리가 없어 잠시 견디다가 "말씀으로 말미암아 환난이나 박해가 일어날 때 곧 넘어지는 자"이다(마 13:21). 이런 사람은 구원을 잃는 것이 아니고 그들이 구원받은 적이 결코 없었음을 드러내는 자들이다(요일 2:19 참조). 그러므로 그리스도인들은 그 시련이 우리를 시험한다는 것을 깨달으면서 결단력을 가지고 시련에 맞서야만 하며 믿음의 진정성을 입증함과 동시에 구원받게 하는 믿음을 정결하게 해야 한다(벧전 1:6~7).

비겁한 자들, 믿음없는 자들과 함께하는 자들은 "혐오스러운(흉악한) 자들", 곧 음녀 바벨론의 사악한 악습에 동화된 자들을 가리킨다. 배교자들이 자주 가장 악성의 기독교 증오자 그리고 가장 역겨운 죄의 선동자가 된다는 것을 깨닫게 되면, "혐오스러운 자"라는 이 항목이 앞서 말한 두 가지 항목과 함께 간다는 것을 알게 될 것이다. 예수님을 배반한 자들은 까닭없이 복음을 포기하지 않지만, 일반적으로 한때 바울의 동료였던 데마처럼 "이 세상을 사랑하여"(딤후 4:10) 마침내 그리스도와 한때 동역했던 사람들을 거침없이 포기한다.

목록의 나머지 부분에는 세상의 불경건함을 특징짓는 삶을 사는 죄인들이 포함되어 있다: "살인하는 자들, 음행하는 자들, 점술가들, 우상 숭배자들, 거짓말하는 자들"(계 21:8). 이것들은 예수님이 계시록의 일곱 편지에서 꾸짖었던 종류의 죄인데, 신자들에게 그들의 삶과 친교에서 그것을 추방할 것을 요구하신다. 세속적인 폭력, 주술행위, 거짓말 역시 믿음으로 그리스도와 연합된 이들의 삶에 발붙이지 못하게 해야 하겠지만, 그중에서도 예수님은 특히 우상 숭배(계 2:14, 20)와 성적인 부도덕(신원하, 2012:179-202)을 거부할 것을 요청하셨다.

그리스도인들은 결코 이런 죄를 짓지 않는 사람이라거나 혹은 신자들의 삶이 지금 완벽하게 이런 죄와 상관없어야 한다고 말하는 것이 아니다. 하나님은 요한에게 언젠가 성적으로 부도덕한 죄를 범했거나 거짓말한 적이 있는 사람이 영원한 생명에서 제외된다고 말씀하시는 것이 아니다. 그리스도는 바로 이런 류의 죄인들을 대속하시기 위해 오셨고(막 10:45; 딤전 1:15) 또한 하나님의 아들 예수님의 피가 그들의 모든 죄로부터 신자들을 깨끗하게 하신다(요일 1:7). 핵심은, 그런 죄에서 구원받은 사람들은 그리스도인의 특징을 유지할 수 없는 죄악된 생활방식으로 사는 것을 '포기'하도록 부름 받았다는 것이다. 그렇다. 그리스도인들은 하나님이 여기서 말씀하신 일부 타락한 위반행위를 포함해서 모든 형식의 죄에 죄책감을 느껴왔다. 그러나 바울이 비숫한 구절에서 말했듯이, "주 예수 그리스도의 이름과 우리 하나님의 성령 안에서 씻음과 거룩함과 의롭다 하심을"(고전 6:11) 받았으므로 비록 이런 죄들이 그리스도인의 과거에 있었더라도 그것들이 그 사람의 현재 혹은 미래를 규정하지는 않는다.

역사의 마지막에 등극하시는 하나님이 정의의 하나님이기 때문에 모든 사람이 다 그 영광스러운 생명에 들어가지는 않을 것이다. 결국 모든 사람이 구원받지는 않을 것이지만, 많은 사람이 "불과 유황으로 타는 못… 둘째 사망에서"(계 21:8) 영원한 운명으로 그들의 반역적인 삶을 살게 될 것이다. 신자들이 영원한 생명 안에서 하나님의 은혜와 하나님의 진리에 영광을 돌리는 것처럼, 믿지 않는 죄인들은 지옥의 영원한 정죄 안에서 하나님의 완벽한 정의에 어쩔 수 없이 영광을 돌릴 것(빌 2:10~11)이다.

21:5 _주님을 선포하라!

세상의 마지막에 하나님이 보좌에 앉으신다. 모든 인간이 그분을 대면할 것이며 하나님의 주권적인 통치가 각 사람의 영원한 운명을 결정할 것이다. 하나님이 마지막에 가장 중요한 분이라면, 하나님은 지금도 또한 가장 중요한 분이시다. 이런 이유로 각 사람은 예수님이 주시는 용서를 통해 하나님과 화해하도록 하나님의 말씀으로 부름 받았다(고후 5:20). 그것은 또한 신자의 증거, 예배, 기도가 역사에 결정적인 영향을 끼칠 것을 의미한다. "요한은, 신실한 증언, 신실한 예배와 신실한 기도가 모든 것을 드러나게 일하시려는 유일하게 지혜로우신 하나님의 손에 만물을 갖다 맡기기 때문에 신실한 증언, 예배와 기도가 세상을 변화시키는 데 큰 도움을 줄 수 있다고 말하고 있다."(B. Witherington Ⅲ, 256)

하나님이 이 본문에서 그의 종에게 주시는 한 가지 명령이 이미 나와 있

다: "또 이르시되 '이 말은 신실하고 참되니 기록하라'"(계 21:5). 요한은 계시록 전체를 기록하면서 하나님의 말씀을 적으려고 했다. 이것은, 그것으로 죄인들이 미래에 하나님을 만나게 될 것을 경고함과 동시에 예수 그리스도를 믿는 믿음으로 구원을 베푸시는 하나님의 은혜를 배우게 하는, 인류를 위해 하늘이 베푸는 '최고의 준비'라고 하면서 하나님의 말씀을 찬양하는 것이다.

책이 기록되는 것만으로는 충분치 않다. 모든 책은 또한 출판인을 필요로 한다. 나는, 참 좋은 신앙적 동지였던 예영커뮤니케이션의 고(故) 김승태 장로와의 영적인 의리와 정(情)을 잊지 못해 이번에도 '예영'에서 이 책을 펴낸다. 아무튼, 하나님이 요한을 불러서 기록하게 하신 책을 누가 출판할 것인가? 누가 하나님의 진리, 그분이 지니신 생명의 선물, 그리고 죄에 대한 그분의 최후 심판이라는 메시지를 들고 나갈 것인가? 요한의 책이 대도시 출판인의 손으로 출판되지는 않았지만 그리스도인들의 삶에서 그리고 교회의 증거를 통해서 여기까지 전파되었다. 이것이 오늘의 신자들을 향한 위대한 요구이자 소명이다: 하나님을 아는 것 그리고 그분의 진리, 생명 그리고 정의의 메시지를 널리 전파하는 것. 보좌에 앉아 등극하신 하나님은 역사의 마지막에 말씀하시면서 요한을 부르셨다: "기록하라!" 사도는 시키는 대로 순종했으며 그 덕에 하나님의 메시지는 지금 그의 백성들에게 맡겨진 것이다. 찰스 웨슬리는 이렇게 찬양했다.

참 놀랍도다. 주 크신 이름. 온 세상 중에 다 전파하라.
주 예수 이 세상 다스리시니 그 높으신 이름 참 영화롭다.

주 능력으로 늘 보호하고 늘 우리 곁에 함께 계시네.
그 보좌 앞에서 큰 무리 모여 구속하신 주를 찬양하리라.

저 보좌 위에 앉으신 주께 큰 소리 높여 영광 돌리세.
저 천군 천사들 그 보좌 앞에 다 머리 숙여서 경배드리네.

주 하나님께 다 찬양하여라. 영광과 권능 지혜와 존귀
저 천사와 함께 주께 돌리고 그 영원한 사랑 다 감사하세. 아멘.

(찬송가 34장, 1744)

7막

주 예수여
오시옵소서

Ἀποκάλυψις Ἰησοῦ Χριστοῦ ἣν ἔδωκεν αὐτῷ ὁ θεὸς δεῖξαι
τοῖς δούλοις αὐτοῦ ἃ δεῖ γενέσθαι ἐν τάχει καὶ ἐσήμανεν
ἀποστείλας διὰ τοῦ ἀγγέλου αὐτοῦ τῷ δούλῳ αὐτοῦ Ἰωάννῃ

거룩한 성 예루살렘
(요한계시록 21:9~14)

⁹일곱 대접을 가지고 마지막 일곱 재앙을 담은 일곱 천사 중 하나가 나아와서 내게 말하여 이르되 이리 오라 내가 신부 곧 어린 양의 아내를 네게 보이리라 하고 ¹⁰성령으로 나를 데리고 크고 높은 산으로 올라가 하나님께로부터 하늘에서 내려오는 거룩한 성 예루살렘을 보이니 ¹¹하나님의 영광이 있어 그 성의 빛이 지극히 귀한 보석 같고 벽옥과 수정 같이 맑더라 ¹²크고 높은 성곽이 있고 열두 문이 있는데 문에 열두 천사가 있고 그 문들 위에 이름을 썼으니 이스라엘 자손 열두 지파의 이름들이라 ¹³동쪽에 세 문, 북쪽에 세 문, 남쪽에 세 문, 서쪽에 세 문이니 ¹⁴그 성의 성곽에는 열두 기초석이 있고 그 위에는 어린 양의 열두 사도의 열두 이름이 있더라(개역개정)

"목적지보다 여정이 더 낫다"는 속담이 있다. 협력하는 지도자들은 함께 사다리를 오르면서 노력하던 때를 아련하게 되돌아본다. 대학생 자녀를 둔 부모는 자녀들이 어렸을 때를 그리면서 눈물을 글썽인다. '목적지보다 여정'이라는 말이 종종 사실로 드러나는 것이 얼마나 슬픈가: '여정이 목적지보다 더 낫다'라는 주장은 사실 이 세상에서의 우리네 삶에 대한 지독한 징벌이다. 오랫동안 하고 싶어 애달파 하며 추구해오던 일이 마침내 성취되었을 때, 이 땅의 삶에서 이룬 최고의 결과임에도 불구하고 그 성취와 만족이란 게 얼마나 하찮은 것인지를 발견하고 실망할 때가 있다: '내가 겨우 이런 것을 이루려고 그토록 밤잠 못 자고 허리띠를 졸라매고 여태껏 살았단 말인가?' 상당한 성취에도 불구하고, 시도 때도 없이 하염없이 밀려오는 허무감과 공허감… 이것이 오늘 우리 삶의 어쩔 수 없는 모습이다.

갈대아 우르 출신, 데라의 가족, 그리스도가 탄생하기 약 2천 년 전에 인생 전체를 '여정'에 써버린 한 사람이 있었다. 그의 이름은 아브라함이다. 하나님이 그에게 오셔서 믿음으로 하나님을 따르며 어쩌면 평생 이방인이 되어 살아야 할 땅으로 그를 부르셨다. 거기서, 하나님은 그를 '큰 나라와 세상 만민에게 복이 되게 해 주마' 약속하셨다(창 12:1~3). 이런 약속은 아브라함 생전에 결코 성취된 적이 없다. 히브리서 11:9에서 히브리서 기자는 그의 삶을 이렇게 요약한다: "믿음으로 그가 이방의 땅에 있는 것 같이 약속의 땅에 거류하여 똑같은 약속을 유업으로 함께 받은 이삭 및 야곱과 더불어 장막에 거하였다." 아브라함은 믿음으로 인내하였지만, 여정이 목적지보다 더 나음을 믿었기 때문에 그런 것은 아니었다. 오히려 그는 자신의 믿음에 기반한 머묾이 자신을 이 세상의 어떤 곳이 아닌 그의 영혼을 완벽하게 만족시킬 영원한 목적지로 이끌 것이라고 이해했다. 히브리서 11:10에서 이렇게 설명하고 있다: "이는 그가 하나님이 계획하시고 지으실 터가 있는 성(城)을 바랐음이라."

아브라함의 여정은 창세기에서 완결되지 않았지만 마침내 성경의 맨 마지막, 계시록의 마지막에서 마침표를 찍는다. 이제, 아브라함이 지녔던 믿음의 발자취를 따르는 모든 사람, 그래서 아브라함의 아들들로 불리는 사람들(갈 3:7)은, 그들 여정의 목적지를 마찬가지로 보게 된다. 요한은 말하기를 성령이 그를 데리고 "크고 높은 산으로 올라가 하나님께로부터 하늘에서 내려오는 거룩한 성 예루살렘을 보여 주셨다"(계 21:10)고 말하고 있다. 아브라함의 믿음과 비전을 요한이 보게 된 것인데, 우리 또한 "샘들이 있는 도성"

을 볼 수 있고 또한 그리스도를 믿는 자로서 우리의 삶에 대한 영원한 시야를 확보하게 된다.

21:9 _신부 곧 어린 양의 아름다운 아내

계시록 21장 9절은, 계시록의 일곱 비전 주기의 마지막이자 계시록의 마지막 중심 단락을 시작하고 있다. "이리 오라"(계 21:9)고 말하는 천사의 초대에서 이것을 알 수 있다. 4~16장에 걸친 비전의 주기가 시작되는 계시록 4:1에서, 요한은 교회 시대를 위한 하나님의 계획을 목격하기 위해 하늘로 소환되었다. 계시록 17:1에서 요한은 "이리로 오라"는 말을 또 들었는데, 이번에는 그리스도의 원수들, 그들의 최종 파멸과 심판(계 17:1~21:8)을 목격하기 위함이었다. 이제 요한은 영원한 영광 중에 그리스도의 백성들이 누리는 복을 목격하기 위해 소환되었다.

요한은 "일곱 대접을 가지고 마지막 일곱 재앙을 담은 일곱 천사 중 하나"(계 21:9)가 소환 소식을 전해 주었다고 말함으로써 비전의 핵심을 드러낸다. 이 임무는 천사의 이전 충성에 대한 보상이었다는 것을 시사한다. "어쩌면 요한은 파괴팀도 땅을 청소하기 위한 재건에 관심이 있다고 믿었을 것이다."(G. B. Caird, 269) 이런 관점에서 이 진노의 천사는, 하나님의 계획이 성취되는 것은 하나님의 심판 사역과 동등한 구원 사역에 기대고 있다는 것을 우리에게 일깨워 준다. 일찍이 큰 음녀를 정죄(계 17:1)했던 이 천사를 보는 것은, 모든 역사가 계시록의 두 여인으로 요약된다는 것을 경고하는 것이다: 우리는, 이 땅에서 방종한 삶 때문에 멸망할 운명에 처한 음녀 바벨론에 속하거나, 아니면 심지어 지금부터 바로 시작되는 거룩을 통해 영광으로 들어가는 복을 받는 하나님의 아들의 신부(교회)에게 속하거나, 둘 중 하나에는 반드시 속해야만 한다.

신부를 보도록 천사가 요한을 초대할 때 요한은, 사랑스런 친교와 상호 나눔의 영원한 삶으로 이끄는 그리스도와 몸 된 교회의 신성한 결혼식이 진행되는 곳을 먼저 보고 있었다. 이 세상의 삶에서 결혼의 핵심 개념은 '연합'과 '하나 됨'이다: 창세기 2:24에서 말하는 것처럼 "둘이 한 몸을" 이루는 것이다. 이와 유사하게, 영광 중에 다가오는 그리스도와 그 신부라는 개념도 영적인 하나 됨과 상호 즐거움을 누리는 것이다. 이 사랑의 근거는 그리스도를 "어린 양"이라고 하는 데서 확인할 수 있다. 예수님과 그 백성의 연합이 모든 죄의 저주를 제거하기 위한 그분의 희생적인 죽음에 근거하고 있다는 것을 강조하면서 계시록의 마지막 단락에서 예수님이 이런 식으로 일곱 번이나 언급되고 있다. 십자가는 그리스도인의 삶을 시작하게 할 뿐만 아니라 예수님과 우리와의 관계를 영원토록 유지하게 하는 필요·충분조건이다.

신자들은 계시록 21:9에서 장차 우리가 어떤 존재가 될 것인지에 대한 것뿐만 아니라 지금 우리가 어떤 존재인지도 배운다. 구원받는 믿음으로 예수님을 향해 감으로써 우리는 그분의 사랑 안으로 들어가기 위해 어린 양의 피로 깨끗하게 되었다. 당신이 그리스도인이라면, 당신은 지금 '거룩한 아름다움'으로 준비되어가고 있는 것인데, 그러려면 당신의 성품을 늘 정결케 하는 것이 이승에서 가장 중요한 일이 되어야 할 것이다. 그러나 당신이 이미 그리스도와 약혼했기 때문에 그분의 사랑 안에서 당신의 영원한 운명은 당신을 위한 그분의 희생으로 확실해졌다. 당신은 그리스도인이 아닌 사람들과 기본적으로 다르기에, 당신의 생활양식은 거룩한 복종으로 그 '다름'을 반영하는 것이어야 한다. 어린 양에 의해 깨끗하게 된 이들은 음녀 바벨론을 기다리고 있는 심판으로부터 구원받았다. 이제 "어린 양은 남편으로서 그녀에게 필요한 모든 것을 공급해 주고 위대한 존경심으로 그녀를 명예롭게 하며 매력적인 옷차림과 최고의 장신구로 그녀를 꾸며 준다."(S. J. Kistemaker, 563)

21:10~11 _찬란한 성

요한이 본 비전이 그리스도의 신부에 관한 이야기로 시작되었지만, 본문의 많은 분량은 교회를 하나님의 거룩한 성으로 묘사하는 데 할애된다. 이런 생각은 어쩌면 이 비전 속 벽들과 문들이 그리스도의 백성을 있는 그대로 서술하는 것을 일깨우는 듯하다. 요한은 "성령으로… 크고 높은 산으로 올라갔는데"(계 21:10) 곧 그가 육체적으로 올라간 것이 아니라 영적으로 들어 올려져, 모든 교회와 더불어 자신의 미래를 보게 된 것이다.

천사는 영원한 성이 있는 높은 산으로 요한을 데리고 간다. 이사야는, "말일에 여호와의 전의 산이 모든 산꼭대기에 굳게 설 것이요 모든 작은 산 위에 뛰어나리니 만방이 그리로 모여들 것이라"(사 2:2)고 예언했다. 이 장면을 바라보면서, 일찍이 계시록 14:1에서 영원히 복 받은 어린 양의 큰 무리와 더불어 어린 양이 시온산 위에 서 있었다(계 7:14~17 참조). 복음서에서, 힘든 시기에 예수님이 세 번이나 기도하러 산꼭대기로 물러가셨던 기록을 볼 수 있다(마 14:23; 눅 6:12, 9:28). 시내산을 비롯하여 산은 하나님의 임재와 연관되었기에, 예수님이 하나님의 높은 산 위에 있는 그의 백성과 영원히 친교하는 미래의 삶을 마찬가지로 기대하면서 거기서 아버지를 만나는 것은 자연스러운 일이었다.

이 영원의 높은 산에서 요한에게 "거룩한 성 예루살렘"(계 21:10)을 보여주셨다. 여기서 우리는, 계시록에서 그토록 자주 강조되었듯이 하나님의 영광을 공유하기 위해 그 백성과 하나님이 함께 사는 이미지를 보게 된다. 하나님은 아브라함에게 하늘의 별만큼 수많은 영적인 후손과 그들이 거하게 될 집을 약속(창 15:1~21)하셨다. 이제 그 약속이 거룩한 성 참 예루살렘에서 성취되었다.

요한은 "하늘에서 내려오는 거룩한 성 예루살렘"(계 21:10)을 본다. "내려오는"이라는 말에 헬라어 현재분사가 쓰였는데 이것은 그 성이 단지 하나님으로부터 내려온다는 것만을 뜻하는 것이 아니다. "하나님으로부터 내려오는"이라는 말은, 그것이 "인간들의 건물이 아니라 그 존재가 하나님의 겸손"에 빚지고 있는 "그 성의 영원한 성격"을 시사하는 것이다.(G. B. Caird, 271) 이성은, 결국은 하늘로 올라가는 자기 영광을 드러내는 계단, 곧 인간의 성취를 나타내지 않는다. 그보다는 이 성은 하나님이 사랑하시는 영원한 목적을 가져오기 위해 구속 역사 안에서 하나님이 수행하신 사역의 완성을 나타낸다. 성의 이름 "예루살렘"은 그 백성 이스라엘을 통해 옛적에 하신 일, 특히 하나님의 언약 백성을 위한 그리스도의 구원하시는 사역의 최종 결과로서 그 성(城)과 단순하게 일치하는 것이다.

요한은 그 성이 하나님의 은혜로운 선물로 내려오는 것을 강조할 뿐만 아니라 그 성의 특성도 강조한다: 그것은 "거룩한 성"(계 21:10)이다. 이 성의 목적은 하나님과 그 백성과의 친교이므로 따라서 그것은 거룩한 이들의 거룩한 장소이다. 이 성의 백성을 거룩한 존재로 생각해야만 하는 두어 가지 이유가 있다. 첫째, 그들은 하나님께 속하여 그분을 섬기도록 하나님에 의해 세상 밖으로 불려 나왔다. 둘째, 그들은 모든 죄가 제거된 사람들이다. 어린 양이 십자가에서 죽을 때 그들의 죄책을 어린 양이 대신 짊어지셨다. 그들의 몸이 영광 중에 부활할 때 그리고 그들의 영혼이 하늘로 들어갔을 때 죄로 타락한 흔적은 제거되었다. 히브리서 12:22~23에서, 성도들이 하늘에서 모이는 것을 "시온산"이라 말하는데, 그곳은 "살아 계신 하나님의 도성, 하늘의 예루살렘", "온전하게 된 의인의 영들"이 거하는 곳이다. 이것은 지금 이 세상의 역사가 진행되는 동안 하늘에 있는 신자들의 영혼을 가리키는 것이다. 다가오는 시대에는 거룩한 성 예루살렘이 지상에 영원히 내려오게 될 것이며, 또한 그 백성은 죄에서 해방될 뿐만 아니라 오직 하나님만 갖고 계시는 거룩에 참여하게 될 것이다.

요한은 "하나님의 영광이 있어"(계 21:11)라는 말을 덧붙이면서 이 거룩의 본질을 이야기한다. 모세는 시내산에서 주님을 만난 뒤, 그 얼굴에 빛나는 하나님의 영광을 지녔다(출 34:30). 바울은, 그리스도인들은 내면에서 일하는 이 영광을 지니고 있다고 했다: "우리가 다… 주의 영광을 보매, 그와 같은 형상으로 변화하여 영광에서 영광에 이르니 곧 주의 영으로 말미암음이니라"(고후 3:18). 요한은, 마지막에 하나님이 그 백성의 거룩한 영광을 완전케 하심으로써 역사 속에 하나님의 '성전-건축' 계획을 마무리하신다는 것을 알고 있다. "이 성에 산다는 것은 드러나 있는 하나님의 영광의 임재 안(하나님의 얼굴 앞)에서 계속 살아간다는 것이다."(B. Milne, 317) 이 영광은, 모세의 얼굴에서 그랬듯이 하나님께 속한 백성의 몸에서 나올 뿐만 아니라 하나님의 영광을 드러내기 위해 하나님의 형상을 지니도록 하신 인간의 원초적 소명을 성취시키는 데서도 반사된다.

요한은 하나님의 성과 거룩을 반짝이는 보석에 비유한다: "그 성의 빛이 지극히 귀한 보석 같고 벽옥과 수정같이 맑더라"(계 21:11). 고대 세계에서 이 보석들이 정확히 어떤 이름으로 불렸는지 잘 알 수는 없지만, 그러나 여기에 들어 있는 개념은 투명함이 아니라 반짝반짝 빛나는 보석이다. 각 면이 아름답게 빛나는 금강석을 떠올려 보아야만 한다. 비슷하게 하나님의 거룩한 백성으로 구성된 하나님의 거룩한 성은 그 영광의 완벽함으로 하나님의 빛나는 모든 속성을 반영할 것이다. 요약하자면 "영광의 주님은 그의 백성 안에 거하시고(內住), 그의 새 공동체에 거룩함의 아름다움을 넘치게 하신다."(D. E. Johnson, 309)

왜 요한에게, 하나님의 거룩과 영광을 강조하면서 이런 비전을 보여 주셨는지 그 이유가 궁금하다. 그 대답은 독자들이 현재 이 세상의 삶과 장차 오는 시대 그 목적지를 통합할 책임이 있다는 데서만 찾을 수 있다. 만일 우리의 운명이 하나님의 빛 안에 있는 거룩한 성에서 살게 되는 것이라면 가장 반짝이는 보석처럼 하나님이 지니신 영광의 빛을 발산하기 위해서는, 이것이 확실하게 현재 우리의 소명을 형성해야만 하는 것이다. 이것이 교회 공동체의 본질이다. 교회는 그리스도의 총체적인 증거로 하나님의 거룩한 성으로서 빛나게 되어 있다: "교회의 가르침, 성례전, 총체적으로 서로 돕는 삶, 수많은 성도의 삶."(H. B. Swete, 2:285) 오늘날, 대형교회들은 세속성을 강조하는 경향이 있다: 세속적인 스타일, 세속적인 목표, 세속적인 방법; 하나님의 말씀을 통해 하나님의 영광을 발산하기보다는 최신 세계 기술의 화려함에 의존함. 이 세상에서는 진짜 거룩한 교회들은 종종 작고 초라해 보일 수도 있지만, 그런 참 교회들은, 하나님의 영광스러운 완벽을 거룩하게 펼쳐 보이기 위해 마지막에 하나님의 백성들이 모이게 될 것을 기대한다.

단체적으로 교회에 해당하는 것이 기독교인들에게 개별적으로 해당된다. 만일 당신의 운명이 거룩한 아름다움으로 하나님의 영광을 반영하는 것이라면 당신의 현재 삶 전체에 거룩한 특질이 있어야만 한다. 바울은 지적하기를, 그리스도인들은 이 시대에 흔한 죄로 타락한 생활양식에 빠져들거나 우리 주변의 어두운 세상에 몸담지 말아야 한다고 했다. 대신 그는 그리스도인들을 "흠이 없고 순전하여 어그러지고 거스르는 세대 가운데서 하나님의 흠 없는 자녀로 세상에서 그들 가운데 빛들로 나타내며 생명의 말씀을 밝힐"(빌 2:15~16) 것을 요청했다.

만일 하나님의 말씀이, 도덕적 순결과 영적 거룩의 방향으로 당신을 변화시키고 있지 않다면, 그렇다면 어떤 근거에서 당신이 벽옥처럼 하나님의 영광을 발산하는 "거룩한 성 예루살렘"의 한 부분이 되리라고 기대하는가? 그리스도인들은 우리의 모든 죄를 위해 죽은 하나님의 어린 양 그리스도의 완결된 사역을 신뢰하면서 오직 믿음만으로 이 영광에 들어가기를 기대한다고 정답을 말할 것이다. 두말할 것 없이 맞는 말이다. 그러나 신앙을 고백하는 많은 그리스도인이 장차 오는 시대에만 끝나는 현재의 성화(聖化) 사역,

그것을 변함없이 시작하게 하는, 그리스도가 이미 끝마치신 칭의(稱義) 사역(의 깊은 의미)을 깨닫지 못한다.(김세윤, 2013) 그러므로 그리스도인의 표는 예수 그리스도를 통해 하나님과 믿음으로 친교함과 동시에 거룩이 점점 자라가는 것이다. 히브리서 12:14에서 이렇게 경고하고 있다. "이것(거룩)이 없이는 아무도 주를 보지 못하리라." 이것을 말하는 또 다른 방법은 영원한 성의 거룩함과 보석의 광채로 빛나는 모든 사람은 하나님의 말씀을 통해 일하시는 성령의 변화시키는 능력으로 지금 이미 빛을 내기 시작했다는 것을 기억하는 것이다. 우리의 삶을 향한 하나님의 목적은 행복을 위해서가 아니라, 시련과 슬픔에 관한 태도를 변화시킬 거룩함을 위해서라는 것을 깨닫게 된다. 엄청난 손해를 보고 몹시 휘청거리면서 하나님이 자기 인생에서 도대체 무엇을 하고 계시는지 궁금해했던 그리스도인의 이야기를 들어보셨을 것이다. 낙심하여 맥없이 시내를 걷고 있을 때 거의 다 마무리되어가는 대성당 건축 공사 현장을 보게 되었다. 장식용 조각품을 조심스럽게 다듬고 있는 어떤 석공이 눈에 들어와서 석공에게 '지금 무슨 작업을 하고 있는지' 물었다. 석공이, "조각 작품이 제 자리에 딱 들어맞도록 돌을 깎고 있다"고 말했다. 그 사람은, 이 대답이 바로 자신의 삶 속에서 일하시는 하나님의 응답임을 깨달았다. 그의 운명은 이 시대에 완성되지 않았지만, 그러나 다음번에는, 장차 오는 거룩한 도성에 딱 맞도록 그를 거룩한 모습으로 다듬기 위해 하나님께서 지금 각종 시련을 사용하고 있었다는 것을 깨달은 것이다.

21:12~14 _기초가 튼튼한 벽

요한은 아름다운 신부인 교회와 하나님의 영광을 발산하는 거룩한 성만이 아니라, 계시록의 마지막 비전이 시작되는 이 단락에 장차 올 예루살렘을 둘러싼 벽에 관한 세부내용이 덧붙여져 있음을 보았다: "크고 높은 성곽이 있고 열두 문이 있는데 문에 열두 천사가 있고 그 문들 위에 이름을 썼으니 이스라엘 자손 열두 지파의 이름들이라"(계 21:12).

큰 성을 에워싼 벽은 안전을 보장하려는 목적으로 세워진다. 틀림없이 최후 심판 후라 성도들의 적(敵)은 전혀 남아 있지 않은 상태다. 그러나 그 벽은, 하나님이 그 백성을 보호하시는 하나님의 특성처럼, 그 성 내부에서 구원의 보증을 알려 주고 있다. 그것은 "크고 높은 성곽(벽)"인데, 자기 백성을 돌보시는 하나님의 돌봄, 그 불가침(不可侵)을 상징한다. 존 뉴톤은, 영원한 세상에서뿐만 아니라 현세에서도 동등하게 그리스도인들에게 속한 확실한 안전을 이렇게 표현했다:

> 시온성과 같은 교회 그의 영광 한없다.
> 허락하신 말씀대로 그가 친히 세웠다.
> 반석 위에 세운 교회 흔들 자가 누구랴
> 모든 원수 에워싸도 아무 근심 없도다.
>
> (찬송가 210장 1절)

하나님의 성, 그 벽은 "열두 문"(계 21:12)으로 꾸며져 있다. 문의 기능은 성으로 들어가는 것을 허용하는 것이며, 아울러 이 열두 문은 그리스도를 믿는 믿음으로 하나님의 성에 들어오는 모든 백성을 향한 풍성한 초대를 상징한다. 정사각형 성의 사면, 면마다 세 개의 문이 있다: "동쪽에 세 문, 북쪽에 세 문, 남쪽에 세 문, 서쪽에 세 문이니"(계 21:13). 계시록에서 네 모서리는 세상 전체를 가리키는데, 거기로부터 하나님의 백성이 모여든다. 이 문들은 작지 않기에, 하나님의 성으로 모여드는 각 족속, 언어, 나라로부터 오는 엄청난 수의 무리가 통과할 만하다.

문마다 천사가 배치되어 있다: "문에 열두 천사가 있고"(계 21:12). 이사야

62:6에서 하나님은 "예루살렘이여, 내가 너의 성벽 위에 파수꾼을 세웠다"고 하셨는데, 이것은 거룩한 성으로 들어오는 이들과 그분의 교회를 하나님이 지키고 보호하심을 보여 주는 것이다. 아담이 범죄하자, 생명나무(이광우, 1993:41, 주 110)와 동산에 들어가는 길목을 화염 검으로 지키도록 천사가 배치되었다(창 3:24). 이런 문지기들이 있기에 어린 양의 피로 들어가도록 인(印)침 받은 이들 외에는 영원한 예루살렘에 들어갈 수 없을 것이다. 계시록의 시작 부분에서 요한은 각 교회의 천사들을 보았다(계 1:20). 성경은 '수호천사'라는 개념을 가리키고 있는데, 하나님의 파수꾼인 이 천사들은 누가 하나님께 속했고 누구는 속하지 않았는지를 안다. 하나님이 세우신 근거가 아닌 다른 근거로 혹은 사기 수법으로 거기로 들어갈 수 있는 사람은 아무도 없다. 계시록 22:14에서 그리스도의 속죄하는 피를 믿어야 한다고 말하고 있다: "자기 두루마기를 빠는 자들은 복이 있으니… 성에 들어갈 권세를 받으려 함이로다." 디모데후서 2:19에서 바울은 이렇게 덧붙였다: "그러나 하나님의 견고한 터는 섰으니 인침이 있어 일렀으되 '주께서 자기 백성을 아신다' 하며 또 '주의 이름을 부르는 자마다 불의에서 떠날지어다' 하였느니라."

뿐만 아니라, "그 문들 위에 이름을 썼으니 이스라엘 자손 열두 지파의 이름들이라"(계 21:12). 에스겔이 보았던 종말의 '성전-도성'에는, 각 문에 이스라엘 한 지파의 이름이 적혀 있는데, 이것은 각 지파가 나름의 영역을 가졌음을 가리킨다. 이제 강조점은 개별 지파가 아닌 열두 지파 전체에 주어진다. 숫자 12가 구약 나라 지파의 숫자를 가리켰던 것과 마찬가지로 계시록을 통틀어서 12는 하나님의 백성을 나타내는 숫자(7:4 참조)이다. 이 성은, 하나님의 종인 선지자들을 통해 계시된 하나님의 대속 사역의 결과와 이스라엘의 소망이 성취되었음을 나타낸다. 하나님은 모세를 통해 "너희가 내게 대하여 제사장 나라가 되며 거룩한 백성이 되리라"(출 19:6)고 약속하셨는데, 이 문에 적힌 지파들의 이름은 옛적의 그 목적을 성취했다는 신호다.

마지막으로, "그 성의 성곽에는 열두 기초석이 있고 그 위에는 어린 양의 열두 사도의 열두 이름이 있다"(계 21:14). 고대 세계에서 벽에는 거대한 장식 돌이 있었는데, 이제 사도들은 영원한 교회의 기초로 드러난다. 이 이미지는 예수그리스도에 대한 신약의 증거와 초대교회의 기초인 사도들의 복음적인 노력을 가리키고 있다. 바울도 비슷한 말을 한 적 있다: "그러므로 이제부터 너희는, 외인도 아니요, 나그네도 아니요, 오직 성도들과 동일한 시민이요, 하나님의 권속이라. 너희는 사도들과 선지자들의 터 위에 세우심을 입은 자라. 그리스도 예수께서 친히 모퉁잇돌이 되셨느니라"(엡 2:19~20).

이제 계시록을 통틀어서, 구약 이스라엘과 신약 교회의 본질적인 연합이 증명되었다. 그리스도를 '기대하던' 하나님의 옛 언약 백성은, 그리스도를 '되돌아보는' 새 언약 백성 같은 믿음을 통해 똑같은 운명을 갖게 되었다. 12지파와 12사도 모두 영원한 하나님의 백성을 둘러싸는 벽을 꾸민다. "요한은, 그 성이 두 세대를 포괄하고 있고 구약의 이스라엘과 신약의 교회 둘 다 하나님의 최후의 성에서 각자의 위치가 있다는 것을 지적한다."(G. E. Ladd, 1972:281)

만일 당신이 믿음의 기초와 구원의 소망을 들여다본다면, 당신 또한 그리스도가 세우신 사도들의 사역에서 답을 찾을 것이다. 예수 그리스도를 통해 소망을 확신케 되는 것은, 기록된 하나님의 말씀, 목격한 제자들의 증언하는 소명을 통해서이다. 사도들 자신이 하나님의 말씀 위에 굳건히 서 있다. 자기 눈으로 예수님의 사역을 직접 보는 특권을 누렸던 베드로는 이렇게 썼다: "또 우리에게는 더 확실한 예언이 있어 어두운 데를 비추는 등불과 같으니"(벧후 1:19). 우리의 구원 소망은, 하나님의 성령에 감동된 사도들의 증언 위에 안전하게 놓여 있다. 그 성령이 지금, 그 말씀으로 하나님의 영원한 성의 기초를 형성하려 할 때에도 구원을 선언한다. 오늘날 모든 참 교회가 설립되고 세워지는 것은 이와 똑같은 하나님의 말씀이라는 기초를 통해서

다. 하나님의 말씀을 믿는 베드로, 그의 믿음에 대한 반응으로 예수님은 이 것을 말씀하셨다: "내가 이 반석 위에 내 교회를 세우리니 음부의 권세가 이 기지 못하리라"(마 16:18). 후에 예수님은 이렇게 선언하셨다: "천지는 없어질 지언정 내 말은 없어지지 아니하리라"(마 24:35).

21:11~14 _하나님의 성을 주목하는 믿음

장차 오는 세상의 거룩한 성을 내다보면서, 그리스도인들은 '여정보다 목적지가 더 낫다'는 것에 대하여 하나님께 감사한다. 우리에게는 바울이 말 한 그리스도의 재림 때 그분이 가져오는 영광 안에 있는 "복스러운 소망"(딛 2:13)이 있다. 우리는 지금 아브라함처럼 "하나님이 계획하시고 지으실 터가 있는 성을 바라보면서"(히 11:10) 현재의 시련과 실망을 겪는다. 믿음으로 오 는 세상의 모든 것들이 지금 우리에게 현실이 된다. 따라서 우리는 이제 반 짝이는 보석처럼 종말에 우리한테서 발산될 하나님의 영광, 그 일부를 드러 내기 시작했다.

우리가 아브라함의 발자취를 따르기 때문에, 옛적 족장의 삶을 가능하 게 했던 비전은 무엇이었는지를 살피면서 결론을 내려야 할 것 같다. 첫째, 아브라함의 믿음이, 하나님의 소명에 응답함으로써 그가 구원받을 수 있게 했다는 것이다. 하나님께서 그분의 말씀으로 당신을 부르시는가? 이 영광스 러운 성(城)이라는 비전은, 이 현실 세계와 하나님을 향한 그것의 반역과 손 을 끊어야 할 모든 이유를 제시한다. 하나님은 당신이 모든 죄를 자백하여 용서를 받도록 죄의 형벌을 대신 받으신 하나님의 어린 양, 그리스도의 십자 가로 당신을 부르고 계신다. 십자가는 가장 영광스러운 목적지로 이끄는 여 행의 시작이 될 것이지만, 그 십자가는 그 자체로 역사가 마침내 알게 될 하 나님의 영광스러운 사랑의 가장 눈부신 표지다.

둘째, '장차 오는 성'이라는 아브라함의 꿈이 그의 삶에서 유혹에 견딜 수 있게 하였다. 그의 조카 롯이 사악한 소돔의 여건에 매혹되어 떠나갔을 때(창 13장), 죄된 삶의 방식과 손을 끊으라고 부르는 더 나은 성에 그의 시민권이 있음을 알았기에 아브라함은 소돔으로 들어가지 않았다. 마찬가지로, 그리스도 안에 있는, 그리고 하나님이 주시는 영광스러운 미래 안에 있는 당신의 믿음이 유혹에 저항하도록 당신의 요새가 되어 지켜주고 지금 여기서 거룩한 삶을 점점 더 증진하도록 당신에게 용기를 줄 것이다.

셋째, 아브라함이 하나님의 약속을 믿음으로 광대한 이스라엘 나라의 아버지가 될 수 있었듯이, 당신 또한 다른 사람들을 믿음과 구원으로 이끌게 될 복음의 증거를 지니게 될 것이다. '오는 세상의 성'에 당신의 눈을 고정하면 당신은 세상으로부터 조롱받는 데 대한 두려움으로부터 해방되어 예수 그리스도를 믿는 믿음으로 담대하게 구원을 선포하게 될 것이다. 다니엘이 보았던 비전 가운데 하나에서 천사가 말했다: "지혜 있는 자는 궁창의 빛과 같이 빛날 것이요, 많은 사람을 옳은 데로 돌아오게 한 자는 별과 같이 영원토록 빛나리라"(단 12:3).

넷째, 이 땅에서 삶의 경주를 다 마친 뒤, 역사의 촛불이 다 탄 뒤에 꺼져 버리고 그래서 그리스도께서 다시 오시고 새 시대가 시작될 때, 믿음은, 아브라함, 그리스도 안에 있는 성도들의 큰 무리와 함께 당신이 거룩한 성 예루살렘에 들어가 거기서 영원히 살 수 있게 해 줄 것이다. 예수님이 약속하셨다: "내게 오는 자는 내가 결코 내쫓지 아니하리라… 내 아버지의 뜻은 아들을 보고 믿는 자마다 영생을 얻는 이것이니라. 마지막 날에 내가 이를 다시 살리리라"(요 6:37, 40).

성곽은 벽옥으로 쌓였고
(요한계시록 21:15~21)

¹⁵내게 말하는 자가 그 성과 그 문들과 성곽을 측량하려고 금 갈대 자를 가졌더라 ¹⁶그 성은 네모가 반듯하여 길이와 너비가 같은지라 그 갈대 자로 그 성을 측량하니 만 이천 스다디온이요 길이와 너비와 높이가 같더라 ¹⁷그 성곽을 측량하매 백사십사 규빗이니 사람의 측량 곧 천사의 측량이라 ¹⁸그 성곽은 벽옥으로 쌓였고 그 성은 정금인데 맑은 유리 같더라 ¹⁹그 성의 성곽의 기초석은 각색 보석으로 꾸몄는데 첫째 기초석은 벽옥이요 둘째는 남보석이요 셋째는 옥수요 넷째는 녹보석이요 ²⁰다섯째는 홍마노요 여섯째는 홍보석이요 일곱째는 황옥이요 여덟째는 녹옥이요 아홉째는 담황옥이요 열째는 비취옥이요 열한째는 청옥이요 열두째는 자수정이라 ²¹그 열두 문은 열두 진주니 각 문마다 한 개의 진주로 되어 있고 성의 길은 맑은 유리 같은 정금이더라 (개역개정)

산악인들이 에베레스트 정상을 오를 때, 8,848m 최정상에 오르면 먼저 정상에 올랐던 산악인들이 남겨 놓은 표지와 인공물들이 그들을 반긴다. 에베레스트에 등정한 이들은, 1953년 에드먼드 힐러리와 셰르파 텐징 노르가이 때 시작된 산악인 동호회에 가입한다. 내려온 뒤에는 카투만두 근처 럼 두들 식당에 들러 세계 최정상에 섰던 이들을 위해 예비된 유명한 벽면에 서명하는 일이 포함된 의식(儀式)을 치른다.

사도 요한이 영적으로 성경의 종말론적인 산에 올랐을 때 그 역시 명사(名士) 동호회에 가입했다. 하나님의 산에 최초로 올랐던 이는 모세였는데 거기서 그는 십계명을 받았고 또한 하나님의 성막, 그것의 설계도를 보게 되었다(출 25:40). 수백 년 뒤 에스겔 선지자는 하나님의 높은 산에 불려 올라가 거기서 하나님의 새 성전을 측량할 장대(갈대 자)를 들고 있는 천사를 보았다(겔 40:1~3). 이제 요한이 땅의 신학적인 꼭대기에 올라 하나님의 성(城)에 대한 성경의 마지막 비전을 보게 되었다. 에스겔의 경험을 따르면서 그는 "내게 말하는 자가 그 성과 그 문들과 성곽을 측량하려고 금 갈대 자를 가진 것을"(계 21:15) 보았다고 한다. 천사의 금 갈대 자는 하나님을 섬기는 데에 어울리는 도구인데 성의 규모를 드러낼 뿐만 아니라 하나님께서 그분의 주권적인 보호를 서약하신 영역의 범위까지도 드러낸다(11:1~2 참조). 하나님은 요한에게 "물리적인 지형"이 아니라, "하나님께 속한 백성의 최종 거처"에 속하는 "영적인 실재"(D. I. Block, 505)를 보여 주셨다. 요한은 이 비전이 "사람의 측량 곧 천사의 측량"(계 21:17)을 사용하고 있다고 말한다. 이것은 물리적인 차원들이, 그리스도를 믿는 이들을 기다리고 있는 하늘에 있는 성(城)의 영광과 관련하여 상징적인 의미를 지니고 있음을 의미한다.

21:15~17 _거룩한 성 측량

계시록 21:9~22:5에서, 요한은 영원한 성에 관한 비전을 보았다. 21:15~17은 그 성의 특성과 관련한 진리를 전달하는 형태와 크기를 알려 주고 있다.

첫째, 성의 형태: "그 성은 네모가 반듯하여 길이와 너비가 같은지라"(계

21:16). 이 묘사는 모세에게 주어졌던 성전의 모델을 반영하고 있는데, 그 성전에는 직사각형과 정사각형으로 건축된 하나님의 거처가 있었다. 성전 안에 있던 여러 중요한 물품들은 번제단(출 27:1), 향단(출 30:2), 대제사장의 흉패(출 28:16)를 포함한 "정방형"이었다. 마찬가지로 에스겔의 성전 비전도 정방형과 직사각형 모양이었다. 짐승의 수인 666은 삼중 수(數)인 반면, 예컨대 144같은 계시록에 사용된 하나님의 백성에 해당하는 숫자들은 모두 다 제곱 숫자였다.(R. Bauckham, 2000:390-407) 영원한 예루살렘은 "정방형" 성으로서, 완벽한 균형, 조화와 비례를 반영한다. 고대의 작가들은, 완전, 완성, 혹은 완벽을 말하기 위해 '정방형' 기법을 사용했는데, 이런 특질들이 거룩한 새 예루살렘에 담긴 것이다.

새 예루살렘은 정방형일 뿐만 아니라 정육면체로 건축되었다: "길이와 너비가 같은지라"(계 21:16). 정방형을 뛰어넘어서 정육면체는 '완벽한 완성'을 말하고 있다. 모세가 만든 성막에는, 솔로몬 성전에서처럼, 오직 한 곳만 정육면체 공간이 있었다: 하나님의 영광이 거하는 지성소(왕상 6:20). 원래의 성전에는, 지성소는 이스라엘 진영의 중심에 단지 작은 공간만을 차지했고 오직 대제사장 한 사람만 1년에 단 하루 대속죄일에만 거기에 들어갈 수 있었다. 그러나 이제, 도성 전체가 지극히 거룩하기에 하나님의 모든 백성이 하나님의 영광을 항시 바라보면서 지성소에서 살아간다. "따라서 성 전체가 건축학적으로 완벽할 뿐만 아니라 가장 친밀한 하나님의 거처가 되었다."(V. S. Poythress, 191)

성의 "정방형"과 정육면체 형태에 덧붙여서 천사가 그 규모를 알려 준다: "그 성을 측량하니 만 이천 스타디온이요 길이와 너비와 높이가 같더라"(계 21:16). 우리가 파악한 첫 번째 것은 이 성의 압도적인 거대함이다. 1 스타디오스를 대략 183m로 볼 때, 12,000 스타디아는 약 2,200km다. 이 성의 규모는 예루살렘에서부터 스페인에 이르기까지의 지중해 전역만큼의 크기다. 이 성이 특히, 육면체로서 인간의 손으로 하늘 높이 건축된 그 어떤 건축물보다 높이 치솟은 고공(高空) 건축물임을 감안할 때 헤아릴 수 없이 많은 사람이 거할 집으로 설계되었음은 분명하다. 이 성의 크기가 "당시 알려진 헬레니즘 세계에서의 대략적인 크기"이기 때문에 "이 성전 도시가 단지, 이스라엘의 영화(榮化)된 성도들뿐만 아니라 모든 나라 출신의 대속 받은 사람들 전부를 수용할 수 있는 크기를 갖춘 것이다."(G. K. Beale, 1999:1074) 그리스도인들은 부활에 도전받아 복음에 대한 우리의 기대를 확장해야 한다: 하나님은 여기서 조금 저기서 조금 식으로 작은 수가 아니라, 믿을 수 없을 만큼 엄청나게 많은 사람을 구원하시려는 뜻을 품고 계신다. 이런 이유로, 그리스도인들은, 예수님의 메시지를 듣고, 믿고, 구원받게 하려고 하나님께서 오늘도 지구촌 곳곳에 사람들을 살게 하셨으므로 복음을 전할 합당한 기회가 항시 있다는 것을 믿어야만 한다.

여기에 엄청난 수의 사람들이 살 수 있을 뿐만 아니라 거기 사는 이들이 자라고 뻗어 나갈 수 있는 아주 넓은 공간도 있다. 예수 안 믿는 사람들은 하나님과 함께 하는 삶이 그들을 그 안에 가둘 것으로 생각하는 경향이 있으나 사실은 정 반대다: "이 거대한 크기는 실현될 하나님의 목적, 그 광대함과 오묘함을 상징한다."(V. S. Poythress, 191) 그러므로 영원한 성은 대칭적이고 완벽할 뿐만 아니라 헤아릴 수 없을 만큼 광대하기도 하다.

거대한 크기의 측량 결과가 중요할 뿐만 아니라 숫자 자체도 고도로 상징적이다. 성의 각 면의 길이는 12,000 스타디아(약 2,200km)인데, 12는 이스라엘 12지파와 신약의 12사도를 나타내고 있다. 그러므로 이 숫자는, 이 성이 하나님의 백성들의 '집'일 뿐만 아니라 하나님의 '백성'이기도 하다는 것을 상징하려는 뜻이 있다. 정육면체는 12개의 모서리가 있다; 이 성의 총수는 12의 12,000배, 혹은 144,000이다. 이 숫자는 일찍이 하나님이 택하신 사람의 총수를 나타낸 것이다: 12 곱하기 12는 구약과 신약을 나타내고, 거기에

10의 3승(10³)을 곱하여 완성과 충만을 말하는 것이다.

하나님이 백성의 수를 이렇게 강조하는 것에서 성곽(성벽) 측량으로 이야기가 전개된다: "그 성곽을 측량하매 백사십사 규빗이니"(계 21:17). 1규빗이 약 18인치(약 45cm)이므로, 이것은 상당히 작은 크기인 200피트(약 90m) 남짓 된다. 도시 자체가 약 2,200km 높이로 뻗어 나가지만 이 벽이 상대적으로 짧은 것은 물리적으로 상상하기 힘들다. 그러나 핵심은, 물리적인 형상이 아니라 숫자의 상징성이다. 144 규빗의 의미는, 그 벽이 모든 시대에 걸쳐 하나님이 선택하신 사람 전체를 포괄한다는 것이다. 이 거룩하고 영원한 성에서 하나님의 언약과 성경의 약속이 전부 성취되었다: 하나님의 대속 받은 셀 수 없는 백성 전체가, 하나님이 영원 전에 기획하신 완벽한 생명을 경험하도록 하나님 곁 영광 안에서 살게 될 것이다.

21:18~19 _거룩한 성의 고귀함

성의 크기에 덧붙여서, 성의 진귀한 건축 자재 이야기를 아울러 듣게 되었다. "그 성곽은 벽옥으로 쌓였고 그 성은 정금인데 맑은 유리 같더라. 그 성의 성곽 기초석은 각색 보석으로 꾸몄는데"(계 21:18~19). 21절에 "그 열두 문은 열두 진주니… 성의 길은 맑은 유리 같은 정금이라"는 말이 추가된다. 시쳇말로, 이 이미지는 하늘로 가는 이들에게 물질적인 부(富)를 약속하는 것처럼 생각된다. 실제 핵심은 영광스럽게 된 교회가 거룩하신 하나님의 영광과 아름다움을 무한히 반영한다는 것이다.

"벽옥"은 어쩌면 다양한 얼룩 빛을 내는 수정일 것이다. 거리의 금은 순수와 투명을 나타낸다. 이 세상에서는 금속이 깨끗하다는 것이 물리적으로 불가능하나 금의 청결성은 하나님의 빛이 그 속을 통과하며 빛나는 그런 것일 것이다. 요점은, 가장 투명한 금의 찬란함조차도 하나님의 장엄함을 묘사하기에는 적합하지 않으며, 그러므로 여기의 금은 하나님의 영광으로 빛나는 수정의 일종일 것이다. 순수한 금은 "하나님과 그 백성, 그 교제의 순수하고 거룩하고 은혜롭고 빛나는 특성을 상징한다."(W. Hendriksen, 202) 이 순수한 금은 여러 가지 시련으로 우리의 품성을 연단시키는 하나님의 목표를 반영한다. "너희 믿음의 확실함은 불로 연단하여도 없어질 금보다 더 귀하여 예수 그리스도께서 나타나실 때에 칭찬과 영광과 존귀를 얻게 할 것"(벧전 1:7)이라고 하였다.

하나님의 빛나는 영광의 인상이 기초석에 의해 드높여지는데, 그것은 "각색 보석으로 꾸며져" 있다. 요한은 그 목록을 제시한다: "첫째 기초석은 벽옥이요, 둘째는 남보석이요, 셋째는 옥수요, 넷째는 녹보석이요, 다섯째는 홍마노요, 여섯째는 홍보석이요, 일곱째는 황옥이요, 여덟째는 녹옥이요, 아홉째는 담황옥이요, 열째는 비취옥이요, 열한째는 청옥이요, 열두째는 자수정이라"(계 21:19~20). 첫 번째 기초석의 벽옥은 모든 벽의 벽옥과 똑같다. 다른 돌 가운데, 남보석(사파이어)과 옥수는 파란색; 녹보석(에메랄드)과 비취옥은 녹색; 홍마노는 불그스레한 갈색의 줄무늬가 있고; 홍보석과 청옥(jacinth)은 빨간색; 황옥은 금색; 녹옥은 청녹색 수정; 담황옥은 전형적인 노란색; 자수정은 보라색. 요한이 맨 처음 하늘에 있는 하나님의 보좌를 보았을 때 그것 또한 수정 색상으로 눈부시게 빛났던 것을 기억할 것이다: "앉으신 이의 모양이 벽옥과 홍보석 같고 또 무지개가 있어 보좌에 둘렸는데 그 모양이 녹보석 같더라"(계 4:3). 무지개 빛 하나님의 영광은 이제 하나님의 영화(榮化)된 백성, 새 예루살렘 안에서 비친다. 요한 앞에 놓인 실제 비전은 어쩌면 말로 표현하기 어려운 것이었을 것인데, 그래서 다양한 색조의 밝은 화면은, (이 책의 맨 앞부분에서 동영상을 글로 써서 전달하는 일의 어려움을 지적했듯이) 요한이 보았던 실제 영광을 아주 조금밖에 반영(표현)하지 못한 것이다.

이 보석들은 기초석 자체가 아니고 그 기초석 안에 놓여 있는 것들이다.

이것은, 그리스도인들이 "산 돌 같이 신령한 집으로 세워지고… 거룩한 제사장이 되어야 한다"(벧전 2:5)고 말했던 베드로의 진술과 연결된다. 영원한 도성은 하나님의 백성들로 건설되었으며, 우리 안에 있는 하나님의 은혜는 이제 그때 하나님의 아름다움을 영원히 반영할 그 영광을 드러낸다. 실제로 요한이 서술하고 있는 색조의 다양함은 새 예루살렘의 영광에 그리스도인 각자가 독특하면서도 대체 불가능하게 기여할 수 있게 한다.

하나님의 백성을 거룩한 제사장으로 보는 생각은, 이 보석들이 이스라엘 대제사장의 흉패 위 직사각형 틀을 형성했던 보석들과 일치되게 나타남으로써 강조되었다. 이것은 아론의 옷이 성막의 축소모형을 복제하려는 의도로 만들어졌다는 것과 아울러 흉패가 하나님이 임재하시는 영광을 반영하도록 설계되었다는 점에 비추어 보면 뜻이 통한다. 요한이 언급한 열두 개 보석 가운데 여덟 개는 70인 역 출애굽기 28:17~20에 기록된 것과 똑같은데, 나머지 네 개도 어쩌면 다른 보석들의 이름을 요한 나름대로 번역했을 것이다. 열두 개의 기초석은 이스라엘 12지파를 나타냈는데, 그 이름들이 그 흉패 위에 새겨져 있었다(출 28:21). 예전에 그 여러 돌로 나타내졌던 사람들이 이제는 스스로 하나님의 영광과 더불어 하나님이 거하시는 지성소가 되었다.

하나님의 임재 안으로 다양한 돌을 가지고 옴으로써 아론은, 모든 죄에 대해 속죄제를 드리는 그 백성을 나타낼 뿐만 아니라, 언젠가는 하나님의 백성 전체가 지성소 안에서 살도록 하겠다는 하나님의 언약을 일깨우기도 했다. 계시록 21:16~20에서 장차 오는 영원한 시대에 이 약속이 성취된 것을 본다. 이스라엘에 주신 약속이 복음을 믿는 사도들이 기둥이 된 교회 안에서 성취되었기 때문에, 계시록 21장에 나오는 기초석에 12사도의 이름이 적혀 있다(계 21:14)는 점은 주목할 만하다. 물론 예수 그리스도는, 모든 신자에게 하나님의 구원하시는 복을 확보하기 위해 자신의 피로 참 희생을 드려 하나님의 백성을 하나님 앞으로 데려오는 대제사장이시다. 이 장면을 이렇게 정리할 수 있다: "새 예루살렘의 시민들을 위해, 대제사장은 이제 그들 가까이 그들 가운데 계시며, 또한 성 주변 보석이 뿌려진 성곽(성벽)들은 하나님의 마음이 보듬고 있는 그들의 생명을 생생하게 그려낸다. 하나님은 최후의 한 사람까지 기억하시고, 각 사람은 하나님의 끊임없는 돌봄에 관심이 있다."(B. Milne, 319)

하지만 하나님의 소유된 백성이 지닌 제사장의 본질에 담긴 또 다른 표지는 "성의 길은 맑은 유리같은 정금"이라는 진술이다(계 21:21). 이 세부묘사가 하늘에 있는 신자들에게 생기는 물질적인 부(富)에 관한 것이 아니라 그 성에 있는 하나님의 영광을 가리키는 것임을 말한 바 있다. 마찬가지로 우리는, 솔로몬 성전의 바닥이 금으로 덮여 있었다는 것도 기억하고 있다(왕상 6:30). 금 위를 걷는 이는 제사장으로서 하나님을 섬기고 예배하기 위해 하나님의 임재 안으로 들어오도록 허락된 사람들이다. 뿐만 아니라, "금 위를 걷는 황족의 위엄이 있는 이는 그리스도와 공동상속자가 된 사람들이다."(G. B. Wilson, 2:591)

이 찬란한 비전에서 최고의 세부내용은 요한의 성문(城門) 묘사에서 볼 수 있다: "그 열두 문은 열두 진주니 각 문마다 한 개의 진주로 되어 있고"(계 21:21). 고대 세계에서 진주는 보석 중의 보석이었다; 여기 탑문은 각각 거대한 진주 한 개로 만들어졌다. "진주 문은 상상할 수도 없는 아름다움과 값을 매길 수 없는 부(富)이다."(W. Barclay, 2:275) 이것이 그의 구원 왕국을 묘사하기 위해 예수님이 "좋은 진주"라는 표현을 동원하신 이유다. 어느 상인이 이런 진주를 발견하고 그 무한한 가치 때문에 "가서 자기의 소유를 다 팔아 그 진주를 샀다"(마 13:45~46). 이 문을 통해 그리스도의 영원한 성에 들어가기 때문에, 그 문이 진주로 만들어진 것은 놀랄 일이 아니다. 따라서, 그리스도의 인격과 사역을 겸손히 믿음으로 우리가 받는 구원보다 우리에게 더 가치 있는 것도 없고 구원의 성취보다 더 영광스러운 것도 없다는 것을 잊지 말아야 한다. "그리스도는 아주 값비싼 보석이며 그래서 그분은 우리가 하나님께로 나아가는 길이 되신다."(M. Henry, 6:953)

측량을 통해 영원한 성의 압도적인 크기를 묘사한 것처럼, 다양한 색조의 보석과 반투명의 금은, 하나님께 그것이 귀한 가치를 지니고 있다는 것을 표현한다. "그 성은 말로 표현할 수 없을 만큼 웅장하다. 하나님과 그 백성의 영원한 거처로서 그것은, 인간의 언어로는 매우 불완전하게 서술할 수밖에 없는 현실을 그대로 나타내기 위해 어쩔 수 없는 표현의 한계를 끊임없이 극복하려 한다."(R. H. Mounce, 383)

21:15~21 _거룩한 성의 대속적인 성취

이 놀라운 비전을 되짚어 보면서, 몇 가지 진리를 생각해 봐야만 한다. 그 첫째는 성경의 통일성이다. 첫 번째 탈출(출애굽) 때 모세가 산에 올라 성막 건설 지침을 받았다(출 24:15~18)는 얘기를 했다. 에스겔도 유대인들이 바벨론 포로 생활로부터 회복되는 두 번째 탈출을 그가 기대하고 있던 때 훨씬 더 정교한 성전 환상을 받는 비슷한 경험을 했다(겔 40~47장). 이제 요한이, 예수님 재림하실 때의 최종적인 대속 탈출의 견지에서 성령 안에서 똑같은 산으로 올려졌다.

이 여러 비전에는 중요한 차이점들이 있다. 에스겔이 본 환상은 새로운 성전 건물이 압도적인데, 반면 요한의 새 예루살렘에는 새 창조의 온전함이 하나님의 거룩한 거처라는 단순한 이유로 성전이 없다(계 21:22). 에스겔의 성전에는 정결한 자와 부정한 자 사이의 장벽이 있지만 반면 요한이 본 비전은 모든 죄가 제거되는 때를 들여다보면서 내부 장벽이 없는 성을 보고 있다. 역사 속 하나님의 대속 사역이 진행되는 시점이 다르기에 그 차이가 나타난다. 그러나 신학은 똑같다. 모세는 그의 성막을 주전 2천 년 중반에 세웠고, 에스겔은 주전 600년경에 성전 환상을 보았지만, 요한은 주후 1세기 말엽에 계시록을 썼다. 이 세 가지 성전은 모두 다 계시록 21장과 22장의 최종 성전을 향해 앞으로 나아가고 있다. 이 세 가지 비전은 모두 성경 독자들을 예수님이 흘리신 어린 양의 피가 가리키는 속죄 제사를 통해 거룩하신 하나님을 경배하는 방향으로 이끈다(출 25:22; 겔 43:18 이하; 계 21:9, 14, 22). 모세의 좀 더 원초적인 성막 구조와 대제사장의 흉패에 박힌 언약은, 하나님의 때에 장차 오는 새 예루살렘에서 완벽하게 성취된다. 지금 우리는 그 역사의 일부이며, 우리를 안내하는 성경은 참되신 주권자 하나님의 사역이 될 수밖에 없는 단 한 가지의 대속(代贖) 목적을 제시한다. 이 성경의 뚜렷한 통일성은 무려 1,500년에 걸쳐 저술되었고, 모세의 상상력을 훨씬 웃도는 책에 담긴 초월적인 메시지가 성경의 기원, 그 신적인 본질에 대한 증언을 담보하고 있다.

이런 식으로 요한이 본 비전은 성경의 주제들이 "그리스도 안에서의 성취라는 렌즈를 통해"(I. M. Duguid, 1999:482) 드러난다는 것을 보여 준다. 만일 구약시대의 삶과 예배를 들여다보면서 "이런 고대의 지파들에게 주셨던 하나님의 약속이 성취된다면 이 책은 무엇과 같을까?"를 묻는다면 그 대답은 요한이 본 비전에 들어 있다. 모세의 성막은 하나님의 거룩한 임재에 관한 불타는 공포로부터 죄인들을 분리하는 막으로 나뉘어 있었다. 그리스도께서 오셔서 그 막을 제거하셨고(히 10:20) 그 결과 우리는 하나님의 임재 앞에서 그분을 섬기는 왕국의 제사장이 되었다. 에스겔의 성전에는 유대인과 부정한 이방인을 분리하기 위한 벽이 있었지만(겔 42:20), 그리스도가 오시고 그분의 속죄하는 피는 "원수 된 것 곧 중간에 막힌 담"(엡 2:14)을 허물어버렸다. "그는 우리의 화평이신지라. 둘로 하나를 만드사 원수 된 것 곧 중간에 막힌 담을 자기 육체로 허시고 법조문으로 된 계명의 율법을 폐하셨으니 이는 이

둘로 자기 안에서 한 새 사람을 지어 화평하게 하시고"(엡 2:14~15). 그러므로 그리스도인의 교회는 그리스도 안에서 모든 족속과 언어를 하나로 묶는다. 그리스도의 오심으로 죄책, 분열의 죄를 제거하셨고, 마침내 요한이 본 비전에서 죄의 존재마저도 제거되어 성 전체가 하나님의 거룩한 임재로 빛나게 되었다. 요한이 본 비전은 하나님께서 예수 그리스도를 통해 당신의 삶에서 성취하기 원하시는 것을 보여 준다: 죄책, 수치, 죄로 인한 소외감을 제거할 뿐만 아니라, 모든 동료 신자들과 더불어 그 안에서 처음 죄가 세상에 들어오기 전 인류가 받았던 소명을 성취시키는 영광의 상태로 전진하도록 한다: 하나님의 영광, 그 찬란한 이미지를 지니고 사는 것.

21:18~21 _아주 값비싼 진주

우리가 강조해야 할 또 다른 진리는 하나님의 영원한 거처는 어떤 장소가 아니라 그분의 백성들이라는 것이다. "새 하늘과 새 땅"(계 21:1)이 있을 것이기에 이것은 그리스도의 재림 후 하나님의 물리적인 영역이 없다는 것을 말하는 것이 아니다. 하지만 요한이 본 비전에 담긴 상징은 하나님의 백성이 거하게 될 장소가 있다는 것을 묘사할 뿐만 아니라 하나님의 백성들이 바로 하나님께서 그분이 지닌 영광의 광채 안에 머물려고 의도하신 궁극적인 처소라는 것이다.

오늘날 그리스도인들이 알아야 할 핵심 진리는, 우리가 그리스도를 믿음으로 의롭다고 받아들여졌을 뿐만 아니라 의롭다 함을 받았기 때문에 성령을 통해 하나님께서 우리 안에 살고 계신다는 것이다. 바울은 갈라디아서 2:20에서 그리스도인의 영성을 이렇게 정리했다: "내가 그리스도와 함께 십자가에 못 박혔나니 그런즉 이제는 내가 사는 것이 아니요 오직 내 안에 그리스도께서 사시는 것이라"(갈 2:20). 그리스도가 우리 안에 사시기에, 그분은 우리를 "산돌 같이 신령한 집으로 세워지고 예수 그리스도로 말미암아 하나님이 기쁘게 받으실 신령한 제사를 드릴 거룩한 제사장"(벧전 2:5)으로 삼으신다. 하나님께 딱 맞는 거처가 되기 위해 우리가 마침내 하나님의 영광을 입게 되는 그날이 오고 있다. 혹은 좀 다르게 말하자면 요한이 본 비전 속 도성의 보석들은 그분의 사랑 안으로 신부를 영원히 불러들이는 신적인 신랑의 장신구이다. 이 땅의 삶에서 그리스도는 "자기 앞에 영광스러운 교회로 세우사 티나 주름 잡힌 것이나 이런 것들이 없이 거룩하고 흠이 없게 하시려고"(엡 5:27) 우리 안에 그 아름다움을 새겨 넣으신다.

이와 같은 생각들은 일상적인 우리 삶의 분주함을 좀체 뚫고 들어오지 못한다. 우리는 어쩔 수 없이 직업, 자녀 양육, 재산 형성, 이 세상에서 그럭저럭 헤쳐 나가는 데에 먼저 마음을 점령당했다. 하지만 요한은 이 세상의 삶에서 우리가 작업하는 모든 것들이 신속히 흘러가 버릴 것이며, 그러기에 우리의 영원한 실재(존재)가 예수 그리스도를 통한 하나님과의 관계의 결과가 될 그날이 빠르게 다가오고 있음을 일깨우고 있다. 만약 요한이 본 비전을 진지하게 받아들인다면, 세속적인 추구에 쏟는 우리에게 주어진 시간과 열정을 빼내어 하나님과 동행하는 데 드리기 위해 소중한 시간과 열정을 붙들려고 노력하게 될 것이다. 만일 역사가 그리스도의 재림을 향해 냉혹하게 끌려가고 있다는 것을 깨닫는다면, "내 안에 계신 주님, 당신의 영광을 드러내기 위해 오늘 제가 좀 더 투명하고, 좀 더 명백하고 좀 더 의로운 삶을 살게 해 주십시오!" 이렇게 기도하기 시작할 것이다. 그리스도인들이 어떻게 우리 안에서 그분의 역사가 점점 더 드러나고 하나님께 가슴을 점점 더 활짝 여는 것을 배울 수 있을까? 한 남자가 어떻게 한 여성과 사랑에 빠지게 되는가? 그녀에게 아름다움과 매력을 드러내면 된다. 요한이 본 비전은 우리에게 하나님이 우리 안에서 일하기 원하시는 그 영광을 나타내어 그분의 은혜로운 사역을 증가시키는 길을 열정적으로 찾게 만든다.

이 비전이 우리의 미래를 그리는 것이라면 그리스도인들 안에서 일하시는 하나님이 주신 은혜의 표지는, 참으로 아름다운 것들을 향한 책임이 계속 증가하는 것이다. 세속 사회가 허무주의적 문화 파괴의 수렁에 빠져드는 반면 그리스도인의 교회는 교회의 음악, 건물, 사역, 특히 우리의 성품, 관계, 하나님의 말씀에 드러난 하나님의 선하심과 아름다움을 경배하는 일을 개발해야만 한다. 세속적인 대적들이 기독교인을 '개독'이라 욕하고 성경의 하나님을 추한 '꼰대'로 조롱하는 시대에는, 진짜 그리스도인들의 겉모습은 미래에 반짝일 보석과 투명한 금빛에 필적하는 빛을 지금 꾸준히 발산하면서 하나님이 주신 말씀의 아름다움과 선함을 드러내는 것이다.

최근, 수천 명의 산악인이 에베레스트 산 정상에 오른 이들의 최정예 클럽에 합류하고 싶어 그 산에 무리 지어 올라갔다. 지금까지 6천 명 이상이 에베레스트를 정복했고 유명한 럼 두들 식당 벽에 그들의 이름을 새길 권리를 얻었다. 하지만 그보다 훨씬 더 많은 사람이 산 위에 있는 하나님의 성(城)에 오를 것이며, 또한 그리스도를 믿음으로 그 성의 진주 문에 들어갈 것이다. 우리의 이름은 하늘 안에서 혹은 땅 위에서 가장 귀한 등록부인 어린 양의 생명책에 이미 기록되었다. 예수님이 가르치셨듯이 이 구원은 장사꾼이 열심히 찾았던 아주 비싼 진주와 같다. 그것을 발견하게 되자 그는 "가서 자기의 소유를 다 팔아 그 진주를 샀다"(마 13:45~46). 우리에게 예수 그리스도를 통해 하나님이 주시는 구원보다 값진 것은 없으며 이 세상의 그 어떤 것도, 그것이 우리가 하나님의 영원한 성의 빛나는 영광에 들어가는 것을 방해하는 것이라면 붙잡아 둘 가치가 없다.

거기에는 밤이 없음이라
(요한계시록 21:22~27)

²²성 안에서 내가 성전을 보지 못하였으니 이는 주 하나님 곧 전능하신 이와 및 어린 양이 그 성전이심이라 ²³그 성은 해나 달의 비침이 쓸 데 없으니 이는 하나님의 영광이 비치고 어린 양이 그 등불이 되심이라 ²⁴만국이 그 빛 가운데로 다니고 땅의 왕들이 자기 영광을 가지고 그리로 들어가리라 ²⁵낮에 성문들을 도무지 닫지 아니하리니 거기에는 밤이 없음이라 ²⁶사람들이 만국의 영광과 존귀를 가지고 그리로 들어가겠고 ²⁷무엇이든지 속된 것이나 가증한 일 또는 거짓말하는 자는 결코 그리로 들어가지 못하되 오직 어린 양의 생명책에 기록된 자들만 들어가리라 (개역개정)

가장 위대한 그리스도인들은 하늘과 영원한 안식을 자주 생각한다. 어거스틴(움베르토 에코, 1:279, 320-21)은 하나님께 이렇게 말했다. "당신은 당신 자신을 위해 우리를 만드셨나이다. 우리의 마음이 당신 안에서 안식을 찾을 때까지는 우리 마음에 쉼은 없습니다." 요한 칼빈(움베르토 에코, 2:561)은 이렇게 말했다. "행복의 최정상은 하늘에서 하나님의 임재를 즐기는 것". 이런 이유로 그는 이 땅의 삶에서 고난을 열렬히 끌어안았고 기꺼이 죽음을 기대했다.(J. Calvin, 2008:3.9.4) 청교도 리처드 박스터는 영원한 영광을, "완성된 성도들이 하나님을 완벽하게 한없이 즐거워함"으로 묘사하면서 "그리스도인의 가장 행복한 상태"인 영원한 영광을 기대했다.(R. Boxter, 13) 웨스트민스터 신앙고백 소요리문답 38, "신자가 부활할 때에는 그리스도에게서 무슨 유익을 받는가?" 이 질문에, "신자가 부활할 때에는 영광 중에 다시 살아남을 입어 심판 날에 밝히 안다 하심과 죄 없다 하심을 받고 완전히 복을 받아 영원토록 하나님을 흡족히 즐거워하는 것"이라고 답한다.

선자자들과 사도들의 글에서도 마지막 부활 후의 삶을 똑같이 강조하는 것을 알 수 있다. 다윗 왕은 영광의 소망을 즐거워하며 이렇게 기도하고 있다: "주의 앞에는 충만한 기쁨이 있고 주의 오른쪽에는 영원한 즐거움이 있나이다"(시 16:11). 아브라함의 생애는 "하나님이 계획하시고 지으실 터가 있는 성을 바랐던 것"(히 11:10)으로 요약된다. 바울은 "내게 사는 것이 그리스도니 죽는 것도 유익"(빌 1:21)하다고 했다. 사도 요한은 "그가 나타나시면 우리가 그와 같을 줄을 아는 것은 그의 참모습 그대로 볼 것"(요일 3:2)을 기대했다.

우리도, 오늘 우리가 알고 있는 위대한 그리스도인들을 통해 하늘에 대한 똑같은 기대를 발견할 수 있다. 그들의 삶과 사역을 통해 배우며 이렇게 기도할 수 있다. "오 주님 주께서 나에게 오시기를 원합니다. 당신의 영광을 보기 원합니다."

이처럼 위대한 그리스도인들의 저술에 담긴 공통 주제는 신자들이 하늘에 대해 묵상함으로써 하늘에 대한 갈망을 배양한다는 것이다. 이 동기는 하나님의 영원한 성에 대한 요한의 탁월한 묘사, 그 배후에 놓여 있다. 중요한 비전으로 가득 찬 이 책에서 마지막 비전은 '성전-도시(성)' 형태로 새 하늘과 새 땅을 그리고 있다. 계시록은, 교회 시대 박해 속에서 고난받는 그리스도인들에게 소망을 주기 위해 기록되었다. 모든 신자의 마지막이자 가장 큰 소망은 그리스도 안에서 우리를 기다리고 있는 영원한 영광이다. 용기 있는 믿음은, 우리를 기다리고 있는 값진 복을 앎으로써 그리고 현재의 능력 밖에 있는 영광을 기대함으로써, 성경에 상징화되어 있는 그것들을 묵상함으로써 이 소망을 가꾸어 나갈 것이다.

21:22~23 _성전 없는 도시

이 최후 비전의 시작 단락에서는, 장차 오는 도성(도시)을 신구약의 영화(榮化)된 교회와 동일시하고 있다(계 21:11~14). 성의 형태는 그것을 성전과 성막 내부의 지성소와 비교하고 있는데, 지성소는 하나님이 거하시는 안쪽 성소이고 완벽한 정육면체는 성 전체를 표시한다. 도시(성)를 장식하고 있는 귀중한 보석들과 순금은, 하나님을 향하는 그 백성의 소중함과 하나님의 탁월한 영광을 반영하는 그 백성의 광채를 보여 준다(21:18~21).

계시록 21:22에서 시작하면서, 요한은 영원한 성안에서의 생활을 살피려고 내부를 들여다본다. 요한은 세 가지를 이야기하는데, 그 각각의 것을 부정적인 표현으로 이야기한다. 신학자들은 하나님의 가장 본질적인 속성, 곧 오직 하나님의 신성에만 속하는 것들을 정의하면서 이와 똑같은 접근법을 취한다. 우리는 하나님은 유한하지 않고 '무한하시다'라고 말함으로써 하나님의 존재 범위를 서술한다. 우리는 하나님이 지니신 생명의 활력을, 그분은 죽을 수 없다는 뜻에서 '불멸의 존재'로 서술한다. 하나님은 '불변의 존재'라는 뜻에서 그분은 그 본질을 바꾸실 수 없다. 비슷한 방법으로, 요한은 그 안에서 우리가 찾지 못하는 것을 이야기함으로써 우리의 유한한 마음으로는 이해할 수 없는 미래의 영광에 접근한다.

이 부정적인 진술 가운데 첫 번째에서는 '물리적인 성소의 부재(不在)'를 언급하고 있다: "성안에서 내가 성전을 보지 못하였으니"(계 21:22). 고대사회에는 모든 도시에 하나 혹은 여러 개의 성전이 있었다. 그렇다면, 완전하게 성취된 하나님의 성을 아무리 들여다봐도 그 안에 성전이 없다고 하면 그 사실이 그 얼마나 두드러져 보였겠는가. 성전들은 사람들이 하나님을 만나러 갔던 곳에 있었다. "주 하나님 곧 전능하신 이와 및 어린 양이 그 성전이 되기"(계 21:22) 때문에 새 예루살렘에서는 그런 곳이 필요 없을 것이다.

영원한 성에서, 하나님은 그 백성의 거처를 채우실 것이고 그럼으로써 그분을 어느 곳에서나 뵐 수 있고 알 수 있게 된다. "하나님의 장엄과 영광의 광채가 최대한으로 성 전체를 채운다… 신자들과 하나님의 친교가 직접 즉각 이루어지기에 성전은 전혀 필요 없다. 하나님은 그 백성으로 성전을 삼는다; 그들은 즉각적이고 사랑스럽고 영구적인 임재 안에 계속 머문다."(W. Hendriksen, 203) 구약의 신성한 물리적 성전을 만드신 이는 임재하신 하나님이었다. 마지막에 하나님은 창조세계 전체를 개선함으로써 그분의 영광이 공평하게 충만하게 구석구석 오랫동안 스며들게 하실 것이다. "모든 것이 성스럽다. '임재하신'(히, 쉐키나) 영광이 성 전체를 가득 채운다. 그리고 제사장 족속은 하나님을 어느 곳에서나 뵐 수 있다."(B. Milne, 320)

성안에 성전이 없다는 요한의 묘사는 하나님이 그 백성과 함께 거하신다는 성경적 주제의 전개 과정을 완결짓는다. 모세가 산에서 하나님을 뵈었을 때 주님은 그에게 성막을 지으라 말씀하셨고, 그 성막 안쪽 지성소로부터 하나님의 쉐키나(임재, 나타남) 영광이 이스라엘 백성 가운데서 빛났었다. 나중에 솔로몬이 영구적인 성전 건물을 건축했다. 그런데 그의 기도는 하나님은 성전의 입방형 지성소에 한정되시는 분이 아님을 말하고 있다: "하나님이 참으로 땅에 거하시리이까? 하늘과 하늘들의 하늘이라도 주를 용납하지 못하겠거든 하물며 내가 건축한 이 성전이오리이까?"(왕상 8:27) 예수님이 사역을 시작하셨을 때 하나님의 임재가 성전 밖으로 뻗어나왔다. 요한은 예수님의 오심을 이렇게 말했다: "말씀이 육신이 되어 우리 가운데 거하시매 (헬, 에스케노센 <스케노오[히, '쉐키나'의 헬라어 음역], '성막을 쳤다': 이광우, 1993:15, 주 14)

우리가 그의 영광을 보니 아버지의 독생자의 영광이요 은혜와 진리가 충만하더라"(요 1:14). 이제 더는 사람들이 하나님을 만나기 위해 성전에 가지 않고, 다만 그들이 예수님께 가서 그분의 인격과 사역 안에서 하나님의 구원하시는 은혜를 찾을 수 있다. 자기 몸을 말하면서 예수님은 "너희가 이 성전을 헐라. 내가 사흘 동안에 일으키리라"고 말씀하셨다. "그러나 예수는 성전 된 자기 육체를 가리켜 말씀하신 것"(요 2:19, 21)이었다. 예수님의 죽음과 부활은 이제 우리가 하나님과 만나는 장소가 되고 또한 복의 바탕이 된다.

그럼에도 성전 주제는, 예수님이 승천하시고 이어서 그 백성 안에 살도록 하나님의 영을 보내심으로 다시 발전했다. 바울은 "너희 몸은… 너희 가운데 계신 성령의 전"(고전 6:19)이므로 신자의 몸은 이제 신성하게 되었다고 말했다. 베드로는 교회가 땅에서 함께 하나님의 거처가 되었다고 가르쳤다: "너희도 산 돌같이 신령한 집으로 세워지고 예수 그리스도로 말미암아 하나님이 기쁘게 받으실 신령한 제사를 드릴 거룩한 제사장이 될지니라"(벧전 2:5). 그리스도의 재림 후 마지막 부활에서, 교회는 영광 중에 온전하게 될 것이며 또한 하나님의 거룩을 무한히 경험하기 위해 설계된 갱신된 우주 안에서 하나님과 충만한 교제를 즐기게 될 것이다. 구약시대 아론은 이렇게 기도했다: "여호와는 그 얼굴을 네게로 향하여 드사 평강 주시기를 원하노라"(민 6:26). 이 축복을 헤아릴 수 없이 많이 경험하는 것이 영원토록 하나님의 영광스런 임재 안에 있는 신자의 영원한 복이다.

영원한 성안에 있는 성전은 "주 하나님 곧 전능하신 이와 및 어린 양"(계 21:22)이라는 점을 주목하라. 이 말은 예수와 하나님이 동등하다는 것, "전능하신 하나님", "어린 양" 예수가 함께 그 백성의 성전이라는 점을 분명하게 밝힌다. 신자들이 우리 죄 대신 십자가 지신 그리스도의 죽음을 믿음으로 영원한 영광에 들어갈 자격을 얻을 뿐만 아니라, 예수님이 거기서 우리의 '왕-하나님', 중보자로 영원히 다스리기도 하신다. 죄인이 예수를 신뢰하여 모든 죄를 용서받는 바로 그 순간부터 영원부터 영원까지, 그리스도의 속죄하는 중재 사역이 우리를 향한 하나님의 언약적 호의와 하나님 앞에 의롭게 서도록 보증하지 못하는 경우는 한순간도 없다.

새 예루살렘 안에 예배하는 건물이 없다는 사실은 지금 이런 것들을 어떻게 생각해야 하는지를 우리에게 알려 주고 있다. 그리스도인 회중은 하나님의 영광 그 임재를 눈으로 직접 보면서 하나님을 예배하게 될 때를 기대하면서 하나님의 장엄함이라는 생각을 자극할 수 있도록 설계된 물리적 환경(시설물)에 정당하게 투자한다. 웅장한 교회당 건물들, 풍성한 예배 봉사, 오늘날 예배에서 소중한 역할을 하는 신성한 음악연주… 그러나 이런 것들은 마지막 때까지만 가능한 수단이다. 교회 성소의 아름다움, 우아한 합창 음악, 예전적인 의식들은 그 자체로 우리의 마음을 사로잡는 것이 아니고 오히려 그 모든 것들을 조만간 대체하게 될 실재를 기대하면서 우리를 하나님께로 안내해야만 한다. 요한 칼빈은 장차 오는 시대의 영광 안에서 하나님은 "(그 백성들이) 즐길 수 있도록 하나님 자신을 주실 것이며; 더더욱 좋은 것은, 어떤 방식으로 하나님이 그들과 하나가 되신다는 것이다."(J. Calvin, 기독교강요 3.25.10) 매 주일, 그리스도인들이 하나님을 예배하려고 교회당에 모일 때마다, 모든 상징이 본체에게 길을 내주고 사라질 때, 지금 때때로 우리의 마음을 찌르는 그 영광이 어느 날 우리의 가장 소중한 것이 될 것을 예견하며 그 사실을 잊지 말아야 한다.

21:23 _빛이 없는 성

새 예루살렘은 성전이 없는 성일 뿐만 아니라 아울러 거기에는 물리적인 빛도 없다: "그 성은 해나 달의 비침이 쓸데없으니 이는 하나님의 영광이 비치고 어린 양이 그 등불이 되심이라"(계 21:23). "성전을 채우는 쉐키나 영광으로서, 마찬가지로 하나님의 '영광'의 빛은 새 예루살렘을 가득 채우고 있다."(G. R. Osborne, 761)

여기서 창세기 1장의 창조 이야기 중 첫째 날 하나님이 빛을 창조하셨을 때를 떠올리게 된다. "하늘의 궁창에 광명체들이 있어… 큰 광명체로 낮을 주관하게 하시고 작은 광명체로 밤을 주관하게 하시며"(창 1:14~16). 넷째 날에 이르러서야 하나님이 해와 달을 만드셨다. 오늘날 세속주의자들은 빛은 해, 달, 그리고 별들이 없이는 존재할 수 없는데도 성경은 하나님이 빛의 근원이라고 선언한다고 주장한다. 그러므로 하나님의 임재가 영원한 도성을 채우실 때 천체의 빛은 더는 필요 없게 된다. 요한이 중요하게 여기는 것은, 갱신된 우주에서 천문학적인 상황에 관한 것이 아니라 "하나님과 어린 양의 임재가 발산하는 비길 데 없는 찬란함이다."(G. E. Ladd, 1972:284) 어둠 속에서는 촛불 하나도 밝게 타오르지만, 그러나 태양 빛에 비추면 촛불 빛은 거의 보이지도 않는다. 마찬가지로, 태양과 그 밝은 광채는 영원한 성을 채울 하나님의 빛나는 영광 안에서는 그 빛을 잃고 말 것이다. "하나님의 임재가 성전 안에 제한되어 있었을 때 해와 달의 빛을 내는 자료들은 옛 예루살렘의 삶과 번영에 필수적이었다. 그러나 이제 새 우주 안에서는 그 백성들 사이에서 하나님의 온전한 임재는 그들을 아름답게 해 주면서 동시에 그들의 모든 필요를 만족시킨다."(G. K. Beale, 1999:1094)

여기서 다시, 빛은 동등하게 아버지와 아들에게 속한다: "이는 하나님의 영광이 비치고 어린 양이 그 등불이 되심이라"(계 21:23). 아버지와 아들이 하나님으로서 동격이지만, 빛을 밝히는 등불로서 아들은 아버지의 영광을 그의 인격과 사역 안에서 드러내기 위해 빛을 발한다. 자연광의 아름다움으로 미루어 그리스도의 촛대로 계시된 하나님의 탁월한 빛의 영광을 그저 상상만 할 수 있을 뿐이다. 요한이 예수님을 "어린 양"이라고 하기에, 말세의 하나님이 지니신 영광의 계시는 그의 아들에게 주신 사랑을 강조할 것을 확신할 수 있다. 따라서 아들에게 주신 그 사랑으로 신자들은 모든 죄를 용서받게 된다. 이 세상에서, 사람들의 미래는 암울하고 위협적이며, 어두움이 그 마음을 짓누른다. 그러나 톨킨의 "반지의 제왕"에서 '샘'이 말하듯이 "저 위 (하늘)에는 어떤 어두움도 건드릴 수 없는 빛과 아름다움이 있다."(J. J. R. Tolkin, 898) 지상에서의 무수한 저주와 치명적인 실수에도 불구하고 그리스도인들도 이와 비슷하게 격려를 받을 수 있다. 우리가 그리스도를 믿는 믿음으로 행진하는 여정의 목적지인 그 성의 모든 어둠 너머에서 빛나고 있는 하나님의 빛을 요한이 본 비전에서 보게 되기 때문이다.

성안에 있는 하나님의 빛으로 요한은 큰 도성의 활발한 활동을 살펴보고 있다. 예배하고 교제하기 위해 지구촌 곳곳에서 사람들이 모여들었다: "만국이 그 빛 가운데로 (걸어) 다니고"(계 21:24). 이제 옛적에 하나님이 아브라함에게 하셨던 약속이 성취되고 있다: "땅의 모든 족속이 너로 말미암아 복을 얻을 것이니라"(창 12:3). 미가 4:1~2에서 이 이미지를 예견하고 있다: "끝날에 이르러는 여호와의 전의 산이 산들의 꼭대기에 굳게 서며… 민족들이 그리로 몰려갈 것이라… 가며 이르기를, 오라 우리가 여호와의 산에 올라가서 야곱의 하나님의 전에 이르자. 그가 그의 도를 가지고 우리에게 가르치실 것이니라"(미 4:1~2). 무수히 많은 용감한 그리스도인들이 선교적 노력으로 그리스도의 절대적인 가르침을 섬긴 것은 바로 이 목적을 위해서였다. 그들이 예수의 복음을 힘껏 증거함으로 사람들이 그 빛을 비로소 보았기 때문에 만국이 그 빛 가운데로 (걸어) 다닐 것이다.

요한은 덧붙인다: "땅의 왕들이 자기 영광을 가지고 그리로 들어가리라." 그리고 "사람들이 만국의 영광과 존귀를 가지고 그리로 들어가겠고"(계 21:24, 26). 그것이 성 밖에 거하는 이방인들을 의미하는 듯하기에 이 장면은 좀 혼란스러워 보인다. 그러나 이 장면은 안 믿는 자들과 그리스도의 원수들이 불 못에 던져지는 최후 심판 후에 일어난 것(계 20:15)임을 기억해야 한

다. 그러므로 요한이 보고 있는 것은 그 성에 물질적인 부를 가져오는 미래의 백성이 아니라 그보다는 이 시대로부터 영원한 시대로 가고 있는 모든 나라로부터 오는 신자들, 곧 그리스도를 믿게 되었고 그럼으로써 하나님을 예배하기 위해 자기 몸을 올려 드리는 사람들이다. 이사야는 이 비전 전체에서 요한이 인용하고 있는, 고대사회의 배경에 적절한 언어를 사용하고 있는 성경 구절에서 이 장면을 예언했다: "네 성문이 항상 열려 주야로 닫히지 아니하리니 이는 사람들이 네게로 이방 나라들의 재물을 가져오며 그들의 왕들을 포로로 이끌어 옴이라"(사 60:11). 고대사회에서 정복자들은, 승리의 전리품인 포로로 잡아온 왕들을 쇠사슬로 묶어 자기 행렬 앞에 세워서 행진했다. 그리스도의 영원한 성에서, 그의 "정복"은 은혜로 얻은 것이기에 하나님께 뜨거운 예배를 드림으로 그들은 마음속의 희망을 성취할 것이다. 만국은 "종말의 하나님의 임재 앞에서… 예배자로서의 그들 자신을 가져올 것이다."(G. K. Beale, 1999:1095) 우리의 가장 위대한 보화는 오늘 그리스도를 섬기기 위해 올려드리는 삶 그리고 하나님의 영광스러운 임재를 영원히 찬양하는 삶이다.

만국이 "자기 영광을 가지고 그리로 들어가리라"(계 21:24)는 진술은, 현세의 삶과 장차 올 영원한 영광의 연속성을 시사한다. 그리스도인들은 그들이 만든 모든 종류의 경건한 문화를 새 예루살렘으로 가져갈 것이다. 여기에는 우리의 찬송가, 시, 믿음의 영웅들의 이야기 등등이 포함될 듯하다. 영광스럽게 변화되고 완벽하게 일치된 교회는 "국가적인 이야기들, 세상 백성들의 문화적인 유산에 들어 있는 영구적인 가치가 있는 모든 것들"(B. Milne, 321)이 조화된 유산을 간직할 것이다. 다글라스 켈리는 경건한 통치자 현자(賢者) 야로슬라브 치하의 우크라이나 교회의 유산을 인용하고 있는데, 야로슬라브는 하나님을 예배하기 위해 키예프에 성 소피아 대성당을 건축했고, 어린이들에게 기독교 교육을 시키기 위해 황실 토지 소산의 십일조를 바쳤다. 좀 더 최근에는 박해받았던 우크라이나 교회가 공산정권의 압제하에서도 그리스도의 빛을 유지해 왔다. 켈리는 의아해 한다. "우크라이나 사람들이 오늘날에도 뛰어난 가수, 음악가, 시인들이기 때문에 '그들의 영광'에 특히 아름다운 그들의 노래와 시가 포함될까? 공산주의 아래 그리스도의 사랑을 밝히는 교회로서 70여 년에 걸친 십자가형의 표지들이, 그들의 부활된 몸과 속죄된 모든 영혼에게 찬란한 아름다움의 훈장으로 바뀔 수 있을까?"(D. F. Kelly, 420)

고대 도시들은 안보상의 이유로 밤에는 성문을 닫았지만, 그러나 이 새 하늘의 성에서는 그럴 필요가 없다. 요한은 이렇게 보고한다: "낮에 성문들을 도무지 닫지 아니하리니 거기에는 밤이 없음이라"(계 21:25). 이 이미지는, 하나님의 영광이 빛나고 있는 그 성의 평화와 복을 말하고 있다.

21:27 _죄가 없는 성

새 예루살렘에 관한 요한의 세 번째 진술에서는 그 성을 죄가 없는 것으로 묘사하고 있다: "무엇이든지 속된 것이나 가증한 일 또는 거짓말하는 자는 결코 그리로 들어가지 못하되"(계 21:27).

"속된(깨끗하지 못한)" 것(들)은, 본성이 죄로 타락한 거듭나지 못한 사람, 그리고 "하나님께 신실하지 못하고 혐오스러운 우상 숭배로 자신을 더럽힌"(G. K. Beale, 1999:1101) 사람을 의미하고 있다. "가증한 일"은 하나님께 괘씸한 것으로 성경에서 한결같이 정죄하는 사악한 짓을 가리킨다. 이런 죄의 목록이 마지막 장에 나와 있다: "개들과 점술가들과 음행하는 자들과 살인자들과 우상 숭배자들과 및 거짓말을 좋아하며 지어내는 자는 다 성 밖에 있으리라"(계 22:15). 바울은 좀 더 확장된 목록을 제시한다: "음행하는 자나 우상을 숭배하는 자나 간음하는 자나 탐색하는 자나 남색하는 자나 도적이나 탐욕을 부리는 자나 속여 빼앗는 자들은 하나님 나라를 유업으로 받지 못하리라"(고전 6:9~10). 오늘 우리가 사는 부도덕한 사회에서, 그리스도인들은 탐심과 도둑질이라는 우상 숭배와 함께 간음과 동성애를 하나님이 싫어하신다는 진리를 반드시 말해야만 한다. 최근 사례들은, 특히 그것이 비정상적인 성생활 형식인 이런 죄들에 대한 하나님의 심판을 말하는 성경의 가르침에 대해 엄청난 과민증을 보여 준다. 그럼에도 그리스도인들은 예수 그리스도 안에서 받을 수 있는 모든 죄의 용서에 관해 은혜롭게 말해야만 하는 것처럼, 동성애, 간음, 그밖의 타락행위들에 대해 하나님의 정죄가 있다는 진리도 담대하게 말해야만 한다. 요한이 "거짓말"하는 자들로 끝맺는다는 사실은, 엄청나게 부도덕한 행위를 한 자들뿐만 아니라, 다른 사람들을 죄의 공범이 되도록 계속 부추기는 짓을 하나님이 심판하신다는 사실 자체를 부정하는 짓을 하나님이 특히 더 싫어하신다는 것을 가리키는 것일 수도 있다.

성경을 믿는 이들은, 궁극적으로 중요한 것들은 대중의 의견이 아니라 하나님의 말씀에서 하나님이 가르치고 계시는 것이라는 것을 알고 있다. "이런 사람들이 있다는 것을 아실 것이다; 그들은 드문 사람들이 아니다; 그들은 사람의 눈으로 보기에 명예로운 사람들일 수도 있다. 그들은 이 세대에서 유명하고 똑똑한 사람들일 수도 있다. 훌륭한 사업가일 수도 있고, 각자의 소명 분야에서 최고로 뛰어난 사람일 수도 있다. 하지만 그럼에도 그들에 대한 단 하나의 평가가 있다… 그들은 (하나님의) 눈에 불결한 것으로 계산되는데, 타락한 자들은 하늘에 절대로 들어갈 수 없다."(J. C. Ryle, 2004:261-262)

경건하지 못한 자들과 대조되는 이들은 그 이름이 "어린 양의 생명책에 기록된"(계 21:27) 사람들인데, 오직 그들만 하나님의 영광에 들어가게 될 것이다. 생명책은 하나님의 주권적 은혜로 선택받고 그리스도의 피를 믿음으로 구원받도록 부름 받은 이들에 대한 하나님의 영원한 기록이다. 확실한 잘못에 대해 하나님의 심판이 이루어지지만 구원은 오직 믿음으로만 받아들이는 죄인들에 대한 그리스도의 자비를 통해 이루어진다.

　최후의 심판 때까지는 하나님의 생명책을 들여다보도록 허락되지 않았으나 누구의 이름이 거기에 들어 있을지 그 성격을 분별하는 기준을 확인할 수는 있다. 첫째, "그들은 모두 다 참으로 회개하는 이들이다."(J. C. Ryle, 2004:261-264) 새 예루살렘에 들어가게 되어 있는 이들은, 자기들의 죄에 대한 정죄를 느꼈고 그 죄책 때문에 하나님 앞에서 슬퍼했으며 자기네 삶에 들어온 죄를 미워했다. 둘째, "그들은 그리스도 예수를 믿는 이들이다."(J. C. Ryle, 2004:261-264) 영원한 영광 안에 사는 이들은 그리스도의 구원 사역, 특히 자기들의 모든 죄 때문에 죽으신 하나님의 어린 양이신 그분을 신뢰하는 사람들이다. 그들은 다른 어디에서도 구원을 찾지 못했지만, 그러나 예수를 믿고 그분이 제공하는 자비를 받았고 또한 모든 형태의 고난에도 불구하고 예수님을 믿었다. 셋째, 하나님의 생명책에 그 이름이 적힌 이들은 "모두 다 성령으로 나서 거룩하게 되었다."(J. C. Ryle, 2004:261-264) 이것은 그들이 아무리 불완전하다 해도 장차 오는 시대에 그들이 온전히 즐길 거룩한 삶을 이 땅의 삶에서 시작했다는 것을 뜻한다. 하나님을 뒤따르는 경향이 있는 본성과 함께 그들은 성령에 의해 내적으로 새로워졌다. "그들의 삶의 일반적인 성향은 언제나 거룩한 것을 지향하게 되었는데, 나날이 더 거룩하게 사는 것이 늘 그들 마음의 열망이 되었다. 그들은 하나님을 사랑하며, 또한 하나님을 향하는 삶을 살아야만 한다."(J. C. Ryle, 2004:264-265)

　이것이 바로 하나님의 임재의 영광 안에서 당신이 영원을 누릴 운명인지를 아는 방법이다: 교회 회원자격이 아니라, 덧없는 영적인 경험들이 아니라, 교회에 헌금하는 것이 아니라, 당신 생각에 각종 선행이 당신의 모든 죄를 이길 것이라는 생각이 아니라, 오직 믿음으로 하나님의 어린 양을 끌어안는 회개하는 마음과 거기서부터 하나님의 영광과 명예를 위해 사는 길을 찾는 것이다.

21:24~27 _무엇이 하나님을 영화롭게 하나?

웨스트민스터 소요리문답은 다음과 같은 유명한 질문과 답으로 시작한다: "[문] 사람의 제일 되는 목적이 무엇인가? [답] 사람의 제일 되는 목적은 하나님을 영화롭게 하는 것과 영원토록 그를 즐거워하는 것이다." 그리스도인들이 미래에 믿기 어려운 방법으로 하나님을 영화롭게 할 것을 알기에, 요한은 우리가 할 수 있는 가장 넓은 범위에서 하나님을 영화롭게 하도록 하나님이 지금 우리를 다양하게 부르시는 것을 서술한다. 연말 때마다 사람들은 자기네 삶을 평가하면서 다가오는 새해를 위한 몇 가지 결단을 한다. 우리가 즐길 수 있도록 운명 지워진 복에 비추어 요한이 본 비전은 하나님을 영화롭게 하면서 하나님을 좀 더 충만하게 즐기는 일을 가능하게 하는 몇 가지 결단할 내용을 제공하고 있다.

첫째, 하나님께서 그분의 충만한 임재로 영원한 성을 채우실 것이므로, 그리스도인들은 하나님께 가까이하고 '지금' 그분과 친교하여 그분을 더 잘 알아가는 것을 우선시해야만 한다. 예수님은 "영생은 곧 유일하신 참 하나님과 그가 보내신 자 예수 그리스도를 아는 것"(요 17:3)이라고 말씀하셨다. 왜 그리스도인들은 하나님을 좀 더 친밀하게 알기 시작하기 위해 예수님의 재림과 영원한 영광을 기다려야만 하는가? 요한이 본 비전은 틀림없이 따분한 종교의식에서 떠나, 우리 인생 전체가 하나님의 영광, 그 눈부신 광채 안에서 노력하며 그날을 준비하는 하나님과의 개인적인 만남으로 성경 읽기와 기도에 관한 우리의 생각을 바꿔 줄 것이다.

둘째, 만일 하나님께서 새 하늘과 새 땅에 그분의 빛을 비추시려는 의도를 갖고 계시다면, 그리스도인들은 이 세상에서 그 빛을 증언하는 일을 우선 과제로 삼아야만 한다. 예수님은 우리의 착한 행실을 통해 이것을 말씀하셨다: "이같이 너희 빛이 사람 앞에 비치게 하여 그들로 너희 착한 행실을 보고 하늘에 계신 너희 아버지께 영광을 돌리게 하라"(마 5:16). 바울은, 하나님의 백성, 그 거룩한 삶으로부터 그 증거가 빛을 발해야 한다고 덧붙였다: "흠이 없고 순전하여 어그러지고 거스르는 세대 가운데서 하나님의 흠 없는 자녀로 세상에서 그들 가운데 빛으로 나타내며"(빌 2:15). 여기에 복음을 전하는 우리의 사역(전도)을 덧붙여야 한다. 다니엘 12:3에서 이렇게 약속한다: "지혜 있는 자는 궁창의 빛과 같이 빛날 것이요, 많은 사람을 옳은 데로 돌아오게 한 자는 별과 같이 영원토록 빛나리라." 구원 과정에서 하나님의 은혜와 예수님에 대해 다른 사람들에게 말할 때, 우리는 영광스러운 찬란함으로 어느 날 새 예루살렘을 뒤덮을 바로 그 빛을 반사하는 것이다.

셋째, 경건하지 못한 자들이 하나님의 거룩하고 영원한 성에 결코 들어가지 못하리라는 것을 깨닫기에, 죄인들에게 회개하고 예수를 믿을 것을 경고할 뿐만 아니라 맨 먼저 우리 자신이 죄로부터 깨끗해지고 용서받은 이로 그 사람(태신자)에게 가야 한다는 것을 명심해야 한다. 용서받기 위해 예수님께 나아가서 하나님 앞에서 의롭다 함을 받았는가? 당신이 자신의 죄를 인정하고 용서받기 위해 그리스도께 나아가고 구원받기 위해 복음을 믿을 때까지는 당신에게 그보다 더 중요하고 시급한 결단은 없다. 만약 그렇게 하지 않으면 반역자로 하나님의 영원한 성에서 추방될 것이고 당신의 죗값으로 지옥에 던져질 것이다.

심판의 날이 아직 오지 않았지만, 현시대는 또한 아직 영원한 영광으로 가는 길을 내주고 있다. 그렇다면 예수 그리스도를 믿고 구원받을 기회를 붙드는 기회를 잡는 것은 당신에게 얼마나 긴급한 일인가! 요한은 우리의 모든 죄를 가져가 버리는 하나님의 어린 양을 통해 장차 오는 영광스러운 성으로 들어가는 유일한 길을 찾도록 당신에게 권하고 있다: "자기 두루마기를 빠는 자들은 복이 있으니 이는 그들이 생명나무에 나아가며 문들을 통하여 성에 들어갈 권세를 받으려 함이로다"(계 22:14).

생명수의 강을 내게 보이니
(요한계시록 22:1~5)

¹또 그가 수정 같이 맑은 생명수의 강을 내게 보이니 하나님과 및 어린 양의 보좌로부터 나와서 ²길 가운데로 흐르더라 강 좌우에 생명나무가 있어 열두 가지 열매를 맺되 달마다 그 열매를 맺고 그 나무 잎사귀들은 만국을 치료하기 위하여 있더라 ³다시 저주가 없으며 하나님과 그 어린 양의 보좌가 그 가운데에 있으리니 그의 종들이 그를 섬기며 ⁴그의 얼굴을 볼 터이요 그의 이름도 그들의 이마에 있으리라 ⁵다시 밤이 없겠고 등불과 햇빛이 쓸데 없으니 이는 주 하나님이 그들에게 비치심이라 그들이 세세토록 왕 노릇 하리로다 (개역개정)

위대하고 깊이 있고 복잡한 책의 저자가 마지막에 멋진 반전으로 느슨했던 구성 가닥을 한꺼번에 매듭지으면 독자들은 늘 만족한다. 예컨대, 프랑스혁명을 배경으로 한 위대한 역사소설 찰스 디킨스의 『두 도시 이야기』에서, 마지막에 드파르주 부인의 소작농 가족이 다네의 조상들에 의해 무시무시하게 희생되었던 사실을 알게 되면서, 찰스 다네를 향해 드파르주 부인이 품었던 원한의 뿌리를 마침내 알고 독자들은 깜짝 놀라게 된다. 다네가 그 무서운 가족의 업보로부터 어떻게 도망칠 것인가, 또한 시드니 카턴이 지금까지 낭비한 인생을 무슨 수로 대속할 것인가? 시드니 카턴이 "내가 여태껏 했던 것보다 훨씬 더 나은 어떤 것… 내가 여태껏 알고 있던 것보다… 훨씬 더 나은 쉼"을 모색하면서 찰스 다네 대신 죽음을 향해 나아갈 때 비로소 그 답을 듣게 된다.(C. Dickens, 1992:482)

22:1~5 _동산을 향하여

디킨스의 위대한 소설의 결말보다 훨씬 더 만족스러운 것은 성경의 마지막 장(章)인데, 거기서 창조의 새벽에 시작되었던 이야기가 영원한 영광 안에서 완벽하게 성취되고 있다. 계시록 22:1~5에서는, 성경의 통전성 안에서 구원에 관한 마지막 비전에 들어 있는 마지막 이미지들을 제공하고 있다. 여기서 에덴동산에서 우리가 본 적이 있는 "생명나무"와 "생명수의 강"(계 22:1~2)을 포함하고 있는 이미지들을 발견한다. 하나님의 대속 받은 백성이 이런 복을 받도록 회복되었기에 사탄의 반역과 죄로 인한 천벌로 아주 많이 뒤틀린, 하나님이 창조하신 원래 목적을 발견한다. 계시록의 마지막 비전의 '성전-도성'에서 하나님의 백성은 그 동산(에덴)으로 되돌아가지는 않지만 하나님이 의도하셨던 창조의 새벽에 생겨난 첫 낙원을 향해 앞으로 나아간다. "요한은 인류 역사에 대한 성경적 설명을 완결짓기 위해 새로워진 낙원이라는 그림을 그리고 있다."(S. J. Kistemaker, 581)

처음에서처럼 마지막에서 삼위 하나님은 그분의 형상을 간직한 채 하나님을 숭배하는 신실한 사람들이 거주하고 있는 낙원에서 보란 듯이 의기양양하게 다스리신다. 성경 이야기의 이 끝마무리는 "첫 동산 성소에서의 인간의 원래 목적이 밖으로 뻗어 나오게 되었고 지구 구석구석에 하나님의 임재의 빛을 퍼뜨렸다"(G. K.Beale, 2004:326)는 것을 확인해 준다. 그리스도의 복음 메시지를 전파하기 위해 선교사역으로 선택받아 부름 받고, 하나님의 말씀에 순종함으로써 그리스도의 왕국이 나아가는 길을 찾았던 모든 그리스도인은 이 모든 노력이 헛되지 않았다는 것을 보고 즐거워할 수 있다. 그리스도의 대속 사역으로 인한 승리로 선지자적 비전은 성취될 것이다: "물이 바다를 덮음같이 여호와를 아는 지식이 세상에 충만할 것이니라"(사 11:9).

22:1~2 _하나님의 보좌에서 흘러나오는 생명

앞서, 요한은 영원한 도성과 거기 사는 사람들을 지켜보았다. 이제 그는, '정원-도시' 새 예루살렘을 복되게 하는 생명의 근원으로 마무리한다: "또 그가 수정같이 맑은 생명수의 강을 내게 보이니 하나님과 어린 양의 보좌로부터 나와서"(계 22:1).

이 비전의 성경적 전례가 많이 있지만, 그중 두 개가 두드러진다. 그 첫 번째는, 창세기 2:10의 "에덴에서 흘러나와 동산을 적시는" 강이었다. 두 번째는 하나님의 종말 시대에 등장할 성전에 대한 에스겔의 비전에서 "성전의… 문지방 밑에서 나와"(겔 47:1) 흐르는 강이었다. 첫 번째 강이 "에덴에서" 흘러나왔지만 에스겔이 본 강은 성전 동문으로부터 흘러나왔는데, 새 예루살렘의 강은 "하나님과 및 어린 양의 보좌로부터"(계 22:1) 흘러나온다. 분명한 요점은 역사 속 하나님의 주권적 통치가 영원에 거하는 하나님의 백성들에게 흘러나오는 생명과 원기회복의 근원이라는 것이다. 그 보좌가 "하나님의" 것일 뿐 아니라 "어린 양의" 것이기도 하기에 하나님의 아들, 어린 양의 구원하는 죽음을 수단으로 하는 아버지의 주권으로부터 은혜가 흘러나온다는 것을 알 수 있다. 그러므로 구원의 복은 "어린 양의 속죄 사역에 대한 믿음을 유지했고 또한 어린 양의 대속 사역을 증거했던 이들을 위해… 보존되었다."(G. K. Beale, 1999:1104)

게다가 그 구원이 하나님으로부터 오는 생명 안에서의 교제로 구성된 이 밝은 수정 같은 물의 흐름으로 그려졌다. 이것이 바로 우물가에서 예수님이 "생수"(요 4:10)를 주면서 여자에게 주셨던 메시지다. 예수님은 말씀하셨다: "내가 주는 물을 마시는 자는 영원히 목마르지 아니하리니 내가 주는 물은 그 속에서 영생하도록 솟아나는 샘물이 되리라"(요 4:14). 예수님이 말씀하셨던 것은 새 예루살렘을 관통하며 흘러나오는 강으로 그려진 영적인 생명을 우리가 지금 믿음으로 마실 수 있다는 것이다. 복음서에서 요한은 "내가 온 것은 양으로 생명을 얻게 하고 더 풍성히 얻게 하려는 것"(요 10:10)이라는 예수님의 말씀을 전했다. 요한은 예수님께 나아오는 모든 이에게 "생명수의 강"(요 7:37~38)이 일단 제공되는데 예수님은 그분이 영화롭게 될 때 그분이 보내시는 "그를 믿는 자들이 받을 성령을 가리켜 말씀하신 것"(요 7:39)이라고 설명한다.

여기 계시록에서 요한은 이 생명 강의 세부내용을 전하고 있다. 강물은 "수정처럼 밝다(맑다)". 이것은 우리가 믿음으로 받는 은혜의 정화 효과와 하나님이 주시는 생명의 정결함을 그리고 있다. 요한은 그 강이 "(그 성의) 길 가운데로 흐른다"(계 22:2)는 말을 덧붙이고 있다. 일찍이 "성의 길은 맑은 유리 같은 정금"(계 21:21)임을 확인했다. 분명히 그 강은 주요 통행로의 꼭대기 혹은 옆으로 흐르는데 이것은 하나님의 생명이 그분의 백성이 사는 영원한 거처의 중심부로 흐르고 있음을 알려 주고 있다. 이제 계시록 7:17의 약속이 성취되었다: "보좌 가운데에 계신 어린 양이 그들의 목자가 되사 생명수 샘으로 인도하시고."

에스겔의 성전 비전은 물이 성전 문에서 시작되어 스며 나오고, 그다음 발목 깊이로 깊어지고, 그다음 허리까지 차오르고, 마침내 도저히 건널 수 없는 깊이가 되었다(겔 47:1~12). 이것은, 구속사(救贖史)가 전진함에 따라 하나님의 은혜의 권능이 증가하는 것을 그린 것이다. 그것이 동쪽을 향하여 흘렀기에 에스겔은 맛없는 물이 신선하게 되고 나무들이 강둑에 줄지어 자라고 있고, 살아 있는 물고기가 몰려드는 것을 보았다. 마침내 그 강은 사해에 이르러 그 소금물을 정화하고 깨끗하게 하여 생명을 낳는다. 게다가 그 강둑에 "각종 먹을 과실나무가 자라서 그 잎이 시들지 아니하며 열매가 끊이지 아니하고 달마다 새 열매를 맺으리니 그 물이 성소를 통하여 나옴이라. 그 열매는 먹을 만하고 그 잎사귀는 약재료가 되리라"(겔 47:12)고 에스겔은 말했다. 요한은, 물리적인 이스라엘 땅을 위해 미래의 물리적인 복 뿐만 아니라 오히려 새 예루살렘에 사는 하나님의 백성을 위해 하나님이 쌓아 두신 생명의 활력을 에스겔이 예견하고 있었음을 보여 주기 위해 에스겔서의 언어를 사용하고 있다: "강 좌우에 생명나무가 있어 열두 가지 열매를 맺되"(계 22:2).

창세기의 동산에 관한 기록은 강이 에덴 밖으로 흘러나오는 것뿐만 아니라, 그 열매를 먹는 이들에게 영원한 생명(창 3:22)을 전해 주는 "동산 가운데의… 생명나무"(창 2:9)까지도 강조하고 있다. 요한은 이제 이 강의 양쪽 강둑에 생명나무(이광우, 1993:41, 주 110)가 자라고 있음을 본다. 대부분의 학자들은 이 이미지가 대단히 큰 나무 한 그루가 아니라 강둑에 줄지어 자라면서 생명을 주는 나무들의 군집(숲)이라고 생각한다.

신자들에게 하나님의 임재를 가져다준 예수 그리스도의 성육신과 생명나무의 비슷한 점을 생각해 볼 수도 있다: "성육신하신 그리스도 안에서 아버지는 우리에게 부족한 모든 생명, 죄인들에게 필요한 지혜, 능력, 의로움, 용서 등의 모든 것에 거하셔야만 했다. 예수님이 생명나무이기에 그것이 아버지를"(J. Hamilton, 521) 기쁘시게 했다. 아울러 사도들이 그리스도의 십자가를 설교할 때 '나무'라는 낱말이 사용되었다는 것(행 5:30, 10:39, 13:29)도 마찬가지로 주목할 만하다. 베드로는 그리스도의 죽음을 이 장면과 연결시켰다: "친히 나무에 달려 그 몸으로 우리 죄를 담당하셨으니 이는 우리로 죄에 대하여 죽고 의(義)에 대하여 살게 하려 하심이라. 그가 채찍에 맞음으로 너희는 나음을 얻었나니"(벧전 2:24, 신 21:23).

영원한 생명을 대속하는 원천은 다른 무엇보다도 하나님의 어린 양, 그의 화목하게 하는 희생이다. 열매를 찾는 이들의 손에 닿을 정도로 생명 강의 양 둑에 나무들이 그 가지들을 얼마나 낮게 드리우고 있는지를 주목하면서, "구원의 모든 복, 그리스도의 죽음으로 사들인 모든 순전한 자비, 그리스도의 인격 안에 거하는 모든 신성한 즐거움 등이 하나님이 거저 주시는 선물로 접근하기 쉽게 만들어졌다"(J. Hamilton, 521)는 것을 기억해야 한다.

오늘날 그리스도의 죽음과 구원이라는 복음이 전파될 때 예수 그리스도께 손을 뻗고 그분을 믿는 모든 이가 바로 이 생명에 자유롭게 접근할 수 있는 것이다.

에스겔은 "각종 먹을 과실"(겔 47:12)을 맺은 나무를 보았는데, 요한은 새 예루살렘에서 그것들이 성취되었다는 것을 말하고 있다: "생명나무가 있어 열두 가지 열매를 맺되 달마다 그 열매를 맺고"(계 22:2). "열두 가지 열매"가 "각 달마다" 맺힌다는 사실은, 복의 다양성과 함께 그 열매들의 영속적인 효용성 두 가지를 모두 다 가리키고 있다. 거기에는 상상할 수 있는 모든 필요를 채울 수 있는 영적 생명과 은혜가 풍성하게 준비되어 있다. 아담과 이브가 "바람이 불 때에 동산에 거니시는 여호와 하나님의 임재"(창 3:8)를 즐겼듯이 마찬가지로 대속 받아 영원히 신적인 삶의 숲이라는 복을 누리며 사는 셀 수 없이 많은 대속 받은 하나님의 백성들도 그러할 것이다.

예레미야에 따르면 이 비전에 묘사된 원리는 현재의 세계 뒤안에까지 뻗어 나온다. 예레미야는 주님께 등 돌리면서 세속적인 힘을 신뢰하는 자들은 마치 "사막의 떨기나무" 같으며 "광야 간조한 곳, 건건한 땅, 사람이 살지 않는 땅에 사는 것"(렘 17:6) 같으리라고 경고했다. 이와는 대조적으로, 주님을 신뢰하는 이는 "복을 받을 것이라. 그는 물가에 심어진 나무가 그 뿌리를 강변에 뻗치고 더위가 올지라도 두려워하지 아니하며 그 잎이 청청하며 가무는 해에도 걱정이 없고 결실이 그치지 아니함 같을 것이다"(렘 17:7~8).

다윗이 노래했던 복음은 이러하다: "한 시내가 있어 나뉘어 흘러 하나님의 성 곧 지존하신 이의 성소를 기쁘게 하도다"(시 46:4). 복 있는 사람은 "오직 여호와의 율법을 즐거워하여 그의 율법을 주야로 묵상하는도다. 그는 시냇가에 심은 나무가 철을 따라 열매를 맺으며 그 잎사귀가 마르지 아니함같으니 그가 하는 모든 일이 다 형통하리로다"(시 1:2~3).

에스겔의 비전에서 "그 잎사귀가 약재료"(겔 47:12)가 되는 나무들을 말했는데, 마찬가지로 요한도 "그 나무 잎사귀들은 만국을 치료하기 위하여 있더라"(계 22:2)고 적고 있다. 대속 받은 이들의 성에는 치료해야 할 질병이 없기에, 치료받은 부상자들은 어쩌면 이 세상의 삶에서 입은 상처를 안고 왔을 것이다. 이것은 굉장히 놀라운 생각이다. 가장 강한 그리스도인들조차 이 세상을 어떻게 힘없이 떠나는지 생각해 보라. 우리 자신의 다양한 성격적 실패 탓에 슬픔과 다툼의 상처를 안고, 너무 젊은 나이에 떠나거나 늙어 허약해진 모습으로 떠난다. 비록 종종 난타당하고 굴복당하여 이승에서 떠난다 해도 오는 세상에서 몸과 영혼 모두 다 온전히 회복되는 복을 받게 될 것이다. 시편 23:5에서 다윗은 "주께서… 머리에 기름을 부으신다"(시 23:5)고 선포한다. 고대의 여행자들이 먼지 덮인 주막에 도착했을 때 그들의 피부는 따가운 햇빛 때문에 갈라진다. 친절한 주인장은 그들을 따뜻하게 맞이하며 진정제 기름을 내준다. 하나님은 성령의 기름으로 우리 영혼에 기름 부으실 뿐만 아니라 그분의 생명 나뭇잎으로 우리를 치유하시는데 하늘에서 우리 주님은 그보다 더한 일을 해 주실 것이다.

게다가 새 예루살렘에서는 각 족속들과 나라들 사이의 모든 갈등의 근원이 없어질 것이다: "국수주의, 인종주의, 독살스러움, 쓰라림, 전쟁의 오랜 역사가 치유될 것이다."(J. M. Hamilton Jr., 404) 이제 개인적인 수준뿐만 아니라 협력적인 수준에서도 인류가 죄로 잃어버렸던 낙원을 되찾게 되었다. 치료와 용서를 위한 그리스도의 죽음을 통해서만 인류는 소중히 여기는 이

상향을 되찾게 된다. 바울은 "그는 우리의 화평"(엡 2:14)이라고 말했다. 영원한 성에서 그리스도의 사역은 그 복된 효능으로 영원한 현재가 될 것이다. "믿음으로 의롭다 하심을 받았으므로" 우리는 "하나님과 화평을"(롬 5:1) 누리고 아울러 이웃과의 관계에서도 화평을 누리게 된다.

22:1~4 _하나님의 보좌, 그 빛, 그 안의 복

신학자들은 그리스도의 대속 사역이 성취되었을 뿐만 아니라 적용되기도 한 것이라고 말한다. 계시록 22:1~2에서, 아들의 속죄하는 죽음과 아버지의 주권적인 의지로, 영원한 생명의 넘치는 준비로 마무리되는 구원이 궁극적으로 성취되었음을 보여 준다. 마지막 세 절에서 믿음으로 그리스도께 오는 이들을 위해 영원한 대속이 적용되는 내용이 그려지고 있다. 그들에게는 죄의 저주가 은혜의 축복에 길을 비켜줄 것이고, 영원은 지식을 덧입고 하나님을 섬기는 일에 소비될 것이며, 그리스도와 연합된 이들은 영원히 그분과 함께 다스릴 것이다.

아담과 이브가 하나님을 반역하여 최초로 범죄했을 때 그들은 정의로운 진노의 저주 아래로 떨어졌다. 결과적으로 그들은 동산 밖으로 내쫓겨서 생명나무로부터 차단당했다(창 3:22~24). 그들은 더는 하나님과의 개인적인 교제를 즐길 수 없었고 하나님의 백성으로서 섬기지 못하게 되었다. 이제 창조 세계 자체가 그들에 적대적으로 되어 삶은 역경과 좌절로 점철되어 갔다. 죄의 중요성은 성경이 1,189장(章)이나 된다는 점에서 확인될 수 있는데, 그 가운데 4개 장을 제외한 나머지 모든 부분이 죄의 저주 아래 일어난 일들을 기록한 것이다. 처음 두 개의 장(창세기)은 죄가 들어오기 전의 삶을 그리고 있고, 그리고 마지막 2개 장(계시록)이 그리스도에 의해 죄가 완전히 정복된 후의 삶을 보여 주고 있다. 그 사이의 1,185장이 하나님의 아들 예수 그리스도의 사역을 통해 하나님이 인류를 죄로부터 어떻게 대속하는가 하는 이야기를 담고 있다.

요한은 "다시(더는) 저주가 없다"(계 22:3)고 말하면서 죄의 유입이 치료되고 역전되었음을 선언하고 있다. 이제 신자들은 그리스도 안에서 최초의 동산에서의 즐거움보다 훨씬 더 풍성한 하나님의 은혜를 넉넉히 즐길 것이다. 우리는 지금 죄가 아직은 완전히 제거되지 않은 세상에서 살고 있다. 그러나 용서받기 위해 모든 죄를 고백하고 그 죄들을 십자가 앞으로 가져오면 죄의 저주로부터 도망쳐서 하나님의 자녀 된 삶으로 들어갈 수 있다. 예수님이 지불한 형벌은 우리를 하나님 앞으로 회복시켰고 어느 날 문득 새 예루살렘에서의 삶을 위해 죄의 효과들이 우주적으로 제거될 것이다. 바울은 말했다: "그리스도께서 우리를 위하여 저주를 받은 바 되사 율법의 저주에서 우리를 속량(贖良)하셨으니 기록된 바 나무에 달린 자마다 저주 아래에 있는 자라 하였음이라"(갈 3:13; 신 21:23).

아담과 이브의 타락으로 죄에 빠져든 주요 원인은 그들이 하나님의 임재로부터 소외되었다는 것이다. 이에 대응하여 영원한 영광의 핵심적인 복은 하나님의 대속을 받은 백성에게 하나님의 임재가 되돌아왔다는 것이다. 따라서 요한은 "그 어린 양의 보좌가 그 가운데에 있을 것"(계 22:3)이라고 말하고 있다. 하나님의 보좌는 계시록의 수많은 비전을 지배하고 있다. 요한은 처음에는 하나님의 보좌가 있는 비전을 보도록 하늘을 자세히 들여다볼 수 있게 허락받았다(계 4:2). 이제 이야기의 마지막에서 그는 하나님의 백성 가운데 바로 거기에 계신 "하나님과 및 어린 양의 보좌"를 보고 있다.

이 진술은 어린 양의 대속(代贖)으로 하나님의 제왕적 통치는 물론 하나님의 임재와 강복(降福)도 회복되었다는 것을 알려 준다. 하나님의 말씀에 복종함으로 당신의 삶에서 다스리는 권세를 행사하게 만들기 위해 하나님의 보좌로 당신을 부르신 것이 바로 당신이 그분의 호의로 돌아왔다는 신호다.

에덴의 동쪽 시들어버린 땅에서 방랑하면서 사는 자들은 죄와 어리석음 속에 (하나님 없이) 제멋대로 다스리며 사는 자유를 얻는다. 하나님이 주신 말씀의 권위 아래 머무는 이들은 더는 죄의 저주를 받지 않고 오히려 은혜로 복을 받아 누린다. 죄의 저주가 하나님의 주권적인 의지와 어린 양의 속죄 사역으로 제거되었던 것처럼 어린 양이 주시는 복은 하나님의 진리와 은혜 안에서 보좌에 앉으신 하나님의 임재로 계속 유지된다.

저주에서 대속되고 하나님의 임재로 복을 받아 누리는 이들은 "그를 섬기는" "그의 종들"(계 22:3)이라는 것을 좀 더 확실히 기억하라. 헬라어 '라트류오'는 "섬기다"와 "예배하다"라는 두 가지 뜻을 지닐 수 있다. 그 영원한 성에서는 물론 이 두 가지 뜻이 함께 적용된다. 아담이 태초의 동산에서 "생육하고(열매 맺고) 번성하도록" "일하고… 그리고 지키도록"(창 2:15) 부름 받은 것처럼 대속 받은 이들도 영원부터 영원까지 온 우주에 하나님의 영광을 전파하는 사역을 감당하게 될 것이다. 영원한 삶이라는 것이 지상에서 꾹꾹 눌러 참으면서 마지못해 드리는 따분한 예배의 무한 반복이 되지나 않을까 염려하는 이들에게 주는 답이 여기에 있다. 하나님의 말씀 안에서 하나님의 임재가 예배를 지금 여기에서도 활기차게 만드는 것처럼 마찬가지로 하나님의 임재도 우리의 영원한 섬김을 영광의 실습(훈련)이 되게 할 것이다.

새 예루살렘에서 우리는 성전에 들어가는 것을 경탄하고 (성전의) 무척 값진 것들 안에서 섬긴 이스라엘의 제사장들처럼 될 것이다. 우리는 참된 가치와 영광을 위해 하나님이 주신 열망에 가득 차서, 영광스럽게 변화된 우주를 돌보고 경작하는 일을 그리스도와 함께 수행할 것이다. 틀림없이 우리는 천사들이 부르는 은혜와 영광의 합창을 따라 부르며 살아 계신 하나님 앞에 엎드려 절하면서 환희로 충만하게 될 것이다. "어린 양의 피로 희게 씻은 거룩한 옷을 입고서 하나님의 보좌 앞에 서고 또한 그분의 성전 안에서 끊임없이 하나님을 섬길 것이다."(P. E. Hughes, 233) 그리스도를 믿음으로 하나님 앞에

서게 되는 바로 그런 방식으로 옷 입었으므로 우리의 진지한 예배와 복음 증거는 바로 오늘 여기에서부터 그분께 귀히 여겨지는 산 제사로 드려야 한다는 것(롬 12:1)을 깨달아야 하지 않겠는가.

우리가 하나님이 주시는 복 안으로 들어가게 될 뿐만 아니라 또한 하나님을 아는 지식이 자라도록 하는 일에 영원을 소비하게 될 것이다. 요한은 "그의 얼굴을 볼 터이요"(계 22:4)라고 말한다. "얼굴은 그 사람의 인격을 표현한다. 하나님의 얼굴을 보게 된다는 것은 하나님의 인격적 존재를 통해 그분을 알게 될 것이라는 뜻이다. 이것이 바로 하나님을 영원토록 경배하면서 인간이 영원히 누리는 즐거움의 핵심이 될 것이다."(R. Bauckham, 1993:142)

이 세상에 사는 동안 가장 위대한 하나님의 종이 거부당했던 복이 여기에 있다. 모세는 하나님의 얼굴을 보게 해 주십사 간청했지만 하나님은 "네가 내 얼굴을 보지 못하리니 나를 보고 살 자가 없다(출 33:20)"고 대답하셨다. 그 대신 모세는 반석 정상에 서서 하나님의 영광, 그 뒷모습만을 잠깐 볼 수 있었다. 인간은 죄 때문에 하나님의 얼굴을 보지 못한다고 예수님은 설명하셨다. 그러나 주님은 "마음이 청결한 자는 복이 있나니 그들이 하나님을 볼 것"(마 5:8)이라고 말씀하셨다. 비록 우리가 그리스도를 믿는 믿음으로 의롭다 함을 얻기는 하였으나 이 땅의 삶에서 이런 비전을 볼 자격을 갖춘 이는 아무도 없다. 하지만 오는 세상에서는 그분처럼 거룩하게 될 것이고 따라서 그분의 얼굴을 마주 보게 될 것이다. 요한은 "사랑하는 자들아, 우리가 지금은 하나님의 자녀라. 장래에 어떻게 될지는 아직 나타나지 아니하였으나 그가 나타나시면 우리가 그와 같을 줄을 아는 것은 그의 참모습 그대로 볼 것이기 때문"이라고 말했다(요일 3:2). 이것을 아는 것이 우리가 현세에서 거룩을 추구하는 데에 격려가 된다는 것을 덧붙였다: "주를 향하여 이 소망을 가진 자마다 그의 깨끗하심과 같이 자기를 깨끗하게 하느니라"(요일 3:3).

이승에서 어쩌면 우리는 유명한 장군, 대통령, 혹은 인기 있는 영화배우를 한 번도 만나지 못할 수도 있다. 그러나 믿음으로 그리스도께 속한다면 당신은 우주의 왕이신 하나님의 얼굴을 보게 될 것이다. 진실로 성숙한 신자의 표지는, 하늘에서 하나님의 영광 보기를 점점 더 많이 바라면서 지금 여기에서 그분께 더 가까워지는 사람이 되고 싶어 하는 것이다. 수준 높은 신자들은 이렇게 부르짖을 것이다. "나 그분의 영광 보기 원하네!" 그들은 구약시대 일년에 딱 한 번 지성소에 들어가 언약궤를 보는 대제사장만이 누렸던 특권을 간구한다. 요한이 본 비전의 정황으로 미루어 대제사장의 그런 특권이 어느 날 모든 하나님의 백성이 부활로 회복될 때 그들에게 속하게 될 것을 알 수 있다. 우리는 이제 하나님의 말씀을 통해 그분을 더 잘 알게 됨으로써 오는 이런 상상할 수도 없는 즐거움을 기대하면서 준비한다. 하나님의 얼굴을 보게 되는 이들에게 모든 행동의 가장 안전하고 영양가 높은 일이 하나님의 말씀을 가르치면서 하나님을 공부하는 것이라는 것은 그다지 놀라운 일이 아니다.

하나님의 얼굴을 보게 될 뿐만 아니라 신자들의 "이마에는 하나님의 이름이 써 있다"(계 22:4). 짐승의 표가 독재적인 적그리스도에게 충성하는 것을 의미하지만 여기 하나님의 표는 하나님께 속한 이들의 충성을 의미하고 있다. 앞서 보았던 비전에서 하나님의 백성들 위에 그분의 이름으로 인(印) 치는 것은 불신세계가 짐승의 표를 받는 것과 대조적으로 그들의 영혼을 하나님이 돌보심을 가리켰다(계 7:3). 뿐만 아니라 하나님의 이름은 영광스럽게 변화된 성도들의 거룩에 반영된 그분의 성품을 나타내고 있다. 하나님의 표는 그분의 소유권, 그분과의 언약에 기반한 연합, 영원토록 그분의 이름을 지닌 모든 이를 하나님께서 받아들이신다는 것을 나타낸다. 그분의 이름을 지니고 잊히거나 잃어버려지는 이는 한 명도 없다.

앞서 본 바 있는 주님의 편지 가운데 하나에서 예수님은 빌라델비아교회에 약속하셨다: "이기는 자(에게)는… 내가 하나님의 이름과… 새 예루살렘의 이름과 나의 새 이름을 그이 위에 기록하리라"(계 3:12). "새 예루살렘에 있는 이긴 자들이 그 이마에 그리스도의 이름을 갖고 있다고 말하는 것은, 그들이 영광을 입으신 그리스도의 형상을 입고 있다고 말하는 것과 같다."(M. G. Kline, 1980:54) 이런 내용의 주석을 읽은 그리스도인들은 그들이 생각하는 것이 이 땅의 삶에서 정말로 불가능하다는 사실에 놀란다. "영광을 취하신 그리스도의 형상을 지니게 될 것이라는 것"이 가당하기나 한 것인가? 신약성경에서는 믿음으로 그리스도와 연합함으로 성령이 우리 안에서 하나님의 말씀으로 역사하시고 우리의 기도로 점점 더 그리스도의 영광을 나타내게 된다고 말한다. 바울은 이렇게 말하고 있다: "우리가 다 수건을 벗은 얼굴로 거울을 보는 것 같이 주의 영광을 보매 그와 같은 형상으로 변화하여 영광에서 영광에 이르니 곧 주의 영으로 말미암음이니라"(고후 3:18). 거룩하게 된 성품 안에서, 봉사 활동을 통해서, 성경적으로 신실하게 예배하면서, 그리고 충실한 복음증거로 하나님을 알아가고 영광 돌려드리도록 헌신된 삶 속에서 영적으로 자라갈 때, 신자들은 그리스도께서 지니신 영광의 형상을 점점 더 많이 지니게 된다. 그리스도인으로서 당신은 지금 그리스도의 이름을 지니고 있다! 그리스도께서 보혜사로 보내신 성령(요 14:26)의 권능으로 당신 안에 그리고 당신을 통해 그분의 영광이 나타나도록 그리스도께 요청하면서도 왜 그분께 당신을 성별(聖別)하여 드리지는 않는가?

요한은 계시록 22:5에서 전에 했던 말을 반복하고 있다: "다시 밤이 없겠고 등불과 햇빛이 쓸데없으니 이는 주 하나님이 그들에게 비치심이라"(계 22:5). 낮시간을 밝히는 데 필요했던 천체와 밤시간의 숱한 위험과 많은 유혹을 포함해서 옛 질서에 속한 모든 것들이 사라질 것이다. C. S. 루이스는 이 현세의 삶을 "섀도우랜드(가공의 세계)"라 했는데, 이것은 여기가 그늘진 세계이며 하나님의 빛 안에서 가능하게 될 것을 아주 희미하게 반사하고 있다는 뜻이다.(C. S. Lewis, 1970:183) 새 예루살렘에서 하나님의 임재는 언제나 "그들의 빛"이 될 것이다. "새롭게 된 세상에서 하나님의 백성들은 휴식을 취하거나 잠잘 필요가 결코 없을 것이다; 그들은 하나님을 섬기고 그분의 이름을 영원히 찬양할 수 있도록 한없는 에너지를 갖게 될 것이다."(S. J. Kistemaker, 583)

22:5 _그리스도와 함께 영원히 다스림

계시록에 기록된 구원의 최종판, 바로 그 마지막 진술은 의미 있게 다루어져야만 한다. 요한은 이렇게 결론 내린다: "그들이 세세토록 왕 노릇하리로다"(계 22:5). 따라서 그 백성들을 향한 하나님의 최초의 부르심이 마지막으로 성취되는 것이다. "하나님이 이르시되 우리의 형상을 따라 우리의 모양대로 우리가 사람을 만들고… 그들로 다스리게 하자"(창 1:26). 죄는 우리를 노예로 만드나 하나님은 은혜로 우리를 왕으로 만든다. "인류는 다시 머리를 들고 하나님의 임재 앞, 하나님의 세계에 어엿이 서게 되었다. 가련한 자가 보좌 위로 올려질 것이다. 반역자가 다스리게 될 것이다. 정죄당한 자가 왕관을 쓰게 될 것이다."(B. Milne, 326)

믿음으로 그리스도와 연합함으로, 당신은 영광의 땅에서 그분과 함께 다스리도록 예정되었다. 주님은 이기는 그에게는 "내가 내 보좌에 함께 앉게 하여 주기를 내가 이기고 아버지 보좌에 함께 앉은 것과 같이 하리라"(계 3:21)고 말씀하셨다. 이것이 사실인데 왜 지금 죄가 당신의 몸을 지배하게 하는가?(롬 6:12) 극심한 시련 중에도 하나님이 그의 아들을 보내서 당신의 모든 죄를 위해 대신 죽게 하셨고 당신이 그분과 함께 영원히 다스릴 것이라고 약속하셨는데 왜 당신이 염려 근심에 굴복해야만 하는가? 그리스도를 증언하고 믿는다는 이유로 무시무시한 박해에 직면한 교회들에게 요한이 계시록을 써 보냈다는 것을 기억한다면 하나님의 말씀, 특히 구원을 제공하는 복음의 진리를 담대하게 말하는 것을 왜 두려워해야 하는가? 요한은 그리스도의 신실한 종들은 지금 여기서 그리스도의 피를 증언하는 말씀으로 악을 이겨야 한다고 말했다(계 12:11). 그들에게 하나님의 말씀은 "지극히 높으신 이의 성도들이 나라를 얻으리니 그 누림이 영원하고 영원하고 영원하리라"(단 7:18)고 약속한다.

C. S. 루이스의 공상 소설(판타지)은 계시록에 그려진 영광을 미리 맛보도록 하는 점에서 탁월하다. 「사자와 마녀와 옷장」의 끝부분에서, 그리스도로 분한 사자 '아슬란'의 종들에게 왕관을 씌워 주는 장면을 생생하게 보여 주고 있다. 예리한 칼을 휘둘렀던 '피터'는 '멋진 사람'이라는 이름으로 왕관이 씌워졌다. 치료자 '루시'는 '신사'로 왕관이 씌워졌다. 치명적인 활을 가진 '수산'은 '용감한 여왕 수산'이라는 이름이 붙여졌다. 심지어 친구들을 배신하고 자신도 죄에 빠지는 망신을 당한 '에드문드'조차도 왕관을 받았다. 그리스도를 믿는 믿음을 통해 오는 의(義)를 선포하는 그의 칭호는 '정의의 왕 에드문드'였다. 지금 이 세상에서 드러내도록 당신을 위해 그리스도께 속한 영광의 몫과 함께 당신에게도 또한 왕관이 준비되어 있다. 구원받기 위해 당신이 예수님께 나온다면 그리고 당신 스스로 이승에서 그분의 다스림에 복종한다면 요한이 본 비전에 있는 마지막 말이 당신에게 현실로 나타나게 될 것이다: 주 하나님이 당신에게 비칠 것이고 그리하여 당신은 세세토록 왕 노릇하게 될 것이다.

이 말은 신실하고 참된지라
(요한계시록 22:6~9)

⁶또 그가 내게 말하기를 이 말은 신실하고 참된지라 주 곧 선지자들의 영의 하나님이 그의 종들에게 반드시 속히 되어질 일을 보이시려고 그의 천사를 보내셨도다 ⁷보라 내가 속히 오리니 이 두루마리의 예언의 말씀을 지키는 자는 복이 있으리라 하더라 ⁸이것들을 보고 들은 자는 나 요한이니 내가 듣고 볼 때에 이 일을 내게 보이던 천사의 발 앞에 경배하려고 엎드렸더니 ⁹그가 내게 말하기를 나는 너와 네 형제 선지자들과 또 이 두루마리의 말을 지키는 자들과 함께 된 종이니 그리하지 말고 하나님께 경배하라 하더라 (개역개정)

책의 저자가 원고를 최종 마무리하고 나면 종종 성취감과 함께 안도감이 밀려온다. 어떤 경우 저자는 자기 작품의 중요성을 확신하여 그 책을 즉시 홍보하기 시작한다. 하나님으로부터 받은 대단히 중요한 메시지를 기록했기 때문에 요한은 계시록의 결론 대목에서 독자에게 그가 전한 메시지의 진실성과 더불어 이 책을 믿음으로 받아들여야 할 긴급한 필요를 강조한다.

계시록의 시작 부분 1장과 마지막 장을 비교해 볼 때 그것들이 똑같은 주제를 강조하고 있다는 점을 알고 나면 계시록의 메시지에 대한 요한의 호소는 더더욱 강조된다. 계시록 1:1~3의 서언에서 요한은 곧 이루어질 것들에 관하여 천사가 보낸 예수 그리스도한테서 온 증거, 하나님한테서 온 계시를 기록하고 있음을 강조했다. 요한은 이렇게 말했다: "예언의 말씀을 읽는 자와 듣는 자와 그 가운데에 기록한 것을 지키는 자는 복이 있나니 때가 가까움이라"(계1:3). 이제 이 놀랄 만한 책에서 요한은 그것과 거의 똑같은 권면을 하고 있다: "이 말은 신실하고 참된지라… 이 두루마리(책)의 예언의 말씀을 지키는 자는 복이 있으리라"(계 22:6~7). 요한의 결론적인 관심은 하나님한테서 온 계시 그리고 그 메시지에 합당하고 긴급한 반응으로서 책의 확실성에 관한 것이다.

이런 강조점들에 포함된 것은 인간 요한이 아니라 예수 그리스도한테서 오는 우리를 향한 암묵적인 도전이다: "이 메시지를 읽으면서 당신은 어떻게 반응할 것인가?" 우리에게 필요한 모든 것이 이제 다 주어졌다; 무엇을 해야 할지 알기 위해서라면 이제 우리에게 비전은 더는 필요 없다. 이제 문제는 우리가 그것을 할 것이냐 아니냐! 요한 당시의 독자들이 오직 예수 그리스도만을 예배하고 섬기는 일에 자기 몸을 온전히 드렸다면 하나님의 백성으로 신실하게 살면서 또한 구원을 보증하는 역사에 대한 주님의 주권적 통치에 의존하면서, 어린 양 그리스도의 피를 통해 하나님의 구원하시는 은혜를 증언하는 일에 우리를 즐겁게 드려야 하는 것 아닌가?

22:6 _성경의 신뢰성

계시록의 압도적인 메시지에 적절하게 반응하려면, 맨 먼저 계시록의 진리에 설득되어야만 한다. 따라서 천사는 요한에게 이렇게 말했다: "이 말은 신실하고 참된지라"(계 22:6). 이 증언을 기록함으로써 요한은 우리가 사는 현세와 마찬가지로 그 마지막도 정확하게 그리는 계시록의 모든 비전에 의

존해야만 함을 강력히 주장한다. 계시록의 모든 비전에 수반되는 권면에도 복종하는 것이 안전할 것이다. 만일 계시록이 강권하는 믿음과 삶에 우리 몸을 맡긴다면 그것들과 더불어 약속된 모든 복을 경험하게 될 것이다.

요한은 하나님의 영원한 성뿐만 아니라 계시록 전체를 격찬하고 있다. 일곱 인(印), 일곱 나팔, 일곱 대접이라는 비전들은 악을 심판하시는 그리스도의 승리를 보여 주었고, 요한은 일어나는 이 일들을 우리가 헤아릴 수 있다고 강력히 주장한다. 12~14장까지의 비전은, '용-사탄', 용을 따르는 독재적인 짐승, 기만적인 선지자, 유혹하는 음녀 바벨론이 교회를 계속 대적한다는 것을 보여 주었다. 이런 것들이 참으로 이 세상에서 그리스도인들이 대면하는 영적인 권세들이지만, 그리스도는 그분이 재림하신 뒤 최후의 심판에서 그것들을 정말로 모두 다 불 못으로 던져넣으실 것이다. 하나님의 신실한 백성들을 위한 영광스러운 성이라는 마지막 비전을 포함하는 이 모든 비전(21~22장)과 관련하여 요한은 이렇게 말하고 있다: "이 말은 신실하고 참된지라"(계 22:6).

사탄이 인류의 조상을 어떻게 죄에 빠뜨렸는지를 주목함으로써 이 문제의 중요성을 알 수 있다. 첫 번째 기록된 사탄의 말은 이브에게 질문하는 것이었는데, "하나님이 참으로… 말씀하시더냐?"(창 3:1)였다. 사탄은 하나님이 주신 말씀의 진리에 도전했다. 하나님이 하신 말씀에 의문부호를 슬쩍 추가함으로써 사탄은 인류를 타락으로 집어 던질 수 있었다. 오늘날도 여전히 사탄이 안 믿는 자들을 묶어두는 방법은 사람들이 성경을 무시하거나 거부하도록 이끄는 것이다. (이것이, 이단들이 건강한 신자들을 유혹할 때 즐겨 쓰는 방법이다.)

요한은 하나님의 말씀은 "신실하고 참되다"고 말하면서 성경 자체에 대한 성경의 한결같은 가르침을 되풀이하고 있다. 성경이 하나님의 말씀이기에 그것은 온전하게 믿어져야 한다. 바울의 글에서 이런 관점을 확인할 수 있다. 고린도전서 2장에서 바울은 하나님의 계획과 목적을 이해하지 못하는 대적들을 비판하고 있다. 자기의 독특한 가르침을 말하면서 바울은 "오직 하나님이 성령으로 이것을 우리에게 보이셨다"(고전 2:10)는 말을 덧붙인다. 디모데후서 3:16, "모든 성경은 하나님의 감동으로 된 것"이라고 한다. 전체 성경 가운데 계시록이 참되다고 요한이 말하는 것은 이런 근거에서다: "이 말은 신실하고 참된지라"(계 22:6).

성경이 예수님과 구원에 대해 말하는 것을 믿으면서도 그것이 현대적인 사고와 도덕의 표준과 갈등을 보이는 문제들이 닥칠 때는 성경의 가르침에 반론을 제기하는 사람들이 있다. 그러나 성경이 성경 자체에 대해 말하는 것조차 믿지 못하면서 성경이 예수님과 구원에 대해 말하고 있는 것들을 믿을 수 있겠는가? 만일 성경이 성경 자체를 하나님의 말씀으로 선언하는 것이 진리가 아니라면 그 말씀을 어떻게 "완전하다", "확실하다", "정직하다"(시 19:7~9)고 할 수 있으며, 그런 다음에 성경이 다른 것들에 대해 말하는 것을 받아들일 수 있겠는가? 적대적인 세상에서 그리스도인들이 하나님의 말씀을 받들고 예수 그리스도께 신실함을 유지하는 유일한 길은 우리에게 하나님의 진리를 계시하신, 하나님의 무오류성에 기반한 신뢰할 만한 성경(C. L. Bloomberg, 1-12) 말씀 위에 굳게 서 있는 것이다.

천사는 계시록 22:6에서 하나님을 "주 곧 선지자들의 영의 하나님"으로 묘사한다. 선지자들의 "영들"을 복수(複數) 형태로 언급하면서 요한은 성경을 기록한 다양한 사람들의 내적인 능력을 말하고 있다. 성경은 널리 다양한 상황에 있던 사람들이 기록했고 그들의 영은 자기들의 역사, 시, 예언을 기록하는 일에 온전히 쓰임 받았다. 그러나 하나님은 이 전체 과정을 다스리고 계셨다: 주님은 "선지자들의 영들의 하나님"이시다. "하나님이 인간의 영들을 다스리시기 때문에 하나님은 선지자의 영감, 그것의 원천이시다."(B. Witherington III, 279)

천사의 진술은 '성경의 영감'이라는 고전적인 정의와 일치하는데, 그것은 성경의 인간 저자들이 하나님의 통제 아래 성경을 기록했다는 것이다. 베드로는 성경 저자들이 그들의 독특한 사상이 아니라 성령을 통해 하나님의 메시지를 전달했다고 주장했다: "예언은 언제든지 사람의 뜻으로 낸 것이 아니요 오직 성령의 감동하심을 받은 사람들이 하나님께 받아 말한 것이라"(벧후 1:21). 시편 119:105에 표현된 다윗의 고백을 우리가 되풀이할 수 있는 것은 하나님께서 성경 저자들에게 영감을 주셨기 때문이다: "주의 말씀은 내 발에 등이요 내 길에 빛이니이다."

계시록에서 요한은 하나님이 "반드시 속히 되어질 일을 보이시려고 그의 천사들을 보내셨다"(계 22:6)는 말을 덧붙인다. 구약성경에서 거기에 다양한 예언적인 비전이 포함되어 있을 때 종종 천사들이 하나님의 말씀을 전달했다. 따라서 요한은 선지자들의 반열에 서 있는 것이다. "계시록이 예언하는 것은 영리한 인간의 짐작에서 나온 결과물이 아니다. 그것은 인간의 철학 혹은 종교의 산물이 아니다. 그것은 오히려 천사같은 전달자들을 통해 우리에게 참된 것을 계시하시는 하나님에 관한 문제다."(D. F. Kelly, 429)

요한은 그 비전들의 목격자이자 예수 그리스도의 사도로 인정받은 이들에 의해 기록된 것을 밝힘으로써 계시록의 진리에 마지막 증거를 제공한다. 계시록 22:8, "이것들을 보고 들은 자는 나 요한이니." 사도들은 신약성경을 기록하는 일에 그리스도의 인증을 받은 종들이었다. 바울이 자신의 메시지에 대해 했던 말은 요한의 가르침과도 동일하다: "내가 사람에게서 받은 것도 아니요 배운 것도 아니요 오직 예수 그리스도의 계시로 말미암은 것이라"(갈 1:12). 이런 이유로 사도들의 가르침은 "하나님의 말씀을 받을 때에 사람의 말로 받지 아니하고 하나님의 말씀으로"(살전 2:13) 받아들여야 한다. 에베소서 2:20에서 지적하듯이 교회는 "사도들과 선지자들의 터 위에 세우심을 입은 자라. 그리스도 예수께서 친히 모퉁잇돌이 되셨다." 그리스도는 몸된 교회가 세워질 기반이 되는 진리를 드러내고 기록하는 일에 그의 사도들을 불러 쓰셨다. 이런 자격으로 요한은 그가 보고 들은 비전들이 "신실하고 참되다"(계 22:6)고 강력히 주장하는 것이다.

22:7 _속히 오리니?

계시록에 등장하는 천사들은 "반드시 속히 될 일을 보여 주기 위해"(계 22:6) 말씀을 전달할 권리를 위임받았다. 이 말을 한 천사가 예수님의 재림을 언급하고 있다고 추측하면서 몇몇 사람들은 이 말을 "신실하고 참되다"고 받아들일 수는 없다고 강변하기도 한다. 게다가, 7절에서 예수님은 "보라, 내가 속히 오리니"라고 선언하면서 말하고 있다. 대략 2,000년 전에 나온 이 말이 요한이 전한 메시지의 진실성을 깎아내리는 것처럼 보인다. 그리스도의 재림이 아직까지 전혀 이루어지지 않았고 2천년 동안이나 지연되었으며 앞으로 몇 년을 더 기다려야 일어날지도 모르는데 어떻게 이 약속을 진지하게 받아들일 수 있겠는가? 이것은 계시록뿐만 아니라 성경 전체의 진실성에 이의를 제기하는 근거가 될 만한 심각한 실수가 아닌가?

"속히 오리라"는 예수님의 약속을 몇 가지 방법으로 다룰 수 있을 것 같다. 첫째, 계시록에 예언된 미래의 사건들은 예언 달력 안에서 다음번에 일어나는 사건들이라는 중요한 의미에서 "속히" 온다고 말할 수 있다. 마지막 날의 소동은 지금 우리의 현 상황과 예수님의 재림과 연관된 사건들 사이에 하나님의 계획상 큰 사건들이 없다는 점에서 가까이 왔다.

두 번째 접근법은 박해당하는 교회들을 위해 도움을 주시는 형식으로 곧 오겠다고 약속하신 것으로 보는 것이다. 예수님은 가이사의 칼 앞에 성도들을 내버려 두지 않으시고 그들을 돕기 위해 그들에게 오실 것이다. 이 견해는 버가모교회에게 만일 그들이 회개하지 아니하면 "내가 속히 가서 내 입의 검으로 그들과 싸우리라"(계 2:16)고 경고하실 때 예수님이 하신 말씀과 일치한다. 빌라델비아 교회에게 보낸 예수님의 편지에서, 예수님은 그들을 구원하러 오실 것을 약속하셨다: "시험의 때를 면하게 하리니… 내가 속히 오리니"(계 3:10~11). 이 약속들이 꼭 재림을 말하는 것은 아니다. 자기 백성을 보호하시고 돌보시는 그리스도의 주권적인 다스림을 약속하신 것이다.

여전히, '속히 오리라'는 약속을 다루는 가장 자연스런 방법은 세상을 심판하고 영원한 시대를 출범시키기 위해 하늘로부터 그분이 다시 오시는 것으로 보는 것이 적절하다. 이 경우에 그분의 오심이 '곧' 오시는 것으로 보이는 것 같지 않다. 그러나 베드로는 시간에 관한 하나님의 관점을 생각해 볼 것을 강력히 권한다:

> 사랑하는 자들아, 주께는 하루가 천년 같고 천년이 하루 같다는 이 한 가지를 잊지 말라. 주의 약속은 어떤 이들이 더디다고 생각하는 것같이 더딘 것이 아니라, 오직 주께서는 너희를 대하여 오래 참으사 아무도 멸망하지 아니하고 다 회개하기에 이르기를 원하시느니라(벧후 3:8~9).

그러므로 그리스도인들은 우리의 큰 소망이 나타나는 지평선을 자주 바라보면서 아무 때라도 그리스도가 오실 것을 늘 예상해야 한다. 그러는 동안 그분이 오실 때 우리가 신실한 사람으로 발견되기를 열망하면서 우리 주님의 나타나심에 준비된 이들로 살게 될 것이다. "모든 시대의 교회는 그리스도께서 '속히' 다시 오심을 기다리지만 그분이 오시는 실제적인 시점은 오직 그분께 달려 있다."(G. R. Osborne, 782)

22:6~7 _성경을 어떻게 받을 것인가

그리스도의 재림을 기다리는 신자들의 상황과 2차 세계대전 기간 프랑스 레지스탕스 투사들의 상황을 비교한 기록이 있다. 나찌가 점령하고 있던 4년간 많은 사람이 적(독일군)과 협력하기 시작했다. 그러나 소규모의 용감한 투사들이 지속적으로 유격전을 펼쳤다. 그들은 철도를 파괴하고, 여러 군사 기지를 습격하고, 속히 와 주기를 간절히 기다리고 있던 연합군에게 각종 정보를 제공했다. 레지스탕스는 영미 연합군이 마침내 그들의 해안에 상륙하고 낙하산부대가 그들의 영토에 들어온 것을 알지 못했지만, 그들은 그 사건을 예상하면서 암호화 된 정보를 전달했다. 1944년 6월 1일 BBC 방송은 정규 프로그램 편성표에 감추어진 암호화된 첫 메시지를 내보냈다. 그것은 "(다음 방송을) 기다려라. 우리가 곧 간다"였다. 예수님도 이와 같이 악에 맞서 오랫동안 싸우고 있는 교회를 격려하기 위해 몸 된 교회에 속히 오실 것이라는 메시지를 전달하셨다.(S. Wilmshurst, 271-272 각색)

신자들이 그리스도의 나타나심을 기다리는 동안 요한은 계시록의 여섯 번째 복(福)으로 명확한 지침을 주고 있다: "이 두루마리(책)의 예언의 말씀을 지키는 자는 복이 있으리라"(계 22:7). 하나님의 말씀을 "지킨다"는 것은 그것을 믿음으로 받고, 소망 중에 그것을 단단히 붙들고, 행동으로 그것에 복종한다는 것이다. 프랑스 레지스탕스 투사들은 그들만의 힘으로 독일 침략군을 물리칠 수 있으리라고 생각하지 않았지만 구원자가 오기를 기대하고 있었다. 그러나 그들이 기다리는 동안 자기들이 할 수 있는 모든 일을 하고자 했으며 타협하는 오점을 남기지 않고 양심을 보존하고 참믿음으로 대의명분을 지키고 있었다. 비슷한 방식으로 그리스도인들은 참믿음으로 그분의 말씀을 지키면서 예수님의 재림을 기다리는 것이다.

계시록 22:7은 하나님의 말씀 전부를 어떻게 받아들여야 하는지에 대한 정보를 주고 있다. 우리는 그 말씀과 그 예언을 지킬 책임이 있다. 성경 말씀을 받는다는 것은 그것을 주의 깊게 공부하고 믿으면서 말씀이 말하는 모든 것을 실천해야 할 책임이 있다는 것을 뜻한다. 그리스도인들은 성경이 하나님께서 우리에게 하신 말씀이기 때문에 성경의 총체적인 메시지뿐만 아니라 그것의 현실적인 말씀을 믿는다. 그러므로 우리는 성경 본문이 말하는 것이 무엇이든 그것을 진지하게 받아들인다. 예수님은 강력하게 말씀하셨다: "천지는 없어질지언정 내 말은 없어지지 아니하리라"(마 24:35). 이것이 바로 복음주의적인 그리스도인들이 '충분한 축자 영감'을 강조한 이유다. '축자(逐字) 영감'은 바로 그 낱말들에 하나님이 숨을 불어넣으셨고, 그러므로 우리 마음과 가슴에 그분의 뜻을 넣어 두셨음을 의미하고, 반면 '충분한 영감'은 우리가 모든 성경 말씀과 문장을 단지 우리에게 감동을 주는 것처럼 보이는 말씀이 아니라 그것을 하나님의 진리로 받든다는 것을 뜻한다. 우리는 이런 자세의 예를 예수 그리스도의 삶에서 발견한다. 그분은 마귀와 싸우면서 하나님의 바로 그 말씀을 선포하셨고(마 4:1~11), 그분의 삶을 복종시켰고 성령에게 주의 깊게 순종하심으로 사역하셨다. 예수님은 히브리서 10:7에서 이렇게 말씀하셨다: "하나님이여 보시옵소서. 두루마리 책에 나를 가리켜 기록된 것과 같이 하나님의 뜻을 행하러 왔나이다."

천사는 특별히 "이 두루마리(책)의 예언"을 지키는 것을 강조하고 있다. 이것은 그 일부는 현재이고 그리고 일부는 미래인 계시록에 계시된 역사가 우리가 살아가는 수단인 진리가 된다는 것을 뜻한다. 악이 곧 심판받게 되며 또한 그리스도가 그 백성이 패배하는 것을 허락지 않는다는 것을 알기에 용감하게 악에 저항할 책임이 우리에게 있다. 그리스도 안에서 우리의 승리가 확실함을 알기에 그리스도의 피에 대한 증거를 지니고 하나님의 뜻을 행할 책임도 우리에게 있다. 제2차 세계대전 동안 프랑스 레지스탕스 전투부대가 갖고 있던 것과 똑같은 확신으로 행동함으로써 계시록의 예언을 지켜야 한다. 그들은 "이 지긋지긋한 점령 상태가 영원히 지속하지도 않고 지속할 '수'도 없을 것이며 언젠가는 적들이 파멸하고 자유가 올 것"이라는 확실한 신념 아래 싸웠다.(S. Wilmshurst, 271) 7절은 "이 두루마리의 예언의 말씀"을 지키는 이들이 복을 받을 것이라고 말한다: "그들은 하나님의 모든 언약적 약속을 받을 것이고 계시록 전체 특히 책의 마지막 몇 장(章)에서 말하고 있는 모든 것을 물려받게 될 것이다."(P. Gardner, 301) "그것은 읽기, 혹은 놀라움, 혹은 이야기하는 데 있는 것이 아니고 그 복이 오는 것을 '지키는 데' 있는 것이다."(G. B. Wilson, 2:295)

22:8~9 _ 그리하지 말라!

계시록의 이 마지막 단락은 우리에게 하나님이 주신 말씀의 진실성을 가르쳐 주고 하나님의 말씀을 어떻게 지켜야 하는지를 알려 줄 뿐만 아니라, 우리가 행할 때 신실한 신자들에게 어떤 일이 일어날 것인지를 가르쳐준다. 요한은 방금 새 예루살렘의 영광스러운 비전을 보았다(계 21:1~22:5). 천사는 요한에게 이 모든 비전의 진리를 상기시켰고 그런 다음에는 계시록 22:7에서 예수님이 "속히 오신다"고 말씀하시다가, 주님이 그 말씀을 중단하셨거나 아니면 천사를 통해 이것을 요한에게 말씀하신 듯하다. 그에 대한 응답으로 요한은 무척 압도당하여 어찌할 바를 모른다: "내가… 이 일을 내게 보이던 천사의 발 앞에 경배하려고 엎드렸더니"(계 22:8).

요한의 모습에서, 하나님의 말씀을 진리로 받고 그 영광의 여러 비전을 지킬 때 경배하는 자세로 엎드리게 된다는 것을 알게 된다. 학자들은 앞선 계시록 19:10에 기록된 천사를 경배하는 잘못된 행동에 대해 각기 다른 견해를 갖고 있다. 일부 학자들은 요한이 너무 눈이 부셔서 천사들이 경배받아야 한다고 잘못 생각한 것으로 이해한다. 다른 학자들은 어쩌면 22:7에서 예수님이 천사를 통해 말했기에 요한이 천사를 예수 그리스도와 혼동했을 수도 있다는 견해를 갖고 있다. 세 번째는, 요한이 단지 영적으로 너무 당황해서 놀라움과 찬양의 자세로 흔들렸을 가능성이 있다고 본다. 이 중 마지막 견해가 최소한 요한이 취했던 행동의 한 가지 이유일 것이다.

요한의 행동에 반응하면서 천사는 예배에서 극히 중요한 문제를 가르쳐 주고 있다. 천사들은 예배 전문가들이기 때문에 이 주제에 대해 그들이 우리에게 가르쳐 줄 때 주의 깊게 들어야만 한다. 여기서 그 천사는 지나칠 정도로 질색하며 반응을 보인다: "너, 그러면 안 된다!"(계 22:9) 우리말 번역은 "절대 그러면 안 돼!", "요한아, 제발 이러지 마!"라고 말하는 헬라어 원어에 표현된 놀라움과 불쾌감의 강도를 충분히 반영하지 못하고 있다.

요한과 천사의 이런 상호작용이 계시록의 메시지에서 유지되어 온 권면의 맥을 끊고 있다고 생각하면 절대 안 된다. 요한 그리고 우리도 더불어 하나님의 말씀을 지키는 최우선의 가장 중요한 단 한 가지 요소는 하나님께 합당한 영광을 오직 하나님 한 분께만 드려야 한다는 것을 확실히 하는 것이다. 천사는 하나님의 독점적인 영광에 절실한 열정을 드러내는 반응을 보이는데 이와 똑같은 열정이 하나님이 주신 책의 말씀을 지키는 모든 이의 마음에도 있어야만 하는 것이다.

성경에 등장하는 하나님의 종들한테서도 천사의 이런 자세가 또한 드러난다. 잘 알려진 예가 사도 바울인데, 그가 아테네 길거리에서 사역할 때였다. 사도행전 17:16, "그 성(아테네)에 우상이 가득한 것을 보고 마음에 격분하여." 바울은 고통스러웠던 우상 숭배 행위에 깜짝 놀라 내면의 충격으로 슬픔에 잠겼다. 그는 자신의 영에 심장을 찌르는 것과 비슷한 어떤 것으로 마음이 몹시 아픔을 느꼈다. 그의 감정이 폭발한 이유는 하나님의 영광이 하나님이 아닌 다른 것들에게 드려지고 있다는 슬픈 생각 때문이었다. 바울은 자기 사역의 맥을 어떻게 잡아야 할지 몰랐거나 혹은 그의 이방인 이웃들의 궤변에 대한 지식이 부족했기 때문에 당황하지는 않았다. 바울은 하나님의 말씀을 통해 하나님의 영광을 위한 압도적인 열정을 갖고 있었고 또한 하나님의 명예가 땅에 떨어지는 것에 대한 혐오감 때문에 비탄에 잠겼다. 똑같은 정신이 페르시아에서 수고한 위대한 선교사 헨리 마틴한테서도 드러났다. 한 번은 어느 마호멧교 신자로부터, 그리스도인들이 박해당할 때 그리스도 자신도 마호멧의 자비를 구걸했어야 할 것이라는 말을 들었다. 마틴은 그 신성모독에 엄청나게 격노하는 반응을 보였다: "만일 예수님께서 영광을 받지 못하신다면 나는 살 수 없을 것이다. 만일 그분이 늘 이토록 치욕을 당하신다면 그것은 나에게 지옥일 것이다."(J. Sargent, 343)

이렇게 빛나는 사례들을 성경과 그리스도인들의 기록에서 읽을 때 하나님의 영광에 대해 이토록 열정적인 관심이 손톱만큼이라도 있는지 스스로 물어보아야만 한다. 이 세상의 삶을 살도록 우리를 부르는 계시록의 예언을 지킨다는 것은 세상의 인상적인 우상 숭배를 동경하면서 세속적인 것들에 좀 더 온전히 참여할 수 있게 되기를 바라지 않고, 하나님의 영광을 위해 지어진 남자와 여자들이 오히려 우상들과 거짓을 섬기기에 자신을 어리석게 내놓는 이들로 가득한 시대를 찢어지는 가슴으로 들여다본다는 것이다. 우리에게는 프랑스에서 레지스탕스 전사들이 나찌 통치에 맞서는 일에 몸을 불살랐던 것처럼 이 시대의 우상 숭배와 모든 영적인 무기로 싸우려고 결단할 책임이 있다. 세상이 우리한테서 빼앗아갈 것을 두려워하기보다는 예수 그리스도께 신실하고 살아 있는 증언을 드리고 그럼으로써 많은 이들이 구원받도록 하는 일을 하기로 결단해야 한다. 동시에 하나님께 드려지지 않는 그 영광을 보면서 한없이 슬퍼해야 할 것이다.

22:9 _하나님을 경배하라!

천사의 반응을 부정적으로 생각할 뿐만 아니라 그가 요한에게 주는 세 가지 필수적이고 긍정적인 진술로도 생각해야만 한다. 첫째, 그가 우리에게 말하고 있는 것은 하나님을 경배하는 것이 예수 그리스도를 섬기는 종들의 의무이자 받들어야 할 명령이라는 것이다. "그리하지 말라!"고 천사가 외친다. 대신 그는 "하나님께 경배하라"(계 22:9)고 말한다. "경배"하라는 부르심은 명령형인데, 이는 그것이 명령이라는 뜻이다. 예배하는 것이 즐거운 일이라는 생각만으로 혹은 그렇게 하지 않으면 우리의 사소하고 다양한 관심거리들을 섬기게 될지도 모른다는 단순한 생각만으로 하나님을 경배하지 말아야 한다. 우리에게는 하나님을 온전히 그리고 끊임없이 찬양하는 일에 헌신해야 할 책임이 있다. 웨스트민스터 소요리 문답 1문에 대한 답이 우리의 의무를 정확하게 요약하고 있다: "사람의 제일 되는 목적은 하나님을 영화롭게 하는 것과 영원토록 그를 즐거워하는 것이다"(고전 10:31; 롬 11:36; 시 73:24~26; 요 17:22~24).

여기서, 하나님께 복종하는 것이 얼마나 좋으며 그분의 모든 명령을 지키는 것이 얼마나 복된 것인지에 대한 한 가지 예를 본다. 예배의 복을 경험할 때 특히 하나님의 백성이 모여 드리는 연합예배에서 우리는 시편에서 다윗이 했던 말의 의미를 이해한다: "내가 주의 법을 어찌 그리 사랑하는지요!"(시 119:97) 하나님께 복종하는 것도 항시 복을 가져다주는데 하나님을 경배할 때에는 얼마나 더 그러하겠는가.

둘째, 계시록 22:9의 "경배"는 직접목적어를 갖고 있다. '자동사'와 대조되는 '타동사'라고 부르는 것이다. 전자(자동사)는 직접목적어가 없다. '웃다'가 이런 예다. 그러나 '예배'는 타동사여서 목적어가 있어야 한다. 오늘날 사람들이 그저 "예배하기"를 원한다고 말한다. 자기 차 안에서 찬양 음악을 듣기도 하고 교회에서 반복적인 가사들을 되풀이하며 노래하기도 하면서 자기들이 "확실히 예배하고 있다"고 선언한다. 그러나 "확실한 예배"는 불가능하다. 예배에는 항시 목적(대상)이 있다. 오늘날 많은 교회가 안고 있는 문제는 예배의 대상 혹은 수령인이 '사람'이라는 것이다. 예배자 혹은 방문자들을 즐겁게 하고 믿지 않는 세상을 논평하는 것이 목표다. 그러나 천사는 오직 '하나님만이' 예배의 참 목적(대상)이자 소비자라는 것을 주장하고 있다. 천사는 "하나님께 경배하라!"고 한다. 이것은 우리가, 예배에서 우리가 얻게 될 것을 주로 찾기 위해서가 아니라, '예배로부터 하나님이 취(取)하시게 될 것'을 찾아야 한다는 것을 뜻한다. 이 목적을 성취하는 가장 좋은 방법은 하나님의 말씀을 따라 예배하는 것이다. 성경의 모범을 따르고 하나님의 말씀을 열렬하게 선포하는 예배로 우리는 히브리서 12:28의 명령을 성취해야 한다: "경건함과 두려움으로 하나님을 기쁘시게 섬길지니."

천사가 우리에게 말하는 세 번째는, 하나님께 드리는 참 예배에서 우리가 하나님의 백성으로서의 높은 자존감과 특권을 가장 온전하게 깨닫는다는 것을 말하고 있다는 것이다. 천사가 요한에게 말한다: "나는 너와 네 형제 선지자들과 또 이 두루마리의 말을 지키는 자들과 함께 된 종이니 그리하지 말고 하나님께 경배하라"(계 22:9). 마땅히 드려야만 하는 예배를 하나님께 드린다면 천사가 요한에게 시사하는 존엄은 그 얼마나 엄청난 것인가. 사도로서 요한은 구약의 선지자들과 형제이다. 그러나 하나님을 경배하는 점에서 그는 그 찬란한 거룩을 지닌 영광스럽고 타락하지 않은 천사들의 동료가 된다. 게다가 이것은 "이 두루마리의 말을 지키는 자들"에게도 마찬가지로 진실이라고 천사가 말하고 있다. 이것이 모든 그리스도인 남자 여자의 참된 위엄이다. 예수 그리스도를 통해 하나님께 예배할 때 우리는 하늘에 있는 천사들의 형제와 동료로 신분이 격상된다! 이 구절을 설교하면서 에릭 알렉산더는 큰소리로 외쳤다: "사도들과 천사들 그리고 하나님의 백성과 오고 오는 모든 시대의 신자들을 하나로 묶는 것은, 영원한 하나님의 보좌 앞에 함께 엎드려 절하며 영광과 존귀의 독특한 자리로 그분을 높이면서 그분이 마땅히 받으셔야 할 예배를 그분께 드리는 자리에 머물러 있는 것이다."(E. J. Alexander: R. D. Phillips, 683)

이 가르침에 비추어 우리가 이 천사의 자세에서 우리가 보는 하나님의 영광을 위한 열정을 다 흡수할 때까지는 계시록이라는 책의 예언에 있는 말씀을 우리가 지켰다고 생각하면 절대 안 된다. 심지어 이 악한 현세에서도 우리가 거기 들어갈 수 있다는 것, 이것이 우리의 참 소명이자 계시록을 주신 목적이다: 예수 그리스도의 인격과 사역 안에서 하나님의 영광에 대한 압도적인 관심을 우리가 가질 수 있다는 것. 게다가 계시록이 영감을 주고자 의도한 하나님의 영광을 위한 절실한 열정을 세상 사람들이 내 삶에서 보기 전에는 이 책의 복음 메시지를 세상 앞에 내가 적절하게 증거했노라 함부로 생각하지 말아야만 한다.

예언의 말씀을 인봉하지 말라
(요한계시록 22:10~16)

[10]또 내게 말하되 이 두루마리의 예언의 말씀을 인봉하지 말라 때가 가까우니라 [11]불의를 행하는 자는 그대로 불의를 행하고 더러운 자는 그대로 더럽고 의로운 자는 그대로 의를 행하고 거룩한 자는 그대로 거룩하게 하라 [12]보라 내가 속히 오리니 내가 줄 상이 내게 있어 각 사람에게 그가 행한 대로 갚아 주리라 [13]나는 알파와 오메가요 처음과 마지막이요 시작과 마침이라 [14]자기 두루마기를 빠는 자들은 복이 있으니 이는 그들이 생명나무에 나아가며 문들을 통하여 성에 들어갈 권세를 받으려 함이로다 [15]개들과 점술가들과 음행하는 자들과 살인자들과 우상 숭배자들과 및 거짓말을 좋아하며 지어내는 자는 다 성 밖에 있으리라 [16]나 예수는 교회들을 위하여 내 사자를 보내어 이것들을 너희에게 증언하게 하였노라 나는 다윗의 뿌리요 자손이니 곧 광명한 새벽 별이라 하시더라 (개역개정)

계시록은 성경의 마지막 책이자 사도 시대의 마지막 책, 또한 역사의 마지막과 그리스도의 재림을 가장 명확하게 서술하고 있는 책이다. "예수 그리스도의 계시"(계 1:1)로서, 교회의 주인으로서 다스리시고 박해받는 그의 백성을 지켜주시고, 그의 대적들을 죽이시고, 영원한 성 위에 그분의 영광을 비춰 주시는 그리스도를 보여 주었다. 그런 예수님이 이제 책의 마지막에서 직접 말씀하시는 것은 그 얼마나 적절한가. "성경의 정경이 영원히 닫히기 전에, 성경의 마지막 페이지에서 그리스도께서 몸 된 교회에, '우리'에게, 그분의 신분, 그분의 재림과 그 백성들을 향한 마지막 부르심을 한 번 더 말씀하신다."(S.Wilmshurst, 273-274)

계시록 22:16 본문은, 요한에게 주어진 마지막 메시지에 포함된 그의 증언에 대한 그 어떤 의심의 여지도 없게 만든다: "나 예수는 교회들을 위하여 내 사자를 보내어 이것들을 너희에게 증언하게 하였노라"(계 22:16). 22장의 결론인 본문에서 예수님은 주권자, 심판주, 구세주로서 말씀하신다. 이 마지막 증언에서 예수님은 자신이 성경의 정경으로서 마지막 말씀이시므로 그의 백성들은 기대하는 마음으로 재림을 기다려야 한다고 말씀하신다.

22:10~11 _예수님: 주권자

계시록을 통틀어서 하나님의 주권 그리고 예수님의 주권은 신자들의 구원과 악에 대한 심판을 기다리는 소망의 근거로 강조되어왔다. 1장에서는 하나님을 시작부터 마지막까지의 모든 것을 다스리시는 "알파와 오메가"(계 1:8)로 선언했다. 22장에서는 이와 똑같은 주권자의 명칭을 예수님께 돌리고 있다: "나는 알파와 오메가요 처음과 마지막이요 시작과 마침이라"(계 22:13). 이 주권적인 능력으로 예수님은 요한에게 이 책의 메시지를 어떻게 다룰 것인지를 지시하신다: "이 두루마리의 예언의 말씀을 인봉하지 말라. 때가 가까우니라"(계 22:10).

그동안 그 예언이 요한의 메시지 안에서 성취되었다는 점에서 계시록과 다니엘서의 밀접한 관계를 살펴보았다. 다니엘서의 마지막에서 선지자는 "마지막 때까지 간수하고 봉함할 것"(단 12:9)이므로 그의 메시지를 잘 지키라는 명령을 받았다. 예수님은 요한에게 그 책의 메시지를 봉하지 말라는 정반대의 명령을 내리신다(계 22:10). 다니엘에게는 다니엘 자신의 세대와는 멀리 떨어져 있는 사건들을 보여 주셨으므로, 그의 메시지는 적절한 시기를 기다리기 위해 봉인되어야만 했다. 요한의 경우에 계시록은 "때가 가깝기" 때문에 봉인하면 안 된다.

계시록에는, 요한 당시의 긴급했던 상황이 서술되어 있다. 이것들은 계시록에 기록된 여러 환난에 직면한 교회들이 그 대상이었으므로 교회들에게 그리스도의 주권적인 승리를 선언함으로써 이 책을 통해 공급하는 격려가 필요했다. 계시록은 필요했으므로 "로마의 법정에서, 로마의 단두대에서, 로마의 원형경기장에서, 시온의 노래에 조율된 귀에 '무너졌도다, 무너졌도다, 큰 성 바벨론이여'라는 애가가 들려왔을 것이고, 또한 믿음의 눈에는 괴물이 무저갱에서 올라오는 모습과 더불어 지옥으로 들어가는 모습, 그리고 하나님으로부터 하늘에서 예루살렘이 내려오는 것이 보였을 것이다."(G. B. Caird, 284) 요한 당시의 독자들에게 짐승의 목과 홀리는 음녀 바벨론의 유혹을 겨누고 있는 칼과 함께, 시온산 위 주님이 다스리는 보좌로부터 어린 양의 확실한 승리를 알릴 필요가 있었다. 이와 똑같은 정신으로 예수님은 오늘날의 교회에도 계시록의 메시지를 주시는데 그 이유는 "때가 가깝기 때문"이다.

계시록을 "인봉하지 말라"는 예수님의 지침은 그리스도 재림 직전의 미래에 살게 된 그리스도인들만을 위해 계시록이 기록된 것은 아니라는 것을 증명한다. 예수님은 그분의 메시지가 요한 당시의 사람들에게 긴급한 것이고, 따라서 교회 시대 전체를 아우르는 모든 신자에게도 마찬가지로 긴급한 것임을 말씀하셨다. 성경에 의하면 예수님이 승천하신 뒤에 사도들을 통해 몸 된 교회가 설립되었을 때 마지막 날들이 시작되었고 대속사(代贖史)의 마지막 시대가 출발되고 있었다(딤후 3:1; 히 1:2 참조). 그러므로 예수님은 "교회들을 위하여… 이것들"(계 22:16) 곧 그분의 마지막 증거를 요한에게 주신다. 계시록에 우리 시대의 교회들을 위하려는 의도가 담겨 있기에, 오늘날 이 책을 소홀히 다룰 경우 세상의 맹공격 앞에 교회가 허약해지는 치명적인 결과를 낳게 될 것이다.

예수님은 요한이 계시록을 다루는 방법을 명령하실 뿐만 아니라 세상을 향해 주권적인 권위로 말씀하신다: "불의를 행하는 자는 그대로 불의를 행하고 더러운 자는 그대로 더럽고 의로운 자는 그대로 의를 행하고 거룩한 자는 그대로 거룩하게 하라"(계 22:11). 이 말은 선지자 다니엘에게 그 책을 인봉하라고 명령하신 다음에 나오는 다니엘서 예언의 마지막과 연결되고 있다. 천사가 이렇게 덧붙였다: "많은 사람이 연단을 받아 스스로 정결하게 하며 희게 할 것이나 악한 사람은 악을 행하리니 악한 자는 아무것도 깨닫지 못하되 오직 지혜 있는 자는 깨달으리라"(단 12:10).

거기에 그리스도가 재림하시기 전까지는 경건한 자와 경건하지 못한 사람들이 항시 섞여 있을 것이라는 생각이 반영되어 있다. 그러나 요한의 경우에는 예수님이 명령과 더불어 말씀하신다: "불의를 행하는 자는 그대로 불의를 행하고" 그리고 "의로운 자는 그대로 의를 행하게 하라"(계 22:11). 예수님은 경건한 사람들에게 그대로 경건한 사람이 되라 하실 뿐만 아니라 악한 자에게는 계속 악을 행하라고 명령하신다.

사람들에게 악인이 되라고 하시는 예수님의 명령을 이해하기 어렵다. 이것이 바로 일부 학자들이 이 말을 예수님 재림하실 때 역사의 마지막에 두는 이유다. 그 말인즉 이제 더는 구원의 기회는 없으며 그래서 악인들은 악행을 계속하게 될 것을 예수님이 말씀하고 있다는 것이다. 이런 식으로 예수님은 아직 구원받을 기회가 남아 있는 동안에 믿음으로 그분께 돌아오라고 안 믿는 자들에게 경고하신다. 이 가르침은, 당신에게 일어날 수도 있는 최악의 상황은 몸이 아프게 된다거나, 혹은 실직한다거나, 심지어 목숨을 잃는 것이 아님을 분명히 밝히고 있다. 일어날 수 있는 최악의 운명은 불신앙으로 마음이 강팍해지는 것, 그래서 그리스도께서 재림하실 때 악인, 불결한 자로 확정되는 것이다. 이 가르침은 확실히 진리이지만 그러나 예수님께서 그분의 메시지가 마지막 때에만이 아니라 요한 당시에도 인봉되지 않기를 원하셨기 때문에 그것이 이 구절에 담긴 요점의 다는 아닐 것 같다.

계시록 22:11의 말은 예수님께서 단지 설명을 덧붙이는 것만이 아니라 명령까지 내리시는데, 주님께서 악과 불결을 명하는 것과 정확히 똑같이 의와 거룩도 명령하고 있다는 것을 알려 주고 있다. 어떤 의미에서 우리가 악행을 명령하는 것을 이해할 수 있을까? 그 답은 예수님께서 경건하지 못한 자들은 그 모습 그대로 보이게 되고, 또한 경건한 자도 그 모습 그대로 보이게 된다는 것을 이런 식으로 명령하신다는 것이다. 계시록의 강조점 가운데 하나는 이 시대 전체를 통틀어서 특별히 시대의 마지막에 그리스도께서 악의 증거를 제시하며 심판하실 것이라는 점이다. 여기서 그분은 악행은 악으로 그리고 도덕적 타락은 불결한 그 모습 그대로 보일 것을 명령하신다. 오늘 서구사회에서 성적인 사악함, 명사(名士)들의 탐욕을 부추기는 선동행위와 가면 쓴 죽음의 문화에도 불구하고 이런 일은 일어나지 않는 것인가? 영리한 부인(否認)과 각종 기만행위에도 불구하고 사악함의 악한 효과들이 속속 드러나고 있다. 이런 방법으로 주권자 그리스도는 죄된 행실들과 죄악 된 특성을 모두 다 들춰낸다. 그와 정반대의 상황도 이 시대와 마지막 시대를 아우르는 경건한 이들에게 사실이 될 것이다: 그러나 오늘날 그릇되고 경멸할 만한 자세로 성경에 복종하는 일이 있을지도 모르는데, 그럼에도 그리스도는 그런 광택조차도 빛날 것을 보증하신다. 의로운 행위들은 옳은 것으로 보이게 될 것이고 아울러 그리스도의 거룩한 백성을 거룩하게 드러낼 것이다. 이것이 맨 마지막에서 말씀하시는 주권자 그리스도의 명령이다.

예수님에 따르면 세상에는 오직 두 부류의 사람밖에 없다: 더러운 본성으로 악행하는 자와 하나님의 은혜로 거룩한 의인들. 엄청난 양의 부(富), 권력, 특권이 아니라, 또한 가장 즐길 만한 경험을 향한 욕구가 아니라 바로 이것이 이승에서 사는 동안 우리의 가장 중요한 논점이다. 이 세상에서 중요한 것은 모든 죄에 관하여 하나님 앞에 어떻게 서느냐 하는 것, 그리고 그다음에는 하나님의 말씀에 대한 반응으로 우리가 어떻게 행동하느냐 하는 것이다. 그리스도의 주권적인 명령은 이 세상에서 사건들이 아무리 뒤틀린 것처럼 보인다 해도 어둠은 그것의 악으로 노출될 것이며, 참믿음과 거룩의 빛은 그 아름다움과 영광으로 드러날 것이라는 사실로 그 백성들을 위로한다.

22:12~13 _예수님: 심판자

마지막 증언에서, 주권자로 뿐만 아니라 심판자로서도 말씀하신다; "보라 내가 속히 오리니 내가 줄 상이 내게 있어 각 사람에게 그가 행한 대로 갚아 주리라"(계 22:12).

이것은 이 마지막 장(章)에서 세 차례 중 두 번째로 예수님이 속히 재림하리라고 선언(계 22:7, 20)하신 것이다. 이번 선언에서 예수님은 모든 시대에 걸쳐 항상 준비하고 있어야 할 필요성을 강조하신다. 이 말은 이사야 40:10의 "보라 주 여호와께서 장차 강한 자로 임하실 것이요, 친히 그의 팔로 다스리실 것이라. 보라 상급이 그에게 있고 보응이 그의 앞에 있으며"를 되풀이하고 있다. 예수님은 달란트 비유에서도 비슷하게 말씀하셨는데 그 비유에서 예수님은 자신을 멀리 떠났다가 돌아와서 그의 종들과 더불어 "회계하는" 주인에 비유하고 있다(마 25:19). 크레이빌은 이 비유를 바라보는 교활한 죄인들의 "다양한 우회로"를 분석하면서 예수님의 뜻(희년 정신)을 추적한다.(도널드 크레이빌, 159-186) 아무튼 그분을 열심히 섬겼던 종들에게 주인은 "잘하였도다. 착하고 충성된 종아." 이렇게 칭찬하면서 그들에게 상을 주셨다(마

25:21). 그러나 그분을 위해 아무것도 하지 않았던 불충한 종들은 "바깥 어두운 데… 쫓겨나서 슬피 울며 이를 간다"(마 25:30).

달란트 비유는 "각 사람에게 그가 행한 대로"(계 22:12) 보상하러 그분이 오신다고 예수님이 하신 말씀의 배경이다. "예수님의 재림 약속은 신자에게는 즐거움과 행복을, 안 믿는 자들에게는 두려움과 후회를 의미한다."(S. J. Kistemaker, 589) 그리스도를 믿고 그분을 섬긴 이들은 보상을 받을 것이다: "네가 적은 일에 충성하였으매 내가 많은 것을 네게 맡기리니"(마 25:23). 그분의 요구에 맞서 반역한 자들과 계속 악행을 고집하는 자에게 예수님은 징벌을 내리러 다시 오신다: "그들은 영벌에, 의인들은 영생에 들어가리라"(마 25:46).

심판자로서 예수님의 오심이 시대의 마지막에 그분이 재림하신다는 것뿐만 아니라 역사 안에서 그분의 주권적인 심판도 의미한다. 두아디라교회에 보낸 편지에서 예수님은 "이세벨"이라 불리는 여자에 대해 경고하셨고, 또한 그녀를 따르며 "행음하고 우상의 제물을 먹는"(계 2:20) 자들에게 경고하셨다. 예수님은 그분이 교회를 방문하여 그 여자에게는 질병을, 회개하지 않는다면 그 교회에 큰 환난을 내려 줄 것을 경고하셨다. "각 사람의 행위대로 갚아 주리라"(계 2: 23)고 말씀하시면서 섭리에 따르는 그분의 징벌을 이렇게 요약하셨다.

이런 진술들은 혹시 계시록이 행위에 의한 구원을 가르치는 것은 아닌지 의문을 갖게 한다. 계시록 22:14에 그 답이 분명하게 나와 있는데, 거기서는 오직 그리스도의 피로 모든 죄를 씻은 이들만 구원받을 수 있다고 적혀 있다. 우리는 모두 다 하나님의 율법 앞에서 정죄 받을 수밖에 없는 죄인들이기 때문에 행위로는 구원받을 수 없다. 구원을 위한 행위의 표준은 마태복음 5:48에서 예수님이 제시하셨다: "그러므로 하늘에 계신 너희 아버지의 온전하심과 같이 너희도 온전하라." 바울은 "모든 사람이 죄를 범하였으매 하나님의 영광에 이르지 못하였다"(롬 3:23)고 알려 준다. 그러므로 우리는 오직 믿음을 통해 받는 하나님의 은혜로만 구원받을 수 있다. 계속해서 바울은 신자들이 "그리스도 예수 안에 있는 속량으로 말미암아 하나님의 은혜로 값 없이 의롭다 하심을 얻은 자 되었다"(롬 3:24)고 말하고 있다.

　　그러나 은혜로만 구원 얻는다는 것이 신자들의 행위가 중요하지 않다는 뜻은 아니다. 선행이 그리스도인의 구원의 '조건'으로 필요한 것은 아니지만, 그 행위들은 구원의 '결과'로서 필요하다. 그리스도인들은 하나님의 "걸 작," "그리스도 예수 안에서 선한 일을 위하여 지으심을 받은 자"(엡 2:10)라고 바울은 말했다. 그러므로 참 신자들은 반드시 그 믿음이 진실하다는 것을 유일하게 입증할 수 있는 선행을 해야만 하고, 결국 선행을 하게 될 것이다. 야고보는 "행함이 없는 믿음은 죽은 것"(약 2:26)이라고 말했다. 그가 중요하게 여기는 것은 우리가 믿음 대신 행위로 구원받았다는 것이 아니라 그보다는 오히려 진정으로 구원하는 믿음은 '그 믿음이 행하는 선행'으로 입증된다는 것이다. 행함이 없이는 믿음은 공허하고 거짓된 것이다. 그래서 예수님은 이렇게 선언하셨다: "나더러 주여 주여 하는 자마다 다 천국에 들어갈 것이 아니요 다만 하늘에 계신 내 아버지의 뜻대로 행하는 자라야 들어가리라"(마 7:21).

　　신자들의 행실이 중요한 두 번째 이유는 그리스도께서 주실 상과 관련이 있다. 바울은 자신의 삶에서 내보일 것이 거의 없이 하늘로 들어가는 약한 신자에 대해 이렇게 말하고 있다. "각 사람의 공적이 나타날 터인데 그날이 공적을 밝히리니 이는 불로 나타내고 그 불이 각 사람의 공적이 어떠한 것을 시험할 것이라"(고전 3:13). 일부 신자들의 공적은 이 시험을 견디지 못하고 불타버릴 것이다. 바울은 그런 신자는 "해를 받으리니 그러나 자신은 구원을 받되 불 가운데서 받은 것 같을 것"(고전 3:15)이라고 말한다. 이것은 하늘에 들어가는 방법은 아니다! "만일 누구든지 그 위에 세운 공적이 그대로 있으면 상을 받고"(고전 3:14). 다른 사람들 곧 그 삶과 행실이 하나님의 말씀에 순종하는 반응으로 나타나는 이들은 상을 받는다.

예수님은 말씀하신다: "보라 내가 속히 오리니 내가 줄 상이 내게 있어 각 사람에게 그가 행한 대로 갚아 주리라"(계 22:12). 그리스도는 우리가 하는 사역들과 우리가 꾸려가는 삶의 모습을 깊은 관심으로 분명하게 살피신다. "만일 우리가 신자라면, 그 보상은, 우리가 어떻게 그분을 섬겼는지 그리고 그분이 우리에게 맡겨주신 재능으로 무엇을 했는지에 달려 있을 것이다."(S. Wilmshurst, 277)

> 이 세상의 삶에서조차도, 성도들은 거룩한 삶을 시작하고, 하나님은 그들의 사역에 대해 그들에게 보상하기를 즐거워하신다. 이러한 사역의 불완전성, 죄된 경향들로 인해 남아 있는 모든 오염은 그리스도의 피로 덮인다. 우리가 마치 자신의 노력으로 생명을 얻는 것처럼 여기는 듯한 선행은 영생의 근거가 아니다. 그러나 모든 선행은 우리 믿음의 진정성 그리고 하나님이 내리시는 심판의 정의로움을 드러내 보이는 것들이다(벧전 1:7; 살후 1:5).(V. S. Poythress, 196)

이런 맥락의 심판은 계시록 22:13에서 예수님이 주신 말씀의 요점인 듯하다: "나는 알파요 오메가요 처음과 마지막이요 시작과 마침이라." 이 말은 예수 그리스도의 온전한 신성의 또 다른 증거를 제공하는 1:8에서 하나님이 하신 주장을 되풀이한다. 예수님이 각 사람의 삶에 대해 보상하실 수 있는 것은 그분이 시작 때도 마지막에도 계시는 영원한 주권자 하나님이시기 때문이다. 경건하지 못한 삶은 예수님의 통치에 반역하는 것으로 시작해서 예수님의 보좌로부터 나오는 의로운 정죄로 끝난다. 경건한 삶은 그리스도의 피를 통한 용서로 시작해서, 최후 심판에서 그리스도의 강복(降福)과 보상으로 마무리된다. 그리스도는 그분이 마지막에 보좌에 앉으실 것이기 때문에 불신앙과 죄에 대해 심판으로 보상하신다. 그리스도는 구원이 그분의 영원히 끝나지 않는 통치 위에 수립되기 때문에 그 백성을 영원한 생명 안으로 받아들이실 수 있다.

22:14 _예수님: 구원자

계시록의 끝부분에서 예수님이 주권자와 심판자로 등장하시는 것은, 이 주제들이 계시록 안에서 무척 큰 역할을 하기에 매우 적절하다. 그러나 이제 계시록에서 그리스도의 진짜 목적은 그 백성들에게 죄로부터의 구원과 영생으로 들어가는 구원을 말씀하시려 하기에 구원자로서 그분의 마지막 증언이 주어지고 있다. 사실 그 백성을 위한 보상을 그리스도께서 가져오신다고 말할 때 그분의 첫 번째 보상이 계시록의 마지막 강복(降福)에 언급되어 있다: "자기 두루마기를 빠는 자들은 복이 있으니 이는 그들이 생명나무에 나아가며 문들을 통하여 성에 들어갈 권세를 받으려 함이로다"(계 22:14). 행위로 심판을 받듯이 우리는 여기서 어린 양의 피를 믿음으로 구원받는 것을 알게 된다.

"자기 두루마기를 빠는 자들"이 복을 받는다고 말하는데 예수님은 그분이 지신 십자가의 피를 믿음으로 오는 죄로부터의 정결을 말씀하시는 것이다. 바울은 "그리스도 안에서 그의 은혜의 풍성함을 따라 그의 피로 말미암아 속량 곧 죄 사함을 받았다"(엡 1:7)고 말했다. 앞서 확인했듯이 이 복은 신자들의 옷이 깨끗하게 씻겨질 필요가 있기에 행위에 의한 구원이라는 개념을 배제시킨다. 그리스도의 피를 통해 모든 죄가 깨끗하게 되며, 죗값이 치러졌고, 하나님의 영광, 그 충만한 임재 안으로 받아들여질 수 있게 되고, 그분이 주시는 영원한 생명의 복을 받는다. 그리스도의 피를 통한 죄 씻음은 신자들에게 지나간 현실일 뿐만 아니라 현재의 자원이기도 하다. 계시록 22:14의 옷을 씻음은 현재시제다: 신자들은 그들의 모든 죄를 "씻는" 복을 받은 이들인데, 이것은 그리스도의 피를 믿는 것과 죄 고백을 통해 오는 '날마다'의 씻음을 말하고 있다(요일 1:9 참조).

이 복을 계시록의 맨 끝에 배치한 것은 기독교의 믿음에서 속죄가 그 중심에 있음을 가리키는 것이다. '깨끗하게 하는 피'라는 주제를 과소평가하거나, 속죄가 안 믿는 자들에게 야만적인 것처럼 보여 종종 관심밖에 두려는 시도 때문에 교회는 때로 고통을 겪는다. 그러나 죄의 야만성과 하나님이 내리시는 진노의 난폭성은 비기독교인들이 반드시 들을 필요가 있는 진리이다. 하나님의 복 안으로 들어가는 데 죄를 깨끗하게 하는 일이 필요하기에 믿음으로 받아들이는 그리스도의 피가 복음의 한복판에 있다. 그것이 계시록에서 그리스도가 계속해서 "어린 양"으로 불리는 이유다; "어린 양의 피와 자기들이 증언하는 말씀"(계 12:11)을 통해서 신자들은 사탄을 정복한다. 그리스도의 십자가 앞에 와서 죄를 고백하고 어린 양을 믿는 믿음으로 용서를 얻는 사람들만 하나님의 영원한 복으로 들어갈 것이다.

우리는 그리스도의 피로 죄 씻음을 받았다. 따라서 믿음으로 영생을 받는다. 이 복이 생명나무에 접근하는 것과 성문으로 들어가는 것으로 상징화되었다. 아담이 죄로 타락했을 때 하나님은 "생명나무 열매도 따 먹고 영생"하지 못하도록(창 3:22) 에덴동산에서 추방하셨다. 그러므로 "생명나무에 접근할 권리를" 지닌다는 것은 영생에 참여하도록 하나님이 회복해 주실 책임이 있다는 것이다. 에덴동산에서 하나님의 언약을 깨뜨려 잃어버렸던 모든 것을 그리스도 안에 있는 새 언약을 통해 다시 얻었다. 그리스도인들은 계시록 21장과 22장에 서술된 영광스러운 성의 문밖에 서 있는 것이 아니다. 그들은 그 성곽이 얼마나 높을 것인지 혹은 하나님의 다스리시는 의지가 행여 파기되지나 않을지 쓸데없이 걱정하지 않는다. 대신 그들은 성문을 통해 그 성에 들어갈 권리가 있다.

존 번연은 『천로역정』의 결론 부분, 천상의 성을 통과할 때의 그리스도인과 소망을 묘사하면서 그리스도인의 삶에 대한 영광스러운 결론을 그려냈다:

> 꿈에 그 두 사람이 문으로 들어가는 것을 보았다. 그들이 들어간 뒤 그들이 변형되었다. 그들은 금처럼 빛나는 옷을 입고 있었다. 많은 수금과 왕관들이 그들에게 주어졌다. 수금은 찬양하기 위한 것이고 왕관은 영광 돌리기 위한 것이다. 그다음 꿈속에서 나는 그 성의 종(鐘)들이 기쁨으로 다시 울리는 소리를 들었다. 그들에게 이런 말이 들려왔다. "너의 주님의 즐거움 안으로 들어오너라."(J. Byunnyan, 136-137)

이승에서 그리스도와 그의 복음을 거절한 자들, 그리고 주님의 재림 후에 영원한 어둠에 넘겨질 자들의 모습과 얼마나 엄청난 대조인가. 요한은 이렇게 말하고 있다: "개들과 점술가들과 음행하는 자들과 살인자들과 우상 숭배자들과 및 거짓말을 좋아하며 지어내는 자는 다 성밖에 있으리라"(계 22:15). 경건하지 못한 자들을 "개들과 점술가들"로 서술함으로써 요한은 용서받지 못한 자, 완악한 자, 지칠 줄 모르는 죄인들, 지위 높은 불신자들과 노골적으로 사악한 자들에 대한 하나님의 혐오감을 가리키고 있다. 앞서 최후의 심판에서 요한은 경건하지 못한 자들은 영원한 고통을 받도록 불 못에 던져진다는 것을 보여 준 바 있다(계 20:12~15). 여기서 그는 하나님의 법을 어긴 자들, 곧 성적(性的)으로 부도덕한 자들, 살인자들, 우상 숭배자들을 울부짖는 황야에 사는 들짐승과 똑같이 보고 있는데, 그들에게는 하나님의 성, 그 문들이 영원히 닫히고 마는 것이다. "이 개념은 추방과 수치를 모두 다 포함하고, 아마도 예루살렘 성벽 밖, 쓰레기가 소각되는 힌놈의 골짜기라는 개념이 덧붙여져 있을 것이다."(G. R. Osborne, 790) 고대사회에서 개들은 죽어 마땅한 비루한 피조물이었다. 이 저주로 사악한 자들도 마찬가지로 하나님의 경멸과 정죄 아래 떨어질 것을 말하는 것이다.

"거짓말을 좋아하며 지어내는 (모든) 자"(계 22:15)를 결론적으로 강조하면서 실제로 죄를 지을 뿐만 아니라 선을 악으로 부르고 자기들의 사악한 행동에 공범이 되도록 다른 이들을 기만하는 자들에 대한 하나님의 특별한 경멸을 보여 준다. 거기에는 어쩌면 신앙을 고백하는 이들과 그 증거가 참되고 삶과 일치되어야만 하는 교인들을 향한 경고(신앙고백과 삶이 일치되어야 한다는 것)도 마찬가지로 들어 있을 것이다. 입술로는 그리스도께 신앙을 고백하면서도 이 세상의 우상에 충성을 보이는 자들(실천적 무신론자들)은 생명나무의 열매를 먹거나 하나님의 성에 들어가게 되리라 생각할 이유가 없다.

22:15 _죄인의 괴수가 구원 받다

여태껏 성경에 기록된 예수님의 마지막 증언을 살펴보고 있었지만, 우리 각 사람도 마찬가지로 마지막 증언을 해야 하는 때가 오고 있다. 1946년 10월 16일 독일 누렌베르크 소재 미군 형무소에 수용된 요아킴 폰 리벤트로프에게 최후의 순간이 왔다. 리벤트로프는 나찌 제3제국에서 아돌프 히틀러의 외무장관이었는데 거짓 속임수로 전 세계를 전쟁의 피바다에 빠져들게 하였다. 이제 사형을 선고받고 그는 밧줄을 목에 걸고 단두대 위에 서 있었는데, 그에게 마지막으로 할 말이 없느냐는 질문이 들어왔다. 어쩌면 그가 남긴 마지막 증언이 세상을 하직할 때 하나님의 심판을 대하는 그의 자세를 요약해 줄지도 모른다.

계시록 22:15에서, 리벤트로프와 그의 동료들 같은 악한 자들에 대한 예수님의 정죄를 기록하고 있다. 그들은 도덕, 살인 및 우상 숭배로 자신을 더럽혔던 개들이었다. 그러나 그들이 살아 숨쉬고 있는 한은 그리스도의 피로 씻음을 얻기 위해 그리스도께 돌아섬으로써 구원받을 기회가 아직 있었다. 이것이 나찌 전범들에게 파송된 루터교 군종목사 헨리 게레케의 믿음이었다. 다른 이들이 경멸 어린 시선으로 악한 죄인들을 볼 때 게레케는 그들을 한 사람씩 만나 복음을 증언하고 기도하고 그들을 정기 예배에 참석시켰다. 몇 주 후 게레케의 간단한 복음 설교 후에 8명의 나찌 권력자들이 예수 그리스도께 믿음을 고백했다. 그들 중에 필드 마샬, 독일군 수뇌부의 빌헬름 카이텔, 나찌 노동 공급책임자 프리츠 사우켈, 많은 그리스도인을 표적 삼아 공포의 통치를 감독했던 내무장관 빌헬름 프릭 등이 있었다. 리벤트로프는 처음에는 논산훈련소에서 훈련병들이 바람이나 쐬고 간식 좀 얻어먹으러 군인교회에 가듯이 감방의 지루함을 달래며 잠시 쉬기 위해 예배에 참석하기는 하면서도 조롱하는 독설로 게레케를 거부했다. 그러나 어느 날 게레케의 신실한 복음 설교를 듣는 중에 하나님의 말씀이 그의 가슴을 짓눌렀고 마침내 리벤트로프는 회심했다.

나찌 전범들이 사형당하기 위해 감방을 떠나야 하는 아침이 밝았다. 리벤트로프가 앞서고 그리고 게레케가 그와 함께 걸으며 단두대를 향했다. 그의 머리에 목줄이 감기자 리벤트로프는 담담하게 그리고 분명하게 그의 증언을 남겼다: "저의 모든 죄를 위해 속죄를 이루신 어린 양께 제 모든 신뢰를 드립니다. 하나님, 제 영혼에 자비를 베푸소서."(D. Stephens, 253-271)

나찌 전범이 용서받아 하나님의 보좌 앞에 흠없이 설 수 있을까? 그는, 예수님의 이름으로 하나님께 오는 모든 이를 깨끗게 씻으시고 죄의 큰 빚을 온전히 갚아 주신 그리스도의 피를 통해 그리할 수 있었다. 그리스도께서 모든 영혼을 심판하러 재림하시기 전, 지금 그리스도를 믿음으로 모든 이에게 똑같은 구원이 제공된다. 예수님은 성경에서 그분의 마지막 증언을 주셨다. : "자기 두루마기를 빠는 자들은 복이 있으니 이는 그들이 생명나무에 나아가며 문들을 통하여 성에 들어갈 권세를 받으려 함이로 다"(계 22:14).(R. D. Phillips, 694)

값없이 생명수를 받으라
(요한계시록 22:16~17)

¹⁶나 예수는 교회들을 위하여 내 사자를 보내어 이것들을 너희에게 증언하게 하였노라 나는 다윗의 뿌리요 자손이니 곧 광명한 새벽 별이라 하시더라 ¹⁷성령과 신부가 말씀하시기를 오라 하시는도다 듣는 자도 오라 할 것이요 목마른 자도 올 것이요 또 원하는 자는 값없이 생명수를 받으라 하시더라 (개역개정)

목마른 자들아 다 이리 오라. 이곳에 좋은 샘 흐르도다.
힘쓰고 애씀이 없을지라도 이 샘에 오면 다 마시겠네.

이 샘에 솟는 물 강 같이 흘러 온 천하 만국에 다 통하네.
빈부나 귀천에 분별이 없이 다 와서 쉬고 또 마시겠네.

생명수 샘물을 마신 자마다 목 다시 마르지 아니하고
속에서 솟아나 생수가 되어 영원히 솟아 늘 풍성하리.

이 샘의 이름은 생명의 샘물 저 수정 빛같이 늘 맑도다.

어린 양 보좌가 근원이 되어 생명수 샘이 늘 그치잖네.

(S. Webbe 곡, 1972, 찬송가 526장)

말기 암과 싸우다 하나님의 품으로 돌아간 하나님의 위대한 종 제임스 보이스의 유언처럼, '모든 것'이 예수 그리스도를 통해 흘러나오는 것을 신앙 생활, 목회 사역에서 잊지 말아야 한다.(R. D. Phillips, 695) 말할 필요도 없이 하나님이 그 아들을 통해 거저 주신 생명 안으로 죄인들을 초대하는 것이 신앙 생활의 중요한 과업 가운데 하나이기 때문이다.

22:16 _뿌리와 새벽 별

천사를 통해 모든 교회에 그분의 증거를 주시면서 예수님은 마지막으로 자신의 신분을 밝히신다: "나 예수는… 다윗의 뿌리요 자손이니 곧 광명한 새벽 별이라"(계 22:16). 이 말에 대한 응답으로 그리스도의 신부인 몸 된 교회는 그분께 "오시라"고 호소하고 있다. 그러자 예수님은 "속히 오마" 약속하시고, 또한 요한은 그를 믿고 있는 독자들에게 그리스도의 은혜를 선언하는 것으로 계시록을 마무리한다. 계시록의 결론은 항시 구원을 주시는 그리스도와 그 백성들의 경배하는 찬양을 중심에 두고 있다.

예수님이 자신을 "다윗의 뿌리요 자손" 그리고 "광명한 새벽 별"이라고 말씀하실 때, 그분 자신을 구약성경에 나오는 메시아적인 모든 중요한 예언을 성취하신 분으로 선언하신 것이다. 첫 번째 말은 이사야 11:1~10에서 온 것인데 거기서 선지자는 "이새의 줄기에서 한 싹이 나며 그 뿌리에서 한 가지가 나서 결실할 것"(사 11:1)을 예언했다. 이새는 다윗의 부친인데 하나님은 그에게 영원한 왕국을 약속하셨다(삼하 7:12). 학자들이 "다윗의 뿌리요 자손"이라는 예수님의 표현을, 신성한 본질에서 다윗의 기원("뿌리")이면서 동시에 인간적 본성에서 다윗의 후손("자손")임을 말씀하시고자 한 것으로 본다. 그러나 예수님이 자신을 다윗 계열의 메시아와 관련된 이사야 예언의 성취로 단순하게 선언하시는 것으로 보는 것이 더 그럴듯해 보인다. 이사야가 메시아를 "이새의 뿌리"(사 11:10)로 부를 때 그는 변변치 않은 지상의 '남은 자', 곧 메시아가 오실 때 그리스도의 신성한 본성뿐만 아니라 인간 다윗 계보에서 그리스도가 오게 될 것을 말하고 있었다. 남겨지게 될 것은 단지 이새 계보의 그루터기일 뿐만 아니라 그 그루터기의 뿌리가 전부였다. 그러나 그 뿌리는 하나님의 아들로 성육신(成肉身)하시면서 구원을 가져오기 위해 하나님이 주시는 복을 받게 될 것이다. 이사야는 "그의 위에 여호와의 영 곧 지혜와 총명의 영이요 모략과 재능의 영이요 지식과 여호와를 경외하는 영이 강림"(사 11:2)하실 것이라고 말했는데, 하나님의 능력으로 "그 뿌리"는 하나님의 모든 약속을 성취하고 생명을 회복할 것이다.

자신을 "다윗의 뿌리요 자손"으로 칭함으로써 예수님은 역사의 마지막에 '구약성경 전체'의 구원 소망을 성취시키는 분으로 나타나고 있다. 이사야는 "이새의 뿌리(그루터기)"가 늑대와 양이 사자와 송아지가 함께 뒹구는 우주적인 평화를 가져올 것(사 11:1, 6)이라고 했다. 예수님은 그분의 오심으로 이사야의 비전이 완전히 구현되었음을 말씀하신다: "물이 바다를 덮음같이 여호와를 아는 지식이 세상에 충만할 것이니라"(사 11:9). 예수님은 "나는 다윗의 뿌리요 자손"(계 22:16)이라고 선언하셨다.

두 번째는, 신비스러운 이방인 무당 발람이 민수기 24:17에서 예언한 것인데, 하나님은 발람을 사용하셔서 예수 그리스도에 대해 예언하게 하셨다: "한 별이 야곱에게서 나오며 한 규가 이스라엘에게서 일어난다." 이제 예수님은 그분의 승리가 이 예언을 성취했다고 선언하신다: "나는… 광명한 새벽 별이다"(계 22:16). 발람은 그리스도의 부상(浮上)이 빛을 줄 뿐만 아니라 주권적으로 그 원수를 쳐부수며 하나님의 백성에게 대속과 구원을 가져올 것을 말했다. 고대세계에서 별들은 "천상의 시간 조각들로서 목자들이 그것으로 한 해의 다른 계절과 밤시간의 다양한 경점(更點)을 이야기했다. '새벽 별'은 새날의 동이 트고 해가 떠오름을 선포했다. 그분이 하나님의 영원한 날을 여실 것이므로 예수님이 이 칭호를 지니셔야만 한다는 것은 그 얼마나 잘 어울리는 표현인가."(D. G. Barnhouse, 413)

예수님의 자기 묘사가 주는 충격은 우리가 단지 그 이미지를 받아들일 때만이 아니라 그분이 누구시며 그분이 하신 일이 무엇인가를 깨닫게 되는 교리를 이해할 때도 느껴진다. 종종 구원이 가망 없는 것처럼 보이는 세상에서 예수님은 뿌리이신데 이 뿌리에서 새로워진 창조세계에 복을 주는 영원한 평화가 나온다. 이것이 기독교의 구원 교리다. 반면 인본주의는 과학의 발달이라는 싸늘한 진보에 희망을 걸지만 그리스도는 그분의 구원 사역으로부터 흘러나오는 영원한 평화를 말씀하신다. 동양의 신비주의는 우주적인 바다에서 자아의 소멸에 희망을 걸지만 예수님은 그분의 오심이 그 백성들에게 빛과 생명을 부어주는 새벽 별이라고 약속하신다. "나는 다윗의 뿌리요 자손이라"고 예수님이 선언하신다. 이 이미지에 대한 그리스도인들의 가장 좋은 반응이 잘 담긴 찬양 가사가 있다:

빛나는 새벽 별 얼마나 사랑스러운지!
열방이 보고 멀리서 만세 부르네.
유다의 빛이 빛나고 있네.
당신은 야곱 족속 다윗의 아들
나의 신랑이요 나의 은혜의 왕
당신께 내 마음이 사로잡혔네.
(P. Nicolai, 1597)

22:17 _성령에 이끌린 신부의 청원

계시록 22:17에서 성령 충만한 교회가 말하고 있는 방식으로 요한의 메시지에 반응한다면 예수님의 메시지를 파악할 수 있음을 알고 있다: "영과 신부가 말하기를 '오라.'" 예수님을 부르는 신부는 그분의 교회다. 그녀는 그에게 믿음으로 약혼했고, 신랑이 재림하기를 갈망하고 있고, 그래서 혼인 잔치가 시작될 것이다. 본문의 "영"은 틀림없이 '성령'인데 성령은 교회와 함께, 교회를 통해 내주(內住)한다.

이 구절에 있는 핵심 질문은 "오라"는 부름이 누구를 향하고 있는지와 관련된다. 대다수 학자들은 맨 먼저 두 가지 사례를 드는데 그에게 반한 백성한테서 부름 받는 이는 그리스도라는 것이다: "성령과 신부가 말씀하시기를 '오라' 하시는도다. 듣는 자도 '오라' 할 것이요"(계 22:17). 예수님은 방금 자신을 그분의 오심으로 하나님의 새날을 가져오는 다윗 계열의 메시아로 선언했다. 그러므로 그분의 백성들은 지금 오시라고 그분께 간청한다. 20절에서 이 간청에 예수님이 응답하신다: "내가 진실로 속히 가리라."

요한복음을 잘 아는 그리스도인들은 교회 안에서 성령의 사역이 예수 그리스도를 향한 열렬한 소망을 낳는다는 것에 놀라지 않는다. 예수님을 부르는 것으로 당신이 응답했을 때 성령이 역사한다는 것을 알 수 있다. 예수님이 죽기 전날 밤 그분의 제자들과 헤어질 때 그분은 성령을 보내 주겠다고 약속하셨다. 예수님은 말씀하셨다: "그가 내 영광을 나타내리니 내 것을 가지고 너희에게 알리시겠음이라"(요 16:14). 그러므로 성령에 이끌린 교회의 표지는 믿음으로 예수 그리스도를 높이는 것, 그리고 그분이 주신 말씀의 가르침에 복종하는 자세로 반응하는 것이다. "그리스도인(교회) 시대의 지금이든 어느 때든 성령이 하시는 사역의 본질은 우리 주 예수 그리스도의 임재를 중재하는 것이다."(J. I. Packer, 1984:55)

패커는 예수님이 그려진 대형 착색유리(스테인드 글라스)가 있는 대성당 이야기로 성령의 사역을 예증하고 있다. 밤에는 대형 투광 조명등이 착색된 창문에 조준되어 그리스도의 형상을 볼 수 있다. 이것이 성령의 사역을 그리고 있다. 일부 그리스도인들은 예수님을 향한 제자도에는 별 관심 없이 성령 자체에 초점을 맞추고 성령의 권능을 즉각 체험하기만을 원한다. 패커는 이것을 얼굴을 투광 조명등 쪽으로 돌려 불빛을 보다가 그 빛에 의해 맹목(盲目)이 되어버리는 것에 비유하고 있다. 대신 성령은 우리 뒤에 서시기를 바라는데, "우리 어깨너머 우리를 향해 서 계시는 예수님께 빛을 비춘다." 성령이 신부에게 말씀하신다. "'그분'을 보라. 그럼으로써 그의 영광을 보라; '그에게' 귀 기울이라. 그리하여 '그의' 말을 들으라. '그분'께 가라. 그럼으로써 생명을 지녀라. '그분'을 알도록 하라. 그리하여 그분이 주시는 기쁨과 평화의 선물을 맛보라."(J. I. Packer, 1984:66)

이 가르침은 우리가 영적으로 자라갈수록 하나님의 거룩하심과 우리의 죄를 더 알게 되고, 또한 죄의 형벌 값을 대신 치르시는 그분의 피가 더 귀하게 여겨진다는 것을 알려 준다. 뿐만 아니라 좀 더 진지하게 성경을 따르는 마음을 지닌 그리스도인들은 이 세상을 있는 그대로 보기 시작한다: 계시록의 표현으로 말하자면 이 세상은 어린 양을 대적하고 음녀 바벨론에 속해 있고 그의 손에 의해 수백만 명의 영혼이 파괴되게 만드는 짐승의 영역이다. 우리는 사도 바울처럼 생각하기 시작한다. 그는 그리스도의 오심을 "우리의 복스러운 소망"(딛 2:13)으로 묘사했다. 우리는 주님의 재림을 "창조세계 전체가 움직이고; 그 안에서 온 세상의 황금시대라는 꿈이 성취되며, 온 세상의 상처가 치유되는 하나님의 사건"(A. Maclaren, 17:392)으로 보기 시작한다. 계시록의 복음 메시지를 받는다는 것은, "듣는 자도 '오라'"(계 22:17)고 성령과 신부가 우리를 부를 때 그들과 연합하는 것이다.

22:17 _죄인들을 향한 그리스도의 자비

최소한 계시록 22:17 상반절의 '소환' 대상이 그리스도라는 데 대해서는 별 의심이 없지만, 17절의 후반부에서는, 교회에 나가거나 세상 속에 있는 안 믿는 자들을 부르고 있다. 요한은 "듣는 자"도 "오라"고 말해야만 한다고 말하고 있다. 복음을 듣는 이들은 예수님을 불러야만 하며, 그다음에는 세상에 그분의 구원을 주실 것을 간청해야만 한다. 그 구절의 마지막 문장은 명백히 은혜가 필요한 죄인들을 향하고 있다: "목마른 자도 올 것이요 또 원하는 자는 값없이 생명수를 받으라"(계 22:17).

이 복음적인 호소가 계시록의 마지막에 그리고 성경의 마지막에 나오는 것은 예수님에 관해 중요한 어떤 것을 우리에게 말하고자 함이다. 계시록은 그의 대적들을 심판하시고, 세상에 그의 왕국을 세우며, 사탄과 그의 졸개들을 쫓아내시는 그리스도를 보여 주는 책이다. 하지만 이런 장면의 한 가운데서조차 예수님의 마음속 연민은 희미해지지 않았다. 최후 심판 전 아직 시간이 남아 있는 동안 예수님은 여전히 구원받으라고 죄인들을 부르고 계신다. 복음서에서도 구원을 향한 똑같은 자비와 열정을 발견한다. 심지어 예수님이 십자가에 못 박히신 뒤까지도 그분 말씀의 첫마디는 자기를 고문하는 자들을 용서해 달라고 아버지께 기도하는 것이었다: "아버지 저들을 사하여 주옵소서. 자기들이 하는 것을 알지 못함이니이다"(눅 23:34). 강도 중 한 사람이 그분과 함께 십자가에 못 박히며 구원을 요청하자 그리스도는 그에게 그 구원을 줄 준비가 돼 있었다: "내가 진실로 네게 이르노니 오늘 네가 나와 함께 낙원(이광우, 1993:41, 주 110)에 있으리라"(눅 23:43). 그토록 무시무시하게 십자가에서 고통을 당하시면서도 예수님은 여전히 복음을 전하고 계셨다! 그리스도가 부활하고 승천하신 뒤에 제자들의 첫 번째 증언은 예수님을 배신했던 바로 그 유대인 지도자들을 향한 것이었다. 그의 종들은 "너희가 회개하고 돌이켜 너희 죄 없이 함을 받으라"(행 3:19)고 선포했다. 심지어 그분의 말씀이 선포되는 때조차도 자신의 복음을 지금 당신에게 내보내는 구세주는 바로 예수님이다. 그 백성들의 간청에 대한 응답으로 그분이 여태껏 오시지 않는 이유는, 그렇게 함으로써 마지막 한 사람이 믿게 될 때까지 모든 죄에 대한 용서가 여전히 제공되기 때문이다. 심지어 예수님께서 재림하시기 전에 구원을 주시려고 하늘에서 예수님이 말씀하고 계시는 때조차 구원을 받기 위해서 당신 스스로 그분을 불러내지 못하게 막을 수 있는 것이 도대체 무엇인가?

잃어버린 자를 위한 예수님의 똑같은 열정이 성령에 이끌리는 교회의 특징이 될 것이다. 하나님의 백성이 겪을 그토록 많은 시련과 박해를 예언하고 있는 책에서, 인내하며 정복하기 위해 성도들이 죄된 세상을 거부하고 반대해야만 한다고 말하고 있는 책에서, 성령은 여전히 구원이 필요한 이들을 향해 "오라!"고 외치도록 신자들에게 활력을 불어넣고 있다. 요한이 보낸 편지의 첫 수신자들의 열심은, 무시무시한 반대에 직면하면서도 교회의 폭발적인 성장을 이끌었다. 모든 시대에 걸쳐 그리고 오늘도 똑같은 열심이 필요한데, 만일 성령이 신부(교회)의 마음을 감동시킨다면 그녀는 어서 오시라고 예수님을 불러낼 뿐만 아니라 들을 수 있는 모든 이에게 그분의 구원을 제공하게 될 것이다.

조셉 하트는 21살 때 자기의 영혼에 관심을 두기 시작했다. 하나님의 율법 아래 있다는 신념을 느끼면서 도덕적인 삶을 살기로 결단했다. 결과적으로 '종교 행위'의 쓰라림이 그의 마음으로 하나님을 등지게 했고, 그는 "종교의 불합리성"이라는 제목의 소책자를 써 존 웨슬리의 사역을 반대하면서 널리 알려지게 되었다. 하트의 고백에 의하면 그는 "품행이 나쁘게 타락한 자, 그리고 뻔뻔한 반역자"가 되었다. 마침내 45살 때 예수님의 구원하시는 은혜의 기쁜 소식이 선포되는 어느 교회 예배에 참석했고, 하나님을 달래기 위해 해야만 하는 선행이 없이도 예수님을 단순하게 믿는 것만으로 죄인들이 의롭게 될 수 있다는 말씀을 들었다. 집에 돌아온 그는 부르짖었다. "주님, 저에게 무엇을?" 하나님이 말씀으로 답하셨다. "그래, 너에게!" 그는 반대했다: "그러나 저는 이미 말할 수 없이 사악해졌습니다." 하나님의 대답이 그의 마음에 들려왔다. "나는 너를 완전히 그리고 거저 용서한다." 마침내 요셉 하트는 복음을 듣고 예수님께 "오소서!"라고 말하는 이들 가운데 한 사람이 되었다. 그 후 그는 다른 죄인들에게 똑같은 초대장을 제공하는 일에 헌신했다. 유명한 찬송가에서 그는 이렇게 선언한다(찬송가 96장, "예수님은 누구신가". 참고로, 가사 원작자는 밀러가 아니라 조셉 하트임, 1759년 작, 자세한 내용은 UCLA 옥성득 교수의 다음 글 참조: https://cemk.org/20689/):

> 오라, 그대 죄인들이여, 불쌍하고 비참한 이들이여
> 약하고 상처입은 이들, 아프고 괴로운 이들이여
> 예수님은 당신을 구원하려고 설 준비를 하셨다네
> 권력에 몸 담고 완전히 불쌍해진 자여
> 그분은 할 수 있네, 할 수 있네, 할 수 있네.
> 그분이 기꺼이 하시리니 이제 의심일랑 하지 마시게(원 가사)
>
> 예수님은 누구신가 우는 자의 위로와 없는 자의 풍성이며
> 천한 자의 높음과 잡힌 자의 놓임 되고 우리 기쁨 되시네…
> (F. Miller[민로아]의 개작 가사. 찬송가 96장 1절)

22:17 _생명수

계시록 22:17은 우리에게 "생명수를 받으라"고 초대하면서 복음의 위대

한 진술을 끝맺고 있다. "강이 에덴에서 흘러나와 동산을 적셨다"(창 2:10)고 하는 성경의 시작 부분에서부터, 성경의 맨 마지막 계시록의 이 본문까지 하나님의 은혜로운 흐름은 믿는 모든 이에게 생명을 주는 능력으로 물결쳐 왔다. 다윗은 "한 시내가 있어 나뉘어 흘러 하나님의 성 곧 지존하신 이의 성소를 기쁘게 하도다"(시 46:4)라고 노래했고, 에스겔도 성전 문지방 아래로부터 스며 나오는 물줄기가 죄로 얼룩진 땅에 정결과 생명을 가져올 것을 예언했다(겔 47:1~12). 이사야는 약속의 그날을 기대하면서 이렇게 선언하고 있다: "기쁨으로 구원의 우물들에서 물을 길으리로다"(사 12:3).

사도 요한의 여러 저작은 특히 생명을 주는 물줄기들로 가득 채워져 있다. 가나 혼인 잔치에서 예수님은 물로 포도주를 만드심으로 그분의 첫 번째 이적을 보이셨다. 항아리에서 떠낸 물은 유대인의 정결 예식에 쓰였고(요 2:6), 그래서 요한은 예수님이 신자들에게 제공하시는 생명을 주는 관계와 공허하고 형식적인 종교를 대조시키고 있다. 성령과 신부가 "생명수를 받으라"고 당신을 부를 때 그들은 예수님의 권능으로 그분이 주시는 혼인 잔치의 즐거움을 당신에게 주는 것이다. 요한복음 4장에서 예수님은 야곱의 우물에 오셔서 사마리아 여인에게 "생수"(요 4:10)를 주셨다. 그것을, 세속적 쾌락을 상징하는, 흐르지 않는 우물물과 대조시키면서 "내가 주는 물은 그 속에서 영생하도록 솟아나는 샘물이 될 것"(요 4:14)이라고 말씀하셨다. 명절 끝날, 곧 '큰 날'에 예수님은 서서 외치셨다: "누구든지 목마르거든 내게로 와서 마시라. 나를 믿는 자는 성경에 이름과 같이 그 배에서 생수의 강이 흘러나오리라"(요 7:37~38). 마지막으로 예수님의 몸이 십자가에서 찔렸을 때 그의 옆구리에서 물과 피(의 흐름)가 쏟아졌다(요 19:34). 모든 죄를 용서받는 자들을 위해 그 백성들에게 구원이 흘러나오는 것은 그리스도를 치셨기 때문인데 심지어 모세 같은 사람조차도 광야에서 지팡이로 반석을 한 번 치자 생명을 주는 물줄기가 쏟아져 나왔다(민 20:11). 이 모든 이미지에 비추어 생명수는 "예수 그리스도를 통해 사람들에게 오는 그리고 사람들에게 받아들여져서 참으로 그들을 복되게 하는 복의 총합"을 나타낸다. (A. Maclaren, 17:398)

예수님이 생명수를 주심으로 나타나는 세 가지 아주 중요한 논점을 지적할 수 있다. 첫째, "그 물이 흐르지 못하거나 받아들여지지 않는 곳에는 죽음이 있다." 죄는 살아 있는 죽음을 포함하고 그것의 끝은 하나님의 최후 정죄라는 영원한 죽음 안에 있다. 죽음의 저주는 오직 예수님이 죄책을 치르기 위해 자신의 몸을 드리신 십자가에서만 도망친다. 그러므로 예수님은 이렇게 말씀하셨다: "내 살을 먹고 내 피를 마시는 자는 영생을 가졌고 마지막 날에 내가 그를 다시 살리리라"(요 6:54).

둘째, 생명수는 지금 영적인 만족을 준다. 한여름 무더위에 갈증 나는 날 시원한 음료수 한 잔을 마시고 그것이 목을 상쾌하게 타고 내려가는 것을 생각해 보라. 이것이 예수께서 당신에게 주시는 영적인 경험이다. 예수님이 말씀하셨다: "내가 온 것은 양으로 생명을 얻게 하고 더 풍성히 얻게 하려는 것이라"(요 10:10). 예수님은 인류가 갈망하나 그리스도를 떠나서는 얻을 수 없는 "성령 안에 있는 의와 평강과 희락"(롬 14:17)이라는 복을 주신다. 그분을 믿음으로 우리는 사랑받는 자녀로서 하나님과 함께 걷고 삶 속에서 그분이 주시는 은혜의 능력을 알 수 있도록 하나님과 화목하게 된다.

셋째, 생명수는 그리스도가 재림하실 때 죽음 이후의 훨씬 더 큰 만족을 준다. 계시록 22:1에서, 하나님과 및 어린 양의 보좌로부터 나오는 "수정 같이 맑은 생명수의 강"이 흐르는 영원한 성을 보여 주었다. 강 좌우 둑에는 "만국을 치료하는" 이파리와 어김없이 열매 맺는 생명나무(계 22:1~2)가 자라고 있다. 그의 피를 믿는 이를 언급하면서 예수님은 말씀하셨다: "자기 두루마기를 빠는 자들은 복이 있으니 이는 그들이 생명나무에 나아가며 문들을 통하여 성에 들어갈 권세를 받으려 함이로다"(계 22:14). 거기서는 생명수의 강에서 영원토록 생명을 마실 수 있다. 그리스도의 초대, 그 요약:

형제들이여, 여기에 거룩한 제안이 있다. 죄책과 죄의 권세 두 가지 모두를 포함한 죄의 죽음으로부터의 구원, 영원한 생명; 우리의 목마른 영이 갈망할 수 있는 모든 복이 우리에게 퍼부어지고 있으며, 그렇게 복 받은 존재의 영원성과 무한한 시대를 통틀어 주어지는 영원한 존재의 끝없는 만족.(A. Maclaren, 17:400)

22:17 _값없이 받으라

그리스도는 성경의 마지막과 아울러 역사의 마지막에 서서 몸 된 교회와 함께 당신에게 구원 생명의 물을 주신다. 이제 남은 것은 오직 당신이 와서 그것을 받는 것뿐이다: "목마른 자도 올 것이요 또 원하는 자는 값없이 생명수를 받으라"(계 22:17).

그리스도께서 어떤 부류의 사람들에게 구원을 베푸시는지 주목하라. 그분은 "목마른 자"에게 말씀하신다. 삶의 불만족과 실패한 영혼들, 목이 마른 전 인류를 위한 우주적인 호소가 여기 있다. 인간은 자신의 창조주를 알 필요가 있도록, 그리고 영혼 안에 오직 하나님 한 분만이 주실 수 있는 생명을 갈망하는 존재로 창조되었다. 그 본심은, 사랑받기에 온전히 합당한 한 분 창조주께 받아들여지기를 갈망한다. 그 마음에는 진리가 필요하다. 그 의지는, 우리가 우리의 삶을 바치고 그래서 초월적인 의미를 찾을 수 있는 참 고상한 명분을 원한다. 하나님의 형상으로 인(印) 찍힌(창 1:26~7) 우리의 본성을 채우는 세속적인 것들로는 이 모든 욕망의 한 가지도 만족될 수 없다. 따라서 다윗은 고백했다: "내 영혼이 하나님 곧 살아 계시는 하나님을 갈망하나니"(시 42:1).

인생의 비극은 인류가 자기들의 갈증을 알면서도 만족의 유일한 근원을 망각했다는 데 있다. 그들은 삶에서, 낭만, 성공적인 경력, 가족과 자녀 양육, 정치, 스포츠 혹은 예술에서의 성취를 추구하면서, 한 가지를 추구하다가 이내 다른 것을 추구한다. 그러나 이런 것들을 추구하는 것이 그 자체로 가치 있는 것이기는 하지만 그것들은 하나님을 위해서 하나님이 만드신 영혼의 갈증을 풀어 주려고 하나님이 설계하신 것이 아니다. 그러므로 사랑과 자비로 "다윗의 뿌리요 자손 곧 광명한 새벽 별"(계 22:16)이신 그리스도께서 자신을 모든 사람 앞, 심지어 최악의 죄인에게조차 내놓은 것이다. 그분이 말씀하신다: "목마른 자도 오라"(계 22:17). 여기에 보편적으로 모든 영혼에 제공된, 만약 당신이 오기만 한다면 생명을 약속하는 복음의 일반적인 부르심이 있다. 이것이 용서와 생명을 진정으로 제공함으로 모든 귀에 복음을 선포하는 오늘날의 교회를 통해 주어진 부르심이다.

더 나아가서 예수님은 "원하는 자"(계 22:17)에게도 말씀하신다. 여기에 그분의 능력으로, 자원하는 이들의 영혼에 오직 예수님만이 줄 수 있는 복음의 특별한 부름이 있다. 우리가 구원받기로 선택하기만 하면 그리스도께 가서 마신다. 그러나 인생의 큰 문제는 죄 안에 있는 모든 사람이 바라지도 않고 구원을 선택하지도 않는다는 것이다. 자만심(교만) 때문에 그들은 하나님의 아들 앞에 절하지 않을 것이다. 완악해진 마음으로 그들은 생명수를 마시게 할 유일한 수단인 믿음의 잔을 내던져 버린다. 복음을 듣지 않고는 우리가 느끼는 진짜 목마름을 깨닫지 못할 것이다. 복음을 들었으면서도 많은 이들이 여전히 그들의 주권자이자 대속자가 되시는 분에 맞서 도덕적으로 반역함으로써 쇠망하고 있다. 이것이 바로 예수님이 "나를 보내신 아버지께서 이끌지 아니하시면 아무도 내게 올 수 없으니 오는 그를 내가 마지막 날에 다시 살리리라"(요 6:44)고 말씀하신 이유다. 이것이 죄인들의 소원을 만들고 그들에게 영생을 위한 구세주를 가져다주는 성령을 통해 주어지는 특별하고 개인적인 하나님의 은혜이다.

마지막으로 딱 한 가지 조건이 있는데 당신이 그리스도의 구원을 '거저 주시는 선물'로 받아야만 한다는 것이다: "원하는 자는 '값없이' 생명수를 받으라"(계 22:17). 하나님은 구원받을 필요가 있지만 자기 힘으로 아무것도 할 수 없는 죄인들을 위한 말로 할 수 없는 은혜를 갖고 계신다. 그러니 거저 주시는 은혜의 샘을 향해 가라.

> 돈 한 푼 없이 샘에 오라
> 값없이 주어지는 것을 사라
> 예수, 은혜로우신 분께서 지친 자들을 맞아 주신다.
> 예수, 욕심없는 분이 잃어버린 자를 위해 죽으셨다.
> (J. M. Boice)

당신 자신에게는 구원을 살 수 있는 것이 아무것도 없기에 당신은 거저 주시는 선물인 구원을 받아야만 한다. 어쩌면 당신의 모든 선행은 죄로 부패했기에 하나님이 받아들이지 못할 만한 것들일 것이다(사 64:6 참조). 당신이 수행하고자 하는 모든 목표, 당신이 주고자 하는 모든 돈, 그리고 당신이 드리고자 하는 모든 기도는 당신을 무겁게 짓누르고 있는 죄책 때문에 무효가 된다. 당신은 '오직 은혜만으로' 구원받아야 한다. 이사야는 이렇게 말했다: "너희 모든 목마른 자들아, 물로 나아오라. 돈 없는 자도 오라. 너희는 와서 사 먹되 돈 없이 값없이 와서 포도주와 젖을 사라"(사 55:1). 예수님은 당신에게 그분이 이루신 '단순한 믿음으로' '당신이 선물로 받으면' 되는 구원을 주신다. 구원은 "값없이 받는 생명수"(계 22:17)이며, 하나님의 은혜의 영광을 위해 그분께 나오는 모든 이에게 풍부하게 거저 베푸시는 것이다.

이 호소는 죽으셨다가 우리의 죄로부터 우리를 풀어 주려고 부활하신 예수님 자신으로부터 당신에게 온 것이다. 예수님이 속히 오실 것이므로 그 호소는 긴급한 것이다.

구주, 구원의 하나님께로 오라
죄의 싸움을 끝내 버리셨다.
왜 율법의 저주에 시달리려 하는가?
거저 주시는 생명수의 선물을 받으라.

(J. M. Boice, R. D. Phillips, 705)

진실로 속히 오리라
(요한계시록 22:18~21)

[18]내가 이 두루마리의 예언의 말씀을 듣는 모든 사람에게 증언하노니 만일 누구든지 이것들 외에 더하면 하나님이 이 두루마리에 기록된 재앙들을 그에게 더하실 것이요 [19]만일 누구든지 이 두루마리의 예언의 말씀에서 제하여 버리면 하나님이 이 두루마리에 기록된 생명나무와 및 거룩한 성에 참여함을 제하여 버리시리라 [20]이것들을 증언하신 이가 이르시되 내가 진실로 속히 오리라 하시거늘 아멘 주 예수여 오시옵소서 [21]주 예수의 은혜가 모든 자들에게 있을지어다 아멘 (개역개정)

이스라엘이 애굽에서 빠져나와 시내 광야를 여행하던 시절의 말미에 모세는 모압 평원에 12지파를 모이게 했다. 거기서 모세는 약속의 땅에서 살아갈 이스라엘 나라의 헌법으로 신명기를 전달했다. 신명기는 과거 역사와 그 교훈들을 자세히 설명한 창세기 출애굽기 민수기와 달랐고, 제사장직을 위한 다양한 절차를 다룬 레위기(각종 제사법에 대해서는 김경열, 2020:41-102; 2016:71-167 참조)와도 달랐다. 신명기는 명백하게 하나님의 백성으로서 그들의 언약적 삶에 어울리는 모든 약속과 명령을 가진 백성으로서 약속의 땅에 들어가는 이스라엘의 삶을 기대하고 있었다.

이런 점에서 계시록은 신명기와 비슷하다. 사복음서는 예수님의 삶, 죽음, 그리고 부활을 기록하고 있다. 사도행전은 교회의 사도적 기초를 말하고, 서신서들은 해당 교회들에 사도들의 교리와 관련된 실제적인 다양한 지침을 기록한다. 계시록은 명백히 심지어 영광의 영원까지 내다보면서, 그 당시 시작되고 있었고, 예수님이 재림하실 때까지 계속될 교회 시대에 시선을 돌리고 있다. 신명기가 출애굽 세대가 세상을 뜰 무렵에 이스라엘에 직접 주어졌던 것처럼, 계시록은 사도 시대부터 등장하기 시작하여 복음의 천년왕국으로 들어가는 교회들에게 주어졌다. 계시록은 예수 그리스도 안에 있는 하나님의 언약 백성으로서 교회 생활의 모든 약속과 의무를 자세히 서술하고 있다.

22:18~19 _듣는 자들에게 경고

사도 요한이 요한계시록을 '신(新)-신명기'로 보고 있는 한 가지 증표는 계시록 22:18~19에 첨부된 경고 때문이다. "이 두루마리의 예언의 말씀을 듣는 모든 사람"에게 경고하기를 "만일 누구든지 이것들 외에 더하면 하나님이 이 두루마리에 기록된 재앙들을 그에게 더하실 것이요, 만일 누구든지 이 두루마리 예언의 말씀에서 제하여 버리면 하나님이 두루마리에 기록된 생명나무와 및 거룩한 성에 참여함을 제하려 버리시리라." 이 경고는 신명기에 나타나는 비슷한 말을 거울처럼 비추고 있다. 모세는 "내가 너희에게 명령하는 말을 너희는 가감하지 말고 내가 너희에게 내리는 너희 하나님 여호와의 명령을 지키라"(신 4:2)고 명령했다.

요한의 명백한 말로 사도는 독자들에게 계시록에 더하지도 계시록에서 빼지도 말라고 경고하고 있다. 더하면 "하나님이 이 두루마리에 기록된 재앙들을 그에게 더하실 것이다." 빼면 "하나님이 이 두루마리에 기록된 생명나무와 및 거룩한 성에 참여함을 제하여 버리실 것이다"(계 22:18~19).

이 경고의 말이 분명하기는 하지만, 요한의 치밀한 의미는 몇 가지 생각을 하게 만든다. 첫째, 요한은 계시록이 성경 정경의 마지막 책이라고 주장하지 않고 있으므로 다른 책들도 그 뒤에 덧붙여질 수 있다. 초대교회가 확증하고 오늘날 그리스도인들이 주장해야만 하는 것처럼 계시록 이후로 기록된 성경이 없는 것은 사실이다. 요한이 성령의 영감으로 기록했고, 신성한 저자는 틀림없이 계시록으로 성경 정경이 끝날 것이라는 것을 알았다는 것 또한 사실이다. 여전히 요한의 경고는 각별하게 "이 두루마리의 예언의 말씀"(계 22:18)에 관심을 갖고 있다. 곧 계시록은 그 자체로 계시록이다.

둘째, 일부 학자들은 요한의 말이 나중에 계시록을 복사하게 될 서기관들을 겨냥했고, 또한 그들이 작업할 때 정확하고 올바른 작업이 이루어져야만 한다는 것이라고 한다. 이 견해의 한 가지 이유는, 초대교회 '아리스테아스에게 보내는 편지'도 요한의 언어와 비슷하게 이와 같은 경고를 담고 있기 때문이다. 그러나 요한이 그것을 복사하는 사람들에게가 아니라 계시록의 예언을 "듣는 모든 사람"에게 말하고 있기 때문에, 이것은 요한의 생각이 아니었을 것 같다.

셋째, 요한은 여기서 그리스도를 믿음으로 구원받은 참 신자들이 이 본문에 반(反)하는 어떤 죄 때문에 나중에 그들의 구원을 잃을 수 있다고 가르치지 않는다. 이런 생각은 "생명나무와 및 거룩한 성에 참여함을 제하여 버리시리라"(계 22:19)라는 말 때문에 나왔을 것이다. 그러나 요한의 저작 다른 곳에서 참 신자가 구원을 잃을 가능성이 결코 없다는 것을 분명히 하고 있다. 요한복음 6:37에서 예수님은, "내게 오는 자는 내가 결코 내쫓지 아니하리라"고 약속하셨다. 요한일서 2:19, "만일 우리에게 속하였더라면 우리와 함께 거하였으려니와" 여기서 요한은 변절(배신)한 것처럼 보이는 자들은 사실은 참 신자였던 적이 한순간도 없었다고 설명한다. 그러므로 요한의 경고는 참 신자들이 한때 소유했던 구원을 잃을 수 있다는 뜻이라기보다는 하나님의 말씀에 신실하지 못한 자들은 모든 구원의 복이 막힐 것이라는 뜻이다.

넷째, 계시록을 가르치면서 실수하는 선의의 신자들을 요한이 정죄하는 것이 아니다. 때때로 종말론에서 세대주의, 역사적 전천년설, 무천년설, 후천년설 등의 서로 다른 해석을 보게 된다. 이렇게 서로 다른 견해와 그 때문에 생기는 잘못은 요한이 말한 바 이 책에 더하거나 빼는 행위, 곧 "계시록의 가르침을 '고의로' 왜곡하는 행위"(H. Barclay, 2:311)가 아니다. 하지만 여전히 요한의 경고는 성경 교사들에게 맡겨진 사역을 정말 신중하게 감당해야만 한다는 것과 하나님의 거룩한 말씀을 가르치는 직임에 포함된 엄중한 의무를 결코 가볍게 여기지 말 것을 일깨워 준다.

그렇다면, 계시록의 말씀에 더하거나 거기서 빼지 말라는 요한의 말, 그 정확한 의미는 무엇일까? "요한은 전달과정에서 생길 수 있는 기술적인 잘못, 그가 전한 메시지를 설명하는 과정에서의 판단 실수가 아니라 오히려 그 메시지를 '고의로 왜곡'하거나 '악용'하는 것에 관심이 있다."(G. E. Ladd, 1972:295) 더하거나 빼는 행위의 반대가 "하나님 여호와의 명령을 지키는 것"(신 4:2) 그리고 "하나님 여호와께 붙어 떠나지 않는 것"(신 4:4)이기 때문에 신명기에 있는 모세의 비슷한 경고에서 이 답변이 암시된 바 있다. 이 경고로 심판받은 사람들은 믿음 없고 불순종하는 자들이었다(신 4:3).

이 경고를 설명하기에 딱 맞는 사례는 예수님 당시의 바리새인들과 사두개인들이다. "바리새인들은 성경 정경에 포함되지 않은 수백 가지 세부 금지사항을 하나님의 말씀에 덧붙였다.(이광우, 2005:108) 같은 시기, 사두개인들은 자기들이 받아들이기 껄끄러운 말씀들 곧 초자연적인 것에 관한 어떤 것, 부활, 천사들, 그리고 영들에 관한 어떤 것들은 빼버렸다."(R. Brown, 63) 이 두 집단과 비슷한 자들이 오늘날에도 있다. 인간의 행위를 구원에 덧붙이는 계율주의자들(더하기), 명백한 성경적 가르침들을 부인하는 자유주의자들(빼기)

이 그런 자들이다. 뿐만 아니라 계시록의 메시지에 더하거나 거기서 빼는 행위는 신흥종교와 숱한 이단, 그 추종자들의 특징이다.(오명현, 32) 덧붙이는 사례로는, 예언이라고 주장하며 계시록의 메시지를 변조하는 제칠일 재림교의 엘런 화이트, 또한 계시록에 덧붙이는 짓을 하는 몰몬교 지도자 요셉 스미스 등이 있다. 계시록의 메시지에서 빼는 짓을 하는 자 가운데 그리스도의 신성과 그분의 인격적인 재림을 부인하는 여호와의 증인 운동의 찰스 러셀이 있다. 이런 이단들은 그리스도와 그의 복음을 거부하고 있기 때문에 그리고 주제넘게 하나님의 거룩한 성경을 변조하기 때문에 심판 아래 떨어질 것이다.

이 위협적인 경고를 기록하면서 요한은 그가 쓴 책의 신성한 특징을 강조하고 있다. 계시록은 참 "예언" 곧 지금 계시록의 신성을 옹호하시는 하나님의 계시된 말씀이다. "이 신성한 목격자가 장난감 취급을 당하면 안 된다! 그의 사랑 받는 신부를 빈틈없이 방어하는 이 말씀으로 마귀의 거짓말로부터 그녀를 지켜낼 수 있기에 요한은 그가 전한 말씀의 진정성을 또한 빈틈없이 방어하고 있다."(D. E. Johnson, 330) "불순종에 대한 처벌은 혹독하다… 요한이 인간의 말이 아니라 하나님의 바로 그 말씀을 기록하고 있기 때문이다."(G. K. Beale, 1999:1153)

계시록의 메시지를 지키라는 준엄한 경고는 우리 시대의 교회 앞에 이 책의 특별한 중요성을 강조하고 있다. 성경 각 권은 하나님의 계시된 말씀 안에서 각기 특별한 역할을 하기에 66권 중 어느 한 권을 다른 책들보다 특별히 우위에 두지 말아야 한다. 하지만 신명기를 통해 약속의 땅에서 이스라엘에 직접 적용되는 언약 규칙들이 주어진 것처럼, 계시록 안에서 보좌에 앉으신 예수 그리스도께서 교회 시대의 언약 백성에게 직접 말씀하신다. 그러므로 적어도 오늘날의 그리스도인들은 계시록을 주의 깊게 읽고 말씀 한 절한 절을 정중하게 주목해야만 한다. 계시록 2장과 3장의 일곱 교회 앞에 보내는 편지에서, 예수님은 몸 된 교회들에게 거짓교리를 거부하고, 우상 숭배와 성적인 음란에 맞서 자신을 방어하며, 그분의 복음 선교에 대한 열심을 활기차게 유지할 것을 명령하신다. 오늘날의 그리스도인들은 이런 의무를 진지하게 다루어야만 한다. 계시록의 뒷부분에서 예수님은, 그의 백성은 하나님의 자리를 찬탈하는 폭군들을 결코 경배하면 안 된다는 것을 분명히 밝히신다. 요한 당시의 독자들이 짐승의 표를 받는 식으로 황제의 형상에 경배하느니 차라리 죽음을 택했다면 오늘날의 그리스도인들도 마찬가지로 어느 정부 혹은 정치 지도자들에게 최고의 권위를 부여하지 말아야만 한다. 예수님은 몸 된 교회에게 유혹적인 세속문화 형식의 음녀 바벨론이 가르치는 온갖 음란한 행위에 참여하지 말라고 명령하신다. 주권자이신 예수님은 그의 백성들에게 그분이 우리의 구원을 완성하시기 위해 재림하실 때까지 참믿음과 경건으로 인내하라고 명령하신다. 예수님은 명령하신다. "네가 죽도록 충성하라. 그리하면 내가 생명의 관을 네게 주리라"(계 2:10).

오늘날 그리스도인들에게 예수님의 주권적인 요구를 경시(輕視)하라고 강요하는 목소리가 있다. 성경의 경고와 요구사항은 제외하고 오직 성경의 온갖 약속과 위로하는 구절만 말하라는 얘기를 자주 듣는다. 목사에게 "교인 줄어드니 제발 지옥 설교는 하지 말라"고 개똥 훈수 두는 간 큰 교인들도 더러 있다. 심지어 어떤 이들은, 그리스도인들의 생활에 필요한 명령과 법도를 가르치는 것을 반(反)복음적 계율주의나 마찬가지라고 몰아세운다. 그러나 계시록은 예수님께서 이런 견해를 전혀 갖지 않았다는 것을 알려 준다. 주권자이신 예수님은 심지어 은혜를 베푸시는 중에도 그의 백성들에게 그 모든 말씀을 지킬 필요가 있다고 명령하신다. 그분의 백성은 믿음으로 악의 권세를 이겨야만 한다고 주장하시면서 예수님은 몸 된 교회에게 그분의 말씀을 경건하게 지킬 것을 명령하신다. 예수님이 말씀하신다: "다만 너희에게 있는 것을 내가 올 때까지 굳게 잡으라. 이기는 자와 끝까지 내 일을 지키는 그에게 만국을 다스리는 권세를 주리니"(계 2:25~26).

22:20 _속히 오신다는 약속

계시록을 결론짓는 경고에, 예수님은 속히 다시 오시겠다는 약속을 덧붙이신다: "이것들을 증언하신 이가 이르시되 '내가 진실로 속히 오리라'"(계 22:20). 예수님은 멀리 떨어져 계시지 않으시며(마 28:20), 이 세상 역사에 무관심하신 것이 아니라 심판과 구원 모두를 가져오기 위해 곧 다시 오실 것이다. 여기 그분의 첫 번째 강조는 세상에서 고통을 겪고 있는 그분의 신실한 제자들에게 용기를 북돋우는 것이다. 17절에서 성령과 신부가 "오라"고 말하면서 사랑하는 주님을 불러낸다. 이제 그 대답이 주어진다. "내가 진실로 속히 오리라."

회의적인 사람들은 예수님이 곧 재림하신다고 약속하신 이래 2천 년이나 지났어도 주님이 아직 오지 않았다는 점을 지적한다. 그러나 그 사람은 말 그대로 예수님이 지체없이 다시 오실 것이라고 말씀하신 것으로 착각한 것이다. 하지만 하나님의 대속 계획이 자연스럽게 진행되는 바로 그 순간, 구세주는 그의 백성을 모으기 위해 '즉시' 오실 것이다. 구원받아야 할 그의 백성이 남아 있는 한 예수님의 오심은 지연되는데, 이런 이유로 그분의 복음을 증언하는 일이 그리스도인들의 주목을 받는 것이다. 그러는 사이 매일 매일 예수님의 오심은 점점 더 가까워지고 있는 것이다. 하나님의 예언적인 달력으로 미루어 지금 우리가 그분이 영광스럽게 금방 오실 것같은 시점에 살고 있음을 잘 안다. "그것은 언제나 임박한 사건이다. 그러므로 항시 깨어 있어서 그분의 나타나심을 기대하며 살아갈 필요가 있다."(P. E. Hughes, 241)

가장 중요한 것은 기쁨으로 흥분하여 응답하는 참 교회의 자세다: "아멘 주 예수여 오시옵소서"(계 22:20). "아멘"이라고 말함으로써 교회는 예수님의 약속에 대한 만족과 동의를 표현한다. 기도, 곧 성경의 마지막 기도는 "주 예수여 오시옵소서"인데, 이것은 그리스도의 재림에 대한 신자들의 즐거운 소망을 가리킨다. 이것은 아람어 표현 '마라나타'를 헬라어로 번역한 것인데 이로써 요한의 이방인 신자들이 예루살렘의 첫 신자들의 언어와 경건을 넘겨받는 것이다; 그러므로 "주 예수여 오시옵소서"는 "현존하는 가장 오래된 교의(敎義)적 기도의 하나다."(G. R. Osborne, 797) 1세기 후반의 교회 교범인 '디다케'는 이 기도를 초대교회 성찬 예식과 연결시키고 있다. 그리스도의 재림시 그분의 육체적 재림에 대한 그들의 열망이 표현된 성례전에서 그리스도의 영적인 임재를 위해 그와 똑같은 기도를 하는 데서 초대교회 제자들의 열정을 볼 수 있다.

이 기도는 예수님의 영광스러운 재림에 대한 초기 그리스도인들의 열렬한 소망을 알려 준다. 안타깝게도 오늘날 많은 신자가 그리스도의 재림을 그들에게 틀림없이 재앙이 되는 사건인 것처럼 두려워하도록 잘못 배웠다. 그러나 계시록은 교회를 주님이자 신랑으로 오실 분을 기다리는 신부로 나타낸다. 성령의 생기를 받아 22:17에서 그녀(교회)는 "오라"고 외친다. 예수님이 대답하신다. "내가 진실로 속히 오리라"(계 22:20). 신부가 끓어오르는 소망으로 대답한다. "아멘 주 예수여 오시옵소서!"(계 22:20) 바울이 말했듯이 그분의 오심은 "우리의 복스러운 소망"(딛 2:13)이다. 바울은 말한다. "구원하는 자 곧 주 예수 그리스도를 기다리노니 그는 만물을 자기에게 복종하게 하실 수 있는 자의 역사로 우리의 낮은 몸을 자기 영광의 몸의 형체와 같이 변하게 하시리라"(빌 3:20~21).

그리스도인들이 그리스도의 재림에서 즐거움보다는 오히려 두려움을 더 느끼는 한 가지 이유는, 그 운명의 날에 자칫 미끄러짐으로써 우리가 모든 것을 잃게 될지도 모른다고 생각하도록 경고가 담긴 여러 성경 구절을 주로 설교해 온 방식 때문이다. 열 처녀 비유에서 예수님은, 등불을 켤 준비를 해 온 다섯 처녀는 주님의 환영을 받는 자리에 있었지만 그렇지 못했던 다섯은 혼인 잔치 밖에 있게 되었다고 말씀하신다(마 25:1~13). 그러나 그 비유는 두 부류의 신실한 그리스도인들을 차별하는 가르침이 아니다: 예수님이 오실 때 깨어 있던 이들은 구원을 받고 그리고 부주의한 이들은 그들의 복을 잃는다고? 오히려 그 비유는 그 안에 성령이 사는 참 그리스도인과 성령을 소유하지 못한 거짓(예수 믿지 않는) 기독교대학 교수를 구별하는 것이다. 그 비유의 마지막 호소는 이렇다. "그런즉 깨어 있으라. 너희는 그날과 그때를 알지 못하느니라"(마 25:13). 이것은 그리스도인들을 악몽에 가둬두려는 것이 아니라 믿음으로 인내해야 할 필요에 관해 규범적인 권면을 주는 것이다.

예수님의 달란트 비유에서 신실한 종에게 보상하시겠다는 주님의 약속은 즐거운 소망으로 우리에게 영감을 준다(마 25:14~30). 그분의 모든 충성된 제자는 이승에서 예수님을 믿고 그분을 섬겨야만 한다. 그분이 다시 오실 때 예수님은 유명하고 탁월한 업적을 낸 종들만이 아니라, '모든' 종에게 "잘하였도다. 착하고 충성된 종아… 네 주인의 즐거움에 참여할지어다"(마 25:21). 이렇게 말씀하시면서 그들을 따뜻하게 맞아 주실 것이다. 마태복음 25:34에 있는 예수님의 환영사가 우리에게 그분을 신실하게 섬김과 동시에 그분이 곧 오시기를 구하는 기도의 명분이 되어야만 한다: "나아와 창세로부터 너희를 위하여 예비된 나라를 상속받으라"(마 25:34).

키너가 그의 초신자 시절의 이야기를 들려주는데 이 이야기가 우리 모두에게 도전이 되어야만 할 것이다. 청소년 시절 그는 결혼 상대를 애타게 기다렸고, 이 욕구는 날마다 그의 기도 생활을 지배했다. 그러나 어느 날 예수님의 재림에 대해 뜨겁게 노래하고 있는 그리스도인들의 예배에 참석했다. 자기는 배우자를 열망하고 하나님께서 꼭 그리 해 주겠다고 약속하지도 않은 이 땅에서의 동료를 위해 계속 기도했는데 막상 자기는 하나님이 약속하신 가장 위대한 배우자(예수님)를 위해서는 거의 기도한 적이 없고 전혀 생각하지도 않고 있더란다. "우리가 갖고 있는 어느 열망이든지 그것은 단지 얻을 수 있는 가장 위대하고 가장 진실된 사랑, 그것을 위해 영원한 증거로

서 어린 양의 피가 쏟아진 사랑을 향한 우리 욕망의 그림자에 지나지 않는 다."(C. S. Keener, 522) 예수님은 "내가 진실로 속히 오리라"고 말씀하신다. 부디 우리 모두의 마음이, "아멘. 주 예수여 오시옵소서!" 이렇게 고백하며 요한과 초대교회 그리스도인들의 정신으로 반응하기를….

22:20 _그리스도의 신속 재림의 의미

기독교 믿음에 그리스도가 속히 재림하신다는 주제가 매우 중심적이기 때문에 그것의 중요한 의미 몇 가지를 짚어보아야만 한다.

첫째, 그리스도의 재림은 반드시 신실하게 성경에 복종하는 삶을 사는 데 진지한 관심을 낳는다. 그리스도인들은 그리스도께서 오실 때 정죄를 두려워할 필요가 없지만, 그럼에도 성경은 우리의 삶 속에 그분이 은혜로 재림하심을 우리 각 사람이 보게 될 것을 가르친다. 신실한 그리스도인들은 이승의 삶에서 예수님을 위해 우리가 할 수 있는 한 더 많이 일할 수 있기를 바랄 것이고, 또한 우리의 구원에 투자하신 그리스도께서 가장 큰 이득을 얻으시기를 바랄 것이다. 뿐만 아니라 교회는 항시 몸으로는 안 계셔도 영으로 임하시는 그녀(교회)의 주인 앞에서 언제든 회계(會計)할 수 있도록 스스로 행동해야만 한다. 그리스도는 회계하시기 위해 육체로 재림하실 뿐만 아니라, 말을 안 듣는 신자들을 훈련하고 그에게 복종하는 제자들을 그 필요에 따라 공급하시면서, 그분의 성령으로 지금 우리를 다스리고 계신다는 것을 계시록이 알려 주고 있다.

둘째, 그리스도께서 속히 재림하실 것을 알기에 모든 신자에게 복음 전파와 세계 선교의 열정에 활기를 불어넣어 주어야만 한다. 믿음이 없이는 그리스도께서 재림하실 때 무시무시한 심판의 위험과 하나님의 진노 아래 놓인다는 것을 깨달으면서 모든 사람의 영적인 상태에 관심을 가져야만 한다.

뿐만 아니라 우리는 예수님이 그의 백성의 마지막 한 사람까지 믿기 위해 다 모일 때에만 재림(양진일, 145)하신다는 말을 들었다. 이런 의미에서 베드로는 그리스도인들은 지금 "하나님의 날이 임하기를 바라보고 간절히 사모한다"(벧후 3:12)고 말한다. 그러므로 초대교회 신자들과 더불어 '마라나타!'라는 기도를 올리면서 그리스도와 그의 복음을 증언하는 일에 헌신 된 사람으로서 예배당을 나선 선배들의 모범을 따라야만 한다.

이런 자세의 탁월한 예는 1883년 6월 23일, 당시 열 살이었던 핫지와 그의 누이 엘리자베스다. 바로 그날 그 아이들의 아버지 엑카드 목사는 실론 섬(현 스리랑카)에서 선교사역을 하기 위해 교수로 일하던 프린스톤 신학교를 떠나고 있었다. 송별식이 진행되는 동안 십대의 이 아이들은 현지 섬 주민들에게 부치는 편지 한 통을 자진해서 보냈다.

> 이방인들께: 주 예수 그리스도는 모든 땅끝까지 그분의 왕국이 되는 때가 올 것이라고 약속하셨습니다. 또한 하나님은 거짓말하는 사람이 아니시며… 만일 이것이 거짓말하실 줄 모르는 분이 약속한 것이라면, 왜 그것을 도와 서둘러 성경을 읽지 않고, 당신들을 가르치는 (성경) 선생들의 말에 귀 기울이지 않고, 하나님을 사랑하지 않으며, 당신들의 모든 우상을 폐기하지 않고, 당신들의 성전에 기독교를 받아들이지 않는 것입니까? …저희 남매는, 용돈을 내놓는 아주 작은 '자기-부인'으로, 2달러를 들여 당신들을 가르쳐 줄 성경과 소책자들을 구입해서 이 편지에 동봉합니다.

편지 끝에는 "이방인들의 친구 A. A. 핫지와 M. 엘리자베스 핫지"라는 서명이 있었다.(D. B. Calhoun, 1994:1930에서 재인용) 이 신실하고 현명한 어린이들처럼, 우리도 복음을 통해 안 믿는 자들의 친구가 되어야만 하며 아울러 그들의 구원을 돕기 위해 희생을 아끼지 말아야 한다.

셋째, 그리스도의 신속한 재림은 믿지 않는 자들을 회개하라고 부르고, 예수님의 주권을 인정하고, 아울러 지금 믿음으로 그분께 가야 한다는 것을 의미한다. 그의 신실한 백성을 구원하시기 위해, 그리고 그분을 존경하기를 거부하는 반역자들을 심판하기 위해 그리스도께서 속히 오실 것이다. 예수님의 달란트 비유를 말한 바 있는데, 그 비유는 그의 신실한 종들에게 상 주시려고 다시 오시는 분으로 예수님을 그리고 있다. 그 비유는 그분을 신뢰하지도, 섬기지도 않는 자들을 심판하는 경고로 끝맺는데, 악한 종들은 "바깥 어두운 데로 내쫓겨 거기서 슬피 울며 이를 갈게 된다"(마 25:30).

구원받기 위해 긴급히 그리스도께로 돌아설 필요가 있는 사람의 예로 두어 가지 사건을 들 수 있다. 1811년 12월 26일, 미국 버지니아 주 리치몬드의 모든 상류사회 인사들이 그 도시에서 유명한 연극의 개막 공연을 보기 위해 극장으로 몰려 극장은 만원이 되었다. 연극의 마지막 장(章)이 공연되기 직전에 전등 하나 때문에 무대 장치에 불이 붙었고, 순식간에 건물 전체가 화염에 휩싸였다. 주지사를 포함한 많은 저명인사, 그리고 그 도시의 최상류층 여성들 일부를 포함한 75명이 사망했다. 박근혜 정권 시절 2014년 4월 16일, 안산 단원고 2학년 수학여행단을 포함하여 476명을 태우고 인천을 떠나 제주로 향하던 청해진 해운 소속 세월호가 진도 팽목항 앞바다에서 침몰하면서 300명 넘는 애꿎은 생명이 온 국민의 눈앞에서 안타깝게 수장(水葬)되고 말았다. 300명만 희생된 것이 아니라 그 300명의 가족, 다 키운 자식을 한순간에 잃어버린 그 가족과 부모들도 어찌 보면 그날 자식(가족)과 함께 죽은 것인데, 7년이 지난 지금까지도 진상규명이 전혀 이루어지지 않고 있어서 너무 안타깝다.(산만언니, 4-7)

살다 보면 이렇듯 느닷없이 넋 놓고 "울어야 할 때"(이승장, 2002:273-7)가 있다. 이 비극에 대한 반응으로 미국과 한국 전역에서 수많은 설교가 행해졌다. 그 가운데 하나, A. 알렉산더는, 로마 총독이 성전에서 갈대아 사람들을 살해했던, 예루살렘에서 일어났던 비슷한 재앙에 대한 예수님의 반응을 지목했다. 예수님이 물으셨다. "너희는 이 갈릴리 사람들이 이같이 해(害) 받음으로 다른 모든 갈릴리 사람보다 죄가 더 있는 줄 아느냐?"(눅 13:2) 예수님이 답을 주시기를, 그들의 죽음은 그들이 범했던 어떤 특별한 죄 때문이라는 정당한 이유가 있어서 그런 것이 아니고, 다만 믿음으로 복종하기를 거부하는 모든 사람에 대한 하나님의 진노를 일반적으로 경고하시는 것이라 말씀하셨다. "너희에게 이르노니, 아니라. 너희도 만일 회개하지 아니하면 다 이와 같이 망하리라"(눅 13:2~3). 이 주제를 설교하면서 알렉산더는 계시록에서 그리스도가 속히 재림한다는 메시지와 아주 잘 어울리는 말로 청중들에게 강조했다. 그는 아주 간곡하게 말했다: "그렇다면 경고를 받아들이십시오. 그리고 권면의 말을 묵묵히 받아들이십시오.… 사람은 언제 죽을지 모릅니다. 천수(天壽)를 다 누린다고 누구도 장담할 수 없습니다. 세상의 부당한 영향을 떨쳐 버리기 좋은 때를 찾으십시오. 그리고… 참 그리스도인들이 되십시오."(A. Alexander, 28)

"주 예수를 믿으라. 그리하면 너와 네 집이 구원을 받으리라."(행 16:31)

22:21 _은혜의 축도

요한은 계시록이 몸 된 교회들의 유익을 위해 사도에 의해 보내진 편지였음을 일깨우는 축복으로 계시록을 끝마친다: "주 예수의 은혜가 모든 자들에게 있을지어다. 아멘"(계 22:21).

축도는 호소하는 기도와 그 백성들에게 하나님의 복을 선포하는 것, 두 가지를 다 포함한다. 바울이 그랬던 것처럼 요한도 그의 축도에서 신자들을 위한 그리스도의 은혜를 선포하고 있다. "은혜로" 얻는 구원을 말할 때, 그것은 구원이 하나님께서 거저 주시는 '선물'이라는 뜻을 지닌다. 여기, '은혜' 는 그 백성들을 향한 하나님의 '태도'를 가리킨다: 그리스도는, 그분의 이름 을 부르는 모든 이에게 내줄 자비로운 사랑으로 충만하신 분이다. 계시록은 예수님을 하나님의 두루마리의 인(印)을 뗄 자격이 있고 하늘과 땅을 위한 하 나님의 목적을 세우시는 사자(獅子)와 어린 양으로 보여 주었다. 승리하시는 이 주님은 그들에게 장차 올 새 예루살렘 안으로 그분과 함께 그 백성을 데 려가고 싶어 하신다. 그러기 위해 자신의 대속 사역으로 그 백성의 고난과 결단을 연민의 정을 안고 행동하신다. 아울러 그때나 지금이나 이 땅에서 믿 음을 지키기 위해 목숨 걸고 투쟁하고 있는 백성들을 그분의 마음속 가득한 은혜로 한결같이 지켜보고 계신다.

더 나아가서 "은혜"는, 필요한 만큼 그의 백성에게 하나님이 공급하시 는 '능력'을 가리키고 있다. 계시록에서 그리스도는 신자들에게 믿음으로 이 기라고 명령하셨다. 우리가 그럴 수 있을까? 그 대답은 '그렇다'이다. 그분의 은혜로 그리스도의 백성은 어린 양과 함께 승리한 사람으로 시온산 위에 서 기 위해 믿음으로 인내한다(계 14:1). 그리스도인들은 하나님의 말씀을 굳게 잡고 마지막에 예수님에 대한 증거를 높이 들도록 명령받았다. 예수님의 은 혜로 우리는 그렇게 할 수 있다: 새날을 가져오기 위해 새벽 별이 떠오를 때 까지 교회라는 별들은 이 세상의 어둠 속에서 밝게 빛날 것이다. 그리스도인 들은 음녀(淫女)의 유혹에 저항하고, 짐승을 경배하는 일을 거부해야만 한다 는 요청을 받았다. 이 세상 거짓 선지자들의 거짓 가르침을 거부해야만 한 다. 교회는 그리고 그리스도인은 이런 잠재적인 반대에 맞서 그 믿음을 유지 할 수 있겠는가? 그 답이 요한이 기도함과 동시에 주 예수 그리스도를 위해 그가 선포하는 그의 마지막 축복에 담겨 있다: "주 예수의 은혜가 모든 자에 게 있을지어다. 아멘"(계 22:21). 그리스도의 백성 가운데 '일부만' 그분의 은 혜로 강하게 되고, 능력을 받게 되고, 지켜지는 것이 아니라, 요한이 주장하듯이 듣고 믿고 참 믿음으로 그분의 이름을 부르는 '모든' 이들이 구원을 얻을 것이다.

우리에게 아버지 하나님의 사랑을 가져오는 것은 예수님의 은혜이기 때문에 이 은혜는 우리의 필요를 충분히 채울 수 있다. "우리 주 예수 그리스도의 은혜는, 하나님의 신성한 위격(位格)이 우리 본성으로 옷 입으신 과분한 사랑(성육신)이다. 그분의 사랑은 죄 없는 인간 사랑의 모든 속성을 다 갖고 있다. 곧 우리를 소유하신 분, 우리에 대한 절대적인 지배권을 지니시고 또한 우리의 보호자이자 보존자이신 분의 사랑."(C. Hodge, 63) 우리들의 이 구주, 주님, 하나님의 보좌로부터 영원히 다스리시는 사자(獅子)이자 어린 양의 은혜는 이제 그리고 앞으로 항시 "자기를 힘입어 하나님께 나아가는 자들을 온전히 구원하실 수 있다"(히 7:25).

이 복과 더불어 요한은 계시록을 시작했던 바로 그곳에서 마무리하고 있다. 1장에서 "우리를 사랑하사 그의 피로 우리 죄에서 우리를 해방하시는… 예수 그리스도의 계시"(계 1:5, 1)를 보여 주었다. 이제 믿음으로 똑같은 구주, 주님을 마지막 장면에서 보면서, 그분의 은혜의 능력을 경험하면서, 그리고 우리를 구원하러 속히 오시겠다는 그분의 약속을 들으면서, 우리는 그분이 재림하실 때까지 그분의 이름으로 예수 믿지 않아 망해가는 세상을 정복하면서 믿음을 계속 유지해 나갈 수 있다.

"글이 좋은 사람보다는 말이 좋은 사람이 되고, 말이 좋은 사람보다는 생활이 좋은 사람이 되라."(김영민, 7) 계시록 7막의 긴 여정을 마치면서 김영민 선생의 이 말에 "예수 잘 믿는 사람이 되라"는 말을 덧붙이면 훨씬 더 좋을 것 같다. 모쪼록 지금까지 계시록 7막을 함께 살펴본 이 책이 우리 신앙의 "철저성, 근원성, 근본성"(디트리히 본회퍼, 2016:11)을 제대로 이해하는 데 큰 도움이 되기를 바란다. 우리의 귀에 울려 퍼지는 그분이 내려 주시는 은혜의 약속과 더불어 "내가 진실로 속히 오리라"라는 주권자 예수님의 가슴 벅찬 약속을 오늘 듣는다. 우리는 대답한다. "아멘. 주 예수여 오시옵소서!"

> 원수들 앞에서 잔치를 베푸시고
> 도타운 은혜로 감격케 하시며
> 내 머리에 기름 부으시고
> 잔에 넘치도록 채우시네.
>
> 그 자비와 은혜
> 늘 나와 함께 있사오니
> 언제나 주님과 함께 하는 것
> 그 말고 더 구할 것 무엇이겠습니까?(시 23:5~6)
>
> (오경웅·송대선, 142-44)

아멘 아멘 아멘.

> 사람아 사람아
> 제일 큰 은총 받고도
> 가장 죄가 많은 사람아
>
> (박경리, 131)

"마침내 끝이 시작되었다."(이문재, 140)

"너희 목마른 자들아 물로 나아오라 돈 없는 자도 오라 너희는 와서 사먹되 돈 없이, '값없이' 와서 포도주와 젖을 사라"(사 55:1).

"예수 그리스도의 계시라.… 이 예언의 말씀을 읽는 자와 듣는 자와 그 가운데에 기록한 것을 지키는 자는 '복(福)'이 있나니 때가 가까움이라" (계 1:1~3).

"이 말은 진실하고 참된지라.… 보라 내가 속히 오리니 이 두루마리의 예언의 말씀을 지키는 자는 '복(福)'이 있으리라"(계 22:6~7).

모든 교회를 위하는 주님의 뜻이 계시록에 담겨 있기에, 이 책을 소홀히 다룰 경우 세상의 맹공격 앞에 교회가 허약해지는 치명적인 결과를 낳을 수 있다. 아무튼 요한계시록은 '참되고 영원한 복' 받는 길을 친절하고 자상하게 안내하는 정말 귀한 책이다. 독자 여러분 가운데 이미 예수 믿는 복을 받으신 분들께는 하늘과 땅의 더 많은 복이 부어지기를 바라고 아직 '진리', '생명'의 '길'을 진지하게 찾고 계시는 분들은 이 책을 통해 영원한 생명의 주인이신 예수님을 만나는, 우주에서 가장 큰 복(福)을 받으시기를, 날마다 때마다 하나님께 감사하며 사시는 복(福) 넉넉히 받으시기를, 그날에 하늘 보좌 앞에서 우리 서로 빛나는 얼굴로 꼭 만나 영원한 복(福) 함께 누릴 수 있기를 간절히 바라며 요한계시록 7막의 막을 내린다. "아쉬레"(히브리어, "당신은 복덩이")~~~!!!

"계시록, 정말 좋은 책이오."
"좋아 죽겠네."(성현식, 23)

오직 하나님 홀로 영광 받으소서!!!
(soli Deo gloria)!!!

참고문헌

[국내]

강호숙, 여성이 만난 하나님, 파주:넥서스, 2016

_____, 성경적 페미니즘과 여성 리더십, 서울:새물결플러스, 2020

구교형, 하나님나라를 응시하다, 논산:대장간, 2019

권지성, 특강 욥기: 고통, 정의, 아름다움에 관한 신의 드라마, IVP, 2019

권현익, 16세기 종교개혁 이전 참 교회의 역사, 서울:세움북스, 2019

기따모리 가조, 이원재 역, 하나님의 아픔의 신학, 서울:새물결플러스, 2017

김경식 외, 요한계시록 어떻게 설교할 것인가, 서울:목회와신학 편집부, 2008

김경열, 드라마 레위기, 서울:두란노, 2020

_____, 레위기의 신학과 해석:성전과 거룩한 백성, 서울:새물결플러스, 2016

김경일 외, 코로나 사피엔스: 문명의 대전환, 신인류의 미래, 서울:인플루엔셜,
        2020

김근주, 오늘을 위한 레위기, 서울:IVP, 2021

김기대, 예배당 옆 영화관, 서울:동연, 2021

김기석, 끙끙 앓는 하나님:예레미야 산책, 서울:꽃자리, 2018

김기현, 글쓰는 그리스도인, 서울:성서유니온선교회, 2009

김남준, 성수 주일, 서울:익투스, 2016

김도인·이재영, 감사 인생, 용인:목양, 2020

김상훈, 요한서신, 유다서, 요한계시록, 서울:감은사, 2021

김성호, 생명을 보는 마음, 서울:풀빛, 2020

김세윤, 주기도문 강해, 서울:두란노, 2001

_____, 칭의와 성화, 서울:두란노, 2013

_____, 김회권, 정현구, 하나님나라 복음, 서울:새물결플러스, 2013

김수안, 어루만짐, 서울:생명의말씀사, 2012

김승환, 헌법의 귀환, 서울:Human & books, 2017

김신일 외, 왜 눈떠야 할까, 신앙을 축제로 이끄는 열여섯 마당, 서울:신학과지성
        사, 2015

김영민, 인간의 글쓰기, 파주:글항아리, 2020

김영봉, 나는 왜 믿는가, 서울:복있는사람, 2019

김영웅, 신현욱 그림, 과학자의 신앙공부, 구리:2015

김용택, 시집: 사람들은 왜 모를까, 실천문학사, 2007

김유복, 깨어진 세상 희망의 복음, 서울:IVP, 2014

김종해, 시집: 풀, 문학세계사, 2001

김주대, 시집: 그리움의 넓이, 창비, 2012

김지찬, 엔 샬롬 교향곡-상, 서울:기독신문사, 1999

_____, 엔 샬롬 교향곡-하, 서울:기독신문사, 1999

김태형, 트라우마 한국사회, 파주:서해문집, 2013

_____, 풍요중독사회, 서울:한겨레출판, 2020

김향숙, 우리 숨바꼭질할까, 서울:학교도서관저널, 2021

김형종, 읽기만 해도 열리는 요한계시록:극동방송 성경공부 교재, 서울:솔로몬,
        2009

김효성, 인터넷 방송 21TV(http://21tv.org)

다우마, 신원하 역, 개혁주의 윤리학, 서울:CLC, 2003

달라스 윌라드, 윤종석 역, 하나님의 모략, 서울:복있는사람, 2002

데이비드 잭맨, 정옥배 역, 티칭 이사야, 서울:성서유니온선교회, 2013

도널드 크레이빌, 정영만 역, 돈, 교회, 권력 그리고 하나님나라, 서울:요단, 1999

디트리히 본회퍼, 허 역 역, 나를 따르라, 서울:대한기독교서회, 1991

_____, 김순현 역, 옥중서신-저항과 복종, 서울:복있는사람,2016

레이첼 헬드 에반스, 칸앤메리 역, 다시, 성경으로, 서울:바람이불어오는곳, 2020

로빈 보이드, 임한중 역, 인도 기독교 사상, 서울:CLC, 2020

로완 윌리엄스, 김병준 역, 어둠 속의 촛불들: 코로나 시대의 신앙, 희망, 그리고
        사랑, 서울:비아, 2021

류 근·진혜원, 시선집: 당신에게 시가 있다면 당신은 혼자가 아닙니다, 서울:해냄,
        2021

리처드 미들턴, 이용중 역, 새 하늘과 새 땅, 서울:새물결플러스, 2015

마이클 고먼, 박규태 역, 요한계시록 바르게 읽기, 서울:새물결플러스, 2014

마이클 부쉬, 김요한 역, 내 아버지 집에 거할 곳이 많도다, 서울:새물결플러스,
        2010

마이클 하이저, 손현선 역, 보이지 않는 세계, 서울:좋은씨앗, 2019

마이클 호튼, 김재영 역, 세상의 포로된 교회, 부흥과개혁사, 2001

메리 에반스, 정옥배 역, 성경적 여성관, IVP, 1992

박경리, 시집: 버리고 갈 것만 남아서 참 홀가분하다, 서울:마로니에북스, 2020

박대영, 묵상의 여정, 서울:성서유니온, 2013

_____, 시험을 만나거든: 야고보서 강해, 서울:두란노, 2020

박영돈. 일그러진 한국교회의 얼굴, IVP, 2013

박영호, 다시 만나는 교회, 서울:복있는사람, 2020

박유미, 내러티브로 읽는 사사기, 서울:새물결플러스, 2018

박준형, 일상의 분별, 서울:대한기독교서회, 2020

박철현, 레위기:위험한 거룩과의 동행, 서울:솔로몬, 2018

반 하르팅스벨트, 김부성 역, 요한계시록, 서울:나침반, 1991

본 로버츠, 전의우 역, 성경의 큰 그림, 서울:성서유니온, 2019

브라이언 채플, 안정임 역, 그리스도 중심 설교 이렇게 하라, 서울:CUP, 2015

빅터 쿨리진, 손현선 역, 구원의 언어, 서울:좋은씨앗, 2020

산만언니, 저는 삼풍 생존자입니다, 파주:푸른숲, 2021

성현식, 시집: 암시랑토 안혀야, 서울:창조문예, 2021

손영규, 코리아, 아직도 그대는 내 사랑!, 서울:예영커뮤니케이션, 2019

손원호, 이토록 매혹적인 아랍이라니, 서울:부키, 2021

송태근, 쾌도난마 요한계시록-1, 파주:지혜의샘, 2015

_____, 쾌도난마 요한계시록-2, 파주:지혜의샘, 2015

_____, 그러므로 기도하라, 서울:샘솟는기쁨, 2020

송필경, 왜 전태일인가, 서울:살림터, 2020

스캇 듀발, 홍수연 역, 요한계시록의 심장, 서울:새물결플러스, 2016

스캇 펙, 윤종석 역, 거짓의 사람들, 서울:비전과 리더십, 2018

스티븐 위트머, 김장복 역, 요한계시록: 12주 성경공부 교재, 부흥과개혁사, 2017

신귀백, 영화사용법, 서울:작가, 2011

신원하, 교회가 꼭 대답해야 할 윤리 문제들, 서울:예영커뮤니케이션, 2002

_____, 시대의 분별과 윤리적 선택, 서울:SFC, 2004

_____, 죽음에 이르는 7가지 죄, IVP, 2012

알리스터 맥그라스, 정옥배 역, 십자가로 돌아가라, 서울:생명의말씀사, 2014

양진일, 요한계시록(강의안), 2021

오경웅·송대선, 시편 사색, 의왕:꽃자리, 2019

오대원, 양혜정 역, 묵상하는 그리스도인, 고양:예수전도단, 2005

오명현, 신천지(이만희)의 요한계시록 허구에 대한 반론, 지피지기(知彼知己) 요한계
        시록 서울:엔크, 2015

오창희, 아직 끝나지 않은 문제 신사참배, 서울:예영커뮤니케이션, 2021

우병훈, 기독교 윤리학, 서울:복있는사람, 2019

움베르토 에코, 리카르도 페드리가 편저,윤병언 역, 경이로운 철학의 역사-1, arte,

2014

_____, 경이로운 철학의 역사-2, arte, 2014

유진 피터슨, 젊은 목사에게 보내는 편지, 서울:복있는사람, 2020

윤종하, 에베소서에 나타난 하나님의 교회, 서울:성서유니온선교회, 2002

이광수, 힌두교사 깊이 읽기, 서울:푸른역사, 2021

이광우, "바울의 '영광[독사]' 말투 연구", 총신대학교 신학대학원 신학석사(M. Div)
학위논문(지도교수: 김세윤), 1993

_____, 일어나라! 함께가자!:마가복음 강해, 서울:예영커뮤니케이션, 2005

_____, 이와같이 주 안에 서라:빌립보서 강해, 서울:예영커뮤니케이션, 2017

이규현, 흘러넘치게 하라, 서울:두란노, 2012

_____, 광야, 창조의 시간, 서울:두란노, 2021

이만열, 인생은 속도가 아니라 방향이다, 21세기북스, 2016

_____, 역사의 길, 현실의 길, 푸른역사, 2021

_____ 외, 한국현대사와 개신교, 서울:동연, 2020

이문재, 시집: 혼자의 넓이, 파주:창비, 2021

이박행, 암을 이기는 치유캠프 복내마을 이야기, 서울:홍성사, 2013

이병학, 약자를 위한 예배와 저항의 책 요한계시록, 서울:새물결플러스, 2016

이산하, 산문시집: 생은 아물지 않는다, 서울:마음서재, 2020

이승장, 다윗, 왕이 된 하나님의 종, 서울:좋은씨앗, 2001

_____, 새로 쓴 성서한국을 꿈꾼다, 서울:홍성사, 2002

_____, 하나님의 청년은 시대를 탓하지 않는다, 서울:규장, 2004

_____, 왜 나는 예수를 믿는가, 서울:홍성사, 2013

이승현, 신약 주해, 용인:킹덤북스, 2016

이재철, 회복의 목회, 서울:홍성사, 1998

이정일, 문학은 어떻게 신앙을 더 깊게 만드는가, 서울:예책, 2020

이진오, 신앙의 기본기, 서울: 시_커뮤니케이션, 2018

이필찬, 요한계시록 어떻게 읽을 것인가, 서울:성서유니온선교회, 2000

_____, 내가 속히 오리라, 서울:이레서원, 2006

_____, 요한계시록 40일 묵상 여행, 서울:이레서원, 2016

_____, 에덴 회복의 관점에서 읽는 요한계시록, 1-11장: 때가 가까우니라, 에스
　　　카톤, 2021

임희모, 서서평 선교사의 통전적 영혼 구원 설교, 서울:동연, 2020

장승권, 불편한 은혜, 서울:예영커뮤니케이션, 2019

장창수, 질문이 답이 될 때, 서울:두란노, 2021

전주열린문교회 누리집, http://www.jopendoor.com

제라드 크리스핀, 김귀탁 역, 부활, 개봉되지 않은 선물, 서울:부흥과개혁사, 2008

제럴드 L. 싯처, 윤종석 역, 하나님의 뜻, 성서유니온, 2020

제리 길리, 김세민 역, 다른 복음을 전하는 교회들, 서울:부흥과개혁사, 2011

제임스 보이스, 심이석 역, 요한서신 강해설교, 서울:크리스찬다이제스트, 1991

조국, 조국의 시간, 파주:한길사, 2021

조영래, 전태일 평전, 서울:아름다운 전태일, 2019

존 F. 왈부드, 장동민 역, 요한계시록, 두란노 강해 주석시리즈 30, 서울:두란노,
　　　1993

주성학, 인도에 피는 이야기꽃, 서울:예영커뮤니케이션, 2020

지성호, 클래식 음악에서는 사람 냄새가 난다, 전주:소리내, 2020

차정식, 신약성서와 창의적 설교, 서울:동연, 2019

차준희, 모세오경 바로 읽기, 서울:성서유니온선교회, 2013

_____, 6개의 키워드로 읽는 이사야서, 서울:성서유니온선교회, 2020

찰스 스윈돌, 윤종석 역, 요한계시록, 디모데, 2012

최덕성, 한국교회 친일파 전통, 서울:본문과현장사이, 2000

최성수, 의미는 알고나 사용합시다, 서울:예영커뮤니케이션, 2019

최영미, 시집: 서른, 잔치는 끝났다, 이미, 2020

최윤갑, 구속사로 읽는 이사야, 서울:새물결플러스, 2020

케이트 브라운, 우동현 역, 체르노빌 생존 지침서, 서울:푸른역사, 2020

크리스토퍼 애쉬, 전의우 역, 욥기, 십자가의 지혜, 서울:성서유니온, 2014

크리스틴 폴, 정옥배 역, 손대접, 서울:복있는사람, 2002

파커스트 L. G., 성기문 역, 프란시스 쉐퍼, 서울:두란노, 1995

폴 스티븐스, 신현기 편역, 요한계시록: 하나님의 최후승리(성경공부 교재), IVP, 1999

폴 워셔, 조계광 역, 복음, 서울:생명의말씀사, 2013

프란시스 A. 쉐퍼, 박문재 역, 기독교 교회관, 서울:크리스찬 다이제스트, 1995

프랭클린 페인 주니어, 김민철 역, 의료의 성경적 접근, 서울:한국누가회 출판부 (CMP), 2001

하워드 마샬 외, 박대영 역, 서신서와 요한계시록: 성경이해-1 개정판, 서울:성서 유니온, 2011

한병수, 새롭게 읽는 주기도문, 수원:영음사, 2019

한희철, 예레미야와 함께 울다, 의왕:꽃자리, 2018

행크 해네그래프, 김태형 역, 창조의 해답, 서울:예영커뮤니케이션, 2012

홍성훈, 하늘의 음성 땅의 고백:모두를 위한 마가복음 강해, 서울:세움북스, 2020

홍인규, 로마서 어떻게 읽을 것인가, 서울:성서유니온선교회, 2001

화종부, 결국엔 믿음이 이긴다, 서울:생명의말씀사, 2016

_____, 우리의 죄 하나님의 구원, 서울:생명의말씀사, 2019

[해외]

Aikman, David. *Jesus in Beijing*. Washington, DC: Regnery, 2003.

Alexander, Archibald. *A Discourse Occasioned by the Burning of the Theatre in the City of Richmond, Virginia, on the Twenty-sixth of December, 1811. 1815*. Reprint, London: Forgotten Books, 2013.

Alexander, J. W. *God Is Love: Communion Addresses*. Edinburgh: Banner of Truth, 1985.

Alford, Henry. *The Greek Testament. 4 vols*. Cambridge: Deighton, Bell, and Co., 1866.

Anderson, Ken. *Bold as a Lamb: Pastor Samuel Lamb and the Underground Church of China*. Grand Rapids: Zondervan, 1991.

Aune, David E. *Revelation 1–5. Word Biblical Commentary 52a*. Dallas: Word, 1997.

Bainton, Roland H. *Here I Stand*. New York: Penguin, 1955.

Barclay, William. *The Revelation of John. 3rd ed. 2 vols. New Daily Study Bible*. Louisville: Westminster John Knox, 2004.

Barnhouse, Donald Grey. *Expositions of Bible Doctrines, Taking the Epistle to the Romans as a Point of Departure. 10 vols*. Grand Rapids: Eerdmans, 1959.

_____, *Revelation: An Expositional Commentary*. Grand Rapids: Zondervan, 1971.

Baron, David. *The Visions and Prophecies of Zechariah*. Grand Rapids: Kregel, 1972.

Bauckham, Richard. *Climax of Prophecy: Studies on the Book of Revelation*. London: T&T Clark, 2000.

_____, *The Theology of the Book of Revelation*. Cambridge: Cambridge University Press, 1993.

Baxter, Richard. *The Saints' Everlasting Rest. Edited by Benjamin Fawcett*. New York: American Tract Society, 2012.

Beale, G. K. *The Book of Revelation: A Commentary on the Greek Text. New International Greek Testament Commentary*. Grand Rapids: Eerdmans, 1999.

_____, *The Temple and the Church's Mission: A Biblical Theology of the Dwelling Place of God*. Downers Grove, IL: InterVarsity Press, 2004.

Beasley–Murray, Paul. *The Message of the Resurrection: Christ Is Risen! The Bible Speaks Today*. Downers Grove, IL: InterVarsity Press, 2000.

Bewes, Richard. *The Lamb Wins: A Guided Tour through the Book of Revelation*.

Tain, Ross-shire, Scotland: Christian Focus, 2000.

Block, Daniel I. *The Book of Ezekiel: Chapters 25–48. New International Commentary on the Old Testament*. Grand Rapids: Eerdmans, 1998.

Bloomberg C. L., *Can we still believe the Bible?*, Grand Rapids, 2014

Boice, James Montgomery. *Acts: An Expositional Commentary*. Grand Rapids: Baker, 1997.

_____, *Foundations of the Christian Faith*. Downers Grove, IL: InterVarsity Press, 1986.

_____, *The Gospel of John. 5 vols*. Grand Rapids: Baker, 1999.

_____, *Romans. 4 vols*. Grand Rapids: Baker, 1991–95.

Bonhoeffer, Dietrich. *The Cost of Discipleship. 1937. Reprint*, New York: Macmillan, 1959.

Brown, Dan. *The Da Vinci Code*. New York: Doubleday, 2003.

Brown, Raymond. *The Message of Deuteronomy: Not by Bread Alone. The Bible Speaks Today*. Downers Grove, IL: InterVarsity Press, 1993.

Bunyan, John. *Pilgrim's Progress*. Nashville: Thomas Nelson, 1999.

Butterfield, Rosaria Champagne. "My Train Wreck Conversion." *Christianity Today 57*, 1 *(January–February 2013): 212–14*.

_____, *The Secret Thoughts of an Unlikely Convert*. Pittsburgh: Crown & Covenant, 2012.

Caird, G. B. *The Revelation of St. John the Divine*. San Francisco: Harper, 1966.

Calhoun, David B. *Faith and Learning 1812–1868. Vol. 2 of Princeton Seminary*. Edinburgh: Banner of Truth, 1994.

_____, *Our Southern Zion: Old Columbia Seminary (1828–1927)*. Edinburgh: Banner of Truth, 2012.

Calvin, John. *Institutes of the Christian Religion. Translated by Henry Beveridge*. Peabody, MA: Hendrickson, 2008.

_____, *Sermons on the Epistle to the Ephesians*. Carlisle, PA: Banner of Truth, 1973.

Carson, D. A. "This Present Evil Age." In *These Last Days: A Christian View of History*, edited by Richard D. Phillips and Gabriel N. E. Fluhrer, 17–37. Phillipsburg, NJ: P&R Publishing, 2011.

Carson, D. A., et al. *An Introduction to the New Testament*. Grand Rapids: Zondervan, 1992.

Chalke, Steve, and Alan Mann. *The Lost Message of Jesus*. Grand Rapids: Zondervan, 2003.

Charles, Tyler. "(Almost) Everyone's Doing It." *Relevant 53 (September–October 2011)*.

Charnock, Stephen. *The Existence and Attributes of God. 2 vols*. Grand Rapids: Baker, 1996.

Chilton, David. *Days of Vengeance: An Exposition of the Book of Revelation*. Ft. Worth, TX: Dominion Press, 1987.

Cromarty, Jim. *King of the Cannibals: The Story of John G*. Paton. Darlington, UK: Evangelical Press, 1997.

Dawkins, Richard. *The God Delusion*. New York: Houghton Mifflin Harcourt, 2006.

DC Talk. *Jesus Freaks: Stories of Those Who Stood with Jesus*. Minneapolis: Bethany House, 1999.

Dickens, Charles. *A Tale of Two Cities. 1859. Reprint*, New York: Random House, 1992.

Duguid, Iain M. Daniel. *Reformed Expository Commentary*. Phillipsburg, NJ: P&R Publishing, 2008.

_____, Ezekiel. *NIV Application Commentary*. Grand Rapids: Zondervan, 1999.

Edwards, Jonathan. *Altogether Lovely: Jonathan Edwards on the Glory and Excellency of Jesus Christ*. Morgan, PA: Soli Deo Gloria, 1997.

_____, *The Distinguishing Marks of a Work of the Spirit of God. In Jonathan Edwards on Revival.* Edinburgh: Banner of Truth, 1965.

Eusebius. *The History of the Church.* New York: Penguin, 1989.

Fisk, Samuel. *More Fascinating Conversion Stories.* Grand Rapids: Kregel, 1994.

Foxe, John. *The New Foxe's Book of Martyrs.* Edited by Harold J. Chadwick. Gainesville, FL: Bridge—Logos, 2001.

Gardner, Paul. *Revelation: The Compassion and Protection of Christ. Focus on the Bible.* Tain, Ross—shire, Scotland: Christian Focus, 2008.

Green, Joel B., and Mark D. Baker. *Recovering the Scandal of the Cross: Atonement in New Testament & Contemporary Contexts.* Downers Grove, IL: InterVarsity Press, 2000.

Gregg, S., *Revelation: four views, A parallel Commentary*, Revised & Updated, Thomas Nelson, 2013

Hamilton, James. *Sermons and Lectures. 1873. Reprint,* Stoke—on—Trent, UK: Tentmaker Publications, 2010.

Hamilton, James M., Jr. *Revelation: The Spirit Speaks to the Churches.* Wheaton, IL: Crossway, 2012.

Hendriksen, William. *More than Conquerors: An Interpretation of the Book of Revelation. 1940. Reprint,* Grand Rapids: Baker, 1967.

Henry, Matthew. *Commentary on the Whole Bible. 6 vols.* Peabody, MA: Hendrickson, n.d.

Henry, O. "The Assessor of Success." In *One Hundred Selected Stories.* London: Wordsworth, 1997.

Hitchens, Christopher. *God Is Not Great: How Religion Poisons Everything.* New York: Twelve Books, 2007.

Hodge, Charles. *Princeton Sermons. 1879. Reprint,* Edinburgh: Banner of Truth, 1958.

Hoekema, Anthony A. "Amillennialism." In *The Meaning of the Millennium:*

Four Views, edited by Robert G. Clouse, 155–87. Downers Grove, IL: IVP Academic, 1977.

_____. The Bible and the Future. Grand Rapids: Eerdmans, 1979.

Hughes, Philip Edgcumbe. The Book of Revelation. Downers Grove, IL: InterVarsity Press, 1990.

Hughes, R. Kent. John: That You May Believe. Wheaton, IL: Crossway, 1999.

Ironside, Henry A. Addresses on the Gospel of Luke. Neptune, NJ: Loizeaux Brothers, 1947.

Jacobi, Peter. The Messiah Book: The Life & Times of G. F. Handel's Greatest Hit. New York: St. Martin's Press, 1982.

Jeffrey, Grant R. Messiah: War in the Middle East & the Road to Armageddon. New York: Bantam, 1991.

Johnson, Alan F. Revelation. Expositor's Bible Commentary 12. Grand Rapids: Zondervan, 1982.

Johnson, Dennis E. Triumph of the Lamb: A Commentary on Revelation. Phillipsburg, NJ: P&R Publishing, 2001.

Jordan, Chris. "War of the Worlds Radio Broadcast Turns 75." USA Today, October 29, 2013.

Keck, L. E. etc. NIB series vol.12, Nashville: Abingdon press, 1998

Keener, Craig S. Revelation. NIV Application Commentary. Grand Rapids: Zondervan, 1999.

Kelly, Douglas F. Revelation. Mentor Expository Commentary. Tain, Ross–shire, Scotland: Mentor, 2012.

King, Martin Luther, Jr. Strength to Love. New York: Harper & Row, 1963.

Kistemaker, Simon J. Revelation. New Testament Commentary. Grand Rapids: Baker, 2001.

Kline, Meredith G. "The Covenant of the Seventieth Week." In The Law and the Prophets: Old Testament Studies in Honor of Oswald T. Allis, edited by *J. H. Skilton, 452–69*. Nutley, NJ: Presbyterian and Reformed, 1974.

_____, "Har Magedon: The End of the Millennium." *JETS 39, 2 (1996): 207–22*.

_____, *Images of the Spirit*. Grand Rapids: Baker, 1980.

Kruger, Michael J. *Canon Revisited: Establishing the Origins and Authority of the New Testament Books*. Wheaton, IL: Crossway, 2012.

Kuhn, Isobel. *Green Leaf in Drought-Time: The Story of the Escape of the Last C.I.M. Missionaries from Communist China*. Chicago: Moody, 1957.

Ladd, George Eldon. *A Commentary on the Revelation of John*. Grand Rapids: Eerdmans, 1972.

_____, "Historic Premillennialism." In *The Meaning of the Millennium: Four Views, edited by Robert G. Clouse, 17–40*. Downers Grove, IL: IVP Academic, 1977.

Legg, John D. "John G. Paton: Missionary of the Cross." In *Five Pioneer Missionaries, 303–45*. Edinburgh: Banner of Truth, 1965.

Lenski, Richard C. H. *The Interpretation of St. John's Revelation. 1943. Reprint*, St. Louis: Augsburg Fortress, 2008.

Lewis, C. S. *The Last Battle*. New York: Collier, 1970.

_____, *The Lion, the Witch and the Wardrobe*. New York: Collier, 1970.

_____, *The Weight of Glory and Other Addresses*. New York: Macmillan, 1962.

Liddell Hart, Sir Basil, ed. *History of the Second World War*. New York: Exeter Books, 1980.

Lloyd–Jones, D. Martyn. *Knowing the Times: Addresses Delivered on Various Occasions, 1942–1977*. Edinburgh: Banner of Truth, 1989.

Loane, Sir Marcus. *Masters of the English Reformation*. Edinburgh: Banner of Truth, 2005.

Luther, Martin. "Preface to the Revelation of St. John." In *Word and Sacrament, ed. E. Theodore Bachmann. Vol. 35 of Luther's Works*. Philadelphia:

Fortress, 1960.

MacArthur, John. *Twelve Ordinary Men*. Nashville: Thomas Nelson, 2002.

Machen, J. Gresham. *Christianity and Liberalism. 1923. Reprint*, Grand Rapids: Eerdmans, 1996.

Maclaren, Alexander. *Expositions of Holy Scripture. 17 vols*. Grand Rapids: Baker, 1982.

McCullough, David. *John Adams*. New York: Simon and Schuster, 2001.

McIlvaine, Charles P. *Truth & Life: 22 Classic Christ-Centered Sermons. 1854. Reprint*, Birmingham, AL: Solid Ground, 2005.

Michaels, J. Ramsey. *Revelation. IVP New Testament Commentary 20*. Downers Grove, IL: InterVarsity Press, 1997.

Milne, Bruce. *The Message of Heaven and Hell: Grace and Destiny. The Bible Speaks Today*. Downers Grove, IL: InterVarsity Press, 2002.

Morgan, G. Campbell. *The Westminster Pulpit: The Preaching of G. Campbell Morgan*. Grand Rapids: Baker, 1995.

Morris, Leon. *The Revelation of St. John: An Introduction and Commentary. Tyndale New Testament Commentaries 20*. Grand Rapids: Eerdmans, 1969.

Mounce, Robert H. *Revelation. Rev. ed. New International Commentary on the New Testament*. Grand Rapids: Eerdmans, 1997.

Niebuhr, H. Richard. *Christ and Culture. 1951. Reprint*, San Francisco: HarperSanFrancisco, 2001.

_____, *The Kingdom of God in America. 1937. Reprint*, New York: Harper & Row, 1959.

Osborne, Grant R. *Revelation. Baker Exegetical Commentary on the New Testament*. Grand Rapids: Baker Academic, 2002.

Packer, J. I. *Keep in Step with the Spirit*. Old Tappan, NJ: Fleming H. Revell, 1984.

_____, *Knowing God*. Downers Grove, IL: InterVarsity Press, 1973.

Palmer, Chris. "Reinventing the Wheel." *ESPN the Magazine 11, 15 (July 28, 2008): 52–58*.

Petersen, William J., and Randy Petersen, eds. *The One Year Great Songs of Faith*. Wheaton, IL: Tyndale, 1995.

Phillips, John. *Exploring Revelation*, Chicago:Kregel, 1987

Phillips, R. D., *Hebrews*, Phillipsburg, NJ:P&R, 2006

_____, *Revelation*, Phillipsburg, NJ:P&R, 2017

Pink, Arthur W. *The Attributes of God*. Grand Rapids: Baker, 1993.

Piper, John. *God Is the Gospel: Meditations on God's Love as the Gift of Himself*. Wheaton, IL: Crossway, 2011.

Pitzer, A. W. "Why Believers Should Not Fear." In *Southern Presbyterian Pulpit: A Collection of Sermons from the Nineteenth Century. 1896. Reprint*, Birmingham, AL: Solid Ground, 2001.

Poythress, Vern S. *The Returning King: A Guide to the Book of Revelation*. Phillipsburg, NJ: P&R Publishing, 2000.

Prothero, Rowland E. *The Psalms in Human Life*. New York: E. P. Dutton, 1904.

Ramsey, James B. *Revelation: An Exposition of the First III Chapters. Geneva Commentaries*. Edinburgh: Banner of Truth, 1977.

Roberts, Alexander, and James Donaldson, eds. *Ante-Nicene Fathers. 10 vols*. Peabody, MA: Hendrickson, 1999.

Russell, Bertrand. *Why I Am Not a Christian*. New York: Simon & Schuster, 1957.

Rutherford, Samuel. *The Letters of Samuel Rutherford. 1664. Reprint*, Edinburgh: Banner of Truth, 2006.

Ryken, Philip Graham. *Discovering God in Stories from the Bible*. Wheaton, IL: Crossway, 1999.

_____, *Jeremiah and Lamentations: From Sorrow to Hope. Preaching the Word.* Wheaton, IL: Crossway, 2001.

_____, *My Father's World: Meditations on Christianity and Culture.* Phillipsburg, NJ: P&R Publishing, 2002.

Ryle, J. C. *The Christian Race. Moscow,* ID: Charles Nolan, 2004.

_____, *Expository Thoughts on John. 2 vols. 1869. Reprint,* Edinburgh: Banner of Truth, 1999.

Sargent, John. *Life and Letters of the Rev. Henry Martyn, B.D.* London: Seeley, Jackson, and Halliday, 1862.

Scofield Reference Bible. New York: Oxford University Press, 1909.

Smalley, Stephen S. *The Revelation to John: A Commentary on the Greek Text of the Apocalypse.* Downers Grove, IL: InterVarsity Press, 2012.

Solzhenitsyn, Alexander. *The Gulag Archipelago.* New York: Harper, 1974.

Sproul, R. C. *The Holiness of God.* Wheaton, IL: Tyndale, 1985.

Spurgeon, Charles H. *Metropolitan Tabernacle Pulpit. 63 vols.* Pasadena, TX: Pilgrim Publications, 1969–1980.

_____, *Spurgeon's Sermons on the Second Coming. Edited by David Otis Fuller.* Grand Rapids: Zondervan, 1943.

Stephens, Don. *War and Grace: Short Biographies from the World Wars.* Darlington, UK: Evangelical Press, 2005.

Storms, Sam. *Kingdom Come: The Amillennial Alternative.* Tain, Ross–shire, Scotland: Christian Focus, 2013.

Stott, John R. W. *The Cross of Christ.* Downers Grove, IL: InterVarsity Press, 1986.

_____, *What Christ Thinks of the Church: An Exposition of Revelation 1–3.* Grand Rapids: Baker, 2003.

Suetonius. "Domitian." In *Lives of the Caesars, trans. J. C. Rolfe. Rev. ed. Loeb Classical Library 38.* Cambridge, MA: Harvard University Press, 1997.

Swete, Henry Barclay. *Commentary on Revelation. 2 vols. 1911. Reprint*, Grand Rapids: Kregel, 1977.

Talbert C. H., *The Apocalypse: A reading of the Revelation of John*, Louisville:Westminster John Knox press, 1994

ten Boom, Corrie. *The Hiding Place*. New York: Bantam, 1971.

Thomas, Derek. *Let's Study Revelation*. Edinburgh: Banner of Truth, 2003.

Thomas, Robert L. *Revelation 1–7: An Exegetical Commentary*. Chicago: Moody, 1992.

_____, *Revelation 8–22: An Exegetical Commentary*. Chicago: Moody, 1995.

Tidball, Derek. *The Message of the Cross: Wisdom Unsearchable, Love Indestructible. The Bible Speaks Today*. Downers Grove, IL: InterVarsity Press, 2001.

Tolkien, J. R. R. *The Return of the King*. New York: Houghton Mifflin, 1955.

Tozer, A. W. *The Knowledge of the Holy*. San Francisco: HarperSanFrancisco, 1992.

Travis, Stephen H. *Christ and the Judgment of God: Divine Retribution in the New Testament*. Basingstoke, UK: Marshall Pickering, 1986.

Venema, Cornelis P. *The Promise of the Future*. Edinburgh: Banner of Truth, 2000.

Vos, Geerhardus. *Grace and Glory: Sermons Preached in the Chapel of Princeton Theological Seminary. 1922. Reprint*, Edinburgh: Banner of Truth, 1994.

Warfield, Benjamin Breckinridge. *Faith and Life. 1916. Reprint*, Edinburgh: Banner of Truth, 1974.

_____, "'Redeemer' and 'Redemption.'" In *The Person and Work of Christ*. Philadelphia: Presbyterian and Reformed, 1950.

Wells, David F. *Above All Earthly Pow'rs: Christ in a Postmodern World*. Grand Rapids: Eerdmans, 2005.

_____, *God in the Wasteland: The Reality of Truth in a World of Fading Dreams*. Grand Rapids: Eerdmans, 1994.

Wilcock, Michael. *I Saw Heaven Opened: The Message of Revelation. The Bible Speaks Today*. Downers Grove, IL: InterVarsity Press, 1975.

Williams, Garry J. "Penal Substitution: A Response to Recent Criticisms." In *The Atonement Debate: Papers from the London Symposium on the Theology of Atonement*, edited by Derek Tidball, David Hilborn, and Justin Thacker, 172–91. Grand Rapids: Zondervan, 2008.

Wilmshurst, Steve. *The Final Word: The Book of Revelation Simply Explained*. Darlington, UK: Evangelical Press, 2008.

Wilson, Geoffrey B. *New Testament Commentaries. 2 vols*. Edinburgh: Banner of Truth, 2005.

Witherington, Ben, III. *Revelation. New Cambridge Bible Commentary*. Cambridge: Cambridge University Press, 2003.

Wright, N. T. *Revelation for Everyone*. Louisville: Westminster John Knox, 2011.

Yeats, William Butler. "The Second Coming." In *Modern American and Modern British Poetry, edited by Louis Untermeyer. Rev. ed*. New York: Harcourt, Brace and Company, 1955.

Zahl, Paul F. M. *Five Women of the English Reformation*. Grand Rapids: Eerdmans, 2001.

성구 색인

25:35~36 626,797

25:35~40 892

25:40 626,797

25:41 835

25:46 827,1005

26:39 612

26:41 215

26:64 632

27:51 468

28:6~7 87

28:18 320,499

28:18~20 209,344,849,
851

28:19~20 756

28:20 1035

28:20ff 519

마가복음

1:2 123

1:10 355

1:14~15 600

1:17~20 48

7:6 213,252

10:45 922

13 320

13:10 343

13:32 635

13:35~37 635

누가복음

1:19 401

1:51 100

4:25 472,485

5:7~8 139

6:12 932

6:26 187

7 310

8:5 635

8:11 635

8:31 433

8:35 442

9:23 109

9:24 348,864

9:28 932

9:31 653

10:1 482

10:17 536,540

10:18 433,536,846

10:20 563

11:23 669

12:8~9 224

12:31 536

12:21 248

12:49 401

13:2 1041

13:2~3 1041

15:10 385

17:26~27 602

17:32 752

18:3 339

18:7~8 339

19:11~19 851

19:17 851

19:20~27 851

20:34~36 902

21 320

21:11 354

21:28 424,691

21:34 215

23:28~30 360

23:34 338,640,1020

23:43 345,1020

24:3~9 482

24:26 296

24:27 290

24:46~47 460,636

24:48 460

요한복음

1 298

1:1~2 253

1:4 421

1:9 844

1:11~12 677

1:14 907,959

1:29 131,298

1:31 485

10:13　331
11:13~14　233
11:17~19　373
11:36　96,607,996
12:1　70,249,979
12:1~2　440,592
12:2　752
12:9　670
12:19　339,673,815
12:20~21　671
14:11　83
14:17　88,108,248,1024

고린도전서
1:2　408
1:18　894
1:24　314
2　986
2:6~9　913
2:10　987
2:10~11　913
3:13　1006
3:14　625,1007
3:15　1006
3:16　470
3:16~17　468
6:9~10　965
6:9~11　310,441,591,
　　725

6:11　923
6:18~20　202
6:19　959
7:5　590
7:7　590
7:9　203
7:29~31　699
7:31　359,439,699
9:5　590
10:11　733
10:31　996
11:24　194
13:2　159
13:12　392,621,903
13:13　88
15:25　661,703
15:26　893
15:52　497
15:58　332,628
16:2　111
16:9　230

고린도후서
2:21　230
3:18　447,907,934,981
4:4　846
4:17　173,865
5:8　345,620
5:10　625,891

5:17　915
5:20　72,923
5:21　796,890
6:2　238,344,765
6:14　749
6:16　470
8:9　168
10:3~5　526
10:4~5　818

갈라디아서
1:9　721
1:12　988
2:20　619,952
3:7　929
3:13　977
3:26　919
4:26　517
6:9　637
6:14　626
6:16　373,518

에베소서
1:4　309,562,730,889
1:6　222
1:7　306,889,903,1008
1:13~14　368,799
1:17~20　146
1:19~20　778

1:20　884
1:20~22　812
1:22　98
2:1　144
2:2　522, 700, 846
2:4~6　860
2:8~9　309
2:9　625
2:10　1006
2:12　69
2:14　294, 382, 951, 976
2:14~15　952
2:19~20　939
2:20　912, 988
3:18　162
3:19　391
4:1　222
4:3　130, 131
4:15　507, 815
4:21~24　798
4:24　198
5:8　900
5:25~27　793, 798
5:26~27　904
5:27　953
5:32　590
6:12　439, 525, 846
6:13　526

빌립보서
1:6　920
1:21　620, 956
1:21~23　862
2:5~11　58
2:8~11　809
2:9　60
2:9~11　98, 191
2:10~11　923
2:11　894
2:15　968
2:15~16　209, 935
2:20　83
3:8　231
3:8~9　616
3:13~14　81
3:19　81
3:20　702
3:20~21　68, 81, 702, 1036
4:8　744
4:12~13　772

골로새서
1:22~23　110
2:14　677
2:15　846, 847
3:1　860
4:3　230

4:13　242

데살로니가전서
2:13　988
4:3　202
4:4~5　203
4:14　620
4:15~17　474
4:16　83, 634
4:16~17　82
4:17　634
5:24　912

데살로니가후서
1:5　1007
1:6~8　82
1:7　33, 813
1:7~8　876
1:9　782
2:3　386, 848, 869
2:3~4　689, 874
2:3~12　234
2:7　234
2:8　814, 819, 830
2:8~10　488
2:9~10　689
2:10　848

3:3 219, 220

3:4 213, 221, 222, 223, 248, 265, 266

3:4~5 221

3:5 222, 223, 224, 342, 383

3:6 181, 222

3:7 227, 228

3:7~13 226

3:8 227, 229, 231, 237

3:9 232, 233

3:10 234

3:10~11 990

3:11 239, 267

3:12 235, 236, 237, 238, 981

3:14 252, 253

3:14~22 240

3:15 242

3:15~16 242, 471

3:16 52, 243

3:17 244, 246

3:18 246, 247, 248, 249

3:19 246, 249

3:20 250, 251, 262

3:21 69, 252, 253, 254, 266, 301, 853, 982

3:22 255

4 134, 230, 260, 264, 265, 267, 273, 274, 275, 276, 277, 278, 279, 280, 282, 283, 286, 287, 290, 303, 304, 349, 361, 384, 391, 467, 502, 508, 884

4~5 261, 262, 273, 318, 321

4~7 267, 350, 398, 632

4~16 713, 823, 930

4:1 230, 260, 261, 262, 272, 824, 930

4:1~2 271, 713

4:1~8 258

4:1~5:14 42

4:2 26, 262, 268, 883, 884, 977

4:2~3 268

4:3 269, 453, 947

4:4 248, 264, 265

4:4~6 264, 783

4:5 270, 271, 399

4:6 267, 270, 651

4:6~11 273, 275

4:7 267

4:8 271, 276, 280, 282, 283, 503

4:8~11 280

4:9 72

4:10 276, 285, 511

4:10~11 285, 287

4:11 62, 72, 276, 284, 303

5 270, 283, 289, 290, 291, 297, 303, 304, 311, 313, 315, 316, 320, 374, 809

5:1 290

5:1~4 290

5:1~7 288

5:2 291, 447

5:3 291

5:4 289, 291

5:5 42, 293, 295, 297, 322, 448

5:5~6 293

5:5~7 297

5:6 294, 295, 319

5:7 297

5:8 311, 337

5:8~9 303, 304

5:8~14 302

5:9 304, 305, 308, 319, 327, 555

5:9~10 304

5:10 69, 108, 309, 310, 311

5:11 267, 314

5:11~14 313

5:12 72, 314, 315

5:13 60, 281, 315, 500, 601

5:14 315

6 261, 318, 319, 321, 330, 341, 365, 366, 372, 399, 414, 640, 885

6~7 509, 520

6:1~2 321

6:1~8 263, 317, 318, 319, 320, 328

6:2 321

6:3~4 323, 324

6:3~8 323

6:4 319

6:5~6 324

6:6 325

6:7 326

6:8 326, 327

6:9 324, 334, 335, 336, 337, 338, 482, 504, 854, 861

6:9~10 338

6:9~11 333, 344, 639, 911

6:10 311, 337, 338, 340, 341, 353, 356. 361, 365, 402, 404, 409, 670

6:10~11 334

6:11 341, 342, 343, 346,

350, 367, 616

6:12 350, 354, 492, 686

6:12~14 351, 352, 354, 697, 884

6:12~17 341, 349, 361, 372, 685, 806

6:13 352, 353, 354, 400, 686

6:14 355

6:15 356

6:15~17 355, 356

6:16 263, 357, 360, 361, 362, 640, 696, 885

6:16~17 261, 359

6:17 350, 353, 358, 365, 445

7 261, 341, 358, 365, 367, 375, 380, 391, 393, 394, 397, 399, 400, 445, 471, 583

7:1 366

7:1~3 366

7:1~12 364

7:2 370

7:2~3 366, 367, 403, 835

7:3 575, 980

7:4 365

7:4~8 371, 381

7:9 248, 374, 381, 382,

584, 594

7:9~10 358, 365, 374, 375, 376, 381

7:9~14 223, 587

7:9~17 372, 379

7:10 383, 555

7:11~12 377, 384

7:12 377, 384, 776

7:13 62, 853

7:13~14 385, 386

7:14 341, 386, 388, 389, 390, 414

7:14~17 932

7:15 391

7:15~17 390

7:16 392, 682

7:17 392, 393, 394, 972

8 397, 398, 399, 400, 401, 405, 414, 416, 417, 418, 422, 423

8~9 412, 415, 520

8~11 509, 632

8:1 397, 497

8:1~5 396, 398, 402

8:2 401, 402

8:2~4 401

8:3 401, 402, 408, 670

8:3~4 639

8:3~5 402, 403, 406, 520

19~20 840,841,843
19:1 775,778,779,786,
787,824
19:1~5 774
19:2 779,780,781,786
19:2~3 779
19:3 781
19:4 782,786,884
19:4~5 783
19:5 783,785
19:6 703,790,791,802
19:6~7 791,792,800
19:6~8 696
19:6~10 789,842
19:7 793,796,802
19:7~8 793,796
19:8 771,797,798
19:8~9 190
19:9 44,617,799
19:9~10 799,802
19:10 42,800,801,802,
993
19:11 696,806,807,809,
810
19:11~12 810
19:11~13 808
19:11~15 505,690,817
19:11~16 805
19:11~21 43,842

19:12 322,522,554,811,
812
19:12~13 807
19:12~15 639
19:13 808,809
19:14 808,813,855
19:14~15 350
19:15 556,814,815,842
19:16 237,813
19:17 827,843
19:17~18 823,826
19:17~21 821,842
19:18 828
19:19 822,828,871
19:19~21 522,822
19:20 579,830,831,834,
835
19:20~21 830
19:21 556,832
20 345,505,690,839,
840,841,842,843,845,
847,852,864,868,871,
872,883
20:1 432,903
20:1~2 840,841,847
20:1~3 838,839,840,
841,843,847,848,849,
854,869,870
20:1~6 864

20:1~9 838,839,840
20:2 845
20:3 690,729,845,847,
848,849,869,869
20:4 853,854,855,856,
857,858,859,860,861,
863,911
20:4~5 858,861
20:4~6 840,852,854,
858
20:4~9 840
20:5 854,859,860
20:5~6 859,860
20:6 44,617,862,863
20:7~8 729,869
20:7~9 850
20:7~10 840,842,867,
869
20:8 842,843,870,871,
874
20:8~9 690,871,872
20:9 874,875,876
20:10 610,782,831,864,
877,878,879,880,893,
894,898
20:10~15 850,858
20:11 353,883,884,885
20:11~15 43,350,840,
881,883

20:12 505, 885, 886, 887, 889

20:12~15 1010

20:13 885

20:13~15 891

20:14 177, 893, 898

20:15 505, 610, 782, 832, 864, 878, 893, 962

21 265, 771, 948

21~22 37, 951, 986, 1009

21:1 498, 898, 900, 952

21:1~2 904

21:1~4 896

21:1~22:5 993

21:1~22:21 43

21:2 590, 897, 901, 902, 903

21:3 898, 906, 907

21:3~4 904

21:4 355, 698, 904, 905, 908

21:5 102, 884, 899, 911, 912, 913, 914, 915, 916, 923, 924

21:5~6 911

21:5~7 915

21:5~8 91, 910, 911

21:6 913, 914, 916, 917

21:7 919, 920

21:8 592, 610, 920, 921, 922, 923

21:9 713, 824, 930, 931, 951

21:9~14 928

21:9~22:5 943

21:10 929, 932, 933

21:10~11 932

21:11 269, 716, 934

21:11~14 771, 940, 950, 957

21:12 937, 938

21:12~14 265, 374, 475, 936

21:13 937

21:14 939, 948, 951

21:15 943

21:15~17 943

21:15~21 942, 950

21:16 944

21:16~20 948

21:17 943, 946, 964

21:18~19 946

21:18~21 952, 957

21:19~20 947

21:21 946, 949, 972

21:22 950, 951, 957, 958, 959

21:22~23 957

21:22~27 955

21:23 960, 961

21:24 962, 963

21:24~27 967

21:25 964

21:26 962

21:27 964, 965

22 1000

22:1 853, 971, 1024

22:1~2 970, 971, 976, 1024

22:1~4 976

22:1~5 969, 970

22:2 164, 972, 973, 974, 975

22:3 853, 977, 978

22:3~4 272

22:4 31, 979, 980

22:4~5 237, 392

22:5 855, 981, 982

22:6 985, 986, 987, 988, 989

22:6~7 985, 991, 1045

22:6~9 984

22:7 44, 617, 989, 991, 992, 993, 1004

22:8 988, 993

22:8~9 993

22:8~21 39